Англо-Русский Словарь
по
ЭКОНОМИКЕ И ФИНАНСАМ

English-Russian Dictionary of
ECONOMICS AND FINANCE

English-Russian Dictionary of ECONOMICS AND FINANCE

About 75000 entries

Edited by Andrei V. Anikin, Prof., D.Sc.(Econ.)

ST. PETERSBURG
THE SCHOOL OF ECONOMICS PRESS
1993

Англо-Русский Словарь по ЭКОНОМИКЕ И ФИНАНСАМ

Около 75000 слов и выражений

Под редакцией проф., д-ра экон.наук
А.В. Аникина

САНКТ-ПЕТЕРБУРГ
ЭКОНОМИЧЕСКАЯ ШКОЛА
1993

ББК 4И(Англ)(03)+33
А64

*Издание осуществлено при финансовом содействии
Северного Торгового Банка*

Библиотека "Экономической школы"
серия справочная, выпуск первый

Авторы-составители:
проф., д-р экон. наук Андрей Владимирович АНИКИН
д-р экон. наук Ирина Михайловна ОСАДЧАЯ
д-р экон. наук Борис Григорьевич ФЕДОРОВ

Таблицу "Денежные единицы стран мира " составил
д-р экон. наук М.А. Портной

Редактор издательства И.И. Мошенцева

ISBN 5-900428-05-2

ПРЕДИСЛОВИЕ

Настоящий словарь является универсальным и самым полным из имеющихся англо-русских словарей по экономической тематике.

Словарь охватывает теоретическую и прикладную экономику, разные области финансов (бюджет, налоги, кредитное дело, рынок ценных бумаг, страхование), деловую практику, организацию производства, международные экономические и валютные отношения. В необходимой для экономиста мере он включает также социально-политическую, юридическую, математическую, статистическую, демографическую терминологию.

Это не толковый словарь в полном смысле слова. В первую очередь он содержит перевод англоязычных терминов и выражений на русский язык. Однако, стремясь увеличить его практическую ценность, составители во многих случаях дают ряд вариантов перевода, а также краткие пояснения, указания на сферу применения термина. Этому служит также система помет, отражающая специфику использования термина или выражения.

Словарь ориентирован на современный лексический фонд, применяемый в США и Великобритании, отчасти также в других странах английского языка. Он включает сложившиеся в английском языке эквиваленты марксистских терминов и языка советской хозяйственной практики. Вместе с тем упор в словаре делается на современную терминологию рыночной экономики и развивающихся в России новых хозяйственных отношений.

В разумных пределах включены названия международных экономических и финансовых организаций, соответствующих ведомств и учреждений США и Великобритании, общественных организаций социально-экономического профиля. Не даются собственные названия фирм и банков, даже самых крупных, если они не носят межгосударственный или государственный характер: это задача специальных справочников.

Составители стремились сделать словарь возможно более удобным для употребления. Поэтому была принята гнездовая система расположения терминов и выражений по грамматически главному слову (см. «О пользовании словарем»). Набор словосочетаний призван дать возможно полное представление о применении термина в литературе и живом языке. Словарь включает разговорный язык бизнеса, в ряде случаев и профессиональный жаргон, особенно биржевой. Как правило, это оговорено необходимыми пометами.

В приложении даются список-словарь сокращений и таблица денежных единиц стран мира. Список сокращений не претендует на полноту и не содержит сокращенные названия фирм. В таблице даются английские названия и принятые сокращения официальных денежных единиц и главных разменных монет. Важнейшие исторические денежные единицы и разговорные названия монет разного достоинства введены в корпус словаря.

Значение английского языка в новой обстановке, складывающейся в России и других частях бывшего Советского Союза, заметно возрастает. Это в особенности касается экономической, деловой, финансовой сферы. Настоящий словарь отражает эту объективную тенденцию и призван удовлетворить растущие потребности. Составители рассчитывают на широкий круг пользователей: переводчиков, предпринимателей, деловых людей и менеджеров, ученых, преподавателей и студентов, старших школьников.

Словарь может быть также полезен лицам, для которых родным является английский язык, а русский — иностранным.

Источниками словаря являются оригинальные англоязычные тексты (монографии, учебники, справочные издания, газетные и журнальные статьи), а также лексикографические издания разного типа, по возможности новейшие. Среди последних отметим особо:

Англо-русский экономический словарь. Под ред. А.В. Аникина. М., Русский язык, 1981.

Б.Г. Федоров. Англо-русский толковый словарь валютно-кредитных терминов. М., Финансы и статистика, 1992.

Словарь понятий и терминов. Приложение к книге: К.Р. Макконнелл и С.Л. Брю «Экономикс. Принципы, проблемы и политика». М., Республика, 1992.

Большой англо-русский словарь. Под руководством И.Р. Гальперина. М., Русский язык, 1977.

М.А. Меньшикова. Английские экономические термины. Справочник. Новосибирск, Наука, 1983.

Л.И. Лопатников. Экономико-математический словарь. М., Наука, 1987.

The New Palgrave. A Dictionary of Economics. Ed. by J. Eatwell, M. Milgate, P. Newman. L., Macmillan, 1988.

Dictionary of Business Terms. Ed. by J.P. Friedman. N.Y. a.o., Barron's, 1987.

J. Downes, J.E. Goodman. Dictionary of Finance and Investment Terms. N.Y. a.o., Barron's, 1987.

Macmillan Dictionary of Modern Economics. Gen. editor D.W. Pearce. L., Macmillan, 1985.

H.W. Rubin. Dictionary of Insurance Terms. N.Y. a.o., Barron's, 1987.

О ПОЛЬЗОВАНИИ СЛОВАРЕМ

Ведущие термины расположены в алфавитном порядке, при этом термины, состоящие из слов, пишущихся через дефис, следует рассматривать как слитно написанные слова.

Для составных терминов принята алфавитно-гнездовая система. По этой системе термины, состоящие из определяемых слов и определений, следует искать по определяемым (ведущим) словам. Например, термин **burden cost** следует искать в гнезде **cost**.

Ведущие термины в гнезде заменяются тильдой (~). Устойчивые терминологические сочетания даются в подбор к ведущему термину и отделяются знаком квадрата (□). В русском переводе различные части речи с одинаковым семантическим содержанием разделены параллельками (||). Например, **deposit** вклад; депозит; взнос; задаток || депонировать, положить на хранение; дать задаток □ ~ **at a bank** вклад в банке; ~ **at long notice** депозит с длительным уведомлением и т.д.

Пояснения к русским переводам набраны курсивом и заключены в круглые скобки. Например, **conglomerchant** *амер.* конгломерат в торговле *(многоотраслевое объединение, находящееся в собственности одной компании)*.

Факультативная часть как английского термина, так и русского перевода дается в круглых скобках. Например,

nonprofit(-seeking) corporation некоммерческая корпорация.

Термин следует читать: **nonprofit-seeking corporation** и **nonprofit corporation**

constant постоянная (величина).

Перевод следует читать: постоянная величина, постоянная.

Синонимичные варианты переводов помещены в квадратные скобки ([]). Слово и группа слов в квадратных скобках могут быть употреблены вместо слова или группы слов, стоящих непосредственно перед скобками. Например,

personal [private] consumption личное потребление.

Термин следует читать: **personal consumption, private consumption**

buisness conditions деловая [хозяйственная] конъюнктура.

Перевод следует читать: деловая конъюнктура, хозяйственная конъюнктура.

Во избежание повторения пояснений в нескольких гнездах, даются ссылки на основной термин с пояснением. Например, **cobweb analysis** анализ экономического цикла при помощи теоремы «паутины» (*см.* **cobweb theorem**). В гнезде **theorem** дано подробное пояснение к теореме «паутины».

Если из двух орфографических вариантов терминов гнездо одного термина представлено шире другого, дается ссылка *см. тж.* Например,

check 1. препятствие; остановка; задержка || сдерживать; приостанавливать 2. контроль, проверка || контролировать 3. *амер.* чек || выписывать чек 4. багажная квитанция; номерок; корешок 5. «галочка», отметка (*в документе*).

cheque *англ.* чек; *амер.* дорожный чек (*см.* **check**).

Гнезда типа **Association, Agency, Agreement, Department, Board** и т. п. даются с прописной и строчной буквы. Например,

Comission □ ~ for Agriculture Комиссия по сельскому хозяйству.

comission 1. комиссия; комитет 2. доверенность, полномочия 3. комиссионное вознаграждение, комиссионнные.

Если имена собственные пишутся без дефиса, но состоят из двух и более слов, они даются в порядке алфавита, по первой букве. Например, **Big Four** *разг.* «Большая четвёрка».

Если существует два варианта написания термина (слитное и через дефис), даются оба, но со ссылкой на один из вариантов, при котором дан перевод. Например,

manpower 1. рабочая сила, кадры 2. людские ресурсы **man-power** *см.* **manpower**.

В переводах принята следующая схема разделительных знаков: близкие значения отделены запятой, более далекие — точкой с запятой, различные значения — цифрами.

СПИСОК ПОМЕТ И УСЛОВНЫХ СОКРАЩЕНИЙ

австрал.	австралийский термин
амер.	американский термин
англ.	английский термин
бирж.	биржевые операции
бухг.	бухгалтерия
вн. торг.	внешняя торговля
демогр.	демография
жарг.	жаргонное выражение
ирл.	ирландский термин
ист.	историческое понятие
лат.	латинский язык
мат.	математика
мор.	морские перевозки
нем.	немецкий язык
орг. пр.	организация производства
особ.	особенно, в частности
разг.	разговорное выражение
русск.	русский термин
см.	смотри
см. тж.	смотри также
сокр.	сокращение
стат.	статистика
страх.	страховое дело
с.-х.	экономика сельского хозяйства
тамож.	таможенные операции
т. игр	теория игр
ТМО	теория массового обслуживания
торг.	торговля
трансп.	экономика транспорта
упр.	организация управления
уст.	устаревший термин
фин.	экономика финансов
фр.	французский термин
шотл.	шотландский термин
эк. тр.	экономика труда
юр.	юридический термин
pl	множественное число

АНГЛИЙСКИЙ АЛФАВИТ

Aa	**Hh**	**Oo**	**Vv**
Bb	**Ii**	**Pp**	**Ww**
Cc	**Jj**	**Qq**	**Xx**
Dd	**Kk**	**Rr**	**Yy**
Ee	**Ll**	**Ss**	**Zz**
Ff	**Mm**	**Tt**	
Gg	**Nn**	**Uu**	

A

abandon 1. отказывать(ся) 2. закрывать; консервировать *(напр. транспортную линию)* 3. получать разрешение на закрытие □ **to ~ a claim** отказываться от требования [от претензии]; **to ~ goods to the insurer** отказываться от товара в пользу страховщика

abandonment 1. *страх.* абандон 2. отказ *(напр. от претензии)* 3. закрытие; консервирование *(напр. транспортной линии)*
~ of option 1. *бирж.* отказ от опциона 2. отказ от премии *(при биржевых сделках на срок)*

abate сбавлять, делать скидку, снижать

abatement скидка, снижение □ **to make ~** делать скидку, снижать
pollution ~ снижение степени загрязнения *(окружающей среды)*
price ~ снижение цен
tax ~ налоговая скидка

abbreviation:
tape ~ *бирж.* кодовое обозначение на ленте *(котировального аппарата)*

abilit/y 1. способность 2. *pl* способности, дарование □ **~ to finance** способность обеспечить финансирование; **~ to pay** платежеспособность; **~ to repay** способность погасить заем; **~ to work** работоспособность;
animal's breeding ~ies племенные качества животного
competitive ~ конкурентоспособность
gaining ~ *с.-х.* способность к откорму
inherited producing ~ врождённая продуктивность *(скота)*
laying ~ *с.-х.* яйценоскость
managerial ~ies организаторские способности
milk producing ~ *с.-х.* удойность
productive ~ *с.-х.* продуктивная способность
reproductive ~ *с.-х.* способность к воспроизведению
service ~ of product эксплуатационная пригодность изделия

able способный □ **~ to pay** способный уплатить; **~ to meet competition** конкурентоспособный

abnormal анормальный, отклоняющийся от нормы

abnormality 1. *стат.* анормальность, отклонение (распределения) от нормального 2. нарушение, неправильность

aboard погруженный на транспортное средство; находящийся на борту *(судна, самолёта)*

abode:
temporary ~ of purchasing power временное вместилище покупательной силы *(определение денег в работах «Чикагской школы»)*

abolish отменять

abolishment отмена *(напр. налогов)*

abolition отмена, ликвидация; *особ.* отмена рабства в США в 19 в.

abolitionism аболиционизм, движение за отмену рабства в США в 19 в.

abrasion of coins снашивание монет *(при обращении)*

abridgment of table 1. *стат.* сокращение таблицы 2. таблица в сокращённом виде

absence отсутствие *(напр. при переписи или опросе)* □ **~ without leave** прогул; неявка на работу
~ of personal responsibility обезличка
temporal ~ временное отсутствие

absent лицо, отсутствовавшее при переписи *или* опросе ‖ отсутствующий при переписи *или* опросе

absentee 1. отсутствующий земельный собственник; лицо, живущее за пределами страны, из которой получает доход от собственности 2. лицо, отсутствовавшее при переписи *или* опросе 3. прогульщик

absenteeism 1. невыход на работу; прогулы 2. отсутствие собственника

absolve освобождать *(напр. от налогов)*

absorption 1. поглощение 2. *демогр.* включение в экономическую жизнь иммигрантов
~ of idle capacities загрузка неиспользуемых производственных мощностей
~ of market ёмкость рынка
cost ~ поглощение издержек *(напр. отнесение на счёт производства)*, проводка издержек
factor ~ поглощение производственных факторов *(рабочей силы и капитала)* производственным процессом; использование производственных факторов в процессе производства
freight ~ включение транспортных издержек в цену

abstinence воздержание *(напр. от потребления дохода)*

abstract 1. краткое изложение содержания; резюме, обобщение ‖ резюмировать; суммировать 2. абстрагировать, рассматривать отвлеченно ‖ абстрактный, оторванный от реальности
~ of account выписка из счёта
~ of title документ о правовом титуле *(владельца собственности)*

statistical ~ краткий статистический обзор
abundance изобилие, избыток
factor ~ изобилие производственного фактора
abundant имеющийся в изобилии
abuse злоупотребление ‖ злоупотреблять
~ **of credit** злоупотребление кредитом
~**s of deteriorated quality** *см.* **abuses of skimped quality**
~ **of environment** загрязнение окружающей среды
~ **of monopoly** злоупотребление монопольной властью
~ **of power** злоупотребление властью
~**s of skimped quality** злоупотребления *(промышленных компаний)*, приводящие к ухудшению качества *(производимых товаров)*
~ **of taxation** злоупотребление налоговым обложением
acceleration ускорение, акселерация
growth ~ ускорение (экономического) роста
accelerator акселератор
accept 1. принимать; одобрять; признавать 2. акцептовать *(о векселе)* □ **to ~ a bill for honor** акцептовать вексель для спасения кредита векселедателя; **to ~ a lot** принимать партию *(напр. изделий)*; **to ~ as a pledge** принять в качестве залога; **to ~ equipment** производить приёмку оборудования
acceptability приемлемость *(напр. конструкции)*
acceptable 1. приемлемый, подходящий 2. могущий быть акцептованным *(о векселе)*
acceptance 1. принятие; акцепт, согласие на оплату денежных и товарных документов 2. приемлемость *(напр. товара для покупателя)* 3. акцептованный вексель, акцепт, тратта 4. акцепт, акцептование *(векселя)* 5. приёмка *(напр. изделий)* 6. *трансп.* оправдательная надпись *(освобождающая перевозчика или склад от ответственности в случае превышения установленного срока перевозки)* □ ~ **bought outright** акцептованный вексель, купленный для хранения *(не для перепродажи)*; ~ **bought under repurchase agreement** акцептованный вексель, купленный по соглашению о последующей перепродаже; ~ **for honor** *см.* **acceptance supra protest**; ~ **in blank** бланковый акцепт; ~ **supra protest** акцептование векселя для спасения кредита векселедателя; **to be in default of** ~ получить отказ в акцептовании; **to find market** ~ получить признание рынка *(о новых товарах)*; **to obtain** ~ получить акцепт; ~ **under rebate** *см.* **anticipated acceptance**; **upon** ~ по акцептовании
~ **of batch** приёмка партии
~ **of bid** принятие предложения *(на аукционе, бирже)*
~ **of bill of exchange** акцепт векселя
~ **of bonds** популярность облигаций; спрос на облигации
~ **of contraception** применение методов регулирования рождаемости
~ **of offer** принятие предложения
~ **of tender** принятие предложения о покупке ценных бумаг
accommodation ~ дружеский акцепт *(предоставляемый с целью сделать вексель приемлемым для учёта в банке)*
anticipated ~ досрочно оплаченный акцептованный вексель
banker's ~ банковский акцепт, акцептованный банком вексель
clean ~ безусловный акцепт
collateral ~ 1. авал 2. гарантийный акцепт
complete ~ приёмка всей партии *(изделий)*
conditional ~ условный акцепт
consumer ~ рыночное признание товара потребителями
customer ~ приёмка *(напр. изделий)* заказчиком
data ~ сбор данных [информации]
dollar ~ акцептованный вексель, выписанный в долларах
domestic ~ акцептованный вексель во внутреннем обороте *(выписанный в валюте данной страны)*
eligible ~ акцептованный вексель, приемлемый для переучёта *(в центральном банке)*
general ~ безусловный акцепт
partial ~ неполный акцепт
prime banker's ~ первоклассный вексель, акцептованный банком
qualified ~ условный акцепт
rebated ~ *см.* **anticipated acceptance**
special ~ условный акцепт
sterling ~ акцептованный вексель, выписанный в фунтах стерлингов
trade ~ акцептованный торговый вексель
unconditional ~ безусловный вексель
uncovered ~ акцептованный вексель без покрытия
accepted «акцептован» *(надпись на векселе)*
acceptor акцептант
access доступ □ ~ **to farmland** возможность получения земли *(на правах владельца или арендатора)*; ~ **to markets** доступ к рынкам; ~ **to service** *ТМО* принятие на обслуживание
economic(al) ~ экономически выгодный доступ *(к рынку)*
port ~ доступ в порт
unobstructed ~ беспрепятственный доступ *(к рынку)*
accessions прирост численности работающих
accident несчастный случай; авария
compensable ~ несчастный случай с возмещением [компенсацией]
fatal ~ несчастный случай со смертельным исходом
industrial ~ несчастный случай на производстве; производственная травма
noncompensable ~ несчастный случай без компенсации

nonfatal ~ несчастный случай без смертельного исхода
occupational ~ несчастный случай на производстве
on-the-job ~ несчастный случай на рабочем месте
out-the-job ~ несчастный случай вне рабочего места
traffic ~ несчастный случай на транспорте
acclimation *см.* **acclimatization**
acclimatization включение *(иммигрантов)* в экономическую жизнь
accommodate 1. приспосабливать **2.** расквартировывать, размещать **3.** снабжать; ссужать, выдавать ссуду; предоставлять кредит **4.** оказывать услугу □ **to ~ with a loan [with money]** давать *кому-л.* деньги взаймы
accommodation 1. приспособление **2.** помещение; жилье; квартира **3.** удобства *(напр. в квартире)* **4.** ссуда **5.** согласование; соглашение
~ of conflicting interests сглаживание противоположных интересов
bank ~ банковская ссуда
credit ~ кредит, оказание помощи в форме кредита
dormitory ~ общежитие
housing ~ помещение для содержания *(животных)*
monetary ~ денежно-кредитное регулирование
public ~ места общественного пользования *(включая транспорт)*
accord соглашение, договорённость
Account:
~ of Trade and Navigation *англ.* статистический отчёт о торговле и навигации
Exchange Equalization ~ валютный уравнительный счёт *(Великобритания)*
account 1. счёт *(бухгалтерского учёта)* || записывать на счёт **2.** (финансовый) отчёт **3.** счётная формула, журнальная статья *(в бухгалтерском учёте)* **4.** регистр **5.** *англ.* отчёт об исполнении государственного бюджета **6.** *pl* отчётность **7.** *pl* деловые книги; торговые книги **8.** *англ.* расчёт по биржевым сделкам **9.** запись финансовой операции □ **~ agreed upon 1.** одобренный [утверждённый] счёт **2.** урегулированный расчёт **3.** выписка на контокоррента; **~s due from customers** дебиторская задолженность клиентов по открытому счёту; **~s due to customers** кредиторская задолженность клиентам по открытому счёту; **for one's own ~** за собственный счёт; **for ~ only** «только для расчётов» *(надпись на векселе)*; **for the ~** *бирж.* с расчётом в конце ликвидационного периода; **for the ~ and risk of** за счёт и на риск *кого-л.*; **for the ~ of another person** за счёт другого лица; **no ~** «нет счёта» *(надпись на инкассируемом чеке)*; **on ~** в счёт причитающейся суммы; в частичное погашение причитающейся суммы; **on somebody's ~** за *чей-л.* счёт; **~s payable 1.** счета кредиторов *(в балансе)*; кредиторы по расчётам **2.** кредиторская задолженность *(сумма)*; **~s payable-interline** счёт счетов к оплате по взаиморасчётам между транспортными компаниями, счёт взаиморасчётов между транспортными компаниями; **~s receivable 1.** счёт дебиторов *(в балансе)*; дебиторы по расчётам **2.** дебиторская задолженность *(сумма)*; **~s receivable-interline** счёт счетов к получению по взаиморасчётам между транспортными компаниями, счёт взаиморасчётов между транспортными компаниями; **to agree ~s** согласовать счета, урегулировать состояние счетов; **to balance an ~** балансировать статью расчётов, уравнять счёт; **to be in ~ with** иметь счёт у *кого-л.*; **to clean out an ~** снять все деньги со счёта; **to close an ~** закрыть счёт *(в банке)*; **to commingle ~s** объединять счета; соединять средства, числящиеся на счетах, в единый фонд; **to credit an ~** кредитовать счёт; **to debit an ~** дебетовать счёт; **to draw up an ~** выписать [выставить] счёт; **to enter a sum to a person's ~** зачислять сумму на счёт лица; **to give an ~** давать отчёт, отчитываться; **to have an ~ with a bank** иметь счёт в банке; **to keep ~s** вести счета [бухгалтерские книги]; осуществлять бухгалтерские проводки по счетам; **to keep an ~ with a bank** иметь счёт в банке; **to make out an ~** выписывать счёт; **to make up an ~** завершить расчёт; закрыть счёт; **to open an ~** открыть счёт; **to operate an ~** вести счёт *(напр. в банке)*; **to overdraw an ~** допустить овердрафт *(превысить кредитовое сальдо по счёту)*; **to pass to the credit of ~** записать в кредит счёта; **to pay an ~** заплатить по счёту; оплатить счёт; **to pay into an ~** записать на счёт; **to place to a person's ~** перечислить *кому-л.*; записать на *чей-л.* счёт; **to present ~s** предоставлять счета; **to run (up) an ~** увеличить остаток на счёте; записать на счёт; **to settle an ~ 1.** оплатить счёт **2.** урегулировать операцию; согласовать сумму на счёте; **to set up an ~** открыть счёт; **to take ~ of the needs** учитывать запросы *(потребителей)*; **to verify ~s** выверять счета; проверять правильность ведения счетов *(в банке)*; **to withdraw from an ~** снять со счёта
~ of charges 1. счёт издержек **2.** счёт накладных расходов
~ of disbursement счёт расходов
~ of expenses счёт расходов
above-line ~s *англ.* балансовые статьи *(государственного бюджета)*
absorption ~ «поглощающий» счёт *(кредитуется ежемесячно на равные суммы, относимые на операции)*
active ~ 1. активный депозитный счёт *(в банке)* **2.** активный клиентский счёт *(в брокерской фирме)*
adjunct ~ *см.* **absorption account**
advance ~ счёт ссуд
advisory agency trust ~ доверительный счёт, по которому банк выполняет для клиента лишь функцию советника

all-plant expense ~ регистр общезаводских накладных расходов
annual ~ 1. годовой расчёт 2. годовая выписка со счёта 3. годовой отчёт
appropriation ~ счёт ассигнований
assets ~ счёт капитала
automatic transfer ~ *амер.* счёт с автоматическим переводом средств *(комбинация текущего и сберегательного счетов с автоматическим пополнением первого за счёт средств второго)*
balance sheet ~ статья (бухгалтерского) баланса
bank giro ~ банковский счёт в системе жиросчетов
bear ~ *бирж.* обязательства по контрактам при игре на понижение
below-line ~**s** *англ.* забалансовые статьи *(государственного бюджета)*
bills ~ счёт векселей
bond ~ счёт облигаций
budget ~ 1. бюджетный счёт 2. *англ.* счёт потребительского кредита 3. *англ.* счёт семейного бюджета *(специальный банковский счёт для оплаты регулярных расходов клиента, напр. за электричество, газ, телефон)*
bull ~ *бирж.* обязательства по контрактам при игре на повышение
business ~ счёт предприятий *(в системе национальных счетов)*
business income and product ~ счёт дохода и продукта предпринимательского сектора *(в системе национальных счетов)*
business saving ~ *амер.* сберегательный счёт для делового предприятия *(введён в практику в 1975 г.)*
capital ~ 1. *см.* **fixed assets account** 2. счёт движения капиталов *(в платёжном балансе)*
capitalization ~ счёт инвестированного капитала
cash ~ *бухг.* счёт кассы
charge ~ кредит по открытому счёту *(напр. в магазине)*
check ~ *амер.* контрольный счёт
checking ~ чековый счёт; текущий счёт *(в банке)*
clearing ~ 1. клиринговый счёт 2. *бухг.* распределительный счёт
closed ~ закрытый счёт
closing ~ сводный [суммирующий] счёт; заключительный счёт
collection ~ счёт сумм к получению; счёт расчётов с покупателями
commission ~ счёт комиссионных выплат
compound interest ~ 1. счёт, по которому начисляются проценты 2. сберегательный вклад
consumer's ~ счёт потребителей *(в системе национальных счетов)*
continuing ~ *см.* **current account**
control ~ контрольный счёт; субсчёт
cost ~ счёт издержек
credit ~ счёт с кредитным сальдо; счёт пассива *(баланса)*
creditor's ~ счёт кредитора
currency ~ счёт валюты; счёт девизов

current ~ текущий банковский счёт *(не сберегательный; допускающий выписку чеков)*
custodial ~ счёт, открываемый родителями для детей *(в банке или брокерской фирме)*
debit ~ счёт с дебетовым сальдо; счёт актива *(баланса)*
debtor's ~ счёт дебитора
deferred availability items ~ счёт сумм с отсроченным получением
depletion (reserve) ~ счёт фонда отчислений на истощение природных ресурсов; счёт резерва на истощение недр и угодий
deposit ~ депозитный счёт; *англ.* срочный вклад
depreciation ~ *см.* **depreciation reserve account**
depreciation adjustment ~ регулятивный счёт фонда отчислений на износ основного капитала; регулятивный счёт резерва на амортизацию *(счёт прибылей и убытков от реализации объектов основного капитала)*
depreciation reserve ~ счёт фонда отчислений на износ; счёт резерва на амортизацию
detailed ~ подробный отчёт
discretionary ~ брокерский счёт
divident ~ счёт дивидендов
dormant ~ *см.* **inactive account**
drawing ~ 1. *см.* **current account** 2. *см.* **giro account** 3. счёт расходов
end month ~ *бирж.* расчёт на конец месяца; ультимо
end next ~ *бирж.* расчёт на конец следующего месяца; ультимо
Exchequer ~ счёт Министерства финансов в Банке Англии
external ~ счёт по внешним расчётам; платёжный баланс
fancy ~ фиктивный счёт
farm cost ~**s** счета издержек фермерского хозяйства
Federal Reserve bank ~ счёт в федеральном резервном банке
Federal Reserve bank collections ~ счёт внегородских чеков, инкассируемых через федеральные резервные банки
final ~ 1. итоговый счёт 2. окончательный отчёт
financial ~ финансовый счёт; финансовый отчёт
fixed assets ~ счёт *(реального)* основного капитала; счёт основных фондов
float(ing) ~ счёт по инкассо внегородских чеков
frozen ~ замороженный счёт *(до решения властей или суда)*
general ~ счёт в главной бухгалтерской книге
giro ~ жиросчёт *(для безналичных расчётов)*
gold certificate ~ счёт золотых сертификатов *(в Федеральной резервной системе)*
government receipts and expenditure ~ счёт государственных доходов и расходов *(в системе национальных счетов)*

gross savings and investment ~ счёт валовых сбережений и инвестиций *(в системе национальных счетов)*
impersonal ~ счёт, не принадлежащий конкретному лицу
inactive ~ **1.** неактивный депозитный счёт *(в банке)* **2.** неактивный клиентский счёт *(в брокерской фирме)*
income statement ~ результативный счёт, счёт прибылей и убытков
individual retirement ~ *амер.* индивидуальный пенсионный счёт *(с льготным налоговым режимом)*
inland ~ местный счёт; резидентский счёт
integrated national (economic) ~**s** интегрированная система национальных счетов
interest ~ расчёт процентов; счёт процентов
interest-bearing transaction ~ текущий счёт с выплатой процентов *(на вложенные денежные средства)*
interline payable ~**s** *см.* **accounts payable-interline**
interline receivable ~**s** *см.* **accounts receivable-interline**
international ~ международный счёт *(в экономическом балансе страны)*
invalid ~ счёт, по которому не могут производиться операции *(напр. в силу отсутствия средств)*
inventory ~ счёт товарно-материальных запасов
inventory reserve ~ счёт отклонения цен на товарно-материальные запасы
investment ~ **1.** *см.* **property account 2.** счёт для инвестиционных операций
itemized ~ детализированный счёт; счёт с детальным перечислением операций [бухгалтерских проводок]
joint ~ **1.** общий счёт; объединённый счёт *(напр. при создании синдикатов)* **2.** совместный счёт *(двух и более лиц)*
ledger ~ *см.* **general account**
loan ~ счёт ссуд
long ~ *см.* **bull account**
loro ~ счёт лоро
loss-and-gain ~ *см.* **profit-and-loss account**
maintenance-free ATS ~ счёт с автоматическим перечислением средств, не предусматривающий уплаты комиссии за его ведение
managing agency trust ~ доверительный счёт, по которому банк имеет полную свободу действий
manufacturing ~ счёт производственных издержек
margin ~ счёт биржевого спекулянта у брокера по сделкам с маржей
material price variance ~ счёт отклонения цен на материалы
material use variance ~ счёт отклонения в потреблении материалов
material variance ~ счёт отклонения по материалам *(от нормативной стоимости)*
merchandise ~**s** товарные операции *(в платёжном балансе)*
mid month ~ *бирж.* расчёт на середину месяца
mixed ~ счёт клиента *(у брокера)* с частично купленными, а частично взятыми взаймы ценными бумагами
national ~ **1.** *англ.* отчёт об исполнении государственного бюджета **2.** *pl* национальные счета
national income ~**s** счета национального дохода
national income and product ~ счёт национального дохода и продукта
nominal ~ **1.** «номинальный счёт» *(сальдо которого переносится на счёт конечных результатов)* **2.** пассивный счёт **3.** активно-пассивный счёт
no-minimum balance ~ счёт, владелец которого не должен хранить минимальный остаток
nonresidental ~ нерезидентский счёт
nostro ~ счёт ностро
NOW [negotiable order of withdrawl] ~ *амер.* счёт НАУ, текущий счёт с выплатой процентов и списанием по безналичным расчётам *(типа чеков)*
numbered ~ номерной счёт в банке *(имя владельца известно лишь узкому кругу сотрудников банка)*
open ~ открытый счёт *(форма расчётов, при которой покупатель периодически оплачивает задолженность)*
open market ~ *амер.* счёт по операциям на открытом рынке *(Федеральной резервной системы)*
outstanding ~ **1.** неоплаченный счёт **2.** незавершённый расчёт
overdraft ~ счёт, по которому допущен овердрафт
overextended ~ просроченный счёт *(клиента в брокерской фирме)*
passbook savings ~ сберегательный счёт с выдачей сберегательной книжки
personal ~ личный счёт, счёт частного лица
phoney ~ фиктивный счёт
postal giro ~ счёт в системе почтовых жиросчетов
private ~ счёт частного лица *или* фирмы *(в отличие от счёта государственного учреждения)*
profit-and-loss ~ результативный счёт, счёт прибылей и убытков
property ~ **1.** счёт недвижимого имущества **2.** счёт основного капитала
proprietorship ~**s** счета капитала; счета, обеспечивающие контроль над правом владения предприятием
public ~ **1.** счёт государственного учреждения **2.** *см.* **national account 1.**
real ~ **1.** реальный счёт *(не закрываемый по истечении отчётного периода)* **2.** активный счёт **3.** статья (бухгалтерского) баланса
realization ~ счёт реализации *(объектов основного капитала при ликвидации фирмы)*
reciprocal control ~ взаимный контрольный счёт; счёт общей главной книги

regular checking ~ обычный текущий счёт
reserve ~ резервный счёт
resident ~ резидентский счёт
rest-of-world ~ счёт заграничных операций *(в системе национальных счетов)*
retail ~ небольшой счёт *(в банке)*
revenue ~ счёт доходов
running ~ *см.* **current account**
salary ~ текущий счёт, на который регулярно переводится зарплата
savings ~ сберегательный счёт
securities ~ счёт ценных бумаг
segregated ~ отдельный счёт
semiannual ~ **1.** полугодовой расчёт **2.** полугодовой отчёт
settled ~ урегулированный [оплаченный] счёт
settlement ~ расчётный счёт
share ~ паевой счёт *(сбережений в кредитном союзе и ином кооперативном учреждении)*
share draft ~ паевой счёт *(в кредитном союзе)* с правом выписки приказов, подобных чекам
short ~ *см.* **bear account**
simulated ~ фиктивный счёт
social ~**s** общественные счета
special ~ **1.** особый [специальный] счёт **2.** отдельный счёт
special checking ~ специальный текущий счёт *(по которому не требуется минимального остатка)*
specified ~ особый [специальный] счёт
sterling ~ банковский счёт в фунтах стерлингов
stock ~ *бухг.* счёт капитала; счёт ценных бумаг
subscriber's ~ счёт абоненту *(за услуги)*
subsidiary ~ вспомогательный счёт
substitution ~ счёт замещения *(вводится Международным валютным фондом для обмена иностранной валюты на СДР)*
summary ~ **1.** итоговый счёт; заключительный баланс **2.** обобщённый счёт
sundries ~**s** *бухг.* «прочие статьи»
super-NOW ~ чековый процентный счёт *(в банке)*, приносящий доход по ставкам денежного рынка
suspense ~ **1.** счёт сомнительных дебиторов; счёт причитающихся сумм, взыскание которых сомнительно **2.** вспомогательный счёт; промежуточный счёт; счёт переходящих сумм
third-party-payment ~ депозитный счёт, допускающий платёж в пользу третьих лиц *(путём выписки особой тратты или другого документа)*
thrift ~ срочный счёт *(в банке)*
trade ~ **payable** *бухг.* **1.** счёт расчётов с поставщиками **2.** кредитовое сальдо расчётов с поставщиками
trade ~ **receivable** *бухг.* **1.** счёт расчётов с покупателями **2.** дебетовое сальдо расчётов с покупателями
transaction ~ текущий счёт, краткосрочный депозит
transfer ~ *см.* **giro account**
transferable sterling ~ переводный счёт в фунтах стерлингов
trust ~ **1.** доверительный счёт, счёт по имуществу, отданному в доверительное управление; траст, учитываемый на особом счёте *(в банке или другом трастовом учреждении)* **2.** *амер.* счёт фондов социального страхования *(в государственном бюджете)*
uncollected items ~ счёт неинкассированных сумм
unsettled ~ неурегулированный [неоплаченный] счёт
valuation ~ счёт остаточной стоимости *(напр. непогашенной дебиторской задолженности)*
visible ~**s** счета по видимым статьям дохода
vostro ~ *см.* **loro account**
wholesale ~ крупный счёт в банке *(обычно компании)*
yearly ~ расчёт на конец года; ультимо

accountability **1.** ответственность **2.** подотчётность **3.** возможность подсчёта [учёта]; учитываемость; учёт; отчётность
property ~ имущественная [материальная] ответственность

accountable ответственный, имеющий обязательства по расчётам

accountancy (бухгалтерский) учёт; бухгалтерия
management ~ **1.** (текущий) анализ хозяйственной деятельности **2.** обеспечение *(администрации фирмы)* учётной информацией

accountant **1.** квалифицированный бухгалтер; бухгалтер с управленческими функциями **2.** ревизор, контролёр **3.** эксперт по анализу балансов и финансовой отчётности □ ~ **in charge** **1.** главный бухгалтер-ревизор **2.** главный бухгалтер *(в группе старших бухгалтеров)*; **to call in an** ~ вызвать эксперта по анализу финансовой отчётности *(для ревизии книг)*
budget ~ бухгалтер-контролёр по исполнению сметы
certified public ~ *амер.* дипломированный бухгалтер высшей квалификации; присяжный бухгалтер; аудитор
chartered ~ *англ.* **1.** *см.* **certified public accountant** **2.** консультант по налогам
chief ~ **1.** главный бухгалтер **2.** старший бухгалтер
chief managerial ~ **1.** главный бухгалтер-аналитик **2.** главный бухгалтер-контролёр **3.** финансист-контролёр **4.** глава учётного аппарата *(корпорации)*
cost ~ главный бухгалтер по учёту издержек производства; бухгалтер-калькулятор
factory ~ заводской бухгалтер; бухгалтер промышленного предприятия
general ~ главный бухгалтер; контролёр
independent ~ бухгалтер-эксперт, имеющий право ревизии балансов; «независимый бухгалтер»
industrial ~ бухгалтер промышленного предприятия

management [managerial] ~ главный бухгалтер-аналитик, бухгалтер с управленческими функциями
office ~ главный бухгалтер; контролёр
private ~ частнопрактикующий бухгалтер
professional ~ *см.* **certified public accountant**
public ~ присяжный бухгалтер; аудитор
tax ~ бухгалтер по налогообложению
works ~ *см.* **factory accountant**
accounting 1. бухгалтерский учёт; анализ хозяйственной деятельности; представление официальной отчётности 2. счетоводство □ ~ **on the basis of quantities** учёт *(материалов)* в натуральном выражении
accrual basis ~ метод начислений при учёте доходов и издержек на счетах; запись доходов и издержек в момент завершения операции
activity ~ функциональный бухгалтерский учёт
administrating ~ оперативный учёт, связанный с нуждами управления *(в отличие от бухгалтерского учёта)*
bank ~ бухгалтерский учёт в банке
bank cost ~ анализ операционной деятельности банка
business ~ учёт коммерческих операций
cash basis ~ кассовый метод учёта доходов и издержек на счетах; запись доходов и издержек на счетах только при их поступлении и выплате *(независимо от периода, к которому они относятся)*
Chinese ~ фальшивое счетоводство
combined job order and process cost ~ комбинированный учёт себестоимости по заказам и процессам
composite property ~ смешанный метод учёта (реального) основного капитала; учёт всего имущества на одном счёте основного капитала
cost ~ 1. производственная бухгалтерия, производственный учёт 2. калькуляция затрат
depreciation ~ амортизационный метод бухгалтерского учёта *(стоимости объектов основного капитала, главным образом оборудования)*
distribution cost ~ учёт издержек в торговле
enterprise ~ бухгалтерия фирмы; бухгалтерский учёт и анализ хозяйственной деятельности в рамках фирмы
entity ~ 1. бухгалтерия самостоятельного организационного подразделения 2. учёт на основе самостоятельного баланса
everyday ~ ежедневный учёт
financial ~ финансовое счетоводство
full-cost ~ финансовый учёт по полной стоимости
functions ~ учёт по видам хозяйственной деятельности
group depreciation ~ групповое начисление износа; метод единой нормы начисления износа *(для смешанной группы объектов основного капитала разного вида)*
group property ~ групповой метод учёта (реального) основного капитала
industrial ~ бухгалтерский учёт на промышленном предприятии
interline ~ учёт операций по взаиморасчётам между транспортными компаниями
inventory ~ учёт запасов товарно-материальных ценностей
item property ~ попредметный метод учёта (реального) основного капитала
machine ~ машинный учёт; механизированный учёт
management ~ 1. управленческий учёт 2. *см.* **administrating accounting**
national economic ~ система национальных счетов
population ~ учёт населения
primary ~ первичный учёт
public ~ независимая ревизорская деятельность *(в отличие от внутрифирменной)*
replacement-cost ~ 1. бухгалтерский учёт в текущих ценах 2. начисление износа по восстановительной стоимости *(в текущих ценах)*
responsibility ~ учёт издержек по центрам ответственности *(за расходование средств)*
retirement (reserve) ~ учёт износа методом разового начисления *(по истечении срока службы объекта)*
social ~ отчётность компании о затратах на социальные цели *(напр. экологию)*
store ~ бухгалтерский учёт запасов
subsidiary-company ~ децентрализованный бухгалтерский учёт по дочерним компаниям
unit depreciation ~ метод начисления износа по каждому отдельному предмету соответственно его сроку службы; метод единицы учёта при равномерном начислении износа основного капитала
whole dollar ~ учёт с округлением до целого доллара
accounts-and-records система счетоводства и документации *(хозяйственных операций)*
accredit 1. кредитовать; отнести на счёт; выдавать аккредитив 2. уполномочивать
accretion прирост; увеличение; наращивание □ ~ **to the capital** прирост стоимости капитала
~ **of demand** увеличение спроса
accrual накопление, приумножение
~ **of interest** приращение [накопление] процентов
accrue накапливаться, нарастать *(о задолженности)*
accrued 1. начисленный, понесенный *(но неоплаченный расход)* 2. накопленный, наросший *(о задолженности)*
accumulate 1. накапливать, аккумулировать 2. собирать
accumulation 1. накопление, накапливание, аккумуляция 2. сбор *(напр. данных)* 3. *бирж.* скупка акций спекулянтами *(при понижении курса)*
~ **of ages** возрастная аккумуляция *(округление возраста на год, оканчивающийся от 0 до 5)*

~ **of risk** *страх.* кумуляция рисков
actual ~ действительное накопление *(в противоположность накоплению денежного капитала)*
capital ~ накопление капитала
information ~ сбор данных [информации]
original [previous, primary, primitive] ~ первоначальное накопление *(капитала)*
production [productive] ~ 1. производственное накопление 2. производительное накопление
roundoff ~ накопление ошибок округления
accuracy 1. точность; достоверность 2. показатель достоверности □ ~ **to within** точность в пределах
adequate ~ требуемая точность; достаточная [приемлемая] точность
attained ~ достигнутая точность
available ~ 1. достижимая точность; доступная [возможная] точность 2. полученная точность
comparative ~ сравнительная точность
design ~ расчётная точность
extreme ~ предельная точность
feasible ~ допустимая точность
forecast ~ точность прогноза
limiting ~ предел точности, предельная ошибка
measurement ~ точность измерения
observation(al) ~ точность наблюдений; точность измерений
obtainable *см.* **available accuracy 1.**
working ~ практическая точность
achievement:
engineering ~ техническое достижение
labor ~**s** трудовые достижения
scientific ~ научное достижение
technical ~ техническое достижение
acknowledgement:
~ **of debt** признание [подтверждение] долга
~ **of liability** признание ответственности
~ **of order** подтверждение заказа
~ **of receipt** 1. официальное уведомление о получении 2. приоритетная справка
acquire приобретать, покупать
acquirer приобретатель, покупатель
acquisition 1. приобретение *(напр. акций)* 2. поглощение *(компании)*
centralized data ~ централизованный сбор данных
challenged ~ *амер.* поглощение предприятия, опротестованное антитрестовскими органами
cross-border ~ приобретение в других странах *(напр. предприятий)*
full ~ полное приобретение *(независимых компаний, их филиалов или отделений)*
information ~ сбор данных [информации]
manufacturing program ~ заказ в рамках программы производства
partial ~ частичное приобретение *(приобретение менее половины активов или акций какой-л. компании)*
primary ~ сбор исходных данных
purchase ~ поглощение с присоединением активов по полной стоимости
acquit 1. освобождать *(от уплаты долга)*; погашать *(обязательства)* 2. оправдывать *(по суду)*
acquittance 1. освобождение *(от обязательства)*; уплата долга 2. расписка *(об уплате долга)*
acre 1. акр 2. *pl* площадь; зе́мли □ ~**s in crops** *амер.* площадь посевов *(без повторных посевов)*; ~**s in farm** вся земля фермы *(включая сельскохозяйственные и несельскохозяйственные угодья)*
~**s of crop** *амер.* общая [суммарная] площадь посевов *(включая повторные посевы)*
crop ~ 1. акр посевной площади 2. *pl* посевная площадь; площадь посевов; площадь под сельскохозяйственными культурами
feed ~ акр кормовой площади *(используемой для производства кормов всех видов)*
forage ~ акр кормовой площади *(используемой для производства грубых кормов)*
irrigable ~ акр орошаемой площади
marginal ~**s** дополнительные участки земли
tillable ~**s** участки пахотнопригодной земли
total ~**s** общая [суммарная] площадь
acreage площадь земли в акрах □ ~ **planted** посевная площадь
actual ~ фактическая площадь
cash crop ~ площадь под товарными культурами земледелия
cereal ~ площадь под зерновыми *(за исключением бобовых культур)*; площадь под хлебными злаками
commercial orchard ~ площадь под промышленными плодовыми культурами
corn ~ площадь под зерновыми
feed ~ кормовая площадь *(используемая для производства кормов всех видов)*
feed ~ **per livestock unit** кормовая площадь на условную голову скота
food ~ *см.* **feed acreage**
forage ~ кормовая площадь *(используемая для производства грубых кормов)*
forage ~ **per grazing livestock unit** кормовая площадь на условную голову пастбищного скота
grazing ~ площадь пастбищ
hay ~ площадь сеноуборки
operated ~ используемая площадь
small grain ~ площадь под хлебными злаками *(за исключением кукурузы и сорго)*
tillable ~ площадь пахотнопригодной земли
total ~ **of farm** общая территория фермы
acre-feet акро-футы □ ~ **diverted** количество отведённой воды в акрофутах, объём водозабора в акрофутах; ~ **per mile** акрофуты на милю *(мера пропускной способности оросительного канала)*
across-the-board всеобщий, всеохватывающий *(напр. о налогах)*
Act □ ~ **to Promote the Development of Mining Resources of the United States** *амер.* закон о содействии развитию добывающих отраслей *(Всеобщее законодатель-*

ство о горнодобыче, 1872 г.); ~ **to Regulate Commerce** *амер.* Межштатный транспортный закон
Agricultural Marketing ~ *амер.* закон о реализации сельскохозяйственной продукции *(1929 г.)*
Air Quality ~ *амер.* закон о чистоте воздуха *(1967 г.)*
Bank Deposit Insurance ~ *амер.* закон о страховании банковских депозитов *(1934 г.)*
Births and Deaths Registration ~ *англ.* закон о регистрации рождений и смертей
Bretton Woods Agreement ~ *амер.* закон о вступлении в силу Бреттонвудского соглашения *(1945 г.)*
Budget and Accounting ~ *амер.* закон о государственном бюджете *(1921 г.)*
Capper—Volstead ~ *амер.* закон Каппера—Вольстеда *(признавший право за производителями сельскохозяйственной продукции объединяться в сбытовые кооперативы)*
Census ~ *англ.* закон о проведении переписей
Clayton ~ *амер.* закон Клейтона *(один из основных антитрестовских законов, 1914 г.)*
Clean Air ~ *амер.* закон о контроле над загрязнением воздуха *(1967 г.)*
Coastal Zone Management ~ **of 1972** *амер.* закон 1972 г. об использовании прибрежной зоны
Consumer Product Safety ~ *амер.* закон о безопасности потребительских товаров
Cooperative Marketing ~ *амер.* закон о сбыте через систему кооперативов
Counter Inflation ~ **of 1973** *англ.* закон о борьбе с инфляцией 1973 года
Currency ~ **of 1900** *см.* **Gold Standard Act**
Depositary Institutions Deregulation and Monetary Control ~ *амер.* закон о дерегулировании депозитных институтов и денежно-кредитном контроле *(1980 г.)*
Deposit Insurance ~ *см.* **Bank Deposit Insurance Act**
Economic Recovery Tax ~ *амер.* налоговый закон экономического возрождения *(1981 г.)*
Edge ~ закон Эджа *(о порядке учреждения иностранных филиалов американских банков, 1919 г.)*
Emergency Banking Relief ~ *амер.* чрезвычайный закон о банках *(1933 г.)*
Emergency Price Control ~ *амер.* чрезвычайный закон о контроле над ценами *(1942 г.)*
Employee Retirement Income Security ~ *амер.* закон о пенсионном обеспечении *(1974 г.)*
Employer's Liability ~ *англ.* закон об ответственности предпринимателей *(предоставляющий право работнику получить от работодателя компенсацию за производственную травму)*
Employment ~ *амер.* закон о занятости *(1946 г.)*
Employment Protection ~ *англ.* закон об обеспечении занятости *(1975 г.)*
Export Administration ~ *амер.* закон о контроле над экспортом
Export Expansion ~ *амер.* закон о стимулировании экспорта *(1971 г.)*
Fair Labor Standard ~ *амер.* закон о справедливых трудовых стандартах *(1938 г.)*
Fair Reporting Credit ~ *амер.* закон о беспристрастной кредитной отчётности *(1971 г.)*
Fair Trading ~ *англ.* закон о добросовестной конкуренции *(1973 г.)*
Farm Credit ~ *амер.* закон о фермерском кредите *(1933 г.)*
Federal Insurance Contributions ~ *амер.* федеральный закон о налогообложении в фонд социального страхования
Federal Land Policy and Management ~ *амер.* закон о политике в области управления федеральными землями *(1976 г.)*
Federal Property and Administrative Services ~ *амер.* федеральный закон о государственной собственности и административных службах
Federal Reserve ~ *амер.* закон о Федеральной резервной системе *(1913 г.)*
Federal Water Pollution Control ~ *амер.* закон о контроле над загрязнением водоёмов *(1965 г., дополненный в 1972 г.)*
Finance ~ *англ.* закон о государственном бюджете
Financial Services ~ *англ.* закон о финансовых услугах *(1988 г.)*
Full Employment and Balanced Growth ~ *амер.* закон о полной занятости и сбалансированном росте *(Хамфри—Хокинса, 1978 г.)*
Glass—Steagall ~ *амер.* закон Гласса—Стиголла *(запрещает коммерческим банкам заниматься размещением и другими операциями с ценными бумагами, 1933 г.)*
Gold Reserve ~ *амер.* закон о золотом резерве *(1934 г.)*
Gold Standard ~ *амер.* закон о золотом стандарте *(1900 г.)*
Health and Safety at Work ~ *амер.* закон об охране труда *(1974 г.)*
Home Loan Bank ~ *амер.* закон об учреждении системы федеральных банков по кредитованию жилищного строительства *(1932 г.)*
Humphrey—Hawkins ~ *см.* **Full Employment and Balanced Growth Act**
Insect Pest ~ *амер.* закон о борьбе с насекомыми — вредителями сельского хозяйства *(1905 г.)*
Interstate Commerce ~ *см.* **Act to Regulate Commerce**
Investment Companies ~ *амер.* закон об инвестиционных компаниях *(1940 г.)*
Labor Management Relations ~ *см.* **Taft—Hartley Act**
Lend-Lease ~ *амер.* закон о ленд-лизе, закон о передаче взаймы *или* в аренду вооружения *(1940 г.)*

Local Employment ~ *амер.* закон о занятости на местах *(1946 г.)*
Mineral Leasing ~ *амер.* закон об аренде месторождений полезных ископаемых *(1920 г.)*
Mining and Mineral Policy ~ *амер.* закон о политике в области добычи и производства минерального сырья *(1970 г.)*
National Bancruptcy ~ *амер.* национальный закон о банкротствах *(1898 г.)*
National Bank ~ *амер.* закон о национальных банках *(1863 г.)*
National Environmental Policy ~ *амер.* закон о политике в области окружающей среды *(1969 г.)*
National Industrial Recovery ~ *амер.* закон о восстановлении национальной промышленности *(1933–1935 гг.)*
Occupational Safety and Health ~ *амер.* закон об охране труда *(1970 г.)*
Plant Quarantine ~ *амер.* закон о карантине растений *(1912 г.)*
Portal-to-Portal ~ *амер.* закон о компенсационных доплатах *(за выполнение обязанностей, не включённых в почасовую оплату)*
Public Utility Holding Company ~ закон о холдинг-компаниях в коммунальном хозяйстве *(1935 г.)*
Reclamation ~ *амер.* закон об охране и развитии внутренних водных ресурсов
Redundancy Payments ~ закон о выплате выходных пособий по безработице
Registration Service ~ *англ.* закон о регистрации актов гражданского состояния *(1953 г.)*
Resource Conservation and Recovery ~ *амер.* закон о консервации и восстановлении ресурсов *(1976 г.)*
Resources Recovery ~ *амер.* закон о восстановлении ресурсов *(1970 г.)*
Rivers (Prevention of Pollution) ~ *амер.* закон о предупреждении загрязнения рек *(1951 г.)*
Robinson—Patman ~ *амер.* закон Робинсона—Патмана *(запрещающий снижение оптовых цен в межштатной торговле, проводимое в целях конкурентной борьбы, 1936 г.)*
Sale of Goods ~ *англ.* закон о продаже товаров
Securities ~ *амер.* закон о ценных бумагах *(1933 г.)*
Securities Exchange ~ *амер.* закон о ценных бумагах и биржах *(1934 г.)*
Securities Investor Protection ~ *амер.* закон о защите фондовых инвесторов *(1970 г.)*
Sherman Antitrust ~ *амер.* антитрестовский закон Шермана *(1890 г.)*
Shops ~ *англ.* закон о регулировании часов работы магазинов *(1950 г.)*
Silver Purchase ~ *амер.* закон о закупках серебра *(1934 г.)*
Smith—Lever ~ *амер.* закон Смита—Левера *(о ежегодном выделении денежной помощи штатам на сельскохозяйственное образование)*
Solid Waste Disposal ~ *амер.* закон об утилизации твёрдых отходов *(1965 г.)*
Surface Mining Control and Reclamation ~ *амер.* закон о контроле над открытой добычей и рекультивацией земель *(1977 г.)*
Taft—Hartley ~ *амер.* закон Тафта—Хартли *(о регулировании трудовых отношений, 1947 г.)*
Trade Agreement ~ *англ.* закон о торговых соглашениях *(1979 г.)*
Trade Description ~ *англ.* закон об описании товаров *(1968 г.)*
Trade Disputes ~ *англ.* закон о производственных конфликтах *(1927 г.)*
Trade Facilities ~ *англ.* закон о содействии торговле
Water Quality ~ *амер.* закон о качестве воды *(1965 г.)*

act 1. закон, акт **2.** акт, документ **3.** событие; действие; мероприятие **4.** действовать; выполнять функции □ **to ~ as** выполнять *чьи-л.* функции, замещать *кого-л.*; **to ~ for** представлять [замещать] *кого-л.*
~ of maternity закон об охране материнства
~ of protest опротестование, акт протеста *(векселя)*
~ of purchase акт купли
~ of sale акт продажи
antitrust ~s антитрестовские законы
copyright ~ закон об авторском праве
derived ~ *мат.* производное событие
designs ~ закон о промышленных образцах
factory ~s фабричное законодательство *(серия законов, принятых в Великобритании)*
fair-labor-relations ~s постановления, регулирующие трудовые отношения
fair-trade ~s *амер.* «Кодексы честной конкуренции» *(регулирующие уровень цен; действовали в период «Нового курса» президента Ф. Рузвельта)*
restrictive trade practicies ~s законы против ограничительной торговой практики; законы против нарушения свободы конкуренции
shipping ~ закон о судоходстве
trademarks ~ закон о товарных знаках
zoning ~ *амер.* закон о введении городского *или* сельскохозяйственного зонирования

action 1. действие; воздействие **2.** мероприятие **3.** решение, заключение **4.** акт, документ **5.** иск, исковое требование □ **~ for damages** иск о возмещении убытков; **~ for nondelivery** иск о возмещении убытков, причинённых недопоставкой товара; **~ in rem** наложение запрещения на судно и груз; **to compromise an ~** прийти к соглашению; уладить дело миром
administrative ~ *упр.* решение оперативного характера
antitrust ~ судебное дело о нарушении антитрестовского закона
corporate ~ решение, принимаемое акционерами *или* наблюдательным советом; стратегическое решение

disciplinary ~ дисциплинарная мера
expansionary ~ стимулирующая мера *(экономического роста)*
follow-up ~ контроль исполнения
industrial ~ промышленный конфликт *(напр. забастовка)*
job ~ забастовка; прекращение работы
military procurement ~ закупка предметов военного снабжения
national ~ общенациональная забастовка
patent ~ патентный иск
price-fixing ~**s** *амер.* судебные процессы по поводу *(монополистического)* сговора о ценах
random ~ случайное воздействие *(напр. на спрос)*
strike ~ забастовка

active 1. активный **2.** оживлённый *(напр. о спросе)* **3.** самодеятельный *(о населении)*
economically ~ экономически активный *(о населении)*

activism *амер.* активизм *(концепция активного правительственного вмешательства в экономику)*

activist активистский, активно вмешивающийся *(о государственной политике)*

activit/y 1. (экономическая) активность; оживление **2.** (хозяйственная) деятельность; производство **3.** операция; работа **4.** организация, учреждение **5.** *pl* показатели *(в экономических исследованиях)* **6.** самодеятельность *(населения)* □ ~ **in market** оживление на рынке; ~ **in progress** незавершённая операция
account ~ объём операций, проходящих по банковскому счёту
advisory ~ консультационная деятельность
air freight ~ воздушные перевозки грузов
ancillary ~ вспомогательный [второстепенный] вид деятельности
basic ~ основной вид деятельности
budgeted ~ деятельность, предусмотренная в бюджете
car locating ~**ies** *трансп.* розыски вагона
complementary ~**ies** взаимодополняющие виды деятельности
completed ~ завершённая операция
composite ~ составная операция
critical ~ критическая операция
construction ~ *амер.* строительство
demand stimulation ~**ies** меры по стимулированию спроса
development ~ опытно-конструкторская работа, ОКР
DOD-generated industrial ~ *амер.* промышленная деятельность по военным заказам
domestic ~ экономическая активность внутри страны, внутренняя экономическая активность
fair ~ деятельность по организации ярмарок
family planning ~**ies** меры по регулированию размера семьи
force-account construction ~ (промышленное) строительство собственными силами *(напр. силами фирмы)*
forecasting ~ прогнозирование
freight traffic ~ *мор.* фрахт; перевозки грузов, грузоперевозки
government research ~ научные исследования по государственным заказам
highly personalized ~ работа, требующая индивидуального мастерства
home construction ~ жилищное строительство; строительство индивидуальных жилых домов
industry ~ **of the plant** *см.* **primary activity 2.**
innovative ~ создание новых продуктов; разработка новой технологии
integrated ~**ies** *амер.* производственные комбинаты
intercity motor freight ~ междугородные грузовые автоперевозки
irregular ~**ies** неучитываемые официальной статистикой виды деятельности *(незаконные)*
know-how ~ обмен производственным опытом
labor ~ трудовая деятельность
leisure(-time) ~ деятельность в свободное от работы время
lending ~**ies** операции по кредитованию, ссудные виды деятельности *(банков)*
make-work ~**ies** меры по увеличению числа рабочих мест; меры по увеличению занятости
manufacturing ~ обрабатывающее производство; производство в отраслях обрабатывающей промышленности
military-and-related ~ **1.** (экономическая) деятельность, связанная с военным производством **2.** производство продукции прямого и косвенного военного назначения
military-base ~ деятельность, связанная со строительством *или* обслуживанием военных баз
negative-sum ~ деятельность, сокращающая общественное богатство
new construction ~ строительство новых объектов
nonmanufacturing ~ производство в отраслях, не относящихся к обрабатывающей промышленности
nonprofit ~ бесприбыльное [некоммерческое] предприятие
nonresidential construction ~ *амер.* строительство нежилых объектов *(т. е. промышленное, сельскохозяйственное и транспортное, кроме автодорожного)*
pollution damaged ~ деятельность, терпящая ущерб от загрязнения окружающей среды
preparedness ~ мобилизационная подготовка
primary ~ **1.** основной вид деятельности **2.** производственная деятельность по профилю отрасли
procurement ~**ies** закупки, закупочная деятельность
production [productive] ~ **1.** производственная деятельность **2.** производительная деятельность

profit-seeking ~ экономическая деятельность с целью получения прибыли
promotional ~ies мероприятия по продвижению товара, деятельность по организации спроса и сбыта
railroad freight ~ железнодорожные грузоперевозки
real estate ~ies операции с недвижимостью
research-and-development ~ies научные исследования и разработки, научно-исследовательские и опытно-конструкторские работы
rural ~ies виды деятельности в сельских районах
rural nonfarm ~ies несельскохозяйственные виды деятельности в сельских районах
sales ~ деятельность по сбыту
secondary *см.* **ancillary activity**
service ~ies обслуживание; услуги; *амер.* производственные услуги *(включая ремонт)*
space-and-related ~ экономическая деятельность, связанная с осуществлением космических программ
trading ~ торговая деятельность
union ~ профсоюзная деятельность
actual 1. фактический, реальный, действительный; действующий **2.** наличный [реальный] товар
actualize реализовать, осуществлять
actuarial актуарный, относящийся к страховому делу
actuary *страх.* актуарий
acyclic непериодический, апериодический
ad реклама, рекламное объявление (*см.тж.* **advertisement)**
adaptability пригодность, применимость; приспособляемость, способность адаптироваться
crop ~ пригодность сельскохозяйственной культуры к выращиванию *(напр. на определённой почве)*
product ~ приспособляемость продукта *(к новым областям применения)*; широта области применения продукта
adaptation 1. адаптация, приспособление **2.** внедрение *(напр. новой техники)* **3.** усовершенствование
~ of product приспособление продукта *(к новым областям применения)*
~ of supply-to-demand приведение в соответствие спроса и предложения
forecast ~ адаптация прогноза
parametric ~ параметрическая адаптация *(прогноза)*
adapted адаптированный, приспособленный; пригодный
adaptive адаптивный
add складывать, прибавлять, присоединять, приписывать □ **to ~ 5% to the price** накидывать 5% на цену; **to ~ the interest** начислять процент
addition 1. дополнение, прибавление; сложение; суммирование; дополнительная выплата **2.** *pl* прирост основного капитала; прирост основных средств; прирост производственных мощностей □ **~s completed** добавленные производственные мощности *(напр. построенные предприятия)*; **~ to age** надбавка *(к тарифной ставке)*, обусловленная повышением застрахованного возраста; **~s to capacity** прирост производственных мощностей; **~s to existing plants** расширение существующих предприятий; **~ to one's salary** прибавка к жалованью
balanced ~s сбалансированный прирост основного капитала
dividend ~ увеличение страховой суммы за счёт причитающихся дивидендов *(играющих роль единовременного страхового взноса для добавочной страховой суммы)*
mercantile ~ to price торговая надбавка к цене
net ~ to labor force чистый прирост рабочей силы
permanent ~s to plant расширение производственных мощностей для длительной эксплуатации
stock ~ прирост запасов
unbalanced ~s несбалансированный прирост основного капитала
additional дополнительный, добавочный
address адрес ‖ адресовать
business ~ служебный адрес
cable (telegraphic) ~ сокращённый [кодовый] адрес для телеграмм
legal ~ юридический адрес
mailing ~ почтовый адрес
return ~ обратный адрес
addressee адресат
adequacy 1. соответствие, адекватность **2.** компетентность
~ of consumer choice адекватность потребительского выбора *(информированный выбор, воплощающий принципы рациональности)*
~ of model адекватность модели
~ of return достаточность дохода
adhere придерживаться; соблюдать *(напр. условия контракта)* □ **to ~ to gold** придерживаться золотого стандарта
adherence соблюдение, строгое следование *(напр. правилам)*
ad hoc *лат.* специальный *(напр. о гипотезе)*, специально *(для данного случая)* привлечённый
adjudication 1. судебное решение, приговор **2.** присуждение *(напр. компенсации по суду)*
adjust 1. приспосабливать; согласовывать; приводить в соответствие **2.** исправлять; уточнять; корректировать **3.** регулировать, приводить в порядок **4.** подгонять *(о расчёте)* **5.** вычислять *(методом наименьших квадратов)* **6.** устанавливать сумму, выплачиваемую по страховому полису □ **to ~ downwards** уменьшать, понижать *(напр. цены)*; **to ~ supply to a current demand** привести предложение в соответствие с текущим спросом; **to ~ to a common basis** привести к единому базису; **to ~ to current prices** исправлять [корректировать] в соответствии с текущими ценами; **to ~ upwards** увеличивать, повышать *(напр. цены)*

adjustable приспособляемый; регулируемый; регулирующийся
adjusted скорректированный; урегулированный □ ~ **for changes in prices** с устранением колебаний цен; ~ **for seasonal variations** с учётом сезонных колебаний
least-squares ~ вычисленный методом наименьших квадратов
adjuster:
average ~ *страх.* диспашер *(специалист по оценке убытков по общей аварии и их распределению между участниками рейса)*
adjustment 1. (экономическое) приспособление; приспособительная реакция *(к меняющимся условиям)*; установление равновесия; приведение в соответствие; исправление; уточнение; корректировка **2.** регулирование, выравнивание *(напр. платёжного баланса)* **3.** урегулирование *(напр. производственных конфликтов)* **4.** подгонка *(расчёта)* **5.** вычисление *(методом наименьших квадратов)* **6.** поправка [исправление] записи *(по банковскому счёту)* □ ~ **between demand and supply** установление равновесия между спросом и предложением; ~ **for discrepancies** статистическая поправка; ~ **for grouping** *стат.* поправка на группировку; ~ **in labor skills** регулирование профессиональной структуры; изменение квалифицированного состава рабочих соответственно потребности
~ **of account** исправление счёта
~ **of average** *страх.* составление диспаши *(расчёт убытков по общей аварии)*
~ **of economy to monetary changes** приспособление экономики к денежным изменениям
~ **of flows of savings and investment** установление равновесия между сбережениями и инвестициями
~ **of national income** приспособление национального дохода к изменению *каких-л.* экономических величин
~ **of observations** согласование результатов наблюдений
~ **of wage rates** изменение ставок заработной платы *(напр. в связи с движением индекса прожиточного минимума)*
acquisition ~ разность между продажной и первоначальной стоимостью
age heaping ~ *демогр.* сглаживание возрастной аккумуляции
agricultural ~ приспособление сельского хозяйства (к требованиям рынка)
automatic(al) ~ автоматическое приспособление *(одних экономических величин к изменению других)*
basic ~ структурная перестройка *(платёжного баланса)*
capital-stock ~ приспособление капитала к изменениям конъюнктуры
claims ~ *страх.* диспаша
cost-of-living ~ поправка *(к заработной плате)* на рост прожиточного минимума
cost-prices-output ~ регулирование соотношения «производство—издержки—цены»
currency ~ пересмотр валютных паритетов
cyclical ~ приспособление экономики в ходе цикла
dollar ~ денежная компенсация *(для урегулирования претензий)*
downward ~ понижение *(цены)*; понижательная тенденция; поправка в сторону понижения
employment ~ приведение в соответствие (спроса и предложения на рынке труда) с помощью изменения уровня занятости
exchange-rate ~ регулирование валютного курса
farm boundary ~ внутрихозяйственное землеустройство
financial ~ переходящий фонд
forecast ~ уточнение прогноза
graphic(al) ~ графическое выравнивание; графическое согласование
income ~ регулирование доходов *(для установления экономического равновесия)*
industrial ~ перестройка промышленности; приспособление производства к новым требованиям рынка
interest rate ~ регулирование нормы процента *(для установления экономического равновесия)*
inventory ~ управление запасами
inventory valuation ~ корректировка стоимости запасов; поправка *(к размеру прибыли)* на изменение стоимости товарных запасов
least-squares ~ вычисление методом наименьших квадратов; согласование *(данных)* методом наименьших квадратов
long-run ~ долговременное урегулирование *(напр. платёжного баланса)*
money-wage ~ регулирование денежных выплат по заработкам
par value ~ перестройка валютных паритетов
portfolio ~ регулирование структуры портфеля активов
postwar ~ реконверсия
price ~ **1.** корректирование цен *(в зависимости от изменения рыночной ситуации)* **2.** приведение в соответствие (спроса и предложения) на основе изменения цен
price level ~ приспособительная реакция цен; корректирование цен; поправка на изменение уровня цен
quantity ~ восстановление экономического равновесия путем изменения национального дохода
scale ~ приведение к заданному масштабу
seasonal ~ поправка на сезонные колебания
short-run ~ кратковременное урегулирование *(напр. платёжного баланса)*
stock ~ корректировка величины запасов
structural ~ перестройка
trading-day ~ корректировка количества рабочих дней
upward ~ повышение *(цены)*; повышательная тенденция; поправка в сторону повышения
wage-level ~ приспособительная реакция заработной платы

adman *англ.* сотрудник рекламного агентства, рекламный агент
admass *англ.* публика, на которую рассчитана реклама
administer 1. управлять *(на государственном уровне)*; осуществлять руководство 2. вести хозяйственные дела
Administration:
Civil Aeronautics ~ Управление гражданской авиацией *(США)*
Defense Transportation ~ Управление военных перевозок *(США)*
Domestic and International Business ~ Управление внутреннего и международного предпринимательства *(Министерства торговли США)*
Economic Cooperation ~ Администрация экономического сотрудничества *(Великобритания)*
Economic Development ~ Управление экономического развития *(Министерства торговли США)*
Employment Standards ~ Управление по трудовым стандартам *(Министерства труда США)*
Energy Research and Development ~ Управление энергетических исследований и разработок *(США)*
Environmental Science Services ~ Управление по изучению окружающей среды *(США)*
Farm Credit ~ Администрация по делам фермерского кредита, АФК *(США)*
Federal Aviation ~ Федеральное управление гражданской авиации *(Министерства транспорта США)*
Federal Communications ~ Федеральное управление связи *(США)*
Federal Energy ~ Федеральное энергетическое управление *(США)*
Federal Highway ~ Федеральное управление шоссейных дорог *(Министерства транспорта США)*
Federal Housing ~ Федеральное управление жилищного строительства *(США)*
Federal Railroad ~ Федеральное управление железных дорог *(Министерства транспорта США)*
Federal Water Pollution Control ~ Федеральное управление по контролю загрязнения водоёмов *(США)*
Food and Drug ~ Управление по санитарному надзору за качеством пищевых продуктов и медикаментов *(США)*
Foreign Operations ~ Управление заграничными операциями *(США)*
General Services ~ Управление служб общего назначения *(США)*
International Cooperation ~ Администрация международного сотрудничества *(США)*
Labor-Management Services ~ Управление служб по трудовым отношениям *(Министерства труда США)*
Manpower ~ Управление людскими ресурсами *(Министерства труда США)*
Maritime ~ Управление торгового флота *(Министерства торговли США)*
National Aeronautic and Space ~ Национальное управление по аэронавтике и исследованию космического пространства, НАСА *(США)*
National Credit Union ~ Национальная администрация кредитных союзов *(США)*
National Highway Traffic ~ Национальное управление по безопасности движения на автострадах *(США)*
Occupational Safety and Health ~ Управление охраны труда *(Министерства труда США)*
Rural Electrification ~ Управление электрификации сельских районов *(США)*
Small Business ~ Управление по делам мелких фирм *(США)*
Urban Mass Transportation ~ Управление городского общественного транспорта *(США)*
Veterans ~ Ведомство по делам ветеранов *(США)*
administration 1. управление *(на государственном уровне)*; область управления *(в отличие от* **management** *имеет более узкое значение)* 2. ведение хозяйственных дел 3. администрация; ведомство, орган управления 4. *амер.* правительство, возглавляемое данным президентом
business ~ 1. управление торгово-промышленной деятельностью 2. область управления частными предприятиями и компаниями
central ~ центральное главное управление, центральные органы власти
contract ~ контроль за исполнением контракта
customs ~ таможенное управление
economic planning ~ планово-экономическое управление
farm-work ~ руководство сельскохозяйственными работами
financial ~ ведение финансовых дел
fiscal ~ налоговое ведомство, налоговое управление
local ~ местные органы власти
municipal ~ местные органы власти
personnel ~ управление кадрами *(набор, контроль, расстановка, подготовка)*
poor-law ~ государственные органы по борьбе с нищетой
price ~ регулирование цен *(напр. крупными фирмами или государством)*
project ~ руководство научно-исследовательской *или* опытно-конструкторской работой
public ~ 1. управление на государственном и местном уровнях 2. область управления государственными и местными органами
salary-and-wage ~ орган, регулирующий вопросы оплаты труда
surplus marketing ~ ведомство по реализации товарных излишков
tax ~ налоговое ведомство
administrative административный
administrator 1. администратор, управляющий, руководитель, заведующий; дирек-

тор-распорядитель **2.** управляющий хозяйством **3.** опекун
assistant ~ помощник руководителя
assistant deputy ~ помощник заместителя руководителя
associate ~ первый помощник руководителя
contract ~ руководитель подрядных работ
deputy ~ заместитель руководителя
admission 1. допущение; признание **2.** доступ; допуск **3.** применение методов регулирования рождаемости □ **~ to quotation** допуск *(ценных бумаг)* к регистрации на бирже; **~ of goods free of duty** разрешение беспошлинного ввоза товаров
admit допускать; признавать; разрешать □ **to ~ a hypothesis** принимать гипотезу; **to ~ as partner** принимать в качестве партнёра; **to ~ in writing** признавать в письменной форме
admittance доступ, допуск □ **no ~ except on business** посторонним вход запрещён
adopt 1. принимать *(напр. план, рекомендации, отчёт)* **2.** усыновлять
adoptee усыновлённый
adopter усыновитель
adoption 1. принятие; утверждение *(напр. плана)* **2.** усыновление **3.** применение надёжного метода ограничения деторождения
adrate *амер.* ставка оплаты за рекламу
adult взрослый, совершеннолетний
adulterate фальсифицировать; подмешивать *(напр. вещество худшего качества)* □ **to ~ coinage** заниматься изготовлением фальшивых монет
adulteration фальсификация; подмешивание
adulthood совершеннолетие
legal ~ совершеннолетие
ad valorem *лат.* в соответствии со стоимостью; с объявленной цены, с ценности *(о пошлине)*
advance 1. прогресс; улучшение **2.** рост, повышение *(цен)*, увеличение || повышать(ся), увеличивать(ся) **3.** выдвигать *(напр. гипотезу)* **4.** аванс; авансирование || авансировать **5.** заём, ссуда || давать ссуду, ссужать **6.** предупреждение *(напр. об увольнении)* □ **~ against goods** ссуда под залог товаров; **~ against security** ссуда под обеспечение, ломбардная ссуда; **~ free of interest** беспроцентная ссуда; **in ~** заранее, досрочно *(напр. о выплатах)*; **~ in living standard** повышение жизненного уровня; **~ in price** *см.* **price advance**; **~ in the cost of living** рост стоимости жизни; **~ on crops** аванс под урожай; **~ on current account** ссуда по текущему счёту; контокоррентный кредит; **~ secured on merchandise** *см.* **advance against goods**; **to ~ an argument** приводить довод; **to ask for an ~** просить аванс; **to grant an ~ 1.** внести задаток **2.** предоставить аванс; **to ~ money on securities** предоставить ссуду под ценные бумаги; **to obtain an ~ of money** получить денежный аванс [задаток]
~ of capital затрата капитала
~ of wages повышение заработной платы
cash ~ денежный аванс; кредит в наличноденежной форме
collateral ~ ссуда под обеспечение, ломбардная ссуда
economic(al) ~ экономический прогресс; экономический рост
farming ~ *англ.* банковская ссуда фермера
freight ~ аванс фрахта
index ~ рост *или* увеличение индекса
industrial ~ успехи в развитии промышленности
money ~ денежная ссуда
outstanding claims ~ взнос в обеспечение покрытия неоплаченных претензий
price ~ повышение в цене; рост цен
progressive ~ поступательное развитие
scientific-and-technological ~ научнотехнический прогресс
secured ~ ссуда под обеспечение, ломбардная ссуда
self-liquidating ~ самоликвидирующийся кредит *(напр. сезонный кредит банка)*
technical ~ технический прогресс
technological ~ 1. прогресс в технологии **2.** технический прогресс
travel ~ аванс на командировочные расходы
uncovered ~ ссуда без обеспечения
ways and means ~ *англ.* ссуда казначейству для покрытия бюджетных расходов
advanced 1. передовой **2.** продвинутый; близкий к завершению *(напр. о проекте)*
advancement 1. прогресс; успех **2.** выдвижение *(напр. гипотезы)*
advantage 1. преимущество; превосходство || получать преимущество **2.** выгода; польза **3.** способствовать; благоприятствовать □ **to score an ~** получать преимущество; **to take ~ of something** воспользоваться *чем-л.*; **to turn to ~** извлечь выгоду, обратить себе на пользу
~s of location преимущества (географического) положения
natural ~s преимущества (географического) пложения
tax ~ выгода, обеспечиваемая (существующей) системой налогового обложения
advantageous выгодный; благоприятный; предпочтительный
adventure *разг.* рискованное коммерческое дело, рискованное предприятие; спекуляция
joint ~ краткосрочное совместное предприятие, временное товарищество
adventurer делец, ведущий рискованное предприятие; спекулянт
adverse пассивный *(о балансе)*; неблагоприятный *(напр. о тенденции)*
advertise создавать рекламу товару, рекламировать; помещать объявление
advertisement рекламное объявление, реклама
black-and-white ~ черно-белая [нецветная] реклама
broadside ~ широкоформатная реклама

color ~ многоцветная реклама
cooperative ~ совместная торгово-промышленная реклама
front page ~ реклама на первой странице *(напр. газеты)*
full-page ~ рекламное объявление *(в газете или журнале)* на целую страницу
illuminated ~ световая реклама
joint ~ коллективная реклама
movie ~ кинореклама
official ~ официальное объявление
sample ~ реклама с помощью образцов
teaser ~ *амер.* игровая реклама
television ~ телевизионная реклама
transit ~ реклама в городском транспорте
two-page ~ реклама на развороте
wall ~ настенная реклама
want ~ объявление о желании купить *(нанять и т.п.)*

advertiser 1. лицо, дающее объявление; рекламодатель 2. журнал *или* газета с объявлениями 3. рекламное приложение

advertising 1. реклама; рекламирование 2. рекламное дело; публикация объявлений
advance ~ заблаговременная реклама
billboard ~ *амер.* реклама на стендах
classified ~ сгруппированные по тематике объявления *(напр. «требуется», «продаётся»)*
consumer ~ реклама, рассчитанная на потребителей
cooperative ~ совместная торгово-промышленная реклама
direct-mail ~ прямая почтовая реклама
display ~ витринно-выставочная реклама
electric(al) ~ световая реклама
follow-up ~ повторная реклама
free editorial ~ бесплатная издательская реклама
group ~ коллективная реклама
illuminated (letter) ~ световая реклама *(бегущими буквами)*
industrial ~ реклама для промышленных заказчиков
institutional ~ рекламирование достоинств организации
local ~ местная реклама
low-pressure ~ ненавязчивая реклама
mail-order ~ реклама, призывающая заказывать товары почтой
media ~ газетно-журнальная реклама
misleading ~ реклама, вводящая в заблуждение
national ~ реклама по всей стране *(в отличие от местной)*
outdoor ~ уличная реклама
patent ~ 1. оповещение о патенте 2. реклама патента 3. выкладка заявки на патент
permanent poster ~ постоянная реклама в афишах
point-of-purchase ~ реклама в местах продажи
price ~ реклама цен
publicity-mast ~ реклама на столбах
puffing ~ устная реклама *(напр. на рынке)*
reminder ~ повторная реклама
selective ~ реклама, избирательно направленная на определённого потребителя
subliminal ~ реклама, действующая на подсознание
technical press ~ реклама, публикуемая в технических изданиях
trade ~ рекламирование в коммерческих изданиях
transit ~ рекламирование в транспорте *(внутри автобусов, на станциях)*
two-step formal ~ двухступенчатые объявленные торги; двухступенчатые конкурсные закупки *(первый этап — конкурс по техническим параметрам, второй — по ценам)*

advice 1. извещение, уведомление 2. авизо 3. совет, консультация
~ **of collection** инкассовое извещение
~ **of deal** *англ.* извещение о выполнении сделки
~ **of dispatch** извещение об отправке *(груза)*
~ **of payment** извещение о платеже
credit ~ кредитовое авизо
debit ~ дебетовое авизо
delivery ~ извещение о доставке *(груза)*
expert ~ экспертиза, экспертное заключение
financial ~ финансовая консультация
incoming ~ входящее авизо
instructional ~ инструктаж
outgoing ~ исходящее авизо
preliminary ~ предварительное авизо
professional ~ консультация специалиста
shipping ~ извещение об отгрузке

advise 1. извещать, уведомлять 2. советовать, консультировать

adviser консультант
farm ~ специалист, консультирующий фермеров
investment ~ консультант по капиталовложениям
publicity ~ консультант по рекламе
tax ~ консультант по вопросам налогового обложения
vocational ~ профессиональный консультант

advising □ ~ **the consumer** консультация покупателей *(в магазине)*

advisory консультативный

advocacy 1. пропаганда 2. отстаивание; защита

affair 1. дело; занятие 2. предприятие
business ~ деловое [коммерческое] предприятие
money ~**s** денежные обстоятельства

affidavit аффидавит, юридически заверенный документ *(напр. о происхождении груза)*

affiliate 1. дочернее общество; компания-филиал ‖ присоединять в качестве филиала 2. выявлять; устанавливать происхождение и связи 3. усыновлять, устанавливать отцовство
securities ~ *амер.* филиал банка для операций с ценными бумагами

affiliated связанный, являющийся филиалом

affiliation 1. присоединение, переход под контроль другой компании; переход под контроль компании-держателя 2. усыновление, установление отцовства
affinal находящийся в родстве *(по браку)*
affinity свойство, родство по мужу *или* жене
affreight фрахтовать *(судно)*
affreighter фрахтователь, наниматель
affreightment фрахтование *(судна)*
aftercrop 1. второй урожай 2. последующая сельскохозяйственная культура *(по обороту пласта)*
afterculture пополнение насаждений, подсадка
afterdate датировать более поздним числом
afterhours дополнительные часы работы
aftermath 1. последствие 2. *с.-х.* отава
afterpayment последующий платёж; дополнительный платёж, доплата
afterripening *с.-х.* послеуборочное дозревание
afterservice *ТМО* дообслуживание
agamy безбрачие
age 1. возраст 2. срок службы, длительность работы *(оборудования)* 3. *демогр.* поколение 4. эра; период 5. *с.-х.* выдерживать; созревать □ ~ **at divorce** возраст при разводе; ~ **at entry** возраст вступления *(напр. в трудовую деятельность)*; ~ **at expiry** возраст на момент истечения срока страхования; возраст на момент выплаты страховой суммы «по достижении определённого возраста»; ~ **at the first union** возраст при вступлении в первый брак; ~ **at the last birthday** полное число лет; ~ **at the nearest birthday** *см.* **age at the next birthday**; ~ **at the next birthday** число лет, исполняющееся в ближайшую годовщину рождения; ~ **at withdrawal** *см.* **pension age**; **to be of** ~ быть совершеннолетним; **to be under** ~ быть несовершеннолетним; **to come of** ~ достичь совершеннолетия
~ **of consent** *см.* **marriage age**
~ **of discretion** возраст правоспособности
~ **of entry into insurance** возраст в момент страхования
~ **of majority** *англ.* возраст совершеннолетия
adult ~ совершеннолетие; возмужалость
breeding ~ *с.-х.* возраст полового созревания; срок первого спаривания; случной возраст
childbearing [child producing] ~ детородный возраст *(в демографии 15–44 или 15–49 лет; иногда 20–44 или 20–49 лет)*
chronological ~ фактический возраст
dependent ~ непроизводительный возраст *(до 15 и после 65 лет)*
estimated ~ оценка достоверности возраста, возраст по оценке
exact ~ точный возраст
extreme old ~ престарелый возраст
fertile ~ плодовитый возраст
full ~ совершеннолетие; возмужалость
giving ~ возраст трудовой деятельности
juvenile ~ подростковый возраст
legal ~ совершеннолетие
limiting ~ предельный возраст *(для приёма на страхование)*
market ~ *с.-х.* возраст достижения рыночных кондиций
marriage ~ брачный возраст; возраст при вступлении в брак
maternal ~ материнский возраст
maximum ~ 1. максимальный возраст 2. максимальный срок службы *(оборудования)*
mean ~ средний возраст
median ~ медиана возрастного состава населения; медианный возраст
middle ~ средний возраст; пожилой возраст
migrating ~ возраст мигрирующего населения
minimum ~ **at marriage** минимальный возраст при вступлении в брак
modal ~ **at death** наиболее вероятный возраст смерти
normal ~ **at death** нормальный возраст умерших
nuptial ~ *см.* **marriage age**
old ~ старость; старческий возраст *(70–75 лет и выше)*
parental ~ возраст родителей
pension [pensionable] ~ пенсионный возраст
physiologic(al) ~ физиологический возраст
pivotal ~ граница возрастного интервала
postchildbearing ~ возраст за пределами детородного периода
primary school ~ младший школьный возраст
productive ~ производительный возраст *(от 15 до 65 лет)*
propagative ~ *см.* **childbearing age**
reproductive ~ возраст половой зрелости
retirement ~ пенсионный возраст
school(-going) ~ школьный возраст
school leaving ~ возраст при окончании обучения в школе
secondary school ~ средний и старший школьный возраст *(от 12 до 17 лет)*
weaning ~ *с.-х.* возраст отъёма, возраст отбивки
widowhood ~ возраст при овдовении; возраст вдовых лиц
zero ~ нулевой возраст *(в таблицах смертности)*
aged 1. старый; пожилой 2. достигший определённого возраста 3. старческий
ageing 1. старение *(напр. населения)*; устаревание; износ *(напр. оборудования)* 2. *с.-х.* созревание
~ **of population** старение населения, демографическое старение
individual ~ физиологическое старение
partial ~ частичное старение *(населения)*
total ~ полное старение *(населения)*
Agenc/y :
Advanced Research Projects ~ Управление перспективных исследований *(Министерства обороны США)*
Defense Supply ~ Управление военного снабжения *(Министерства обороны США)*

Environmental Protection ~ Управление по охране окружающей среды *(США)*
European Space ~ Европейское управление космических исследований
Federal Work ~ Федеральное управление трудоустройства *(США)*
Foreign Investment Review ~ Управление регулирования иностранных инвестиций *(Канада)*
International Atomic Energy ~ Международное агентство по атомной энергии, МАГАТЭ
International Development ~ Агентство международного развития *(США)*
International Energy ~ Международное энергетическое агентство
National Housing ~ Национальное управление жилищного строительства *(США)*

agenc/y 1. фактор; средство *(исполнения)* 2. агентство; орган, бюро; представительство; организация-посредник 3. поручение; посредничество 4. *уст.* действие; деятельность 5. взаимоотношения между доверителем и агентом *(действующим в интересах доверителя)* 6. *pl* ценные бумаги федеральных агентств *(США)*
advertising ~ рекламное агентство
clearing ~ клиринговое учреждение; расчётная палата
collecting ~ инкассирующее учреждение
contracting ~ подрядная организация
coordinating ~ организация-координатор
credit ~ агентство кредитной информации
customs ~ таможенное управление
debt collection ~ учреждение, инкассирующее долги
directing ~ головная организация
educational ~ учебное заведение
employment ~ контора по трудоустройству
estate ~ имущественное агентство
exclusive ~ представительство с исключительными правами
executive ~ *амер.* федеральный регулирующий орган, непосредственно подчинённый президенту *(в отличие от независимых органов)*
federal ~ 1. агентство иностранного банка в США 2. агентство [орган] федерального правительства *(США)*
federal claimant ~ федеральная организация — заявитель на услуги транспорта
federal regulatory ~ федеральный контрольный орган
federal resource ~ федеральное ведомство по мобилизации ресурсов
federal transport ~ федеральное управление перевозок
federal transportation support ~ федеральное ведомство, обеспечивающее транспортные перевозки
forwarding ~ транспортно-экспедиционное агентство
grant(-giving) [granting] ~ субсидирующая [финансирующая] организация
independent ~**ies** ведомства в составе правительства США, независимые агентства
industrial extension ~ *см.* **technical assistance agency**
initiating ~ организация-инициатор *(напр. разработки)*
insurance ~ страховое агентство
mercantile ~ 1. торговое агентство 2. *амер.* кредит-бюро; справочная контора о кредитоспособности
New Deal ~**ies** государственные учреждения, созданные в период «Нового курса» президента Ф.Рузвельта
news ~ информационное агентство
procurement ~ 1. закупочная организация 2. организация по снабжению
real estate ~ фирма по торговле недвижимостью
sponsoring ~ 1. финансирующая организация 2. организация-заказчик
statistical ~ статистическое учреждение
technical cooperation ~ агентство по организации производственного кооперирования *(мелких и средних предприятий)*
trade ~ торговое агентство
water ~ 1. учреждение, ведающее водоснабжением 2. водохозяйственная организация

agent 1. агент; представитель; посредник; поверенный 2. действующая сила; фактор 3. *pl* агентство □ ~ **carrying stocks** консигнационный агент
acquisition ~ агент по заключению новых договоров страхования
advertising ~ агент по рекламе
cargo ~**s** транспортное агентство
carrier ~ транспортный агент
chartered ~ зарегистрированный агент
chief purchasing ~ руководитель группы материально-технического снабжения
clearing house ~ агент по клирингу *(банк, член расчётной палаты, обменивающий чеки для банка-нечлена)*
collection ~ агент по инкассо; банк, инкассирующий суммы по долговому документу
commercial ~ торговый агент
commission ~ комиссионер
Crown ~**s** инвестиционное агентство Великобритании *(по осуществлению капиталовложений за рубежом государственными и частными организациями)*
del credere ~ комиссионер, берущий на себя делькредере
district ~ представитель профсоюза в данном районе
employment ~ агент по найму
estate ~ 1. управляющий имением 2. агент по продаже недвижимости
exclusive ~ агент с исключительными правами
extension ~ консультант по вопросам сельского хозяйства
farm ~ *англ.* управляющий имением
Federal Reserve ~ федеральный резервный агент *(председатель федерального резервного банка, принимающий заявки на выпуск банкнот от коммерческих банков)*
forwarding ~ 1. экспедитор 2. *pl* транспортно-экспедиционное агентство

freight ~ агент по фрахтовым операциям, фрахтовый агент
general ~ 1. агент, представляющий своего доверителя по широкому кругу вопросов 2. *pl* генеральное представительство фирмы
general freight ~ генеральный *или* главный агент по фрахтовым операциям
handling ~ агент по транспортной обработке грузов
insurance ~ страховой агент
joint ~**s** совместное (транспортное) агентство *(нескольких компаний)*
land ~ 1. агент по продаже земельных участков 2. управляющий имением
Lloyd's ~ агент ассоциации «Ллойд»
local freight ~ местный агент по фрахтовым операциям
managing ~ агент-распорядитель
manufacturer's ~ торговый агент промышленной фирмы
manufacturer's purchasing ~**s** отдел [служба] материально-технического снабжения промышленной фирмы
merchandise ~ комиссионер
part-time ~ агент-совместитель
patent ~ патентный поверенный
paying ~ банк, выплачивающий по поручению и за счёт компании проценты и дивиденды
permissive ~ содействующий участник
property ~ агент по продаже (земельной) собственности
publicity ~ 1. *pl* рекламная фирма 2. рекламный агент *(по обеспечению престижа)*
publishing ~ агент по публикации *(тарифов и правил транспортных компаний)*
purchasing ~ 1. агент по закупкам; агент по материально-техническому снабжению 2. *pl* агентство по материально-техническому снабжению
receiving ~ агент-получатель
redemption ~ агент по изъятию *(банкнот)*
regional sales ~ агент по сбыту в определённом районе
reserve ~ *амер.* банк — хранитель резерва
sales ~ 1. агент по сбыту 2. коммерческий директор; заведующий отделом сбыта
selling ~**s** торговое агентство, торговая контора
social insurance ~ страховой агент
stock transfer ~ агент по трансферту акций
supply ~ агент по снабжению
ticket ~**s** транспортное агентство по продаже билетов
transfer ~ трансферный агент *(по передаче ценных бумаг)*; банк, ведущий регистр ценных бумаг *(корпорации)*
transit ~ агент по транзиту
travel(l)ing ~ коммивояжёр

agglomeration 1. укрупнение; интеграция *(напр. рынков)* 2. агломерация *(населённых пунктов)*
~ **of industries** территориальная концентрация промышленности
urban ~ городская агломерация, конурбация

aggrandize увеличиваться *(о богатстве)*; повышаться *(по службе)*

aggrandizement увеличение *(богатства)*; повышение *(по службе)*

aggregate 1. множество; совокупная величина; совокупность ‖ собирать в целое; агрегировать; укрупнять ‖ совокупный, собранный в одно целое; агрегированный; суммарный; общий; итоговый 2. *pl* агрегированные показатели 3. агрегат □ **in the** ~ в совокупности
asset ~ совокупная величина активов
economic(al) ~**s** агрегированные экономические показатели *(напр. объём производства)*
finite ~ *мат.* конечное множество
infinite ~ *мат.* бесконечное множество
monetary ~ совокупность элементов денежной массы, денежный агрегат
output ~ совокупный продукт
population ~ населённый пункт, населённое место

aggregation 1. агрегирование *(экономических показателей)* 2. населённый пункт, населённое место
~ **of capital** концентрация капитала; масса капитала
sector ~ объединение отраслей

aggregative собирательный; укрупнённый; агрегированный *(напр. о показателях)*

aging *см.* **ageing**

agio ажио, лаж *(приплата к установленному курсу или нарицательной цене)*

agist 1. брать чужой скот на выпас *(за определённую плату)* 2. облагать налогом *(владельца пастбища)*

agistage плата за пастьбу

agistment 1. право на пастьбу *(в лесу)* 2. плата за пастьбу

agistor сдающий в аренду пастбище

agnate родственник по мужской линии ‖ родственный по отцу, имеющий общих предков по мужской линии

agnation родство по мужской линии, родство по отцу

agrarian 1. аграрий, крупный землевладелец ‖ аграрный, земельный; относящийся к землепользованию; сельскохозяйственный 2. член аграрной партии

agree 1. соглашаться 2. условливаться, договариваться 3. быть в соответствии, согласоваться, сходиться; совпадать

Agreement:
Bretton Woods ~ Бреттонвудское соглашение *(об образовании Международного валютного фонда и Международного банка реконструкции и развития, 1944 г.)*
Buttonwood Tree ~ «Соглашение платанового дерева», договорённость о начале биржевых операций в Нью-Йорке *(1792 г.)*
European Monetary ~ Европейское валютное соглашение *(1955 г.)*
General ~ **on Tariffs and Trade** Генеральное соглашение о тарифах и торговле, ГАТТ *(1948 г.)*

Jamaica ~ Ямайкское соглашение *(о переходе к плавающим курсам и выведении золота из международной валютной системы, 1976 г.)*
London Debt ~ Лондонское соглашение о долгах ФРГ другим западным странам
Rio ~ международное сограшение *(разработанное в Рио-де-Жанейро в рамках МВФ, вступило в силу в 1970 г.)* о введении системы «специальных прав заимствования» *(системы предоставления взаимных кредитов в условных расчётных денежных единицах СДР)*
Smithsonian ~ Смитсоновское соглашение *(о девальвации доллара и пересмотре курсов остальных капиталистических валют, 1971 г.)*
Tripartite Currency ~ трёхстороннее *(США, Франция и Великобритания)* соглашение о валютном сотрудничестве *(1936 г.)*
Washington ~ Вашингтонское соглашение *(США и Великобритания о послевоенных финансовых отношениях, 1945 г.)*

agreement **1.** соглашение, договор **2.** *стат.* согласие □ ~ **for exclusiveness** соглашение *(страховщика со страховым агентом)* об обслуживании только данного страховщика; ~ **to bargain** соглашение о ведении переговоров; **to dissolve an** ~ расторгать договор; **to enter into an** ~ заключать договор; **to rescind an** ~ аннулировать договор; ~ **to sell** соглашение о продаже; **to sign an** ~ подписать соглашение
~ **of bailment** договор о передаче на ответственное хранение
ABC ~ соглашение между брокерской фирмой и её служащим об условиях покупки места на бирже
average demurrage ~ соглашение о плате за простой *(вагонов и судов)*
barter ~ соглашение о товарообмене
bilateral ~ двустороннее соглашение
brokerage ~ договорённость о брокерской комиссии
business ~ деловое соглашение, деловой договор
checkoff ~ соглашение об удержании *(профсоюзных взносов из заработной платы)*
clearing ~ соглашение о клиринговых расчётах
collateral ~ дополнительное соглашение
collusive ~ соглашение, в основе которого лежит тайный сговор
compensation ~ компенсационное соглашение *(о погашении кредита товарами, производимыми строящимся за счёт кредита предприятием)*
contractual ~ контракт, договор
coproduction ~ соглашение о совместном производстве
credit trading ~ соглашение о продаже в кредит
economical cooperation ~ соглашение об экономическом сотрудничестве
exclusive dealing ~ соглашение, предоставляющее торговцу исключительное право продажи *(продукции фирмы в данном районе)*
family income supplemental ~ дополнительное соглашение о страховании дохода семьи *(присоединяется к договорам страхования на случай смерти и страхования вкладов)*
financial ~ финансовое соглашение
framework ~ рамочное соглашение *(общее соглашение о товарообмене)*
franchise ~ льготное соглашение
general loan and collateral ~ *амер.* общее соглашение о ссудах и обеспечении *(при кредитовании банком брокера фондовой биржи)*
hire purchase ~ договор о продаже с рассрочкой платежа
instalment trading ~ *см.* **credit trading agreement**
interchange ~ соглашение *(между авиакомпаниями)* о прямом воздушном сообщении
labor ~ трудовое соглашение
licensing ~ лицензионное соглашение; соглашение о передаче права на использование патента
loan ~ договор о ссуде; контракт о получении кредита
market-sharing ~ соглашение о разделе рынка
monetary ~ валютное соглашение
national ~ национальное соглашение *(обычно коллективное соглашение профсоюзов и предпринимателей, касающееся условий труда и заработной платы в какой-л. отрасли)*
offsetting ~ компенсационное соглашение
operating ~ договор на эксплуатацию
operating-differential subsidy ~ соглашение на субарендуемую эксплуатацию судна *(в размере превышения стоимости эксплуатации по отношению к неамериканским судам)*
overnight repurchase ~ соглашение о покупке ценных бумаг с последующим выкупом через сутки
pay-and-hours ~ соглашение *(с профсоюзом)* о заработной плате и рабочем времени
payments ~ платёжное соглашение
preferential trade ~ преференциальное торговое соглашение
price fixing ~ соглашение об установлении и поддержании цен на определённом уровне
project ~ соглашение о проведении научно-исследовательской *или* опытно-конструкторской работы
reciprocal ~ соглашение на основе взаимности
repurchase ~ соглашение о покупке ценных бумаг с последующим выкупом по обусловленной цене
revolving credit ~ соглашение о возобновлении кредита *(в пределах срока действия соглашения)*
rough ~ приближённое согласие

sell-and-lease ~ договор о продаже с одновременным взятием в аренду *(продающей фирмой)*
sidetrack ~ договор на постройку и эксплуатацию соединительной ветки *или* подъездного пути *(на территории предприятия)*
standby ~**s** резервные соглашения
standstill ~**s** мораторий по частным долгам
supply ~ договор на поставку
sweetheart ~ «полюбовное» соглашение *(коллективный договор на невыгодных для рабочих условиях)*
syndicate ~ соглашение об организации консорциума
tacit-and-overt collusive ~**s** тайные и явные монополистические соглашения
trade-and-payments ~ соглашение о торговле и платежах, торговое и платёжное соглашение
trust ~ договор *(обычно письменный)* об учреждении траста
trusteeship ~ соглашение о выполнении доверительных функций
underwriting ~ соглашение о размещении ценных бумаг на рынке
working ~ соглашение о сотрудничестве

agribusiness агропромышленный комплекс *(страны)*, агробизнес
animal (industry) ~ животноводческий агропромышленный комплекс

agricultural 1. сельскохозяйственный 2. земледельческий; агрономический

agriculture 1. сельское хозяйство 2. земледелие; агрономия
commercial ~ товарное сельскохозяйственное производство
continental ~ сельское хозяйство в Европе *(в отличие от английского)*
crofting ~ *англ.* парцеллярное земледелие, земледелие на мелких участках
diversified ~ неспециализированное хозяйство; многоотраслевое хозяйство
dry ~ богарное [сухое] земледелие
efficient ~ эффективное [развитое] сельское хозяйство
extensive ~ 1. экстенсивное сельское хозяйство 2. экстенсивное земледелие
farm-market ~ товарное сельскохозяйственное производство
grassland ~ лугопастбищное хозяйство
high ~ *см.* **intensive agriculture**
inefficient ~ неэффективное [слаборазвитое] сельское хозяйство
intensive ~ 1. интенсивное сельское хозяйство 2. интенсивное земледелие
irrigated ~ орошаемое земледелие
low ~ *см.* **extensive agriculture**
machine [mechanized] ~ механизированное сельское хозяйство
nonirrigated ~ неорошаемое земледелие
scientific ~ ведение сельского хозяйства с использованием научных методов
subsistence ~ натуральное сельское хозяйство
tank ~ гидропоника
tray ~ гидропоника
truck ~ товарное сельскохозяйственное производство

agriculturist 1. агроном 2. фермер, земледелец
subsistence ~**s** *ист.* крестьяне, ведущие натуральное хозяйство

aid 1. помощь ‖ помогать, оказывать помощь 2. *pl* вспомогательные средства 3. пособие 4. помощник □ ~ **to families of dependent children** пособие многодетным семьям
briefing ~**s** инструкция
categorical ~ денежная помощь определённым категориям нуждающихся
development ~ помощь в целях развития
federal ~ *амер.* федеральная помощь; финансовая помощь государства отдельным штатам
financial ~ финансовая помощь
health-and-beauty ~**s** санитарно-гигиенические и косметические средства
in-kind ~ натуральная помощь, помощь в форме товаров и услуг
maintenance ~**s** ремонтные средства
pecuniary ~ денежная помощь
safety ~**s** инструкция по технике безопасности
selling ~**s** демонстрационный и рекламный материал *(при сбыте товаров)*
teaching ~ учебное пособие; средство обучения

aircraft *бирж.* акции авиационных компаний

airfreight воздушный флот

airline 1. авиалиния 2. авиакомпания
cargo ~ грузовая авиалиния
long-haul ~ магистральная авиалиния
scheduled ~ регулярная авиалиния с рейсами по расписанию

airport:
~ **of destination** аэропорт назначения
alternate ~ запасной аэропорт
hub ~ узловой аэропорт

air-transport авиатранспортный

airway 1. воздушная трасса 2. воздуховод

airworthiness годность к полётам; годность к эксплуатации в воздухе

airworthy годный к полётам; годный к эксплуатации в воздухе

aisle *амер.* проход между полками *(на которых выставлены товары в магазинах самообслуживания)*

aisle-man работник, пополняющий запасы товаров *(на полках магазина самообслуживания)*

algorithm алгоритм
almost-dual ~ приближённо-двойственный алгоритм
approximation ~ алгоритм аппроксимации
best-route ~ алгоритм выбора оптимального маршрута *(в задаче о коммивояжере)*
composite simplex ~ составной симплексный алгоритм
control ~ алгоритм управления
decomposition ~ алгоритм декомпозиции, алгоритм разложения; блочный алгоритм
dual ~ алгоритм решения двойственной задачи

dual simplex ~ двойственный симплексный алгоритм
estimation ~ алгоритм оценивания
maximin ~ максиминный алгоритм
minimax ~ минимаксный алгоритм
network ~ алгоритм решения задач сетевого планирования
operative ~ рабочий алгоритм
optimal path ~ *см.* **best-route algorithm**
optimization ~ алгоритм оптимизации
prediction ~ алгоритм прогнозирования
primal ~ алгоритм решения прямой задачи
primal-dual ~ алгоритм для одновременного решения прямой и двойственной задачи
search ~ алгоритм поиска
shortest route ~ алгоритм выбора кратчайшего пути
transportation ~ алгоритм решения транспортной задачи
verification ~ алгоритм верификации *(прогноза)*

alien иностранец; подданный другого государства, проживающий в (данной) стране || иностранный
emigrant ~ эмигрант
immigrant ~ иммигрант
nonresident ~ подданный другого государства, временно проживающий в (данной) стране
resident ~ подданный другого государства, постоянно проживающий в (данной) стране, резидент
visiting ~ временно проживающий

alienage статус (ненатурализованного) иностранца

alienation 1. отчуждение *(напр. имущества)* 2. отчуждение как социально-экономическое явление

alienator тот, кто отчуждает имущество

alienism (юридическое) положение иностранца в чужой стране

align 1. ставить в ряд; сравнивать *(напр. экономические показатели)* 2. присоединяться *(напр. к блоку)*

alignment группировка, блок *(стран)*

alleviate ослаблять, смягчать *(напр. экономический кризис)*

Alliance:
International Cooperative ~ Международный кооперативный альянс

alliance союз, альянс

allocate 1. распределять, размещать 2. выделять; назначать 3. ассигновывать; отчислять □ **to ~ land among crops** распределять землю по сельскохозяйственным культурам

allocation 1. распределение, аллокация, размещение *(напр. рабочей силы)* 2. ассигнование; отчисление 3. выделение *(дефицитных или фондированных ресурсов)* 4. классификация □ **to be on ~** нормироваться *(о дефицитных товарах, сырьё)*; **~ to reserve** отчисление в резерв; закладка в запас
~ of charges распределение расходов
~ of currency распределение [квотирование] валюты *или* наличных денег
~ of felling план рубки леса, лесохозяйственный оборот
~ of labor распределение рабочей силы
~ of preferences распределение предпочтений
~ of priorities распределение приоритетов *(в системе массового обслуживания)*
~ of shares распределение акций
acre ~ распределение земельной площади *(по сельскохозяйственным культурам)*
channel ~ распределение каналов *(в системе массового обслуживания)*
cost ~ распределение прямых затрат
foreign exchange ~ распределение [квотирование] иностранной валюты
fund ~ ассигнование, выделение фондов
percentage ~s процентные отчисления
resources ~ распределение ресурсов
space ~ распределение площади торгового зала
task ~ распределение рабочих заданий
undrawn ~s неиспользованные ассигнования

allodium *ист.* аллод

allonge аллонж *(листок, прилагаемый к векселю для дополнительных индоссаментов)*

all-or-any part приказ клиента брокеру исполнить сделку полностью *или* частично (по его усмотрению)

all-or-none 1. выпуск ценных бумаг с возможностью аннулирования в случае неудачи с гарантийной подпиской 2. приказ брокеру исполнить сделку в полной сумме

allot выделять *(напр. средства)*; распределять □ **to ~ credits** предоставлять кредиты; **to ~ funds** распределять бюджетные ассигнования

allotment 1. выделение *(напр. средств)*; распределение 2. доля, часть, количество *(напр. фондируемых материалов)* 3. участок земли, сдаваемый в аренду 4. ассигнования из бюджета
~ of critical materials выделенный фонд дефицитных материалов
~ of shares распределение акций
acreage ~ *амер.* предельная посевная площадь *(устанавливаемая фермерам для некоторых культур)*
actual ~ *амер.* бюджетные ассигнования, утверждённые конгрессом

allottee 1. получатель ценных бумаг по подписке 2. мелкий арендатор; лицо, получающее земельный надел

allow 1. разрешать; допускать 2. признавать 3. предоставлять скидку *(ценовую)* 4. выдавать пособие □ **to ~ a claim** признавать требование; принимать требование; **to ~ a discount** предоставлять скидку; **to ~ for...** делать [вводить] поправку на...; принимать во внимание; учитывать; **to ~ for in the budget** выделять ассигнования в смете, выделять средства, ассигновывать; **to ~ in the cost** учитывать элемент себестоимости

allowance 1. разрешение; допущение; принятие в расчёт **2.** признание *(напр. требований)* **3.** скидка *или* надбавка; налоговая скидка; *трансп.* скидка с оценки груза **4.** денежное пособие; прибавка *(к заработной плате)* **5.** начисление *(напр. суммы накладных расходов)* **6.** необлагаемый налогом минимум пособия, выплачиваемый на детей и иждивенцев **7.** разница между массой товаров брутто и нетто **8.** *с.-х.* рацион, норма выдачи **9.** поправка **10.** допускаемое отклонение, допуск **11.** *орг. пр.* норма времени □ ~ **for cash** скидка за платёж наличными; ~ **for contingencies** скидка на предвиденные расходы; ~ **for damage** компенсация за убыток [за ущерб]; ~ **for depletion** налоговая скидка на истощение *(природных ресурсов)*; официально установленная доля валового дохода, не подлежащая налогообложению; **~s for exchange fluctuations** допустимые пределы колебаний валютного курса; ~ **for funds** налоговая скидка на капиталовложения; ~ **for land rent** надбавка *(к величине национального дохода, создаваемого в сельском хозяйстве)*, связанная с учётом земельной ренты; ~ **per case for draft** скидка на провес с веса каждого ящика; **to make ~s** исходить из определённых допущений *(при теоретическом анализе)*; учитывать, принимать во внимание; **to make ~ for** вводить поправку на *что-л.*; **with an ~ for risk** с учётом риска

~ **of credit** предоставление [выдача] кредита

~ **advertising** ~ скидка *(с цены поставляемого товара)* с целью компенсации затрат на рекламу

age ~ *англ.* налоговая льгота для престарелых *(со ставки подоходного налога для лиц старше 65 лет)*

amortization ~ *см.* **depreciation allowance**

capital ~s 1. вычеты из налоговых обязательств, связанные с затратами капитальных активов фирмы **2.** амортизационные отчисления *(в статистике национального дохода)*

children's ~ пособие многодетным семьям

clothing ~ 1. вещевое довольствие; норма вещевого снабжения **2.** *орг.пр.* норма времени на переодевание (рабочего)

compensatory ~ надбавка для компенсации убытков

cost-of-living ~ надбавка на дороговизну, повышение ставок заработной платы в связи с изменением индекса прожиточного минимума

daily ~ 1. суточный рацион *(животных)* **2.** суточное пособие

daily ~ per animal суточный рацион на условную голову скота; суточная потребность животного в кормах

day's ~ суточное пособие

delay ~ 1. норма неустранимого простоя *(входящего в норму времени на выполнение работы)* **2.** компенсация за неустранимый простой *(при сдельной оплате труда)*

depreciation ~ налоговая скидка на амортизацию *(основного капитала)*

display ~ скидка *(магазину)* для компенсации расходов на организацию выставки товара *(в торговом зале)*

expense ~ предусмотренный (сметой) расход, ассигнование по смете

extra ~ дополнительная скидка

family ~ пособие многодетным семьям

fatigue ~ 1. надбавка за переутомление *(выплачиваемая при удлинении рабочего дня в связи со снижением производительности в последние часы дня)* **2.** норма времени на усталость

free baggage ~ предельный вес багажа, провозимого без доплаты к стоимости билета

illness ~ пособие по болезни

installation ~ пособие на первоначальное устройство

investment ~ налоговая льгота за инвестирование капитала

job difficulty ~ надбавка за трудоёмкость работы

living ~ средства на жизнь; пособие на жизнь; стипендия

lodging ~s «квартирные» *(статья командировочных расходов на оплату жилья)*

loss ~ норма допустимых потерь *(напр. на утечку и усушку)*

maintenance ~ пособие на техническое обслуживание *(оборудования)*

mileage ~ скидка с учётом дальности пробега *(напр. частных вагонов)*

mineral depletion ~ скидка на истощение природных ресурсов *(при расчёте налогов)*

monetary [money] ~ денежное пособие

personal ~ норма времени на личные нужды *(определённый процент от нормы времени на выполнение работы)*

personal income tax ~ скидка с подоходного налога

prenatal ~ пособие по беременности и родам

promotion ~ скидка *(с цены поставляемого товара)* с целью компенсации услуг по продвижению товара на рынок

provisional ~ временный оклад

ration ~ норма продовольствия

reject ~ допустимый уровень брака *(на предприятии)*

relocation ~ «подъёмные» *(пособие, выдаваемое при переезде на новое место работы)*

remedy ~ *англ.* ремедиум *(допустимое отклонение фактического веса и пробы монеты от стандарта)*

rent ~s *см.* **lodging allowances**

scrap ~ (учитываемая) доля отходов металла, коэффициент отходов металла *(в калькуляции)*

separation ~ денежное содержание, выплачиваемое семье военнослужащего

shift ~ надбавка за работу во вторую *или* третью смену

spoilage ~ норма допустимых потерь вследствие порчи продукции

standard ~ нормативная надбавка времени

standard expense ~ нормативный расход *(предусмотренный сметой)*
subsistence ~ надбавка, обеспечивающая только прожиточный минимум
swell ~ допустимое количество недоброкачественных [вздутых] банок *(в партии)*
tariff ~ тарифная скидка
tax ~ налоговая скидка
time ~ **1.** норма времени *(для выполнения технологической операции)* **2.** *pl* повременные пособия
trade ~ скидка розничным торговцам
trade-in ~ скидка при встречной продаже, зачётная скидка *(с цены новой покупки в размере стоимости сдаваемой старой вещи)*
unavoidable delay ~ норма времени на перерыв, не зависящий от рабочего
warehousing ~ скидка с оптовой цены при доставке товара в магазин *(минуя склад)*
wastage [waste] ~ *см.* **loss allowance**

alloy **1.** лигатура *(примесь, добавляемая к благородным металлам)* **2.** проба благородных металлов
~ **of gold** сплав с золотом

alter изменять(ся); переделывать

alteration **1.** изменение; поправка, изменяющая условия *(чека или векселя)*; исправление *(в документах, бухгалтерских книгах)* **2.** перестройка, переделка *(не изменяющая производительности или производственной мощности)* **3.** переделка *(напр. готового платья по требованию покупателя)* □ ~ **to plant** перестройка [реконструкция] предприятия
fraudulent ~ подделка [подчистка] документа *(напр. чека)*

alternative **1.** вариант; альтернатива, выбор альтернативы ‖ вариантный; альтернативный; взаимоисключающий; второй *(из двух возможных)* **2.** *стат.* альтернативная гипотеза, альтернатива
exclusive ~ исключающая альтернатива
multiple-choice ~ многовариантная альтернатива; многовариантный выбор
n-fold ~ *n*-кратная альтернатива
optimum ~ оптимальный вариант
single-sided ~ односторонняя альтернативная гипотеза
two-sided ~ двусторонняя альтернативная гипотеза
unrestricted ~ неограниченная альтернатива

amalgamate объединять(ся), сливать(ся) *(напр. о предприятиях)*

amalgamation объединение, слияние; амальгамация
~ **of business** слияние компаний
farm ~ слияние сельскохозяйственных предприятий
industrial ~ слияние промышленных предприятий
racial ~ смешение рас

ameliorate **1.** улучшать(ся) *(напр. о конъюнктуре)*; повышать(ся) *(напр. о качестве продукции)* **2.** мелиорировать

amelioration **1.** улучшение *(напр. конъюнктуры)*; повышение *(напр. качества продукции)* **2.** мелиорация

amendment исправление, поправка
Robinson—Patman ~ *амер.* дополнение Робинсона— Пэтмена к антитрестовскому закону Клейтона *(по вопросу о дискриминации цен)*

amends вознаграждение; компенсация *(за причинённый ущерб)*

amenities удобства
~ **of economic growth** позитивные последствия экономического роста
social ~ социально-культурное и бытовое обслуживание

amortization **1.** амортизация, снашивание **2.** *бухг.* амортизационное списание *(в течение срока службы основного капитала)* **3.** постепенное погашение долга *(в рассрочку из резервного фонда)* **4.** постепенное создание фонда *(для погашения долга до наступления срока обязательства)* □ ~ **charged to operation** амортизационные начисления, относимые на издержки производства
accelerated ~ ускоренная амортизация
accelerated tax ~ налоговые льготы при ускоренной амортизации
capital cost ~ амортизационное списание стоимости (основного) капитала
emergency ~ амортизация при чрезвычайных обстоятельствах

amortize **1.** амортизировать **2.** *бухг.* списывать **3.** погашать (долг) в рассрочку

amount **1.** количество; сумма; итог ‖ составлять сумму; достигать; равняться; быть равным **2.** *стат.* объём **3.** *pl* расчётный [ликвидационный] период на бирже **4.** *бухг.* основная сумма и проценты с неё □ ~ **at risk** страховая сумма; ~ **due (for)** сумма к получению, причитающаяся сумма; ~ **in cash** сумма наличными; ~ **payable on settlement** сумма страхового возмещения; ~**s receivable** средства для учёта векселей; ~ **received for** *см.* **amount due (for)**; **to double the** ~ удвоить сумму; ~ **to order** объём заказа; **to recover an** ~ возместить сумму; **to the** ~ **of** на сумму; **up to the** ~ **of** в пределах [до] *такой-то* суммы; ~ **written off** списанная сумма
~ **of balance** остаток на счёте
~ **of business** торговый оборот
~ **of finance** объём средств *(напр. предназначенных для капиталовложений)*
~ **of housing** жилищный фонд
~ **of indebtedness** сумма долга
~ **of loss** сумма убытка
~ **of money** сумма денег
~ **of sampling** объём выборки
~ **of security** величина обеспечения *(по кредиту)*
~ **of turnover** сумма оборота *(капитала)*
accruing ~**s** накапливаемые суммы
advance ~ **paid-in** досрочный платёж
aggregate ~ совокупная сумма; общий итог
book ~ сумма по записям в бухгалтерских книгах *(стоимость приобретения за вычетом начисленного износа)*

budgeted ~s расходы, предусмотренные сметой
capitalized ~s суммы, отнесённые на счёт капиталовложений
claim ~ сумма иска
collected ~ инкассированная сумма
error ~ величина ошибки
estimated ~ оцениваемая сумма
face ~ 1. номинальная сумма **2.** страховая сумма, указанная в договоре страхования
fractional ~ незначительная сумма; часть суммы
odd ~ некруглая сумма
open-book ~ коммерческий кредит, предоставленный без документального оформления
original ~ of the loan первоначальная сумма займа
outstanding ~ непогашенная часть *(займа)*; сумма задолженности *(напр. по кредиту)*
principal ~ капитальная сумма, капитал *(на который начисляются проценты)*; сумма займа
random claim ~ случайная сумма иска
real ~ реальная сумма *(с поправкой на обесценение денег)*
remaining [residual] ~ остаток суммы
round ~ круглая сумма
seasonal ~ сезонная потребность
uncollected ~ неинкассированная сумма

ample достаточный; обильный; богатый *(напр. о ресурсах)*

amplification амплификация *(усиление действия параметров в сложной системе)*

amplitude:
cyclical ~ амплитуда циклических колебаний

Amtrak (National Railroad Passenger Service) *амер.* Национальная компания железнодорожных пассажирских сообщений, Амтрак

analyse *см.* **analyze**

analysis 1. анализ; исследование; подробное рассмотрение **2.** *бухг.* метод расчёта
~ of accounts ревизия [анализ] счетов
~ of corporate cash flows анализ денежного оборота компании
~ of observation обработка наблюдений
ABC ~ анализ товарных запасов *(путём деления на три категории: A — наиболее ценные, B — промежуточные, C — наименее ценные)*
accelerator-multiplier ~ анализ *(экономического цикла)*, основанный на понятиях акселератора и мультипликатора
activity ~ анализ деятельности *(напр. предприятия)*
activity ~ of production and allocation анализ деятельности при изготовлении и распределении продукции
balance sheet ~ анализ баланса, оценка финансового положения *(компании)*
Bayesian ~ *мат.* байесовский анализ
benefit-cost ~ *см.* **cost-benefit analysis 1.**
benefit-risk ~ анализ соотношения между выгодой и риском
best-route ~ анализ оптимального маршрута *(в задаче о коммивояжере)*
break-even ~ анализ безубыточности *(производства)*; анализ критических соотношений *(общей выручки от реализации и объёма производства)*
budget ~ анализ исполнения финансового плана *или* сметы
business ~ 1. анализ хозяйственной деятельности **2.** анализ возможностей производства и сбыта *(при разработке нового изделия)*
check ~ контрольный анализ
cluster ~ *стат.* анализ путём разбиения на группы
cobweb ~ анализ динамики рынка с помощью «паутинообразной» модели (*см.* **cobweb theorem)**
cohort ~ *демогр.* продольный анализ, метод когорт
cohort disaggregation ~ *демогр.* продольный анализ с разделением когорт на более мелкие группы
cohort survival ~ *демогр.* продольный анализ долговечности
complaint ~ анализ эксплуатационных рекламаций
congestion ~ анализ ситуаций скученности; анализ системы массового обслуживания
convex ~ *мат.* выпуклый анализ
correlation ~ *стат.* корреляционный анализ
cost ~ анализ затрат
cost-benefit ~ анализ затрат
cost-effectiveness ~ анализ эффективности затрат; анализ экономической эффективности
cost-performance ~ (сравнительный) анализ затрат и технических характеристик
cost-sensitivity ~ анализ изменения затрат
cost-utility ~ анализ полезности затрат
cost-volume-profit ~ *см.* **break-even analysis**
covariance ~ *стат.* ковариационный анализ
cross-impact ~ анализ взаимного влияния факторов *(при прогнозировании)*
cross-sectional ~ статический анализ *(основанный на данных, относящихся к одному и тому же периоду времени)*
current population ~ текущий демографический анализ
decision-flow ~ анализ потока решений
discounted cash flow ~ расчёт окупаемости капиталовложений по приведённым *или* дисконтированным затратам
discriminant [discriminatory] ~ *стат.* дискриминантный анализ
disequilibrium ~ анализ неравновесия
dynamic ~ динамический анализ
empirical ~ анализ, основанный на эмпирических данных, эмпирический анализ
end-point ~ анализ конечных результатов
equilibrium ~ анализ равновесия
error ~ анализ погрешностей [ошибок]
ex ante ~ анализ, основанный на использовании ожидаемых [предполагаемых] величин

ex post ~ анализ, основанный на использовании фактических величин
express ~ ускоренный анализ, экспресс-анализ
factorial ~ факторный анализ
family ~ анализ состава семей
farm budget ~ анализ хозяйственной деятельности фермы
feasibility ~ анализ выполнимости
feed ~ *с.-х.* анализ корма
fertility ~ *демогр.* анализ плодовитости
field ~ *с.-х.* полевой анализ
field return ~ анализ случаев возврата изделий; анализ эксплуатационных рекламаций
film ~ *орг. пр.* изучение трудовых движений методом киносъёмки
financial ~ анализ финансового состояния
flow-of-funds ~ анализ денежных потоков
fundamental ~ фундаментальный [всесторонний] анализ *(положения компании для прогноза курсов её акций)*
game-theoretic ~ *мат.* теоретико-игровой анализ
gap ~ анализ разрыва *(при прогнозировании)*
household ~ анализ состава семей
impact ~ анализ влияния факторов *(при прогнозировании)*
income ~ анализ доходов
income-expenditure ~ анализ доходов и расходов
indifference curve ~ анализ *(потребительского спроса)*, основанный на кривых безразличия
industrial ~ анализ отраслевой структуры
input-output ~ **1.** *см.* **cost-benefit analysis 2.** *стат.* анализ входных и выходных данных
interaction ~ анализ взаимодействия
invariant ~ инвариантный анализ *(при прогнозировании)*
inventory ~ анализ (состояния) запасов
job ~ **1.** изучение особенностей работы *(выявление специфики разных профессий и требований, предъявляемых к рабочему месту и исполнителю)* **2.** изучение трудовых операций *(путём разбиения на элементы)*
job safety ~ *орг. пр.* изучение безопасности труда
least-squares ~ *мат.* анализ методом наименьших квадратов
linear ~ *мат.* линейный анализ
linear programming ~ *мат.* анализ методом линейного программирования
longitudinal ~ **1.** изучение явления в разные моменты времени *(напр. поведения групп потребителей)* **2.** *см.* **cohort analysis**
long-run ~ анализ долгосрочных процессов *(напр. экономического роста)*; долгосрочный анализ
macroeconomic ~ макроэкономический анализ
maintainability ~ анализ ремонтопригодности
maintenance ~ анализ технического обслуживания
marginal ~ маржинальный [предельный] анализ, анализ по предельным показателям
measure ~ объёмный анализ
microeconomic ~ микроэкономический анализ
micromotion ~ *орг. пр.* изучение элементов трудовых движений
model ~ анализ на модели
money-flow ~ анализ денежных потоков
motion ~ *орг. пр.* изучение трудовых движений
motion time ~ *орг. пр.* хронометрирование трудовых движений
multiplier ~ анализ *(экономического цикла)*, основанный на понятии мультипликатора
multistage ~ многошаговый анализ
multivariate statistical ~ многомерный статистический анализ
needs ~ **1.** анализ потребностей **2.** *орг. пр.* изучение потребностей *(работника)*
network ~ сетевой анализ, анализ сетевыми методами
operating ~ анализ (хозяйственной) деятельности
operating cost ~ анализ текущих издержек
operations ~ **1.** исследование операций **2.** анализ *(производственного процесса)* по операциям
order ~ анализ заказов *(в системе управления запасами)*
organization ~ анализ организационной структуры
overhead ~ анализ накладных расходов
parameter (variation) ~ анализ изменения параметров *(при прогнозировании)*
performance ~ **1.** анализ технических характеристик **2.** анализ эксплуатационных показателей
performance degradation ~ анализ ухудшения технических характеристик
periodic ~ периодический анализ
periodogram ~ анализ периодических зависимостей
pilot ~ предварительный анализ
policy ~ анализ, проводимый в целях выбора экономической политики *(на базе эконометрических моделей)*
population ~ демографический анализ
portfolio ~ анализ портфеля *(заказов)*
postoptimality ~ анализ после нахождения оптимального решения
priority ~ анализ приоритетов *(для установления очерёдности выполнения задач)*
process ~ анализ технологического процесса
prospective ~ перспективный анализ *(технического, социально-политического и экономического развития)*
quadratic ~ *мат.* квадратический анализ
quality cost ~ анализ затрат на обеспечение (требуемого) качества
queueing ~ анализ системы массового обслуживания

ranging ~ классификационный анализ
ratio ~ анализ относительных показателей
regulatory impact ~ анализ эффекта регулирования *(как обоснование регулирующих мер)*
relevance ~ анализ важности факторов *(при прогнозировании)*
reliability variation ~ анализ изменения надёжности
risk ~ анализ степени риска *(при принятии решений)*
safety ~ анализ эксплуатационной безопасности
sales ~ анализ возможностей сбыта
sampling ~ выборочный анализ
savings-investment ~ анализ, основанный на сравнении сбережений и инвестиций
scrap-cost ~ анализ издержек вследствие брака
seasonal ~ анализ сезонных изменений
security ~ изучение финансовой деятельности компании
sensitivity ~ *стат.* анализ чувствительности
sequence ~ **1.** анализ экономической динамики на основе выделения последовательных периодов **2.** анализ последовательностей *(напр. операций)*
short-run ~ анализ краткосрочных процессов; краткосрочный анализ
simulation ~ исследование методом моделирования
skills ~ *орг. пр.* проверка квалификации
standardized ~ стандартная методика анализа
stock ~ анализ состояния запасов
successive ~ *стат.* последовательный анализ
supply ~ изучение предложения
tabular ~ анализ табличных данных
task ~ анализ рабочих заданий
team ~ анализ, выполняемый группой специалистов
technical ~ технический анализ *(рынка ценных бумаг)*, анализ с помощью математических, графических методов
therblig ~ *орг. пр.* изучение элементов трудовых движений
time ~ временной анализ
time-series ~ анализ временных рядов
trade-off ~ анализ с целью выбора компромиссного решения
transverse ~ *демогр.* поперечный анализ
trend ~ *стат.* **1.** анализ тренда **2.** анализ тенденции изменения *(напр. спроса)*
utility ~ анализ полезности
variability ~ анализ изменчивости
variance ~ *стат.* дисперсионный анализ
volumetric ~ объёмный анализ
worst-case ~ рассмотрение наихудшего случая, анализ самого неблагоприятного варианта

analyst исследователь; экономист-аналитик
business ~ экономист, занимающийся вопросами конъюнктуры; экономист-аналитик деловой активности
census ~ специалист по обработке и изучению материалов переписи
collection ~ бухгалтер по расчётам с покупателями
cost ~ бухгалтер по учёту издержек производства; бухгалтер-калькулятор
demographic ~ демограф-исследователь
economic ~ экономист-калькулятор
financial ~ специалист в области финансов
marketing-research ~ специалист по изучению рынков сбыта
operations-research ~ специалист по исследованию операций
planning ~ специалист по планированию
quality control ~ специалист по контролю качества
securities ~ специалист по ценным бумагам
system(s) ~ специалист по системному анализу
value ~ специалист по стоимостно-функциональному анализу

analyze 1. анализировать, подвергать анализу, исследовать; подробно разбирать **2.** *бухг.* распределять, разносить

ancestor 1. *стат.* первичное исходное событие **2.** *демогр.* предок **3.** предшествующий владелец

ancestral наследственный

ancestry происхождение

annual годовой, годичный
average ~ среднегодовой

annualization *бухг.* пересчёт в годовое исчисление, пересчёт на год
~ **of statement** представление данных *или* промежуточного баланса в годовом исчислении; пересчёт данных *или* промежуточного баланса на год

annuitant получающий ежегодную ренту *(как источник дохода)*; лицо, которому выплачивается страховая рента

annuity 1. аннуитет, рента, периодически уплачиваемый взнос **2.** ежегодная рента, ежегодный доход **3.** страхование ренты *или* пенсии □ ~ **with investment plan** аннуитет с инвестиционным планом *(страхование ренты объединяется с вложением капиталов в ценные бумаги; застрахованный получает фиксированный ежегодный доход, а также доход, приносимый ценными бумагами)*
annual premium ~ аннуитет с уплатой годового взноса *(страхователем)*
apportionable ~ делимый *(между наследниками)* аннуитет
certain ~ особый аннуитет *(доход выплачивается в течение определённого числа лет независимо от того, жив застрахованный или умер)*
consolidated ~ *англ.* консолидированная рента
contingent ~ условный аннуитет
current ~ выплачиваемая рента
deferred ~ отсроченная рента *(выплата годового дохода начинается через определённое число лет после заключения договора страхования)*

disability ~ страхование пенсии на случай утраты трудоспособности
fixed ~ фиксированный аннуитет *(гарантирует фиксированный доход)*
government ~ государственная пожизненная рента
group ~ групповое страхование *(по единому страховому договору)*
immediate ~ немедленная рента *(выплата годового дохода начинается сразу же после заключения договора страхования)*
joint life and survivor ~ рента для главы семьи и его иждивенцев *(годовой доход выплачивается одному или нескольким членам семьи, а затем пережившему супругу или его иждивенцам)*
life ~ пожизненный аннуитет
nonapportionable ~ неделимый аннуитет *(выплачиваемый доход не подлежит делению между наследниками)*
nonrefund life ~ безвозвратный аннуитет *(в случае смерти застрахованного уплаченные взносы не возвращаются)*
overdue ~ просроченный аннуитет
participating ~ аннуитет, участвующий в прибылях страховой компании
patent ~ ежегодная патентная пошлина, ежегодный патентный взнос
perpetual ~ пожизненный аннуитет
refund ~ возвратный аннуитет *(в случае смерти застрахованного его наследникам возвращается часть уплаченного взноса)*
single premium ~ аннуитет с единовременной уплатой взноса *(страхователем)*
sinking fund ~ годовая сумма *(амортизационных)* отчислений в фонд погашения
survival ~ страхование пенсии пережившему супругу
temporary ~ временная рента
terminable ~ аннуитет, предусматривающий выплату ежегодного дохода в течение определённого числа лет *(в отличие от пожизненного)*
variable ~ переменный аннуитет *(сумма выплат в известной мере зависит от движения цен)*

annul аннулировать, отменять; уничтожать
annulment аннулирование, отмена; уничтожение
annum *лат.* год □ **per ~** в год
anomalous аномальный, неправильный
anomaly аномалия; отклонение
answer 1. *мат.* решение *(задачи)*; ответ 2. соответствовать, отвечать, удовлетворять *(чему-л.)* □ **to ~ the description** соответствовать описанию *(напр. товара)*
multiple ~ многозначное решение
numerical ~ числовой ответ
antagonist антагонист, соперник
antagonistic(al) антагонистический
ante 1. доля, часть 2. *лат.* до, перед
antecedence предшествование; приоритет
antecedent 1. предшествующее ‖ предшествующий 2. *pl* прошлое *(происхождение)* 3. *мат.* предыдущий член отношения 4. априорный
antedate финансовый документ, помеченный задним числом ‖ помечать задним числом *(напр. вексель)*
anticipate 1. предвидеть; антиципировать; ожидать; рассчитывать 2. прогнозировать 3. порочить новизну *(изобретения)* □ **to ~ income** тратить в предвидении будущих доходов, антиципировать доходы
anticipation 1. предвидение; антиципация; ожидание; предвосхищение 2. прогноз 3. порочение новизны *(изобретения)*
~ of payment досрочный платёж
consumer ~s планы потребителей
investment ~s ожидаемые капиталовложения
sticky ~s медленно меняющиеся *или* реагирующие на обстановку антиципации, неэластичные ожидания
tax ~ резервирование средств для уплаты налогов
anticipatorily предварительно; в предвидении *(напр. доходов)*
anticipators of business cycle система экономических показателей, используемых для прогнозирования изменений экономической конъюнктуры
anticipatory 1. досрочный 2. порочащий новизну *(изобретения)*
anticompetitive противоконкурентный, направленный против конкуренции
antidumping антидемпинговый
antimode *стат.* антимода *(точка минимума плотности распределения)*
antimonopoly антимонопольный; антитрестовский
antinatalist сторонник мероприятий, направленных на сокращение рождаемости
antitrust антитрестовский
apartment квартира
rental ~ 1. квартира для сдачи в наём 2. *pl* многоквартирные дома
separate ~ отдельная квартира
shared ~ коммунальная квартира
aperiodic апериодический, непериодический
aperiodicity апериодичность, непериодичность
a posteriori *лат.* апостериорный, основанный на опыте ‖ апостериори, эмпирически, из опыта, по опыту
apparel *амер.* предметы одежды
apparent 1. явный, очевидный 2. видимый, заметный 3. кажущийся
appeal 1. просьба 2. обжалование, апелляция ‖ апеллировать, обжаловать, подавать апелляционную жалобу 3. привлекательность, притягательность *(напр. магазина, товара)* □ **to file an ~** *амер.* подавать жалобу
advertising ~ 1. рекламная концепция 2. привлекательность рекламы
consumer ~ привлекательность товара для потребителя
eye ~ *см.* **visual appeal**
low-price [price] ~ притягательность *(товара)* из-за его дешевизны
service ~ привлекательность *(напр. магазина)* из-за его обслуживания

visual ~ внешняя привлекательность
appellant 1. апеллянт 2. апелляционный
appellee ответчик *(в апелляционном суде)*
applicable применимый; соответствующий, подходящий
widely ~ имеющий широкое применение, широко применяемый
applicant заявитель □ **~ for credit** лицо, обращающееся за кредитом; **~ for shares** лицо, желающее купить акции
application 1. заявка, заявление *(напр. на получение займа)* 2. применение, использование, употребление 3. внесение *(напр. удобрений, ядохимикатов)* □ **~ for credit** заявка на получение кредита; **~ for job** заявление о поступлении на работу; **~ for leave** заявление о предоставлении отпуска; **~ for listing** заявка о допуске акций на биржу; **~ for patent** патентная заявка; **~ for payment** требование *(письменное)* уплаты; **to invite ~s for shares** открыть подписку на акции
~ of automation применение автоматизации
~ of correction введение поправки
~ of proceeds употребление вырученной суммы *или* дохода
abandonment ~ заявление о прекращении эксплуатации
average ~ *с.-х.* внесение средних доз
bulk ~ *см.* **single application**
business ~ использование в коммерческих целях
commercial ~ коммерческое применение; промышленное применение
double ~ *с.-х.* двукратное внесение; внесение в два приёма
employment ~ заявление о приёме на работу
fertilizer ~ *с.-х* внесение удобрений
field ~ эксплуатация
Fourth Section ~ *амер.* заявление о получении разрешения на повышение тарифа *(в отступление от межштатного транспортного устава)*
grant ~ заявка на получение субсидии
hand ~ *с.-х* ручное внесение
heavy ~ *с.-х* внесение высоких доз, обильное удобрение
independent ~ независимая заявка *(на изобретение)*
joint ~ совместная заявка *(на изобретение)*
liberal ~ *с.-х* внесение повышенных доз
license ~ заявка на получение разрешения *(напр. на постройку и эксплуатацию гидроэлектростанции)*
light ~ *с.-х* внесение малых доз
loan ~ заявка на получение ссуды
mechanized ~ *с.-х* механизированное внесение
moderate ~ *с.-х* внесение умеренных доз
natural gas pipeline certificate ~ заявка на получение разрешения на эксплуатацию газопровода
nondefense ~ невоенное использование *(производственных возможностей)*
off-season ~ *с.-х* внесезонное применение
on-the-job ~ применение на месте работы
overall ~ *с.-х* сплошное [равномерное] внесение
rate increase ~ заявка *(в государственный регулирующий орган)* на повышение тарифа
single ~ *с.-х.* разовое внесение, внесение всей дозы
supplemental ~ *с.-х.* дополнительное внесение, подкормка
wide ~ широкое применение
applied прикладной, практический
apply 1. подавать заявление 2. применять, использовать
appoint назначать, определять
appointed назначенный
appointment назначение
~ of trustee назначение доверенного лица
apportionment постатейное распределение *(ассигнований)*
budgeting ~ распределение бюджетных средств
appraisal 1. экспертиза, оценка 2. оценка стоимости *(имущества)* 3. оценочная ведомость, оценочный документ 4. аттестация, деловая оценка *(работника)* 5. *с.-х.* бонитировка, апробация
~ of soil бонитировка почвы
acceptability ~ оценка пригодности *(напр. изделия)*
economic ~ экономическая оценка
farm ~ оценка стоимости фермы
managerial activity ~ оценка деятельности руководителей предприятия
range ~ оценка пастбища
resource ~ оценка ресурсов
risk ~ оценка степени риска
rural ~ оценка стоимости сельскохозяйственной земли *(угодий, недвижимого имущества)*
technical ~ техническая экспертиза
value ~ оценка стоимости
vendor ~ оценка поставщика
appraise оценивать; определять стоимость
appraisement *см.* **appraisal**
appraiser оценщик; оценочная фирма
qualified ~ официальный оценщик, таксатор
appreciable 1. заметный, ощутимый 2. могущий быть оцененным, поддающийся оценке
appreciate 1. повышать цену 2. высоко ценить, уважать □ **to ~ the currency** повышать курс валюты
appreciation 1. повышение [превышение] стоимости, удорожание *(напр. старого объекта основного капитала по отношению к аналогичному новому)*; прирост стоимости основного капитала 2. завышение оценочной стоимости *(капитального имущества сверх его первоначальной стоимости; иногда — сверх первоначальной стоимости за вычетом его ликвидационной стоимости)* 3. высокая оценка, уважение
~ of currency ревальвация валюты, повышение валютного курса
~ of goods 1. повышение стоимости товаров 2. оценка товаров

~ **of labor** удорожание труда
realized ~ реализованный *(занесённый на счёт основного капитала)* избыток оценочной стоимости, превышение по оценочной стоимости *(по отношению к стоимости в момент приобретения или к фактической стоимости)*
apprentice подмастерье, ученик
apprenticeship ученичество; обучение *(напр. рабочей профессии)*
approach 1. аппроксимация, приближение; подход к решению ‖ приближаться; подходить 2. метод; рассмотрение; подход; теория □ ~ **to a problem** подход к проблеме; ~ **to policy making** метод выработки политики
ability-to-pay ~ теория платёжеспособности *(исходящая из положения, что налоговое обложение должно соответствовать финансовым возможностям плательщика)*
ad hoc ~ специальный метод
aggressive ~ агрессивный метод *(ведения рекламы)*
analog ~ метод аналогий
Bayesian ~ *стат.* байесовский подход, байесовский метод
benefit ~ теория «выгоды» *(исходящая из того, что размер налога определяется выгодами, которые налогоплательщики могут извлечь из правительственных расходов)*
cash balance ~ подход с точки зрения кассовых остатков *(монетарная теория)*
causal ~ каузальный подход
cost-benefit ~ подход с точки зрения сравнения затрат и результатов
Delphi ~ метод Дельфи, метод экспертных оценок
econometric ~ эконометрический метод
elimination ~ *мат.* метод исключения переменных
forecasting ~ метод прогнозирования
institutional ~ институциальный подход
maximum flow ~ *мат.* метод максимального потока
monetary indicator ~ метод анализа в денежных показателях
normative ~ нормативный подход
on-looker ~ метод постороннего наблюдателя *(метод прогнозирования)*
optimization ~ метод оптимизации
portfolio ~ подход *(к денежной теории)* с точки зрения структуры портфеля активов
present worth ~ метод определения стоимости на данное время *(при анализе рентабельности инвестиций)*
priority ~ подход, основанный на учёте приоритетов
quantity theory ~ подход с точки зрения количественной теории денег
rate-of-return ~ метод нормы окупаемости *(при анализе рентабельности инвестиций)*
restricted ~ узкий подход
sales ~**s** методы стимулирования сбыта
shortest route ~ *мат.* метод кратчайшего пути
simulation ~ метод (имитационного) моделирования
system(s) ~ системный подход
transactions ~ подход с точки зрения сделок *(монетарная теория)*
uniform annual cost ~ метод постоянного годового размера затрат *(при анализе рентабельности инвестиций)*
worst-case ~ рассмотрение наихудшего случая, анализ самого неблагоприятного варианта
appropriate 1. присваивать; приобретать 2. предназначать; ассигновать, выделять *(средства)* □ **to** ~ **money** ассигновать деньги *(на что-л.)*
appropriateness уместность, правомерность
appropriation 1. присвоение *(напр. собственности)*; приобретение 2. ассигнование, выделение *(средств)* 3. ассигнованные средства, фонд □ ~**s in aid** финансовые субсидии
~ **of funds** выделение денежных средств *(напр. по бюджету)*
~ **of payment** отнесение платежа к определённому долгу
advance ~**s** планируемые ассигнования
advertising ~**s** ассигнования на рекламу
capital ~**s** ассигнования на капиталовложения
congressional ~ *амер.* ассигнование бюджетных средств конгрессом
deferred ~**s** ассигнования, отсроченные на будущие годы
financial ~**s** бюджетные ассигнования; *часто* финансовые субсидии
no-year ~**s** ассигнования, не ограниченные сроком использования
original ~**s** первоначальные ассигнования
procurement ~**s** ассигнования на закупки и услуги *(обычно военного назначения)*
state ~**s** ассигнования, выделяемые властями штата
supplementary ~**s** дополнительные ассигнования
approval 1. одобрение, утверждение; санкционирование; визирование 2. рассмотрение □ **to send goods on** ~ послать товар для одобрения *(с предоставлением покупателю права покупки или отказа по его усмотрению)*
~ **of account** признание счёта правильным
design ~ одобрение конструкции; утверждение проекта
engineering change ~ утверждение изменений конструкции
import ~**s** импортные разрешения
approximate аппроксимировать, приближённо выражать; приближённо приравнивать ‖ приближённый, приблизительный
approximated аппроксимированный, приближённо выраженный
closely ~ мало отличающийся; весьма близок *(по величине)*
approximation аппроксимация, приближение; приближённая величина
close ~ хорошее приближение
higher ~ приближение более высокого порядка

least-squares ~ приближение методом наименьших квадратов
minimax ~ минимаксное приближение
nearest ~ наилучшее приближение
normal ~ нормальное приближение, аппроксимация нормальным распределением
piecewise (linear) ~ кусочно-линейная аппроксимация
Poisson ~ аппроксимация пуассоновским распределением
polygonal ~ кусочно-линейная аппроксимация
progressive ~ последовательное приближение
segment ~ кусочно-линейная аппроксимация
uniform ~ равномерное приближение
valid ~ допустимое приближение
working ~ рабочая аппроксимация

approximative аппроксимирующий, приближённый, приблизительный
a priori *лат.* априорный ‖ априори, заранее; до опыта
apron:
voucher ~ «бланк-ваучер» *(прикрепляется к счёту поставщика; на бланке записываются все данные о совершенной операции)*; «ваучер-чек» *(соединяет форму «бланка-ваучера» с отрывным платёжным чеком)*
aptitude **1.** пригодность; соответствие **2.** способность выполнять *(определённую)* работу
arability пахотопригодность
arable пахотный; обрабатываемый
arbitrage арбитраж, арбитражные операции *(покупка и продажа валюты, ценных бумаг или товаров на различных рынках с целью получения прибыли)* □ ~ **in bullion** арбитражные операции с золотом; ~ **in securities** арбитражные операции с ценными бумагами; ~ **in stocks** арбитражные операции с акциями
~ **of exchange** валютный арбитраж
currency ~ валютный арбитраж
interest ~ процентный арбитраж
risk ~ арбитраж с риском *(связан с куплей и продажей акций поглощаемых компаний)*
arbitrary произвольный; произвольно выбранный; случайный; условный
arbitration арбитраж; экспертиза; консультация □ ~ **on quality** арбитраж по вопросу о качестве
compulsory ~ принудительный арбитраж
mixed ~ смешанный арбитраж *(как по вопросам факта, так и по вопросам права)*
wage ~ улаживание споров по заработной плате
arbitrator арбитр
architect:
landscape ~ архитектор-ландшафтоустроитель; инженер-озеленитель; инженер по благоустройству ландшафта
area **1.** площадь; район; участок; зона **2.** область *(применения)* □ ~ **under crops** посевная площадь; ~ **under curve** площадь под отрезком кривой *(на графике)*
~ **of ambiguity** *мат.* область неопределённости
~ **of arrival** район прибытия *(напр. иммигрантов)*
~ **of departure** **1.** район выбытия **2.** покинутый район *(напр. переселенцами)*
~ **of destination** **1.** район назначения **2.** район сбыта; рынок сбыта **3.** *см.* **area of arrival**
~ **of substantial unemployment** район значительной безработицы
abandoned ~ пустующая площадь
accounting ~ учётная площадь
administrative ~ административная единица
arable ~ *см.* **cultivable area**
assisted ~ *англ.* субсидируемый правительством район
bad risk ~ район повышенного риска *(для страховых компаний)*
beef-producing ~ район мясного животноводства
blighted ~ **1.** городской район, пришедший в упадок, трущобы **2.** *см.* **depressed area 1.**
built-up ~ застроенная площадь
catchment ~ район охвата обслуживанием *(в пределах которого владелец магазина может рассчитывать на спрос населения)*
census ~ переписной участок; район переписи
central public ~ **of bank** главный клиентский зал банка
crop ~ посевная площадь
currency ~ валютная зона
delivery ~ район поставки
depressed ~ **1.** район, испытывающий экономический спад **2.** район острой хронической безработицы **3.** *англ.* район, особенно пострадавший от мирового экономического кризиса 1929-1933 гг.
development ~ **1.** развивающийся район **2.** район комплексного жилищного строительства **3.** район, нуждающийся в экономическом развитии
dispersion ~ *стат.* площадь разброса *(данных)*
dollar ~ долларовая зона
effective ~ **1.** полезная площадь *(пашни)* **2.** действующая площадь *(при орошении)*
enumeration ~ зона действия системы регистрации
European free trade ~ Европейская зона свободной торговли
farming ~ площадь фермы; площадь сельскохозяйственных угодий
forage ~ площадь под фуражными культурами
franc ~ зона франка
free trade ~ зона свободной торговли
grass ~ площадь пастбищ и лугов
gray ~ переходная [промежуточная] зона
industrial ~ **1.** промышленный район, район сосредоточения промышленных предприятий **2.** подготовленная для промышленной застройки территория *(с проложенными дорогами и коммуникациями)*

inland ~ внутренняя территория, внутренний ареал
labor-shortage ~ *амер.* район недостатка рабочей силы *(где уровень безработицы ниже 1, 5%)*
line ~ *см.* **shaded area**
major producing ~ основная зона производства
mapped ~ картографированный район; территория, обеспеченная картами
market ~ 1. район расположения розничных магазинов 2. *см.* **catchment area**
maximum work(ing) ~ *орг. пр.* максимальное рабочее пространство
metropolitan ~ столичный район; метропольный ареал
mixed farming ~ зона смешанного [комплексного] хозяйства *(сочетание земледелия с животноводством)*
monetary ~ валютная зона
natural ~ ареал, область географического распространения
natural service ~ естественный район обслуживания *(водоснабжением)*; естественный район ирригации, естественная зона орошения
natural trading ~**s** центры торговли вместе с прилегающими районами
neglected ~ запущенный (в экономическом отношении) район
nonpermit ~ район, в котором не требуется разрешение на строительство
normal work(ing) ~ *орг. пр.* расчётное рабочее пространство
overshopped [overstored] ~ район, насыщенный торговыми предприятиями
pasture ~ пастбищное угодье
pilot census ~ территория, на которой проводится пробная перепись
planted ~ площадь посадки; посевная площадь
ploughed ~ пахотная площадь
port ~ портовая зона *(с примыкающими вспомогательными средствами и службами)*
power supply ~ район энергоснабжения
primary trading ~ *амер.* микрорайон, обслуживаемый данным магазином
productive ~ продуктивная площадь *(земли)*
residential ~ жилой район
sales [selling] ~ торговый зал; площадь торгового зала
service ~ район [зона] обслуживания
shaded ~ заштрихованная область *(на графике)*; затенённый участок
shopping ~ торговый район
single-crop ~ площадь под монокультурой
sown ~ посевная площадь
sterling ~ стерлинговая зона
suburban ~ пригородный район
tilled ~ *см.* **cultivated area**
tracted ~ территория, разделённая на переписные районы
treated ~ обработанная площадь *(удобрениями, ядохимикатами)*
tributary ~ подчинённая территория
underprivileged ~**s of city** кварталы бедноты
unitary ~ *англ.* сельский район *(административная единица)*
unmapped ~ некартографированный район; территория, не обеспеченная картами
unproductive ~ непродуктивная площадь *(земли)*
urban settlement ~ область городского расселения
work(ing) ~ 1. *орг. пр.* рабочее пространство 2. рабочая зона *(напр. в производственном помещении)* 3. площадь торгового предприятия *(за вычетом площади торгового зала)*

argue 1. доказывать; утверждать; аргументировать 2. служить доказательством
argument 1. доказательство, вывод; утверждение; аргументация; рассуждение 2. *мат.* аргумент *(функции)*, независимая переменная
argumentative являющийся доказательством
arid аридный, засушливый
aridity аридность, засушливость
aristocracy аристократия
~ **of money** плутократия
~ **of the workingclass** рабочая аристократия
land-owning [landed] ~ землевладельческая аристократия
arrange 1. устраивать, организовывать; приводить в порядок 2. уславливаться; договариваться; приходить к соглашению □ **to** ~ **for meeting** устраивать [организовывать] собрание
arranged организованный; упорядоченный
Arrangement:
General ~**s to Borrow** Общее положение о заимствовании *(в Международном валютном фонде)*
arrangement 1. устройство, организация; приведение в порядок; расположение в определённом порядке, классификация, расстановка 2. договорённость, соглашение 3. *pl* меры; мероприятия; распоряжения; планы □ **pending** ~ впредь до урегулирования; ~ **to offset payments** соглашение о взаимном зачёте платежей; **under** ~ согласно соглашению; ~ **with creditors** соглашение с кредиторами
~ **of conditions** создание условий
~ **of goods** расположение товаров *(в магазине или на складе)*
administrative ~**s** административная структура
availability-cost ~ распределение затрат на обеспечение (эксплуатационной) готовности
clearing ~ соглашение о клиринговых расчётах
compensating ~ компенсационное соглашение
credit ~ предоставление кредитов
economic working ~ организация экономической деятельности
field ~ система организации работы на местах *(напр. опрос покупателей)*
financial ~**s** финансовые условия
insurance ~**s** гарантии

market-sharing ~ разделение рынков сбыта
organizational ~ организационная структура
overdraft ~ соглашение об овердрафте
partnership ~ *англ.* «статус партнёрства» *(даётся муниципалитетом города и предусматривает частичное финансирование его нужд из госбюджета)*
payments ~ договорённость об осуществлении платежей
personnel ~**s** штатное расписание
plant ~ размещение заводского оборудования
private ~ частное соглашение сторон
purchasing ~ соглашение о закупках
rationing ~**s** система нормирования *или* распределения *(напр. продуктов питания по карточкам)*
reliability-cost ~ распределение затрат на обеспечение надёжности
safety ~**s and precautions** мероприятия по технике безопасности
same-day payment ~ договорённость о выплате денег в день предъявления чека
sharing ~ формула «долевого раздела» *(в поощрительном контракте)*, условие *(включаемое в поощрительный контракт)* о порядке долевого раздела, экономии *или* перерасхода плановых средств *(между заказчиком и подрядчиком)*
sliding scale ~**s** *эк. тр.* соглашения о скользящей шкале, механизм скользящей шкалы
sociocultural ~**s** социально-культурная система
standby ~ соглашение о праве на использование кредита *(в Международном валютном фонде)*
storage-in-transit ~ соглашение *(между промышленной фирмой и железной дорогой)* о льготе при остановке в пути следования для складского хранения груза
swap ~ соглашение о свопе *(см. тж.* **swap 3.)**
transitional ~**s** меры переходного характера
working ~**s** рабочий механизм
work place ~ *орг. пр.* организация рабочего места

array 1. порядок; (статистический) ряд 2. упорядоченная *(возрастающая или убывающая)* последовательность; расположение *(элементов выборки)*
~ **of observations** упорядоченный ряд наблюдений
frequency ~ *стат.* распределение частот *(в выборке)*
payoff ~ платёжная матрица
rectangular ~ прямоугольная таблица
square ~ квадратная таблица
statistical ~ статистический ряд

arrearage сумма просроченного обязательства, невыплаченные проценты *или* дивиденды

arrears просрочка *(платежа)*; отставание; задолженность; долги; неуплаченные *(просроченные)* суммы по счетам □ **to be in** ~ иметь задолженность; **to collect** ~ инкассировать просроченные суммы
~ **of housing** отставание в жилищном строительстве
~ **of interest** просроченные проценты
~ **of rent** задолженность по квартплате
~ **of wages** задолженность по заработной плате
~ **of work** задолженность по работе, недоделки в работе

arrest 1. задержание; арест ‖ арестовывать 2. приостановка ‖ приостанавливать □ **goods under** ~ товар, на который наложен арест; **to** ~ **inflation** приостановить инфляцию; **to** ~ **the downward movement** приостановить понижение цен

arrival 1. *pl ТМО* поступление *(требований)*; входящий поток 2. *pl* поступившие товары 3. прибытие *(в страну)*, миграция □ ~**s in batches** групповое поступление *(требований)*
aggregated [bulk] ~**s** групповое поступление *(требований)*
completely random ~**s** чисто случайный входящий поток
correlated ~**s** коррелированное поступление *(требований)*
discrete-time ~**s** требования, поступающие в дискретные моменты времени
exponential ~**s** пуассоновский входящий поток
fresh ~**s** новопривезённые [новоприбывшие] товары
group(ed) ~**s** групповое поступление *(требований)*
hyper-Poisson ~**s** гиперпуассоновский входящий поток
independent ~**s** независимый входящий поток
lost ~**s** потерянные требования
nonindependent ~**s** зависимый входящий поток
oriented ~ ориентированное требование
planned ~**s** поступление *(требований)* в запланированные моменты времени
Poisson ~**s** пуассоновский входящий поток
pooled ~**s** групповое поступление *(требований)*
random ~**s** случайное поступление *(требований)*; случайный входящий поток
regular ~**s** регулярный входящий поток
scheduled ~**s** поступление требований в запланированные моменты времени
single ~ поступление одиночного требования
state dependent ~**s** входящий поток, интенсивность которого зависит от состояния системы
turned away ~**s** требования, не принятые на обслуживание

arrive приезжать, прибывать *(к новому месту жительства)*; иммигрировать; въехать *(в страну)* □ **to** ~ «к прибытию» *(условие сделки при продаже товара, находящегося в пути)*

art 1. *pl* ремёсла 2. мастерство 3. кустарное производство

industrial ~ промышленная эстетика; практическое применение промышленной эстетики
mechanical ~ (техническое) ремесло
artel артель, бригада
article 1. предмет *(торговли)*; товар; изделие 2. статья; пункт; параграф 3. *pl* устав; договор; соглашение
~s of agreement письменный договор; соглашение
~s of association устав акционерной компании
~s of consumption предметы потребления; потребительские товары
~s of copartnership *см.* **articles of partnership**
~s of expenditure статьи расходов
~s of incorporation свидетельство о регистрации корпорации *(выдаётся властями штата)*
~s of partnership письменный договор об образовании товарищества
~s of prime necessities предметы первой необходимости
analogous ~s *транс.* родственные грузы; грузы с одинаковыми отличительными признаками
catalog ~ товар, указанный в каталоге
conforming ~ изделие, удовлетворяющее техническим требованиям
dutiable ~s товары, облагаемые пошлиной
first ~ прототип, опытный образец
free ~ 1. товар, не облагаемый пошлиной 2. товар, на который не распространяются ограничения
inspected ~ изделие, подвергаемое приёмочным испытаниям
limited life ~ изделие с ограниченным сроком службы
nonconforming ~ изделие, не удовлетворяющее техническим требованиям
operational ~ изделие, находящееся в эксплуатации
proprietary ~s товары, право производства *или* продажи которых принадлежит определённой фирме
restricted ~s грузы, перевозка которых требует специальных условий
saleable ~ товар, пользующийся спросом; ходовой товар
semifinished ~ полуфабрикат
shipping [ship's] ~ судовой коллективный договор *(между капитаном и экипажем судна)*; договор о найме на судно *(команды)*
slow-moving ~ неходовой товар
superior ~ товар высшего качества
tax ~ товар, облагаемый пошлиной
unsaleable ~ товар, не пользующийся спросом; неходовой товар
artificer 1. ремесленник 2. механик 3. изобретатель
artisan кустарь; ремесленник; мастеровой
artwork произведение искусства *(как форма вложения капитала)*
ascendancy доминирующее влияние, главенство *(в отрасли)*
ascertain 1. устанавливать; определять 2. индивидуализировать *(о продаваемом товаре)*
ascertainment of quality установление качества товара
ask 1. запрашивать *(цену)* 2. опрашивать *(покупателей)* □ **to ~ a dollar for a dozen** запрашивать по доллару за дюжину; **to ~ for credits** запрашивать кредиты; **to ~ for damages** вменять иск за убытки; **to ~ the price** осведомляться о цене
asked □ **~ and bid** *бирж.* предлагаемая и запрашиваемая *(о ценах)*
aspect сторона *(вопроса)*, аспект
novel(ty) ~ элемент новизны *(изобретения)*
as per согласно *(напр. спецификации)*
assail атаковать *(напр. потребителя рекламой)*
assay проба; количественный анализ
assemblage 1. сбор, собрание 2. монтаж, сборка 3. накопление *(запасов)* 4. *мат.* семейство *(кривых)*
assemble 1. *орг. пр.* сборка *(название терблига)* 2. собирать; производить сборку 3. накапливать *(запасы)*
assembling оптовая скупка сельскохозяйственных продуктов
assembly 1. ассамблея; собрание 2. *амер.* законодательный орган, законодательное собрание *(в некоторых штатах)* 3. агрегат; конструкция 4. комплект; группа; набор; комбинация; схема; совокупность 5. сборка, монтаж
~ of data набор данных
complex ~ сложная конструкция
factory ~ сборка [монтаж] на предприятии-изготовителе
field ~ сборка [монтаж] на месте *(вне территории предприятия-изготовителя)*
assent согласие, одобрение
express ~ согласие в явной форме
implied ~ согласие в неявной форме
assert утверждать; заявлять; отстаивать *(права)* □ **to ~ a claim** заявлять претензию
assertion заявление; утверждение; отстаивание *(прав)*
assess 1. оценивать, определять *(размер налога)* 2. облагать *(налогом)* □ **to ~ tuition** взимать плату за обучение
assessable подлежащий обложению *(налогом)*
assessment 1. оценка *(недвижимого имущества в целях налогообложения)* 2. обложение *(налогом)* 3. размер налога 4. *мат.* оценка
~ of futuribles оценка возможных вариантов будущего *(при прогнозировании)*
Bayesian ~ байесовская оценка
consistent ~ состоятельная оценка
integrated ~ комплексная оценка
job ~ оценка характера и объёма работ
joint ~ совместная оценка
longitudinal ~ *демогр.* продольный анализ, метод когорт
loss ~ определение страхового возмещения
morale ~ оценка отношения работника к делу

tax ~ установление налоговых ставок
assessor 1. финансовый инспектор 2. *англ.* оценщик страховых убытков
asset актив, статья актива; преимущество
assets 1. актив(ы) *(баланса)* 2. имущество, достояние, средства; актив(ы); капитал; фонды □ ~ **and liabilities** актив и пассив *(баланса)*; ~ **are worn out** полный моральный *или* физический износ основных фондов
active ~ средства, находящиеся в обороте; активно используемые фонды
admissible ~ «разрешённый актив» *(рассматриваемый как инвестиция и исключаемый из сумм, облагаемых налогом на прибыль)*
agricultural ~ (движимое и недвижимое) имущество в сельском хозяйстве
augmentable ~ активы, способные к возрастанию; воспроизводимые активы
available ~ свободные активы; незаложенные активы *(могут быть проданы или инвестированы)*
balance sheet ~ балансовая стоимость активов
basic production ~ основные производственные фонды
capital ~ *см.* **fixed assets 1.**
carry-over ~ переходящие фонды
cash ~ денежные активы; имущество в денежной форме
circulating ~ *см.* **current assets 2.**
common property ~ ресурсы, находящиеся в общем пользовании *(напр. вода, воздух)*
composite reserve ~ универсальные резервные активы
contingent ~ 1. активы, право владения которыми вытекает из совершенных операций [действий] 2. активы, право владения которыми зависит от того, произошло *или* не произошло определённое событие
current ~ 1. оборотный капитал; оборотные средства; оборотные фонды 2. текущие [легкореализуемые, ликвидные] активы
dead ~ мёртвые активы *(собственность, имущество, бумаги, которые не могут быть реализованы)*
deferred ~ 1. оплаченные расходы *(напр. страхование)* 2. активы будущих лет
deflated ~ стоимость активов (фирм), пересчитанная в постоянных [в неизменных] ценах
depletable ~ истощимые активы *(в процессе добычи, эксплуатации, обычно — природные ресурсы)*
depreciable (fixed) ~ изнашиваемое *(в процессе эксплуатации)* имущество
dismantled ~ демонтированные основные средства; демонтированные производственные сооружения
doubtful ~ сомнительные активы
earmarked ~ забронированные [зарезервированные] активы
earning ~ доходные активы *(банка)*
electronic ~ активы, записанные в памяти ЭВМ
farm ~ (движимое и недвижимое) имущество фермы *(в сельском хозяйстве)*
fictitious ~ нематериальные активы *(патенты, торговые марки)*
fixed ~ 1. основной капитал; основные средства; основные фонды 2. труднореализуемые [неликвидные] активы 3. недвижимое имущество, недвижимость
fixed industrial ~ основные промышленные фонды
fixed interest financial ~ ценные бумаги с твёрдым процентом
floating ~ *см.* **current assets 1.**
foreign ~ заграничные активы
frozen ~ замороженные активы *(не могут быть реализованы без значительных потерь)*
hidden ~ скрытый основной капитал *(разность между заниженной стоимостью основного капитала на соответствующем бухгалтерском счёте и его фактической стоимостью)*
human capital ~ «человеческий капитал» *(образование, квалификация, приобретённые в процессе производства; знания и навыки, воплощённые в рабочей силе)*
intangible ~ нематериальные активы, «неосязаемые ценности» *(напр. репутация фирмы, капитализированные права, привилегии, конкурентные преимущества)*
interest bearing ~ актив, приносящий процентный доход
international ~ недвижимая собственность иностранных корпораций *(в данной стране)*
limited-life ~ имущество с ограниченным сроком службы
liquid ~ *см.* **current assets 2.**
miscellaneous ~ прочее имущество
movable ~ движимые материальные ценности
net ~ нетто-активы *(стоимость капитала по рыночной цене, т.е. включая «неосязаемые ценности» минус сумма долговых обязательств)*
net fixed ~ остаточная (балансовая) стоимость основного капитала
nominal ~ активы, условно оцениваемые в балансе *(напр. патенты)*
nondistributable ~ неделимые фонды
nonproductive ~ непроизводительный капитал; непроизводственные фонды
nonreproducible ~ невоспроизводимое имущество
ordinary ~ *амер.* активы, являющиеся обычным предметом купли и продажи для данного типа деловых предприятий *(напр. акции и облигации для брокеров фондовой биржи)*
overvalued ~ активы с завышенной оценочной стоимостью
permanent ~ *см.* **fixed assets 1.**
personal ~ личное имущество, личная собственность
physical environmental ~ материальные ресурсы из окружающей среды *(напр. вода, воздух)*

plant ~ завод [предприятие] как основной капитал
pledged ~ заложенная (в банке) недвижимость; заложенный объект основного капитала
prepaid ~ авансированные средства, выплаты авансом *(напр. уплаченные вперёд рента, налоги, страхование)*
productive ~ производительный капитал; производственные фонды
property ~ 1. собственный капитал 2. *см.* **fixed assets 1.**
quick ~ *см.* **current assets 2.**
real ~ недвижимое имущество, недвижимость
retired ~ выбывший основной капитал
risk ~ неликвидные активы *(долгосрочные инвестиции и долгосрочные ссуды; ценные бумаги с колеблющимся курсом)*
slow ~ *см.* **fixed assets 2.**
solid ~ реальные активы
sticky ~ *см.* **fixed assets 2.**
subsoil ~ подземные богатства, недра
tangible ~ материальные активы *(реальный основной капитал)*
total ~ общая стоимость имущества; сумма баланса
transferable financial ~ перемещаемые (финансовые) активы
trust ~ траст-активы, активы, находящиеся в доверительном управлении
undervalued ~ активы с заниженной оценочной стоимостью
wasting ~ 1. изнашиваемое [расходуемое] имущество 2. истощимые активы 3. *см.* **limited-life assets**
working ~ *см.* **current assets 1.**

assign 1. назначать *(напр. срок)* 2. *юр.* правопреемник; цессионарий ‖ передавать, переуступать 3. ассигновать 4. предназначать; распределять

assignat ассигнат *(бумажные деньги, выпущенные в период Французской революции)*

assigned заданный *(о величине)*

assignee 1. *юр.* правопреемник; цессионарий 2. уполномоченный; агент; назначенное лицо

assignment 1. назначение *(напр. срока)*; задание *(напр. подчинённому)* 2. передача, переуступка *(имущества, права)*; уступка требования; цессия 3. ассигнование 4. предназначение; распределение □
~ for the benefit of creditors передача доверенному лицу права собственности на имущество банкрота в пользу кредиторов;
~ in blank передача права собственности на акции в виде надписи на обороте акционерного сертификата без указания фамилии нового владельца
~ of claim письменная переуступка претензий *(напр. по долгу)*
~ of copyright передача авторского [издательского] права
~ of customers распределение потребителей *(между поставщиками продукции в практике картельного регулирования)*
~ of space распределение торговой площади *(магазина)*
~ of stock переуступка права собственности на акции
optimal ~ оптимальное назначение
patent ~ передача [переуступка] патента
priority ~ назначение приоритетов *(в системе массового обслуживания)*
production ~s производственные задания *(по объёму и ассортименту продукции)*
value ~ задание величин

assignor лицо, совершающее передачу *(имущества или права)*; цедент *(компания, передающая риск по страхованию)*

assimilation освоение *(новой техники)*

assistance помощь, содействие
Federal ~ *амер.* помощь федерального правительства
old-age ~ пособие престарелым
subsidy ~ субсидирование, помощь субсидией
use ~ помощь *(заказчику)* в эксплуатации изделия

assistant помощник; референт □ **~ for quality assurance and reliability** помощник *(напр. руководителя предприятия)* по вопросам надёжности и обеспечения качества продукции
manager's ~ помощник руководителя, референт *(обычно не имеющий права принимать решения)*
selling ~ продавец; консультант-продавец *(в магазине самообслуживания)*
shop ~ *англ.* продавец

associate компаньон, партнёр; соучастник; член товарищества ‖ соединять(ся); присоединяться *(в качестве участника, компаньона)* ‖ тесно связанный; соединённый
program ~ помощник руководителя программы

associated 1. объединённый; дочерний *(напр. о предприятии)* 2. *стат.* связанный, находящийся во взаимно однозначном соответствии
completely ~ с полной связью
negatively ~ с отрицательной связью
positively ~ с положительной связью
slightly ~ со слабой связью

Association □ **~ for Payment Clearing Services** Ассоциация систем (межбанковских) клирингов [расчётов] *(в Лондоне)*
~ of British Chambers of Commerce Ассоциация британских торговых палат
~ of British Factors Ассоциация британских факторинговых компаний
~ of Certified and Corporate Accountants Ассоциация дипломированных корпоративных бухгалтеров *(США)*
~ of International Bond Dealers Ассоциация дилеров по международным облигациям *(в Цюрихе)*
~ of Management Consultants Ассоциация консультантов по организации производства *(США)*
~ of Primary Dealers in Government Securities Ассоциация дилеров по первичной продаже правительственных ценных бумаг *(США)*
~ of Scientific, Technical and Managerial Staff Ассоциация научно-технических

работников и руководящего персонала *(Великобритания)*
~ of South East Asian Nations Ассоциация государств Юго-Восточной Азии
Agricultural Cooperative ~ Сельскохозяйственная кооперативная ассоциация *(Великобритания)*
Aluminium Stockholders ~ Ассоциация оптовых торговцев алюминиевыми полуфабрикатами *(США)*
American ~ of Advertising Agencies Американская ассоциация рекламных агентств
American ~ of Equipment Lessors Американская ассоциация фирм, сдающих оборудование в аренду
American Arbitration ~ Американская ассоциация специалистов по арбитражу
American Banker's ~ Американская банковская ассоциация
American Economic ~ Американская экономическая ассоциация
American Management ~ Американская ассоциация по совершенствованию методов управления
American Social Science ~ Американская ассоциация общественных наук
American Sociological ~ Американская социологическая ассоциация
American Standards ~ Американская ассоциация по стандартизации
American Statistical ~ Американская статистическая ассоциация
American Trucking ~ Американская ассоциация компаний грузового автотранспорта
British Bankers' ~ Британская банковская ассоциация
British Engieering Standards ~ Британская ассоциация технических стандартов
British Insurance ~ Британская страховая ассоциация
British Merchant Banking and Securities ~ Британская ассоциация торговых банков и фирм по торговле ценными бумагами
British Overseas Banks ~ Британская ассоциация банков, действующих за границей
Building Society ~ Ассоциация обществ ипотечного кредита *(Великобритания)*
Canadian Engineering Standards ~ Канадская ассоциация технических стандартов
Central Landowners ~ Центральная ассоциация землевладельцев *(Великобритания)*
Civil Service Clerical ~ Ассоциация конторских служащих государственных учреждений *(Великобритания)*
Consumers' ~ Ассоциация потребителей *(Великобритания)*
Engineers' and Managers' ~ *англ.* Ассоциация инженерных и административных работников *(профсоюзное объединение)*
European ~ for Animal Production Европейская федерация животноводства *(1949 г.)*
European Free Trade ~ Европейская ассоциация свободной торговли, ЕАСТ
Family Planning ~ Ассоциация сторонников регулирования семьи *(Великобритания)*
Federal National Mortgage ~ Федеральная национальная ипотечная ассоциация
Federal Savings and Loan ~ Федеральная ссудо-сберегательная ассоциация
Finance Houses ~ Ассоциация банкирских домов *(Великобритания)*
Foreign Credit Insurance ~ Ассоциация по страхованию заграничных кредитов
Government National Mortgage ~ Государственная национальная ассоциация ипотечного кредита *(США)*
Health Insurance ~ of America Американская ассоциация компаний по страхованию на случай болезни
Independent Bankers' ~ Ассоциация независимых банкиров *(США)*
Independent Natural Gas ~ of America Американская ассоциация независимых фирм газовой промышленности
Inter-American ~ of Industrial Property Панамериканская ассоциация по промышленной собственности
International ~ for Quality Research on Food Plants Международная ассоциация по изучению качества продовольственных культур
International ~ for Research in Income and Wealth Международная ассоциация по изучению национального дохода и богатства
International ~ for the Protection of Industrial Property Международная ассоциация по охране промышленной собственности
International ~ of Agricultural Economists Международная ассоциация экономистов сельского хозяйства
International ~ of Food Distribution Международная ассоциация по распределению продуктов питания
International ~ of Horticultural Producers Международная ассоциация садоводов и овощеводов
International ~ of Soil Science Международное общество почвоведов
International Development ~ Международная ассоциация развития, МАР
International Patent and Trademark ~ Международная ассоциация по патентам и товарным знакам
International Sociological ~ Международная социологическая ассоциация
International Standards ~ Международная ассоциация по стандартизации
Investment Bankers' ~ Ассоциация инвестиционных банкиров *(США)*
Issuing Houses ~ Ассоциация эмиссионных домов *(Великобритания)*
Latin-American Free Trade ~ Латиноамериканская ассоциация свободной торговли
Life Insurance ~ of America Американская ассоциация компаний по страхованию жизни

Life Office Management ~ Ассоциация специалистов по изучению и усовершенствованию методов работы агентов по страхованию жизни *(США)*
London Discount Market ~ Лондонская ассоциация учётного рынка
National ~ for the Advancement of Colored People Национальная ассоциация содействия прогрессу цветного населения *(США)*
National ~ of Accountants Национальная федерация бухгалтеров *(США)*
National ~ of Bank Auditors and Controllers Национальная ассоциация банковских ревизоров и контролёров *(США)*
National ~ of Business Economists Национальная ассоциация экономистов в области частного предпринимательства *(США)*
National ~ of Cost Accountants Национальная ассоциация *(промышленных)* бухгалтеров-калькуляторов *(США)*
National ~ of County Agricultural Agents Национальная ассоциация окружных инспекторов сельского хозяйства *(США)*
National ~ of Electric Companies Национальная ассоциация электроэнергетических компаний
National ~ of Home-Builders Национальная ассоциация жилищно-строительных фирм *(США)*
National ~ of Insurance Brokers Национальная ассоциация страховых брокеров *(США)*
National ~ of Investment Clubs Национальная ассоциация инвестиционных клубов *(США)*
National ~ of Investment Companies Национальная ассоциация инвестиционных компаний *(США)*
National ~ of Investors' Brokers Национальная ассоциация брокеров-инвесторов *(США)*
National ~ of Manufacturers Национальная ассоциация промышленников *(США)*
National ~ of Purchasing Management Национальная ассоциация управления закупками *(США)*
National ~ of Realtors Национальная ассоциация торговцев недвижимостью *(США)*
National ~ of Regulatory Utility Commissioners Национальная ассоциация контролёров коммунальных предприятий
National ~ of Securities Dealers and Investment Managers Национальная ассоциация фондовых дилеров и инвестиционных менеджеров *(Великобритания)*
National and Local Government Officers' ~ Национальная ассоциация служащих государственных учреждений и органов местного самоуправления *(Великобритания)*
National Birth Control ~ Национальная ассоциация сторонников регулирования рождаемости *(Великобритания)*
National Farm Loan ~ Национальная ассоциация по кредитованию фермерских кооперативов
National Futures ~ Национальная фьючерсная ассоциация *(США)*
National Machine Accountants ~ Национальная ассоциация специалистов по машинной бухгалтерии *(США)*
National Pest Control ~ Национальная ассоциация по борьбе с вредителями сельского хозяйства
National Planning ~ Национальная ассоциация планирования *(США)*
National Security Industrial ~ Промышленная ассоциация содействия национальной безопасности *(США)*
New York Patent Law ~ Нью-Йоркская ассоциация по патентному праву
Pacific Industrial Property ~ Тихоокеанская ассоциация по промышленной собственности
Population ~ of America Американская ассоциация по изучению народонаселения
Production Credit ~ Ассоциация промышленного кредита
Production Engineering Research ~ Ассоциация по исследованию методов организации производства *(Великобритания)*
Railway Accounting Officers' ~ Ассоциация бухгалтеров железных дорог
Scandinavian Agricultural Research Workers' ~ Скандинавская ассоциация научных работников по сельскому хозяйству
Securities ~ Ассоциация ценных бумаг *(орган саморегулирования отрасли, Великобритания)*
Transport Salaried Staff's ~ Ассоциация служащих железнодорожного транспорта *(Великобритания)*
World ~ for the Struggle Against Hunger Всемирная ассоциация по борьбе с голодом
World ~ of Industrial and Technological Research Organizations Всемирная ассоциация научно-исследовательских промышленных и технологических организаций
World ~ of Travel Agencies Всемирная ассоциация туристских агентств

association ассоциация; общество, объединение, организация
bankers' ~ *амер.* ассоциация банкиров
building and loan ~ *англ.* кредитно-строительное общество
carrier ~ ассоциация транспортных фирм
clearing house ~ ассоциация банков — членов расчётной палаты
complete ~ *стат.* полная связь
cooperative ~ кооперативная ассоциация; корпорация; акционерное общество
cooperative marketing ~ *амер.* сбытовой сельскохозяйственный кооператив
cooperative purchasing ~ *амер.* снабженческий сельскохозяйственный кооператив
farm mortgage bankers' ~ *амер.* ассоциация компаний фермерского ипотечного кредита
illusory ~ *стат.* мнимая связь

international ~ международная ассоциация
mortgage ~ *амер.* национальная ассоциация по операциям с закладными
mutual ~ ссудо-сберегательная ассоциация взаимного (кооперативного) типа
open price ~ *амер.* налаженная система обмена информацией *(о ценах между фирмами в отрасли)*
operator ~ ассоциация транспортных фирм
partial ~ *стат.* частичная (взаимо)связь
savings and loan ~ *амер.* ссудо-сберегательная ассоциация
small-scale industry ~ объединение мелких производителей *(в развивающихся странах)*
standards ~ ассоциация по вопросам стандартизации
total ~ *стат.* полная связь

assort сортировать, подбирать *(товары)*; классифицировать

assorted 1. отсортированный, подобранный 2. относящийся к различным категориям, неоднородный, многообразный

assortment 1. ассортимент; сортимент; выбор 2. сортировка

assume 1. принимать 2. предполагать, допускать

assumed 1. принятый 2. предполагаемый, допускаемый

assumption 1. принятие на себя *(напр. ответственности)* 2. предпосылка; предположение, допущение *(в теории)* □ **on the** ~ исходя из предположения; **to remove the** ~ устранять предпосылку
~ of debt принятие [признание] долга
~ of risk принятие (на себя) риска
ad hoc ~ специальное [специально сделанное] предположение
austere ~ строгая предпосылка
conservative ~ осторожное предположение
divisibility ~ *мат.* допущение о делимости
man-made ~ принятое допущение
randomness ~ допущение о случайности *(напр. спроса)*
rigid price ~ предпосылка жёстких [негибких] цен
speculative ~ гипотетическое допущение

assumptive предположительный, допускаемый

assurance 1. уверение; гарантия *(напр. качества)* 2. страхование *(жизни)*
~ of reliability гарантия [обеспечение] надёжности
life ~ страхование жизни
performance ~ обеспечение технических характеристик *(изделия)*
product(ion) ~ гарантия качества продукции
quality ~ гарантия качества
statistical ~ статистическая достоверность
use ~ эксплуатационная гарантия
warranty ~ гарантийный срок службы *(изделия)*

assured застрахованный

assurer страховщик

astray:
free ~ «бесплатно как засланный» *(о грузе, ошибочно разгруженном не на станции назначения и отправляемом бесплатно по правильному назначению)*

asymptotic(al) *мат.* асимптотический

at and from «в и от» *(условие, согласно которому страхование считается действительным как до отхода судна из порта, так и во время нахождения его в пути)*

at best по наилучшей цене

atomism раздробленность, распылённость *(напр. предприятий в отрасли экономики)*

atomistic атомистический *(об экономической структуре)*

at or better *бирж.* 1. купить по обусловленной цене *или* дешевле 2. продать по обусловленной цене *или* дороже

attach 1. прикреплять; прилагать 2. придавать, приписывать к 3. быть действительным; вступать в законную силу; начинаться, наступать *(напр. о страховании, страховом риске)*

attachment 1. прикрепление; скрепление печатью 2. наложение ареста *(напр. на товар)* 3. вступление *(напр. страхования)* в силу

attainment квалификация; подготовка
educational ~ уровень образования; образовательная подготовка

attendance 1. уход; обслуживание; забота; услуги 2. посещаемость *(напр. учебных заведений)*

attendants обслуживающий персонал

attention уход *(за техникой)*; обслуживание; осмотр
daily ~ ежедневный уход
routine ~ профилактическое обслуживание

attested аттестованный, проверенный; заверенный *(напр. документ)*

attitude позиция, отношение □ **~, use, and knowledge** осведомлённость, отношение и практика *(демографического поведения)*
employee ~ отношение персонала *(напр. к администрации)*
wait and see ~ выжидательная позиция

attorney уполномоченный; доверенный, поверенный □ **~ at law** поверенный в суде, адвокат
patent ~ патентный поверенный

attractor «магнит» *(крупный магазин, привлекающий покупателей в торговый центр)*

attribute 1. атрибут, свойство, характерный признак, отличительная черта 2. качественная характеристика
completely associated ~s *стат.* (качественные) признаки с полной связью
disassociated ~s *стат.* разъединённые (качественные) признаки
independent ~s *стат.* (взаимно) независимые (качественные) признаки
job ~ *орг. пр.* характеристика рабочего задания

negatively associated ~s *стат.* (качественные) признаки с отрицательной связью
performance ~s эксплуатационные свойства; технические характеристики
positively associated ~s *стат.* (качественные) признаки с положительной связью
system ~ характеристика системы

attrition 1. истощение; изнашивание 2. *демогр.* порядок вымирания
~ of assets уменьшение (стоимости) активов
~ of capital уменьшение стоимости капитала

auction аукцион; публичная продажа; торги ‖ продавать с аукциона □ **~ by tender** закрытые торги; **to put up for ~** выставлять на аукционе; передавать на продажу с аукциона; **to sell by ~** продавать с аукциона
Dutch ~ «голландский» аукцион *(аукционист называет цену, постепенно снижая, пока не найдётся покупатель)*
gold ~ золотой аукцион, распродажа золотого запаса США и МВФ
local ~s *амер.* местные аукционы по продаже сельскохозяйственных продуктов
public ~ публичные торги

auctioneer аукционист ‖ продавать с аукциона
livestock ~ аукционист, занимающийся продажей живого скота
Walrasian ~ вальрасовский аукционист *(символический субъект в системе общего равновесия Вальраса)*

auctioneering продажа с аукциона

audit 1. аудит 2. проверка, ревизия ‖ проверять, проводить ревизию 3. анализ хозяйственной деятельности *(внутренний)* 4. опрос потребителей □ **~ for quality** проверка [контроль] качества; **to ~ the accounts** проверять счета; проводить ревизию счетов
annual ~ годичный анализ хозяйственной деятельности
attitude ~ опрос потребителя с целью выяснения отношения *(напр. к товару)*
balance-sheet ~ ревизия баланса
bank ~ ревизия банковской отчётности
cash ~ ревизия кассовых остатков
design ~ проверка конструкции *(на соответствие техническим условиям)*
detailed ~ полная ревизия *(счетов, книг, журналов и записей)*
external ~ *см.* **independent audit**
field ~ ревизия на месте, выездная ревизия
general ~ общая ревизия
independent ~ внешняя ревизия *(обычно выполняемая частнопрактикующим бухгалтером-ревизором или коммерческой бухгалтерской фирмой)*
interim ~ промежуточный анализ *(хозяйственной деятельности)*; анализ за неполный отчётный период
internal ~ внутренняя ревизия
management ~ проверка деятельности руководителей
obsolescence ~ анализ потерь, обусловленных устареванием *(изделий)*
organization ~ проверка деятельности организации
outside ~ внешняя ревизия
preliminary ~ предварительная ревизия
sampling ~ выборочная проверка
tax ~ проверка правильности начисления налогов
test ~ контрольная проверка
unscheduled ~ неплановая проверка
voucher ~ предварительный контроль правильности хозяйственной операции *(с помощью распорядительно-оправдательных документов установленной формы — ваучеров)*

auditing проведение ревизии, ревизование

auditor 1. бухгалтер-ревизор 2. главный бухгалтер 3. *pl* ревизорские фирмы *(производящие ревизию бухгалтерского учёта и отчётности в других компаниях)*
external ~ внешний бухгалтер-ревизор
field ~ выездной бухгалтер-ревизор
independent ~ внешний ревизор; частнопрактикующий бухгалтер-ревизор
internal ~ внутренний ревизор *(напр. фирмы)*
traveling ~ *см.* **field auditor**

augment увеличиваться, прибавлять, возрастать □ **to ~ the capital** наращивать капитал

augmentation прирост, увеличение

auspices покровительство *(напр. со стороны государства)*

austerity 1. строгая экономия 2. *pl* строгие [жесткие] меры *(напр. в практике государственного воздействия на экономику)*
economic ~ государственная политика строгой экономии

autarchic(al) автаркистский

autarchy автаркия

authenticate удостоверять, засвидетельствовать подлинность

Authority:
Atomic Energy ~ Управление атомной энергетики *(Великобритания)*
Civil Aviation ~ Управление гражданской авиации *(Великобритания)*
Commodity Exchange ~ Управление товарных бирж *(США)*
Federal Reserve ~ies *амер.* органы Федеральной резервной системы *(центральные и региональные)*
Industrial Research and Development ~ Управление промышленных исследований и опытно-конструкторских работ *(Великобритания)*
Insurance ~ страховой надзор *(США)*
National Shipping ~ Национальное управление по вопросам судоходства *(США)*
Port of London ~ Управление Лондонского порта
River ~ Управление речного бассейна, речное управление *(США)*

authorit/y 1. орган власти, администрация 2. право; полномочие; власть должностного лица; сфера компетенции 3. крупный специалист, авторитет □ **~ for purchase**

разрешение на закупку; **to act with the ~ of law** действовать на основании закона
accepting ~ приёмщик; представитель заказчика на предприятии
administrative ~ административный орган
approval ~ право утверждать решения
bank supervisory ~ орган контроля над банковской деятельностью
basin ~ водохозяйственное управление
budget ~ies бюджетные полномочия *(разрешение на расходование денег)*
command ~ право принимать окончательное решение
executive ~ исполнительная власть
federal ~ies федеральные органы власти
formal ~ies официальные полномочия
full voting ~ over stock полное право голоса по акциям
governmental ~ies правительство; правительственные круги; органы государственной власти, государственная власть
legislative ~ies законодательные органы
licensing ~ орган, имеющий право выдачи разрешений [лицензий]
local ~ies местные органы власти, муниципальные учреждения
Metropolitan Transit ~ Управление городского транспорта *(Нью-Йорка)*
monetary ~ies руководящие денежно-кредитные учреждения *(напр. центральный банк)*
municipal ~ies *см.* **local authorities**
obligational ~ies утверждённые бюджетные ассигнования
operating ~ разрешение на осуществление коммерческих перевозок; свидетельство на право производства (транспортных) операций
partial voting ~ over stock частичное право голоса по акциям
price control ~ государственный орган контроля над ценами
producing ~ производственный орган; цех; предприятие
public ~ies органы государственной власти, государственная власть
recommendation ~ право давать рекомендации
sapiential ~ власть, основанная на высоком уровне знаний и квалификации носителей власти
standby ~ies дополнительные *или* резервные полномочия
state run public ~ies органы государственного управления
taxation ~ налоговое управление
total obligational ~ 1. полномочие на расходование всей суммы ассигнований **2.** *pl* общие бюджетные ассигнования
trust ~ право совершать трастовые [доверительные] функции
undivided ~ единоначалие
voting ~ право голоса *(по акциям)*

authorization 1. разрешение **2.** наделение правами *(напр. должностного лица)* **3.** решение об осуществлении затрат; утверждение ассигнований □ **~ to operate** разрешение на производство транспортных операций; привилегия на эксплуатацию транспортной линии
blanket ~ общее разрешение; общий заказ *(разрешающий фирме-поставщику поставлять продукцию определённой номенклатуры в пределах установленного периода и денежного лимита)*
borrowing ~ разрешение на получение ссуды
capital ~ *см.* **expenditure authorization**
contract ~ разрешение на заключение контракта государственным органом
contract change ~ разрешение на изменение условий договора
drawing ~ право выписки векселей *(в пределах установленной суммы)*
expenditure ~ разрешение на производство капитальных затрат; официальный документ, дающий полномочия на производство капитальных затрат
legislative ~ of budget законодательное утверждение бюджета
product program ~ утверждение программы выпуска продукции
route ~ утверждение маршрута *(перевозок)*
statutory ~ установленные законом ассигнования
strike ~ санкция *или* разрешение на забастовку *(руководством профсоюза)*

authorize 1. уполномочивать **2.** разрешать
authorized 1. уполномоченный, наделённый правами *(напр. о должностном лице)* **2.** разрешённый, официально принятый □ **to be ~ nationwide** быть разрешённым в общенациональном масштабе
autochthon коренной житель, абориген
autochthonal коренной *(о населении страны)*
autocorrelation *стат.* автокорреляция
autocorrelogram *стат.* автокоррелограмма
autocovariance *стат.* автоковариация
autocracy автократия, самодержавие
automaker *разг.* автомобильная компания
automarket *амер.* магазин-автомат
automat *амер.* торговый автомат
automatic(al) автоматический, автоматизированный
automaticity автоматизм
automation автоматизация
all-around ~ полная автоматизация
autonomous автономный, самоуправляющийся
autonomy 1. автономия, самоуправление **2.** право на самоуправление
autonoplex комплекс автономных фирм с централизованным управлением
auxiliar/y 1. вспомогательный **2.** *мат.* вспомогательная функция **3.** *pl* вспомогательные подразделения *(фирмы)* **4.** *pl* оборудование для собственных нужд предприятия
technical ~ies обслуживающий технический персонал
avail 1. польза; выгода ‖ быть полезным, выгодным, пригодным **2.** *pl* вырученная от продажи сумма
net ~s 1. чистая выручка **2.** выручка от учтённого векселя

availability 1. пригодность, полезность; соответствие требованиям 2. эксплуатационная готовность; коэффициент готовности 3. наличие *(товаров)* 4. доступность
~ of funds наличие источников привлечения средств капитала
~ of labor наличие [предложение] рабочей силы
deferred ~ отсроченное получение *(денег)*
equipment ~ 1. пригодность оборудования к техническому обслуживанию 2. эксплуатационная готовность оборудования
export ~ экспортные возможности; наличие товаров для экспорта
immediate ~ возможность немедленного приобретения *(напр. изделий)*
long-run ~ готовность *(напр. оборудования)* к длительной эксплуатации
nutrient ~ *с.-х.* наличие питательных веществ
operational ~ эксплуатационная готовность
system ~ 1. эксплуатационная готовность системы 2. *ТМО* доступность системы
use ~ эксплуатационная готовность
available 1. пригодный, полезный; отвечающий требованиям 2. находящийся в эксплуатационной готовности 3. имеющийся в распоряжении; наличный 4. доступный, достижимый; могущий быть использованным □ **~ at option** поставляемый по выбору заказчика *(не входящий в серийный комплект)*; **~ at request** поставляемый по требованию
locally ~ имеющийся на месте; доступный на месте; не требующий доставки
operationally ~ находящийся в эксплуатационной готовности
aval авал *(поручительская надпись на векселе)*
avarice скупость; бережливость
average 1. среднее число; средняя величина; средний результат; среднее (значение); среднее (арифметическое) ‖ вычислять среднее; усреднять; равняться в среднем; колебаться около среднего (значения) ‖ средний; обычный, нормальный 2. *страх.* авария *(убытки, причинённые судну и грузу)* 3. индекс курсов, курс *(ценных бумаг)* 4. *бирж.* последовательно скупать *или* продавать акции данного выпуска *(по мере изменения их курса)* □ **below the ~** ниже среднего; **~ in question** искомое среднее; **on ~** в среднем; **to ~ down** *бирж.* последовательно скупать акции данного выпуска по мере снижения их курса; **to ~ out** усреднять; **to ~ up** *бирж.* последовательно продавать акции данного выпуска по мере повышения их курса; **upon ~** в среднем; **with (particular) ~** с ответственностью за частную аварию; включая частную аварию
~ of distribution *стат.* математическое ожидание
arithmetic(al) ~ среднее арифметическое
assembly ~ *стат.* математическое ожидание; среднее по генеральной совокупности
Barron's Group stock ~s индексы курсов акций (по промышленным группам) фирмы Бэррон *(США)*
bond ~ *амер.* индекс Доу—Джонса для корпоративных облигаций
composite ~ *амер.* совокупный индекс Доу—Джонса *(для промышленных, железнодорожных и коммунальных компаний)*
conditional ~ условное среднее (значение)
current ~ текущее среднее (значение)
daily ~ ежедневно публикуемый курс акций
Dow—Jones ~ *амер.* индекс Доу—Джонса
economy-wide ~ средняя величина в масштабах экономики
ensembly ~ *см.* **assembly average**
estimated ~ *стат.* оценка среднего; предполагаемое среднее значение
general ~ *страх.* общая авария
geometric(al) ~ среднее геометрическое
harmonic(al) ~ гармоническое среднее
herd yield ~ средний выход молока на одну корову в стаде
industrial ~ *амер.* индекс Доу—Джонса *(для акций промышленных компаний)*
limiting ~ предельное среднее (значение)
long-range ~ среднее по большому интервалу
market ~ средний рыночный курс
monthly ~ среднемесячное значение
moving ~ скользящее среднее (значение)
national price ~ средний уровень цен по стране
Nikkei—Dow—Jones ~ индекс курсов ценных бумаг Токийской фондовой биржи *(Япония)*
observed ~ эмпирическое среднее
overall ~ общее среднее (значение)
parity ~ среднее число детей в семье
particular ~ *страх.* частная авария
period ~ среднее за период
petty ~ *страх.* малая авария
probabilistic ~ *стат.* математическое ожидание
quadratic ~ среднее квадратическое
representative ~ репрезентативная средняя величина
sample ~ выборочное среднее (значение)
simple ~ среднее арифметическое
single sample ~ среднее по одной выборке
statistical ~ статистическое среднее (значение)
stochastic ~ *стат.* математическое ожидание
stock price ~ индекс курсов акций
theoretic(al) ~ *стат.* математическое ожидание
time ~ среднее по времени, усреднённое по времени значение; временно́е среднее
true ~ истинное среднее (значение)
unweighted ~ невзвешенное среднее (значение)
utility ~ *амер.* индекс Доу—Джонса для акций коммунальных компаний
weekly ~ еженедельно публикуемый курс акций
weighted ~ взвешенное среднее (значение)

averaging 1. усреднение, получение средних (данных) || усредняющий 2. стратегия биржевой игры, состоящая в последовательной покупке *или* продаже акций данного выпуска по изменяющимся курсам
averaging-out усреднение
aversion неприятие
risk ~ неприятие риска
avert предотвращать
averting предотвращение *(напр. инфляции)*
aviso авизо, извещение
avoid 1. избегать, уклоняться 2. прекращать, аннулировать □ **to ~ a contract** аннулировать контракт; **to ~ double taxation** избегать двойного обложения налогом
avoidance 1. уклонение 2. *юр.* аннулирование; отмена, уничтожение
tax ~ уклонение от налога
award 1. награда, премия || присуждать награду 2. арбитражное решение || выносить решение 3. выдача заказа || выдавать заказ *(на поставку)* 4. государственный заказ 5. утверждение заявки на покупку ценных бумаг *(напр. при аукционной продаже)* □ **to ~ an increase in salary** награждать повышением жалованья
~ of damages решение суда о возмещении убытков
annualizing ~ вознаграждение по результатам работы за год
competitive negotiation ~ заказ, выданный в результате переговоров конкурентного характера
contract ~ выдача заказа, заключение контракта *(государственным ведомством с частной компанией)*
court ~ возмещение ущерба по суду
lumpsum ~ возмещение ущерба в виде паушальной суммы
prime contract ~ заказ головному подрядчику
product liability ~ неустойка *(выплачиваемая фирмой-изготовителем)* за недоброкачественность продукции
route ~ предоставление *(права эксплуатации)* маршрута; разрешение на открытие авиалинии
space ~ заказ на поставку космической техники
total ~s общий объём заключённых контрактов *(на поставки продукции и услуги)*
awareness осведомлённость
axe (резкое) сокращение □ **to apply the ~ to public expenditure** резко сокращать государственные расходы

B

back 1. субсидировать, финансировать *(напр. проект)* 2. поддерживать, подкреплять *(государственными мероприятиями)* 3. гарантировать; индоссировать, давать поручительство по векселю, выступать в роли авалиста □ **to ~ a loan** гарантировать заём, давать гарантию по займу; **to ~ out of** уклоняться от *чего-л.*, отступать от *чего-л.*; **to ~ the currency** обеспечивать валюту
backcast ретрополяция *(построение графика для прошлого периода на базе тенденций и данных ближайшего прошлого или текущего периода)*
backcountry 1. удалённая от путей сообщения местность 2. отсталый сельскохозяйственный район, расположенный на окраине штата
backdate датировать прошедшим числом *(напр. чек)*
backer индоссант, поручитель, авалист *(по векселю)*
background 1. биографические данные 2. подготовка, образование; квалификация 3. фон *(напр. при прогнозировании)*
backhaul встречный пробег *(перевозка груза в обратном направлении по пути следования)*
backing 1. субсидирование, финансирование; обеспечение 2. *фин.* покрытие 3. поддержка, подкрепление 4. гарантия; индоссамент, поручительство по векселю, авал
~ of currency обеспечение валюты
~ of notes обеспечение банкнот
financial ~ финансирование, финансовая поддержка
gold ~ of currency золотое обеспечение денег
state financing ~ государственная финансовая поддержка
backlog 1. задолженность *(напр. по выпуску продукции)*; невыполненная работа *(при наличии запроса)*; невыполненные [задолженные] заказы, портфель заказов 2. запасы *(материальных средств)*; резервы *(напр. материалов)* □ **to work off ~** уменьшать задолженность; уменьшать количество невыполненных заказов
~ of business 1. объём имеющихся заказов; объём предстоящей работы 2. портфель заказов, невыполненные [задолженные] заказы
~ of demand накопившийся [неудовлетворённый] спрос; отложенный спрос
~ of housing отставание в жилищном строительстве
~ of licenses неиспользованные лицензии
~ of orders *см.* **backlog of business**
~ of outstanding payments неуплаченные суммы; просроченные платежи
~ of work *см.* **backlog of business 1.**
commercial ~ задолженность по торговым операциям
current ~ текущая задолженность
back-to-back компенсационный; взаимный
backtracking преимущественное обеспечение работой лиц с большой выслугой лет *(при сокращении штатов)*
backup 1. дублирование || дублирующий; резервный, заменяющий 2. дублирующая деталь; дублирующий агрегат
backward отсталый *(напр. о стране)*
backwardation 1. скидка с цены за по-

ставку товара в более близкие сроки **2.** *англ. бирж.* депорт, скидка с обусловленного курса *(как плата за отсрочку поставки ценных бумаг до следующего расчётного периода)*
backwardness отсталость
agricultural ~ отсталость сельского хозяйства
economic(al) ~ экономическая отсталость
technological ~ техническая отсталость
bad 1. негодный, недоброкачественный *(о продукте)*; плохой **2.** неблагоприятный
merit ~s товары, потребление которых ограничивается *или* запрещается правительством *(напр. наркотики)*
public ~s ущерб для общества
badlands неплодородная почва
badness 1. негодность; недоброкачественность; неполноценность **2.** неправильность; неточность; ошибочность
~ of fit несогласованность *(наблюдений с теоретическими результатами)*
bag 1. мешок; бумажный пакет ‖ упаковывать в мешки *или* пакеты **2.** *pl* множество; масса **3.** *разг.* увольнение ‖ увольнять, выгонять с работы
turkey ~ *амер.* бумажный пакет большого размера для укладки мелких продовольственных покупок
baggage багаж
excess ~ излишек багажа *(оплачиваемый дополнительно)*
bagger упаковщик в мешки *или* пакеты
bagging 1. мешковина **2.** развешивание товара в мешки *или* пакеты
bagman *англ.* лоточник
bail 1. залог; поручительство ‖ поручиться **2.** поручитель □ **to give ~** найти себе поручителя; **to let someone out on ~** отпустить под залог; **to stand ~ for** поручиться, внести залог за *кого-л.*
ample ~ достаточный залог
good ~ надёжное поручительство
straw ~ ненадёжный поручитель
bailage сбор за доставку товара
bailee 1. хранитель *(залога)*; депозитарий **2.** экспедитор, перевозчик
bailiff *англ.* управляющий фермой; управляющий хозяйством
bailment залог, временная передача имущества на хранение *(для специальных целей)*
involuntary ~ денежные суммы на депозите, зачисленные помимо воли владельца
bailor депонент *(лицо, отдавшее имущество на хранение)*
bail-out выход из экономических трудностей с *чьей-л.* помощью
baker пекарь, булочник
bakery булочная □ **~ but not bakehouse** булочная, при которой нет пекарни
on-the-premise ~ пекарня, находящаяся в помещении торгового предприятия
retail ~ *амер.* булочная-пекарня, продающая свою продукцию через собственные магазины
balance 1. баланс; сальдо *(счёта, расчётов)*; состояние счёта ‖ сальдировать, подводить итог, подытоживать; закрывать счета **2.** равновесие, состояние равновесия ‖ уравновешивать; балансировать **3.** компенсировать; нейтрализовать **4.** удовлетворять *(напр. потребность в продукции)* □ **~ brought forward** сальдо с переноса *(с предыдущей страницы)*; **~ brought from last account** перенесённое сальдо; **~ brought into equilibrium** баланс, приведённый к равновесию; **~ carried forward** сальдо к переносу *(на следующую страницу)*; **~ due** дебетовое сальдо; **~ due on an order** ожидаемый остаток по заказу; неполученная [недоставленная] часть заказанного количества; **~ in one's favor** остаток в *чью-л.* пользу; **~ on goods and services** баланс товаров и услуг *(статья в платёжном балансе)*; **~ on hand 1.** *см.* **cash balance 2.** остаток *(напр. материалов)* в наличии; **~ on liquidity basis** *амер.* сальдо на базе ликвидности *(статья в платёжном балансе)*; **~ on official reserve transaction basis** *амер.* сальдо на основе официальных резервных операций *(статья в платёжном балансе)*; **~ on order** остаток *(заказа)* к получению; **~ runs into the red** баланс становится неблагоприятным; **~ standing to my credit** сальдо *(счёта)* в мою пользу; **~ standing to my debit** у меня на счёте дебетовое сальдо; **to ~ an account** уравнять счёт; **to be out of ~** выйти из равновесия; **to build a money ~** накопить сумму денег; **to distort the ~** нарушить равновесие; **to ~ foreign trade** сбалансировать внешнюю торговлю; **to restrict ~ to a minimum** свести остаток денег к минимуму; **to strike the ~** подводить баланс; выводить сальдо; **to ~ the books** забалансировать бухгалтерские книги: **to ~ the ledger** сальдировать счета главной книги; **to update the ~** вывести новый остаток на счёте, обновить остаток; **~s with foreign banks** остатки на счетах в заграничных банках, текущие счета за границей, иностранные авуары
~ of account остаток при расчёте; остаток на счёте
~ of budgetary account остаток на бюджетном счету
~ of claims and liabilities баланс требований и обязательств; расчётный баланс
~ of debt остаток непогашенной задолженности
~ of indebtedness остаток непогашённой задолженности
~ of interest остаток процентов, сальдо процентов
~ of migration *демогр.* сальдо миграции; баланс миграции
~ of payments платёжный баланс
~ of payments on capital account платёжный баланс по капитальным операциям
~ of payments on current account платёжный баланс по текущим операциям
active ~ *см.* **favorable balance**
actual ~ фактический [реальный] остаток, фактическая сумма
adjusted trial ~ рабочий пробный баланс; исправленный пробный баланс

adverse ~ пассивный [неблагоприятный] платёжный баланс
average ~ 1. средний остаток *(на счёте за период)* 2. средний компенсационный остаток *(на банковском счёте)*
average daily ~ среднедневной остаток *(на депозитном счёте)*
bank ~ сальдо банковского счёта, остаток на банковском счёте
basic ~ of payments базисные [основные] статьи платёжного баланса, сальдо платёжного баланса по основным операциям
blocked ~s блокированные счета
budgetary ~ равновесие доходов и расходов бюджета
business ~s денежные остатки у корпораций
capital ~ баланс движения капитала
cash ~ кассовая наличность, кассовый остаток; запас наличных денег
classified trial ~ систематизированный предварительный баланс с группировкой статей по форме финансового отчёта
clearing ~ сальдо клиринга, сальдо расчётов по клирингу
closing ~ конечное сальдо *(на счёте)*
commodity ~ баланс товарной торговли *(без услуг)*
compensating ~ компенсационный остаток *(на депозитном счёте)*
correspondent ~ остаток на корреспондентском счёте
cost-effectiveness ~ соотношение между затратами и эффективностью
credit ~ кредитовое сальдо, кредитовый баланс; отрицательное сальдо
current ~ сальдо по контокорренту
debit ~ дебетовое сальдо; дебетовый баланс; положительное сальдо
demand ~ остаток денежных средств *(на текущем счёте)*
dollar ~s долларовые активы; остатки на счетах в долларах, долларовые авуары
earmarked ~s at foreign banks забронированные средства на счетах в иностранных банках
economic(al) ~ экономическое равновесие
export ~ of trade превышение вывоза над ввозом, активный [экспортный] торговый баланс; активное сальдо торгового баланса
external ~ состояние внешних расчётов
favorable ~ активный [благоприятный] (платёжный) баланс
foreign ~ платёжный баланс
foreign held ~s денежные суммы, принадлежащие иностранцам
fuel ~ топливный баланс
idle ~s неиспользуемые денежные суммы
import ~ of trade превышение ввоза над вывозом, пассивный [импортный] торговый баланс; пассивное сальдо торгового баланса
input—output ~ межотраслевой баланс
in-stock ~ остаток товарно-материальных ценностей на складе
interest-bearing transaction ~ текущий счёт с выплатой процентов *(с остатка денежных средств на счёте)*
interindustry ~ межотраслевой баланс, МОБ
interproduct ~ межпродуктовый баланс
inventory ~ уровень запасов
inventory-to-sales ~ соотношение между уровнем запасов и объёмом сбыта
invisible ~ сальдо по статьям «невидимого экспорта и импорта» *(напр. фрахт)*
line ~ 1. ритмичность производственного процесса 2. сбалансированность поточной линии
marginal ~ маржинальное сальдо, превышение выручки над переменными издержками
money ~s наличные деньги, денежные остатки
negative ~ *см.* **unfavorable balance**
net ~ чистый остаток, сальдо
nonhousehold ~s денежные остатки у держателей, не относящихся к потребительскому сектору
nostro ~ остаток по счёту ностро *(у другого банка)*
official settlement ~ сальдо платёжного баланса по концепции официальных расчётов
opening ~ начальное сальдо *(на счёте)*
organizational ~ пропорциональное распределение ресурсов между структурными подразделениями
overall ~ 1. общий итог, итоговый баланс; общее сальдо 2. объединённый платёжный баланс *(включающий платёжный баланс по текущим операциям и баланс движения капитала)*
overstated book ~ завышенный книжный остаток, завышенный инвентарный остаток *(по данным учёта)*
overstated inventory ~s завышенные остатки товарно-материальных ценностей *(по данным учёта)*
passive ~ *см.* **unfavorable balance**
physical ~ материальный баланс
positive ~ *см.* **favorable balance**
post-closing trial ~ (второй) вариант пробного баланса *(после внесения поправок и закрытия счетов)*
precautionary ~s денежные остатки, накапливаемые из предосторожности *(категория кейнсианского анализа)*
preliminary trial ~ предварительный [пробный] (бухгалтерский) баланс; перечень сальдо счетов по дебету и кредиту
profit-and-loss ~ остаток по счёту прибылей и убытков
real cash ~s реальные кассовые остатки *(с учётом изменения покупательной силы денег)*
red ~ *см.* **unfavorable balance**
social ~ социальный баланс *(необходимая увязка между частным производством товаров и услуг и социальными услугами, предоставляемыми государством)*
special area ~ of payments платёжный баланс данной страны со странами определённого региона
stock-and-provision ~ равновесие между запасами и снабжением

transaction ~s трансакционные денежные остатки
trial ~ 1. пробный [предварительный] (бухгалтерский) баланс **2.** частичный пробный баланс *(напр. взаиморасчётов с организацией-заказчиком)*
unclaimed ~ невостребованный остаток на банковском счёте, неактивный депозитный счёт в банке
understated book ~ заниженный книжный остаток, заниженный инвентарный остаток *(по данным учёта)*
unexpended ~s неизрасходованные [неиспользованные] остатки; избыточное имущество; излишки имущества
unfavorable ~ пассивный [неблагоприятный] (платёжный) баланс
visible ~ сальдо по статьям торгового баланса
working ~s 1. «рабочие» остатки на счетах *(суммы, необходимые для повседневных расчётов)* **2.** резервы

balanced уравновешенный, сбалансированный
balance-sheet *см.* **balance sheet**
balancing 1. балансирование, уравновешивание **2.** заключение счетов, сальдирование □ **~ the productive capacity** устранение диспропорций производственных мощностей; устранение диспропорций между группами производственного оборудования
~ of portfolio сбалансирование портфеля *(напр. заказов)*
annual ~ of the books ежегодное заключение счетов [бухгалтерских книг]
commitment-provision ~ обеспечение ритмичности поставок
line ~ обеспечение ритмичности производственного процесса
long run budget ~ балансирование бюджета за длительный период
work ~ обеспечение ритмичной работы

bale кипа, тюк; брикет ‖ упаковывать в кипы, укладывать в тюки; брикетировать □ **to put up in ~s** упаковывать в кипы
standard ~ стандартная кипа *(500 фунтов волокна)*

balking отказ становиться в очередь, неприсоединение к очереди *(в системе массового обслуживания)*
deterministic ~ детерминированное неприсоединение к очереди
stochastic ~ стохастическое неприсоединение к очереди

balloon вздувать курсы акций
ballot жеребьёвка участников займа
ballyhoo *амер.* рекламная шумиха ‖ назойливо рекламировать
ban запрещение ‖ запрещать □ **~ on immigration** запрещение иммиграции, запрещение на въезд в страну; **~ on import** запрещение импорта; **to lift a ~** снимать запрет *(напр. на повышение цен)*; **to put under a ~** налагать запрет
Bancomat Банкомат, система автоматических денежных автоматов в Западной Европе

bancor банкор *(проектировавшаяся условная валютная единица)*
band 1. область; интервал; зона, диапазон; полоса **2.** лента *(напр. конвейера)*
~ of forecasts область прогнозных оценок
confidence ~ *стат.* доверительная область, доверительный интервал
fluctuation ~ размах колебаний валютного курса; пределы отклонений валютного курса от паритета
significance ~ *стат.* интервал значимости

Bank □ **~s for Cooperatives** *амер.* банки по кредитованию сельскохозяйственных кооперативов; **~ for International Settlements** Банк международных расчётов *(в Базеле)*
~ of England Банк Англии, Английский банк
African Development ~ Африканский банк развития
Arab Development ~ Арабский банк развития
Asian Development ~ Азиатский банк развития
Central ~ of Russia [Russian Federation] Центральный банк России [РФ], Центробанк
Central Trustee Savings ~ Расчётная палата для сберегательных банков *(Великобритания)*
European ~ for Reconstruction and Development Европейский банк реконструкции и развития
European Investment ~ Европейский инвестиционный банк
Export-Import ~ Экспортно-импортный банк *(США)*
Federal Farm Credit ~ федеральный банк фермерского кредита *(США)*
Federal Home Loan ~s федеральные банки по кредитованию жилищного строительства
Federal Intermediate Credit ~ федеральный банк среднесрочного кредита
Federal Land ~s федеральные земельные банки
Federal Reserve ~s федеральные резервные банки
Federal Reserve Branch ~ филиал федерального резервного банка
Inter-American Development ~ Межамериканский банк развития
International ~ for Economic Cooperation Международный банк экономического сотрудничества *(стран СЭВ)*
International ~ for Reconstruction and Development Международный банк реконструкции и развития, МБРР
Islamic Development ~ Исламский банк развития *(в Джидде)*
National Savings ~ Национальный сберегательный банк *(действует через почтовые отделения, Великобритания)*
State ~ of the USSR Государственный банк СССР, Госбанк
World ~ Международный банк реконструкции и развития, МБРР

bank **1.** банк; кредитное учреждение; банкирский дом ‖ вносить деньги в банк; держать деньги в банке; заниматься банковским делом **2.** фонд, запас **3.** касса

~ of circulation эмиссионный банк
~ of issue *см.* **bank of circulation**
acceptance ~ акцептная контора
account-holding ~ банк — хранитель счёта
advising ~ банк, извещающий бенефициара об открытии аккредитива; банк, производящий выплату по аккредитиву
black ~ *амер.* банк, владельцем которого является негр
black-controlled ~ *амер.* банк, контролируемый неграми
borrower's ~ банк заёмщика
branch 1. филиал банка **2.** банк, имеющий отделения [филиалы]
buffer ~ буферный [межоперационный] запас *(напр. деталей)*
business ~ коммерческий банк
card-issuing ~ банк, выпускающий кредитные карточки
central reserve city ~s *амер.* банки, расположенные в центральных резервных городах
clearing ~ клиринговый банк *(банк — член расчётной палаты)*
clearing member ~ *амер.* банк, который может инкассировать чеки через Федеральную резервную систему *(не являясь членом ФРС)*
collecting ~ банк-инкассатор
Comecon ~s (международные) банки СЭВ
continental ~ *англ.* банк, расположенный в одной из стран континентальной Европы
correspondent ~ банк-корреспондент
country ~ *амер.* провинциальный банк; банк нерезервного города
credit ~ коммерческий банк *(в Европе)*
credit-issuing ~ банк, открывший аккредитив
creditor ~ банк-кредитор
debtor ~ банк — член клиринговой палаты, имеющий дебетовое сальдо
department store ~ *англ.* отделение банка при универсальном магазине *(для привлечения мелких вкладчиков)*
deposit ~ депозитный банк
discount ~ учётный банк
drive-in ~ банк, обслуживающий клиентов прямо в автомобиле
exchange ~ банк, осуществляющий операции по обмену валюты
first-generation ~ банк первого поколения *(банковская теория)*
Gulf ~ банк, расположенный в зоне Персидского залива
incorporated ~ *амер.* акционерный банк
industrial ~ промышленный банк; *амер.* банк потребительского кредита
in-house ~ банк — член расчётной палаты
in-store ~ *англ.* отделение банка *или* финансовой компании, открытое в магазине *(обслуживающее клиентов только в часы работы магазина)*
insured ~ *амер.* банк с застрахованными депозитами
investment ~ инвестиционный банк *(в США — фирма, специализирующаяся на эмиссии и торговле ценными бумагами; в Великобритании — банк долгосрочного кредита для мелких и средних компаний)*
issuing ~ банк-эмитент
joint stock ~ *англ.* акционерный коммерческий банк
joint stock land ~ акционерный земельный банк
labor ~ *амер.* рабочий банк *(принадлежащий профсоюзу)*
land ~s *амер.* земельные банки, банки долгосрочного сельскохозяйственного кредита
major city ~ наиболее влиятельный банк города
member ~ *амер.* банк — член Федеральной резервной системы
member ~ of the syndicate банк — член консорциума
merchant ~ *англ.* торговый банк *(звено английской банковской системы, выполняет акцептные и другие операции)*
mobile ~ передвижной банк
money center ~ крупный банк в одном из мировых финансовых центров, банк с глобальными интересами
money trading ~ *англ.* банк, предоставляющий краткосрочные ссуды на денежном рынке
monopoly ~ монопольный банк *(единственный в банковской системе)*
Morris plan (industrial) ~ *амер.* банк, организованный по «плану Морриса» *(выдача мелких потребительских кредитов)*
mortgage ~ ипотечный банк
multinational ~ международный банк, действующий на территории ряда государств
multiple office ~ банк с разветвлённой системой филиалов
mutual savings ~ *амер.* взаимносберегательный банк
national ~ **1.** национальный банк *(категория коммерческих банков в США)* **2.** центральный банк *(в ряде стран)*
nonbank ~ *амер.* кредитно-финансовое учреждение, не выполняющее все функции коммерческого банка
nonmember ~ **1.** *амер.* банк — не член Федеральной резервной системы **2.** банк, не входящий в состав расчётной палаты
nonpar ~ *амер.* банк, взимающий комиссию при инкассировании чека
notifying ~ *см.* **advising bank**
opening [originating] ~ банк, выдающий аккредитив *(открывающий по поручению покупателя аккредитив в другом банке в пользу продавца)*
out-of-town ~ иногородний банк
overseas ~ *англ.* банк, осуществляющий основные операции за границей
parent ~ головной банк группы *(контролирующий другие кредитные институты)*

payee's ~ банк получателя *(по чеку)*
payer's [paying] ~ банк-плательщик *(по чеку)*
penny ~s *англ.* сберегательные банки для мелких вкладчиков
piggy ~ копилка
presenting ~ банк, представляющий чек к оплате
primary ~ головной [ведущий] банк
private ~ частный банк, неакционерный банк; частный банкирский дом *(категория коммерческих банков в США)*
problem ~ банк, испытывающий затруднения
processing ~ банк, обрабатывающий документы *(напр. чеки)*
remitting ~ банк, переводящий средства
reporting member ~ *амер.* банк — член Федеральной резервной системы, обязанный отчётностью
reserve ~ резервный банк
retail ~ банк, занимающийся обслуживанием мелкой клиентуры
savings ~ сберегательный банк; сберегательная касса
school savings ~ *амер.* школьный сберегательный банк
single-office ~ *см.* **unit bank**
soil ~ *амер.* земельный резерв *(программа по сокращению посевных площадей и консервации почвы)*
specialized ~ специализированный банк
state ~ 1. государственный банк **2.** *амер.* банк штата; банк, действующий по юрисдикции штата
stock exchange ~ банк, кредитующий биржевые сделки
stock savings ~ *англ.* акционерный сберегательный банк
storefront ~ *англ.* отделение банка *или* финансовой компании в торговом центре города *(с ограниченным набором операций и удлинённым рабочим днём)*
trading ~ коммерческий банк
trustee savings ~ доверительный сберегательный банк
unit ~ *амер.* бесфилиальный банк *(операции которого проводятся в главной конторе)*
wildcat ~s спекулятивные банки *(стихийно и бесконтрольно возникавшие в США в начале 19 века)*

bankable приемлемый для банка, могущий быть учтённым *(о векселе)*
Bankamericard «Банкамерикард» *(кредитная карточка банка «Банк оф Америка»)*
bankbook депозитная книжка; сберегательная книжка
banker 1. банкир *(лицо, занимающееся кредитными и депозитными операциями)* **2.** *pl* банкирский дом, банкирская контора, банк
individual ~ *см.* **private banker**
private ~ 1. частный банкир **2.** *pl* частная банкирская контора; неакционерный банк
banking банковское дело; банковские операции; банковский оборот □ **~ by mail** банковские операции по почте
branch ~ система банков, имеющих филиалы
chain ~ *амер.* «цепная» зависимость банков
correspondent ~ система корреспондентских отношений
deposit ~ депозитные операции банков
drive-in ~ *амер.* банковское обслуживание клиента прямо в автомобиле
dual ~ двухчленная банковская система *(национальные и штатные банки в США)*
eurocurrency ~ банковские операции с евровалютами
free ~ for the account бесплатное ведение счёта
group ~ банковские группы *(форма концентрации банков)*
home ~ банковское обслуживание на дому *(особенно с помощью электронных систем)*
independent ~ *амер.* система самостоятельных банков *(в отличие от системы банковских филиалов)*
investment ~ инвестиционно-учредительская деятельность банков
Islamic ~ исламское банковское дело *(со скрытой формой взимания процентов)*
nation-wide branch ~ общенациональная система отделений банков
retail ~ операции банков с широкой клиентурой
state-wide branch ~ *амер.* система банковских отделений в пределах штата
unit ~ *амер.* система бесфилиальных банков
wholesale ~ *англ.* операции крупных банков между собой

bankocracy банкократия, власть банкиров
bankrupt 1. банкрот, несостоятельный должник ‖ доводить до банкротства **2.** неплатёжеспособный □ **to become ~** обанкротиться; **to make ~** разорять, доводить до банкротства
adjudged ~ лицо, объявленное по суду банкротом
discharged ~ восстановленный в правах [освобождённый от долгов] банкрот
bankruptcy банкротство, несостоятельность □ **close to ~** накануне банкротства
Bankwire Бэнкуайр, система электронной связи между банками *(США)*
bar 1. препятствие, преграда; *pl* ограничение ‖ запрещать; препятствовать, преграждать; тормозить **2.** слиток, брусок **3.** бар, прилавок; стойка
Barclayscard кредитная карточка «Барклейз» *(банка «Барклейз»)*
Bardepot система резервных требований на средства, заимствованные за границей
bargain 1. торговая сделка; договор о покупке; договорённость ‖ вести переговоры, договариваться **2.** выгодная покупка ‖ торговаться **3.** *pl* товары по сниженным ценам **4.** ситуация временного снижения цен, выгодная для приобретения товара **5.** небольшой земельный участок □ **~ and sale** договор купли-продажи; **into the ~** в придачу, к тому же, сверх того; **~ on term**

бирж. сделка на срок; **to ~ away** отдавать за бесценок; разбазаривать; **to bind the ~** давать задаток при покупке; **to buy at a ~** *разг.* покупать по дешёвке; **to ~ for better conditions** требовать улучшения условий; **to have the best of a ~** извлекать наибольшую выгоду из соглашения, выигрывать; **to make a ~** заключать сделку, приходить к соглашению, договариваться; **to ~ on price** торговаться из-за цены; **to settle [to strike] a ~** *см.* **to make a bargain**
all-or-nothing ~ сделка по принципу «всё или ничего», сделка без уступки в цене
option ~ *бирж.* сделка с премией; сделка на срок
settlement [time] ~ *бирж.* сделка на срок

bargainee *юр.* покупатель

bargainer участник сделки; участник переговоров по поводу условий купли-продажи товара *(включая рабочую силу)*

bargaining ведение переговоров; заключение сделки; торги
central wage ~ централизованные *(в рамках компании)* переговоры о размере заработной платы
collective ~ переговоры о заключении коллективного договора
explicit ~ явные [открытые] торги; прямые переговоры
formal collective ~ официально признанное *(в соответствии с государственным законодательством)* заключение коллективных договоров
free collective ~ свободное обсуждение условий коллективного договора
group ~ переговоры о заключении группового коллективного договора
implicit ~ неявные [скрытые] торги; косвенные переговоры
local ~ переговоры о заключении коллективного договора на уровне предприятия
pay ~ переговоры о размере заработной платы
plant ~ *см.* **local bargaining**
productivity ~ ведение переговоров о производительности труда
wage ~ переговоры о размере заработной платы

barn скотный двор; коровник; хлев; конюшня

barometers барометры *(статистические показатели деловой конъюнктуры)*

barratry *мор.* баратрия *(намеренные действия капитана или команды, направленные в ущерб судовладельцу или грузовладельцу)*

barren неплодородный *(о земле)*

barrier барьер; преграда; помеха □ **~ to entry** барьер для доступа *(напр. потенциальных конкурентов в отрасль)*; **to overcome tariff ~s** преодолевать тарифные барьеры
nontariff ~s нетарифные барьеры *(напр. импортные квоты)*
trade ~s торговые ограничения

barrow:
street ~ *англ.* ручная тележка для продажи товаров на улице

barter меновая торговля; товарообменная сделка, бартер, бартерный [натуральный] обмен ‖ менять, обменивать, вести натуральный обмен
direct ~ непосредственный обмен *(продуктами труда)*
indirect ~ обмен товарами, при котором в качестве меры стоимости выступает третий товар

barton 1. усадьба, ферма; двор **2.** птичий двор; курятник

basal *стат.* базисный; основной

base 1. база; базис; основа; основание; база индекса ‖ базировать; основывать **2.** база; объект □ **~ for reappointment of costs** *см.* **reappointment base**
~s of allocation *бухг.* базы распределения *(напр. накладных расходов)*
burden ~ *см.* **overhead base**
capital ~ капитальная база, собственные средства
depreciation ~ амортизируемая стоимость основных средств
extrapolation ~ база экстраполяции *(при прогнозировании)*
'fair value' rate ~ полная восстановительная стоимость основного капитала плюс «неосязаемый» капитал *(как база для исчисления тарифа на электроэнергию или газ)*
forecasting ~ база прогнозирования *(исходные данные, методика и средства)*
international monetary ~ международная валютная база *(созданная золотодобывающими странами)*
maintenance-and-supply ~ ремонтно-складская база
monetary ~ денежная база, деньги в узком смысле *(наличность и резервные счета коммерческих банков в центральном банке)*
overhead ~ база распределения накладных расходов *(напр. число отработанных человеко-часов)*
price level ~ база уровня цен *(при пересчёте в неизменные цены)*
rate ~ *трансп.* база для исчисления тарифа
reappointment ~ база для распределения косвенных издержек
reserve ~ резервная основа *(кредитных операций)*
tax ~ база налогообложения
wage ~ основная зарплата *(подлежащая налогообложению)*

basement подвальное помещение
bargain ~ подвальное помещение универмага для продажи дешёвых товаров

basic 1. основной; первичный; исходный, базисный *(о цене)* **2.** номинальный **3.** табельный *(о комплекте имущества)*

basis 1. базис; основа; база; основание **2.** *бирж.* разница между ценой по сделке на наличный товар и ценой по сделке на срок **3.** *бирж.* базисный сорт, базис **4.** опорный план *(в задаче линейного программирования)* □ **on a basinwide ~** в масштабах всего речного бассейна; для всего речного бассейна; **on a commission ~** на комиссионной основе; **on a delivered ~** включая стоимость доставки *(о цене)*; **on a firm fixed price ~** на основе оговоренной твёрдой цены *(о подрядах)*; **on a fiscal ~** на основе данных налогообложения, на основе отчётности, составленной в целях налогообложения; **on an ex-works ~** франко-завод-изготовитель; не включая стоимость доставки потребителю *(о цене)*; **on a nonrecourse ~** без последующих претензий к участнику сделки; **on a toll ~** на основе оплаты натурой; **on clean ~** в пересчёте на вес чистой шерсти; **on dry ~** *с.-х.* в пересчёте на сухое вещество; **on edible weight ~** к массе съедобной части *(сельскохозяйственной продукции)*; **on gross ~** на основе брутто; **on milk fat ~** в пересчёте на молочный жир; **on parity ~** на паритетной основе; **on scoured ~** в пересчёте на массу мытой шерсти; **to sell on 'open book' ~** продавать товар с записью по открытому счёту

accrued-expenditures ~ метод кумулятивных затрат, метод периодической бухгалтерской отчётности

annual ~ 1. годичная основа *(исчисления экономических показателей)* **2.** годовое исчисление

cash ~ «кассовая» база, кассовые операции как база (бухгалтерского) учёта

contract ~ договорная основа

cost ~ of accounting издержки как основа бухгалтерского учёта

cost-of service ~ переменные издержки как основа расчётов тарифов транспортного предприятия

direct labor cost ~ заработная плата производственных рабочих как основа распределения накладных расходов

direct labor hours ~ человеко-часы производственной работы как основа распределения накладных расходов

direct materials cost ~ стоимость основных материалов как основа распределения накладных расходов

dollar ~ of apportionment пропорциональная долларовая основа распределения постоянных издержек

employment ~ условия найма

group ~ *бухг.* **1.** групповая основа *(при начислении износа)* **2.** применение единой нормы начисления износа *(для смешанной группы объектов основного капитала разного вида)*

industry-wide ~ общеотраслевая основа

job ~ позаказная основа *(работы предприятия)*

monthly salary ~ месячный оклад как основа исчисления заработной платы

most favored nation ~ режим наибольшего благоприятствования

paper ~ *фин.* бумажный стандарт *(в отличие от металлического и золотого стандарта)*

piece-rate ~ сдельная основа *(оплаты труда)*; сдельщина

plant-food ~ питательные вещества для растения как основа расчёта удобрений

production-type ~ крупносерийная основа; объём, соответствующий крупносерийному производству

pro rata ton and ton-mile ~ пропорциональная основа в тоннах и тонно-милях *(распределения постоянных издержек в транспортной компании)*

rate ~ *трансп.* база для исчисления тарифа

sample ~ выборочная основа *(обследования)*

tax ~ база налогового обложения

time-rate ~ повременная основа *(оплаты труда)*

total ~ of all assets общая первоначальная стоимость основного капитала *(при исчислении коэффициента резерва на амортизацию)*

unit ~ основание [метод] начисления износа по каждому отдельному предмету *(соответственно его сроку службы)*

basket 1. набор, комплект; корзина **2.** набор валют *(на основе которого производится пересмотр валютных паритетов или курсов)* **3.** почта *(для деловой переписки)*

~ of goods *см.* **consumer goods basket**

consumer goods ~ бюджетный набор потребительских товаров и услуг *(для расчёта индекса цен)*, потребительская корзина

currency ~ валютная корзина, набор валют

market ~ набор потребительских товаров и услуг, приобретаемых на рынке

shopping ~ корзина для отбора товаров *(в магазине самообслуживания)*

standard ~ стандартный набор товаров или валют

wire ~ for display проволочная корзина *(для отбора товаров в магазине самообслуживания)*

bastard 1. нестандартный, необычного размера **2.** неполноценный, низкого качества **3.** внебрачный ребёнок

bastardize ухудшать, портить

batch 1. партия, серия **2.** порция *(материала)*; набор, комплект **3.** *ТМО* группа *(требований)*

bad ~ партия дефектных изделий

development ~ опытная [установочная] партия

initial ~ 1. головная [первая] партия **2.** опытная [установочная] партия

pilot ~ опытная [установочная] партия

production ~ партия изделий

batchwise по партиям, партиями *(о производстве)*

bazaar 1. восточный базар, рынок **2.** большой магазин

penny ~ *англ.* магазин дешёвых товаров

bear 1. *бирж.* «медведь», спекулянт, играющий на понижение ‖ играть на понижение **2.** нести; приносить □ **to ~ heavily on** ложиться тяжёлым бременем; **to ~ interest** приносить проценты; **to ~ out** подтверждать

protected ~ спекулянт, играющий на понижение, но имеющий в наличии акции
uncovered ~ продавец, не имеющий покрытия

bearer 1. податель, предъявитель *(напр. чека)* 2. держатель, владелец □ **to** ~ на предъявителя
~ **of bill** 1. держатель векселя 2. предъявитель векселя
~ **of check** 1. держатель чека 2. предъявитель чека
tax ~ налогоплательщик

bearing 1. отношение, аспект; подход 2. *с.-х.* плодоношение ‖ плодоносящий 3. приносящий *(напр. доход)* □ ~ **the date of** сроком до *такой-то* даты
alternate ~ периодическое плодоношение
annual ~ ежегодное плодоношение
biannual ~ плодоношение раз в два года
heavy ~ сильное плодоношение
interest ~ процентный, приносящий проценты *(о ценных бумагах)*
noninterest ~ не приносящий процентов *(о ценных бумагах)*

bearish понижательный, снижающийся *(о рынке ценных бумаг)*

beat убытки □ **to** ~ **down** 1. сбивать *(цену)* 2. подавлять *(оппозицию)*

beating убытки

beauty:
sleeping ~ *амер., разг.* привлекательная для поглощения компания

bedrock крайний [самый низкий] уровень *(о ценах)*

bee-farming пчеловодство

beekeeper пчеловод, пасечник

beekeeping пчеловодство

beggar-my-neighbor направленный на разорение соседа

beginnings of month *бухг.* на начало месяца

behavio(u)r 1. движение, развитие *(экономических категорий)* 2. режим *(работы)*; протекание *(процесса)* 3. поведение 4. свойства; характеристики; характер изменения □ ~ **in service** поведение при эксплуатации; ~ **towards risk** поведение в условиях риска
~ **of distributive shares** динамика долей заработной платы и прибыли *(в национальном доходе)*
~ **of firm** поведение фирмы *(рассматривается с различных точек зрения: экономической, административной и социально-психологической)*
adjustment ~ приспособление *(напр. к нарушению экономического равновесия)*
administrative ~ поведение работника в организации
average ~ *стат.* поведение в среднем
balking ~ неприсоединение к очереди *(в системе массового обслуживания)*
bank borrowing ~ политика позаимствований у банков *(проводимая крупной корпорацией)*
bargaining ~ поведение при ведении переговоров; поведение при заключении сделки
business spending ~ динамика предпринимательских расходов
collusive ~ деятельность *(крупных фирм)*, в основе которой лежит монополистический сговор
competitive ~ поведение в конфликтных ситуациях
congestion ~ состояние полной нагрузки; состояние перегрузки
consumer ~ поведение потребителей *(напр. реакция на новый товар, упаковку)*
consumer spending ~ динамика потребительских расходов
cooperative ~ поведение, основанное на принципах сотрудничества и поддержки
cost ~ динамика издержек
customer ~ поведение клиента *(в системе массового обслуживания)*
cyclical ~ циклическое поведение, циклическая динамика *(разных показателей экономической активности)*
demographic ~ демографическое поведение
fertility ~ *демогр.* характеристика плодовитости
impatient ~ уход из системы до начала обслуживания; неприсоединение к очереди, проявление нетерпения *(в системе массового обслуживания)*
income ~ динамика доходов
inventory ~ 1. движение запасов 2. состояние системы управления запасами
investment ~ динамика инвестиций
lending ~ **of banks** ссудная деятельность банков
limiting ~ предельный режим
loan ~ динамика ссудных операций
long-term ~ 1. длительный режим работы 2. поведение в течение длительного времени
market ~ состояние рынка
Markov ~ *мат.* марковское состояние *(системы)*, марковость
migratory ~ миграционное поведение *(населения)*
optimizing ~ стремление к оптимизации результатов
organizational ~ *см.* **administrative behavior**
periodic ~ периодические изменения
price ~ динамика цен
profit-maximizing ~ поведение, направленное на максимизацию прибыли
queue ~ состояние системы массового обслуживания
reckless ~ *мат.* азартное поведение
reproductive ~ *см.* **fertility behavior**
restrictive ~ политика ограничений *(напр. в торговле)*
seasonal ~ сезонные изменения
supportive ~ *орг. пр.* поощряющее поведение *(руководителя в отношении подчинённых)*
system ~ поведение системы
time ~ временна́я характеристика; временно́й режим, поведение во времени
uncooperative ~ конфликтное поведение,

отказ от сотрудничества *(работника с администрацией)*

behavioral бихевиористский, относящийся к поведению

behaviorism бихевиоризм

belt 1. пояс; зона; полоса **2.** *стат.* интервал □ **to tighten ~ (s)** затягивать пояс(а), ограничивать потребление

confidence ~ доверительный интервал

copper ~ медный пояс *(особенно в Замбии)*

fiducial ~ доверительный интервал

gold ~ золотой пояс *(особенно в ЮАР)*

production ~ пояс сельскохозяйственного производства

shelter ~ защитная полоса

benchmark база *(в статистике)*

benefice *ист.* земельное феодальное владение, бенефиция

beneficial выгодный; благотворный, полезный

beneficiary 1. *ист.* владелец бенефиции *или* феода; феодальный вассал **2.** бенефициар *(получатель денег по аккредитиву или страховому полису или доходов от имущества, находящегося в доверительном управлении)* **3.** тот, кто получает экономическую выгоду

agricultural water ~ тот, кто получает выгоды от орошения *(земель)*

external ~ тот, кто получает доход *или* выгоду от результатов деятельности другого хозяйственного объекта, получатель побочных выгод от деятельности другого хозяйственного объекта

welfare ~ 1. лицо, получающее пожертвования **2.** *амер.* иждивенец военнослужащего *(имеющий право на шестимесячный оклад умершего военнослужащего)*

beneficium *лат.* бенефиций *(переходная форма феодального землевладения)*

benefit 1. прибыль; выгода ‖ приносить прибыль; получать выгоду **2.** полезность, благо **3.** пенсия; пособие *(напр. страховое)* **4.** попутная [побочная] выгода **5.** *pl* льготы, услуги; привилегии *(напр. в налогообложении)* **6.** *pl* суммарные выгоды, общий полезный результат, экономический эффект □ **for the public ~** в общественных интересах

accident death ~ страховое пособие в связи со смертью, наступившей в результате несчастного случая

cash ~ денежное пособие

death ~ страховое пособие, выплачиваемое в связи со смертью застрахованного

dependent ~ пособие иждивенцу

disability [disablement] ~ страховое пособие по нетрудоспособности

extended unemployment ~ *амер.* продлённое пособие по безработице *(выплачивалось в период депрессии 1929–1933 гг. при условии «проверки нуждаемости»)*

external ~ внешний экономический эффект *(напр. общее улучшение угодий при проведении мелиорации на одном из участков)*

flood control ~s (попутные) выгоды от регулирования стока [от регулирования паводков]

fringe ~s дополнительные выплаты *(сверх прямой зарплаты, напр., бесплатное медицинское обслуживание, субсидируемые столовые)*; доплаты (к заработной плате), оговорённые в коллективных договорах

headwater ~s (экономические) выгоды для гидроэлектростанций, расположенных ниже по течению реки

incidental ~ побочная [попутная] выгода *(напр. регулирование паводка приносит пользу соседним полям)*

industrial injury ~ пособие за производственную травму

in-kind ~ пособие, выплачиваемое в натуральной форме

insurance ~ страховое пособие

invalidity ~ *англ.* пенсия по инвалидности

living ~ выплата страховых сумм по дожитию, по случаю утраты трудоспособности; выплата выкупных сумм

marginal ~ предельная выгода

medical ~ пособие по болезни

medicare ~ *амер.* пособие по болезни *(выплачиваемое при государственном страховании)*

old age ~ пособие по старости

public assistance ~ пособие по государственному социальному обеспечению

residual ~ *с.-х.* остаточное действие *(удобрения)*

retirement ~ пенсия *или* пособие по старости

service ~ выходное пособие

sickness ~ пособие по болезни

social ~ общественная выгода

social insurance ~s выплаты по социальному страхованию

social service ~s пособия по социальному обеспечению

strike ~ пособие бастующим *(со стороны профсоюза)*

supplementary ~ дополнительное пособие

survivors' ~ пособие в связи с потерей кормильца

tax ~s выигрыш на налогах

unemployment ~ пособие по безработице

veterans' ~s *амер.* пособия, выплачиваемые ветеранам войны

workmen's compensation ~ страховое пособие по нетрудоспособности

benevolence доброжелательность, благожелательное отношение *(напр. покупателей к продукции фирмы)*

bequeath завещать *(имущество)*

berth *мор.* причал; место у причала; пристань ‖ поставить на якорь; стать на якорь □ **on the ~** у причала *(о судне, готовом к погрузке или разгрузке)*; **~ or no berth** независимо от того, имеется свободный причал *или* нет

discharging ~ причал для разгрузочных работ

loading ~ причал для погрузочных работ

railway ~ причал с подъездными железнодорожными путями
berthage *мор.* **1.** причальная линия **2.** причальный сбор
best 1. наилучшее ‖ наилучший **2.** наиболее выгодный; оптимальный
better 1. превосходить, превышать *(по уровню производства)* **2.** улучшать, совершенствовать; исправлять
betterment 1. улучшение, совершенствование; исправление **2.** повышение ценности собственности *(находящейся в частных руках)* за счёт расходования средств государством
bias 1. отклонение; сдвиг; тенденция ‖ отклонять **2.** *мат.* систематическая ошибка ‖ вносить систематическую ошибку **3.** склонность; пристрастие, предубеждение, пристрастное отношение, предвзятость **4.** оказывать влияние *(напр. на результат исследований)* □ **~ in accumulation** сдвиг [изменение] в структуре накопления; **~ in consumption** сдвиг [изменение] в структуре потребления; **~ in technical progress** неравномерное влияние технического прогресса *(на развитие различных отраслей)*
~ of estimator *стат.* смещение оценки
capital-saving ~ in technical progress тенденция к понижению капиталоёмкости под влиянием технического прогресса
capital-using ~ in consumption тенденция к повышению капиталоёмкости под влиянием сдвига в структуре потребления
capital-using ~ in technical progress тенденция к повышению капиталоёмкости под влиянием технического прогресса
constant ~ постоянная систематическая ошибка
deflationary ~ дефляционная тенденция, тенденция к падению экономической активности
downward ~ 1. (систематическое) отклонение в сторону уменьшения **2.** тенденция к понижению *(напр. цен)* **3.** занижение *(статистических данных)*
export ~ экспортный уклон *(повышение доли экспортных отраслей в структуре национального производства)*
human ~ *стат.* смещение результатов, вносимое человеком
import ~ импортный уклон *(повышение доли отраслей, заменяющих импорт в структуре национального производства)*
inflationary ~ инфляционная тенденция
interviewer ~ смещение результатов опроса *(обусловленное личными качествами опрашивающего)*
land-saving ~ in accumulation изменение в структуре накопления, ведущее к экономии земли
nonresponse ~ пристрастие, выражающееся в отсутствии ответов *(при обследовании)*
political ~ политическая необъективность, политическая предвзятость
response ~ систематическая ошибка в ответах *(при обследовании)*
systematic(al) ~ систематическая ошибка
upward ~ 1. (систематическое) отклонение в сторону увеличения *(напр. от предполагаемого уровня)* **2.** тенденция к повышению *(напр. цен)* **3.** завышение *(статистических данных)*
variable ~ переменная систематическая ошибка
biased 1. смещённый, отклонённый **2.** имеющий систематическую ошибку
bid 1. предложение цены; предложенная покупателем цена ‖ предлагать цену **2.** надбавка к цене *(на аукционе)* ‖ набавлять цену **3.** торги ‖ принимать участие в торгах **4.** заказ, заявка *(напр. на оборудование)*; предложение о заключении контракта **5.** претензия; домогательство □ **~ and asked (quotations)** *бирж.* курсы продавцов и покупателей; **~s and offers** предложения и запросы цен *(со стороны продавцов и покупателей)*; **~s are invited for something** объявляются торги на *что-л.*; **to ~ against somebody** делать конкурентное предложение; сбивать цену на торгах; **to ~ in** предлагать *(на аукционе)* наиболее высокую цену; **to make a ~** делать предложение; предлагать надбавку *(на аукционе)*; **to ~ up** набавлять цену *(на аукционе)*; назначать повышенную ставку
best ~ *см.* **highest bid**
break-up ~ предложение купить компанию с целью распродажи её акций по частям
collusive ~ заявка (на торгах), основанная на тайном сговоре *(напр. компаний о завышении цен)*
competitive ~ предложение, регулируемое конкуренцией
first ~ первое предложение
higher ~ лучшее [более выгодное] предложение
highest ~ наилучшее [самое выгодное] предложение
international ~ международные торги
last ~ последнее предложение
lowest ~ наихудшее [самое невыгодное] предложение
negotiated ~ предложение андеррайтеров приобрести весь выпуск ценных бумаг *(для последующего размещения)*
noncompetitive ~ предложение, не регулируемое конкуренцией
optimum ~ предложение контракта на оптимальных условиях
price ~ курс, предлагаемый покупателем ценных бумаг
rigged ~ мошенническая заявка *(на торгах)*
sham [straw] ~ ложное предложение
subject ~ условное предложение *(о покупке акций, обычно предполагающее дальнейшие переговоры или подтверждения)*
take-over ~ 1. предложение о покупке контрольного пакета акций другой компании **2.** *pl* сделки по покупке всего акционерного капитала *(компании)* **3.** поглощение *(напр. одной компанией другой)*

bidder лицо, предлагающее цену; участник торгов; фирма, ведущая переговоры о заключении подряда на поставки [на услуги]
average ~ средний претендент *(на заключение контракта)*
below-cost ~ фирма, сбивающая цену на торгах; фирма, предлагающая на торгах свою продукцию по цене ниже себестоимости
highest ~ лицо, предлагающее самую высокую цену

bidding 1. предложение цены; надбавка к цене *(на аукционе)* **2.** торги **3.** предложение о заключении контракта
advertised ~ открытые торги
closed *см.* **negotiated bidding**
competitive ~ установление цен в условиях конкуренции; конкурентные торги
identical ~s предложения одинаковых цен *(на торгах)*
joint ~ совместное участие в торгах
negotiated ~ закрытые торги; закрытые переговоры о заключении подрядов
sealed ~ конкурентные торги путём подачи заявок без оглашения в (запечатанных конвертах)

bigamy двоебрачие, бигамия; двоеженство; двоемужие

Big Bang «Большой шок [толчок]» *(резкое изменение в финансовой практике, экономической политике и т.п.)*

Big Five *англ. ист.* «Большая пятёрка» *(крупнейших коммерческих банков: «Барклиз банк», «Мидленд банк», «Ллойдз банк», «Вестминстер банк» и «Нэшнл провиншнл банк»; в 1968 г. «Вестминстер банк» слился с «Нэшнл провиншнл банк», а «Барклиз банк» с «Мартинз банк»)*

Big Four «Большая четвёрка» *(1. англ. крупнейшие коммерческие банки: «Барклиз банк», «Нэшнл Вестминстер банк», «Мидленд банк», «Ллойдз банк»; образовалась в 1968 г. 2. амер. авиатранспортные компании «Американ эрлайнз», «Истерн эрлайнз», «Юнайтед эрлайнз», «Трансуорлд эрлайнз»)*

bigness большой бизнес, крупнейшие корпорации

Big Three «Большая тройка» *(1. англ. три крупнейших учётных дома в Лондоне 2. амер. три крупнейшие автомобильные корпорации: «Форд мотор», «Дженерал моторс» и «Крайслер»)*

big-ticket крупномасштабный *(напр. о программе)*

bilateral билатеральный, двусторонний *(о соглашении)*

bilateralism принцип двусторонних отношений *(напр. о взаимном предоставлении привилегий в международной торговле)*

bilk обман *(напр. покупателей)*, жульничество ‖ обманывать, жульничать; уклоняться от уплаты

Bill of Rights 1. *ист.* Билль о правах *(в Великобритании)* **2.** поправки к конституции США

bill 1. счёт к оплате **2.** перечисление сумм, подлежащих выплате **3.** *разг.* затраты по счетам *(на приобретённые товары, услуги)* **4.** *торг.* счёт, фактура ‖ выписывать счёт [фактуру] **5.** торговый контракт; свидетельство, декларация **6.** накладная, список ‖ выписывать накладную **7.** вексель; тратта **8.** долговое обязательство **9.** опись товаров *(при перевозках по железной дороге)* **10.** *амер.* банкнота **11.** законопроект, билль **12.** рекламное объявление в афише ‖ объявлять в афишах □ **after date ~** вексель с платежом после предъявления; **~ at par** вексель по номиналу; **~ at sight** *см.* **demand bill**; **~ at thirty days' sight** вексель, срочный через тридцать дней после предъявления; **~s discounted overdue** просроченные учтённые векселя *(статья баланса)*; **~ drawn against cotton** тратта, выставленная на получателя отгруженной партии хлопка; **~s drawn in a set** векселя, выписанные в комплекте; **~ drawn on a nonexisting person** вексель, выставленный на несуществующее лицо; **~ for collection** вексель на инкассо, вексель для инкассирования; **~ for payment** вексель к оплате; **in case of dishonor of a ~** в случае неоплаты векселя в срок; **~s issued by tender** *см.* **tender Treasury bills**; **~s issued through the tap** *см.* **tap Treasury bills**; **~ on London** вексель, выставленный на Лондон [с оплатой в Лондоне]; **~ outstanding** неоплаченный вексель; **~s payable 1.** *бухг.* счета к оплате **2.** векселя и акцепты к уплате **3.** кредиторская задолженность *(представленная векселями и акцептами)*; **~s receivable 1.** *бухг.* счета к получению **2.** векселя и акцепты к получению **3.** дебиторская задолженность *(представленная векселями и акцептами)*; **to accept a ~** акцептовать вексель; **to advise a ~** авизовать вексель; **to discount a ~** учесть вексель; **to dishonor a ~** отклонить вексель; **to encash a ~** инкассировать вексель; получать по векселю; **to endorse a ~** индоссировать вексель; снабжать передаточной подписью; **to get a ~ discounted** учесть вексель, произвести учёт векселя; **to give a ~ on discount** предъявить вексель к учёту; **to give currency to a ~** пустить вексель в обращение; **to go over the ~s** производить опись счетов; **to guarantee a ~** гарантировать вексель; снабжать вексель поручительством; **to have ~s** иметь неоплаченные счета; **to honor a ~** принять вексель к оплате; **to make out a ~** выставить вексель; выписать счёт; **to meet a ~** погасить счёт; **to pass a ~ 1.** выдать вексель **2.** провести законопроект; **to pigeonhole a ~** положить законопроект под сукно; **to present a ~ for payment** предъявлять вексель к оплате; **to protest a ~** опротестовать вексель; **to veto a ~** налагать вето на законопроект
~ of costs счёт расходов
~ of debt долговая расписка
~ of entry (таможенная) декларация по приходу

~ of exchange (переводный) вексель, тратта *(в США чаще применяется в отношении внешнеторговых сделок)*
~ of goods номенклатура товаров
~ of health *мор.* карантинное [санитарное] свидетельство
~ of lading коносамент, транспортная накладная
~ of materials накладная на предметы материально-технического обеспечения; список материалов
~ of mortality *англ.* таблица смертности
~ of parcels фактура, накладная
~ of sale закладная; купчая; корабельная крепость
~ of sufferance разрешение на перевозку неочищенных от пошлины грузов *(из одного порта в другой)*
acceptance ~ акцептованная тратта *(по внешней торговле)*
accomodation ~ дружеский вексель *(акцептованный третьим лицом с целью сделать его приемлемым для учёта в банке)*
addressed ~ домицилированный вексель *(с указанием места платежа)*
advance ~ вексель, выписанный до отгрузки товара
alongside ~ of lading коносамент на груз, принятый для погрузки
appropriation ~ финансовый законопроект; *англ.* закон о бюджетных ассигнованиях
bank ~ *см.* **banker's bill**
bankable ~ вексель, могущий быть учтённым в банке
banker's ~ **1.** тратта, выставленная на банк *или* банком **2.** банкнота, банковский билет
blank ~ бланковый вексель
budget ~ бюджетный законопроект
claused ~ of lading коносамент с оговорками *(о повреждении груза)*, нечистый коносамент
clean ~ of exchange недокументированный вексель
clean ~ of lading чистый коносамент, коносамент, удостоверяющий хорошее состояние груза
colonial ~ вексель, выписанный на лицо *или* фирму в странах бывшей Британской империи
commercial ~ коммерческий [торговый] вексель
continental ~ *англ.* вексель, выписанный на одну из стран континентальной Европы
credit ~ вексель, выписанный против открытого аккредитива
currency ~ вексель, выписанный в иностранной валюте
D/A documentary usance ~ документированный вексель, по которому документы вручаются получателю против его акцепта тратты
decontrol ~ законопроект об изъятии изпод государственного контроля
demand ~ предъявительский вексель *(срочный по предъявлении)*
discountable ~ вексель, могущий быть учтенным *или* переучтённым *(в банке)*
discounted ~ учтённый вексель *(в банке)*
dishonored ~ опротестованный вексель
documentary ~ документарная тратта
dollar ~ of exchange вексель, выписанный в долларах
domestic ~ *см.* **inland bill**
domiciled ~ *см.* **addressed bill**
D/P documentary usance ~ документированный вексель, по которому документы вручаются получателю против его оплаты векселя
draft ~ законопроект
due ~ **1.** счёт к оплате **2.** счёт на доплату за перевозку груза *(в связи с занижением тарифных ставок и недоборами)* **3.** вексель с наступившим сроком
electricity ~ **1.** затраты на (приобретённую) электроэнергию *(напр. за год)* **2.** счёт на электроэнергию
eligible ~ *см.* **discountable bill**
exchequer ~ *уст. англ.* казначейский вексель
fictitious ~ фиктивный вексель
finance ~ финансовый вексель
financial ~ *англ.* финансовый законопроект
fine bank ~ первоклассный банковский вексель
first ~ of exchange первый экземпляр векселя
fixed ~ счёт с постоянной фиксированной суммой
foreign ~ **1.** иностранный вексель *(выписанный в одной стране и оплаченный в другой)* **2.** *амер.* вексель, выписанный в одном штате и оплаченный в другом
foul ~ of lading *см.* **claused bill of lading**
groupage ~ of lading сборный групповой коносамент *(на несколько грузов)*
hot Treasury ~s казначейские векселя последнего выпуска
in-clearing ~ дебетовый вексель
inland ~ отечественный вексель; вексель, оплачиваемый в местной валюте
investment ~ вексель, купленный со скидкой *(реализуемый при погашении за полную стоимость)*
light ~ **1.** затраты на бытовую электроэнергию **2.** счёт на бытовую электроэнергию
local ~ местный вексель
long(-dated) ~ долгосрочный вексель *(на срок свыше 30 дней)*
master ~ of materials основной список материалов
military ~ of goods **1.** список военных заказов **2.** сектор конечного военного потребления *(в межотраслевом балансе)*
national educational ~ законопроект о расходах на нарсдное образование
nonnegotiable ~ вексель, не могущий быть переданным с помощью индоссамента
noted ~ вексель с нотариальной отметкой об отказе трассата от его акцепта
ocean ~ of lading морской коносамент
on-board ~ of lading бортовой коноса-

мент, коносамент на груз, принятый на борт судна
order ~ ордерный вексель
order ~ of lading транспортная накладная на предъявителя, ордерная транспортная накладная
ordinary ~ коммерческий [торговый] вексель
original ~ оригинал векселя *(выписанного в дубликате)*
out-clearing ~ *англ.* кредитовый вексель
outland ~ вексель в международной торговле
out-of-town ~ вексель, выписанный в другом городе
overdue ~ просроченный вексель
padded ~s раздутые счета
past-due ~ просроченный вексель
pawned ~ of exchange заложенный вексель
payment ~ вексель к оплате *(не для акцептования)*
piecemeal ~ частичный законопроект *(включающий часть предложений)*
prime ~ первоклассный (банковский) вексель
protested ~ (of exchange) опротестованный вексель
qualified ~ of lading *см.* **claused bill of lading**
railroad ~ of lading *амер.* железнодорожная накладная
raised ~ поддельная денежная купюра с увеличенной суммой
readily discountable ~ свободно учитываемый банком вексель
received for shipment ~ of lading *см.* **alongside bill of lading**
renewal ~ пролонгированный вексель
repair ~ затраты на ремонт *(напр. годовые)*
second ~ второй экземпляр векселя
secured ~ документарная тратта; вексель, обеспеченный товарными документами
service ~ счёт за техническое обслуживание
short(-dated) ~ краткосрочный вексель
sight ~ of exchange *см.* **demand bill**
single ~ вексель, выставленный в одном экземпляре
sole ~ *см.* **single bill**
sterling ~ тратта с платежом в фунтах стерлингов
stock ~ выписанная при продаже ценных бумаг тратта *(оплачиваемая в момент передачи их покупателю)*
straight ~ of lading именной коносамент
subsidy ~ общая сумма субсидий
tap Treasury ~s *англ.* казначейские векселя, размещаемые по фиксированной цене в государственных учреждениях и других организациях
tax ~ 1. налоговый законопроект 2. сумма взимаемых *или* выплачиваемых налогов
tax anticipation ~ налоговый вексель *(государственная бумага для краткосрочного вложения средств, зарезервированных для уплаты налогов)*
tender Treasury ~s *англ.* казначейские векселя, размещаемые с помощью аукциона
term ~ вексель с оплатой в конце обусловленного периода
through ~ of lading сквозной коносамент
time ~ срочный вексель; вексель с оплатой через определённый срок
trade ~ торговая тратта
transshipment ~ of lading сквозной коносамент
treasury ~s казначейские векселя
uncollectible ~s счета, не подлежащие оплате; безнадёжная задолженность
undiscountable ~ вексель, не могущий быть учтённым *или* переучтённым *(в банке)*
unexpired ~ вексель, срок которого не истёк
unpaid ~ непогашенный вексель
upcoming ~ вексель, срок платежа по которому истекает
usance ~ of exchange внешнеторговый вексель, оплачиваемый в сроки, установленные торговой практикой
wage ~ фонд заработной платы
way ~ железнодорожная накладная

billholder вексeледержатель
billholding(s) портфель векселей
billing 1. *торг.* выписывание счёта, фактуры; фактурирование 2. составление *или* выдача транспортной накладной 3. реклама в афишах 4. выручка 5. *pl* себестоимость товара, на который складом выписан счёт *(при передаче товара в розничные магазины той же системы)*
electronic ~ фактурирование на базе электронной техники
false ~ неправильное заполнение [фальсификация] транспортной накладной
net ~ чистая выручка от продажи
product ~ составление перечня изделий
billposting реклама с помощью афиш; расклейка афиш
bimetallism биметаллизм *(тип денежной системы)*
bimodal 1. *стат.* бимодальный, двухвершинный 2. двухъярусный, двухуровневый *(об экономике, состоящей из крупных фирм и массы мелких предприятий)*
bimodality 1. *стат.* бимодальность, двухвершинность 2. двухъярусность
bin бункер *(на складе)*; ящик, ларь
bind 1. обязывать *(законом)*; связывать *(договором)* 2. скреплять, подтверждать *(напр. сделку)*
binding обязательный, обязывающий
unilaterally ~ односторонне обязывающий
binge:
buying ~ *разг.* покупательский бум, резкий рост объёма покупок
biodemography биологическая демография, биодемография
bioeconomics биоэкономика
biometric(al) биометрический
biometrics биометрия
biometry биометрия

bipartite двусторонний *(о соглашении)*; в двух частях; в двух экземплярах
birth рождение □ **~ within wedlock** рождение ребёнка в браке
excess ~ рождение ребёнка в многодетной семье
extramarital ~ рождение ребёнка вне брака
out-of-wedlock ~ рождение ребёнка вне брака
birthplace место рождения
bit 1. бит *(двоичная единица информации)* **2.** *разг.* мелкая монета
bite 1. *с.-х.* выпас **2.** *разг.* изъятия
~ of taxes налоговые изъятия
bivariate *стат.* двумерный
black заносить в чёрный список; бойкотировать □ **to be in the ~** иметь положительное сальдо *(баланса)*; иметь прибыль; **to ~ the work** остановить работу *(в результате забастовки)*
blacking *англ.* запрет профсоюза *(предписывает своим членам не наниматься в некоторые фирмы)*
blackleg штрейкбрехер
blacklist чёрный список
blading накладная *(документ)*
blank 1. *амер.* бланк **2.** прочерк *(в документе)* **3.** чистый, пустой, незаполненный; бланковый
order ~ бланк заказа
reconcilement ~ бланк для сверки депозитного счёта
subscription ~ бланк подписки
blanket общий, полный; всеобъемлющий
blend смешение ‖ смешивать *(напр. элементы различных теорий)*
blight упадок; гибель ‖ приносить вред; разрушать
blind «слепой», не дающий о себе информации *(напр. брокер, пул)*
blip небольшой всплеск конъюнктуры
bloc *фр.* блок, объединение
block 1. пакет *(ценных бумаг)*, партия акций *или* облигаций **2.** пачка чеков *(предназначенная для сортировки, разноски по счетам)* **3.** *амер.* квартал *(города)* **4.** переписной участок **5.** *стат.* блок ‖ блочный **6.** препятствовать, блокировать; замораживать *(кредиты)*
~ of data совокупность данных; набор данных
~ of flats многоквартирный дом
~ of shares пакет акций
controlling ~ of stock контрольный пакет акций
blockade блокада *(напр. экономическая)*; полный запрет
blockage блокирование, запрещение
~ of exchange замораживание валютных средств
blocking 1. запирание *(канала обслуживания)*, задержка *(обслуженного требования)* **2.** *трансп.* крепёжные бруски, подкладки для закрепления груза
blotter первичная запись сделки с ценными бумагами *(в банке)*
blueprint план, проект, программа ‖ вырабатывать, планировать, намечать
blunder 1. грубая ошибка, погрешность, промах ‖ делать грубую ошибку, допускать погрешность **2.** *стат.* резко отклоняющееся значение
blundering ошибочный
Board:
~ of Agriculture Министерство сельского хозяйства *(Великобритания)*
~ of Agriculture and Fisheries Министерство сельского хозяйства и рыболовства *(Великобритания)*
~ of Banking Supervision Управление банковского надзора *(Великобритания)*
~ of Customs and Excise Управление таможенных пошлин и акцизных сборов *(Великобритания)*
~ of Education Министерство просвещения *(Великобритания)*
~ of Exchequer Министерство финансов *(Великобритания)*
~ of Governors of the Federal Reserve System Совет управляющих Федеральной резервной системы *(США)*
~ of Inland Revenue Управление налоговых сборов *(Великобритания)*
~ of Trade Министерство торговли *(Великобритания)*
~ of Treasury Казначейство, Министерство финансов *(Великобритания)*
Agricultural, Horticultural and Forestry Industry Training ~ Управление по профессионально-техническому образованию для сельского хозяйства, садоводства и лесоводства *(Великобритания)*
Big ~ *разг.* Нью-Йоркская фондовая биржа
Chicago ~ of Trade Чикагская товарная биржа
Economic Policy ~ Совет по экономической политике *(в составе Исполнительного управления президента США)*
Federal Farm Loan ~ Федеральное управление фермерских ссуд *(США)*
Federal Reserve ~ Совет (управляющих) Федеральной резервной системы *(США)*
Home Loan Bank ~ Правление системы федеральных банков по кредитованию жилищного строительства *(США)*
Leases ~ Управление аренд *(земель в горнодобывающей промышленности ЮАР)*
London Transport ~ Управление лондонского транспорта
Milk Marketing ~ Управление по сбыту молока *(Великобритания)*
National ~ for Prices and Incomes *ист.* Национальное управление по ценам и доходам *(Великобритания)*
National Assistance ~ *ист.* Управление по оказанию государственного вспомоществования *(Великобритания; существовало до 1966 г.)*
National Coal ~ Национальное управление угольной промышленности *(Великобритания)*
National Enterprise ~ Национальное управление по предпринимательству *(Великобритания)*
National Industrial Conference ~ Совет

Национальной промышленной конференции *(экономическая исследовательская организация)*
National Labor Relations ~ Национальное управление по вопросам трудовых отношений *(США)*
National Transportation Safety ~ Национальный комитет по вопросам безопасности транспорта
Nature Conservancy ~ Управление охраны природы *(Великобритания)*
Potato Marketing ~ управление по сбыту картофеля *(Великобритания)*
Prices and Incomes ~ Комитет по ценам и доходам *(Великобритания)*
Renegotiation ~ Управление по переоценке государственных заказов *(США)*
Securities and Investment ~ Управление ценных бумаг и инвестиций *(Великобритания)*
Technical Assistance ~ Бюро технической помощи *(ООН)*
Water Resources ~ Управление водных ресурсов

board 1. орган управления; правление; совет; департамент; министерство; управление 2. питание, стол, пансион 3. доска, щит □ **on the ~** *бирж.* котируемый на бирже; **to appoint a ~** назначать орган управления; **to be on the ~** быть членом правления; **to be represented on the ~** быть представленным в правлении
~ of administration административный совет
~ of arbitration арбитраж
~ of creditors кредиторский совет *(при продаже имущества банкрота за долги)*
~ of customs таможенное управление
~ of directors совет директоров, правление
~ of education *амер.* (местный) отдел народного образования
~ of governors совет управляющих *(высший орган управления большинства международных банков)*
~ of guardians совет опекунов, попечительский совет
~ of health *англ.* отдел здравоохранения
~ of inland revenue *англ.* налоговое управление
~ of internal revenue *англ.* налоговое управление
~ of management правление
~ of trustees совет доверенных лиц
advisory ~ консультативный комитет
agricultural marketing ~ *амер.* совет по сбыту сельскохозяйственной продукции
assistance ~ *англ.* управление по выплате пособий безработным
broker's ~ *амер.* биржа
contract change ~ группа по внесению изменений в контракт
coordinating ~ координационный комитет
economic ~ хозяйственное управление
executive ~ исполнительный комитет, руководящий орган
governing ~ правление
industrial training ~ совет по производственному обучению
licensing ~ отдел лицензий
marketing ~ управление по сбыту, управление реализации
metrication ~ комитет по переходу на метрическую систему единиц
product-quality ~ отдел контроля качества продукции, отдел технического контроля
quoting [quotation] ~ (электронное) котировочное табло
research advisory ~ научно-консультативный совет
spring clip ~ щит с пружинными держателями *(используется для карточек загрузки станков)*
statutory ~ предписанный законом орган управления
supervisory ~ наблюдательный (контрольный) совет
trade ~ комиссия по вопросам заработной платы

boardinghouse пансион *(напр. для туристов)*

boardman *амер.* биржевой маклер

boat лодка; шлюпка; судно; корабль
cargo ~ грузовое судно
self-unloading ~ саморазгружающееся судно
tug ~ буксир, буксирное судно

bob 1. доллар 2. *жарг.* деньги

bod/y 1. орган; организация; общество 2. сущность; содержание *(напр. документа)*
~ of technological knowledge объём [запас] технических знаний
corporate ~ корпоративная организация, корпорация
governing ~ руководящий орган правления
grant-giving [granting] ~ финансирующая [субсидирующая] организация
industry ~ орган отрасли промышленности; отраслевая организация *(напр. ассоциация промышленников)*
regulatory ~ *амер.* регулирующий орган
supervisory ~ контрольный орган

bogey *разг.* наивысший [предельный] уровень выработки, неофициально установленный рабочими предприятия

bolster поддерживать; стимулировать, усиливать *(напр. рост занятости)*

bonanza 1. высокодоходное предприятие, «золотое дно», источник большой наживы 2. бонанца, высокодоходный рудник
tax ~ (большая) налоговая льгота

bond 1. облигация ‖ выпускать облигации 2. закладная ‖ закладывать имущество 3. долговое обязательство, долговая расписка ‖ подписывать долговое обязательство 4. узы, связь 5. ручательство, гарантия □ **~ denominated in dollars** облигация, выраженная в долларах; **in ~** сложенный на таможенном складе *(до уплаты пошлины)*; не оплаченный пошлиной; **out of ~** прошедший таможенный склад; оплаченный пошлиной *(о товаре)*; **~ payable to bearer** *см.* **coupon bond**; **to call in ~s**

объявлять о погашении облигаций; **to float ~s** выпускать заём для свободного обращения; **to retire ~s** погашать облигации; **under ~** *см.* **in bond**; **~ with put** облигация с опционом «пут» *(с правом продать её эмитенту по твёрдой цене)*
~ of indemnity гарантийное письмо
adjustment ~s облигации, выпускаемые с целью изменения структуры основного капитала компании *(напр. удлинения сроков облигационной задолженности в случае финансовых затруднений)*
annuity ~ рентная облигация *(не имеющая срока погашения и приносящая владельцу процент)*
assumed ~ облигация, выпущенная одной компанией и гарантированная другой *(в отношении выплаты основного долга или процентов)*
average ~ аварийная гарантия, аварийная подписка
baby ~ мелкая облигация
borrowed ~s облигации, временно переуступленные одним банком другому *(в качестве обеспечения ссуды)*
bottomry ~ бодмерейный договор *(документ, подтверждающий залог судна в качестве обеспечения ссуды)*
British savings ~s *англ.* долгосрочные сберегательные боны
callable ~ *см.* **optional bond**
collateral mortgage ~ облигация, обеспеченная другими ценными бумагами, в основе которых лежит закладная
collateral trust ~ облигация, обеспеченная другими ценными бумагами, хранящимися на условиях траста *(напр. облигации головной компании, выпущенные под залог облигаций филиалов)*
colonial ~ *англ.* облигация, выпущенная колониальными властями
combination ~ комбинированная облигация *(обеспеченная всем достоянием эмитента и доходами от финансируемого проекта)*
commodity-linked ~ облигация, индексированная относительно цены *какого-л.* товара
consolidated ~ консолидированная ценная бумага
consolidated mortgage ~s облигации, обеспеченные совокупной закладной *(на имущество компании)*
continued ~ облигация, не погашаемая при наступлении срока и пролонгируемая на следующий период
convertible ~s конвертируемые облигации *(которые могут быть обменены на акции)*
corporate ~ промышленная облигация
coupon ~ облигация на предъявителя, неименная облигация *(процент выплачивается по предъявлении отрезанных купонов облигации, владелец которой зарегистрирован в компании)*
currency ~ 1. облигация, оплачиваемая любыми видами законного платёжного средства *(в отличие от золота)* **2.** облигация, выпускаемая и погашаемая в валюте другой страны
customs ~ таможенная закладная
debenture ~ 1. облигация, не имеющая специального обеспечения **2.** *амер.* сертификат таможни для обратного получения импортной пошлины
deep discount ~ облигация, продаваемая по курсу много ниже номинала *(с большим дисконтом)*
defaulted ~ не выкупленная [не погашенная] в срок облигация
deferred ~ облигация, по которой отсрочен платёж
definitive ~ *амер.* постоянная облигация корпорации
discount ~ облигация, по которой процент уплачивается по истечении срока вместе с погашением основного долга
divisional ~ облигация, обеспеченная закладной на часть имущества компании *(чаще всего железнодорожной)*
dollar ~s 1. долларовые облигации, выпускаемые иностранными заёмщиками на рынке США **2.** евродолларовые облигации **3.** муниципальные облигации *(США)*
equipment trust ~ облигация, обеспеченная движимым имуществом, право на которое имеет доверенное лицо
exchequer ~ *англ.* казначейская облигация *(сроком не более 6 лет)*
extended ~ *см.* **continued bond**
external ~ заграничная облигация
fidelity ~ гарантия, выдаваемая одним лицом другому против злоупотреблений третьего лица, являющегося хранителем траста
first lien ~ *см.* **prior lien bond**
first mortgage ~ облигация, обеспеченная первой закладной
first mortgage trust ~ облигация, обеспеченная ценными бумагами, в основе которых лежит первая закладная и которые хранятся на условиях траста
foreign ~ заграничная облигация
foreign corporate ~ облигация иностранной промышленной компании
foreign currency ~ *см.* **currency bond 2.**
general mortgage ~ *см.* **prior lien bond**
general obligation ~ *амер.* муниципальная облигация, обеспеченная общей гарантией
gold ~ облигация, погашаемая золотом
government ~s государственные ценные бумаги, правительственные облигации
guaranteed ~ *см.* **assumed bond**
hospital revenue ~ *амер.* муниципальная облигация для финансирования больниц
income ~ облигация, проценты по которой выплачиваются только при наличии прибыли у компании
index-linked ~ индексированная облигация *(«привязанная» к индексу цен)*
indorsed ~ *см.* **assumed bond**
industrial ~ облигация промышленной компании
installment ~ *см.* **annuity bond**

insular ~ *см.* **colonial bond**
interchangeable ~ облигация, которая может быть обменена на обязательства другого типа *(напр. неименная облигация на именную)*
interest ~ облигация, выручка от продажи которой используется для выплаты процентов по другим облигациям
interim ~ временная облигация, обмениваемая на постоянную облигацию
irredeemable ~ облигация без права досрочного погашения
joint(-and-several) ~ облигация, гарантированная двумя *или* более гарантами
junior(-lien) ~ облигация, не имеющая преимущественного права требования на имущество компании
junk ~ *амер.* «бросовая», высокодоходная, но ненадёжная облигация
land-grant ~ облигация, обеспеченная земельной собственностью железнодорожных компаний
legal-tender ~ *см.* **currency bond 1.**
Liberty ~s «облигации Свободы» *(выпущенные в США в годы первой мировой войны)*
limited tax ~ муниципальная облигация, обеспеченная конкретными налоговыми доходами эмитента *(США)*
long-dated ~ *англ.* государственная облигация сроком свыше 15 лет
lottery ~ лотерейная облигация
maintenance ~ гарантия на товар длительного пользования
maturing ~s выходящие в тираж облигации
medium-dated ~ *англ.* государственная облигация сроком от 5 до 15 лет
mortgage ~ облигация, обеспеченная закладной под недвижимость
multiple currency ~ облигация, которая может быть погашена в валюте различных стран
municipal ~ облигация муниципалитета
national development ~ государственная облигация развития *(Великобритания)*
noncallable ~ *см.* **irredeemable bond**
optional ~ облигация с правом досрочного погашения
order ~ ордерное долговое обязательство
outstanding ~ выпущенная облигация
overlying ~ *см.* **junior(-lien) bond**
partial ~ частичное долговое обязательство
participating ~ облигация с правом на участие в прибылях компании *(помимо гарантированного процента)*
passive ~ беспроцентная облигация
payable ~ облигация, срочная к оплате
performance ~ гарантия выполнения контракта
perpetual ~ *см.* **annuity bond**
plain ~ *см.* **debenture bond 1.**
preference ~ облигация с первоочередной выплатой процентов и первоочередным погашением
premium ~ облигация выигрышного займа
prior lien ~ облигация, обеспеченная закладной, имеющей приоритет перед другими закладными
privilege ~ облигация, дающая право конверсии
profit sharing ~ *см.* **participating bond**
public ~ облигация, выпущенная правительством *или* другим органом государственной власти
public purpose ~ муниципальная облигация для финансирования общественных проектов
public utility ~ облигация коммунальной компании
purchasing power ~s облигации, сохраняющие свою покупательную способность *(в условиях инфляции)*
put ~ облигация с правом предъявления для погашения в определённые сроки
railroad ~ **1.** облигация железнодорожной компании **2.** правила железнодорожных перевозок грузов между таможенными складами
Rainbow ~s облигации, базирующиеся на корзине валют
real estate ~ *см.* **mortgage bond**
redeemable ~ *см.* **optional bond**
redemption ~s облигации, выпущенные взамен досрочно погашенных
refunding ~ облигация, выпускаемая для рефинансирования *(погашения ранее выпущенных облигаций)*
refunding first mortgage ~ облигация, обеспечиваемая первой закладной и используемая для рефинансирования
registered ~ именная облигация *(без купонов)*
registered coupon ~ именная облигация с купонами на предъявителя
renewal ~ *см.* **refunding bond**
reorganization ~s *см.* **adjustment bonds**
revenue ~ облигация, обеспеченная доходами от определённого объекта *(напр. моста или шоссе)*
samurai ~s облигации в иенах *(эмитируемые в Японии нерезидентами)*
savings ~ сберегательная облигация
school (district) ~ *амер.* облигация займа, выпущенного школьным округом
second mortgage ~ облигация, обеспеченная второй закладной
secured ~ облигация со специальным обеспечением
senior ~ облигация с преимущественным правом требования собственности компании *(по отношению к последующим выпускам облигаций)*
serial ~s облигации, выпускаемые сериями в разные сроки
shogun ~s облигации в иностранной валюте *(эмитируемые в Японии нерезидентами)*
short ~ **1.** краткосрочная облигация **2.** облигация с коротким оставшимся до погашения сроком
short-dated ~ *англ.* государственная облигация сроком до 5 лет
sinking fund ~s облигации, условия вы-

пуска которых предусматривают образование выкупного фонда
special assessment ~ муниципальная облигация специального назначения
split-coupon ~ неименная облигация с купоном из двух частей *(одна часть твёрдо фиксирована, а другая зависит от полученной прибыли)*
stamped ~ облигация со штампом *(относительно особых условий)*
state ~ **1.** облигация, выпущенная правительством штата **2.** правительственная облигация
sterling ~ облигация, с платежом в фунтах стерлингов
straight ~ обычная облигация, не имеющая специального обеспечения
sushi ~ еврооблигация, эмитированная японской компанией для японских инвесторов
tax-anticipation ~ правительственная облигация, принимаемая в уплату налогов
tax-exempt ~ облигация, доход от которой освобождён от налогового обложения
temporary ~ **1.** временный сертификат взамен подлинной облигации **2.** облигация, выпущенная для краткосрочного финансирования
terminable ~ облигация с твёрдым принудительным сроком погашения
timber ~ облигация лесозаготовительной компании *(обеспеченная лесными угодьями)*
treasury ~**s** долгосрочные казначейские обязательства; *амер.* собственные облигации в портфеле *(разрешённые к выпуску, но еще не выпущенные)*
underlying ~ *см.* **prior lien bond**
unified *см.* **consolidated bond**
unifying mortgage ~ облигация выпуска, объединяющего несколько выпусков и обеспеченного единой закладной
unsecured ~ облигация, не имеющая специального обеспечения
war ~ облигация военного займа
warehouse ~ складская таможенная закладная
Yankee ~**s** долларовые облигации, выпущенные иностранцами на рынке США
Yankee non-dollar ~**s** недолларовые облигации, выпущенные иностранцами на рынке США

bond-buy-back выкуп корпорацией собственных облигаций

bonded **1.** обеспеченный облигациями **2.** консолидированный, имеющий форму облигаций **3.** находящийся в залоге на таможенном складе *(до уплаты пошлины)*

bondholder держатель облигаций, облигационер
registered ~ зарегистрированный держатель облигаций *(имя и адрес записаны в компании, выпустившей данную облигацию)*

bondwashing продажа пакета ценных бумаг (включая проценты) и обратная покупка с исключением процентов *(фиктивная сделка)*

bonification **1.** бонификация *(надбавка к цене за качество)* **2.** улучшение жилищных и производственных условий

bonus вознаграждение, премия, бонус; дополнительная скидка; добавочный дивиденд □ ~ **per calf reared** вознаграждение за выращенного теленка; ~ **per gallon of milk produced** вознаграждение за галлон надоенного молока
attendance ~ вознаграждение за отсутствие прогулов
cash ~ дополнительная выплата наличными деньгами
cost-of-living ~ надбавка к основному заработку, связанная с ростом индекса стоимости жизни *или* индекса розничных цен
Christmas ~ *англ.* рождественская выплата *(разовая выплата к пенсии)*
dependency ~ надбавка *(к зарплате)* на иждивенцев
employees ~ премия работникам
incentive ~ поощрительная премия
indirect ~ дополнительная премия
long service ~ надбавка за выслугу лет
merit ~ премия за заслуги
night shift ~ надбавка за работу в ночную смену
no-claim ~ вознаграждение за безаварийность
overtime ~ надбавка за сверхурочное время
piece-rate ~ стимулирующая сдельная оплата труда
premium ~ премиальная надбавка *(к гарантированной почасовой ставке заработной платы)*
quality ~ премия за качество
share ~ дополнительная выплата в форме акций
shift ~ надбавка за работу во вторую *или* третью смену
signature ~ скидка при подписании контракта *(напр. на аренду участка для разведки нефти)*, первый взнос при аренде
step ~ система ступенчатого изменения размера премиального вознаграждения
task ~ целевая премия *(выплачивается за определённые достижения в установленный период времени)*
waste-reduction ~ надбавка за уменьшение отходов производства

book **1.** книга; счётная книга; бухгалтерская книга ‖ заносить в книгу, регистрировать **2.** пакет *(акций, облигаций в руках у брокера или биржевого маклера)* **3.** заказывать; размещать заказы **4.** резервировать, бронировать □ **to** ~ **in advance** резервировать заранее; **to** ~ **rooms** заказывать [бронировать] номер в гостинице
~ **of stamps** книжечка для наклеивания марок *(получаемых покупателем в магазине при покупке определённых товаров)*
account ~ бухгалтерская книга; журнал, регистр, ведомость *(главный элемент в системе бухгалтерского учёта)*
advice ~ *бухг.* подшивка авизо
balance ~ бухгалтерская балансовая книга

bill ~ книга векселей
business ~ торговая книга
cash ~ кассовая книга; журнал кассовых операций
check ~ 1. *англ. бухг.* контрольная книга **2.** *амер.* чековая книжка
deposit [depositor's] ~ депозитная книжка; сберегательная книжка
employment ~ расчётная книжка
instruction ~ руководство, инструкция
log ~ журнал учёта
long order ~ большой портфель заказов; большое количество невыполненных заказов
option ~ опционный портфель *(участника рынка)*
order ~ книга заказов; портфель заказов; регистр заказов
paying ~ книга платежей
program status ~ книга учёта состояния программы
project data ~ журнал регистрации данных о состоянии работы
ration ~ продовольственная *или* промтоварная книжка *(карточка)*, заборная книжка на нормированные товары
reference ~ справочник
route ~ *амер.* книга записей маршрутов *(шофёра-продавца автолавки)*
savings ~ сберегательная книжка
signature ~ список подписей *(должностных лиц банка, компании)*
stamp-saver ~ *см.* **book of stamps**
standard cost rate ~ регистр нормативных издержек
statutory ~s *англ.* предписанные законом и обязательные для каждой компании документы
stock ~ *амер.* книга регистрации владельцев акций; *англ.* книга фондовых ценностей
stockbroker's bargain ~ *англ.* записная книжка брокера с пометками об операциях
stock record ~ *см.* **stock book**
swatch ~ книжка образчиков
tariff ~ тарифный сборник; тарифный справочник; перечень тарифов на перевозки; прейскурант тарифов
transfer ~ трансфертная книга *(регистрирующая перевод права собственности на акции)*
wage and payment ~ расчётная книжка
wage rate ~ тарифно-квалификационный справочник
warehouse ~ складская книга
white ~ *англ.* белая книга *(правительственный информационный документ)*

booked □ **to be heavily ~** иметь много заказов; **~ up** «свободных номеров нет» *(в отеле)*

booking 1. занесение заказа в книгу **2.** заказ **3.** *pl* общий объём имеющихся *(у фирмы)* заказов, портфель заказов **4.** *pl* денежные поступления от продажи билетов
freight ~ поручение на перевозку груза; фрахтование тоннажа
manufacturer's ~s портфель заказов обрабатывающей промышленности

bookkeeper счетовод, бухгалтер, счётный работник
general ~ *амер.* начальник центральной бухгалтерии банка
general-ledger ~ бухгалтер, ведущий общую главную книгу

bookkeeping ведение бухгалтерских книг; бухгалтерский учёт; бухгалтерия
bank ~ бухгалтерские операции в банке
double-entry ~ 1. двойная [итальянская] бухгалтерия **2.** бухгалтерский учёт по методу двойной записи
position ~ учёт по положению *(на внешнем рынке)*, внешнеторговый учёт, внешнеторговая бухгалтерия *(с оценками в иностранной валюте по текущему и ожидаемому курсу)*
semiautomatic electronic ~ полуавтоматическая электронная система бухгалтерского учёта
single-entry ~ бухгалтерский учёт по системе одинарных записей, простая бухгалтерия
tax ~ налоговая бухгалтерия, налоговая документация

booklet проспект, брошюра, буклет

bookstall *англ.* книжный киоск

boom 1. бум, процветание, быстрый подъём *(деловой активности)* ‖ быстро расти **2.** шумиха; сенсация; шумная реклама ‖ создавать сенсацию; рекламировать □ **to cool off the ~** затормозить чрезмерный экономический подъём
baby ~ резкое увеличение рождаемости
consumer ~ потребительский бум; резкий рост потребления
economic(al) ~ экономический бум
stock market ~ биржевой бум, резкое повышение курсов акций на бирже

boom-and-bust бум с последующей депрессией

boomer 1. *амер.* мигрирующий рабочий, батрак **2.** спекулянт, играющий на повышение

booming расширяющийся *(напр. объём сбыта)*; быстро повышающийся *(о цене)*; процветающий

boon выгода; благо, благодеяние; преимущество; удобство

boondoggling *амер.* крайне неэкономный труд, напрасный труд

boost 1. повышение ‖ повышать *(напр. цены)* **2.** рост товарооборота **3.** стимул; поддержка; стимулирование **4.** рекламирование ‖ рекламировать; способствовать росту популярности □ **to give a ~ to home demand** стимулировать внутренний спрос
built-in pay ~ автоматическое повышение выплат в соответствии с ростом цен
price ~ подъём цен
tax ~ повышение налогов

booster стимулятор *(экономической активности)*

boot выгода; польза

booth *англ.* ларёк, палатка
courtesy ~ 1. справочное бюро в магазине **2.** бюро для выплаты денег по чекам и денежным переводам в магазине

bootstrap использовать существующий вариант системы *или* процесса для создания нового варианта
booty необычно высокая прибыль
borough 1. *англ.* небольшой город; городское поселение; *амер.* городок; деревня 2. *амер.* один из пяти районов Нью-Йорка
county ~ *англ.* город с населением свыше 50 тысяч человек, административно выделенный в самостоятельную единицу; городграфство
metropolitan ~ 1. один из двадцати восьми районов графства Лондона 2. столичный округ
municipal ~ *англ.* город, имеющий самоуправление
borrow получать заём; занимать деньги, брать взаймы □ **to ~ at interest** занимать деньги под процент; **to ~ money on a policy** занимать деньги под (страховой) полис; **to ~ on mortgage** занимать деньги под закладную; **to ~ on securities** получать заём под залог ценных бумаг; **to ~ short** получать краткосрочную ссуду
borrower заёмщик, получатель ссуды
commercial ~ торговец-заёмщик
end-use ~ окончательный заёмщик
heavy term ~ крупный заёмщик на длительные сроки
mortgage ~ заёмщик по ипотеке
national ~ заёмщик, выступающий на общенациональном рынке кредита
borrowing заём, кредит □ **~ for financing mergers and acquisitions** *амер.* займы для финансирования слияний и поглощений; **~ short to lend long** краткосрочные ссуды для финансирования долгосрочных; **to use bank ~s as a source of funds** использовать банковские ссуды как источник средств
bank ~ банковский заём
easy ~ свободное получение займа; беспрепятственное кредитование
Eurodollar ~s займы на рынке евродолларов
Federal ~s *амер.* займы федерального правительства
interfund ~ *амер.* ссуды внутри системы социального обеспечения *(одних фондов другими)*
long ~s долгосрочные ссуды
nonfederal ~s *амер.* займы местных органов власти
short ~s краткосрочные ссуды
tax-and-dividend ~ получение кредита (компаниями) для уплаты налогов и дивидендов
treasure ~s казначейские ссуды; выпуск государственных долговых обязательств
boss руководитель (предприятия); предприниматель; начальник; мастер ‖ руководить, управлять
ranch ~ старший рабочий на крупном ранчо
shift ~ старший смены; сменный мастер
bottleneck узкое место *(напр. в экономике)*; нехватка *(каких-л. ресурсов)*
capacity ~ нехватка производственных мощностей
liquidity ~ нехватка ликвидных ресурсов
mechanical ~ узкое место производства, связанное с недостатком определённого вида оборудования
bottom 1. самый низкий уровень; низшая точка *(напр. цен)* 2. грузовое торговое судно □ **to drag** ~ достигнуть самого низкого уровня; достигнуть низшей точки в ходе цикла; **to ~ out** вступать в фазу оживления *(после экономического кризиса)*; начинать расти
~ of cycle низшая точка (экономического) цикла, дно конъюнктурного цикла; нижняя точка падения *(напр. объёма производства)*
rock ~ *бирж., жарг.* «твёрдое дно», предел понижения цен
bottomry бодмерея *(ссуда под залог судна или судна и груза)*
bounce скачок ‖ скакать вверх и вниз *(напр. о резко «скачущей» выручке или прибыли)*
bound 1. *стат.* оценка *(случайной величины)* 2. граница, предел ‖ ограничивать, граничить 3. обязательный; вынужденный 4. направляющийся *(о судне)*
~ of error граница погрешности
a priori ~ априорная оценка
asymptotic(al) ~ асимптотическая оценка
confidence ~ *стат.* доверительная граница, доверительный предел
home(ward) ~ направляющийся на родину [в порт приписки]
inward ~ возвращающийся из плавания
lower ~ 1. нижняя граница, нижний предел 2. минимальное значение *(величины)*; *стат.* нижняя оценка
outward ~ уходящий за границу *(о судне)*
probability ~ предельная вероятность
upper ~ 1. верхняя граница, верхний предел 2. максимальное значение *(величины)*; *стат.* верхняя оценка
boundar/y граница, край; предел ‖ граничный
class ~ *стат.* граница интервала
bounty субсидия, поощрительная премия; экспортная премия *(выплачиваемая государством с целью стимулирования роста производства и экспорта)*
bourgeois буржуазный
bourgeoisie буржуазия
bourse *фр.* биржа *(в странах континентальной Западной Европы)*
boutique 1. модный магазин 2. небольшая высокоспециализированная брокерская фирма
Bowl:
Dust ~ *амер.* «чаша пыли» *(район пыльных бурь, засушливый район на западе страны)*
box 1. ящик, коробка ‖ упаковывать в ящики [в коробки] 2. клетка в сетке анкеты [вопросника] 3. многомерная таблица, матрица
collapsible ~ складной [разборный] ящик *(для товаров)*

lock ~ 1. сейф *(особ. сдаваемый банком в аренду клиенту)* 2. абонированный почтовый ящик
money ~ копилка
safe-deposit ~ сейф для хранения ценностей *(в банке)*
tote ~ стальной поддон *(для переноски товаров)*
wooden ~ деревянный ящик *(для хранения товаров)*
boxcar крытый товарный вагон
boxing упаковка в ящики [в коробки]
boy рассыльный, посыльный; носильщик мелких грузов *(обычно в магазине)*
bundle ~ *амер.* посыльный, обязанный нести покупки за покупателем
carry-out ~ *амер.* носильщик, доставляющий покупки в автомашины
cart ~ носильщик, обязанный везти за покупателем тележку с продуктами
errand ~ рассыльный
bracket 1. категория, группа *(напр. при группировке налогоплательщиков по доходу)* 2. разряд; рубрика ‖ разграничивать; классифицировать 3. *стат.* группировка; интервал *(значений)*
higher income ~ группа *(населения)* с более высокими доходами
income ~ группа *(населения)* по размерам дохода
lower-income ~ группа *(населения)* с более низкими доходами
mezzanine ~ члены синдиката андеррайтеров, чьи доли меньше доли глав(ы) синдиката
middle-income ~ группа *(населения)*, занимающая промежуточное положение *(в общей пирамиде доходов)*
price ~ ценовой диапазон; ценовая категория *(потребительских товаров)*
weight ~s группировки по весу *(от и до)*
brainpower научные кадры, научные работники
brainstorming метод «мозговой атаки», поиск творческих идей
brake препятствие; ограничение; тормоз ‖ препятствовать; ограничивать; тормозить
branch 1. отрасль *(напр. промышленности)* 2. филиал, отделение 3. *демогр.* линия, ветвь родства □ **to ~ out** расширять дело, открывать филиал *или* отделение
affiliated ~ филиал
down town ~ отделение в деловой части города
federal ~ отделение иностранного банка *(в США)*
forecast ~ область прогнозирования
foreign ~ иностранное отделение
local ~ местное отделение
main ~ главная контора *(напр. банка)*
manufacturer's retail ~ рознично-торговое отделение промышленной фирмы
manufacturer's sales ~es оптовые торговые филиалы промышленных предприятий
overseas ~ заграничное отделение *(напр. банка)*
sales ~ торговое отделение промышленной фирмы, сбытовое отделение промышленной компании
shell ~es (банковские) отделения, расположенные в фискальных оазисах *(в местах типа Багамских островов, где не взимаются налоги по банковским операциям)*
suburban ~ 1. пригородное отделение *(банка)* 2. *pl* филиалы сети магазинов *(управляемых одной фирмой)*, расположенные в пригородах
brand 1. сорт, качество 2. фабричное клеймо, торговая марка ‖ ставить клеймо [марку]
Crown ~ *англ.* клеймо королевской инспекции
dealer's [distributor's house] ~ марка торгового посредника; марка оптового *или* розничного торговца
good merchantable ~ хороший коммерческий сорт
good ordinary ~ обычный коммерческий сорт
local ~ марка производителя, рекламируемая в ограниченном районе
manufacturer's ~ фабричная марка, марка производителя
national ~ фабричная марка, известная по всей стране
packer's ~ марка упаковщика, марка изготовителя упаковки
private ~ *см.* **dealer's brand**
sighting ~ «агрессивная» марка *(временная марка, используемая для привлечения внимания к новому товару)*
top-selling ~s наиболее ходкие марки *(товара)*
wildcat ~ нерекламируемая марка *(используется обычно для товаров более низкого качества, чем конкурентные)*
branding снабжение товара торговой маркой
brass *разг.* медные деньги, мелочь
brassage комиссия за чеканку монет из слитков *(равная действительным издержкам по чеканке или меньше их)*
brassboard экспериментальный *(напр. об образце)*
breach 1. нарушение 2. разрыв *(напр. отношений)*
~ of trust нарушение доверенным лицом *(напр. опекуном)* своих обязанностей, предусмотренных договором, в пользу бенефициара
breadbasket of nation главный зерновой район, житница страны
breadwinner кормилец *(семьи)*
break 1. перерыв в работе 2. быстрое падение цен ‖ упасть в цене 3. поломка ‖ ломаться *(напр. об оборудовании)* □ **~ in the market** резкое падение курса цен на рынке; **to ~ a contract** нарушить контракт; **to ~ bulk** начинать разгрузку; открывать люки перед разгрузкой; вскрывать ящики *или* тюки; **to ~ down** 1. подразделять, разбивать *(на структурные составляющие)* 2. ломать *(напр. оборудование)*; **to ~ even** 1. работать на уровне самоокупаемости 2. завершать *(сделку)* без-

убыточно; покрывать расходы; **to ~ stones** выполнять тяжёлую работу; зарабатывать на жизнь тяжёлым трудом
tax ~ снижение налоговой ставки
breakage 1. авария; поломка; разрушение 2. убыток, причинённый поломкой; компенсация *или* скидка за повреждённые изделия
breakdown 1. подразделение, разбиение, разбивка *(на структурные составляющие)* 2. поломка, выход *(оборудования)* из строя, отказ 3. (экономический) крах, кризис □ **~ by countries** распределение [разбивка] по странам; **~ in process** нарушение технологического процесса
~ of capital expenditure структура капитальных затрат; распределение капиталовложений *(по объектам затрат)*
element ~ *см.* **job breakdown**
job ~ разбиение рабочего задания на элементы
operation ~ 1. пооперационный перечень работ 2. *см.* **job breakdown**
queue ~ разрушение очереди; разрушение системы массового обслуживания
breakeven безубыточность ‖ становиться безубыточным, достигать уровня безубыточности ‖ безубыточный
breaking-even безубыточное ведение дела
breaking-in ввод в эксплуатацию, пуск
breakthrough 1. крупное научное *или* техническое достижение 2. внезапный рост цен
breed 1. порода *(скота)* 2. выращивать; разводить
breeder 1. селекционер 2. скотовод; животновод; заводчик 3. производитель *(животное)*
breeder-feeder животновод, ведущий хозяйство с полным циклом *(от разведения до откорма)*
breeding 1. разведение 2. выкармливание 3. селекция
cattle ~ скотоводство
line ~ линейное разведение
livestock ~ животноводство
Bretton Woods Бреттонвудское соглашение о послевоенной валютной системе *(1944 г.)*
bribe 1. взятка, подкуп ‖ давать взятку, подкупать 2. *pl амер.* премии, выплачиваемые предприятию за снижение содержания вредных веществ в сточных водах
bribery взяточничество, подкуп
bridge преодолевать препятствия □ **to ~ a gap** ликвидировать разрыв
briefing инструктаж, постановка задачи, инструктивное совещание
site ~ инструктаж на рабочем месте
bright благоприятный *(напр. о перспективах экономического развития)*
bring 1. приносить; привозить; доставлять 2. приносить доход □ **to ~ down** снижать *(цены)*; **to ~ forward** делать перенос счёта на следующую страницу; делать перенос (сальдо) на другой счёт; **to ~ out** предлагать новый выпуск *(ценных бумаг на рынке)*; **to ~ under cultivation** осваивать, вводить в культуру; **to ~ up to date** 1. приводить в ажур *(о бухгалтерских книгах)* 2. дополнять [изменять] в соответствии с новыми данными; модернизировать
brisk живой; оживлённый *(о спросе)*
briskly □ **to go off ~** иметь очень хороший сбыт
Britannia Британия *(золотая монета)*
broker брокер, маклер, посредник, агент *(фирма или лицо по купле-продаже ценных бумаг или товаров на бирже)*
bill ~ *англ.* вексельный брокер
bond ~ брокер по операциям с облигациями
bullion ~ фирма, ведущая операции с золотом; маклер по торговле благородными металлами
commission ~ брокер-комиссионер
contra ~ брокер на другой стороне сделки
curb ~ брокер, ведущий операции на неофициальной фондовой бирже, внебиржевой брокер
customhouse ~ *амер.* таможенный брокер, агент по таможенной очистке импортных грузов
discount ~ брокер с пониженной комиссией
exchange ~ агент по покупке и продаже иностранной валюты
floor ~ брокер, работающий в биржевом зале
foreign exchange ~ *см.* **exchange broker**
futures ~ брокер по фьючерсным [срочным] сделкам
grain ~ брокер по покупке и продаже зерна
inside ~ брокер — член фондовой биржи *(официально утверждённый)*
insurance ~ страховой брокер *(посредник между страхователем и страховой компанией; в отличие от страхового агента не работает по найму у страховой компании)*
investment ~ брокер по инвестиционным ценным бумагам
loan ~ посредник в кредите
money ~ брокер на денежном рынке
note ~ *амер.* 1. вексельный брокер 2. фирма-посредник в размещении коммерческих бумаг
odd lot ~ *амер. бирж.* брокер по торговле небольшими партиями ценных бумаг
outside ~ брокер — не член фондовой биржи; подпольный маклер *(на чёрном рынке)*
personal loan ~ брокер по выдаче мелких ссуд частным лицам
pit ~ брокер срочной товарной биржи, работающий в биржевом зале
privilege ~ брокер, предоставляющий клиенту особые права по биржевым сделкам
ship(ping) ~ брокер по фрахтованию судов
stock (exchange) ~ брокер фондовой биржи
two-dollar ~ брокер, выполняющий в биржевом зале поручения других брокеров

brokerage **1.** брокерские операции **2.** брокерская комиссия за совершение сделки; куртаж
buying ~ комиссия за покупку
exchange ~ комиссия за операции с иностранной валютой
note ~ торговля векселями
selling ~ комиссия за продажу
broker-dealer фирма, сочетающая функции брокера [посредника] и дилера [принципала]
broking брокерское дело
brotherhood *амер.* профсоюз железнодорожников
bubble **1.** искусственное раздувание экономического подъёма, бум **2.** фиктивное предприятие
buck *амер., жарг.* доллар; *pl* деньги
big ~s *жарг.* большие деньги, крупные капиталы
bucket *жарг.* продавать товар, которого нет в наличии
bucketeer брокер фондовой *или* товарной биржи, занимающийся незаконными операциями
budget **1.** (государственный) бюджет, финансовая смета ‖ предусматривать в бюджете, ассигновать **2.** план координации *(ресурсов)* **3.** запас, уровень **4.** смета *(напр. расходов предприятия на программу)* ‖ составлять смету, бюджетировать □ **to approve the ~** одобрить бюджет; утвердить бюджет; **to bring in the ~** представлять на рассмотрение проект бюджета; **to build up ~** разрабатывать [составлять] смету; **to draw up the ~** подготовить бюджет; **to pass the ~** утвердить бюджет; **to present the ~** представить бюджет на рассмотрение; **to prune the ~** урезать бюджет, экономить; **to put the ~ in the black** ликвидировать бюджетный дефицит; **to put the ~ in the red** создавать бюджетный дефицит
~ of expenditure смета расходов
~ of labor баланс труда
~ of volume and expenditure производственная программа и смета расходов
ad ~ смета затрат на рекламу
administrative ~ административная финансовая смета *(основных правительственных ведомств)*
balanced ~ сбалансированный бюджет
beginning farm ~ исходный бюджет фермы
capital ~ **1.** смета капиталовложений [инвестиций] в основной капитал **2.** бюджет капиталовложений **3.** периодический отчёт о состоянии основного капитала *(включает стоимость строительства, приобретений и выбытий, источники и распределение средств)*
capital assets ~ *см.* **fixed assets budget**
civilian ~ невоенная [гражданская] часть бюджета; государственные расходы на невоенные [гражданские] нужды
complete ~ общая [совокупная] финансовая смета *(напр. компании)*
consolidated cash ~ сводный кассовый бюджет
control ~ *см.* **flexible budget**
current ~ текущие статьи доходов и расходов бюджета
defense ~ государственные расходы на военные нужды
department ~ *амер.* **1.** бюджет департамента; финансовая смета министерства **2.** цеховая смета, цеховой финансовый план
draft ~ проект бюджета
engineering ~ смета на опытно-конструкторские работы
executive ~ *амер.* финансовая смета, предлагаемая президентом конгрессу, проект ассигнований, направляемый на утверждение специальными комиссиями конгресса
expense ~ смета расходов
fixed ~ твёрдая [жёсткая] смета *(производства)*; жёсткий план *(производства)*; одновариантный план *(производства)*
fixed assets ~ **1.** смета по капитальному имуществу *(включает расширение строительства, приобретение и монтаж, аренду и выбытие)* **2.** смета по зданиям, сооружениям и оборудованию
flexible ~ план-смета с учётом изменения издержек, связанных с колебаниями объёма производства, гибкая производственная программа-смета
forecast ~ перспективная смета; сметные предложения
formula ~ *см.* **flexible budget**
full-employment ~ оценка государственного бюджета на основе предположения о «полной занятости»
high-employment ~ оценка бюджета на основе предположения о высокой занятости
household ~ семейный бюджет
interim ~ промежуточный бюджет *(принимаемый на часть финансового года из-за чрезвычайных обстоятельств)*
labor ~ смета по труду *(потребность в человеко-часах и затраты на рабочую силу)*
lame-duck ~ *амер.* бюджет, представленный конгрессу уходящей в отставку (но временно функционирующей) администрацией
line-item ~ постатейный бюджет *(бюджет, составляемый на основе статей расходов)*
local ~ бюджет местных органов власти
manufacturing overhead ~ **1.** смета фабрично-заводских накладных расходов **2.** смета цеховых накладных расходов
master ~ *см.* **complete budget**
materials ~ смета на приобретение материалов и комплектующих изделий *(для производства)*
multiple ~ регулярно пересматриваемая перспективная смета; долгосрочная скользящая финансовая смета; перспективный скользящий бюджет
multiple-service ~ бюджет, предусматривающий различные виды ассигнований
national income accounts ~ бюджет, исчисляемый по статистике национального дохода

operating ~ **1.** оперативная смета **2.** смета текущих затрат *(на производство)*
overhead ~ смета накладных расходов; финансовый план накладных расходов
overhead control ~ *см.* **flexible budget**
partial ~ частичная финансовая смета *(определённого отдела или другого подразделения компании)*
Pentagon ~ бюджет Пентагона, смета военных расходов США
performance ~ *см.* **flexible budget**
period ~ *см.* **fixed budget**
physical ~ смета, составленная в натуральных единицах *(напр. в тоннах, человеко-часах, единицах оборудования)*
planning ~ предварительная сводная смета
plant-and-equipment [plant requirement] ~ *см.* **fixed assets budget**
production ~ **1.** производственный план **2.** основные показатели производственного плана *(включают объём производства, производственную мощность, коэффициент использования, сменность, запас готовой продукции на складе завода)*
program ~ смета расходов на выполнение программы; смета расходов целевого назначения
project ~ смета расходов на выполнение научно-исследовательской *или* опытно-конструкторской работы; смета на разработку и освоение производства нового продукта
purchase ~ смета затрат на приобретение
regulatory ~ *амер.* бюджет, предусматривающий деятельность федерального правительства по регулированию экономики
sales ~ программа сбыта
single-service ~ бюджет, предусматривающий один вид ассигнований
sliding-scale ~ *см.* **flexible budget**
state ~ **1.** государственный бюджет **2.** *амер.* бюджет штата
static(al) ~ *см.* **fixed budget**
step ~ *см.* **flexible budget**
unbalanced ~ бюджет, сводимый с дефицитом
variable ~ *см.* **flexible budget**
voted ~ утверждённый *(законодательным органом)* бюджет

budgetary бюджетный, предусмотренный бюджетом

budgeting составление сметы; составление бюджета, финансовое планирование
~ **of manufacturing and volume variances** составление сметы с учётом колебаний объёма производства
capital ~ **1.** составление смет капиталовложений и их окупаемости **2.** экономический анализ эффективности намечаемых капиталовложений
continuous ~ непрерывное [скользящее] составление сметы *(производства)*; ежеквартальное составление новой сметы «скользящего» четвёртого квартала
government(al) ~ правительственное финансирование
groundup ~ *амер.* составление бюджета на основе его пересмотра
profit ~ разработка сметы перспективных доходов; оценка перспективной доходности
program ~ финансирование программы
zero-base ~ составление сметы с нуля *(а не путём поправок к прошлогодним данным)*

buffer резервный запас

bug *амер.* ошибка; недостаток; дефект, неисправность, повреждение
gold ~ «золотой жук», сторонник сохранения денежных функций золота

build строить, возводить □ **to ~ one's business in a country** закрепиться на рынке *какой-л.* страны; **to ~ up** наращивать, накоплять

builder изготовитель; завод-изготовитель; фирма-изготовитель; подрядчик
home ~ жилищно-строительная фирма

building 1. здание, сооружение **2.** строительство **3.** создание; накопление; построение
animal ~ животноводческая постройка
consensus ~ достижение согласия, согласование *(напр. планов)*
exchange ~ помещение биржи
farm ~ сельскохозяйственное строительство
house ~ жилищное строительство
inventory ~ **1.** создание запасов товарно-материальных ценностей **2.** создание запасов готовой продукции
macroeconomic model ~ макроэкономическое моделирование
model ~ моделирование, построение модели
nonresidential ~ **1.** нежилое здание **2.** строительство нежилых зданий
position ~ формирование позиции *(см.* **position 5.,6.)**
residential ~ **1.** жилое здание **2.** жилищное строительство
social-and-recreational ~**s** здания социально-культурного назначения

buildup 1. *разг.* реклама **2.** наращивание, накопление *(напр. запасов)* **3.** формирование *(стратегии фирмы)* **4.** развёртывание *(работ)*
defense ~ наращивание объёма производства военной продукции; наращивание объёма оборонных расходов
inventory ~ накопление товарно-материальных запасов
military ~ *см.* **defense buildup**
performance ~ улучшение технических характеристик

built-in встроенный, органически присущий данной экономической системе

bulge *разг.* (временное) увеличение, внезапное повышение, вздутие *(о ценах)* □ **to lop off the price** ~ понизить подскочившие по непонятной причине цены
price ~ резкое повышение цен

bulk 1. масса; объём **2.** бóльшая часть **3.** крупная нерассортированная партия груза **4.** *ТМО* группа требований ‖ групповой □ **in** ~ **1.** целиком, в массе **2.** без упаковки,

насыпью, внавалку; **to break ~** разгружать *(вагон)*; разбивать крупную партию *(груза)* на мелкие; **to load in ~** грузить без упаковки [насыпью, внавалку]
~ of amount бо́льшая часть суммы
bilevel ~ *ТМО* группа требований двух категорий
multilevel ~ *ТМО* группа требований нескольких категорий

bulkiness неделимость *(напр. единиц основного оборудования)*

bull 1. *бирж.* «бык», спекулянт, играющий на повышение ‖ играть на повышение **2.** преуспевать, иметь перспективы роста □ **the market is all ~s** на рынке царит повышательное настроение; **to go a ~** играть на повышение

bullet *жарг.* облигация разового погашения

Bulletin □ **~ 'F' (on income tax depreciation and obsolescence)** *см.* **Internal Revenue Bulletin 'F'**
Internal Revenue ~ 'F' циркуляр «ЭФ» *(Налогового управления Казначейства США, устанавливает нормы и правила начисления износа основного капитала)*

bulletin бюллетень; сводка, информационный листок
patent ~ патентный бюллетень
supply ~ (информационный) бюллетень о поставках

bullion слиток золота *или* серебра; золотые *или* серебряные монеты, продаваемые на вес
fine ~ чистое золото в слитках
standard ~s слитки золота *или* серебра установленной пробы

bullionism бульонизм, металлистическая теория денег

bullish 1. имеющий тенденцию к повышению *(о курсах)*, повышательный **2.** преуспевающий, растущий *(напр. о каком-л. секторе экономики)*

bumping преимущественное обеспечение работой лиц с большей выслугой лет *(при сокращении штатов)*

bunch 1. скопление, сосредоточение *(напр. различных экономических показателей)* ‖ накапливать(ся), скапливать(ся), сосредоточивать(ся) **2.** группа **3.** пучок, связка, пачка

bunching 1. скопление, концентрация **2.** *трансп.* группирование *(накопление и подача вагонов под погрузку сверх заявок или вне расписания)* **3.** *демогр.* возрастная аккумуляция
~ of shops into centers *англ.* концентрация магазинов в торговых центрах

bunco афера, жульничество *(сбыт фальшивых акций, уплата чеком без покрытия)*

Bundesbank Бундесбанк *(центральный банк ФРГ)*

bundle пакет, свёрток; набор
~ of work *орг. пр.* рабочее задание
commodity ~ ассортимент товаров *(удовлетворяющий потребителя при данном уровне цен и доходов)*
input-output ~ набор затрат и результатов *(максимизирующий прибыль при данном уровне производства)*

buoyancy оживление; повышательная тенденция *(на бирже, в экономике)*
~ of spending оживление потребительских расходов

buoyant оживлённый; повышательный

burden 1. груз; бремя □ обременять **2.** *мор.* груз; грузоподъёмность, регистровый тоннаж **3.** накладные расходы, косвенные издержки производства **4.** общие производственные затраты *(напр. налоги, страхование)*
absorbed [applied] ~ часть накладных расходов, отнесённая на незавершённое производство
departmental ~ цеховые накладные расходы
earned ~ фактически возмещённые накладные расходы
factory ~ фабрично-заводские накладные расходы
general ~ 1. общефирменные расходы **2.** административные расходы
mortgage ~ проценты по закладной [по ипотеке]
over-absorbed ~ излишне начисленные накладные расходы; превышение начисленной суммы накладных расходов над фактической суммой
super ~ сверхнакладные расходы *(напр. покрывающие содержание опытно-конструкторского и технологического отделов)*
tax ~ бремя налогового обложения
under-absorbed ~ несписанные накладные расходы; превышение суммы фактических накладных расходов над списанной суммой; невозмещённые накладные расходы
welfare ~ бремя государственного социального обеспечения *(выражающееся в форме соответствующих налоговых изъятий из доходов трудящихся и предпринимателей)*

Bureau:
~ of Census Бюро переписей *(Министерства торговли США)*
~ of Competition Управление конкуренции *(в Федеральной торговой комиссии США)*
~ of Engraving and Printing Бюро гравирования и печати *(в Казначействе США)*
~ of Foreign and Domestic Commerce Бюро внешней и внутренней торговли *(США)*
~ of Government Financial Operations Бюро правительственных финансовых операций *(Министерства финансов США)*
~ of Internal Revenue Налоговое управление *(США)*
~ of Labor Statistics Бюро статистики труда *(Министерства труда США)*
~ of Land Management Бюро по управлению землями *(Министерства внутренних дел США)*
~ of Old-Age and Survivors Insurance Управление пенсионного обеспечения *(США)*
~ of Public Debt Бюро государственного долга *(Министерства финансов США)*

~ **of the Customs** Таможенное управление *(США)*
~ **of the Mint** Управление монетного двора *(Министерства финансов США)*
Budget ~ Бюджетное бюро *(США)*
Commonwealth ~ of Agricultural Economics Бюро экономики сельского хозяйства Содружества Наций
Dominion ~ of Statistics Статистическое управление *(Канада)*
National ~ of Economic Research Национальное бюро экономических исследований *(США)*
National ~ of Standards Национальное бюро стандартов *(Министерства торговли США)*
National Quotation ~ Национальное бюро котировок *(США)*
Population Reference ~ Бюро информации по проблемам народонаселения *(США)*
United International ~s for the Protection of Intellectual Property Объединённые международные бюро по охране интеллектуальной собственности, БИРПИ

bureau 1. бюро *(крупное подразделение в составе правительственного учреждения)* **2.** отдел; управление; комитет
~ **of commercial research** бюро коммерческих исследований
complaint ~ отдел рекламаций
credit ~ *амер.* бюро кредитной информации
credit interchange ~ бюро по взаимному обмену кредитной информации
~ **de change** *фр.* контора по обмену валюты, обменный пункт
employment ~ бюро по найму *(рабочей силы)*
inspection ~ транспортное контрольное бюро *(проверяет качество упаковки принимаемых к перевозке грузов)*
participating ~ организация-соисполнитель
planning ~ плановый отдел
publicity ~ рекламное бюро; бюро рекламы и информации

bureaucracy бюрократия, бюрократическое управление

burgh 1. *англ.* город с самоуправлением **2.** *амер. разг.* небольшой город

burned-out отбракованный *(изделие)*

bursar *англ.* казначей *(напр. в школе)*

bursary 1. канцелярия казначея **2.** стипендия

business 1. бизнес, дело; предпринимательство **2.** сделка, сделки, торговые операции **3.** деловые круги; деловая жизнь; экономическая деятельность **4.** компания, предприятие **5.** заказ, поступление заказов; объём производства; величина оборота **6.** профессия, занятие □ ~ **as usual** «дело делается в любом случае» *(независимо от внешних неблагоприятных условий)*; ~ **is looking well** *разг.* «дела идут хорошо»; ~ **on offer** предлагаемые сделки; предлагаемые заказы; **out of** ~ банкрот; ~ **that does not pay** невыгодное дело; **to be forced out of** ~ быть вытесненным из предпринимательской деятельности; **to be in ~ on one's own account** вести дело на свой страх и риск; **to be out of** ~ обанкротиться; **to conduct a** ~ вести дело; руководить предприятием; заниматься коммерцией; **to do** ~ делать дела; **to engage in** ~ *амер.* заняться коммерцией; **to establish a** ~ основывать фирму; **to finance a** ~ финансировать дело; **to go out of** ~ прекратить деятельность *(напр. коммерческую)*; ликвидировать предприятие; обанкротиться; **to handle [to run] a** ~ *см.* **to conduct a business; to set up [to start] a** ~ основать *или* начать дело; **to succeed in** ~ преуспевать в делах; **to transact ~ with** заключать сделку с *кем-л.*, вести дело с *кем-л.*; **to wind up a** ~ ликвидировать предприятие
acceptance ~ акцептное дело
backwardation ~ *бирж.* операции по депорту
banking ~ банковское дело; банковские операции
big ~ **1.** большой бизнес; крупные корпорации **2.** крупное предприятие
bill ~ операции с векселями
branch ~ отделение фирмы
chief ~ основное занятие
collecting ~ инкассовые операции
commercial ~ торговое предпринимательство; сфера торгового предпринимательства; торговля
contractor's ~ **1.** подрядное [строительное] дело **2.** подрядные работы **3.** объём подрядных работ
correspondent ~ корреспондентские отношения *(между банками)*
defense ~ производство продукции и услуги военного назначения
durable goods ~ торговля товарами длительного пользования
exchange ~ биржевые операции; биржевая торговля
family(-owned) ~ семейное предприятие
farm ~ **1.** сельскохозяйственное предпринимательство **2.** хозяйство, ферма, сельскохозяйственное предприятие
forward ~ срочные сделки, сделки на срок
government ~ государственные заказы; работа по государственным заказам
hardware ~ **1.** работы по поставке и монтажу оборудования; заказы на поставку и монтаж оборудования **2.** объём и стоимость работ по поставке и монтажу оборудования
incorporated ~ *амер.* акционерная компания *или* общество
investment ~ инвестиционное дело, операции с ценными бумагами
life insurance ~ страхование жизни как отрасль экономики
livestock ~ животноводческое хозяйство
loan ~ ссудные операции
mail-order ~ посылочная торговая фирма
margin ~ *бирж.* деятельность, связанная с получением спекулятивной прибыли
mercantile ~ торговое предприятие

not-paying ~ нерентабельное предприятие
odd lot ~ *амер. бирж.* торговля мелкими партиями ценных бумаг
one-man ~ предприятие с одним занятым
option ~ *англ.* сделки с премией
overseas ~ 1. *англ.* деловые операции за границей **2.** работы, выполняемые строительными подрядчиками за границей **3.** объём заказов [договоров, контрактов] на выполнение работ за границей
pawnbroker's ~ выдача денежных ссуд под залог; ростовщические операции
paying ~ рентабельное предприятие
pending ~ текущие дела
pressing ~ срочные дела
proprietary ~ производство (и продажа) фирменной продукции *(разработанной и запатентованной данной фирмой)*
publishing ~ издательское (и книготорговое) дело
ready money ~ *см.* **spot business**
remunerative ~ 1. выгодная сделка **2.** доходное [прибыльное] предприятие
retail ~ 1. розничная торговля **2.** розничное предприятие
route ~ (торговое) предприятие, специализирующееся на регулярной доставке товара постоянным клиентам по определённому маршруту
sham ~ фиктивное предприятие
shipment ~ сделки на экспорт
slack ~ вялый бизнес, деловое затишье
sound ~ солидное дело
spot ~ сделка за наличные, кассовая сделка
stock-raising ~ скотоводческое хозяйство, скотоводческое предприятие
trust ~ трастовое дело; трастовые [доверительные] операции
unauthorized ~ предприятие, действующее без разрешения
underwriting ~ операции «андеррайтинг», сделки по гарантированию размещения ценных бумаг на рынке
unincorporated ~ *амер.* неакционерная фирма
well-established ~ хорошо зарекомендовавшая себя компания
wholesale ~ 1. оптовая торговля **2.** оптовое предприятие

businesslike деловой ‖ по-деловому
businessman делец, бизнесмен, коммерсант, предприниматель
bust 1. срыв, падение, спад *(напр. экономической активности)* **2.** банкротство ‖ обанкротиться
baby ~ падение рождаемости
busy 1. деятельный; оживлённый; занятой **2.** пользующийся спросом
butcher 1. убойное животное **2.** мясник **3.** *англ.* мясной магазин
butter-making маслоделие
button:
blue ~s «синепуговичники» *(неуполномоченные клерки Лондонской фондовой биржи, выполняющие поручения членов биржи и уполномоченных клерков)*

buy 1. покупка ‖ покупать **2.** *амер. разг.* покупаемый с прибылью товар □ **to ~ ahead 1.** покупать товар с будущей доставкой **2.** *бирж.* покупать на срок; **to ~ a pig in a poke** покупать *что-л.* заглазно; **to ~ back** выкупить; купить ценные бумаги для «закрытия» сделки; **to ~ by auction** *англ.* покупать на аукционе; **to ~ for account** *бирж.* покупать на срок; **to ~ for a rise** *бирж.* играть на повышение; **to ~ for cash** покупать за наличные *(с немедленной поставкой)*; **to ~ for end settlement** купить с расчётом по сделке в конце месяца; **to ~ for settlement** купить на срок *(с расчётом в течение ближайшего ликвидационного периода)*; **to ~ forward** *бирж.* покупать на срок; **to ~ in 1.** *бирж.* закрыть сделку *(купить акции или товары для поставки по предварительно заключённой сделке)* **2.** снять свой товар с продажи на аукционе; **to ~ in against the seller** *бирж.* покрывать за счёт продавца *(в случае несдачи товара продавцом купить товар на бирже с отнесением разницы за счёт нарушившего контракт продавца)*; **to ~ on credit** покупать в кредит; **to ~ on shoestring** покупать *(ценные бумаги)* с минимальным доходом; **to ~ on weakness** *бирж.* покупать в период низких цен; **to ~ or cancel** купить (ценные бумаги) в данный день — в противном случае отменить сделку *(приказ брокеру)*; **to ~ out** выкупать; **to ~ outright** покупать с немедленной уплатой наличными; **to ~ up** скупать
buyer 1. покупатель **2.** закупщик товаров *(в крупном торговом предприятии)* **3.** закупщик *(низший по должности сотрудник отдела снабжения)* □ **to familiarize the ~s with the new offerings** знакомить покупателей с новыми товарами; информировать покупателей о новых товарах
cash ~ оптовый торговец, скупающий за наличный расчёт
exclusive ~ покупатель, обладающий исключительными правами *(на покупку товара)*
heavy ~ крупный покупатель *(приобретающий продукцию в больших количествах)*
light ~ мелкий покупатель *(приобретающий продукцию в небольших количествах)*
marginal ~ «предельный» покупатель *(т.е. отказывающийся от покупок при росте цен)*
order ~ (оптовый) торговец, скупающий товары по заказу крупных потребителей
packer ~ скупщик животных для мясоперерабатывающего предприятия
resident ~ 1. маклер на центральном рынке *(консультирующий торговцев по вопросам рыночной конъюнктуры)* **2.** *амер.* оптовое предприятие, скупающее товары на комиссионных началах у ограниченного круга клиентов **3.** оптовое предприятие, скупающее сельскохозяйственные продукты на местном рынке
sharp-bargaining ~ покупатель, упорно добивающийся более выгодных условий

slaughter ~ скупщик убойных животных
sophisticated ~**s** квалифицированные покупатели
syndicate ~**s** агентство по материально-техническому снабжению группы промышленных фирм; снабженческая фирма
travelling ~ разъездной оптовый торговец
unsophisticated ~**s** неквалифицированные покупатели

buying покупка, закупка □ ~ **for settlement** *бирж.* покупка на срок; ~ **on balance** превышение покупок над продажами *(у брокеров фондовой биржи)*; ~ **on margin** покупка ценных бумаг с оплатой части суммы за счёт кредита; ~ **on scale** покупка ценных бумаг брокером по равномерно снижающейся цене (*см.* **scaling**); ~ **on the bad news** рыночная стратегия с покупкой (товаров *или* ценных бумаг) при плохих известиях *(в расчёте на последующий рост цен, курсов)*; ~ **outright** покупка с немедленной оплатой наличными; ~ **to minimum inventory** закупка при падении уровня запаса *(напр. сырья)* до установленного минимума; метод материально-технического снабжения по принципу минимизации запасов
bulk ~ оптовая закупка
cash ~ *см.* **spot buying**
credit ~ покупка в кредит
effective ~ рациональные методы закупки *(применяемые крупными торговыми предприятиями)*
forward ~ **1.** закупка для будущего использования; закупка в запас *(больших количеств товара, превышающих текущую потребность, в расчёте на увеличение продажи)* **2.** *бирж.* покупка на срок
hand-to-mouth ~ **1.** покупка сырья *или* материалов с направлением их непосредственно в производство *(а не в запас, особенно в условиях снижающихся цен)* **2.** покупка товаров, рассчитанная на поддержание товарных запасов в магазине на минимальном уровне *(необходимом для текущих операций)*
hedge ~ покупка впрок из опасения роста цен
impulse ~ непреднамеренная покупка
management ~ приобретение группой (профессиональных) менеджеров контрольного пакета акций чужой компании
margin ~ *см.* **buying on margin**
order ~ закупка по заказу
reciprocal ~**s** покупки на двусторонней основе
scale ~ покупка в период понижения курсов
scare ~ паническая скупка товаров
speculative ~ спекулятивная покупка
spot ~ покупка за наличные *(с немедленной поставкой)*
support ~ закупка в целях поддержания цен *(на сельскохозяйственные продукты)*
unpremeditated ~ непреднамеренная покупка

buying-in снятие товара с продажи на аукционе

buy-out выкуп
leveraged ~ выкуп контрольного пакета акций за счёт кредита
management ~ приобретение менеджерами (и служащими) контрольного пакета акций своей компании

by-effect побочный эффект, побочное явление

bylaw устав, правила внутреннего распорядка *(принимаемые правлением фирмы)*
~ **of bank** устав банка

bypassing of wholesaler покупка товаров, минуя оптовое звено *(непосредственно у производителей)*

by-product побочный продукт

byte байт *(несколько двоичных единиц информации)*

bywork вспомогательные работы

C

cable 1. каблограмма; телеграмма ‖ телеграфировать **2.** *pl* курсы телеграфных переводов, телеграфные переводы *(в публикуемых валютных котировках)*

cadastre:
land ~ земельный кадастр

caddy 1. *амер.* проволочная коляска *(для отбора товаров в магазине самообслуживания)* **2.** приспособление для хранения инструмента

cage касса *(зарешёченное помещение)*; помещение *(напр. банка)* для денежных расчётов

calculate 1. вычислять, подсчитывать **2.** калькулировать, составлять калькуляцию

calculation 1. вычисление, подсчёт; расчёт **2.** смета; калькуляция **3.** *амер.* предположение, прогноз **4.** *pl* исчисление
~ **of costs** смета расходов
~ **of exchange** вычисление курса валюты
~ **of interest** расчёт процентов
checking ~ проверочный расчёт
cost-benefit ~ **1.** расчёт затрат и результатов **2.** смета расходов и прибылей
group ~**s** групповое исчисление *(населения)*
intercensal ~**s** внепереписное исчисление *(населения)*
Monte Carlo ~ расчёт методом Монте-Карло
trial-and-error ~ вычисление методом проб и ошибок
variational ~ расчёт вариационным методом

calculator 1. калькулятор **2.** счётная машина; вычислительное устройство **3.** портативная клавишная счётная машина

calendar календарь; расписание; график
~ **of farm operations** календарный график сельскохозяйственных работ

caliber качество, достоинство

calibrate 1. проверять, выверять 2. приводить в соответствие со стандартом
calibration 1. проверка 2. эталонирование; стандартизация
calk снимать копию *(с чертежа)*, калькировать
call 1. требование || требовать 2. сделка с премией, опцион «колл» *(право купить в течение определённого срока ценные бумаги или товар по обусловленной цене с предварительной уплатой премии)* 3. заход *(напр. судна в порт)* 4. вызов □ **at** ~ по требованию; **due at** ~ сроком по требованию; ~ **for bids** предложение делать заявки *(на покупку акций)*; ~ **for funds** требование денег; ~ **for redemption** требование предъявить ценные бумаги для выкупа; ~ **for supply** требование на поставку; ~ **is expiring** *бирж.* опцион истекает; ~ **on shares** требование уплаты взноса за акции; **to have the** ~ пользоваться спросом; **to** ~ **in** инкассировать *(долги)*; требовать уплаты *(долгов)*; требовать возврата *(займов)*; изъять из обращения *(деньги)*; **to make a** ~ **for additional cover** требовать дополнительного обеспечения; **to make a** ~ **for capital** востребовать капитал
~ **of more** *бирж.* право совершения однократной дополнительной сделки с премией
~ **of twice more** *бирж.* право совершения двукратной дополнительной сделки с премией
accusing ~ вызов *(представителя фирмы)* для предъявления рекламации
afterhours ~ вызов во внеурочное время
comptroller's ~ требование контролёра по денежному обращению о представлении банковского отчёта
maintenance ~ требование брокера к клиенту о пополнении его счёта
margin ~ требование о внесении дополнительного обеспечения *(в связи с падением курса заложенных ценных бумаг)*
national bank ~ требование к национальным банкам о представлении отчётности контролёру по денежному обращению
service ~ 1. заявка на выполнение (внепланового) технического обслуживания *или* ремонта 2. вызов технической помощи 3. служебный разговор, служебный вызов *(не оплачиваемый абонентом)*
three minute ~ трёхминутный телефонный разговор *(единица измерения нагрузки канала междугородной связи)*
trunk ~ междугородный вызов *(подлежащий оплате соответственно тарифу)*
callable подлежащий выкупу; могущий быть востребованным
call-back 1. возврат 2. обращение к потребителю в целях завершения сделки 3. вызов работника на работу после локаута 4. вызов на сверхурочную работу
called-away погашаемый, исполняемый досрочно *(об облигации, опционе)*
cambism *см.* **cambistry**
cambist камбист *(специалист по валютным операциям)*
cambistry искусство валютных операций *(изыскание наиболее эффективных методов перевода средств в другую страну)*
cameralism камерализм *(разновидность меркантилизма)*
campaign 1. кампания || проводить кампанию 2. фиктивные действия биржевых спекулянтов с целью повлиять на курс акций
advertising ~ рекламная кампания
bear ~ *бирж.* спекуляция на повышение
bull ~ *бирж.* спекуляция на понижение
promotion ~ кампания по продвижению товара на рынок
savings drive ~ программа привлечения сбережений
selling ~ кампания по организации и стимулированию сбыта
canalize направлять по определённым каналам
cancel 1. аннулировать; отменять; делать недействительным 2. погашать □ **to** ~ **a bill** аннулировать вексель; **to** ~ **an order** отменять заказ; **to** ~ **a power of attorney** объявлять доверенность недействительной, аннулировать доверенность; **to** ~ **out** уравновешивать, нейтрализовать *(напр. действия конкурента)*
cancellation 1. аннулирование; отмена 2. погашение 3. окончательная оплата *(напр. финансовых обязательств)*
cannibalization снятие годных деталей и агрегатов *(с неисправной или повреждённой техники для ремонта других изделий)*
canonic(al) ортодоксальный; канонический *(о теории)*
canonize канонизировать *(теорию)*
canvass 1. сбор || собирать (статистические) сведения 2. опрос *(населения)* || проводить опрос 3. добиваться *(заказов)* □ **to** ~ **a district for orders** добиваться заказов в районе
canvasser 1. счётчик *(лицо, проводящее перепись путём опроса)* 2. агент; коммивояжёр
cap предел, верхний уровень
capabilit/y 1. способность 2. *pl* (потенциальные) возможности 3. максимальная производительность *(машины, оборудования)*; максимальная мощность; наибольшая выработка □ ~ **to bid** способность (успешно) выступать на торгах; способность конкурировать на торгах; ~ **to perform** способность производить продукцию; способность выполнять услуги
arable ~ пахотопригодность
engineering ~ 1. технологическая база *(производства)* 2. *pl* технические возможности
land ~ производительная способность земли
management ~**ies** управленческие способности
manufacturing ~**ies** 1. производственные возможности *(отраслей обрабатывающей промышленности)* 2. производственная база
operational ~ работоспособность; пригодность для эксплуатации

performance ~ 1. техническая характеристика **2.** потенциальная производительность
power transfer ~ пропускная способность
production ~ies производственные возможности
quality ~ возможность обеспечения качества продукции
repair ~ ремонтоспособность

capable способный
~ of improvement поддающийся усовершенствованию
pilot ~ способный к экспериментированию *(о работнике)*

capacit/y 1. способность **2.** паспортная [техническая] мощность; допустимая нагрузка *(машины)*; (номинальная) производительность; выработка; номинальная мощность; производственная мощность; производственные возможности **3.** *трансп.* пропускная способность **4.** ёмкость; вместимость; объём; грузовместимость *(напр. судна)* **5.** компетенция; должность □ **at (full) ~** на полную мощность; **~ available 1.** наличная производственная мощность; наличные производственные возможности **2.** «принимаем заказы на изготовление...», «сдаём в аренду» *(в рекламных объявлениях)*; **~ for labor [for work]** работоспособность; **~ in service** действующая производственная мощность; **in the ~ of** в качестве; **to be packed to ~** быть переполненным; **~ to pay debt** способность погасить долг; платёжеспособность; **~ under normal operations** возможный объём производства при нормальных условиях работы; производственные возможности при нормальных условиях работы
~ of market ёмкость рынка
active reservoir ~ используемая ёмкость водохранилища
average plant ~ *см.* **normal plant capacity**
basic ~ производственная мощность базовых отраслей (промышленности)
bunker ~ вместимость бункеров; ёмкость угольных ям; ёмкость топливных цистерн
business ~ степень устойчивости *или* надёжности делового предприятия
cargo-carrying ~ грузовместимость *(транспортного средства)*; грузоподъёмность
carrying ~ 1. *см.* **cargo-carrying capacity 2.** пропускная способность **3.** кормовая продуктивность *(пастбища)* **4.** *см.* **population carrying capacity**
channel ~ *ТМО* пропускная способность канала *(обслуживания)*
competitive ~ of enterprises конкурентоспособность предприятий
consuming ~ потребление
conveying ~ производительность конвейера
cubic(al) ~ объёмная вместимость *(железнодорожного вагона)*
delivery ~ пропускная способность
dependable ~ рабочая мощность; обеспеченная мощность *(гидроэлектростанции)*
designed ~ 1. проектная (производственная) мощность **2.** производительность согласно технической характеристике
discharge ~ пропускная способность
earning ~ *см.* **personal earning capacity**
economic ~ производственные возможности экономических объектов *(предприятий любого типа)*; общие производственные возможности
effective ~ 1. фактический объём производства **2.** практически достижимый объём производства
egg-laying ~ *с.-х.* яйценоскость
excess ~ избыточная [неиспользуемая] производственная мощность, резерв производственной мощности *(предприятия)*
expected actual [expected annual] ~ *бухг.* ожидаемый годовой объём производства *(как база для распределения постоянных издержек)*; ожидаемая годовая производительность
farm equipment unit ~ удельная мощность сельскохозяйственных машин
feeding ~ *с.-х.* способность к кормоиспользованию [к откорму]
field ~ *с.-х.* производительность поля
gas ~ объём добычи газа
generating ~ 1. энергетическая мощность **2.** генерирующая база, электростанция
generator ~ мощность генератора; установленная мощность генератора
grazing ~ *с.х.* производительность пастбища
gross ~ брутто-установленная мощность, полная генерирующая мощность *(электростанций)*
gross margin ~ies *амер.* резервные и ремонтные мощности *(электростанций)*
idle (plant) ~ см. **excess capacity**
industrial ~ производственная мощность отрасли промышленности
inefficient ~ экономически малоэффективная производственная мощность
intake ~ приёмная пропускная способность
labor ~ производительность труда
machine ~ производительность (технологического) оборудования; производственная мощность объекта (технологического) оборудования
manufacturing ~ производственная мощность (отраслей обрабатывающей промышленности)
marked ~ паспортная грузоподъёмность; указанная *(маркировочными знаками)* грузоподъёмность
maximum physical ~ паспортная максимальная производительность *(оборудования)*; производственная мощность, рассчитанная по данным производительности оборудования
maximum plant ~ максимальная производственная мощность предприятия
mechanical ~ производственная мощность, рассчитанная по данным производительности оборудования; (расчётная) производительность наличных средств труда
milking ~ *с.-х.* молочность

national ~ производственные возможности страны в целом
net ~ 1. чистая грузоподъёмность 2. чистая мощность
normal ~ 1. производительность при нормальных условиях 2. *бухг.* ожидаемый средний объём производства за ряд лет *(как база для распределения постоянных издержек)*
normal plant ~ нормальные [обычные] производственные возможности предприятия *(соответствующие среднему долговременному уровню спроса)*
operating ~ действующая производственная мощность, действующий объект
out-of-date ~ устаревшие производственные фонды
output ~ производительность
paying ~ платёжеспособность
payload ~ полезная грузоподъёмность; чистая грузоподъёмность; чистая грузовместимость
peak(ing) ~ 1. максимальная производственная возможность 2. максимальная пропускная способность 3. пиковая мощность
personal earning ~ потенциальный доход индивидуумов
plant ~ производственная мощность предприятия
plough ~ 1. производительность *(орудия)* на вспашке 2. пахотоспособность *(почвы)*
population carrying ~ потенциальная заселённость, потенциальная численность населения
practical ~ практическая производственная мощность
producing ~ производительная способность; производственная мощность
production ~ производственная мощность; производственные возможности
productive ~ 1. *см.* **production capacity** 2. *с.-х.* продуктивная способность
purchasing ~ покупательная способность
rated ~ 1. паспортная [расчётная] производительность 2. номинальная мощность
raw material ~ производственная мощность добывающих отраслей промышленности
readily convertible ~**ies** легко перестраиваемые производственные мощности *(на новые виды продукции)*
redundant ~ *см.* **excess capacity**
reserve ~ резервная мощность
reservoir ~ ёмкость водохранилища
saturation ~ способность *(рынка)* к насыщению
scheduled ~ плановая производительность
service ~ производительная способность *(единицы оборудования за установленный период времени)*
shopping ~ *англ.* общая площадь (розничных) магазинов *(по всей стране)*
spare ~ запасная резервная мощность
specific ~ удельная производительность
standard ~ номинальная производительность
surviving ~ сохранившаяся *(после военных действий или стихийного бедствия,* производственная мощность
system ~ 1. производительность системы 2. пропускная способность системы
taxable ~ налогоспособность
terminal ~ терминальная пропускная способность *(оросительного канала)*; пропускная способность терминала *(напр. транспортного)*
theoretical ~ теоретическая производственная мощность *(отличается от номинальной вычетом числа нерабочих дней в году)*
throughput ~ пропускная способность *(напр. трубопровода)*
transfer [transmission] ~ пропускная способность линии электропередач
warehousing ~ вместимость складских помещений
water ~ влагоёмкость
water-holding ~ водоудерживающая способность
year-end ~ производственная мощность на конец года
yielding ~ 1. производительность 2. урожайность; выход сельскохозяйственной продукции

capital 1. капитал; фонды 2. столица 3. капитальный, основной, главный; самый важный □ ~ **recovered** окупившиеся капиталовложения; **to endow with** ~ обеспечивать капиталом; **to furnish the** ~ предоставить капитал; **to invest** ~ вкладывать [инвестировать] капитал; **to keep** ~ **intact** сохранить величину капитала неизменной; **to live on** ~ жить на капитал; **to make holes in the** ~ расходовать капитал; **to mobilize** ~ превращать капитал в ликвидную форму; **to raise** ~ добывать капитал; **to tie** ~ закреплять капитал; **to withdraw** ~ изымать капитал
~ **of a company** акционерный капитал компании
~ **of higher composition** капитал высшего строения
~ **of lower composition** капитал низшего строения
advanced ~ авансированный капитал
aggregate ~ совокупный капитал
applied ~ применяемый [используемый] капитал
authorized ~ *см.* **nominal capital**
available ~ ликвидный капитал
banking ~ банковский капитал
bond ~ капитал, полученный при размещении облигационного займа
borrowed ~ заёмный капитал
business ~ капитал предприятий
callable ~ 1. капитал, могущий быть востребованным 2. гарантийная часть уставного капитала
commercial ~ торговый капитал
constant ~ постоянный капитал
core ~ основная часть собственных средств
creditor ~ *см.* **bond capital**
current ~ оборотный капитал; оборотные фонды, оборотные средства

dead ~ *см.* **idle capital**
debenture ~ заёмный капитал
debt ~ привлечённый капитал
depreciated ~ капитал с учётом обесценения
disposable ~ свободный (денежный) капитал
employed ~ применяемый [используемый] капитал
endowment ~ капитал, передаваемый безвозмездно *(напр. компанией ее отделению)*
entrepreneur's ~ предпринимательский капитал
equity ~ **1.** капитал в форме акций **2.** собственный капитал
fictitious ~ фиктивный капитал
financial ~ **1.** финансовый капитал *(специфический марксистский термин)* **2.** капитал в денежной форме
fixed ~ основной капитал; основные фонды, основные средства
floating [fluid] ~ оборотный капитал
frozen ~ замороженный капитал; замороженные фонды
fully restored ~ полностью восстановленный капитал
gross working ~ валовой оборотный капитал *(равен общей сумме капитала, инвестированного в текущие активы и используемого в процессе производства)*
heterogeneous ~ гетерогенный [неоднородный] капитал *(напр. по возрастной структуре)*
highly geared ~ капитал, сформированный за счёт облигаций
homogeneous ~ гомогенный [однородный] капитал *(напр. по возрастной структуре)*
human ~ человеческий капитал *(способности и трудовые навыки, приложение которых приносит доход)*
idle ~ неиспользуемый капитал; мертвый капитал
immaterial ~ *см.* **intangible capital**
impaired ~ капитал, уменьшившийся из-за покрытия убытков
intangible ~ нематериальный капитал, неосязаемые средства *(напр. репутация фирмы)*
interest-bearing ~ капитал, приносящий проценты; ссудный капитал
issued ~ выпущенный акционерный капитал
laid-down ~ вложенный капитал
liquid ~ капитал в ликвидной форме
loan ~ **1.** заёмный капитал; капитал, полученный в форме кредита **2.** ссудный капитал
locked-up ~ инвестированный на долгий срок капитал
low geared ~ капитал, сформированный за счёт акций
lucrative ~ капитал в форме ценных бумаг *(акций, облигаций, закладных)* и денежных средств
malleable ~ гибкий капитал *(т.е. легко поддающийся замещению)*
merchant's [mercantile] ~ торговый капитал
money(ed) ~ денежный капитал
moneylender's ~ ростовщический капитал
monopoly ~ монополистический капитал
net working ~ **1.** чистый оборотный капитал *(равен разнице между текущими активами и пассивами)* **2.** наличные денежные средства для текущей деятельности
nominal ~ разрешённый к выпуску акционерный капитал *(по номинальной стоимости)*
nonmalleable ~ *см.* **unmalleable capital**
nonshiftable ~ закреплённый капитал *(не поддающийся перемещению в другие отрасли)*
nonwage ~ *см.* **constant capital**
original ~ первоначальный капитал
outside venture ~ «внешний» [новый] акционерный капитал *(привлекаемый в результате выпуска дополнительных акций)*
ownership ~ собственный [уставный] капитал *(компании)*
paid-in [paid-up] ~ оплаченная часть акционерного капитала
physical ~ капитал в форме материальных активов; физический капитал
physical ~ **of households** *см.* **tangible capital of households**
property ~ капитал в форме титулов собственности *(напр. акций)*
public dividend ~ *англ.* государственный акционерный капитал
real ~ реальный капитал *(выраженный в постоянных ценах)*
refugee ~ капитал, утекающий за границу
registered ~ *см.* **nominal capital**
rent-paying ~ капитал, приносящий ренту
risk ~ *см.* **venture capital 1., 2.**
security ~ капитал, вложенный с минимальным риском *(напр. заём с надёжным обеспечением)*
seed ~ венчурный [рисковый] капитал на самой ранней стадии проекта
share ~ акционерный капитал
social overhead ~ капитал, вложенный в инфраструктуру *(в транспорт, предприятия общественного пользования, коммунальные услуги)*
spare ~ свободный капитал
stated ~ объявленный капитал
stock ~ акционерный капитал
subscribed ~ выпущенный по подписке акционерный капитал
sunk ~ амортизированный основной капитал, капитал с полностью списанной стоимостью *(и выплаченными на него процентами)*
tangible ~ **of households** капитал в форме материальных активов в домашнем хозяйстве; фонды предметов потребления длительного пользования в домашнем хозяйстве
tax-sheltered ~ скрытый от налогов капитал

tenant's ~ (собственный) капитал арендатора
trading ~ торговый капитал
uncalled ~ невостребованный капитал *(по выпущенным акциям)*
unemployed ~ неиспользуемый капитал; капитал, не приносящий дохода
unissued ~ невыпущенный акционерный капитал
unmalleable ~ негибкий капитал *(т.е. трудно поддающийся замещению)*
unpaid ~ неоплаченная часть акционерного капитала
unproductive ~ непроизводительный капитал; капитал, не приносящий дохода
usury ~ ростовщический капитал
variable ~ переменный капитал
venture ~ 1. вложение капитала с риском *(напр. в ценные бумаги со значительным колебанием курсов)* 2. спекулятивный капитал 3. венчурный [рисковый] капитал; капитал, вложенный *или* вкладываемый в новое предприятие, связанное с риском *(в том числе в разработки и организацию производства нового продукта)*
vested ~ инвестированный капитал
vintage ~ капитал, исчисленный с учётом различных возрастных групп основных фондов
volatile ~ *см.* **yield-sensitive capital**
wage ~ 1. переменный капитал 2. капитал, затрачиваемый на оплату рабочей силы
watered ~ разводнённый акционерный капитал
working ~ 1. *см.* **current capital** 2. текущие активы
yield-sensitive ~ «горячие деньги» *(краткосрочный капитал)*

capital-intensive капиталоёмкий; фондоёмкий

capitalism капитализм
advancing ~ развивающийся капитализм
collective ~ корпоративный капитализм
competitive ~ капитализм эпохи свободной конкуренции
industrial ~ промышленно развитый капитализм
laissez-faire ~ капитализм эпохи свободной конкуренции
managerial ~ «менеджерский» капитализм *(характеризующийся особой ролью наёмных управляющих)*
monopoly ~ монополистический капитализм
people's ~ «народный капитализм» *(идея преобразования традиционного капитализма через массовое владение собственностью)*
premonopoly ~ домонополистический капитализм
state ~ государственный капитализм
state-monopoly ~ государственно-монополистический капитализм

capitalist капиталист ‖ капиталистический
aggregate ~ совокупный капиталист
investing ~ функционирующий капиталист
loaning ~ капиталист, дающий ссуду
merchant ~ торговый капиталист
renting ~ капиталист-фермер

capitalization капитализация, превращение в капитал
~ of earning power капитализация дохода *(метод оценки стоимости предприятия)*
market ~ of assets рыночная капитализация активов

capitalize капитализировать, превращать в капитал

capitation 1. *ист.* подушный налог, подушная подать; сбор, взимаемый из расчёта на одного человека 2. подушная [поголовная] перепись

captain of industry *разг.* руководитель крупной промышленной фирмы

caption:
column ~ заголовок столбца *(в таблице)*

captive находящийся под контролем фирмы другой отрасли промышленности *(напр. угольные предприятия металлургического комбината или фирмы)*

car 1. (легковой) автомобиль 2. (железнодорожный) вагон
business ~ служебный вагон *(оборудованный под конторское и жилое помещения)*
consolidated ~ прямой сборный вагон
ferry ~ 1. вагон, загруженный мелкими отправками одного грузоотправителя 2. вагон, загруженный мелкими отправками для одного грузополучателя 3. сборный (грузовой) вагон
foreign ~ вагон, не принадлежащий данной железной дороге
freight ~ товарный вагон
home ~ вагон, принадлежащий данной железной дороге, «свой вагон»
merchandise ~ сборный (грузовой) вагон *(предназначенный для мелких отправок)*
package ~ вагон для перевозки мелких отправок в составе скорого (грузового) поезда; товарно-багажный вагон
peddle(r) ~ сборно-раздаточный вагон *(груз подаётся непосредственно получателю)*
pool ~ сборный (грузовой) вагон, следующий до одной станции назначения *(перевозка мелких отправок в таком вагоне оплачивается по повагонному тарифу)*
private ~ собственный вагон *(служебного типа)*; вагон-салон
railway service ~ специальный вагон; служебный вагон
trap ~ *см.* **ferry car 2.**

carat карат *(1. единица массы драгоценных камней 2. единица измерения доли драгоценного металла в сплаве)*

card 1. карточка *(напр. учётная)* 2. карта; диаграмма 3. формуляр; ярлык 4. перфорационная карта, перфокарта □ **~ for trading stamps** карточка для наклеивания торговых марок *(получаемых в магазине при покупке определённых товаров и дающих право бесплатного приобретения товаров в этом же магазине)*
~ of accounts план счетов; перечень счетов

balance-forward ~ карта переноса остатков
cash ~ «денежная карточка» *(для получения наличных из автомата)*
cheque ~ чековая карточка *(дающая право владельцу на оплату чеков в пределах обусловленной суммы)*
clock ~ *см.* **time card 2.**
company ~ кредитная *или* дебетовая карточка, выдаваемая компанией своим служащим *(для оплаты служебных расходов)*
control ~ контрольная карта
credit ~ кредитная карточка
debit ~ дебетовая карточка *(для безналичной оплаты путём списания со счёта владельца)*
Diners club ~ *амер.* кредитная карточка, дающая право посещения ресторанов
egg record ~ карточка учёта яйценоскости
fake ~ поддельная кредитная карточка
general purpose credit ~ кредитная карточка общего назначения *(по различным видам операций)*
gold ~ первоклассная кредитная карточка
identification [identity] ~ **1.** идентификационная карточка, удостоверение личности, пропуск **2.** кредитная карточка клиента банка
instruction ~ **1.** карта рабочих операций **2.** операционная карта **3.** инструкция
issue ~ карта на выдачу *(материалов, готовых изделий)*
job ~ учётная [калькуляционная] карточка заказов
ledger ~ карточка бухгалтерского учёта
line ~ досье по банковской ссуде
litter record ~ *с.-х.* учётная карточка помёта
Master Charge ~ кредитная карточка «Мастер чардж» *(США)*
milk record ~ карточка учёта надоев молока
on-order ~ карта на сделанные заказы *(напр. на материалы)*
operation ~ **1.** технологическая карта, карта технологического процесса **2.** операционная карта
operation instruction ~ *см.* **instruction card 1.**
pattern ~ карточка образцов
perpetual inventory ~ карточка текущего учёта материальных ценностей *(на складе)*
plan-record ~ карточка учёта (элемента) основного капитала; карточка учёта основных средств
platinum ~ первоклассная кредитная карточка
previous-balance ~ карта предыдущего остатка
process ~ *см.* **operation card 1.**
proxy ~ доверенность на голосование *(на общем собрании акционеров)*
punched ~ перфокарта
ration ~ продовольственная *или* промтоварная карточка
receipt ~ приходная карта
record ~ учётная карточка
route ~ маршрутная (технологическая) карта
sample ~ карточка образцов
score ~ *с.-х.* бонитировочная карточка
show ~ карточка образцов
signature ~ образец подписи
social security ~ карточка социального обеспечения *(даёт право на пособие по безработице)*
stock (record) ~ карточка учёта запасов
stock status ~ карточка учёта состояния запасов
stocktaking ~ карточка учёта запасов
summary ~ итоговая карточка
tally ~ ярлык с названием *или* номером; этикетка
time ~ **1.** карточка табельного учёта **2.** хронометражная карта, хронокарта
time-clock ~ *см.* **time card 2.**
timekeeping ~ *см.* **time card 1.**
usage record ~ карточка учёта эксплуатации
work ~ рабочий наряд
work record ~ трудовая книжка

care уход; содержание ‖ заботиться
~ **of securities** хранение ценных бумаг
maternity ~ социальное обеспечение материнства *(включая отпуск по беременности)*
medical ~ медицинское обслуживание; здравоохранение

career карьера; род деятельности, служба

careful точный *(напр. о расчёте)*

caretaker **1.** опекун **2.** смотритель здания

cargo (перевозимый) груз
bulk ~ насыпной *или* наливной груз
deck ~ палубный груз
homeward ~ обратный груз
homogeneous ~ *см.* **uniform cargo**
inward ~ импортный груз
mixed ~ смешанный груз
outward ~ экспортный груз
return ~ обратный груз
uniform ~ однородный груз
way ~ попутный груз

carload **1.** вагонная партия груза **2.** масса груза, оплачиваемая по грузовому тарифу □ **less than** ~ партия груза меньшая, чем грузовместимость вагона

carriage **1.** транспорт; перевозка, транспортировка **2.** пассажирский вагон **3.** стоимость перевозки; затраты на перевозку □ ~ **by rail** железнодорожная перевозка; ~ **by sea** морская перевозка; ~ **forward** *англ.* за перевозку не уплачено; стоимость перевозки подлежит уплате получателем; ~ **inwards** привоз [транспортировка] к предприятию; ввоз; ~ **outwards** отвоз [транспортировка] от предприятия; вывоз; ~ **paid** провоз оплачен, за перевозку уплачено
air cargo ~ грузовые авиаперевозки
cargo ~ перевозка грузов
non-Warsaw ~ перевозка грузов, не подпадающих под действие Варшавской конвенции о международных воздушных перевозках *(1929 г.)*
Warsaw ~ перевозка грузов, подпадающих под действие Варшавской конвенции

о международных воздушных перевозках *(1929 г.)*

carrier 1. транспортное общество; транспортное агентство 2. транспортная линия 3. транспортное судно

~ of freight 1. компания грузового транспорта 2. *pl* грузовой транспорт *(всех видов)*

~ of property *амер.* перевозчик грузов; компания грузовых перевозок [грузового транспорта]

air ~ 1. авиационная компания, авиакомпания 2. линия воздушного транспорта, авиалиния 3. *pl* воздушный транспорт

air common ~ 1. компания воздушного транспорта общего пользования 2. линия воздушного транспорта общего пользования

all-cargo ~ компания грузовых перевозок; компания воздушных перевозок грузов

Atlantic coastwise (and inland) water ~s *амер.* транспортные компании Атлантического побережья и прилегающих внутренних водных путей сообщения

cargo ~ грузовое судно

certified ~ транспортная компания, имеющая «Свидетельство общественной полезности и необходимости»

certified route air ~ 1. авиакомпания, имеющая «Свидетельство общественной полезности и необходимости» 2. регулярная авиалиния

combination ~ компания, осуществляющая пассажирские и грузовые перевозки; компания грузопассажирских воздушных перевозок

common ~ 1. общественный перевозчик, транспортная организация общего пользования 2. компания регулярного судоходства

connecting ~ компания, эксплуатирующая передаточную транспортную линию *или* линию, примыкающую к магистрали; компания собирательных и распределительных транспортных линий *(железнодорожных, воздушных)*

contract ~ зафрахтованное *или* трамповое судно

crude ~ нефтеналивное судно *(для перевозки сырой нефти)*, танкер

delivering ~ дорога назначения; линия автоперевозок, выдающая груз получателю

established ~ транспортная компания, действующая в течение ряда лет

foreign-flag air ~ авиакомпания, действующая под чужим флагом

for-hire motor ~ компания автомобильных перевозок по найму; компания прокатного автотранспорта

Great Lakes system water ~s транспортные организации системы Великих Озёр *(включая реку Святого Лаврентия и Нью-Йоркский грузовой канал)*

helicopter ~ 1. вертолётная транспортная компания 2. вертолётная линия

highway ~ компания автодорожных перевозок; компания междугородного автотранспорта

industrial ~ транспортная организация, принадлежащая промышленной компании

initial ~ дорога [линия] отправления *(на которую груз сдаётся отправителем)*

inland ~ компания внутренних перевозок

insurance ~ страховая компания

interlining ~ *см.* **connecting carrier**

intermediate ~ 1. транспортная компания транзитного сообщения 2. транзитная железная дорога; транзитная транспортная линия

interstate ~ компания межштатных сообщений; компания межштатных перевозок

intrastate ~ внутриштатная транспортная компания, транспортная компания, действующая в пределах одного штата

issuing ~ транспортная организация, публикующая условия перевозки *(тариф, перечень принимаемых к перевозке грузов)*

line-haul ~ 1. линейная транспортная организация 2. магистральная железная дорога

local service ~ *см.* **short-haul carrier**

motor ~ 1. автотранспортная компания, компания автомобильных перевозок 2. автотранспортная линия

noncertified ~ транспортная компания, не имеющая «Свидетельства общественной полезности и необходимости»

oil ~ *см.* **crude carrier**

Pacific coastwise water ~s транспортные организации Тихоокеанского побережья и прилегающих внутренних водных путей сообщения

pipeline ~ компания трубопроводного транспорта; компания нефтепроводного транспорта

private ~ 1. частная транспортная организация 2. частная транспортная линия

public ~ *см.* **common carrier 1.**

rail ~ 1. железнодорожная компания 2. железная дорога

regional ~s *амер.* региональные компании воздушного транспорта *(восемь меньших из одиннадцати крупнейших авиакомпаний)*

regulated ~ транспортная компания, получившая разрешение регулирующего государственного органа на перевозки *(в мобилизационных условиях)*

route air ~ *см.* **certified route air carrier**

scheduled domestic ~ 1. компания, эксплуатирующая внутреннюю регулярную авиалинию 2. внутренняя регулярная авиалиния

short-haul ~ компания местных перевозок

single-market ~ транспортная компания, обслуживающая одну пару населённых пунктов

supplemental ~ 1. компания, обслуживающая нерегулярные линии 2. вспомогательная линия транспорта; передаточная (авиа)линия; собирательная (*или* распределительная) линия

surface ~ компания наземного транспорта

terminal ~ транспортная линия назначения

timber ~ лесовоз
trunk line ~ компания, эксплуатирующая магистральную транспортную линию
water common ~ компания водного транспорта общего пользования
carry 1. перевозка ‖ везти, перевозить 2. нести, носить 3. приносить *(напр. доход)* 4. *амер.* иметь в продаже; торговать 5. *бирж.* удерживать товар *(до уплаты покупателем его стоимости)* 6. хранить, иметь в наличии *(ценные бумаги)* □ **to ~ an insurance** быть застрахованным; **to ~ as asset** заносить на активную сторону баланса; **to ~ as liability** заносить на пассивную сторону баланса; **to ~ forward** *см.* **to carry over 2.**; **to ~ out** выполнять *(напр. план)*; **to ~ over** 1. пролонгировать, отсрочивать 2. *бухг.* переносить на другую страницу; делать перенос (сальдо) на другой счёт 3. переносить *(в качестве запаса)*; **to ~ over a transaction** *бирж.* отсрочить сделку *(перенести окончательный расчёт)*; **to ~ through** доводить до конца, осуществлять; **to ~ to the reserve fund** переводить в резервный фонд
negative ~ издержки держания актива превышают доход от него
carry-back зачёт потерь при уплате налога за прошлый период *(налоговая скидка)*
carry-forward *бухг.* 1. перенос, пролонгация 2. зачёт потерь при уплате налогов за будущий период
carry-over 1. переходящий остаток 2. переходящий запас 3. стоимость предстоящих работ *(для завершения строительства в следующем году)* 4. *бухг.* транспорт, перенос 5. *бирж.* репо́рт *(отсрочка сделки)*
cart:
shopping ~ тележка для отбора товаров в магазине самообслуживания
cartage 1. перевозка безрельсовым транспортом *(обычно в черте города)* 2. плата за перевозку безрельсовым транспортом *(обычно в черте города)*
cartalism картализм *(номиналистическая теория денег)*
cartel картель
bidding ~ *см.* **tender cartel**
compulsory 1. принудительный картель *(создаваемый государством)* 2. картель, предусматривающий санкции за нарушение картельных соглашений
price ~ ценовой картель
recession ~ картель, действующий в период экономического кризиса *(с целью поддержания цен и ограничения объёма производства)*
tender ~ картель по распределению государственных заказов среди фирм-участников
voluntary ~ картель, не предусматривающий санкций за нарушение картельных соглашений
cartelization объединение в картель, создание картеля
cartelize объединять в картель, создавать картель
carting *см.* **cartage**

cartwheel *разг.* американский серебряный доллар
carve □ **to ~ out** 1. отхватывать *(напр. значительную часть рынка)*; урывать 2. выделять *(часть имущества)*
case 1. случай; обстоятельство; дело 2. хозяйственная ситуация, разработанная и применяемая для тренировки управляющих 3. аргументы, доводы 4. судебное дело □ **~ for wage claims** аргументы в пользу требования повышения заработной платы; **in ~ of need** 1. в случае необходимости 2. в случае отказа от оплаты векселя *или* от принятия грузовых документов; **the ~ against** аргумент против; **the ~ for** аргумент за; аргумент в пользу
display ~s витрины для выставки товаров
portable display ~s переносные витрины для выставки товаров
route ~ *амер.* вопрос об открытии нового транспортного маршрута
worst ~ наихудший случай; наиболее неблагоприятный вариант *(напр. при анализе)*
cash 1. наличные деньги; кассовая наличность; монеты и бумажные деньги *(иногда чеки и векселя, по которым наступил срок платежа)* ‖ получать наличные *(по денежному документу)* ‖ наличный; кассовый 2. продать, реализовать □ **~ against shipping documents** наличными против грузовых документов; **~ at bank** банковская наличность; **by ~** наличными; **~ down** за наличный расчёт; **for ~** за наличные; **3% for ~** скидка с цены 3% при уплате наличными; **~ in hand** денежная наличность в кассе, кассовая наличность; **~ on delivery** наложенный платёж, уплата при доставке; **out of ~** без наличных денег; **pay ~** платите наличными; **payable in ~** с оплатой наличными; **readily convertible into ~** свободно обращаемый в наличные деньги; **to ~ a bill** получать деньги по векселю; **to ~ a letter of credit** получать деньги по аккредитиву; **to shift into ~** «переключиться» на накапливание наличности *(вместо покупки облигаций)*; **when in ~** при поступлении наличности в кассу; **~ with order** наличный расчёт при выдаче заказа
counter ~ *см.* **till cash**
hard ~ звонкая монета
idle ~ временно свободные средства
incoming ~ деньги, поступающие в кассу
loose ~ *см.* **petty cash**
net ~ чистый платёж наличными *(без скидки)*
outcoming ~ деньги, выплачиваемые из кассы
petty ~ мелкие деньги, разменная монета
prompt ~ немедленный платёж наличными
readily available ~ активы, быстро превращаемые в наличные денежные активы
ready ~ наличные деньги, наличный расчёт
reserve ~ резервная наличность

spare ~ свободная наличность, запас наличных денег
spot ~ немедленная оплата наличными
temporarily redundant ~ временно свободные деньги
till ~ наличность в кассе *(банка)*
vault ~ наличность в расходной кассе
cashable реализуемый, могущий быть реализованным
cash-and-carry продажа за наличный расчёт без доставки покупок на дом
cashbook *бухг.* кассовая книга
cashbox ящик для денег, сейф
cashier кассир *(1. работник кассы 2. высший административный пост в американском банке)*
assistant ~ помощник кассира *(банковская должность)*
paying ~ кассир расходной кассы
receiving ~ кассир приходной кассы
cashing размен; получение денег; инкассирование
~ **of check** получение по чеку наличных денег
cashkeeper кассир
cashkeeping ведение денежного хозяйства
cashless безденежный, безналичный
cash-out нехватка [отсутствие] наличных денег
cash-rich располагающий большой наличностью
cast подводить итог, подсчитывать □ **to ~ interest** начислять проценты; **to ~ the balance** выводить сальдо; **to ~ the total** подводить итог; **to ~ up** суммировать, подсчитывать
casual *разг.* временный *или* подённый рабочий
casualty 1. несчастный случай, авария 2. вынужденно забитое животное *(раньше срока из-за несчастного случая)*
sure-fire ~ *разг.* верный кандидат в банкроты
catalog(ue) каталог; перечень; список ‖ вносить в каталог [в список]
classified ~ систематический указатель
trade ~ перечень [сборник] тарифов
catch удачная операция, выигрыш □ **no** ~ невыгодное дело; **to ~ up with** догонять, приближаться к *какому-л.* уровню *(в экономическом соревновании)*
categorize распределять по категориям; классифицировать; устанавливать категорию
category категория; разряд; класс
activity ~ вид деятельности
birthplace ~ совокупность лиц, родившихся в одном месте
catchall ~ категория «общей корзины», позиция «прочие» *(напр. в перечне различных видов продукции)*
customer ~ *ТМО* категория клиентов
item ~ категория изделия
job ~ характер работы
occupational ~ профессиональная группа
social status ~ социальная группа
stock ~ вид запасов
wage ~ тарифный разряд

cater ориентироваться *(напр. на местный рынок)*; поставлять продукцию; обслуживать □ **to ~ for** обслуживать; **to ~ for a mass demand** *англ.* поставлять товары, удовлетворяющие массовый спрос; **to ~ to** стараться угодить, приспосабливаться *(к вкусам, запросам потребителей)*
caterer *амер.* ресторан, доставляющий готовые блюда на дом *или* на предприятие *(по договору)*
catering общественное питание
public ~ система общественного питания
cats and dogs *разг. бирж.* сомнительные ценные бумаги, не могущие служить обеспечением ссуды
cattle крупный рогатый скот
cattleman пастух; скотник
causation причинность; причинная обусловленность
cause 1. причина; основание ‖ причинять 2. дело 3. судебное дело; процесс
~ **of action** основание для предъявления иска
assignable ~ of variation определимая причина изменчивости
associated ~ of death второстепенная причина смерти
contributory ~ of death второстепенная причина смерти
immediate ~ of death непосредственная причина смерти
invalidating ~ достаточное основание для иска
joint [multiple] ~s of death сочетание нескольких причин смерти
primary [principal] ~ of death основная причина смерти
causing □ **~ an insured loss deliberately** умышленное действие, вызвавшее страховой случай
caution 1. осторожность; осмотрительность; предосторожность ‖ предостерегать 2. заклад, залог, ручательство 3. предупреждение
caveat emptor *лат.* «пусть покупатель будет осмотрителен»
cede уступать, передавать *(право)*
cedent цедент, тот, кто уступает право
ceiling 1. потолок, предел повышения; максимальный уровень; ограничение сверху, максимальная цена *(установленная властями)* 2. *мат.* максимум, предел, верхнее значение □ **to hit the ~** приближаться к потолку роста *(к полному использованию производственных ресурсов)*; **to impose ~** вводить ограничение *(напр. на рост цен)*
credit ~ потолок на банковские кредиты
current ~ текущее верхнее значение
full-employment ~ предел экономического подъёма, определяемый полной занятостью
interest rate ~ потолок процентной ставки *(выплачиваемой банком владельцам депозитных счетов)*
lending ~ потолок [предельный размер] ссуды
operating [operational] ~ практическое верхнее значение

price ~ потолок цен, установленный предел для повышения цен
production ~ потолок объёма производства *(обусловленный наличными ресурсами капитала и рабочей силы)*
public debt ~ законодательно установленная максимальная величина правительственной задолженности
rate-of-return ~ потолок нормы прибыли
retail price ~ потолок розничных цен, установленный предел для повышения розничных цен
velocity ~ предел скорости *(обращения денег)*

celibacy безбрачие, целибат
celibatarian холостяк ‖ холостой
celibate 1. безбрачие, целибат 2. холостяк ‖ холостой
cellarman *амер.* заведующий подсобным складом *(в супермаркете)*
censoring *стат.* цензурирование; усечение □ ~ **from above** цензурирование сверху; ~ **from below** цензурирование снизу; ~ **in sampling** цензурирование выборки
left ~ цензурирование слева
progressive ~ последовательное цензурирование
right ~ цензурирование справа
simple ~ однократное цензурирование
symmetric(al) ~ симметричное цензурирование
two-sided ~ двустороннее цензурирование
censorship *стат.* цензурирование; усечение
census перепись; ценз □ **to take the** ~ проводить перепись *(населения)*
~ **of business** перепись предприятий торговли и сферы услуг
~ **of distribution and other services** *англ.* перепись предприятий торговли и бытового обслуживания
~ **of housing** перепись жилищного фонда
~ **of manufactures** перепись обрабатывающих отраслей промышленности
agricultural ~ сельскохозяйственная перепись
complete ~ полная перепись
compulsory ~ обязательная перепись
computerized ~ перепись населения с применением вычислительной техники
decennial ~ перепись, проводимая с десятилетними интервалами
de facto ~ учёт в переписи наличного населения
de jure ~ учёт в переписи постоянного населения
economic ~ экономическая перепись *(промышленности, торговли и обслуживания)*
family ~ перепись семей
fertility ~ обследование плодовитости
general ~ всеобщая перепись
incomplete ~ неполное [незавершённое] обследование; неполная перепись
mail-back [mail-out] ~ перепись населения, проводимая по почте
minerals ~ перепись добывающих отраслей промышленности
nation(wide) ~ всеобщая перепись населения
partial ~ частичная перепись; специальная перепись; выборочная перепись
pilot ~ пробная перепись; контрольная перепись
population ~ перепись населения
quinquennial ~ перепись, проводимая каждые пять лет
sample ~ выборочная перепись
self-enumeration ~ перепись населения, проводимая способом самоисчисления
census-paper формуляр переписи, переписной лист
Center:
Bank Giro Clearing ~ расчётный центр банковской системы жиросчетов
Defense Personnel Support ~ Управление по закупкам продовольствия, вещевого имущества и медикаментов *(для личного состава вооружённых сил США)*
Demographic Training and Research ~ Центр демографической подготовки и исследований *(Индия)*
Federal Contract Research ~ Федеральный центр научных исследований, выполняемых по контрактам *(США)*
Federally Funded Research and Development ~ Центр научно-исследовательских и опытно-конструкторских работ, финансируемых федеральным правительством *(США)*
International Marketing ~ Международный центр по сбыту, СИКОМ
National Emergency Transportation ~ Центральное национальное управление мобилизационных перевозок *(США)*
National Opinion Research ~ Национальный центр изучения общественного мнения *(США)*
National Resource Evaluation ~ Национальный центр по оценке ресурсов *(США)*
Regional Emergency Transportation ~ Региональное управление мобилизационных перевозок *(США)*
center 1. центр, сосредоточение ‖ сосредоточивать, концентрировать 2. центр; бюро; учреждение
~ **of gravity** центр притяжения *(напр. в пределах города или района)*
~ **of population** населённый пункт
assessment ~ *амер.* оценочный центр *(пункт с группой арбитров, решающих вопрос о профессиональной пригодности кандидатов)*
authorization ~ **in a bank** центр по идентификации владельцев кредитных карточек и выяснению их кредитоспособности
business ~ деловой центр
child health [child welfare] ~ детская консультация
consultation ~ (женская и детская) консультация
cost ~ учётно-калькуляционное подразделение *(напр. цеховое)*; бюро калькуляций; калькуляционный отдел
data-processing [data-reduction] ~ центр обработки данных

decision-making ~ орган, принимающий решения
design ~ конструкторское бюро, КБ
development ~ организация-разработчик
distribution ~ оптовая база, распределительный центр
giro ~ центр жирорасчётов
government disbursing ~ правительственное учреждение, осуществляющее расходование средств государственного бюджета
identified ~ **of control** установленный центр контроля *(над компанией)*
industrial extension ~ центр производственно-технической помощи; центр содействия развитию промышленности
innovation ~ центр разработки новых изделий
machinecost ~ группа [подразделение] калькуляции затрат механического цеха
management ~ центр подготовки управляющих
money trading ~ **of bank** отдел, регулирующий инвестирование банковских капиталов
neighborhood shopping ~ *амер.* 1. торговый центр с несколькими предприятиями розничной торговли и бытового обслуживания 2. второстепенный (районный) торговый центр
nonidentified ~ **of control** неустановленный центр контроля *(над компанией)*
offshore financial ~ офшорный финансовый центр *(обычно заграничный по отношению к ведущим странам; предоставляет льготный налоговый режим)*
out-of-town shopping ~ торговый центр, расположенный за пределами города
population ~ центр сосредоточения населения
production ~ 1. производственный участок 2. группа производственного оборудования
production-and-training ~ производственный консультативно-исследовательский центр
productivity ~ консультативно-исследовательский центр по вопросам производительности труда и эффективности производства
profit ~ структурное подразделение, результаты деятельности которого измеряются полученной прибылью
profit-and-loss ~ отделение *(напр. фирмы)* на самостоятельном хозрасчёте
redemption ~ магазин по обмену торговых марок на товар
research-and-development ~ 1. научно-исследовательский центр 2. научно-исследовательский и опытно-конструкторский институт
retail ~ центр розничной торговли
semiurban ~ посёлок городского типа
shopping ~ торговый центр
suburban shopping ~ *см.* **out-of-town shopping center**
switching ~ передающая станция *(в системе телетайпной связи)*
trading ~ место сосредоточения магазинов *(в отличие от торгового центра)*
training ~ центр профессиональной подготовки

centile *стат.* проценталь
central центральный
centralism централизм
centralization централизация; сосредоточение *(напр. руководства)*
~ **of management** централизация управления
centralize централизовать, концентрировать; сосредоточивать
centralized централизованный
centre *см.* **center**
centum единица срочных сделок с золотом в размере 100 тройских унций
century *жарг.* 100 долларов
cereal 1. хлебный злак 2. *pl* зерновые хлеба 3. *pl амер.* изделия из дроблёного зерна
autumn sown ~ озимая зерновая культура
spring sown ~ яровая зерновая культура
winter ~**s** озимые хлеба
certain 1. достоверный 2. определённый; некоторый; известный
almost ~ почти достоверный
certainty достоверность
certificate 1. удостоверение, свидетельство, сертификат ‖ выдавать удостоверение 2. акт 3. (школьный) аттестат; диплом
~ **of accounts** аудиторский сертификат *(удостоверяющий правильность опубликованного баланса фирмы)*
~ **of allotment** документ о распределении *(напр. ценных бумаг)*
~ **of annulment** свидетельство о расторжении брака
~ **of approval** *англ.* официальное одобрение *или* разрешение
~ **of authority** документ, удостоверяющий *какое-л.* право
~ **of authorship** авторское свидетельство
~ **of availability** справка о наличии замены для увольняющегося рабочего *(в период военного положения)*
~ **of beneficial interest** сертификат, удостоверяющий долю владельца в активах *или* доходах фирмы
~ **of compliance** рекламация; рекламационный акт
~ **of convenience and necessity** *см.* **certificate of public convenience and necessity**
~ **of damage** свидетельство о повреждении товара
~ **of deposit** депозитный [вкладной] сертификат
~ **of eligibility** документ, подтверждающий приемлемость *(напр. переучёта)*
~ **of employment** служебное удостоверение
~ **of existence** справка о том, что застрахованный жив
~ **of fair wear-and-tear** акт об износе, акт о списании агрегата *или* машины в результате износа
~ **of fitness** удостоверение о пригодности к эксплуатации

~ of health свидетельство о здоровье
~ of hypothecation залоговое письмо
~ of incorporation разрешение (государственного органа) на создание корпорации
~ of indebtedness 1. сертификат задолженности **2.** краткосрочный вексель *(необеспеченный)*
~ of inspection свидетельство об осмотре судна
~ of insurance страховое свидетельство
~ of naturalization свидетельство о натурализации
~ of necessity *амер.* «Свидетельство общественной необходимости» *(включает разрешение на применение ускоренной амортизации и налоговых льгот в интересах национальной обороны во время чрезвычайного положения в стране)*
~ of origin свидетельство о происхождении *(напр. груза)*
~ of public convenience and necessity *амер.* «Свидетельство общественной полезности и необходимости»
~ of quality сертификат о качестве
~ of registry судовой патент
~ of seaworthiness сертификат о мореходности
~ of unserviceability 1. акт о непригодности к эксплуатации **2.** акт о списании *(агрегата или машины)*
acceptance ~ приёмный акт
all savers ~ универсальный сберегательный сертификат *(особая форма сбережений, введённая в 1980 г. в США)*
assay ~ пробирное свидетельство
auditor's ~ (положительное) заключение внешнего аудитора
bearer ~ сертификат на предъявителя
birth ~ свидетельство о рождении
clearing house loan ~ расчётный сертификат, свидетельство задолженности одного члена клиринговой палаты перед другим *(используется в периоды финансовых кризисов)*
death ~ свидетельство о смерти
definitive ~ окончательный акционерный сертификат *(удостоверяющий владение акциями)*
demand ~ of deposit вкладной сертификат, оплачиваемый по требованию
discount ~ of deposit депозитный сертификат, выпускаемый с дисконтом *(ниже номинала)*
equipment trust ~ сертификат, выпускаемый траст-компанией для кредитования купли-продажи оборудования
general ~ of education *англ.* (общее) свидетельство об образовании
gold ~ золотой сертификат
grading ~ *с.-х.* сертификат сортности
insurance ~ страховое свидетельство
interim ~ временное свидетельство
inventor's ~ авторское свидетельство *(на изобретение)*
investment ~ инвестиционный сертификат *(выпускаемый банками потребительского кредита в США)*
large-denomination ~ of deposits крупный вкладной сертификат
licence ~ лицензионный паспорт
life ~ свидетельство, выдаваемое участникам группового страхования
loan ~ 1. расписка о предоставлении займа **2.** *см.* **clearing house loan certificate**
marriage ~ свидетельство о браке
mobile home ~ *амер.* ценная бумага под обеспечение ипотек на передвижные дома *(выпускается Государственной национальной ипотечной ассоциацией)*
money market ~ of deposit *амер.* вкладной сертификат с изменяющимся процентом по новым выпускам *(в зависимости от еженедельной ставки по казначейским векселям)*
mortgage ~ закладной сертификат *(разновидность облигаций, обеспеченных закладной)*
multiple ~ акционерный сертификат на несколько акций
national savings ~ *англ.* государственный сберегательный сертификат
necessity ~ *см.* **certificate of necessity**
negotiable ~ of deposit передаваемый вкладной сертификат
nominee ~ сертификат на предъявителя
participation ~s сертификаты участия *(обязательства банков или правительственных агентств о предоставлении возобновляемого кредита)*
preference share ~ *англ.* сертификат по привилегированным акциям
premarriage [prenuptial] ~ врачебное свидетельство перед вступлением в брак
protest ~ документ об опротестовании векселя
receiver's ~s обязательства, выпускаемые ликвидатором обанкротившейся компании для пополнения оборотного капитала *(по решению суда)*
registered ~ именной сертификат
savings ~ 1. сберегательный сертификат *(один из видов правительственных ценных бумаг)* **2.** *pl* депозитные сертификаты *(выпускаемые на мелкие суммы)*
share ~ *англ.* акционерный сертификат *(удостоверяющий право владельца на часть капитала компании)*; свидетельство на акцию
shipper's ~ транзитный сертификат; транзитная заявка *(заявка на вывоз груза с промежуточной станции с оплатой перевозки по сквозному тарифу)*
silver ~ серебряный сертификат *(денежный билет, обеспеченный серебром)*
small savers ~ мелкий сберегательный сертификат
stock ~ *см.* **share certificate**
stock trust ~ акционерный доверительный сертификат *(при передаче акций в доверительное управление)*
subunit ~ *англ.* сертификат, удостоверяющий право на долю в портфеле общего инвестиционного траст-фонда
tax ~ налоговый сертификат

tax amortization ~ *см.* **certificate of necessity**
tax reserve ~**s** налоговые резервные сертификаты
time ~ **of deposit** срочный вкладной сертификат
vendor ~ аттестация поставщика
voting trust ~ сертификат, выдаваемый при образовании голосующего траста
Yankee ~ **of deposit** долларовый депозитный сертификат, выпущенный иностранцами на рынке США

certificated дипломированный, имеющий диплом

certification 1. выдача свидетельства [удостоверения] 2. свидетельство, удостоверение, сертификат 3. акт засвидетельствования, утверждение *(напр. стандартное)* 4. *с.-х.* сертификация
~ **of calibration** поверочное свидетельство, паспорт *(прибора)*
~ **of process** акт о принятии технологического процесса
~ **of seed** сертификация семян *(сельскохозяйственных культур)*
litter ~ *с.-х.* сертификация помёта
personnel ~ аттестация персонала
power ~ указание величины мощности в технической характеристике изделия
quality ~ **of goods** аттестация качества товаров

certified 1. проверенный, гарантированный; (официально) одобренный, разрешённый 2. дипломированный *(о специалисте)*; имеющий (соответствующие) права; официально назначенный 3. кондиционный, прошедший проверку и получивший сертификат 4. «удостоверено» *(надпись или штамп на документе)*

certify 1. утверждать, разрешать *(напр. к продаже)* 2. удостоверять, заверять

cess *англ.* поземельный налог

cessation прекращение *(напр. поставок, платежей)*

cession уступка; передача; уступка требования; цессия

cessionary цессионарий, правопреемник *(лицо, которому переуступается право или собственность)*

chain 1. *амер.* сеть розничных магазинов *или* банковских филиалов цепного подчинения, «цепная» зависимость 2. цепь, последовательность *(напр. событий)* 3. чейн *(мера длины, равная 20 м)*
~ **of command** цепь инстанций *(возникающая в результате делегирования прав и ответственности на более низкие уровни организации)*
cause-effect ~ причинно-следственная цепь
continuous ~ **of endorsements** непрерывная цепь индоссаментов
contract ~ сеть розничных магазинов, объединяющихся для совместных закупок по контракту *(с оптовым предприятием)*
daisy ~ торговля между брокерами с целью создать видимость активности рынка
department store ~ сеть универмагов
full-line ~ сеть магазинов с универсальным ассортиментом
local ~ торговая сеть местного подчинения
multi-unit regional ~ региональная сеть магазинов, состоящая из многих звеньев
preference ~ *стат.* последовательность предпочтений
private brand merchandizing ~ сеть торговых предприятий одной фирмы *(напр. в США — Сиэрс, Рёбук энд компани)*
retail ~ сеть розничных магазинов *(одной фирмы)*
specialty ~ сеть специализированных магазинов
voluntary ~ 1. ассоциация оптовых торговцев, созданная в целях совместных закупок и общей рекламы 2. сеть розничных магазинов *(с единым оптовым предприятием)*

chainwide распространённый по всей сети магазинов

chairman председатель
~ **of the board** председатель совета директоров *(компании)*
deputy ~ заместитель председателя
panel ~ председатель комитета
proqram ~ руководитель программы
project ~ руководитель научно-исследовательской *или* опытно-конструкторской работы
vice ~ вице-председатель

chalk □ **to** ~ **up** выйти вперёд *(напр. в конкурентной борьбе по какому-л. определённому показателю)*

challenge 1. сложная задача, проблема ‖ ставить задачу 2. сомнение, постановка под вопрос ‖ сомневаться 3. вызов ‖ бросать вызов; оспаривать; подвергать критике □ **to face the** ~ сталкиваться с проблемой; **to issue the** ~ ставить задачу; **to meet the** ~ 1. удовлетворять требованиям; решать задачи 2. отвечать на вызов *(напр. со стороны конкурентов)*; **to offer the** ~ открывать перспективы

challenging 1. сложный 2. содержащий вызов

Chamber:
~ **of Agricultural Cooperatives** Палата сельскохозяйственных кооперативов
~ **of Commerce and Industry** Всесоюзная торгово-промышленная палата *(Российской Федерации)*
International ~ **of Commerce** Международная торговая палата
International ~ **of Shipping** Международная палата по судоходству

chamber палата; зал заседаний; судебное помещение
~ **of commerce** торговая палата
~ **of employers** палата нанимателей
mixed ~ **of commerce** смешанная торговая палата *(из представителей двух или нескольких стран)*

chance 1. вероятность; возможность 2. случай; случайность ‖ случайный
~ **of survival** вероятность дожития *(до определённого возраста)*
pure ~ чистая случайность

slight ~ малая вероятность
Chancellor of the Exchequer *англ.* министр финансов
chandler 1. *англ.* торговец свечами 2. лавочник 3. мелочной торговец
corn ~ хлеботорговец
chandlery *англ.* мелочной товар; бакалея
Change *жарг.* Лондонская фондовая биржа
change 1. перемена, сдвиг; изменение ‖ изменять(ся); менять(ся); 2. биржа 3. обмен *(напр. валюты)* ‖ обменивать 4. сдача; разменная монета ‖ разменивать, менять *(деньги)* □ ~ **in expectations** сдвиг в ожиданиях *(напр. инвестора)*; ~ **in market** изменение конъюнктуры рынка; ~ **in process** изменение технологического процесса; ~ **in process average** изменение среднего качества изделия *(при данном процессе производства)*; **to** ~ **a cheque** получать наличные деньги по чеку; **to** ~ **hands** переходить в другие руки
~ **of basis** замена опорного плана
~ **of domicile** перемена постоянного местожительства; горизонтальная мобильность населения
~ **of residence** перемена местожительства
compensated income ~ функция компенсированного дохода
contract ~ внесение изменений в договор
cumulative ~**s** накопленные изменения
cyclical ~**s** циклические колебания
design ~ изменение конструкции
endogenous ~**s** внутрисистемные изменения; внутренние изменения
engineering ~ техническое изменение; изменение конструкции
exogenous ~**s** внесистемные изменения, изменения, вносимые извне
improvement ~ изменение, направленное на улучшение
intercohort ~**s** *демогр.* изменения между когортами
intracohort ~**s** *демогр.* изменения внутри когорты
inventory ~ 1. изменение стоимости товарно-материальных запасов 2. изменение запасов готовой продукции
labor-embodied technological ~ научно-технический прогресс, воплощённый в уровне профессиональной подготовки рабочей силы
loose ~ разменная монета
major styling ~**s** существенные изменения внешнего вида *(напр. автомобилей)*
merchandising ~ изменение методов торговли
net ~ **in (business) inventory** изменение стоимости товарно-материальных запасов в ценах текущего года
occupational ~ **in a generation** изменение профессиональной структуры поколения
operational ~**s** функциональные изменения *(в экономике)*
population ~ изменение численности, состава и размещения населения; движение населения
price ~ 1. изменение цен 2. изменение курсов ценных бумаг
random ~**s** случайные изменения, случайные сдвиги *(в экономике)*
rate ~ 1. изменения нормы выработки 2. изменение (ставки) заработной платы
relative price ~**s** относительные изменения цен
secular ~**s** вековые [долговременные] изменения *(в экономике)*
small ~ мелкая разменная монета
sporadic ~**s** *см.* **random changes**
step ~ скачкообразное изменение; ступенчатое изменение
strategic ~ *мат.* изменение стратегии
structural ~**s** структурные изменения *(в экономике)*
technological ~ научно-технический прогресс
changeability 1. подвижность; гибкость; изменчивость 2. заменяемость
changeable 1. подвижный; гибкий; изменчивый 2. сменный; заменяемый
changeless неподвижный; неизменный; постоянный
change-over переход *(напр. к метрической системе единиц)*; перестройка
~ **of individuals** изменение рода занятий для отдельных лиц *(в связи с конверсией или реконверсией предприятия)*
~ **of shifts** переход *(бригады)* в другую смену
labor ~ изменение состава рабочей силы
model ~ замена модели
occupational ~ изменение рода деятельности; переход на работу другой квалификации
weekly ~ еженедельный переход в другую смену, еженедельная пересмена
changer:
money ~ меняла
changing изменение; замена ‖ изменяющий; заменяющий
~ **of design** изменение конструкции
channel 1. канал; источник; средство *(связи, информации)* 2. канализировать; направлять *(напр. капиталовложения)* 3. *ТМО* канал; одноканальная система *(массового обслуживания)* □ ~**s in series** последовательные каналы (обслуживания); **to** ~ **money to a loan** использовать деньги для выдачи ссуды; ~ **with priorities** канал, обслуживающий требования в соответствии с приоритетами
~**s of distribution** 1. торгово-распределительная сеть; каналы распределения *(внутренний торговый аппарат фирмы и внешняя сеть торговых посредников, через которых осуществляется реализация продукции)* 2. способ распределения *(материальных средств)*
allocated ~ канал, выделенный для определённого вида обслуживания
busy ~ занятый [несвободный] канал (обслуживания)
cooperative ~**s** объединённые каналы; каналы, производящие совместное обслуживание *(требований различного класса)*
exponential ~ канал с экспоненциальным распределением времени обслуживания

free ~ свободный [незанятый] канал (обслуживания)
full ~ *см.* **busy channel**
lossless ~ канал (обслуживания) без потерь; канал, обслуживающий все поступающие требования
money-equity-consumption ~ **of influence** канал воздействия денежных факторов на потребление через изменение курса ценных бумаг
noncooperative ~**s** каналы, производящие раздельное обслуживание *(требований различного класса)*
occupied ~ *см.* **busy channel**
randomly varying ~ канал (обслуживания) с характеристиками, изменяющимися по случайному закону
service ~ обслуживающий канал; канал (системы массового) обслуживания
time-varying ~ канал (обслуживания) с характеристиками, изменяющимися во времени
variable ~ канал (обслуживания) с переменными характеристиками

chapman *англ.* разносчик, лоточник

char подённая работа ‖ работать подённо

character 1. качество; характер; характерная черта 2. характер *(элемент кредитного риска)*
businesslike ~ деловитость
economic ~ экономический признак; хозяйственно-полезный признак
two-fold ~ **of labor** двойственный характер труда

characteristic 1. характеристика; параметр ‖ характерный 2. особенность; свойство; характерная черта; признак 3. кривая (зависимости)
~ **of service** характеристика (канала) обслуживания
application ~ характеристика области применения *(оборудования)*
attribute ~ качественная характеристика
cultural ~ характеристика культурного уровня
curved ~ криволинейная [нелинейная] характеристика
descriptive ~ описательная характеристика
design ~**s** конструктивные характеристики
educational ~ характеристика образовательного уровня
fabricating ~**s** *см.* **manufacturing characteristics**
hereditary ~ наследственный признак
housing ~ характеристика жилища
item ~**s** характеристики изделия
job ~ 1. характер работы 2. характеристика работы *(напр. определяющая квалификацию работника)*
manufacturing ~**s** технологические характеристики для изделий обрабатывающей промышленности; характеристики изготовления
operational ~**s** эксплуатационные характеристики
performance ~**s** 1. эксплуатационные характеристики 2. тактико-технические характеристики; тактико-технические данные
population ~ характеристика народонаселения
processing ~**s** *см.* **manufacturing characteristics**
running ~**s** эксплуатационные характеристики
shop ~**s** технологические свойства *(материала)*
social ~ характеристика социального положения
storage ~ характеристика сохраняемости
straight-line ~ линейная характеристика
system ~ характеристика системы
trade-off ~ характеристика, полученная на основе компромиссного решения
utility ~ характеристика полезности
working ~**s** эксплуатационные характеристики

charge 1. плата; сбор; тариф; начисление; расход ‖ требовать оплату; взыскивать 2. цена ‖ назначать цену; требовать цену 3. долговое обязательство; дебет ‖ записывать на дебет, дебетовать; относить на счёт *(напр. покупателя)* 4. *pl* издержки; затраты 5. обязанность; ответственность 6. обвинение 7. начислять издержки □ **all** ~**s included** включая все затраты; **at a moderate** ~ по умеренной цене, за умеренную плату; **at his own** ~ на его собственный счёт; ~ **for coining** пошлина за чеканку; ~ **for engineering** плата за проектно-конструкторские работы; плата за техническую документацию; ~ **for primary factors of production** плата за основные факторы производства; ~**s forward** расходы подлежат оплате грузополучателем; **free of** ~ бесплатно; ~ **on assets** плата за фонды; ~ **on effluent per unit** плата за сброс сточных вод, исчисляемая в зависимости от объёма производства; ~ **on payroll** начисление на заработную плату; **to** ~ **a commission** начислять комиссию; **to** ~ **an expense to an account** отнести расходы на счёт; **to** ~ **a price** назначать цену; **to be in** ~ **of a business** руководить предприятием; **to** ~ **off** списывать со счёта; амортизировать; **to** ~ **to account** отнести на счёт
acceptance ~**s** комиссионные платежи за акцептование
accrued ~**s** наросшие проценты; начисленные проценты
advanced ~ 1. *амер.* кредитуемая оплата *(тарифа или других сборов при перевозке грузов; взыскивается с грузополучателя при доставке груза)* 2. оплата вперёд
annual standby ~ годовая плата за содержание резервной мощности *(напр. электростанции)*
bank ~**s** банковские комиссионные платежи
burden ~**s applicable to the order** накладные расходы, относимые на (определённый) заказ
capital ~**s** 1. начисления на счёт *(фирмы*

или отдельного лица) процентов, выплаченных на капитал, и сумм погашения долга **2.** амортизационные отчисления
carrying ~ 1. *pl* текущие расходы *(по хранению товаров на складе)* **2.** процент, взимаемый брокерами за ссуду под ценные бумаги
collection ~s 1. расходы по инкассированию *(напр. чеков)* **2.** надбавки к неттоставке, предназначенные для компенсации расходов по сбору страховых взносов
connection ~ плата за подключение к сети электроснабжения
deferred ~s расходы (бюджета), отложенные на будущие годы
departmental ~ 1. *pl* цеховые накладные расходы **2.** часть общезаводских расходов, относимая на продукцию данного цеха
depreciation ~s 1. сумма начисленного износа *(основного капитала)* **2.** амортизационные отчисления
direct ~s 1. переменные издержки; переменные расходы **2.** *бухг.* прямые издержки, прямые затраты
direct handling ~s прямые транспортные расходы; прямые расходы на погрузо-разгрузочные работы; прямые расходы на переработку грузов
discount ~s расходы по дисконтированию
distribution ~s торговые расходы
dumping ~ обвинение в демпинге
encashment ~s расходы по инкассированию
establishment ~s организационные расходы
exchange ~ комиссионный сбор за оплату чека
extra ~ наценка; *pl* дополнительные расходы
fixed ~s 1. постоянные издержки; постоянные затраты **2.** финансовые платежи с фиксированными сроками уплаты
floating ~ *англ.* краткосрочный государственный долг
fluctuating ~s переменные расходы
forwarding ~s расходы по отправке груза
freight [hauling] ~ плата за перевозку груза
incremental effluent ~ прогрессивная плата за сброс сточных вод
incurred ~s понесённые издержки; произведённые затраты
interest ~s платежи процентов
loading ~ 1. *англ.* плата за управление капиталом, внесённым в общий инвестиционный траст-фонд **2.** надбавка к тарифной ставке, компенсирующая расходы по страхованию
loan ~ плата за кредит; процент по займам [по ссудам]
maintenance ~s расходы на техническое обслуживание
management ~s административные расходы, затраты на содержание управленческого аппарата
meter ~ 1. оплата *(электроэнергии)* по счётчику **2.** ставка тарифа за потреблённое количество *(электроэнергии)*
minimum ~ минимальный тариф, наименьшая плата за перевозку груза
overhead ~s накладные расходы
particular ~s особые расходы *(произведённые страхователем для предохранения страхового объекта от опасностей)*
per diem ~ *лат.* плата на основе суточных ставок
period ~s издержки за отчётный период
price-fixing ~ обвинение в установлении картельных цен
protest ~s комиссионные платежи за оформление протеста векселя
readiness-to-serve ~ 1. плата за готовность к обслуживанию **2.** часть тарифа (за электроэнергию), исчисляемая в зависимости от присоединяемой мощности
reconsigning ~ плата за переадресовку груза, находящегося в пути
recovery ~s расходы по инкассированию
redraft ~s расходы по обратному переводному векселю
reduced ~ оплата за пользование услугами связи по льготному тарифу
rental ~ плата за прокат
sales ~ комиссия за продажу *(акций)*
service ~ плата за обслуживание
shipping ~s расходы по погрузке
standby ~s затраты на содержание неиспользуемой [резервной] мощности
standing ~s *см.* **fixed charges 2.**
supply ~s *англ.* бюджетные расходы на содержание вооружённых сил и государственного аппарата
terminal ~ плата за грузовые операции на конечной станции; плата за погрузо-разгрузочные операции и оформление груза на промежуточной станции
trackage ~ плата за пользование железнодорожными путями
transaction ~s операционные сборы *(в пользу биржи)*
transportation ~s транспортные расходы
trust ~s комиссионные платежи по доверительным операциям
tuition ~ плата за обучение
user ~ сбор с пассажиров транспорта *(налоги на горючее, сбор за выдачу водительских удостоверений, плата за проезд по новым дорогам)*
variable ~s переменные эксплуатационные расходы
veterinary ~s расходы на ветеринарное обслуживание
chargeable подлежащий дебетованию [обложению], относимый на счёт □ **~ to fixed-assets account** относимый на счёт капитальных затрат
expenditure ~ относимый на определённый вид хозяйственной деятельности *(об издержках)*
charge-off 1. вычет; сокращение; списание *(со счёта)* **2.** сумма, на которую произведён вычет □ **~ on buildings and machinery** амортизационное списание стоимости зданий и оборудования
loan ~ *амер.* списание непогашенной ссуды *(за счёт капитала банка)*

charitable благотворительный; филантропический
charit/y 1. благотворительность; филантропия 2. благотворительное общество 3. *pl* благотворительная деятельность
chart диаграмма; схема; таблица; график; карта; картограмма ‖ чертить диаграмму *или* схему; составлять таблицу
~ of accounts план (бухгалтерских) счетов; схема группировки и кодирования счетов
action-demand ~ карта зависимости между величиной отклонения *(от нормы или стандарта)* и степенью требуемого вмешательства *(руководства предприятия)*
aggregate ~ составная (статистическая) таблица
alignment ~ номограмма
assembly ~ (технологическая) карта сборки
band ~ ленточная диаграмма
bar ~ столбиковая диаграмма, гистограмма
break-even ~ график безубыточности, график (определения) точки критического объёма производства *(ниже которого деятельность предприятия убыточна)*
calendar progress ~ *см.* **schedule chart**
cell ~ клеточная диаграмма; блок-схема
certified ~ утверждённый график
circular ~ секторная диаграмма; круговая диаграмма
correction ~ таблица поправок
costing record ~ график затрат
cycle ~ периодический график
data ~ таблица данных
design ~ расчётный график
dot ~ точечная диаграмма
double log(arithmic) ~ график с логарифмическими координатами по обеим осям
employee rating ~ карта аттестации работников
film analysis ~ карта элементарных (трудовых) движений, полученная методом замедленной киносъёмки
flow (process) ~ 1. маршрутная карта; схема последовательности операций 2. календарный график (технологического) процесса
from-to ~ маршрутная (технологичекая) карта
full simo ~ подробная карта одновременных трудовых движений
functional ~ график функциональных обязанностей
function-allocation ~ карта распределения обязанностей
Gantt ~ график Ганта, график хода выполнения работ, планово-контрольный график
graphic ~ график; кривая зависимости
interaction ~ схема взаимодействия факторов *(влияющих на прибыль фирмы)*
inventory control ~ график управления запасами
isoprof ~ график кривых равной прибыли
job ~ операционная карта
layout ~ схема размещения *(оборудования)*
left-hand ~ карта операций, выполняемых левой рукой
log(arithmic) ~ график с логарифмическими координатами на одной *или* обеих осях
log-log ~ *см.* **double log(arithmic) chart**
machine process ~ технологическая карта операций, выполняемых машиной
man-and-machine ~ технологическая карта операций, выполняемых одновременно рабочими и машинами
man process ~ технологическая карта операций, выполняемых человеком
manufacturing stage ~ схема производственного процесса
material flow ~ карта расхода материалов
morphological ~ морфологическая карта *(для прогнозирования)*
multiman ~ технологическая карта операций, выполняемых группой людей
multiple activity (process) ~ (технологическая) карта для нескольких операций *(выполняемых одновременно)*
multiple bar ~ гистограмма для нескольких признаков
multiproduct process ~ (технологическая) карта для многопродуктового процесса
nomographic ~ номограмма
operation analysis ~ карта пооперационного анализа производственного процесса
operation flow ~ *см.* **flow (process) chart**
operation instruction ~ инструкция по выполнению технологической операции
operation process ~ операционно-технологическая карта
operator study ~ карта элементарных (трудовых) движений
order control ~ карта контроля за движением заказов
ordering ~ схема движения заказов
organization ~ организационная схема, схема организационной структуры
percentile ~ кривая распределения
performance rating ~ карта характеристик производительности
pie ~ секторная диаграмма
Poisson ~ кривая пуассоновского распределения
predetermined motion time system ~ технологическая карта нормативов времени на выполнение трудовых операций
process ~ *см.* **flow (process) chart**
production stage ~ график выпуска продукции
profit-volume ~ график зависимости прибыли от объёма производства
progeny ~ учётная карточка потомства *(сельскохозяйственных животных)*
progress ~ *см.* **Gantt chart**
quality control ~ график контроля качества
quality cost ~ график затрат на обеспечение качества *(продукции)*
rectangular ~ прямоугольная таблица
responsibility ~ график функциональных обязанностей

right-hand ~ карта операций, выполняемых правой рукой
route ~ *см.* **flow (process) chart 1.**
scatter ~ график разброса *(данных)*
schedule ~ календарный график выполнения работ
scrap-cost analysis ~ карта анализа издержек вследствие брака
sequential ~ схема последовательности
service ~ карта технического обслуживания
simo ~ *см.* **simultaneous motion cycle chart**
simple simo ~ сокращённая карта одновременно выполняемых трудовых операций
simultaneous motion cycle ~ карта одновременно выполняемых (левой и правой рукой) трудовых операций
stock ~ график состояния запасов
strip ~ ленточная диаграмма
structure-time ~ структурно-временна́я карта *(для прогнозирования)*
time ~ временна́я диаграмма
travel ~ *см.* **flow (process) chart 1.**
trend ~ график тренда
two-handed (procces) ~ карта операций, выполняемых левой и правой рукой
variability ~ схема изменчивости
vertical line ~ график биржевых цен в виде вертикальных линий *(их концы — высшая и низшая точки за день, «перекладина» — цена на закрытие рынка)*
work distribution ~ карта распределения рабочих заданий
workplace ~ схема рабочего места

chartalism хартализм, хартальная теория денег *(разновидность номинализма)*

charter 1. преимущественное право; привилегия ‖ давать привилегию **2.** грамота **3.** устав **4.** чартер, чартер-партия *(договор о фрахтовании судна)* ‖ фрахтовать, брать внаём *(судно)* по чартеру; сдавать внаём *(судно)* по чартеру **5.** документ, содержащий согласие государственного органа на создание корпорации
air ~ договор о перевозке воздушным транспортом
bank ~ банковский чартер *(документ на право ведения операций)*
bare-boat ~ чартер на судно, зафрахтованное без экипажа
berth ~ чартер на перевозку грузов судном, находящимся у причала
corporate ~ устав корпорации
demise ~ «димайз-чартер» *(договор на фрахтование судна на срок, в течение которого фрахтователь становится фактически владельцем судна)*
federal ~ *амер.* банковский чартер федеральных органов
monopoly ~ монопольное право корпорации
net ~ чартер на условиях: «судно не несёт расходы по погрузке, укладке, размещению и выгрузке груза»
state ~ *амер.* чартер, выданный властями штата
time ~ тайм-чартер, чартер на срок
trip [voyage] ~ рейсовый чартер

chartered 1. привилегированный **2.** зафрахтованный

charterer фрахтователь

chartism *ист.* чартизм

chartist *амер.* специалист по прогнозированию биржевой конъюнктуры

chattel(s) движимое имущество

cheap 1. *англ. уст.* выгодная покупка **2.** дешёвый **3.** имеющий низкую покупательную силу *(о валюте)*

cheapen удешевлять; снижать цену

cheapness дешевизна

check 1. препятствие; остановка; задержка ‖ сдерживать; приостанавливать **2.** контроль, проверка ‖ контролировать **3.** *амер.* чек ‖ выписывать чек **4.** багажная квитанция; номерок; корешок **5.** «галочка»; отметка *(в документе)* □ ~ **drawn on a bank** чек, выписанный на банк; ~ **on the profitability** проверка прибыльности *(напр. производства определённой продукции)*; **'on us'** ~ чек, выписанный на данный банк; **to ~ for errors** корректировать, исправлять; **to ~ in** сдавать под расписку; **to keep a ~ on activity** сдерживать экономическую деятельность; **to ~ on** проверять; **to ~ out 1.** *амер.* подтверждаться; оправдываться **2.** подсчитать стоимость всех покупок и выбить чек *(в магазине самообслуживания)* **3.** отмечаться *(при уходе с работы в конце рабочего дня)*; **to ~ the card validity** проверять законность выдачи кредитной карточки; **to ~ up** проверять
~ **of cash** ревизия кассы
bearer ~ *амер.* чек на предъявителя
cancelled ~ погашенный [оплаченный] чек
cashier's ~ чек кассира *(подписанный кассиром банка)*
certified ~ удостоверенный чек *(с надписью банка о принятии к платежу)*
clearing house ~ расчётный чек, чек по клиринговым расчётам
comparative ~ проверка путём сравнения
competitive ~s сдерживающие [ограничивающие] силы конкуренции *(ограничение свободы действий крупных фирм)*
computation ~ проверка вычислений
consistency ~ проверка достоверности *(информации)*
control ~ контрольная проверка
counter ~ чек, оплачиваемый банком в присутствии владельца счёта
country ~ *см.* **out-of-town check**
coupon ~ чек по оплате процентов *(по облигациям)*
coverage ~ проверка полноты охвата *(напр. населения переписью)*
cycle ~ периодическая проверка *(напр. состояния запасов)*
dishonored ~ чек, не принятый к оплате банком
field ~ проверка на месте; выездная проверка
field coverage ~ выездная проверка пол-

ноты охвата *(учётных единиц при проведении переписи промышленности)*
interest-and-dividend ~ чек на получение процентов и дивидендов
internal ~ внутренний контроль *(включает принцип разделения ответственности)*
inventory ~ проверка состояния товарно-материальных запасов
kite ~ фиктивный чек, чек, не имеющий покрытия *(выписанный против неинкассированной суммы)*
marked ~ чек, имеющий секретную помету *(которая известна банку и чекодателю)*
mint ~ чек в уплату за слитки благородных металлов *(выписанный на казначея США)*
multiple-payment ~ чек, выписанный в уплату по нескольким сделкам
officer's ~ чек, подписанный служащим банка
operational ~ регламентная проверка
out-of-town ~ внегородской чек *(на банк, расположенный в другом городе)*
overcertified ~ чек, удостоверенный банком на сумму, превышающую остаток *(на счёте чекодателя)*
own ~ чек, выписанный на банк, в котором получатель по чеку имеет счёт
performance ~ проверка технических характеристик
periodic ~ периодическая проверка
personal ~ чек, выданный отдельным лицом *(в отличие от чека компании)*
positive ~ реальное препятствие *(росту населения)*
postdated ~ чек, датированный задним числом
postenumeration ~ проверка, проводимая после переписи
preventive ~ предупредительные меры *(направленные на уменьшение роста населения)*
programmed ~ плановая проверка
punched card ~ чек, перенесённый на перфокарту
quality ~ **1.** проверка правильности материалов переписи; повторное обследование **2.** проверка качества
raised ~ поддельный чек, в котором увеличена сумма
random ~**s** нерегулярные проверки
rate ~ *орг. пр.* проверка норм выработки
record ~ проверка материалов переписи *или* записей актов гражданского состояния
redemption ~ возвратный чек *(особый вид чека, выписываемый в пользу банка-плательщика — члена расчётной палаты в случае оплаты им неправильно оформленных документов)*
refund ~ **1** чек на возвращаемую сумму; чек на сумму скидки **2.** премиальный чек *(на сумму скидки с подоходного налога на семью с низким уровнем дохода)*
retail credit ~ проверка кредитоспособности покупателя при предоставлении ему кредита в розничном магазине
routine ~ *см.* **current check**
rubber ~ *см.* **kite check**
self ~ *см.* **own check**
single multipayment ~ единый чек на производство нескольких платежей
single-payment ~ чек, выписанный для уплаты по одной сделке
social security ~ пенсионное пособие, пенсия
sola ~ чек, выписанный в одном экземпляре
special crossed ~ специальный кроссированный чек *(с ограничениями по оплате)*
spot ~ выборочная проверка
stale ~ просроченный чек
statistical ~ статистический контроль
stock ~ проверка состояния запасов
stopped ~ чек, по которому приостановлен платёж
transit ~ *амер.* транзитный чек *(инкассируемый вне пределов данного города через Федеральную резервную систему или банк-корреспондент)*
traveler's ~ *амер.* дорожный чек
treasurer's ~ чек, подписанный казначеем *(или другим должностным лицом)*
voucher ~ *амер.* чек-расписка *(особая форма чека, на корешке которого даётся информация о цели платежа)*

check-box клетка в анкете [вопроснике] для отметки «галочкой»

checker контролёр; контролёр, следящий за выполнением заказов покупателей
time ~ хронометражист

checking **1.** проверка; контроль ‖ проверочный; контрольный **2.** профилактический контроль **3.** выписка чека □ **subject to** ~ подлежащий изъятию посредством чека *(счёт, вклад)*
~ **of the cash account** ревизия кассы
efficiency ~ **1.** проверка эффективности **2.** проверка коэффициента полезного действия
noninterruptive ~ проверка без прерывания работы

checkoff **1.** *амер.* вычет [удержание] из заработной платы *(напр. членских профсоюзных взносов)* **2.** отметка о выполнении *(мероприятия или операции)*

check-out **1.** проверка; контроль ‖ проверочный; контрольный **2.** контрольно-кассовый пункт *(в магазине самообслуживания)*
final ~ контроль готовых изделий
final assembly ~ проверка окончательной конструкции
moving-belt ~ контрольно-кассовый пункт с подачей товаров по транспортёру
scheduled ~ плановая проверка
system ~ проверка состояния системы
unscheduled ~ внеплановая проверка
verification ~ контрольная проверка

checks-and-balances сдерживающие и уравновешивающие силы

check-up технический осмотр; проверка состояния

checkweighing проверка веса

cheesemonger *англ.* торговец молочными продуктами

chemicals 1. химикаты 2. химическая промышленность
fine ~ продукты промышленности тонкой химии *(напр. парфюмерия, фармацевтические препараты)*
heavy ~ продукты основной химической промышленности
chemization химизация, внедрение химикатов, применение химикатов
cheque *англ.* чек; *амер.* дорожный чек (*см. тж.* **check**) □ **~s in course of collection** чеки в процессе инкассации *(статья банковского баланса)*; **~ only for account** чек только для безналичного расчёта; **~ without sufficient funds** непокрытый чек *(без достаточных средств на счёте)*
blank ~ незаполненный чек
cross(ed) ~ кроссированный чек
earmarked ~ чек, предназначенный для оплаты определённых счетов *(напр. за газ)*
generally cross(ed) ~ чек с общим кроссированием
giro postal ~ чек по расчётам в почтовой системе жиросчетов
international ~ туристский чек
marked ~ подтверждённый чек
negotiable ~ чек, передаваемый по индоссаменту
nonnegotiable ~ чек без права передачи; чек, не передаваемый по индоссаменту
open ~ чек для получения наличных денег *(в отличие от кроссированного чека)*
order ~ ордерный чек *(выписанный в пользу определённого лица)*
paid ~ оплаченный чек
pay ~ чек на получение заработной платы
returned ~ возвращённый чек *(выданный при отсутствии средств на счёте)*
specifically cross(ed) ~ чек со специальным кроссированием
town ~ чек на банк в Лондонском Сити
traveller's ~ *англ.* дорожный чек
uncrossed ~ некроссированный чек
chervonets червонец *(золотая монета России и СССР)*
chief глава, руководитель; заведующий ‖ главный; важный
chief-rent *ист.* денежная феодальная подать
chieftain глава, руководитель *(напр. корпорации)*
child:
adopted ~ усыновлённый ребёнок
dependent ~ ребёнок, находящийся на иждивении главы семьи *(в момент переписи)*
illegitimate ~ незаконнорождённый [внебрачный] ребёнок
legitimized ~ узаконенный ребёнок
live-born ~ живорождённый
natural ~ *см.* **illegitimate child**
own ~ родной ребёнок *(в отличие от усыновлённых детей)*
plain ~ незаконнорождённый ребёнок, записанный на фамилию матери
preschool ~ ребёнок дошкольного возраста
recognized ~ незаконнорождённый ребёнок, записанный на фамилию отца
step ~ пасынок; падчерица
surviving ~ ребёнок, находящийся в живых *(в момент переписи)*
childlessness бездетность
childspacing интервал между рождениями детей *(от одной матери)*
chips *разг.* деньги; монеты
blue ~ наиболее популярные акции, имеющие высокий курс *(обычно акции ведущих компаний)*
choice 1. ассортимент 2. выбор; отбор 3. альтернатива, возможность выбора
asset ~ выбор активов
constrained ~ выбор в условиях ограничений *(напр. бюджетных)*
consumer ~ потребительский выбор, потребительский вкус
Hobson's ~ отсутствие выбора *(только одно предложение)*
input-output ~ выбор производства, характеризующегося определённым соотношением затрат и выпуска продукции
optimization ~ of decision ~ оптимизация выбора решения
poor ~ бедный ассортимент
portfolio ~ выбор портфеля *(ценных бумаг, активов)*
chop 1. клеймо, фабричная марка 2. сорт
chronic хронический
chronocyclograph *орг. пр.* хроноциклограф
chronology:
business cycle ~ хронология экономического цикла
reference ~ of business cycle хронология высших и низших точек экономического цикла *(определяемых на основе группы показателей)*
churning злоупотребление брокера, совершающего сделки за счёт клиента *(для увеличения комиссионных)*
cinch up подтягивать *(напр. цены)*
circle 1. группа, круг *(людей)* 2. сфера, область
~ of customers круг потребителей
banking ~s банковские круги
business ~s деловые [коммерческие] круги
circling зацикливание *(симплекс-алгоритма)*
circuit 1. кругооборот, обращение, процесс обращения *(напр. товаров)* 2. цепь; схема; канал связи
leased ~ арендованный канал связи
circuity коэффициент неоплаченного пробега *(отношение полного пробега к оплаченному)*
circular циркуляр; реклама; объявление
bond ~ объявление о размещении облигационного займа *(банка)*
offering ~ брошюра с предложением купить ценные бумаги (*см. тж.* **prospectus**)
procurement ~ директива по вопросам закупок
tariff ~ *амер.* тарифный циркуляр *(издаваемый Комитетом по межштатному транспорту)*
circularity замкнутость *(напр. системы)*
circulate циркулировать; быть в обращении

circulation 1. циркуляция; обращение; кругооборот *(капитала)* 2. распространение □ **to put into ~** пустить в обращение; **to withdraw from ~** изъять из обращения
~ of costs распределение отклонений издержек *(от нормативных)*
commodity ~ товарное обращение
currency ~ денежное обращение
forced ~ обращение бумажных денег с принудительным курсом
hand-to-hand ~ наличный оборот
national bank ~ обращение банкнот национальных банков
paper ~ 1. обращение бумажных денег [банкнот] 2. обращение векселей
circumstances обстоятельства, условия, положение дел; материальное положение
comfortable [easy] ~ достаток, зажиточность; обеспеченность
reduced [strained] ~ стеснённое материальное положение
circumvent обходить *(закон, патент)*; обмануть
circumventing □ **~ the middleman** обход посредника *(в торговой сделке)*
citizen 1. гражданин; гражданка 2. горожанин; горожанка 3. *pl* население
able-bodied ~s трудоспособное население
naturalized ~ натурализованный гражданин
stateless ~ апатрид, лицо без гражданства
citizenship гражданство; подданство
City 1. Сити *(деловая часть Лондона)* 2. английский финансовый капитал
city (крупный) город □ **~ proper** собственно город *(без пригородов)*
central ~ город-центр *(город с населением не менее 50 тыс. человек)*
central reserve ~ центральный резервный город *(по классификации Федеральной резервной системы: Нью-Йорк, Чикаго, Сент-Луис)*
Federal reserve ~ *амер.* город, в котором находится федеральный резервный банк
reserve ~ *см.* **Federal reserve city**
untracted ~ город, не разделённый на переписные районы
civil гражданский, частный, частноправовой
civilian 1. гражданское лицо ‖ штатский 2. *pl* гражданское население
claim 1. требование *(напр. о возмещении убытков)*; претензия; иск; рекламация ‖ предъявлять претензию *или* рекламацию 2. утверждение; заявление ‖ утверждать; заявлять 3. *амер.* участок, отведённый под разработку недр ‖ отмечать границы отведённого участка □ **~ for damages** требование о возмещении убытков; **~ for indemnification** *см.* **insurance claim**; **~ for money** *см.* **monetary claim**; **~ in return** *см.* **counter claim**; **to abandon a ~** отказаться от притязаний; **to ~ a package** требовать заключения соглашения с профсоюзом по целому ряду вопросов; **to establish a ~** обосновывать претензию; **to jump a ~** незаконно захватить участок, отведённый другому
~ of ownership имущественный иск
accumulated ~ накопленная сумма претензий
clearing ~ претензия по клирингу
counter ~ встречное требование, встречный иск
disputed wage ~s требования повышения заработной платы, оспариваемые предпринимателями; конфликтные требования повышения заработной платы
freight ~ требование о возмещении убытков грузоотправителя
hypothecary ~ требование по ипотеке
income ~ притязание на доход
insurance ~ заявление о выплате страхового возмещения
junior ~s претензии, удовлетворяемые во вторую очередь
monetary ~ денежное требование, денежная претензия
mortgage ~ требование по ипотеке
patent ~ патентная заявка, притязание на патент
pay ~ требование увеличения заработной платы
pecuniary ~ *см.* **monetary claim**
prior ~ преимущественное требование
product liability ~ претензия по качеству продукта *(предъявленная фирме-изготовителю)*
residual ~ оставшаяся часть требований
salvage ~ требование уплаты вознаграждения за спасение
senior ~s претензии, удовлетворяемые в первую очередь
short-dated banking ~s банковские требования с близким сроком погашения
total expected ~s общая ожидаемая сумма претензий
wage ~ требование увеличения заработной платы
claimancy 1. процесс расчёта [планирования] перевозок *(в мобилизационных условиях)* 2. объём заявок на перевозки
claimant 1. лицо *или* ведомство, подающее требование 2. претендент *(напр. на доход)*
Federal ~ for transportation services государственное ведомство, подающее заявки на обслуживание транспортом
clamp ограничение *(напр. роста цен)* ‖ ограничивать, препятствовать росту
clampdown ограничение ‖ сдерживать; ограничивать *(напр. рост потребительского кредита)*
clash столкновение, конфликт
class 1. (общественный) класс 2. класс; категория; вид; разряд; группа ‖ относить к определённой категории; классифицировать 3. сорт; качество ‖ сортировать 4. курс обучения; учебная группа 5. класс *(на железной дороге, судах)*
~ of customer категория клиента; категория требования *(в системе массового обслуживания)*
~ of events *стат.* класс событий
~ insurance risk категория страхового риска
~ of unit *ТМО* категория требования
~ of workers рабочий класс

age ~ возрастная группа
bourgeois ~ буржуазия
business ~ предпринимательский класс
capitalist ~ класс капиталистов
economic ~ группа, занимающая определённое общественное положение
economy ~ удешевлённый класс *(третий класс на внутренних авиалиниях, второй — на международных)*
employment size ~ *амер.* категория предприятия по числу работающих
factor ~ вид производственного фактора *(труд, капитал)*
guideline ~ категория объектов основного капитала с определённым сроком амортизации
industrial ~ промышленный рабочий класс
intermediate ~**es** промежуточные слои *(общества)*
job ~ категория работы; группа работ по тарифной сетке
labor ~ рабочий класс
land capability ~ класс производительности земли
landed [land-owning] ~**es** землевладельцы, помещики
leisure ~ праздный класс
lower middle ~ мелкая буржуазия
managerial ~ **es** управляющие
nonproducing [nonproductive] ~**es** непроизводительные классы
occupational ~ профессиональная группа
position ~ *см.* **job class**
priority ~ *ТМО* тип приоритета
privileged ~ **es** привилегированные классы
productive ~ **es** производительные классы
productivity ~ класс продуктивности
propertied ~ **es** имущие классы
quality ~ *с.-х.* класс бонитета *(напр.земли)*
tourist ~ второй класс *(на крупных пассажирских судах)*
upper ~ высшее сословие, высшие слои общества
wage working ~ класс наёмных рабочих
working ~ рабочий класс
classer сортировщик, браковщик
Classification □ **Freight** ~ классификационное тарифное руководство
International Standard ~ **of Occupations** международная стандартная классификация профессий
Standard Industrial ~ *амер.* стандартная промышленная классификация *(отраслей народного хозяйства)*
Standard International Trade ~ международная стандартная торговая классификация *(ООН)*
classification **1.** классификация; систематизация; группировка **2.** классификационная группа, номенклатура **3.** установление грифа секретности **4.** *с.-х.* бонитировка □
~ **by year of birth** группировка по году рождения
~ **of accounts** перечень счетов
~ **of insurance risks** классификация страховых рисков
ABC ~ классификация товарно-материальных запасов *(путём деления на три категории: A — наиболее ценные, B — промежуточные, C — наименее ценные)*
age-sex ~ распределение населения по возрастно-половым группам
budget ~ бюджетная классификация
budget revenue ~ классификация бюджетных доходов
census code ~ шифры по классификации отраслей для переписи
commodity ~ номенклатура товаров
data ~ классификация данных [информации]
freight ~ (единая) тарифная классификация грузов; классификация грузов для расчёта тарифных ставок
industry ~ **of employer** отраслевой шифр фирмы *(по стандартной классификации отраслей)*
industry ~ **of establishments** отраслевая принадлежность предприятия
job ~ **1.** *орг.пр.* классификация рабочих заданий **2.** классификация основных ставок заработной платы
Kendall's ~ классификация Кендалла *(систем массового обслуживания)*
land ~ *уст.* бонитировка земель
land use ~ классификация земель по характеру их использования
manifold ~ *стат.* множественная группировка
marital status ~ группировка по семейному положению
material ~ укрупнённая (внутризаводская) классификация материалов
multiple [multiway] **1.** многосторонняя классификация; классификация по нескольким признакам **2.** многофакторный анализ
numerical ~ цифровая классификация *(почв)*
object ~ классификация объектов (бухгалтерского) учёта
occupational ~ классификация по роду занятий [по профессии]
patent ~ патентная классификация
rural land ~ агропроизводственная классификация
soil suitability ~ агропроизводственная классификация почв; агромелиоративная классификация почв
soil use ~ классификация почв по характеру их использования
statistical ~ статистическая классификация *(объектов при прогнозировании)*
tentative ~ временная классификация
classified **1.** классифицированный; систематизированный; отнесённый к определённой категории **2.** рассортированный **3.** имеющий гриф секретности *(о документе)*
classifier классификатор
classify классифицировать; относить к определённой категории
clause пункт, статья *(договора или контракта)*; условие, оговорка, клаузула
acceleration ~ условие ускоренного платежа по ссуде *(в случае наступления какого-л. оговорённого события)*

average ~ пункт о пропорциональном распределении страховой ответственности
bailee ~ условие об ответственности страховщика за убытки, происшедшие во время хранения товара на складе
bearer ~ условие о характере предъявления *(напр. документа)*
beneficiary ~ пункт, определяющий лицо, наследующее страховую сумму *(в случае смерти застрахованного)*
cesser ~ *мор.* оговорка о прекращении ответственности фрахтователя
collateral ~ дополнительное условие
continuation ~ оговорка о пролонгации *(напр. полиса)*
contract ~ пункт договора
currency ~ валютная оговорка
escalation [escalator] ~ **1.** оговорка о скользящих ценах *(устанавливающая окончательную цену в зависимости от издержек производства)* **2.** *см.* **operation clause**
escape ~ *амер.* клаузула возможности отказа *(оговаривающая право на освобождение от ответственности или от договорных обязательств, в частности, от согласованного снижения таможенного тарифа)*
exchange ~ валютная оговорка
extender cover ~ оговорка о расширенном страховании
gold ~ золотая оговорка *(о пересчёте в соответствии с ценой золота)*
gold bullion ~ золотослитковая оговорка
gold coin ~ золотомонетная оговорка
gold-value ~ золотовалютная оговорка
hedge ~ оговорка *(в финансовых публикациях)* об отсутствии гарантии достоверности
location ~ оговорка об ограничении ответственности страховщика за скопление застрахованных рисков в одном месте
maintenance-of-membership ~ клаузула (минимального) срока членства *(включается в коллективный договор, предусматривает невозможность выхода из профсоюза до окончания срока действия договора)*
most favored nation ~ оговорка о наибольшем благоприятствовании
multiple currency ~ мультивалютная оговорка *(напр. по отношению к Европейской валютной единице)*
objects ~ *англ.* статья (заявки) о целях учреждаемого акционерного общества
operation ~ «эскалационная» клаузула *(условие в коллективном договоре, требующее повышения заработной платы соответственно росту цен на потребительские товары)*
paramount ~ условие первостепенной важности *(условие в коносаменте о подчинении коносамента Гаагским правилам)*
payment ~ пункт *(контракта)* об условиях платежа
penalty ~ пункт о штрафах *(за невыполнение условий договора)*
per bottom ~ оговорка о пределе ответственности страховщика по одному судну
prepayment ~ пункт о предварительной оплате *(напр. товара)*
price ~ пункт *(контракта)* о цене
productivity ~ клаузула производительности труда *(условие коллективного договора, связывающее уровень заработной платы с ростом производительности труда)*
red ~ **1.** «красное условие» *(условие аккредитива, согласно которому банк соглашается выплатить авансом часть суммы аккредитива против представления вместо коносамента)* **2.** «красная оговорка» *(оговорка Объединения лондонских страховщиков, напечатанная красным шрифтом и приклеиваемая к страховому полису)*
rise and fall ~ условие о повышении *или* понижении цены
strike ~ статья о забастовках *(в договоре)*
termination 1. статья о досрочной отмене контракта **2.** статья контракта на военный подряд, предусматривающая возмещение издержек подрядчика в случае отмены контракта
tying ~ пункт соглашения *(торгового или лицензионного)*, ограничивающий действия партнёра
warranty ~ пункт договора о гарантиях

claused содержащий оговорки

clean 1. освобождённый от долгов **2.** без приложения документов **3.** с совпадением приказов на продажу и покупку *(о сделке с ценными бумагами)*

clear 1. очищать от пошлин **2.** заплатить долг; производить расчёт **3.** осуществлять клиринг чеков *или* векселей **4.** распродавать товары по сниженным ценам □ **to ~ a bill** оплатить счёт; выкупить вексель; **to ~ a business** оздоровлять дело; **to ~ an account** оплатить счёт; **to ~ checks on an overnight basis** осуществлять клиринг чеков в течение одной ночи; **to ~ 15%** иметь чистую прибыль в размере 15%

clearance 1. таможенная очистка; очистка от пошлин **2.** таможенный сертификат, разрешающий выход судна; сертификат очистки от пошлин **3.** оплата долга; урегулирование претензий **4.** производство расчётов через расчётную палату; клиринг чеков *или* векселей **5.** распродажа товаров по сниженным ценам □ **~ inwards 1.** таможенная очистка по приходу *(судна)* **2.** таможенный сертификат на грузы, оставшиеся на судне после разгрузки *(и подлежащие таможенному обложению)*; **~ outward** таможенная очистка по отходу *(судна)*
customs formalities ~ очистка от таможенных формальностей
market ~ установление рыночного равновесия *(приведение в соответствие спроса и предложения)*
par ~ паритетный клиринг чеков *(без взимания комиссий)*
quality ~ аттестат качества *(продукции)*

Clearing:
Country Cheque ~ *англ.* безналичные расчёты между провинциальными банками
General ~ «Общий клиринг» *(зачёт чеков через Лондонскую расчётную палату)*
Metropolitan ~ безналичные расчёты лондонских клиринг-банков
Town ~ безналичные расчёты между клиринг-банками в Лондонском Сити
clearing 1. очистка, расчистка 2. клиринг, безналичные расчёты; зачёт взаимных банковских требований через расчётную палату 3. расчёты по биржевым сделкам 4. *см.* **clearance 5.**
~ **of securities** взаимный зачёт платежей по ценным бумагам
bank ~ банковский клиринг, безналичные расчёты между банками, зачёт взаимных требований между банками
out-of-town ~ клиринг внегородских чеков
slum ~ ликвидация трущоб
unilateral ~ односторонний клиринг
clearinghouse 1. расчётная палата 2. организация по сбору, классификации и распространению информации, услуг
clerical канцелярский, конторский *(о служащих)*
clerk 1. клерк, конторский служащий *(должность в банке, компании)* 2. *амер.* сотрудник магазина
accounting ~ счетовод
accounts-payable ~ счетовод по счетам к оплате
accounts-receivable ~ счетовод по счетам к получению
advance-payment ~ счетовод по заранее оплаченным счетам
audit ~ счетовод-контролёр *(по проверке отдельных счетов, проводок, книг)*
authorized ~ представитель брокерской фирмы, имеющий доступ в зал биржи
bills-payment ~ счетовод по счетам к оплате
collection ~ банковский клерк, оформляющий инкассовые операции
discount ~ клерк по учётным операциям
ledger ~ счетовод, младший бухгалтер
new account ~ служащий банка, открывающий новые счета
office ~ конторщик
procurement ~ делопроизводитель по материальному снабжению; клерк отдела материального снабжения; делопроизводитель-снабженец
production ~ 1. делопроизводитель-плановик *(планово-производственного отдела)* 2. учётчик *(диспетчерского отдела)*
purchasing-and-fiscal [purchasing-contracting] ~ *см.* **procurement clerk**
schedule ~ *см.* **production clerk**
settlement ~ клерк по зачёту; представитель банка в расчётной палате
shipping ~ экспедитор грузов *(на предприятии)*
signature ~ банковский служащий, проверяющий подпись на документах
statistical ~ учётчик-статистик
stock ~ конторский работник на складе
transit ~ клерк по операциям внегородского инкассо
unauthorized ~ представитель брокерской фирмы, не имеющий доступа в зал биржи
voucher ~ счетовод на выписке ваучер-чеков [платёжных распоряжений банку] и по учёту возвращённых [погашенных] ваучер-чеков
client клиент; заказчик; комитент
factored ~ клиент факторной фирмы *(передавшей ей право на взыскание долгов)*
issuing ~ компания—клиент *(банка)*, являющаяся эмитентом ценных бумаг
clientèle *фр.* клиентура
climate :
business ~ деловой климат, конъюнктура
economic ~ состояние экономики
organizational ~ атмосфера в организации [в учреждении]
climax кульминация, высшая *или* низшая точка *(напр. движения цен)*
climb повышение *(напр. цен)* ‖ повышаться
clinch □ **to ~ a deal [a bargain]** окончательно договориться о заключении сделки
clip 1. *разг.* быстрый [высокий] темп *(напр. роста)* 2. урезать *(напр. доход)* 3. отрезать купоны
clique «клика», биржевые спекулянты *(проводящие единую политику)*
bear ~ биржевые спекулянты, сбивающие курс акций *(при игре на понижение)*
bull ~ биржевые спекулянты, вздувающие курс акций *(при игре на повышение)*
clog препятствовать, мешать
clogging of reproduction застой воспроизводства
close 1. закрытие ‖ закрывать 2. конец; заключение ‖ кончать; заключать □ **at the ~ of exchange** на момент закрытия биржи; **to ~ an account** закрыть счёт, заключить бухгалтерские книги; **to ~ a position** закрыть позицию *(продать ценные бумаги, заключить ликвидационную сделку)*; **to ~ at 120** *бирж.* иметь последнюю котировку биржевого дня, равную 120; **to ~ a year in the black** завершить год с прибылью; **to ~ firm** *бирж.* иметь высокие котировки при закрытии биржи; **to ~ out** продавать; ликвидировать *(ценные бумаги)*; **to ~ the books** прекратить трансфертные операции *(передачу права собственности по ценным бумагам)*; **to ~ the subscription** прекратить подписку; **to ~ with the offer** принять предложение
closedown прекращение работы *(в связи с закрытием предприятия)*
closeness □ ~ **in estimation** точность оценки
~ **of agreement** точность соответствия
~ **of fit** 1. точность соответствия 2. точность подбора *(эмпирической кривой)*
close-out распродажа товаров в связи с закрытием предприятия
closing ликвидация, закрытие *(напр. биржевой сделки)*
~ **of the stock exchange** закрытие операций на бирже

interim ~ *бухг.* промежуточное закрытие *(счетов на конец месяца)*
loophole ~ устранение лазеек *(в налоговом законодательстве)*
Club :
~ of Rome Римский клуб
Paris ~ Парижский клуб *(стран-кредиторов)*
club клуб; союз
benefiit ~ союз взаимопомощи
Christmas ~ *амер.* «рождественский клуб» *(разновидность сберегательного вклада)*
Four-H ~ клуб «Четыре эйч» *(клуб сельской молодежи, имеющий целью «совершенствовать голову, руки, сердце и здоровье»)*
investment ~ *англ.* инвестиционный клуб, объединение вкладчиков
slate ~ *англ.* клуб взаимопомощи
cluster 1. группа, скопление; концентрация ‖ концентрировать 2. *стат.* группа ‖ группировать 3. населённый пункт 4. группа лиц, объединённых *каким-л.* общим признаком
~ of innovations концентрация нововведений *(в фазе экономического подъёма)*
isolated store ~ група магазинов, изолированных от центрального торгового района
neighborhood ~ группа магазинов, обслуживающих небольшой район
population ~ населённый пункт
clustering сосредоточение, скопление, кучность
industrial ~ сосредоточение промышленности
coach 1. *амер.* бесплацкартный вагон с местами для сидения; *англ.* пассажирский вагон; купированный вагон; почтовый вагон 2. второй класс пассажирских авиаперевозок
trailer ~ жилой автомобильный прицеп, трейлер
co(-)agent партнёр по агентской операции
coalesce объединяться; соединяться; сращиваться *(напр. об экономических интересах)*; утрачивать обособленность *(напр. о различных отряслях)*
coalition коалиция; союз *(временный)*; объединение
customer ~ *ТМО* объединение клиентов; объединение требований
disjoint ~s непересекающиеся коалиции
indecomposable ~ неразделимая коалиция
losing ~ проигрышная коалиция
potential ~ потенциальная коалиция
winning ~ выигрышная коалиция
coalitional коалиционный
coalman 1. углепромышленник 2. угольщик *(судно)*
coalminer шахтёр
coalmining угольная промышленность
coalpit угольная шахта
coastal береговой; прибрежный; каботажный
coaster каботажное судно

coasting каботажное судоходство, каботаж
co-creditor один из кредиторов *(фирмы)*
Code :
Stock Exchange ~ of Dealings *англ.* операционный кодекс фондовой биржи
code 1. правила; нормы; кодекс; стандарт 2. код; шифр, индекс ‖ кодировать; шифровать
~s of fair competition «кодексы честной конкуренции» *(действовали в период 1933–1935 гг. в США)*
activity ~ обозначение [код] операции *(в системе ПЕРТ)*
alphanumeric ~ алфавитно-цифровой код; алфавитно-цифровая система индексов; буквенно-цифровой индекс *(для снабжения)*
census product ~ цензовый шифр продукта; шифр продукта по классификации промышленных переписей
correcting ~ корректирующий код
depreciation ~ кодекс [свод] правил амортизации
enumerator ~ код, применяемый при переписи населения
Federal supply ~ for manufactures федеральная индексация фирм-поставщиков для обрабатывающей промышленности
input ~ входной код
item name ~ индекс [код] наименований *(предметов снабжения)*
labor ~ кодекс законов о труде
machine ~ шифр станка; шифр единицы оборудования
minimum list heading ~ *англ.* индекс [шифр] группы отраслей промышленности
occupation(al) ~ код профессий и занятий
operation ~ код операции
output ~ выходной код
payroll size ~ шифр *(предприятия)* по классификации, основанной на объёме фонда заработной платы
project ~ код проекта
safety ~ правила техники безопасности
standard ~ правила технической эксплуатации
Uniform commercial ~ *амер.* единый коммерческий кодекс
United Nations ~ код международной стандартной товарной номенклатуры ООН
vendor ~ код подрядчика
co-debtor один из должников *(по ссуде)*
codetermine совместно обусловливать
codification кодификация
codify кодировать; шифровать
coding кодирование *(напр. адресов)*
coefficient коэффициент; индекс; показатель
~ of agreement показатель соответствия
~ of contingency *стат.* показатель сопряжённости *(признаков)*
~ of digestibility *с.-х.* коэффициент усвояемости *(напр. корма)*
~ of discharge коэффициент расхода
~ of expansion темп роста
~ of loss *ТМО* коэффициент простоя *(отношение среднего числа свободных каналов к общему числу каналов в системе)*
~ of loss due to service *см.* **service loss coefficient**

~ **of loss due to waiting** *см.* **waiting loss coefficient**
~ **of occupation** *ТМО* коэффициент использования
~ **of overall outlays** коэффициент полных затрат
~ **of performance 1.** коэффициент продуктивности **2.** коэффициент полезного действия, кпд
~ **of recovery** коэффициент использования *(питательных веществ)*
average capital ~ средняя капиталоёмкость
behavior ~ *мат.* коэффициент поведения
Beta ~ коэффициент бета *(отражающий степень устойчивости курса акций)*
capital ~ капиталоёмкость, коэффициент капиталоёмкости; фондоёмкость, коэффициент фондоёмкости
combined ~ **of loss** *ТМО* общий коэффициент простоя
confidence ~ доверительная вероятность, доверительный уровень
desirability ~ показатель желательности
digestion ~ *с.-х.* коэффициент усвояемости *(напр. корма)*
discount ~ коэффициент дисконтирования
distribution ~ коэффициент распределения продукции
drainage ~ коэффициент стока
efficiency ~ коэффициент полезного действия, кпд
Gini ~ коэффициент Джини *(показатель, характеризующий степень отклонения фактического распределения доходов от абсолютного равенства или абсолютного неравенства)*
inequality ~ коэффициент расхождения *(прогноза)*
input ~ коэффициент затрат
input-output ~ **1.** *см.* **technological coefficient 2.** коэффициент материалоёмкости
intensity-of-use ~ **1.** коэффициент расхода, удельное потребление *(напр. материала)* **2.** коэффициент материалоёмкости
labor ~ трудоёмкость *(затраты труда на единицу продукции)*
marginal capital ~ предельная капиталоёмкость; отношение прироста капитала к приросту продукции
multiple correlation ~ *стат.* коэффициент множественной корреляции
penalty-cost ~ коэффициент отрицательной прибыли
quality ~ (количественный) показатель качества
rank correlation ~ *стат.* коэффициент ранговой корреляции
regression ~ *стат.* коэффициент регрессии
saturation ~ *стат.* коэффициент насыщения
scatter ~ *стат.* коэффициент разброса
service loss ~ *ТМО* коэффициент простоя (требований) вследствие обслуживания
technological ~ технологический коэффициент *(отношение единицы затрат к единице выпуска продукции)*
trend ~ коэффициент, характеризующий тренд
waiting loss ~ *ТМО* коэффициент простоя (требований) вследствие ожидания

coexist сосуществовать

coexistence сосуществование *(различных систем)*

cohabitation совместная жизнь супругов; сожительство

coherence 1. согласованность, связанность **2.** внутренняя устойчивость *(экономики)* **3.** логическая стройность, внутренняя увязка *(плана)*

cohesion:
economic ~ экономическая интеграция

cohort контингент, когорта *(совокупность лиц, сформированная по признаку наступления в один и тот же период времени, обычно календарный год, события, оказывающего воздействие на демографические процессы в данной совокупности)*
age ~ когорта по возрасту
age-grade ~ контингент учащихся одного возраста и проходящих одинаковый этап обучения
annual ~ **of immigrants** контингент лиц, иммигрировавших в течение года
base ~ базисный контингент
birth ~ контингент лиц, родившихся в одном и том же году
childbearing ~ рождающий контингент
female ~ женский контингент
grade ~ контингент учащихся, находящихся на одинаковом этапе обучения
incomplete ~ неполный контингент
male ~ мужской контингент
marriage ~ брачный контингент
migration ~ контингент эмигрантов и иммигрантов
nuptial ~ брачный контингент

coin монета ‖ чеканить монету □ **to clip ~s** обрезать монеты; **to** ~ **ingots** перечеканивать слитки на монеты; **to mint [to strike] ~s** чеканить монеты
~s of different denominations монеты разного достоинства
~s of same denominations монеты одинакового достоинства
base ~ **1.** *англ.* фальшивая *или* поддельная монета **2.** *амер.* разменная монета
bronze ~ *амер.* одноцентовая монета
bullion ~ весовая монета *(покупаемая для тезаврации)*
counterfeit ~ фальшивая монета
current ~ монета, находящаяся в обращении
defaced ~ деформированная монета
effective ~ звонкая монета
fake ~ неофициальная монета, которую чеканят частные фирмы; поддельная монета
fractional ~ *см.* **subsidiary (silver) coin**
genuine ~ подлинная [неподдельная] монета
inland ~s внутренние монеты

legal ~ законное платёжное средство
light ~ *см.* **worn coin**
minor ~ мелкая разменная монета *(достоинством в один или пять центов)*
nickel ~ никель *(пятицентовая монета в США)*
spurious ~ поддельная *или* фальшивая монета
standard weight ~ монета со стандартным содержанием металла
subsidiary ~ разменная монета
token ~ разменная монета
trade ~ специальная монета *(покупаемая не только ради содержащегося металла, но и из интереса именно к данной монете)*
worn ~ изношенная монета *(стёршаяся и потерявшая первоначальный вес)*

coinage 1. чеканка монет; система чеканки 2. монетная система; звонкая монета, металлические деньги
~ **of gold** чеканка золотых монет
debased ~ чеканка неполноценных монет с отступлением от установленного стандарта *(в отношении чистоты металла)*
free ~ свободная чеканка
gratuitous ~ беспошлинная чеканка монет *(на монетном дворе)*
subsidiary ~ чеканка разменной монеты
undebased ~ чеканка монет с соблюдением установленного стандарта *(в отношении чистоты металла)*

coiner:
false ~ фальшивомонетчик

coinsurance совместное страхование *(напр. медицинское страхование, когда 75% расходов на лечение оплачивает страховая компания, а 25%— сам застрахованный)*

coinsurer состраховщик

co-lessee соарендатор

collapse 1. крах, крушение, провал ‖ потерпеть крах, рушиться 2. резкое падение, сокращение
~ **of bank** банкротство банка
~ **of confidence** кризис доверия
~ **of marginal efficiency of capital** резкое падение предельной эффективности капитала, резкое падение нормы прибыли
price ~ падение *или* резкое снижение цен
profits ~ резкое сокращение прибылей

collar 1. максимум и минимум процентной ставки *(в облигационном займе)* 2. воротничок
blue ~ «синий воротничок», производственный рабочий
white ~ «белый воротничок», служащий

collate сравнивать, сопоставлять; детально сличать *(напр. с переписными данными)*

collateral 1. обеспечение; залог; дополнительное обеспечение 2. родственник по боковой линии; родство по боковой линии 3. второстепенный; побочный □ **to furnish** ~ представить обеспечение; **to lend on** ~ давать ссуду под залог; **to serve as** ~ служить обеспечением
industrial ~ обеспечение в виде промышленных акций *(обращающихся на Нью-Йоркской фондовой бирже)*

collateralized □ **to be** ~ быть обеспеченным *(ценными бумагами или другими видами обеспечения)*

collation 1. сравнение, сопоставление; сличение, сверка 2. обработка данных наблюдения; статистическая сводка

collator устройство для сравнения (переписных) данных

collect 1. собирать *(напр. данные)* 2. инкассировать, получать деньги по долговому обязательству; взимать *(напр. налоги)* 3. взимать плату при доставке в кредит на дом 4. забирать □ **freight** ~ «фрахт подлежит уплате грузополучателем в порту назначения» *(отметка в коносаменте)*; ~ **on delivery** наложенный платёж, оплата при доставке; **to** ~ **a bill** инкассировать деньги по векселю; **to** ~ **debts** инкассировать долги, получать деньги в погашение долга; **to** ~ **interest** взимать проценты

collection 1. сбор *(напр. данных)* 2. совокупность; система; коллекция 3. инкассо, денежный сбор; инкассация; взимание 4. денежные пожертвования □ ~ **by messenger** инкассо через посыльного [курьера]; ~**s due from banks** инкассируемые чеки через внегородских корреспондентов *(промежуточный счёт баланса)*; **for** ~ на инкассо; **to speed up** ~ ускорить инкассацию
~ **of bill** инкассирование векселя; взыскание денег по векселю
~ **of debts** взыскание долгов; инкассирование долгов
~ **of noncash items** инкассо ценных бумаг и долговых документов
~ **of payments** инкассо
~ **of premium** сбор очередных страховых взносов
~ **of rights** совокупность прав
~ **of samples** коллекция образцов
city ~ внутригородское инкассо *(чеков)*
country ~ внегородское инкассо *(чеков)*
coupon ~ инкассо купонов *(к облигациям)*
draft ~ инкассо тратты
foreign ~ инкассо по заграничным операциям
giro debt ~ инкассация долга в системе жиросчетов
intradistrict ~ *амер.* инкассо внутри федерального резервного округа
out-of-town ~ внегородское инкассо *(чеков)*
par ~ **of check** инкассирование чека по номиналу *(без вычета комиссии)*
tax ~ взимание налога

collective коллектив ‖ коллективный

collectivism коллективизм

collectivity коллективность, коллегиальность

collectivization коллективизация

collector 1. сборщик *(налогов)* 2. коллекционер 3. инкассатор, кассир
~ **of internal revenue** *амер.* директор департамента государственных сборов
debt ~ уполномоченный по взысканию задолженности

tax ~ сборщик налогов, налоговый инспектор
college колледж; *амер.* университет; специальное высшее учебное заведение; институт
agricultural ~ сельскохозяйственный колледж; сельскохозяйственный институт
business ~ *англ.* коммерческий колледж
county ~ *англ.* окружной колледж
higher ~ высшее учебное заведение
junior ~ неполный колледж *(с сокращённым двухгодичным курсом)*
land-grant ~ *амер.* колледж, созданный на средства, полученные от продажи земли, предоставленной государством
private ~ частный колледж
senior ~ колледж полного курса; высшее учебное заведение
state ~ колледж, финансируемый властями штата
technical ~ техническое высшее учебное заведение
university ~ университетский колледж
collide сталкиваться; вступать в противоречие
collier 1. угольщик *(судно)* 2. горнорабочий; шахтёр
colliery предприятие угольной промышленности
collision столкновение; противоречие
collocate располагаться по соседству
colluder компания, вступившая в монополистический сговор
collusion 1. сговор, тайное соглашение 2. *ТМО* соглашение между клиентами
explicit [overt] ~ явный [откровенный] сговор
tacit ~ молчаливый [формально незафиксированный] сговор
colonialism колониализм
colonize колонизировать, поселяться
colonizer 1. колонист, поселенец 2. колонизатор
colony колония *(выходцев из одной страны)*, поселение
column □ **to bring into the profit** ~ записывать в колонку «прибыль»; добиться прибыльности; сделать (производство) прибыльным
balance ~ столбец баланса
comanage □ **to** ~ **the issue** быть одним из главных участников синдиката по размещению выпуска ценных бумаг
combat бороться *(напр. с инфляцией)*
combative «агрессивный» *(напр. о затратах на рекламу с целью захвата чужого рынка, в отличие от рекламных расходов с целью создания рынка на новый продукт)*
combination 1. комбинация; комбинирование; соединение, сочетание 2. союз; монополистическое объединение *(картель, синдикат)*
~ **of players** *мат.* коалиция
business ~ объединение [слияние] компаний
convex ~ *мат.* выпуклая комбинация
corporate ~ объединение корпораций
factor ~ сочетание [комбинация] факторов
fertilizer ~ сочетание удобрений; варианты удобрений
highest profit ~ максимально прибыльная комбинация *(факторов)*
high margin—low volume ~ высокая норма прибыли при малом объёме производства
horizontal ~ горизонтальное комбинирование *(о структуре)*
input ~ комбинация структуры затрат
least-cost ~ комбинация *(факторов)* с наименьшими издержками
leastoutlay ~ *см.* **least-cost combination**
low margin—high volume ~ низкая норма прибыли при высоком объёме производства
price ~ ценовой картель
soil ~ сочетание почв
trade ~ объединение торговцев
vertical ~ вертикальное комбинирование *(о структуре)*
combine 1. сочетание *(напр. видов деятельности)* ‖ комбинировать, сочетать 2. комбинат; объединение; картель; синдикат □ **to** ~ **efforts** объединять усилия
come □ **to** ~ **down** снижаться *(о ценах)*; **to** ~ **expensive** обходиться дорого; **to** ~ **in** 1. вступать *(в качестве партнёра)* 2. входить в моду; **to** ~ **into operation** начать действовать; вступать в строй; **to** ~ **out of action** выйти из строя, потерять работоспособность; **to** ~ **to** равняться; составлять; **to** ~ **up** подниматься, расти, повышаться *(о ценах)*
comeback *разг.* возобновление *(заказов)*; возвращение
command 1. господство, власть; контроль 2. распоряжение *(напр. средствами)* ‖ иметь в своём распоряжении, располагать 3. заказ □ **at the** ~ имеющийся в распоряжении; **to** ~ **a high price** продаваться по высокой цене; **to** ~ **a premium** продаваться с надбавкой; **to** ~ **a ready sale** легко продаваться; **to** ~ **at the market** господствовать на рынке; контролировать рынок; **to** ~ **reserves** располагать резервами; **to** ~ **finance** распоряжаться финансами
commensurability соизмеримость; пропорциональность
commensurable соизмеримый; пропорциональный
commerce торговля, коммерция
domestic ~ внутренняя торговля
foreign ~ внешняя торговля
interstate ~ *амер.* межштатная торговля
commercial 1. рекламная передача; коммерческая передача *(радио)*; реклама и объявления 2. *разг.* коммивояжёр 3. торговый, коммерческий 4. прибыльный, приносящий доход; рентабельный 5. относящийся к сфере обслуживания 6. промышленный; промышленного типа; промышленного значения *(о процессе или оборудовании)* 7. серийный *(об изделии)* 8. технический *(о степени чистоты продукта)* 9. производимый не по государственному заказу

commercialism коммерческий подход; меркантильность
commercialization 1. коммерциализация *(подчинение деятельности целям извлечения частнокапиталистической прибыли)* 2. организация серийного производства
commercialize 1. извлекать прибыль 2. запускать в серийное производство
commingle смешивать, соединять *(инвестиционные средства вкладчиков; ценные бумаги брокера и клиента)*
Commission □ **~ for Agriculture** Комиссия по сельскому хозяйству; **~ for Industry** Комиссия по промышленности; **~ for Public Health and Social Maintenance** Комиссия по здравоохранению и социальному обеспечению
Commodity Futures Trading ~ Комиссия по срочной биржевой торговле *(США)*
Consumer Product Safety ~ Комиссия по безопасности потребительских товаров *(США)*
Countryside ~ Комиссия по вопросам использования и охраны природы *(Великобритания)*
Economic ~ for Asia and the Far East Экономическая комиссия ООН для стран Азии и Дальнего Востока
Economic ~ for Europe Экономическая комиссия ООН для стран Европы
Economic ~ for Latin America Экономическая комиссия ООН для стран Латинской Америки
Economic ~ for the Middle East Экономическая комиссия ООН для стран Среднего Востока
Equal Employment Opportunity ~ Комиссия по вопросу равных возможностей занятости *(США)*
Federal Communications ~ Федеральная комиссия по связи *(США)*
Federal Power ~ Федеральная энергетическая комиссия *(США)*
Federal Trade ~ Федеральная торговая комиссия *(США)*
International ~ for Agricultural and Food Industries Международная комиссия по переработке сельскохозяйственных продуктов *(1934 г.)*
International ~ of Agricultural Engineering Международная комиссия по механизации сельского хозяйства *(1930 г.)*
International ~ of Sugar Technology Международная техническая комиссия сахарной промышленности *(1949 г.)*
International Trade ~ Комиссия по международной торговле *(США)*
Interstate Commerce ~ Комитет по межштатному транспорту и торговле *(США)*
Manpower Services ~ Комиссия по трудоустройству *(Великобритания)*
Monopolies and Mergers ~ Комиссия по монополиям и слияниям *(Великобритания)*
National ~ on Productivity Национальная комиссия по изучению производительности труда *(США)*
National Companies and Securities ~ Национальная комиссия по компаниям и ценным бумагам *(Австралия)*
National Food Marketing ~ Национальная комиссия по торговле продовольственными товарами *(США)*
National Incomes ~ Национальная комиссия по доходам *(Великобритания; существовала до 1965 г.)*
National Monetary ~ Национальная комиссия по денежному обращению *(США)*
Near East Forestry ~ Комиссия по лесоводству стран Ближнего Востока *(1953 г.)*
Nuclear Regulatory ~ Комиссия по регулированию ядерной энергетики *(США)*
Population ~ Комиссия ООН по народонаселению
Price ~ Комиссия по ценам *(США)*
Productivity ~ Комиссия по вопросам производительности (труда) *(США)*
Public Service ~ Комиссия по вопросам государственной службы
Public Utilities ~ Комиссия по вопросам деятельности коммунальных служб
Royal ~ on Population Королевская комиссия по проблемам народонаселения *(Великобритания)*
Security and Exchange ~ Комиссия по ценным бумагам и биржам *(США, 1934 г.)*
United Nations ~ on International Commodity Trade Комиссия ООН по вопросам международной торговли сырьевыми товарами
commission 1. комиссия; комитет 2. доверенность, полномочия 3. комиссионный сбор; комиссионное вознаграждение, комиссионные □ **~ charged by bank** комиссионные, взимаемые банком; **in ~** в исправности, в готовности; **on ~** на комиссии *(как товары для продажи)*; на комиссионной основе; **~ on guarantee** комиссия при авале; **out of ~** в неисправном состоянии, вышедший из строя; **to come into ~** вступать в строй [в эксплуатацию]; **to sell on ~** продавать на комиссионных началах
acquisition ~ комиссионные за заключение новых договоров страхования
advisory ~ консультативный комитет
broker's ~ комиссионное вознаграждение брокеру
buying ~ комиссионные за закупку
coastal ~ комитет по контролю использования прибрежной зоны *(США)*
collecting ~ комиссионный сбор за инкассо
collection ~ комиссионное вознаграждение за сбор страховых взносов
del credere ~ комиссионный сбор за делькредере
interim ~ временная комиссия
negotiated ~ договорное вознаграждение брокера *(в отличие от регулируемого государством)*
overdraft ~ комиссионное вознаграждение за овердрафт
reinsurance ~ перестраховочные комиссионные

return ~ возвращённое комиссионное вознаграждение
sales ~ первогодичное комиссионное вознаграждение за приобретение страхования
science-and-technology ~ *амер.* научно-техническая комиссия штата
selling ~ комиссионный сбор за продажу
service ~ повторное комиссионное вознаграждение за обслуживание страхователей
split ~ вознаграждение, поделённое между двумя посредниками *(или бóльшим числом)*
standing ~ постоянная комиссия
underwriting ~ комиссия по операциям «андеррайтинг» *(при продаже ценных бумаг дилерам)*

Commissioner:
Land Bank ~ *амер.* высшее должностное лицо в администрации сельскохозяйственного кредита
National Debt ~**s** Комиссары национального долга *(в комиссии при Банке Англии)*
Trade ~ торговый уполномоченный *(официальный торговый представитель Великобритании в доминионах)*

commissioner 1. член комиссии 2. уполномоченный; комиссар
average ~ *страх.* аварийный комиссар
bank ~ *амер.* руководитель банковского департамента

commissioning сдача в эксплуатацию, пуск *(напр. предприятия)*

commit 1. вручать; поручать 2. финансировать; вкладывать *(капитал)* 3. брать на себя обязательства 4. вовлекать, втягивать *(напр. ресурсы в производство)*

commitment 1. вручение; передача *(напр. законопроекта в парламентскую комиссию)* 2. затраты; вложение *(капитала)* 3. обязательство *(напр. по выполнению принятых заказов)*; заказы, подлежащие выполнению; невыполненные заказы 4. обязательство *(напр. по выделению ассигнованных средств)*; намеченные финансовые ассигнования; контракт, предусматривающий финансовую ответственность за выполнение операций *(напр. приобретение ценных бумаг)* 5. вовлечение, втягивание *(ресурсов в производство)* □ ~**s for future delivery** обязательства по срочным сделкам; **without any** ~**s** без всяких обязательств
~ **of finance** финансовое обязательство
advance ~**s** обязательства на последующий срок; срочные обязательства
bear ~**s** обязательства спекулянтов, играющих на понижение
bull ~**s** обязательства спекулянтов, играющих на повышение
capital ~**s** обязательства инвестиционного характера
contractual ~ контрактное обязательство
credit ~ обязательство выдать кредит
firm ~ 1. обязательство банка–организатора займа купить ценные бумаги 2. безусловное обязательство предоставить кредит
formal credit ~ формальный договор о выдаче кредита
forward ~**s** *см.* **advance commitments**
government ~ *амер.* обязательство правительственных учреждений *(напр. дающее право на получение займа)*; ассигнование из правительственных фондов
investment ~**s** инвестиционные обязательства, инвестиционные планы *(в отличие от фактических инвестиций)*
military ~ объём военных заказов *(для данного предприятия)*; доля военных заказов *(в общем объёме производства)*
parity-with-land ~ обязательство *(центрального банка)* поддерживать колебание курса своей валюты в определённых пределах
purchase ~**s** обязательства по заказам; размещённые заказы
stand(-)by ~ резервное обязательство; обязательство предоставить кредит в пределах определённого срока *или* купить нераспроданные ценные бумаги
stock exchange ~**s** обязательства по биржевым сделкам
treaty ~**s** договорные обязательства

Committee □ ~ **for Economic Development** Комитет содействия экономическому развитию *(США, 1949 г.)*; ~ **for Reciprocity Information** Комитет взаимной информации *(США)*; ~ **on Improvement of National Statistics** Комитет по совершенствованию национальной системы статистического учёта; ~ **on Interest and Dividends** Комитет по процентам и дивидендам *(государственный орган США по контролю над динамикой указанных показателей)*; ~ **on National Resources** Комитет по природным ресурсам; ~ **on Paperless Entry** Комитет по «безбумажным» расчётам *(США)*; ~ **on Population Problems** Комитет по проблемам народонаселения *(США)*; ~ **on Population Statistics** Комитет по статистике народонаселения *(США)*; ~ **on State and Local Government Cooperation** Комиссия по сотрудничеству между властями штатов и органами местного самоуправления *(США)*; ~ **on Stock List** Комитет по регистрации акций на Нью-Йоркской фондовой бирже; ~ **on the Censuses of Production and Distribution** Комитет по промышленным переписям *(Великобритания)*; ~ **on Uniform Securities Identification Procedures** Комитет по стандартным кодам ценных бумаг *(США)*
~ **of London Clearing Bankers** Комитет лондонских клиринг-банков
Accepting Houses ~ Комитет акцептных домов *(Великобритания)*
Ad Hoc ~ **of Experts on Programmes in Demographic Aspects of Economic Development** Специальный комитет экспертов по программам в области демографических аспектов экономического развития
Ad Hoc ~ **of the Board of Governors on Reform of the International Monetary System and Related Issues** Специальный комитет Совета управляющих по

вопросу о реформе международной валютной системы и смежным проблемам
Appropriation ~ Комитет по ассигнованиям *(Конгресса США)*
Birth Control Investigation ~ *ист.* Комитет по исследованию проблем регулирования рождаемости *(Великобритания)*
Capital Issues ~ Комитет по регулированию выпуска ценных бумаг *(Великобритания)*
Census of Production Advisory ~ Консультативный комитет по вопросам промышленных переписей *(Великобритания)*
Coordinating ~ for East-West Trade Комитет по координации торговли с Востоком *(бывшими соц. странами; КОКОМ)*
Emergency ~ for Full Funding of Educational Programs Чрезвычайный комитет по полному финансовому обеспечению программ в области образования
European ~ of Sugar Manufacturers Европейский комитет сахарозаводчиков
Federal Open Market ~ Комитет по операциям на открытом рынке Федеральной резервной системы *(США)*
Foreign Exchange Control ~ Комитет по валютному контролю *(Великобритания)*
House Appropriation ~ Комиссия по бюджетным ассигнованиям *(США)*
Intergovernmental ~ for European Migration Межправительственный комитет по делам европейской миграции
Interim Coordinating ~ for International Commodity Arrangements Временный координационный комитет по международным соглашениям о торговле товарами
International ~ for Recording the Productivity of Milk Animals Международный комитет по контролю продуктивности молочных животных *(1951 г.)*
International Cotton Advisory ~ Международный консультативный комитет по хлопку *(1939 г.)*
International Dairy ~ Международный комитет по молоку *(1964 г.)*
International Permanent ~ on Canned Foods Международный постоянный комитет консервной промышленности
International Standing ~ on Physiology and Pathology of Animal Reproduction Международный постоянный комитет по физиологии и патологии при воспроизводстве животных
International Tea ~ Международный комитет по чаю
Machine Tool Economic Development ~ Комитет по вопросам экономического развития станкостроения *(Великобритания)*
Mac-Millan ~ Комитет Мак-Миллана *(обследовавший состояние кредитно-денежной системы в Англии в 1929–1931 гг.)*
National ~ on Maternal Health Национальный комитет по охране материнства
National ~ on Vital and Health Statistics Национальный комитет по статистике здравоохранения и актов гражданского состояния
National Security ~ Национальный комитет безопасности *(Великобритания)*
Open Market ~ *см.* **Federal Open Market Committee**
Population Investigation ~ Комитет по изучению народонаселения *(в Лондонской школе экономики)*
Special ~ on the Financial Situation of the United Nations Специальный комитет по финансовому положению ООН
Stock Exchange ~ Комитет фондовой биржи
Temporary National Economic ~ Временный национальный комитет по экономике *(США)*
Transportation Allocations, Priorities and Controls ~ Комитет по очерёдности, распределению и контролю над перевозками *(США)*
United Nations ~ on Commodities Комитет ООН по сырьевым товарам
United Nations/FAO Intergovernmental ~ of the World Food Programme Межправительственный комитет Мировой продовольственной программы ФАО *(при ООН)*
Whitley ~s комитеты Уитли *(определяющие минимум заработной платы в ряде отраслей)*

committee комитет; комиссия; группа □ **~ on stock list** биржевой комитет по допуску ценных бумаг к котировке
accepting house ~ *англ.* комитет акцептных домов
ad hoc ~ *лат.* специальный комитет
auditing ~ ревизионная комиссия
budget ~ (консультативная) планово-финансовая комиссия *(корпорации, фирмы)*; сметная комиссия *(фирмы)*
clearing house ~ *амер.* комитет расчётной палаты
corporate ~ внутрифирменная комиссия
creditors' ~ кредиторский комитет *(представляющий интересы кредиторов ненадёжной фирмы)*
engineering release ~ комиссия по проверке технических характеристик изделий *(выпускаемых на рынок)*
executive ~ исполнительный комитет, рабочая группа *(напр. правления корпорации)*
extraparliamentary ~ внепарламентская комиссия
factory ~ фабрично-заводской комитет, фабзамком
finance ~ финансовый комитет *(корпорации)*
forecasting ~ группа прогнозирования
grants ~ комитет по субсидиям
grievance ~ конфликтная комиссия *(на производстве)*
interagency ~ межведомственный комитет; межведомственная комиссия
joint ~ 1. межведомственная комиссия **2.** объединённая комиссия верхней и нижней палат парламента *(или)* конгресса
listings ~ комитет фондовой биржи по листингу *(допуску к котировке)*

loan and discount ~ *амер.* учётно-ссудный комитет *(в банке)*
local productivity ~ *англ.* комиссия по экономической эффективности производства
make-or-buy ~ группа, определяющая целесообразность изготовления *или* закупки (комплектующих) элементов *(изделия)*
management [managing] ~ руководящий комитет, комитет по управлению *(корпорации)*
money policy ~ комитет банка, определяющий операционную политику
planning ~ группа планирования
promotion ~ группа стимулирования сбыта
quality ~ комиссия по качеству *(продукции)*
quality cost ~ группа анализа затрат на обеспечение качества *(продукции)*
quotations ~ *см.* **listings committee**
research advisory ~ научно-консультативный комитет
safety ~ комиссия по технике безопасности
select ~ отборочный комитет *(напр. по кадровым вопросам)*
shop ~ цеховой комитет
standing ~ постоянная комиссия; постоянный комитет
steering ~ руководящий комитет
stock exchange ~ комитет фондовой биржи
store stocking ~ комиссия *(из работников магазина)* по распределению площади полок между отдельными товарами
strike ~ забастовочный комитет
supervisory ~ наблюдательный комитет
trade union ~ профсоюзный комитет
trust ~ комитет по трастовым операциям *(в банке)*
trust investment ~ комитет по инвестированию доверенных фондов *(в трастовом учреждении)*
works ~ рабочий комитет
workshop ~ цеховой комитет
zero-defects ~ комиссия по бездефектности продукции

committeeman член комитета, «комитетчик»
commodit/y 1. товар 2. предмет (широкого) потребления, продукт 3. промышленное изделие, перевозки которого оплачиваются по специальному тарифу и включают дополнительные услуги □ **~ies in short supply** дефицитные товары; **~ies with a strong seasonal pattern** товары строго сезонного характера
basic ~ies основные сырьевые товары
bottleneck ~ дефицитный товар
bulk ~ 1. навалочный груз; бестарный груз; груз насыпью 2. *pl* массовые товары
cash ~ 1. товар, продаваемый за наличные; реальный товар 2. товар, готовый к поставке
complementary ~ies дополняющие товары
consumer ~ies потребительские товары, предметы широкого потребления
controlled ~ies товары, срочная [фьючерсная] торговля которыми регулируется законами *(США)*
distress(ed) ~ 1. непринятый товар 2. убыточный товар
essential ~ies товары первой необходимости
finished ~ фабрикат, готовая продукция
individual ~ies отдельные товары
industrial ~ies массовые товары промышленного назначения
intermediate ~ промежуточный продукт *(потребляемый тем же предприятием, которое его производит)*
labelled ~ маркированный товар; товар, снабжённый этикеткой
marketable ~ies товары, имеющие лёгкий сбыт
money ~ денежный товар
perishable ~ies товары кратковременного пользования; скоропортящиеся товары; товары с ограниченным сроком годности
primary ~ies основные виды сырья
ready ~ готовые изделия *(широкого потребления)*
scarce ~ дефицитный товар
standardized ~ies стандартизированные товары
staple ~ies предметы первой необходимости; главные предметы торговли, массовые товары
surplus ~ies товарные излишки
universal ~ абсолютный товар

common 1. общий; (широко) распространённый; общепринятый; обычный 2. общинная земля; общинный выгон 3. право на общественное пользование *(землёй)*; право на совместное пользование 4. *pl* простой народ; *(ист.)* третье сословие
commonage 1. общественный выгон 2. право выпаса на общественном выгоне
commonwealth 1. государство 2. *амер. уст.* штат 3. благосостояние 4. содружество
commune *ист.* община
rural ~ сельская община
communicate обмениваться информацией; общаться
communication 1. коммуникация; обмен информацией, передача (и приём) информации; общение; контакт(ы) 2. *pl* связь; система связи *(напр. телефон)*
data ~ передача данных [информации]
down ~s контакты с подчинёнными
external ~s внешние контакты *(с общественностью и потребителем)*
horizontal ~s контакты с коллегами
internal ~s внутренние контакты *(с начальством, подчинёнными и с коллегами)*
oral ~s личные контакты
sales ~s средства распространения коммерческой информации
upward ~s контакты с руководителями

Community:
European Atomic Energy ~ Европейское сообщество по атомной энергии, ЕВРАТОМ
European Coal and Steel ~ Европейское объединение угля и стали, ЕОУС *(1951 г.)*

European Economic ~ Европейское экономическое сообщество, ЕЭС, Общий рынок *(1957 г.)*

communit/y 1. община 2. общество 3. общность; объединение; сообщество; содружество

~ of goods общность владения имуществом

~ of interest общность интересов *(различные формы соглашений между компаниями)*

agricultural ~ сельская община; сельскохозяйственные круги

business ~ деловые круги

distressed ~ бедствующий населённый пункт; район, экономика которого находится в упадке

farming ~ *см.* **agricultural community**

Federal transportation ~ *амер.* государственные ведомства, обеспечивающие транспортные перевозки в мобилизационных условиях

industrial ~ рабочий посёлок

international ~ международное сообщество

professional ~ 1. профессиональное общество 2. кадры специалистов

rural ~ сельские жители

scientific-and-technological ~ научно-технические кадры

urban ~ies города, посёлки городского типа

village ~ сельская община

commuter лицо, совершающее регулярные поездки *(в пределах населённого пункта или района)*

commuting внутригородская миграция; маятниковая миграция; регулярные приезды

Company:

Depositary Trust ~ депозитарная трастовая компания *(центральный депозитарий ценных бумаг в США)*

Goldsmiths' ~ *англ.* гильдия золотых дел мастеров

Land Improvement ~ Компания по улучшению земельных угодий *(правительственная кредитная корпорация Великобритании)*

compan/y компания; (акционерное) общество; фирма; корпорация □ **~ in liquidation** компания в состоянии ликвидации; **~ limited by shares** *см.* **limited(-liability) company; to contribute to a ~** вносить в пользу компании; **to form a ~** создавать компанию

acquiring ~ компания, приобретающая активы другой компании *(посредством обмена акций)*

affiliated ~ *см.* **subsidiary company**

allied ~ *см.* **subsidiary company**

associated ~ 1. «ассоциированная» компания *(контролирующая фирму или подконтрольная ей)* 2. *см.* **subsidiary company** 3. *см.* **holding company**

assurance ~ страховая компания

auction ~ *амер.* 1. оптовая компания по продаже товаров с аукциона 2. компания, занимающаяся организацией аукционов *(по сбыту)*

bank holding ~ банковская холдинг-компания

bogus [bubble] ~ фиктивная компания

bus ~ компания автобусного транспорта

captive finance ~ финансовая компания, являющаяся дочерним предприятием промышленной фирмы

catalog showroom ~ торговая компания с продажей потребительских товаров по каталогам

cattle loan ~ *амер.* компания по выдаче ссуд животноводам

ceding ~ компания, передающая риск в перестрахование

chartered ~ *англ.* компания, организованная на основании правительственной концессии

City ~ компания, контора которой находится в Лондонском Сити

close ~ компания закрытого типа *(с ограниченным числом участников, не имеющих права продавать свои акции без согласия других акционеров)*

closed-end investment ~ инвестиционная компания закрытого типа *(выпускающая лимитированное количество акций)*

commercial credit ~ *см.* **finance company**

commercial finance ~ *амер.* финансовая компания, предоставляющая краткосрочные кредиты только фирмам *(на финансирование оборотного капитала)*

commission ~ комиссионная фирма; маклерская *или* брокерская фирма

constituent ~ *см.* **subsidiary company**

consumer finance ~ *амер.* финансовая компания, предоставляющая небольшие краткосрочные займы для покупки потребительских товаров, компания потребительского кредита

controlling ~ *см.* **holding company**

decentralized ~ децентрализованная фирма

defense-space ~ компания, производящая продукцию военного назначения и космическую технику

distributor ~ компания по снабжению электроэнергией

ditch ~ ирригационная компания, компания по орошению земель

diversified investment ~ диверсифицированная инвестиционная компания *(вкладывающая капиталы в различные области бизнеса)*

divisionalized ~ компания с несколькими отделениями

domestic ~ отечественная компания

dormant ~ зарегистрированная, но не функционирующая компания

electric ~ *см.* **power company**

electric utility ~ компания — производитель электроэнергии для общественного пользования

engineering ~ *англ.* машиностроительная фирма

factor(ing) ~ факторинговая компания

(по финансированию счетов к получению)
farming ~ сельскохозяйственная (акционерная) компания; фермерское хозяйство, организованное как (акционерная) компания
farm mortgage ~ *амер.* компания по выдаче ипотечных ссуд фермерам
finance ~ финансовая компания *(тип кредитного учреждения)*
fledgling ~ молодая и быстро растущая компания
forwarding ~ танспортно-экспедиционная компания
full-line ~ (крупная) фирма, выпускающая широкий ассортимент изделий
growth ~ растущая компания; фирма, увеличивающая объём деятельности
heavy electrical ~ компания — производитель тяжёлого электротехнического оборудования
heavy machinery ~ компания — производитель тяжёлого оборудования
highly leveraged ~ компания со значительными долговыми обязательствами
holding ~ холдинг-компания, материнская компания, компания-держатель *(владеющая контрольным пакетом акций других компаний)*
home-country oriented multinational ~ многонациональная корпорация с отечественной ориентацией
host-country oriented multinational ~ многонациональная корпорация с ориентацией на принявшую страну
incorporated ~ акционерная компания
indigenous ~ies местные компании; национальные компании
installment credit ~ *англ.* компания для финансирования продаж в рассрочку
insurance ~ страховая компания
insurance ~ limited юридически оформленная страховая компания с ограниченной ответственностью
intercity bus ~ компания междугородного автобусного сообщения
internationally-based ~ компания, имеющая отделения в различных странах
interstate pipeline ~ компания межштатного трубопроводного транспорта
intrastate utility ~ электрогазораспределительная компания, действующая в пределах одного штата; внутриштатная компания по коммунальному обслуживанию
investment (trust) ~ *англ.* инвестиционная компания
joint ~ совместная компания *(учредители выступают на паритетных началах)*; смешанная компания
joint stock ~ *см.* **stock company**
leasing ~ лизинговая компания; компания, занимающаяся сдачей (оборудования) в аренду
legal reserve life insurance ~ компания по страхованию жизни, получившая юридическое право на ведение операций
letter-box ~ies фирмы, зарегистрированные в «налоговых оазисах» и имеющие там формальные представительства
leveraged ~ компания с высокой долей заёмных средств в пассивах
life insurance ~ компания по страхованию жизни
limited(-liability) ~ компания с ограниченной ответственностью
loan and trust ~ *см.* **trust company**
management ~ *амер.* управляющая компания *(центр инвестиционной компании открытого типа)*
manufacturing ~ компания обрабатывающей промышленности
marketing ~ торговая компания
mixed ~ смешанная компания *(из двух или многих собственников, особенно из разных стран)*
mortgage ~ компания по операциям с ипотеками
motor freight ~ компания грузовых автомобильных перевозок; компания грузового автотранспорта
multibank holding ~ многобанковская холдинг-компания
multidivisional ~ компания с несколькими отделениями
multiestablishment ~ *см.* **multiplant company**
multiindustry ~ многоотраслевая компания
multinational ~ многонациональная компания
multiplant [multiunit] ~ компания, владеющая несколькими предприятиями
mutual life insurance ~ компания страхования жизни на взаимных началах *(вместо акционерного капитала имеет паевой капитал)*
mutual water ~ компания по водоснабжению на взаимных началах
natural gas pipeline ~ компания трубопроводного транспорта по снабжению природным газом
nominee ~ номинальная компания *(фиктивная компания, под маркой которой объединяются держатели акций какой-л. корпорации, скрывающие свои подлинные названия и имена)*
nonoperating ~ 1. недействующая [непроизводящая] компания **2.** арендная компания *(сдающая все свои предприятия или иное имущество в аренду)*
oil royalty ~ 1. нефтяная рентная компания *(компания, сдающая в аренду нефте- и газоносные участки для их разработки)* **2.** корпорация — держатель акций нефтяных рентных компаний
omnium investment ~ общеинвестиционная компания
one bank holding ~ холдинг-компания с одним банком
one-man ~ компания, акции которой принадлежат одному лицу
open-end investment ~ *амер.* инвестиционная компания открытого типа *(не имеющая ограничений на выпуск акций)*
operating ~ *амер.* действующая [производящая] фирма, фирма-производитель
organ ~ фирма, находящаяся под эконо-

COMPAN/Y

мическим, финансовым и административным контролем другой фирмы
parent ~ материнская компания
personal holding ~ холдинг-компания, контролируемая одним лицом
personal loan ~ компания по предоставлению мелких ссуд частным лицам
power ~ компания–производитель электроэнергии
predecessor ~ компания-предшественник *(до приобретения её активов другой фирмой или консорциумом)*
private (limited) ~ *англ.* частная акционерная компания; закрытая акционерная компания
product ~ производственная фирма; производящая компания
proprietary ~ **1.** частная компания с ограниченной ответственностью *(Австралия, ЮАР)* **2.** компания, владеющая землёй и сдающая её в аренду для добычи полезных ископаемых
protective patrol ~ компания патрульной охраны *(предприятий)*
public ~ *англ.* открытая *или* публичная акционерная компания
public limited ~ *англ.* открытая [публичная] компания с ограниченной ответственностью *(удовлетворяющая ряду требований по закону 1980 г.)*
public-service [public utility] ~ государственная компания по коммунальному обслуживанию
purchasing ~ компания по закупкам
quasi-public ~ частная компания с общественными функциями
railway ~ компания железнодорожных перевозок
railway express ~ компания железнодорожных экспресс-перевозок, компания скорых железнодорожных перевозок
real-estate ~**ies** компании, занимающиеся операциями с недвижимым имуществом
regulated ~ компания, деятельность которой регулируется государством
reinsurance ~ перестраховочная компания
related ~ *см.* **subsidiary company**
research intensive ~ компания, выполняющая большой объём научных исследований
retailing ~ компания розничной торговли
retroceding ~ перестраховочная компания, передающая риск в порядке ретроцессии
safe deposit ~ компания, занимающаяся операциями по хранению ценностей
sales finance ~ компания по финансированию продаж в рассрочку
securities ~ **1.** *см.* **holding company 2.** инвестиционный банк
security flotation ~ учреждение по эмиссии и размещению ценных бумаг; инвестиционный банк
shipbuilding ~ судостроительная компания
shipping ~ судоходная компания
short-line ~ (небольшая) фирма, выпускающая изделия ограниченного ассортимента
single-division ~ компания с одним отделением
single-establishment [single-unit] ~ *амер.* компания, владеющая одним предприятием
small loan ~ *амер.* компания по выдаче небольших ссуд
spin-off ~ фирма, отделившаяся от материнской компании *(с целью коммерческой реализации нового научно-технического достижения)*
state ~ открытая *или* публичная акционерная компания
statutory ~ *англ.* компания, учреждённая особым актом парламента
stock ~ акционерная компания
stock life insurance ~ акционерная страховая компания
stockyard ~ фирма, обслуживающая скотопригонный двор
subsidiary ~ подконтрольная компания; компания-участница; дочерняя компания; филиал
supplier ~ фирма-поставщик
supranational ~ национальная компания
surviving ~ сохранившаяся компания; компания-наследница *(напр. приобретшая имущество ликвидированной компании)*
switching ~ компания передаточной железной дороги; компания, осуществляющая перевозки грузов на железнодорожных ветках *(от магистралей к портам, заводам, складам)*; компания железнодорожных маневровых работ
top-notch ~**ies** «верхушка» *(наиболее крупные и мощные компании)*
towing-and-tugboat ~ компания морских буксирных работ
trading-stamps ~ фирма, практикующая выпуск марок с объявленной стоимостью *(для розничной торговли)*
trucking ~ компания грузового автотранспорта
trust ~ траст-компания *(выполняющая доверительные функции для частных лиц и организаций)*
underlying ~ дочерняя компания, владеющая привилегиями, которые не могут быть переданы материнской фирме
unit trust management ~ *англ.* инвестиционная компания, управляющая общим траст-фондом
unlimited ~ компания с неограниченной ответственностью
vendor ~ компания-поставщик
vertical holding ~ вертикальная холдинг-компания *(напр. объединяющая фирмы, производящие средства транспорта и эксплуатирующие их)*
wild cat ~ компания, занимающаяся аферами
world oriented multinational ~ многонациональная корпорация с глобальной ориентацией

comparability:
historical ~ сопоставимость с данными за прошлые периоды
comparable сравнимый, сопоставимый
compare сравнивать, сопоставлять
comparison 1. сравнение, сопоставление 2. *pl* периодический обмен информацией о взаимных сделках *(между биржевыми брокерами или брокерами и банками)*
conditional ~ условное сравнение *(прогнозов)*
contemporary ~ сравнение продуктивности сверстниц *(в животноводстве)*
factor ~ *орг. пр.* сопоставление элементов *(с аналогичными элементами типовой работы при составлении тарифной сетки)*
intercensal ~ сравнение результатов последовательных переписей
intereconomy ~s сравнения экономики по странам; сравнения различных экономических систем
interfirm ~ сравнение показателей деятельности фирм
intertemporal ~s сравнения во времени *(статистических показателей)*
longitudinal ~ сравнение за различные периоды
lot-by-lot ~ сравнение партий *(изделий)*
multilateral ~ многостороннее сопоставление; многострановое сравнение *(напр. национального дохода на душу населения в нескольких странах)*
paired ~ парное сравнение
triple ~ тройное сравнение
compartment обособление *(напр. отдельных подразделений фирмы)*
compensate возмещать, компенсировать
compensation 1. возмещение, компенсация *(напр. убытков)*; платёж *(напр. за услуги)* 2. вознаграждение; *амер.* жалованье; доход 3. пособие по несчастному случаю *(на производстве)* 4. уравнивание □ **~ in kind** вознаграждение натурой
~ of employees выплаты служащим
accrued personnel ~ задолженность по заработной плате
daily ~ суточное пособие *(по страхованию)*
deferred ~ отложенная компенсация
lump sum ~ общая сумма страхового возмещения
money [pecuniary] ~ денежное возмещение
unemployment ~ пособие по безработице
workman's ~ пособие по нетрудоспособности
compensatory компенсационный *(об экономической политике)*; компенсирующий, возмещающий *(напр. убытки)*
compete 1. конкурировать 2. соревноваться
competent 1. удовлетворяющий требованиям 2. компетентный
competition 1. конкуренция, конкурентная борьба 2. соревнование □ **~ by service** лучшее обслуживание покупателя как средство конкурентной борьбы; **~ for the consumer's dollar** конкуренция за доллар потребителя; **~ in product design** конкуренция в области моделирования, стиля и оформления продукции; **~ in quality** конкуренция за качество; **~ in selling effort** конкуренция в области организации и стимулирования сбыта; **to abjure price ~** отказаться от ценовой конкуренции; **to be drawn into ~** быть втянутым в конкуренцию; **to defy ~** конкурировать с успехом; легко выдержать конкуренцию; **to enter a ~** вступить в соревнование; **to meet with ~** сталкиваться с конкуренцией; **to mitigate ~** смягчать [ослаблять] конкуренцию; **to sustain ~** выдерживать конкуренцию; **~ under product differentiation** конкуренция в условиях дифференциации продукции; **~ with homogeneous products** конкуренция в условиях однородности продукции
actual ~ реальная конкуренция
animated ~ оживлённая [активная] конкуренция
atomistic ~ атомистическая конкуренция *(между распылёнными производителями)*
bona fide ~ *см.* **fair competition**
buyers' ~ конкуренция (среди) покупателей
cutthroat (price) ~ 1. конкуренция на удушение *(с целью ликвидации соперников)* 2. ожесточённая (ценовая) конкуренция *(цена устанавливается ниже уровня издержек)*
defensive ~ оборонительная конкуренция *(в ответ на вызов со стороны конкурентов)*
destructive ~ разрушительная конкуренция *(посредством сбивания цен)*
direct ~ прямая конкуренция
fair ~ честная конкуренция, конкуренция на равных условиях
free ~ свободная конкуренция
imperfect ~ несовершенная (монополистическая) конкуренция
indirect ~ косвенная конкуренция
interindustry ~ межотраслевая конкуренция
interseller ~ конкуренция (среди) продавцов
intrafirm ~ конкуренция в рамках фирмы *(напр. за долю в общих инвестициях)*
intraindustry ~ внутриотраслевая конкуренция
keen ~ острая конкуренция
latent ~ скрытая конкуренция
monopolistic ~ монополистическая конкуренция
nonprice ~ неценовая конкуренция
open ~ конкуренция «в открытую» *(обмен статистической информацией, осуществляемой компаниями—членами отраслевых торгово-промышленных ассоциаций)*
overt price ~ явная ценовая конкуренция
perfect ~ совершенная (немонополистическая) конкуренция
point-to-point ~ конкуренция между авиакомпаниями на параллельных маршрутах между корреспондирующими пунктами

predatory ~ хищническая конкуренция *(направленная на устранение конкурентов)*
price ~ ценовая конкуренция *(сбивание цен на продукты равного качества)*
product ~ конкуренция за сбыт продукции
pure ~ чистая конкуренция
quasi ~ квазиконкуренция *(напр. между предприятиями и отделениями какой-л. компании)*
rigorous ~ *см.* **cutthroat (price) competition 2.**
sellers' ~ конкуренция среди продавцов
socialist ~ социалистическое соревнование
socially wasteful ~ конкуренция, вызывающая расточительное расходование общественных ресурсов
soft ~ конкуренция в смягчённых формах *(при отказе от явной ценовой конкуренции)*
spirited ~ оживлённая [активная] конкуренция
tacit price ~ тайная ценовая конкуренция
unfair ~ нечестная конкуренция
unworkable ~ неэффективная конкуренция
workable ~ эффективная [действенная] конкуренция
competitive конкурирующий; конкурентный, конкурентоспособный
competitiveness конкурентоспособность
competitor конкурент; соперник □ **to keep ~s out of the market** не допускать конкурентов на данный рынок; **to outbid the ~** предложить более выгодные условия, чем конкурент; **to outmanoeuver the ~** перехитрить конкурента; **to outperform the ~** превзойти конкурента; **to undersell the ~s** продавать по ценам ниже, чем у конкурентов
aggressive ~ конкурент, ведущий жестокую борьбу *(на рынке)*
friendly ~ конкурент, не применяющий агрессивной тактики *(на рынке)*
would-be ~s потенциальные конкуренты
compilation сбор *(напр. статистических данных)*
~ of national economic accounts составление национальных экономических счетов
compile собирать *(напр. статистические данные)*
compiler компилирующая программа, программа-компилятор
complain подавать рекламацию *или* претензию; жаловаться
complainant организация *или* лицо, подающие рекламацию *или* претензию; жалобщик; истец
complaint рекламация; претензия; жалоба
customer ~ претензия потребителя
field ~ экслуатационная рекламация
informal ~ неофициальная жалоба
complement 1. штат, личный состав 2. комплект ‖ укомплектовывать
complementarity взаимодополнение, комплементарность *(напр. потребительских товаров)*
comlementary комплементарный, дополняющий *(о товаре)*
complete 1. полный; целый; законченный; укомплектованный; комплектный ‖ заканчивать, завершать; комплектовать 2. заполнять *(переписной лист)* □ **~ with all accessories** комплектно со всеми принадлежностями, укомплектованный всеми принадлежностями
completed 1. завершённый, оконченный 2. заполненный
completeness полнота *(напр. представления данных)*; завершённость
completion 1. завершение, окончание 2. комплект 3. заполнение *(напр. переписного листа)* 4. *pl стат.* объекты, законченные строительством *(сооружения)*
~ of service *ТМО* завершение обслуживания
dwelling ~s жилые дома, сданные строителями
earliest activity ~ наиболее ранний возможный срок завершения операции
job ~ завершение операции
latest activity ~ наиболее поздний возможный срок завершения операции
complex комплекс; совокупность ‖ комплексный; составной, сложный
~ of queues многоканальная система массового обслуживания
industrial ~ промышленный комплекс
integrated industrial ~ интегрированный производственный комплекс; промышленный комбинат
latifundia-minifundia ~ система латифундий и мелких хозяйств
machine ~ комплекс оборудования
man-machine ~ комплекс «человек–машина»
military-industrial ~ военно-промышленный комплекс
R and D ~ *см.* **research-and-development complex**
research-and-development ~ научно-исследовательская и опытно-конструкторская база *(в определённой области)*
complexity 1. сложность 2. показатель сложности
compliance:
lot ~ соответствие партии изделий техническим требованиям
complicated сложный
component 1. компонента, составляющая 2. составная часть; деталь; узел, комплектующее изделие, компонент
annual ~ годовая составляющая *(временно̀го ряда)*
constant ~ постоянная часть *(капитала)*
costs ~ составляющая затрат
cyclical ~ периодическая составляющая
end-use ~s of the national product компоненты национального продукта по конечному использованию
illegitimate ~ составляющая показателя рождаемости, приходящаяся на долю незаконнорождённых

legitimate ~ составляющая показателя рождаемости, приходящаяся на долю законнорождённых
organic ~s of capital органические составные части капитала
random ~ случайная составляющая *(временнóго ряда)*
safety ~ гарантийная доля *(в задаче определения оптимального объёма заказа)*
systematic ~ систематическая составляющая *(временнóго ряда)*
transaction ~ of money stock трансакционный компонент денежной массы
trend ~ составляющая тренда
variable ~ переменная часть *(капитала)*
variance ~ *стат.* компонента дисперсии
composition 1. состав; структура, строение 2. компромиссное соглашение *(несостоятельного должника с кредиторами)*
~ of capital структура капитала
~ of income состав [структура] дохода
~ of investment структура инвестиций
~ of labor force структура рабочей силы
~ of n pence in the pound компромиссное соглашение об уплате *n* пенсов за каждый причитающийся фунт
~ of output структура продукции
age ~ 1. возрастная структура *(основного капитала)* 2. возрастной состав *(населения)*
average ~ of social capital среднее строение общественного капитала
commodity ~ of output товарная структура продукции
cost ~ of output структура, себестоимость продукции
ethnic ~ этнический состав *(населения)*
feed ~ *с.-х.* состав корма
household ~ состав семьи; состав хозяйства
mechanical ~ механический состав *(почвы)*
occupational ~ профессиональная структура; профессиональный состав
organic ~ органическое строение *(капитала)*
physical ~ материально-вещественный состав
population ~ структура населения *(по полу, возрасту)*
race [racial] ~ расовый состав народонаселения
stand ~ *с.-х.* состав травостоя
technical ~ of capital техническое строение капитала
total ~ валовой состав
value ~ of capital стоимостное строение капитала
compound:
purchased ~s покупные комбикорма
comptometer счётная машина; арифмометр
Comptroller □ **~ General** начальник Главного контрольно-финансового управления США
~ of the Currency *амер.* контролёр денежного обращения
comptroller 1. *амер.* контролёр; руководитель контрольно-ревизионного и бухгалтерского отделов *(в банке)* 2. главный бухгалтер-контролёр
state ~ контролёр штата *(лицо, осуществляющее контроль над финансами штата)*
computation 1. вычисление, счёт, подсчёт, расчёт 2. смета
~ of interest расчёт процентов
~ of yield определение выхода продукции
compute вычислять, рассчитывать, считать, подсчитывать, делать выкладки
computed вычисленный, рассчитанный
computer (электронно-)вычислительная машина, ЭВМ; компьютер
commercial ~ 1. вычислительная машина для решения экономических *или* коммерческих задач 2. серийная вычислительная машина
desk(-top) ~ настольная вычислительная машина
digital ~ цифровая вычислительная машина
general(-purpose) ~ универсальная вычислительная машина
high-speed ~ быстродействующая вычислительная машина
multipurpose ~ универсальная вычислительная машина
process control ~ вычислительная машина для управления (производственным) процессом
scientific ~ вычислительная машина для научных расчётов
special purpose ~ специализированная вычислительная машина
computerization внедрение вычислительной техники; компьютеризация
bank ~ внедрение вычислительной техники в банковское дело
computerize □ **to ~ bookkeeping and accounting operations** переводить бухгалтерию и расчёты на электронную основу
concentrate 1. *с.-х.* концентрированный корм, концентрат 2. сосредоточивать, концентрировать
concentration концентрация, сосредоточение
~ of capital концентрация капитала
~ of economic power концентрация экономической власти
~ of means of production концентрация средств производства
~ of production концентрация производства
aggregate ~ показатели уровня концентрации в масштабах экономики
market ~ рыночная концентрация *(доля рынка в руках ведущих компаний)*
military ~ концентрация производства и услуг военного назначения
nonmilitary ~ концентрация производства и услуг гражданского назначения
plant ~ концентрация производства
population ~ сосредоточение населения; плотность населения
seller ~ *см.* **company concentration**
concept концепция; понятие; принцип

~ **of dominance** *мат.* принцип доминирования
~ **of equilibrium** концепция равновесия
~ **of full employment** концепция полной занятости
~ **of value** понятие стоимости
basic ~ основное [фундаментальное] понятие *(напр. деньги, товар)*
comprehensive ~ **of national income** расширенная концепция национального дохода
engineering ~ **of depreciation** техническая оценка степени износа; инженерная концепция износа *(оборудования)*
fail-safe ~ принцип безаварийности при (частичном) разрушении; принцип надёжности при отказе отдельных элементов
going-firm ~ концепция, определяющая платёжеспособность учреждения *(способность погасить в любое время задолженность без ущерба для дальнейшей нормальной деятельности)*
multidimensional ~ многоплановое понятие
plant capacity ~ техническая (инженерная) концепция производственной мощности
saturation ~ концепция сатурации *(при прогнозировании)*
speedup-slowdown ~ концепция *(экономического цикла)*, основанная на явлениях ускорения *или* замедления темпов роста
system(s) ~ системный подход
total marketing support ~ концепция поддержки деятельности торговых представителей фирмы техническими специалистами всех профилей; использование технических специалистов фирмы в качестве консультантов в помощь торговым представителям
value-laden ~ концепция, основанная на суждениях о ценностях
weapon-system ~ **of procurement management** *амер.* принцип руководства закупками при создании систем оружия
zero-defects ~ принцип бездефектности

conception концепция, идея, понятие
~ **of business cycle** понятие экономического цикла

concern 1. концерн; фирма; предприятие **2.** структурное подразделение **3.** участие; интерес □ **to have a** ~ **in a business** быть участником в предприятии; **to** ~ **oneself with something** интересоваться *чем-л.*; заниматься *чем-л.*
banking ~ банковский концерн
borrowing ~ предприятие-заёмщик, компания, получающая кредит
business ~ коммерческая фирма; торгово-промышленная фирма
defense-related ~ корпорация, выполняющая заказы военных ведомств
family ~ семейная фирма
going ~ предприятие, находящееся в эксплуатации, функционирующее предприятие
incorporated ~ акционерная фирма
industrial ~ промышленный концерн
manufacturing ~ компания обрабатывающей промышленности
paying ~ прибыльное предприятие
private ~ частная (неакционерная) фирма
unincorporated ~ неакционерная фирма

concert согласие; соглашение; уговор ‖ сговариваться; договариваться; согласовывать

concession 1. уступка, скидка *(в цене)* **2.** концессия □ **to grant price** ~**s** предоставлять ценовые скидки, делать уступки в цене
mineral ~ концессия на добычу минерального сырья
mining ~ концессия на эксплуатацию шахт
price ~**s** уступки в цене
reciprocal ~**s** взаимные уступки
selling ~ комиссионное вознаграждение
tax ~ налоговая льгота
wage ~ уступка (предпринимателей) в отношении зарплаты, повышение зарплаты

concessioner концессионер, владелец концессии

conciliation (арбитражное) примирение *(напр. представителей профсоюзов и предпринимателей)*

conclude завершать; заключать

conclusion of contract заключение контракта

condemn 1. браковать, признавать негодным **2.** конфисковать, налагать арест

condemnation 1. браковка **2.** конфискация

condition 1. условие; оговорка; кондиция ‖ обусловливать **2.** состояние, положение ‖ приводить в надлежащее состояние **3.** *pl* параметры, характеристики **4.** (документированное) условие *(как основание для совершения бухгалтерской операции)* **5.** общественное положение **6.** *с.-х.* кондиция ‖ доводить до кондиции, откармливать □ **in (good)** ~ в хорошем состоянии; в кондиции; **in working** ~ в исправном состоянии, готовый к работе; **out of** ~ в плохом состоянии; не в кондиции; **to improve the working** ~**s** улучшать условия труда; **under production** ~**s** в производственных условиях
~ **of entry** условие проникновения *(новой фирмы в отрасль экономики)*
~**s of payment** условия платежа
~**s of supply** условия поставки
abnormal operating ~**s** ненормальные условия эксплуатации
actual operating ~**s** фактические [реальные] условия эксплуатации
as-received ~ состояние *(изделия)* при поставке
average operating [average service] ~**s** типичные условия эксплуатации
best-profit ~ условие максимизации прибыли
boom ~**s** бум
boundary ~ ограничивающее условие
business ~**s** деловая [хозяйственная] конъюнктура
cleared ~**s** благоприятные условия
credit ~ состояние рынка ссудных капиталов, кредитная конъюнктура

crowded ~s условия скученности
design ~s расчётные условия
emergency ~ аварийная ситуация
end-service [end-use] ~ состояние изделия при окончании эксплуатации
equilibrium ~s условия равновесия
extreme ~s предельные [экстремальные] условия
fair ~ *с.-х.* средняя кондиция
fat ~ *с.-х.* откормленная кондиция
faulty ~ неисправное состояние
feasibility ~s условия осуществимости
first-order ~s условия первого порядка, необходимые условия
flock ~ *с.-х.* состояние отары
general policy ~s условия страхования, указанные в генеральном соглашении о групповом страховании
high ~ *с.-х.* высокая кондиция
housing ~s 1. условия содержания *(скота или птицы)* **2.** жилищные условия
humble ~s of life скромные условия жизни
intensive ~s условия интенсивного содержания и кормления *(скота или птицы)*
Kuhn—Tucker ~s *мат.* условия Куна—Таккера
lean ~ *с.-х.* тощая кондиция
license ~s условия лицензии *(напр. на ввоз оборудования)*
limiting ~ ограничивающее условие
low-duty operating ~s лёгкие условия эксплуатации
maintenance ~s режим технического обслуживания
marital ~ состояние в браке, семейное положение
market ~ состояние рынка, рыночная конъюнктура
market-clearing ~ состояние равновесия спроса и предложения
medium operating ~s *см.* **moderate operating conditions**
mild-duty operating ~s лёгкие условия эксплуатации
minimax ~ условие минимакса
minimum ~ условие минимума
moderate operating ~s умеренные условия эксплуатации; нормальные условия эксплуатации
nominal ~s номинальный режим
operable ~ работоспособное состояние
operating [operation, operative] ~ 1. *pl* условия эксплуатации; условия работы **2.** исправное состояние; рабочее состояние
optimality ~ условие оптимальности
out-of-stock ~ состояние истощения запасов *(напр. материала на складе)*
peak ~ блестящее состояние, наилучшее положение *(напр. фирмы)*
plant ~s производственные условия; заводские условия
profit maximizing ~ условие максимизации прибыли
profit-maximizing employment ~ условие занятости при максимизации прибыли
queue ~ состояние системы массового обслуживания
quiet ~s затишье *(напр. на рынке)*
range ~s условия естественного пастбища
rated ~s расчётные условия; расчётный режим
readiness ~ состояние (эксплуатационной) готовности
reference ~s стандартные условия
regular service ~s нормальные условия эксплуатации
running ~s условия эксплуатации; условия работы
saturation ~ *ТМО* состояние полной занятости
second-order ~s условия второго порядка, достаточные условия
septic ~ состояние загрязнения; наличие загрязнения
service ~s условия эксплуатации; условия работы
serviceable ~ работоспособное состояние; состояние (эксплуатационной) готовности; исправное состояние
severe operation ~s тяжёлые условия эксплуатации
shop ~s *см.* **plant conditions**
show ~ *с.-х.* выставочная кондиция
side ~ дополнительное условие
sociodemographic ~s социально-демографические условия
special policy ~s особые условия страхования
specified operating ~s оговорённые условия эксплуатации *(в технических условиях поставки)*
standard policy ~s типовые условия страхования
standby ~ состояние резерва; состояние (эксплуатационной) готовности
start(ing) ~s начальные условия
storage ~s условия хранения
surplus ~s превышение предложения над спросом
top ~ наилучшее состояние, высшая кондиция
usable ~ *см.* **serviceable condition**
use ~s условия использования
waterlogged ~s условия переувлажнения
working ~s условия эксплуатации; условия работы
workshop ~s *см.* **plant conditions**
worst-on-worst operating ~s наиболее неблагоприятные условия эксплуатации

conditional условный
conditionality обусловленность кредитов *(особ. МВФ)* обязательством должников проводить определённую экономическую политику
conditioned 1. обусловленный **2.** кондиционный, отвечающий стандарту
conditioning 1. приведение в соответствие с установленными нормами; приведение в надлежащее состояние **2.** паспортизация *(оборудования)* **3.** кондиционирование
condominium совместное владение, кондоминиум
Confederation:
~ of British Industries Конфедерация английской промышленности

~ of Shipbuilding Unions Конфедерация профсоюзов судостроителей
European ~ of Agriculture Европейская сельскохозяйственная конфедерация
European ~ of Woodworking Industries Европейская конфедерация деревообрабатывающей промышленности
International ~ for Agricultural Credit Международная конфедерация сельскохозяйственного кредита
International ~ of European Sugar-Beet Growers Международная конфедерация европейских свекловодов
International ~ of Free Trade Unions Международная конфедерация свободных профсоюзов
World ~ of Labor Всемирная конфедерация труда
confederation конфедерация *(1. форма государственного устройства 2. (общественная) организация)*
Conference □ **~ on International Container Traffic** Конференция по международным контейнерным перевозкам
Baltic and International Maritime ~ Балтийская и международная морская конференция
United Nations ~ on Trade and Development Конференция ООН по торговле и развитию, ЮНКТАД
United Nations Wheat ~ Конференция ООН по пшенице
World Future Research ~ Всемирная конференция по футурологическим исследованиям
conference 1. конференция, совещание **2.** картельное соглашение между судовладельцами □ **~ on statistics** конференция по вопросам статистики
Delphi ~ совещание по выработке экспертной оценки
developmental ~ конференция по проблемам развития
preproduction ~ совещание по организации выпуска (новых) изделий
production ~ производственное совещание
quality control ~ совещание по вопросам контроля качества
standards ~ конференция по стандартам
confidence 1. достоверность; степень достоверности **2.** доверие **3.** конфиденциальное сообщение
confidential 1. конфиденциальный, секретный **2.** «секретно», «не подлежит разглашению»
confidentiality of data конфиденциальность сведений; сохранение (полученных) сведений в тайне; неразглашение сведений
confirm 1. подтверждать **2.** утверждать; санкционировать; ратифицировать
confirmation of payment подтверждение платежа
confiscation конфискация
conflict конфликт
~ of interest(s) конфликт интересов *(ситуация, при которой обязанности и интересы лица или фирмы не совпадают)*

conform соответствовать *(напр. техническим условиям)*
conformance соответствие □ **~ to design** соответствие конструктивным требованиям; **~ to specification** соответствие техническим условиям; **~ to standard** соответствие стандарту
quality ~ соответствие качества изделия *(техническим требованиям)*
conformity 1. соответствие; сходство, аналогичность; единообразие *(напр. поведения потребителей)* **2.** подчинение □ **~ to plan** планомерность
congelation:
~ of human labor сгусток человеческого труда
~ of surplus labor-time застывшее прибавочное время
congested перенаселённый; перенасыщенный; перегруженный *(напр. о транспорте)*
congestion 1. перенаселённость; перенасыщенность; перегруженность *(напр. транспорта)* **2.** полная занятость *(системы массового обслуживания)*
downtown traffic ~ затор транспорта в центральной части города
simulated ~ моделированная перегрузка
urban ~ перенаселённость городов
conglomerate конгломерат
retail ~ скопление розничных магазинов *(на одной улице или в торговом центре)*
conglomeration населённый пункт, населённое место
conglomerchant *амер.* конгломерат в торговле *(многоотраслевое объединение, находящееся в собственности одной компании)*
Congress Конгресс *(высший законодательный орган США)*
~ of Industrial Organizations Конгресс производственных профсоюзов *(США)*
Scottish Trades Union ~ Шотландский конгресс тред-юнионов
Trades Union ~ Британский конгресс тред-юнионов, БКТ
conjecture 1. предположение ‖ предполагать **2.** *стат.* предположительное исчисление
conjoined объединённый
conjugal супружеский, брачный
conjugality супружество, состояние в браке
conjunctural конъюнктурный
conjuncture конъюнктура; стечение обстоятельств
connect 1. соединять, связывать **2.** иметь родственные связи
connection 1. связь; контакт **2.** родство, свойство **3.** *pl* родственники
business ~s деловые связи
trunk ~ междугородная связь
consanguineous единокровный, кровосмесительный *(о браке)*; родственный
consanguinity единокровность, кровное родство
conscience:
public ~ общественное сознание
consciousness:
cost ~ осознание значения себестоимости

(продукции); стремление к минимизации издержек производства
price ~ здравое [сознательное] отношение покупателя к цене
conscription призыв, мобилизация
~ of wealth жёсткое налоговое обложение больших состояний
industrial ~ трудовая повинность
consenescence старение
consensual консенсуальный *(о браке)*
consensus консенсус, согласие □ **~ in cyclical movements** согласованность [совпадение] в циклической динамике *(различных сфер экономической активности)*
consequence 1. последствие; вывод; заключение **2.** значение; возможность **3.** влиятельное положение
redistributive ~s of inflation последствия инфляции в сфере перераспределения доходов
conservation 1. сохранение, сбережение **2.** охрана природы **3.** консервирование
~ of nature охрана природы
~ of value сохранение стоимости
differentiated nature ~ дифференцированная охрана природы *(сохранение отдельных природных объектов)*
flow ~ сохранение потока
forage ~ консервирование кормов
grass ~ охрана травяного покрова
home-energy ~ экономия энергии, расходуемой на бытовые нужды
individual resource ~ охрана отдельных видов ресурсов
integrated nature ~ комплексная охрана природы *(с учётом взаимосвязей в природе)*
land ~ охрана и правильное использование земель
moisture ~ сохранение влаги; накопление влаги
resource ~ экономия ресурсов
soil ~ охрана и правильное использование почв
specific nature ~ *см.* **differentiated nature conservation**
water ~ сохранение воды; накопление воды; охрана водных ресурсов
conservationist специалист по охране природы
conservative 1. умеренный; заниженный *(напр. о подсчётах)* **2.** охранительный, охранный **3.** консервативный
consideration 1. рассмотрение, обсуждение **2.** соображение **3.** возмещение, компенсация **4.** встречное удовлетворение □ **to take into ~** принимать во внимание; **under ~** рассматриваемый; проверяемый; исследуемый, испытуемый
make-or-break ~ критерий целесообразности создания *(изделия)*
money [pecuniary] ~ денежное встречное удовлетворение
consign 1. отправлять [посылать] на консигнацию **2.** передавать; поручать
consignation отправка *(товаров)* на консигнацию
consignee грузополучатель; адресат *(груза)*; консигнатор
consignment 1. груз; партия товаров **2.** консигнация *(вид договора, по которому комитент передаёт комиссионеру товар для продажи со склада комиссионера)*
consignor грузоотправитель; консигнант; комитент
consistence *см.* **consistency**
consistency 1. последовательность **2.** постоянство; стабильность; устойчивость **3.** согласованность; гармоничность; совместимость; непротиворечивость **4.** *стат.* состоятельность **5.** *бухг.* преемственность в методах учёта; неизменность методов учёта *(при составлении финансовых отчётов)*
~ of data непротиворечивость данных
~ of estimator состоятельность оценки
internal ~ внутренняя согласованность *(данных)*
opinion ~ согласованность мнений *(при экспертной оценке)*
consistent 1. последовательный **2.** соответствующий, подходящий **3.** согласованный; совместимый; непротиворечивый
consolidate 1. объединять(ся); консолидировать; сливаться *(напр. о компаниях)* **2.** уплотнять
consolidated 1. объединённый **2.** уплотнённый
consolidation 1. консолидация, объединение, слияние **2.** уплотнение **3.** превращение краткосрочной задолженности в долгосрочную
~ of banks слияние банков
~ of mortgage консолидация закладной
~ of shipments укрупнение [объединение] мелких грузов *(до повагонной нормы погрузки)*
farm ~ укрупнение ферм
industrial ~ концентрация и централизация в промышленности
land ~ 1. уплотнение земли **2.** укрупнение участков
railroad ~ объединение [слияние] железных дорог
statutory ~ *амер.* слияние, в результате которого возникает новое юридическое лицо
consols *англ.* консолидированная рента
consortium консорциум *(соглашение между промышленными компаниями или банками для совместного проведения деловых операций)*
technology transfer ~ соглашение о передаче технологии
constant постоянная (величина), константа ‖ постоянный, неизменный
multiplicative ~ постоянный множитель
order-cycle ~ постоянная длительность интервала между последовательными заказами
proportionality ~ коэффициент пропорциональности
safety-cost ~ постоянная составляющая затрат на содержание резервных запасов
smoothing ~ сглаживающая постоянная
constituency *разг.* клиентура, контрагенты

business ~ деловой мир
constituent составная часть, элемент ‖ составной; составляющий *(о части целого)*
constant ~ постоянная составная часть *(капитальной стоимости)*
variable ~ переменная составная часть *(капитальной стоимости)*
constitute учреждать, основывать; вводить в силу
constitution 1. конституция **2.** учреждение, устройство **3.** состав
monetary ~ денежная система
soil ~ строение почвы; состав почвы
constrained подчинённый ограничениям
constraint 1. принуждение, давление **2.** ограничение *(в математическом смысле)* **3.** *(стат.)* ограничивающая связь □ **~ on real resources** ограничение реальных ресурсов
active ~ жёсткое ограничение
budget ~ бюджетное ограничение, ограничение на величину капиталовложений
composite ~ *мат.* составное ограничение
dual ~ *мат.* ограничение двойственной задачи
engineering ~s технические ограничения
environmental ~ ограничение, вызванное необходимостью охраны окружающей среды
equality [equated] ~ *мат.* ограничение в виде равенства
hard ~ жёсткое ограничение
inactive ~ нежёсткое ограничение
inconsistent ~ несовместное ограничение
inequality ~ *мат.* ограничение в виде неравенства
manpower ~ ограничение на использование рабочей силы
primal ~ *мат.* ограничение прямой задачи
profit ~ ограничение прибыли
resource ~ ограничение на количество ресурсов
risk ~s ограничения, обусловленные риском
soft ~ нежёсткое ограничение
standardized ~ *орг. пр.* нормированное ограничение
storage space ~s ограничения на объём места хранения *(запасов)*
upper-bound ~ верхнее ограничение
construct конструировать; строить; сооружать
construction 1. строительство **2.** здание; строение; сооружение; конструкция **3.** толкование; □ **~ in progress** незавершённое строительство; **~ put in place** возведённый строительный объект; выполненные строительные работы
broad ~ расширительное толкование
housing ~ жилищное строительство
imaginative ~ воображаемое построение *(при прогнозировании)*
incompleted ~ незавершённое строительство
model ~ построение модели
noncontracted farm ~ хозяйственный способ строительства *(в сельском хозяйстве)*
nonresidential (private) ~ *амер.* строительство нежилых зданий *(т.е. промышленное, сельскохозяйственное и транспортное, кроме автодорожного)*
project ~ строительство (запроектированного) объекта
public ~ государственно-муниципальное строительство *(коммунальное, школьное, военное, автодорожное)*
residential ~ жилищное строительство
restrictive ~ ограничительное толкование
turnkey ~ полный объём работ; строительство под «ключ»
constructive 1. конструктивный; строительный **2.** подразумеваемый; выведенный путём умозаключения
consultant консультант, советник
business ~ консультант по вопросам торгово-промышленной деятельности
engineering ~ инженер-консультант; консультант по инженерно-техническим вопросам
industrial ~ консультант по вопросам промышленного производства
management ~ консультант по вопросам управления
marketing ~ консультант по организации сбыта
professional ~ специалист-консультант
project ~ консультант по научно-исследовательской *или* опытно-конструкторской работе
safety ~ консультант по технике безопасности
value ~ консультант по оценке стоимости
consultation консультация; экспертиза
consulting консалтинг, консультирование
consumable 1. потребляемый *(о товарах)*; предназначенный для потребления **2.** *pl* потребительские товары
consume потреблять; расходовать
consumer потребитель □ **to cluster ~s into segments** классифицировать потребителей по (рыночным) сегментам
fickle ~s потребители, поддающиеся убеждению *(напр. с помощью рекламы)*
household ~ домашнее хозяйство как потребитель
individual ~ отдельный потребитель
industrial ~ промышленный [производственный] потребитель
intermediate ~ промежуточный потребитель *(напр. промышленный потребитель)*
large-scale ~ оптовый потребитель
manipulated ~ манипулируемый потребитель *(которому навязывают определённый тип потребления с помощью рекламы)*
solvent ~ платёжеспособный потребитель
consumerism консьюмеризм *(движение в защиту интересов потребителей)*
consumerist защитник интересов потребителей
consumership (народное) потребление
consumption 1. потребление, расход **2.** расход, затрата *(энергии)* □ **~ by weight** потребление в весовом измерении; **~ in bulk**

массовое потребление; ~ **on the spot** потребление на месте
capital ~ амортизация основного капитала; износ основных производственных фондов
conspicuous ~ «показное» потребление *(использование предметов потребления с целью произвести впечатление на окружающих)*
desired ~ предполагаемое потребление
direct ~ прямое потребление *(не опосредуемое обменом)*
domestic ~ внутреннее потребление, потребление внутри страны
efficient ~ эффективное потребление *(в модели экономики)*
fertilizer ~ потребление [расход] удобрений
food ~ *с.-х.* потребление кормов
frivolous [futile] ~ потребление, не отвечающее действительным интересам и потребностям *(напр. под действием рекламы)*
home ~ *см.* **domestic consumption**
household ~ потребление семейное; личное потребление
induced ~ производное потребление *(напр. вследствие роста доходов)*
invidious ~ *см.* **conspicuous consumption**
luxury ~ **1.** расточительное потребление **2.** *с.-х.* избыточное потребление, избыточное поглощение *(питательных веществ)*
manufacturing ~ потребление обрабатывающей промышленностью
optional ~ потребление товаров и услуг, не являющихся жизненно необходимыми
own ~ **1.** потребление для удовлетворения собственных нужд производства **2.** *с.-х.* внутрихозяйственное потребление нетоварной продукции
paying ~ платёжеспособное потребление
per capita ~ *лат.* потребление на душу населения
personal [private] ~ личное потребление
productive ~ **1.** производительное потребление **2.** производственное потребление
public ~ потребление, связанное с удовлетворением общественных потребностей *(образование, здравоохранение)*
rated ~ номинальный расход, номинальное потребление
retail level ~ потребление, исчисляемое по количеству продуктов, купленных в розницу
serviceable ~ потребление, связанное с удовлетворением естественных потребностей потребителя
stock ~ расход запасов
unproductive ~ **1.** непроизводительное потребление **2.** непроизводственное потребление
wasteful ~ расточительное потребление
water ~ водопотребление, (хозяйственный) расход воды

contact контакт; связь ‖ связываться; устанавливать деловую связь; вступать в контакт □ **no** ~ «отсутствует» *(запись в листе обследования)*

container сосуд; контейнер; тара
bulk carriage ~ контейнер для перевозки сыпучих грузов; контейнер для навалочных грузов
cargo ~ контейнер для перевозки грузов, грузовой контейнер
chargeable ~ тара, подлежащая оплате
disposable ~ тара одноразового использования, необорачиваемая тара
ISO ~ стандартный контейнер *(принятый Международной организацией по стандартизации)*
l.c.l. ~ *см.* **less than carload container**
less than carload ~ контейнер для мелких отправок грузов *(при комбинированных железнодорожных и автомобильных перевозках)*
packaged-freight ~ контейнер для упакованных грузов
returnable ~ **1.** возвратная тара **2.** *см.* **reusable container**
reusable ~ тара многократного использования, оборачиваемая тара
shipping ~ контейнер для морских перевозок
standardized freight ~ стандартный грузовой контейнер
storage ~ тара для хранения

containership контейнеровоз *(судно)*

contaminate загрязнять; портить *(окружающую среду)*

contamination загрязнение *(окружающей среды)*

contango *бирж.* **1.** репорт *(1. отсрочка расчета по сделке 2. надбавка к цене, взимаемая продавцом за отсрочку)* **2.** контанго *(надбавка к цене наличного товара или к котировке ближних сроков при заключении сделки на более отдалённые сроки)*

content **1.** вместимость; ёмкость **2.** содержимое; содержание
bullion ~ содержание драгоценного металла
caloric ~ калорийность
equilibrium moisture ~ равновесная влажность, гигроскопическое влагосодержание
forecast ~ содержание прогноза
gold ~ золотое содержание *(денежной единицы)*
import ~ **of investment goods** доля импорта в стоимости капитального оборудования
job ~ *орг. пр.* объём работы; содержание работы
labor ~ **per unit of output** удельные затраты труда; затраты труда на единицу выпуска продукции
nutrient ~ *с.-х.* содержание питательных веществ
optimum water ~ оптимальное влагосодержание, оптимальная влажность
organic matter ~ *с.-х.* содержание органических веществ
primary nutrient ~ *с.-х.* содержание основных питательных компонентов

salt ~ содержание соли; засолённость; минерализация *(воды)*
silver ~ содержание серебра
threshold moisture ~ минимальное увлажнение для биологической активности
total nitrogen ~ *с.-х.* общее содержание азота, общий азот
toxic ingredient ~ *с.-х.* содержание токсического вещества
wilting moisture ~ влажность завядания *(растений)*
work ~ *см.* **job content**
contest 1. соревнование; соперничество 2. спор ‖ оспаривать, опровергать □ **~ about wages** борьба за повышение заработной платы
contestant 1. конкурент; конкурирующая фирма 2. участник соревнования
contingencies 1. дополнительные непредвиденные обстоятельства *(вытекающие из совершённого акта, напр. из заключения договора на поставку)* 2. непредвиденные расходы
contingent 1. контингент 2. ограниченный условиями; зависимый от других факторов *(напр. приказ брокеру, обязательство банка)*
continuation 1. продолжение 2. *бирж.* репорт *(отсрочка расчёта по сделке)*
fortnightly ~ двухнедельный репорт
continuity непрерывность, преемственность
~ of employment непрерывный стаж работы
~ of reproduction непрерывность воспроизводства
price ~ *бирж.* ценовая преемственность, степень изменения цены от сделки к сделке
contract 1. контракт; подряд; договор ‖ заключать контракт; подрядиться 2. сокращаться, снижаться *(об экономике в период спада)* □ **~ awarded [gained]** полученный контракт; полученный подряд; заключённый контракт; **~ is indexed** контракт соответствует индексу цен; **operated under ~** эксплуатируемый по договору; арендованный *(о предприятии)*; **to accept a ~** принять контракт; **to ~ a crop** заключать контракт на покупку *или* продажу урожая; **to break the ~** нарушить договор; **to ~ debts** наделать долгов; **to enter into ~** заключать контракт; **to ~ expenses** сокращать расходы; **to ~ for** арендовать; **to hold a ~** 1. иметь контракт, действовать по контракту 2. работать по контракту; **to ~ liabilities** взять на себя обязательства; **to make a ~** заключать контракт; **to ~ out** сдавать в аренду; **to ~ out of an agreement** освободиться от обязательств по договору; **to perform a ~** работать по контракту; **~ uberrimae fidei** *лат.* договор, требующий наивысшей добросовестности *(обычно применяется к договору о страховании)*
~ of affreightment договор о морской перевозке
~ of agency договор о поручении
~ of deposit соглашение о депонировании
~ of employment контракт о работе по найму
~ of guarantee договор о поручительстве
~ of indemnity договор о гарантии от убытков
~ of insurance договор о страховании
~ of pledge договор о залоге
~ of service контракт о сроках и условиях работы служащего
associate ~ параллельный договор
classified ~ засекреченный контракт
commercial manufacturing ~ коммерческий заказ на производство продукции
company-wide ~ коллективный договор с компанией
competitive ~ конкурсный контракт *(заключённый на основе открытого конкурса)*
competitive negotiated ~ заказ, полученный в результате конкурентных переговоров
completion-type ~ контракт, по которому оплата производится по завершении всего объёма работ
cost ~ контракт с оплатой фактических издержек
cost-plus-award-fee ~ контракт с оплатой издержек производства плюс периодические премии
cost-plus-fixed-fee ~ контракт с оплатой издержек плюс фиксированное вознаграждение
cost-plus-incentive-fee ~ контракт с оплатой издержек плюс поощрительное вознаграждение
cost-plus-percentage-fee ~ контракт с оплатой издержек плюс процент от суммы издержек
cost-plus-percentage-of-cost ~ контракт с оплатой издержек и некоторого процента от издержек
cost-reimbursement ~ контракт с возмещением издержек
cost-sharing-reimbursement ~ контракт с частичным возмещением издержек
cost-type ~ контракт с оплатой фактических издержек
CR ~ *см.* **cost-reimbursement contract**
critical war ~s важнейшие военные заказы
defense ~ 1. контракт на производство и поставку военной продукции 2. контракт на обслуживание военных учреждений
development ~ контракт на проведение опытно-конструкторской работы
development-and-production ~ контракт на разработку и изготовление
exclusive ~ ограничительный контракт *(согласно которому покупатель обязуется покупать только у данного поставщика)*
executed ~ контракт, условия которого выполнены обеими сторонами
executory ~ контракт, подлежащий выполнению
farm tenancy ~ договор на аренду фермы
Federal ~ контракт Федерального правительства *(США)*
fixed-price ~ контракт с фиксированной ценой

fixed-price ~ with escalation контракт с корректировкой фиксированной цены по скользящей шкале цен
fixed-price ~ with redetermination контракт с последующей корректировкой фиксированной цены
fixed-price-incentive-fee ~ контракт с фиксированной ценой плюс поощрительное вознаграждение
fixed-price-redeterminable-prospective ~ контракт с фиксированной начальной ценой, пересматриваемой на определённых этапах выполнения работ
fixed-price-redeterminable-retroactive ~ контракт с фиксированной ценой, пересматриваемой после завершения работ
flat fee ~ контракт с заранее установленной ценой
formal ~ оформленный договор; формальный договор
forward ~ форвардный контракт
FPIF ~ *см.* **fixed-price-incentive-fee contract**
full requirements ~ контракт «на все потребности покупателя» *(предусматривающий закупку покупателем только у одного поставщика)*
futures ~ срочный контракт *(на поставку товара или ценных бумаг в будущем)*
incentive ~ поощрительный контракт *(стимулирующий снижение издержек производства)*
indefinite delivery type ~ контракт без оговорённого срока поставки
labor ~ 1. коллективный договор *(между профсоюзом и фирмой)* **2.** трудовой договор
labor hours ~ контракт с оплатой рабочего времени
landlord-tenant ~ договор между владельцем земли и арендатором
letter ~ предварительная договорённость *(письменная договорённость о начале работ до оформления контракта)*
life ~ пожизненный контракт
long-term ~ долгосрочный контракт
lump-sum ~ контракт с твёрдой ценой
manufacturing ~ заказ на производство продукции *(в обрабатывающей промышленности)*
missile ~ контракт на производство ракетного оружия
monopoly ~ монопольный договор
multiple incentives ~ контракт с поощрительными вознаграждениями по нескольким показателям
multiple-year ~ коллективный договор, рассчитанный на несколько лет
naked ~ сделка, не имеющая законной силы
negotiated ~ контракт, заключённый в результате (закрытых) переговоров
open ~ срочный контракт, срок которого не истёк и по которому не заключена обратная сделка
option ~ опционный контракт *(см. тж.* **option***)*
period ~ долгосрочный договор
prenuptial ~ (до)брачный контракт *(регулирует имущественные отношения будущих супругов)*
prime ~ 1. основной контракт **2.** *см.* **turnkey contract**
procurement ~ контракт на закупки
production ~ контракт на серийное производство
production sharing ~ контракт на компенсационных условиях *(напр. издержки подрядчика компенсируются частью продукции строящегося им предприятия)*
public ~ государственный подряд; подряд, выданный местными властями
purchase ~ контракт на закупку
reliability incentive ~ контракт с поощрительным вознаграждением за обеспечение надёжности
research-and-development ~ контракт на проведение научных исследований и разработок
research-development-test-and-evaluation ~ контракт на проведение научных исследований, разработок, испытаний и оценки
risk ~ контракт с распределением риска
sale ~ договор купли-продажи
separation ~ договор о раздельном жительстве супругов
service ~ договор на обслуживание
share-rental ~ договор, основанный на смешанной аренде
space ~ контракт на (разработку и) производство космической техники; контракт на выполнение работ по космическим программам
spot ~ *бирж.* договор на реальный товар; кассовая сделка
stockbroker's ~ брокерское подтверждение сделки
supplementary ~ дополнительное соглашение *(предусматривающее возможность использования причитающейся к выплате страховой суммы в качестве единовременного взноса по договору страхования жизни на новый срок)*
supplementary pension ~ соглашение о страховании пенсии, дополнительное к договору страхования жизни
supply ~ договор на поставку
terminal ~ срочный контракт
time-and-materials ~ контракт с оплатой стоимости затрат рабочего времени и материалов
total package procurement ~ комплексный контракт *(на разработку и производство систем оружия, производство вспомогательного оборудования, обучение персонала)*; всеобъемлющий контракт
triggering ~ заблаговременно заключаемый контракт *(1. на производство продукции по первому требованию заказчика 2. на производство военной продукции в мобилизационный период)*
turnkey ~ 1. контракт с головным *или* генеральным подрядчиком *(несущим полную организационную и финансовую ответственность за работы)* **2.** контракт на строительство «под ключ»

tying ~ контракт на продажу товара с принудительным ассортиментом
union ~ *англ.* соглашение с профсоюзом; коллективный договор
vendor ~ договор на поставку
void ~ недействительный контракт
war oriented ~ контракт на производство продукции военного назначения
'Yellow-dog' ~ *амер.* «жёлтое обязательство» *(дискриминационная мера против профсоюзного движения)*

contracting-out ~ выдача контрактов (государством) на сторону *(в частный сектор)*

contraction 1. сокращение, снижение *(напр. деловой активности)* 2. заключение *(напр. брака)* □ **~ in business conditions** уменьшение деловой активности; ухудшение конъюнктуры
~ of loan заключение займа
~ of market сокращение рынка
credit ~ сжатие кредита
major ~ сильное сокращение *(экономической активности)*, происходящее в период большого цикла
mild [minor] ~ слабое сокращение *(экономической активности)*, происходящее в период малого цикла
monetary ~ сокращение денежной массы
multiple ~ of bank deposits многократное сокращение банковских депозитов *(теория банковского дела)*
reference ~ сокращение базисного цикла
severe ~ *см.* **major contraction**

contractor подрядчик; разработчик; фирма-исполнитель
assigned ~ утверждённый подрядчик, утверждённый поставщик
associate ~ вторичный подрядчик; разработчик-соисполнитель
defense ~ фирма, выполняющая заказ военного ведомства; военный подрядчик
development ~ разработчик
government ~ фирма, выполняющая государственные подряды
independent ~ независимый подрядчик; фирма, выполняющая работу по договору
main [prime] ~ генеральный подрядчик; головной подрядчик
separate transport ~ *амер.* транспортный подрядчик по доставке покупок на дом

contractual договорный

contradictions противоречия *(напр. системы)*

contrarian инвестор, действующий вопреки тенденции рынка

contribute 1. содействовать, способствовать 2. вносить вклад

contribution 1. содействие 2. вклад 3. взнос, отчисления; сбор 4. контрибуция 5. выручка; *бухг.* превышение продажной цены над себестоимостью продукта 6. валовая прибыль *(разность между выручкой и переменными издержками)* □ **~s for social insurance** взносы в фонд социального страхования; **to lay under ~** облагать налогом
~ of education вклад образования *(напр. в рост национального дохода)*
~ of research and development вклад научных исследований и разработок
flat ~ единообразный установленный взнос
general average ~ долевой взнос *(по общей аварии)*
national insurance ~s *англ.* взносы *(работающих)* в фонд социального страхования
pension plan ~s предпринимательские взносы в пенсионный фонд
pioneering ~ to the theory творческий вклад в теорию
technological ~ техническое достижение; вклад в развитие техники

contributor участник

contributory 1. способствующий, содействующий 2. участвующий взносом, делающий взнос

control 1. управление; регулирование; проверка, контроль ‖ управлять, регулировать; проверять, контролировать 2. орган управления 3. *pl* регулирующие устройства 4. борьба *(напр. с сельскохозяйственными вредителями)* □ **~ over management** контроль над органами управления *(компании)*; **~ through legal device** контроль с использованием юридических каналов; **to adopt ~** вводить контроль; **to bring under ~** ставить под контроль, контролировать; **to buy ~ of the company** приобрести контрольный пакет акций компании; **to drop ~** отменять контроль; **to exercise ~** осуществлять контроль, контролировать; **to get beyond ~** выйти из-под контроля
~ of materials and supplies inventories 1. управление материально-производственными запасами 2. контроль за товарно-материальными ценностями
accident ~ предупреждение несчастных случаев
accounting ~ 1. бухгалтерский контроль 2. бухгалтерская отчётность
acreage ~ контроль за размерами посевных площадей
adaptive ~ адаптивное управление
arms ~ контроль над вооружениями; ограничение вооружений
automatic ~s автоматические управляющие устройства; автоматические регуляторы
automatic quality ~ автоматизированный контроль качества
base-stock ~ управление основными запасами
bilevel ~ двухуровневое управление *(запасами)*
biological ~ биологический контроль; биологические методы борьбы
birth ~ регулирование рождаемости; ограничение рождаемости
budgetary ~ 1. контроль методом сличения со сметой, сметный метод контроля *(хозяйственной деятельности)* 2. контроль исполнения сметы
centralized ~ централизованное управление

check-in ~ регистрация поступления *(документации)*; контроль поступления
chemical ~ 1. химическая борьба *(с сорняками и вредителями)* **2.** химическое регулирование *(плодородия)*
coastal ~s законоположения об использовании прибрежной зоны; правила использования прибрежной зоны
collusive ~s нечестное регулирование *(конкуренции между фирмами)*; незаконная картельная и монополистическая практика
compulsory acreage ~ контроль за соблюдением обязательных размеров площади запашки
concentrated market ~ монополизация рынка
consumer credit ~ контроль над потребительским кредитом
contamination ~ контроль за содержанием загрязняющих веществ *(в производственных помещениях)*
continuous process ~ непрерывный контроль (производственного) процесса
cost ~ контроль за уровнем издержек
cost/schedule ~ контроль *(выполнение заказа подрядчиком)* по уровню издержек и срокам
credit ~ кредитный контроль *(центрального банка)*, кредитная политика
crop pest ~ борьба с вредителями сельскохозяйственных растений
current ~ *см.* **running control**
cycle ~ периодический контроль
design ~ контроль за разработкой *(изделий)*
direct wage-price ~ прямой контроль над заработной платой и ценами *(со стороны государства)*
environmental ~ контроль за состоянием окружающей среды
exchange ~ валютный контроль
expenditure ~ контроль за расходами
family ~ внутрисемейное регулирование рождаемости
feedback ~ управление с обратной связью
fertility ~ *см.* **birth control**
financial ~ 1. финансовый контроль **2.** контроль финансовых учреждений над промышленной компанией
fiscal ~ финансовый контроль
flood ~ регулирование паводковых вод; защита от наводнений; предупреждение наводнений
flow ~ управление непрерывным процессом производства
follow-up ~ контроль сроков исполнения
food ~ контроль за качеством пищевых продуктов
industrial (process) ~ управление производственным процессом
insurance ~ контроль за страховыми операциями
intermediate ~ контроль *(за выпуском продукции)* на промежуточном этапе
internal ~ внутрихозяйственный контроль; внутренний контроль *(в корпорации с широкими функциями)*
inventory ~ управление запасами
labor ~ управление рабочей силой
leapfrogging exchange ~ «скачущий» валютный контроль *(от одной системы или страны к другой системе или стране)*
majority ~ контроль над корпорацией акционеров, имеющих более половины акций
managerial ~ 1. административное управление **2.** контроль менеджеров над компанией
marketing ~ управление маркетингом; регулирование сбыта
max(imum)-min(imum) inventory ~ управление запасами по двум уровням
mechanical pest ~s механические методы борьбы с вредителями сельского хозяйства
minority ~ контроль над корпорацией акционеров, имеющих менее половины акций
monetary ~ монетарное [кредитно-денежное] регулирование
monopoly ~ контроль монополий
new-design ~ контроль за разработкой новой конструкции
on-site ~ контроль на местах
optimal [optimum] ~ оптимальное управление
order ~ контроль за движением заказов
order intake ~ контроль за поступлением заказов
output ~ контроль за выпуском продукции
outside ~ внешний контроль, контроль извне *(над корпорациями)*
outside procurement ~ внешний контроль поставок
owner ~ контроль акционеров над компанией
period batch ~ управление (запасами) путём периодической подачи заказов *(переменного объёма)*
plant-and-machine ~ управление предприятием и оборудованием
pollution ~ контроль за загрязнением окружающей среды
population ~ регулирование рождаемости
positive ~ надёжное управление
predictive ~ упреждающий контроль
price ~ контроль над ценами
process ~ управление производственным процессом
production ~ 1. диспетчеризация **2.** управление производственным процессом
product status ~ контроль состояния продукции
progress ~ контроль за ходом работ
qualitative credit ~s качественные кредитные ограничения
quality ~ 1. контроль качества; проверка качества **2.** управление качеством; регулирование качества
quality assurance ~ контроль за гарантией качества
quantitative credit ~s количественные кредитные ограничения
raw material ~ контроль (качества) сырья и полуфабрикатов
real estate credit ~ контроль над ипотечным кредитом

regulatory ~ регулирующее воздействие
rent ~ регулирование квартирной *или* арендной платы *(со стороны государства)*
running ~ текущий контроль; текущая проверка
selection ~ выборочная проверка; выборочный контроль
selective ~ выборочный контроль
selective credit ~(s) выборочный кредитный контроль *(целенаправленная денежно-кредитная политика государства или центрального банка)*
sequence ~ *орг. пр.* контроль за выполнением последовательности операций
sequential ~ последовательный контроль
shipping ~ контроль за поставкой
shortage ~ устранение дефицита
single-level ~ одноуровневое управление *(запасами)*
standard batch ~ управление (запасами) путём подачи заказов постоянного объёма
standard cost ~ контроль издержек на основе стандартных норм
standby ~ форма государственного экономического контроля *(юридически одобренная, но применяемая при наступлении определённых условий)*
statistical quality ~ статистический контроль качества
statutory ~s меры контроля, имеющие силу закона
stock ~ 1. контроль за состоянием товарных запасов **2.** управление запасами
stock market credit ~ контроль над кредитом, осуществляемый биржевым посредником
stores ~ управление запасами
supercorporate ~ контроль со стороны монополистических групп
supervisory ~ 1. оперативное руководство; административно-технический надзор **2.** диспетчерский контроль *(процесса производства)*
supplier ~ контроль поставщика
suspected ~ ожидаемый контроль *(над компанией)*
total quality ~ полный контроль качества *(с учётом человека как элемента системы)*
unit stock ~ контроль запасов по каждому товару в отдельности *(в единицах товара)*
vehicle exhaust ~ меры по очистке выхлопных газов автомобильных двигателей; предупреждение загрязнения атмосферы выхлопными газами
voluntary ~ of fertility добровольное регулирование рождаемости
wage ~ регулирование ставок заработной платы
wage-price ~ контроль над ценами и заработной платой
working ~ фактический контроль *(над компанией через владение частью акций)*

controller 1. главный бухгалтер-аналитик **2.** контролёр *(ведущий анализ хозяйственной деятельности и руководящий всей учётно-калькуляционной и сметной деятельностью)*; главный бухгалтер-контролёр **3.** финансист-контролёр *(напр. в фирме)* **4.** глава учётного аппарата *(корпорации)* **5.** заместитель председателя правления по учётно-финансовым и экономическим вопросам
assistant ~ *амер.* заместитель главного бухгалтера-контролёра
data processing ~ ведущий специалист по обработке информации
divisional ~ главный бухгалтер отделения *(компании)*
expence ~ *см.* **controller 2.**
financial ~ *см.* **controller 3.**
production ~ контролёр-приёмщик продукции

controllership обязанности контролёра

conurbation конурбация *(большой город с пригородами)*

Convention □ ~ on International Combined Transport of Goods Конвенция о международных комбинированных перевозках

convention 1. конвенция; договор; соглашение **2.** обычай; условность **3.** съезд; конференция
half-year ~ *бухг.* приём «приобретения на середину года» *(капитальные приобретения за год, записанные первого числа седьмого месяца)*; начисление половинной [полугодовой] нормы износа *(на все капитальные приобретения за отчётный год)*
monetary ~ конвенция по денежным вопросам
oligopolistic ~ олигополистическое соглашение *или* олигополистический сговор, сговор немногих крупных фирм *(о ценах)*
pricing ~ соглашение о ценах
tax ~ соглашение об уплате налога
uniform flow ~ *орг. пр.* допущение о равномерности потока *(расходов и поступлений)*

converge сводить воедино; сближать(ся)

convergence конвергенция, сближение □
~ to a steady-state path приближение к устойчивой траектории развития
~ of demand сближение *(различных рыночных сегментов)* по характеру спроса
~ of prices сближение срочных и наличных цен по мере приближения срока срочной сделки

conversion 1. переход *(на выпуск новой продукции)*; изменение; конверсия **2.** пересчёт; перевод *(единиц)* **3.** присвоение собственности **4.** обмен валют **5.** обмен (конвертируемых) облигаций на акции □ **~ from military production** перевод *(военной промышленности)* на выпуск мирной продукции, конверсия [демилитаризация] экономики
~ of commodity capital into money capital превращение товарного капитала в денежный капитал
~ of debts перевод долга
~ of occupations перестройка структуры занятости *(в связи с выпуском новой продукции)*
civilian ~ реконверсия
data ~ преобразование данных [информации]

economic ~ перестройка экономики; перестройка народного хозяйства
industrial ~ 1. перестройка отрасли промышленности **2.** конверсия (отрасли) промышленности
manpower [occupational] ~ *см.* **conversion of occupations**
professional ~ изменение рода деятельности, изменение профессии
skill ~ переквалификация; переподготовка рабочих профессий
convert 1. конвертировать; перестраивать **2.** пересчитывать *(из текущих цен в постоянные)* **3.** изменять юридический характер собственности □ **to ~ a firm into a limited company** превратить фирму в акционерное общество; **to ~ into cash** обратить в наличные деньги; **to ~ pounds into dollars** обменивать фунты на доллары; переводить фунты в доллары; **to ~ to fulltime equivalent** *стат.* показать частично занятых работников как полностью занятых
convertibility обратимость, конвертируемость *(валюты)*
external ~ обратимость для иностранных держателей валюты *(нерезидентов)*; внешняя обратимость
full ~ полная обратимость
internal ~ обратимость для внутренних держателей валюты *(резидентов)*
restricted ~ ограниченная обратимость
convertible обратимый, конвертируемый
readily ~ into cash свободно обратимые в наличные *(напр. депозиты, ценные бумаги)*
convey 1. перевозить; транспортировать **2.** сообщать
conveyance 1. перевозка; доставка **2.** перевозочное средство
public ~s транспортные средства общего пользования
conveyer 1. конвейер **2.** лицо, передающее *кому-л.* недвижимость
cooling □ **~ the economy** сдерживание экономики *(о государственной регулирующей политике)*
~ of boom замедление темпов *(экономического развития)*
cooling-off □ **~ in consumer demand** сокращение потребительского спроса
cooperate 1. сотрудничать **2.** кооперировать; объединять
cooperation 1. сотрудничество; совместное действие **2.** кооперация □ **~ in agriculture** сельскохозяйственная кооперация; **~ in production** производственная кооперация
consumer ~ потребительская кооперация
credit ~ кредитная кооперация
economic ~ экономическое сотрудничество
employer-employee ~ кооперация служащих и предпринимателей *(через которую производится заключение групповых договоров страхования)*
international monetary ~ международное сотрудничество в сфере валютных отношений
marketing ~ снабженческо-сбытовая кооперация
nonproduction ~ непроизводственная кооперация
production ~ производственная кооперация
simple ~ простая кооперация
technical ~ техническое сотрудничество
cooperative 1. кооператив; кооперативный магазин ‖ кооперативный **2.** член кооперативного общества, кооператор **3.** совместный, объединённый; согласованно действующий
buyers' [buying] ~ объединённое закупочное агентство, снабженческий кооператив *(промышленных фирм)*
closed-membership ~ кооператив, закрытый для приёма членов, товарищество с постоянным составом членов
common services ~ сервис-кооператив *(снабженческая и сбытовая организация, объединяющая группу малых промышленных фирм, фермеров)*
farmer marketing ~ сельскохозяйственный сбытовой кооператив
generation-and-transmission ~ *амер.* объединение по производству и передаче электроэнергии
grazing ~ кооператив по выпасу скота
producers' ~ производственный кооператив
purchasing ~ снабженческий кооператив
rural electric ~ *амер.* объединение по снабжению электроэнергией сельской местности
sellers' ~ сбытовой кооператив; посредническое торговое агентство по сбыту продукции *(промышленных фирм)*
service ~ *см.* **common services cooperative**
trading ~ сбытовой кооператив
users' ~ потребительский кооператив, товарищество пользователей *(напр. водой для орошения)*
coordinate координировать, приводить в соответствие
coordination координация
~ of macroeconomic policies согласование макроэкономической политики *(между странами)*
coowner совладелец
copartnership партнёрство
industrial ~ промышленное партнёрство *(система продажи рабочим акций предприятия на льготных условиях)*
copayment совместный платёж; участие в оплате
coproduction совместное производство
coproprietor совладелец
copy 1. копия, дубликат ‖ снимать копию; копировать **2.** текстовая реклама; текстовая часть рекламы *(в отличие от изображения)*
~ of a bill дубликат [копия] векселя
attested ~ засвидетельствованная [заверенная] копия
copyright авторское право; право издания ‖ осуществлять авторское право ‖ обеспечен-

ный [гарантированный] авторским правом
ad interim ~ временное авторское право *(США)*
Crown ~ авторское право Великобритании
statutory ~ установленное законом авторское право
copyrighter владелец авторского права
corn 1. зерно, зерновой хлеб 2. *англ.* пшеница 3. *амер.* кукуруза, маис
standing ~ хлеб на корню
cornage *ист.* арендная плата, взимаемая по числу голов скота
corner корнер *(спекулятивная скупка акций)*; группа биржевых спекулянтов, скупающих акции ‖ скупать товар со спекулятивными целями
cornerstone краеугольный камень *(теории)*
corn-rent арендная плата, уплачиваемая зерном
corporate корпоративный; корпорационный; акционерный
Corporation:
Agricultural Mortgage ~ Сельскохозяйственная ипотечная корпорация *(Великобритания)*
British Atomic Energy ~ Британская корпорация по атомной энергии
Commodity Credit ~ Товарно-кредитная корпорация, ТКК *(США)*
Commonwealth Development ~ Корпорация по развитию стран Содружества Наций
Commonwealth Development Finance ~ Корпорация финансирования и содействия экономическому развитию стран Содружества Наций
Federal Crop Insurance ~ Федеральная корпорация по страхованию культур *(США)*
Federal Deposit Insurance ~ Федеральная корпорация по страхованию депозитов *(США)*
Federal Farm Mortgage ~ Федеральная корпорация фермерских ипотек
Federal Home Loan Mortgage ~ Федеральная корпорация жилищного ипотечного кредита *(США)*
Federal Savings and Loan Insurance ~ Федеральная корпорация по страхованию счетов в ссудо-сберегательных ассоциациях *(США)*
Finance ~ for Industry Корпорация по финансированию промышленности *(Великобритания)*
Foreign Credit Insurance ~ Корпорация по страхованию иностранных кредитов *(Великобритания)*
Home Owners' Loan ~ Корпорация кредитования домовладельцев *(США)*
Industrial and Commercial Finance ~ Корпорация по финансированию промышленности и торговли *(Великобритания)*
Industrial Reorganization ~ Корпорация по реорганизации промышленности *(Великобритания)*
International Finance ~ Международная финансовая корпорация, МФК
National Agricultural Credit ~ Национальная сельскохозяйственная кредитная корпорация *(США)*
National Freight ~ Национальная корпорация грузовых перевозок *(Великобритания)*
National Research and Development ~ Национальная корпорация содействия научным исследованиям и разработкам *(Великобритания)*
National Securities Clearing ~ Национальная клиринговая корпорация по ценным бумагам *(США)*
Overseas Private Investment ~ Корпорация зарубежных частных инвестиций *(США)*
Production Credit ~ Производственная кредитная корпорация *(США)*
Reconstruction Finance ~ Реконструктивная финансовая корпорация *(США)*
Scottish Agricultural Securities ~ Шотландская сельскохозяйственная инвестиционная корпорация
Securities Industry Automation ~ Корпорация автоматизации индустрии ценных бумаг *(США)*
Securities Investor Protection ~ Корпорация защиты фондовых инвесторов *(США)*
Smaller War Plants ~ Корпорация малых военных заводов *(США)*
Stock Clearing ~ расчётная палата при Нью-Йоркской фондовой бирже
corporation объединение, корпорация; *амер.* акционерная компания, акционерное общество □ **~ created by Letters Patent** корпорация, учреждённая путём дарования патента
advisory ~ консультативная корпорация
alien ~ 1. иностранная корпорация 2. корпорация, находящаяся за пределами данного штата
business ~ *амер.* корпорация, занятая в производстве или торговле *(в отличие от финансовой)*
close ~ закрытая акционерная корпорация *(с ограниченным числом участников, не имеющих права продавать свои акции без согласия других акционеров)*
collapsible ~ *амер.* временно действующая корпорация *(самоликвидирующаяся до наступления срока уплаты подоходного налога)*
discount ~ учётный дом; фирма по учёту векселей и акцептов
district ~ *амер.* корпорация, учреждённая властями округа
divisionalized ~ корпорация с (несколькими) отделениями
domestic ~ 1. отечественная корпорация 2. *амер.* корпорация, зарегистрированная в данном штате
ecclesiastical ~ корпорация, созданная для религиозных целей
Edge ~ *амер.* корпорация, учреждённая на основе закона Эджа
eleemosynary ~ благотворительная корпорация

family farm ~ семейное хозяйство, оформленное как общество с ограниченной ответственностью
farming ~ сельскохозяйственная (акционерная) компания; фермерское хозяйство, организованное как (акционерная) компания
finance development ~ корпорация по финансированию развития *(промышленности)*
fly-by-night ~ 1. компания, управляемая людьми с сомнительной репутацией 2. компания с низкой кредитоспособностью
foreign banking ~ *амер.* специализированный филиал банка, осуществляющий иностранные операции
government-oriented private ~ частная корпорация, выполняющая преимущественно государственные заказы
jointly-controlled ~ совместно контролируемая корпорация *(несколькими крупными держателями акций)*
limited stock ~ корпорация с ограниченным капиталом
majority-controlled ~ корпорация, контролируемая акционерами, имеющими более половины акций
management-controlled ~ компания, контролируемая менеджерами
minority-controlled ~ корпорация, контролируемая акционерами, имеющими менее половины акций
moneyed ~ *амер.* кредитно-банковское учреждение
multinational ~ многонациональная корпорация
municipal ~ муниципалитет
nonfinancial ~ нефинансовая компания; небанковское предприятие
nonprofit(-seeking) ~ некоммерческая корпорация; бесприбыльная корпорация
nonstock moneyed ~ неакционерное кредитное учреждение *(напр. взаимосберегательные банки)*
owner-controlled ~ компания, контролируемая акционерами *(в отличие от контроля менеджеров)*
private [privatelyowned] ~ частная корпорация *(без права публичной продажи акций)*
public ~ 1. муниципальная корпорация 2. государственная корпорация *(организованная по специальному правительственному постановлению)* 3. открытое акционерное общество *(с продажей акций на рынке)*
publicly-held [publicly-owned] ~ акционерное общество с широким владением акциями *(крупнейшие держатели располагают менее 50% акций)*
public-service [public-utility] ~ компания общественного обслуживания *(по снабжению газом, электроэнергией, водой)*
quasi-public ~ квазигосударственная корпорация *(действует как частное предприятие, но имеет от государства привилегии)*
RAND ~ (научно-исследовательская) корпорация РЭНД (США)
savings and loan insurance ~ *амер.* корпорация по страхованию ссудосберегательных ассоциаций
shell ~ формально зарегистрированная, но не ведущая операций корпорация
sole ~ единоличная корпорация
state-owned [state-run] ~ корпорация, принадлежащая государству, государственная корпорация
stock ~ акционерное общество; акционерная корпорация
subsidiary ~ дочерняя [подконтрольная] корпорация
thin ~ корпорация, долговые обязательства которой значительно превышают акционерный капитал
top ~ наиболее крупная *или* влиятельная компания
trustee ~ корпорация, осуществляющая права доверительной собственности

corporative корпоративный
corpus *лат.* 1. собственность при трасте 2. основная сумма капитала *(в отличие от процентов)*
correct исправлять; корректировать; вносить поправку ‖ правильный, верный, точный □ **to** ~ **for** вводить поправку на
correction 1. поправка; корректировка 2. коррекция, обратное движение *(цены, курса)* □ ~ **for grouping** *стат.* поправка на группировку
continuity ~ *стат.* поправка на непрерывность
finite population ~ *стат.* поправка на конечность совокупности
finite sampling ~ *стат.* поправка на конечность выборки
seasonal ~ поправка на сезонные колебания
Sheppard's *стат.* поправка на группировку
corrective 1. поправка, корректива 2. выправление, выравнивание
automatic ~ процесс автоматического стихийного выправления
correctness правильность, точность
correlate согласовывать, приводить в соответствие; находиться в соотношении; устанавливать зависимость; коррелировать
correlation соответствие; соотношение; *стат.* корреляция
cross ~ взаимная корреляция
interclass ~ межгрупповая корреляция
intraclass ~ внутригрупповая корреляция
intrasample ~ внутривыборочная корреляция
joint ~ совместная корреляция
partial ~ частная корреляция
rank ~ ранговая корреляция; порядковая корреляция
sample ~ выборочная корреляция
serial ~ сериальная корреляция
simple ~ линейная корреляция
correspondence 1. соответствие 2. переписка; корреспонденция
one-to-one [perfect, unambiguous] ~

взаимно-однозначное соответствие *(напр. между издержками и ценами)*
retained ~ сохраняемая корреспонденция *(клиента)*
correspondent 1. партнёр по переписке 2. банк-корреспондент
foreign ~ банк-корреспондент за границей
money-market ~ банк-корреспондент в финансовом центре
corrupt коррумпировать‖коррумпированный
corruption продажность, коррупция
cosigner сопоручитель
cost 1. *обычно pl* расходы, издержки, затраты 2. цена, стоимость, себестоимость ‖ назначать цену, расценивать товар □ ~ **and freight** стоимость и фрахт, каф *(условие продажи, в силу которого цена включает расходы по фрахту)*; **at** ~ по себестоимости; **at any** ~ любой ценой; по любой цене; **at heavy** ~ ценой больших издержек; **at the** ~ **of** 1. стоимостью в 2. за счёт *чего-л.*; **below** ~ ниже себестоимости; ~ **(s) charged to current expense accounts** *бухг.* издержки, относимые на счёт текущих расходов; **free of** ~ бесплатно; ~ **, insurance, freight** стоимость, страхование, фрахт, сиф *(условие продажи, в силу которого цена включает расходы по страхованию и фрахту)*; ~ **, insurance, freight and commission** стоимость, страхование, фрахт и комиссия посредника, сиф, включая комиссию посредника; ~ **, insurance, freight and exchange** стоимость, страхование, фрахт и курсовая разница, сиф, включая курсовую разницу; ~ **, insurance, freight, commission and interest** сиф, включая комиссию посредника и расход по учёту акцепта покупателя; **next to** ~ почти по себестоимости; ~ **or market, whichever is lower** метод оценки *(складских запасов)* по минимуму цены *(за основу принимается меньшая из двух: стоимость при покупке или текущая рыночная стоимость)*; ~**s per day** суточные затраты; ~**(s) per pounds 100 output** затраты на 100 фунтов стерлингов продукции; ~ **(s) per unit** *см.* **unit cost**; ~ **(s) to buy** затраты на приобретение материалов; ~ **(s) to hold** *см.* **inventory holding cost(s)**; **to incur** ~ **(s)** понести издержки; **to prune away** ~ **(s)** снижать расходы; наводить экономию; ~ **to the consumer** издержки потребителя; ~ **under certainty** детерминированная стоимость
~ **(s) of apprenticeship** стоимость обучения *(напр. рабочей профессии)*
~ **of borrowing** стоимость кредита, ссудный процент
~ **of capital** 1. стоимость капитала *(измеряется нормой процента на используемый капитал)* 2. *см.* **marginal cost(s) of capital**
~ **of carry** *бирж.* издержки поддержания инвестиционной позиции
~ **(s) of carrying inventory** *см.* **inventory holding cost(s)**
~ **(s) of doing business** издержки эксплуатации предприятия
~ **(s) of entry** затраты на организацию нового производства
~ **of flotation** стоимость размещения акций и облигаций *(среди покупателей и подписчиков)*
~ **(s) of idleness** издержки вследствие простоя
~ **of inspection** стоимость приёмочного контроля
~ **of installation** 1. *pl* затраты на монтажные работы 2. стоимость монтажа; затраты на установку *(оборудования)* 3. *pl* затраты на открытие магазина
~ **of interrupted service** *ТМО* стоимость прерванного обслуживания; *pl* потери вследствие прерывания обслуживания
~ **of labor per acre** стоимость трудовых затрат на один акр
~ **of living** прожиточный минимум; стоимость жизни
~ **(s) of pest control** затраты на борьбу с сельскохозяйственными вредителями
~ **of products sold** *см.* **cost of sales**
~ **of providing service** *ТМО* стоимость обслуживания
~ **(s) of queue** *ТМО* потери вследствие ожидания в очереди
~ **of reclamation** 1. *pl* затраты на мелиорацию 2. стоимость мелиорации
~ **(s) of reliability** затраты на обеспечение надёжности
~ **of resales** общая стоимость перепроданных товаров
~ **of sales** себестоимость реализованной продукции
~ **of scrap** стоимость (производственных) отходов
~ **(s) of stockout** *см.* **deficiency cost(s)**
~ **(s) of unreliability** экономические последствия ненадежности; издержки вследствие ненадежности
~ **(s) of wrong decision** издержки вследствие принятия неправильного решения
absorbed ~**(s)** 1. «поглощённые издержки»; издержки, отнесённые на операционный счёт *(напр. на счёт производства)*; 2. издержки, принятые на свой счёт *(напр. затраты на доставку)*
accident ~**(s)** аварийные затраты; издержки вследствие аварий [несчастных случаев]
acquisition ~ 1. первоначальная стоимость; стоимость приобретения 2. *pl* расходы на привлечение новых страхователей
actual ~ 1. фактическая себестоимость 2. *pl* фактические издержки
added traffic ~**(s)** *см.* **out-of-pocket cost(s)** 1.
adjusted historical ~ 1. восстановительная стоимость; стоимость при приобретении, пересчитанная по индексу цен 2. стоимость в текущих ценах
adjustment ~**(s)** издержки регулирования *(сумма налогов, субсидий и других фискальных величин, необходимых для обеспечения желаемой цели экономического развития)*
aftershipment ~**(s)** затраты *(завода)* на

изделие после отправки потребителю *(стоимость гарантии, инструктажа)*
airline ~(s) издержки эксплуатации авиалиний, эксплуатационные расходы авиалиний
allocable ~(s) фактические издержки
allowable ~(s) допустимые издержки *(при выполнении заказов по государственным контрактам)*
alternative (use) ~(s) 1. альтернативные издержки производства *(напр. при предполагаемом изменении технологического процесса)* **2.** *см.* **opportunity cost(s) 4.**
amortized ~ амортизированная стоимость *(первоначальная стоимость минус начисленный износ)*
anticipated ~(s) складская прибыль, прибавочные издержки *(прибавка к цене изделия в результате роста цен на ранее запасённые материалы)*
appraisal ~ *см.* **estimated cost**
average unit ~(s) средние удельные издержки производства; средние издержки производства на единицу продукции
back-order ~(s) издержки вследствие задалживания заказов
basic ~ первоначальная [исходная] стоимость *(напр. промышленного предприятия для его первого владельца)*
basic standard ~(s) базовый норматив затрат
beforeshipment ~(s) затраты *(завода)* на изделие до отправки потребителю
book ~ 1. стоимость *(элемента основного капитала)* по записи в бухгалтерских книгах **2.** *см.* **acquisition cost 1.**
borrowing ~(s) расходы по займам, проценты по займам *(выплачиваемые заёмщиком получателем)*
break-even ~(s) издержки при критическом объёме производства *(который обеспечивает безубыточность)*
break-in ~(s) издержки освоения *(напр. самолётов нового типа)*
budgeted ~(s) сметные издержки *(производства)*
bulk-line ~(s) уровень издержек, характеризующий производство основной массы продукции *(напр. в отрасли)*
bunched ~ оценка *(приобретаемой фирмы или предприятия)* по соглашению
burden ~(s) накладные расходы
capacity ~(s) издержки производства при полном использовании производственных возможностей
capital ~(s) капитальные затраты, затраты основного капитала, капитальные издержки; амортизационные отчисления плюс проценты на вложенный капитал
capital ~(s) per annum годовые затраты основного капитала, годовые капитальные издержки; годовая амортизация и проценты
capitalizable ~(s) капитализируемые издержки *(относимые на счёт основного капитала)*; капитальные издержки, капитальные затраты
capitalized ~ *см.* **depreciable cost 2.**
carrier ~(s) эксплуатационные расходы транспортной компании
changeover ~ стоимость перехода на другую модель
circulation ~(s) издержки обращения
cleared-in ~(s) *см.* **basic standard cost(s)**
collection ~(s) 1. расходы на сбор очередных страховых взносов **2.** затраты на инкассирование очередных взносов за покупку товара в рассрочку *или* в кредит
commercial ~(s) полные издержки *(включая все расходы фирмы)*
committed ~(s) фиксированные [постоянные] издержки *(напр. амортизация, налог с имущества, рента, страхование)*
commodity ~(s) (полные) издержки производства коммунальных предприятий *(производство и распределение электроэнергии, газа, воды)*
common ~(s) *см.* **joint cost(s) 2.**
comparative ~(s) сравнительные издержки
complaint ~(s) издержки вследствие рекламаций
concave ~ *мат.* вогнутая функция затрат
conditional ~ условная стоимость
constant ~ постоянная стоимость
contract(ual) ~(s) расходы по контрактам *(за выполненные работы)*; выплаты по контрактам
controllable ~(s) регулируемые [управляемые] издержки
conversion ~s 1. затраты, связанные с переходом на новую продукцию **2.** затраты, связанные с реконверсией
convex ~ *мат.* выпуклая функция затрат
court ~s судебные издержки
crash ~ стоимость срочной программы
crawl-out ~ стоимость исправления неправильного решения
cultivation ~(s) затраты на выращивание *(сельскохозяйственных культур)*
current ~ 1. стоимость в текущих ценах **2.** *pl* текущие издержки
current-outlay ~(s) 1. текущие издержки **2.** затраты наличных (денежных) средств
current standard ~ текущая [действующая] норма издержек
cycle inventory ~ затраты на периодическое пополнение запасов
decreasing ~(s) снижающиеся издержки *(производства или услуг)*
deductible ~(s) расходы, вычитаемые из суммы, облагаемой налогом
defect ~(s) издержки вследствие неисправности
deficiency ~(s) издержки вследствие нехватки запасов, издержки вследствие дефицита
delivery ~ стоимость поставки
departmental ~(s) цеховые издержки
depleted ~ остаточная стоимость *(разрабатываемых месторождений полезных ископаемых и лесных угодий)*
depreciable ~ 1. амортизируемая стоимость *(стоимость нового элемента основного капитала минус ликвидационная стоимость)* **2.** стоимость (реального) основного капитала

depreciated ~ остаточная стоимость *(стоимость основного капитала минус начисленный износ)*
depreciation ~**(s)** амортизационные расходы
design ~**(s)** затраты на конструкторские работы
deterioration ~**(s)** издержки вследствие ухудшения характеристик
development ~ стоимость разработки; стоимость опытно-конструкторских работ
differential ~**(s)** **1.** *см.* **incremental cost(s)** **2.** *трансп.* удельные переменные издержки
direct ~**(s)** **1.** переменные издержки, переменные затраты **2.** *бухг.* прямые затраты, прямые издержки
direct labor ~**(s)** **1.** производственная заработная плата **2.** издержки на производственную рабочую силу
direct operating ~**(s)** прямые эксплуатационные расходы
direct payroll ~**(s)** *см.* **direct labor cost(s)**
disadvantage ~**(s)** **1.** невыгодное соотношение издержек *(напр. при эксплуатации одной транспортной линии по сравнению с другой)* **2.** более высокие издержки
discounted ~ приведённая стоимость
distribution ~**(s)** **1.** издержки обращения **2.** издержки сбыта продукции **3.** издержки оптовых и розничных предприятий
downstream ~**(s)** издержки водопользователей, расположенных ниже по течению (реки)
downtime ~**(s)** издержки вследствие простоя
drying ~**(s)** затраты на осушку
economic ~ *см.* **opportunity cost 4.**
environmental ~**(s)** издержки, связанные с охраной окружающей среды
equipment capital ~**(s)** капитальные затраты на оборудование
erection ~**(s)** затраты на строительные работы
escapable ~**(s)** устранимые [сократимые] издержки *(без которых можно обойтись при сокращении объёма производства)*
estimated [evaluation] ~ стоимость по оценке, ориентировочная стоимость
expected ~ **of uncertainty** *мат.* ожидаемая стоимость неопределённости
expected total ~ **(s)** ожидаемые общие затраты
expired ~ **(s)** **1.** истекшие издержки *(от которых более не ожидается дохода)* **2.** затраченные средства **3.** *см.* **absorbed cost(s)**
explicit ~ **(s)** денежные затраты
external ~ **(s)** внешние издержки
extramarket ~ **(s)** внерыночные издержки
fabrication ~ стоимость изготовления
factor ~**(s)** **1.** *см.* **direct cost(s)** **2.** факторные издержки *(по труду и капиталу)*
factor mobility ~**(s)** издержки, вызванные необходимостью перемещения производственных факторов

factory ~**(s)** *см.* **manufacturing cost(s)**
failure ~**(s)** издержки вследствие отказа *(напр. оборудования)*
farm production ~ **1.** *pl* издержки сельскохозяйственного производства **2.** себестоимость сельскохозяйственной продукции
fattening ~**(s)** *с.-х.* затраты на откорм
feed ~**(s)** затраты на корма
fertilizing ~ стоимость внесения удобрений
final ~ конечная стоимость *(включающая все виды дополнительных затрат)*
first ~ **1.** *см.* **acquisition cost 1. 2.** фабричная цена; себестоимость
fixed ~**(s)** постоянные издержки, постоянные затраты
food ~**(s)** затраты на корма
fuel ~**(s)** затраты на топливо
growth ~**(s)** издержки роста
guarantee ~ **(s)** расходы по гарантийным обязательствам
handling ~**(s)** расходы на обработку *(чеков, денег, товаров)*
harvesting ~**s** расходы, связанные с уборкой урожая
haul ~**(s)** расходы на транспортировку
hiring ~**(s)** затраты, связанные с наймом *(рабочей силы)*
historical ~ **1.** *см.* **acquisition cost 1. 2.** *pl* фактические издержки в определённом истекшем периоде
holding ~**(s)** *см.* **inventory holding cost(s)**
hourly ~ почасовые затраты
idle time ~**(s)** издержки вследствие простоя
implicit ~**(s)** вменённые издержки
imputed ~ **1.** *pl* вменённые издержки **2.** вменённая стоимость промежуточного продукта *(при внутрифирменных расчётах)*
increasing ~**(s)** возрастающие издержки *(производства или услуг)*
incremental ~**(s)** дополнительные или приростные издержки *(напр. связанные с подготовкой к производству при получении нового заказа)*
incremental ~**(s)** **of service** дополнительные издержки обслуживания *(напр. транспортного)*
incremental energy ~**(s)** дополнительные издержки на выработку энергии
incremental production ~**s** дополнительные издержки производства *(напр. в связи с повышением качества товара или услуг)*
independent ~**(s)** раздельные издержки производства
indirect ~**(s)** **1.** *см.* **fixed cost(s)** **2.** *бухг.* косвенные издержки
indirect labor [indirect payroll] ~**(s)** **1.** непроизводственная заработная плата **2.** издержки на непроизводственную рабочую силу
industry average ~**(s)** среднеотраслевые издержки
information ~**(s)** расходы на информацию
initial ~ *см.* **acquisition cost 1.**

initial production ~ первоначальная себестоимость *(напр. начальных партий крупной серии)*
innovation ~s 1. затраты на создание новых изделий **2.** затраты на внедрение новой технологии
insurance ~ расходы по страхованию
intake water ~ себестоимость свежей воды
intangible ~(s) «неосязаемые затраты»; издержки нематериального характера *(напр. связанные с миграцией рабочей силы)*
inventory ~ стоимость товарно-материальных запасов
inventory holding [inventory possession] ~(s) издержки хранения (товарно-материальных) запасов
invoice ~ 1. стоимость, указанная на накладной **2.** стоимость при приобретении *(без транспортных и монтажных затрат)*
irrigation ~(s) затраты на орошение
joint ~(s) 1. общезаводские издержки *(напр. административные накладные расходы, сбытовые расходы)* при многономенклатурном производстве **2.** (неразделяемые) издержки комплексного [совместного] производства **3.** *см.* **round-trip cost(s)**
labor ~ 1. заработная плата *(как элемент себестоимости)* **2.** *pl* затраты на рабочую силу
labor ~ per unit produced затраты на рабочую силу в расчёте на единицу продукции
launching ~s расходы на запуск изделия в производство
layoff ~(s) затраты, связанные с увольнением персонала
least ~(s) наименьшие издержки *(на единицу продукции)*
life cycle ~(s) издержки за срок службы *(на разработку, производство, эксплуатацию, обслуживание и ремонт)*
life repair ~ стоимость ремонта в течение полного срока эксплуатации
linear ~ *мат.* линейная функция затрат
line-haul ~(s) издержки магистральной перевозки; переменные издержки магистральных перевозок *(зависящие от величины пробега)*
long-run marginal ~(s) предельные издержки длительного периода
lot quantity ~(s) издержки (изготовления) партии
lump-sum ~(s) единовременные затраты
maintenance ~(s) эксплуатационные расходы; затраты на техническое обслуживание (и текущий ремонт)
management ~(s) *см.* **programmed cost(s) 1.**
man-power ~(s) затраты на рабочую силу
manufacturing ~ 1. *pl* общезаводские накладные расходы **2.** заводская себестоимость
marginal ~ 1. *pl* предельные [маржинальные] издержки; приростные издержки *(увеличение или уменьшение полных издержек производства при увеличении или уменьшении объёма производства на одну единицу продукта)* **2.** предельно высокая себестоимость *(превышение которой делает предприятие убыточным)* **3.** *pl редко* прямые издержки
marginal ~(s) of acquisition предельные издержки, связанные с приобретением дополнительного производственного ресурса
marginal ~(s) of capital предельные затраты на капитал *(связанные с привлечением дополнительного капитала)*
marginal-factor ~(s) *см.* **marginal cost(s) of acquisition**
marginal industry ~s отраслевые предельные издержки
marginal unit ~s предельные удельные издержки *(на единицу продукции)*
marketing ~(s) 1. издержки сбыта **2.** издержки обращения
market transaction ~(s) издержки, связанные с обеспечением хозяйственных связей между фирмами через рыночный механизм
menu ~(s) издержки от инфляции, связанные с отвлечением ресурсов в сферу постоянного наблюдения за ценами
merchandising ~(s) торговые издержки; издержки сбыта
miscellaneous ~(s) прочие расходы
negotiated ~ стоимость *(заказа)*, установленная при переговорах *(заказчика с подрядчиком)*
net ~ *см.* **real cost 3.**
nominal ~ 1. *pl* издержки в первоначальных ценах *(без поправки на изменение покупательной способности денежной единицы)* **2.** нарицательная стоимость
noncontrollable ~(s) нерегулируемые издержки
nonlinear ~ *мат.* нелинейная функция затрат
nonmanufacturing ~(s) непроизводственные издержки
nonrecurring ~(s) непериодические издержки
normal ~ 1. минимальная стоимость *(выполнения операции без сверхурочных работ и без дополнительного привлечения специалистов, ресурсов или материалов)* **2.** стоимость обычной программы *(в системе ПЕРТ)*
obsolescence ~s издержки на моральный износ
onetime ~(s) разовые расходы
operating ~(s) эксплуатационные затраты
opportunity ~(s) альтернативные издержки, издержки неиспользованных возможностей *(отражающие лучшие альтернативные возможности использования ресурсов)*
opportunity ~(s) of not being at work издержки неучастия в труде *(напр., когда трудоспособное население отвлекается от трудовой деятельности на учёбу)*
ordering ~ стоимость выполнения заказа
order initiation ~ стоимость подачи заказа

organization(al) ~**(s)** административные расходы
original ~ **1.** *см.* **acquisition cost 1. 2.** *pl* первоначальные издержки
out-of-pocket ~**(s) 1.** переменные издержки *(в транспортных операциях)* **2.** затраты наличными *(напр. выдаваемыми под отчёт)* **3.** затраты на ближайший период **4.** прямые издержки
out-of-pocket unit ~**(s)** удельные переменные издержки
output ~**(s)** *см.* **production cost(s) 1.**
overall ~ полная стоимость
overdraft ~**(s)** расходы на получение ссуды в форме овердрафта
overhaul ~ стоимость (капитального) ремонта
overhead ~**(s)** накладные расходы
overtime ~**(s)** затраты на сверхурочную работу
owning ~**(s)** издержки владения
passenger-mile ~ **1.** себестоимость одной пассажиро-мили **2.** *pl* эксплуатационные расходы на одну пассажиро-милю
payroll ~ затраты на рабочую силу
perfection standard ~ норма издержек при наивысшей эффективности *(производства)*
period ~**(s)** затраты на отчётный период
personnel retention ~**(s)** затраты на сохранение рабочей силы *(при сокращении объёма производства)*
platform handling ~**(s)** затраты на транспортную обработку грузов
pollution abatement ~**(s)** *см.* **environmental cost(s)**
postponable ~**(s)** издержки, которые могут быть отложены *(на будущее)*
power ~**(s)** издержки (производства) электроэнергии
predetermined [predicted] ~**(s)** *см.* **standard cost(s)**
preparation ~**(s)** издержки цеховой подготовки производства
preproduction ~**(s)** издержки подготовки производства
present worth ~ приведённая к настоящему времени стоимость
pretax financing ~**(s)** издержки финансирования до вычета налогов *(дивиденды на акции и проценты по долговым обязательствам)*
price-determining ~**(s)** издержки, регулирующие цену
prime ~ **1.** *pl см.* **direct cost(s) 2.** *pl* основные затраты **3.** *торг.* себестоимость, фабричная цена
process ~**(s)** производственные издержки
processing ~**(s) 1.** издержки переработки сырья **2.** издержки обработки *(напр. документации)*
procurement ~**(s)** затраты на материально-техническое снабжение
product ~ **1.** себестоимость продукции **2.** *pl* прямые издержки производства *(для конкретного продукта)* **3.** стоимость (производственной) операции

COST

production ~ **1.** *pl* издержки производства **2.** заводская себестоимость
program ~ стоимость программы
programmed ~**(s) 1.** произвольные издержки *(зависящие от решений руководителей фирмы)* **2.** регулируемые постоянные издержки
progress-generating ~**(s)** затраты, способствующие росту эффективности производственных факторов
prohibitive ~**(s)** непомерно высокие издержки
project ~**(s) 1.** издержки проектирования **2.** затраты на разработку нового продукта **3.** затраты на осуществление проекта *(включая все стадии)*
purchase ~**(s)** затраты на приобретение
pure ~**(s) of circulation** чистые издержки обращения
quality ~**(s)** затраты за обеспечение качества
quality-inspection ~**(s)** затраты на проверку (состояния) качества
real ~ **1.** *pl* издержки производства в натуральном исчислении **2.** *pl* издержки производства в неизменных ценах **3.** чистая [действительная] стоимость *(стоимость в деньгах за вычетом потерь)*
rearing ~**(s)** затраты на выращивание *(напр. животных)*
recoverable ~ *см.* **depreciated cost**
recurring ~**(s)** периодические издержки *(напр. заработная плата, сырьё)*
reduction ~**(s)** затраты на снижение содержания загрязняющих веществ *(в воде или воздухе)*
reject ~**(s)** *см.* **spoilage cost(s)**
related ~**(s) 1.** *см.* **variable cost(s) 2.** *см.* **joint cost(s) 1.**
relative ~ относительная стоимость
relevant ~**(s)** издержки будущего периода *(принимаемые в расчёт при оценках)*
removal ~**(s)** издержки ликвидации *(объекта основного капитала)*
renewal ~ стоимость замены
reoperation ~**(s)** издержки на исправление брака
reorder ~ стоимость (повторного) заказа
repair ~**s** ремонтные расходы
replacement ~ **1.** *pl* издержки замещения выбывающего основного капитала **2.** восстановительная стоимость *(основного капитала)*
replacement depreciation ~ износ, начисленный по восстановительной стоимости, амортизация в текущих ценах
replenishment ~ стоимость пополнения запасов
reproduction ~ **1.** полная восстановительная стоимость *(основного капитала)* **2.** *pl* затраты на воспроизводство *(элемента производственных фондов)*
reproduction new ~ **1.** остаточная стоимость *(основного капитала)* в ценах текущего года **2.** *см.* **reproduction cost 1.**
research-and-development ~**(s)** затраты на научно-исследовательские и опытно-конструкторские работы

reservation ~ стоимость резервирования *(напр. мест в самолёте)*
residual ~ *см.* **depreciated cost**
rework ~(s) затраты на исправление брака
round-trip ~(s) затраты на транспортировку в оба конца *(на круговом маршруте)*
running ~(s) эксплуатационные расходы
salvage ~ ликвидационная стоимость
scheduled ~(s) *см.* **standard cost(s)**
scrap ~ стоимость забракованной продукции; стоимость утиля
search ~(s) издержки, связанные с поиском *(напр. работы, лучшего решения)*
selling ~(s) торговые издержки
separable ~(s) 1. делимые издержки *(разносимые на производство определённых продуктов)*; идентифицируемые издержки **2.** *см.* **direct cost(s)**
serving ~ *с.-х.* стоимость случки, плата за случку
setting-up ~(s) затраты на наладочные работы
shadow ~(s) скрытые [теневые] затраты
shelter ~ *см.* **storage cost**
shipping ~(s) затраты на транспортировку
shoe leather ~(s) издержки (для общества) от инфляции, связанные с хождением в банки в поисках более выгодного вложения средств
shop ~ цеховая себестоимость
shortage ~(s) *см.* **deficiency cost(s)**
short-run marginal ~(s) предельные издержки короткого периода
should ~ 1. оптимальная величина затрат; оптимальная стоимость *(размещаемого заказа)* **2.** установление оптимальной стоимости *(включает изучение производственных возможностей изготовителя)*
smoothing ~(s) издержки сглаживания *(производства при изменении спроса)*
social marginal ~(s) предельные издержки для общества
socially necessary ~(s) общественно необходимые затраты, себестоимость
space ~ стоимость (рабочего) места
specific ~ 1. специальная цена; стоимость конкретных изделий *(при оценке материально-производственных запасов)* **2.** *pl* издержки производства конкретных изделий
specification ~(s) *см.* **standard cost(s)**
spiralling ~(s) 1. резко возрастающие издержки **2.** быстро растущие цены
spoilage ~(s) издержки вследствие брака *или* порчи продукции
standard ~(s) нормативные издержки; стоимостные нормы
standby ~(s) 1. *см.* **fixed cost(s) 2.** издержки содержания бездействующего объекта *(основного капитала)*
standing ~(s) *см.* **fixed cost(s)**
starting-and-stopping ~(s) издержки, связанные с пуском и остановкой *(непрерывного производства)*
starting-load ~(s) издержки подготовки производства
start-up ~(s) 1. издержки освоения нового предприятия; издержки, связанные с пуском предприятия **2.** издержки подготовки производства
stock-holding ~ стоимость хранения запасов
stocking ~ стоимость (наличных) запасов
storage ~ стоимость хранения запасов
sunk ~(s) 1. невозвратные издержки, неокупаемые капиталовложения *(напр. в оборудование, непригодное для современного и будущего использования)* **2.** издержки истекшего периода; сделанные (в прошлом) капиталовложения
supplementary ~(s) *бухг.* косвенные издержки
supplementary employee ~(s) дополнительные затраты на рабочую силу
support ~(s) *см.* **maintenance cost(s)**
tangible ~(s) «осязаемые затраты», издержки материального характера
target ~ запланированная величина издержек, плановые издержки
total delay ~ *ТМО* общая стоимость ожидания
total unit ~(s) удельные полные издержки
traceable ~(s) *см.* **direct cost(s)**
training ~(s) затраты на (профессиональное) обучение
transaction ~(s) трансакционные издержки *(на совершение сделки)*
transfer [transportation] ~s расходы на транспортировку
treating ~(s) *см.* **processing cost(s)**
trust ~ стоимость оказания услуг доверительного характера
ultimate ~ *см.* **final cost**
unamortized ~ нетто-капитал; нетто-активы; неамортизированная часть стоимости *(основного капитала)*
unavoidable ~(s) 1. неустранимые издержки *(при ухудшении конъюнктуры, уменьшении объёма производства)* **2.** постоянные издержки
underwriting ~ стоимость подписки *(на ценные бумаги)*
unit ~ 1. *pl* удельные издержки, издержки на единицу продукции **2.** себестоимость единицы продукции
unit factor ~(s) удельные пофакторные издержки производства
unit labor ~(s) затраты на рабочую силу в расчёте на единицу продукции
unit operating ~(s) эксплуатационные затраты на единицу продукции
unit wage ~(s) *см.* **unit labor cost(s)**
unrecovered ~ *см.* **depreciated cost**
unscheduled ~(s) внеплановые затраты
upkeep ~(s) *см.* **maintenance cost(s)**
user ~(s) издержки использования
variable ~(s) переменные издержки, переменные затраты
verification ~(s) расходы по контролю *(напр. выверке счетов)*
warehousing ~(s) издержки хранения на складе, затраты на складское хранение *(товаров)*
warranty ~(s) затраты на гарантийный ремонт; затраты *(завода-изготовителя)* по гарантийному обязательству *(на протя-*

жении гарантийного срока работы изделия)
welfare ~(s) расходы на социальные и культурные нужды
wintering ~(s) затраты на зимовку *(скота)*
working ~(s) эксплуатационные затраты
cost-effectiveness затраты — эффективность *(экономический показатель)*
costing 1. исчисление; калькуляция издержек производства 2. калькуляция себестоимости 3. оценка (стоимости)
absorption ~ 1. калькуляция (себестоимости) с полным распределением затрат *(между изделиями)* 2. принцип простого списания [простого отражения] затрат; отнесение всех заводских накладных расходов на готовую продукцию
batch ~ калькуляция затрат на изготовление партии изделий
conventional ~ *см.* **absorption costing**
direct ~ 1. калькуляция (себестоимости) по переменным издержкам 2. отнесение постоянных общезаводских расходов непосредственно на счёт прибылей и убытков *(без распределения на выпущенную продукцию)* 3. прямое отнесение расходов на продукт накладных расходов *(непосредственно связанных с производством данного продукта)*
farm (enterprise) ~ калькуляция издержек производства в сельском хозяйстве
first-in-first-out ~ оценка по методу «первая (партия) на приход — первая в расход» *(оценка стоимости товарно-материальных запасов по ценам первых по времени закупок)*
historical ~ калькуляция (себестоимости) по прошлым издержкам
inventory ~ оценка стоимости товарно-материальных запасов
job(-order) ~ 1. позаказная калькуляция издержек 2. позаказная калькуляция себестоимости
last-in-first-out ~ оценка по методу «последняя (партия) на приход — первая в расход» *(оценка стоимости товарно-материальных запасов по ценам последних по времени закупок)*
lowest life cycle ~ минимизация затрат за срок службы
marginal ~ маржинальная система калькуляции; калькуляция (себестоимости) по прямым издержкам *(с отнесением накладных расходов на группы продуктов)*
process ~ калькуляция издержек производства по процессам
product ~ 1. калькуляция издержек производства продукта 2. калькуляция себестоимости продукта
specific-order ~ *см.* **job(-order) costing**
variable ~ *см.* **direct costing 1.**
cost-plus «издержки-плюс» *(метод назначения цены в виде суммы издержек плюс прибыль как процент сверх издержек)*
cosurety сопоручитель
cotenancy соаренда
cotenant соарендатор
cotrustee партнёр по доверенности
cottonocracy корпорации хлопчатобумажной промышленности и торговли хлопком
coulisse *фр.* 1. кулиса, неофициальная фондовая биржа 2. неофициальные биржевые маклеры
coulissier *фр.* кулисье *(неофициальный маклер, заключающий спекулятивные биржевые сделки)*
Council □ ~ **for Economic and Industrial Research** Комитет по экономическим и промышленным исследованиям *(США)*; ~ **for International Progress in Management** Совет содействия улучшению методов управления *(США)*; ~ **for Mutual Economic Assistance** Совет Экономической Взаимопомощи, СЭВ; ~ **on Environmental Quality** Совет по качеству окружающей среды *(США)*; ~ **on Wage and Price Stability** Совет по вопросам стабильности заработной платы и цен *(при президенте США)*
~ **of Economic Advisors** Совет экономических консультантов *(при президенте США)*
~ **of Foreign Bond Holders** Совет держателей иностранных облигаций *(Великобритания)*
~ **of the Stock Exchange** правление Лондонской фондовой биржи
Advisory ~ **for Technology** Консультативный совет по технике *(Великобритания)*
Agricultural, Medical, Scientific and Industrial Research ~ Совет по сельскохозяйственным, медицинским, научным и промышленным исследованиям *(Великобритания)*
Agricultural Research ~ Совет по сельскохозяйственным исследованиям *(Великобритания)*
British Productivity ~ Британский совет по вопросам производительности
Central ~ **for Agricultural and Horticultural Cooperation** Центральный совет сельскохозяйственной кооперации *(Великобритания)*
Central Advisory ~ **for Science and Technology** Центральный консультативный совет по науке и технике *(Великобритания)*
Common Market's ~ **of Ministers** Совет министров ЕЭС *(Общего рынка)*
Cost-of-Living ~ Совет по стоимости жизни *(США)*
Customs Cooperation ~ Совет таможенного сотрудничества
Economic and Social ~ Экономический и социальный совет ООН, ЭКОСОС
Energy Resources ~ Совет по энергетическим ресурсам *(при президенте США)*
European ~ **for Nuclear Research** Европейский совет по ядерным исследованиям
European Atomic Energy ~ Евратом
Federal ~ **for Science and Technology** Федеральный совет по науке и технике *(США)*
Federal Reserve Advisory ~ Федеральный резервный совещательный совет
General ~ **of the Trade Union Congress**

Генеральный совет Британского конгресса тред-юнионов
International ~ for Scientific Management Международный совет по научным методам управления
National Cooperative ~ Национальный кооперативный совет
National Economic Development ~ Совет национального экономического развития *(Великобритания)*
National Governors' ~ on Science and Technology Национальный совет губернаторов штатов по науке и технике *(США)*
Nature Conservancy ~ Национальная служба по охране природы *(Великобритания)*
Population ~ Совет по проблемам народонаселения *(США)*
Social Science Research ~ Совет по исследованиям в области общественных наук *(Великобритания)*
Urban Affairs ~ Совет по городскому развитию *(США)*
Water Resources ~ Совет по водным ресурсам *(США)*

council совет; совещание
advisory ~ консультативный совет
college placement ~ совет по вопросам трудоустройства окончивших высшие учебные заведения
industrial ~ производственный совет
joint industrial ~ объединённый производственный совет *(постоянный орган для обсуждения рабочими и администрацией спорных вопросов)*
research ~ научный совет
town ~ муниципалитет; городской совет
wages ~ *англ.* совет по заработной плате
Whitley ~s *англ.* советы Уитли *(объединённые отраслевые советы по консультации рабочих и предпринимателей)*
works ~ совет предприятия
work study ~ *орг. пр.* совет по анализу рабочего времени

counsel совещание, обсуждение

counseling консультирование

counsel(l)or консультант
business ~ консультант по вопросам торгово-промышленной деятельности
management ~ консультант по вопросам управления

count подсчёт, счёт ‖ считать, подсчитывать
periodic ~s of selected items периодическая выборочная инвентаризация
periodic stock ~s периодическая инвентаризация состояния запасов
physical (inventory) ~ подсчёт (материально-производственных ценностей) в натуре; подсчёт остатков в натуре
population ~ перепись населения
stock ~s инвентаризация запасов

counter 1. прилавок; стойка; касса 2. счётчик
bargain ~ 1. *амер.* отдел продажи по сниженным ценам *(в магазине)* 2. распродажа акций по низкому курсу *(в периоды биржевой паники)*
check-out ~ контрольно-кассовый пункт *(в магазине самообслуживания)*
frame ~ *орг. пр.* счётчик кадров
lunch ~ *амер.* буфет без посадочных мест *(с продажей фруктовых соков, безалкогольных напитков, холодных закусок)*
paying ~ расходная касса
wink ~ *орг. пр.* счётчик интервалов малой продолжительности *(равных 1/200 мин.)*

counterbonification обратная бонификация *(скидка с цены за худшее качество товара)*

countercyclical антициклический

counterfeit поддельный, фальшивый, подложный

counterfeiting 1. контрафакция *(незаконное использование фирменных обозначений)* 2. подделка

counterfoil корешок *(чека)*

countermand отмена ‖ отменять *(заказ)*
~ of payment приостановка платежа по чеку

counteroffer встречное предложение

counterpart 1. копия; дубликат 2. *юр.* противная сторона в процессе

counterplan встречный план

counterproductive уменьшающий производительность

countersign подписать *(документ, чек)*, скрепить подписью

countersignature подпись, удостоверяющая другую подпись *(на чеке)*

counterstream встречный поток *(переселенцев или эмигрантов)*

countertrade встречная (компенсационная) торговля, бартер

countr/y 1. страна 2. родина, отечество 3. район, сельская местность
~ of birth родина, отечество
~ of destination страна назначения
~ of origin страна происхождения
advanced capitalist ~ развитая капиталистическая страна
agricultural ~ аграрная страна; сельскохозяйственный район
backward ~ отсталая (в экономическом отношении) страна
bilateral ~ies страны, осуществляющие расчеты на клиринговой основе
British preference ~ies страны, пользующиеся британскими преференциями
capital-exporting ~ страна-экспортёр капитала
capital-importing ~ страна-импортёр капитала
capitalist ~ капиталистическая страна
Comecon ~ies страны СЭВ
Common Market ~ страна — член Европейского экономического сообщества [Общего рынка]
creditor ~ страна-кредитор
debitor ~ страна-дебитор, страна-должник
deficit ~ страна с дефицитом платёжного баланса
home ~ родина, отечество
independent ~ независимая страна
industrially advanced ~ промышленно-развитая страна

key-currency ~ страна с ключевой валютой
lending ~ страна-кредитор
less developed ~ развивающаяся страна
market-economy ~ страна с рыночной экономикой; развитая капиталистическая страна
member ~ страна-член, страна-участник
mother ~ родина, отечество
multilateral ~ies страны, расчёты между которыми производятся в конвертируемой валюте
newly industrialized ~ новая индустриальная страна *(напр. Южная Корея)*
nonkey-currency ~ страна с неключевой валютой
non-member ~ страна, не являющаяся членом *(какой-л. организации)*
nonsterling ~ страна, не входящая в стерлинговую зону
old ~ родина, отечество
one-crop ~ страна монокультуры; район монокультуры
planned economy ~ страна с плановой экономикой
primary producing ~ сырьевая страна
range ~ местность, пригодная под выпас
reserve-currency ~ страна с резервной валютой
sterling ~ страна, входящая в стерлинговую зону
surplus ~ страна с активным платёжным балансом
underdeveloped ~ развивающаяся страна

countryfolk сельские жители

countryman 1. соотечественник 2. крестьянин, сельский житель

countryside 1. сельская местность 2. местное сельское население

countrywise *стат.* по странам

count/y 1. *амер.* округ; *англ.* графство 2. жители округа *или* графства
administrative ~ графство *(административная единица)*

coup:
purchasing ~ удачная сделка при закупке товаров

couple супруги, чета; жених и невеста
ineligible ~ пара, для которой вступление в брак нежелательно
infertile ~ бесплодная супружеская пара
married ~ супружеская пара, супружеская чета
two-parity ~ супруги, имеющие двух детей

coupon 1. купон; свидетельство на уплату процентов 2. абонементный талон 3. номинальный процентный доход по облигации
A bond ~ годовой облигационный купон
bond ~ облигационный купон
dividend ~ купон на получение дивиденда
food ~ продовольственный талон *(по программам помощи малоимущим)*
interest ~ купон на оплату процентов
matured ~ *амер.* купон, по которому наступил срок платежа
premium ~s *амер.* премиальные купоны *(дающие покупателю право на вещевую премию из ассортимента автолавки при накоплении определённого количества купонов)*

course 1. курс *(валюты)* 2. курс *(судна, самолёта)* 3. ход; течение 4. линия поведения 5. *pl* курсы □ **in the ~ of the year** в течение года
~ of action образ действия
~ of exchange валютный курс
~ of training курс подготовки
apprenticeship ~ учебный курс *(профессионально-технической подготовки)*
extension ~s курсы повышения квалификации
postgraduate ~s курсы усовершенствования *(специалистов)*

Court:
International ~ of Justice Международный суд
Permanent ~ of Arbitration Международный арбитраж *(в Гааге)*
Supreme ~ Верховный суд

court суд, судебное заседание; зал суда
~ of appeal апелляционный суд
~ of arbitration арбитраж, третейский суд
~ of cassation кассационный суд
bankruptcy ~ суд по делам несостоятельных должников
civil ~ судебная палата по гражданским делам
commercial ~ судебная палата по торговым делам
district ~ окружной суд
industrial ~ арбитраж по трудовым делам
police ~ полицейский суд

courtage *фр.* куртаж, комиссия *(вознаграждение)*

courtier *фр.* биржевой дилер *или* брокер

covariance *стат.* ковариация, смешанный второй момент
~ of estimates ковариация оценок
conditional ~ условная ковариация
generalized ~ обобщённая ковариация
limiting ~ предельная ковариация
multiple ~ множественная ковариация
negative ~ отрицательная ковариация
normalized ~ нормированная ковариация
partial ~ частичная ковариация
population ~ ковариация (генеральной) совокупности
sample ~ выборочная ковариация
serial ~ сериальная ковариация
stationary ~ стационарная ковариация
trend ~ ковариация тренда

covenant договор; договор за печатью; обязательство *(вытекающее из договора за печатью)* ‖ заключать договор
particular ~s особые условия; особые обязательства

cover 1. уплата *(по счёту)*; покрытие, обеспечение ‖ покрывать, обеспечивать покрытие 2. покупка ценных бумаг при сделках на срок *(для поставки покупателю)* 3. перечень рисков, охватываемых страховым полисом 4. страхование ‖ страховать 5. покров *(растительности)* 6. распространяться *(на какой-л. период)* □ **to ~ all**

the losses покрывать все убытки; **to provide with ~** предоставить обеспечение; **to serve as ~** служить в качестве обеспечения; **to ~ the expenses** покрывать расходы; **to ~ the requirements** удовлетворять потребности
additional ~ дополнительное обеспечение
cash ~ денежное обеспечение
extended ~ расширенное страхование
forest ~ лесной покров, лесонасаждения
full ~ полное покрытие
gold ~ золотое покрытие
grass ~ травяной покров
import ~ импортное покрытие, коэффициент обеспечения импорта страны валютными резервами
insurance ~ объём страховой ответственности
open ~ открытый полис *(не оплаченный гербовым сбором, по которому страховщик обязуется впоследствии выдать полис, оплаченный гербовым сбором)*
plant ~ растительный покров
provisional ~ предварительное покрытие *(по обязательству)*
short ~ компенсация продавца ценных бумаг без покрытия покупкой фьючерсного контракта; покупка ценных бумаг взамен проданных без покрытия
vegetative ~ растительный покров

coverage 1. покрытие, обеспечение; степень покрытия *(напр. расходов доходами)* 2. *стат.* охват 3. зона переписи, область обследования □ **~ under life insurance** общая сумма договоров по страхованию жизни населения
interest ~ показатель «покрытия процента» *(отношение валового дохода плюс федеральный подоходный налог к сумме выплат процента на капитал)*

covered покрытый [обеспеченный] наличием товара *или* ценных бумаг

covering *бирж.* покупка для покрытия обязательств по срочным сделкам *(заключённым спекулянтами, играющими на понижение)*
bear ~ *бирж.* покупка ценных бумаг для покрытия сделок на понижение

crackdown нажим; давление; ограничение *(напр. заработной платы)*

craft 1. ремесло; мастерство 2. умение; искусство 3. цеховой
ancillary ~ подсобный промысел
artistic ~s художественные ремёсла
rural ~s сельские ремёсла

craftsman 1. ремесленник; мастер 2. (квалифицированный) рабочий
semiskilled ~ полуквалифицированный рабочий
skilled ~ высококвалифицированный рабочий

craftsmanship мастерство

crash крах, банкротство ‖ потерпеть крах
stock market ~ крах фондовой биржи

crate упаковочная корзина *или* клеть ‖ паковать в корзины

create создавать

creation 1. создание; воплощение 2. разработка принципа *(как этап исследований и разработок)*
~ of credit кредитование, выдача кредита
~ of money выпуск [эмиссия] денег
debt ~ процесс создания задолженности; кредитование
deposit ~ создание депозитов («мнимых вкладов»)

credit 1. кредит ‖ кредитовать 2. доверие 3. кре́дит, правая сторона счёта ‖ записывать на кре́дит 4. сумма, записанная на приход 5. аккредитив 6. льгота, скидка □ **~ against goods** подтоварный кредит; **~ at the bank** кредит в банке; **~ by way of guarantee** гарантийный кредит в форме банковского авала; **debit and ~** дебет и кре́дит; **for the ~ of one's account** в кредит *какого-л.* счёта; **~ is shaken** кредитоспособность поколеблена; **on ~** в кредит; **~ on goods** подтоварный кредит; **~ on mortgage [on property, on real estate]** кредит под недвижимость, ипотечный кредит; **~ partially drawn down** частично использованный кредит; **to ~ an amount to someone** записать *кому-л.* на счёт деньги; **to buy on ~** покупать в кредит; **to call in a ~** погасить кредит; **to cancel a ~** погасить кредит; аннулировать аккредитив; **to give ~** предоставлять кредит; **to obtain ~** получить кредит; **to run out of ~** потерять доверие; **to sell on ~** продавать в кредит
acceptance ~ акцептный кредит
accommodation ~ кредит для покрытия временной потребности в средствах
anticipatory ~ аккредитив для оплаты неотгруженных товаров
back-to-back ~ компенсационный аккредитив
blank ~ 1. бланковый кредит, кредит без обеспечения 2. бланковый аккредитив *(без указания суммы)*
book ~ коммерческий кредит в форме открытого счёта
campaign ~ кредит иностранному производителю сырья
capital market ~ кредит, полученный на рынке долгосрочного капитала
cash ~ кредит в наличной форме; *англ.* овердрафт
clean ~ аккредитив, на который можно выставлять тратты без сопроводительных документов
collateral ~ кредит под обеспечение; ломбардная ссуда
commercial ~ 1. коммерческий кредит 2. подтоварный кредит 3. товарный аккредитив
commercial documentary ~ документарный товарный аккредитив
confirmed ~ подтверждённый аккредитив
consumer ~ потребительский кредит
current account ~ кредит по контокоррентному счёту
deferred ~ зачисление денег на текущий счёт с отсрочкой *(при инкассировании чека)*
discount ~ дисконтный кредит; кредит в форме учёта

dividend ~ налоговая льгота, предоставляемая получателям дивидендов
documentary ~ документарный аккредитив
draft [drawing] ~ кредит в форме тратты
earned income ~**s** налоговые льготы, предоставляемые получателям заработной платы и жалованья
evergreen ~ *жарг.* неограниченно возобновляемый кредит
exhausted ~ исчерпанный кредит
extended ~ пролонгированный кредит
external ~ внешний [международный] кредит
Federal Reserve ~ *амер.* кредит федеральных резервных банков
frozen ~ **1.** непогашенная ссуда *(из-за плохого финансового положения заёмщика)* **2.** *pl.* замороженные кредиты
general purpose ~ кредит *(банка)*, не связанный с конкретными целями
immediate ~ немедленное зачисление денег на счёт *(при инкассировании чека)*
impaired ~ утраченное доверие, подорванный кредит
installment ~ кредит с погашением в рассрочку
interim ~ *амер.* промежуточный заём *(в цикле капиталовложений)*
investment ~ кредит для финансирования долгосрочных вложений
investment tax ~ инвестиционная налоговая скидка, скидка с налога на капиталовложения
irrevocable ~ безотзывной аккредитив
long(-term) ~ долгосрочный кредит
low-interest ~ дешёвый кредит, кредит из низкого процента
margin ~ кредит по операциям с маржей
noninstallment ~ кредит с единовременным погашением *(без рассрочки)*
open account ~ кредит по открытому счёту *(неформализованная отсрочка платежа)*
packing ~ *см.* **anticipatory credit**
paid ~ аккредитив с покрытием
paper ~ вексельный кредит
personal ~ индивидуальный заём *(в отличие от займа корпорации)*
public ~ государственный кредит; кредит, предоставляемый правительству *или* местным органам власти
reimbursement ~ акцепторно-рамбурсный кредит *(кредит в форме акцепта банком, ведущим расчёты импортёра, выставленных экспортёром тратт)*
retail ~ кредит розничной торговле
retirement income ~ налоговая скидка при обложении доходов лиц, вышедших на пенсию
revocable ~ отзывной аккредитив
revolving ~ **1.** автоматически возобновляемый кредит **2.** автоматически возобновляемый аккредитив
roll-over ~ кредит с периодически пересматриваемой процентной ставкой
rural ~ сельскохозяйственный кредит
secondary ~ вторая часть аккредитива
self-liquidating ~ самоликвидирующийся кредит *(напр. сезонный кредит)*
short(-term) ~ краткосрочный кредит
sight ~ аккредитив, по которому выписывается предъявительская тратта
standby ~ договорённость о кредите; кредит, используемый при необходимости; резервный кредит
starting ~ начальный кредит
sterling ~ аккредитив с платежом в фунтах стерлингов
store ~ кредит, предоставленный магазином; открытый кредит
syndicated bank ~ кредит, предоставленный несколькими банками
tax ~ **1.** налоговая льгота, налоговая скидка **2.** отсрочка уплаты налога
temporary ~ *см.* **interim credit**
tied ~ товарный кредит *(может быть использован только для закупки обусловленного товара)*
trade ~ коммерческий кредит
uncollectible ~ кредит, который не может быть взыскан
unlimited ~ неограниченный кредит
unsecured ~ кредит без специального обеспечения
untied ~ финансовый кредит *(может быть использован для любых целей)*

crediting кредитование, выдача ссуды

creditor кредитор □ ~ **by endorsement** кредитор, несущий ответственность по индоссаменту
bill ~ кредитор по векселю
bond ~ кредитор по долговому *или* денежному обязательству
equally ranking ~**s** кредиторы, имеющие равные права требования
joint ~ совокупный кредитор
judgement ~ кредитор по постановлению суда
long(-term) ~ лицо, предоставляющее долгосрочный кредит
mortgage ~ кредитор по ипотеке
preferential [preferred] ~ кредитор с предпочтительным правом требования *(перед другими кредиторами)*
principal ~ главный кредитор
secured ~ кредитор, получивший обеспечение *(в виде залога, ипотеки)*
short(-term) ~ лицо, предоставляющее краткосрочный кредит
trade ~ лицо, предоставляющее коммерческий кредит
unsecured ~ кредитор, не получивший обеспечения *(в виде залога, ипотеки)*

creditworthiness кредитоспособность, платёжеспособность

creep медленное повышение ‖ ползти вверх, медленно подниматься *(о ценах)*
bracket ~ (вызываемый инфляцией) переход налогоплательщиков в группу доходов, подлежащих обложению по более высоким ставкам
upward ~ повышательная тенденция
wage-cost ~ процесс постепенного повышения расходов на оплату труда *(в издержках производства продукции)*

creeping ползучий *(напр. об инфляции)*
cremation of securities уничтожение [сожжение] ценных бумаг
crew 1. команда *(судовая)*; экипаж *(судна)* 2. бригада
full-time ~ бригада, занятая полное время
inventory ~ бригада инвентаризаторов
multiple-skill ~ комплексная бригада
crises:
recurrent economic ~ периодические экономические кризисы
crisis кризис
~ **of overproduction** кризис перепроизводства
agrarian [agricultural] ~ аграрный кризис
bank ~ банковский кризис *(особ. в США в 1933 г.)*
commercial ~ торгово-промышленный кризис; экономический кризис
credit ~ кредитный кризис
cyclical ~ циклический кризис
dole-queue ~ критическое положение с безработицей, очень высокий уровень безработицы
economic ~ экономический кризис
exchange ~ валютный кризис
financial ~ финансовый кризис
foreign-exchange ~ валютный кризис
general ~ **of capitalism** общий кризис капитализма
industrial ~ промышленный кризис
monetary ~ денежный кризис; валютный кризис
criteria:
performance ~ критерии эффективности
criterion критерий; показатель
~ **of estimation** *стат.* критерий оценивания
~ **of independence** *стат.* критерий независимости
~ **of predictability** критерий возможного прогнозирования
~ **of sufficiency** *стат.* критерий достаточности *(оценки)*
~ **of verifiability** критерий проверяемости *(прогноза)*
chi-square ~ *мат.* критерий хи-квадрат
cost ~ стоимостной критерий
decision ~ критерий принятия решения; критерий выбора решения
dominance ~ критерий доминирования
economic effectiveness ~ критерий экономической эффективности
efficiency ~ критерий эффективности
eligibility ~ критерий нежелательности вступления в брак с данным лицом
fitting ~ *мат.* критерий сглаживания подбора
graphical ~ критерий, представленный в графической форме
Gurvitz ~ *мат.* критерий Гурвица
integral ~ интегральный критерий
least-squares ~ критерий, полученный методом наименьших квадратов
likelihood ratio ~ *стат.* критерий отношения правдоподобий
maximax ~ *мат.* критерий максимакса
maximin ~ *мат.* критерий максимина
maximun-likelihood ~ *стат.* критерий максимального правдоподобия
minimax ~ *мат.* критерий минимакса
minimax risk ~ *мат.* критерий минимакского риска
net present value ~ критерий чистой стоимости, приведённой к настоящему времени
optimality ~ критерий оптимальности
prediction ~ критерий прогноза
price alteration ~ критерий изменения цен
utility ~ критерий полезности
validity ~ критерий обоснованности
criticality критическое состояние; критическое значение
croft *англ.* 1. небольшой участок; делянка; приусадебный участок 2. небольшая ферма; мелкое хозяйство
crofter мелкий арендатор, мелкий фермер *(в Шотландии)*
crofting *англ.* парцеллярное земледелие
crop 1. урожай ‖ собирать урожай 2. сельскохозяйственная культура ‖ возделывать сельскохозяйственную культуру 3. *pl* зерновые 4. приплод, выход *(напр. телят)* □ **out of** ~ незасеянный, под паром; **~s still growing in the fields** незавершённое производство в земледелии; **to diversify ~s** диверсифицировать сельскохозяйственные культуры; **under** ~ засеянный; **~s under glass** тепличные и парниковые культуры
agricultural export ~ экспортная сельскохозяйственная культура
allotment ~ 1. овощная [огородная] культура 2. сельскохозяйственная культура, на которую распространяются ограничения обрабатываемой площади
bad ~ недород, неурожай
basic ~s 1. основные [ведущие] культуры 2. *амер.* культуры, на которые распространяется гарантия цен *или* дотация
bread ~s хлебные злаки, хлеба *(в поле)*
bumper ~ небывалый урожай
cash ~ товарная культура
cereal ~ зерновая культура
cheaply grown ~ сельскохозяйственная культура, выращиваемая с малыми затратами
clean-cultivated ~ пропашная культура
companion ~ сопутствующая культура; уплотнённая культура
controlled ~ *см.* **allotment crop 2.**
crowded ~ уплотнённая культура
current (season's) ~ урожай текущего сезона
dominant ~s основные [ведущие] культуры
economic ~ интенсивная культура; экономически рентабельная культура
emergency ~ культура с коротким вегетационным периодом
erosion-resisting ~ эрозионно-устойчивая культура, противоэрозионная культура
exhaustive ~ почвоистощающая культура
feed ~ кормовая культура
field ~ полевая культура

food ~ продовольственная сельскохозяйственная культура
foregoing ~ предшествующая культура, предшественник
grain ~**s** зерновые (культуры)
grass ~ пастбищная культура; кормовая посевная трава; дернообразующая культура
grazing ~ пастбищная культура
growing ~ *см.* **outstanding crop**
heavyweight ~ **1.** богатый урожай **2.** высокопродуктивная культура
high-gross income ~ сельскохозяйственная культура, приносящая высокие валовые доходы
high-labor-requirement ~ *см.* **labor-consuming crop**
high-value ~ высокотоварная культура; интенсивная культура
high-yielding ~ *см.* **heavyweight crop**
home ~ сельскохозяйственная культура местного производства *(в данном хозяйстве или в данной стране)*
industrial ~ техническая культура
intensive ~ интенсивная культура
irrigated ~ орошаемая [поливная] культура
labor-consuming [labor-intensive] ~ сельскохозяйственная культура, требующая больших трудовых затрат
leading ~**s** основные [ведущие] культуры
light ~ посредственный урожай
low-gross-receipts ~ сельскохозяйственная культура, приносящая низкие валовые доходы
machine-harvested ~ сельскохозяйственная культура, убираемая машиной
main ~ **1.** главный урожай **2.** основная культура
mediocre ~ посредственный урожай
meliorative ~ почвоулучшающая культура
mixed ~ смешанная культура
money ~ товарная культура
national ~ продукция земледелия в масштабах страны
nonallotment ~ сельскохозяйственная культура, на которую не распространяются ограничения обрабатываемой площади
nonfood ~ **1.** часть урожая, не используемая в качестве продовольствия **2.** непродовольственная сельскохозяйственная культура
outstanding ~ сельскохозяйственная культура на корню
pasturing-off ~ пастбищная культура
perennial ~ многолетняя культура
poor-quality ~ **1.** низкий урожай **2.** малоурожайная культура
preceding ~ *см.* **foregoing crop**
previous ~ **1.** *см.* **foregoing crop 2.** урожай прошлого года
prime ~ первоклассный урожай
profitable ~ прибыльная сельскохозяйственная культура
quickly growing ~ *см.* **short-duration crop**
remunerative ~ высокодоходная культура
restricted ~ *см.* **allotment crop 2.**
rotating ~ севооборотная культура
row ~ пропашная культура
sale ~ товарная культура
seed ~ семенная культура
self-seed ~ самосевная культура
shipping ~ экспортная культура
short ~ низкий урожай
short-duration ~ скороспелая культура, культура с коротким вегетационным периодом
short-rain ~ засухоустойчивая культура, культура с низким транспирационным коэффициентом
short-season ~ *см.* **short-duration crop**
small-grain ~**s** зерновые культуры, исключая кукурузу
soil amendment ~ почвоулучшающая культура
soil-depleting ~ почвоистощающая культура
soil-improving ~ почвоулучшающая культура
soiling ~ культура на зелёный корм
spring ~ яровая культура
standing ~ сельскохозяйственная культура на корню; хлебостой перед уборкой
staple ~**s** основные [ведущие] культуры
subsequent [succession] ~ последующая культура
sugar ~ сахаронос, сахароносная культура
summer ~ яровая культура
technical ~**s** технические культуры
test ~ индикаторная культура; испытуемая [подопытная] культура
thin ~ скудный урожай
tilled ~ пропашная культура
truck ~ **1.** урожай товарных овощных культур **2.** товарная овощная культура
winter ~ озимая культура

croppage валовой урожай; выход продукции с единицы площади

cropper *амер.* **1.** арендатор-издольщик **2.** растение, дающее хороший урожай

cropping выращивание [возделывание] сельскохозяйственных культур
arable ~ полеводство
cash ~ выращивание товарных культур
continuous ~ бессменная культура; длительное возделывание культуры
dry ~ богарное [сухое] земледелие
exhaustive ~ экстенсивное земледелие; возделывание почвоистощающих культур
field ~ полеводство
glasshouse ~ тепличное растениеводство
green-manure ~ выращивание сидератов
intensive ~ интенсивное земледелие
irrigated ~ орошаемое [поливное] земледелие
rotation ~ севооборот; плодосмен
sale ~ товарное производство сельскохозяйственных культур
share ~ арендное [издольное] земледелие
strip ~ полосное земледелие
succession ~ севооборот; плодосмен; чередование [последовательность] культур

cross черта ‖ перечёркивать; кроссировать

(проставлять на лицевой стороне чека две параллельные черты)
Hicksian ~ «крест Хикса» *(система пересекающихся кривых, показывающая одновременное равновесие на рынке денег и товаров)*
cross-border международный
cross-elasticity перекрёстная эластичность *(изменение цены на один товар в зависимости от изменения спроса на сходный товар)*
crossfooting суммирование итогов *(для получения общей итоговой суммы)*
crosshaul пересекающиеся перевозки ‖ пересекаться *(о маршрутах перевозок)*
crosshauling дальние встречные перевозки *(продукции)*
crossing 1. кроссирование *(чека)* 2. смешение рас; метисация 3. одновременная продажа и покупка одного и того же пакета акций
general ~ of check общее кроссирование чека
special ~ of check специальное кроссирование чека
cross-plot сводный график
cross-section:
~s of comparable households структурный анализ, основанный на данных о сравнимых домашних хозяйствах *(напр. при выведении потребительской функции)*
expenditure ~ структура расходов
cross-tabulation комбинационная таблица
crowd 1. брокеры 2. секция *(на Нью-Йоркской фондовой бирже)*
bond ~ секция продажи облигаций
cabinet ~ секция продажи неактивных облигаций
foreign ~ секция продажи иностранных ценных бумаг
free ~ секция продажи активных облигаций
loan ~ брокеры, предоставляющие ценные бумаги на условиях возврата
crowding-in увеличение частных инвестиций вследствие сокращения государственных расходов
crowding-out вытеснение [замещение] частных инвестиций государственными расходами
crumbling of prices медленное снижение курсов ценных бумаг
crunch:
capacity ~ *разг.* недостаточность [нехватка] производственных мощностей
credit ~ ограничение кредитования
profit ~ снижение прибылей
cull *с.-х.* 1. отбор; браковка, отбраковка ‖ отбирать; браковать, отбраковывать 2. отбракованное животное
cultivable *с.-х.* пригодный для возделывания
cultivation 1. культивация, (предпосевная) обработка, окультуривание *(почвы)*; междурядная обработка *(почвы)* 2. возделывание, выращивание
extensive ~ 1. экстенсивная обработка *(почвы)* 2. экстенсивное возделывание *(растений)*
intensive ~ 1. интенсивная обработка *(почвы)* 2. интенсивное возделывание *(растений)*
timely ~s своевременно проведённые агротехнические мероприятия
culture 1. (сельскохозяйственная) культура 2. возделывание
auxiliary ~ добавочная культура; вспомогательная культура
bee ~ пчеловодство
dryland ~ богарная культура
gravel ~ 1. гравийная культура; беспочвенная культура 2. гидропоника
nontransplanting ~ безрассадная культура
peat ~ окультуривание болот
pond ~ прудовое рыбоводство
predatory ~ хищническое возделывание растений
stable field ~ устойчивое возделывание полевых культур
cum *лат.* включая, с учётом
cum new *бирж.* с правом покупателя на приобретение акций новых выпусков той же компании
cumulation 1. сумма; суммирование 2. накопление; кумуляция
~ of annual data суммирование ежегодных данных *(напр. инвестиций при исчислении объёма основных фондов)*
cumulative накопленный; кумулятивный; нарастающий; совокупный
curb 1. сдерживание; ограничение *(напр. роста цен)* ‖ сдерживать; ограничивать 2. *амер.* неофициальная фондовая биржа; Нью-Йоркская полуофициальная фондовая биржа □ **to buy on the ~** покупать вне биржи; **to ~ inflation** сдерживать инфляцию
currency 1. (денежное) обращение 2. деньги *(обычно наличные деньги: монеты, банкноты)*; валюта □ **~ 'cocktail'** международная валютная единица, основанная на национальных валютах ряда стран; **~ in hands** деньги на руках *(у населения)*, деньги в обращении *(вне банков)*; **in native ~** в национальных денежных единицах, в национальной валюте; **~ lost or destroyed** потерянные *или* уничтоженные деньги; **~ needed by a country** количество денег, необходимое стране для обращения; **~ pegged to dollar** валюта, «привязанная» к доллару
~ of account валюта счёта
~ of bill валюта векселя
~ of money обращение денег, денежное обращение
~ of payment валюта платежа
adjustable ~ *см.* **elastic currency**
agreement ~ клиринговая валюта
appreciated ~ переоценённая валюта; валюта с завышенным курсом
automatic ~ *см.* **elastic currency**
blocked ~ блокированная валюта
common ~ единая валюта
continental ~ валюта стран континентальной Европы *(в отличие от английской)*

convertible ~ (свободно) конвертируемая валюта
counterfeit ~ поддельная валюта; фальшивые деньги
credit ~ кредитные деньги
decimal ~ десятичная денежная система
deposit ~ 1. жиральные деньги, деньги банковского оборота 2. депонированные деньги, деньги на депозите
depreciated ~ обесцененная валюта
domestic ~ местная [локальная] валюта; валюта данной страны
double ~ двойная валюта *(базирующаяся на обращении двух металлов)*
elastic ~ эластичное денежное обращение; обращение, автоматически приспосабливающееся к потребностям торговли
emergency ~ орудия платежа, выпускаемые во время финансового кризиса
fiduciary ~ фидуциарная эмиссия; деньги, не обеспеченные металлическим резервом
forced paper ~ бумажные деньги с принудительным курсом
foreign ~ иностранная валюта; девизы
fractional ~ *амер.* разменная монета, мелочь
free [freely convertible] ~ свободно конвертируемая валюта
freely floating ~ свободно «плавающая» валюта *(со свободно колеблющимся курсом)*
general asset ~ банкноты, не имеющие специального обеспечения
hand-to-hand ~ наличные деньги, свободная наличность
hard ~ твёрдая валюта; конвертируемая валюта; дефицитная валюта
home ~ *см.* **domestic currency**
inconvertible ~ неконвертируемая валюта
intervention ~ валюта, используемая *(путём официальных сделок)* для поддержания курса
investment ~ *англ.* валюта для заграничных инвестиций *(в условиях валютного контроля)*
jointly floating ~ совместно «плавающая» валюта *(курс которой колеблется совместно с рядом других валют)*
key ~ ключевая валюта
land based ~ деньги, имеющие основой земельные участки *(ассигнаты во Франции)*
lawful ~ законное платёжное средство, законная валюта
local ~ локальная [местная] валюта
managed ~ регулируемая валюта
metallic ~ металлические деньги
national ~ национальная валюта
nonconvertible ~ неконвертируемая валюта
paper ~ 1. обращение бумажных денежных знаков 2. бумажные деньги, банкноты 3. *англ.* обращение кредитных документов *(напр. векселей, чеков)*
pegged ~ валюта, курс которой «привязан» к валюте другой страны

peripheral ~ периферийная валюта *(сравнительно второстепенной страны)*
ration ~ карточки на продовольствие и промышленные товары в качестве денег
reference ~ валюта, на которой базируется валютная оговорка
reserve ~ резервная валюта *(выполняющая роль международного расчётного и резервного средства)*
silver ~ серебряные деньги
small denomination ~ денежные знаки мелких достоинств
soft ~ неконвертируемая валюта
sound ~ твёрдая валюта
specified ~ валюта, одобренная органами валютного контроля для оплаты за экспорт *(в период валютных ограничений в Великобритании)*
transactions ~ валюта расчёта
treasury ~ казначейские деньги
vehicle ~ ключевая валюта
wildcat ~ *амер.* банкноты спекулятивных банков
worn ~ ветхие денежные знаки *(подлежащие обмену)*

current 1. текущий, современный 2. циркулирующий, находящийся в обращении
curtail сокращать, уменьшать, урезывать, ограничивать
curtailment сокращение, уменьшение, урезывание, ограничение
~ of expenses сокращение расходов
~ of service сокращение частоты движения *(транспортных средств)*
budget ~ урезывание расходных статей бюджета
curve 1. кривая ‖ проводить кривую 2. график; чертёж
~ of errors кривая ошибок
~ of mortality кривая смертности
~ of output кривая производительности
~ of payoffs кривая платежей
~ of regression *стат.* кривая регрессии
abrupt ~ крутая кривая; кривая с большой кривизной
bell-shaped ~ колоколообразная кривая; график нормального распределения
birth ~ кривая рождений
build(ing)-up кривая нарастания
bulk-line cost ~ кривая уровня издержек, характеризующего производство основной массы продукции
combined cost ~ кривая суммарных издержек
constant ~ кривая постоянных значений
consumer's indifference ~ кривая безразличия потребителя *(характеризующая такие комбинации двух товаров, которые равноценны для покупателя)*
consumption ~ кривая потребления
contract ~ кривая оптимальных сделок *(при участии одного продавца и одного покупателя)*
cost ~ кривая стоимости, кривая затрат
cumulative distribution (function) [cumulative frequency] ~ интегральная кривая распределения, функция распределения

dashed-line ~ пунктирная кривая
demand ~ кривая спроса
discharge ~ кривая расхода *(напр. воды)*
distribution ~ кривая распределения
dotted ~ пунктирная кривая
double-peaked ~ двухвершинная кривая
earning ~ кривая доходов
effectiveness ~ кривая эффективности
efficiency ~ кривая коэффициента полезного действия; кривая производительности
Engel ~ for money кривая Энгеля для денег
envelope [enveloping] ~ огибающая кривая *(для прогнозирования)*
equal-product ~ *см.* **isoproduct curve**
equiprobability ~ кривая равных вероятностей
exponential ~ показательная кривая, кривая экспоненциальной зависимости
fair(ed) ~ сглаженная кривая; усреднённая кривая
fatigue ~ *орг. пр.* кривая усталости
fertility ~ кривая плодовитости
fitted ~ 1. кривая, построенная по экспериментальным точкам; эмпирическая кривая **2.** исправленная кривая; сглаженная кривая
forecast(ing) ~ кривая прогнозирования
frequency ~ кривая распределения
Gompertz ~ кривая Гомперца *(кривая роста)*
growth ~ кривая роста
income-consumption ~ кривая зависимости потребления от дохода
indifference ~ кривая безразличия
individual demand ~ кривая спроса на продукцию данного вида
integrated energy ~ график суммарной нагрузки; график суммарного потребления электроэнергии
intensity rainfall ~ кривая интенсивности осадков
inverted yield ~ *см.* **negative yield curve**
investment-savings ~ кривая, характеризующая равновесный уровень дохода и процента на рынке товаров
isocost ~ кривая равных издержек *(соответствующая комбинация двух факторов производства с одинаковой стоимостью)*
isopreference ~ кривая равных предпочтений
isoproduct ~ кривая равных количеств продукции *(получаемых при различных комбинациях факторов производства)*
isoquant ~ изокванта, кривая равных количеств
iso-utility ~ кривая равных значений полезности
J ~ кривая в форме буквы джей *(длительное падение, минимум, затем повышение экономического показателя)*
L ~ кривая в виде буквы эл *(резкое падение, стабилизация экономического показателя)*
Laffer ~ кривая Лэффера *(зависимость экономического роста от уровня налогов)*
learning ~ 1. кривая обучения [освоения]; кривая приобретения навыка *или* квалификации **2.** кривая роста выработки *или* производительности *(как функция времени)*
least-cost combination ~ кривая комбинаций *(факторов производства)* с наименьшими издержками
limit age ~ кривая предельного возраста, кривая пределов долголетия
liquidity preference money ~ кривая, характеризующая равновесный уровень дохода и процента на рынке денег
load ~ график нагрузки
load duration ~ график длительной нагрузки
logistic ~ логистическая кривая *(роста)*
logistic demand ~ логистическая кривая спроса
Lorentz ~ кривая Лоренца, кривая неравномерности распределения доходов
marginal cost ~ кривая предельных издержек
marginal output ~ кривая предельной производительности
marginal valuation ~ кривая предельных оценок
negative yield ~ негативная [обратная] кривая доходности *(более высокая доходность краткосрочных активов по сравнению с долгосрочными)*
normal (distribution) [normal law, normal probability] ~ кривая нормального распределения
output ~ кривая производительности
peaky ~ островершинная кривая
performance ~ 1. рабочая характеристика **2.** кривая коэффициента полезного действия
Phillips ~ кривая Филипса *(характеризующая динамику заработной платы или цен в зависимости от уровня безработицы)*
positive yield ~ положительная кривая доходности *(доходность выше по долгосрочным активам; нормальное состояние рынка)*
power ~ 1. оперативная характеристика; кривая рабочей характеристики **2.** *стат.* кривая критерия мощности
prediction ~ прогностическая кривая
price-consumption ~ кривая зависимости потребления от цены
price-demand ~ кривая зависимости цены от спроса
probable-life ~ кривая вероятных сроков службы *(оборудования)*
production-indifference ~ *см.* **isoproduct curve**
production-possibility ~ кривая производственных возможностей
production-transformation ~ кривая трансформации производства
productivity ~ кривая производительности
project cost/time ~ кривая зависимости проекта от времени
record ~ записанная кривая
reliability-cost ~ кривая зависимости надёжности от затрат

resultant ~ результирующая кривая
retirement frequency ~ кривая частоты выбытия; кривая процента выбывающего оборудования из группы «одного возраста»
revenue ~ *см.* **yield curve 1.**
risk ~ кривая риска
salary progression ~ кривая изменения заработной платы
single-humped ~ одновершинная кривая
smoothed ~ сглаженная кривая; плавная кривая
start-up (learning) ~ кривая обучения с нуля *(с более продолжительным интервалом приобретения навыка, напр., в связи с получением нового задания)*
state preference ~ кривая предпочтений государства
storage ~ кривая дебита *(напр. воды)*
storage-discharge ~ кривая регулирования запасов
supply ~ кривая предложения
survival ~ *демогр.* кривая дожития
survivor(ship) ~ кривая выживаемости *(элементов основного капитала)*; кривая процента работающего оборудования из группы «одного возраста»
technological growth ~ кривая технического прогресса
time-cost ~ кривая зависимости затрат от времени
tradeoff ~ кривая, полученная при компромиссном выборе параметров
transformation ~ кривая трансформации *(характеризующая возможные сочетания производства двух товаров при данной величине производственных ресурсов)*
trend ~ *стат.* кривая роста
utility possibilities ~ кривая возможных уровней полезности
wage ~ *орг. пр.* график тарифных ставок
yield ~ 1. кривая дохода, кривая выручки **2.** кривая выхода продукции; кривая урожайности

curvilinearity криволинейность

cushion 1. ослабление, смягчение ‖ ослаблять, смягчать *(напр. рост цен)* **2.** резервный запас **3.** *разг.* деньги, отложенные на «чёрный день» **4.** последний резерв, за счёт которого можно списать убытки

custodian 1. смотритель (здания); комендант (здания) **2.** опекун **3.** банк *или* другой финансовый институт, управляющий чужими капиталами
mutual fund ~ хранитель взаимного фонда; банк, выполняющий функции хранения ценных бумаг для взаимного фонда

custodianship хранение ценностей *(в банковском сейфе)* с выполнением инструкций клиента

custody 1. опека **2.** охрана; хранение □ **in ~** на хранении *(напр. в банке)*
safe ~ of securities хранение ценных бумаг в сейфе

custom 1. обычай **2.** таможенная пошлина ‖ подлежащий таможенному обложению **3.** *pl* таможня **4.** клиентура; покупатели □ **~s and usance of the stock exchange** обычаи и правила фондовой биржи; **~ in trade** торговый обычай; **the Customs** таможенное управление
~ of Lloyd's *страх.* практика Ллойда *(см. тж.* **Lloyd's***)*
~ of merchants торговый обычай; торговая практика
exchange ~s биржевые правила
marriage ~s обычаи, относящиеся к браку
migrant ~ «кочевая» клиентура *(покупатели, живущие в сельской местности, но приезжающие в город за некоторыми покупками)*

customable облагаемый таможенной пошлиной

customary 1. обычный; привычный **2.** основанный на обычае

custom-built изготовленный на заказ

customer 1. покупатель; заказчик; клиент **2.** покупательская задолженность *(статья баланса)* **3.** *ТМО* требование; клиент □ **~ in service** обслуживаемое требование; обслуживаемый клиент; **to allocate ~s** разделять потребителей между поставщиками; **to create ~s** формировать рынок; создавать клиентуру; **to service ~s** обслуживать покупателей
arrived ~ поступившее требование; прибывший клиент
bank ~ клиент банка
charge-account ~ покупатель, приобретающий товары в кредит
commercial ~ коммерческий потребитель; коммерческий заказчик
defaulting ~ клиент, не выполняющий обязательства
delayed ~ ожидающее требование; ожидающий клиент
departing ~ покидающее систему требование; уходящий из системы клиент
direct ~ покупатель, обслуживаемый непосредственно предприятием *(без помощи торговых посредников)*
established ~ старый клиент *(банка)*
exacting ~ требовательный покупатель
extraordinary ~ необычное требование; необычный клиент *(напр. с особыми характеристиками обслуживания)*
first-class [first-priority] ~ требование с наиболее высоким приоритетом
high-elasticity ~s потребители с высокой ценовой эластичностью спроса
higher-priority ~ требование с высшим приоритетом
high-priority ~ требование с высоким приоритетом
home service route ~s *амер.* покупатели, обслуживаемые маршрутной автолавкой
impatient ~ требование, покидающее систему до начала *или* до завершения обслуживания; нетерпеливый клиент
industrial ~ промышленный потребитель
initial ~ первоначальное требование; первоначальный клиент
less-than-prime ~ непервоклассный клиент
lone ~ одиночное требование, одиночный клиент
lost ~ потерянное требование

lower-priority ~ требование с низшим приоритетом
low-priority ~ требование с низким приоритетом
manufacturer's ~ торговый посредник; промышленный заказчик
marked ~ помеченное требование
nonlocal bank ~ клиент банка, живущий за пределами района, где расположен банк
nonpreferred [nonpriority] ~ требование, не обладающее приоритетом
ordinary ~ обычное требование, обычный клиент
outgoing ~ требование, покидающее систему
patient ~ требование, не покидающее систему до начала *или* до завершения обслуживания; терпеливый клиент
potential ~ потенциальное требование; потенциальный клиент
preempted ~ требование, обслуживание которого прекратилось при поступлении другого требования *(с более высоким приоритетом)*
preferential ~ преимущественный покупатель, покупатель, пользующийся льготами *(обычно скидкой с цены при регулярных закупках большого количества продуктов)*
preferred [priority] ~ требование, обладающее приоритетом
prospective ~ ожидаемое требование
queue-resistant ~ требование, не присоединяющееся к очереди *(определённой длины)*
regular ~ постоянный покупатель
residential ~ индивидуальный бытовой потребитель *(электроэнергии)*
retail ~ розничный торговец, являющийся покупателем продукции предприятия-изготовителя
rural electric ~ сельский потребитель электроэнергии
second-priority ~ требование, обладающее более низким приоритетом
stock exchange ~ клиент фондовой биржи
super ~ группа требований; группа клиентов
ultimate ~ конечный потребитель *(электроэнергии)*
undelayed ~ требование, поступающее на обслуживание без ожидания
wholesale ~ оптовый торговец, являющийся покупателем продукции предприятия-изготовителя
would-be ~ потенциальный покупатель

customer-member потребитель-член *(напр. товарищества по совместному орошению земель)*
customer-specified оговорённый в технических требованиях заказчика
customhouse таможня
custom-tailored приспособленный к вкусам особых клиентов *(напр. о банковских услугах)*
cut снижение, сокращение ‖ снижать, сокращать; урезывать, ограничивать *(напр. цены)* □ **to ~ back on the program** сокращать программу; **to ~ down** снижать, сокращать *(напр. расходы)*; **to ~ off** отвлекать *(напр. рабочую силу)*; **to ~ under** продавать дешевле конкурирующих фирм
cutback снижение, сокращение, уменьшение *(напр. числа рабочих)*
cutoff ограничение; отсечение
size ~ ограничение размера
cutout отключение *(напр. участка энергосистемы)*
cutting □ **~ to length** *англ.* нарезание ткани на отрезы определённой длины
cost ~ снижение затрат; экономия средств
predatory price ~ снижение цен с целью разорения конкурентов
rate ~ 1. снижение норм времени **2.** снижение расценок
selective price ~ выборочное снижение цен *(на отдельные товары)*
sub rosa price ~ секретное [тайное] снижение цен

cybernetics:
economic(al) ~ экономическая кибернетика

cycle (экономический) цикл; кругооборот; период ‖ проходить цикл развития
~ of money оборот денег
~ of reproduction цикл воспроизводства
access ~ цикл допуска, интервал между (последовательными) моментами допуска *(в систему массового обслуживания)*
accounting ~ цикл учёта
basic ~ основной [главный] цикл
billing ~ периодичность выставления счетов за товары *или* услуги
boom-and-bust ~ цикл, состоящий из бумов и спадов
budget ~ цикл финансовых операций *(предполагаемый бюджетным процессом)*
building ~ экономический цикл в строительстве *(как отрасли промышленности)*
business ~ цикл деловой активности; экономический цикл
capital ~ кругооборот капитала
cash-flow ~ наличный оборот *(средств, поступающих на счёт фирмы и снимаемых со счёта фирмы)*
cattle numbers ~ *с.-х.* циклическое изменение поголовья крупного рогатого скота
completion-time ~ *ТМО* полное время обслуживания
control ~ интервал между проверками
customer-calling ~ коммивояжёрский цикл *(необходимый для одноразового посещения заказчиков фирмы)*
delivery ~ цикл поставки
design ~ этап проектирования
development ~ этап разработки, этап опытно-конструкторских работ
deviation ~s циклы «отклонений» *(фактических темпов роста от потенциальных)*
domestic business ~ экономический цикл внутри страны
economic ~ экономический цикл
electoral ~ экономический цикл, в котором экономическая активность и занятость достигают пика накануне выборов

employment ~ цикл занятости
expiration ~ цикл истечения сроков опционных контрактов
family (life) ~ жизненный цикл семьи
feeding ~ *с.-х.* откормочный цикл
fertility ~ период плодовитости
fixed investment ~ цикл инвестиций в основной капитал
fixed review ~ постоянный интервал между проверками
growth ~ цикл роста
harvest ~ цикл, связанный с изменениями урожайности
industrial ~ промышленный цикл; экономический цикл
inspection ~ интервал между проверками
intermediate-term ~ средний цикл *(15–25 лет)*
in-transit ~ цикл передвижения, время транспортировки *(напр. материала)*
inventory ~ **1.** цикл движения запасов **2.** цикл, связанный с изменением вложений в товарно-материальные запасы; «товарный цикл»
irrigation ~ частота поливов, режим орошения
Juglar ~ «цикл Жуглара», десятилетний цикл
Kitchin ~ «цикл Китчина», трёхлетний цикл
Kondratiev ~ «цикл Кондратьева», длительный цикл *(45–60 лет)*
Kuznets ~ «цикл Кузнеца», двадцатилетний цикл
life ~ жизненный цикл, цикл долговечности
long-term ~ *см.* **Kondratiev cycle**
machine ~ машинный цикл; цикл работы станка-автомата
major business ~ большой экономический цикл
major growth ~ большой цикл роста
manufacturing ~ производственный цикл
maximum-life ~ цикл максимального срока службы *(оборудования)*
milking ~ цикл доения
minor business ~ малый экономический цикл
motion ~ *орг. пр.* цикл движения *(последовательность элементов движения)*
operating ~ **1.** операционный цикл; коммерческий цикл **2.** производственно-коммерческий цикл *(от приобретения сырья до реализации готовой продукции)*
order ~ интервал между моментами подачи заказов
planning ~ цикл планирования
political ~ политический цикл; цикл, обусловленный политическими факторами
price ~**s** циклы в динамике цен
procurement ~ этап закупки
product ~ продуктовый цикл, жизненный цикл продукта
qualification ~ этап оценки качества продукции
rate-of-growth ~ цикл роста
reequipment ~ цикл замены, цикл переоснащения; период обновления
reference ~ «базисный» цикл *(в динамике различных экономических показателей, определяемый на основе базисных дат)*
reinvestment ~ инвестиционный цикл
replacement ~ *см.* **reequipment cycle**
replenishment ~ цикл пополнения запасов
required reserve ~ необходимый страховочный период *(закупочного цикла)*
reserve ~ страховочный период, страховочная часть закупочного цикла *(интервал между намеченной датой доставки и ожидаемой датой потребности)*
rotation ~ ротация севооборота
running ~ рабочий цикл
service ~ *ТМО* цикл обслуживания
short-term ~ короткий цикл *(3–5 лет)*
specific ~**s** частные циклы; циклическая динамика различных сфер экономической активности
step ~**s** шаговые циклы *(определяемые на основе отклонений фактических темпов роста от средних для данного периода времени)*
stock room ~ период складского хранения
stop-go ~ цикл, обусловленный поочерёдным стимулированием и сдерживанием экономического роста
time ~ время на обработку одного изделия *(при серийном или массовом производстве)*
trade ~ торгово-промышленный цикл; экономический цикл
turnover ~ **1.** цикл оборота *(капитала)* **2.** цикл обновления *(основного капитала, напр., станков)*
variable order ~ переменный интервал между моментами подачи заказов
wartime ~**s** циклы в условиях военной экономики
weather ~ погодный цикл
withdrawal ~ цикл расходования запасов
work ~ **1.** рабочий цикл **2.** технологический цикл

cyclical циклический *(напр. о колебаниях экономической активности)*

cycling *ТМО* образование цикла *(обслуживания)*

czar *амер.* «царь» *(лицо, наделённое в определённой области экономики особыми полномочиями)*
energy ~ «энергетический царь» *(глава государственного ведомства, наделённый большими полномочиями в области энергетики)*

D

dairy **1.** молочное хозяйство, молочная ферма **2.** молочный завод; маслобойня **3.** молочный магазин **4.** молочный скот
dry lot ~ *амер.* молочное хозяйство *(ком-*

мерческого типа) с круглогодичным стойловым содержанием *(скота)*
farm ~ фермерское молочное хозяйство
market-milk ~ товарно-молочное хозяйство, товарно-молочная ферма
dairyman 1. работник молочной промышленности 2. работник на молочной ферме 3. *англ.* торговец, доставляющий молоко на дом
damage 1. ущерб; вред; повреждение; порча; убыток; поломка; авария ‖ наносить ущерб; вредить; портить; терпеть аварию 2. *pl* возмещение ущерба; денежное возмещение □ **~s awarded** назначенное возмещение ущерба *или* убытков *(по решению суда)*; **by way of ~s** в порядке возмещения убытков; **~s for nonacceptance of the goods** возмещение убытков, причинённых непринятием товара; **to assess the ~** оценивать размер ущерба; **to do ~** причинять [наносить] ущерб; **to suffer ~** нести убыток
accident ~ to fixed capital потери основных фондов от пожара и стихийных бедствий
agreed-and-liquidated ~s согласованные и заранее оценённые убытки
anticipatory ~s 1. возмещение будущих убытков 2. будущие убытки
concealed ~ скрытая порча *(груза внутри неповреждённой упаковки)*
crop ~ повреждение, ведущее к снижению урожая; частичная гибель урожая
exemplary ~s *см.* **vindictive damages**
insect ~ повреждение насекомыми
known ~ заранее известное повреждение *(груза)*; повреждение, обнаруженное до *или* в процессе отправки *(груза)*
liquidated ~s заранее оценённые убытки
nominal ~s ничтожное возмещение убытков
offsite ~ ущерб, причинённый соседним предприятиям в результате деятельности данного предприятия
prospective ~s возмещение ожидаемых убытков
residual ~s убытки, понесённые предприятием вследствие высокого остаточного содержания загрязняющих веществ *(в воде)*
sentimental ~ ущерб, оцениваемый страхователем, исходя из индивидуальных соображений *(а не из фактической стоимости имущества)*
treble ~s *амер.* возмещение ущерба в тройном размере *(по частным искам на основе антитрестовских судебных процессов)*
vindictive ~s денежное возмещение в виде наказания ответчика для примера
weather ~ ущерб, нанесённый неблагоприятными погодными условиями
damageable легкопортящийся
damp застой ‖ останавливать, приводить к застою □ **to ~ production** приводить к застою в производстве
damper фактор, сдерживающий экономическую активность

Darwinism:
social ~ социальный дарвинизм *(концепция применения некоторых сторон дарвинизма к обществу)*
data данные; фактические сведения □ **~ for study** данные для исследования; **to plot the ~** наносить данные *(на график)*
address ~ адресные сведения
administrative ~ административная информация
anticipations ~ ожидаемые величины
basic ~ 1. основные данные 2. исходные [первичные] данные
birth-and-death ~ данные о рождаемости и смертности
business ~ коммерческая информация
calculation ~ расчётные данные
census ~ данные переписи, цензовые данные
civil ~ данные о численности населения, возрасте, поле, семейном положении, месте рождения и гражданстве
collected [consolidated] ~ сводка (данных)
contract-awards ~ сведения о выдаче заказов *(фирмами)*
correlated ~ коррелированные данные
cross-section ~ структурные данные *(в отличие от временных рядов)*
deseasonalized ~ данные без учёта сезонных колебаний
engineering ~ технические данные *(напр. о возможных соотношениях затрат на рабочую силу и оборудование в производстве конкретной продукции)*
exogenous ~ данные из внешних источников; данные из других организаций
fertility ~ данные о плодовитости *(населения)*
forecast(ing) ~ данные прогноза
group ~ сгруппированные данные
historical ~ данные прошлого периода; данные за прошлые годы
immigration ~ данные о движении и составе иммиграционных потоков
input ~ входные данные
longitudinal ~ данные продольного анализа
management ~ управленческая информация
manufacturing ~ *см.* **production data 2.**
marriage ~ данные о брачности *(населения)*
measurement ~ *орг. пр.* нормативы
missing ~ *стат.* пропущенные данные
mortality ~ данные о смертности
numerical ~ числовые данные
observational [observed] ~ результаты наблюдений
operational ~ рабочие данные
output ~ выходные данные
performance ~ показатели продуктивности *или* производительности
plant specialization ~ показатели (степени) специализации предприятий
predicted [prediction, predictive] ~ данные прогноза
price level ~ данные об уровне цен

production ~ 1. данные о выпуске продукции 2. показатели хода производственного процесса; технологические показатели
queueing ~ *ТМО* данные о состоянии системы массового обслуживания
ranked ~ упорядоченные данные
rating ~ номинальные характеристики *(напр. производительности)*
raw ~ необработанные данные
reduced ~ обработанные данные
restricted ~ материалы ограниченного доступа; секретные сведения
sample ~ выборочные данные
service ~ эксплуатационные данные
smoothed ~ сглаженные данные
social ~ данные о социальном составе населения
standard (time) ~ *орг. пр.* система нормативов времени
starting ~ исходные [первичные] данные
statistical ~ статистические данные
status ~ данные о состоянии *(изделия)*
survey ~ материалы обследования; выборочные данные
synthetic ~ имитированные [моделированные] данные
tabulated ~ данные, сведённые в таблицу, табличные данные
tentative ~ предварительные данные
time-series ~ данные временно́го ряда
ungrouped ~ несгруппированные данные
vital registration ~ материалы записи актов гражданского состояния

date дата, число; срок ‖ датировать □ **after ~** после даты; после срока; **at a long ~** на долгий срок, долгосрочно; **at a short ~** на короткий срок, краткосрочно; **at the earliest possible ~** в самом скором времени, как можно скорее; **... days after ~** через *сколько-то* дней от сего числа *(в тексте векселя)*; **of this ~** датированный сегодняшним числом; **out of ~** устарелый, просроченный *(напр. о чеке)*; **to ~** на данное число; до настоящего времени; **to ~ from** считая с, сроком от *(такого-то числа)*; **to meet the due ~ of the bill** оплатить вексель в срок; **up to ~** новейший; современный, находящийся на уровне современных требований; **up to this ~** до настоящего дня
~ of issue дата выпуска *(ценных бумаг)*
~ of maturity дата погашения *(ценных бумаг)*
~ of payment срок платежа
~ of record дата регистрации владельцев акций *(для выплаты текущего дивиденда)*
~ of retirement дата выбытия *(основного капитала)*
actual completion ~ фактический срок завершения операции
annual pay claim ~ ежегодный день выдвижения требований *или* пересмотра соглашений *(профсоюза с предпринимателями)* о заработной плате
availability ~ *амер.* дата зачисления *(Федеральным резервным банком)* инкассируемой суммы на резервный счёт банка
average due ~ срок полного урегулирования разновременных платежей между должником и кредитором
bargaining ~ срок пересмотра коллективного договора
base ~ базисная дата *(для которой индекс принимается равным 100)*
census ~ дата проведения переписи
closing ~ 1. *бухг.* дата закрытия книги *(обычно в последний день отчётного периода)* 2. заключительная дата *(последний срок, в который грузы могут быть приняты для погрузки на судно)*
completion ~ срок завершения операции
contract ~ срок, оговорённый контрактом
copyright ~ дата закрепления авторского права
cutoff ~ дата прекращения *(напр. поставок)*
data ~ срок получения данных
dated ~ начальная дата расчёта процентов *(по новым облигациям)*
delivery ~ срок поставки
due ~ 1. *см.* **schedule date 1.** 2. срок погашения кредитного обязательства; срок платежа
effective ~ 1. фактическая дата; дата вступления в силу 2. срок годности
event occurence ~ срок наступления события
expiration [expiry] ~ конечный срок действия *(напр. контракта)*
key ~ основной срок
license expiration ~ дата окончания срока действия патента
odd ~ нестандартный срок *(расчёта)*
redemption ~ дата выкупа *или* погашения
reference ~ исходная дата
reference ~s of business cycle базисные даты экономического цикла *(устанавливаемые на основе циклической динамики определённой группы экономических показателей)*
release ~ дата выпуска *(изделия)*
schedule ~ установленный срок; директивный срок; плановый срок
scheduled completion ~ плановый срок завершения работ
settlement ~ расчётный день по фьючерсному контракту [по сделке с ценными бумагами]
steamer ~ дата отправки следующего парохода *(используется в валютных расчётах при выписке иностранных тратт и чеков)*
target ~ *см.* **schedule date 1.**
tax-filing ~ срок подачи налоговой декларации
tax payment ~ срок налогового платежа
turning ~s of specific cycles точки поворота частных циклов
value ~ дата зачисления денег *(на банковский счёт)*

dating датировка *(указывает на накладной: 1. период, в течение которого дей-*

ствительна скидка, полагающаяся при своевременной оплате 2. требуемый срок оплаты)
cycle ~ 1. хронология цикла 2. определение хронологии цикла
extra ~ 1. датировка по сроку отгрузки 2. льготный срок оплаты товара после даты отгрузки *(в течение которого получатель имеет право на скидку с объявленной цены)*
post ~ датирование счёта датой более поздней, чем дата отправки груза
seasonal ~ сезонная датировка *(для стимулирования закупок в «мёртвом» сезоне)*

day 1. день; сутки 2. рабочий день 3. *pl* время, эпоха; период; срок □ *n* **~s after acceptance** через *n* дней после акцептования векселя; *n* **~s after sight** через *n* дней после предъявления векселя; **~ out** свободный день
~s of grace льготные дни *(для уплаты по векселю)*
~s of respite дни отсрочки
~ of rest выходной день
~ of subscription день подписки
account ~ 1. расчётный день 2. *см.* **pay day 4.**
active ~s рабочие дни, дни работы *(предприятия)*
aircraft ~s assigned to service число самолёто-дней на линии
carry-over ~ *бирж.* первый день ликвидационного периода
contango ~ первый день двухнедельного расчётного периода *(на Лондонской бирже)*
declaration ~ день объявления дивиденда
delivery ~ день поставки
first notice ~ первый день уведомления о намерении осуществить поставку по фьючерсному контракту
half-time working ~ сокращённый наполовину рабочий день
idle ~ день, свободный от работы
inactive ~s нерабочие дни *(предприятия)*
labor ~ рабочий день
lay ~s *мор.* стояночное [сталийное] время *(период времени, обусловленный в чартере для погрузки и разгрузки судна)*
m- ~ день объявления мобилизации
making-up ~ *бирж.* день расчёта по репортным операциям
multiple-stamp ~ день выдачи покупателям бо́льшего числа марок *(с целью рекламы)*
name ~s *см.* **settlement days**
option ~ *англ.* день расчётов по сделкам с премией
paid ~s off оплаченные нерабочие дни
pay ~ 1. день выдачи зарплаты 2. расчётный день 3. день урегулирования платежей 4. *англ. бирж.* последний день расчётного периода, ликвидационный день
quarter ~s первые дни кварталов
scheduled ~ день, предусмотренный графиком
settlement ~s расчётный период *(на Лондонской бирже)*
shipping ~ день приёмки грузов к отправке
term ~s срок платежа
ticket ~ *бирж.* второй день ликвидационного периода
tourist ~s продолжительность туристской поездки
trading ~ операционный день *(на бирже)*
vesting ~ *англ.* день национализации частных предприятий *или* собственности в счёт возмещения *(убытков государства)*
weather working ~ погожий рабочий день
working ~ рабочий день

daysman подёнlittный рабочий
daytale подённый учёт работы
daywork 1. повременная работа 2. работа в дневной смене 3. дневная выработка
measured ~ 1. дневная норма 2. система оценки дневной выработки

deactivation деактивация *(военного предприятия)*; перевод в резерв; консервация
dead 1. мёртвый; утративший основное свойство *или* функцию, потерявший силу *(об активах)* 2. недействующий, вышедший из употребления 3. застойный *(о конъюнктуре)*
deadbeat неплательщик
deadhead 1. безбилетный пассажир 2. билет на проезд, полученный без оплаты 3. служащий данной транспортной компании в качестве пассажира 4. порожняк ‖ порожний, без груза 5. бездеятельное должностное лицо, «пустое место», бесперспективный сотрудник
deadheading возврат транспорта порожняком *(без груза)*; возвратный порожний пробег; порожний рейс
deadline последний срок □ **~ for tenders** предельный срок подачи предложений
deadlock «закупорка» *(производительных сил)*; застой; тупик ‖ зайти в тупик □ **to break the ~** найти выход из тупика; **to come to the ~** зайти в тупик *(в экономическом развитии)*
deadweight 1. полная грузоподъёмность судна, дедвейт 2. убойная масса *(мясной туши)*

Deal:
New ~ «Новый курс» *(экономическая политика в США в 30-е годы)*

deal 1. некоторое количество, часть 2. сделка, соглашение 3. *амер.* экономическая политика 4. распределять; отпускать; выдавать □ **a good ~ of money** много денег; **to ~ for the account** *бирж.* заключать сделку на срок; **to ~ in credits** заниматься кредитным делом; **to make a ~** заключать сделку; **to ~ with** заниматься *чем-л.*; торговать; иметь дело с *кем-л.*
borrowing ~ заимствование валюты на срок между сделками «спот» и «форвард»
bought ~ *амер.* сделка на покупку через посредника всех ценных бумаг с последующей продажей

business ~ коммерческая сделка; финансовая сделка
compensation ~ компенсационная сделка
fair ~ честная сделка
futures ~ *бирж.* сделка на срок, срочная сделка; фьючерсная сделка
lending ~ *см.* **borrowing deal**
offset ~ зачёт покупок и продаж *(в клиринговой системе)*
package ~ 1. *внеш. торг.* соглашение о покупке *или* продаже нескольких видов товаров за паушальную сумму **2.** комплексное соглашение *(напр. с профсоюзами)*
pay ~ договорённость о заработной плате *(предпринимателей с профсоюзом в результате требований о повышении оплаты труда)*
premium ~ сделка с премией *(опцион или срочный контракт)*
side ~ (незаконная) сделка *(менеджеров и директоров компании)* с ценными бумагами на базе внутренней информации

dealer 1. торговец, посредник *(между потребителем и производителем)* **2.** дилер; биржевой торговец *(заключающий сделки за собственный счёт)* □ **~ in commodities** торговец товарами; **~ in securities** дилер по операциям с ценными бумагами; **~ in stocks** биржевой дилер
authorized ~ уполномоченный посредник
bullion ~ торговец слитками благородных металлов
car ~ агент по продаже легковых автомобилей
cattle ~ торговец скотом; скотопромышленник
coin ~ торговец монетами из драгоценных металлов
exchange ~ биржевой дилер
farm equipment ~ торговец сельскохозяйственными машинами и сельскохозяйственными орудиями
foreign exchange ~ дилер, торгующий иностранной валютой
fuel oil ~ *амер.* торговец жидким топливом
investment ~s *амер.* инвестиционный банкирский дом; дилерская фирма
licensed ~ дилер с лицензией
money ~ денежный маклер; торговец иностранными девизами
motor vehicles ~ *амер.* розничный торговец *(легковыми)* автомобилями
news ~ *амер.* владелец газетного киоска
odd lot ~ дилер, передающий брокерам нестандартные [мелкие] партии [лоты] ценных бумаг
office, store machines, and equipment ~ *амер.* магазин конторских машин и торгового оборудования *(преимущественно пишущих машинок)*
option ~ *бирж.* дилер, осуществляющий сделки с премией
passenger car ~ franchised *амер.* розничный торговец легковыми автомобилями, связанный договором с автомобильной фирмой
petty ~ мелкий торговец
primary ~ *амер.* первичный дилер *(привилегированный, имеющий право прямых сделок с казначейством и федеральными резервными банками по государственным ценным бумагам)*
provision ~s *англ.* магазины, торгующие разными продовольственными продуктами *(кроме мяса и мясных изделий)*
recognized ~ *амер.* дилер — участник рынка правительственных ценных бумаг
reporting ~ дилер, информирующий Федеральную резервную систему США об объёме, позиции и финансировании сделок по правительственным ценным бумагам
retail ~ розничный торговец
second-hand ~ дилер по продаже подержанного имущества
small ~ мелкий торговец
speculative ~ биржевой спекулянт
village general ~ *англ.* сельский мелкий торговец
wholesale ~ оптовый торговец

dealership фирма, уполномоченная вести операции по продаже

dealing(s) деловые отношения; коммерческие сделки; торговые связи □ **~ around the clock** совершение сделок круглые сутки; **~ for a fall** *бирж.* игра на понижение; **~ for a rise** *бирж.* игра на повышение; **~ for cash** *бирж.* сделки за наличный расчёт; **~ for the account** *бирж.* сделки на срок
after-hours ~ сделки после официального закрытия биржи
clandestine ~ подпольные сделки *(напр. с акциями)*
exclusive ~ ограничительная практика организации сбыта *(продукции промышленной фирмы через определённые торговые предприятия)*
intergovernmental ~ межправительственные операции
new time ~ сделки, заключенные на новый расчётный период
option ~ *бирж.* сделки с премией
pre-market ~ сделки до открытия биржи
stock exchange ~ операции фондовой биржи

dear дорогой, дорогостоящий

dearness дороговизна; высокая цена

dearth недостаток, нехватка *(напр. денег в обращении)*

death 1. смерть; *pl* число несчастных случаев со смертельным исходом **2.** выход из строя; поломка □ **~ from misadventure** смерть от несчастного случая
accidental ~ смерть от несчастного случая
actual ~s *страх.* происшедшие смертные случаи
civil ~ лишение гражданских прав
endogenic ~ естественная смерть
expected ~s ожидаемое количество смертей
infant ~ детская смертность в возрасте до одного года

observed ~**s** действительное количество смертей
registered ~ зарегистрированная смерть
debacle *фр.* **1.** крах *(напр. экономический)* **2.** разгром, бедствие, катастрофа **3.** дезорганизация
debase понижать *(качество)*; уменьшать *(напр. содержание металла в монете)*
debasement понижение *(качества)*; уменьшение *(ценности)*
~ **of coinage** порча монет, фальсификация монет *(уменьшение количества благородного металла, содержащегося в стандартной денежной единице)*
debenture **1.** долговое обязательство, все формы необеспеченного долгосрочного долга; облигация акционерной компании **2.** таможенное удостоверение на возврат таможенных пошлин, дебентура □ ~**s due 1980** облигации, подлежавшие погашению в 1980 г.
all monies ~ долговое обязательство на все денежные средства фирмы
bearer ~ долговое обязательство на предъявителя; облигация на предъявителя
consumer ~ облигация для продажи широкой публике *(США)*
mortgage ~ долговое обязательство, обеспеченное закладной на недвижимость
participating ~ долговое обязательство, дающее право участия в прибылях
registered ~ именное обязательство; именная облигация
debit дебет ‖ дебетовать; относить на дебет счёта □ ~ **and credit** дéбет и крéдит; расход и приход; **to** ~ **a person's account** дебетовать счёт данного лица
bank ~**s** сумма дебетовых списаний по депозитным счетам в банке
home ~ чеки, предъявленные для платежа непосредственно банку-плательщику
debt долг, задолженность; обязательство □ ~ **due** долг, по которому наступил срок; **involved in** ~ имеющий задолженность; ~ **on a bill** задолженность по векселю; ~ **on pawn** долг, обеспеченный залогом; ~ **receivable** долг к получению; дебиторская задолженность; ~ **secured by a document** письменно подтверждённый долг; **to be in** ~**s** иметь долг, быть в долгу; **to be out of** ~**s** освободиться от долгов; **to cancel** ~**s** аннулировать долги; **to collect a** ~ получить деньги в счёт долга; **to contract** ~**s** взять в долг; получить в кредит сумму; **to get into** ~**s** залезать в долги; **to incur** ~**s** брать в долг; **to meet** ~**s** покрывать долг; **to pile** ~**s on debts** залезать в долги; **to recover a** ~ взыскать долг; **to run into** ~**s** залезать в долги; **to settle a** ~ оплатить [покрыть] долг; **to work a** ~ **out** отработать долг; **without** ~**s** свободный от долгов, не имеющий задолженности
~**s of cities** муниципальные долги
active ~ непогашенный долг
bad ~**s** **1.** безнадёжные долги *(в случае дебиторской задолженности)* **2.** просроченные ссуды *(в банковской практике)*
bank ~ долг банку; задолженность по банковской ссуде
bond ~ долг по облигации
bonded ~ облигационный заём
book ~ долг, числящийся по книгам
clearing ~ задолженность по клирингу
consolidated ~ консолидированный долг, долгосрочное обязательство
current ~ текущий долг *(обычно сроком до 1 года)*
due ~ долг, подлежащий оплате
floating ~ текущая задолженность; краткосрочная задолженность; неконсолидированный долг
funded ~ *см.* **consolidated debt**
gambling ~ игорный долг
gross public ~ валовая сумма государственного долга
hypothecary ~ ипотечная задолженность
instalment ~ задолженность по ссудам с рассрочкой платежа
interest-bearing ~ долг, приносящий проценты
margin account ~ задолженность по ссудам с маржей *(под залог ценных бумаг)*
mortgage ~ ипотечная задолженность
national ~ государственный долг
negative incurrence ~ уменьшение задолженности *(семей)*
net bonded ~ чистый облигационный долг компании *(за вычетом облигаций, купленных компанией, а также погашенных облигаций и выкупного фонда для их погашения в будущем)*
net public ~ чистый государственный долг *(за вычетом обязательств, размещённых в публично-правовых и других учреждениях)*
noninstalment ~ задолженность по ссудам без рассрочки платежа
noninterest bearing ~ долг, не приносящий процентов
outstanding ~ непогашенный долг
preferential [preferred] ~ долг, погашаемый в первую очередь *(при продаже имущества с торгов)*
private ~ долг частных лиц *или* корпораций; негосударственная задолженность
proved ~ признанное требование *(при конкурсных торгах)*
public ~ государственный долг
residual ~ остаток долга
simulated ~ искусственный долг
speciality ~ долг, зафиксированный в контракте
subordinated ~ субординированный долг *(имеющий в случае взыскания более низкий статус)*
undischarged ~ непогашенный долг
unfunded ~ *см.* **floating debt**
unified ~ *см.* **consolidated debt**
urban mortgage ~ ипотечный долг, обеспеченный городскими строениями
war ~**s** правительственные военные долги
debtee кредитор
debtor **1.** должник, дебитор **2.** дебетовая часть счёта □ ~ **by endorsement** лицо,

принявшее обязательство по долгу по индоссаменту; ~ **on mortgage** должник по закладной
bill ~ должник по векселю
bond ~ заёмщик по облигационному займу
claim ~ должник по иску
defaulting ~ должник, нарушивший обязательство *(не погасивший задолженность в срок)*
joint ~ совокупный должник, содолжник
judgement ~ должник по постановлению суда
loan ~ заёмщик
poor ~ несостоятельный должник
primary ~ первоочередной должник
principal ~ главный должник
secondary ~ второстепенный должник
sundry ~**s** разные дебиторы
debug выявлять и устранять *(неполадки)*; отлаживать *(оборудование)*
decartelization декартелизация
decasualization ликвидация текучести рабочей силы; отказ от перевода на непостоянную работу
decay распад; загнивание; упадок ‖ загнивать; приходить в упадок
urban ~ кризис городов
deceased умерший
decelerate снижать; замедлять
deceleration снижение; замедление *(напр. темпов роста)*
secular ~ **in growth** долговременная тенденция замедления (экономического) роста
decentralization децентрализация
industrial ~ рассредоточение промышленности
decentralize децентрализовать
decertification *амер.* аннулирование полномочий профсоюза правительством
decimal десятичный *(о денежной системе)*
decimalization of currency переход к десятичной денежной системе
decimalize переводить на десятичную систему
decision 1. решение; выбор решения; принятие решения 2. принятие гипотезы 3. заключение *(напр. эксперта)* □ ~ **under risk** решение, принятое в условиях риска; ~ **under uncertainty** решение, принятое в условиях неопределённости
adaptive competitive ~ адаптивное конкурирующее решение
allocative ~ решение о распределении *(напр. фонда)*; решение о предоставлении *(напр. земельного участка)*
Bayesian ~ байесовское решение
bid(ding) ~ решение об участии в конкурсе на получение контракта
business ~**s** решения по коммерческим вопросам, деловые решения
committee ~ *см.* **group decision**
competitive ~ конкурирующее решение
corporate ~ *см.* **strategic decision**
day-to-day ~ принятие текущих решений
deterministic ~ детерминированное решение
engineering ~ инженерное [техническое] решение
executive ~ решение по текущим вопросам
go-ahead ~ решение приступить к выполнению задачи *(напр. производственной)*
group ~ групповое решение
investment ~**s** инвестиционные решения; решения относительно капиталовложений
make-or-buy ~ решение о собственном производстве *или* закупке *(комплектующих изделий)*
managerial ~ решение руководства *(напр. фирмы)*; решение администрации
marketing ~ решение о выборе рынков сбыта
multiperiod ~ решение для нескольких периодов
no-bid ~ отказ от участия в конкурсе *(на получение контракта)*
operative ~ оперативное решение
optimal [optimum] ~ оптимальное решение
policy ~ стратегическое решение
probabilistic ~ вероятностное решение
reorder ~ решение о подаче повторного заказа *(на пополнение запасов)*
sequential ~**s** последовательное принятие решений
split ~ неединодушное решение
team ~ групповое решение
terminal ~ *стат.* окончательное решение *(прекращающее последовательный анализ)*
Topsy ~ решение, принимаемое с учётом изменяющейся обстановки
trade-off ~ компромиссное решение
yes-no ~ альтернативное решение
decision-making принятие решения
trial-and error ~ принятие решения на основе проб и ошибок
deck-loaded погружённый на палубу
declaration 1. заявление; декларация; объявление 2. заполнение переписного листа □ ~ **inwards** декларация *(таможенная)* по приходу; ~ **outwards** декларация *(таможенная)* по отходу
~ **of defaults** объявление о неплатежах
~ **of dividends** объявление о выплате дивидендов
~ **of inability to pay debts** объявление о неплатёжеспособности
~ **of trust** декларация об учреждении траста; подтверждение принятия на себя выполнения доверительных функций
closing ~ окончательное страховое объявление
customs ~ таможенная декларация
final ~ окончательное страховое объявление
provisional ~ предварительное страховое объявление
tax ~ налоговая декларация
declare 1. заявлять; объявлять 2. заполнять переписной лист, давать ответы при переписи □ **to** ~ **oneself bankrupt** объявлять себя банкротом

decline 1. падение; снижение, спад, понижение ‖ падать; снижаться, понижаться 2. убыль населения 3. ухудшение жизненного уровня □ **~ in economic activity** снижение [спад] экономической активности; **~ in jobs** сокращение занятости; **~ in quotations** снижение курсов *(ценных бумаг)*; **~ in the dollar** снижение стоимости *или* валютного паритета доллара; **~ in the living standard** снижение жизненного уровня; **to ~ 3 points** снизиться на три пункта *(о курсе ценных бумаг)*
~ of export markets сужение экспортных рынков
business ~ спад деловой активности
population ~ убыль населения
decompose разлагать (на составные части); анализировать
decomposition декомпозиция; разложение (на составные части)
~ of handicraft расчленение ремесленной деятельности
~ of labor-process разложение процесса труда
~ of process of production расчленение процесса производства
time-series ~ разложение временно́го ряда
deconcentrate деконцентрировать; децентрализовать
deconcentration деконцентрация *(напр. собственности)*; децентрализация
decongesting □ **~ the urban areas** разгрузка городов
decontrol освобождение от контроля *(государственного)* ‖ освобождать от контроля
decrease уменьшение; сокращение ‖ уменьшать(ся); сокращать(ся)
rate ~ снижение тарифной ставки
yield ~ падение урожайности
decree декрет, указ, постановление; решение ‖ издавать декрет; декретировать, выносить (судебное) решение
~ of nullity судебное постановление об аннулировании брака, судебное постановление, объявляющее брак недействительным
emergency ~ правила техники безопасности
decumulation сокращение, снижение *(напр. товарных запасов)*
capital ~ «проедание» [уменьшение] капитала
inventory ~ сокращение товарно-материальных запасов
deduct вычитать; удерживать
deductibility возможность вычета [удержания]
reciprocal tax ~ взаимное исключение налогов из облагаемого дохода *(административными органами разных уровней)*
tax ~ возможность вычета процента из суммы облагаемого дохода
deductible 1. подлежащий вычету 2. франшиза *(освобождение страховщика от убытков, не превышающих определённого процента от страховой оценки)*
deduction 1. вычет, удержание 2. скидка; уступка
block ~ единый вычет *(из облагаемого дохода)*
casualty-loss ~ уменьшение облагаемого дохода, связанное с убытками в результате стихийных бедствий
depletion ~ налоговая скидка, предоставляемая в связи с истощением запасов минерального сырья
depreciation ~ 1. *pl* начисления износа, амортизационные отчисления 2. вычет суммы начисленного износа *(из первоначальной стоимости основного капитала при налогообложении)*
flat ~ прямой вычет *(при расчёте налогов)*
income ~ вычет из (облагаемого) дохода
interest ~ понижение процентной ставки при досрочном изъятии вклада
marital ~ супружеская налоговая скидка; освобождение от налога имущества, наследуемого супругом
personal ~ вычет из личного дохода *(не подлежащий обложению)*
sick pay ~ вычет на лечение *(из суммы облагаемого личного дохода)*
standard ~ нормативный вычет *(из облагаемого дохода)*
tax ~ снижение налогов *(при выполнении определённых условий)*; налоговая льгота
deed 1. дело; действие 2. документ, договор, акт *(скреплённый подписями и печатями сторон)* □ **to draw up a ~** составлять документ
~ of arrangement соглашение с кредиторами
~ of assignment акт о передаче несостоятельным должником своего имущества в пользу кредитора
~ of conveyance акт передачи, купчая
~ of transfer документ о передаче акций
holding ~ документ, удостоверяющий переход земли к её фактическому владельцу
mortgage ~ залоговый сертификат, ипотечное свидетельство
title ~ документ, подтверждающий право на имущество; крепостной акт
trust ~ доверенность на управление собственностью
deepen углублять; усиливать
deepening:
~ of capital «углубление капитала», накопление *(сопровождающееся ростом капиталовооружённости)*
~ of stock of equipment увеличение стоимости оборудования на основе внедрения капиталоёмких нововведений
financial ~ совершенствование финансовых органов *(в связи с экономическим развитием)*
defacement порча, искажение; стирание *(напр. монет)*
defalcate растрачивать; расхищать
defalcation (денежная) растрата, присвоение чужих денег
default невыполнение обязательств; неис-

полнение договора; неуплата ‖ не выполнять обязательства; прекращать платежи [выплату дивидендов] □ **in ~ of acceptance** в случае отказа от акцептования *(векселя)*; **in ~ of payment** в случае неуплаты; **~ on international obligations** невыполнение международных обязательств; **to be in ~** просрочить платежи; **to claim ~** предъявлять претензию за неисполнение договора; **to cure a ~** ликвидировать просрочку платежей; **to ~ on a debt** быть не в состоянии погасить долг; **upon ~ in payment** при неплатеже
~ of interest неуплата процентов
credit ~ неуплата задолженности по кредиту
protracted ~ длительная неплатёжеспособность

defaulter 1. сторона, не выполняющая обязательств 2. банкрот 3. растратчик

defeasance условие о ликвидации долгового соглашения при определённых обстоятельствах

defect дефект; неисправность; изъян
dietary ~ *с.-х.* дефект рациона
hereditary ~ наследственный дефект
latent ~ *страх.* скрытый дефект
quality ~ порок качества
zero ~s 1. бездефектность 2. программа бездефектных поставок

defection уход *(необслуженного требования)* из очереди

defective дефектный; неисправный

defederalization *амер.* передача *или* продажа государственной собственности частным компаниям

defense 1. мероприятия оборонного [военного] характера 2. общая сумма ассигнований на военные нужды; общий объём военных заказов 3. защита *(в суде)*

defer 1. откладывать, отсрочивать 2. задерживать *(сообщение)*

deferment отсрочка
appropriations ~ отсрочка ассигнований
occupational ~ отсрочка по профессиональному признаку *(напр. от призыва на военную службу)*
tax ~ отсрочка налога

deferral отсрочка
~ of wage increase отсрочка повышения заработной платы
tax ~ отсрочка налогообложения

deferred 1. отсроченный, отложенный 2. запланированный на будущее 3. взимаемый при задержке доставки

deferring *бухг.* перенос затрат *или* поступлений на счета будущего периода

deficiency 1. нехватка, дефицит; отсутствие 2. неполноценность; порок *(напр. статистических данных)* □ **to make up ~** возмещать недостачу
operation ~ неудовлетворительная эксплуатация
protein ~ белковая недостаточность
regulatory ~ недостаточность регулирующих законоположений; пробел в регулирующих положениях, неудовлетворительность действующих правил
reverse ~ недостаточность оперативного резерва *(генерируемой мощности)*

deficient недостающий; неполный; дефицитный

deficit дефицит □ **~ below the line** *англ.* бюджетный дефицит под чертой, дефицит по забалансовым статьям бюджета; **to cover ~** покрыть дефицит
~ of balance of trade дефицит торгового баланса
~ of current accounts дефицит текущих статей платёжного баланса
accomodated budget ~ бюджетный дефицит, финансируемый за счёт денежной эмиссии
budget ~ дефицит бюджета, превышение правительственных расходов над доходами
cash ~ кассовый дефицит, нехватка наличных денег
current ~ *см.* **deficit of current accounts**
employment ~ дефицит налога на заработную плату *(образуется в связи с безработицей)*
external ~ внешний дефицит
high-employment ~ (бюджетный) дефицит, соответствующий уровню национального дохода в условиях полной занятости
international ~ дефицит платёжного баланса
non-accomodated budget ~ бюджетный дефицит, не сопровождаемый ростом денежной эмиссии
outstanding ~ непокрытый дефицит
payments ~ дефицит платёжного баланса
public sector ~ дефицит государственного сектора экономики
trade ~ *см.* **deficit of balance of trade**

define определять, давать определение; характеризовать

definition определение, формулировка
contract ~ выработка основных положений договора
industry ~ определение (границ) отрасли промышленности
model ~ построение модели

deflate 1. дефлировать, дефлятировать, выражать в постоянных ценах 2. проводить политику дефляции 3. *амер.* снижать цены

deflation 1. дефлирование, дефлятирование *(перевод показателей, рассчитанных в текущих ценах, в показатели, выраженные в постоянных ценах)* 2. дефляция 3. *амер.* снижение цен
monetary ~ денежно-кредитная дефляция, кредитные рестрикции
price ~ снижение цен
profit ~ снижение уровня прибыли *(в результате опережающего роста издержек по сравнению с ростом цен)*

deflationary дефляционный

deflator дефлятор *(коэффициент пересчёта в неизменные цены)*
implicit price ~ дефлятор цен
overall price ~ общий дефлятор для всех товаров и услуг

deflection 1. отклонение 2. *ТМО* уход из очереди до начала обслуживания

~ **of savings** отвлечение [утечка] сбережений
~ **of tax liability** (законный) перенос налога на другое лицо
deforce лишать собственности; незаконно удерживать чужую собственность
deforcement незаконное удержание [присвоение] чужой собственности
defray □ **to ~ expenses** взять на себя расходы; покрыть расходы
defrayal оплата, платёж
defunct вышедший из бизнеса *(о фирме)*
degeneracy вырожденность
dual ~ вырожденность двойственной задачи *(линейного программирования)*
degeneration:
product ~ ухудшение качества продукции
degradation ухудшение свойств; ухудшение качества
degree 1. степень; уровень; порядок **2.** степень родства **3.** звание, учёная степень
~ **of accuracy** степень точности
~ **of association** *стат.* степень связанности *(признаков)*
~ **of belief** *стат.* степень доверия
~ **of consanguinity** степень кровного родства
~ **of crowding** плотность заселения
~ **of damage** процент убыточности *(отношение выплаченного страхового возмещения к поступлению страховых платежей)*
~ **of delegation** степень передачи полномочий подчинённым
~ **of dependence** *стат.* степень зависимости *(признаков)*
~ **of efficiency** степень производительности; коэффициент полезного действия, кпд
~ **of fabrication** степень готовности продукции
~ **of inspection** объём контроля
~ **of integration** степень интеграции [объединения] *(напр. производственных процессов в пределах предприятия, т.е. полнота производственного цикла)*
~ **of labor exploitation** степень эксплуатации труда
~ **of marital stability** степень стабильности браков
~ **of masculinity** степень возмужалости
~ **of mechanization** степень механизации, техническая вооружённость труда
~ **of overshot** степень выхода *(уровня запасов)* за точку подачи заказа
~ **of priority** *ТМО* порядок приоритета
~ **of queue resistance** *ТМО* длина очереди, при которой требование данного класса не присоединяется к очереди
~ **of randomness** степень случайности
~ **of relationship** степень родства
~ **of service** уровень обслуживания
~ **of substitution** степень замещения *(товаров или производственных факторов)*
~ **of unionization** степень охвата профсоюзами работников предприятия *или* отрасли
prohibited ~ степень родства, при которой запрещается вступление в брак
university ~ университетский диплом
degression 1. снижение, уменьшение **2.** понижение налоговой ставки
degressive уменьшающийся *(о налоге)*
dehoarding 1. прекращение тезаврирования, детезаврация **2.** освобождение от излишних товарных запасов
delay 1. задержка; приостановка; замедление; промедление ‖ задерживать; медлить **2.** откладывание, отсрочка *(платежа)* ‖ отсрочить □ ~ **in delivery** задержка в сдаче; задержка в доставке; ~ **in payment** отсрочка платежа; ~ **in presentment** задержка в предъявлении *(векселя)*; ~ **in protesting** задержка с протестом *(векселя)*; **to grant a ~ in payment** предоставить отсрочку платежа; **to obtain a ~ in payment** получить отсрочку платежа; **without ~** безотлагательно
avoidable ~ *орг. пр.* перерыв вследствие организационных неполадок
balancing ~ выравнивающий простой, выравнивающее замедление; компенсирующая задержка
debtor's ~ отсрочка в погашении долга
external ~ задержка по внешним причинам
induced ~ вынужденная задержка
inherent ~ неустранимая потеря *(времени)*; перерыв, не зависящий от работника
internal ~ задержка по внутренним причинам
major ~ продолжительный простой
rest ~ *орг. пр.* перерыв для отдыха
temporary [time] ~ временная задержка
unavoidable ~ *см.* **inherent delay**
delayed задержанный; замедленный
del credere делькредере *(поручительство комиссионера за выполнение покупателем финансовых обязательств)*
delegate делегат; представитель ‖ делегировать; уполномочивать; передавать полномочия и права □ **to ~ the functions** передать функции
delegation of authority передача прав и ответственности подчинённому
delinquency *амер.* неоплата счёта, просрочка *(платежа)*, непогашение в срок *(ссуды, кредита)*
tax ~ *амер.* невозможность выплатить текущие налоги, банкротство налогоплательщика
delinquent *амер.* неуплаченный
delist снимать (акции) с котировки *(на бирже)*
delisting прекращение котировки
deliver 1. доставлять; передавать **2.** поставлять; снабжать
deliverable могущий быть сделанным *или* доставленным; подлежащий сдаче *или* доставке
deliver/y 1. поставка; размер поставки; снабжение **2.** доставка **3.** передача ценной бумаги □ ~ **by installments** доставка по частям; ~ **by parcel post** доставка

(товара покупателю) почтовой посылкой; **~ on call** поставка по требованию; **to take ~** принимать поставляемый продукт; получать выполненный заказ; **~ versus [against] payment** поставка против оплаты
bad ~ of securities *бирж.* нарушение правил поставки ценных бумаг
contractual ~ies договорные поставки
drop ~ гравитационная подача *(материалов, заготовок или деталей)*
express ~ срочная доставка
forward ~ будущая поставка
free (home) ~ бесплатная доставка на дом
good ~ of securities поставка ценных бумаг с соблюдением установленных правил
goods ~ доставка товаров *(от поставщика в магазин)*
instantaneous ~ размер разовой поставки
lagged [late] ~ поставка с опозданием
local ~ местная доставка
obligatory ~ies обязательные поставки
overside ~ сдача груза с одного судна на другое
pool ~ *амер.* доставка товара нескольким магазинам компании грузовиком
purchase ~ поставка закупленного материала
ready ~ поставка готовой продукции
sales ~ доставка *(покупателю)* проданной продукции
scheduled ~ies поставки по календарному плану, поставки по графику
short ~ недостача при доставке груза
slow(er) ~ 1. увеличенный срок поставки; продлённый срок выполнения заказа **2.** срыв срока поставки
special ~ срочная доставка
store-door ~ доставка (груза) на склад грузополучателя
truck ~ доставка покупок грузовиком

deliveryman работник, доставляющий покупки на дом

delta коэффициент дельта *(соотношение цены опциона с лежащим в его основе финансовым инструментом)*

demand 1. спрос **2.** потребность; нужда ‖ нуждаться **3.** требование ‖ предъявлять требование □ **~ for advances** спрос на кредит; **~ for bank funds** спрос на банковский кредит; **~ for payment** требование платежа; **~ for service** потребность в обслуживании; **~ keeps pace with supply** спрос не отстаёт от предложения; **~ outdistances supply** спрос опережает предложение; **~ outruns production** спрос опережает производство; **to be in ~** пользоваться спросом; **to continue in ~** продолжать пользоваться спросом; **to depress ~** понижать [сдерживать] спрос; **to meet [to satisfy] ~** удовлетворять спрос
~ of goods отзыв товара *(распоряжение покупателя поставщику об отгрузке товара)*
active ~ оживлённый спрос
actual ~ действительный [фактический] спрос
after-market ~ вторичный спрос *(напр. на комплектующие изделия как результат роста спроса на автомобили)*
aggregate ~ *см.* **composite demand**
back-ordered ~ задолженный спрос
biochemical oxygen ~ биохимическая потребность в кислороде *(показатель загрязнения воды)*
brisk ~ оживлённый спрос
business ~ спрос предприятий *(напр. на товары)*
cash ~ требование наличных денег
composite ~ совокупный спрос *(на определённый вид товаров или услуг)*
consumer [consumptive] ~ потребительский спрос
contingency ~ for money *см.* **precautionary demand for money**
cumulative ~ совокупный спрос *(на определённый вид товаров или услуг)*
customer ~ потребительский спрос
deferred ~ отложенный [накопившийся] спрос
delayed ~ *ТМО* требование, ожидающее обслуживания
derived ~ производный спрос *(напр. вызванный ростом доходов)*
direct ~ спрос на средства потребления
domestic ~ *см.* **home demand**
effective [effectual] ~ эффективный спрос; действительный [фактический] спрос; платёжеспособный спрос
elastic ~ эластичный спрос *(реагирующий на повышение или понижение цен)*
emergency ~ экстренный спрос
end-product ~ спрос на конечный продукт *(не для перепродажи)*
factor ~ спрос на производственные факторы
fair ~ оживлённый спрос
filled ~ удовлетворенный спрос
fixed ~ постоянный [устойчивый] спрос
home ~ внутренний спрос, спрос на внутреннем рынке
housing ~ нехватка жилья
income-elastic ~ for money спрос на деньги, эластичный по доходу
individual ~ личный спрос
inelastic ~ неэластичный спрос *(слабо реагирующий на повышение или понижение цен)*
interest-elastic ~ for money спрос на деньги, эластичный по проценту
interindustry ~ межотраслевой спрос, спрос на продукцию смежных отраслей промышленности
job ~ спрос на рабочие места
joint ~ совмещённый спрос, спрос на сопряжённые товары *(напр. на резину и металл при производстве автомобилей)*
keen ~ большой спрос
labor ~ спрос на рабочую силу
market ~ требование рынка, рыночный спрос
maximum likely [maximum possible] ~ максимально возможный спрос
maximum reasonable ~ максимально допустимый спрос
monthly ~ (еже)месячная потребность

nondefense ~ спрос, не связанный с военными нуждами; спрос невоенного характера
onetime ~ разовая потребность
overall ~ общий спрос
over-elastic ~ сверхэластичный спрос
peak ~ 1. максимальный спрос **2.** пиковое потребление *(электроэнергии)*; пиковая нагрузка
pent-up ~ отложенный [накопившийся] спрос; неудовлетворённый спрос
persistent ~ устойчивый [постоянный] спрос
precautionary ~ for money спрос на деньги для непредвиденных целей
price-dependent ~ спрос, зависящий от цены
primary ~ первичный спрос
private credit ~ спрос частного сектора на кредиты
recorded ~ зарегистрированный спрос
replacement ~ спрос, обусловленный необходимостью возмещения *(основного капитала или предметов потребления длительного пользования)*
resource ~ 1. потребность в природных ресурсах **2.** спрос на природное сырьё
sagging ~ уменьшающийся [снижающийся] спрос
scanty ~ небольшой спрос
served ~ *ТМО* обслуженное требование
slack [sluggish] ~ вялый спрос; низкий уровень спроса
solvent social ~ платёжеспособная общественная потребность
speculative ~ for money спрос на деньги для спекулятивных целей
stagnant ~ застой в спросе
stationary [steady] ~ устойчивый [постоянный] спрос
steep ~s завышенные требования
streamside ~ спрос *(на воду)* на приречной территории
summed ~ суммарная потребность
time-off ~ требование о сокращении рабочего времени
transactions ~ for money спрос на деньги для сделок
under-elastic ~ недостаточно эластичный спрос
wage ~ требование повышения заработной платы
weighted moving ~ взвешенный скользящий спрос
demand-side (находящийся) на стороне спроса *(об экономических факторах, в противоположность факторам на стороне предложения)*
demarketing меры по снижению спроса
general ~ общие меры по снижению спроса
ostensible ~ показные меры по снижению спроса *(как способ фактического повышения его)*
selective ~ меры по снижению спроса у определённых групп покупателей
de-merger разделение слившихся ранее предприятий

Demesne of the Crown *англ.* земельная собственность королевской семьи
demesne 1. владение *(недвижимостью)* **2.** участок, прилегающий к дому *(напр. сад)* **3.** *уст.* земля, не сдаваемая владельцем в аренду
ancient ~ наследственное [родовое] имение
demineralizer деминерализатор; установка для очистки воды от минеральных примесей
demise сдача недвижимости в аренду ‖ сдавать в аренду
Democracy:
Industrial ~ «производственная демократия» *(подразумевающая систему участия рабочих в управлении производством)*
demoeconomy демографическая экономика, демоэкономика
demographer специалист по демографии, демограф
demographic демографический
demography демография
applied ~ прикладная демография
descriptive ~ дескриптивная демография
differential ~ дифференциальная демография
economic ~ экономическая демография
family ~ демография семьи
formal ~ формальная демография, демометрика; теоретическая демография
genetic ~ генетическая демография
historical ~ историческая демография
housing ~ жилищная демография
mathematical ~ математическая демография
migration ~ демография миграции
perspective ~ перспективная демография
pure ~ теоретическая демография
quantitative ~ количественный демографический анализ
regional ~ региональная демография
social ~ социальная демография
structural ~ структурная демография
theoretical ~ теоретическая демография
demometrics формальная демография, демометрика
demonetization 1. демонетизация, лишение монеты стандартной стоимости **2.** отмена свободной чеканки металла **3.** изъятие из оборота полноценных денег
demonetize 1. отменять металлический стандарт **2.** изымать из обращения полноценные деньги
demonstration 1. доказательство; демонстрация *(на примере)* **2.** *бирж.* фиктивная торговля определёнными акциями для повышения их курса
preproduction ~ подтверждение технических характеристик изделия до начала производства
store ~ 1. демонстрация *(продавцом)* товаров **2.** дегустация *(покупателями)* пищевых продуктов
demotion *орг. пр.* перевод на менее квалифицированную работу
demurrage 1. простой *(судна или вагона)* **2.** плата за простой, демерредж

denationalization 1. денационализация, реприватизация *(предприятий, отраслей)* 2. лишение гражданства, денатурализация
denaturalization денатурализация, лишение гражданства; лишение подданства
denaturalize денатурализовать, лишать гражданства; лишать подданства
denial отрицание; опровержение; отказ
~ of export privileges лишение права заниматься экспортной торговлей
~ of responsibility отказ от ответственности
~ of tariff concessions отказ в предоставлении тарифных уступок
denization натурализация, предоставление прав гражданства; предоставление подданства
denize натурализовать, предоставлять права гражданства; предоставлять подданство
denizen натурализовавшийся иностранец ‖ натурализовать, предоставлять права гражданства; предоставлять подданство
denomination 1. достоинство, стоимость, ценность; купюра *(как номинал денег)* 2. деноминация 3. класс, категория 4. вероисповедание; секта
large ~s крупные купюры, банкноты крупного достоинства
minimum ~ минимальная деноминация, минимально допустимая номинальная стоимость *(акции, закладной)*
money ~s купюрное строение денежной массы
small ~s мелкие купюры, банкноты *или* монеты мелкого достоинства
denominator мерило, мера
common ~ of value общепринятая мера стоимости
denounce денонсировать
density 1. густота, плотность 2. *мат.* плотность вероятности
arrival ~ *ТМО* плотность распределения входящего потока
birth ~ плотность рождений
busy-period ~ *ТМО* плотность распределения интервала занятости
conditional (probability) ~ плотность условного распределения
downtime ~ плотность распределения времени простоя
dwelling unit ~ плотность застройки жилыми зданиями
first-class seating ~ плотность посадочных мест в *(самолёте)* по нормам первого класса
freight ~ грузонапряжённость перевозок
housing unit ~ плотность застройки жилыми зданиями
joint ~ плотность совместного распределения
light traffic ~ малая интенсивность перевозок
maximum potential ~ возможная максимальная плотность (населения)
military procurement ~ доля военных подрядов *(в различных экономических показателях, напр., в численности работающих)*
multivariate ~ многомерная плотность вероятности
normal ~ плотность нормального распределения
occupation-time ~ *ТМО* плотность распределения времени занятости
passenger ~ средняя интенсивность перевозок пассажиров
population ~ плотность населения
prior ~ априорная плотность вероятности
probability ~ плотность вероятности
residential ~ густота заселения жилого района города
route ~ средняя интенсивность перевозок по данному маршруту
sales ~ товарооборот на единицу площади магазина
seating ~ плотность (расположения) пассажирских мест
stock ~ плотность поголовья
traffic ~ плотность транспортного потока
dent предел *(напр. при повышении цен)*
denunciation денонсирование, денонсация, отказ *(от договора)*
depart 1. уезжать *(к новому месту жительства)*; эмигрировать; выбывать, выезжать *(из страны)* 2. умирать □ **to ~ from the gold standard** отойти от золотого стандарта
Department:
~ of Agriculture Министерство сельского хозяйства *(США)*
~ of Citizenship and Immigration Управление по делам гражданства и иммиграции *(Канада)*
~ of Commerce Министерство торговли *(США)*
~ of Defense Министерство обороны *(США)*
~ of Defense Agencies and Joint Service Schools Управление оборонных организаций и военных учебных заведений *(США)*
~ of Economic Affairs Министерство экономики *(Великобритания)*
~ of Education and Science Министерство образования и науки *(Великобритания)*
~ of Employment Министерство по вопросам занятости *(Великобритания)*
~ of Employment and Productivity *ист.* Министерство по вопросам занятости и производительности труда *(Великобритания)*
~ of Energy Министерство энергетики *(Великобритания)*
~ of Health and Social Security Министерство здравоохранения и социального обеспечения *(Великобритания)*
~ of Health, Education and Welfare Министерство здравоохранения, просвещения и социального обеспечения *(США)*
~ of Housing and Urban Development Министерство жилищного строительства и городского развития *(США)*
~ of Immigration Управление по вопросам иммиграции *(Австралия)*
~ of Industry Министерство промышленности *(Великобритания)*

~ **of Justice** Министерство юстиции *(США)*
~ **of Labor** Министерство труда *(США)*
~ **of Overseas Trade** Министерство внешней торговли *(Великобритания)*
~ **of Prices and Consumer Protection** Управление по вопросам цен и защиты интересов потребителей *(Великобритания)*
~ **of Scientific and Industrial Research** *ист.* Управление научных и промышленных исследований *(Великобритания)*
~ **of State** Государственный департамент *(США)*
~ **of the Air Force** Министерство военно-воздушных сил *(США)*
~ **of the Army** Министерство Армии *(США)*
~ **of the Environment** Министерство по вопросам охраны окружающей среды *(Великобритания)*
~ **of the Interior** Министерство внутренних дел *(США)*
~ **of the Navy** Министерство военно-морских сил *(США)*
~ **of the Treasury** Государственное казначейство, Министерство финансов *(США)*
~ **of Trade** Министерство торговли *(Великобритания)*
~ **of Trade and Industry** *ист.* Министерство торговли и промышленности *(Великобритания)*
~ **of Transportation** Министерство транспорта *(США)*
Banking ~ of the Bank of England банковский департамент Банка Англии
Civil Service ~ Департамент государственной службы *(Великобритания)*
Export Credits Guarantee ~ Департамент гарантии экспортных кредитов *(Великобритания)*
Intelligence ~ of Lloyd's информационный отдел страховой компании Ллойда
Post Office ~ Министерство почт *(США)*

department 1. структурное подразделение, административный орган *(министерство, департамент, управление, отдел)* 2. секция *(в торговом предприятии)* 3. функциональный отдел *(напр. кадров, финансов)* 4. факультет *(университета)*
~ **of internal audit** отдел внутренней ревизии
~s of social production подразделения общественного производства
accounting ~ бухгалтерия; главная бухгалтерия *(компании)*
administrative ~ отдел административного управления
advice ~ отдел авизо *(банка)*
analysis ~ статистический отдел *(в банке или инвестиционной фирме)*
auditing ~ ревизионно-контрольный отдел *(банка)*
auxiliary ~ обслуживающее подразделение; вспомогательное подразделение
bank ~ отдел банка
bespoke ~ *англ.* отдел заказов
buying ~ отдел закупок
cash ~ 1. кассовый отдел, касса *(в банке)* 2. кассово-контрольный пункт *(в супермаркетах)*
certification ~ отдел банка, осуществляющий операции по удостоверению чеков
city collection ~ отдел внутригородской инкассации *(банка)*
collection ~ инкассовый отдел *(банка)*
common service ~s общезаводские отделы *(напр. заводоуправление)*
construction ~ конструкторское бюро
contracts ~ отдел контрактов
controller's ~ отдел бухгалтера-контролёра; отдел (бухгалтерского) учёта и анализа
cost ~ калькуляционный отдел
coupon collection ~ отдел инкассации купонов *(банка)*
coupon paying ~ отдел оплаты купонов *(банка)*
credit ~ отдел изучения кредитоспособности клиентов *(банка)*
customers' securities ~ отдел хранения клиентских ценных бумаг *(банка)*
data processing ~ отдел обработки данных
delivery ~ отдел доставки товаров *(на дом)*
deposit ~ отдел вкладов *(банка)*
design ~ конструкторское бюро
development ~ опытно-конструкторский отдел
direct ~ 1. цех основного профиля производства 2. учётно-калькуляционное подразделение *(в системе бухгалтерского учёта на предприятии)*
discount ~ отдел учётных операций *(банка)*
distribution ~ отдел сбыта
drafting ~ 1. чертёжное бюро 2. конструкторское бюро
engineering ~ конструкторское бюро; конструкторско-технологический отдел
factory ~ промышленное управление
field service ~ отдел (технического) обслуживания потребителей
finance ~ финансовый отдел
finance-and-accounts ~ отдел финансов и отчётности
food ~ отдел по изготовлению, распределению и реализации продовольственных товаров
food ~ in discounters отдел продовольственных товаров в магазинах, торгующих по сниженным ценам
foreign exchange ~ валютный отдел
functional ~ производственный отдел
general bookkeeping ~ центральная бухгалтерия *(банка)*
general service ~ хозяйственный отдел
indirect ~s обслуживающие [непрофилирующие] цеха и отделы *(напр. инструментальный, модельный, заводская электростанция)*
insurance ~ страховое управление *(США)*
internal audit ~ отдел внутренней (бухгалтерской) ревизии
inventory ~ отдел управления запасами
issue ~ отдел выписки чеков *(в банке)*

labor and wages ~ отдел труда и зарплаты
leased ~ 1. сданный в аренду цех; арендованный цех 2. сдаваемый в аренду отдел универмага *(другому торговому предприятию)*
loan ~ ссудный отдел *(банка)*
lost and found ~ бюро находок
management services ~ отдел административных служб
manufacturing ~ 1. производственный отдел *(в обрабатывающей промышленности)* 2. завод, производство *(обрабатывающей промышленности)* 3. цех основного профиля производства *(на предприятиях обрабатывающей промышленности)*
marketing and sales ~ *см.* **sales department**
marking ~ отдел маркировки товаров *(в торговой фирме)*
materials ~ *см.* **purchasing department**
merchandise development ~ отдел торговой фирмы, занимающийся предложениями о создании новых товаров
methods ~ отдел организации труда
military ~ военное ведомство
new business ~ отдел развития *(операций в банке)*
nonproductive ~s *см.* **indirect departments**
operating ~ производство, промышленное предприятие *(как часть фирмы)*, производственное отделение *(фирмы)*
operations research ~ отдел исследования операций
organization ~ структурное подразделение
packing ~ отдел фасовки и упаковки *(товаров)*
patent ~ патентный отдел *(фирмы)*
personal loan ~ отдел по выдаче потребительских ссуд
personnel ~ отдел кадров
preproduction ~ отдел подготовки производства
process(ing) ~ бюро технологических процессов
procurement ~ отдел закупок
producing [production] ~ 1. *см.* **operating department** 2. цех основного профиля производства 3. производственное подразделение; производственный отдел
production control ~ отдел управления производством
production planning [production scheduling and control] ~ производственно-плановый отдел
productive ~ цех основного профиля производства
publicity ~ отдел рекламы и новых операций
purchasing ~ отдел закупок; отдел (материально-технического) снабжения
quality control ~ отдел контроля качества
quotation ~ отдел котировок *(курсов)*
receiving ~ отдел приёмки *(напр. материалов)*
requisitioning ~ отдел заявок *(на материалы)*
sales ~ 1. отдел сбыта 2. коммерческий отдел
sales order ~ отдел заказов *(на изготовление, поставку изделий)*
savings ~ отдел сберегательных вкладов *(банка)*
scheduling ~ отдел календарного планирования
selling ~ отдел сбыта
service ~ 1. обслуживающее подразделение; вспомогательное подразделение 2. предприятие сферы обслуживания
shipping ~ отдел отгрузки продукции
shop-training ~ отдел профессиональной подготовки на рабочих местах *(в цехах)*
signature ~ отдел проверки подписей *(в банке)*
staff ~ 1. отдел кадров управленческого персонала 2. отдел главной конторы
standards ~ отдел стандартов; отдел нормирования
state banking ~ банковский департамент штата
statement ~ отдел выписок с клиентских лицевых счетов
statistics ~ отдел статистики
stock ~ отдел ценных бумаг *(банка)*
stores ~ отдел хранения *(материалов и комплектующих изделий)*; отдел материальных запасов
styling ~ отдел художественного конструирования
supply ~ отдел снабжения
systems-and-procedures ~ отдел организации труда и разработки управленческих процессов
telephone order ~ отдел приёма заказов по телефону
thrift ~ *амер.* отдел сберегательных вкладов *(банка)*
timekeeping ~ отдел табельного учёта; отдел учёта рабочего времени
time study ~ отдел хронометрирования трудовых движений
traffic ~ 1. транспортно-экспедиционный отдел; отдел отгрузки продукции и приёмки поступающих грузов 2. отдел внутризаводского транспорта
transit ~ отдел внегородской инкассации *(банка)*
trust ~ трастовый отдел, отдел доверительных операций *(банка)*
voucher ~ отдел погашения чеков *(банка)*
wages ~ отдел заработной платы
water ~ отдел водоснабжения *(городского управления, муниципалитета)*
work-study ~ технико-нормировочное бюро

departmental состоящий из отделов; ведомственный *(о структуре)*

departmentalization 1. подразделение на отделы 2. подразделение бухгалтерского учёта по цехам 3. поцеховое распределение общезаводских расходов

departure 1. отклонение 2. *обычно pl ТМО* уход *(требований)*; выходящий по-

ток **3.** отъезд *(к новому месту жительства)*; эмиграция **4.** вылет рейсового самолета □ **~s from equilibrium** отклонения от равновесия; **~s in batches** *ТМО* групповой уход *(требований)*
aggregated ~s групповой уход *(требований)*
bulk ~s групповой уход *(требований)*
grouped ~s групповой уход *(требований)*
random ~s уход *(требований)* в случайные моменты времени; случайный выходящий поток
regular ~s регулярный выходящий поток
scheduled ~s 1. уход требований в запланированные моменты времени **2.** самолётовылет по расписанию
single ~ уход одиночного требования

depasturage 1. пастьба **2.** право использовать землю в качестве пастбища *или* выгона

depend зависеть, находиться в зависимости

dependant *см.* **dependent**

dependence 1. зависимость **2.** несамостоятельность □ **to live in ~** жить на иждивении

dependency 1. зависимость **2.** зависимая страна; колония **3.** иждивенчество

dependent 1. иждивенец, иждивенка ‖ находящийся на иждивении **2.** зависимый, зависящий; подчинённый □ **~ in the probability sense** зависимый в вероятностном смысле
~ of state лицо, находящееся на иждивении государства
queue ~ *ТМО* зависящий от длины очереди *(напр. о времени обслуживания)*

depersonalize обезличить *(работника)*, лишить индивидуальных отличий

deplane производить выгрузку с самолёта; сходить с самолёта

deplete истощать; исчерпывать *(напр. запасы)*

depletion 1. истощение *(недр и угодий)* **2.** резерв на истощение недр *(в балансе)* **3.** исчерпание *(запасов)* **4.** уменьшение стоимости реального основного капитала *(главным образом в добывающей промышленности)* в результате истощения природных ресурсов **5.** уменьшение стоимости невосстанавливаемого ресурса **6.** стоимость извлечённого полезного ископаемого **7.** *см.* **percentage depletion**
~ of fertility истощение плодородия *(почвы)*
cost ~ *см.* **percentage depletion**
inventory ~ исчерпание (товарно-материальных) запасов
linear ~ расходование *(запасов)* по линейному закону
optimal ~ оптимальное расходование запасов
percentage ~ «процент на истощение недр» *(законодательно устанавливаемый процент валовой выручки, не облагаемый подоходным налогом)*; налоговая скидка на истощение природных ресурсов
random ~ расходование *(запасов)* по случайному закону
soil ~ истощение почвы
stock ~ исчерпание запасов

deployment 1. применение, (широкое) использование **2.** размещение
manpower ~ подбор и расстановка кадров

depopulate уменьшаться *(о населении)*

depopulation депопуляция *(тенденция к прекращению роста, а затем и к снижению численности населения)*

deport 1. *англ. бирж.* депорт, скидка с обусловленного курса **2.** высылать; депортировать

deportation высылка; ссылка; депортация

deposit вклад; депозит; взнос; задаток ‖ депонировать, положить на хранение; дать задаток □ **~ at a bank** вклад в банке; **~ at long notice** депозит с длительным уведомлением *(об изъятии)*; **~ at notice** вклад с уведомлением *(об изъятии)*; **~ at post-office** депозит в почтово-сберегательной системе; **~ at short notice** депозит до востребования; депозит с кратковременным уведомлением *(об изъятии)*; **for ~ only** «только на депозит» *(надпись на чеке)*; **~ in escrow** условный депозит; **on ~** на хранении, в депо; **~ on current account** вклад по контокорренту; вклад на текущем счёте; **~ repayable at seven days notice** депозит, погашаемый с уведомлением за семь дней; **to ~ a pledge** передать залог; **to ~ as security** депонировать в качестве обеспечения; **to ~ money with a bank** внести деньги в банк, депонировать деньги в банке; **to pay a ~** выплатить деньги по депозиту; **to place money on ~** вносить деньги в депозит; **to verify ~s** проверить правильность подсчёта депозитов; **~ with an overdraft feature** депозит, допускающий овердрафт; **~ with fixed period** депозит с фиксированным сроком; срочный депозит
~s of individuals, partnerships, and corporations депозиты частных лиц, товариществ и корпораций *(категория депозитов в финансовой статистике США)*
~ of securities сдача ценных бумаг на хранение; депонирование ценных бумаг
alternate ~ совокупный счёт на имя двух лиц
bank ~ банковский депозит; вклад в банке
call ~ депозит до востребования
cash ~ депозит, образованный путём внесения наличных денег
checkable ~ депозит, который может изыматься с помощью чеков
checking ~ вклад на текущем счёте; краткосрочный вклад *(в банке)*
demand ~ депозит до востребования; бессрочный вклад; текущий счёт
derivative ~ производный депозит *(образованный за счёт кредита)*
dollar denominated ~ долларовый депозит
eurocurrency ~s депозиты в евровалютах
fixed ~ *см.* **time deposit**
foreigner's [foreign-owned] ~ банковский депозит, принадлежащий иностранному владельцу

general ~ обычный депозит; общий депозит
government ~ правительственный депозит
gross ~**s** валовая сумма депозитов
guaranteed bank ~ банковский депозит, возврат которого гарантирован властями
household demand ~ вклад индивидуального клиента, некорпоративный вклад
idle ~ неиспользуемый депозит; деньги, лежащие на депозитном счёте без движения
import ~ импортный депозит *(способ ограничения импорта путём обязательного предварительного депозита)*
individual ~ *см.* **private deposit**
insured ~ застрахованный депозит
joint ~ объединённый [совместный] банковский счёт
not demand ~**s** чистая сумма банковских депозитов до востребования *(за вычетом задолженности по депозитам других банков и средств, находящихся в процессе инкассации)*
nondollar currency ~ депозит в недолларовой валюте
noninterest bearing ~ беспроцентный вклад
other ~**s** депозиты частного сектора
penny ~ мелкий вклад
postal savings ~ почтово-сберегательный депозит
premium ~ депо страховых платежей *(денежный фонд, который образует страховщик)*
primary ~ первичный депозит *(образованный за счёт взноса денег в банк)*
private ~ депозит частного лица *или* корпорации; депозит неправительственного учреждения
public ~**s** депозиты государственных учреждений
reserve ~ резервный депозит
safe ~ хранение ценностей в сейфе
savings ~ сберегательный вклад
short ~ краткосрочный вклад
sight ~ *см.* **demand deposit**
special ~ **1.** депозит для специальных целей **2.** депонирование различных ценностей *(в отличие от денег)* **3.** *англ.* специальный депозит *(обязательный резерв в Банке Англии)*
stock ~ депо акций
time ~ срочный депозит; вклад на срок
Treasury ~**s** депозиты казначейства США
trust ~ депозит, находящийся в управлении по доверенности

depositary **1.** хранитель, доверенное лицо; депозитарий *(лицо, которому вверен вклад)* **2.** склад; хранилище; депо
general ~ *амер.* банк — член Федеральной резервной системы, уполномоченный принимать суммы в пользу казначейства
special ~ *амер.* банк — не член Федеральной резервной системы, уполномоченный принимать суммы в пользу казначейства

depositor депонент, вкладчик, владелец банковского счёта
savings ~ владелец сберегательного вклада

depository **1.** банк-хранитель; банк-депозитарий **2.** склад; хранилище; депо **3.** банковский сейф с приёмным механизмом на внешней стороне двери *(для приёма депозитов в дни, когда банк закрыт)*
authorized ~ уполномоченный законом банк-депозитарий
government ~ банк—хранитель правительственных фондов
reserve ~ банк—хранитель резерва
state ~ банк—хранитель государственных фондов

depot склад; депо; хранилище; база
~ **of supply** склад снабжения
base ~ склад-база
central materials ~ центральный материальный склад *(промышленной фирмы)*
collecting ~ сборный пункт *(напр. молока)*
intermediate ~ *англ.* промежуточная база; промежуточный склад
livestock ~ скотобаза
maintenance ~ база технического обслуживания и текущего ремонта
milk ~ перевалочная база для молока
open ~ открытое складское помещение
parts ~ склад запасных частей
reclamation ~ склад с ремонтно-восстановительными мастерскими
roundsman ~ *англ.* база отпуска товара разъездным агентам *(торгового предприятия)*
sales ~ сбытовая база
supply [trading] ~ торговая база

depreciable изнашиваемый; амортизируемый

depreciate **1.** обесценивать; уменьшать ценность; падать в цене *(напр. о валюте)* **2.** снашиваться □ **to** ~ **in terms of money** обесцениваться в денежном выражении

depreciation **1.** снижение стоимости; обесценение, обесценивание **2.** снашивание *(в результате износа и морального устаревания)*; амортизация **3.** начисление износа; амортизационные отчисления □ ~ **at choice** *см.* **free depreciation;** ~ **claimed 1.** заявленная (налогоплательщиком) сумма начислений на износ **2.** расчётная амортизация
~ **of capital** обесценение капитала
~ **of currency in relation to gold** обесценение валюты относительно золота
~ **of money** обесценение денег
accelerated ~ **1.** ускоренное начисление износа; ускоренное списывание стоимости объекта основного капитала на износ **2.** ускоренная амортизация
accrued [accumulated] ~ аккумулированные амортизационные отчисления; амортизационный резерв
annual ~ годовая сумма амортизационных отчислений
appraisal ~ оценка степени износа *(объекта основного капитала)*; оценка степени амортизации

compensating ~ компенсирующий *(колебание цен на объект основного капитала)* метод начисления износа
competitive ~ конкурентное обесценение валюты *(в борьбе за рынок сбыта)*
currency ~ обесценение валюты
degressive ~ дегрессивная амортизация *(характеризующаяся снижением нормы амортизации в последующие периоды)*
disallowed ~ 1. превышение первоначальной стоимости на общую сумму амортизационных отчислений **2.** избыточная сумма начислений на износ *(не вычитаемая из доходов, подлежащих налогообложению)*
free ~ списание стоимости активов по усмотрению компании
functional ~ 1. моральный износ **2.** функциональный износ *(напр. оборудования, утратившего свою полезность в связи с изменением профиля предприятия)*
historic-cost ~ начисление износа по ценам приобретения
linear rate ~ *см.* **straight-line depreciation**
moral ~ моральный износ
observed ~ 1. коэффициент фактического износа *(отношение полученного дохода к ожидаемому за весь срок службы)* **2.** фактический износ *(по инженерной оценке)* **3.** стоимость восстановления *(объём затрат, необходимых для восстановления эффективности объекта)*
ordinary ~ нормальная амортизация
replacement-cost ~ начисление износа по ценам возмещения [по восстановительным ценам]
straight-line ~ равномерное списывание основного капитала; равномерное начисление износа
sum-of digits [sum-of-the-years digits] ~ ускоренная амортизация со списыванием суммы, равной долям оставшихся лет *(в общей сумме лет)*

depress 1. подавлять **2.** понижать
depressant подавляющий, сдерживающий *(напр. экономический рост)*
depression 1. депрессия, застой; кризис **2.** понижение *(напр. зарплаты)* □ **~ in industry** застой в промышленности; **the Great Depression** Великая депрессия *(1929–1933 гг.)*; **to set off the ~** вызывать депрессию
~ of market вялое настроение рынка; понижательное состояние рынка
~ of prices *бирж.* общее снижение курсов ценных бумаг
business ~ промышленный застой; спад деловой активности; экономическая депрессия
economic ~ экономический кризис
farm ~ аграрный кризис
major ~ глубокая депрессия
prolonged ~ длительная [затяжная] депрессия

deprivation:
~ of consortium лишение супружеской общности жизни
relative ~ относительное ухудшение положения индивидуума *или* социальной группы

depth 1. глубина **2.** самый низкий уровень
~ of a market показатель способности рынка поглощать новые поставки без значительного изменения цен
~ of depression самая низкая конъюнктура в период кризиса

deputy 1. депутат; делегат; представитель **2.** заместитель; помощник
shop ~ цеховой староста

derate освобождать от местных налогов
derationing отмена карточной системы; отмена нормирования
deregulation дерегулирование, сокращение объёма вмешательства государства в экономику
derive получать, извлекать *(напр. доход)*
descendant потомок
direct [lineal] ~ потомок по прямой линии
descent 1. происхождение **2.** поколение *(по определённой линии)*
description 1. описание; характеристика **2.** вид; род
~ of risk точное определение страховой ответственности
activity ~ описание операции
choice ~s отборные сорта
job ~ 1. должностная инструкция; характер выполняемой работы; описание рабочего задания **2.** *см.* **activity description**
process ~ описание (производственного) процесса
production ~ характер (выпускаемой) продукции
task ~ описание рабочего задания

design 1. проектирование; расчёт ‖ проектировать; рассчитывать **2.** проект; расчёт; план **3.** модель; конструкция; образец **4.** дизайн □ **~ to characteristics** проектирование согласно заданной характеристике; **~ to cost** проектирование согласно заданной стоимости
~ of sampling inquiry план выборочного обследования
~ of statistical inquiry план статистического обследования
approved ~ утверждённый проект; одобренный проект
basic ~ базовая конструкция
biased ~ *стат.* смещённый план *(проверки гипотез)*
capital-intensive ~ капиталоёмкий проект
currency ~ рисунок на банкноте
custom ~ индивидуальный проект; индивидуальный заказ
economic(al) ~ 1. экономический расчёт **2.** экономически целесообразная конструкция
hardware ~ 1. проектирование оборудования **2.** конструкция технического объекта
industrial ~ 1. проектирование промышленного объекта **2.** промышленный образец **3.** художественное конструирование
item ~ проектирование изделия
organization ~ схема организационной структуры

preliminary ~ эскизный проект
product ~ проектирование изделия
prototype ~ разработка опытного образца
question ~ характер вопроса; структура [построение] вопроса *(при анкетном обследовании)*
questionnaire ~ 1. структура [построение] анкеты 2. схема организации опроса; порядок опроса
sample ~ составление выборки
sampling ~ план выборочного обследования
short-range ~ 1. конструкция для ближайшего будущего 2. конструкция, предназначенная для текущего производства
stretch ~ модификация существующей конструкции; незначительно изменённая конструкция
survey ~ план (статистического) обследования
unbiased ~ *стат.* несмещённый план *(проверки гипотез)*
designer 1. конструктор; проектировщик 2. дизайнер
landscape ~ архитектор-ландшафтоустроитель; инженер-озеленитель
structural ~ инженер по строительным конструкциям
designing проектирование; конструирование; планирование *(напр. эксперимента)*
desk 1. бюро; прилавок; касса 2. рабочее место *(руководителя)* □ **to pay at the ~** уплатить в кассу
cashier's ~ касса, кассовое помещение
check ~ отдел проводки чеков *(в бухгалтерии банка)*
inquiry ~ справочное бюро *(в магазине)*
order ~ *амер.* бюро приёма заказов *(на доставку товаров по почте)*
pay ~ касса, кассовое помещение
deskilling of jobs упрощение рабочих заданий; разбиение рабочих заданий на элементарные операции
destabilize нарушать устойчивость *или* равновесие, дестабилизировать
destination *трансп.* место назначения; пункт назначения □ **short of ~** поблизости [недалеко] от места назначения; недоставленный по месту назначения *(о грузе)*
waybill ~ пункт назначения согласно путевому листу
destock снижать *или* сокращать запасы; пользоваться запасами
detail:
industry ~ подробные данные об отрасли промышленности
detain 1. незаконно удерживать 2. *уст.* удерживать *(жалованье)*
detainer незаконное удержание
détente *фр.* разрядка *(напряжённости)*
deter ограничивать допуск *(напр. в систему массового обслуживания при наличии большой очереди)*
deteriorate ухудшаться; портиться; изнашиваться
deterioration ухудшение; порча; (физический) износ
~ of environment ухудшение окружающей среды
~ of the purchasing value of money уменьшение покупательной способности денег
data ~ устаревание данных [информации]
range ~ *амер. с.-х.* вырождение пастбища
water quality ~ ухудшение качества воды
determinant 1. основной [определяющий] фактор; показатель 2. *мат.* определитель
~ of fertility основной фактор, определяющий плодовитость
cost ~s факторы, определяющие величину издержек
demographic ~s демографические показатели *(возраст, пол, семейное положение)*
environmental ~ определяющий фактор окружающей среды; решающий природный фактор
determination 1. определение; образование *(напр. доходов)* 2. прекращение действия *(напр. контракта)*
factor price ~ определение цен факторов производства
income ~ 1. образование доходов 2. определение уровня (национального) дохода
price ~ установление уровня цен; калькуляция цен
determinative решающий фактор ‖ решающий; определяющий
determine 1. определять; устанавливать 2. прекращать действие *(напр. контракта)*
determined определённый; установленный *(напр. об условиях)*
determinism детерминизм
deterrent сдерживающий фактор, препятствие, тормоз *(экономического развития)*
detriment ущерб, вред; убыток
detrimental убыточный; вредный
devalorization официальное понижение курса валюты, девалоризация
devalorize девалоризовать *(валюту)*
devaluate *см.* **devalue**
devaluation девальвация
competitive ~ конкурентная девальвация *(как средство борьбы за рынки)*
differential ~ дифференцированная девальвация *(различная по отношению к отдельным иностранным валютам)*
dollar ~ девальвация доллара
sterling ~ девальвация фунта стерлингов
devalue девальвировать, проводить девальвацию
develop 1. развивать(ся); расширять(ся) 2. разрабатывать, конструировать, создавать; совершенствовать 3. выводить *(сорт, породу)* 4. эксплуатировать, разрабатывать *(минералы, руды)* 5. застраивать *(земельный участок)* □ **to ~ commercially** разрабатывать для коммерческого производства; внедрять в производство
developer 1. конструктор; проектировщик; проектная организация; фирма, создающая препараты 2. организация, занимающаяся подготовкой месторождения к эксплуатации 3. закройщик
development 1. развитие; рост *(предприятия)* 2. изменение; тенденция *(в эконо-*

мике) **3.** хозяйственное освоение *(природных ресурсов)* **4.** опытно-конструкторская работа, разработка **5.** строительство; застройка; стройка; сооружение **6.** подготовка к эксплуатации, подготовительные работы **7.** *мат.* вывод *(формулы)* □ **to hinder ~** затруднять [сдерживать] развитие
~ of electric power расширение производства электроэнергии
~ of land 1. застройка земельных участков **2.** мелиорация земли
~ of new model конструирование новой модели
accelerated ~ ускоренное развитие
advanced ~ 1. перспективная разработка **2.** разработка опытного образца
attitude ~ воспитание *(работников)*
capital ~ капитальное строительство
career ~ продвижение по службе, трудовая жизнь
commercial ~ 1. разработка новой продукции для продажи *(на свободном рынке)* **2.** развитие производства в коммерческих целях
demographic ~ *см.* **population development**
engineering ~ 1. разработка опытного образца **2.** усовершенствование конструкции, доводка опытного образца **3.** разработка рабочих чертежей *(для партии или серии)*
executive ~ подготовка руководящих кадров
exploratory ~ поисковая разработка; экспериментальная разработка
export ~ развитие экспортных операций; увеличение объёма экспорта
factory ~ строительство фабрик и заводов
hydroelectric ~ строительство гидроэлектростанций
industrial ~ промышленное развитие
inflationary ~(s) инфляционные процессы
labor-saving technological ~ технологическое новшество, уменьшающее затраты труда и повышающее производительность труда
management ~ повышение квалификации руководящих кадров
manpower ~ совершенствование рабочей силы *(повышение уровня профессиональной и общеобразовательной подготовки)*
new ~ новшество; новая разработка
new ~(s) in engineering новшества в машиностроении
new-product ~ разработка нового изделия
operational system ~ доработка (системы) в процессе эксплуатации
organization(al) ~ совершенствование организационной структуры
personnel ~ работа с кадрами
plant ~ освоение производственных мощностей
population ~ динамика [движение] населения; рост численности населения
price ~ динамика [движение] цен
product ~ разработка изделия
professional ~ повышение квалификации
projected ~ прогнозируемое развитие
prototype ~ разработка опытного образца
recent ~ новейшая разработка
recreational ~ благоустройство зон отдыха
river ~ 1. водохозяйственное освоение реки; строительство гидросооружений *(на реке)* **2.** гидросооружение *(на реке)*
rural ~ сельскохозяйственное развитие
small ~ небольшое усовершенствование
space research and ~ исследования и разработки в области космической техники
technological ~ 1. совершенствование технологии **2.** техническое развитие
town ~ городское строительство, градостроительство
wage ~ изменение уровня заработной платы
water-facilities ~ строительство водохозяйственных сооружений
water power ~ строительство гидроэлектростанций

developmental опытный, экспериментальный

deviation отклонение *(напр. от среднего значения)* □ **~ from agreed-upon prices** отступление от согласованных цен
~ of prices from value отклонение цен от стоимости
cumulated ~ накопленное отклонение
quality ~ отклонение качества *(от стандарта)*
significant ~ существенное отклонение; *стат.* значимое отклонение
standard ~ среднее квадратическое отклонение

device 1. приспособление; механизм; прибор **2.** приём, метод; способ; средство
automatic weighing ~ автоматический дозатор; автоматическое взвешивающее устройство
check protecting ~s элементы чека, затрудняющие его подделку *(водяные знаки, перфорация)*
collection ~s методы инкассации
labor-saving ~s трудосберегающие приспособления [усовершенствования]
measuring ~ измерительное устройство; измерительный прибор
pump-priming ~ механизм «подкачивания» [стимулирования] экономической активности
sales promotion ~s способы продвижения товара *(напр. реклама, выдача покупателю премиальных марок)*

devisee *амер.* наследник *(недвижимости по завещанию)*

devisor *амер.* завещатель *(недвижимости)*

diagram диаграмма; график, графическое изображение ‖ схематически изображать, схематически представлять
arithlog ~ *стат.* диаграмма с логарифмическим масштабом на одной оси
arrow ~ схема технологического процесса *(при линейном программировании)*
block ~ 1. блок-схема; скелетная схема; принципиальная схема **2.** гистограмма, столбиковая диаграмма

circle ~ круговая диаграмма
column ~ гистограмма, столбиковая диаграмма
employment ~ диаграмма занятости
flow ~ *см.* **plant flow diagram**
Lexis ~ демографическая сетка, диаграмма Лексиса
machine flow ~ *см.* **plant flow diagram**
network ~ сетевой график
pie ~ секторная диаграмма
plant flow ~ маршрутная схема производственного процесса
schedule ~ календарный график
tree ~ древовидная схема

diagrammatize вычерчивать диаграмму, составлять схему, изображать схематически

dichotomy дихотомия
classical ~ классическая дихотомия *(разделение теории стоимости и теории денег)*

dicker обмен; мелкая сделка ‖ обмениваться; заключать мелкие сделки

dictum meum pactum *лат.* «моё слово — моё обязательство» *(девиз устных биржевых сделок, не подтверждённых письменными документами)*

die □ **to ~ away** затухать; исчезать *(об экономических колебаниях)*; **to ~ out** *ТМО* обрываться *(о потоке)*

diet 1. *с.-х.* рацион **2.** парламент; палата
adequate ~ полноценный рацион
amino acid deficient ~ рацион с дефицитом аминокислот
balanced ~ сбалансированный рацион
basal [basic] ~ основной рацион
free-choice ~ рацион, скармливаемый вволю *(при свободном доступе к кормам)*
high-fat ~ рацион с высоким содержанием жира
inadequate ~ недостаточный рацион
nonprotein ~ безбелковый рацион
salt-free ~ бессолевой рацион

difference 1. отклонение; разница; различие **2.** отличительный признак □ **~ between purchase and selling price** *бирж.* разница между курсами покупателей и продавцов; **~ in quotations** разница в курсах; **~ in rates 1.** различие в валютных курсах **2.** различие в учётных ставках банков **3.** различие в темпах роста; **to meet the ~** уплатить разницу; **to split the ~** сойтись в цене, сговориться
~ of exchange различие в валютных курсах
~ of potentials разность (экономических) потенциалов
age-to-age ~s различия между возрастными группами
fancied product ~s воображаемые различия в продуктах
income ~s различия в доходах, дифференциация доходов
interagency cost ~s различия в величине издержек хозяйственных организаций
mortality ~s различия в смертности
real product ~s реальные различия в продуктах
regional ~s региональные [межрайонные] дифференциалы *(различия в оплате труда)*

differentiability of industry's product дифференцируемость производимого отраслью продукта *(возможность выпуска модификаций продукта, удовлетворяющих потребности разных потребителей)*

differential 1. различие; разница **2.** разница [дифференциал] в оплате труда **3.** дифференциальный тариф **4.** дифференциальный *(о ренте)* **5.** разница в тарифах на перевозку грузов *(до одной и той же станции назначения по разным маршрутам)* □ **~ for skill** дифференциал в квалификации; разница в оплате труда соответственно квалификации
age ~ возрастной дифференциал *(в оплате труда в соответствии с возрастом)*
cost ~s различия в издержках
earnings ~s различия в заработках
grade price ~ надбавка к цене за качество
interfirm ~s межфирменные дифференциалы *(различия в уровне заработной платы)*
long-short ~ разница между процентными ставками по долгосрочным и краткосрочным операциям
occupational wage ~s межпрофессиональные дифференциалы заработной платы
operating ~ превышение стоимости эксплуатации судна *(американского по отношению к судам других стран)*
operational ~s различия в практике ведения дела; различия в производственной деятельности
predatory price ~s хищническая практика установления (различных по уровню) цен *(для разных категорий потребителей)*
price ~s различия в ценах
price-for weight ~ надбавка к цене за вес
productivity ~s различия в производительности
shift ~ надбавка за работу во вторую *или* третью смену
wage ~s различия в заработной плате, дифференциальные ставки заработной платы

differentiation 1. дифференциация; дифференцирование; установление различий **2.** разделение, специализация
~ of labor разделение труда
artificial ~ of products искусственная индивидуализация продуктов
price ~ дифференциация цен
product ~ индивидуализация продукции *(придание продукту характеристик, отличающих его от аналогичной продукции других фирм)*; увеличение числа модификаций продукта; расширение номенклатуры продукции *(с выходом за пределы отрасли)*
wage ~ дифференциация заработной платы

difficult/y 1. трудность; помеха, препятствие **2.** *pl* затруднения □ **~ies for money**

денежные затруднения; **to be in ~ies** испытывать материальные затруднения; находиться в стеснённых обстоятельствах; **to bridge over the ~ies** преодолевать трудности; **to face ~ies** сталкиваться с трудностями; **to make ~ies** создавать трудности
capacity ~ies затруднения из-за нехватки производственных мощностей
job ~ *орг. пр.* трудность при выполнении рабочего задания
marketing ~ies трудности сбыта
pecuniary ~ies денежные затруднения

diffuse 1. распространяться *(напр. о нововведениях)* 2. растрачивать, расходовать

diffusion 1. диффузия; проникание 2. распространение, рассредоточение
~ of investment распыление капиталовложений
~ of ownership диффузия собственности *(рост числа мелких держателей акций)*
~ of profits распределение прибылей *(напр. между компаниями в какой-л. отрасли)*
technological ~ распространение новой техники

digit:
deleted ~ опускаемая *(ввиду очевидности)* цифра котировки *(на бирже)*
preferred ~ предпочтительная округлённая цифра *(при указании возраста)*

digression 1. отступление *(напр. от основного хода рассуждений)* 2. *стат.* отклонение

dilapidate 1. приводить в упадок 2. растратить, промотать *(состояние)*

dilapidation полуразрушенное состояние

dilutee малоквалифицированный рабочий, принятый на завод в связи с расширением производства *(выполняющий операции, ранее относимые к квалифицированному труду)*

dilution:
~ of capital «разводнение» капитала путём выпуска новых акций
~ of labor замена более квалифицированной рабочей силы менее квалифицированной *(вследствие чрезмерно высокого спроса на труд)*
~ of skilled jobs упрощение сложных операций; разбиение сложных технологических операций на простейшие
earnings ~ снижение рентабельности, снижение нормы прибыли
job ~ *см.* **dilution of skilled jobs**

dime *амер. разг.* дайм, монета в 10 центов

dimension:
~s of competition направления конкуренции
imperial ~s *англ.* имперские меры длины

dimensionality:
product ~ диапазон качественных характеристик продукта

diminish сокращать(ся), уменьшать(ся)

diminution сокращение, уменьшение *(напр. прибыли)*

dip падение *(напр. цен)* ‖ падать *(о ценах)*
economic ~ кратковременный экономический спад

diplomacy:
dollar ~ долларовая дипломатия *(США используют финансовый фактор для политических целей)*

direct руководить, направлять деятельность

direction 1. руководство; управление 2. указание; распоряжение 3. дирекция; правление
~ of labor принудительное государственное направление рабочей силы *(в необходимые отрасли производства, применялось в годы войны)*

directive директива ‖ директивный
management ~ руководящий документ
project planning ~ директива по планированию проекта

director директор; член совета директоров *(высшего постоянного органа в корпорации)*; руководитель, начальник □ **~ general** генеральный директор
~ of bank член совета директоров банка
~ of contracts руководитель отдела контрактов
~ of distribution руководитель отдела сбыта
~ of manufacture руководитель производственного отдела
~ of materials *см.* **purchasing director**
~ of operations начальник производства
~ of plant operations директор завода; начальник производства
~ of procurement *см.* **purchasing director**
~ of procurement and production engineering руководитель отдела закупок и организации производства
~ of quality assurance начальник отдела контроля качества продукции
~ of studies руководитель научно-исследовательских работ
~ of the Mint *амер.* директор монетного двора
assistant ~ 1. помощник директора 2. помощник руководителя
associate ~ (первый) помощник директора, (первый) помощник руководителя
budget ~ 1. руководитель сметной группы; сметчик 2. *амер. разг.* руководитель Административно-бюджетного управления при президенте
deputy ~ of administration заместитель директора по административным вопросам
dummy ~s члены правления корпорации, подчиняющиеся решениям контролирующей группы
executive ~ *см.* **managing director**
finance ~ директор по финансам, финансовый директор; заведующий финансовым отделом
inside ~ директор-администратор *(являющийся одновременно владельцем или сотрудником данной корпорации)*
managing ~ директор-распорядитель *(исполнительное лицо компании)*
marketing ~ заведующий отделом сбыта
non(-)executive ~ член совета директоров, не являющийся исполнительным лицом компании

outside ~ 1. приглашённый директор *(не имеющий с данной компанией никаких связей за исключением своего поста)* 2. член совета директоров, член правления корпорации, не являющийся одновременно администратором-исполнителем
personnel ~ начальник отдела кадров
planning ~ начальник планового отдела
production ~ руководитель производственного отдела
program ~ руководитель программы
purchasing ~ руководитель службы (материально-технического) снабжения
research ~ руководитель научно-технических работ
safety ~ руководитель службы техники безопасности
sales ~ коммерческий директор; заведующий отделом сбыта
technical ~ технический директор
worker ~s представители рабочих в совете директоров
works ~ директор завода

directorship дирекция, руководство

directory справочник, справочная книга; указатель
item name ~ указатель наименований предметов *(снабжения)*
trade ~ указатель фирм, справочная книга о фирмах

dirigism(e) *фр.* дирижизм *(теория и практика государственно-монополистического регулирования во Франции)*

disability 1. неспособность 2. нетрудоспособность 3. неплатежёспособность 4. недееспособность; ограничение дееспособности
nondisabling ~ нетрудоспособность, не вызывающая потерю рабочего времени

disabled 1. выведенный из строя; потерявший управление *(напр. о судне)* 2. нетрудоспособный

disablement нетрудоспособность; инвалидность □ **~ before retirement** потеря трудоспособности до выхода на пенсию

disadvantage 1. невыгодное положение; неблагоприятное условие ‖ ставить в невыгодное положение 2. убыток; ущерб ‖ наносить ущерб □ **to sell to ~** продавать с убытком
comparative ~s сравнительно неблагоприятные условия

disaggregation дезагрегирование; разукрупнение *(экономических показателей)*

disagio дизажио *(вычет из установленного курса или нарицательной цены)*

disamenities of economic growth негативные последствия экономического роста *(напр. загрязнение атмосферы и воды)*

disassemble *орг. пр.* разборка *(название терблига)*

disbenefit ущерб; потери
external ~ внешний ущерб *(напр. повышение затрат на очистку сточных вод для водопользователей, находящихся ниже по течению реки)*

disburse платить; оплачивать *(из государственных средств)*

disbursement выплата; *pl* расходы; издержки
cash ~s денежные расходы
consumer ~s потребительские расходы
quarterly ~s квартальные выплаты *(процентов, дивидендов)*
wage-and-salary ~s расходы на заработную плату и жалованье

discharge 1. разгрузка ‖ разгружать 2. погашение *(долга)* 3. выполнение *(обязательств)* ‖ выполнять *(обязательства)* 4. слив; сброс *(сточных вод)* ‖ сливать; сбрасывать 5. увольнение *(работника по инициативе работодателя)* 6. *ТМО* уход *(требований)* ‖ покидать *(систему массового обслуживания)* □ **to ~ a cargo** выгружать груз
~ of bankruptcy завершение процедуры банкротства *(судебный приказ)*
~ of contract прекращение обязательств по договору
~ of debt погашение долга
~ of liabilities расплата по долговым обязательствам
effluent ~ сброс сточных вод
saline ~ 1. сброс сточных вод, содержащих минеральные соли 2. сток, содержащий минеральные соли; минерализованные сточные воды
waste ~ сброс сточных вод

discharger:
waste ~ предприятие, сбрасывающее неочищенные сточные воды

discipline 1. дисциплина ‖ дисциплинировать 2. *ТМО* дисциплина (очереди); порядок обслуживания, порядок поступления *(требований на обслуживание)*
alternating priority ~ дисциплина (очереди) с чередованием приоритетов
batch-service ~ дисциплина (очереди) с групповым обслуживанием; групповое поступление на обслуживание
delay dependent ~ дисциплина (очереди) с выбором на обслуживание в зависимости от времени ожидания *(в системе)*
discretionary ~ дисциплина (очереди) с дискреционным выбором на обслуживание
dynamic priority ~ дисциплина (очереди) с динамическими приоритетами
endogenous priority ~ дисциплина (очереди) с приоритетами, зависящими от состояния системы
exogenous priority ~ дисциплина (очереди) с приоритетами, не зависящими от состояния системы
FCFS ~ см. **first-come-first-served discipline**
FIFO ~ *см.* **first-come-first-served discipline**
first-come-first-served [first-in-first-out] ~ порядок обслуживания по принципу «первым прибыл — первым обслужен»; обслуживание в порядке поступления *(требований)*
fiscal ~ финансовая [бюджетная] дисциплина, ограничение расходов
gold ~ дисциплина золота *(ограничения, налагаемые золотым стандартом на экономику и экономическую политику)*
head-of-the-line ~ дисциплина (очереди)

с приоритетами, не прерывающими обслуживания
input ~ *см.* **discipline 2.**
interruption ~ *см.* **preemptive discipline**
lag priority ~ дисциплина (очереди) с выбором на обслуживание в зависимости от времени ожидания
last-come-first-served [last-in-first-out] ~ порядок обслуживания по принципу «прибыл последним — обслужен первым»; обслуживание в обратном порядке
mixed ~ дисциплина (очереди) смешанного типа
monetary ~ денежная дисциплина *(сдержанность в эмиссии денег и расширении банковского кредита)*
noninterruption [noninterruptive] ~ дисциплина (очереди) без прерывания обслуживания *(при поступлении требований с высшими приоритетами)*
ordered-service ~ обслуживание *(требований)* в порядке поступления
output ~ характер выходящего потока; порядок ухода *(обслуженных требований из системы массового обслуживания)*
partly endogenous ~ дисциплина (очереди), частично зависящая от состояния системы
preemptive ~ дисциплина (очереди) с прерыванием обслуживания *(при поступлении требований с высшими приоритетами)*
preemptive-priority ~ дисциплина (очереди) с приоритетом, прерывающим обслуживание
preemptive-repeat ~ дисциплина (очереди) с повторением прерванного обслуживания
preemptive-resume ~ дисциплина (очереди) с возобновлением прерванного обслуживания
price ~ жёсткость цен *(неизменность цены товара, несмотря на кризисные явления)*
priority-service ~ дисциплина (очереди) с приоритетами *(первым обслуживается требование, имеющее более высокий приоритет)*
queue ~ дисциплина очереди; порядок выбора *(требований)* на обслуживание, порядок поступления на обслуживание; очерёдность обслуживания
random-service ~ дисциплина (очереди) со случайным выбором на обслуживание; случайный выбор на обслуживание
repeat-different ~ дисциплина очереди, когда при возобновлении прерванного обслуживания изменяется распределение времени обслуживания
repeat-identical ~ дисциплина очереди, когда при возобновлении прерванного обслуживания распределение времени обслуживания не изменяется
restricted interruption ~ дисциплина (очереди) с ограниченным числом прерываний обслуживания *(при поступлении требований с высшими приоритетами)*
reverse-order-of-service ~ дисциплина (очереди) с обслуживанием в обратном порядке
Round-Robin ~ дисциплина очереди с циклическим обслуживанием порциями
selection ~ *см.* **discipline 2.**
semipreemptive priority ~ дисциплина (очереди) с приоритетом, прерывающим обслуживание при определённых условиях
service ~ *см.* **queue discipline**
shortest remaining processing-time ~ дисциплина (очереди), когда требование с наименьшим оставшимся временем обслуживания заканчивает обслуживание *(при поступлении требования с высшим приоритетом)*
static priority ~ дисциплина (очереди) со статическими приоритетами
strict queue ~ обслуживание в порядке поступления *(требований)*
strict rotation ~ дисциплина (очереди) со строгим чередованием приоритетов
time dependent ~ дисциплина (очереди), зависящая от времени
two-priority ~ дисциплина (очереди) с двумя приоритетами

disclaim отказываться, отрицать □ **to ~ all responsibility** отказываться от всех обязанностей; **to ~ liability** отказываться от обязательств

disclose раскрывать; разглашать

disclosure раскрытие; выдача *(сведений)*; сообщение *(данных, не подлежащих разглашению)*, разглашение

discontent неудовлетворение, недовольство *(напр. профессией)*

discontinuation 1. прекращение; приостановка *(напр. производства)* **2.** *ТМО* прерывание *(обслуживания)*

discontinue 1. приостанавливать; останавливать *(напр. производство)*; снимать с производства [с продажи] товар **2.** *ТМО* прерывать *(обслуживание)*

discount 1. скидка **2.** дисконт; учёт векселей ‖ дисконтировать; учитывать **3.** процент скидки, ставка учёта **4.** компенсация за ожидание *(при приобретении будущих услуг)* **5.** *pl* сумма учётных операций *(на балансе)* **6.** преуменьшать *(напр. о степени власти управляющих)* □ **at a ~** *бирж.* со скидкой, ниже номинала; **~ earned 1.** доход в форме дисконта **2.** полученная скидка *(с цены приобретённого продукта)*; **~ for window display** скидка на товар, который должен быть выставлен в витрине магазина; **less ~ of 5 per cent** со скидкой в 5 процентов; **~ on securities** скидка против номинала *(при сделке с ценными бумагами)*; **to ~ a bill** учесть вексель; **to allow a ~** предоставлять скидку; **to be subject to a ~** подлежать скидке; **to sell at a ~** продавать со скидкой *(против номинала)*; **to take on ~** принимать к учёту; **to ~ the loan** получить проценты за выданный заём авансом; **to ~ the market** действовать, предвосхищая изменение рыночной ситуации; заранее учитывать возможное повышение *или* понижение

цен; **to ~ the news** предвосхищая плохие *или* хорошие новости, продавать *или* покупать ценные бумаги *(о фирме, рынке)*; **~ without recourse** учёт [покупка] векселя без оборота на продавца
forward ~ форвардная скидка, скидка с текущей цены по срочной сделке
merchant ~ скидка с суммы платежа по кредитной карточке в пользу её эмитента
promotional ~s ценовые скидки как средство стимулирования сбыта и увеличения объёма продаж
reinvestment ~ реинвестиционная скидка *(получаемая покупателем ценных бумаг, если он вкладывает в них полученный доход)*
risk ~ повышенный процент *(с учётом риска капиталовложений при приведении их к стоимости в текущем периоде)*

discountability возможность учёта *(векселя)*

discounter 1. дисконтер, лицо, учитывающее вексель 2. магазин, торгующий по сниженным ценам
full-line ~ магазин, торгующий по сниженным ценам продовольственными и промышленными товарами
hard-goods ~ *амер.* розничный магазин, торгующий по сниженным ценам бытовыми электроприборами, скобяными изделиями, запасными частями для автомашин и мотоциклов
quality ~ *амер.* магазин, торгующий по сниженным ценам товарами высокого качества
soft-goods ~ магазин, торгующий по сниженным ценам текстильными товарами

discounting 1. операции по дисконту, учёт *(векселей)* 2. дисконтирование *(приведение экономических показателей разных лет к сопоставимому по времени виду)* 3. предоставление скидки
bank ~ банковский дисконт *(учёт векселя в банке)*
bill ~ учёт векселя
cash ~ 1. скидка при сделке за наличные 2. *торг.* скидка при условии полной оплаты в определённый срок
commercial ~ коммерческий дисконт, скидка с цены при досрочной оплате товара
large-order ~ скидка на большой заказ
lost [missed] ~ неполученная скидка *(с цены приобретённого продукта в результате несвоевременной оплаты)*
premium ~ скидка со страхового взноса
price ~ ценовая скидка
quantity ~ «скидка с количества» *(снижение цены единицы продукта при продаже крупными партиями)*
trade ~ скидка розничным торговцам *или* торговым фирмам *(с цены по каталогу)*

discovery 1. открытие 2. получение (положительных) результатов поиска *(как этап общего процесса исследований и разработок)*

discredit недоверие; лишение кредита ‖ не доверять; потерять доверие; утратить кредит

discrepanc/y расхождение, несоответствие *(напр. спроса и предложения)* □ **~ in timing** несоответствие в сроках *(спроса и предложения)*
price ~ ножницы цен
statistical ~ статистическое расхождение

discretion 1. свобода действий *(напр. в экономической политике)* 2. осмотрительность, осторожность □ **at the ~ of** на усмотрение
pricing ~ свобода ценообразования
procurement ~ свобода выбора поставщика

discretionary предоставленный на усмотрение; дискреционный

discrimination дискриминация; установление различия; проявление неодинакового отношения *(к клиентам, покупателям)*; фаворитизм, предоставление особых льгот, предоставление преимущественных прав
employment ~ дискриминация при найме на работу
price ~ ценовая дискриминация (*см.* **predatory price differentials**)
tax ~ предоставление налоговых льгот *(напр. для стимулирования экспорта)*

discriminative дифференциальный *(о тарифе)*; различающий; связанный с различным подходом

discriminatory дискриминационный

disease заболевание; болезнь
industrial ~ профессиональное заболевание
livestock ~ болезнь животных
notifiable ~ болезнь, подлежащая обязательной заявке *(регистрации)*
occupational ~ профессиональное заболевание

diseconom/y 1. отрицательный экономический эффект; неэкономичность; ущерб 2. *pl* отрицательные последствия хозяйствования *(в масштабах фирмы, отрасли или экономики в целом)*; убытки □ **~ies of pollution** убытки в связи с загрязнением окружающей среды
~ of scale отрицательный экономический эффект, связанный с увеличением масштабов производства *(проявляющийся в росте долговременных средних издержек на единицу продукции)*
external ~ 1. внешняя неэкономичность 2. *pl* отрицательные последствия, обусловленные внешними факторами нерыночного характера
external ~ of scale отрицательный экономический эффект, обусловленный увеличением размеров фирм и масштабов деятельности
external pecuniary ~ies of scale отрицательные экономические последствия вследствие роста цен на факторы производства при увеличении масштабов производства других фирм
internal ~ 1. внутренняя неэкономичность 2. *pl* отрицательные последствия, обусловленные факторами рыночного характера
internal ~ies of scale отрицательные эко-

номические последствия, связанные с увеличением масштабов деятельности фирмы
managerial ~ies отрицательные последствия, проистекающие от некомпетентности руководства
technological external ~ies убытки, понесённые в результате действия внешних технологических факторов
disenfranchise *амер.* прекращать действие особого контракта на право торговли продуктами промышленного предприятия
disequilibrium нарушение равновесия; неравновесие □ **~ in the balance of payments** неравновесие платёжного баланса; **~ in trade** несбалансированность внешней торговли; несбалансированность внешнеторгового баланса; **to reduce ~** уменьшать диспропорцию
cumulative ~ кумулятивно усиливающееся неравновесие
economic ~ экономическое неравновесие; нарушение экономического равновесия
fundamental ~ фундаментальное нарушение равновесия
dishoarding 1. уменьшение запасов *(у предприятий)*; освобождение от излишних запасов 2. уменьшение *(денежных)* сбережений; расходование сбережений; прекращение тезаврирования
dishonor отказ от платежа *или* акцепта *(векселя или чека)*
disincentive отсутствие стимулов *(к повышению эффективности производства, производительности)*
disinflation дефляционная политика, замедление темпов инфляции
disintegration дезинтеграция, распад; обособленность *(напр. фирм, отраслей)*
disintermediation отлив денежных ресурсов из кредитно-финансовых институтов на неорганизованный рынок ссудного капитала
disinvestment сокращение капиталовложений; изъятие капиталовложений; «проедание» капитала
external ~ сокращение заграничных инвестиций; продажа зарубежных активов
dismantle свёртывать; ликвидировать; демонтировать
dismiss 1. увольнять; освобождать от работы 2. отвергать, отклонять *(напр. план)*
dismissal 1. увольнение; освобождение от работы 2. отказ *(напр. от плана)*
~ of license отказ в выдаче разрешения *(напр. на строительство)*
unwarranted ~ незаконное увольнение
disorder беспорядок
monetary ~ нарушение денежного обращения
disorganization дезорганизация
dispache *фр., мор.* диспаша *(расчёт распределения убытков при общей аварии)*
dispacheur *фр., мор.* диспашер *(специалист по расчёту распределения убытков)*
disparit/y неравенство; несоответствие, диспропорция; различие
factor-price ~ies несоответствия в соотношениях цен факторов производства
structural ~ies структурные диспропорции
dispatch 1. отправка ‖ отправлять, посылать 2. депеша; официальное донесение 3. диспач *(премия за более быструю погрузку или выгрузку по сравнению с нормами, обусловленными в чартер-партии)* 4. выдавать заказ *(предприятию)* на изготовление продукции 5. получать сообщение о завершении производства □ **~ loading only** диспач только за досрочную погрузку; **to ~ goods to** доставить товары в ...
dispatcher диспетчер
dispatching 1. диспетчеризация 2. выдача *(предприятию)* заказа на изготовление продукции 3. получение сообщения о завершении производства
dispenser:
cash ~ автомат для выдачи наличных *(с банковского счёта)*
dispersal рассеивание; рассредоточение
queue ~ *ТМО* исчезновение очереди
disperse рассеивать □ **to ~ stockholdings** рассредоточивать владение акциями
dispersion 1. разбросанность; рассредоточенность 2. *стат.* рассеяние; дисперсия; разброс
industrial ~ рассредоточение промышленности
price ~ расхождение цен *(на однородную продукцию)*
displacement 1. отклонение; смещение, сдвиг 2. смещение; снятие *(с должности)*; лишение работы 3. замена; замещение; вытеснение 4. *ТМО* удаление *(напр. требования)* 5. перемещение *(населения)*, расселение □ **~ from equilibrium** отклонение от состояния равновесия
~ of human labor by machinery вытеснение живого труда машинами
~ of the worst soil вытеснение худших участков земли
economic ~ лишение устойчивого экономического положения *(напр. лишение работы)*
worker ~ вытеснение рабочих; вытеснение живого труда *(машинами)*
display выставка *(товара)*; показ ‖ выставлять; показывать □ **to rearrange the ~** изменять расположение товаров на выставке *(в магазине)*; **to refill the ~** пополнять выставку товаров
cutcase ~ показ товара в фабричном, разрезанном пополам картонном ящике
eye-catching ~ выставка товаров, привлекающая взгляд покупателя
full-case ~ выставка на полке целого вскрытого ящика товара
open ~ открытая выкладка товара
product ~ показ продуктов
schelf ~ выставка товаров на полках
tray-packing ~ показ на лотках товара в упаковке
window ~ выставка товаров в оконной витрине
disposal 1. передача; продажа; реализация 2. избавление; устранение

~ **of acquisitions** отказ [освобождение] от приобретённого *(от поглощённых или присоединённых компаний)*
~ **of business affairs** управление делами
~ **of crops** распределение продукции земледелия *(между рыночным, семенным и кормовым фондами)*
sewage ~ удаление бытовых отходов; сброс сточных вод
underground ~ сброс сточных вод в естественные подземные приёмники
waste ~ удаление отбросов
dispose □ **to** ~ **of** покончить, разделаться *(напр. с участием в акционерном капитале корпорации)*; изъять *(капитал)*; ликвидировать; избавиться от ...
disposer:
waste ~ предприятие, сбрасывающее отходы *(напр. сточные воды)*
disposition 1. расположение; размещение 2. ликвидация
~ **of funds** распределение (финансовых) средств
~ **of labor force** расстановка рабочей силы
~ **of profits** использование прибылей
~ **of surplus goods** ликвидация товарных излишков
dispossess 1. лишать собственности 2. выселять
dispossession 1. лишение права собственности 2. выселение *(арендатора)*
disproportion диспропорция, непропорциональность; несоразмерность □ ~ **between various lines of production** нарушение пропорции между различными отраслями производства
disproportionate непропорциональный
disputable спорный, сомнительный
dispute спор; конфликт; обсуждение; дебаты ‖ дебатировать
demarcation ~ демаркационный конфликт *(между профсоюзами относительно сферы их деятельности)*
industrial ~ трудовой конфликт
local ~ местный конфликт
disrupt подрывать, срывать *(сроки)*
disruption срыв, спад *(в экономическом росте)*; разрушение
~ **of production** перерыв в производстве; нарушение нормального хода производства
environmental ~ нанесение ущерба окружающей среде
dissatisfaction неудовлетворённость
job ~ неудовлетворённость работой
user ~ неудовлетворённость потребителя
dissave расходовать [тратить] сбережения
dissaving 1. расходование сбережений; «отрицательные» сбережения, расходование средств сверх дохода 2. увеличение задолженности *(напр. по потребительскому кредиту)*
disseminate распространять □ **to** ~ **new technology** распространять новую технику
dissipate проживать, проматывать; расточать
dissipation проматывание, растрачивание
dissociation of capital дробление капитала
dissolution 1. ликвидация; расформирование; роспуск *(компании)* 2. расчленение крупной компании *(имеющей монопольные позиции в отрасли или на рынке)* на несколько компаний *(с целью создания конкуренции)* 3. расторжение *(напр. брака)*
~ **of company** роспуск компании
family ~ разрушение семьи *(в связи со смертью одного из супругов)*
marriage ~ расторжение [прекращение] брака
dissolve 1. распускать; прекращать деятельность; ликвидировать; расформировывать *(компанию)* 2. расторгать *(напр. брак)*
distinction □ ~ **in kind** качественное различие; принципиальное различие
distraint наложение ареста на имущество
distress 1. нищета, нужда ‖ доводить до нищеты 2. бедствие *(стихийное)* 3. *юр.* наложение ареста на имущество в обеспечение покрытия долга
commercial ~ спад в торговле
distribute распределять; классифицировать
distribution 1. распределение *(напр. национального дохода)* 2. размещение *(напр. промышленности)* 3. движение товаров от производства к потреблению 4. размещение ценных бумаг □ ~ **according to labor** распределение по труду; ~ **according to needs** распределение по потребностям
~ **of authority** распределение полномочий
~ **of deaths by age** распределение числа умерших по возрастным группам
~ **of dividends** выплата дивидендов *(из прибыли компании)*
~ **of earnings** распределение доходов
~ **of initial number** *ТМО* распределение начального числа *(требований в системе)*
~ **of manufacturers' sales** распределение *(объёма продаж)* продукции фирм обрабатывающей промышленности *(по категориям потребителей)*
~ **of product between labor and capital** распределение продукта между трудом и капиталом
~ **of property** распределение собственности
~ **of risk** распределение риска
~ **of wealth** распределение (национального) богатства
actual age ~ распределение по фактическому возрасту
age ~ возрастной состав, возрастная структура населения; распределение (населения) по возрастным группам
age-sex-marital status ~ группировка населения по полу, возрасту и семейному положению
arrival ~ *ТМО* распределение входящего потока
assumed ~ гипотетическое распределение
balking ~ *ТМО* распределение вероятностей отказа присоединиться к очереди
best efforts ~ реализация акций инвестиционным банком без гарантий для эмитента
beta ~ бета-распределение
bimodal ~ бимодальное [двухвершинное] распределение

binomial ~ биномиальное распределение
bivariate ~ двухмерное распределение
busy-period ~ *ТМО* распределение интервала занятости
chi-squared ~ распределение хи-квадрат
delay-in-queue ~ *ТМО* распределение времени ожидания
demand ~ распределение спроса
dual ~ группирование функций производства и розничного сбыта *(в одном крупном предприятии)*
electronic ~ of staple merchandise система торговли по образцам с помощью электронного оборудования
empirical ~ эмпирическое распределение
Engset ~ *ТМО* распределение Энгсета
equitable ~ справедливое распределение *(напр. доходов)*
Erlangian ~ *ТМО* эрланговское распределение
exchange ~ биржевое размещение *(продажа крупной партии акций через биржу)*
expense ~ распределение общих накладных расходов
factor(ial) ~ распределение дохода по факторам производства *(напр. распределение национального дохода на прибыль и заработную плату)*
family ~ группировка семей по составу
family size ~ группировка семей по размеру *(родившихся и оставшихся в живых детей)*
female ~ группировка женщин *(напр. по числу детей)*
fertility ~ группировка населения по плодовитости
frequency ~ (эмпирическая) плотность распределения
functional ~ функциональное распределение
future risk ~ распределение будущего риска
geographic(al) ~ территориальное распределение населения
income ~ распределение доходов
industrial ~ of defense activity распределение военных заказов по отраслям промышленности
industrial ~ of working population поотраслевое распределение трудового населения
initial age ~ начальное распределение (населения) по возрастным группам
input ~ *ТМО* распределение входящего потока
interarrival ~ *ТМО* распределение (длительности) интервалов между моментами поступления требований
limiting ~ предельное распределение
limiting age ~ распределение предельного возраста
livestock ~ распределение скота *(на пастбище)*
logarithmic(ally) normal [lognormal] ~ логарифмически нормальное распределение
male ~ распределение мужчин *(напр. по возрастному составу)*
manpower ~ by age распределение рабочей силы по возрастным категориям
mass ~ распределение массовых товаров
maturity ~ of loans распределение ссуд по срокам
maximum sojourn ~ *ТМО* распределение максимального времени пребывания
mean age ~ распределение среднего возраста
next-arrival ~ *ТМО* распределение (длительности) интервалов между требованиями
normal ~ нормальное распределение
occupational ~ распределение населения по роду деятельности [по профессиям]
output ~ *ТМО* распределение выходящего потока
parity ~ *см.* **family size distribution**
payoff ~ распределение сумм платежей
payroll ~ распределение фонда заработной платы
personal ~ распределение личных доходов
planned ~ of commodities плановое распределение товарных фондов
Poisson ~ пуассоновское распределение
posterior ~ апостериорное распределение
primary ~ первичное распределение *(национального дохода)*
prior ~ априорное распределение
production ~ распределение продукции; сбыт продукции
prolificacy ~ *см.* **family size distribution**
queue-length ~ *ТМО* распределение длины очереди, распределение числа ожидающих требований
regional ~ распределение по районам; распределение по странам
replenishment time ~ распределение времени пополнения запасов
reward ~ распределение доходов
sample [sampling] ~ выборочное распределение
secondary ~ 1. перераспределение, вторичное распределение *(национального дохода)* **2.** вторичное размещение ценных бумаг
service ~ *ТМО* распределение времени обслуживания
sex ~ группировка населения по полу
sex-age ~ группировка населения по полу и возрасту
simultaneous ~ совместное распределение
sojourn ~ *(ТМО)* распределение времени пребывания
spatial ~ территориальное распределение (населения)
stable age ~ возрастная структура стабильного населения
survival ~ *(демогр.)* распределение времени дожития
ultimate ~ конечное распределение *(национального дохода)*
underground residential ~ подземная распределительная электросеть жилого района
univariate ~ одномерное распределение

wage rate ~ тарифная сетка
waiting-time ~ *ТМО* распределение времени ожидания
wholesale ~ оптовое распределение
withdrawal ~ распределение расходования *(запасов)*
zero-stable age ~ группировка населения по возрасту при фиксированном начале отчёта
distributive распределительный; занимающийся распределением [размещением]
distributor 1. распределительная организация 2. оптовая фирма; оптовый торговец 3. брокер, размещающий ценные бумаги среди клиентуры
gas ~ газораспределительная компания
industrial ~ 1. предприятие оптовой торговли, обслуживающее определённую отрасль промышленности 2. оптовая фирма по сбыту промышленных товаров
power ~ распределительная электрокомпания
truck ~ оптовый торговец, продающий товары с грузовика *(объединяющий функции агента и функции работника по доставке товаров)*
wagon ~ *см.* **truck distributor**
wholesale ~ *амер.* предприятие оптовой торговли
distributorship оптовое распределение
district район, административный округ; районная организация ‖ районировать
agricultural ~ 1. сельскохозяйственный район 2. *см.* **irrigation district 1.**
agricultural retailing ~ *см.* **irrigation district**
backcountry ~ отдалённый сельский район
central traffic ~ центральный район движения городского транспорта
downtown business ~ деловой район города; коммерческий район города
enumeration ~ переписной [счётный] участок
Federal Land Bank ~ округ федеральных замельных банков
Federal Reserve ~ федеральный резервный округ
flood control ~ районная организация по регулированию стока, районная организация по регулированию паводков
irrigation ~ 1. ирригационный район *(водохозяйственное предприятие)* 2. районное ирригационное управление
ordinary enumeration ~ обычный переписной участок
outlying business ~ торговый район, удалённый от центра города
public-utility ~ район снабжения электроэнергией и коммунального обслуживания
public water ~ водохозяйственное предприятие, управляемое местными властями
registration ~ счётный [переписной] участок
retail water ~ предприятие распределительной сети водоснабжения
rural ~ сельский район; *англ.* сельский округ
special enumeration ~ специальный переписной участок
switching ~ *трансп.* район маневровых работ; границы маневровых работ
taxing ~ налоговый округ
urban ~ *англ.* городской округ
utility ~ районное коммунальное предприятие *(обеспечивающее водоснабжение, канализацию, иногда электроснабжение)*, районная коммунальная служба *(муниципальная)*
water ~ 1. водохозяйственный район 2. районное водохозяйственное предприятие *(негородское)* 3. *см.* **irrigation district 1.** 4. *см.* **water conservation district**
water conservation ~ 1. водоохранная зона 2. водоохранная районная организация
disturb нарушать; расстраивать
disturbance 1. нарушение; расстройство 2. возмущение; возмущающее воздействие
business ~ нарушение торговой деятельности; помеха в торговле
economic ~ нарушение экономического равновесия *или* хода экономического развития
ecosystem ~s нарушения (равновесия) в экологической сфере
exogenous [external] ~s внешние [внесистемные] нарушения
long-run ~ длительное нарушение *(напр. хода экономического развития)*
monetary ~ нарушение *(хода экономического развития)* со стороны денежных факторов
short-run ~ краткосрочное нарушение *(напр. хода экономического развития)*
disuse 1. неупотребление; выход из употребления 2. неиспользование, недогрузка *(производственных мощностей)*
disutility 1. бесполезность; непригодность 2. отрицательная полезность
marginal ~ of labor предельная «тягость» труда
diverge отклоняться; расходиться; дивергировать
divergence отклонение; расхождение; дивергенция *(социальных систем)*
~ of price from value отклонение цены от стоимости
diversification диверсификация *(1. расширение номенклатуры продукции или ассортимента товаров 2. вложение капитала в различные виды ценных бумаг)*
~ of economy разностороннее развитие экономики
~ of lines диверсификация за счёт новых специальностей *(в магазине)*
~ of liquid assets диверсификация ликвидных активов *(корпораций)*
~ of product диверсификация продукта
economic ~ расширение диапазона экономической деятельности; проникновение [выход] в новые сферы экономической деятельности

product line ~ диверсификация производства *(фирмы)*

diversified разнообразный *(напр. об ассортименте)*; многоотраслевой

diversify диверсифицировать *(производство)*, производить многономенклатурную продукцию; *амер.* вкладывать *(капитал)* в различные предприятия

diversion 1. отвлечение; отклонение 2. *трансп.* изменение маршрута
gross ~ 1. валовой водозабор 2. валовой расход *(воды на единицу орошаемой площади без вычета потерь в водоводах)*
irrigation ~ отвод воды для орошения
revenue ~ «отвлечение» [сокращение] выручки *(в результате конкуренции транспортной компании на параллельном маршруте)*
run-of-stream ~ отвод речного стока; забор воды из реки

diversity of corporation диверсифицированность корпорации; многономенклатурность продукции, выпускаемой корпорацией; разнохарактерность экономической деятельности корпорации

divert отвлекать *(напр. ресурсы на другие цели)*

divest отделять, отторгать *(напр. ранее присоединённую компанию)*; отказываться *(напр. от владения)*

divestiture 1. отделение, отторжение *(напр. части собственности)*; отказ *(от участия, от владения)* 2. изъятие капиталовложений *(напр. в условиях падения капиталоотдачи)*

divestment *см.* **divestiture**

divide делить; разделять; распределять *(напр. прибыли)*

dividend 1. дивиденд; прибыль 2. квота *(при реализации имущества банкрота)* 3. доля, часть □ **cum** ~ *англ.* включая дивиденд; **ex** ~ *см.* **dividend off**; ~ **off** *амер.* без дивиденда *(об акции, продаваемой без права получения ближайшего дивиденда)*; ~ **on account** предварительный дивиденд; ~ **on purchases** дивиденд, выплачиваемый пропорционально покупкам *(в кооперативной торговле)*; ~ **payable in kind** дивиденд, выплачиваемый в натурально-вещественной форме; **to declare** ~**s** объявить о выплате дивидендов; **to pass a** ~ не выплатить дивиденд; пропустить очередную уплату дивиденда
accrued [accumulated] ~**s** накопленные дивиденды *(по которым не наступил срок платежа)*
cash ~ дивиденд, выплаченный наличными
cumulative ~ кумулятивный дивиденд *(накапливаемый в случае невыплаты)*
declared ~ объявленный дивиденд
deferred ~**s** отсроченные дивиденды
ex-stock ~ дивиденд по проданной акции *(новый владелец ещё не получил права на дивиденд)*
extra ~ дополнительный дивиденд
final ~ окончательный дивиденд *(за завершающую часть года)*
insurance ~ возврат части страховых взносов *(по участвующим в прибылях договорам страхования)*
interest bearing ~ дивиденд в форме векселя, приносящего процент
interim ~ промежуточный [предварительный] дивиденд *(уплачивается акционерным обществом авансом ежеквартально до окончательного распределения прибыли в конце финансового года)*
noncumulative ~ некумулятивный дивиденд
noninterest bearing ~ дивиденд в форме векселя, по которому не уплачивается процент
optional ~ дивиденд, уплачиваемый по желанию акционера деньгами *или* в форме акций
patronage ~ *см.* **dividend on purchases**
preferential ~ дивиденд, выплачиваемый в первую очередь
preferred ~ дивиденд по привилегированным акциям
regular ~ регулярный [периодически выплачиваемый] дивиденд
scrip ~ дивиденд, уплачиваемый в форме краткосрочного векселя *или* расписки
statutory ~ дивиденд, определённый уставом
stock ~ дивиденд, выплаченный акциями
taxable ~**s** дивиденды, подлежащие обложению налогом
unclaimed ~ невостребованный дивиденд
unpaid ~ невыплаченный дивиденд

divisibility делимость *(напр. факторов производства)*

Division:
Antitrust ~ антитрестовский отдел Министерства юстиции *(США)*
Census ~ отдел переписей *(Канада)*
Currency Redemption ~ отдел изъятия денег из обращения *(в Казначействе США)*
Foreign Demographic Analysis ~ отдел анализа зарубежной демографической информации *(при Бюро переписей США)*
National Vital Statistics ~ отдел статистики актов гражданского состояния *(США)*
Population ~ отдел народонаселения *(при Секретариате ООН)*
SIC ~ *см.* **Standard Industrial Classification Division**
Standard Industrial Classification ~ раздел Стандартной классификации отраслей народного хозяйства
Water Supply and Pollution Control ~ отдел водоснабжения и контроля за загрязнением

division 1. деление, разделение; распределение 2. разногласие, расхождение во мнениях 3. отдел, раздел; подразделение [филиал] компании, группа подразделений; сектор экономики
~ **of family property** семейно-имущественный раздел
~ **of labor in general** общее разделение труда

~ of labor in particular частное разделение труда
~ of labor in singular единичное разделение труда
~ of markets раздел рынков
~ of powers распределение полномочий
administrative ~ административный округ
bank ~ отдел банка
census ~ статистико-географический район *(США)*
census county ~ переписной участок графства *(Великобритания)*
civilian ~ отделение *(фирмы)*, выполняющее работы невоенного назначения
contract ~ отдел контрактов
decentralized ~ децентрализованное подразделение *(фирмы)*
defense industry ~ военно-промышленное отделение *(фирмы)*
demographic surveys ~ отдел демографических обследований
evaluation [examination] ~ отдел экспертизы
government ~ отделение, выполняющее государственные заказы
international ~ of labor международное разделение труда
intra-regional ~ of labor внутрирайонное разделение труда
large-scale ~ of labor разделение труда в масштабах экономики
legal ~ *см.* **political division**
major industry ~ крупный сектор экономики; основной сектор экономики
manufacturing ~ 1. производственный отдел *(главной администрации корпорации)* 2. производственное отделение *(фирмы)*; завод, предприятие *(как часть фирмы)*
manufacturing engineering ~ технологический отдел
military ~ отделение *(фирмы)*, выполняющее военные заказы
minor civil ~ часть административного округа *(США)*
operating ~ *см.* **manufacturing division 2.**
patent ~ патентный отдел; патентное бюро
personnel ~ отдел кадров
planning ~ отдел планирования
political ~ административно-территориальное деление
production ~ производственный участок
research ~ научно-исследовательский отдел *(фирмы)*
research-and-development ~ отдел исследований и разработок
research-and-development applications ~ отдел внедрения научных исследований и разработок
research information ~ отдел научной информации
social ~ of labor общественное разделение труда
statistical methods ~ отдел статистических методов
statistical research ~ отдел статистических исследований
technical information ~ отдел (научно-)технической информации

divisional филиальный

divorce 1. разрыв, разъединение; отделение ‖ разрывать, разъединять, отрывать *(напр. теорию от практики)* 2. развод, расторжение брака ‖ расторгать брак
~ of ownership from control отделение собственности от контроля
migratory ~ *амер.* «туристский развод», получение развода путём переезда в другой штат

divorced разведённый, разведённая

divorcee разведённый муж; разведённая жена

dock 1. док; судоремонтный завод; портовый бассейн; пристань ‖ входить в док 2. погрузочная платформа 3. сокращать, урезывать *(напр. заработную плату)*
freight ~ грузовой причал
graving ~ сухой док

dockage доковые сборы, плата за стоянку в доке

docker докер, портовый рабочий; грузчик

docket 1. перечень 2. квитанция таможни об уплате пошлины 3. *бирж.* декларация продавца
investigation-and-suspension ~ реестр дел о приостановке действия тарифов и правил *(в Комитете по межштатному транспорту и торговле)*
loan ~ квитанция брокеру при депонировании ценных бумаг, под которые выдана ссуда *(Великобритания)*
sale ~ *англ., бирж.* квитанция расчётной палаты брокеру-продавцу

doctor:
company ~ лицо, которое вводят в правление для спасения компании от банкротства

doctrine доктрина
availability ~ *амер.* доктрина доступности кредита
living-document ~ доктрина «живого документа» *(условие в коллективном договоре, позволяющее требовать повышения заработной платы соответственно росту цен)*
real-bill ~ *амер.* доктрина «реальных векселей» *(в денежно-кредитной политике)*
shiftability ~ доктрина передаваемости *(в теориях банковской ликвидности)*

document документ ‖ документировать, подтверждать документами □ **~s against acceptance** документы против акцепта *(условие о выдаче покупателю грузовых документов после акцептования или тратты)*; **~s against payment** документы за наличный расчёт *(условие о выдаче покупателю грузовых документов только при уплате суммы счёта наличными)*; **~s sent for collection** документы, посланные на инкассо
~ of title товарораспорядительный документ

basic ~ первичный документ
commercial credit ~s документы, используемые в коммерческой ссуде *(напр. коносамент, сохранная расписка)*
in-house ~ служебный документ
internal ~ служебный документ
negotiable ~ передаваемый денежный документ *(право владения которым передаётся простым вручением или с помощью индоссамента)*
procurement ~ документ на поставку продукции
shipping ~s погрузочные документы
ship's ~ документы, исходящие от судоходной компании
source ~ оправдательный документ; первичный документ
documentary документарный, подкреплённый документами *(напр. вексель)*
dodge избегать, уклоняться □ **to ~ domestic price control** уклоняться от контроля над ценами *(введённого в рамках национальной экономики)*
dodger 1. *амер.* рекламный листок 2. ловкач
tax ~ лицо, уклоняющееся от налогов
doldrums депрессивное состояние *(экономики)*
dole 1. пособие по безработице 2. раздача в благотворительных целях □ **to be on the ~** получать пособие по безработице
dollar доллар □ **~ in constant dollars** в постоянных ценах, выраженных в долларах
commodity ~ доллар с постоянной покупательной силой в отношении товаров
compensated ~ *см.* **stabilized dollar**
Federal ~s государственные средства
forward ~s доллары, покупаемые *или* продаваемые на срок
half ~ полдоллара *(серебряная монета в США)*
high ~s крупные суммы
investment ~s капиталовложения; объём капиталовложений
prime contract ~s стоимость головного подряда; объём головных подрядов в денежном выражении
sales ~s объём продаж в долларах
small ~s небольшие суммы
stabilized ~ доллар с неизменной покупательной силой
tax ~s налоговые поступления
then-current ~s текущие цены
domain 1. область, сфера, поле деятельности 2. владение; *ист.* имение, поместье
public ~ 1. государственная собственность 2. сфера деятельности государства *(о социальных услугах)*
seignorial ~ господское поместье
strategy ~ область стратегий
variables ~ *мат.* область изменения переменных
domestic 1. местный; изготовленный на своем предприятии; отечественный; внутренний 2. бытовой
domestically:
produced ~ отечественного производства; произведённый в данной стране
domestication одомашнивание *(животных)*
domicile 1. домицилий, постоянное местожительство; юридический адрес лица ‖ поселяться на постоянное жительство 2. домицилий, место платежа по векселю *(указывается на векселе)* ‖ домицилировать, обозначить место платежа по векселю
fiscal ~ местожительство, учитываемое при налоговом обложении
domiciled проживающий постоянно
domiciliary по месту жительства
dominance доминирование
dominate доминировать
dominating доминирующий
domination господство
monopoly ~ господство монополий
donate передавать в дар, дарить
donation 1. субсидия 2. пожертвование; дар; благотворительный вклад
private ~s частные пожертвования *(статья в платёжном балансе)*
donor 1. жертвователь, даритель 2. финансирующая организация; источник финансирования
private ~ частный источник финансирования
doom *амер.* устанавливать размер налога *или* штрафа с неплательщика; штрафовать за неуплату налога
doomage *амер.* установление налога с лица, уклоняющегося от уплаты; штраф
door:
back ~ анонимные регулирующие операции *(Банка Англии через посредничество одного из акцептных домов)*
front ~ открытые регулирующие операции *(Банка Англии)*
dotation 1. дотация 2. пожертвование; вклад
double двойная сумма; двойное количество ‖ удваивать(ся) ‖ двойной
down 1. спад ‖ падать, снижаться *(о ценах)* 2. *амер. разг.* наличный; наличными
cash ~ платёж наличными
downdrift снижение, понижение
downfall падение
~ of the gold standard крах золотого стандарта
downgrade 1. переводить в низшую категорию; понижать сортность 2. понижать в должности; снижать разряд
downgrading *орг. пр.* перевод на менее квалифицированную работу
downpayment первая выплата, аванс *(напр. при покупке в рассрочку)*
downstream финансовые потоки от материнской компании к дочерним
downswing 1. *разг.* падение, резкое снижение 2. спад производства
cyclical ~ циклический спад производства
downtime 1. простой; простой по организационно-техническим причинам 2. время простоя
delay supply ~ простой вследствие задержки поставок
mean ~ среднее время (вынужденного) простоя
mean single ~ среднее время одного (вынужденного) простоя

production ~ вынужденный перерыв в выпуске продукции
scheduled ~ плановый простой, простой, предусмотренный графиком
system ~ время (вынужденного) простоя системы
total ~ суммарное время (вынужденного) простоя
unscheduled ~ внеплановый простой, простой вне графика

downtown деловой [торговый] район ‖ расположенный в деловом [торговом] районе
downtrend тенденция к понижению
downturn (экономический) спад, спад деловой активности; падение коньюнктуры
downward понижательный *(о тенденции)*
downzone понижать категорию зональности *(вводя более строгие ограничения хозяйственной деятельности)*
draft 1. чертёж план; эскиз; проект ‖ делать чертёж; составлять план; составлять проект 2. тратта, переводный вексель 3. получение; использование 4. партия груза *(взвешиваемая одновременно)* □ **~ at sight** вексель на предъявителя; **~ on funds** использование средств; **to make out a ~ on somebody** выставить тратту на *кого-л.*; **to ~ out** *с.-х.* выбраковывать из стада; **~ under rebate** тратта, оплаченная досрочно *(с вычетом процентов)*
arrival ~ тратта, оплачиваемая по прибытии товара
bank(er's) ~ тратта, выставленная банком на другой банк
demand ~ тратта, подлежащая оплате немедленно по предъявлении
documentary ~ документарная тратта *(с приложением товарораспорядительных документов)*
first ~ черновик, черновой набросок; первоначальный набросок
marketable time ~s долгосрочные векселя с правом обращения на вторичном рынке
presentation ~ вексель на предъявителя
reimbursement ~ рамбурсная тратта
return ~ обратный переводный вексель
rough ~ черновик, черновой набросок
sight ~ вексель на предъявителя
time ~ срочная тратта *(платежом через определённый срок после предъявления)*

draftsman 1. чертёжник; конструктор 2. составитель *(документа)*
drag ограничение *(напр. роста инвестиций)* □ **~ on the expansion of the economy** препятствие экономического роста
fiscal ~ финансовый тормоз *(экономического роста с помощью налоговых изъятий)*

drain 1. утечка *(напр. рабочей силы)* ‖ оттягивать *(рабочую силу в другие отрасли)* 2. выкачивать; истощать *(напр. ресурсы)*
~ of gold утечка [отлив] золота
balance-of-payments ~ дефицит платёжного баланса
brain ~ утечка умов *(эмиграция учёных)*
external ~ on gold востребование золота из-за границы; внешний натиск на золотой запас
internal ~ on gold натиск на золотой запас внутри страны
manpower ~ утечка рабочей силы

drainage дренаж, дренирование, осушение; дренажная система, дренажная сеть
agricultural ~ осушение земель
field ~ полевой дренаж; полевая дренажная система

draper *англ.* торговец тканями
scotch ~ странствующий торговец тканями

drapery *англ.* торговля тканями
draught *см.* **draft**
draw 1. выписывать тратту [чек] 2. брать, снимать *(деньги со счёта)*; получать; извлекать *(доход)*; использовать; пользоваться *(кредитом)* 3. останавливать(ся) 4. сокращать *(расходы)* 5. *разг.* то, что пользуется спросом *(у потребителя)* 6. выигрыш □ **to ~ a bill** выписывать вексель; **to ~ a document** составлять документ; **to ~ a salary** получать зарплату; **to ~ away** отвлекать *(напр. рабочую силу)*; **to ~ in expenditure** сокращать расходы; **to ~ money from a bank** получать деньги в банке; **to ~ money from an account** снимать деньги со счёта; **to ~ on one's savings** использовать *чьи-л.* сбережения; **to ~ on the reserve** использовать резерв; **to ~ up an account** составлять счёт; **to ~ upon** погашать *(напр. задолженность)*
drawback 1. недостаток 2. препятствие 3. возврат [пошлины] 4. уступка *(в цене)*
draw-down (постепенное) использование кредита
drawee трассат *(лицо, на которое выставлена тратта)*
drawer 1. трассант *(лицо, выставившее тратту)* 2. чертёжник 3. составитель документа
drawing 1. выписка тратты [чека] 2. снятие *(денег со счёта)*; использование 3. *pl* получение кредита 4. *pl* выручка, прибыль □ **~ from sterling balances** расходование стерлинговых авуаров
net ~s in the period чистые заимствования за данный период
net ~s to date чистые заимствования на (определённую) дату

drayage плата за местные (безрельсовые) перевозки
dress приготовлять; выделывать; обрабатывать; отделывать
dressed выделанный; отделанный
dressing 1. отделка 2. внесение удобрений, подкормка *(растений)*
window ~ 1. декорирование витрины; показ в лучшем виде *(по сравнению с действительностью)*; умение показать товар лицом 2. вуалирование [«украшение витрины», «причёсывание»] баланса *(приёмы, имеющие целью создать видимость высокой ликвидности баланса)* 3. *разг.* «показуха» *(в работе)*

dribblet небольшая сумма
drift 1. направление, тенденция 2. отклонение фактической заработной платы от

расчётных ставок *(за данный промежуток времени)*

~ of labor приток рабочей силы

upward ~ in prices тенденция к повышению цен

wage ~ *см.* **drift 2.**

drive 1. *амер.* (общественная) кампания, движение 2. стимул, устремление; тенденция, направление; стремление; цель 3. *амер. разг.* распродажа товаров по низким ценам 4. отбрасывать, теснить 5. перегружать работой □ **bad money ~s out good** «плохие деньги вытесняют хорошие» *(порченые золотые и серебряные монеты вытесняют из обращения полноценные, которые уходят в сокровище)*; **to ~ out** вытеснять *(напр. фирмы из отрасли)*

antichain ~ *амер.* кампания против сети торговых предприятий *какой-л.* одной фирмы *(организованная в 30-х годах ассоциациями индивидуальных торговых предприятий)*

dollar ~ мероприятия по расширению экспорта в страны долларовой зоны

export ~ кампания по увеличению экспорта

recruiting ~ наём *(рабочей силы)*

drive-in *амер.* банк *или* магазин, обслуживающий клиентов непосредственно в автомобиле

driver 1. водитель, шофёр; машинист; механик-водитель 2. погонщик скота, гуртовщик

assigned-risk ~ 1. *см.* **highest-risk driver** 2. водитель автомашины, страхуемый по повышенной ставке

highest-risk ~ водитель автомашины с повышенной степенью риска *(для страховой компании)*

truck ~ водитель грузовика, шофёр грузовой автомашины

drop падение, снижение ‖ падать, снижаться □ **~ in prices** *бирж.* падение курсов; **~ in production** сокращение объёма производства

drought-resistance засухоустойчивость

droughty засушливый; сухой; аридный

drove гурт, стадо; перегоняемое стадо ‖ гнать скот на рынок; заниматься продажей скота

drum ящик для упаковки товаров

drummer *торг.* «зазывала»

drylot *амер.* загон для откорма скота, откормочная площадка

drysalter 1. *англ.* торговец москательными товарами 2. торговец сушёными продуктами, маринадами, консервами

dual двойственный

almost ~ почти двойственный *(о задаче линейного программирования)*

dualism дуализм *(напр. противоречивая двойственность в управлении)*

duality двойственность

dub оказывать воздействие; модифицировать; изменять *(напр. ход развития)*

duck:

lame ~ 1. компания в тяжёлом положении 2. *англ.* биржевой маклер, не способный выполнить свои обязательства

due 1. причитающийся 2. срочный, назначенный в качестве срока платежа 3. сбор, пошлина; налог 4. *pl* плата *(за услуги бесприбыльных организаций)* □ **~ from banks** счета «ностро» *(у банков-корреспондентов)*; **till ~** до срока платежа; **~ to banks** счета «лоро», остаток на корреспондентских счетах в данном банке; **to be ~** быть должным; **to become ~** наступать *(о сроке платежа)*; **when ~** когда наступит срок платежа, по наступлении срока платежа

amount ~ причитающаяся сумма

balance ~ дебетовое сальдо *(по счёту)*

quay ~s плата за стоянку *(судна)* у причальной стенки

duel дуэль *(вид игры)*

cluster ~ групповая дуэль

many-vs-many ~ дуэль с несколькими участниками с каждой стороны

noisy ~ шумная дуэль *(дуэль, в которой действия партнёра известны)*

silent ~ бесшумная дуэль *(дуэль, в которой действия партнёра неизвестны)*

stochastic ~ стохастическая дуэль

duelist участник дуэли, партнёр

dull вялый, застойный *(о рыночной конъюнктуре)*

dullness вялость, застойность *(рыночной конъюнктуры)*

general ~ of business общий застой в экономике

dummy 1. лицо, временно исполняющее обязанности 2. выставочный манекен

dump заниматься демпингом, практиковать демпинг *(выбрасывать большое количество товара на рынок или ценных бумаг на биржу)* □ **to be in the ~s** *жарг.* низко котироваться *(об акциях)*

dumping демпинг, вывоз по бросовым ценам

currency ~ валютный демпинг

dunnage крепёжные материалы и приспособления *(для грузов)*

duopoly дуополия *(рыночная ситуация, в которой существуют только два продавца какого-л. товара)*

duopsony дуопсония *(рыночная ситуация, в которой существуют только два покупателя какого-л. товара)*

duplicate дубликат, копия

~ of exchange дубликат векселя

~ of invoice дубликат счёта-фактуры

duplication *стат.* двойной счёт

durability продолжительность срока службы, долговечность

~ of fixed capital продолжительность жизни основного капитала

durable длительный, долговечный; длительного пользования

durables 1. товары длительного пользования 2. отрасли промышленности, производящие товары долговременного пользования

consumer ~ потребительские товары длительного пользования

household ~ хозяйственно-бытовые товары длительного пользования

military ~ военные сооружения и пред-

меты военной техники длительного пользования
producer ~ производственные товары длительного пользования
second-hand ~ предметы длительного пользования, бывшие в употреблении
duration продолжительность, длительность □ **of long ~** долговременный; **of short ~** кратковременный
~ of business cycle продолжительность экономического цикла
~ of lay-up *мор.* продолжительность времени нахождения на консервации; время стоянки на приколе
~ of life продолжительность жизни
~ of present employment стаж на последнем месте работы
~ of residence продолжительность проживания *(в данном месте)*
~ of stay продолжительность пребывания *(в новом месте)*
job ~ *орг. пр.* продолжительность операции
marital [marriage] ~ продолжительность пребывания в браке
dutiable подлежащий обложению (таможенной) пошлиной, облагаемый
dut/y 1. долг, обязанность **2.** таможенная пошлина; налог; сбор **3.** производительность; режим □ **~ for revenue** фискальная пошлина; **~ free** беспошлинный; **~ paid** оплаченный пошлиной
ad valorem ~ пошлина «ад валорем» *(взимаемая в процентном отношении к ценности товара)*
antidumping ~ антидемпинговая пошлина
countervailing ~ компенсационная уравнительная пошлина
custom(s) ~ таможенная пошлина
death ~ies наследственные пошлины, налоги на наследство
differential [discriminating] ~ дифференциальная пошлина *(взимаемая с идентичных товаров в зависимости от страны происхождения или других факторов)*
dumping ~ антидемпинговая пошлина
estate ~ies *см.* **death duties**
excess profits ~ налог на сверхприбыль
excise ~ акциз, акцизный сбор
increment value ~ налог на прирост стоимости
key industry ~ покровительственная пошлина для ведущих отраслей промышленности
mill ~ заводской режим работы, работа в нормальных цеховых условиях
preferential ~ *см.* **differential duty**
prohibitive ~ запретительная пошлина *(равносильна запрещению ввоза товара)*
protective ~ покровительственная [протекционистская] пошлина
retaliatory ~ карательная пошлина
revenue ~ фискальная пошлина
specific ~ 1. специфическая пошлина *(взимаемая с единицы длины, веса, объёма)* **2.** удельная производительность, производительность на единицу мощности
stamp ~ on bills of exchange гербовый сбор по векселям
stamp ~ on securities *англ.* гербовый сбор по ценным бумагам
succession ~ *англ.* налог на наследственное недвижимое имущество
transit ~ транзитная пошлина
dweller житель
dwelling 1. местожительство **2.** жилище, жилое помещение
conventional ~ обычное жилище
core ~ основное жилое помещение
insufficiently occupied ~ недостаточно заселённое жилое помещение
mobile ~ передвижное жилище
multifamily ~ многосемейное жилище, многоквартирный дом
nuclear ~ основное жилое помещение
original ~ первоначальное местожительство
permanent ~ постоянное местожительства
previous ~ предыдущее местожительства
private-type ~ частное жилище
rented ~ арендуемое жилище
single ~ односемейное жилище, одноквартирный дом
tenure ~ арендуемое жилище
dwindle сокращаться; убывать, истощаться
dynamic динамический
dynamics динамика; движение, развитие *(экономики)*
economic ~ экономическая динамика, теория экономической динамики
fertility ~ динамика рождаемости
group ~ *упр.* групповая динамика; метектика; динамика поведения коллектива
population ~ динамика населения
dysgenic вырождающийся, не обеспечивающий здорового потомства

E

eagle *амер.* «орёл», старинная золотая монета в 10 долларов
double ~ *амер.* «двойной орёл», старинная золотая монета в 20 долларов
half ~ *амер.* золотая монета в 5 долларов
quarter ~ *амер.* старинная золотая монета в 2,5 доллара
earmark 1. помечать отличительным знаком **2.** откладывать; бронировать; резервировать **3.** предназначать; ассигновать **4.** делать временный перенос *(суммы с одного счёта на другой)*
earmarked забронированный *(о золоте, хранящемся в банке)*
earmarking of budgetary revenues резервирование поступлений госбюджета для целевого финансирования
earn 1. зарабатывать **2.** получать доход
earner 1. лицо, получающее заработную плату **2.** источник дохода

dollar ~ источник получения долларов
principal ~ главный кормилец семьи
profit ~ источник дохода
rural wage ~ лицо, работающее по найму в сельском хозяйстве
salary ~ служащий, имеющий твёрдый оклад
wage ~ рабочий, получающий заработную плату
earnest задаток □ **in ~** в виде задатка
earnings 1. доход(ы); прибыль; заработок, заработная плата 2. поступления; выручка, валовая выручка □ **~ before interest and taxes** доходы до [без] вычета процентов и налогов; **~ per hour** почасовая заработная плата; **~ per share** доход в расчёте на акцию
~ of capital доход от капитала
~ of enterprise доход(ы) от предпринимательства
~ of labor трудовой доход
aftertax ~ доход(ы) после уплаты налогов
average industrial ~ *англ.* средний заработок в промышленности
average male ~ *англ.* средний заработок рабочего-мужчины в промышленности *(официальный показатель, публикуемый Министерством труда)*
commission ~ доход(ы) от комиссионных операций
company ~ доход(ы) фирмы
compensation ~ реальный заработок *(с учётом всех надбавок и доплат)*
daily ~ дневной заработок
declared ~ объявленные доходы
dollar ~ поступления долларов
equity ~ доход(ы) от обыкновенных акций; доход(ы) от акций с колеблющимся дивидендом
erratic ~ неустойчивая прибыль
exchange ~ поступления иностранной валюты
fee ~ гонорар, вознаграждение
gross ~ 1. общий заработок 2. валовой доход
imputed ~ вменённый доход; условно начисленный доход
incentive ~ поощрительное вознаграждение
invisible ~ поступления от невидимых статей экспорта
lifetime ~ общий объём дохода на протяжении жизни *(индивидуума)*
minimum ~ минимальный (гарантированный) заработок
monopoly ~ монопольные доходы; монопольная прибыль
net ~ 1. чистые поступления *(эквивалент чистого дохода)* 2. валовой доход за вычетом текущих расходов *(в банковском счетоводстве)*
net-of-tax ~ доход(ы) за вычетом налогов
pretax ~ доход(ы) до вычета налогов
product ~ per operative доходы от производства продукции в расчёте на одного рабочего
real ~ реальный доход
reinvested ~ реинвестированные доходы
retained ~ нераспределённая прибыль
straight-time ~ номинальный заработок *(без дополнительных надбавок)*
taxable ~ налогооблагаемые доходы; основная заработная плата
weekly ~ недельный заработок
earnings-flow поток доходов
ease 1. снятие ограничений; ослабление ‖ снимать ограничения; облегчать 2. лёгкость; свобода □ **to ~ customs formalities** упрощать таможенную процедуру; **to ~ off** слегка снижаться *(о ценах на товары)*
~ of entry лёгкость доступа *(конкурентов в отрасль)*
monetary ~ снятие денежных ограничений
easement сервитут *(напр. право пользования дорогами)*
easing смягчение *(напр. экономического спада)*
easy 1. лёгкий, нетрудный 2. удобный; выгодный 3. вялый, застойный; не имеющий спроса
ebullience оживление [увеличение] спроса
echelon звено, инстанция, уровень *(в системе управления)*
lower ~ низшее звено *(управления)*
ecologic(al) экологический
ecologist эколог
ecology экология
econometric эконометрический
econometrics эконометрика, эконометрия
economic(al) 1. экономический; (народно)хозяйственный 2. экономически выгодный *или* целесообразный; рентабельный, экономичный
economics 1. экономика *(учебная и научная дисциплина)*; экономическая теория; экономический анализ 2. политическая экономия, политэкономия
~ of defense военная экономика; оборонная экономика
~ of underdevelopment экономика развивающихся стран
agrarian [agricultural] ~ экономика сельского хозяйства
applied ~ прикладная экономика; прикладная экономическая теория
business ~ экономика предприятий
classical ~ классическая политическая экономия
comparative ~ теория сравнительной экономики
consumer ~ экономика потребления
descriptive ~ описательная экономика
development ~ экономика развивающихся стран
disequilibrium ~ экономика неравновесия
dynamic ~ теория экономической динамики
elementary ~ элементарная экономика
engineering ~ инженерная экономика
farm ~ экономика сельского хозяйства
global ~ *см.* **international economics**
home ~ *уст.* 1. домоводство *(как предмет изучения)* 2. домашнее хозяйство

industrial ~ экономика промышленности
institutional ~ институционализм; институциональная экономическая теория; институциональное направление в политэкономии
intensive crop ~ экономика интенсивных культур
international ~ мировая экономика, экономика мирового хозяйства
Keynesian ~ кейнсианская экономическая теория, кейнсианство
labor ~ экономика труда
land ~ экономика землепользования
linear ~ линейная экономика
managerial ~ экономические методы управления *(учебная дисциплина, охватывающая проблемы экономики промышленности и экономического анализа)*
mathematical ~ математическая экономика
monetary ~ монетарная экономическая теория, теория денег
neoclassical ~ неоклассическая экономическая теория
new ~ «новая экономика» *(неокейнсианская теория и связанная с ней экономическая политика в США в 60-х гг.)*
normative ~ нормативная экономическая теория
planned ~ плановая экономика
political ~ политическая экономия, политэкономия
positive ~ позитивная экономическая теория *(не дающая рекомендаций для политики)*
public ~ теория государственных финансов, экономика государственного хозяйствования
pure ~ «чистая» экономическая теория; абстрактно-экономический анализ
research ~ экономика научных исследований
rural ~ экономика сельского хозяйства
social ~ социальная экономическая теория
statistical ~ экономическая статистика
supply-side ~ экономика предложения *(течение 80-х гг. в экономике и экономической политике)*
urban ~ экономика городов
vulgar ~ вульгарная политическая экономия
welfare ~ экономическая теория благосостояния

economist экономист
administration ~ *амер.* экономист государственного учреждения
defense ~ специалист по военной экономике
farm ~ специалист по экономике сельского хозяйства
group ~ главный экономист; руководитель экономической группы

economize экономить; экономно расходовать □ **to ~ on cash balances** экономить на кассовых остатках *(сократить их до возможного минимума)*; **to ~ on gold** экономить золото

economizing рациональное ведение хозяйства

econom/y 1. экономика, народное хозяйство 2. *pl* экономия, бережливость 3. экономия *(как область знания)* □ **~ies in constant capital** экономия на постоянном капитале; **~ies in labor** экономия на труде; **~ies in the means of production** экономия на средствах производства; **to make ~ buoyant** стимулировать экономическое оживление
~ of abundance бездефицитная экономика
~ies of integration экономия, достигаемая путём объединения предприятий
~ies of juxtaposition факторы экономии, связанные с местоположением *(предприятия)*; преимущества местоположения
~ies of massive research экономия за счёт крупномасштабных исследований
~ies of mass production *см.* **economies of scale**
~ies of scale экономия, обусловленная ростом масштаба производства, эффект масштаба *(проявляющийся в снижении долговременных средних издержек производства на единицу продукции)*
~ of scarcity дефицитная экономика
~ies of specialization факторы экономии, обусловленные специализацией
advanced ~ экономика промышленно развитой страны, развитая экономика
all-electric ~ полностью электрифицированное народное хозяйство
atomistic ~ атомистическая экономика *(экономика, управляемая рынком, где действуют распылённые производители и потребители)*
barter ~ бартерная экономика *(основанная на натуральном товарообмене)*
business ~ предпринимательская экономика
centrally planned ~ централизованно планируемая экономика
closed ~ изолированная экономика *(не имеющая внешних связей)*
command-(directed) ~ *см.* **controlled economy**
complementary ~ies дополняющие друг друга экономики *(нескольких стран)*
controlled ~ контролируемая экономика, централизованно управляемая [нерыночная] экономика
distributional ~ies экономия в сфере распределения, эффект масштаба в распределении *(напр. в результате отпуска продукта крупному потребителю вместо нескольких мелких)*
dual ~ двойственная экономика
engineering ~ 1. инженерная экономика 2. *pl* экономия от внедрения технических проектов
external ~ies экономия [выгода], обусловленная внешними факторами *(напр. при мелиорации участка одного из землепользователей повышается урожайность на соседних участках)*
external ~ies of scale экономия, обусловленная ростом масштаба деятельности

группы фирм и снижением издержек у отдельной фирмы
external pecuniary ~ies of scale экономия, обусловленная снижением цен на производственные факторы, как следствие увеличения масштабов производства в других фирмах и отраслях
external technological ~ies of scale экономия, обусловленная совершенствованием техники и качества производственных ресурсов, как следствие увеличения масштабов производства в других фирмах и отраслях
farm ~ экономика сельского хозяйства
food ~ 1. продовольственная база **2.** *с.-х.* кормодобывание
free enterprise ~ экономика свободного предпринимательства
fully converted wartime ~ полностью мобилизованное (народное) хозяйство военного времени
fully employed ~ экономика с полным использованием ресурсов
interindustry ~ies межотраслевые факторы экономии *(действующие в масштабах всего хозяйства)*
internal ~ies of scale экономия, обусловленная ростом масштаба деятельности данной фирмы
interplant ~ies факторы экономии, проявляющиеся в хозяйственных связях между предприятиями
intraindustry ~ies внутриотраслевые факторы экономии
intraplant ~ies факторы экономии, проявляющиеся внутри производственной единицы *(предприятия)*
irregular ~ виды экономической деятельности, не учитываемые официальной статистикой *(либо недостаточно отражаемые статистическими показателями ввиду уклонения от налогов)*
labor-surplus ~ экономика с избытком рабочей силы
laissez-faire ~ экономика свободной конкуренции
livestock ~ товарное животноводство
long-run ~ies of scale долговременная экономия, обусловленная увеличением масштаба производства
major ~ экономика крупной страны *(промышленно развитой)*
monocrop plantation ~ монокультурное плантационное хозяйство
motion ~ies принцип экономии трудовых движений
natural ~ натуральное хозяйство
nonfarm ~ несельскохозяйственная экономика
nonmonetary ~ *см.* **barter economy**
peasant ~ крестьянское хозяйство
political ~ 1. политическая экономия **2.** политические аспекты экономических проблем
postmarket ~ пострыночная экономика *(уменьшается регулирующая роль рынка)*
premoney ~ бартерное хозяйство *(до появления денег)*
pressure ~ *см.* **controlled economy**
price-tag ~ экономика с фиксированными ценами
private ~ частная экономика
private enterprise ~ частнопредпринимательская экономика
regular ~ экономическая деятельность, отражаемая официальной статистикой
rural ~ экономика сельского хозяйства
scale ~ies *см.* **economies of scale**
self-subsistence peasant ~ натуральное крестьянское хозяйство
seminatural ~ полунатуральное хозяйство
service ~ экономика услуг
shortage ~ экономика в условиях дефицита ресурсов
sick ~ застойная экономика
single crop ~ монокультурная экономика
stagnant ~ застойная экономика
stationary [steady-state] ~ устойчивая [стабильная] экономика
subsistence ~ экономика, производящая только необходимые средства существования; натуральное хозяйство

ecostructure экоструктура

ECU, Ecu экю, международные деньги Европейского сообщества
official ~ официальные экю *(эмитируются властями Европейской валютной системы и обращаются только между центральными банками)*
private ~ частные экю *(используются частным сектором в торговых и финансовых операциях)*

edge 1. *амер. разг.* преимущество *(в конкурентной борьбе)* **2.** незначительно изменяться *(напр. о ценах)*

education обучение; образование
adult ~ обучение взрослых
below-cost ~ субсидируемое образование
business ~ коммерческое образование
career ~ подготовка к трудовой деятельности
college ~ образование в объёме колледжа
compulsory ~ (всеобщее) обязательное образование
elementary ~ *см.* **primary education**
engineering ~ инженерное [техническое] образование
free ~ бесплатное образование
general ~ общее образование; общеобразовательная подготовка
grade school ~ начальное образование
graduate ~ 1. ступень высшего образования *(после окончания колледжа в целях получения степени магистра)* **2.** аспирантура
health ~ санитарное просвещение
high ~ среднее образование
higher ~ высшее образование
in-service ~ обучение без отрыва от производства
lifelong ~ непрерывное образование
management ~ образование в области управления
mid-career ~ повышение квалификации *(в середине трудовой жизни)*

permanent ~ непрерывное образование
postgraduate ~ *см.* **graduate education**
postprimary ~ неполное среднее образование
postsecondary ~ *англ.* продолженное среднее образование *(напр. в колледже)*
primary ~ начальное образование; низшее образование
private ~ *амер.* частное образование
professional ~ профессиональное образование; профессиональное обучение
public ~ *амер.* государственное образование
secondary ~ среднее образование
specialized secondary ~ специальное среднее образование
technical ~ техническое [инженерное] образование
technical secondary ~ среднее образование с техническим уклоном *(технический профиль средней школы)*
tertiary [third-level] ~ высшее образование
trade ~ *см.* **professional education**
undergraduate ~ **1.** неполное высшее образование **2.** специальное среднее образование
universal primary ~ всеобщее начальное образование
vocational ~ *см.* **professional education**

educational образовательный

effect **1.** эффект; результат; следствие **2.** влияние, воздействие **3.** *pl* имущество; собственность **4.** заключать; оформлять; осуществлять, совершать *(напр. сделку)* **5.** выполнять □ **no** ~**s** «нет средств» *(надпись банка на неакцептованном чеке)*; **of no** ~ бесполезный; безрезультатный; напрасный; **to bring into** ~ осуществлять *(напр. сделку)*; **to come into** ~ вступать в силу *(напр. о договоре)*; **to have a bearish** ~ вызвать понижение; **to** ~ **payment** производить платёж; **to** ~ **the collection** инкассировать, осуществить инкассовую операцию
~ **of interconnection** эффект подключения *(электростанций, работающих с различным коэффициентом нагрузки)*
age ~ эффект возраста *(снижение эффективности единицы производственных ресурсов в связи с возрастом)*
anticompetitive ~ эффект снижения конкуренции
back-lash ~ «спиральный» эффект *(типа налоги—заработная плата—налоги)*
backwash ~ неблагоприятные последствия *(для экономики развивающихся стран, связанные с экспортом сырья и сдерживанием индустриализации)*
bandwagon ~ эффект повального увлечения *или* моды
blocking ~ *ТМО* эффект запирания
boomerang ~ обратный эффект
climatic ~ влияние климатических условий
compositional ~ эффект различий *или* изменения структуры *(продукции, особенно при межстрановых сопоставлениях)*
consumer's ~ потребительский эффект *(совокупность полезных свойств товара для потребителя)*
cost-push ~ эффект повышения издержек
crowding-out ~ эффект вытеснения *(частных инвестиций вследствие роста государственных расходов)*
cumulative ~ суммарное действие; общий эффект
demand damping ~ эффект ограничения спроса
demonstration ~ эффект «демонстрации» *(особенно в области личного потребления: взаимовлияние потребительских предпочтений, быстрое распространение новой моды и новых товаров)*
disincentive ~**s** (отрицательные) эффекты снижения стимулов к труду *(связанные, напр., с ростом государственных пособий)*
displacement ~ *см.* **crowding-out effect**
distribution ~ эффект распределения
environmental ~ влияние внешних условий
equity ~ эффект богатства, связанный с переоценкой стоимости ценных бумаг
feedback ~ эффект обратной связи
halo ~ *орг. пр.* явление ореола *(завышение оценки работника под влиянием какой-л. преобладающей черты или характеристики)*
hard-money ~ *см.* **Pigou effect**
income ~ эффект дохода *(влияние изменений в доходах на спрос)*
interest-induced wealth ~ эффект богатства, связанный с изменением нормы процента
lagged ~ эффект запаздывания
liquidity ~ эффект ликвидности
marginal ~ предельный эффект
monetary-induced wealth ~ эффект богатства, вызванный переоценкой денежной массы под влиянием изменения цен
multiplier ~ эффект мультипликации
neighborhood ~**s** внешние эффекты *(экономической деятельности)*
nutritional ~ *с.-х.* действие питательных веществ
once-for-all ~ единовременный [неповторяющийся] эффект
overshoot ~ чрезмерный [избыточный] эффект
periphery ~ эффект «кочевой» клиентуры (*см.* **migrant custom**)
Pesek and Saving ~ эффект Пешека—Сэйвинга *(эффект богатства, связанный с включением в него банковских депозитов)*
Pigou ~ эффект Пигу *(рост потребительского спроса под влиянием увеличения реальной стоимости кассовых остатков, вызванного понижением цен)*
policy ~ эффект влияния (экономической) политики
price distorting ~ эффект искажения цены
price-induced wealth ~ эффект богатства, возникший вследствие изменения цен

ratchet ~ инерционный эффект *(определяющий динамику отдельных экономических показателей)*
real balance ~ эффект реальных кассовых остатков (*см.* **Pigou effect**)
real financial ~ эффект переоценки государственных облигаций *(вследствие изменения нормы процента)*
relative price ~ эффект изменения относительных цен
residual ~ последействие *(напр. гербицидов)*
resonance ~ эффект резонанса *(когда сдвиг в экономике одной страны приводит к сдвигу в экономике стран-партнёров)*
scale ~ эффект масштаба (*см.* **economies of scale**)
seasonal ~s *стат.* сезонные колебания
snob ~ эффект «снобизма» *(потребление, побуждаемое стремлением возвыситься над другими)*
spillover ~ побочный эффект; сопутствующий эффект
substitution ~ эффект замещения *(изменение величины спроса на товар как результат изменения его цены по отношению к ценам других товаров)*
sympathy ~ *стат.* эффект «симпатии» *(желание обследуемого при ответах пойти навстречу обследователю)*
trickle-down ~ эффект постепенного стимулирования *(напр. при вливании денег в частный сектор снижают налоговые отчисления, стимулируя тем самым инвестиции и на этой основе увеличивая доходы потребителей)*
vanity ~ *стат.* эффект престижа
vintage ~ повышение эффективности последующих поколений техники
wealth ~ эффект богатства *(изменение спроса под влиянием изменения цен или нормы процента)*

effective 1. эффективный; действительный; полезный 2. действующий; имеющий силу, действительный

effectiveness эффективность
~ of monetary policy эффективность денежно-кредитной политики
contraceptive ~ эффективность методов регулирования рождаемости
facility ~ *ТМО* эффективность работы обслуживающего устройства
feed-conversion ~ эффективность использования кормов
forecasting ~ эффективность прогнозирования
managerial ~ эффективность руководства
operational ~ эксплуатационная эффективность
organizational ~ эффективность организационной структуры
queue ~ эффективность системы массового обслуживания

effectless безрезультатный; недействительный

effectual эффективный, действенный; дающий результат; целесообразный

efficiency 1. экономическая эффективность; производительность; результативность; продуктивность; прибыльность 2. коэффициент полезного действия, кпд; коэффициент использования 3. выполнение норм выработки; коэффициент перевыполнения норм выработки 4. высокий организационно-технический уровень
~ of labor производительность труда
~ of making payment эффективность осуществления платежей
~ of migration отношение объёма чистой миграции к объёму валовой миграции
actual ~ действительный коэффициент полезного действия
all-day ~ суточный коэффициент полезного действия
allocative ~ аллокационная эффективность *(структура распределения ресурсов для производства товаров и услуг, наиболее отвечающая интересам потребителей)*
asymptotic(al) ~ *стат.* асимптотическая эффективность
average ~ *см.* **mean efficiency**
commercial ~ *см.* **industrial efficiency 2.**
economic(al) ~ 1. экономическая эффективность 2. (наиболее) экономичный коэффициент полезного действия 3. удельный показатель эффективности
energy ~ эффективность использования энергии
enterprise ~ эффективность предприятия
exact ~ точное значение коэффициента полезного действия
farm labor ~ производительность труда в сельском хозяйстве
feed-conversion [feed-use] ~ эффективность использования кормов
hourly ~ часовая производительность
ideal ~ *см.* **theoretical efficiency**
individual ~ частичный коэффициент полезного действия
industrial ~ 1. экономическая эффективность промышленного производства 2. промышленный коэффициент полезного действия
internal ~ внутренняя эффективность *(связанная с качеством управления и организации)*
irrigation ~ 1. эффективность орошения 2. коэффициент полезного действия оросительной системы
joint ~ *стат.* совместная эффективность
learning ~ эффективность обучения
man ~ производительность рабочего; выработка
marginal ~ of capital предельная эффективность капитала
marginal ~ of investment предельная эффективность капиталовложений
maximum ~ 1. максимальный коэффициент полезного действия 2. максимальная производительность
mean ~ 1. средний коэффициент полезного действия 2. средняя производительность

most economic(al) ~ *см.* economic(al) efficiency 2.
net ~ чистый коэффициент полезного действия
nutritive ~ *с.-х.* коэффициент полезного использования питательных веществ
operational ~ 1. эксплуатационная эффективность 2. производительность труда
operative ~ коэффициент занятости *(доля времени, в течение которого занят канал системы массового обслуживания)*
optimum ~ оптимальная эффективность
overall ~ *см.* total efficiency
Pareto ~ эффективность [оптимальность] по Парето, критерий эффективности системы в условиях свободной конкуренции *(степень использования ресурсов, при которой улучшение положения субъекта невозможно без ухудшения положения другого)*
peak ~ *см.* maximum efficiency
performance ~ относительный уровень производительности; коэффициент использования нормы времени
plant ~ коэффициент полезного действия установки
power ~ коэффициент полезного действия, кпд
production ~ экономическая эффективность производства
purchasing ~ эффективность закупок
relative ~ 1. относительная эффективность 2. относительный коэффициент полезного действия
theoretical ~ 1. теоретический [идеальный] коэффициент полезного действия 2. теоретическая [идеальная] производительность
total ~ 1. общий коэффициент полезного действия 2. полная производительность
water-use ~ коэффициент водопользования
worker ~ производительность рабочего; выработка

efficient 1. эффективный, действенный; производительный 2. квалифицированный; умелый; работоспособный

effluent сток, сброс
household ~ бытовой сток, сброс бытовых сточных вод
industrial ~ промышленный сток, сброс промышленных сточных вод
municipal ~ городской сток
sewage ~ канализационный сток
waste ~ сброс сточных вод

effort 1. объём работ; работа 2. *pl* усилия; меры
D- ~ *см.* development effort
design ~ конструкторская работа
development [engineering] ~ опытно-конструкторская работа, ОКР
productive ~s производительный труд; затраты труда на производстве
R- ~ *см.* research effort
research ~ научно-исследовательская работа, НИР
selling ~s меры по организации и стимулированию сбыта
stabilization ~s меры по стабилизации *(экономики)*
work ~ трудовая деятельность, интенсивность труда

egalitarian 1. сторонник эгалитаризма, эгалитарист 2. уравнительный, эгалитарный *(об обществе)*

egalitarianism эгалитаризм

egg:
nest ~ «припас», отложенные на чёрный день деньги

elaborated тщательно разработанный; искусно сделанный

elaboration разработка; выработка

elastic эластичный, гибкий *(напр. о спросе)*
interest ~ эластичный по отношению к проценту

elasticity эластичность *(отражает характер зависимости двух факторов, напр., изменение спроса в зависимости от изменения цен)* □ price ~ is equal to unity эластичность цен равна единице
~ of acreage to expected price эластичность площади по ожидаемой цене *(процентная зависимость площади под посевами культуры от изменения ожидаемой цены на эту культуру)*
~ of complementarity эластичность взаимодополняемости *(факторов производства)*
~ of substitution эластичность замещения *(факторов производства)*
arc ~ дуговая эластичность, эластичность в зависимости от кривизны изоквант
constant ~ of substitution постоянная эластичность замещения *(в производственных функциях)*
cross ~ перекрёстная эластичность (*см.* cross-elasticity)
demand ~ эластичность спроса
function ~ эластичность функции
income ~ of the demand for money эластичность спроса на деньги по доходу
interest ~ of investment эластичность инвестиций по проценту
interest ~ of the demand for money эластичность спроса на деньги по проценту
margin ~ изменение соотношения прибыли и издержек в зависимости от изменения физического объёма продаж
point ~ точечная эластичность
price ~ эластичность цен, ценовая эластичность
price demand ~ эластичность спроса по ценам
supply ~ эластичность предложения
tariff ~ of import эластичность (объёма) импорта по тарифу
unitary ~ of the demand for money единичная эластичность спроса на деньги *(по какому-л. фактору)*

element 1. элемент 2. простейшая единица выборки
~ of cost составляющая стоимости
constant ~ *орг. пр.* элемент постоянной продолжительности
diagonal ~ диагональный элемент *(матрицы)*

external ~ *орг. пр.* элемент (рабочего цикла), выполняемый вне машинного времени, несовмещённая часть рабочего цикла
foreign ~ *орг. пр.* нетипичный элемент *(напр. непредвиденная остановка)*
game ~ элемент игры
intermittent ~ *орг. пр.* элемент, выполняемый нерегулярно
internal ~ *орг. пр.* элемент (рабочего цикла), выполняемый в пределах регламентированного времени, совмещённая часть рабочего времени
irregular ~ *орг. пр.* элемент, выполняемый нерегулярно
machine ~ *орг. пр.* машинный элемент, машинная часть рабочего цикла
manual ~ *орг. пр.* ручной элемент, ручная часть рабочего цикла
nondiagonal ~ недиагональный элемент *(матрицы)*
nonnegative ~ неотрицательный элемент *(матрицы)*
null ~ нулевой элемент *(матрицы)*
off-diagonal ~ недиагональный элемент *(матрицы)*
operation ~ *орг. пр.* элемент рабочего задания, элемент производственной операции
pivot ~ направляющий элемент *(матрицы)*
random ~ *см.* **foreign element**
regular ~ *орг. пр.* регулярно повторяющийся элемент
restricted ~ *орг. пр.* регламентированный элемент
seasonal ~ сезонная составляющая *(временного ряда)*
stochastic ~ случайный элемент *(последовательности)*
unrestricted ~ *орг. пр.* нерегламентированный элемент
variable (time) ~ *орг. пр.* элемент переменной продолжительности

elephant:
'white ~' *бирж.* «белый слон» *(выражение, обозначающее сделку, при которой расходы превышают потенциальную прибыль)*

eligibility 1. применимость *(правил, льгот)*; подпадение *(под льготы)* 2. приемлемость *(напр. коммерческого документа для учёта или переучёта в банке)* 3. соответствие брачных партнёров друг другу; отсутствие показаний против (данного) брака

eligible 1. приемлемый 2. подходящий в качестве брачного партнёра □ **~ as collateral** приемлемый в качестве обеспечения, могущий служить залогом; **~ for rediscount** приемлемый для переучёта *(о векселе)*

eliminate устранять; исключать

elimination исключение, элиминирование
cents ~ округление до целых долларов *(устранение центов при внутрифирменном учёте)*
intercompany ~ внутрифирменное исключение взаиморасчётов *(между дочерними фирмами при составлении сводного финансового отчёта материнской компании)*

emancipation:
economic(al) ~ освобождение от экономической зависимости

embargo эмбарго, запрещение, запрет; наложение ареста *(напр. на судно)* ‖ накладывать эмбарго, запрещать; накладывать арест □ **to lay ~** наложить эмбарго; **to take off an ~** снять эмбарго
gold ~ эмбарго на вывоз золота

embark 1. грузить(ся) 2. приступать □ **to ~ on a program** приступать к выполнению плана

embezzle растрачивать; присваивать незаконным путём *(деньги)*

embezzlement растрата; присвоение *(денег)* незаконным путём; использование служебного положения для присвоения чужой собственности

embodiment воплощение; материализация, овеществление
~ of labor овеществление труда
~ of social wealth материализация общественного богатства
~ of technical know-how воплощение технического опыта и знаний
~ of value материализация стоимости

emergency авария; непредвиденный случай; крайняя необходимость
national ~ чрезвычайное положение

emigrant эмигрант; переселенец ‖ эмигрирующий; переселенческий

emigrate эмигрировать

emigration эмиграция; переселение
~ of laborers отлив рабочих *(из какой-л. отрасли)*
forced ~ вынужденная эмиграция

emission 1. эмиссия *(выпуск в обращение денег и ценных бумаг)* 2. сброс *(напр. сточных вод)* 3. распространение; выделение □ **above par ~** выпуск по курсу выше номинала *(об акциях)*
exhaust ~ *см.* **vehicle emission**
noise ~ шумность *(напр. от транспорта)*
vehicle ~ выброс *(в атмосферу)* продуктов сгорания

emolument компенсация [вознаграждение] в форме зарплаты, платежа *или* случайных выплат

emphyteusis долгосрочная *или* бессрочная аренда земли

empiric(al) 1. эмпирический, основанный на опыте 2. эмпиричный; узкопрактический 3. придерживающийся эмпиризма

empiricism 1. практицизм, делячество 2. эмпиризм

employ 1. служба; занятие ‖ держать на службе; предоставлять работу 2. использовать; применять

employability возможность устроиться на работу

employables рабочая сила

employé *см.* **employee**

employee лицо наёмного труда; служащий; рабочий
all ~s *амер.* лица, работающие по найму

defense-industry ~s лица, занятые в военном производстве
field ~s работники на местах *(в отличие от работников центрального аппарата)*
full-time ~ работник, занятый полный рабочий день
government ~ государственный служащий
leading ~ руководящий работник
manufacturing ~s лица, работающие в обрабатывающей промышленности
mining ~s лица, работающие в добывающей промышленности
office ~ конторский служащий
part-time ~ работник, занятый неполный рабочий день
public ~ государственный *или* муниципальный служащий
resident ~ работник из числа постоянных жителей страны
salaried ~ служащий, получающий жалованье
store ~s персонал магазина
technical and engineering ~s инженерно-технические работники, *ИТР*
wage ~ рабочий, получающий заработную плату

employer работодатель; наниматель
~ of labor наниматель рабочей силы
farm ~ хозяин фермы *(использующий наёмный труд)*
nonagricultural ~ владелец несельскохозяйственного предприятия

employment 1. занятие; служба; работа по найму 2. занятость; занятие; использование; применение □ **~ in common** совместное применение *(напр. орудий труда)*; **out of ~** вне работы по найму
~ of children детская занятость
~ of machinery применение машин
actual ~ фактическая занятость; фактическое использование
agricultural ~ работа по найму в сельском хозяйстве
casual ~ случайная занятость
civil ~ занятость в государственном аппарате
contractual ~ работа по контракту
custodial ~ охрана чужой собственности
farm ~ *см.* **agricultural employment**
Federal ~ *амер.* занятость в государственном аппарате
full ~ полная занятость
full-time ~ занятость в течение полного рабочего дня
gainful ~ доходное занятие
industrial ~ занятость в промышленности
manufacturing ~ занятость в обрабатывающей промышленности
mining ~ занятость в добывающей промышленности
off-the-bocks ~ незарегистрированная занятость *(напр. в целях сохранения пособия по безработице)*
optimum ~ of resources оптимальное использование ресурсов
overfull ~ нехватка рабочей силы
partial ~ частичная занятость
part-time ~ занятость в течение неполного рабочего дня
payroll ~ занятость по данным платёжных ведомостей
primary ~ первичная занятость *(возникающая непосредственно после инвестирования определённого капитала)*
seasonal ~ сезонная занятость
secondary ~ вторичная занятость *(возникающая в результате расширения производства)*
tertiary ~ занятость в сфере услуг

emporium 1. торговый центр; рынок; товарная база 2. *разг.* большой магазин

empt/y 1. опорожнять(ся); высыпать; пересыпать ‖ пустой, порожний; без груза 2. *pl* порожняя тара 3. незанятый *(о канале обслуживания)* □ **~ ies to be returned** порожняя тара должна быть возвращена

emptying освобождение *(системы массового обслуживания)*

emulate соревноваться, состязаться; соперничать *(напр. по степени удовлетворения потребностей)*

emulation соревнование, состязание; соперничество □ **to challenge to socialist ~** вызывать на социалистическое соревнование

enact узаконивать, проводить через законодательные органы *(напр. изменение налогов)*

encash 1. получать наличными, инкассировать 2. реализовать товар □ **to ~ a check** получить деньги по чеку

encashment 1. получение наличными, инкассация 2. сумма, полученная наличными деньгами □ **to effect ~** осуществлять инкассирование
~ of deposits получение денег по депозиту

enclave *фр.* анклав, территория, окружённая чужими владениями

enclose вкладывать *(в конверт вместе с другим документом)*; прилагать

enclosure 1. *ист.* огораживание *(общинных земель в Великобритании)* 2. вложение, приложение

encourage поощрять; содействовать; стимулировать

encouragement поощрение; поддержка; стимулирование *(напр. экспорта)*

encumber обременять долгами; закладывать *(имущество)*

encumbrance закладная *(на имущество)*, долг, обязательство *(с имущественным обеспечением)* □ **free from ~** незаложенный *(об имуществе)*

end 1. конец; окончание ‖ кончать(ся) 2. результат; следствие 3. цель □ **at the consuming ~** со стороны потребителей; в сфере потребления
'carriage' ~ of trade *англ.* торговля, рассчитанная на избранных
long ~ of the market рынок государственных облигаций со сроком свыше 15 лет *(Великобритания)*

endogenize эндогенизировать, делать внутренним по отношению к данной системе

endogenous эндогенный, внутренний

endorse индоссировать, делать передаточную надпись, жирировать □ **to ~ a bill in blank** сделать на векселе бланковый индоссамент; **to ~ a bill to a person** переводить вексель на *какое-л.* лицо, индоссировать вексель в пользу *какого-л.* лица

endorsee индоссат, жират *(лицо, в пользу которого сделана передаточная надпись)*

endorsement 1. индоссамент, жиро *(передаточная надпись на обороте чека, векселя)* 2. надпись на обороте *(документа)* □ **~ for collection** передаточная надпись только для инкассо; **~ in full** полный индоссамент *(с указанием лица, которому производится платёж)*; **to bear an ~** иметь индоссамент *(о векселе)*; **to place an ~** поставить индоссамент; **to transfer by ~** передать документ по индоссаменту; **~ without recourse** безоборотный индоссамент

accomodation ~ дружеский индоссамент *(сделанный для гарантии платежа по векселю)*

blank ~ бланковый индоссамент *(без указания лица, которому переуступается документ)*

conditional ~ индоссамент, содержащий определённое условие *(по выполнении которого может производиться платёж)*

qualified ~ индоссамент без гарантии, освобождающий индоссанта от ответственности

restrictive ~ ограниченный индоссамент

special ~ именной индоссамент *(с указанием лица, которому передаются права по векселю)*

unconditional ~ индоссамент, не содержащий определённого условия

endorser индоссант, жирант *(лицо, делающее передаточную надпись, напр., на обороте векселя)*

endow 1. обеспечивать постоянным доходом; назначать доход; материально обеспечивать 2. вносить вклад

endowment 1. вклад *(напр. какого-л. фактора производства в создание продукта)* 2. дар; пожертвование, (дарственный) фонд 3. *pl* дарование, способности

ability ~s способности

capital ~ наличие капитала, капиталовооружённость

factor ~ обеспеченность [наделённость] факторами производства

initial ~ первоначальный фонд

natural ~s природные способности

energy энергия; электроэнергия

dump ~ бросовая электроэнергия *(вырабатываемая сверх графика нагрузки с целью использования нормы топлива)*

fuel replacement ~ энергия, заменяющая электроэнергию тепловых электростанций *(обычно гидроэлектроэнергия)*

off-peak ~ электроэнергия, отпускаемая в непиковый период нагрузки *(по льготному тарифу)*

on-peak ~ электроэнергия, отпускаемая в период пика нагрузки

primary ~ первичная энергия; первичная электроэнергия, гидроэлектроэнергия

secondary ~ вторичная электроэнергия

enforce 1. принуждать 2. взыскивать 3. приводить в исполнение □ **to ~ the payment of debts** взыскивать платёж по долгу

engage 1. нанимать *(работника)* 2. занимать(ся)

engagement 1. дело; занятие 2. обязательство 3. помолвка, обручение

short ~s обязательства спекулянтов, играющих на понижение

engineer 1. инженер; механик; *амер.* машинист 2. *pl англ.* техническая фирма; машиностроительная фирма; электротехническая фирма □ **~s and technicians** инженерно-технические работники

appraisal ~ технический эксперт

architectural ~ архитектор, инженер-проектировщик промышленных зданий и сооружений

budget ~ *амер.* бухгалтер-контролёр исполнения сметы

chief ~ главный инженер

construction ~ 1. инженер-строитель 2. *pl* строительная фирма

consulting ~ консультант по инженерно-техническим вопросам

deputy chief ~ заместитель главного инженера

design ~ инженер-конструктор

development ~ инженер-разработчик

efficiency ~ специалист по организации производства

electrical ~ инженер-электрик

erecting ~ инженер-строитель

evaluation ~ инженер-оценщик

factory ~ *см.* **plant engineer**

licensed ~ дипломированный инженер

machine ~ инженер-механик; инженер-машиностроитель

management ~ *см.* **production engineer 1.**

mechanical ~ инженер-механик; инженер-технолог *(в машиностроительном производстве)*; инженер-теплотехник

methods ~ инженер по научной организации труда; специалист по рационализации методов работы

motion study ~ *см.* **time study engineer**

planning ~ инженер-экономист

plant ~ 1. главный механик; инженер отдела главного механика 2. управляющий ремонтно-энергетическим хозяйством

process(ing) ~ инженер-технолог

production ~ 1. специалист по организации производства 2. инженер-технолог

research ~ инженер-исследователь

sales ~ специалист по организации сбыта

salvage ~ 1. инженер по использованию вторичного сырья и отходов 2. инженер-технолог по переработке вторичного сырья

senior ~ старший инженер

shift ~ сменный инженер

structural ~ инженер по монтажу строительных конструкций

testing ~ инженер-испытатель

time study ~ инженер-нормировщик; хронометражист

tooling ~ инженер-конструктор по произ-

водственной оснастке, инженер-конструктор по приспособлениям
valuation ~ инженер-оценщик
engineered сконструированный
engineering 1. техника 2. инжиниринг, проектно-конструкторские работы; конструирование 3. проектная документация; рабочие чертежи 4. *англ.* машиностроение 5. *pl бирж.* акции и облигации машиностроительных компаний
agricultural ~ агротехника
atomic power ~ ядерная энергетика
civil ~ гражданское строительство
commercially-oriented ~ разработка изделий для производства и сбыта
delivery ~ организация поставок
design ~ инженерное проектирование
efficiency ~ работы по повышению эффективности производства
electrical ~ электротехника; электротехническое машиностроение; электротехническая промышленность
electronics ~ электронная техника; электроника
environmental ~ моделирование условий эксплуатации
equipment ~ организация эксплуатации оборудования
financial ~ финансовый инжиниринг, разработка новых финансовых инструментов и методов
factory ~ *см.* **plant engineering**
general ~ общее машиностроение
heavy ~ *англ.* тяжёлое машиностроение
human ~ инженерная психология
industrial ~ организация производства
job ~ организация труда
maintainability ~ техника обеспечения эксплуатационной надёжности
management ~ техника управления
marine ~ *англ.* судовое машиностроение
mechanical ~ машиностроение; технология машиностроения
methods ~ рациональная организация труда; упрощение методов работы
plant ~ 1. техника эксплуатации и монтажа оборудования *(промышленных предприятий)* 2. служба главного механика и главного энергетика
power ~ энергетика
product ~ конструирование изделия
production ~ 1. *см.* **industrial engineering** 2. технология производства
research ~ организация научных исследований
reverse ~ инженерный анализ *(напр. технологии изготовления с целью раскрытия секретов фирмы-конкурента)*
safety ~ техника безопасности
service ~ организация технического обслуживания
structural ~ строительная техника
system(s) ~ системотехника
time-and-motion ~ *см.* **methods engineering**
value ~ 1. метод разработки максимально экономичных изделий *(в производстве и в эксплуатации)* 2. стоимостно-функциональный анализ *(напр. конструкции машин)*
enhance увеличивать; повышать
enhancement увеличение; ускорение; повышение *(напр. темпов роста)*
enlarge увеличивать; расширять
enlargement увеличение, прирост; расширение
job ~ укрупнение технологических операций
enquiry *см.* **inquiry**
enrich 1. обогащать 2. *с.-х.* витаминизировать
enrichment 1. обогащение 2. *с.-х.* витаминизация
job ~ *орг. пр.* повышение разнообразия работы *(исключение монотонных повторяющихся операций)*
enrol(l)ment контингент учащихся
ensemble *фр.* система; ансамбль
administrative ~ административная система
ensurance *см.* **insurance**
entail 1. (наследственное) имущество без права свободного распоряжения 2. ограничивать право распоряжения имуществом
enter 1. входить; поступать 2. регистрировать 3. подавать таможенную декларацию, декларировать 4. записывать *(напр. на счёт)* □ **to ~ a check** ставить «галочку»; делать отметку; **to ~ a sum to a person's account** записывать сумму на *чей-л.* счёт; **to ~ goods** декларировать товары *(на таможне)*; **to ~ into commitments** брать [принимать] на себя обязательства; **to ~ the system** *ТМО* поступать в систему *(о требованиях)*
entered □ **~ for consumption** поступило на внутреннее потребление *(без помещения на таможенные склады)*; **~ for warehouse** поступило на таможенные склады
enterprise 1. предприятие; фирма, компания 2. хозяйство; ферма 3. предпринимательство 4. отрасль *(вид хозяйства)* □ **to launch an ~** основывать предприятие
alternative ~ альтернативная отрасль
artisan ~ ремесленное [кустарное] предприятие
associated ~ ассоциированное предприятие
business ~ торгово-промышленное предприятие
cash crop ~ хозяйство, занимающееся выращиванием товарных культур
commercial ~ коммерческое предприятие
company-owner ~ хозяйство, принадлежащее компании
cooperative ~ кооперативное предприятие
corporate ~ акционерное предприятие *(зарегистрированное как корпорация)*
domestic ~ отечественное предприятие
educational ~ учебное заведение
factory-farm ~ аграрно-промышленное предприятие
family-owned ~ семейное предприятие
farm(ing) ~ фермерское хозяйство, ферма

free ~ *см.* **private enterprise**
government(al) ~ государственное предприятие
group ~ кооперативное предприятие
high-cost ~ предприятие с высокими издержками производства
income-producing ~ хозяйство, приносящее доход
incorporated ~ *амер. см.* **corporate enterprise**
industrial ~ промышленное предприятие, завод
intensive-livestock ~ интенсивное животноводческое хозяйство
land promotion ~ земельная компания *(по продаже земельных участков)*
lower-profit-rank ~ менее доходное хозяйство
main ~ основная отрасль *(хозяйства)*
minority ~ *амер.* предприятие, которым владеет представитель национальных меньшинств *(индеец, негр)*
multiestablishment ~ *амер.* фирма, владеющая несколькими промышленными предприятиями
multinational ~ многонациональная компания, МНК
nonutility ~ некоммунальное предприятие
parent ~ головное предприятие *(в отличие от зависимых дочерних предприятий)*
plantation ~ плантационное хозяйство
precapitalistic ~**s** докапиталистические формы производства
private ~ **1.** частное предприятие **2.** частное предпринимательство; свободное предпринимательство
profitable ~ доходное [рентабельное] хозяйство
public ~ государственное предприятие
short-term ~ хозяйство с коротким циклом производства
sizeable ~ **1.** крупное предприятие **2.** крупное хозяйство
state(-owned) ~ государственное предприятие
supplementary ~ дополняющая отрасль
transnational ~ транснациональная корпорация
unincorporated ~ неакционерное предприятие *(не зарегистрированное как корпорация)*
unprofitable ~ убыточное [нерентабельное] хозяйство
utility ~ коммунальное предприятие, предприятие общего пользования

enterprising предпринимательство ‖ предприимчивый

entitle 1. давать право **2.** называть, давать название; озаглавливать

entitlement 1. право *(на совершение какого-л. действия)* **2.** документ, дающий право *(на что-л.)* **3.** *амер.* субсидия, компенсационная выплата *(напр. малым фирмам, у которых себестоимость сырой нефти выше среднеотраслевой)* **4.** *амер.* статья бюджетных расходов, связанная с выполнением законодательно утверждённой программы
foreign exchange ~ свидетельство на право получения иностранной валюты
import ~ свидетельство на право ввоза товаров

entity экономическая единица *(напр. фирма)*, экономический объект; *бухг.* самостоятельное хозяйственное подразделение; организация, предприятие
accounting ~ учётное подразделение, находящееся на самостоятельном балансе
legal ~ юридический субъект, юридическое лицо
member ~ организация-член, хозяйственная единица-член

entrance 1. вступление; доступ *(в отрасль для конкурентов)* **2.** *ТМО* поступление *(требований)* □ ~ **in batches** групповое поступление *(требований)*

entrant:
new ~ компания, впервые вступающая в отрасль
potential ~**s** потенциальные конкуренты

entrepôt *фр.* пакгауз, склад для транзитных грузов

entrepreneur *фр.* предприниматель; владелец предприятия

entrepreneurial предпринимательский

entrepreneurship предпринимательство

entr/y 1. проникновение; вступление *(напр. новой фирмы на рынок)* **2.** выпускаемый на рынок продукт [товар] **3.** (бухгалтерская) запись, проводка; занесение *(в список, в торговые книги)* **4.** таможенная декларация **5.** *ТМО* поступление *(требований)* **6.** элемент *(матрицы)* □ ~ **for free goods** декларация о грузах, не облагаемых пошлиной; ~ **for home use ex ship** декларация о грузах, подлежащих немедленной выгрузке; ~ **for warehousing** декларация о грузах, подлежащих хранению в приписных складах; ~ **inwards** декларация по приходу; ~ **on the credit side** кредитовая проводка *(по счёту)*; ~ **outwards** декларация по отходу
adjusting ~ корректирующая запись *(при завершении отчётного периода)*
blind ~ «слепая запись» *(в главной бухгалтерской книге)*, запись без пояснения *(применяется для переноса сумм с одного счёта главной книги на другой)*
blockaded ~ затруднённое проникновение *(напр. новой фирмы на рынок)*
blocked ~ прекращение поступления *(требований)*
closing ~ **1.** определение сальдо; выведение остатка **2.** заключение счёта; закрытие счёта **3.** заключительная запись *(в бухгалтерской книге)*
combined [compound] ~ сложная запись, сложная проводка
credit ~ запись в кредит счёта, кредитовая проводка
debit ~ запись в дебет счёта, дебетовая проводка
diagonal ~ диагональный элемент *(матрицы)*

double ~ *бухг.* двойная запись
draft ~ второй экземпляр записи *(актов гражданского состояния)*
free ~ свободное поступление *(требований)*
journal ~ запись в журнале
largest ~ наибольший элемент *(матрицы)*
net ~ превышение числа вступивших в отрасль компаний над выбывшими
newly launched ~ ies вновь выпускаемые на рынок товары
nondiagonal ~ недиагональный элемент *(матрицы)*
nonnegative ~ неотрицательный элемент *(матрицы)*
null ~ нулевой элемент *(матрицы)*
off-diagonal ~ недиагональный элемент *(матрицы)*
paperless ~ ies *амер.* разноска сумм по счетам без применения документов
red-ink ~ красная запись *(напр. кредитовая на дебетовом счёте)*, красное сторно
reversing ~ *бухг.* обратная [противоположная] запись, сторно

enumerate регистрировать *(население)*, проводить перепись

enumeration регистрация *(населения)*, перепись
census ~ перепись населения
check ~ контрольная перепись
complete ~ поголовная перепись
de facto ~ регистрация фактического населения
de jure ~ регистрация юридического населения
double ~ двойная регистрация населения
group ~ групповая регистрация населения
individual ~ регистрация населения на индивидуальной основе
infant ~ регистрация новорождённых
initial ~ первоначальная перепись

enumerator счётчик, регистратор
census ~ счётчик при переписи населения
local ~ счётчик при проведении локального обследования

environment окружение; окружающая среда; условия; обстановка □ **to damage the ~** наносить ущерб окружающей среде
business ~ экономическая обстановка
ecological ~ экологическая среда
economic(al) ~ экономическая обстановка
external ~ внешняя среда *(по отношению к фирме)*
inflationary ~ инфляционная обстановка
institutional ~ институциональная среда; экономико-правовая среда
manufacturing ~ условия производства
natural ~ природные условия; естественная среда
physical ~ физическая среда
polluted ~ загрязнённая окружающая среда
resource ~ ресурсная среда
social ~ социальная среда; общественные условия
stable ~ условия стабильности
urban ~ городская среда, условия жизни в городах

environmental относящийся к окружающей среде

environmentalist специалист в области охраны окружающей среды

epoch 1. момент времени 2. интервал, период 3. эпоха

equal равный; одинаковый; соответствующий □ **~ in quality** равный по качеству, одинакового качества; **~ to demand** соответствующий спросу; **~ to sample** полностью соответствующий образцу, совершенно сходный с образцом

equality равенство
~ of authority and responsibility равенство прав и ответственности *(принцип управления)*
approximate ~ приближённое равенство
minimax ~ минимаксное равенство
strict ~ строгое равенство

equalization уравнивание, выравнивание *(напр. дивидендов)*
~ of assessments уравнивание оценок
~ of costs of production уравнивание издержек производства
~ of rate of profit выравнивание нормы прибыли
~ of surplus-profits выравнивание сверхприбылей
~ of surplus-value into average profit выравнивание прибавочной стоимости в среднюю прибыль
~ of values of commodities into prices of production выравнивание товарных стоимостей в цены производства
freight ~ уравнивание платы за перевозку груза; предоставление льготных условий оплаты перевозок

equalize уравнивать(ся), выравнивать(ся) □ **to ~ at the margin** уравнивать(ся) в пределе *(при малых приращениях экономических величин)*

equation 1. *мат.* уравнение 2. уравнивание, выравнивание 3. равенство; правильное соотношение, согласованность
~ of demand and supply равенство спроса и предложения
~ of exchange уравнение обмена *(в денежной теории)*
accounting ~ бухгалтерская сбалансированность *(дебета и кредита)*
autoregression [autoregressive] ~ *стат.* уравнение авторегрессии
Cambridge ~ кембриджское уравнение *(в количественной теории денег)*
cash-balance ~ уравнение кассовых остатков
characteristic ~ характеристическое уравнение
estimation ~ *стат.* уравнение для оценок
likelihood ~ *стат.* уравнение правдоподобия
linear ~ *мат.* линейное уравнение
market-clearing ~ равенство спроса и предложения
matrix ~ *мат.* матричное уравнение

maximum likelihood ~ *стат.* уравнение максимального правдоподобия
multiplier ~ *мат.* уравнение мультипликатора *(см.* **multiplier)**
nonlinear ~ *мат.* нелинейное уравнение
price-costs ~ уравнение, связывающее цены с издержками производства
production ~ уравнение производства
quantity ~ уравнение количественной теории денег
quantity repercussion ~ уравнение взаимосвязей производства и цен
queue ~ уравнение системы массового обслуживания
regression ~ *стат.* уравнение регрессии
working ~ рабочая формула
equilibrating уравновешивающий, балансирующий
equilibrium равновесие, равновесное состояние, положение равновесия; сбалансированность
~ **of business firm** устойчивость фирмы
~ **of labor market** равновесие *(спроса и предложения)* на рынке рабочей силы
~ **of sales and purchases** равновесие между куплями и продажами
balance-of-payments ~ равновесие платёжного баланса
competitive ~ конкурентное равновесие, равновесие в условиях (свободной) конкуренции
consumer ~ состояние равновесия для потребителей
disturbed ~ нарушенное равновесие
domestic ~ равновесие внутренней экономики
dynamic(al) ~ динамическое равновесие
full-employment ~ равновесие в условиях полной занятости
general ~ общее равновесие
high-employment ~ равновесие в условиях высокого уровня занятости
interior ~ внутреннее равновесие *(системы)*
least-costs ~ равновесие при минимизации издержек
long-period [long-run] ~ долгосрочное равновесие
momentary ~ кратковременное равновесие
monetary ~ денежное равновесие; равновесие в денежной сфере
moving ~ подвижное равновесие
no-profit ~ равновесие при нулевой прибыли
partial ~ частичное равновесие
population ~ демографическое равновесие
short-period [short-run] ~ краткосрочное равновесие
stable ~ устойчивое равновесие
static(al) ~ статическое равновесие
statistical ~ статистическое равновесие, состояние статистического равновесия
steady-state ~ установившееся равновесие
suboptimal ~ равновесие, приближающееся к оптимальному
supply-and-demand ~ равновесие спроса и предложения
underemployment ~ равновесие в условиях неполной занятости
unemployment ~ равновесие в условиях безработицы
unstable ~ неустойчивое равновесие
equilizer *т. игр* устойчивая стратегия
equip снаряжать; оборудовать; оснащать
equipment 1. снаряжение; оборудование; оснащение 2. транспортные средства □
~ **in place** установленное оборудование; смонтированное оборудование
business ~ производственное оборудование *(промышленное, транспортное, сельскохозяйственное, торговое, конторское)*
capital(ized) ~ *см.* **durable equipment**
carrier ~ транспортные средства
cultivating ~ почвообрабатывающие орудия
durable ~ оборудование с длительным сроком службы, капитальное оборудование *(заносимое на баланс предприятия)*
farm ~ *см.* **agricultural equipment**
farmer-owned ~ орудия, принадлежащие фермеру
government furnished ~ оборудование, поставляемое правительственными организациями
high-speed check handling ~ быстродействующее оборудование для обработки чеков
home ~ 1. оборудование отечественного производства 2. оборудование собственного производства
industrial plant ~ оборудование промышленных предприятий, промышленное оборудование
labor-displacing ~ оборудование, вытесняющее рабочую силу
loading ~ погрузочное оборудование
manufacturing ~ технологическое оборудование; производственное оборудование
meat wrapping ~ машины для упаковки расфасованных мясных продуктов
mechanical ~ 1. механическое оборудование 2. металлообрабатывающие станки
micromotion ~ *орг. пр.* аппаратура и оборудование для изучения элементов (трудовых) движений
mobile ~ передвижное оборудование
net real estate, plants and ~ «чистая недвижимость, сооружения и оборудование» *(статья бухгалтерского баланса)*
plant ~ *см.* **industrial plant equipment**
process control ~ оборудование для управления производственным процессом
professional ~ приборы, оптика и измерительное оборудование; приборостроение *(по классификации отраслей, принятой ООН)*
protective ~ защитные приспособления *(напр. в банках от ограбления)*
purchased ~ поставляемое оборудование
refrigerated display ~ прилавок-витрина с холодильной установкой
rental ~ оборудование, сдаваемое в аренду

revenue ~ коммерчески эксплуатируемое оборудование *(напр. грузовые автомобили)*
second-hand ~ *см.* **used equipment**
service ~ вспомогательное оборудование *(напр. автотранспортной компании)*
shop ~ торговое оборудование
size reduction ~ измельчающее оборудование
standby ~ резервное оборудование
support ~ вспомогательное (наземное) оборудование *(аэропорта)*
tillage ~ почвообрабатывающие орудия
timing ~ аппаратура для хронометража
transportation ~ транспортные средства
used ~ оборудование, бывшее в употреблении, подержанное оборудование
worn-out ~ изношенное оборудование

equit/y 1. обыкновенная акция 2. доля акционера в капитале предприятия 3. маржа *(разница между рыночной стоимостью ценных бумаг и размером полученной под них ссуды)* 4. чистая стоимость капитала за вычетом обязательств; активы *(предприятия)* за вычетом задолженности 5. справедливость □ **~ in assets** превышение средств предприятия над его обязательствами
homeowner's ~ стоимость недвижимости за вычетом долгов
industrial ~ies обыкновенные акции промышленных предприятий, акции промышленных предприятий без фиксированного дивиденда
owner's ~ собственный (акционерный) капитал *(компании)*
shareholder [stockholder] ~ акционерный капитал; собственный капитал
tax ~ справедливость налогового обложения

equivalence равенство, эквивалентность
yield ~ эквивалентность доходности, приведение доходности не облагаемой налогом облигации к доходности облагаемой

equivalent эквивалент ‖ эквивалентный; равноценный; равнозначащий □ **~ in money** денежный эквивалент
behaviorally ~ *т. игр* эквивалентный по поведению
coal ~ угольный эквивалент
dollar ~ эквивалент в долларах
fodder [food] ~ *с.-х.* кормовой эквивалент
full-time ~ эквивалент полной занятости
grain ~ *с.-х.* зерновой эквивалент
hay ~ *с.-х.* сенной эквивалент
kilowatt-hour ~ эквивалент в киловатт-часах
money ~ денежный эквивалент, стоимость (выраженная) в деньгах
particular ~ особенный эквивалент
protein ~ *с.-х.* белковый эквивалент
starch ~ *с.-х.* крахмальный эквивалент
statistically ~ статистически эквивалентный
thermal ~ тепловой эквивалент
universal ~ всеобщий эквивалент

erection постройка; строительство; сооружение; монтаж, установка

ergonomics эргономика

erode фактически уменьшать доходы, активы *(особ. при инфляции)*

erosion of wages снижение реальной заработной платы

erratic(al) неравномерный, изменчивый, непостоянный *(о ценах)*

error ошибка, погрешность □ **~s and omissions** ошибки и пропуски *(статья в платёжном балансе)*; **~ due to sampling** *см.* **sample error**; **~ in standard deviation** *стат.* ошибка среднего квадратического отклонения; **~ in survey** ошибка обследования
~ of specification ошибка спецификации
ascertainment ~ ошибка выборочного обследования
biased ~ постоянная [систематическая] ошибка
composite ~ суммарная [результирующая] ошибка
computational ~ ошибка в вычислениях [в расчётах]
constant ~ постоянная [систематическая] ошибка
coverage ~ ошибка вследствие неполного охвата *(при обследовании или переписи)*
data ~ ошибка в данных
decision ~ ошибочное решение
detectable ~ обнаруживаемая ошибка
estimation ~ ошибка оценивания
fixed ~ постоянная [систематическая] ошибка
inherited ~ предвнесённая ошибка
initial ~ начальная ошибка
in-process ~ ошибка, допущенная в процессе производства
inspection ~ ошибка, допущенная при приёмочном контроле
instantaneous ~ текущее значение ошибки
interpolation ~ ошибка интерполяции
interpretation ~ ошибка интерпретации данных
introduced ~ допущенная ошибка
isolated ~ одиночная ошибка
manufacturing ~ *см.* **in-process error**
maximum ~ максимальная [предельная] ошибка
maximum permissible ~ максимальная допустимая ошибка
mean ~ средняя ошибка
mean probable ~ средняя вероятная ошибка
net age-reporting ~ чистая ошибка при указании возраста
net census ~ чистая ошибка в материалах переписи
observation(al) ~ ошибка наблюдения
percentage ~ (относительная) ошибка, выраженная в процентах
pure ~ истинная ошибка
random ~ случайная ошибка
random sampling ~ ошибка случайной выборки
reasonable ~ допустимая ошибка
response ~ ошибка в ответах *(обследуемого)*

resultant ~ суммарная [результирующая] ошибка
root-mean-square ~ средняя квадратическая ошибка
round(ing) [round-off] ~ ошибка округления
sample [sampling] ~ ошибка выборки, ошибка выборочного обследования
smoothing ~ ошибка сглаживания
standard ~ средняя квадратическая ошибка
tabulation ~ неправильная классификация *(при регистрации)*
tolerated ~ допустимая ошибка
total ~ общая ошибка; накопленная ошибка; суммарная [результирующая] ошибка
unit ~ *стат.* ошибка при исследовании объекта

errorless безошибочный, свободный от ошибок
escalator 1. скользящая шкала 2. *мор.* оговорка о скользящих ценах
cost-of-living ~ индекс стоимости жизни *(в соответствии с которым производится повышение заработной платы)*
escheat передача государству собственности лица, умершего без завещания и законных наследников
escrow условное депонирование денежной суммы у третьего лица на *чьё-л.* имя □ **in ~ with the bank** на хранении в банке
esplees доход с земли *(продукты земледелия, доход от сдачи земельных угодий)*
essentials предметы первой необходимости
establish 1. основывать; создавать; учреждать 2. открывать *(аккредитив)* □ **to ~ a branch** учреждать отделение; **to ~ banking relations** устанавливать отношения с банком; **to ~ business relations** устанавливать деловые отношения
established 1. установленный, доказанный 2. признанный, авторитетный; известный
establishing создание; учреждение □ **~ stores cheek by jowl** *англ.* создание магазинов одного профиля в центральных торговых районах
establishment 1. истеблишмент *(1. прочное положение в обществе 2. привилегированные слои общества, являющиеся опорой данного общественного строя)* 2. основание; создание; установление; введение 3. предприятие; учреждение □ **the Establishment** правящие круги
banking ~ банковское учреждение
branch ~ филиал, отделение
business ~ 1. деловое предприятие 2. деловые круги
defense ~ 1. военно-промышленный комплекс 2. вооружённые силы
direct selling ~ торговое предприятие, сбывающее товары в розницу через агентов *или* с грузовиков
education ~ учебное заведение
manufacturing ~ предприятие обрабатывающей промышленности
military industrial ~ военно-промышленный комплекс
mineral ~ (территориально единое) предприятие добывающей промышленности
nonprofit software ~ бесприбыльная организация в сфере нематериальных услуг
primary metals ~ металлургическое предприятие
privately operated ~ предприятие, эксплуатируемое частной фирмой
publicly-owned ~ государственное предприятие
research ~ научно-исследовательская организация
service ~ предприятие в сфере обслуживания

estate 1. поместье, имение 2. имущество, состояние 3. сословие 4. положение *(напр. материальное)*
~ of matrimony законный брак, пребывание в браке
~s of the realm *ист. англ.* сословия королевства
bankrupt's ~ имущество несостоятельного должника
council ~ *англ.* микрорайон, застроенный муниципальными домами
encumbered ~ заложенная недвижимость; заложенное имение
entailed ~ заповедное имение, урезанная собственность *(ограниченная в порядке её наследования и отчуждения)*
fifth ~ *ист.* пятое сословие *(учёные)*
fourth ~ 1. *ист.* четвёртое сословие *(рабочие)* 2. *амер.* общественная пресса
gross ~ валовое имущество умершего лица *(до вычета долгов)*
housing ~ район жилой застройки
immovable ~ недвижимое имущество, недвижимость
industrial ~ *англ.* промышленная зона; территория, подготовленная для промышленного освоения
landed ~ землевладение, земельная собственность
leasehold ~ 1. арендованное имение 2. право владения земельной собственностью на условиях аренды
net ~ чистая ценность активов умершего лица *(за вычетом долгов)*
noble ~ дворянское сословие, дворянство
nursery industrial ~ предприятия и оборудование, сдаваемые в аренду начинающим предпринимателям
personal ~ движимое имущество
real ~ недвижимое имущество, недвижимость
research ~ парк оборудования для научных исследований
residential real ~ жилые здания и сооружения, жилая недвижимость
seignorial ~ господское поместье
small industry ~ парк оборудования для мелких предприятий
third ~ *ист.* третье сословие *(буржуазия)*
trading ~ *см.* **industrial estate**
trust ~ имущество, управляемое по доверенности

estimate оценка; (предварительный) подсчёт; смета ‖ оценивать; предварительно

подсчитывать; составлять смету □ **by ~** по предварительному подсчёту; **to shave the budget ~s** урезать [сокращать] намеченные бюджетные предположения
~ of maximum precision оценка максимальной [предельной] точности
~ of mean оценка среднего
admissible ~ допустимая оценка
annual ~ годовая оценка
approximate ~ приближённая оценка
a priori ~ априорная оценка
asymptotically efficient ~ асимптотически эффективная оценка
asymptotically unbiased ~ асимптотически несмещённая оценка
balanced ~ сбалансированная оценка
Bayes(ian) ~ байесовская оценка
best linear ~ наилучшая линейная оценка
biased ~ смещённая оценка
budget ~s бюджетные предположения
census based ~ оценка, основанная на материалах переписи
consistent ~ состоятельная оценка
cross-impact ~ оценка взаимного влияния факторов
cross-section ~ оценка, основанная на обработке данных по предприятиям, районам, странам *(в противоположность оценкам, основанным на динамических рядах)*
current ~ текущая оценка
double-ended ~ двусторонняя оценка
engineering ~ заводская расчётная *или* проектная оценка эксплуатационных расходов
eye ~ оценка «на глаз»; грубая [приближённая] оценка
inconsistent ~ несостоятельная оценка
intercensal ~ оценка для периода между переписями
large sample ~ оценка, полученная на основе большой выборки
least-squares ~ оценка по методу наименьших квадратов
maximum likelihood ~ оценка максимального правдоподобия
midyear ~ *бухг.* оценка по состоянию на середину года
minimax ~ минимаксная оценка
minimum-error ~ оценка с минимальной ошибкой
minimum mean-square error ~ оценка с минимальной средней квадратической ошибкой
minimum-variance ~ оценка с минимальной дисперсией
mortality ~ *демогр.* оценка смертности
most probable ~ наиболее вероятная оценка
nearly unbiased ~ почти несмещённая оценка
numerical ~ числовая оценка
ocular ~ *см.* **eye estimate**
pay-off ~ оценка платежей
point ~ точечная оценка
population ~ оценка численности и состава населения
postcensal ~ оценка для периода после проведения переписи
provisional ~ предварительная оценка; предположительная оценка
quasi-stable ~ квазиустойчивая оценка
reasonable ~ приемлемая оценка
regional ~ интервальная оценка
regression ~ оценка по методу регрессии
risk ~ оценка риска
robust ~ устойчивая оценка
sample ~ выборочная оценка *(полученная на основе выборки)*
single-value ~ однозначная оценка
stable ~ устойчивая оценка
sufficient ~ достаточная оценка
time-series ~ оценка на основе анализа временно́го ряда
truncated ~ усечённая оценка
unbiased ~ несмещённая оценка
uniformly consistent ~ равномерно состоятельная оценка
uniformly unbiased ~ равномерно несмещённая оценка
uniformly weighted ~ равномерно взвешенная оценка
unique ~ однозначная оценка
utility ~ оценка полезности
value-put-in-place ~ оценочная стоимость выполненных (строительных) работ

estimating оценочный

estimation оценка, оценивание, получение оценки
~ of harvest failures *с.-х.* оценка стоимости недосборов
~ of sampling errors оценивание ошибок выборочного обследования
classical ~ *стат.* классическая задача оценивания
consistent ~ получение состоятельной оценки
grade ~ оценка качества; определение сорта
interval ~ интервальная оценка
population growth ~ оценка роста численности населения
quick-and-dirty ~ быстрое и приближённое оценивание
ratio ~ оценка (в виде) отношения
sample-by-sample ~ последовательное выборочное оценивание
sequential ~ последовательное оценивание
smoothed ~ сглаженное оценивание

estimator 1. оценка, формула оценки, статистическое значение в качестве оценки **2.** оценщик

estovers право арендаторов поместья пользоваться лесом для хозяйственных нужд

estrangement отделение; отчуждение; отход

estray приблудное [бесхозное] домашнее животное

ethic:
business ~ деловая этика, нормы поведения в бизнесе
capitalist ~ капиталистическая этика
protestant ~ протестантская этика *(идея, согласно которой экономический прогресс в Сев. Европе и Сев. Америке связан с преобладанием протестантской религии)*

work ~ трудовая этика, отношение к труду
ethnodemography этническая демография, этнодемография
euphoria эйфория, состояние необоснованной самоуспокоенности *(в экономике)*
Eurobank евробанк *(дочерний банк нескольких банков различных стран, не подчиняющийся банковскому регулированию страны пребывания)*
Eurobonds еврооблигации *(выпускаются для мобилизации средств на международном кредитном рынке, выражаются в иностранной валюте)*
convertible ~ еврооблигации, обратимые в обычные акции компании — эмитента по определённому курсу
straight ~ еврооблигации, необратимые в другие виды ценных бумаг
Eurocheque еврочек *(стандартная форма чека)*
Eurocurrency евровалюта *(валютные средства западно-европейской страны в банках других стран, используемые в сфере международного банковского кредита)*
Eurodollars евродоллары *(выраженные в долларах средства на счетах в банках, расположенных за пределами США)*
Euroequity евроакции (*см.* **Eurobonds**)
Eurofarmers еврофермеры *(фермеры стран Европейского экономического сообщества)*
Euroline евролиния *(кредитная линия в евровалюте)*
Euromarkets денежные рынки западноевропейских стран
Euromoney евроденьги *(финансовые активы, выраженные в евровалютах и обращающиеся на международных рынках ссудных капиталов)*
Euronote евронота *(среднесрочная кредитная бумага на евровалютном рынке)*
Eurospeak жаргон еврорынка
evade уклоняться *(напр. от уплаты налогов)*
evader:
tax ~ лицо *(физическое или юридическое)*, незаконно уклоняющееся от уплаты налогов
evaluate 1. оценивать, определять стоимость 2. оценивать *(напр. качество)*; давать оценку 3. аттестовывать
evaluation 1. оценка, вычисление, определение стоимости 2. оценка *(напр. качества)* 3. аттестация *(служащих)*
~ **of proposal** оценка предложения *(напр. о поставках)*
capacity ~ оценка производственных возможностей *(предприятия)*; оценка производственной мощности
cost-effectiveness ~ оценка эффективности затрат
feasibility ~ оценка осуществимости
job ~ 1. оценка сложности работы *(при присвоении разряда рабочим, при определении размера заработка)* 2. определение квалификации 3. *орг. пр.* оценка рабочего задания
land ~ качественная оценка угодий
operations ~ оценка (производственных) операций
policy ~ оценка политики; оценка методики; оценка решения
evaluator оценщик, эксперт по оценке собственности
evasion 1. уклонение; обход закона 2. отговорка, вымышленный предлог; уклончивый ответ
tax ~ уклонение от уплаты налогов
evasive уклоняющийся
even выравнивать, сглаживать *(напр. различия)*; нивелировать *(доходы)* □ **at** ~ без процентов
evening-out сглаживание; нивелирование
evenkeel выравнивать, проводить стабилизирующую (денежно-кредитную) политику
event 1. событие; явление 2. случай, происшествие
antithetical ~**s** несовместные события
chance ~ случайное событие
compatible ~**s** совместные события
complementary ~**s** взаимно дополнительные события
compound ~ сложное событие
definite ~ определённое событие
demographic ~ демографическое событие *(напр. рождение, смерть)*
dependent ~**s** зависимые события
equiprobable ~**s** равновероятные события
equivalent [exchangeable] ~**s** эквивалентные события
morbid ~ случай заболевания
random ~ случайное событие
sure ~ достоверное событие
terminating ~ конечное событие
uncertain ~ недостоверное событие
vital ~ этап в жизни человека; биографический факт
work accomplishment ~ *см.* **end event**
eventual 1. возможный 2. конечный, окончательный
eviction лишение *(имущества)* по суду; обратное получение по суду *(имущества от арендатора)*
evidence 1. доказательство; свидетельство; свидетельское показание ‖ служить доказательством; подтверждать 2. данные, факты
~ **of inflation** признаки инфляции
~ **of recovery** признаки подъёма *(экономической конъюнктуры)*
empiric(al) ~ эмпирическое доказательство
experimental ~ 1. экспериментальное доказательство 2. экспериментальные данные
historic(al) ~ исторические факты
evolution эволюция, развитие
ex 1. с; франко 2. *фин.* без *(напр. без дивиденда)*
exacerbation of crisis углубление [обострение] кризиса
exact 1. взыскивать 2. требовать 3. точный
exacting требовательный *(напр. о покупателе)*
ex-all без прав и привилегий
examination 1. осмотр; проверка; ревизия; экспертиза; рассмотрение 2. экзамен

~ **of accounts** ревизия счетов
~ **of proposal** рассмотрение (страховщиком) заявления о страховании
bank ~ ревизия финансового состояния банка
directors' ~ обследование финансового состояния банка директорами
medical ~ медицинское освидетельствование *(напр. лица, принимаемого на страхование)*
patent ~ патентная экспертиза
patentability ~ проверка патентоспособности
premarital ~ медицинское освидетельствование перед вступлением в брак
promotion [qualifying] ~ квалификационный экзамен
selective ~ выборочная экспертиза

examine обследовать; проверять; проводить экспертизу

examiner 1. ревизор, контролёр; эксперт 2. инспектор по качеству 3. таможенный инспектор □ ~ **in chief** *амер.* главный ревизор; старший эксперт
assistant ~ помощник эксперта
bank ~ ревизор банка
budget ~ эксперт по бюджету
primary ~ старший эксперт
securities ~ контролёр ценных бумаг *(должностное лицо при администрации штата)*
technical ~ технический эксперт

example:
graphic(al) ~ наглядный пример
numerical ~ численный пример

ex ante *лат.* предполагаемый, ожидаемый *(об инвестициях, сбережениях)*

exceed превышать; превосходить □ **to** ~ **a credit** превышать кредит

excel превосходить □ **to** ~ **in quality** превосходить качеством

excess избыток, излишек; превышение □ **in** ~ **of** больше, сверх *(напр. нормы)*; **to dispose of** ~**es** реализовывать излишки *(товаров)*; **to work off** ~ **of money** устранять излишек денег, сводить на нет избыток ликвидности
~ **of loss** эксцедент убытка *(часть страховой суммы, превышающая определённый размер по данной категории рисков)*
~ **of loss reinsurance** эксцедентное перестрахование
consolidation ~ консолидационный [сводный] излишек *(инвестиции материнской компании в дочернюю минус стоимость «осязаемого» капитала последней)*; стоимость «неосязаемых» активов дочерней фирмы

excessive чрезмерный

Exchange □ **The Stock** ~ Лондонская фондовая биржа
American Stock ~ Американская фондовая биржа
Baltic Mercantile and Shipping ~ Балтийская товарная и фрахтовая биржа *(Лондон)*
Chicago Mercantile ~ Чикагская товарная биржа

Commodity ~ Нью-Йоркская товарная биржа
European Options ~ Европейская опционная биржа *(Амстердам)*
Far Eastern Stock ~ Дальневосточная фондовая биржа *(Гонконг)*
Foreign Stock ~ рынок для иностранных ценных бумаг *(на Лондонской фондовой бирже)*
Hong Kong Stock ~ Гонконгская фондовая биржа
International Stock ~ **of the United Kingdom and the Republic of Ireland** Международная фондовая биржа Соединённого Королевства и Ирландии
Kam Ngan Stock ~ Фондовая биржа Кам Нган *(Гонконг)*
London Commodity ~ Лондонская товарная биржа
London International Financial Futures ~ Лондонская международная биржа финансовых фьючерсов
Montreal Stock ~ Монреальская фондовая биржа *(Канада)*
New York Futures ~ Нью-Йоркская фьючерсная биржа
New York Insurance ~ Нью-Йоркская страховая биржа *(типа Лондонского Ллойда)*
New York Mercantile ~ Нью-Йоркская товарная биржа *(энергоносителей)*
Royal ~ *англ.* Королевская биржа
Singapore International Monetary ~ Сингапурская международная финансовая биржа
Toronto Stock ~ Торонтская фондовая биржа *(Канада)*

exchange 1. обмен ‖ обменивать; *pl* товарообмен 2. биржа 3. размен денег ‖ разменивать деньги 4. иностранная валюта; девизы 5. курс *(иностранной валюты)* 6. расчёты посредством девиз; операции с иностранной валютой 7. *pl* инкассируемые через расчётную палату кредитные документы □ ~ **as per endorsement** по курсу, указанному на обороте векселя; ~ **at par** обмен по паритету; **first of** ~ первый экземпляр тратты; ~ **is falling** курс иностранной валюты падает; ~ **on London** девизы на Лондон
~ **of data carriers** обмен носителями информации
~ **of day** курс дня *(иностранной валюты)*
commodity ~ 1. товарная биржа 2. *pl* товарообмен
corn ~ *англ.* хлебная биржа
cotton ~ хлопковая биржа
denominational ~ **of securities** обмен ценных бумаг с одним номиналом на другой
direct ~ прямой курс
dollar ~ девизы в долларах
domestic ~ местные кредитные орудия обращения
employment ~ *англ.* биржа труда
favorable ~ благоприятный [выгодный] курс
forced ~ принудительный курс

foreign ~ 1. иностранная валюта 2. иностранная фондовая биржа 3. курс иностранной валюты
forward ~ валюта, покупаемая *или* продаваемая на срок
freely convertible ~ свободно обратимая [конвертируемая] иностранная валюта
future ~ *см.* **forward exchange**
goods ~ *см.* **commodity exchange**
grain ~ хлебная биржа
incoming ~ входящие чеки по клиринговым расчётам
indirect ~ косвенный курс
labor ~ биржа труда
mercantile ~ товарная биржа
New York ~ чек, выписанный на Нью-Йоркский банк
nominal ~ номинальный валютный курс *(в отличие от рыночного)*
option ~ опционная биржа (*см. тж.* **option**)
pegged ~ 1. искусственно поддерживаемый курс *(иностранной валюты)* 2. курс, «привязанный» к другой валюте
post ~ государственное розничное торговое предприятие закрытого типа
produce ~ биржа сельскохозяйственных товаров
provincial stock ~ провинциальная фондовая биржа
recognized stock ~ официальная фондовая биржа
registered ~ *амер.* фондовая биржа, зарегистрированная в Комиссии по биржам и ценным бумагам
securities ~ фондовая биржа
short ~ краткосрочный вексель
sterling ~ девизы в фунтах стерлингов
stock ~ фондовая биржа
unregistered ~ *амер.* фондовая биржа, не зарегистрированная в комиссии по биржам и ценным бумагам
variable ~ неустойчивый [колеблющийся] курс

exchangeability обмениваемость, обратимость
Exchequer *англ.* казначейство
excisable подлежащий обложению акцизом
Excise □ **the ~** акцизное управление
excise акциз, акцизный сбор ‖ взимать акцизный сбор; облагать акцизным сбором
exclude исключать
exclusion 1. исключение *(в контракте)* 2. не облагаемый налогом доход
execute 1. выполнять, исполнять *(напр. работу)* 2. оформлять; совершать *(напр. доверенность)* 3. приводить в исполнение *(судебное решение)* □ **to ~ an order** исполнять заказ; **to ~ a power of attorney** совершить доверенность
execution 1. выполнение, исполнение 2. оформление 3. приведение в исполнение *(судебного решения)* □ **~ by outcry** *бирж.* исполнение приказа непосредственно в биржевом зале
bad ~ продажа *(брокером ценных бумаг)* по невыгодному курсу
budget ~ исполнение бюджета
good ~ продажа *(брокером ценных бумаг)* по выгодному курсу
investment ~ исполнение плана капиталовложений

executive 1. руководитель, администратор, руководящий работник 2. специалист; сотрудник; служащий 3. исполнительная власть
account ~ делопроизводитель, ведущий счета клиентов
average ~ рядовой специалист; рядовой сотрудник
chief ~ президент *(компании)*; директор
functional ~ функциональный руководитель *(напр. главный бухгалтер)*
high ~ руководитель высокого ранга
junior ~ младший администратор, руководитель низшего ранга
new-business ~ служащий *(компании)*, занятый поиском новых сфер деятельности *или* приложения капитала
senior ~ старший администратор, руководитель высшего ранга
top ~ руководитель высшего звена

executor исполнитель *(завещания)*, душеприказчик
executorship совокупность исполнительных функций
executory подлежащий исполнению *(контракт)*; имеющий силу *(пункт закона)*
exempt освобождать; изымать ‖ освобождённый; свободный; изъятый □ **~ from duties** беспошлинный, освобождённый от налогов
tax ~s освобождённые от налога *(напр. облигации)*
exemption 1. освобождение 2. исключение, вычет *(при расчёте налогов)* □ **~ from payment of premium** освобождение от уплаты взносов
dependency ~ освобождение иждивенцев от подоходного налога
reciprocal tax ~ взаимный отказ от взимания определённых налогов *(административных органов разных уровней)*
tax ~ освобождение от уплаты налога
exercise использование права (по контракту) ‖ использовать право
exhaust исчерпывать, истощать *(природные ресурсы)*
exhibit экспонат ‖ показывать; выставлять; экспонировать *(на выставке)*
exhibitor экспонент *(лицо или организация, выставляющие предметы на выставке)*
exhilarate оживлять, взбадривать
exhilaration оживление *(экономической конъюнктуры)*
exigency 1. острая необходимость 2. потребность, нужда
exigent неотложный, не терпящий отлагательства; настоятельный *(о потребностях)*
ex mill франко-завод
exodus массовый уход; массовая эмиграция, вызванная чрезвычайными обстоятельствами
rural ~ массовый уход из деревни
ex officio *лат.* по должности, в силу занимаемой должности

exogenous экзогенный; внешний *(о факторах, определяющих динамику макроэкономических величин)*
expansion 1. экспансия 2. расширение, рост; подъём *(экономической активности)*
~ of currency расширение денежного обращения
~ of operations расширение масштаба (производственной) деятельности
~ of value возрастание стоимости
business ~ экономический подъём
business cycle ~ циклический экономический подъём, фаза подъёма в экономическом цикле
capital ~ наращивание основного капитала
credit ~ кредитная экспансия
cumulative ~ кумулятивный рост *(экономики)*
cyclical ~ *см.* **business cycle expansion**
domestic credit ~ *англ.* показатель расширения кредитных операций внутри страны
economic(al) ~ экономический рост
equilibrium ~ уравновешенный рост
herd ~ увеличение поголовья стада
horizontal ~ of demand «горизонтальное» расширение спроса *(связанное с ростом населения при неизменном доходе на душу населения)*
industrial ~ (экстенсивное) развитие промышленности; промышленная экспансия
job ~ рост численности работающих
monetary ~ 1. денежная экспансия 2. рост денежной массы
multiple ~ of bank deposits многократное увеличение банковских депозитов *(теория банковского дела)*
plant ~ расширение предприятия [завода]
reference (cycle) ~ фаза подъёма в базисном цикле
technological ~ развитие техники
vertical ~ of demand «вертикальное» расширение спроса *(связанное с ростом покупательной способности на душу населения при неизменном населении)*
wartime ~ подъём, обусловленный военной экономикой
expatriate экспатриант, изгнанник; эмигрант ‖ экспатриировать; эмигрировать
expatriation экспатриация, (добровольный *или* принудительный) выезд из отечества; изгнание из отечества; вынужденная эмиграция; отказ от гражданства
expect ожидать; рассчитывать
expectable ожидаемый; вероятный
expectancy 1. ожидаемая величина 2. ожидаемый срок
life ~ средняя продолжительность жизни
reasonable ~ 1. приемлемая ожидаемая величина 2. ожидаемая норма выработки
working ~ ожидаемая продолжительность трудовой деятельности
expectation 1. ожидание 2. математическое ожидание 3. *pl* намерения, надежды, стремления; виды на будущее
~ of profits ожидаемые прибыли
actuarial ~ математическое ожидание выплаты страхового возмещения
adaptive ~s адаптивные ожидания *(основывающиеся на экстраполяции прошлых тенденций)*
conditional mathematical ~ условное математическое ожидание
family ~s намерения в отношении размера семьи
fertility ~s намерения в отношении деторождения
finite ~ конечное математическое ожидание
inflationary ~s ожидания роста цен, инфляционные ожидания
market ~ ожидаемый объём сбыта
mathematical ~ математическое ожидание
price-level ~s ожидаемые изменения цен
rational ~s рациональные ожидания *(основывающиеся на всей информации о текущем и будущем развитии экономической конъюнктуры)*
sales ~ ожидаемый объём сбыта
service time ~ математическое ожидание времени обслуживания
expected предполагаемый, ожидаемый
expedient 1. приём, метод *(расчёта)*; средство для достижения цели 2. целесообразный; рациональный
expedite ускорять *(работу)*
expediter:
chief ~ руководитель *(подразделения фирмы)* по связям с поставщиками
shop ~ агент по связям с поставщиками
vendor ~ агент по поставкам *(комплектующих изделий и материалов)*
expedition of goods отправка товаров
expellee насильственно выселенный, изгнанник
expend расходовать, затрачивать
expenditure 1. расходование, расход 2. затраты, расход(ы) □ **~ (s) above the line** *англ.* балансовые статьи расходов государственного бюджета *(затраты на содержание вооружённых сил, государственного аппарата)*; **~(s) below the line** *англ.* забалансовые статьи расходов государственного бюджета *(ссуды предприятиям национализированного сектора)*; **~(s) charged to a capital account** затраты, относимые на счёт капиталовложений; **~s charged to a depreciation reserve** затраты, относимые на счёт амортизационного фонда; **~(s) committed** финансовые средства, связанные обязательствами *(в виде заказов на оборудование)*; **~(s) for national security** затраты на нужды национальной безопасности; **~(s) on armaments** (государственные) расходы на вооружение; **~(s) on public account** государственные расходы; **~(s) on selling effort** затраты по организации сбыта; **~(s) of human labor** затраты человеческого труда
accrued ~(s) аккумулированные непогашенные затраты, задолженность
agricultural ~(s) (бюджетные) расходы на сельское хозяйство

budget loan ~(s) бюджетные расходы, финансируемые за счёт займов
business ~(s) 1. расходы предпринимателей 2. торговые издержки
capital ~(s) капиталовложения, инвестиции
capital equipment ~(s) капиталовложения в оборудование
capital goods ~(s) 1. затраты на приобретение капитальных товаров 2. капиталовложения в оборудование
capital investment ~(s) **incurred** произведённые капиталовложения; затраты, понесённые для осуществления капиталовложений
cash ~(s) денежные затраты, денежные расходы
civilian ~(s) гражданские расходы *(бюджета)*
complaint ~(s) издержки вследствие рекламаций
defense ~(s) (бюджетные) расходы на оборону
Department of Defense [DOD] procurement ~(s) *амер.* затраты Министерства обороны на закупки
education ~(s) расходы на образование
environmental ~(s) расходы на охрану окружающей среды
estimated ~(s) оцениваемые [расчётные] затраты
factor-purchase ~(s) расходы на покупку факторов производства
federal ~(s) *амер.* расходы федерального правительства
fixed capital ~(s) капиталовложения [инвестиции] в основной капитал
general government ~(s) общая сумма бюджетных расходов и затрат правительственных внебюджетных ведомств
goods and services ~(s) расходы на приобретение товаров и услуг
government ~(s) правительственные расходы; государственные расходы
government loan ~(s) государственные расходы, финансируемые за счёт займов
gross ~(s) общие (бюджетные) расходы
health ~(s) расходы на медицинское обслуживание и здравоохранение
housing ~(s) расходы на жилищное строительство
induced ~(s) производные затраты
intramural ~(s) внутренние [собственные] расходы *(фирмы)*
investment ~(s) капиталовложения, инвестиции
landlord ~(s) затраты землевладельца
luxury ~(s) расходы на предметы роскоши
manufacturing ~(s) производственные затраты
military ~(s) военные расходы
military and related security ~(s) прямые и косвенные военные расходы
nondefense government ~(s) невоенные государственные расходы
off-budget ~s внебюджетные расходы *(государства)*
on-budget ~s бюджетные расходы *(государства)*
operating ~(s) эксплуатационные расходы; текущие расходы
passenger service ~(s) расходы на обслуживание пассажиров *(напр. на питание в полёте)*
personal consumption ~(s) затраты на личное потребление
plant-and equipment ~(s) капиталовложения в промышленные здания, сооружения и оборудование
productive ~(s) производительные расходы
promotional ~(s) расходы на стимулирование сбыта
public ~(s) государственные расходы
recoverable ~ остаточная реализуемая стоимость *(напр. основного капитала за вычетом ликвидационных потерь)*
research-and-development ~(s) расходы на научные исследования и разработки
space ~(s) расходы на космические исследования
supply ~(s) *англ.* (бюджетные) расходы на содержание вооруженных сил и государственного аппарата
transfer ~(s) трансфертные расходы
unproductive ~(s) непроизводительные расходы
wasteful ~ расточительное расходование *(средств)*
welfare ~(s) расходы на социально-культурные нужды

expenses расходы; издержки; затраты □ ~ **for protesting** расходы на опротестование *(векселя)*; ~ **per acre** затраты на один акр; **to incur** ~ производить расходы; **to pile up** ~ увеличивать расходы; **to share the** ~ принимать участие в расходах, делить расходы; **to waive** ~ возместить часть расходов; покрыть расходы *(за счёт определённых фондов)*
~ **of circulation** издержки обращения
~ **of collection** расходы по инкассированию
~ **of production** издержки производства
~ **of representation** представительские расходы
~ **of reproduction** издержки воспроизводства
~ **of storage** затраты на хранение
~ **of transportation** транспортные издержки
absorbed ~ 1. часть накладных расходов, отнесённая на незавершённое производство 2. издержки, отнесённые на операционный счёт *(напр. на счёт производства)*
accrued ~ 1. (начисленные) издержки к оплате 2. аккумулированные непогашенные затраты, задолженность
actual ~ фактические затраты
administrative ~ 1. расходы на административные нужды, управленческие расходы 2. общефирменные расходы
amortization ~ расходы по амортизации *(статья баланса)*
assignable ~ *см.* **direct expenses**

auditing ~ расходы по ревизии *(статья баланса)*
budgeted ~ сметные расходы
business ~ 1. расходы предпринимателей **2.** торговые издержки
capitalized ~ капитальные затраты; капитализируемые расходы *(относимые на счёт основного капитала)*
carrying ~ текущие расходы
city's operating ~ муниципальные эксплуатационные расходы; затраты на эксплуатацию городских коммунальных служб
claims ~ расходы на получение страхового возмещения
commercial ~ торговые издержки
constant ~ постоянные издержки
controllable ~ регулируемые расходы *(включают как прямые производственные расходы, так и переменные косвенные)*
current ~ текущие расходы
current operating ~ текущие эксплуатационные издержки
custodian ~ расходы, связанные с хранением *(ценностей, ценных бумаг)*
dead ~ непроизводительные издержки
deferred ~ 1. *см.* **prepaid expenses 2.** расходы будущего периода, «отложенные расходы»
depreciation ~ начисленный износ; амортизационные отчисления
direct ~ 1. прямые издержки; прямые затраты **2.** переменные издержки; переменные затраты
directly chargeable ~ (переменные) издержки, непосредственно связанные с объёмом производства
direct manufacturing ~ прямые производственные расходы
direct store ~ прямые издержки магазина
discount ~ расходы по дисконтированию
distribution ~ расходы на сбыт продукции
equipment maintenance ~ расходы на установку оборудования *(статья баланса)*
extra ~ дополнительные расходы *(статья баланса)*
fixed ~ постоянные издержки; постоянные затраты
funeral ~ пособия на похороны *(выплачиваемые в Великобритании по системе Национального страхования)*
general ~ *см.* **administrative expenses**
general-and-administrative ~ общие управленческие расходы
general operating ~ 1. общефирменные расходы **2.** *трансп.* переменно-постоянные эксплуатационные расходы
indirect ~ 1. (фабрично-заводские) накладные расходы **2.** косвенные издержки; косвенные затраты
indirect shop labor ~ 1. затраты на заработную плату вспомогательных рабочих **2.** затраты на заработную плату обслуживающих цехов **3.** заработная плата вспомогательных рабочих; непроизводственная заработная плата
interest ~ затраты на выплату процентов *или* на вложенный капитал
law ~ судебные издержки
legal ~ расходы на ведение судебных дел, судебные издержки
lifting ~ эксплуатационные расходы
maintenance ~ расходы на техническое обслуживание и текущий ремонт
management ~ расходы на управление
manufacturing ~ производственные расходы; общезаводские накладные расходы
nonoperating ~ расходы, не связанные с основным видом деятельности
office ~ конторские издержки
operating ~ 1. эксплуатационные расходы **2.** общефирменные расходы **3.** *трансп.* операционные расходы
organization ~ организационные затраты
out-of-pocket ~ переменные издержки любого вида *(в транспортных операциях)*
overhead ~ накладные расходы
particular operating ~ переменные эксплуатационные расходы
period ~ издержки отчётного периода
petty ~ мелкие расходы
prepaid ~ авансированные средства; расходы, произведённые авансом; выплаты авансом *(напр. уплаченная вперёд рента)*
preparation ~ затраты на подготовительные операции
printing-and-postage ~ расходы на печатание и почтовые отправления *(статья баланса)*
processing ~ издержки обработки *(напр. бухгалтерских документов)*
professional ~ расходы, связанные с услугами специалистов *(напр. адвокатов)*
promotional ~ расходы по стимулированию сбыта
promotion and sales ~ расходы на рекламу и сбыт
public ~ государственные расходы
quality ~ затраты на обеспечение качества
recurring ~ периодические расходы
repair ~ ремонтные расходы
running ~ эксплуатационные расходы
selling ~ торговые издержки
service ~ расходы на обслуживание
standing ~ постоянные издержки
storage ~ затраты на хранение
transfer agent ~ выплаты агенту по трансферту акций *(статья баланса)*
travel(l)ing ~ проездные расходы; командировочные расходы
variable ~ переменные затраты
warranty ~ затраты на гарантийный ремонт
waterline operating ~ эксплуатационные затраты при полной загрузке *(судна)*
wheeling ~ повторяющийся расход *(обычно неизменной величины)*
working ~ эксплуатационные расходы

expensive дорогой, дорогостоящий
expensiveness высокая цена; дороговизна
experience опыт; практика □ **to test by ~** проверять на опыте
service ~ опыт эксплуатации

experienced □ **~ in business** опытный в делах
experiment эксперимент, опыт ‖ экспериментировать
check [control] ~ контрольный эксперимент
Hawthorne ~ *амер.* готорнский эксперимент *(по промышленной психологии)*
sampling ~ *стат.* выборочный эксперимент
single ~ *стат.* единичный эксперимент
experimental основанный на опыте, экспериментальный
expert 1. специалист; эксперт 2. опытный, сведущий
accounting system ~ бухгалтер-эксперт по системам учёта
job-placement ~ специалист по вопросам трудоустройства
traffic ~ эксперт по перевозкам грузов
expiration окончание, истечение *(напр. срока страхования)*
expire кончаться, истекать *(о сроке)* □ **a bill ~s** срок векселя наступает
expiry окончание, истечение *(срока)*
exploit 1. эксплуатировать 2. использовать *(в своих интересах)*
exploitation 1. эксплуатация 2. использование *(в своих интересах)*
exploitative эксплуататорский
exploiter эксплуататор
exploration:
market ~ изучение рынка
exploratory исследовательский
explore исследовать, изучать
explosion бурный рост, бурное развитие; взрыв
population ~ демографический взрыв, быстрое увеличение численности населения
exponential показательный, экспоненциальный
export 1. вывоз, экспорт, экспортирование ‖ вывозить, экспортировать ‖ экспортный 2. экспорт; предметы вывоза; статьи экспорта □ **~s in excess of imports** активное сальдо торгового баланса; **to be engaged in ~** заниматься операциями по экспорту; **to go for ~** идти на экспорт *(о товаре)*; **to produce for ~** производить на экспорт; **to step up ~** увеличивать экспорт
~ of goods and services экспорт товаров и услуг *(статья в платёжном балансе)*
capital ~ вывоз капитала
chief ~s главные статьи экспорта
feed grain ~ экспорт фуражного зерна
invisible ~s «невидимый» экспорт, «невидимые» статьи экспорта *(поступления в платёжном балансе по услугам)*
military ~ экспорт военных товаров
national ~ общая сумма экспорта из страны
plant ~ экспорт комплексного оборудования и предприятий
exportable экспортный
exportation экспортирование, вывоз
exporter экспортёр
net ~ of commodity нетто-экспортёр товара *(страна, являющаяся в конечном счёте экспортёром товара, когда экспорт товара превышает его импорт)*
ex post *лат.* фактический; осуществлённый *(об инвестициях, сбережениях)*
expound 1. подробно излагать *(напр. теорию)* 2. разъяснять; развивать
express 1. экспресс 2. *амер.* срочная пересылка *(товаров, денег)* ‖ отправлять срочной почтой; отправлять через транспортную контору ‖ срочный, спешный 3. груз скорой доставки; экспресс-груз
expropriate экспроприировать
expropriation экспроприация; отчуждение; конфискация
expropriator экспроприатор
expulsion насильственное выселение, изгнание; вытеснение
mass ~ массовое изгнание населения
ex-right(s) без прав *(при продаже акции все права и привилегии по ней сохраняются за продавцом)*
ex-ship франко-строп судно, с судна
extend 1. продлевать, пролонгировать 2. предоставлять *(заём)* 3. расширять 4. *бухг.* пересчитывать для получения общей суммы 5. переносить запись □ **to ~ a term** продлить срок *(платежа)*
extendable продлеваемый, подлежащий продлению *(напр. контракт)*
extension 1. продление, пролонгация 2. предоставление *(кредита)* 3. расширение *(напр. предприятия)* 4. расширение знаний 5. содействие развитию *(промышленности)* 6. *бухг.* общая стоимость; «всего на сумму» *(результат умножения количества на цену единицы продукции)* □ **~ to manufacturing capacity** расширение производственных возможностей; добавление производственной мощности
~ of leave продление отпуска
credit ~ предоставление кредита
industrial ~ производственно-техническая помощь *(включая консультации по технологии и организации производства)*
loan ~ предоставление ссуд
route ~ продление транспортной линии; новый участок транспортной линии
extent 1. степень; мера 2. размер *(рынка)*
external 1. внешний *(напр. о факторе)* 2. иностранный, внешний *(о торговле)* 3. объективный, существующий независимо от нас
externalit/y внешний эффект *(выгода или ущерб от экономической деятельности для третьих лиц без оплаты или возмещения)*
consumption ~ies внешние [внерыночные] эффекты, связанные с потреблением
environmental ~ ущерб, причиняемый в результате воздействия производства на окружающую среду
negative ~ отрицательный внешний эффект *(экономической деятельности)*
pollution-type ~ ущерб, причиняемый загрязнением окружающей среды
positive ~ положительный внешний эффект *(экономической деятельности)*

production ~ies внешние [внерыночные] эффекты, связанные с производством
spillover ~ внешнее влияние *(напр. в результате действий другого предприятия)*
extirpate ликвидировать, уничтожать
extra 1. особая плата; приплата **2.** высший сорт ‖ высшего качества **3.** добавочный, дополнительный **4.** особый; специальный; экстраординарный □ **~s for size and quality** приплаты в зависимости от размера и качества; **no ~s** без всяких приплат; **packing is charged ~** за упаковку берётся особая плата
extraconsumption чрезмерное потребление
extract выписка *(из документа)*
daily ~ ежедневная сводка
extrafine высококачественный
extraordinary чрезвычайный, экстраординарный
extrapolate экстраполировать
extrapolation экстраполяция; экстраполирование
~ of time-series экстраполяция временных рядов
arithmetic ~ линейная экстраполяция
bench mark ~ экстраполяция на основе исходных данных
best-fit ~ экстраполяция, обеспечивающая наилучшее соответствие
curve ~ экстраполяция кривой
envelope curve ~ экстраполяция огибающей
graphical ~ графическая экстраполяция
linear ~ линейная экстраполяция
logarithmic(al) ~ логарифмическая экстраполяция
optimum ~ оптимальная экстраполяция
polynomial ~ полиномиальная экстраполяция
simple ~ линейная экстраполяция
statistical ~ статистическая экстраполяция
trend ~ экстраполяция тенденции
weighted ~ взвешенная экстраполяция
extrarisk «сверхриск» *(вероятность наступления страхового случая, превышающая нормальный уровень)*
extremum экстремум *(максимум или минимум)*
exuberance быстрый рост, процветание *(о фазе экономического цикла)*
economic ~ экономическое процветание
ex-warrants без варрантов; ценная бумага, не дающая права на варранты
ex-works франко-завод

F

fabric 1. структура, строение; устройство **2.** изделие, фабрикат **3.** сооружение, здание
fabricate 1. производить, изготовлять **2.** формировать *(напр. предпочтения потребителей)* **3.** изготовлять путём формообразования; формообразовывать **4.** изготовлять металлоконструкции
fabrication 1. производство, изготовление **2.** формирование *(напр. предпочтений потребителей)* **3.** изготовление путём формообразования; формообразование **4.** производство [изготовление] металлоконструкций
batch ~ групповое изготовление
metal ~ изготовление металлоконструкций **2.** формообразование из листового металла **3.** изготовление деталей и машин; машиностроение **4.** *редко* производство металлов
on-site ~ *см.* **site fabrication**
shop ~ изготовление металлоконструкций в мастерских *(с последующей доставкой в готовом виде)*; заводское изготовление металлоконструкций
site ~ изготовление металлоконструкций на месте [на строительной площадке]
structural ~ изготовление строительных металлоконструкций
face номинальный *(о цене, проценте)*
facilitate облегчать, помогать, способствовать
facilitation облегчение, помощь
Facility:
Buffer Stock Financing ~ Система финансирования буферных запасов *(в МВФ)*
Compensatory Financing ~ Система компенсационного финансирования *(в МВФ)*
Extended ~ Система расширенного финансирования *(в МВФ)*
International Banking ~ система международных банковских «зон» [подразделений банков] с льготным режимом *(США)*
Supplementary Financing ~ Система дополнительного финансирования *(в МВФ)*
facilit/y 1. удобство, льгота, услуга **2.** *pl* средства *(денежные)* **3.** *pl* оборудование; приспособления; средства; устройства **4.** *pl* сооружения, здания **5.** *pl* производственные мощности; средства труда **6.** *ТМО* канал обслуживания, обслуживающее устройство, одноканальная система массового обслуживания
approved delivery ~ одобренное [взаимно приемлемое] место поставки *(товара, ценных бумаг)*
banking ~ies банковские услуги, банковские операции
blocked ~ *ТМО* занятое обслуживающее устройство
capital ~ies 1. основной капитал, активы длительного пользования **2.** *иногда* реальные активы, реальный основной капитал *(включая земельную собственность)* **3.** недвижимое имущество, недвижимость **4.** капитальные сооружения
captive ~ies входящие в состав фирмы производственные мощности, относящиеся к другой отрасли промышленности *(напр. угольные предприятия, принадлежащие металлургическим заводам)*

catering ~ies 1. помещения и оборудование для предприятий общественного питания **2.** предприятия общественного питания
central fractionation ~ центральный газоразделительный завод *(для разделения широкой фракции тяжёлых углеводородов)*
check cashing ~ пункт размена чеков
commercial ~ies 1. помещения и оборудование для торговых предприятий **2.** торговые предприятия
communications ~ies средства связи
company-owned (production) ~ies промышленные предприятия, принадлежащие частной компании
complete ~ промышленное предприятие, завод *(как функциональный комплекс производительного основного капитала, включая земельный участок)*
credit ~ies кредиты, источники кредитования
distribution ~ies 1. организационные и технические средства сбыта продукции; организационно-техническая база сбыта продукции **2.** сеть агентов по сбыту **3.** распределительная сеть *(напр. ирригационная)*
diversified production ~ies предприятия, производящие многономенклатурную продукцию
dockage ~ies доки
durable ~ies 1. устройства долговременного пользования **2.** сооружения с длительным сроком эксплуатации
emergency ~ies 1. объекты оборонного значения **2.** объекты ускоренной амортизации *(напр. здания и оборудование)*
equipment ~ies производственное оборудование
general ~ies производственные помещения и коммуникации *(в промышленном парке)*
government ~ies предприятия, принадлежащие государству
government-furnished ~ies государственные предприятия, переданные для эксплуатации *или* в аренду частной компании
government-run ~ies предприятия, управляемые государством
health ~ies помещения и оборудование медицинских учреждений
idle ~ 1. бездействующее предприятие **2.** бездействующая промышленная установка **3.** *ТМО* незанятое обслуживающее устройство
industrial ~ies *см.* **production facilities**
inventory ~ система управления (товарно-материальными) запасами
inventory storage ~ies места хранения товарно-материальных ценностей, складские сооружения
joint ~ies совместно эксплуатируемые средства производства *(напр. транспортные)*
laboratory ~ies лабораторная база, лабораторный комплекс
loading ~ies погрузочные устройства
long lived ~ies *см.* **durable facilities**
maintenance ~ies средства технического обслуживания
mass transportation ~ies средства массовых перевозок
meat distributing ~ies оборудование магазина, предназначенное для сбыта мясных продуктов *(напр. холодильники, фасовочные приспособления)*
mechanical ~ies 1. средства труда **2.** основные производственные фонды **3.** производственное оборудование
military ~ies военные объекты
multiple-channel ~ многоканальная система массового обслуживания
nondurable ~ies 1. устройства кратковременного пользования **2.** сооружения с небольшим сроком эксплуатации
off-line ~ies технические средства обслуживания, не связанные с регулярным воздушным транспортом
overhead ~ies предприятия инфраструктуры *(транспорта, энергетики, водоснабжения)*
parking ~ies места для стоянки *(автомобилей)*, площадка для стоянки
payment ~ies платёжный механизм, средства платежа
physical (productive) ~ies 1. вещественные средства труда **2.** *см.* **general facilities**
plant ~ies промышленные здания и сооружения; промышленные предприятия
plant-and-equipment ~ies *см.* **mechanical facilities**
pollution control ~ies очистные устройства; очистные сооружения
port ~ies портовые устройства; портовое оборудование
primary ~ies главные сооружения производственного комплекса
production ~ies производственные мощности; производственное оборудование
public ~ies общественные здания и сооружения
rail ~ies 1. железная дорога **2.** железнодорожные пути
recreational ~ies места отдыха и развлечения
revolving credit ~ies источники возобновляемого кредита
series-parallel ~ *ТМО* обслуживающее устройство с последовательными параллельными каналами
service ~ 1. *pl* встроенное оборудование зданий и сооружений *(напр. электротехническое, водопроводное)* **2.** *pl* вспомогательные цехи и службы *(иногда заводские лаборатории)* **3.** *см.* **facility 6.**
short ~ies *см.* **nondurable facilities**
social overhead ~ies предприятия социальной инфраструктуры
special credit ~ies специальные банковские кредиты; специальное кредитование *(финансирование развития промышленности в развивающихся странах)*

standby ~ies 1. резервные технические средства; резервные промышленные установки **2.** резервные кредиты
storage ~ 1. *pl* складские сооружения **2.** водохранилище; резервуар
store ~ies удобства для покупателей
terminal ~ies 1. станционные устройства; железнодорожная сеть города *(включая, напр., окружную железную дорогу)* **2.** *см.* **port facilities**
testing ~ies испытательное оборудование
transmission ~ies линии электропередачи; устройства для передачи электроэнергии
transportation ~ies транспортные средства
underground distribution ~ies подземные распределительные (электро-)линии; подземная распределительная сеть
vacant ~ свободное обслуживающее устройство
waiting ~ *ТМО* место для ожидания
war emergency ~ies *см.* **emergency facilities 1.**
waste disposal ~ies устройства для сброса сточных вод
waste reduction [waste treatment] ~ies 1. водоочистительные сооружения **2.** предприятия по переработке отходов [отбросов]
water ~ies 1. водохозяйственные сооружения; система водоснабжения **2.** оросительная [ирригационная] система
water development ~ies 1. устройства водоснабжения; сооружения водоснабжения **2.** гидротехнические сооружения
water-distribution ~ies водораспределительные сооружения

facing товар в одинаковой упаковке, размещённый в ряд на полке *(в магазине самообслуживания)*

factor 1. производственный фактор, производственный ресурс **2.** фактор *(движущая сила)*; обстоятельство **3.** агент, комиссионер **4.** компания, взыскивающая долги с покупателей по поручению торговой фирмы **5.** множитель; коэффициент; фактор
~ of production производственный фактор, фактор производства
~ of proportionality коэффициент пропорциональности
abundant ~ фактор, имеющийся в изобилии
age heaping adjustment ~ сглаживание возрастного распределения
ageing ~ *демогр.* коэффициент дожития
amortization ~ коэффициент амортизации
animal unit conversion ~ коэффициент пересчёта в условные головы скота
annual improvement ~ коэффициент годовой поправки *(условие коллективного договора, связывающее уровень заработной платы с ростом производительности труда)*
annual load ~ коэффициент годовой нагрузки
annual plant ~ среднегодовой коэффициент использования установленной мощности электростанции
area comparability ~ поправочный коэффициент для показателей смертности, вычисленных без учёта территориальных различий
break-even load ~ коэффициент безубыточности
capacity ~ коэффициент использования производственных мощностей
comparative mortality ~ сравнительный показатель смертности
concomitant ~s конкомитантные факторы *(сопутствующие, не управляемые)*
confidence ~ коэффициент достоверности
conversion ~ коэффициент пересчёта; переводной коэффициент
correction ~ поправочный множитель
discount ~ коэффициент дисконтирования, коэффициент переоценки, скидка *(в процентах)*
diversity ~ коэффициент неодновременности *(отношение несовпадающих максимальных нагрузок всех потребителей к максимуму нагрузки данной группы потребителей)*
efficiency ~ коэффициент полезного действия, кпд
extra-farm ~s факторы, независимые от данного предприятия
fertility ~ фактор плодовитости
filter ~ коэффициент фильтрации
forage acre ~ показатель фуражности акра пастбища
germination ~ коэффициент всхожести
growth ~ фактор (экономического) роста
human ~ человеческий фактор *(в управлении)*
inertia ~ инерционный показатель *(напр. общей материалоёмкости продукции)*
institutional ~ институционный фактор *(влияние государства, профсоюзов, объединений на экономическую жизнь общества)*
job ~ *орг. пр.* фактор работы; характеристика работы *(напр. определяющая квалификацию исполнителя)*
learning ~ коэффициент «обучения» *(при поступлении информации, корректирующей прогноз)*
leverage ~ коэффициент увеличения прибыли *(в результате снижения удельных постоянных издержек при увеличении масштаба производства)*
load ~ 1. коэффициент нагрузки **2.** *трансп.* коэффициент загрузки; коэффициент весовой отдачи
loss ~ коэффициент потерь
market ~ фактор сбыта
marriage ~ фактор брачности
monetary and financial ~s денежные и финансовые факторы
motivating ~ стимулирующий фактор
operating load ~ коэффициент (заполнения графика) нагрузки сети
operation ~ 1. коэффициент использования *(напр. оборудования; отношение вре-*

мени использования к календарному времени) **2.** *pl* рабочие [эксплуатационные] характеристики; параметры
output ~ коэффициент отдачи; коэффициент выработки
overall revenue load ~ общий коэффициент платной [коммерческой] загрузки *(отношение фактически оплаченного тонно-километража к возможной величине коммерческого приведённого тонно-километража)*
pacing ~ основной [определяющий] фактор; основное [определяющее] условие
performance ~ коэффициент полезного действия, кпд
performance rating ~ *орг. пр.* количественная оценка производительности *(труда)*
plant ~ коэффициент использования установленной мощности электростанции
power ~ коэффициент (электрической) мощности
present worth ~ коэффициент приведения к настоящему времени расходов будущего периода *(рассчитывается на основе ставки дисконта)*
primary ~ of production первичный фактор производства
processing ~ технологический фактор
productive ~ *см.* **factor of production**
productivity ~ коэффициент производительности *(труда)*
queueing utility ~ коэффициент занятости системы массового обслуживания
revenue passenger load ~ коэффициент платной [коммерческой] пассажирской загрузки *(отношение фактического числа коммерческих пассажиро-миль к располагаемому числу)*
safety ~ отношение резервного запаса к максимальному уровню запасов
scale ~ коэффициент эффекта масштаба; коэффициент изменения эффективности в зависимости от объёма производства (*см.* **economies of scale**)
seasonal ~ сезонный фактор
separation ~ 1. коэффициент распределения *(для приближённого подсчёта детской смертности)* **2.** отношение числа разводов к числу заключаемых браков
servicing ~ *ТМО* коэффициент использования
smoothing ~ коэффициент сглаживания
statistical ~ статистический показатель
substitute ~ фактор-субститут *(фактор производства, заменяющий другой фактор)*
technology ~ технологический фактор; фактор технического прогресса
time comparability ~ поправочный коэффициент для показателей смертности, вычисленных без учёта различий во времени
trade conversion ~ коэффициент пересчёта показателей торговли
unidentified growth ~ неустановленный [неопределённый] фактор роста
usage [use, utilization] ~ коэффициент использования
variability ~ показатель изменчивости
variable ~ переменный производственный фактор *(напр. рабочая сила)*
weight(ing) ~ весовой множитель
work ~ норматив трудового движения

factorial 1. *мат.* факториал ‖ факториальный **2.** факторный

factoring факторинг, факторинговые операции *(1. приобретение требований к должнику и взыскание долга 2. предоплата требований, счетов к получению)*

factory фабрика; завод; предприятие □ **~ lying idle** фабрика заморожена *(находится в резерве)*
branch ~ производственное отделение
central ~ головное предприятие
custom-built ~ промышленное предприятие, построенное по индивидуальному проекту
flatted ~ *англ.* промышленное предприятие в многоэтажном здании; многоэтажное производственное здание
f. o. b. ~ франко-завод *(включает затраты на погрузку в вагон на путях завода)*
heavy engineering ~ *англ.* завод тяжёлого машиностроения
nursery ~ производственная мастерская, сдаваемая в краткосрочную аренду начинающему предпринимателю
prebuilt standard ~ заранее построенное стандартное производственное здание *(с универсальным оборудованием)*

fail 1. становиться банкротом **2.** терпеть неудачу *(в делах)* **3.** не выполнять свои обязательства □ **to ~ to deliver** не выполнять обязательства по поставке

failing 1. неудача, провал **2.** отказ *(в работе)*; повреждение **3.** в случае отсутствия; в случае невыполнения; за неимением *(ответа на запрос)*

fail-passive ограниченно надёжный *(при отказе отдельных элементов)*

fail-safe надёжный *(при отказе отдельных элементов)*; безаварийный

fail-safety надежность *(при отказе отдельных элементов)*; безаварийность

failure 1. неудача, неблагоприятный исход; провал; нехватка, недостаток **2.** банкротство, несостоятельность **3.** отказ *(в работе)*; повреждение, неисправность □ **~ to deliver the goods** несдача товара; **~ to make payment** неуплата; **~ to pay on a due date** неуплата в срок; **~ to supply** нарушение снабжения
bank ~ крах [банкротство] банка
bulk power supply ~ крупная авария в системе снабжения электроэнергией
bureaucratic ~ неэффективность, порождаемая бюрократическим вмешательством в экономику
commercial ~ банкротство коммерческой фирмы
contraceptive ~ неэффективность методов регулирования рождаемости

crop ~ недород, неурожай; гибель посева; выпадение культуры
government ~s проявления неэффективности государственного регулирования
harvest ~ *см.* **crop failure**
industrial ~ банкротство промышленной фирмы
labor market ~ трудности на рынке труда *(напр. обусловленные недостатком рабочих мест)*
market ~s проявления неэффективности рыночного механизма, дефект рыночного регулирования
mission ~ срыв задачи; невыполнение задачи
server ~ *ТМО* выход из строя обслуживающего устройства

fair 1. ярмарка; выставка 2. сходный, приемлемый *(о цене)* 3. честный, справедливый *(о сделке)* 4. достаточный; значительный *(о количестве)*

fall падение, понижение ‖ падать, понижаться □ ~ **in exchange** падение курса; **to ~ behind** отставать *(напр. по уровню развития, темпам роста)*; **to ~ down** не выполнять *(норму)*; **to ~ due** наступать *(о сроке платежа)*; **to ~ short** недоставать, делаться дефицитным; **to ~ short of expectations** не оправдывать ожиданий; **to ~ within an agreement** подпадать под соглашение
~ of currency обесценение денег
~ of rate of profit понижение нормы прибыли
~ of stocks *амер.* падение (курсов) акций
all-round ~ in prices снижение общего уровня цен
steep ~ in prices резкое падение цен

fallaciousness ошибочность *(концепции)*

fallacy 1. ошибка 2. софизм, ложный аргумент
~ of composition ошибка перенесения свойств частного на целое

falldown невыполнение *(нормы)*, падение *(выработки)*

fallibility подверженность ошибкам

fallible ошибочный, сомнительный *(напр. об аргументе)*

fallout сопутствующий результат, сопутствующий эффект; последствия
~ of technical knowledge сопутствующий эффект в виде технических знаний *(получаемый в результате военных исследований)*
civilian ~ развитие гражданских отраслей благодаря ассигнованиям на военные цели
inflationary ~ инфляционные последствия

fallow пар, земля под паром; перелог, кратковременная залежь

fallowing парование, нахождение почвы под паром

familial семейный

familism социальная система, в которой поведение определяется семейными традициями *(а не индивидуальными интересами человека)*

family 1. семейство; совокупность, набор 2. семья, семейство
~ of estimations *стат.* семейство оценок
~ of funds группа взаимных фондов под эгидой одной управляющей компании
abnormal ~ нетипичная семья *(напр. из незамужней матери и незаконнорождённого ребёнка)*
broken ~ семья без одного из родителей, неполная семья
census ~ семья как единица учёта
completed ~ *см.* **declining family**
complex[composite] ~ семья, состоящая из трёх и более поколений
conjugal ~ семья, состоящая только из родителей и детей
declining ~ семья, в которой невозможно рождение нового ребёнка, полная семья
egalitarian ~ эгалитарная семья *(в которой оба супруга занимают равноправное положение)*
embittered ~ семья, в которой супруги не хотят иметь детей
equalitarian ~ *см.* **egalitarian family**
extended ~ семья, состоящая из нескольких поколений
farm ~ семья, проживающая в сельской местности
fraternal ~ семья, в которой неженатый сын живёт в семье брата, наследующего неразделённое хозяйство
infinity ~ бесконечное семейство *(оптимальных стратегий)*
job ~ группа родственных профессий; группа близких по типу технологических операций
joint ~ *см.* **complex family**
low-income ~ семья с низким доходом
matricentric ~ семья, в которой главную роль играет жена
multiple earner ~ семья с несколькими источниками дохода
nonfarm ~ семья, проживающая в городской местности
nuclear ~ основная семья *(глава семьи, его супруга и живущие с ними дети, не состоящие в браке)*
occupational ~ *см.* **job family**
planned ~ спланированная семья
primary ~ *см.* **nuclear family**
product ~ ассортимент продукции
quasi-planned ~ малодетная семья, в которой не осуществляется планирование рождаемости
secondary ~ вторичная семья
standard ~ стандартная семья
statistical ~ семья как единица учёта
stem ~ родовая семья
two-child ~ двухдетная семья

family-based основанный на фамильном родстве *(напр. о предприятии)*

famine 1. голод *(массовое бедствие)* 2. острый недостаток *(напр. товаров)*
goods ~ товарный голод, острый недостаток (потребительских) товаров

fancy:
public ~ вкусы покупателей; мода
Fanny Mae *амер., разг.* Федеральная национальная ипотечная ассоциация и её ценные бумаги *(см. тж.* **Federal National Mortgage Association***)*
fare 1. плата за проезд, стоимость проезда; тариф **2.** платный пассажир □ **at a reduced ~** по льготному тарифу; **to pay full ~** платить по полному тарифу
air ~ тариф пассажирских авиаперевозок
coach ~ пассажирский тариф второго *или* третьего класса
discount ~ льготный пассажирский тариф
excursion coach ~ экскурсионный пассажирский тариф, льготный тариф при проезде «туда и обратно»
long-haul ~ стоимость проезда на дальние расстояния
multizone ~ зонированная плата за проезд, плата за проезд по (нескольким) зонам
one-way ~ *см.* **single fare**
promotional ~ льготный (транспортный) тариф
rail ~ пассажирский тариф железнодорожных перевозок
rail coach ~ пассажирский тариф железнодорожных перевозок в общем вагоне [в бесплацкартном вагоне с местами для сидения]
regular ~ обычный *(нельготный)* пассажирский тариф
return ~ плата за проезд в оба конца
short-haul ~ стоимость проезда на малые расстояния
single ~ плата за проезд в один конец
variable ~ плата за проезд *(в городском транспорте)*, меняющаяся в зависимости от дальности поездки
farm 1. ферма, фермерское [крестьянское, сельское] хозяйство ‖ заниматься фермерским хозяйством **2.** питомник; заповедник **3.** жилой дом на ферме □ **to ~ out 1.** брать в аренду **2.** отдавать в аренду **3.** отдавать на откуп **4.** передавать *(в другую отрасль или организацию)*
agronomic(al) ~ опытно-показательная ферма
arable ~ земледельческая ферма
arable-and-livestock ~ земледельческо-животноводческая ферма
collective ~ колхоз, коллективное хозяйство
contract ~ ферма, ведущая хозяйство на договорных началах
corporation ~ 1. ферма, принадлежащая акционерной компании **2.** сельскохозяйственное предприятие, оформленное как акционерная компания
costed ~ ферма, на которой проведён *или* проводится расчёт издержек производства
crop(-growing) ~ растениеводческая ферма
dairy ~ молочная ферма
demesne ~ собственная ферма *(не арендованная)*
development ~ 1. опытное хозяйство **2.** фермерское хозяйство по освоению земель
diversified ~ многоотраслевая [неспециализированная] ферма
escheated ~ выморочное [конфискованное] хозяйство
evicted ~ пустующая ферма; ферма, арендатор которой выселен
extensive ~ экстенсивная ферма
factory ~ большое фермерское хозяйство *(управляемое индустриальным методом)*
family(-operated) [family-run] ~ ферма, обслуживаемая только членами семьи *(без привлечения постоянной наёмной рабочей силы)*
father-son ~ сельскохозяйственное предприятие, принадлежащее отцу и сыну
full-owner(-operated) ~ хозяйство, в котором фермер владеет всей землёй
full-time ~ ферма, обеспечивающая хозяину полную занятость
fur ~ звероводческая ферма, звероферма
general ~ хозяйство общего направления
hog ~ свиноводческая ферма, свиноферма
instructional ~ учебная ферма
leasehold ~ арендованная ферма
livestock (-rearing) ~ животноводческая ферма
manager ~ сельскохозяйственное предприятие, ведение которого осуществляется управляющим
marginal ~ маржинальная [предельная] ферма *(расположенная на малоплодородных землях либо обеспечивающая фермеру минимальный доход)*
marshland ~ ферма, расположенная на заболоченных землях
mixed enterprise ~ многоотраслевая [неспециализированная] ферма
model ~ образцово-показательная ферма
multiple enterprise ~ многоотраслевая [неспециализированная] ферма
owner-occupied ~ хозяйство фермера-собственника
partnership ~ фермерское хозяйство, ведение которого осуществляется двумя *или* бо́льшим числом лиц на правах компаньонов
part-time ~ 1. ферма, не обеспечивающая хозяину полной занятости **2.** подсобное хозяйство
penal ~ ферма в качестве пенитенциарного учреждения
pilot(-research) ~ опытно-показательная ферма
prison ~ ферма при тюрьме
private ~ частная ферма
rented ~ арендованная ферма
share-cash (tenant) ~ ферма, арендуемая на основе смешанной аренды
share crop (tenant) ~ ферма арендатора-издольщика
small urban fringe ~ мелкая пригородная ферма
state ~ совхоз; государственное хозяйство, государственная ферма
stock(-rearing) ~ животноводческая ферма
sublet ~ субарендованная ферма

subsistence ~ нетоварная ферма
tenant ~ арендованная ферма
test ~ опытно-показательная ферма; опытное хозяйство
truck ~ товарная овощная ферма
farmer 1. фермер; земледелец **2.** арендатор **3.** откупщик
collective ~ колхозник
dirt ~ *амер.* фермер, выполняющий все работы *(без наёмной рабочей силы)*
irrigation ~ фермер, ведущий орошаемое хозяйство
livestock ~ животновод
marginal ~ 1. маржинальный [предельный] фермер *(плохо ведущий своё хозяйство)* **2.** фермер, ведущий хозяйство на малоплодородных землях
peasant ~ крестьянин, ведущий самостоятельное хозяйство
poverty-stricken ~ фермер-бедняк
retired ~ престарелый фермер; фермер, отошедший от активной деятельности
specialist [specialty] ~ фермер, ведущий специализированное хозяйство
subsistence ~ фермер, ведущий нетоварное хозяйство
tax ~ откупщик налогов
tenant ~ фермер-арендатор
farmer-employer фермер-работодатель
farmerette *разг.* работница на ферме
farmhold земля, принадлежащая фермеру
farming 1. ведение фермерского хозяйства; фермерское [крестьянское, сельское] хозяйство **2.** земледелие; фермерство
aimless ~ примитивное хозяйство; бессистемное хозяйство
commodity ~ товарное земледелие
conservation ~ почвозащитное земледелие
cooperative ~ сельскохозяйственная кооперация
dairy ~ молочное животноводство
depression ~ убыточное хозяйство
diversified ~ многоотраслевое [неспециализированное] хозяйство
dry (land) ~ сухое [богарное] земледелие
exploitative ~ хищническое земледелие
family ~ сельскохозяйственное производство, основанное на труде семьи фермера *(без привлечения постоянной наёмной рабочей силы)*
general ~ многоотраслевое [неспециализированное] хозяйство
high ~ интенсивное земледелие
livestock ~ животноводство
low ~ экстенсивное земледелие
mixed ~ многоотраслевое [неспециализированное] хозяйство
monocultural ~ монокультура, монокультурное [одноотраслевое, специализированное] хозяйство
multiple product ~ многоотраслевое [неспециализированное] хозяйство
one-crop ~ *см.* **monocultural farming**
organic ~ земледелие с применением только органических удобрений
pasture ~ лугопастбищное хозяйство
power ~ механизированное сельское хозяйство
rotation ~ севооборотное хозяйство
share ~ издольное хозяйство
sheep ~ овцеводство
single-crop [single enterprise, single product] ~ *см.* **monocultural farming**
tax ~ откуп налогов
tenant ~ земледелие на арендуемой земле
tradition-bound ~ традиционное сельское хозяйство
truck ~ *амер.* товарное овощеводство
upland ~ *англ.* пастбищно-выпасное хозяйство на холмах
farmlore учение об организации сельского хозяйства
farm-stead ферма со службами
farthing фартинг, четверть пенса *(при старой денежной системе в Великобритании)*; очень мелкая монета и сумма, «грош»
fashion 1. мода, стиль **2.** образ □ **to come into ~** входить в моду *(о товаре)*
fashionable модный
fat откармливать *(на убой)* ‖ откормленный
fatality смерть *(от несчастного случая)*
case ~ смерть от несчастного случая
fatling *см.* **fattener 1.**
fattable пригодный к откорму *(напр. скот)*
fattener 1. животное на откорме **2.** фермер, занимающийся откормом скота
fattening откорм, нагул *(скота)*
intensive ~ интенсивный откорм
market ~ откорм до рыночных кондиций
fault 1. недостаток; дефект **2.** ошибка **3.** нарушение
faulty 1. имеющий недостатки; несовершенный; дефектный **2.** неправильный, ошибочный **3.** испорченный, повреждённый, негодный
favor поддержка, помощь, содействие, благоприятствование ‖ благоприятствовать; поощрять, содействовать *(напр. экономическому развитию)* □ **to be in ~** пользоваться спросом
favorable благоприятный
least ~ наименее благоприятный
most ~ наиболее благоприятный
favorite предпочитаемый *(напр. о формах сбережения)*
favo(u)ritism фаворитизм *(выдвижение работников не по деловым качествам)*
feasibility 1. выполнимость, осуществимость **2.** годность **3.** возможность
engineering ~ техническая осуществимость
manufacturing ~ производственная возможность
technical ~ 1. техническая осуществимость **2.** техническая годность
feasible 1. практически осуществимый, выполнимый **2.** годный **3.** возможный
physically ~ физически осуществимый
technologically ~ технически выполнимый
featherbedding фезербединг, «лёгкая жизнь» на предприятии *(1. тактика, согласно которой предприниматели сохраняют численность наличной рабочей силы неза-*

висимо от потребности в ней 2. не оправданное, с точки зрения предпринимателя, требование профсоюза увеличить число занятых в определённом виде работ)

feature особенность, характерная черта; свойство, признак

call ~ условие облигационного займа о праве досрочного погашения эмитентом

cumulative ~ оговорка о выплате дивидендов в виде накопленной суммы один раз в несколько лет

identifying ~ характерная черта; отличительный признак

integral ~ неотъемлемое [присущее] свойство

outstanding ~ главная характерная черта

salient ~ *см.* **identifying feature**

unsuccessful ~ of behavior 1. неудачный *или* безуспешный шаг *(в поведении)* **2.** неудачный *или* безуспешный ход

featureless лишённый характерных черт *(напр. о состоянии рынка)*

fecund 1. плодовитый **2.** плодородный

possibly ~ возможно плодовитый

relatively ~ относительно плодовитый

fecundity 1. потенциальная плодовитость; способность супружеской пары к деторождению **2.** плодородность, плодородие

Fed *амер., разг.* Фед, Федеральная резервная система

federal федеральный

federalism федерализм *(принцип ограниченного экономического и финансового суверенитета членов федерации и местных органов власти)*

federalist федералистский, соответствующий принципу федерализма

federally-chartered уполномоченный *или* разрешённый федеральным правительством

Federation:

~ of Agricultural Cooperatives Федерация сельскохозяйственных кооперативов *(Великобритания)*

~ of British Industries Британская федерация предпринимателей

American ~ of Labor Американская федерация труда, АФТ

International ~ of Agricultural Producers Международная федерация сельскохозяйственных производителей

International ~ of Chemical and General Workers' Unions Международная федерация профсоюзов рабочих химической и других отраслей промышленности

International ~ of Cotton and Allied Textile Industries Международная федерация по хлопку и хлопчатобумажной текстильной промышленности

International ~ of Plantation, Agricultural and Allied Workers Международная федерация работников плантаций, сельского хозяйства и смежных отраслей

International Dairy ~ Международная федерация производителей молока

International Landworkers' ~ Международная федерация сельскохозяйственных рабочих

International Olive Growers' ~ Международная федерация оливководов

International Planned Parenthood ~ Международная федерация по регулированию рождаемости

International Youth ~ for Environmental Studies and Conservation Международная молодёжная федерация по изучению и охране окружающей среды

National ~ of Building Trades Operatives Национальная федерация профсоюзов строительных рабочих

Planned Parenthood ~ of America Американская федерация по регулированию рождаемости

World ~ of Scientific Workers Всемирная федерация научных работников, ВФНР

World ~ of Trade Unions Всемирная федерация профсоюзов, ВФП

federation федерация, союз, объединение

employers' ~ федерация нанимателей

fee 1. вознаграждение; гонорар; взнос; сбор *(напр. таможенный)*; комиссия, комиссионный сбор, плата за услуги ‖ платить гонорар **2.** *ист.* лен, феод, феодальное поместье □ **~s and royalties** доходы от продажи патентов, лицензий и технического опыта *(статья в платёжном балансе)*

additional ~ дополнительный взнос

admission ~ вступительный взнос

advisory ~ комиссия за консультацию и совет

affiliation ~ вступительный взнос

air mail ~ почтовый сбор на авиалиниях

appraisal ~ плата за оценку недвижимости *(при залоге)*

award ~ премиальные

bank transaction and checking ~ комиссия за осуществление банковских и чековых операций

broker's ~ брокерская комиссия; вознаграждение за посредничество

commitment ~ комиссионные за обязательство [за невыбранную часть кредита]

contractor ~ вознаграждение подрядчику

customs ~s таможенные сборы

director's ~ вознаграждение директорам

factoring ~ комиссия факторинговой компании

finder's ~ комиссия посредника

flat ~ твёрдая комиссия *(не меняющаяся в зависимости от суммы сделки)*

incentive ~ поощрительное вознаграждение

insurance ~ страховой сбор

insurance survey ~(s) сбор на страховую экспертизу

landing ~ плата за посадку *(взимается аэропортом)*, посадочный сбор

listing ~ плата за листинг *(допуск ценных бумаг на биржу)*

maintenance ~ комиссия за ведение текущего счёта в банке

management ~ комиссия за управление средствами *(обычно взимаемая управляющей компанией инвестиционного фонда)*

membership ~ членский взнос

official's ~ жалованье государственного служащего
patent ~ патентная пошлина
penalty ~ пени
permit ~ сбор за выдачу разрешения, сбор за патент
per-transaction ~ комиссия, начисляемая за каждую операцию по текущему счёту
pesticide application ~ плата за обработку пестицидами
pipeline certificate ~ сбор за выдачу разрешения на эксплуатацию нефтепровода
printing ~ публикационная пошлина
public accounting ~(s) гонорар за внешнюю ревизию
publication ~ публикационная пошлина
registration ~ регистрационный сбор *(напр. при выпуске ценных бумаг)*
rental ~ арендная плата
SEC registration ~s *амер.* комиссионные расходы по регистрации ценных бумаг в комиссии по ценным бумагам и на бирже
service ~ **1.** плата за услуги **2.** *с.-х.* плата за осеменение
service ~ for delivery плата за доставку покупки на дом
stud ~ *с.-х.* плата за случку
transfer ~ комиссия за трансферт
trustees ~ вознаграждение опекунам
tuition ~ плата за обучение
vehicle license and registration ~ сбор за выдачу номерного знака и регистрацию автомобиля

feed корм, фураж || давать корм; пасти □ **to ~ out** откармливать животное *(для продажи)*

feedback **1.** обратная связь **2.** связь с потребителями; информация от потребителей
data ~ обратный поток информации *(от потребителя)*
deviation-amplifying ~s обратные связи, усиливающие отклонение *(от состояния равновесия)*
deviation-countervailing ~s обратные связи, препятствующие отклонению от состояния равновесия
field ~ информация от потребителей, эксплуатирующих изделия *(выпускаемые предприятием)*
multilpe ~ информация от нескольких потребителей
product development ~ связь с разработчиками изделия; доработка изделия с учётом требований потребителя
quality information ~ информация от потребителей о качестве продукции
user ~ информация от потребителей

feeder **1.** *амер.* фидер *(животное, откармливаемое на убой)* **2.** фермер, занимающийся откормом скота
beef cattle ~ фермер, занимающийся откормом мясного крупного рогатого скота
grass ~ фермер, занимающийся пастбищным откормом скота
winter ~ фермер, занимающийся зимним откормом скота
yard ~ фермер, занимающийся стойловым откормом скота

feedgrain(s) кормовое зерно

feeding *с.-х.* откорм, кормление □ **~ in transit** кормление в пути следования; **~ to appetite** кормление вволю
adequate [balance] ~ достаточное [сбалансированное] кормление
contract ~ откорм по контракту
full ~ полное кормление
heavy [high] ~ обильное кормление
highest-profit ~ кормление с наибольшей оплатой корма
insufficient ~ недокорм
liberal ~ обильное кормление
limited [restricted] ~ ограниченное кормление
short ~ быстрый откорм
stock ~ кормление скота
supplemental ~ дополнительное кормление
unrestricted ~ неограниченное кормление
yard ~ стойловый откорм скота

feedingstuff корм
compound animal ~ комбикорм
high-energy ~ высококалорийный корм
purchased ~s покупные корма

feedstuff корм

felony:
economic(al) ~ *разг.* экономический просчёт, действие, приносящее экономический ущерб

fertile **1.** плодовитый, фертильный **2.** плодородный; изобильный

fertility **1.** фактическая плодовитость, фертильность; рождаемость **2.** деторождение **3.** плодородие; изобилие
~ of marriage брачная плодовитость
~ of noncontracepting couples естественная [физиологическая] плодовитость
age-duration-specific ~ плодовитость в зависимости от возраста и времени пребывания в браке
age-specific ~ повозрастная плодовитость
cohort ~ плодовитость когорты
completed ~ исчерпанная плодовитость *(когорты)*
controlled ~ регулируемая рождаемость
couple ~ брачная плодовитость
effective ~ фактическая плодовитость
estimated ~ оценка плодовитости
excess(ive) ~ максимальная плодовитость
generation ~ плодовитость поколения
illegitimate ~ внебрачная плодовитость
intrinsic ~ естественная [физиологическая] плодовитость
legitimate ~ брачная плодовитость
lifetime ~ исчерпанная плодовитость *(когорты)*
marilal ~ брачная плодовитость
natural ~ **1.** естественная плодовитость **2.** природное плодородие *(напр. почвы)*
planned ~ регулируемая рождаемость
potential ~ физиологическая [естественная] плодовитость
total ~ общая плодовитость
uncontrolled ~ нерегулируемая рождаемость

fetishism фетишизм

~ **of commodities** товарный фетишизм
~ **of money** денежный фетишизм
feudalism феодализм
feudalistic 1. феодальный 2. характерный для феодализма
fever лихорадка *(на рынке)*
feverish лихорадочный *(о рынке ценных бумаг или товаров)*
fiduciary 1. доверенное лицо; хранитель; траст-агент ‖ порученный, доверенный, основанный на доверии 2. непокрытый *(напр. о деньгах, не обеспеченных золотом)* 3. фидуциарный *(напр. об эмиссии денег)*
field 1. область деятельности 2. периферия бизнеса; район сбыта 3. поле; участок 4. месторождение
offshore ~ морское месторождение полезного ископаемого; прибрежное месторождение полезного ископаемого, морские промыслы *(нефтяные)*
prediction ~ область прогнозирования
fieldwork 1. полевые работы 2. сбор данных на местах
fight:
proxy ~ борьба за контроль над компанией с использованием доверенностей на голосование на общем собрании акционеров
figure 1. цифра; величина; количественный показатель ‖ обозначать цифрами 2. *pl* данные 3. диаграмма, рисунок, чертёж ‖ изображать диаграммой 4. цена
balance sheet ~ статья баланса
capacity ~**s** показатели производственной мощности
comparative mortality ~ *англ.* сравнительный коэффициент смертности
confidence ~ *стат.* доверительная вероятность; доверительный уровень
control ~**s** контрольные цифры *(плана)*
cost ~**s** показатели себестоимости *или* издержек производства
employment ~**s** статистика занятости
engineering ~**s** инженерные оценки стоимости *(новых образцов машин)*
estimated ~**s** оценочные показатели
historical ~**s** (цифровые) данные за прошлые годы
indicative planning ~**s** ориентировочные плановые задания, ОПЗ
provisional ~ предварительная цифра
refined ~**s** обработанные данные
significant ~ значащая цифра
target ~ намечаемая [плановая] величина; контрольная цифра
file 1. подшитые бумаги, дело; регистратор *(для бумаг)* ‖ подшивать бумаги 2. *амер.* подача *какого-л.* документа ‖ представлять документы 3. картотека; массив *(карт)* □ **to ~ an application** подать заявление
bank central ~ центральный архив банка
bill ~ вексельный архив
card index ~ картотека
census establishments ~ картотека предприятий для проведения переписи
central information ~ центральная картотека *(в банке)*
credit ~ картотека кредитной информации
customer ~ клиентская картотека *(в банке)*
data ~ массив данных
followup ~ подшивка документов *(напр. заказов на материалы)*, находящихся на контроле; картотека невыполненных заказов
Master reference ~ главная контрольная картотека поставщиков *(Центра тыловых служб Управления военного снабжения)*
patent ~ патентный фонд
tax ~ налоговая документация
filiation 1. филиал; ветвь 2. образование филиала 3. отношение родства, происхождение 4. усыновление
filing 1. подача заявки *(напр. в государственное учреждение)*; представление документа 2. поданная заявка; представленный документ 3. регистрация [подшивка] документов
rate increase ~**s** принятые [зарегистрированные] заявки на повышение тарифов
fill 1. *ТМО* загрузка; коэффициент использования 2. удовлетворять *(потребность)*; насыщать 3. наполнять; нагружать; заправлять *(напр. горючим)* 4. занимать *(должность)* 5. *амер.* выполнять *(заказ)* □ **to ~ in** заполнять *(напр. бланк)*
partial ~ *амер., бирж.* частичное исполнение брокером приказа клиента
filling 1. насыщение 2. наполнение; нагрузка; заправка 3. часть чека, где сумма написана цифрами и прописью 4. *амер.* выполнение *(заказа)*
~ **of orders** выполнение заказов *(посылочной компанией)*
fillip толчок, стимул *(напр. экономического подъёма)*
filter:
trend-seasonal ~ фильтр тренда и сезонных колебаний
final окончательный, конечный
finalize завершать; заканчивать; окончательно оформлять
Finance □ ~ **for Industry** Корпорация финансирования промышленности *(Великобритания)*
finance 1. финансовое дело, финансы ‖ финансировать; вести финансовые операции 2. *pl* финансы; доходы; средства □ **to raise the ~s** получать [собирать] средства *(напр. путём выпуска акций)*; **to run the country's ~** управлять финансами страны
~**s of state** государственные доходы
big ~ *см.* **high finance 1.**
committed ~**s** вложенные финансовые средства
compensatory ~ компенсационная финансовая политика *(направленная на противодействие колебаниям деловой активности)*
corporate ~**s** финансы частной корпорации
deficit ~**s** «дефицитные» финансовые операции *(характеризующиеся превышением расходов над доходами)*

farm ~s финансы фермерского хозяйства
high ~ 1. финансовая олигархия, крупный финансовый капитал **2.** *pl* крупные финансовые операции
intergovernmental ~s межправительственные финансовые отношения
public ~s государственные финансы
sound ~s «здоровые финансы» *(финансовые операции, характеризующиеся сбалансированием доходов и расходов)*

financial финансовый

financier финансист, финансовый капиталист

financing финансирование
account receivable ~ ссуды под залог дебиторской задолженности
additional ~ дополнительное финансирование; выделение дополнительных средств
asset-based ~ финансирование операций с существующими активами *(сдача в аренду) или* с претензиями на эти активы *(дебиторской задолженностью)*
compensatory ~ компенсационное финансирование
compensatory official ~ компенсационное официальное финансирование *(дефицита платёжного баланса)*
debt ~ финансирование путём получения займов
deficit ~ «дефицитное» финансирование *(операции правительства, осуществляемые за счёт размещения новых государственных обязательств)*
development ~ финансирование развития
equity ~ финансирование путём выпуска новых акций
installment sales ~ покупка у деловых предприятий долгосрочных дебиторских обязательств
interim ~ промежуточное финансирование
investment ~ финансирование инвестиций
lease ~ финансирование операций по аренде и прокату
link ~ *амер.* «цепное» финансирование *(внесение компенсационного остатка на текущий счёт банковского заёмщика другим кредитным учреждением с выплатой заёмщиком процентов по этому остатку)*
nursery ~ финансирование начальной стадии дела *(фирмы, проекта)*
outside ~ внешнее финансирование
project ~ проектное финансирование; (долгосрочные) кредиты под конкретный промышленный проект и этапы его реализации
sale and leaseback ~ финансирование путём продажи основных фондов другой фирме *(у которой затем это оборудование берётся на прокат на длительный срок)*
secondary ~ вторичное финансирование *(выпуск одних ценных бумаг вместо других на ту же сумму)*
surplus ~ финансирование при бюджетном излишке *(при превышении доходов над расходами в государственном бюджете)*

fine 1. пеня, штраф ‖ штрафовать, налагать штраф **2.** высокого качества; первоклассный; высокопробный □ **to impose a ~** налагать штраф

fineness проба *(благородных металлов)*, чистота
~ of gold проба золота, чистота золота

fine-tune точно настраивать *(экономику)*; проводить государственное регулирование *(экономики)* с компенсацией колебаний конъюнктуры

finish 1. завершение, отделка ‖ заканчивать, отделывать; производить технологическую операцию **2.** *с.-х.* упитанность

finished 1. законченный, обработанный, отделанный **2.** *с.-х.* упитанный, откормленный

finishing 1. завершение, отделка **2.** завершающий [заключительный] откорм

finite конечный, ограниченный, имеющий предел *(напр. о ресурсах)*

fink *жарг.* штрейкбрехер

firm 1. фирма; торговая фирма; торговый дом **2.** твёрдый; устойчивый *(о ценах)* □ **to alter a ~** переименовать фирму; **to incorporate a ~** оформить юридический статус фирмы как корпорации; **to ~ up** окрепнуть, утвердиться *(о курсе ценных бумаг)*
affiliated ~ филиал фирмы
ancillary ~ подчинённая фирма
auditing ~ ревизорская фирма *(осуществляющая ревизию бухгалтерского учёта и отчётности в других компаниях)*
blue chip ~ процветающая фирма, фирма с первоклассной репутацией
consulting ~ консультационная фирма
contract engineering-and-research ~ фирма, выполняющая конструкторские работы и исследования по заказам
defense-industry [defense-oriented] ~ военно-промышленная фирма
diversified ~ *см.* **multiproduct firm**
divisionalized ~ фирма с несколькими отделениями
dominant ~ главенствующая фирма *(в отрасли или на рынке)*
entrant ~ начинающая фирма, новая *(в данной отрасли)* фирма
established ~ действующая в течение многих лет фирма
executive search ~ фирма, занимающаяся подбором кандидатур на руководящие должности *(в корпорациях)*
extant ~s имеющиеся [существующие] фирмы
failed ~ обанкротившаяся фирма
family ~ семейная фирма
general mail-order ~s посылочные компании, торгующие товарами универсального ассортимента
high-cost ~ фирма с высокими издержками производства
higher tier ~ фирма более высокого уровня в системе распределения субподрядов; вышестоящая фирма в системе производственной кооперации *(при выполнении*

военных заказов); головной подрядчик
intermediator ~ фирма-посредник
law ~ юридическая фирма
long ~ *жарг.* мошенническая фирма, жульническое предприятие
low-cost ~ фирма с относительно низкими издержками производства
manufacturing ~ фирма в обрабатывающей промышленности
multimarket ~ фирма, выступающая на многих рынках
multiplant ~ фирма, владеющая несколькими предприятиями
multiproduct ~ фирма, производящая многономенклатурную продукцию
outside ~s фирмы, не входящие в данную отрасль
public accounting ~ (частнопрактикующая) бухгалтерская фирма; консультационно-ревизорская (бухгалтерская) фирма
research-and-development ~ фирма, ведущая научные исследования и разработки
securities ~ дилерская фирма, осуществляющая торговлю ценными бумагами
spin-off ~ «отпочкованная» фирма *(производящая непрофильную продукцию для материнской компании)*
state-owned ~ государственная фирма
technology-oriented ~ фирма, производящая новые виды продукции на основе передовой технологии

firmness устойчивость; стабильность
~ of exchange устойчивость курса
~ of prices стабильность цен

first 1. начало **2.** первый экземпляр *(векселя)* **3.** *pl* товары высшего качества **4.** высший *(о качестве)* □ **~ being unpaid** первый экземпляр векселя не оплачивается

first-class первоклассный, высшего сорта

first-come-first served *см.* **first-in-first-out 1.**

first-grade первосортный

first-in-first-out 1. *ТМО* первым прибыл — первым обслужен, обслуживание в порядке поступления **2.** первым получен — первым выдан, расходование запасов в порядке получения **3.** *бухг.* первая партия на приход — первая в расход **4.** первым поступил — первым продан *(метод оценки и продажи товаров)*

first-in-last-out *ТМО* прибыл первым — обслужен последним, обслуживание в обратном порядке

first-rate первоклассный, высшего сорта

fisc *см.* **fisk**

fiscal 1. сборщик налогов, судебный исполнитель **2.** фискальный; финансовый; бюджетный

fisher:
bottom ~ инвестор, покупающий ценные бумаги, курс которых достиг «дна»

fishmonger *англ.* рыбный магазин

fisk 1. *ист.* фиск **2.** *шотл.* государственная казна

fit 1. соответствие; подбор, приведение в соответствие ‖ соответствовать, приводить в соответствие ‖ соответствующий, годный **2.** использовать, применять *(напр. производственную функцию)* **3.** исчислять □ **~ for service** годный к эксплуатации; **to ~ into model** включать в модель *(какую-л. новую переменную)*; **to ~ with** соответствовать *чему-л.*; отвечать *каким-л.* требованиям; приводить в соответствие с *чем-л.*
best possible [closest] ~ *стат.* наиболее точный подбор; наиболее точное соответствие
least-square ~ подбор методов наименьших квадратов

fitment приспособление; устройство; оборудование
optional ~ оборудование, устанавливаемое по выбору заказчика

fitness (при)годность; соответствие

fitting 1. приведение в соответствие; подгонка; подбор **2.** установка; сборка **3.** *pl* полнота обуви; размер предметов одежды
trend ~ подбор кривой тренда

five-digit пятизначный *(по стандартной промышленной классификации США о мелкой подотрасли, напр., о производстве смесей на основе сухого молока)*

fiver *разг.* пятёрка *(банкнота в пять фунтов стерлингов)*

fix 1. взятка; подкуп **2.** трудное положение **3.** фиксировать, закреплять

fixed неподвижный; постоянный; основной; неизменный; твёрдый; фиксированный *(напр. о цене)*

fixed-term с твёрдым сроком *(напр. о платеже)*

fixing фиксация; установление *(напр. производственных квот)*
~ of budgets составление смет
gold price ~ ежедневная процедура установления цены на золото *(в Лондоне)*
rate ~ нормировка

fixity фиксированность, неизменяемость *(напр. цены)*; устойчивость; стабильность

fixture 1. сделка; фрахтовая сделка; фрахтование **2.** *pl* арматура; приспособления; принадлежности
adjustable store ~s *амер.* разборное оборудование магазина
shop [store] ~s *амер.* стационарное оборудование *(напр. прилавки, шкафы)*

flag 1. ослабевать, уменьшаться *(о спросе)* **2.** флаг
~ of convenience «удобный флаг» *(практика регистрации судов в чужих странах с целью избежать высокого налогообложения)*

flat 1. неоживлённый, вялый, слабый *(о рынке)* **2.** единообразный; одинаковый *(о ценах)* **3.** *жарг.* без прибыли, невыгодный; без процентов **4.** нулевой, нейтральный *(о позиции участника финансового рынка)*

flation отсутствие инфляции и дефляции, период устойчивых цен

flatness вялость, застой

flatten □ **to ~ out** сглаживать *(экономический цикл)*; выравнивать *(цены)*; стабилизировать(ся)

flaw недостаток; порок; упущение, ошибка

□ ~ **in the price system** органический недостаток системы цен *(как регулятора капиталистического производства)*

fleet 1. парк транспортных средств 2. группа объединённых страховых компаний, занимающихся страхованием от огня 3. *амер.* пять и более автомобилей, принадлежащих одному застрахованному владельцу
minimum efficient ~ экономически выгодный минимальный размер парка транспортных средств
'mothball' ~ «законсервированные» суда, суда на приколе
truck ~ парк грузовых автомобилей

flexibility 1. гибкость, эластичность, подвижность 2. способность к переналадке, переналаживаемость; приспособляемость; универсальность
cost-level ~ подвижность уровня издержек
downward ~ эластичность в сторону понижения, способность понижаться *(напр. о ценах)*
imperfect price ~ несовершенная эластичность цен
price ~ эластичность цен
strategic ~ гибкость стратегии

flexible эластичный

flier 1. азартная игра на бирже 2. *амер.* рекламный листок
high ~ спекулятивная акция с резким ростом курса

flight 1. бегство; утечка 2. полёт; рейс □ ~ **from the land** бегство [массовый уход] из деревни; ~ **to quality** стремление (инвесторов) к переводу средств в первоклассные активы
~ **of gold** утечка золота
advance-booked ~ заранее оплаченный рейс *(авиационный)*; рейс по предварительному заказу, специальный рейс
capital ~ бегство капитала *(особый вид вывоза капитала за границу, связанный с резкими изменениями конъюнктуры на валютном рынке)*
developmental ~ служебный рейс, связанный с открытием новой авиалинии *или* с освоением новой модели самолёта
extra section ~ рейс по дополнительному расписанию; дополнительный рейс
ferry ~ перегонный рейс; порожний рейс
off-peak [off-season] ~**s** несезонные рейсы; рейсы в период сокращения потока пассажиров
scheduled ~ рейс по расписанию

float 1. запас полуфабрикатов; задел деталей 2. избыточный запас *(при серийном производстве)* 3. *амер.* флоут, чеки и платёжные поручения в процессе банковского клиринга 4. выпускать *(заём, акции)*; размещать *(ценные бумаги)* 5. свободное колебание *(курса)*, плавающий курс || (свободно) колебаться *(о курсах валют)*; вводить плавающий *или* свободно колеблющийся курс *(валюты)* □ **to** ~ **a bond issue** размещать облигационный заём; **to** ~ **a company** образовать акционерное общество
concerted ~ совместное свободное колебание курса валют
federal reserve ~ кредит федеральных резервных банков депозитным учреждениям при чековом клиринге
joint ~ совместное колебание ряда курсов валют
manufacturing ~ производственный задел деталей

floatage плата за паромную переправу железнодорожных вагонов

floatation размещение *(займов)*

floater 1. грюндер, учредитель 2. *бирж.* первоклассные ценные бумаги 3. случайный [непостоянный] клиент *(банка)*

floating 1. движение, перелив *(напр. капитала)* 2. текучий; текущий *(о задолженности)* 3. флоутинг, свободное колебание *(курса)* || свободно колеблющийся; плавающий *(о курсе)*
clean ~ плавающий курс, определяемый действием закона спроса и предложения на рынке
dirty ~ плавающий курс, определяемый не только стихией рынка, но и действиями центральных банков *(интервенированием)*
free ~ **of capital** свободное [беспрепятственное] движение капитала *(напр. между странами)*

floor 1. минимальный уровень *(напр. цен)* 2. *амер.* операционный зал фондовой биржи *(в который допускаются только члены биржи)* 3. производственная площадь
selling ~ торговый зал в магазине

floorspace *англ.* площадь торгового предприятия, торговая площадь
convenience ~ *англ.* торговая площадь под продовольственными, кондитерскими и табачными товарами
durable ~ *англ.* торговая площадь под промышленными товарами
gross ~ *англ.* общая площадь торгового предприятия, включая подсобные помещения
housing ~ жилая площадь
net ~ *англ.* площадь торгового зала

floorwalker *англ.* дежурный администратор отдела крупного универмага

florin 1. флорин *(другое название гульдена — денежной единицы Нидерландов)* 2. монета в два шиллинга *(Великобритания)*

flotage *см.* **floatage**

flotation *см.* **floatation**

flourish процветать, преуспевать *(напр. о фирме)*

flow 1. поток, прилив *(напр. вложений)* 2. скорость; направление; способ передвижения *(материала, продукта от операции к операции в процессе его обработки)* 3. *ТМО* поток □ ~ **with limited aftereffect** *ТМО* поток с ограниченным последействием; ~ **without aftereffect** *ТМО* поток без последействия
~ **of capital** 1. приток капитала 2. перелив капитала *(из отрасли в отрасль или между странами)* 3. движение капитала *(между странами)*
~ **of output** выпуск продукции

~ **of payments** цепочка платежей, поток платёжных операций
cash ~ движение денежной наличности; движение ликвидности
communication ~ коммуникационный поток; поток указаний *(от руководителей к подчинённым)*
consumer ~ поток потребителей
customer ~ *ТМО* поток требований; поток клиентов
data ~ поток информации
discounted cash ~ будущие поступления наличными, приведённые в оценке настоящего времени *(метод оценки окупаемости капиталовложений)*
gross cash ~ валовые доходы *(валовая прибыль плюс амортизационные отчисления)*
incoming ~ *ТМО* входящий поток
information ~ поток информации
input ~ *ТМО* входящий поток
negative cash ~ негативное движение наличности *(превышение наличных выплат над поступлениями)*
net cash ~ чистые свободные средства *(прибыль после выплаты дивидендов плюс амортизационные отчисления)*, чистые собственные средства
one-commodity ~ однопродуктовый поток *(в системе управления запасами)*
output ~ *ТМО* выходящий поток
producer's ~ поток *(напр. товаров)* от изготовителя
return ~ сток отработанной воды
round-trip capital ~ движение капитала с возвратом к исходному пункту
saturation ~ *ТМО* поток насыщения
steady-state ~ установившийся поток
two-commodity ~ двухпродуктовый поток *(в системе управления запасами)*
work ~**s** трудовые процессы
yield-induced ~ **of capital** движение краткосрочного капитала, вызванное разницей в процентных ставках

flowback обратный приток *(денежных средств)*

flow-in приток *(ресурсов в отрасль)*

flow-out отлив *(ресурсов из отрасли)*

fluctuate колебаться; изменяться

fluctuation колебание; изменение *(напр. спроса)* □ **to mitigate (price)** ~**s** смягчать колебания цен
concomitant ~**s** совпадающие колебания *(в отдельных сферах экономической активности)*
cyclical ~**s** циклические колебания
damped ~**s** затухающие колебания
divergent ~**s** противоположные колебания *(в отдельных сферах деловой активности)*
exhange ~**s** колебания курса
explosive ~**s** «взрывные» колебания *(усиливающиеся вследствие развития кумулятивных процессов)*
investment ~**s** колебания инвестиций
market ~**s** колебания цен на рынке; конъюнктурные колебания
pervasive ~**s** широко распространяющиеся колебания
price ~**s** колебания цен *или* курсов ценных бумаг
sampling ~**s** колебания внутри выборки
seasonal ~**s** сезонные колебания
statistical ~**s** статистические изменения
stock market ~**s** колебания курсов ценных бумаг на бирже

fluidity:
population ~ подвижность населения

flurry кратковременная биржевая паника *(вызванная внезапным повышением или падением курсов)*

flux 1. течение, поток; движение **2.** постоянное изменение *(напр. в производимой продукции)* □ ~ **and reflux of money** отлив и прилив денег

flyer *см.* **flier**

fodder корм, фураж

folder:
credit ~ кредитное досье *(на определённого клиента)*

follow 1. следовать; вытекать **2.** следить *(за экономической конъюнктурой)* **3.** (повторно) обследовать лицо, не опрошенное при первом посещении счётчика

follower последователь; идущий за лидером *(в области ценовой политики)*

follow-on 1. авторский надзор **2.** доработка [модернизация] изделия в процессе эксплуатации

follow-up 1. плановый учёт; календарный контроль, контроль сроков исполнения **2.** дополнительные данные, новые материалы **3.** напоминание о сроках выполнения обязательства **4.** *демогр.* повторная рассылка переписных листов **5.** *pl* повторные рекламные письма *(в случае неполучения ответа от адресата)*

food 1. пищевые продукты **2.** питание **3.** корм, фураж **4.** *pl* ценные бумаги продовольственных компаний □ ~ **and fibre** *стат.* сырьё для пищевой и текстильной промышленности *(вся продукция сельского хозяйства в целом)*

foodstuff(s) 1. пищевые продукты **2.** корма
crude ~ необработанные пищевые продукты
manufactured ~ обработанные пищевые продукты
staple ~ главные [основные] пищевые продукты

forage корм, фураж

force 1. сила; действие **2.** принуждение ‖ принуждать, заставлять **3.** сила *(напр. рабочая)* **4.** *pl* силы *(напр. вооружённые, полицейские)* □ **to be in** ~ действовать; оставаться в силе; **to come into** ~ вступать в силу; **to** ~ **down** снижать, сбивать *(цены)*; **to keep the labor** ~ **in being** поддерживать существование рабочей силы; **to** ~ **the market** оказывать давление на рынок; **to** ~ **to pay** принудить к уплате, заставить уплатить; **to** ~ **up** повышать, набивать *(цены)*
~ **of agreement** действительность договора
~ **of attraction** привлекательность, притягательность *(напр. одного района по сравнению с другим)*

~ of mortality сила смертности *(производная натурального логарифма функции дожития)*
direct sales ~s собственные торговые представители промышленной фирмы
disequilibrium ~s силы, нарушающие равновесие
employed labor ~ занятая рабочая сила *(получающие зарплату, жалованье и самодеятельное население без учёта безработных)*
equilibrating ~s уравновешивающие силы
interagency task ~ межведомственная рабочая группа
labor 1. ~ рабочая сила **2.** число работающих, численность рабочих и служащих *(напр. на предприятии)* **3.** *pl* трудовые ресурсы **4.** самодеятельное население
monetary ~s денежные факторы
natural ~s естественные силы *(природы)*
nonmonetary ~s неденежные [реальные] факторы
predictive ~ прогнозирующая способность *(метода)*
productive ~s производительные силы
regular labor ~ рабочие кадры *(предприятия)*; основной [постоянный] состав рабочих
sales ~s работники торговых предприятий, торговые агенты
task ~ *амер.* специальная группа *(по изучению определённой проблемы)*
tractor ~ тракторный парк
work ~ *см.* **labor force**
force majeure *фр.* форс мажор, «непреодолимая сила»
forecast прогноз, предсказание ‖ прогнозировать, предсказывать
approved ~ подтвердившийся прогноз
bench mark ~ прогноз на основе исходных данных
biased ~ прогноз, содержащий систематическую ошибку
binary ~ бинарный прогноз *(т.е. прогноз, охватывающий два объекта одинакового масштаба)*
Delphi ~ прогноз методом Дельфи, прогноз методом экспертных оценок
duplex ~ дуплексный прогноз *(т.е. прогноз с использованием двух методов)*
exploratory ~ поисковый прогноз
extended ~ долгосрочный прогноз
judg(e)mental ~ прогноз, основанный на экспертных оценках
last-period ~ прогноз на основе данных за последний период
macroeconomic ~ макроэкономический прогноз
marketing ~ прогноз рыночной конъюнктуры
microeconomic ~ микроэкономический прогноз
minimum-mean-square-error ~ прогноз с минимальной средней квадратической ошибкой
moving-average ~ прогноз с помощью скользящих средних
multiplet ~ мультиплетный прогноз *(т.е. прогноз, охватывающий несколько объектов одинакового масштаба)*
nonprobabilistic ~ детерминированный прогноз
normative ~ нормативный прогноз
oracular ~ прогноз методом Дельфи, прогноз методом экспертных оценок
perfect ~ точный прогноз
population ~ перспективное исчисление населения; прогнозирование численности населения
simple-average ~ прогноз с помощью средних арифметических
weighted-moving-average ~ прогноз с помощью взвешенных скользящих средних
forecaster 1. разработчик прогноза, прогнозист **2.** прогнозирующая функция
cyclic ~ периодическая прогнозирующая функция
linear ~ линейная прогнозирующая функция
forecasting прогнозирование, получение прогноза, предсказание □ **~ by analogy** прогнозирование по аналогии; **~ by envelope** прогнозирование по огибающей; **~ by extrapolation** прогнозирование путём экстраполяции; **~ with feedback** прогнозирование с обратной связью
business ~ 1. прогнозирование деловой активности; прогнозирование возможностей производства **2.** прогнозирование конъюнктуры
computerized ~ прогнозирование с помощью ЭВМ
corporate-level ~ прогнозирование на уровне корпорации
cyclic ~ периодическое прогнозирование
graphical ~ графическое прогнозирование
internal ~ внутрифирменное прогнозирование
probabilistic ~ вероятностное прогнозирование
seasonal ~ прогнозирование с учётом сезонных колебаний
foreclose лишать права выкупа заложенного имущества
foreclosure потеря права выкупа заложенного имущества
foreign иностранный
foreign-born родившийся в другой стране; иностранного происхождения
foreign-made заграничного [иностранного] производства
foreman мастер; прораб, бригадир
head ~ старший мастер
job ~ бригадир; старший рабочий
production ~ начальник цеха; лицо, осуществляющее оперативное планирование и управление производством *(в цехе)*
route ~ сотрудник, ответственный за организацию маршрутов *(в развозной торговле)*
shift ~ сменный мастер
transportation ~ мастер (заводского) транспортного цеха
transportation-maintenance ~ мастер по ремонту (заводских) транспортных средств

foremanship бригадирство, руководство бригадой [группой]

foresight предвидение, ожидание *(напр. роста цен)*

forestall предупреждать, предвосхищать; скупать заранее □ **to ~ the market** скупать товары *(с целью повышения цены)*

forfeit 1. штраф 2. конфискация; утрата права ‖ потерять право 3. конфискованная вещь

forfeiture потеря денежного залога, взноса *или* аванса *(при невыполнении условий контракта)*

forge подделывать *(напр. вексель или чек)*, фальсифицировать

forger лицо, подделывающее документы; фальшивомонетчик
- **~ of bank notes** фальшивомонетчик
- **~ of bill of exchange** лицо, подделывающее вексель

forgery 1. подделка *(напр. векселя или чека)* 2. фальшивая монета

form 1. форма 2. установленный образец; бланк; формуляр; анкета 3. утверждать; образовывать; основывать *(напр. фирму)* □ **in ~ and fact** по форме и по существу; **in bearer ~** на предъявителя; **in due ~ of law** в предписанной законом форме
- **~ of address** форма обращения *(в деловой переписке)*
- **~ of collateral** форма обеспечения
- **~ of organization** 1. форма организации *(напр. фирмы)* 2. *англ.* классификация торговых предприятий по числу филиалов, по принадлежности к частной фирме *или* кооперативу *(в торговых переписях)*
- **~ of payment** способ платежа
- **accidental ~ of value** *см.* **elementary form of value**
- **accounting ~s** 1. документы бухгалтерского оформления 2. оправдательные документы *(напр. копии счетов-фактур)*
- **alienated ~ of commodity** отчуждённый образ товара
- **application ~** бланк подписки *(на заём)*
- **blank ~** незаполненный бланк
- **canonical ~** *мат.* каноническая форма; канонический вид
- **Census of Manufactures' long ~** «большая» статистическая отчётная форма для переписи промышленности
- **census report ~** *амер.* статистическая отчётная форма *(представляемая в Бюро переписей)*; статистическая анкета, переписной бланк
- **check ~** формуляр [бланк] чека
- **commodity ~** товарная форма, форма товара
- **converted ~ of value** превращённая форма стоимости
- **documentary bill lodgment ~** бланк инкассового поручения по документированной тратте
- **elementary ~ of value** простая [единичная, случайная] форма стоимости
- **equivalent ~ of commodity** эквивалентная форма товара
- **equivalent ~ of value** эквивалентная форма стоимости
- **expanded ~ of value** развёрнутая [полная] форма стоимости
- **extensive ~** развёрнутая форма *(игры)*
- **general ~ of value** всеобщая форма стоимости
- **general short ~** сокращённая [«малая»] общая статистическая отчётная форма
- **giro inpayment ~** формуляр для перевода денег в системе жиросчетов
- **household record ~** анкета для обследования семей
- **immediate social ~ of labor** непосредственно общественная форма труда
- **inquiry ~** анкета
- **legal ~ of organization** юридическая форма организации *(напр. фирмы)*
- **legal ~ of ownership** юридическая форма владения
- **modified ~ of surplus value** превращённая форма прибавочной стоимости
- **money ~ of value** денежная форма стоимости
- **natural ~ of commodity** натуральная форма товара
- **nonprice ~s of competition** неценовые формы конкуренции
- **normal ~** нормальная форма *(игры)*
- **observation ~** *орг. пр.* лист записи наблюдений
- **order ~** бланк заказа
- **plant-record-unit ~** форма учёта единицы основного капитала; карточка учёта единицы основных средств
- **precanvass ~** статистическая анкета для предварительного опроса
- **preprinted order ~** бланк предварительного заказа на товары *(адресуется магазином на центральный склад фирмы)*
- **printed order ~** печатный бланк заказа на товары
- **proposal ~ for insurance** бланк заявления о страховании *(указываются объект страхования, страховая сумма и сведения по риску)*
- **reduced ~** приведённая форма *(игры)*
- **relative ~ of value** относительная форма стоимости
- **report ~** переписной бланк; форма статистического опросного листа; опросный лист, анкета
- **requisition ~** заявочная форма, бланк заявки
- **return-to-stock ~** квитанция возврата (на склад) материалов
- **simple commodity ~** простая товарная форма
- **skeleton ~** схематическое изображение
- **special ~s of trading** *англ.* специальные виды розничной продажи, осуществляемые крупными предприятиями *(не через магазины, а в кредит через агентов, посещающих покупателей на дому; посылочная торговля; торговля через автоматы)*
- **statutory ~** официальная [установленная законом] отчётная форма, анкета официальной формы отчёта

stock ~s готовые формы *(карточек бухгалтерского учёта)*
stock-order ~ бланк заказа на товары, содержащий сведения об остатках на складе
stock transfer ~ формуляр для передачи права собственности на ценные бумаги; бланк передачи акций
store-room requisition ~ бланк заявки на отпуск товарно-материальных ценностей
subscription ~ бланк подписки *(на ценные бумаги)*
table [tabular] ~ табличная форма, таблица
tax(-filing) ~ бланк налоговой декларации
umbrella ~ of price leadership ценовое лидерство в форме «зонтика» *(объём предложения со стороны основной группы производителей регулируется так, чтобы обеспечить устойчивость цены, установленной лидером)*
universal equivalent ~ of value всеобщая эквивалентная форма стоимости
value ~ of commodity стоимостная форма товара
vertical ~ of balance sheet запись статей баланса одной колонкой
wage ~ форма заработной платы

formal формальный; официальный

formalit/y:
custom house ~ies таможенные формальности

formation 1. образование, формирование 2. формация; (экономическая) структура
~ of expectations формирование ожиданий
~ of surplus value образование прибавочной стоимости
business capital ~ накопление капитала предприятиями
capital ~ накопление (реального) капитала, капиталообразование; капиталовложения, инвестиции
capital ~ in dwelling капиталовложения в жилищное строительство
concept ~ разработка технических заданий
economic ~ of society общественно-экономическая формация
expectation ~ формирование ожиданий
family ~ образование семьи
fixed asset ~ инвестиции в основной капитал
gross capital ~ as a percentage of GNP доля валового накопления в национальном продукте
gross domestic capital ~ валовые внутренние капиталовложения
gross fixed capital ~ валовые вложения в основной капитал; валовой прирост основного капитала
household capital ~ накопление предметов потребления длительного пользования
human capital ~ капиталовложения в человека
net capital ~ чистое капиталообразование; чистые капиталовложения
nonresidential capital ~ капиталовложения, исключая жилищное строительство
precapitalist economic ~s докапиталистические экономические формации
price ~ ценообразование, установление цен
real fixed capital ~ накопление реального основного капитала; (суммарные) инвестиции в основной капитал
social ~ общественно-экономическая формация
socioeconomic ~ общественно-экономическая формация
want ~ формирование потребностей

formula формула
Air Transport Association ~ *амер.* формула авиатранспортной ассоциации *(для предварительного расчёта издержек эксплуатации самолёта)*
approximation ~ приближённая формула
assumption ~ исходная формула
basic ~ основная формула
COLA ~ *см.* **cost-of-living allowance formula**
cost-of-living allowance ~ формула исчисления надбавок на дороговизну
economic lot-size ~ *см.* **Wilson formula**
Engset ~ формула Энгсета *(для многоканальной системы массового обслуживания с потерями)*
Erlang loss ~ *ТМО* формула Эрланга для системы с потерями
forecast(ing) ~ формула для вычисления прогноза
general ~ for capital всеобщая формула капитала
interest ~ формула исчисления процентов
interpolation ~ интерполяционная формула
inventory ~ формула для определения уровня запасов
lot-size ~ формула для определения размера партии
markup ~ формула ценообразования на основе торговой накидки
O'Dell ~ формула О'Делла *(для многоканальной системы массового обслуживания)*
optimum allocation ~ формула оптимального распределения ресурсов
order-quantity ~ формула для определения размера заказа
osculatory ~ степень родства
Paasche ~ формула Пааше *(агрегатный индекс цен с текущими весами)*
Pollaczek—Khinchine ~ формула Поллачека—Хинчина *(для одноканальной системы массового обслуживания с пуассоновским входящим потоком и произвольным распределением времени обслуживания)*
prediction ~ формула для вычисления прогноза
recurrent ~ рекуррентная формула
short ~ простая формула
smoothing ~ формула сглаживания
straight-line ~ формула линейной зависимости

summation ~ формула суммирования
survival rate ~ формула коэффициента дожития
time ~ *орг. пр.* нормативная формула
Wilson ~ формула Уилсона, формула для определения наиболее экономичного размера заказа *(в системе управления запасами с фиксированным размером заказа)*
formulation:
budget ~ подготовка бюджета
concept ~ разработка концепции
general ~ общая постановка задачи
policy ~ выработка методики; выработка политики *(в определённой области)*
forward 1. форвардный, срочный; на срок *(об условии сделки на бирже)*; заблаговременный 2. отправлять, посылать; экспедировать; пересылать *(напр. письмо)*
forwarder 1. экспедитор 2. экспедиционное [транспортное] агентство; транспортно-экспедиционная организация
freight ~ экспедиционное агентство, организующее перевозки партий грузов *или* перерабатывающее экспортно-импортные грузы
forwarding отправка; экспедиторская работа
freight ~ экспедирование грузов
found основывать; учреждать; закладывать
Foundation:
National Science ~ Национальный научный фонд *(США)*
foundation 1. основание, учреждение 2. фундамент, основание, основа *(экономики)* 3. *pl* основы, принципы *(теории)* 4. фонд; благотворительный институт □ **to be on the ~** существовать за счёт благотворительного фонда
charitable ~ благотворительный фонд
enlightened ~s просветительские фонды *(организации)*
institutional ~ фонд организации
philantropic ~ благотворительный фонд
private ~ частный фонд *(учреждение)*
four-digit четырёхзначный *(по стандартной промышленной классификации США о подотрасли, напр., о производстве какого-л. одного вида станков)*
four M's материал, рабочая сила, оборудование, деньги *(буквально: «четыре М» —* **material, men, machines, money***)*
fraction 1. дробь 2. доля
~ of market сегмент рынка
cost ~ элемент издержек
sampling ~ выборочная доля, доля выборки *(в генеральной совокупности)*
uniform sampling ~ равномерная выборочная доля
variable sampling ~ переменная выборочная доля
frame 1. строение, структура, основа 2. *орг. пр.* кадр 3. *орг. пр.* интервал между (последовательными) кадрами 4. создавать *(напр. теорию)*, вырабатывать *(напр. план)*
~ of inquiry основа обследования *(перечень пунктов, по которым производится обследование)*
~ of reference рамки рассмотрения *(проблемы)*; компетенция, круг прав
sampling ~ инструментарий для проведения выборочного обследования
framework остов; основа; основы; структура; рамки □ **within the ~ of ...** в рамках [в пределах]...
~ of cost analysis основа (для) анализа затрат
~ of society общественный строй
conceptual ~ концептуальная основа
institutional ~ институциональная структура
national accounting ~ структура национальных счетов
organizational ~ организационная структура
franc:
gold ~ золотой франк *(счётная денежная единица в ряде международных организаций)*
franchise 1. особое право *или* специальная привилегия; льгота 2. *pl* монопольные права и привилегии 3. особый [специальный] контракт *(торговых предприятий с промышленными)* 4. привилегия, выдаваемая местными властями на право пользования общественной собственностью *(напр. полосами отчуждения)*; привилегия, выдаваемая частной корпорацией дилеру на право деятельности в определённом районе 5. *страх.* франшиза
fast-food ~ право эксплуатации предприятий «скорого» питания *(принадлежащих другой компании)*
franchisee торговое предприятие, пользующееся правом торговать продуктами промышленного предприятия на льготных условиях
franchiser 1. лицо, обладающее привилегией 2. компания, имеющая право эксплуатации предприятий, принадлежащих другой фирме *(по договору с ней)*; компания, имеющая патент *(государственный)* на деятельность
franchising франшизинг, выдача компанией лицензии [франшизы] на производство *или* продажу товара под её маркой
fraud обман, мошенничество
business ~ мошенничество в деловой сфере
insurance ~ страховой обман
fray □ **to enter the ~** *англ.* включаться в конкуренцию
Freddie Mac *амер., разг.* Федеральная корпорация жилищного ипотечного кредита и её ценные бумаги (*см. тж.* **Federal Home Loan Mortgage Corporation**)
free 1. свободный, незанятый *(напр. о канале обслуживания)* 2. освобождённый *(от пошлины, налога)* 3. не имеющий, лишённый 4. бесплатный; свободный от расходов; свободный от оплаты расходов *(при доставке товара в указанный пункт)*, франко 5. *страх.* свободный *(не несущий ответственности за убытки)* □ **~ alongside ship** франко вдоль борта судна, фас *(условие об обязанно-*

сти продавца доставить за свой счёт груз к борту судна); ~ **bunker** франко-бункер *(условие об обязанности продавца бункерного угля доставить и уложить уголь в бункера судна)*; ~ **delivered** доставка-франко *(в обусловленном месте)*; ~ **from debt** свободный от задолженности; ~ **in and out** погрузка и выгрузка за счёт фрахтователя; ~ **in and stowed** погрузка и укладка груза в трюме оплачивается фрахтователем; ~ **on board 1.** свободно на борту, франко-борт, фоб *(условие об обязанности продавца доставить и погрузить товар на борт судна)* **2.** *амер.* франко-вагон; ~ **on quay** франко-набережная; ~ **on rail** франко-вагон; ~ **on truck** франко-платформа; франко-грузовик; ~ **overside** франко-строп судна в порту разгрузки *(условие об обязанности покупателя нести все издержки с момента оставления грузом судового стропа)*

~ **of capture and seizure** *страх.* свободно от пленения и захвата

~ **of charge** бесплатный

~ **of duty** свободный от пошлины

~ **of particular average** *страх.* свободный от частной аварии

~ **of premium** освобождённый от уплаты взносов

~ **of tax** освобождённый от обложения налогом

freedom:

~ **of contract** принцип «свободы (заключения) контрактов»

unhandicapped ~ **of entry** беспрепятственная свобода доступа *(новых компаний в отрасль)*

freehold *ист.* фригольд *(безусловное право собственности на недвижимость)*

freeholder *англ. ист.* фригольдер *(свободный землевладелец)*

free-lance внештатный, работающий без контракта

free-rider безбилетник; человек, пользующийся услугами государства, но избегающий уплаты налогов

free-spending свободно расходующий (финансовые) средства; производящий крупные затраты

free-trade фритредерство *(свободная торговля)*

free-trader фритредер *(сторонник свободы торговли)*

freeze замораживание, блокирование *(напр. зарплаты)* ‖ замораживать, блокировать □ **to** ~ **credits** блокировать кредиты; **to** ~ **out** вытеснять *(напр. мелких предпринимателей)*

price ~ замораживание цен

statutory wage ~ замораживание заработной платы на основании закона

wage ~ замораживание заработной платы

weapons ~ фиксация уровня вооружений; ограничение вооружений

freight фрахт, груз ‖ фрахтовать **2.** перевозка грузов **3.** фрахт, плата за провоз □ ~**s are advancing** фрахты повышаются; ~ **collect [forward]** фрахт подлежит уплате грузополучателем в порту назначения *(отметка на коносаменте)*; ~ **prepaid** фрахт уплачен в порту погрузки

air ~ груз, перевозимый авиатранспортом

astray ~ засланный груз; мелкая отправка, отделившаяся от сборной партии груза и не имеющая накладной

bad order ~ груз, состояние которого предполагает частичную недостачу *или* повреждение

bulk ~ насыпной [навалочный] груз *(без тары)*

carload ~ груз, перевозка которого оплачивается по повагонному тарифу

containerized ~ груз, перевозимый в контейнерах

cross ~**s** встречные перевозки

dead ~ мёртвый фрахт *(плата за зафрахтованное, но неиспользованное место на судне)*

home(ward) ~ обратный фрахт

interline ~ груз прямого сообщения *(перевозимый по двум и более железным дорогам)*

less-than-carload ~ мелкая партия груза *(количество грузов, меньшее повагонного минимума)*; партия грузов, оплачиваемая по тарифной ставке для сборных грузов

motor ~ груз, перевозимый автотранспортом

out-and-home ~ фрахт в оба конца

package ~ штучный груз; мелкий груз, отправляемый багажом

perishable ~ скоропортящийся груз

phantom ~ плата за фиктивную перевозку

refused ~ груз, от принятия которого грузополучатель отказался

revenue ~ груз, перевозка которого оплачивается по тарифу

unclaimed ~ невостребованный груз

unitized ~ мелкие отправки, упакованные в одно (укрупнённое) грузовое место

freightage 1. фрахтование **2.** перевозка грузов **3.** грузовместимость

freighter грузовое судно

frequency 1. *стат.* частота (событий), частость **2.** частое повторение, периодичность

cell [class] ~ групповая частота

loss ~ частота страховых случаев

ordering ~ частота подачи заказов *(в системе управления запасами)*

replenishment ~ периодичность пополнения запасов

frictions трения, помехи; отклонения *(напр. от условий конкуренции)*

economic(al) ~**s** экономические трения, экономические помехи

international ~**s** международные разногласия

fringe 1. дополнение, придаток **2.** *pl* дополнительные льготы *(пенсии, оплачиваемые отпуска)*

unemployed ~ устойчивый слой безработных

urban ~ город-спутник

Frontier:
New ~(s) Новые рубежи *(социально-экономическая политика президента Кеннеди)*
frontier 1. граница; рубеж; предельный уровень; предельные возможности ‖ ограничивать, ставить предел **2.** новая область *(науки, техники, экономики)*
allocational [allocative] ~ граница [предел] оптимального распределения ресурсов
factor-price ~ предельный уровень факторных цен *(характеризующий соотношение факторных доходов, прибыли и заработной платы при данном уровне производства)*
production possibility ~ предел производственных возможностей
frozen замороженный; труднореализуемый
fruiterer *англ.* фруктовый магазин
full-time штатный, занятый всю рабочую неделю
full-timer работник, занятый всю рабочую неделю
function 1. функция; назначение ‖ функционировать, действовать; исполнять назначение **2.** *pl* функции, должностные обязанности **3.** *мат.* функция **4.** специализация управленческих процессов *(напр. сбыт)*
approximation ~ аппроксимирующая функция
average sample number ~ *стат.* функция среднего числа наблюдений
behavioral ~ бихевиористская [поведенческая] функция *(характеризующая поведение лиц или организаций)*
cash-balance demand ~ функция спроса на денежные остатки
Cobb—Douglas production ~ производственная функция Кобба—Дугласа
conditional risk ~ *стат.* функция условного риска
constant elasticity-of-substitution production ~ производственная функция с постоянной эластичностью замещения, ПЭЗ-функция
constraint ~ функция ограничений
consumption ~ функция потребления
contactual ~ установление контакта *(между продавцом и покупателем)*
convex ~ выпуклая функция
cost ~ функция издержек
cost control ~s операции по контролю за издержками
covariance ~ *стат.* функция ковариации
criterion ~ целевая функция
cumulative remuneration ~ суммарное вознаграждение *(как функция)*
damage ~ функция убытков
decision ~ решающая функция
demand ~ функция спроса
deposit ~ банковская функция по приёму депозитов
distribution ~ (интегральная) функция распределения
distribution ~ of prices распределительная функция цен
effectiveness ~ функция эффективности
efficiency ~ коэффициент полезного действия *(как функция)*
effort ~ функция затраченных усилий
empiric(al) ~ эмпирическая функция
employment ~ функция занятости
fabrication ~s работы по изготовлению *(изделия)*
fertility ~ *демогр.* функция плодовитости
fitted ~ 1. подобранная функция **2.** эмпирическая функция
frequency distribution ~ *см.* **probability density function**
gain ~ *стат.* функция выигрыша
gain-and-loss ~ *стат.* функция выигрыша и потерь
goal ~ целевая функция
incentive ~ of prices стимулирующая функция цен
individual preference ~ функция индивидуальных предпочтений
integral penalty ~ интегральная штрафная функция
inventory ~s операции с товарно-материальными ценностями
investment ~ инвестиционная функция
labor-supply ~ функция предложения труда
life table ~ статистический ряд таблиц продолжительности жизни
likelihood ~ *стат.* функция правдоподобия
linear utility ~ линейная функция полезности
liquidity-preference ~ функция предпочтения ликвидности
loan ~ функция выдачи ссуд
loan credit supply ~ функция предложения кредита в форме ссуд
loan demand ~ функция спроса на кредит
long-run supply ~ функция долгосрочного предложения
loss ~ *стат.* функция потерь
market demand ~ функция рыночного спроса
marketing ~s деятельность по обеспечению сбыта *(продукции)*
market supply ~ функция рыночного предложения
materials control ~ деятельность по контролю за материально-производственными запасами [за движением материалов]
money ~s функции денег
nonlinear ~ нелинейная функция
objective ~ целевая функция
plotted ~ график функции
policy ~ стратегия
preference ~ функция предпочтения *(напр. в выборе потребительских товаров)*
probability density ~ *мат.* плотность вероятности
production ~ производственная функция
profit ~ функция прибыли
quadratic cost ~ квадратическая функция издержек
quadratic loss ~ квадратическая функция потерь
recordkeeping ~s 1. функции по ведению учёта; ведение учёта **2.** функции по регистрации учётных сведений

regression ~ *стат.* функция регрессии, регрессия
remuneration ~ функция вознаграждения
replenishment ~ функция пополнения запасов
risk ~ *стат.* функция риска
routine ~**s** ежедневно выполняемые обязанности
routine accounting ~**s** функции текущего бухгалтерского учёта; обычные бухгалтерские обязанности
ruin ~ *стат.* функция разорения *(в теории коллективного риска)*
sales ~ **1.** функция сбыта; сбыт **2.** отдел сбыта; торговый отдел
sample ~ *стат.* выборочная функция
saving ~ функция сбережения
separable payoff ~ разделимая платёжная функция
service ~ функция обслуживания; длительность обслуживания *(как функция времени)*
short-run supply ~ функция краткосрочного предложения
single-valued ~ однозначная функция
social preference ~ функция общественного предпочтения
social welfare ~ функция общественного благосостояния
staff ~**s** функции центрального аппарата *(предприятия)*
state ~ функция состояния
statistical decision ~ статистическая решающая функция
stochastic ~ случайная [стохастическая] функция
stores ~ **1.** управление материальными складами **2.** *pl* операции с материально-производственными запасами
strategy payoff ~ платёжная функция стратегии
strategy-preserving utility ~ функция полезности, сохраняющая стратегии
supply ~ функция предложения
supply ~ **of money** функция предложения денег
survivorship ~ *демогр.* функция дожития
tabulated ~ табличная функция
target ~ целевая функция
time ~ функция времени
transaction ~ трансакционная функция *(характеризует издержки для осуществления сделок)*
trust ~**s** трастовые функции, действия в качестве доверенного лица *или* опекуна
uniformly reckless utility ~ равномерно азартная функция полезности
utility ~ функция полезности
value-time ~ функция зависимости изменения стоимости объекта основного капитала от времени
variable cost ~ функция переменных издержек
velocity ~ функция скорости обращения *(денег)*
vintage production ~ производственная функция, учитывающая эффективность различных возрастных групп основных фондов
welfare ~ функция благосостояния

functionability работоспособность
functional функциональный *(напр. об органе управления)*
functionalization функционализация *(принцип управления)*
Fund:
Arab Monetary ~ Арабский валютный фонд *(институт Лиги арабских стран)*
Consolidated ~ Консолидированный фонд *(счёт Казначейства в Банке Англии)*
European ~ **for Monetary Cooperation** Европейский фонд валютного сотрудничества *(действующий в рамках ЕЭС)*
European Development ~ Европейский фонд развития *(специальный фонд Европейского инвестиционного банка)*
Exchange Stabilization ~ Валютный стабилизационный фонд (США)
Interdistrict Settlement ~ межокружной расчётный фонд *(для клиринговых расчётов между федеральными резервными банками США)*
International ~ **for Agricultural Development** Международный фонд сельскохозяйственного развития, ИФАД
International Monetary ~ Международный валютный фонд, МВФ
National Loan ~ *англ.* национальный заёмный фонд *(не включаемый в государственный бюджет)*
New York Clearing House ~ Нью-Йоркская палата клиринговых зачётов по внешним валютным операциям
Trust ~ **(of the IMF)** Трастовый фонд *(МВФ)*, счёт для зачисления прибыли от продажи золота
United Nations Children's ~ Детский фонд ООН, ЮНИСЕФ

fund **1.** запас; резерв; фонд **2.** *pl* фонды; средства; капитал; *англ.* государственные ценные бумаги; *амер.* ценные бумаги *(напр. корпораций)* **3.** консолидировать; помещать деньги в государственные ценные бумаги □ ~**s allocated to** фонды, предназначенные на *что-л.* *(напр. исследования)*; ~**s are "obligated"** фонды «закреплены» *(привязаны к определённым программам)*; ~ **for developing production** фонд развития производства; ~ **for housing** фонд жилищного строительства; ~**s for reimbursement** денежные средства для возмещения; ~ **for technological improvement** фонд технического развития *(предприятия)*; **in** ~**s** при деньгах *(о клиенте)*; **no** ~**s** без покрытия *(надпись на инкассируемом чеке, когда на счёте нет средств для оплаты чека)*; **not sufficient** ~**s** «не обеспечено денежным покрытием» *(отметка банка на неоплаченном векселе или чеке)*; **to appropriate** ~**s** ассигновать, выделять фонды; **to channel** ~**s** направлять средства *(с финансовых рынков деловым предприятиям)*; **to commit the** ~**s** выделять фонды из бюджета *(на* *утверждённые программы)*; **to invest ~s** инвестировать фонды, делать капиталовложения; **to keep ~s continuously invested** непрерывно инвестировать денежные средства; **to place temporary ~s** выгодно разместить временно свободные средства; **to put trust ~s into a common pool** соединять траст-фонды в общий фонд; **to release ~s** высвобождать деньги; **to transfer ~s from savings accounts to third parties** переводить деньги со сберегательных счетов третьим лицам

~s of bank банковские фонды; капитал банка

accumulation ~ фонд накопления

amortization ~ амортизационный фонд

balanced ~s *амер.* инвестиционные фонды открытого типа со сбалансированным портфелем

bank-administered trust ~ управляемый банком траст-фонд

bond and specialty ~s инвестиционные фонды открытого типа для приобретения ценных бумаг определённых компаний

bonus ~ премиальный фонд

budgetary ~s бюджетные средства

capital ~ фонд основного капитала; основной фонд

claims settlement ~ резерв для выплаты страхового возмещения

clone ~ отпочковавшийся взаимный фонд *(в семействе фондов)*

collective investment ~ *см.* **common trust fund**

commingled employee benefit trust ~ объединённый траст-фонд для выплат пособий служащим компаний *(созданный банком за счёт средств мелких траст-фондов)*

common stock ~ *амер.* инвестиционный фонд открытого типа по операциям с акциями

common trust ~ общий траст-фонд *(для коллективных инвестиций, учреждённый банком или траст-компанией и складывающийся из мелких капиталов, полученных в доверительное управление)*

consolidated ~ *англ.* консолидированный фонд *(образован в результате консолидации нескольких налогов)*

consumption ~ фонд потребления

contingent ~ 1. резерв для непредвиденных расходов **2.** *страх.* резерв для покрытия чрезвычайных убытков **3.** счёт резерва для непредвиденных расходов

corporate liquid ~s ликвидные средства корпораций

cover ~s обеспечение, покрытие *(напр. чека)*

deposit ~s средства на депозитных счетах

depreciation ~ амортизационный фонд

development ~ фонд развития *(предприятия)*

disability ~ *амер.* фонд социального обеспечения по инвалидности

diversified (balanced) common trust ~ общий траст-фонд с диверсифицированными активами

dividend reserve ~ резервный фонд для выплаты дивидендов

dual purpose ~ инвестиционный фонд (закрытого типа), покупающий акции двух типов *(с расчётом на доход и на рост курсов)*

educational ~s (денежные) средства на образование

employee benefit trust ~ траст-фонд, предназначенный для выплат служащим компании

endowment ~ фонд пожертвования, благотворительный фонд

equalization ~ фонд валютного регулирования, фонд стабилизации валюты, фонд выравнивания; уравнительный фонд

equity common trust ~ общий траст-фонд с активами, состоящими исключительно из корпоративных акций

exchange stabilization ~ *см.* **equalization fund**

expense ~ начальный резервный фонд для покрытия текущих расходов при организации банка

extra-budgetary ~s суммы, поступившие из внебюджетных источников

Federal ~s федеральные резервные фонды *(резервные остатки, служащие предметом купли-продажи на денежном рынке США)*

fiduciary ~s суммы, находящиеся в доверительном управлении

gold bar investment ~ инвестиционный фонд для вложения в золотые слитки

gold settlement ~ фонд расчётов по золоту

government ~ 1. правительственный фонд **2.** *pl* правительственные финансовые ресурсы

grant ~s фонды [средства] для субсидий

highway trust ~ правительственный фонд строительства шоссейных дорог

imprest ~ 1. фонд текущих расходов **2.** фонд подотчётных сумм

imprest petty cash ~ кассовый фонд подотчётных сумм на мелкие расходы

indemnification ~ компенсационный фонд

insufficient ~s недостаточное покрытие; «недостаток средств на счёте» *(надпись на чеке)*

investment ~ 1. фонд капиталовложений **2.** *pl амер.* резервы фондов социального страхования

investment and development ~s фонды капиталовложений и развития

life annuity ~ резерв пожизненной ренты

load ~ инвестиционный фонд, акции которого продаются с надбавкой

medicare ~ *амер.* фонд медицинской помощи престарелым *(социального страхования)*

money market mutual ~ инвестиционный фонд открытого типа, вкладывающий средства только в краткосрочные обязательства денежного рынка

mortgage ~s средства *(банков)* для операций по закладным

mutual ~s 1. взаимные фонды **2.** *см.* **open-end funds**
no-load ~ взаимный инвестиционный фонд, акции которого продаются без брокерской комиссии
nonbank-administered trust ~ траст-фонд, управляемый небанковским учреждением
nondeposit-type ~s недепозитные обязательства
offshore ~ инвестиционный фонд, зарегистрированный в стране, где действуют налоговые льготы
old-age pension ~ пенсионный фонд по старости
open-end ~s инвестиционные фонды открытого типа
outside ~s привлечённые средства; привлечённый капитал
pension ~ пенсионный фонд
performance ~ инвестиционный фонд, ориентированный на рост капитала *(не на доход от инвестиций)*
personal consumption ~ фонд личного потребления
personal trust ~ траст-фонд, образованный за счёт имущества отдельного лица
plant ~ 1. резерв на приобретение основных производственных средств **2.** счёт резерва на приобретение основных производственных средств
policy reserve ~ резерв страховых взносов
program ~s средства для финансирования программы *(напр. технических разработок)*
provident ~ *страх.* резервный фонд неоконченных убытков
public ~s государственные средства; государственные ценные бумаги
public consumption ~s общественные фонды потребления
redemption ~ фонд погашения *(задолженности)*
relief ~ фонд выдачи пособий
renewal ~ 1. резерв на модернизацию и замену *(элементов основного капитала)* **2.** фонд для текущего ремонта
replacement ~ *см.* **renewal fund 1.**
research-and-development ~s средства на научно-исследовательские и опытно-конструкторские работы
rest ~ обязательный резерв *(в канадских банках)*
revolving ~ возобновляемый фонд
same day ~s средства, предоставляемые на один день
scholarship ~ фонд (поощрительных) стипендий
self-administered employee benefit ~ самоуправляемый пенсионный фонд, созданный за счёт средств служащих компании
short-term investment ~ *см.* **money market mutual fund**
single purpose trust ~ траст-фонд, имеющий одно назначение *(напр. получение наибольшего дохода)*
sinking ~ фонд погашения *(задолженности)*, выкупной фонд
slush ~ *амер.* фонд для подкупа должностных лиц
social consumption ~s общественные фонды потребления
social security ~ фонд социального обеспечения
stabilization ~ *см.* **equalization fund**
sufficient ~s достаточное покрытие *(напр. чека)*
superannuation ~ пенсионный фонд
tax-exempt common trust ~ общий траст-фонд с активами, доходы от которых не облагаются налогами
temporarily surplus ~s временно свободные средства, временный излишек средств
tied-up ~s денежные средства, инвестированные в ценные бумаги
trust ~ траст-фонд; *pl* капитал, переданный в доверительное управление
trusteed ~s средства, управляемые по доверенности
uncollected ~s неинкассированные суммы
unpaid liability ~ фонд для непогашенных обязательств
volatile short-term ~s «горячие деньги»
wages ~ фонд заработной платы
welfare ~ *см.* **endowment fund**
working capital ~ фонд, ассигнованный на внутреннее обслуживание государственного аппарата
working time ~ фонд рабочего времени

fundamental 1. основной; фундаментальный **2.** *pl* основы *(теории)*; основные принципы
fundamentalist сотрудник *(банка или брокерской фирмы)*, занимающийся фундаментальным анализом *(компании)*
funded консолидированный, фундированный, имеющий форму долгосрочных облигаций *(долг)*
federally ~ финансируемый государством *или* федеральным правительством *(США)*
fundholder владелец фондовых ценностей; *англ.* владелец государственных ценных бумаг
funding 1. консолидирование долга, превращение краткосрочной задолженности в долгосрочную **2.** финансирование, выделение средств
fungibility взаимозаменяемость *(напр. контрактов)*
fungible взаимозаменяемый; *pl* взаимозаменяемые товары
furnish снабжать; поставлять *(товар)* □ **to ~ out** снабжать в достаточном количестве
furnisher поставщик
furnishings 1. оборудование **2.** предметы домашнего обихода
home ~ хозяйственные товары
furriery меховая торговля
fuse соединяться, сливаться, объединяться *(о компаниях)*
fusion слияние, объединение, интеграция *(напр. предприятий)*
~ of national markets интеграция национальных рынков

future(s) 1. фьючерс, срочный контракт, срочная сделка 2. товар *или* финансовый инструмент, проданный *или* купленный на срок ‖ фьючерсный, срочный, на срок, с отложенным исполнением
commodity ~**(s)** товарные фьючерсы, срочные сделки с товарами
currency ~**(s)** валютные фьючерсы, срочные сделки с (иностранными) валютами
financial ~ финансовые фьючерсы
gold ~ золотые фьючерсы, срочные контракты с золотом
index ~ индексные фьючерсы, срочные сделки с контрактами на базе биржевых индексов
stock ~**(s)** срочные сделки с акциями
stock index ~ фьючерсные контракты на базе фондовых индексов

G

gadget 1. техническая новинка 2. продукт сомнительной нужности
gadgeteering выпуск на рынок новых *или* незначительно модифицированных товаров
gadgetry 1. *см.* **gadgeteering** 2. технические новинки
gage залог, заклад ‖ отдавать в залог
gain 1. *pl* прибыль; доходы; заработок 2. извлекать прибыль 3. прирост, увеличение *(напр. численности рабочих)* 4. выигрыш; функция выигрыша □ ~ **in production** прирост объёма производства *или* выпуска продукции; ~ **in weight** *с.-х.* привес; ~ **in yield** увеличение выхода *(продукции)*; ~ **on budget** приращение прибыли, предусмотренное по смете; **to exact monopoly** ~**s** получать монопольные доходы; **to** ~ **15 points** повыситься на 15 пунктов *(об акции)*; ~**s of mass production** выгоды, связанные с массовым производством; преимущества массового производства
average ~ средний выигрыш
capacity ~ прирост (производственной) мощности
capital ~ 1. *pl* доходы от прироста капитала *(как результат роста рыночной стоимости активов)* 2. *бухг.* выигрыш от продажи капитального имущества *(превышение выручки над оценкой с учётом износа)*, рост стоимости капитального имущества
chance ~ случайный выигрыш
daily ~ *с.-х.* суточный прирост; суточный привес
exchange ~ курсовая прибыль при обмене валют
fraudulent ~**s** нелегальные [незаконные] доходы
inflation-related inventory ~ инфляционный прирост стоимости запасов готовой продукции *(включая запасы сырья)*
long-term ~ долгосрочная прибыль *(от продажи активов после длительного срока владения; термин налогового законодательства США)*
marginal ~ предельный доход
monopoly ~**s** монопольные доходы
productivity ~ увеличение производительности
sales ~ прирост объёма продаж
sample ~ выборочный выигрыш
short-term ~ краткосрочная прибыль *(от продажи активов после короткого срока владения)*
top ~**s** наивысшая прибыль
weekly ~ *с.-х.* недельный прирост; недельный привес
winter ~ *с.-х.* зимний прирост; зимний привес
gainer *жарг.* акция с повышающимся курсом
gainful 1. прибыльный; доходный *(напр. о предприятии)* 2. самодеятельный *(о населении)*
gainings доходы, заработок
gainless неприбыльный; недоходный
gamble 1. рискованное предприятие ‖ рисковать 2. спекуляция, игра *(на бирже)* ‖ спекулировать, играть *(на бирже)* □ **to** ~ **in stocks** покупать сомнительные акции; азартно играть на бирже; **to** ~ **on a rise in prices** спекулировать на повышении цен
gambler биржевой спекулянт, азартный игрок
gambling спекуляция, игра *(на бирже)*
game игра *т. игр* □ ~ **in normal form** игра в нормальной форме; ~ **in reduced form** *см.* **reduced game**; ~ **with feedback** рекурсивная игра; ~ **with finite resources** игра с конечными ресурсами; ~ **with infinitely many strategies** игра с бесконечным числом стратегий; ~ **with information lag** игра с запаздыванием информации; ~ **with misperceptions** игра при ошибочных предположениях, ошибочная игра; ~ **without saddle point** игра без седловой точки; ~ **with saddle point** игра с седловой точкой
~ **of degree** количественная игра
~ **of kind** качественная игра
~ **of luck** азартная игра
~ **of pure chance** (чисто) случайная игра
~ **of strategy** стратегическая игра
~ **of survival** игра на выживание
~ **of timing** игра с выбором момента времени
attrition игра на истощение; игра на выживание
auxiliary ~ вспомогательная игра
bargaining ~ игра с торгом
bluffing ~ игра с блефом
business ~ деловая игра *(для тренировки бизнесменов)*
competitive business ~ конкурентная деловая игра
composite ~ составная игра
constant sum ~ игра с постоянной суммой
cooperative ~ коалиционная игра
decomposable ~ разложимая игра

economic(al) ruin ~ игра на экономическое разорение
fair ~ честная [справедливая] игра, игра по правилам
management ~ управленческая игра *(для тренировки руководящих кадров)*
multistage ~ многошаговая игра
nonconstant sum ~ игра с непостоянной суммой
noncooperative ~ бескоалиционная игра
nonzero sum ~ игра с ненулевой суммой [с ненулевым исходом]
no-solution ~ игра, не имеющая решения
one-person [one-player] ~ игра одного участника
perfect-information ~ игра с полной информацией
reduced ~ приведённая игра, игра в приведённой форме
separable ~ разделимая игра
shopping ~ торговый эксперимент *(при моделировании)*
stock-market ~ игра на бирже
strategically equivalent ~**s** игры с эквивалентными стратегиями
truncated ~ усечённая игра
variable-sum ~ игра с переменной суммой
zero-sum ~ игра с нулевой суммой [с нулевым исходом]

gaming проведение игры

gap 1. промежуток, интервал 2. расхождение; разрыв 3. дефицит, нехватка □ ~ **in the balance of payment** дефицит платёжного баланса; ~**s in the market mechanism** недостатки [дефекты] рыночного механизма; **to close a** ~ уменьшать [сокращать] разрыв *(напр. в уровне технологического развития)*
budget ~ бюджетный дефицит
deflationary ~ дефляционный разрыв *(превышение совокупного предложения над совокупным спросом)*
development ~ разрыв в развитии *(экономики различных стран)*
dollar ~ нехватка долларов, дефицит в долларовом балансе
earnings ~ разница между ставкой заработной платы и полным заработком
GNP ~ *см.* **gross-national-product gap**
gross-national-product ~ разрыв между потенциально возможным уровнем национального продукта и реальным валовым национальным продуктом
inflationary ~ инфляционный разрыв *(превышение совокупного спроса над совокупным предложением)*
management ~ несоответствие между уровнем управления и его объектом
new inflationary ~ новый инфляционный разрыв *(между ростом средней почасовой заработной платы и ростом производительности труда)*, новое инфляционное опережение
price ~ разрыв в уровне цен *(напр. на внутреннем и внешнем рынках)*
supply-demand ~ разрыв между спросом и предложением
technology ~ технологический разрыв *(отставание в уровне технического развития одной страны по сравнению с другой)*
trade ~ дефицит торгового баланса
underutilization [unemployment] ~ разрыв между потенциально возможной и фактической величинами национального продукта в условиях неполной занятости
yield ~ разница между процентными ставками по долгосрочным и краткосрочным операциям

garden:
allotment ~ *англ.* садовый участок, сдаваемый в аренду для нетоварного производства фруктов
market ~ участок для товарного производства овощей *или* фруктов

garnishment судебный приказ об удержании части зарплаты (работника)

gateway пункт передачи *(груза с одной транспортной линии на другую)*; передаточный пункт

gavel *ист.* оброк, дань, налог

gazumping *англ.* незаконное повышение цены на вновь построенный дом *(против первоначальной договорной)*

gear 1. механизм *(напр. экономического развития)* ‖ приводить в движение механизм *(напр. экономического развития)* 2. нацеливать, направлять на достижение определённых целей 3. подчинять *(напр. потребностям роста)* □ **to** ~ **production to the new demand** выпускать продукцию, руководствуясь спросом

gearing *англ.* «принцип рычага», левередж, соотношение между собственными и заёмными средствами; использование заёмного капитала для увеличения прибыли

generate порождать; вызывать; генерировать

generation 1. производство, генерирование, выработка (электроэнергии) 2. этап, стадия 3. поколение *(напр. электронно-вычислительных машин)* 4. *демогр.* поколение
actual ~ реальное поколение
electric(-power) ~ выработка электроэнергии
extinct ~ вымершее поколение
female ~ женское поколение
fictitious ~ фиктивное [гипотетическое] поколение
gross ~ валовая выработка электроэнергии
hydro ~ выработка электроэнергии гидроэлектростанциями
hypothetic(al) ~ гипотетическое [фиктивное] поколение
male ~ мужское поколение
maternal ~ поколение матерей
net ~ нетто-выработка электроэнергии
nonutility ~ выработка электроэнергии некоммунальными электростанциями
nuclear steam ~ выработка электроэнергии атомными электростанциями
oncoming ~ подрастающее поколение
paternal ~ поколение отцов

scenario ~ разработка сценария *(при прогнозировании)*
wastes ~ образование (промышленных) отходов
genuine подлинный; настоящий; неподдельный
geography:
population ~ география народонаселения
geriatrics гериатрия
gerontic старческий
gerontological геронтологический
gerontologist геронтолог
gerontology геронтология
gestation «созревание» вложений *(в основные фонды в период капитального строительства и освоения производственных мощностей)*
ghetto:
immigrant ~ поселение иммигрантов
gift дар, пожертвование; субсидия; дотация
taxable ~ облагаемый налогом дар
tax-free ~ не облагаемый налогом дар
gild *см.* **guild**
gilt □ **~ edged** с золотым обрезом; первоклассный, особо надёжный, высшего качества *(о ценных бумагах и других инструментах денежного рынка)*
gimmick рекламный приём *(для привлечения внимания покупателей)*
Ginnie Mae *амер. разг.* Государственная национальная ассоциация ипотечного кредита и её ценные бумаги (*см. тж.* **Government National Mortgage Association)**
giro жирорасчёты, жиро(оборот); система жиросчетов
bank ~ система безналичных зачётов взаимных требований и обязательств
Girobank:
National ~ *англ.* Национальный жиробанк (*заменил* **National Giro)**
girocheque *англ.* жиро-чек *(документ о снятии денег со счёта в национальной системе жиросчетов)*
give-and-take взаимные уступки
giveaway товар, продаваемый с уступкой в цене *или* отдаваемый бесплатно *(в рекламных целях)*
giver:
~ of bill векселедатель
~ of option *англ.* лицо, предлагающее опцион
give up отказаться, передать, уступить *(напр. о сделке, контракте)*
global глобальный, мировой *(о рынке)*
globalization глобализация, расширение до мирового масштаба
glut избыток, перенасыщение, перепроизводство, затоваривание || перенасыщать, затоваривать
~ of money избыток денег
dollar ~ долларовое перенасыщение, избыток долларов в мировом платёжном обороте
general ~ общее перепроизводство
Gnome:
~s of Zurich «цюрихские гномы» *(крупные швейцарские банки и их менеджеры с штаб-квартирами в Цюрихе)*

go 1. работать, действовать, функционировать 2. быть годным 3. получать одобрение, быть принятым *(напр. о проекте)* □ **to ~ bad** портиться; ухудшаться; **to ~ down** снижаться *(о ценах)*; **to ~ for** продаваться по определённой цене; **to ~ long** приобретать ценные бумаги, фьючерсные контракты, опционы; **to ~ off** продаваться *(о товарах)*; **to ~ out of business** обанкротиться; ликвидировать предприятие; **to ~ private** приватизировать(ся); **to ~ public** превращать(ся) из частной компании в публичную путём выпуска акций на рынок; **to ~ short** продавать ценные бумаги без наличия, продавать фьючерсные контракты; **to ~ under a full head of steam** идти на всех парах; вести дело полным ходом, работать вовсю; **to ~ up** повышаться *(о ценах)*
go-ahead 1. прогресс *(в работе)* 2. окончательное утверждение *(напр. проекта)*
goal 1. цель, задача 2. заданная величина; заданный уровень, требуемый показатель
critical ~ важнейшая цель
sale ~ требуемый показатель сбыта
top-priority ~ первоочередная цель, первоочередная задача
go-around *амер.* опрос дилерами ФРС банков и брокеров о котировках
gobble □ **to ~ up** *разг.* быстро поглощать, захватывать *(о захвате менее крупных фирм гигантскими)*
go-between посредник
go-go динамичный, в постоянном движении *(о фондах)*
gold 1. золото 2. *pl бирж.* акции и облигации золотопромышленных предприятий [золотодобывающих компаний] □ **~ in nuggets** золото в самородках и россыпью *(при добыче)*
allocated ~ аллокированное золото *(хранимое в виде слитков, принадлежащих конкретным владельцам)*
bar ~ золото в слитках
coined ~ золотые монеты
earmarked ~ золото, депонированное иностранными центральными банками *или* казначействами в Федеральном резервном банке Нью-Йорка
fine ~ чистое золото *(без примесей)*
free ~ свободный золотой резерв
high carat ~ высокопробное золото *(в изделиях)*
ingot ~ золото в слитках
light ~ изношенная золотая монета *(потерявшая первоначальный вес)*
monetary ~ монетарное золото *(золотой запас, служащий обеспечением банкнот)*
nonmonetary ~ немонетарное золото
paper ~ «бумажное» золото *(искусственно создаваемые валютные резервы типа СДР)*
sovereign ~ английские золотые монеты
standard ~ золото установленной пробы *(для чеканки монет)*
unallocated ~ неаллокированное золото *(хранимое без права получения конкретных слитков)*

goldsmith ювелир, золотых дел мастер

gondola 1. островная горка *(подставка с несколькими полками для выкладки товара в середине торгового зала)* 2. *амер.* полувагон

good 1. благо, польза 2. хороший, доброкачественный 3. кредитоспособный □ **to the ~** в виде прибыли, как прибыль; **~ this month** «действует до конца месяца» *(приказ клиента брокеру)*; **~ till cancelled** «действует до отмены» *(приказ клиента брокеру)*

collective ~s общественные блага

economic(al) ~ экономическое благо; редкое благо, не являющееся общедоступным *(предложение которого лимитировано)*

free ~s бесплатные блага; природные блага

indivisible public ~s неделимые общественные блага

public ~s общественные блага

spillover ~s блага, создающие избыточное внешнее влияние (*см.* **spillover externalities**)

goodness хорошее качество, доброкачественность

~ of fit критерий согласия, согласие

goods 1. товар, товары; изделия 2. груз; багаж □ **~ and chattels** движимое имущество; **~ en route** *фр.* товары в пути; **~ in bond** товары, сложенные на таможенном складе и не оплаченные пошлиной; **~ in process** незавершённое производство; **~ in transit** товары в пути; транзитные товары; **~ made on commission** продукция, произведённая из материала заказчика; **~ on hand** наличные товары; **~ on the hangers** предметы одежды на вешалках *(показ одежды)*; **~ short delivered** недопоставки; **~ sold** реализованные товары; **~ taxable** товары, облагаемые пошлиной; **to press ~ upon...** навязывать *кому-л.* товар; **to send ~ on approval** посылать товар для ознакомления *(с предоставлением покупателю права покупки или отказа по его усмотрению)*; **to turn out ~** выпускать [производить] товары; **~ were allotted to the highest bidder** товар достался лицу, предложившему наивысшую цену

~ of foreign origin товары иностранного происхождения

abundant ~ товар, имеющийся в изобилии

accumulable ~ накопляемые товары

ascertained ~ индивидуализированный товар

assorted ~ сортированные товары

back-to-school ~ товары для школьников *(продаваемые в осенний сезон)*

capital ~ средства производства, товары производственного назначения, инвестиционные [капитальные] товары; основной капитал *(вещественный)*

civilian ~ товары для гражданского населения

complementary ~ дополняющие товары

consumer [consumption] ~ товары широкого потребления, потребительские товары; *разг.* ширпотреб

convenience ~ товары повседневного спроса, продаваемые дёшево и с удобствами для покупателя

current consumer ~ потребительские товары текущего пользования *(в отличие от товаров длительного пользования)*

damaging ~ грузы, могущие повредить другие грузы

day-to-day ~ *англ.* товары повседневного спроса

defense ~ *см.* **military goods**

drawback ~ товары, в отношении которых требуется возврат таможенных пошлин

dry ~ *амер.* текстильные товары

dumped ~ наводнившие рынок товары

durable ~ товары длительного пользования

durable consumer ~ потребительские товары длительного пользования *(со сроком службы свыше 3 лет)*

duty-free ~ товары, не облагаемые пошлиной

engineering-and-electrical ~ 1. машиностроительные и электротехнические товары 2. *англ.* общее машиностроение и электротехническая промышленность

express ~ груз, отправляемый большой скоростью

fabricated ~ изделия, изготовленные путем формообразования и сборки деталей

factored ~ *англ.* товары, перепроданные на комиссионной основе

fancy ~ 1. модные товары 2. галантерейные товары

fast-moving ~ ходовой товар

faulty ~ дефектные товары

finished consumer ~ потребительские товары фабричного производства

first order ~s 1. *см.* **consumer goods** 2. изделия (для) конечного потребления

Giffen ~ товары, потребление которых растёт при повышении цен *(согласно «парадоксу Гиффена»)*

half-finished ~ полуфабрикаты; полуобработанные изделия

hard ~ 1. товары длительного пользования 2. «жёсткие» товары *(напр. скобяные изделия, строительные материалы)*

higher order ~ промежуточные товары

home ~ *см.* **household goods**

home-made ~ товары отечественного производства

household ~ предметы хозяйственного обихода, хозяйственные товары

industrial ~ товары промышленного назначения, промышленные товары

inferior ~ товары низкого качества

input ~ потребляемый продукт *(в процессе производства)*

investment ~ *см.* **capital goods**

joint-cost ~ продукты комплексного производства; продукты комплексного процесса с нераздельными издержками производства

knit ~ трикотажные изделия

large-scale ~ товары массового потребления
long-lived ~ товары с продолжительным периодом функционирования; товары длительного пользования
low-price special ~ товары, продаваемые по сниженной цене *(в целях рекламы)*
luxury ~ предметы роскоши
Manchester ~ хлопчатобумажные товары
manufactured ~ *см.* **industrial goods**
measurement ~ *трансп.* обмерные грузы *(для которых тарифная ставка зависит от их объёма)*
merchanted ~ *англ.* товары, перепроданные без обработки, перепроданная в первоначальном виде продукция
merit ~ товары, заслуживающие потребления *(потребление которых поощряется государством)*
metal ~ металлоизделия; металлоконструкции
military ~ продукция военного назначения; товары военного назначения
nondurable ~ товары кратковременного пользования
nondurable consumer ~ потребительские товары кратковременного пользования
nonstrategic ~ нестратегические товары *(не имеющие военного значения)*
output ~ выпускаемый продукт
over-priced ~ товары с завышенной ценой
perishable ~ скоропортящиеся товары
piece ~ **1.** штучный товар **2.** ткани в кусках
prepackaged ~ предварительно расфасованные товары
price maintained ~ товары, цены на которые устанавливаются законом о розничной продаже
private ~ товары индивидуального потребления
producer durable *см.* **capital goods**
producers' ~ **1.** *см.* **capital goods 2.** промежуточные товары
production ~ *см.* **capital goods**
public ~ общественный товар *(в экономико-математических моделях)*
quality ~ высококачественные товары
reproducible ~ воспроизводимые товары
scarce ~ дефицитные товары
second-hand ~ подержанный товар
semidurable ~ товары с ограниченным сроком годности *(от 6 месяцев до 3 лет)*
semifinished [semimanufactured] ~ полуфабрикаты; полуобработанные изделия
shopping ~ товары, покупка которых требует посещения разных магазинов *(обычно дорогие товары)*
slow-moving ~ неходовой товар
smuggled ~ контрабандный товар, контрабанда
soft ~ **1.** товары кратковременного пользования **2.** «мягкие» товары *(напр. текстильные)*
specialty ~ любительские товары *(напр. особые деликатесы)*; «престижные» товары *(напр. часы высшего класса)*, товары для узкого круга покупателей; предметы роскоши
spoiled ~ бракованная продукция
spot ~ *бирж.* наличный товар; товар с немедленной сдачей; товар по кассовым сделкам
standardized ~ стандартные товары
store ~ товары, продаваемые *или* покупаемые в магазине
strategic(al) ~ стратегические товары
style-and-fashion ~ модные товары
substitute ~ товары-заменители; суррогаты
substitutional ~ взаимозаменяемые товары
unclaimed ~ невостребованный товар *(на таможне)*
undurable ~ товары кратковременного пользования
unfinished ~ незавершённая продукция
wage ~ товары, покупаемые на заработную плату
white ~ полотняные товары

goodwill 1. «гудвилл», условная стоимость деловых связей *(фирмы)*, «цена» накопленных нематериальных активов фирмы, денежная оценка неосязаемого капитала *(престиж торговых марок, опыт деловых связей, устойчивая клиентура)* **2.** денежная оценка предполагаемого будущего превышения прибыльности *(данной фирмы по сравнению со средней прибыльностью аналогичных фирм)* **3.** неосязаемый основной капитал, неосязаемые активы *(разность между ценой предприятия в целом и ценой его реального основного капитала)* **4.** доброжелательность, благорасположение *(клиентуры)*
customer ~ доброжелательное отношение покупателей
negative ~ отрицательный неосязаемый актив *(разность между продажной и балансовой стоимостями предприятия)*

gooseneck узкое место *(напр. в производстве)*

go-slow замедление темпов работы *(вид забастовки)*

govern 1. управлять; регулировать **2.** определять; обуславливать

governance управление на самых высоких уровнях организации

government 1. правительство; государство **2.** *pl* государственные ценные бумаги
federal ~ *амер.* федеральное правительство
local ~ местное самоуправление
municipal ~ городское управление, муниципалитет
national ~ *амер.* центральное (национальное) правительство *(в отличие от властей штата, провинции)*
state ~ *амер.* правительство штата

governmental правительственный; государственный

governor заведующий, управляющий; член правления банка
deputy ~ заместитель заведующего

grace отсрочка *(напр. платежа)*

grade 1. степень; класс 2. сорт, качество ‖ сортировать; маркировать 3. класс *(в школе)*, год обучения □ **the ~s** начальная школа; **to ~ up** *с.-х.* улучшать породу путём скрещивания
~ of accuracy класс точности
choice ~ отборный сорт
combined ~ смешанный сорт
commercial ~ товарный сорт
cut-off ~ содержание металла в руде, при котором добыча становится нерентабельной *(о золоте)*
domestic ~ сорт, предназначенный для внутреннего рынка
engineering ~ промышленное качество *(материала)*
industrial ~ технический сорт
job [labor] ~ степень сложности работы; категория работы
market ~ товарный сорт
merit ~ уровень качества
grader 1. сортировщик; классификатор; бракёр 2. учащийся определённого года обучения
grading сортировка *(напр. по качеству)*; классификация
job ~ классификация рабочих заданий по сложности *(для установления очередного разряда)*
graduation 1. окончание учебного заведения 2. получение учёной степени 3. сглаживание, выравнивание ряда; нанесение кривой по точкам
fertility ~ шкала плодовитости
graphic(al) ~ графический метод выравнивания
grain 1. зерно 2. строение, структура
commodity ~ товарное зерно
condemned ~ бракованное зерно
conditioned ~ кондиционное зерно
food ~ продовольственное зерно
infested ~ заражённое зерно
marketable ~ товарное зерно
standing ~ хлеб на корню
unconditioned ~ некондиционное зерно
grand *жарг.* тысячедолларовая банкнота
grant 1. грант, субсидия; дотация; безвозвратная ссуда; дар ‖ предоставлять субсидию; давать дотацию 2. пособие; единовременная денежная выплата 3. передача права на имущество □ **~s and awards** субсидии и дотации; **to ~ a delay in payment** предоставлять отсрочку платежа; **to ~ a patent** выдавать патент; **to ~ credit** предоставлять кредит; **~ to student** пособие студенту
ad hoc ~ специальная субсидия
annual ~ ежегодное пособие
birth ~ пособие на рождение ребёнка
block ~ блочная субсидия *(объединяющая ряд прежних)*
conditional ~ субсидия, предусматривающая выполнение получателем определённых условий
differential ~ субсидия на выравнивание расходов
educational ~ субсидия на образование
equalization ~ *см.* **differential grant**

Federal ~ субсидия (федерального) правительства *(США)*
investment ~s инвестиционные субсидии *(предоставляемые государством)*
maintenance ~ пособие на содержание
matching ~ долевая субсидия *(когда средства федерального бюджета покрывают лишь часть расходов низшей административной единицы)*
maternity ~ пособие при рождении ребёнка
monetary ~ денежная субсидия
operating ~ разрешение на эксплуатацию
project ~ субсидия на выполнение научно-исследовательской *или* опытно-конструкторской работы
training ~ субсидия на обучение
unconditional ~ субсидия, выдаваемая без предварительных условий
grant-aided существующий на субсидию
grantee лицо, получающее субсидию
grant-in-aid 1. дотация; субсидия; финансовая помощь 2. целевая субсидия
grantor 1. лицо, передающее права на имущество 2. учредитель траста 3. продавец опциона
graph 1. график, диаграмма; кривая 2. *мат.* граф
~ of fulfilment of plan график выполнения плана
~ of game диаграмма игры
bar ~ столбиковая диаграмма, гистограмма
circular ~ круговая диаграмма
computer ~ график, построенный с помощью вычислительной машины
figurative ~ фигурная диаграмма
schedule ~ календарный график
time ~ временная диаграмма, график временной зависимости
grassland лугопастбищное угодье, сенокосное угодье; луг; пастбище, выгон
permanent ~ постоянное лугопастбищное угодье
gratis *лат.* бесплатно, даром
gratuitous бесплатный, безвозмездный
gratuity (денежное) вознаграждение; чаевые, «благодарность»
grazier 1. *англ.* скотовод 2. *австрал.* овцевод
grazing 1. выпас *(скота)* 2. пастбище, выгон
continuous ~ бессменный выпас
controlled ~ регулируемый выпас; системный выпас; порционный выпас
strip ~ полосовой выпас
year-round ~ круглогодичный выпас
greed □ **~ for surplus-labor** неутолимая жажда прибавочного труда
green:
long ~ *амер. жарг.* бумажные деньги
greenbacks гринбеки *(неразменные на металл бумажные деньги в США)*
greengrocer *англ.* 1. торговец овощами и фруктами 2. овощной магазин
greengrocery *англ.* 1. овощи и фрукты 2. овощной магазин
grid 1. сетка; таблица шахматного типа 2. энергетическая система, энергосистема

national ~ общенациональная энергосистема
parity ~ таблица [сетка] взаимных паритетов валют *(в Европейской валютной системе)*

grocer торговец бакалейными товарами

grocery 1. бакалейная лавка 2. *pl* бакалея, бакалейно-гастрономические товары

groping метод поисков и находок ощупью [вслепую] *(напр. о рыночном процессе установления равновесия спроса и предложения)*

gross 1. масса 2. гросс *(12 дюжин)* 3. валовой; брутто 4. большой; объёмистый, крупный; суммарный □ **by the** ~ оптом, большими партиями; гроссами

Grossbank гроссбанк, очень крупный коммерческий банк в Германии

ground 1. почва; земля; грунт 2. позиция; основание; мотив □ **to gain** ~ продвигаться вперёд; увеличиваться, повышаться *(о ценах)*; **to lose** ~ отступать; уменьшаться, понижаться *(о ценах)*

groundwork основа, фундамент

Group:
~ **of Seven** Группа семи *(ведущих стран Запада)*
~ **of Ten** Группа десяти *(членов МВФ, принявших на себя обязательство по Общему положению о заимствовании)*
~ **of Twenty** Группа двадцати *(членов МВФ, сотрудничавших в реформе международной валютной системы)*
World Bank ~ Группа Мирового банка *(Международный банк реконструкции и развития, Международная финансовая корпорация, Международная ассоциация развития)*

group 1. *стат.* группа; класс □ группировать, распределять по группам; классифицировать 2. группа; организация 3. *англ.* укрупнённая группа отраслей *(экономики, промышленности)* 4. объединение компаний; синдикат; трест; монополистическое объединение
adolescent ~ группа юношеского возраста
age-sex ~ половозрастная группа
appraisal ~ группа экспертов
birthplace ~ группа (населения) с общим местом рождения
buying ~ синдикат по покупке *(ценных бумаг)*
child bearing ~ группа (населения) детородного возраста
current business ~**s** *амер.* функционирующие деловые группы *(ответственные за внедрение проекта)*
density ~ «группа плотности» *(при группировке грузов по объёму)*
depletion ~ группа отраслей добывающей промышленности; добывающая промышленность
development ~ *амер.* группа развития *(осуществляет планирование в фирме, обеспечение ресурсами и кадрами)*
engineering policy ~ группа определения технической политики *(фирмы)*
ethnic ~ этническая группа; народность
family ~**s of goods** товарные группы
family-based ~ (финансово-монополистическая) группа, базирующаяся на семейных связях
functional age ~**s** функциональные возрастные группы
geographic(al) ~ группа населения, сформированная по территориальному признаку
high status ~ группа населения, занимающая высокое общественное положение
individual years of age ~ однолетняя возрастная группа
interest ~ группа, действующая в интересах определённых кругов; группа, объединённая общими интересами
intermediate status ~ группа населения, занимающая промежуточное общественное положение
kin(ship) ~ группа, объединённая родственными связями
loaning ~ кредитная группа *(в кредитном отделе банка, обслуживающая определённую отрасль или группу предприятий)*
low status ~ группа населения, занимающая низкое общественное положение
major industry ~ укрупнённая группа отраслей экономики *(напр. нефте- и газодобывающая промышленность)*
manufacturing support ~ подразделение, обеспечивающее производственную деятельность
marital ~ лица, состоящие в браке
minority ~ меньшинство *(напр. национальное)*
noncompeting ~**s** неконкурирующие группы
nonwhite ~ группа небелого населения
occupational ~ профессиональная группа
old age ~ группа лиц престарелого возраста
order receiving ~ группа приёма заказов
peer ~ группа, однородная по составу
planning ~ группа планирования
policy ~ группа, вырабатывающая политику *(фирмы)*
pressure ~ *см.* **interest group**
product ~ **of corporation** промышленное отделение корпорации
product line ~ ассортиментная группа; группа товаров, близких по номенклатуре
project ~ *амер.* проектная группа *(ответственная за разработку комплексных проблем)*
purchase ~ синдикат по покупке *(группа инвестиционных банков, покупающая у эмитента весь выпуск ценных бумаг для дальнейшей продажи)*
purchasing ~ группа закупок, группа снабжения
race ~ группа лиц одной расы
retailers' buying ~ *англ.* объединение розничных торговцев *(с целью совместных закупок товаров)*
rotation ~ повторно обследуемая группа
selling ~ синдикат по продаже *(ценных бумаг)*
social (status) ~ общественная группа

task ~ целевая группа *(в фирме)*
task pressure ~ группа, добивающаяся от правительства предоставления налоговых льгот
vintage ~ возрастная группа единиц оборудования (*см.* **vintage**)
wholesaler-sponsored voluntary ~ *англ.* объединение розничных торговцев, организованное оптовым предприятием с целью совместных закупок товара

grouped сгруппированный

grouping 1. группировка; классификация 2. распределение (населения) по группам
multistage [multistep] ~ многоступенчатая группировка
regional ~ региональная группировка *(данных)*
religious ~ группировка населения по вероисповеданию
sex-age ~ группировка по полу, возрасту
simple ~ простая группировка
socioeconomic ~ группировка населения по социально-экономическому положению

grow расти, увеличиваться, расширяться *(об экономике)*

grower производитель; плантатор; фермер

growing культивирование, выращивание; засев
continuous corn ~ ежегодный засев зерновыми *(одних и тех же площадей)*
forage ~ выращивание кормовых культур

growth 1. рост; развитие, увеличение; прирост 2. выращивание 3. происхождение □ ~ **by merger** рост (компании) за счёт слияний; ~ **in the living standard** рост уровня жизни; **of domestic** ~ отечественного происхождения; **of foreign** ~ иностранного происхождения; **of other** ~ другого происхождения
~ **of technology** технический прогресс
abnormal ~ ненормальный рост
balanced ~ сбалансированный [уравновешенный] рост
closed population ~ прирост населения без учёта миграции
damped ~ замедленный рост
economic(al) ~ экономический рост; экономическое развитие
efficient ~ эффективный рост
equilibrium ~ сбалансированный [уравновешенный] рост
exponential ~ экспоненциальный рост
export-biased ~ экономический рост с экспортным уклоном *(связанный с развитием экспортных отраслей)*
import-biased ~ экономический рост с импортным уклоном *(основанный на развитии отраслей, заменяющих импорт)*
intercensal ~ рост населения в период между переписями
internal ~ **of company** рост компании за счёт новых капиталовложений *(в отличие от слияний или поглощений)*
job ~ рост занятости, увеличение численности работающих
logistic population ~ рост населения по логистической кривой
monetary [money] ~ увеличение количества денег; рост денежной массы
natural population ~ естественный прирост населения
open population ~ прирост населения с учётом миграции
population ~ естественное движение населения, прирост населения
secular ~ вековой [длительный] рост
stable ~ устойчивый (экономический) рост
stunted ~ задержанный рост
sustainable [sustained] ~ устойчивый (экономический) рост
unbalanced ~ 1. несбалансированный [неуравновешенный] рост 2. диспропорциональный рост *(напр. инвестиций в разные области экономики)*
zero ~ нулевой рост *(напр. экономики)*

growthmanship увлечение темпами роста, «ростомания»

guarantee 1. гарантия; залог; поручительство ‖ гарантировать; поручаться; обеспечивать 2. гарант; поручитель 3. лицо, которому даётся гарантия □ ~ **on trial rate** гарантированный минимум заработной платы в период освоения нового изделия; **to** ~ **a bill of exchange** дать поручительство по векселю; **to** ~ **against loss** гарантировать возмещение убытка; **to** ~ **a loan** гарантировать заём
bank [banker's] ~ банковская гарантия; поручительство банка; авал
continuing ~ поручительство, не ограниченное сроком, общая гарантия *(по всем долгам должника)* без определённого срока
credit ~ кредитное поручительство
dividend ~ гарантия выплаты дивидендов
gold ~ золотая гарантия, обеспечение золотом
gold-value ~ гарантия золотого эквивалента; «золотая оговорка»
money-back ~ гарантия возврата платы за товар *(в случае возвращения его покупателем)*
specific ~ специальная гарантия
unconditional ~ безусловная гарантия
underwriting ~ гарантия размещения ценных бумаг на рынке

guarantor гарант; поручитель; авалист □ **to act as a** ~ действовать в качестве поручителя
~ **of bill** поручитель по векселю, авалист

guaranty гарантия; залог; поручительство ‖ гарантировать; поручаться
~ **of collection** гарантия взыскания долга в случае неплатежа
~ **of debt** гарантия по долгу
~ **of payment** гарантия оплаты долга

guardian опекун *(назначенный судом для малолетних или неспособных управлять имуществом)*
natural ~ естественный опекун *(отец или мать)*

guess 1. предположение ‖ предполагать 2. предположительная оценка
intelligent ~ обоснованное предположение

prior ~ априорное предположение
gues(s)timate предположительная оценка || предположительно оценивать
guidance руководство
occupation ~ профессиональная ориентация
guide 1. ориентир, указатель || служить ориентиром 2. руководитель || быть руководителем 3. проводник, гид || вести, направлять 4. путеводитель; руководство; учебник
address coding ~ руководство по кодированию адресов
guideline руководящая линия, ориентир
depreciation ~**s** 1. *см.* **depreciation guidelines and rules** 2. нормативные сроки *(службы оборудования и зданий)* для начисления износа, нормативные сроки амортизации
depreciation ~**s and rules** нормы и правила начисления износа, нормы и правила амортизации *(изданные Казначейством США)*
price and wage ~ рекомендация правительства в отношении допустимых темпов роста цен и заработной платы
guidepost контрольная цифра, ориентир
guild *ист.* цех, гильдия
craft ~ ремесленная гильдия
merchant ~ торговая гильдия
guinea *ист.* гинея, английская золотая монета, равная 21 шиллингу
gyration резкое колебание конъюнктуры

H

haberdasher 1. *англ.* торговец галантереей 2. *амер.* торговец предметами мужского туалета
haberdashery 1. *англ.* галантерея 2. *амер.* предметы мужского туалета
habit:
~**s of work** навыки труда
living ~ образ жизни
payment ~**s** платёжные обычаи
habitable обитаемый; годный для жилья
habitant житель
habitat жилище; среда обитания
habitation 1. жилище, жильё; посёлок 2. проживание □ **fit for** ~ пригодный для жилья
haggle *англ.* торговаться
half-a-bar *разг.* полмиллиона *(обычно фунтов стерлингов)*
half-blood 1. неполнокровный брат; неполнокровная сестра *(только по одному из родителей)* 2. неполнокровное родство 3. метис
half-breed *см.* **half-blood**
half-caste человек смешанной расы
half-pay 1. половинный оклад 2. пенсия □ **to put on** ~ перевести на половинную оплату труда *или* на пенсию
half-time занятый неполную рабочую неделю
half-timer работник, занятый неполную рабочую неделю; полубезработный
hallage *уст.* рыночный сбор; налог на товары, продаваемые на рынке
hallmark пробирное клеймо, проба
halve уменьшать наполовину *(напр. доход)*
hammer 1. (аукционный) молоток 2. *бирж.* объявлять несостоятельным должником 3. сбивать цены □ **to bring under the** ~ продаваться с аукциона; **to** ~ **the market** сбивать цены путём продажи акций *(при игре на понижение)*
hamper мешать, препятствовать, затруднять □ **to** ~ **trade** затруднять торговлю
hand 1. рабочий; работник; *pl* рабочая сила 2. контроль, власть, твёрдая рука □ **at first** ~ из первых рук, непосредственно; **in [on]** ~ наличный, в наличности *(о товаре)*; **to change** ~**s** перепродаваться; переходить из рук в руки; **to get out of** ~ выходить из-под контроля *(напр. об инфляции)*; **to have a free** ~ иметь свободу действий; **to** ~ **over foreign exchange** сдавать иностранную валюту; **under one's** ~ **and seal** за *чьей-л.* подписью и печатью; ~**s wanted** требуются рабочие
factory ~ фабричный рабочий
farm ~ сельскохозяйственный рабочий, батрак
field ~ сельскохозяйственный рабочий, батрак; *амер. ист.* негр-раб
invisible ~ «невидимая рука» *(о рыночном механизме, осуществляющем регулирование хозяйства в условиях свободной конкуренции по теории Адама Смита)*
leading ~ бригадир
whip ~ господствующее положение; главенствующая позиция; перевес *(напр. в конкуренции на мировом рынке)*
handbill рекламный листок
handbook справочник; руководство
handicap недостаток; помеха *(напр. в механизме конкуренции)* || быть помехой; препятствовать
handicraft 1. ремесло, ручная работа 2. мастерство [искусность] ремесленника
artistic(al) ~ художественное ремесло
guild ~ цеховое ремесло
handicraftsman ремесленник, кустарь
handle 1. управлять; регулировать; осуществлять контроль 2. производить транспортную обработку *(грузов)*; обрабатывать, перерабатывать 3. переносить; грузить; выгружать 4. *амер.* торговать 5. обрабатывать *(напр. документы)* □ ~ **with care!** «обращаться осторожно!» *(надпись на грузе)*
handler:
materials ~ транспортный рабочий; рабочий, занятый на транспортной переработке грузов
handling 1. обращение; способ эксплуатации 2. уход; обработка 3. переработка грузов; перемещение; погрузочно-разгрузочные работы □ ~ **on board** обработка грузов на борту судна

~ **of flights** обслуживание рейсов
~ **of public funds** использование общественных [государственных] средств
automatic ~ of cheques автоматизированная обработка чеков
cheque ~ обработка чеков
data ~ обработка данных
expedited ~ передача с посыльным *или* нарочным
freight ~ *см.* **handling 3.**
information ~ обработка данных
manual ~ ручная обработка *(напр. чеков)*
materials ~ перемещение грузов *(в пределах предприятия)*; транспортировка материалов *(включая их транспортную обработку)*
mechanical ~ передвижение товара *(на складе)* с использованием техники
palleted materials ~ переработка грузов на поддонах
paper ~ обработка документов
handmade ручной работы
handshake:
golden ~ увольнение (высшего менеджера) с большой финансовой компенсацией, вознаграждение за досрочный выход на пенсию
hand-to-mouth минимальный; без запасов; ограниченный; насущный *(о потребностях)*
handworked ручной работы
hang □ **to ~ up** перегружаться труднореализуемыми ценными бумагами
hangover of orders переходящие заказы, заказы, не выполненные в истекшем отчётном периоде
harbour:
safe ~ мероприятия фирмы, позволяющие избежать опасностей *(гражданской ответственности, налогов, поглощения другой компанией)*
hard 1. твёрдый; устойчивый 2. звонкий *(о монете)*
harden повышаться, стабилизироваться *(о ценах)*
hardware 1. готовые изделия; оборудование; устройства; детали 2. аппаратура, аппаратное оборудование *(ЭВМ)* 3. скобяные товары 4. технические средства; оснастка 5. техническое обеспечение АСУ и АОД
brassboard ~ экспериментальная аппаратура
harmonization гармонизация, согласование, достижение согласованности
tax ~ согласование различных видов налогового обложения
harmonize гармонизировать, согласовывать, приводить в соответствие
harmony гармония, согласованность, соответствие
economic(al) ~ гармония в экономике
harvest 1. урожай 2. уборка урожая ‖ собирать урожай
hand ~ ручная уборка
machine ~ машинная уборка
manual ~ ручная уборка
mechanical [mechanized] ~ механизированная уборка

hasten ускорять *(темпы роста)*
haul 1. перевозка; транспортировка ‖ перевозить; транспортировать 2. рейс
line [long] ~s магистральные [линейные] перевозки; дальние перевозки; междугородные перевозки
out-and-back ~ встречная перевозка, перевозка «туда и обратно»
short ~s короткопробежные перевозки
haulage 1. перевозка; подвозка; буксировка 2. плата за буксировку
road ~ автодорожная грузовая перевозка
hauling:
contract ~ перевозка по контракту, договорная [контрактная] перевозка
hawker *англ.* уличный торговец
haylage *с.-х.* культура на зелёный корм
haymaking сенокос, уборка [скашивание] травы на сено; заготовка сена
hazardous рискованный; опасный *(напр. о предприятии)*
head 1. начальник, руководитель 2. *с.-х.* поголовье 3. лицевая сторона монеты 4. возглавлять; направлять 5. держать курс, устремляться □ **per ~** на душу населения
~ **of department** начальник отдела
~**s of expenditure** *бухг.* виды расходов; статьи расходов
~ **of family** глава семьи
~ **of household** глава хозяйства
divisional operating ~ руководитель производственного отделения
production assurance ~ руководитель, ответственный за обеспечение производства
heading заголовок *(таблицы, графы)*; статистическая группировка под данным заголовком
headquarters руководство *(организации)*; главное правление *(фирмы)*
headway продвижение; прогресс; успех
health 1. здоровье 2. благосостояние, процветание
public ~ здравоохранение
heaping of age report возрастная аккумуляция
hearings 1. заседания правительственных *или* парламентских комиссий 2. протоколы заседаний
appropriation ~ обсуждение проекта бюджетных ассигнований в законодательном органе власти *(конгрессе, парламенте)*
hearth (домашний) очаг; хозяйство
heaven:
tax ~ «налоговый рай» *(страна, куда переводят капитал с целью уменьшения налоговых выплат)*
heaviness депрессия, понижательная тенденция *(о рынке)*
heavy 1. тяжёлый 2. большой, крупный; значительный 3. вялый, бездеятельный *(напр. о рынке)* 4. обильный, богатый *(напр. об урожае)*
hedge *бирж.* хедж *(срочная сделка, заключённая для страхования от возможного изменения цены)* ‖ хеджировать, страховать [ограждать] от потерь □ **~ against inflation** вложение денег в повышающиеся в

цене активы *(землю, акции)*; страхование от инфляции
hedging хеджирование, страхование [ограждение] от потерь
selective ~ выборочное хеджирование *(по отдельным сделкам)*
hedonism гедонизм (*см.* **hedonistic(al) principle**)
hegemony of proletariat гегемония пролетариата
help 1. помощь **2.** *pl амер.* работники □ **~s wanted** «требуются» *(для приёма на работу)*
field ~ техническая помощь на месте эксплуатации
skilled ~s квалифицированные работники
software ~ программное обслуживание
helper:
family ~ лицо, безвозмездно работающее на семейном предприятии
herbage 1. пастбищное угодье **2.** право выпаса, право пользования пастбищем
herd стадо, гурт ‖ пасти
beef breeding ~ племенное стадо мясных коров
commercial ~ товарное стадо
dairy ~ молочное стадо
hereditary наследственный
heredity наследственность
heterogeneity гетерогенность, разнородность, неоднородность *(напр. продукции)*
family [matrimonial] ~ разнородность состава семьи
heterogeneous гетерогенный, разнородный, неоднородный
heteroscedastic *стат.* гетероскедастический *(имеющий дисперсию, существенно зависящую от другой случайной величины)*
heteroscedasticity *стат.* гетероскедастичность
heuristic эвристический
heuristics эвристика *(метод обучения, способствующий развитию находчивости, активности)*
hide *ист.* надел земли
hidebound 1. сильно исхудавший, истощённый *(о скоте)* **2.** истощённый, бесплодный *(о почве)*
hideland надел земли
hierarchy иерархия *(напр. в структуре управления)*
~ of demands иерархия потребностей
service ~ служебная иерархия
hi-fi *разг.* высококачественный
higgle *англ.* торговаться
high высшая точка; максимум; пик ‖ высокий; значительный
alltime ~ наивысшая точка за весь период наблюдений; абсолютный максимум; рекорд
new ~ новый высший уровень *(курсов акций)*
year's ~ наивысший показатель за год
high-class высококачественный; высокосортный; первоклассный
high-duty высокопроизводительный
high-efficiency с высоким коэффициентом полезного действия
highest □ **the third ~** занимающий третье место *(напр. по объёму производства)*
high-grade *см.* **high-class**
high-performance высокоэффективный
high-priced дорогостоящий, дорогой
high-production высокопроизводительный
high-quality *см.* **high-class**
high-tech высокотехнологичный *(о компаниях и их акциях)*
highway 1. скоростная автострада; автомагистраль; дорога общего пользования **2.** главный путь; торговый путь
interstate ~ межштатная автомагистраль
toll ~ платная автомобильная дорога
high-yield высокопродуктивный, с большим выходом продукции
hijacking:
aircraft ~ *разг.* захват самолёта в полёте, воздушное пиратство
hike резкий подъём, повышательное движение *(напр. цен)* ‖ резко повышать
pay ~ увеличение выплат
tax ~ рост налогов
wage ~ рост заработной платы
hire 1. наём ‖ нанимать *(рабочего)* **2.** прокат ‖ брать напрокат **3.** плата за наём [за прокат] □ **to ~ out** сдавать внаём; **to pay a ~ 1.** платить заработную плату **2.** платить за прокат; **to take on ~** взять напрокат; **to ~ the money** *уст.* давать деньги в рост; **to work for ~** работать по найму
factor ~ наём производственного фактора *(напр. рабочей силы)*
hire-purchase *англ.* покупка товара с оплатой в рассрочку
hirer 1. наниматель **2.** берущий напрокат
hiring-out прокат товаров
histogram гистограмма, полигон частот
bivariate ~ двухмерная гистограмма
historic(al) исторический, относящийся к прошлому, первоначальный *(напр. о доходности)*
history 1. история **2.** изменение во времени **3.** досье; данные
agrarian ~ история сельского хозяйства
case ~ типичный пример, иллюстрация
credit ~ досье заёмщика, сведения о кредитоспособности
economic(al) ~ экономическая история, история народного хозяйства
financial ~ история финансов
life ~ данные об этапах жизни человека, биография
lifetime residence ~ данные об изменении места жительства
monetary ~ история денежного обращения
mortality ~ данные о выбытии *(для группы объектов основного капитала)*
personal ~ личное дело *(работника)*
time ~ картина изменения *(какой-л. величины)* во времени
hitch задержка; остановка; препятствие
hoard запас(ы); скрытые запасы ‖ запасать; копить; тезаврировать *(золото)*
~ of money денежное сокровище
gold ~ золотой запас; накопленное золото
hoarder тезавратор

hoarding 1. накопление *(товарных запасов)*; тезаврирование, тезаврация *(золота)* 2. расклейка рекламных объявлений на щитах
gold ~ тезаврация золота
labor ~ придерживание рабочей силы *(сверх необходимой в периоды сокращения спроса на продукцию)*
official ~ государственная тезаврация *(обычно золота)*
private ~ частная тезаврация *(обычно золота)*
speculative ~ **of scarce supplies** спекулятивное накопление дефицитной продукции, создание спекулятивных запасов дефицитных товаров
hobble хромать, спотыкаться *(напр. о характере развития экономики)*
hock *амер. жарг.* закладывать *(вещь)*
hold 1. владение ‖ владеть; быть владельцем 2. *pl* хранилище, вместилище 3. удерживать; сдерживать *(напр. экономический рост)* 4. иметь силу *(напр. о теории)* 5. хранить □ **to ~ back on purchases** воздерживаться от покупок; **to ~ constant** сохранять неизменную величину, не изменяться, не иметь прироста; **to ~ firm to the price** твёрдо держаться цены; **to ~ in pawn [in pledge]** хранить в качестве залога; **to ~ money for liquidity** хранить деньги из соображений ликвидности; **to ~ off** откладывать *(напр. покупки)*; **to ~ on trust** хранить по доверенности *(у другого лица)*; **to ~ the market** поддерживать рынок; **to ~ to terms** придерживаться условий; **to ~ true** выполняться, сохраняться *(напр. об условии)*; **to ~ up** приостанавливать
holder 1. держатель; владелец; арендатор 2. предъявитель *(напр. чека)* □ ~ **in due course** законный держатель
~ **of account** владелец счёта
~ **of bill of exchange** владелец [держатель] векселя
~ **of letter of credit** владелец аккредитива
~ **of pledge** держатель залога
~ **of record** зарегистрированный владелец акции *(на определённую дату)*
advance ~ авансодержатель; подотчётное лицо
allotment ~ арендатор, субарендатор
cash ~ владелец кассового остатка
coupon ~ владелец купона
debenture ~ владелец долгового обязательства *(напр. облигации)*
giro account ~ владелец жиросчёта
job ~ 1. лицо, имеющее постоянную работу 2. государственный служащий
policy ~ застрахованное лицо, держатель страхового полиса
scholarship ~ *амер.* стипендиат
small ~ мелкий замельный собственник
wealth ~ владелец [собственник] богатства
holding 1. владение *(напр. акциями)* 2. арендованный участок земли 3. арендованное имущество 4. *pl* вклады; авуары 5. запас 6. хранилище 7. пакет акций 8. предприятие, контролируемое холдинг-компанией
bill ~**s** портфель векселей
cash ~**s** денежная наличность; денежные авуары
currency ~**s** валютные резервы; сумма девизов
discount ~**s** портфель учтённых векселей
dollar ~**s** долларовые вклады; долларовые авуары
foreign (exchange) ~**s** иностранные финансовые активы; авуары в иностранной валюте
gold ~ золотой резерв, золотой запас
institutional securities ~**s** портфель ценных бумаг, находящийся в собственности институциональных инвесторов
inventory ~ 1. хранение запасов 2. *pl* товарно-материальные запасы
large-scale land ~**s** крупные земельные владения
major shareholder ~ контрольный пакет акций
monetary ~ денежный резерв
private foreign exchange ~**s** валютные активы на руках частных держателей
real money ~**s** реальные денежные остатки *(с учётом обесценения денег)*
security ~**s** портфель ценных бумаг
stock ~ хранение запасов
holiday 1. нерабочий день; праздник 2. *pl* каникулы; отпуск □ ~**s with pay** оплачиваемый отпуск
annual ~**s** *англ.* очередной отпуск *(предоставляемый раз в году)*
bank ~ «банковский праздник» *(день, когда банк закрыт и не производит операций)*
legal [public] ~ нерабочий [неприсутственный] день *(установленный законом)*
stock exchange ~ *англ.* нерабочий день на фондовой бирже
tax ~ налоговая льгота, временное освобождение от уплаты налогов *(напр. на период освоения мощности предприятия)*
holidaymaker отпускник; турист
home 1. местного производства; отечественный, отечественного производства 2. домашний *(о хозяйстве)* 3. внутренний *(напр. о рынке)* 4. дом; жилище
residential ~ *англ.* приют для престарелых
homebound обратный груз
homebuilder строительная фирма *(в сфере жилищного строительства)*
homecraft 1. кустарный промысел 2. домоводство
homegrown отечественного производства, отечественный
homemade 1. *см.* **homegrown** 2. самодельный, кустарного производства
homeossatis гомеостаз(ис) *(стремление системы к сохранению равновесия)*
homeowner домовладелец *(проживающий в собственном доме)*
home-produced отечественного производства, отечественный
homeward возвращающийся на родину *(в порт приписки)*

homework 1. надомная работа 2. кустарный промысел
homeworker надомник
homo economicus *лат.* экономический человек *(представление о человеке как о рационально мыслящем субъекте, максимизирующем свою выгоду)*
homogeneity однородность, гомогенность *(напр. продукции)*
~ of industry однородность [гомогенность] отрасли промышленности
~ of returns однородность доходов
price ~ единообразие цен
homogeneous однородный, гомогенный *(напр. о продукции)*
homoscedastic *стат.* гомоскедастический *(имеющий постоянную условную дисперсию)*
homoscedasticity *стат.* гомоскедастичность
hono(u)r 1. акцептовать *(тратту)*; оплатить *(чек)* 2. обеспечить *(банкноты металлическим покрытием)* □ **to meet due ~** быть акцептованным *или* быть оплаченным *(о тратте)*
hoodwink надувать, обманывать покупателя
hooker-in *англ.* «зазывала» *(продавец, уговаривающий прохожих посетить магазин)*
hop 1. полёт 2. расстояние, пролетаемое без посадки, дистанция беспосадочного полёта
interairport ~ дистанция полёта между двумя аэропортами
hopping:
job ~ *жарг.* переход с одной работы на другую *(с целью получения более высокой заработной платы)*
horizon 1. перспектива 2. период, промежуток (времени), временной горизонт
expectational ~ рассматриваемый период *(при планировании или прогнозировании)*
planning ~ период [горизонт] планирования
time ~ период, промежуток времени; горизонт прогнозирования
unbounded ~ бесконечный период планирования
horizontal горизонтальный *(о структуре организации)*
horsepower:
~ of equipment (техническая) мощность оборудования
aggregate ~ per production worker общая энерговооружённость производственного рабочего
horseshoe:
southern ~ «южная подкова» *(новый промышленный район США: Калифорния — Южные штаты — Флорида)*
horticulture садоводство
commercial ~ промышленное садоводство
hospitable благоприятный *(напр. об условиях инвестирования капитала)*
hot горячий, «жжёт руки» *(спекулятивный)*
hour 1. час; время; период 2. *pl* часы работы, рабочее время, рабочий день 3. затраты труда в человеко-часах □ **before ~s** до открытия *(напр. биржи)*; **by the ~** почасовой; **per ~** в час, за час; **the off ~s** свободные часы; нерабочее время; **~s worked** наработанные часы; отработанное время
~s of attendance служебные часы
~s of work часы работы, рабочее время
actual ~s *орг. пр.* фактическое время *(работы)*
actual ~s worked фактически отработанное время
airborne ~s число часов в воздухе, время в полёте, налёт часов
aircraft ~s in capitalized projects налёт часов, относимый на капитальные затраты *(перегон новых самолётов, служебные рейсы при освоении новых маршрутов)*
allowed ~s *орг. пр.* допустимое время *(нормативное время плюс резерв для компенсации потерь)*
banking ~s часы работы банка
block-to-block ~s рейсовое время; время движения *(включает время наземного пробега самолёта)*
business ~s 1. часы работы предприятия 2. часы торговли
busy ~s часы работы, рабочее время; часы занятий
closing ~s часы закрытия магазинов
dinner ~ обеденное время, обеденный перерыв
idle ~s часы простоя; часы перерыва в работе
indirect labor ~s затраты времени вспомогательных рабочих
initial engineering ~s затраты труда в человеко-часах на первоначальные конструкторские разработки
nominal ~s *орг. пр.* запланированное (рабочее) время
office ~s часы работы учреждения
official ~s присутственные часы
opening ~s часы открытия магазинов
operation ~s продолжительность работы в часах
overtime ~s сверхурочные часы
revenue aircraft ~s flown налёт коммерческих часов, налёт часов в коммерческих рейсах
running ~s продолжительность работы в часах
short ~s 1. короткий рабочий день 2. неполный рабочий день *(у частично занятых безработных)*
slack ~s часы неполной нагрузки
standard ~ нормо-час
standard ~s per piece норма времени на единицу продукции
standard preparation ~s стандартное установочное [стандартное наладочное] время
stated office ~s установленные часы работы учреждения
stock exchange ~s часы работы биржи
straight time equivalent ~s эквивалент в астрономических рабочих часах; эквивалент в обычном рабочем времени
stream ~s продолжительность непрерывной работы в часах
tractor ~ тракторо-час
working ~s продолжительность работы; трудозатраты; трудоёмкость

House 1. Лондонская фондовая биржа 2. палата общин *(Великобритания)*; палата представителей *(Конгресса США)*
London Bankers' Clearing ~ Лондонская расчётная палата
New York Stock Exchange Clearing ~ расчётная палата Нью-Йоркской фондовой биржи
house 1. дом; жилище ‖ предоставлять жилище 2. семья; хозяйство 3. род 4. торговый дом; (торговая) фирма □ **in the ~** 1. в данной фирме; на предприятии данной фирмы 2. своими силами; без передачи работ на сторону
acceptance ~ *амер.* акцептная контора; акцептный банк
accepting ~ *англ.* акцептная контора
apartment ~ многоквартирный дом
automated clearing ~ автоматическая расчётная палата *(на базе ЭВМ)*
bond ~ инвестиционный банк
branch ~ филиал, отделение
brokerage ~ брокерская [маклерская] фирма
business ~ коммерческий дом
clearing ~ расчётная палата
commission ~ *амер.* биржевая брокерская фирма
confirming ~ *англ.* комиссионная фирма *(исполняющая поручения иностранных импортёров по закупке товаров)*
council ~ *англ.* муниципальный жилой дом
discount ~ 1. *англ.* учётный дом; вексельная контора 2. розничный магазин, торгующий по сниженным ценам
finance ~ 1. *англ.* финансовая компания 2. компания по финансированию покупок в рассрочку
freight ~ грузовой склад *(для приёма, хранения и выдачи мелких отправок)*
hire purchase finance ~ компания по финансированию покупок в рассрочку
issuing ~ *англ.* эмиссионный дом, эмиссионное учреждение; инвестиционный банкир; банк, размещающий ценные бумаги
mail order ~ посылочная компания, предприятие, выполняющее заказы покупателей по почте
model ~ *англ.* ателье элегантного женского платья; дом моделей
no-frills ~ дом без «излишеств»; удешевлённый дом
packer branch ~ предприятие по переработке и сбыту мяса *(не занимающееся убоем скота)*
private ~ собственный дом
public ~ *англ.* питейное заведение; пивная
securities ~ фирма по торговле ценными бумагами
settlement ~ расчётная палата
substandard ~ нестандартное жилище
tenement ~ 1. арендуемый дом 2. многоквартирный дом
tied ~s *англ.* торговые помещения ассоциации оптовых торговцев, арендуемые для совместных закупок
trading ~ торговая фирма
treasure ~ казначейство
underwriting ~ *см.* **issuing house**
used ~ дом, бывший в пользовании
wholesale ~ оптовая фирма
household 1. семья, семейная единица 2. хаусхолд, домашнее хозяйство ‖ домашний; относящийся к домашнему хозяйству 3. домоводство
average ~ средняя семья
communal ~ коллективное хозяйство
composite ~ составное хозяйство
family ~ семейное домашнее хозяйство; частное хозяйство
growing ~ незавершённая семья *(в которой возможно появление детей)*
individual ~ (отдельная) семейная единица
institutional ~ групповое хозяйство
multifamily ~ многосемейное хозяйство
multigeneration ~ семья, состоящая из представителей нескольких поколений
multiperson ~ семья, состоящая из нескольких человек
nonfamily ~ групповое хозяйство
one-family ~ односемейное домашнее хозяйство
one-person ~ домохозяйство, состоящее из одного лица
polygamous ~ полигамная семья
private ~ частное хозяйство
householder 1. домовладелец 2. съёмщик дома *или* квартиры 3. глава семьи
housekeeping домоводство
housewares *амер.* домашняя утварь; посуда; хозяйственные принадлежности
housewifery домоводство
housework домашняя работа
houseworkers надомники
housing 1. жилищные условия; обеспеченность жильём; жилищный вопрос 2. жилищное строительство 3. жилище, жильё, дом; жилищный фонд 4. содержание *(скота)* в помещении
inadequate ~ неудовлетворительные жилищные условия
intensive ~ *с.-х.* интенсивное содержание
low-rent (public) ~ 1. (государственное) строительство домов с низкой квартирной платой 2. *pl* (государственные) дома с низкой квартирной платой
owner-occupied ~ жилищный фонд, занимаемый владельцами *(не сдаваемый внаём)*
rental ~ арендный жилищный фонд
residential ~ жилищное строительство
hover колебаться в незначительных пределах *(напр. о норме процента)*
hung-up «подвешенный», находящийся в неопределённом положении *(напр. об инвесторе)*
hunter:
bargain ~ *бирж.* спекулянт, стремящийся скупить акции по исключительно низкому курсу
husband:
ship's ~ лицо, уполномоченное судовладельцами распоряжаться судном

husbandry 1. домоводство 2. сельское хозяйство; земледелие 3. экономия, бережливость
animal [cattle] ~ скотоводство
dairy ~ молочное хозяйство; молочное животноводство
grain ~ зерновое хозяйство
grassland ~ луговодство
livestock ~ животноводство
pasture ~ пастбищное хозяйство
pig ~ свиноводство
poultry ~ птицеводство
sheep ~ овцеводство
husbandryman фермер
hybrid гибридный, сочетающий разные элементы *(напр. о финансовом инструменте)*
hyperemployment сверхзанятость, чрезмерная занятость, нехватка рабочей силы
hyperinflation гиперинфляция, стремительно развивающаяся [галопирующая, безудержная] инфляция
hypermarket 1. *англ.* гигантский супермаркет с отделом удешевлённых товаров, торговый комплекс 2. розничный магазин с площадью торгового зала не менее 25 тыс. кв. футов
hypothecary ипотечный
hypothecate закладывать (недвижимость)
hypothecation обеспечение ипотеки
hypothesis гипотеза, предположение □ **by ~** по предположению; **to test ~ with experiment** экспериментально проверять гипотезу; **under the ~** исходя из предположения, предполагая...
~ of randomness гипотеза случайности
adjustment ~ гипотеза приспособления *(различных экономических процессов)*
composite ~ сложная гипотеза
double-sided ~ двусторонняя гипотеза
expected utility ~ гипотеза о средней полезности
hedonic ~ гедонистическая гипотеза *(предполагает, что товары оцениваются в соответствии с их полезностью)*
main ~ основная [нулевая] гипотеза
nonnull ~ неосновная [ненулевая] гипотеза
null ~ основная [нулевая] гипотеза
single-sided ~ односторонняя гипотеза
two-sided ~ двусторонняя гипотеза
working ~ рабочая гипотеза
hypothesize строить гипотезу; принимать гипотезу
hypothetic(al) гипотетический, предположительный

I

identical идентичный, одинаковый, тождественный
identifiability *стат.* опознаваемость; идентифицируемость; возможность раздельной оценки параметров
identify идентифицировать, устанавливать тождество; устанавливать подлинность □ **to ~ by the trademark** установить подлинность по торговому знаку
identity 1. идентичность, тождественность; подлинность 2. *мат.* тождество
~ of interests тождественность интересов
accounting ~ бухгалтерская сбалансированность *(дебета и кредита)*
corporate ~ марка фирмы *(престиж, репутация)*
national ~ национальная принадлежность *(компании)*
price ~ идентичность цен *(назначаемых разными фирмами)*
idle 1. приводить в бездействующее состояние; работать на холостом ходу ‖ бездействовать; простаивать ‖ бездействующий, неработающий; неиспользуемый; простаивающий 2. незанятый, безработный *(о рабочей силе)* 3. свободный, незанятый *(о времени)* □ **the depression rendered thousands ~** из-за кризиса тысячи людей остались без работы; **the market is ~** на рынке — застой; **to be ~** 1. бездействовать; простаивать 2. быть незанятым, быть безработным; **to stand ~** бездействовать; простаивать
idleness 1. бездействие; простой 2. незанятость 3. свободное время
capital ~ 1. бездействие (основного) капитала 2. недогрузка производственных мощностей
enforced ~ вынужденная праздность
part-time ~ неполная занятость, частичная безработица
illegal незаконный *(напр. о сделке)*
illegitimate 1. незаконный 2. незаконнорождённый, внебрачный
recognized ~ незаконнорождённый ребёнок, записанный на фамилию отца
illicit незаконный, противозаконный, запрещённый *(о деятельности)*
illiquid неликвидный
illiquidity отсутствие ликвидности
illiteracy неграмотность
illiterate неграмотный
illness:
occupational ~ профессиональное заболевание
previous ~ болезнь, которая началась до заключения договора страхования
illusion:
fiscal ~ фискальная иллюзия *(представление, что увеличение государственных расходов не вызовет увеличения налогового бремени)*
mone(tar)y ~ «денежная иллюзия» *(ориентация на номинальные, а не на дефлированные денежные величины)*
image престиж, репутация *(фирмы)*
imbalance 1. несоответствие; расхождение, неравенство 2. отсутствие равновесия, неравновесие *(баланса)*; неустойчивость; несбалансированность, диспропорция □ **~ in trade** неуравновешенный торговый баланс
~s of economy диспропорции в экономике

~ of payments неравновесие платежей; неравновесие баланса платежей и поступлений
order ~ *бирж.* диспропорция между поручениями на продажу и покупку
immigrant иммигрант, переселенец ‖ иммигрирующий, переселяющийся
long-term ~ иммигрант, въехавший в страну на длительный срок
naturalized ~ натурализовавшийся иммигрант
permanent ~ иммигрант, прибывший в страну для постоянного жительства
refugee ~ беженец
short-term ~ иммигрант, въехавший в страну на короткое время
immigrate иммигрировать, переселяться
immigration иммиграция, переселение
~ of laborers прилив рабочих *(в какую-л. отрасль)*
civilian ~ иммиграция гражданских лиц
collective ~ массовая иммиграция
individual ~ иммиграция отдельных семей *или* лиц
net ~ чистая иммиграция
selective ~ выборочная иммиграция
imminent неизбежный *(о тенденциях в экономике)*, неминуемый
immiserization обнищание
immobility отсутствие мобильности
factor ~ ограниченная мобильность *или* отсутствие мобильности факторов производства *(напр. рабочей силы)*
intercountry factor ~ ограниченная мобильность *или* отсутствие мобильности факторов производства между странами
immobilize 1. закреплять *(капитал)* 2. изымать из обращения *(монеты)*
immunity 1. льгота; освобождение; привилегия 2. иммунитет; неприкосновенность □ **~ from taxes** освобождение от налогов, налоговый иммунитет
antitrust ~ неподсудность по антитрестовскому законодательству
sovereign ~ иммунитет суверенного государства от обычной гражданской ответственности
immutable неизменный, непреложный *(напр. о законах)*; безоговорочный *(об исходных посылках или принципах анализа)*
impact:
allocative ~ воздействие на распределение *(напр. ресурсов)*
disarmament ~ воздействие [влияние] разоружения *(на экономику)*
economic(al) ~ экономическое воздействие; воздействие [влияние] на экономику
environmental ~ воздействие на окружающую среду
impatience *ТМО* нетерпение; уход из системы до конца обслуживания; неприсоединение к (длинной) очереди
customer ~ нетерпение клиента
impatient *ТМО* нетерпеливый *(о клиенте)*
impeach обвинять; ставить под сомнение *(честность должностного лица)*
impeachment обвинение; импичмент *(привлечение к ответственности высших должностных лиц)*
impede мешать, задерживать *(экономический прогресс)*; препятствовать □ **to ~ trade** препятствовать торговле
imperfection of market несовершенство рынка *(отход от условий конкуренции)*
imperialism империализм
imperialist империалист ‖ империалистический
impetus стимул, толчок, побуждение *(напр. к ускорению экономического роста)*
discrete ~ сознательно используемый стимул
implacable неумолимый, неуклонный *(о тенденции)*
implement 1. инструмент; прибор; *pl* принадлежности; орудия *(труда)* 2. выполнять; приводить в исполнение; осуществлять
~s of production орудия производства
agricultural [farm] ~s сельскохозяйственные орудия, сельскохозяйственный инвентарь
handicraftsman's ~s ремесленные орудия
manual ~s ручные орудия
mechanical ~s механические орудия
implementation выполнение; внедрение; осуществление; воплощение
budget ~ исполнение бюджета
forecast ~ реализация прогноза
implication 1. предпосылка, условие 2. значение, смысл; вывод
policy ~s выводы *(из творческого исследования)* для экономической политики
implicit подразумеваемый, предполагаемый; внутренне присущий
imply значить, означать; подразумевать
import 1. ввоз, импорт ‖ ввозить, импортировать 2. *pl* предметы ввоза; статьи импорта; ввезённые товары 3. смысл; важность; значение ‖ иметь значение □ **~s for consumption** *см.* **retained imports**; **~s in bond** импортные товары, не оплаченные пошлиной
~ of capital импорт капитала
~ of goods and services импорт товаров и услуг *(статья в платёжном балансе)*
directly allocated ~ импорт, непосредственно относимый на отрасль *(в межотраслевом балансе)*, неконкурирующий импорт
dutiable ~ облагаемый пошлиной импорт
invisible ~s невидимый импорт *(статьи услуг и туризма в платёжном балансе)*
manufactured ~ импорт продукции обрабатывающей промышленности
military ~ импорт военных материалов
prohibited ~s товары, запрещённые к ввозу
retained ~ специальный импорт *(общий импорт минус реэкспорт)*
substitutable ~ конкурирующий [замещаемый] импорт *(который может быть замещён продукцией, производимой в данной стране)*

token ~ импорт незначительных количеств товара; символический импорт
importation ввоз, импорт
importer импортёр
net ~ of a commodity нетто-импортёр *какого-л.* товара; страна, являющаяся в конечном счёте импортёром *какого-л.* товара *(когда импорт товара превышает его экспорт)*
impose 1. налагать; облагать; вводить 2. обманывать; обманом продавать; навязывать □ **to ~ a duty on goods** обложить товары пошлиной; **to ~ restrictions** вводить ограничения
imposition обложение, налог
impost *уст.* налог, подать, дань; пошлина
impoverishment 1. обнищание 2. оскудение, истощение *(запасов)*
absolute ~ абсолютное обнищание
relative ~ относительное обнищание
impracticable 1. непригодный к использованию 2. невыполнимый, неосуществимый
technologically ~ технологически нецелесообразный
impregnable 1. неприступный 2. непоколебимый *(напр. о позиции управляющих)*
imprest ссуда денег, денежный аванс
improve 1. улучшать; совершенствовать; перерабатывать; облагораживать 2. подниматься, повышаться *(о цене, спросе)*
improved усовершенствованный, более совершенный; улучшенный
improvement 1. улучшение, совершенствование 2. повышение *(цен)*
~ of land мелиорация земель
livestock ~ *с.-х.* улучшение поголовья
operations ~ совершенствование производственного процесса
pasture ~ улучшение [обновление] пастбищ
patentable ~ патентоспособное усовершенствование
policy ~ улучшение методики; совершенствование стратегии
price ~ повышение цен *или* курсов ценных бумаг
process ~ технологический прогресс; совершенствование производства
site ~s работы по подготовке участка к промышленному строительству
stage ~ поэтапное улучшение
improving улучшение, повышение качества
imputation 1. приписывание, вменение *(части стоимости отдельным производственным факторам)* 2. условное начисление *(напр. арендной платы)* 3. *pl* оценочные значения; вменённые значения 4. обязательство
~ of data вменение значений *(при отсутствии фактических данных)*; использование расчётных данных
~ of game предпосылка игры
admissible ~ допустимое обязательство
heretical ~ еретическая предпосылка
maximal ~ максимальная предпосылка
impute 1. приписывать, вменять 2. условно начислять
imputed 1. вменённый *(напр. процент)* 2. условно начисленный
inability □ to pay ~ неплатёжеспособность
inaccuracy *стат.* ошибка; неточность
inaccurate неточный; неправильный, неверный, ошибочный
inactive 1. бездеятельный, бездействующий, пассивный, инертный; вялый *(о конъюнктуре)* 2. несамодеятельный *(о населении)* □ **the market is ~** настроение рынка бездеятельное
economically ~ 1. экономически неактивный 2. несамодеятельный
inadequacy несоответствие; неполноценность; неадекватность
inadequate не отвечающий требованиям; неполноценный; недостаточный; неадекватный
inadmissible недопустимый, неприемлемый
in-and-out *бирж.* быстрое завершение спекулятивной операции
in-and-outers работники, занятые на предприятии непостоянно
inanimate неоживлённый, вялый *(о спросе)*
inappropriate неподходящий, несоответствующий, неуместный
inapt 1. *см.* **inappropriate** 2. неумелый, неквалифицированный
inborn рождённый в данной стране
incapable:
~ of bearing неспособный к деторождению
~ of work нетрудоспособный
incapacity неспособность, несостоятельность □ **~ to work** нетрудоспособность
~ of staff некомпетентность управленческого штата
incentive 1. побудительный мотив; побуждение; стимул ‖ побудительный; стимулирующий 2. *мат.* побуждение 3. (поощрительное) вознаграждение 4. *pl* премиальная система *(оплаты труда)* □ **~ to economy** стимул к экономии
economic(al) ~ экономический стимул; экономическое стимулирование
export ~s меры по стимулированию экспорта
factory-wide ~ премиальная система, действующая на всём предприятии
financial ~ 1. материальный стимул 2. денежное вознаграждение
fiscal ~s налоговые стимулы
group ~ система коллективного поощрительного вознаграждения
material ~ материальный стимул; материальная заинтересованность
nonfinancial ~ нематериальный стимул
price ~s ценовые стимулы
production ~s производственные стимулы
profit-sharing ~ вознаграждение, выражаемое через долю прибыли
reverse ~ поощрение, дающее результат, противоположный ожидаемому
saving ~s стимулы к сбережению
tax ~s налоговые стимулы
wage ~ *см.* **financial incentive 2.**
work ~s стимулы к труду

inception:
~ of insurance cover начало ответственности страховщика
~ of service *ТМО* начало обслуживания
incidence 1. сфера распространения, сфера действия; охват *(напр. налогами)* **2.** воздействие, влияние; степень влияния; эффект воздействия
~ of taxation 1. распределение налогового бремени **2.** *см.* **tax incidence**
~ of unemployment размах безработицы
net fiscal ~ чистая величина дохода, получаемая за счёт бюджетных выплат *(разница между общими выплатами из бюджета и общей суммой уплаченных налогов — как доля первоначального дохода)*
tax ~ распределение налогов по группам обложения; фактическое распределение налогового бремени
incidental 1. несущественный, случайный, побочный; второстепенный **2.** вытекающий из ..., связанный с...
in-clearing чеки, поступившие в банк из расчётной палаты для оплаты
income доход(ы); приход; прибыль; поступления; *бухг.* валовая выручка *(за отчётный период)* ‖ приобретаемый ради дохода, приносящий доход *(об облигациях, фондах)* □ **~ before securities gains or losses** доход без учёта прироста *или* падения стоимости ценных бумаг *(но с вычетом налогов)*; **~ for life** доход, получаемый в течение жизни; **~ from business** доход от предпринимательства; **~ from revenue-producing activities** поступления от приносящих доход видов деятельности; **~ from selfemployment** доход самостоятельно занятого *(мелкого предпринимателя, не имеющего наёмной рабочей силы)*; **~ from work** доход от труда; **~ in kind** доход в натуральной форме; **~ liable to tax** доход, облагаемый налогом; **~ on investments abroad** доход(ы) от заграничных инвестиций *(статья в платёжном балансе)*; **~ per head** доход на душу населения; **~ produced** произведённый доход; **to convert ordinary ~ into capital gains** превратить обычный доход в доход от переоценки капитальных активов; **to draw ~** извлекать [получать] доход; **to ensure ~** обеспечивать [гарантировать] доход; **to redistribute ~** перераспределять доходы
accrued [accumulated] ~ накопленный доход *(напр. проценты)*
adjusted gross ~ скорректированный валовой доход *(при расчёте налогов)*
after-tax ~ *см.* **disposable income**
aggregate national ~ совокупный национальный доход
assessable ~ доходы, подлежащие обложению налогом
before-tax ~ доход до уплаты налогов
capital ~ доход от капитала
capital gain ~ доход от возрастания в цене капитальных активов
cash ~ *см.* **money income**
casual ~ случайный доход
defense ~ доход(ы) от производства продукции и услуг оборонного назначения
deferred ~ доход(ы) будущих лет
derivative ~ производный доход
discretionary ~ дискреционный доход *(часть чистого дохода потребителя, предназначенная для расходов по собственному усмотрению после обязательных расходов на налоги и на удовлетворение жизненных потребностей)*
disposable ~ доход после уплаты налогов, располагаемый доход
earned ~ 1. производственный доход, доход от производственной деятельности **2.** трудовой доход *(в форме заработной платы)*
familial [family] ~ семейный доход, доход семьи
farm ~ фермерский доход
farm ~ from contract work доход от работ, выполненных фермером по контракту *(вне своего хозяйства)*
foregone ~ упущенный доход *(напр., если работник находился на учёбе или болел)*
gross ~ валовой доход
guaranteed retirement ~ гарантированный доход при уходе в отставку *или* на пенсию
household ~ (личные) доходы семьи
household property ~ личный доход от собственности
imputed ~ 1. вменённый доход **2.** условно начисленный доход *(напр. арендная плата, приписываемая собственникам за жилища, которые не сдаются в аренду)* **3.** доход в неденежной форме *(напр. в виде бесплатного жилья)*
interest ~ доход в виде процентов
invisible ~ доход(ы) от невидимых статей экспорта и импорта
irregular ~ доходы, не учитываемые официальной статистикой
joint-facilities ~ доход(ы) от основных средств с дополнительными функциями *(напр. арендная плата за использование опоры ЛЭП линией связи)*
labor ~ трудовой доход *(в отличие от дохода, приносимого собственностью)*
labor ~ per unit of input of labor трудовой доход на единицу используемой рабочей силы *(средний заработок одного занятого в производстве)*
life-cycle ~ доход на протяжении жизненного цикла
manufacturing ~ доход(ы) от производственной деятельности предприятия обрабатывающей промышленности
marginal ~ маржинальный доход *(разность между выручкой и переменными издержками)*
material national ~ производственный национальный доход
mean ~ средний доход
mixed ~ смешанный доход *(трудовой и доход от собственности)*

money ~ денежный доход, доход в денежном выражении
national ~ национальный доход
national ~ at factor cost национальный доход по факторной стоимости
national ~ at market prices национальный доход по рыночным ценам
national ~ consumed потреблённый национальный доход
national ~ paid-out выплаченный [распределённый] национальный доход
net ~ чистый доход; чистая прибыль
net ~ after special items чистый доход после учёта специальных поступлений *или* издержек
net invisible ~ активное сальдо по невидимым статьям экспорта и импорта *(превышение поступлений от невидимого экспорта над платежами за невидимый импорт)*
nonoperating ~ доход от неосновной деятельности предприятия
nontrading ~ доход(ы) некоммерческого характера
operating ~ доход от основной деятельности предприятия
ordinary ~ обычный доход *(не от прироста капитала)*
ownership ~ *см.* **property income**
parity ~ *амер.* доход фермера в течение определённого базисного периода
per capita ~ доход на душу населения
permanent ~ постоянный [перманентный] доход *(характеризующий устойчивый, привычный для субъекта уровень)*
post-transfer ~ доход(ы), получаемые в итоге перераспределения национального дохода
premium ~ доход(ы) страховой организации от сбора взносов
primary ~ первичный доход
professional ~ доходы лиц свободных профессий
property ~ доход(ы) от имущества, доход(ы) от собственности
proprietors' ~ доход самостоятельно занятых; доход мелкого собственника
psychic ~ нематериальный доход *(в форме удовлетворения от творческой деятельности, приобретения профессионального престижа)*
real ~ реальный доход, доход в неизменных ценах
relative ~ относительный доход
rental ~ доход от ренты, рентный доход
rentier ~ доход рантье
retained ~ нераспределённый доход; нераспределённая прибыль
service ~ доходы, полученные за счёт предоставления услуг
sheltered ~ доход, скрытый от налогового обложения
social ~ общественный доход
substandard ~ доход ниже прожиточного минимума
taxable ~ налогооблагаемый доход
trading ~ доход(ы) от коммерческой деятельности
ultimate ~ конечные доходы *(населения)*
unearned ~ 1. непроизводственный доход; рентный доход 2. нетрудовой доход *(напр. дивиденды, проценты)* 3. «незаработанный доход», доход, полученный авансом
unexpected ~ непредвиденный доход
user ~ доходы потребителей
usurious ~ доход от ростовщичества
wage ~ доход в форме заработной платы

incomeless без дохода
incoming 1. *pl* поступления; доходы 2. входящий, поступающий
incompatible несовместимый
incompetence деловая непригодность
incomplete неполный; незавершённый
inconsistency 1. непоследовательность; противоречивость *(теории)* 2. несовместимость; несогласованность
inconsistent 1. непоследовательный, противоречивый *(о теории)*; несогласующийся; несогласованный; несоответствующий 2. *мат.* несовместный
inconvertibility необратимость, неконвертируемость *(валют)*
~ of money неразменность денег на металл
inconvertible необратимый, неконвертируемый *(о валюте)*
incorporate 1. соединять(ся); объединять(ся) 2. инкорпорировать; зарегистрировать как корпорацию; включать в число членов; вводить в состав 3. зарегистрировать [оформить] *(учреждение)* в качестве юридического лица
incorporated 1. акционерный, имеющий статус акционерного общества; зарегистрированный как корпорация, являющийся корпорацией 2. вошедший в зону городов *(о населённом пункте)*
incorporation 1. объединение; присоединение; включение 2. приобретение статуса акционерного общества 3. регистрация [оформление] *(учреждения)* в качестве юридического лица
incorporator учредитель корпорации
Incoterms принятые в международной практике определения международных коммерческих терминов, наиболее часто встречающихся во внешнеторговых контрактах
increase 1. рост; прирост 2. увеличение; возрастание ‖ увеличивать(ся); возрастать □ **~ in demand** увеличение спроса; **~ in productivity** увеличение производительности; **~ in stocks** прирост основного капитала; **~ in the bank rate** повышение учётной ставки; **to be on the ~** увеличиваться; **to ~ in value** увеличиваться в стоимости; **to pass on ~s in costs in higher prices** переводить растущие издержки в повышение цен
~ of longevity увеличение продолжительности жизни
~ of premium повышение размера страховых взносов
~ of purchasing power повышение покупательной способности
across-the-board ~ одновременное повышение заработной платы *(на предприя-*

тии, в компании или целой отрасли промышленности)
average ~ средний прирост; среднее приращение; среднее повышение
cost-of-living ~ 1. рост стоимости жизни **2.** прибавка на рост стоимости жизни *(к заработной плате)*
double-digit ~ прирост, выражаемый двузначной цифрой *(при исчислении в процентах)*
experience ~ повышение (заработной платы) за приобретённый опыт работы
exponential ~ рост по экспоненциальному закону
healthy ~ 1. существенное увеличение **2.** умеренный рост
natural ~ естественный прирост *(населения)*
negotiated wage ~ повышение заработной платы в результате переговоров с предпринимателями
top ~ максимальная прибавка
increasingly в возрастающем размере
increment 1. прирост, приращение *(напр. продукции)* **2.** прибыль **3.** надбавка к заработной плате *(по мере продвижения по службе или повышения квалификации)*
~ of capital приращение капитала
~ of value прирост стоимости
annual ~s ежегодные надбавки к заработной плате
discontinuous ~ дискретное приращение *(напр. основного капитала)*; разовое увеличение
weight ~ увеличение веса, привес
windfall ~ in the value of capital непредвиденное увеличение стоимости капитала
incremental дополнительный; приростной
incur потерпеть *(напр. убытки)*; принять на себя *(напр. расходы)*
indebted имеющий задолженность; находящийся в долгу; пользующийся ссудой □ **to be ~ to** находиться в долгу у *кого-л.*
indebtedness задолженность; сумма долга □ **to incur ~** принять на себя долговое обязательство; брать в долг
bank ~ задолженность банку; долг банку
bond ~ обязательство по облигационному займу
indemnification возмещение *(убытка)*, компенсация
obligatory ~ обязательное возмещение *(убытка)*
indemnify 1. возмещать *(убыток)*, компенсировать **2.** застраховать, обезопасить
indemnity 1. возмещение *(убытка)*, компенсация **2.** гарантия от убытка □ **~ for clean bills of lading** гарантийное письмо при подписании чистых коносаментов; **~ for expropriation** гарантия от экспроприации
cash ~ денежное возмещение, денежная компенсация
double ~ выплата страховой суммы в двойном размере *(если смерть застрахованного наступила в результате несчастного случая)*
fire ~ возмещение убытков от огня
insurance ~ страховое возмещение
indent(ure) контракт
trust ~ контракт между держателем акций и компанией, их выпускающей
independence независимость; *стат.* (взаимная) независимость *(качественных признаков)*
~ of events независимость событий
~ of increments независимость приращений
conditional ~ условная независимость
linear ~ линейная независимость
mutual ~ независимость в совокупности
pairwise ~ попарная независимость
statistical [stochastic] ~ статистическая независимость; независимость в вероятностном смысле
independent 1. независимый; самостоятельный **2.** независимый работник **3.** имеющий самостоятельный доход
probabilistically ~ независимый в вероятностном смысле
statistically [stochastically] ~ статистически независимый; независимый в вероятностном смысле
index (*pl* **indices**) **1.** индекс, числовой показатель ‖ индексировать, увязывать с индексом **2.** *мат.* коэффициент **3.** алфавитный указатель ‖ снабжать указателем □ **to beat the ~** превзойти по темпам роста общий индекс цен
~ of activity индекс активности
~ of bunching коэффициент возрастной аккумуляции
~ of centralization показатель плотности (населения)
~ of coinciding indicators индекс совпадающих индикаторов *(отражает движение показателей, которые в прошлом совпадали с движением цикла)*
~ of competitiveness показатель конкурентоспособности
~ of consumption индекс потребления
~ of correlation *стат.* коэффициент корреляции
~ of cost of living индекс прожиточного минимума [стоимости жизни]
~ of current marriage fertility общий коэффициент брачной плодовитости
~ of dispersion показатель рассеяния *(характеристика однородности выборки)*
~ of divorce frequency показатель частоты разводов
~ of industrial production индекс объёма промышленного производства
~ of labor productivity индекс производительности труда
~ of lagging indicators индекс запаздывающих индикаторов
~ of leading indicators индекс опережающих индикаторов
~ of manufacturing capacity индекс производственной мощности обрабатывающей промышленности
~ of net velocity коэффициент чистой скорости *(миграционных потоков)*
~ of preference показатель предпочтительного размера семьи

~ **of productivity** индекс производительности
~ **of real wages** индекс реальной заработной платы
~ **of relative worth** показатель относительной ценности
~ **of reproduction** *см.* **replacement index**
~ **of seasonal variation** показатель сезонных изменений
~ **of securities** индекс курсов ценных бумаг
~ **of shift in proportions** индекс структурных изменений
~ **of sterility** коэффициент бесплодности
~ **of stocks** индекс курсов акций
~ **of welfare** индекс благосостояния
age-specific ~ показатель для определённой возрастной группы
aggregative ~ агрегатный [совокупный] показатель
agricultural production ~ индекс объёма сельскохозяйственного производства
AMEX Major Market ~ индекс курсов акций (крупных компаний) Американской фондовой биржи
average weighted ~ средневзвешенный индекс
base ~ базисный индекс
birth rate ~ общий коэффициент рождаемости
calendar year ~ показатель за календарный год
capacity ~ индекс производственной мощности [производственных возможностей]
chain ~ цепной индекс
changing base ~ индекс с переменной базой
classified ~ систематический указатель
composite ~ сложный индекс
confidence ~ показатель достоверности
consumer confidence ~ индекс уверенности потребителя *(в устойчивости своего экономического положения и характеризующий готовность к затратам на приобретение потребительских товаров)*
consumer price ~ индекс цен на потребительские товары
continuous ~ непрерывный индекс
correction ~ поправочный коэффициент
cost-of-research ~ индекс стоимости (научно-)исследовательских работ
crop yield ~ (средневзвешенный) индекс урожайности культур
cross-weighted ~ индекс с двойным взвешиванием
crude fertility ~ общий коэффициент плодовитости
deflator ~ дефляционный индекс
demerit ~ показатель ухудшения качества
density ~ показатель плотности *(напр. населения)*
diffusion ~ индекс распространения *(экономических колебаний)*
disconformity ~ индекс несоответствия *(прогноза)*
Dow—Jones ~ *амер.* индекс Доу—Джонса *(курсов акций)*
down-time ~ показатель времени простоя
export unit value ~ индекс единицы стоимости экспорта
fertility ~ коэффициент плодовитости [фертильности]
Fisher's ideal ~ «идеальный» индекс по Фишеру
fixed-base ~ индекс с постоянной [неизменной] базой
fixed-weight consumer price ~ индекс цен на потребительские товары, рассчитываемый на основе неизменных весов
food price ~ индекс цен на продовольственные товары
general ~ общий [групповой, тотальный] индекс
geometric(al) ~ геометрический индекс
group ~ *см.* **general index**
harmonic(al) ~ гармонический индекс
hedonic price ~ гедонистический индекс цен *(с учётом изменения качества продукции)*
help-wanted advertizing ~ указатель объявлений о найме, указатель потребности в рабочей силе
Herfindahl ~ индекс Герфиндаля *(характеризующий положение отдельной фирмы в соответствующей отрасли)*
import unit value ~ индекс единицы стоимости импорта
input-cost ~ индекс стоимости ввода; индекс цены потребляемого фактора
instantaneous ~ текущий показатель
interim ~ предварительный индекс
Jule's ~ индекс Юла *(отношение эквивалентных средних коэффициентов смертности)*
Lerner's ~ индекс Лернера *(доля прибыли в цене)*
Lloyd's Shipping ~ Регистр Ллойда *(алфавитный указатель морских судов)*
material ~ «материальный» коэффициент *(отношение веса ископаемого сырья к общему выходу продукта)*
maturity ~ *амер.* срочная картотека
migration ~ коэффициент (интенсивности) миграции
mobility ~ коэффициент подвижности *(населения)*
moving base ~ индекс с переменной базой
multipurpose ~ индекс, используемый для различных целей
NASDAQ-OTC Price ~ индекс курсов акций во внебиржевом обороте *(США)*
new order ~ индекс поступления новых заказов
NYSE Composite ~ индекс курсов акций Нью-Йоркской фондовой биржи
outgoing product-quality ~ показатель выходного качества изделия
output ~ индекс выпуска продукции
own-price weighted quantity ~ индекс количества, взвешенный в ценах данной страны
performance ~ показатель качества работ
physical ~ **of industrial production** индекс физического объёма промышленного производства

place-to-place ~ межстрановый индекс; межстрановое соотношение
population concentration ~ показатель плотности населения
price-compensation ~ индекс компенсации цен
primary ~ первичный индекс
priority ~ *ТМО* показатель приоритета
processability ~ показатель технологичности
production ~ индекс объёма производства
propinquity ~ показатель степени родства
purchasing power ~ индекс покупательной способности
quality ~ показатель качества
quantitative ~ количественный показатель
quantum ~ индекс физического объёма *(экспорта или импорта)*
relative value ~ индекс относительного роста или снижения стоимости *(жизни)*
replacement ~ коэффициент воспроизводства населения *(число дочерей, приходящихся на одну женщину при заданных условиях плодовитости и смертности)*
retail price ~ индекс розничных цен
risk ~ *страх.* кумуляционная карта
seasonal ~ индекс сезонности
seasonally corrected ~ индекс с поправкой на сезонность
share (price) ~ индекс курсов акций
socioeconomic ~ социально-экономический показатель
standardized fertility ~ стандартизованный коэффициент плодовитости
stock exchange ~ индекс фондовой биржи
summary ~ *см.* **general index**
survival ~ индекс выживаемости
tariff ~ тарифный справочник; указатель тарифов *(включает ставки на дополнительные услуги)*
traditionalism ~ показатель приверженности населения традициям *(в отношении рождаемости)*
tramp freight ~ справочник грузовых тарифов для нерегулярных перевозок
trend-adjusted ~ индекс, скорректированный с учётом тренда
unadjusted ~ индекс без поправок
unit-value ~ индекс удельной стоимости, индекс единицы стоимости
unweighted ~ невзвешенный индекс
utility ~ индекс полезности
value ~ индекс стоимости
variability ~ показатель изменчивости
vital ~ показатель выживаемости населения
volume ~ *см.* **quantum index**
wage ~ индекс заработной платы
weighted ~ взвешенный индекс
Wharton capacity ~ индекс производственных возможностей, публикуемый Уортонской коммерческой школой Пенсильванского университета
wholesale price ~ индекс оптовых цен

indexation индексация, соотнесение платежей по контрактам и обязательствам с индексом цен *(как средство защиты от инфляции)*
~ of tax brackets индексация величин доходов, к которым применяется данная ставка налога *(по закону 1981 г. в США)*
complete ~ полная индексация, индексация всех видов доходов и контрактов

indexing *см.* **indexation**

index-linking *см.* **indexation**

indicate 1. указывать, показывать; свидетельствовать 2. обозначать

indication признак, показатель

indicator показатель, индикатор
business cycle ~ индикатор экономического цикла
capacity ~ показатель величины производственной мощности
coincident ~s индикаторы совпадения *(сигнализирующие о наступлении очередной фазы экономического цикла)*
current-dollar ~ *см.* **pecuniary indicator**
deflated ~s показатели, исчисляемые в постоянных ценах
divergence ~ показатель отклонения рыночного курса валюты от центрального курса *(в Европейской валютной системе)*
growth ~ показатель роста
lagging ~s запаздывающие индикаторы *(сигнализирующие о наступлении очередной фазы экономического цикла с запозданием)*
leading ~s опережающие индикаторы *(сигнализирующие о наступлении очередной фазы экономического цикла с опережением)*
monetary ~ денежный показатель, показатель в денежном выражении
network ~ сетевой показатель
nonpecuniary ~ показатель неденежного характера *(напр. уровня занятости)*
pecuniary ~ показатель, выраженный в текущих ценах
physical ~ натуральный показатель *(плана)*; показатель, выраженный в натуральных единицах
physical output ~ показатель выпуска *или* объёма производства, выраженный в натуральных единицах
priority ~ *ТМО* показатель приоритета
real ~s *см.* **deflated indicators**
social ~ показатель общественного [социально-экономического] развития
utility ~ показатель полезности
value ~ стоимостный показатель *(плана)*

indices:
Financial Times ~ система индексов курсов ценных бумаг газеты «Файнэншл таймс» *(Великобритания)*
Standard and Poor's ~ система индексов курсов ценных бумаг фирмы Стэндард энд Пур *(США)*
Times Share ~ индексы курсов акций газеты «Таймс» *(Великобритания)*

indirect косвенный *(напр. об издержках)*

individual 1. человек, лицо 2. личный, индивидуальный 3. отдельный, единичный; самостоятельный

foreign-born ~ лицо, родившееся за границей
native-born ~ местный уроженец
primary ~ глава семьи
secondary ~s члены семьи *(кроме главы)*
individualism индивидуализм *(как черта экономического поведения)*
rugged ~ грубый индивидуализм
indivisibility неделимость, невозможность использования частями
indorse *см.* **endorse**
indorsement *см.* **endorsement**
indorser *см.* **endorser**
induce побуждать
inducement стимул *(напр. экономический)*, побуждение, побуждающий мотив □ **~s to invest** стимулы к инвестированию
selling ~s методы и факторы стимулирования сбыта
induction 1. индукция; индуктивный метод 2. введение в должность; введение в курс дела
industrial 1. промышленный, индустриальный; производственный 2. технический *(о сорте)* 3. промышленный рабочий 4. промышленник; предприниматель 5. *pl* акции промышленных предприятий 6. *pl амер.* промышленные электростанции; блок-станции предприятий *(работающие и на общую энергосистему)*
industrialism индустриализм, промышленная система
industrialist промышленник; предприниматель
industrialization индустриализация; развитие промышленности
import substitution ~ создание *или* развитие промышленности для замены импорта
industrialize индустриализировать; развивать промышленность
industr/y 1. промышленность, индустрия 2. *стат.* отрасль промышленности; отрасль экономической деятельности; отрасль экономики □ **~ producing at its maximum output** отрасль, работающая на пределе возможностей; **to overtake an ~** захватить отрасль
advertising ~ индустрия рекламы
aerospace ~ авиационно-космическая промышленность
agricultural ~ сельскохозяйственное производство
airline ~ 1. компании авиатранспорта 2. авиалинии
allied ~ies смежные (по технологии) отрасли промышленности
animal ~ промышленное животноводство
artisan ~ кустарное ремесленное производство
atomistic ~ организационно раздробленная отрасль экономики *(с большим количеством независимых мелких форм)*, отрасль с низким уровнем концентрации капитала
auxiliary ~ вспомогательная отрасль
basic ~ 1. тяжёлая промышленность 2. основная отрасль
capital goods ~ промышленность, производящая средства производства [товары производственного назначения]
capital-intensive ~ капиталоёмкая отрасль
capital-producing ~ *см.* **capital goods industry**
capital-using ~ отрасль, производящая продукцию для промежуточного и конечного потребления
census ~ отрасль по классификации, принятой для переписей
clothing ~ *англ.* швейная промышленность
compound feed ~ комбикормовая промышленность
constant cost ~ отрасль экономики с неизменяющимися удельными издержками *(при изменении объёма производства)*
consumer durable goods ~ies отрасли промышленности, производящие потребительские товары длительного пользования
consumer goods ~ промышленность, производящая потребительские товары; лёгкая промышленность
continuous process ~ies отрасли промышленности с непрерывными производственными процессами
contract services ~ies подотрасли, обслуживающие производство по контрактам
cottage ~ надомное производство
dairy ~ молочная промышленность
decreasing cost ~ отрасль экономики с сокращающимися удельными издержками *(при росте объёма производства)*
defense-centered [defense-oriented] ~ отрасль промышленности, выпускающая продукцию преимущественно военного назначения
discretionary purchase ~ промышленность, выпускающая продукцию немассового спроса
domestic craft ~ кустарное [ремесленное] производство
durable ~ *см.* **capital goods industry**
electricity generating ~ электростанции
electric-power (supply) ~ электроэнергетика
energy ~ies энергетические отрасли промышленности
engineering ~ *англ.* машиностроение
essential ~ies *амер.* отрасли промышленности, необходимые для военного производства
extractive ~ *англ.* добывающая промышленность *(включая лесную промышленность)*
fabricating ~ies *см.* **metal fabricating industries**
fad ~ производство товаров, представляющих предметы увлечений *(напр. для коллекционирования)*
farming ~ сельскохозяйственное производство
feed ~ кормовая промышленность
food and lodging ~ общественное питание и гостиничное обслуживание *(как отрасль экономики)*

food processing ~ пищевая промышленность
foundry ~ литейная промышленность *(чёрных и цветных металлов)*
four-digit ~ *амер.* «четырёхзначная» подотрасль экономики *(напр. производство какого-л. одного вида станков)*
fragmented ~ слабо концентрированная отрасль промышленности; отрасль промышленности, состоящая из мелких предприятий *(напр. ремонтных)*
fuel-producing ~ies отрасли топливной промышленности
goods-producing ~ies *амер.* промышленность и строительство
handicraft ~ кустарное [ремесленное] производство
high growth ~ быстрорастущая отрасль промышленности
high-technology ~ отрасль с передовой технологией
home ~ 1. отечественная промышленность **2.** кустарное [ремесленное] производство
import-saving ~ импортосберегающая отрасль промышленности *(позволяющая полностью или частично обходиться без импорта)*
increasing cost ~ отрасль экономики с возрастающими удельными издержками
increasing returns ~ отрасль промышленности с возрастающей удельной доходностью
infant ~ молодая [неокрепшая] отрасль промышленности *(нуждающаяся в субсидиях)*
instrumental ~ies отрасли, производящие орудия производства
insurance ~ страхование *(как отрасль экономики)*
investment goods ~ *см.* **capital goods industry**
iron and steel ~ чёрная металлургия
key ~ ведущая [ключевая] отрасль промышленности
large-scale ~ 1. крупная промышленность **2.** крупносерийное производство
leisure-time ~ies отрасли, производящие товары для досуга
livestock ~ промышленное животноводство
machine-tool ~ станкостроительная промышленность
manufacturing ~ обрабатывающая промышленность
maritime ~ морское судоходство
market-oriented ~ коммерческая отрасль промышленности
materials ~ies отрасли перерабатывающей промышленности, производящие материалы и полуфабрикаты *(напр. нефтеперерабатывающая, металлургическая)*
metal-fabricating ~ies машиностроение и металлообработка
metallurgy ~ металлургия
mineral ~ добывающая промышленность
mixed feed ~ комбикормовая промышленность
monopolistic [monopolized] ~ монополизированная отрасль экономики
motor ~ автомобилестроение
munitions ~ военная промышленность
nationalized ~ национализированная промышленность
native ~ отечественная промышленность
natural gas ~ газовая промышленность; газоснабжение
nondurable ~ies отрасли промышленности, выпускающие продукцию кратковременного пользования
nonmanufacturing ~ необрабатывающая отрасль *(напр. торговля, услуги)*
oil and gas extraction ~ies нефте- и газодобывающие отрасли промышленности
oligopolistic ~ отрасль экономики с олигополистической структурой *(в которой конкурируют несколько крупных фирм)*; частично монополизированная отрасль экономики
one-shift ~ отрасль промышленности с односменным режимом работы
petty ~ мелкое производство
pipeline ~ трубопроводный транспорт
poultry ~ промышленное птицеводство
power ~ электроэнергетика
price-rigged ~ отрасль, где осуществляется манипулирование ценами *(со стороны крупнейших производителей)*
primary ~ 1. добывающая промышленность **2.** первичная *или* профилирующая отрасль *(по отношению к определённому продукту)*
primary processing ~ies *см.* **materials industries**
prime contractor ~ отрасль — головной подрядчик
private-power ~ies частные электроэнергетические предприятия
process ~ 1. обрабатывающая промышленность **2.** *pl* перерабатывающие отрасли промышленности *(химическая, пищевая)* **3.** *см.* **continuous process industries**
productive ~ отрасль промышленности; отрасль материального производства
protected ~ отрасль под защитой импортных ограничений
public ~ies государственные предприятия; муниципальные предприятия
public utility ~ies предприятия общественного пользования *(коммунального обслуживания)*
pure ~ чистая отрасль *(т.е. условная отрасль, производящая и передающая другим отраслям один агрегированный продукт)*
rebounding ~ отрасль на подъёме *(после периода снижения объёма производства)*
research-and-development ~ индустрия исследований и конструкторско-технологических разработок
rural ~ сельскохозяйственное производство
savings and loan ~ *амер.* ссудосберегательные ассоциации *(как отрасль финансов)*

seasonal ~ отрасль промышленности, подверженная сезонным колебаниям
secondary ~ обрабатывающая промышленность
securities ~ фирмы, занимающиеся операциями с ценными бумагами
service-producing ~ies отрасли, производящие услуги; отрасли инфраструктуры *(в американской статистике: транспорт, электроэнергетика, коммунальные службы, торговля, банковское дело, страхование, служба быта, деятельность государственных учреждений)*
sheltered ~ покровительствуемая отрасль промышленности
small-scale ~ 1. *см.* **fragmented industry** 2. мелкосерийное производство
Standard Industrial Classification ~ отрасль по стандартной классификации
staple ~ тяжёлая промышленность
stultified ~ отрасль, утрачивающая своё значение
sunrise ~ новая прогрессивная и перспективная отрасль
sunset ~ *разг.* традиционная отрасль, значение которой уменьшается
supply ~ отрасль-поставщик
sweated ~ отрасль с низкой заработной платой, потогонное производство
technically advanced [technology(-intensive)] ~ *см.* **high-technology industry**
tertiary ~ies *см.* **service(-producing) industries**
three-digit ~ *амер. стат.* «трёхзначная» отрасль экономики *(напр. чёрная металлургия, мясная промышленность, станкостроение)*
thrift ~ сберегательное дело; сберегательное учреждение
trade ~ торговля *(как отрасль экономики)*
transportation ~ транспорт *(как отрасль экономики)*
travel ~ индустрия туризма
two-digit ~ *амер. стат.* «двузначная» отрасль экономики; укрупнённая отрасль экономики *(напр. металлургия в целом)*
unregulated ~ нерегулируемая (государством) отрасль промышленности
user ~ потребляющая отрасль промышленности

industry-wide широко распространённый в промышленности; всеотраслевой
inefficiency неэффективность; недостаточность
allocative ~ неэффективность, порождаемая не отвечающим интересам потребителей распределением ресурсов
inefficient неэффективный
inelastic неэластичный, негибкий
interest ~ неэластичный по отношению к проценту
inelasticity неэластичность, негибкость
ineligible непригодный *(напр. вексель к переучёту)*
inequalit/y 1. неравенство; различие 2. *стат.* расхождение 3. *мат.* неравенство
~ of incomes неравенство доходов
~ of rates of profit неравенство норм прибыли
~ of supply and demand неравенство спроса и предложения
feasible ~ допустимое неравенство
inconsistent ~ies несовместные неравенства
inexact неточный
inexactness неточность
inexpensive недорогой; дешёвый
infancy 1. раннее детство; младенчество 2. несовершеннолетие
infant 1. младенец; ребёнок преддошкольного возраста 2. несовершеннолетний 3. в начальной стадии развития *(об отрасли)*
inferior низший; худший
infiltration просачивание, инфильтрация *(иммигрантов)*
infinite 1. бесконечность ‖ бесконечный 2. *мат.* бесконечно большая величина
infirm инвалид
infirmity 1. физический недостаток; инвалидность 2. *бирж.* неустойчивость
inflate 1. завышать *(напр. показатели)* 2. вздувать [взвинчивать] цены 3. вызывать инфляцию
inflation инфляция, обесценение денег □ **~ is getting out of control** инфляция вышла из-под контроля; **to crack down on [to curb, to restrain] ~** сдерживать [ограничивать] инфляцию
~ of currency инфляция, связанная с чрезмерной эмиссией наличных денег
administrative ~ инфляция, порождаемая «администрируемыми» [управляемыми] ценами
anticipated ~ ожидаемая инфляция
assignat ~ *ист.* обесценение денег во Франции, связанное с выпуском ассигнатов
bottleneck ~ инфляция «узких мест» *(напр. обусловленная быстрыми структурными сдвигами в спросе)*
built-in ~ встроенная инфляция *(органически присущая экономике)*
continental currency ~ *ист.* обесценение денег в североамериканских колониях Англии, связанное с выпуском «континентальных долларов»
controlled ~ контролируемая инфляция
cost(-price) [cost-push] ~ инфляция, вызванная ростом издержек производства
credit ~ кредитная инфляция *(вызванная чрезмерной кредитной экспансией)*
creeping ~ ползучая инфляция *(развивающаяся медленными темпами)*
demand(-push) ~ инфляция, вызванная превышением спроса над предложением
double-digit ~ инфляция, темпы роста которой выражаются двузначным числом *(за год или месяц в процентах)*
excess-demand ~ *см.* **demand(-push) inflation**
expectational ~ инфляция, вызванная ожиданием роста цен
galloping ~ *см.* **runaway inflation**
gold ~ золотая инфляция
greenback ~ инфляция гринбеков

imported ~ «импортируемая» инфляция
induced ~ индуцированная инфляция *(обусловленная какими-л. экономическими факторами)*
latent ~ скрытая [потенциальная] инфляция
long-run persistent ~ длительная устойчивая инфляция
markup price ~ *см.* **sellers' inflation**
monetary ~ инфляция, вызванная чрезмерным расширением денежного обращения
oil-led ~ инфляция, вызванная ростом цен на нефть
OPEC-push ~ инфляция, вызванная действиями Организации стран-экспортёров нефти
paper money ~ инфляционный выпуск бумажных денег
product ~ инфляция, вызванная непрерывным притоком новых товаров *(продаваемых по более высоким ценам)*
profit(-push) ~ инфляция, обусловленная ростом доли прибылей в ценах
raging ~ *см.* **runaway inflation**
repressed ~ 1. скрытая [потенциальная] инфляция 2. подавляемая инфляция
runaway ~ галопирующая [стремительно развивающаяся] инфляция
sellers' ~ инфляция, вызванная целенаправленной рыночной стратегией продавцов товаров и услуг
social ~ социальная инфляция *(рост цен под влиянием роста издержек в связи с новыми общественными требованиями к качеству продукции, охране окружающей среды)*
structural ~ структурная инфляция
suppressed ~ подавляемая инфляция
sustained ~ длительная [постоянная] инфляция
tax-push ~ инфляция, вызванная ростом налогов
unanticipated ~ неожидаемая [непредвиденная] инфляция
union-push ~ инфляция, вызванная действиями профсоюзов
wage ~ инфляция, вызванная ростом заработной платы

inflation-adjusted с поправкой на инфляцию, дефлированный по индексу цен
inflationary инфляционный, вызывающий инфляцию
inflation-prone склонный к инфляции
inflator инфлятор; фактор повышения цен
inflexibility неэластичность, негибкость *(напр. цен)*
bureaucratic ~ бюрократическая косность
inflow приток; наплыв; прилив
~ of efficient capacity приток эффективных мощностей
~ of gold прилив золота
~ of money приток денег *(в страну)*
capital ~ приток капитала
influence влияние, воздействие ‖ оказывать влияние □ **subject to seasonal ~s** подверженный сезонным колебаниям
seasonal ~ влияние сезонных колебаний
social and economic ~s in job choice социальные и экономические мотивы в выборе работы
influx 1. приток; наплыв; прилив 2. влияние
informant опрашиваемое лицо
survey ~ лицо, опрашиваемое при проведении обследования *или* опроса
information информация, данные □ **to encode payment ~ on magnetic tape** закодировать информацию о платеже на магнитной ленте
accounting ~ учётно-бухгалтерская информация; данные учёта
classified ~ засекреченная информация
collected ~ накопленная информация
cost ~ информация об издержках производства, данные себестоимости, данные калькуляции издержек производства
credit ~ информация о кредитоспособности
documentary ~ документальная информация
engineering ~ техническая информация
exact ~ 1. точная [достоверная] информация 2. полная информация
forecasting ~ прогнозная информация
historic(al) ~ информация о прошлых периодах; данные за прошлые годы
input ~ входная информация, входные данные
inside ~ внутренняя информация *(для должностных лиц корпорации и не подлежащая использованию на рынке)*
irrelevant ~ нерелевантная информация *(т. е. не относящаяся к делу)*; несущественная информация
market ~ информация о состоянии рынка
null ~ отсутствие информации
output ~ выходная информация, выходные данные
predictive ~ прогнозная информация
privileged ~ информация, не подлежащая разглашению; конфиденциальная информация
processed ~ обработанные данные
proprietary ~ секрет фирмы; производственная [конструкторская, технологическая] информация, являющаяся собственностью фирмы
reciprocal credit ~ взаимная информация о кредитоспособности *(предоставляемая одним банком другому)*
redundant ~ избыточная информация
relative ~ относительная информация
relevant ~ релевантная информация *(т. е. относящаяся к делу)*; существенная информация
sample ~ выборочные данные
scheduled ~ сведения, содержащиеся в формуляре
selected consumption ~ информация о потреблении отдельных продуктов
smoothed ~ сглаженные данные
source ~ первичная информация
statistical ~ статистические данные
technical ~ техническая информация

technical-and-economical ~ технико-экономическая информация
up-to-date ~ новейшие данные
informative информационный; дающий сведения, являющийся источником информации, содержащий информацию
infrastructure инфраструктура *(комплекс производственных и непроизводственных отраслей, обеспечивающих условия воспроизводства: дороги, связь, транспорт, образование, здравоохранение)*
basic ~ основная производственная инфраструктура *(сеть энергоснабжения, транспорта и связи)*
social ~ социальная инфраструктура
infringe нарушать *(напр. закон, контракт)*
infringement нарушение *(напр. закона, контракта)*
~ **of trademark** нарушение торговой марки
ingot слиток *(золота, серебра)*, брусок
ingredient ингредиент *(технологического способа)*
inhabit жить, обитать; населять
inhabitant житель, обитатель
aboriginal [autochthonous, indigenous] ~ коренной житель, абориген
inhabitation 1. проживание 2. жилище, место жительства
inherent 1. присущий, свойственный 2. *стат.* неустранимый
inheritance 1. наследование 2. наследственность
genetic(al) ~ генетическая наследственность
status ~ наследование общественного положения
inhouse собственный, внутренний, внутрифирменный
initial начальный, исходный
initiative:
business ~ предпринимательская инициатива
private ~ инициатива частного предпринимателя
inject вводить, вкладывать *(напр. деньги в хозяйственный оборот)*
injection введение, вложение *(напр. денег в экономику)*
injunction запретительное решение суда
injury 1. ущерб, повреждение 2. увечье, травма
employment ~ производственная травма
incidental ~ побочный [попутный] ущерб
industrial ~ производственная травма
ink:
black ~ 1. положительное сальдо *(баланса, финансового отчёта)* 2. излишек бюджетных средств
red ~ 1. отрицательное сальдо *(баланса, финансового отчёта)* 2. дефицит бюджетных средств
inland внутренний *(напр. о торговле)*
inmarriage брак между представителями одной группы *(напр. религиозной)*
in-migrant переселенец *(в пределах одной страны)*
in-migration внутренняя миграция, переселение *(в пределах одной страны)*
net ~ сальдо внутренней миграции
in-move въезд иммигрантов ‖ въезжать *(в страну)*, переселяться
in-movement въезд иммигрантов
innovate вводить новшества
innovation 1. инновация, новшество; нововведение 2. процесс нововведений
bunching ~**s** нововведения, осуществляемые скачкообразно
capital-saving ~ капиталосберегающее нововведение
design ~ конструкторское нововведение; изменение конструкции машины
factor-saving ~ нововведение, сберегающее издержки на производственный фактор *(труд или капитал)*
financial ~ финансовая инновация, разработка новых финансовых методов
labor-saving ~ нововведение, сберегающее живой труд; новшество, повышающее производительность живого труда
manufacturing ~ новый метод производства
process ~ новый метод производства
product ~ новое изделие
innovative способный к нововведениям; вводящий новое; технически прогрессивный
innovator 1. носитель предпринимательской функции 2. фирма, создающая новую продукцию; фирма применяющая новую технологию 3. новатор
inoperative 1. неэффективный; недействительный; не имеющий законной силы 2. недействующий, нефункционирующий
inorganized неорганизованный
inpayment поступление (денег); *pl* сумма поступлений
input 1. ввод, вводимый ресурс, вводимый фактор производства 2. затраты на производство *(в анализе межотраслевого баланса)* 3. ввод, входной сигнал 4. *ТМО* входящий поток
capital ~ капитальные затраты
determinate [deterministic] ~ детерминированный входящий поток
factor ~ затраты производственных факторов
farm labor ~ затраты труда в сельском хозяйстве
fixed ~ 1. постоянные затраты 2. постоянный ввод
indivisible ~ 1. *pl* неделимые производственные факторы 2. неделимые затраты
initial ~ начальное число требований *(в системе)*
labor ~ затраты труда, трудоёмкость
limited (source) ~ входящий поток из ограниченного источника
major ~ главный фактор производства
primary ~ первичные затраты
productive ~ производственные затраты
promotional ~ затраты на стимулирование сбыта
quality ~ 1. качественный ввод, ввод качества *(без изменения количества)* 2.

повышение качества *(вводимых факторов производства)*
quantity ~ 1. количественный ввод, ввод количества *(без изменения качества)*; количественные затраты 2. увеличение количества *(без изменения качества)*
random ~ случайный входящий поток
recurrent ~ рекуррентный входящий поток
resource ~ вводимый ресурс, вводимый фактор производства
unlimited (source) ~ входящий поток из неограниченного источника
work ~ затраченная работа; индикаторная работа
input-mix структура производственных затрат
input-output затраты — выпуск
inquire 1. наводить справки; запрашивать 2. обследовать *(население)*, проводить опрос □ **to ~ for goods** запрашивать о возможности покупки товара; **to ~ into** исследовать; выяснять
inquiry 1. справка; наведение справок; запрос 2. обследование, опрос *(населения)* 3. *pl* вопросы *(статистической анкеты)* 4. исследование, изучение □ **to send an ~ for goods** посылать запрос о возможности покупки товара
behavioral ~ изучение поведения *(напр. покупателей)*
check-box ~ вопросник с клетками для отметки ответов «галочками»
demographic ~ демографическое обследование
field ~ обследование на месте
information ~ информационный запрос
mail ~ обследование с рассылкой опросных листов по почте
morbidity ~ обследование заболеваемости
pilot ~ пробное обследование
postal ~ корреспондентский способ опроса
retrospective ~ ретроспективное обследование
sampling ~ выборочное наблюдение; выборочное обследование
insecure ненадёжный, необеспеченный
insecurity необеспеченность
insensitivity:
price ~ неэластичность [негибкость] цен *(в связи с изменением уровня спроса по отношению к уровню предложения)*
insert □ **to ~ a clause in the contract** включать статью в контракт
insider инсайдер *(лицо, имеющее в силу служебного положения конфиденциальную информацию о делах фирмы)*
insolvency неплатёжеспособность, прекращение платежей
bank ~ неплатёжеспособность банка
insolvent 1. банкрот, несостоятельный должник 2. неплатёжеспособный
inspect осматривать; проверять; инспектировать
inspection 1. осмотр; проверка; инспектирование; досмотр *(таможенный)* 2. технический контроль □ **~ during manufacture** контроль в процессе изготовления
acceptance ~ приёмочный контроль
cyclic ~ периодический контроль
end-item ~ контроль готовых изделий
export ~ контроль качества экспортной продукции
factory ~ заводской контроль
in-process ~ контроль в процессе производства
luggage ~ таможенный досмотр багажа
manufacturing ~ производственный контроль
one-time ~ разовая проверка
partial ~ частичный контроль
percentage ~ выборочный контроль
preproduction ~ контроль, осуществляемый до начала производства
preshipment ~ контроль *(груза)* перед отправкой
product ~ контроль (готовой) продукции
quality ~ контроль [проверка] качества
sampling ~ выборочный контроль
scheduled ~ плановая проверка
sequential ~ последовательный контроль
source ~ 1. проверка изделий представителем заказчика на заводе-поставщике 2. контроль подрядчика [поставщика]
storage ~ проверка хранения *(запасов)*
trial-run ~ контроль опытной партии изделий
unscheduled ~ внеплановая проверка
visual ~ of check визуальная проверка чека
inspector 1. контролёр *(отдела технического контроля)* 2. инспектор 3. браковщик; приёмщик
~ of taxes налоговый инспектор
chief ~ главный инспектор
factory ~ фабричный инспектор
government ~ правительственный инспектор
highway ~ дорожно-строительный инспектор *(контролирует качество строительства скоростных дорог)*
insurance ~ страховой инспектор
road (construction) ~ *см.* **highway inspector**
safety ~ инспектор по технике безопасности
source ~ представитель заказчика на заводе-поставщике
inspectorate:
factory ~ отдел технического контроля завода
instability неустойчивость, нестабильность □ **~ in the economic system** неустойчивость экономической системы
cyclical ~ циклическая неустойчивость, нестабильность, обусловленная циклическими факторами
downward ~ нестабильность, характеризующаяся падением экономической активности
monetary ~ нестабильность денег
short-term ~ краткосрочная неустойчивость
upward ~ нестабильность, характеризующаяся инфляционным ростом экономической активности

installation 1. установка, монтаж *(оборудования)* 2. установка *(технологическая)*; предприятие 3. *pl* сооружения 4. введение в должность 5. внедрение; освоение
~ **of store** открытие нового магазина
depot ~ склад
manufacturing ~ предприятие обрабатывающей промышленности
military ~**s** военные объекты, военные базы
sanitary ~**s** санитарное оборудование и установки
transmission line ~ монтаж линий электропередачи
unclassified ~ несекретный объект

instal(l)ment 1. очередной взнос *(при рассрочке)*; частичный платёж 2. партия *(товара)* □ **by** ~**s** в рассрочку; **by stated** ~**s** определёнными частями *(об оплате товаров, купленных в рассрочку)*; **by weekly** ~**s** еженедельными взносами
first ~ **of goods ordered** первая партия заказанных товаров
initial ~ первоначальный взнос *(об оплате товаров, купленных в рассрочку)*

instant 1. момент 2. немедленный; безотлагательный 3. текущего месяца □ **at a given** ~ в данный [в заданный] момент; ~ **in time** момент времени; **your letter of the 5th** ~ Ваше письмо от 5-го числа текущего месяца
~ **of arrival** *ТМО* момент поступления *(требования)*
~ **of departure** *ТМО* момент ухода *(требования)*
sampling ~ момент выборки *(данных)*

instantaneous мгновенный; относящийся к данному моменту

Institute Объединение лондонских страховщиков *(в страховых оговорках)* □ ~ **for Social Research** Институт социальных исследований
~ **of Bankers'** Институт банковского дела *(Великобритания)*
~ **of Chartered Accountants of England and Wales** Институт дипломированных бухгалтеров Англии и Уэльса
~ **of Chartered Accountants of Ireland** Институт дипломированных (присяжных) бухгалтеров Ирландии
~ **of Cost and Works Accountants** Институт бухгалтеров—калькуляторов и промышленных (заводских) бухгалтеров *(Великобритания)*
~ **of Internal Auditors** Институт внутрифирменных бухгалтеров-ревизоров
~ **of Management Consultants** Институт консультантов по управлению предприятиями
~ **of Population Problems** Институт проблем народонаселения *(Япония)*
~ **of Work Study Practitioners** Институт изучения практических проблем труда *(Великобритания)*
American ~ **of Accountants** Американское общество бухгалтеров
American ~ **of Bankers** Американский институт банкиров
American ~ **of Certified Public Accountants** Американское общество дипломированных общественных бухгалтеров
American ~ **of Cooperation** Американский институт кооперации
American ~ **of Public Opinion** Американский институт общественного мнения
Central Family Planning ~ Центральный институт планирования семьи *(Индия)*
Controllers' ~ **of America** Американское общество бухгалтеров-контролёров
Demographic ~ Демографический институт *(Франция)*
Edison Electric ~ Эдисоновский институт *(ассоциация частных электроэнергетических компаний)*
European ~ **of Business Administration** Европейский институт по изучению проблем управления фирмами
Inter-American ~ **of Agricultural Sciences** Межамериканский институт сельскохозяйственных наук
Inter-American Statistical ~ Межамериканский статистический институт
International ~ **of Public Finance** Международный институт государственных финансов
International ~ **of Social and Political Sciences** Международный институт социально-политических наук
International Thrift ~ Международный институт сберегательного дела
Life Insurance ~ Институт страхования жизни *(США)*
National ~ **of Child Health and Human Development** Национальный институт детского здравоохранения и развития человека
National ~ **of Demographic Studies** Национальный институт демографических исследований
National ~ **of Investment Companies** Национальный институт инвестиционных компаний *(США)*
Population Growth Action Research ~ Институт по изучению последствий роста народонаселения
Smithsonian ~ Смитсоновский институт *(США)*

institute 1. институт; учреждение; общество 2. учреждать, вводить; устанавливать
insurance training ~ страховое учебное заведение
research ~ научно-исследовательский институт
technological ~ технологический институт

institution 1. установление, учреждение 2. общество; объединение; институт 3. учебное заведение
~ **of money** институт денег, денежная система
charitable ~ благотворительная организация, благотворительное учреждение
corporate ~ корпоративное учреждение; корпоративная фирма
credit ~ кредитное учреждение

depository ~ депозитное учреждение *(занимающееся приёмом вкладов)*
educational ~ учебное заведение
financial ~ кредитно-финансовое учреждение
government ~ правительственная организация
industrial ~ промышленное предприятие
lending ~ кредитное учреждение
loan ~ кредитное учреждение
non-for-profit-educational ~ частный университет
nonprofit ~ бесприбыльная некоммерческая организация
pecuniary ~s финансовые институты *(система организации)*
penal ~ исправительное заведение, трудовая колония, тюрьма
policy-making ~s институты, осуществляющие экономическую политику
public educational ~ государственное учебное заведение
savings ~ *см.* **depository institution**
supranational ~ наднациональный институт *(напр. в организации Общего рынка)*
thrift ~ *см.* **depository institution**
trust ~ трастовое учреждение *(банк или специальная компания, по закону выполняющие доверительные функции)*

institutional институциональный; узаконенный, формально установленный

institutionalism институционализм; институциональное направление *(в экономической науке)*

institutionalization институционализация, введение в законные рамки

instruct □ **to ~ a bank to remit money** дать поручение банку о переводе денег

instruction инструкция, указание, предписание
customer's ~ to the bank инструкция клиента банку
inventory ~ инструкция по управлению запасами
job ~ инструкция по выполнению работ
maintenance ~ инструкция по техническому обслуживанию
manufacturing ~ инструкция по изготовлению
procurement ~ инструкция по закупкам
service ~ инструкция по эксплуатации
shipping ~s инструкции по отправке товара, погрузочные инструкции; указания грузоотправителя
task ~ инструкция по выполнению рабочего задания

instrument 1. инструмент; прибор; аппарат **2.** документ **3.** орудие; средство □ **~ for cooperation** форма сотрудничества
~ of circulation средство обращения
~ of indebtedness свидетельство долга
~ of labor средство труда
~ of liquidity средство обеспечения ликвидности
~ of payment средство платежа
~s of policy инструменты экономической политики
~s of ratification ратификационные грамоты
~ of transfer *англ.* трансфертный документ; документ, удостоверяющий трансферт
bearer ~ документ на предъявителя
checklike ~ платёжный документ, сходный с чеком
commercial ~ коммерческий [торговый] вексель
credit ~s кредитные обязательства *(векселя, чеки, акцепты, облигации)*
debt ~s долговые обязательства
fiscal ~s инструменты фискальной политики
forged ~ подделанный кредитный *или* денежный документ
monetary ~s инструменты кредитно-денежной политики
money market ~ кредитное обязательство, обращающееся на денежном рынке
mortgage ~ ипотечное свидетельство
negotiable ~ оборотный документ *(передаваемый путём вручения или с помощью индоссамента)*
nonnegotiable ~ непередаваемый документ
tailor-made money market ~s кредитные обязательства, приспособленные к потребностям индивидуального клиента
trust ~ письменный документ, по которому учреждается траст *(завещание)*

instrumentality агентство; дочернее предприятие, орган содействия

instrumentation оснащение инструментами [оборудованием]
~ of production process оснащение производственного процесса
monitoring ~ оснащение для наблюдения за ходом производственного процесса

insufficiency недостаточность; недостаток *(чего-л.)*

insufficient недостаточный; неполный; несоответствующий; неудовлетворительный

insulate изолировать; отделять; обособлять

insulation 1. изоляция, обособленность *(напр. капиталов одного и того же собственника, помещённых в финансовых институтах разных стран)* **2.** несвязанность, освобождённость *(напр. от обычных правил контроля над собственностью)* **3.** «защита» *(напр. от последствий структурных сдвигов)*

insurable могущий быть застрахованным

insurance 1. страхование **2.** страховой платёж **3.** страховой полис **4.** *pl* акции, выпущенные страховыми обществами □ **~ against all risks** страхование от всех рисков; **~ against breakage** страхование от поломки; **~ against burglary** страхование от кражи со взломом; **~ against damage by dry rot** страхование от повреждения древесным грибом; **~ against damage by xylophaga** страхование от повреждения древесным жучком; **~ against estate duty** страхование налога на наследство; **~ against loss of damage** страхование от убытков; **~ against natural hazard** страхование от стихийных бедствий; **~ against robbery** страхование от кражи; **~ for benefit of surviving dependents** страхование в пользу иждивенцев, переживших застрахованного; **~ for unemployment** страхование по безработице; **~ free of particular average** страхование без включения случаев частной аварии, страхование на условиях «свободно от частной аварии»; **~ free of premium** страхование без уплаты взносов; **~ in force** действующий договор страхования; **~ on a contingency basis** страхование на случай возникновения чрезвычайных обстоятельств; **to effect ~** застраховать, заключить договор страхования; **~ with average** страхование с включением случаев частной аварии; **~ with bonus** *см.* **participating insurance**; **~ with medical examination** страхование с предварительным медицинским освидетельствованием; **~ with option** страхование с правом выбора формы выплаты страховой суммы *(единовременно или в виде ренты)*; **~ without bonus** страхование без участия в прибылях (компании); **~ without medical examination** страхование без предварительного медицинского освидетельствования; **~ with waiting period** страхование с отсрочкой ответственности страховщика *(применяется при страховании жизни и страховании животных)*

~ of building страхование строений

~ of contents страхование домашнего имущества

~ of daily benefits страхование суточного пособия

~ of daily benefits during hospitalization страхование дневного содержания во время пребывания в больнице

~ of fixed sums страхование фиксированных сумм

~ of stocks страхование запасов

~ of valuables страхование драгоценностей

abstainer's ~ страхование жизни, предусматривающее скидку со взносов для лиц, не употребляющих алкогольных напитков

accident ~ страхование от несчастных случаев

added paid-up ~ дополнительное полностью оплаченное страхование *(источником взноса служат дивиденды по основному договору)*

agricultural ~ страхование сельскохозяйственных культур

aircraft passenger ~ страхование авиапассажиров

air transport ~ страхование авиаперевозок

aviation ~ авиационное страхование

business interruption ~ *см.* **use and occupancy insurance**

capital ~ страхование капиталов *(в отличие от страхования рент)*

cargo ~ страхование морских грузов, страхование карго

casualty [catastrophe] ~ страхование от несчастных случаев

child's ~ страхование детей

collective ~ коллективное [групповое] страхование

combined shop ~ комбинированное страхование магазинов

comprehensive ~ страхование нескольких видов *(напр. имущества)* по одному договору

compulsory ~ обязательное страхование

compulsory third party ~ обязательное страхование гражданской ответственности

convertible term life ~ краткосрочное страхование жизни, которое может быть превращено в долгосрочное без дополнительного медицинского освидетельствования

credit ~ страхование кредитов, страхование от неуплаты долга

credit life ~ кредитное страхование жизни *(страховая сумма предназначается для оплаты приобретённого в рассрочку товара в случае смерти покупателя)*

crop ~ страхование сельскохозяйственных культур

current ~ действующий договор страхования

decreasing term ~ страхование жизни на определённый срок с ежегодно уменьшающейся страховой суммой

deferred ~ отсроченное страхование

deposit ~ страхование депозитов

direct ~ прямое страхование

disability ~ страхование по нетрудоспособности

educational ~ страхование расходов на образование *(страховая сумма выплачивается при поступлении ребёнка в колледж независимо от того, жив или умер к этому времени страхователь)*

employers' liability ~ *см.* **workmen's compensation insurance**

endowment ~ страхование-вклад *(страховая сумма выплачивается застрахованному при дожитии до истечения срока действия договора)*

engineering ~ страхование технического оснащения предприятий

export credit ~ страхование экспортных кредитов

extended term ~ сохранение страхования при прекращении уплаты взносов *(договор продолжает действовать в прежней страховой сумме, но срок его действия уменьшается)*

extra risk life ~ страхование на случай смерти лиц опасных профессий

family income ~ страхование дохода семьи

farm ~ страхование фермерского хозяйства

fidelity ~ страхование от финансовых потерь, связанных со злоупотреблением служащих компании

fire ~ страхование от пожара

first loss ~ страхование по первому риску *(страховое вознаграждение определяется*

на основе суммы убытка, но не может превышать страховой суммы)
fixed term ~ страхование жизни на определённый срок
flood ~ страхование от наводнения
freight ~ страхование фрахта *(с целью гарантировать возмещение в случае гибели судна)*
frost damage ~ страхование сельскохозяйственных культур от вымерзания
full value ~ страхование в полную стоимость
funeral expenses ~ страхование расходов на похороны
goods-in-transit ~ транспортное страхование грузов
group ~ групповое [коллективное] страхование
group life ~ групповое страхование жизни *(в качестве страхователя выступает предприниматель или профсоюз)*
health and accident ~ страхование от болезней и несчастных случаев
hospital expenses ~ страхование расходов на пребывание в больнице
indexed new value ~ страхование, учитывающее изменение стоимости застрахованного объекта
industrial fire risks ~ страхование производства от пожара
industrial life ~ индустриальное страхование жизни *(при условии невысокой страховой суммы)*
inland marine ~ страхование морских перевозок внутри страны
investment ~ страхование инвестиций
joint life ~ страхование жизни двух *или* более лиц
legal expenses ~ страхование судебных издержек
level premium ~ страхование с одинаковым размером годовых взносов в течение всего срока их уплаты
liability ~ страхование гражданской ответственности
life ~ страхование жизни
limited payment life ~ пожизненное страхование с ограниченным периодом уплаты взносов *(в течение нескольких первых лет действия договора)*
livestock ~ страхование животных
loan ~ страхование займов
long-term ~ долгосрочное страхование
loss-of-profits ~ страхование от простоя производства
loss-of-rent ~ страхование от понижения арендной платы
luggage ~ страхование багажа
major medical expenses ~ страхование чрезвычайных медицинских расходов
marine ~ морское страхование
medical expenses ~ страхование медицинских расходов
mortgage ~ страхование ипотечной задолженности
motorcar ~ страхование легковых автомобилей
motorcycle ~ страхование мотоциклов
motor third party ~ страхование гражданской ответственности автомобилистов *(от убытков, причинённых третьим лицам)*
motorvehicle passenger ~ страхование пассажиров в автомашинах
national ~ государственное страхование
nonpar ordinary life ~ неравное обычное страхование жизни *(с расширенным перечнем лиц пониженной жизнеспособности)*
nonparticipating ~ страхование без права получения дивидендов компании
nuclear risk ~ страхование на случай ядерного взрыва
obligatory ~ обязательное страхование
old age (and survivors) ~ страхование по старости
ordinary life ~ 1. обычное страхование жизни *(в отличие от группового и индустриального)* **2.** страхование на случай смерти с пожизненной уплатой взносов
overseas travel sickness ~ страхование на случай болезни во время путешествия за границу
partial ~ страхование в неполную стоимость
participating ~ страхование с участием в прибылях компании
passenger ~ страхование пассажиров
perpetual ~ пожизненное страхование
personal ~ личное [индивидуальное] страхование
power interruption ~ страхование от перерывов в электроснабжении *(от энергосистемы общего пользования)*
power plant ~ страхование электростанций от потерь *(в связи с повреждением оборудования)*
private ~ личное [индивидуальное] страхование
professional liability ~ страхование профессиональной ответственности
programming income protection group ~ групповое страхование, при котором страховая сумма выплачивается при невыплате заработной платы *или* отсрочке в её выплате
property ~ имущественное страхование
provisional ~ предварительное страхование
real-wage ~ страхование [гарантирование] реальной заработной платы
reduced paid-up ~ страхование жизни с уменьшенной страховой суммой *(если уплата взносов была досрочно прекращена)*
redundancy ~ страхование на случай увольнения
renewable term life ~ возобновляемое страхование жизни на определённый срок *(возобновляется без медицинского освидетельствования застрахованного, но с увеличением тарифных ставок при каждом возобновлении)*
replacement value ~ страхование имущества, при котором возмещение выплачивается в размере восстановительной стоимости

retirement ~ страхование пенсии по старости *(разновидность аннуитета)*
select risk ordinary life ~ обычное страхование жизни с отобранными рисками *(для лиц с пониженной жизнеспособностью)*
short-term ~ краткосрочное страхование
sickness ~ страхование на случай болезни
single premium life ~ страхование жизни с разовой уплатой премии
social ~ социальное страхование
state ~ государственное страхование
straight life ~ пожизненное страхование с пожизненной уплатой взносов
supplementary ~ дополнительное страхование
suretyship ~ *см.* **fidelity insurance**
surplus ~ эксцедентное перестрахование
term life ~ страхование жизни на определённый срок
theft ~ страхование от кражи
third-party ~ *англ.* страхование ответственности перед третьими лицами
travel ~ страхование туристов
universal life ~ универсальное страхование жизни *(сочетает срочное страхование и сбережение)*
use and occupancy ~ страхование компании от платежей *(напр. налогов)* в случае перерыва производственной деятельности из-за стихийных бедствий
variable life ~ страхование жизни с переменной страховой суммой *(путём инвестирования накоплений в акции)*
veterans life ~ страхование жизни ветеранов войны
voluntary ~ добровольное страхование
war ~ страхование от военных рисков
whole life ~ пожизненное страхование на случай смерти
whole life ~ with limited premiums пожизненное страхование на случай смерти, когда страховые взносы подлежат погашению в течение нескольких первых лет
workmen's compensation ~ страхование пособия рабочим, выплачиваемого во время болезни, наступившей в результате несчастного случая на производстве
workmen's compensation and pension ~ страхование пенсии и заработной платы от понижения

insurant страхователь, лицо, выплачивающее страховые взносы
insure страховать(ся), застраховать(ся)
insured застрахованный
insurer страховщик; страховое общество
intake 1. поглощение; потребление *(напр. продовольствия)* 2. набор *(служащих)* 3. контингент принятых в учебное заведение 4. потребляемая мощность; израсходованная энергия
~ of orders поступление заказов, принятые заказы
annual ~ годовое потребление
food ~ потребление кормов
municipal water ~ городской водозабор
water (supply) ~ водозабор; потребление воды

intangible 1. нематериальный, неосязаемый *(об активах)* 2. *pl* нематериальные [неосязаемые] активы *(управленческие, организационные, технические ресурсы, репутация в финансовом мире, контроль над сбытовой сетью)* 3. *pl* полученные *или* перекупленные привилегии на право перевозок
integrate 1. интегрировать, объединять *(экономику)* 2. придавать законченный вид *(плану)*
integrated 1. интегрированный *(напр. о структуре)* 2. комплексный, всесторонний
integration 1. интеграция, объединение 2. комбинирование 3. включение одной группы населения в другую
~ of program увязка [согласование] программ
~ of retailing with wholesaling and manufacturing слияние капитала розничной торговли с капиталом оптовой торговли и обрабатывающей промышленности
circular ~ «круговая» интеграция *(слияние компаний, выступающих на одном рынке, но не конкурирующих между собой)*
horizontal [lateral] ~ 1. горизонтальная интеграция 2. горизонтальное комбинирование
progressive ~ постепенная интеграция *(напр. сельскохозяйственных секторов стран — членов Европейского экономического сообщества)*
upstream [vertical] ~ 1. вертикальная интеграция 2. вертикальное комбинирование
integrity прямота, честность *(о качествах служащего, рабочего)*
intellectual 1. интеллигент; работник умственного труда 2. *pl* интеллигенция
intensification интенсификация
~ of investment интенсификация инвестиций *(проводится на базе новой техники и сопровождается ростом капиталовооружённости)*
~ of labor интенсификация труда
intensity интенсивность; ёмкость *(удельная величина)*
~ of exploitation степень эксплуатации (труда)
~ of farming интенсивность хозяйства
~ of use 1. удельное потребление; удельный расход 2. материалоёмкость
~ of use of money быстрота использования денег
~ of work интенсивность [напряжённость] работы
arrival ~ *ТМО* интенсивность входящего потока, интенсивность поступления *(требований)*
capital ~ 1. капиталоинтенсивность *(в стоимости продукта: отношение затрат на капитал к затратам на рабочую силу)* 2. капиталоёмкость *(затраты основного капитала на единицу продукции)*

energy ~ энергоёмкость *(энергозатраты на единицу продукции)*
factor ~ фактороинтенсивность *(отношение затрат на различные факторы производства к стоимости продукта)*
farming ~ интенсивность фермерского хозяйства
instantaneous ~ *ТМО* мгновенная интенсивность *(потока)*
labor ~ 1. трудоинтенсивность *(в стоимости продукта: отношение затрат на рабочую силу к затратам на капитал)* 2. трудоёмкость *(затраты труда на единицу продукции)*
land use ~ интенсивность использования земли
motivation ~ интенсивность мотивации
pooled arrival ~ *ТМО* интенсивность группового поступления *(требований)*
research ~ интенсивность научных исследований
traffic ~ загрузка *(системы массового обслуживания)*
work ~ интенсивность труда
intensive интенсивный, напряжённый
capital ~ 1. капиталоинтенсивный 2. капиталоёмкий *(о производстве)*
labor ~ 1. трудоинтенсивный 2. трудоёмкий *(о производстве)*
raw material ~ материалоёмкий *(о производстве)*
interact взаимодействовать
interaction взаимодействие
~ of supply and demand взаимодействие спроса и предложения
motivational ~ взаимодействие стимулирующих факторов, взаимодействие факторов мотивации
interagency межведомственный
interbank межбанковский
intercensal относящийся к периоду между переписями; происшедший в период между переписями; межпереписной
interchange:
gross ~ оборот миграции *(сумма прямого и обратного потоков)*
interchangeability взаимозаменяемость; сменяемость
ready ~ конвертируемость валют
intercoastal междубережный, связывающий восточное и западное побережья США *(о транспорте)*
intercompany межфирменный
interconnection 1. взаимосвязь; установление взаимосвязей 2. объединение *(энергосистем)*
intercorporate межкорпорационный
intercourse общение; связь; сношения
commercial ~ торговые сношения
interdepartmental межведомственный *(напр. о статистике)*
interdiction of commerce запрет торговли
interest 1. интерес, значение 2. (материальная) заинтересованность; доля; участие ‖ заинтересовывать; привлекать к участию 3. (ссудный) процент; проценты, процентный доход 4. выгода, преимущество 5. *pl* заинтересованные лица; деловые круги 6. интерес *(объект страхования)* □ **and ~** «плюс проценты» *(рыночная цена ценной бумаги включает проценты, начисленные за период с момента предыдущей сделки до момента совершаемой сделки)*; **at ~** по ставке процента; **bearing ~** процентный, приносящий процент *(о ценных бумагах)*; **bearing no ~** беспроцентный, не приносящий дохода в виде процента *(о ценных бумагах)*; **cum ~** включая проценты, с процентами, с прибавлением процента; **ex ~** исключая проценты, без процента; без права на проценты *(цена облигации)*; **~ in a business** участие в предприятии; **~ in profits** доля в прибылях; **~ is payable from ...** процент выплачивается из ...; **less ~** за вычетом процента; **~ on arrears** процент на остаток суммы; **~ on bonds** процент по облигационным займам; **~ on capital** процент на капитал; **~ on credit balances** процент по кредитовому сальдо; **~ on debit balances** процент по дебетовому сальдо; **~ on debts** процент по задолженности; **~ on loan capital** ссудный процент; **~ on principal** процент на капитал; **~ on public debt** проценты по государственному долгу; **~ payable on delay** процент, взимаемый при неуплате в срок; **to bear [to carry] ~** приносить процент; **to draw ~** получать проценты; **to have a controlling ~ in a company** иметь контрольный пакет акций *какой-л.* компании; **with ~** *см.* **cum interest**; **without ~** *см.* **ex interest**
accrued ~ payable *бухг.* счёт накопленных процентов, срочных к оплате
accrued ~ receivable *бухг.* счёт накопленных процентов к получению
added ~ накопленные проценты
annual ~ годовой процент
average ~ средняя норма процента
back ~ невзысканный процент, недоимка по процентам
banking ~s банковские круги, банки
business ~s деловые круги
capitalized ~ капитализированный процент
carried ~ валовая прибыль как доля выручки *(после вычета эксплуатационных расходов)*
carrying ~ эксплуатационные затраты *(как доля от общей выручки)*
compound ~ сложные проценты
conservation ~s организации, заинтересованные в охране природы
controlling ~ контрольный пакет *(акций)*
conventional ~ обычный процент
current ~ текущая ставка процента
deferred ~ отсроченный процент
due ~ *бухг.* процент, срочный к уплате; процент, подлежащий погашению
equated ~ средний процент; выравненный процент
exact ~ *амер.* процент, исчисленный на базе 365 дней в году
imputed ~ вменённый процент *(не отражаемый в бухгалтерском учёте)*
insurable ~ страхуемый интерес

interim ~ промежуточный процент
landed ~s землевладельцы
legal ~ установленный законом процент
loan ~ ссудный процент
long ~ общая сумма ценных бумаг, имеющихся в биржевом обороте; общий запас ценных бумаг у спекулянтов, играющих на повышение
majority ~ доля участия в капитале компании более чем на 50% *(дающая право контроля)*
minority ~ доля участия дочерних компаний *(в акционерном капитале, не дающая контроля над предприятием)*
moneyed ~s финансовый мир; финансовые круги
monopoly ~s монополистические круги
mortgage ~ процент по закладной
national ~s национальные интересы
negative ~ отрицательный процент *(1. взимаемая банком плата за хранение вклада 2. процент, перекрываемый ростом цен при инфляции)*
net ~ *см.* **pure interest**
nominal ~ номинальная ставка процента; номинальный процент
open ~ сумма открытых позиций *(сумма действующих срочных контрактов, по которым не произведен зачёт)*
ordinary ~ процент, исчисленный на базе 360 дней в году *(по 30 дней в месяце)*
outstanding ~ процент к уплате
overlapping ~s перекрещивающиеся интересы
overriding royalty ~ субарендаторский процент, доход нефтепромышленника-субарендатора *(определённая доля арендаторского процента)*
pecuniary ~s финансовые интересы
private ~s интересы частного предпринимателя, частнособственнические интересы
pure ~ нетто-процент *(за вычетом всех издержек за пользование капиталом)*
royalty ~ рентный процент, рентная доля *(доля владельца нефте- или газоносного участка)*
semiannual ~ процент, выплачиваемый раз в полгода
shipping ~s судоходные компании
short ~ *бирж.* сумма ценных бумаг, проданная без покрытия, путём заимствования их у брокеров *(игра на понижение)*
simple ~ простые проценты
statutory ~ установленный законом процент
true ~ *см.* **pure interest**
unearned ~ and discount счёт неполученных процентов и дисконтных платежей
usurious ~ ростовщический процент
vested ~s 1. закреплённые законом имущественные права **2.** влиятельные деловые *или* политические круги, обладающие особыми правами и интересами

interest-free беспроцентный, без уплаты процентов
interface взаимодействие
man-machine ~ взаимодействие человека и машины
interfacing смежный; взаимосвязанный
interference:
machine ~ *орг. пр.* время простоя вследствие обслуживания другого станка
queue ~ *ТМО* взаимодействие очередей
intergenerational связывающий два поколения
intergovernmental межправительственный
interim временный, промежуточный *(напр. о дивидендах)*
interindustry межотраслевой
interlock:
director ~s наличие общих директоров в различных компаниях
intermarriage 1. брак между представителями различных рас, национальностей, племён; смешанный брак **2.** брак между кровными родственниками
intermediary посредник || посреднический; промежуточный
deposit-type ~ финансовое учреждение депозитного типа
financial ~ финансовый посредник; кредитно-финансовое учреждение
nonbank financial ~ небанковское финансово-кредитное учреждение
nondepository financial ~ финансовое учреждение, не выполняющее депозитные функции
thrift ~ сберегательное учреждение; посредник по аккумуляции сбережений
intermediate 1. промежуточная стадия, промежуточный этап **2.** полупродукт, промежуточный продукт; *pl* заготовки, полуфабрикаты; подсобные материалы **3.** посреднический; промежуточный **4.** посредничать
intermediation 1. посредничество **2.** мобилизация капиталов через кредитно-финансовую систему
intermediator посредник
internal внутренний *(напр. о торговле)*
internalization of externalities трансформация дополнительных издержек, вызванных внешними [внерыночными] причинами, во внутренние издержки производства
internalize трансформировать (внешнее) во внутреннее, интернализировать
international международный, интернациональный
internationalism интернационализм
internationalization интернационализация *(экономики, капитала)*
inter-operability операционная совместимость *(кредитных карточек)*
interpenetration:
international ~ of capital взаимопроникновение капиталов одних стран в другие страны *(через слияние, образование совместных предприятий)*
interpersonal межличностные *(об отношениях)*
interpolate интерполировать
interpolation интерполяция, интерполирование, интерполяционный процесс
inverse ~ обратная интерполяция
simple ~ линейная интерполяция
interregional межрегиональный

interrelationship 1. взаимосвязь 2. взаимное родство
interruption 1. перерыв; (временное) прекращение *(деятельности)* 2. *ТМО* прерывание обслуживания; поступление на обслуживание с приоритетом
~ of work перерыв в работе, временное прекращение работы
break-in ~ *см.* **preemptive interruption**
delayed [nonbreak-in, nonpreemptive, postponable, postponed] ~ прерывание после завершения обслуживания *(требования с низшим приоритетом)*
power ~ перерыв в электроснабжении; авария в энергосистеме
preemptive [privileged] ~ прерывание обслуживания в момент поступления *(требования с высшим приоритетом)*
service ~ прерывание обслуживания
intersectoral межотраслевой
interstate 1. межгосударственный 2. межштатный
interurban междугородный *(о видах транспорта)*
interval промежуток времени, интервал □ **~ between departures** *см.* **interdeparture interval**; **~ between marriage and first birth** протогенетический интервал *(между вступлением в брак и первыми родами)*; **~ between successive births** интергенетический интервал *(между последовательными родами)*; **between two generations** интервал между двумя поколениями
age ~ возрастной интервал
birth ~ интервал между родами
class ~ *стат.* интервал группирования
confidence ~ *стат.* доверительный интервал
extrapolation ~ интервал экстрополяции *(при прогнозировании)*
game ~ интервал игры
group ~ *стат.* интервал группирования
indifference ~ *стат.* интервал безразличия
inspection ~ интервал между проверками
interarrival ~ *ТМО* промежуток времени между моментами поступления *(требований)*
interbirth ~ интервал между (последовательными) родами
interdeparture ~ *ТМО* промежуток времени между моментами ухода *(требований)*
lead-time ~ 1. срок разработки новой продукции 2. время изготовления новой продукции 3. время выполнения заказа *(на пополнение запасов)*
life ~ продолжительность жизни
mean birth ~ средний интервал между (последовательными) родами
morphological ~ морфологический интервал *(при прогнозировании)*
observation ~ интервал наблюдения
open birth ~ интервал от последних родов до момента обследования
order ~ цикл заказа *(интервал между последовательными заказами)*
predication ~ интервал прогнозирования
replenishment [resupply] ~ интервал между пополнениями запасов
sampling ~ выборочный интервал, интервал между выборками
service ~ *ТМО* продолжительность обслуживания
two-sided confidence ~ *стат.* двусторонний доверительный интервал
unit ~ единичный интервал
intervene вмешиваться, выступать посредником
intervention вмешательство *(в экономику)*; интервенция *(валютная)*
forward ~ (валютная) интервенция на рынке срочных сделок
intramarginal ~ интервенция на валютном рынке, когда курс не достигает установленных пределов отклонения *(в Европейской валютной системе)*
multicurrency ~ интервенция с использованием нескольких валют
sterilized ~ стерилизованная (валютная) интервенция *(не оказывающая воздействия на денежное обращение)*
interventionism стремление к усилению государственного вмешательства
interview (социологический) опрос; беседа, интервью
directive ~ *см.* **guided interview**
employment ~ опрос (предпринимателей) о возможностях занятости
field ~ экспедиционный метод опроса, опрос путём обхода
group ~ групповая беседа
guided ~ направляемая беседа
original ~ первоначальный опрос
personal ~ личная встреча, беседа
sample ~ выборочный опрос
selection ~ отборочное собеседование *(при приёме на работу)*
'stress' ~ целенаправленная беседа *(для определения степени компетентности руководителей)*
interviewer опрашивающий; счётчик, регистратор
census ~ счётчик при переписи населения
senior ~ старший регистратор; инспектор
inter vivos *лат.* «между живыми», действующий при жизни участников *(контракт, опека)*
intestate (умерший) без завещания; не оформленный завещанием
intracompany внутрифирменный
intragenerational происходящий в пределах одного поколения
intrinsic 1. присущий 2. истинный, действительный
introduction введение, внедрение
~ of convertibility введение обратимости
~ of stock допуск акций к котировке на бирже
invalid недействительный; не имеющий законной силы
invalidate делать недействительным; лишать законной силы
invaluable бесценный
invariance инвариантность, неизменность
invasion вторжение

invent изобретать, открывать
invention 1. изобретение, открытие 2. измышление, вымысел
capital-saving ~ капиталосберегающее изобретение *(понижающее долю капитала в стоимости продукции)*
capital-using ~ капиталоёмкое изобретение *(повышающее долю капитала в стоимости продукции)*
labor-saving ~ трудосберегающее изобретение *(снижающее долю труда в стоимости продукции)*
labor-using ~ трудоёмкое изобретение *(повышающее долю труда в стоимости продукции)*
inventor изобретатель
inventor/y 1. опись; инвентарная ведомость ‖ составлять опись 2. инвентаризация ‖ инвентаризировать 3. запас, резерв 4. *pl* запасы, (товарно-)материальные запасы 5. оборотные фонды 6. вопросник; анкета 7. управление запасами 8. портфель ценных бумаг □ **~ in stock** наличный запас; **~ies in warehouses of multiunits** товарные запасы сети магазинов, хранящиеся на складах и предназначенные для передачи в розничные магазины в пределах своей системы; **to build up ~ies** *амер.* создавать товарно-материальные запасы
~ of new homes готовые непроданные жилые дома
actual ~ фактический уровень запасов
annual ~ сплошная инвентаризация в конце отчётного года
available ~ies наличные запасы
average ~ at cost средний размер товарного запаса по себестоимости
book ~ 1. инвентарный учёт товарно-материальных запасов 2. стоимость материально-производственных запасов по бухгалтерской книге 3. *pl* учётные (товарно-)материальные запасы
buffer ~ резервный запас
business ~ies коммерческие товарные запасы
closing ~ уровень запасов на конец учётного периода
composite ~ies запасы изделий нескольких наименований
continuous ~ *см.* **perpetual inventory**
desired ~ требуемый уровень запасов
ending ~ *см.* **closing inventory**
final ~ окончательный уровень запасов
finished goods [finished product] ~ies запасы готовой продукции на заводском складе
goods-in-process ~ незавершённое производство *(объём материальных ценностей, находящихся в производстве)*
gross ~ общий уровень запасов
initial ~ начальный [исходный] уровень запасов
in-process ~ *см.* **goods-in-process inventory**
input ~ies поступающие запасы
intermediate ~ *см.* **semifinished inventory**
interstage ~ies промежуточные запасы
lot-size ~ запас объёмом в одну партию
manufacturing supplies ~ запас производственных материалов
mean ~ средний уровень материальных запасов
merchandise ~ies коммерческие товарные запасы
movement ~ расходный запас
multistock ~ies многопродуктовые запасы
nonstandard ~ сверхнормативный запас *(кроме материалов, находящихся в пути и в обработке)*
on-hand ~ наличный запас, наличие в натуре
on-order ~ заказанный *(но ещё не поступивший)* запас
opening ~ уровень запасов на начало учётного периода
original ~ *см.* **opening inventory**
output ~ расходуемый запас
periodic ~ периодический учёт [инвентаризация] запасов
perpetual ~ текущий [перманентный] учёт товарно-материальных ценностей; перманентная инвентаризация *(как метод исчисления стоимости основного капитала)*
physical ~ 1. инвентаризация наличных материальных ценностей 2. *см.* **on-hand inventory**
protective ~ резервный запас
ready-for-issue ~ запас, готовый к выдаче
record ~ зарегистрированный уровень запасов
retail ~ запас товаров в розничной торговле
running ~ *см.* **perpetual inventory**
semifinished ~ запас полуфабрикатов, запас промежуточных продуктов
standard ~ нормативный запас *(страховой запас плюс средний оборот материалов и материалы в транзите)*
supplies ~ запас вспомогательных материалов
surplus ~ies избыточные запасы
terminal ~ *см.* **closing inventory**
waiting-line ~ запас, ожидающий поступления в систему *(управления запасами)*
wholesale ~ запас товаров в оптовой торговле
working ~ запас, используемый для удовлетворения ожидаемого спроса
work-in-process ~ *см.* **goods-in-process inventory**
inverse 1. обратная величина 2. обратный порядок ‖ обратный
invest инвестировать, вкладывать □ **to ~ a person with power of attorney** выдавать *кому-л.* доверенность; **to ~ collectively** инвестировать средства *(многих людей)* путём объединения их в единый фонд; **to ~ money at interest** вкладывать деньги из определённого процента
investigation исследование; обследование
credit ~ обследование кредитоспособности

market ~ изучение рынка
statistical ~s статистические исследования

investigative исследовательский
investigator 1. следователь 2. исследователь; испытатель
credit ~ представитель банка, анализирующий кредитоспособность клиента
Internal Revenue Service ~ контролёр Налогового управления *(США)*

investigatory исследовательский
investing инвестирование
formula ~ инвестирование по «формуле» *(согласно заранее установленным принципам)*

investment 1. инвестирование, помещение капитала 2. *иногда pl* инвестиции, капитальные вложения, капиталовложения 3. капитальные затраты 4. вложения в ценные бумаги □ **~ for a money return** инвестирование в целях получения денежного дохода; **~s in research and development** капиталовложения в научные исследования и разработки; **to carry out ~** осуществлять капиталовложения; **to check ~** ограничивать капиталовложения; **to have sole ~ responsibility for the funds** иметь исключительное право инвестировать денежные средства
autonomous ~ автономные инвестиции *(напр. в производство новых изделий)*
business ~ капиталовложения предприятий
capital ~ 1. инвестиции, капиталовложения 2. вложения в капитальные активы *или* неликвидные ценные бумаги
capital-productive ~ продуктивные капиталовложения *(напр. в промышленность)*
construction ~ капиталовложения в строительство зданий и сооружений
consumer capital ~ капиталовложения потребителей *(затраты на предметы потребления длительного пользования)*
cumulated net ~ суммированные чистые инвестиции, сумма чистых инвестиций
desired ~ предполагаемые инвестиции
direct ~ прямые инвестиции
domestic ~ внутренние капиталовложения
endogenous ~ эндогенные [внутренне обусловленные] инвестиции
envisaged ~ намечаемые *(на ближайшее время)* инвестиции
equipment ~ капиталовложения в оборудование
exogenous ~ экзогенные [обусловленные внешними факторами] инвестиции
facilities ~ инвестиции в средства труда
financial ~ инвестиции в ценные бумаги
fixed capital ~ вложения в основной капитал
fixed yield ~ капиталовложения с фиксированным доходом
foreign ~ заграничные капиталовложения
government ~ правительственные капиталовложения
gross ~ валовые капиталовложения
heading ~ головные инвестиции
high grade ~ первоклассные инвестиции
highly leveraged ~ инвестиции с высокой долей заёмных средств
human ~ затраты на образование и подготовку кадров
humped ~ концентрированные капиталовложения *(в моделях)*
induced ~ индуцированные [производные] инвестиции *(вызываемые потребностью общества в существующей продукции)*
inflation-proof ~ вложение капитала, предохраняющее от инфляции *(обычно в ценные бумаги)*
intangible ~ инвестиции в нематериальные активы *(напр. в образование)*
interest-inelastic ~ инвестиции, неэластичные в отношении процентной ставки
inventory ~ инвестиции в товарно-материальные запасы
legal ~ for banks разрешённые законом объекты для инвестирования банковского капитала
legal ~ for savings banks ценные бумаги, в которые сберегательным банкам разрешено вкладывать средства
legal ~ for trust funds ценные бумаги, в которые банковским траст-отделам разрешено вкладывать средства
long-lived ~ инвестиции с длительным сроком амортизации
long-range [long-term] ~ долгосрочные инвестиции
negative ~ «отрицательные инвестиции» *(изъятие капитала)*
net ~ чистые инвестиции
nonresidential structures ~ инвестиции в нежилые здания и сооружения
permanent ~ 1. долгосрочные инвестиции 2. инвестиции в основной капитал
portfolio ~ портфельные инвестиции
prime ~ первоклассные инвестиции
private ~ частные инвестиции
profitable ~ прибыльное инвестирование
public ~ государственные капиталовложения
quicker-yielding ~ капиталовложения с более быстрой [ускоренной] отдачей
real ~ капиталовложения в реальный [вещественный] основной капитал
replacement ~ инвестиции, направляемые на замещение выбытия элементов основного капитала; капиталовложения на модернизацию
residential ~ инвестиции в жилищное строительство
safety-stock ~ создание резервного запаса
short-lived ~ инвестиции с коротким сроком амортизации
short-range [short-term] ~ краткосрочные инвестиции
speculative ~ покупка ненадёжных [рискованных] ценных бумаг
statutory ~ инвестиции, разрешённые законом *(особ. для доверительных учреждений)*

tangible ~ инвестиции в материальные активы
Investor:
~s in Industry Инвесторы в промышленность *(кредитное учреждение в Великобритании для финансирования промышленности)*
investor 1. инвестор; вкладчик *(капитала)* **2.** владелец ценных бумаг
institutional ~ институциональный инвестор, учреждение-вкладчик *(инвестиционный трест, банк, страховое общество, касса взаимопомощи, тред-юнион)*
private ~ частный инвестор
invisible 1. невидимый **2.** *pl* невидимые статьи *(платёжного баланса)*
invitation □ **~ to bid** предложение принять участие в торгах *или* в переговорах о выдаче подряда; объявление о торгах; **~ to tender** приглашение фирмам выдвигать условия сделки
invoice счёт-фактура ‖ выписать счёт-фактуру □ **to ~ back** *бирж.* рассчитаться с продавцом за разницу в цене *(в случае недопоставки продавцом товара)*; **to discount ~** предъявлять фактуру-требование клиенту торговой фирмы; **to ~ in dollars** выписать счёт-фактуру в долларах
consular ~ консульская фактура
multiple-line ~ многострочный счёт
preliminary ~ предварительная фактура
proforma ~ примерная [ориентировочная] фактура; предварительная фактура
purchase ~ счёт на приобретённые [закупленные] материалы
invoice-license фактура-лицензия
invoice-specification фактура-спецификация
involuntary недобровольный *(напр. о ликвидации компании)*
involvement 1. вовлечённость *(напр. в сделку)* **2.** денежное затруднение
indepth ~ with a company наличие тесных связей с компанией
loan ~ обязательство о выдаче ссуды
iron □ **to ~ out** сглаживать, выравнивать *(напр. экономические колебания)*
irredeemable 1. не подлежащий погашению [выкупу] **2.** неконвертируемый *(о бумажных деньгах)* □ **~ in gold** не разменный на золото
irregular беспорядочный, нерегулярный *(напр. о курсах акций, когда курс одних растёт, а других падает)*
irregularity неправильность, ошибка
irrevocable не подлежащий отмене; безотзывный *(напр. об аккредитиве)*
isocost изокоста *(кривая постоянных издержек производства)*
isolate 1. лицо, не имеющее контактов с другими лицами определённой группы *(в социологии)* **2.** изолированная среда; изолированная группа лиц **3.** изолировать, обособлять; разобщать
isolation изоляция, обособление; разобщение
isoprof линия одинаковой прибыли *(на графике)*
isoquant изокванта *(линия равных количеств)*
isoval линия одинаковой стоимости
issuance выдача; выпуск
~ of inventory items выдача товарно-материальных ценностей *(со склада)*
~ of licenses выдача лицензий
~ of new equity shares выпуск новых акций
issue 1. выпуск; эмиссия ‖ выпускать; пускать в обращение **2.** выдача; выписка *(чеков)*; выставление *(напр. тратты)* ‖ выписывать; выставлять **3.** *pl* ценные бумаги **4.** *pl* доходы, прибыли **5.** издание **6.** спорный вопрос; проблема; разногласие; предмет спора **7.** исход; результат **8.** потомство □ **~ above par** выпуск по курсу выше номинала; **~ at a discount** выпуск со скидкой *(ниже паритета)*; **~ at par** выпуск по номинальной стоимости; **~ below par** выпуск по курсу ниже номинала; **~ by tender** выпуск *(ценных бумаг)* с помощью (публичных) торгов; **~ for cash** выпуск *(ценных бумаг)* с оплатой наличными; **to ~ a draft** выставить тратту; **to ~ a receipt** выдать расписку; **to ~ a summon** вызвать *(в суд)*; **to ~ bonds** выпускать облигации; **to ~ to bearer** выдать *(документ)* на предъявителя
~ of bank notes эмиссия банкнот
~ of bill of exchange выдача векселя
~ of check выписка чека
~s of estate доходы от поместья
~ of letter of credit выставление [выдача] аккредитива
~ of licenses выдача лицензий
~ of loan выпуск займа
~ of money *см.* **currency issue**
~ of patent выдача патента
~ of policy заключение договора страхования
~ of securities эмиссия ценных бумаг
~ of shares выпуск акций
~ of suit исход (судебного) дела
bond ~ выпуск облигаций, заём
bonus ~ выпуск бесплатных *или* льготных акций
capital ~ эмиссия ценных бумаг
conversion ~ эмиссия (ценных бумаг) для обмена на предшествующие
currency ~ эмиссия денег; выпуск денег в обращение
debenture ~ эмиссия долговых обязательств
defense ~s акции военно-промышленных компаний
excessive ~ of money избыточный выпуск денег в обращение
fiduciary ~ фидуциарная эмиссия *(банкнот)*
government ~ эмиссия государственных ценных бумаг
high-risk ~ выпуск спекулятивных бумаг
hot ~ выпуск (ценных бумаг) в ожидании резкого повышения цен
industrial ~ эмиссия ценных бумаг промышленных фирм

internal ~ внутренний выпуск, выпуск на внутреннем рынке страны
long-run ~s проблемы долговременного характера
maiden ~ первый выпуск *(ценных бумаг)*
national bond ~ государственный заём
new ~s новые выпуски *(ценных бумаг)*
note ~ эмиссия банкнот
over-the-counter ~s ценные бумаги внебиржевого рынка
presold ~ выпуск (ценных бумаг) с заранее обеспеченным размещением
rights ~ выпуск новых акций, предлагаемый акционерам компании *(по более низкой цене, чем рыночная)*
scrip ~ бонусная эмиссия *(выпуск акций для бесплатного распределения между акционерами)*
senior ~ выпуск облигаций с первоочередным правом требования против имущества компании
stock ~ выпуск акций

issued □ **'when ~'** «после выпуска» *(условие сделки с ценными бумагами, ещё не выпущенными на рынок)*
issueless без потомства, бездетный
issuer эмитент; трассант; чекодатель
item 1. статья *(в счёте, балансе)*; пункт; позиция; параграф 2. статья *(экспорта, импорта)* 3. *бухг.* запись, проводка 4. вид товара, товар *(отдельное наименование в ассортименте)*; изделие 5. кредитный инструмент *(в банковской практике)* 6. единица оборудования; предмет материально-технического снабжения 7. числовое значение *(в таблице)* 8. *ТМО* требование □ **~s carried forward** статьи (счёта, баланса), перенесённые на новый отчётный период; **~ covered** включённая позиция; **~ in service** *ТМО* обслуживаемое требование; **~s involved** рассматриваемые объекты
~ of account запись по счёту
arrived ~ поступившее требование
bad ~ изделие с неудовлетворительными характеристиками; неисправное [дефектное] изделие
balance sheet ~ статья баланса
blank ~ позиция вопросника, оставленная без ответа; пропуск *(в анкете)*
budget ~ статья бюджета
bulky ~s громоздкие [объёмистые] товары
capital ~ 1. единица капитального оборудования 2. капитальный товар 3. *pl* статьи движения капитала *(в платёжном балансе)*
cash ~s денежные документы, подлежащие проводке по счёту
city ~ долговой документ, инкассируемый в том же городе *(где находится банк, принявший его на инкассо)*
collection ~s инкассируемые документы
commodity ~s отдельные товары; позиции товарной номенклатуры
common use ~ *амер.* военное имущество, одинаково необходимое для всех родов войск
complex ~ сложное изделие
conforming ~ изделие, удовлетворяющее техническим условиям
consumer ~s изделия конечного потребления
contractor responsible ~s пункты *(договора)*, излагающие ответственность подрядчика
costing ~s калькуляционные статьи
counter ~ денежный документ, передаваемый банку через кассовое окно *(не по почте)*
credit ~ кредитовая запись, кредитовая проводка
critical ~ 1. дефицитный предмет *(материально-технического снабжения)* 2. *pl* регулярно покупаемые товары
current ~s текущие операции
debit ~ дебетовая запись, дебетовая проводка
deferred availability ~s денежные обязательства с отсроченным получением денег
delayed ~ 1. *бухг.* отложенная позиция; операция прошлого отчётного периода, для определения (финансовых) результатов которой недостаёт данных 2. ожидающее требование
demand ~ ходовой товар
departing ~ покидающее систему требование
direct-store-delivery ~s товары, доставляемые в магазин непосредственно с места производства *(напр. лекарства, журналы)*
effective ~ годное [исправное] изделие
end ~ конечное изделие
excluded ~ забракованное изделие
expendable ~ изделие однократного [одноразового] применения
expense ~ статья расхода
extraordinary ~ 1. необычное требование *(напр. с особыми характеристиками обслуживания)* 2. *pl* непредвиденные *или* чрезвычайные расходы *(в финансовых отчётах корпорации и банков)*
faster-moving ~ ходовой товар
faulty ~ неисправное [дефектное] изделие
first-priority ~ требование с наивысшим приоритетом
foreign ~s кредитные орудия обращения с платежом в другой стране *(напр. векселя)*
free ~s инкассируемые чеки и векселя, оплачиваемые без вычета комиссии
glassed ~s товары в стеклянной таре
hard-to-sell ~ товар, который трудно продать
heavytonnage ~ многотоннажное изделие
high-margin ~s товары, приносящие высокую прибыль
high-priority ~ требование с высоким приоритетом
high-quantity ~s изделия крупносерийного производства
high-ticket ~s крупногабаритные электробытовые товары *(напр. холодильники)*
high-turnover ~s изделия массового производства
high-volume ~s изделия крупносерийного производства

initial ~ первоначальное требование
inventory ~ 1. предмет хранения *(напр. материалы)* 2. *pl* товарно-материальные ценности 3. статья в учётном регистре товарно-материальных ценностей
lone ~ одиночное требование
low-priority ~ требование с низким приоритетом
low-volume ~s изделия мелкосерийного производства
made ~ изготовленное изделие; выпущенное изделие
made-in ~ изделие собственного производства
marked ~ помеченное требование
memorandum ~ мемориальная статья *(баланса)*
military ~s предметы военного материально-технического снабжения
noncapital ~ 1. единица промежуточного *или* потребительского продукта 2. промежуточный *или* потребительский товар
noncash ~s долговые документы, подлежащие инкассированию
nonexpendable ~ изделие многократного [многоразового] применения
nonpreferred [nonpriority] ~ требование, не обладающее приоритетом
one-of-a-kind ~ единичное изделие; индивидуальный объект *(напр. заказ)*
ordinary ~ обычное требование
out-of-town ~ *см.* **transit item**
pacing ~ основной [определяющий] фактор; основное [определяющее] условие
power ~ ходовой товар
preempted ~ требование, обслуживание которого прекращено *(при поступлении другого требования с более высоким приоритетом)*
preferred [priority] ~ требование, обладающее приоритетом
production-line ~ серийное изделие
questionnaire ~ пункт анкеты
queue-resistant ~ требование, не присоединяющееся к очереди *(определённой длины)*
representative ~ типичное изделие
restrictive proprietary ~ патентованное изделие
returned ~s инкассируемые документы, возвращённые из-за технических ошибок
route ~ долговое обязательство, инкассируемое не через расчётную палату
routine ~ обычное изделие
sale-priced ~s товары по сниженным ценам *(для распродажи)*
second-priority ~ требование с более низким приоритетом
slow-moving ~ неходовой товар
stable ~ основной товар
stocked [stock-keeping] ~ изделие, находящееся на хранении
subcontract ~ изделие, поставляемое субподрядчиком
superior ~ изделие высшего качества
transit ~ долговой документ, инкассируемый за пределами города *(в котором находится банк, принявший его на инкассо)*
uncollected ~s неинкассированные документы
unrepresentative ~ нетипичное изделие; нерепрезентативное изделие
visible ~s видимые статьи *(платёжного баланса)*, экспорт и импорт товаров

itemize перечислять по пунктам, указывать в отдельности, распределять по статьям
iteration итерация

J

jacket:
voucher ~ *бухг.* «конверт-ваучер» *(напр. вкладывается счёт поставщика, а на конверте отмечаются все данные, относящиеся к совершённой операции)*
jawboning переговоры с целью достижения соглашения о приемлемом росте заработной платы
jetsam выброшенный за борт и потонувший груз *(при аварии)*
jettison 1. выбрасывание груза за борт *(для облегчения и спасения судна)* 2. груз, выброшенный за борт
jewel драгоценность
crown ~s 1. *англ.* коронные драгоценности 2. *разг.* наиболее привлекательные составные части корпорации *(дочерние компании)*
job 1. дело, работа; сдельная работа ‖ работать сдельно 2. заказ 3. специальность; профессия; квалификация 4. должность; место службы 5. обрабатываемое изделие 6. операция 7. заниматься посредническими операциями *(напр. с ценными бумагами)* 8. заниматься махинациями, злоупотреблять служебным положением □ **out of ~** без работы; **to give a ~** давать работу; **to need a ~** нуждаться в работе
active ~s in house заказы, находящиеся в производстве на предприятии (данной) фирмы
blue-collar ~ работа рабочего
commercial manufacturing ~ 1. заказ, выполняемый на коммерческой основе 2. коммерческий заказ на производство продукции обрабатывающей промышленности
component ~ (отдельная) операция *(производственного процесса)*
contract ~ 1. заказ на производство продукции; заказ на услуги 2. продукция, производимая по заказу *(другой фирмы)*
dead-end ~ бесперспективная работа *(предоставляющая мало возможностей для продвижения или обучения на производстве)*
defense ~ 1. военный заказ 2. работа по военному заказу; работа на военном предприятии
dummy ~ фиктивная операция
entry-level ~ перспективная работа
extra ~ дополнительная работа

factory ~ 1. работа на промышленном предприятии 2. промышленная специальность
federal ~ должность в федеральном учреждении
full-time ~ работа полный рабочий день, полная занятость
key ~ типовая [основная] работа *(принимаемая за основу при разработке шкалы заработной платы)*
nondefense ~ заказ невоенного назначения; работа, не связанная с военными нуждами
odd ~ случайная [нерегулярная] работа
office machine ~ работа на конторских машинах
off-season ~ несезонная работа
one-man ~ работа, выполняемая одним человеком
overtime ~ сверхурочная работа
part-time ~ работа неполный рабочий день, частичная занятость
payroll ~ расчёт заработной платы, составление ведомости заработной платы
piecework ~ сдельная работа; аккордная работа
production ~ производство, изготовление продукции
professional ~ работа по профессии
restricted ~ регламентированная работа
rush ~ срочная работа
scarce ~ дефицитная специальность
short-run ~ кратковременная работа
stop-gap ~ временная работа
top-paying ~ (руководящая) работа с большим окладом
unrestricted ~ нерегламентированная работа
vacant ~ вакансия, свободная должность
well-paid ~ хорошо оплачиваемая работа
white-collar ~ работа служащего *или* инженерно-технического работника

jobber 1. человек, занимающийся случайной работой 2. человек, работающий сдельно 3. *амер.* оптовый торговец; оптовая фирма *(занимающаяся перепродажей купленных у импортёров товаров)* 4. *амер.* комиссионер, маклер 5. *англ.* джоббер, спекулянт на фондовой бирже, профессиональный биржевик *(заключающий сделки за собственный счёт)*
bill ~ вексельный спекулянт
desk ~ оптовый торговец, получающий заказ от розничного торговца *или* фирмы и передающий его для исполнения другой фирме
meat ~s мелкие оптовые предприятия, поставляющие мясо *(отелям, ресторанам и учреждениям)*
money ~ меняла *(лицо, занимающееся разменом или обменом денег.)*
rack ~ оптовый торговец, поставляющий в супермаркет *или* другой крупный продовольственный магазин промышленные изделия
stock ~ *см.* **jobber 5.**

jobbery сомнительная операция, спекуляция, сделка с ценными бумагами

jobbing 1. случайная работа 2. сдельная работа 3. выполнение работ по отдельным заказам; производство изделий по заказам 4. биржевая игра, спекуляция, торговля ценными бумагами 5. мелкий ремонт 6. мелкосерийное производство; индивидуальное производство 7. продажа товара мелкими оптовыми партиями [мелким оптом] □ **~ in and out** игра на фондовой бирже

jobholder *амер.* 1. лицо, имеющее постоянную работу 2. государственный служащий
dual ~ лицо, занятое на двух работах
public ~ государственный служащий

jobless безработный

joblessness безработица

jockey □ **to ~ back and forth** *ТМО* переходить из одной очереди в другую

jockeying *ТМО* переход *(требований)* из одной очереди в другую
deterministic ~ детерминированный переход
probabilistic ~ вероятностный переход

join присоединяться к ..., вступать в ..., □ **to ~ a cartel** войти в картель

joint соединять, объединять ‖ соединённый, объединённый; общий, совместный

jointly □ **~ and severally** совместно и порознь; солидарно

journal 1. журнал 2. *бухг.* журнал, регистр; книга записи; ведомость
cash ~ кассовый журнал
factory ~ заводской (бухгалтерский) журнал, заводской регистр
general ~ главный журнал учёта
official ~ официальный бюллетень
purchase ~ журнал учёта закупок
stock transfer ~ журнал операций по трансферту акций
stores requisition ~ журнал учёта отпуска *или* расходования материалов

journalizing ведение записей в журнале учёта [в регистре]

journey путешествие; поездка; рейс □ **~ on business** деловая поездка
home ~ путешествие по стране
outward ~ заграничное путешествие

journeyman 1. квалифицированный работник 2. *уст.* ремесленник, работающий по найму

judge 1. судья ‖ судить, выносить приговор 2. арбитр; эксперт ‖ быть экспертом □ **~ in bankruptcy** судья по делам о банкротстве **~ of appeal** апелляционный судья
associate ~ младший судья
presiding ~ председательствующий судья

judg(e)ment 1. слушание дела в суде 2. (судебное) решение, приговор 3. оценка, суждение □ **~ by consent** судебное решение по взаимному согласию, мировая сделка; **in the ~ of the management** по мнению администрации; **to act with ~** действовать осмотрительно; **to appeal with ~** оспаривать судебное решение в высшей инстанции; **to deliver a ~** выносить приговор; **to obtain a ~** добиться (судебного) решения
conditional ~ условный приговор
contradictory ~ противоречивое решение

enforceable ~ судебное решение, подлежащее принудительному исполнению
evaluative ~ *см.* **value judgement**
expert ~ экспертная оценка
foreign ~ решение, вынесенное иностранным судом
situational ~ ситуативное решение
value ~ оценочное суждение *(выражающее определённую систему социально-философских и морально-этических ценностей)*
judicature судоустройство, отправление правосудия
judicial судебный; юридический; правовой
judiciary 1. *см.* **judicial** 2. судебная власть; органы юстиции
jumbo *жарг.* очень крупный *(о денежной сумме)*
jump резкий рост, скачок; резкое повышение *(напр. цен)* ‖ повышать *(напр. цены)* □ **to go up with a ~** резко повышаться *(напр. о цене)*
junior «младший», дающий меньше прав *(напр. об ипотеке)*
junk «бросовый»; ненадёжный *(о ценных бумагах)*
jurisdiction 1. отправление правосудия 2. юрисдикция
regulatory ~ юрисдикция в области (государственного) регулирования *(отрасли промышленности)*
justice:
distributive ~ справедливость в распределении
juvenation омоложение (населения)

K

Kaffirs *англ., разг.* акции южноафриканских золотодобывающих компаний
Kangaroos *англ., разг.* австралийские акции
keep 1. держать; хранить 2. держаться; оставаться 3. продолжать 4. вести *(напр. счета)* □ **to ~ a family** содержать [обеспечивать] семью; **to ~ back** 1. удерживать; задерживать 2. воздерживаться от покупки; **to ~ books** вести бухгалтерские книги; **to ~ doing something** продолжать делать *что-л.*; **to ~ on an 'even keel'** удерживать на одном уровне; **to ~ steady** держаться устойчиво; **to ~ up** удовлетворять *(напр. спрос)*; поддерживать
keeping 1. хранение 2. владение; содержание 3. содержание *(скота)*
loose ~ беспривязное содержание *(скота)*
record ~ ведение учёта; учёт, регистрация
kerb неофициальная биржа
key 1. ключевой, важнейший, ведущий 2. шифр, код
Keynesian кейнсианский
Keynesianism кейнсианство

kickback «кикбэк», выплата «благодарности» *(напр. мастеру цеха, принявшему рабочего на работу)*
killing убой *(скота)*
kin 1. кровное родство, родственник ‖ родственный 2. род, семья
kind 1. род; сорт; разновидность 2. характер; отличительная особенность 3. род; семейство □ **in ~** в натуре, натурой; **not specified by ~** без разделения по видам; в целом, суммарно
~ of business отрасль торговли; отрасль деятельности
~ of distribution вид распределения
~ of labor вид труда
~ of occupation род профессии
~ of operation performed вид производственной деятельности
~ of work характер работы
kite дутый вексель □ **to fly a ~** получать деньги под дутый вексель
kiteflying использование дутых (дружеских) векселей
kiting выписка чека против неинкассированной суммы
knack умение, мастерство; сноровка
knife:
budget ~ урезка сметы *(напр. бюджетной организации)*
Knights of Labor *ист.* Рыцари труда *(ранняя форма профсоюзного движения в США)*
knock □ **to ~ down** 1. разбирать на части 2. ударом молотка объявлять товар проданным *(на аукционе)*
knocked-down в разобранном виде *(о перевозимом объекте)*
know-how 1. производственный опыт, секреты производства, ноу-хау 2. научно-технические знания
marketing ~ практические знания и опыт в овладении рынком
knowledge знание □ **~, attitude and practices** осведомлённость, отношение и практика *(демографического поведения)*; **to have inside ~** располагать ценной конфиденциальной информацией
empirical ~ эмпирические знания
technical ~ технические знания
Krugerrand крюгерранд *(золотая монета ЮАР)*
kulisse *нем.* биржевые брокеры и другие участники рынка
kymograph *орг. пр.* кимограф *(прибор для регистрации элементов трудовых движений)*

L

L денежный агрегат эл *(самое широкое понятие денежной массы)*
label 1. ярлык, этикетка ‖ наклеивать ярлык [этикетку] 2. бирка, марка ‖ маркировать

private ~ марка оптового *или* розничного торговца
recipe ~ этикетка с рецептом приготовления продукта
red ~ «красная этикетка» *(для пожароопасных грузов)*

labeling 1. классификация; отнесение к (определённой) категории 2. наклеивание этикетки *или* ярлыка; маркирование
descriptive ~ снабжение продукта этикеткой с подробным описанием его качеств
grade ~ снабжение продукта этикеткой с указанием сорта в соответствии с официально принятым стандартом

labo(u)r 1. труд ‖ трудиться 2. работа, задание ‖ работать 3. рабочая сила, рабочие; рабочий класс 4. лейбористский □ **Labor and Capital** труд и капитал; **~ as a factor of production** труд как фактор производства; **due to ~** опосредствован трудом *(о полезности вещей)*; **~ employed** применяемый труд; **~ in common** совместный труд; **~ materialized in means of production** труд, овеществлённый в средствах производства; **~ newly added** труд, вновь присоединённый (во время производства); **~ paid for** оплачиваемый труд; **to ~ productively** работать производительно
~ of management труд по управлению
~ of overlooking труд надзора
~ of superintendence труд высшего надзора
abstract (human) ~ абстрактный человеческий труд
additional ~ дополнительный труд
agricultural ~ сельскохозяйственный труд
associated ~ обобществлённый труд
auxiliary ~ вспомогательные рабочие; вспомогательная рабочая сила
casual ~ временная рабочая сила
child ~ детский труд
collective ~ of society совокупный общественный труд
commercial ~ торговый труд
commodity-producing ~ труд, производящий товар
common ~ 1. неквалифицированный труд 2. неквалифицированная рабочая сила; разнорабочие
complicated ~ сложный труд
compulsory ~ принудительный труд
concrete ~ конкретный труд
cooperative ~ совместный труд
corvée ~ *фр.* барщинный труд
dead ~ мёртвый труд *(овеществлённый)*
direct ~ 1. живой труд 2. живой труд, непосредственно затраченный на производство продукта 3. труд производственных рабочих 4. *орг. пр.* основная работа
domestic ~ работа на дому
embodied ~ овеществлённый труд
factory ~ фабричный труд
farmer's (own) ~ (собственный) труд фермера
female ~ женский труд
forced ~ принудительный труд
general ~ *см.* **common labor**
green ~ необученная рабочая сила
hand ~ ручной труд
handing ~ 1. работа по обслуживанию 2. обслуживающий персонал
hired ~ наёмный труд
human ~ in the abstract абстрактный человеческий труд
idle ~ незанятые рабочие, безработные
indirect ~ 1. труд, участвующий в создании продукта косвенным образом 2. труд вспомогательных рабочих 3. *орг. пр.* вспомогательная работа
intensified simple ~ *см.* **multiplied simple labor**
junior ~ младший обслуживающий персонал
juvenile ~ труд подростков
living ~ живой труд
male ~ мужская рабочая сила
manual ~ физический труд; ручной труд
materialized ~ овеществлённый труд
materialized surplus ~ овеществлённый прибавочный труд
mental ~ умственный труд
multiplied simple ~ помноженный [возведённый в степень] простой труд
necessary ~ необходимый труд
nonproductive ~ 1. непроизводительный труд 2. *орг. пр.* вспомогательная работа
nonunion ~ неорганизованные в профсоюзы рабочие
operator ~ *амер.* труд фермера; труд арендатора
organized ~ организованные в профсоюзы рабочие
paid ~ оплаченный труд
private ~ частный труд
productive ~ 1. производительный труд 2. *орг. пр.* основная работа
semiskilled ~ 1. полуквалифицированный труд 2. полуквалифицированная рабочая сила
set-up ~ подготовительные операции
shift ~ сменная работа
simple ~ простой труд
simple average ~ простой средний труд
skilled ~ 1. квалифицированный труд 2. квалифицированная рабочая сила, квалифицированный рабочий
slave ~ рабский труд
social ~ общественный труд
socially-necessary ~ общественно необходимый труд
spare farm ~ свободная рабочая сила в сельском хозяйстве
standard ~ *орг. пр.* нормированный труд
surplus ~ прибавочный труд
sweated ~ крайне низко оплачиваемый труд
universal ~ всеобщий труд
unpaid ~ неоплаченный труд
unskilled ~ *см.* **common labor**
variable ~ переменные затраты труда
wage ~ наёмный труд

laboratory:
testing and quality control ~ лаборатория испытаний и контроля качества продукции

laborer рабочий
agricultural ~ сельскохозяйственный рабочий
casual ~ лицо без постоянной работы
collective ~ совокупный рабочий
commercial ~ торговый работник
day ~ подёнщик; случайный рабочий
detail ~ рабочий с узкой специализацией
farm ~ сельскохозяйственный рабочий
general ~ неквалифицированный рабочий; разнорабочий
idle ~s незанятые рабочие, безработные
landless ~ безземельный сельскохозяйственный рабочий
productive ~ производительный рабочий
skilled ~ квалифицированный рабочий
unproductive ~ непроизводительный рабочий
unskilled ~ неквалифицированный рабочий; разнорабочий
labor-intensive трудоёмкий
laborious трудолюбивый
labor-power рабочая сила (*см.* **labor power**)
labor-saving экономящий труд; облегчающий труд; рационализаторский *(о методах)*
labour *см.* **labor**
labourer *см.* **laborer**
lack недостаток, нехватка, отсутствие ‖ испытывать недостаток *(в чём-л.)*, нуждаться
~ of credit недостаток кредита
~ of demand недостаток спроса
~ of information недостаток информации, отсутствие данных
~ of money нехватка [отсутствие] денег
~ of necessities нехватка [отсутствие] необходимых средств существования
~ of public confidence отсутствие доверия со стороны публики
~ of size мелкорослость *(по оценочной карте для скота)*
~ of skill отсутствие опыта [квалификации]
~ of utility отсутствие полезности
ladder:
cost ~ дифференциация в величине удельных издержек производства *(между различными предприятиями, производящими аналогичные продукты)*
lading 1. погрузка **2.** груз; фрахт
Lady:
Old ~ of Threadneedle Street *разг.* Старая Леди с Триднидлстрит *(Банк Англии)*
lag лаг, отставание, запаздывание ‖ отставать, запаздывать □ **~ in investment** застой в капиталовложениях; **~ in technology** техническое отставание; **to wipe out the ~** преодолевать отставание
~ of output behind money отставание роста производства от увеличения количества денег в обращении
construction ~ строительный лаг
continuous distributed ~ непрерывно распределённый лаг
distributed ~ распределённый лаг
dynamic(al) ~ динамическое запаздывание
expectation-formation ~ замедленная реакция (индивидуумов) на ожидаемые темпы инфляции
exponential ~ экспоненциально распределённый лаг
geometric distributed ~ геометрически рапределённый лаг
gestation ~ лаг между изготовлением оборудования и пуском его в действие
impact ~ период между изменением экономической политики и началом её осуществления
investment ~ застой в капиталовложениях
price-adjustment ~ замедленная реакция уровня цен на изменения совокупного спроса
stochastic ~ случайное запаздывание
lagan *мор.* груз, выброшенный за борт и обозначенный буем
laggard отставший *(об экономическом развитии)*
lagging отставание, замедление, запаздывание ‖ отсталый, отстающий в развитии, запаздывающий
~ of agriculture behind industry отставание сельского хозяйства от промышленности
laid-up законсервированный, поставленный на консервацию, выведенный из строя, поставленный на прикол
laissez faire *фр.* политика невмешательства государства в экономику; свободная конкуренция
lamb 1. *амер.* «овца» *(спекулянт, ведущий игру на бирже вслепую)* **2.** ягнёнок в возрасте до отбивки [отъёма] **3.** пярок *(шерсть, полученная с ягнят в первую стрижку)* □ **~s dropped alive** выход ягнят
land 1. земля; площадь **2.** земельный участок; земельная собственность, землевладение **3.** обрабатываемый пахотный участок □ **~ and chattels** земельная собственность и движимое имущество; **~ in crop** земля под культурой; **~ out of crop** незасеваемая земля; **~ sown to wheat** площадь под пшеницей; **~ under crop** земля под культурой
accommodation ~ участок предубойного содержания *(скота)*
agricultural ~ сельскохозяйственное угодье
arable ~ пахотный участок
arid ~ *см.* **dry land**
catch ~ 1. угодье промежуточного землепользования **2.** водосборный участок
common ~ общинная земля
cropped ~ земля под культурой
crown ~ *англ.* **1.** королевская земля **2.** общинная земля в колониях и доминионах
cultivable ~ земля, пригодная для обработки
demesne ~s *ист.* барские земли; земли, не сдаваемые владельцем в аренду
derelict ~ заброшенная земля
dry ~ засушливый район, район неорошаемого земледелия
fallow ~ земля под паром
fall-plowed ~ *амер.* участок под зябью

farm(ing) ~ сельскохозяйственное угодье
Federal ~s *амер.* земли, принадлежащие федеральному правительству
high-grade ~ высокопродуктивная земля
idle ~ бросовая земля, пустошь
industrial ~ земля для промышленной застройки
irrigable ~ 1. орошаемая земля 2. земля, нуждающаяся в орошении
leased ~ арендованная земля
made ~ искусственная почва; насыпной грунт
marginal ~s маржинальные земли *(обработка которых почти не окупается)*
noncrop ~ незасеваемая земля
noncultivated ~ необрабатываемая земля
old arable ~ старопахотная земля, старопашка
old idle ~ долголетняя залежь; целина
plowing ~ *амер.* пахотная земля
private [privately held] ~ частная земля
public ~ государственная земля
recreational ~ рекреационная земля
rentless ~s земельные участки, не приносящие ренты
rent paying ~s земельные участки, приносящие ренту
rugged ~ расчленённая территория
sick ~ истощенная земля; «утомлённое» пастбище
state ~ 1. государственная земля 2. *амер.* земля штата
submarginal ~s субмаржинальные земли *(обработка которых не окупается)*
supermarginal ~s супермаржинальные земли *(обработка которых окупается)*
tenant-operated ~ земля, обрабатываемая арендатором
underexploited ~ недостаточно возделываемая земля
undeveloped ~ неокультуренная земля
unexploited ~ невозделываемая земля
unimproved ~ немелиорированная земля
unoccupied ~ незанятая [свободная] земля
urban ~ городская земля
virgin [wild] ~ целинная земля, целина

landed 1. земельный 2. владеющий земельной собственностью

Landesbank *нем.* центральный земельный банк сберегательных касс

land-grabber 1. человек, незаконно захватывающий землю 2. человек, берущий землю выселенного арендатора

landholder владелец земельного участка; арендатор земельного участка

landholding землевладение
large ~ крупное землевладение
private ~ частное землевладение

landing:
soft ~ плавное снижение курса валюты до экономически обоснованного уровня

land-jobber спекулянт по покупке и продаже земельных участков

landless безземельный

landlord 1. лендлорд, (крупный) землевладелец 2. домовладелец, сдающий квартиры
absentee ~ 1. землевладелец, живущий вне своего имения 2. владелец дома, проживающий в другом месте; квартирохозяин
nonoperating ~ землевладелец, не занимающийся сельским хозяйством

landlordism система крупного землевладения

landowner *см.* **landlord 1.**

landownership землевладение

landowning землевладение ‖ землевладельческий

language:
algorithmic(al) ~ алгоритмический язык
designated ~ (разговорный) язык, называемый при переписи
information retrieval ~ информационно-поисковый язык
program(ming) ~ язык программирования
usual ~ разговорный язык

lapse 1. ошибка, промах; отклонение 2. течение; ход; промежуток *(времени)*; истечение срока ‖ истекать *(о сроке)* 3. прекращение права; потеря права; отпадение ‖ терять силу; отпадать □ ~s **from full employment** отклонение от полной занятости

large-scale крупномасштабный, большой, крупный

last-come-first-served *см.* **last-in-first-out 1, 2.**

last-in-first-out 1. «прибыл последним — обслужен первым», обслуживание в обратном порядке 2. «получен последним — выдан первым», расходование запасов в обратном порядке 3. «последняя партия в приход — первая в расход» 4. «последним поступил — первым продан» *(метод оценки запасов при инвентаризации)*

latency *ТМО* время ожидания
minimum ~ минимальное время ожидания

latent скрытый *(напр. об инфляции)*

latifundium *лат., ист.* латифундия, крупное поместье

launch 1. начинать, предпринимать 2. выпускать, бросать, выбрасывать *(напр. новые товары на рынок)* □ **to ~ a new enterprise** открывать новое предприятие

launching:
model ~ запуск модели в производство

launder отмывать *(деньги)*, скрывать сомнительные источники

law 1. закон, закономерность; правило 2. закон; законодательство; право 3. суд; судопроизводство; судебная практика □ **by ~** законодательно; **by act of ~** в силу закона; **contrary to ~** противозаконно; **~s immanent in capitalist production** имманентные законы капиталистического производства; **in ~ and in fact** по закону и на деле; **~ merchant** торговое право; купеческое право; **to become ~** вступить в силу как закон; **to break the ~** нарушать закон; **to comply with the ~** соблюдать закон; **to repeal a ~** отменить закон; **to stretch the ~** толковать закон в *чью-л.* пользу; **to sue under a ~** подать иск на основе (данного) закона

~ of accidental error закон случайных ошибок
~ of average rate of profit закон средней нормы прибыли
~ of business corporations законодательство о коммерческих корпорациях
~ of causality закон причинности
~ of constant return закон постоянной отдачи, закон постоянной доходности
~ of contracts договорное право
~ of customs таможенное право
~ of descents наследственное право
~ of diminishing marginal utility закон убывающей предельной полезности
~ of diminishing returns закон убывающей доходности
~ of diminishing utility закон убывающей полезности
~ of equal marginal utilities закон равенства предельных полезностей
~ of exchange вексельное право
~ of fertility закон рождаемости
~ of indissolubility of marriage закон о нерасторжимости брака
~ of insurance страховое право
~ of large numbers *мат.* закон больших чисел
~ of least squares *мат.* правило наименьших квадратов
~ of mortality закон смертности
~ of nations международное право
~s of probability законы вероятности
~ of randomness закон случайности
~ of retail gravitation правило привлечения покупателя
~ of satiety *см.* **law of diminishing utility**
~ of small numbers *см.* **Poisson law**
~ of supply and demand закон спроса и предложения
~ of uneven development закон неравномерного развития *(капиталистических стран)*
~ of uniform seniority закон равномерного старения
~ of universal causation закон универсальной причинности
~ of value закон стоимости
~ of variation закон изменения
administrative ~ административное право
agrarian ~ земельный закон
antisymmetric ~ несимметричный закон *(распределения)*
antitrust ~s *см.* антитрестовские законы
bank ~ законодательство о банках
bankrupt ~ 1. конкурсное право **2.** *pl* законы о несостоятельных должниках
binomial ~ биномиальный закон *(распределения)*
blue sky ~s *амер.* законы, регулирующие выпуск и размещение ценных бумаг с целью предотвратить выпуск сомнительных бумаг
business ~ торговое право
case ~ прецедентное право
census disclosure ~ *амер.* закон об охране тайны переписных сведений *(запрещающий опубликование статистических сведений, используя которые можно получить характеристики отдельных предприятий)*
coercive ~s of competition принудительные законы конкуренции
commercial ~ торговое право
common ~ 1. общее право **2.** обычное право
company ~ законодательство о компаниях
compound interest ~ правило сложных процентов
customary ~ обычное право
distribution ~ закон распределения
divorce ~ закон о порядке расторжения брака
domestic ~ закон, действующий внутри страны
dualization ~ закон двойственности
economic(al) ~s экономические законы
Engel's ~ закон Энгеля *(о зависимости доли расходов на потребление продуктов питания от уровня доходов семьи)*
equal opportunity ~ закон о равенстве прав *(при найме белых и небелых граждан)*
equipartition ~ закон равномерного распределения *(напр. доходов)*
exponential ~ экспоненциальный закон *(распределения)*
factory safety ~s заводские правила техники безопасности
fair-trade ~s законы о «честной торговле» *(устраняющие ценовую конкуренцию)*
federal contract ~ государственное контрактное право
fiscal ~ закон о налоговом обложении
general ~ of capitalistic accumulation всеобщий закон капиталистического накопления
Gresham's ~ закон Грешама *(о вытеснении полноценных денег обесцененными)*
hyperexponential ~ гиперэкспоненциальный закон *(распределения)*
immigration ~ иммиграционное законодательство
international ~ международное право
judge-made ~ право, основанное на судебной практике
land ~ земельное право
lending limitation ~ закон, ограничивающий величину кредита
licensing ~ *англ.* закон о торговле спиртными напитками
logistic ~ of growth логистический закон роста
maritime ~ морское право
mathematical frequency ~ математический закон распределения
minimum-hour ~ *амер.* закон о минимальной продолжительности рабочего дня
minimum-wage ~ *амер.* закон о минимальной заработной плате
monetary ~ денежное законодательство
normal probability ~ нормальный закон распределения
Okun's ~ закон Окана *(о влиянии безработицы на объём национального продукта)*

Parkinson('s) ~ закон Паркинсона
patent ~ 1. закон о патентах, патентный закон **2.** патентное право
Poisson ~ закон Пуассона, пуассоновское распределение
poor ~s *англ.* «законы о бедных», законы об оказании помощи неимущим
private ~ частное право
products liability ~ закон об ответственности за качество выпускаемой продукции
public ~ публичное право
public international ~ публичное международное право
registration ~ закон о регистрации актов гражданского состояния
resale price-maintenance ~s *см.* **fair-trade laws**
revenue ~ налоговое право
Say's ~ (of markets) закон Сэя *(согласно которому предложение само создаёт спрос)*
settlement ~s *ист.* законы об осёдлости *(для английских земледельческих рабочих)*
statistical ~ закон распределения
statute ~ статутное право
sunshine ~s *амер.* федеральные и штатные законы, требующие публичности в деятельности регулирующих органов
usury ~s законы о ростовщичестве
lawful законный, правомерный
lawsuit судебный процесс, иск
lawyer юрист; адвокат; законовед
company ~ юрисконсульт компании
regulatory ~ юрист, специализирующийся в области государственного регулирования бизнеса
security ~ юрист, ведущий дела, связанные с эмиссией и торговлей ценными бумагами
lax неточный
laxity неточность
lay 1. направление; расположение **2.** *с.-х.* яйценоскость; яйцекладка **3.** *жарг.* поприще, дело, род занятий **4.** приходить в определённое состояние **5.** накладывать *(штраф)* □ **to ~ aside money** откладывать деньги; **to ~ away** запасать; резервировать; **to ~ down 1.** формулировать, устанавливать *(правило)* **2.** составлять *(план)*; **to ~ off 1.** останавливать, прекращать *(напр. работу)* **2.** снимать с производства; снимать с эксплуатации; **to ~ out 1.** планировать **2.** выделять средства; **to ~ over** откладывать; **to ~ up** ставить на консервацию; выводить временно из строя; ставить на прикол *(о судне)*
laying-up 1. консервация; хранение **2.** постановка на консервацию; временный вывод из строя *(напр. станка)*; постановка на прикол *(судна)*
layoff 1. приостановка *(напр. работы)*; сокращение производства **2.** временное увольнение работающих **3.** период временного увольнения
job ~ приостановка выполнения заказа; приостановка работ по заказу
layout 1. схема расположения; размещение; компоновка; планировка **2.** схема организации работ; программа **3.** план; проект; чертёж
farm ~ планировка фермы, планировка хозяйства
functional ~ функциональная схема
job lot ~ размещение оборудования для мелкосерийного производства
line ~ планировка по принципу выпускаемой продукции
machine ~ схема размещения производственного оборудования
operations ~ карта технологического процесса
plant ~ планировка завода
process ~ 1. схема производственного процесса **2.** пооперационная [функциональная] схема размещения оборудования *(напр. по типам станков)*
product ~ размещение оборудования в последовательности операций; размещение оборудования для поточного производства
shop interior ~ внутренняя планировка магазина
single-floor ~ размещение товаров на одном этаже магазина
store ~ внутренняя планировка магазина
workplace [work-station] ~ планировка рабочего места
lead 1. руководство, управление ‖ руководить, управлять **2.** первенство, лидерство **3.** *т. игр* первый ход **4.** ключ *(к решению)* □ **~s and lags** опережения и отставания; ускорение *или* затягивание расчётов по внешнеторговым операциям *(вызванное ожидаемым изменением валютных курсов)*
technological ~ первенство в технологии
leader 1. руководитель; глава; лидер **2.** товар, продаваемый в убыток *(для привлечения покупателей)* **3.** *с.-х.* основной сорт **4.** передовая статья
group ~ бригадир
industrial ~ руководитель промышленного предприятия
loss ~ *см.* **leader 2.**
market ~s акции ведущих компаний
price ~ лидер цен *(фирма, устанавливающая цены)*
project ~ руководитель проекта
leadership руководство, управление
collective ~ коллективное [коллегиальное] руководство
price ~ лидерство в ценах
Leaf:
Maple ~ кленовый лист *(канадская золотая монета)*
League:
Cooperative ~ of the USA Кооперативная лига США *(федерация кооперативов всех видов)*
Land ~ Земельная лига *(основанная в Ирландии с целью уменьшения арендной платы и увеличения земельной собственности крестьян)*
Saving and Loan ~ Лига ссудосберегательных ассоциаций *(США)*
leaguer член лиги

leakage 1. утечка денежных средств *(из кругооборота доходов)* 2. утечка товара
lean □ **to ~ against the wind** «дуть против ветра» *(один из принципов денежно-кредитной политики)*
leap скачок *(напр. в объёме промышленного производства)* □ **by ~s and bounds** скачкообразно *(напр. о повышении цен)*
learning of trade овладение профессией; изучение ремесла
leasable арендуемый, сдаваемый внаём
lease 1. аренда; сдача в аренду; наём в аренду ‖ арендовать; сдавать в аренду; брать в аренду 2. срок аренды 3. арендованное имущество 4. договор об аренде □ **~ for life** пожизненная аренда; **~ on a percentage-of-sales basis** аренда на условии исчисления платы в процентном отношении к сумме товарооборота; **operated under ~** эксплуатируемый на условиях аренды *(о предприятии)*; **~ renewable at the option of the tenant** аренда, возобновляемая по желанию арендатора; **to cancel a ~** прекратить аренду; **to extend a ~** продлить аренду; **to hold the land by ~** иметь арендованную землю; **to let on ~** сдавать в аренду; **to ~ out** сдать в аренду [внаём]; **to renew a ~** возобновить аренду; **to surrender a ~** отказываться от аренды; **to take a ~ of a piece of land** взять в аренду участок земли
~ of assets аренда (производственных) активов
~ of land сдача земли в аренду
big-ticket ~ аренда крупных машин и оборудования *(напр. самолётов, ЭВМ)*
capital ~ капитальная аренда *(арендатор числит оборудование на своём балансе, несёт все риски)*
farm ~ сельскохозяйственная аренда
gross ~ аренда с оплатой (арендодателем) текущих расходов по собственности
improvement ~ аренда земли, связанная с мелиорацией
master ~ главный договор аренды
offshore ~ аренда участка континентального шельфа
open-end ~ аренда, предусматривающая при возврате имущества дополнительный платёж в покрытие изменения ценности имущества
operating ~ операционная аренда *(арендатор несёт расходы по поддержанию оборудования, может вернуть его по желанию)*
lease-back продажа оборудования с получением его обратно в аренду
leasehold 1. *ист.* лизгольд; владение на основе аренды 2. арендованная собственность, аренда
life ~ пожизненная аренда
leaseholder 1. арендатор; съёмщик 2. *ист.* лизгольдер
leasing 1. лизинг, долгосрочная аренда *(машин и оборудования)* 2. выдача оборудования на прокат
least-square наименьших квадратов *(о методе)*
leave 1. отпуск 2. покидать; оставлять □ **to ~ a bill unpaid** оставлять вексель неоплаченным; **to exceed one's ~** превышать срок отпуска; **to ~ securities uncashed** не предъявлять ценные бумаги к погашению; **to ~ the system** *ТМО* покидать систему; **~ without pay** отпуск без сохранения содержания; **~ with pay** оплачиваемый отпуск
~ of absence отпуск
~ of court разрешение, данное судом
maternity ~ отпуск по беременности и родам
paid ~ оплачиваемый отпуск
sick ~ отпуск по болезни
ledger бухгалтерская книга, бухгалтерский регистр
acceptance liability ~ книга обязательств по акцептам
account payable ~ книга закупок; книга счетов, подлежащих оплате
Boston ~ главная книга параллельного учёта, «бостонская книга» *(особая система ведения бухгалтерского учёта)*
collection ~ книга инкассо
control ~ 1. бухгалтерская книга контрольных счетов 2. общая [главная] бухгалтерская книга 3. заводская бухгалтерская книга
cost ~ журнал издержек
creditors' ~ книга кредиторов
customers' ~ клиентская книга
debtors' ~ книга дебиторов
discount ~ книга учтённых векселей
eliminations ~ счёт взаимных поставок; счёт взаиморасчётов *(напр. между предприятиями одной фирмы)*
factory ~ 1. заводская бухгалтерская книга 2. вспомогательная книга учёта издержек производства
fixed assets ~ *см.* **plant property ledger**
float ~ книга инкассо
general ~ *см.* **control ledger 2.**
liability ~ книга учёта обязательств *(по каждому заёмщику)*
loan ~ книга записи ссуд
machine-posted ~ бухгалтерская книга с машинной разноской сумм
personal ~ книга счетов частных лиц *(в банке)*
plant property ~ заводская бухгалтерская книга по учёту основного капитала
progressive ~ *см.* **Boston ledger**
property ~ *см.* **plant property ledger**
securities ~ книга ценных бумаг
stock ~ 1. регистр учёта запасов 2. книга акций
subscription ~ книга учёта подписки на акции
subsidiary ~ 1. книга аналитического учёта 2. *бухг.* вспомогательная книга
works ~ *см.* **factory ledger**
left-hand левый, дебитовый
leg *бирж.* устойчивое движение курсов ценных бумаг
~s of a spread стороны двойного опциона
legacy 1. наследство 2. наследие □ **to bequeath ~** оставить наследство по завеща-

нию; **to come into a ~** войти в права наследования

pecuniary ~ денежный дар по завещанию

trust ~ наследство, подлежащее управлению опекуном

legal законный, легальный

legalization легализация, придание законной силы

legate завещать

legatee наследник

legator завещатель, наследодатель

legislation законодательство; законы; законодательная деятельность

agricultural ~ сельскохозяйственное законодательство

antidumping ~ антидемпинговое законодательство

appropriations ~ законодательство, предусматривающее порядок утверждения бюджетных ассигнований

cargo-preference ~ законодательство о предпочтительном флаге *(при перевозке грузов, обязывающее американские фирмы использовать преимущественно суда под флагом США)*

consumer ~ законодательство по защите интересов потребителей

population ~ демографическое законодательство

pork-barrel ~ *амер.* законодательное утверждение программ, объединяемых в единый «пакет» на основе сговора представителей отдельных регионов страны *(финансируемых из федерального бюджета, но приносящих выгоду только этим регионам)*

restrictive ~ ограничительное законодательство; ограничивающие законодательные акты

small loan ~ законодательство о мелких ссудах

tax ~ налоговое законодательство

legitimate 1. законнорождённый; законное рождение 2. законнорождённое потомство 3. усыновлять *(внебрачного ребёнка)*

legitimation усыновление *(внебрачного ребёнка)*

lend ссуда, заём ‖ ссужать, давать взаймы □ **to ~ against security** давать ссуду с условием погашения её за счёт суммы страхового возмещения; **to ~ long** предоставить долгосрочную ссуду; **to ~ money** ссужать [одалживать] деньги; **to ~ money at the rate of 3%** ссужать деньги из 3%; **to ~ on collateral** ссужать под залог; выдавать ломбардную ссуду

lender кредитор, ссудодатель

~ of last resort 1. последний кредитор в критической ситуации 2. центральный банк

capital ~s собственники капитала, предоставляющие его в кредит

consumer ~ кредитор потребителя *(торговая фирма, продающая товары в кредит)*

licensed ~ компания потребительского кредита, получившая лицензию на проведение операций

money ~ кредитор, ссудодатель

lending 1. ссуживание; одалживание; кредитование 2. ссуда, заём □ **~ to business** ссуда деловому предприятию

concessional ~ льготная ссуда, предоставление займа на льготной основе *(при норме процента ниже рыночной)*

consumer ~ кредитование потребителей

direct ~ прямое кредитование

excessive ~ чрезмерное кредитование

farm-mortgage ~ ипотечное кредитование

international ~ международные кредиты

nonbank cash ~ ссуда из небанковских источников

unsecured ~ ссуда, не имеющая обеспечения

lend-lease ленд-лиз, передача взаймы *или* в аренду

reverse ~ обратный ленд-лиз

length 1. длина; расстояние 2. продолжительность; длительность

~ of absence продолжительность отсутствия *(на прежнем месте жительства)*

~ of deposit срок вклада

~ of game *т. игр* длина игры, число ходов

~ of haul дальность рейса; дальность перевозки

~ of irrigation runs расстояние между поливными бороздками

~ of lay период яйцекладки; период яйценоскости

~ of life продолжительность (человеческой) жизни

~ of line *ТМО* число требований, ожидающих обслуживания; длина очереди

~ of service стаж работы

~ of stock период, обеспеченный запасом *(при нормальном темпе продажи)*

~ of warranty гарантийный срок; продолжительность гарантии

generation ~ интервал между (последовательными) поколениями

growing season ~ продолжительность вегетационного периода

mean ~ of life средняя продолжительность жизни

median ~ of life медианное значение продолжительности жизни

probable ~ of life вероятная продолжительность предстоящей жизни

leniency:

undue ~ of competition излишняя смягчённость конкуренции

less минус, расход *(в статьях баланса)*

lessee 1. арендатор; съёмщик 2. фирма, берущая оборудование на прокат

lesseeship арендаторство

lessor 1. арендодатель, сдающий в аренду 2. фирма, выдающая оборудование на прокат

let сдача внаём ‖ сдавать внаём □ **to ~ on hire** сдать в аренду

letter 1. письмо 2. надписывать заглавие 3. регистрировать

~ of advice авизо, извещение; уведомление

~ of allotment уведомление *(о подписке на акции или облигации)*

~ **of attorney** доверенность
~ **of authority** доверенность
~ **of commitment** гарантийное письмо
~ **of credit** аккредитив
~ **of credit opening** извещение об открытии аккредитива
~ **of deposit** залоговое письмо
~ **of guarantee** гарантийное письмо
~ **of guidance** инструктивное письмо *(направляется центральным банком другим банкам по поводу допустимости или запрета тех или иных операций)*
~ **of hypothecation** залоговое письмо *(дающее право продажи залога в случае непогашения ссуды)*
~ **of identification** идентификационное письмо *(прилагаемое к денежному аккредитиву)*
~ **of inquiry** письменный запрос
~ **of intent 1.** письмо-обязательство Международному валютному фонду *(выдаваемое страной-заёмщиком под кредиты, получаемые у Фонда на оговоренных условиях)* **2.** предварительный заказ; гарантийное письмо *(о совершении заявленной покупки)*
~ **of lien** *англ.* залоговое письмо
~ **of renunciation** отказ от выделенных ценных бумаг
~ **of trust** доверенность
anticipatory ~ of credit аккредитив для оплаты неотгруженных товаров
back-to-back ~ of credit компенсационный аккредитив *(открываемый покупателем в пользу продавца под обеспечение безотзывного аккредитива, открытого лицом, которому покупатель перепродал товар)*
cash ~ кассовое письмо; поручение о зачислении денег на счёт
circular ~ of credit циркуляционный аккредитив
clean ~ of credit товарный аккредитив, оплачиваемый без предъявления отгрузочных документов
collection ~ инкассовое поручение
commercial ~ of credit товарный аккредитив *(возникающий на основе торговой сделки)*
complaint ~ рекламация
confirmed ~ of credit подтверждённый аккредитив
deficiency ~ уведомление *(регулирующего органа)* о недостаточности представленных документов
divisible ~ of credit делимый аккредитив
documentary ~ of credit товарный аккредитив, оплачиваемый при предъявлении отгрузочных документов
follow-up ~ письмо-напоминание; повторное письмо
guaranteed ~ of credit аккредитив с гарантией оплаты
ingoing cash ~ входящее кассовое письмо
irrevocable confirmed ~ of credit безотзывной подтверждённый аккредитив
market ~ конъюнктурный обзор; бюллетень о состоянии рынка
negotiation ~ of credit аккредитив в виде учёта банком тратт, выставленных экспортёром на покупателя
open ~ of credit *см.* **clean letter of credit**
outgoing cash ~ исходящее кассовое письмо
packing ~ of credit *см.* **anticipatory letter of credit**
paid ~ of credit аккредитив с внесённым покрытием
revocable ~ of credit отзывной аккредитив
revolving ~ of credit автоматически возобновляемый аккредитив
rights ~ (of allotment) документ на право льготной подписки на акции
sight ~ of credit аккредитив с оплатой тратт на предъявителя
specially adviced [straight] ~ of credit 1. *амер.* безотзывной подтверждённый аккредитив **2.** авизованный аккредитив *(выставленный банком на определённого корреспондента)*
time ~ of credit аккредитив с предъявлением срочной тратты
transferable ~ of credit аккредитив, который может быть передан другому лицу
transit ~ инкассовое письмо *(с приложением инкассируемых документов)*
travelers' ~ of credit туристский аккредитив
unconfirmed ~ of credit неподтверждённый аккредитив
world-wide circular ~ of credit циркулярный аккредитив, оплачиваемый без ограничения во всех странах мира

letup остановка, прекращение *(напр. роста цен)*

level 1. уровень **2.** выравнивать, сглаживать различия **3.** равный; одинаковый □ **at the divisional ~** на уровне отделения корпорации *или* фирмы; **at the factory ~** на производственном уровне
~ **of aspiration** уровень «стремлений» *(напр. достижение высшей должности)*
~ **of assurance 1.** *см.* **confidence level 2.** уровень гарантии
~ **of authority** уровень полномочий *(в организации)*
~ **of business 1.** уровень деловой активности; уровень коммерческой деятельности **2.** объём заказов на выполнение подрядных работ
~ **of commodity prices at wholesale** индекс оптовых цен
~ **of contracting** вид подряда
~ **of development** уровень развития *(страны)*
~ **of efficiency** степень эффективности
~ **of efforts** масштаб работ
~ **of establishment** общее число штатных должностей
~ **of factor** *стат.* уровень [степень влияния] фактора
~ **of living** (фактический) уровень жизни, жизненный уровень
~ **of orders** объём полученных заказов; уровень поступления заказов

~ of output уровень производства
~ of responsibility уровень ответственности
~ of supply норма снабжения
~ of waste removal степень извлечения загрязняющих веществ; степень очистки сточных вод
academic ~ год обучения
average inventory ~ средний уровень запасов
break-even sales ~ безубыточный уровень продаж; объём реализации на уровне самоокупаемости
capacity ~ уровень производственной мощности
college underclass ~ первый и второй годы обучения в колледже
college upper class ~ третий и четвёртый годы обучения в колледже
confidence ~ *стат.* доверительный уровень
consumption ~ уровень потребления
cutoff ~ for loans минимальная сумма кредита, при превышении которой заявка подвергается тщательному анализу
educational ~ образование, образовательная подготовка, уровень образования
elementary ~ of education начальное образование
equilibrium ~ уровень равновесия
expected earning ~ ожидаемый уровень дохода
feeding ~ *с.-х.* уровень кормления
fertility ~ уровень плодовитости
first ~ of education начальное образование
fixed service ~ *ТМО* фиксированный уровень обслуживания
full employment ~ уровень полной занятости
funding ~ размер ассигнований
grade ~ этап обучения; класс; год обучения
inventory ~ уровень запасов
lethal ~ уровень смертности
manning ~ уровень укомплектованности персоналом; количество персонала
mean ~ средний уровень *(напр. запасов)*
morbidity ~ уровень смертности
national price ~ уровень внутренних цен
nominal confidence ~ *стат.* номинальный доверительный уровень
occupational ~ уровень занятости населения
operating ~ 1. оперативный уровень *(среднее руководящее звено)* **2.** рабочий уровень *(запасов)*
passenger-fare ~ уровень платы за проезд; уровень тарифов
peak ~ высший уровень; высшая точка
performance ~ уровень производительности
permanent ~ of output постоянный уровень производства *(определяемый полной занятостью)*
price ~ уровень цен
production ~ уровень производства
rejectable quality ~ неприемлемое качество, неприемлемый процент годности *(напр. партии деталей)*
reorder ~ уровень запасов, при котором подаётся заказ; точка заказа
replenishment ~ уровень пополнения запасов; максимальный уровень запасов
risk ~ уровень риска
second ~ of education (неполное) среднее образование
secondary ~ среднее образование
skill ~ уровень квалификации
stationary ~ неизменный уровень *(цен)*
stock ~ уровень запасов
stock-out ~ уровень дефицита
subsistence ~ прожиточный минимум, минимальный уровень жизни
technological ~ уровень научно-технического развития
tertiary ~ высшее образование
third ~ of education высшее образование
trigger ~ *см.* **reorder level**
unremunerative ~ of price уровень цен, не оправдывающий затраты *(для возмещения издержек и реализации нормальной прибыли)*
utility ~ уровень полезности
work ~ уровень загрузки *(предприятия)* заказами; уровень производства

level(l)ing 1. выравнивание **2.** *орг. пр.* приведение к нормативной производительности
~ of classes устранение классовых различий
~ of rates of profit уравнение норм прибыли

level(l)ing-off выравнивание

lever рычаг, средство воздействия

leverage 1. система рычагов *(государственного регулирования)*, средство воздействия **2.** сила, воздействие **3.** «принцип рычага», левередж, соотношение между собственными и заёмными средствами; использование заёмного капитала *(для увеличения прибыли)*
capitalization ~ *см.* **leverage 3.**
economic(al) ~ экономическое воздействие *(со стороны государства)*
financial ~ финансовый левередж, показатель использования заёмных средств
operating ~ доля постоянных издержек в полных издержках *(на производство продукции)*
political ~ политическое влияние *(в пользу принятия определённого решения)*, политическое давление
positive ~ положительный левередж, успешное использование заёмных средств

leveraged с большой долей заёмных средств, с использованием кредита *(напр. о сделке)*

levy сбор, налог ‖ взимать налог; облагать налогом
capital ~ *англ.* налог на капитал
excess profit ~ *англ.* налог на сверхприбыль
property ~ поимущественный налог
tax ~ налоговый сбор
variable ~ переменная пошлина *(система произвольно изменяемых правительством*

пошлин на некоторые товары; принята в ряде стран Западной Европы)

liabilit/y 1. *pl* пассив *(правая сторона бухгалтерского баланса)*; (денежные) обязательства; долги; задолженность **2.** ответственность; обязанность; долг □ **~ for compensation** ответственность за компенсацию; **~ for debts** ответственность по долгам; **~ for prosecution under antitrust laws** подсудность по антитрестовским законам; **~ies on bills of exchange** обязательства по векселям; **~ies to preferred creditors** обязательства перед первоочередными кредиторами; **~ies to secured creditors** обязательства перед кредиторами, получившими обеспечение от должника; **~ies to stockholders** обязательства перед акционерами; **~ies to unsecured creditors** обязательства перед кредиторами, не получившими обеспечение от должника

~ of acceptor ответственность акцептанта

~ies of bank обязательства банка

~ of producers for damage ответственность производителей за ущерб *(причинённый их товарами)*

acceptance ~ies обязательства по акцептам

accrued ~ies накопившиеся обязательства

average ~ies per failure средняя сумма обязательств из расчёта на каждую обанкротившуюся компанию

contingent ~ 1. потенциальное обязательство; условное обязательство *(выполняемое при определённых условиях)* **2.** *pl* обязательства, появляющиеся в результате совершенных операций

current ~ies краткосрочные обязательства

deffered ~ies отсроченные обязательства

deposit ~ обязательство по депозиту

depositlike ~ обязательство депозитного типа

direct ~ безусловное обязательство

double ~ удвоенное обязательство

employer's ~ ответственность работодателя

external ~ies внешние обязательства; внешняя задолженность; пассив по внешним операциям

fixed ~ies долгосрочные обязательства *(напр. облигации, векселя сроком более года)*

floating ~ies краткосрочные обязательства

joint and several ~ совокупное и раздельное обязательства

income tax ~ общая сумма налога, подлежащая выплате

limited ~ ограниченная ответственность *(акционера)*

liquid ~ies ликвидные обязательства; ликвидная задолженность

long-term ~ies *см.* **fixed liabilities**

net ~ies сумма обязательств за вычетом стоимости легко реализуемого имущества

net foreign ~ сальдо внешней задолженности страны

nondeposit ~ недепозитное обязательство *(не принимающее форму вклада)*

nostro ~ies обязательства по счетам ностро

note ~ies обязательства по выпущенным банкнотам *(на балансе банка)*

primary ~ первичное обязательство

products ~ ответственность за качество выпускаемой продукции

public ~ ответственность за убытки потребителей

secondary ~ косвенное обязательство

short-term ~ies краткосрочные обязательства

tax ~ies задолженность по налоговым платежам

trade ~ies кредиторская задолженность

unlimited ~ неограниченная ответственность *(акционера)*

liable ответственный; обязанный; подлежащий □ **~ to duty** подлежащий обложению пошлиной; **~ to taxes** подлежащий обложению налогами; **~ to variation** подверженный колебаниям

secondarily ~ ответственный во вторую очередь *(по векселю)*

liberal либеральный, мягкий *(напр. режим импорта)*

liberalism либерализм

economic ~ экономический либерализм, система свободы торговли

liberalization снятие ограничений, либерализация

~ of depreciation смягчение правил амортизации

~ of imports снятие импортных ограничений

liberalize снимать ограничения, либерализовать

license 1. лицензия ‖ предоставлять лицензию **2.** официальное разрешение **3.** юридическое право на ведение хозяйственной *или* производственной деятельности □ **to be subject to ~** зависеть от получения лицензии

bloc ~ генеральная лицензия *(в патентном праве)*

building ~ разрешение на строительство

exclusive ~ исключительная лицензия

export ~ лицензия на экспорт

foreign-trade ~ разрешение на внешнеторговые операции

import ~ лицензия на импорт

marriage ~ разрешение на вступление в брак

open general ~ открытая общая лицензия

patent ~ лицензия на пользование патентом, патентная лицензия

reciprocal ~ взаимная лицензия

selling ~ лицензия на право сбыта

transhipment ~ лицензия на перегрузку товара

licensee лицензиат, получатель лицензии; фирма, пользующаяся государственным разрешением на ведение операций

joint ~ совладелец лицензии
sole ~ единоличный лицензиант
licensing предоставление [выдача] лицензии, лицензирование
compulsory ~ предоставление [выдача] принудительной лицензии
cross ~ перекрёстное лицензирование *(фирм-патентодержателей)*
licensor лицензиар; фирма, продающая лицензию
lid *разг.* запрет □ ~ **on prices** верхний лимит, потолок цен; **to take the ~ off** снимать ограничения
lien право удержания [право ареста] имущества за долги □ ~ **on revenue** право удержания дохода в случае неуплаты долга; ~ **on the cargo for freight** право удержания груза в обеспечение получения платежа за фрахт
floating ~ изменяющееся обеспечение займа, изменяющийся залог
general ~ право ареста всего имущества должника в случае неуплаты долга
junior ~ вторичное (по очереди) право наложения ареста за долги
legal ~ законное право кредитора на имущество должника
prior ~ преимущество при наложении ареста за долги перед другими кредиторами
specific ~ право наложения ареста на определённое имущество, указанное в долговом документе
vendor's ~ право продавца удерживать товар *(до уплаты покупной цены)*
lienor лицо, обладающее правом наложить арест на имущество
life 1. жизнь; образ жизни 2. срок службы; стаж; продолжительность работы; срок амортизации □ **to insure one's** ~ застраховать жизнь
~ **of agremeent** продолжительность контракта
~ **of assets** срок амортизации основных фондов
~ **of investment** срок амортизации капиталовложений
~ **of stock** срок хранения запасов
asset ~ срок амортизации
average service ~ средний срок службы *(для группы единиц оборудования)*
below-guideline ~ срок амортизации короче официально установленного
class ~ срок службы для определённого класса оборудования
cumulative shelf ~ суммарный срок годности при хранении
depreciable ~ срок службы для начисления износа, срок амортизации
economic(al) ~ наиболее экономичный срок службы
estimated remaining ~ остаточный срок службы по оценке
expected ~ предполагаемый срок службы; остающийся срок службы
extraoccupational ~ внеслужебная жизнь *(работающих)*, быт
guideline ~ официально установленный срок амортизации *(согласно «Нормам и правилам» Казначейства США)*
leisure ~ праздная [нетрудовая] жизнь
married ~ супружеская жизнь, период брачной жизни
observed ~ фактический срок службы
occupational ~ общий срок [общий стаж] работы *(лица)*
original estimated useful ~ срок полезной службы по первоначальной оценке
physical ~ физический срок службы
probable ~ вероятный срок службы
product ~ долговечность изделия
productive ~ пожизненная продуктивность *(животного)*
project ~ срок службы проектируемого объекта; срок службы строящегося объекта
property ~ срок службы имущества
remaining ~ остаточный срок службы
reproductive ~ детородный период жизни
service ~ (общий) срок службы; «возраст» объекта на дату его выбытия *или* демонтажа
serviceable ~ ресурс; срок годности
shelf ~ срок годности при хранении
specified ~ заданная *(в технических условиях)* долговечность; гарантируемая долговечность
storable [storage] ~ см. **shelf life**
twenty payment ~ «двадцать взносов за жизнь» *(пожизненное страхование на случай смерти, когда страховые взносы полностью погашаются в течение первых двадцати лет действия договора)*
unmarried ~ добрачный и послебрачный период жизни
usable ~ **of capital stock** полезный срок службы вещественного основного капитала
useful ~ 1. срок полезной службы *(по индивидуальной оценке владельца)* 2. *см.* **economic(al) life**
working ~ 1. трудовая жизнь 2. *см.* **productive life**
lifeboat операция по спасению близких к банкротству компаний
lifespan:
expected ~ ожидаемая продолжительность жизни
technological ~ технический срок службы *(напр. оборудования)*
lifetime 1. продолжительность жизни 2. срок [продолжительность] службы *(напр. оборудования)*
~ **of (fixed) capital** продолжительность жизни (основного) капитала
~ **of machine** срок службы машины
total ~ общее число человеко-лет, прожитых исходной совокупностью
working ~ продолжительность трудовой жизни
lift 1. подъём ‖ поднимать 2. грузить 3. повышать *(цены)* 4. снятие *(запрета)* ‖ снимать □ **to ~ restrictions** снимать ограничения
lighten облегчать, ослаблять, смягчать *(напр. налоговое бремя)*
lightening облегчение, ослабление, смягчение *(напр. налогообложения)*

lighterage *мор.* 1. погрузка и разгрузка посредством лихтеров 2. плата за пользование лихтерами

likelihood 1. *стат.* правдоподобие 2. вероятность
maximum ~ наибольшее [максимальное] правдоподобие

limit 1. граница, предел, лимит; ограничение ‖ лимитировать; ограничивать, устанавливать предел *(напр. роста инвестиций)* 2. предельная цена, по которой брокер может осуществить операцию для клиента □ **~ in the mean** предел в среднем; **~ per bottom** предел ответственности страховщика по одному судну; **to be bound to a ~** быть связанным лимитом; **to go beyond the ~** превысить лимит; **to proceed to the ~** переходить к пределу; **to tend to a ~** стремиться к пределу
~ of credit предельный размер кредита
~ of demand предельный спрос
~ of efficiency 1. предельный коэффициент полезного действия 2. предельная производительность
~ of error предельная ошибка; предельная погрешность, предел погрешности
~ of tolerance предел допустимых отклонений *(веса монеты из благородного металла от первоначального)*
~s of working-day пределы рабочего дня
age ~ возрастное ограничение *(для лиц, которые могут быть приняты на страхование)*
confidence ~ *стат.* доверительный предел
credit card floor ~ минимальная сумма покупки товара в кредит с помощью кредитной карточки
daily (price) ~ дневной лимит колебаний цен *(на биржах срочных сделок)*
debt ~ предел задолженности
divergence ~ предел отклонения *(рыночного курса валюты от центрального, в Европейской валютной системе)*
exemption ~ предел, ниже которого доходы освобождаются от обложения
external financing ~ предел внешнего (рыночного) финансирования *(фирмы)*
loan size ~ предел суммы займа
lower ~ нижний предел колебания *(напр. курса валюты)*
national debt ~ установленный предел государственной задолженности *(в США и некоторых других странах)*
one-sigma ~ *стат.* предел, соответствующий среднему квадратическому отклонению
pay ~ предел рентабельности
permanent public debt ~ «постоянный» предел правительственной задолжности
position ~s 1. официальные ограничения спекулятивных сделок на срочных биржах 2. внутренние банковские лимиты по определённым операциям
prediction ~s пределы прогнозирования
price ~ 1. предельная цена 2. предел изменения курсов ценных бумаг
significance ~ предел значимости
statutory ~ of public debt законодательно установленная максимальная величина правительственной задолженности
switching ~s границы маневровых работ; район маневровых работ *(включающих подачу вагонов на подъездные пути предприятий)*
temporary public debt ~ «временный» предел правительственной задолженности
three-sigma ~ *стат.* предел, соответствующий трём средним квадратическим отклонениям
two-sigma ~ *стат.* предел, соответствующий двум средним квадратическим отклонениям
underwriting ~ предельная страховая сумма, выше которой страховое учреждение не может принять на страхование имущество *или* заключить договор личного страхования
upper ~ верхний предел колебания *(напр. курса валюты)*
usury ~ предельно высокая ставка ссудного процента *(в отдельных штатах США)*
waiting ~ *ТМО* предельное время ожидания

limitation 1. ограничение; оговорка 2. (исковая) давность
~ of birth ограничение рождаемости
~ of production ограничение производства
~ of working-day ограничение рабочего дня
budget ~ бюджетное ограничение
family ~ ограничение размеров семьи; регулирование рождаемости

limit-down нижний предел изменения цены на фьючерсной бирже

limited с ограниченной ответственностью *(об акционерных обществах)* □ **~ and reduced** с ограниченной ответственностью и уменьшенным капиталом

limiting ограничивающий; предельный, крайний

limit-up верхний предел изменения цены на фьючерсной бирже

line 1. линия, кривая *(на графике)* ‖ проводить линию 2. граница, предел 3. конвейер, поточная линия 4. ассортимент; партия товаров; *pl* товары 5. линия *(судоходная, железнодорожная, телефонная)* 6. направление, курс 7. род *или* сфера деятельности; отрасль 8. *ТМО* очередь 9. происхождение, родословная, генеалогия 10. *pl разг.* свидетельство о браке 11. линейное подразделение *(фирмы)* □ **above the ~** над чертой *(1. доходы и расходы в английском бюджете 2. текущие операции в платёжном балансе)*; **below the ~** под чертой *(1. операции особого [капитального] характера в английском бюджете 2. капитальные операции в платёжном балансе)*; **in ~ with** согласующийся с *чем-л.*; **out of ~** 1. исключительный, из ряда вон выходящий *(о курсе ценных бумаг)* 2. несоответствующий *(напр. установившейся практике)*; отклоняющийся от

принятой технологии; **to ~ up** *ТМО* образовывать очередь; **to write a ~** *страх.* указать сумму, которую страховщик согласен принять на риск
~ of activity 1. направление экономической деятельности; направление производственной деятельности 2. производство продукции определённого вида
~ of business 1. *см.* **line of activity** 2. отрасль торговли
~ of closest fit линия наилучшего соответствия *(эспериментальным данным)*
~ of command цепь инстанций *(в организации)*
~ of credit договорённость *(между фирмой и банком)* о предоставлении займа на оговорённую сумму
~ of deposit средний остаток на депозитном счёте *(по соглашению между банком и вкладчиком)*
~ of goods ассортимент; номенклатура
~ of guarantee гарантийный лимит; допустимая сумма гарантийного кредита
~ of regression *мат.* линия регрессии
acceptance ~ лимит акцептования *(банком векселей клиента)*
assembly ~ линия сборки *(на конвейере)*
automated ~ автоматическая (станочная) линия
balanced ~ 1. сбалансированная поточная линия 2. *орг. пр.* сбалансированная последовательность операций
bank ~ банковская кредитная линия *(обязательство предоставлять кредит)*
belt ~ 1. поточная линия 2. окружная дорога *(в черте или вокруг города)*
branch ~ железнодорожная ветка
commodity ~s *см.* **merchandise lines**
consumer ~s потребительские товары
electric-power distribution ~ электроэнергетическая распределительная линия
express ~ линия скорых перевозок *(грузов и ценностей)*
firm ~ сплошная линия *(на графике)*
first-class ~s первоклассные товары
government poverty ~ граница бедности, определяемая правительством
hardware ~s скобяные [москательные] товары
heavy ~ 1. *см.* **firm line** 2. *pl* тяжёлые товары *(напр. арматура)*
higher-margin ~s товары, продажа которых приносит повышенную валовую прибыль
intercity bus ~ междугородная автобусная линия
isolevel ~ линия равного уровня
Lake ~s *амер.* транспортные линии Великих Озёр
life ~ линия жизни *(на демографической сетке)*
main ~ магистральная линия; главный путь; сквозной путь
main onshore transmission ~ 1. магистральный сухопутный газо- *или* нефтепровод 2. магистральная линия электропередачи на материке
manufacturer-advertised ~s товары, рекламируемые промышленным предприятием
manufacturing ~ технологическая линия
marriage ~s свидетельство о браке
mass production ~ (технологическая) линия для массового производства продукции
merchandise ~s товарные группы *(в ассортименте торгового предприятия)*
motor bus ~ автобусная линия
new product ~ новая производственная специализация
price ~ 1. шкала цен 2. *pl* товары, сгруппированные по признаку одинаковой цены
processing ~ технологическая линия
product ~ ассортимент изделий; предметно-производственная специализация
production ~ 1. производственная линия; поточная линия; станочная линия 2. *см.* **product line**
progressive assembly ~ линия поточной сборки
quick-selling ~s ходовые товары
railway ~ железнодорожная линия
rural bus ~ автобусная линия в сельской местности
service ~ *ТМО* канал обслуживания
shipping ~ судоходная линия
slow-moving ~s неходовые товары
solution ~ прямая решения
stock ~ ассортимент запасов
total product ~ общий ассортимент изделий; совокупность всех видов продукции
tramp ~ трамповая (судоходная) компания *(эксплуатирует суда, которые фрахтуются в любом направлении)*
transfer ~ автоматическая (станочная) линия
trend ~ линия тренда
trunk ~ *см.* **main line**
unitrain ~ маршрутная магистраль, линия перевозок грузов в специализированных поездах
waiting ~ *ТМО* очередь

lineage происхождение, родословная, генеалогия
line-and-staff линейный и штабной, линейный и функциональный *(о руководящем персонале)*
linear линейный; прямолинейный
linearity линейность, свойство линейности
linearization линеаризация
lineup *ТМО* очередь
linkage связь *(взаимозависимость развития отраслей экономики)*
communication ~s коммуникационные связи
linking 1. соединение, объединение 2. *амер.* метод сочленения *(применяется в период, когда на рынке ещё имеется старая модификация, но заметный удельный вес приобрела и новая модификация)*
index ~ смыкание индексов
liquid 1. ликвидный, быстрореализуемый 2. текучий
liquidate ликвидировать
liquidation 1. ликвидация 2. продажа *(пакета акций, облигаций)* за наличные деньги

~ of debts погашение долгов
compulsory ~ принудительная ликвидация
forced ~ вынужденная продажа *(ценных бумаг)*
inventory ~ ликвидация (товарно-материальных) запасов
voluntary ~ добровольная ликвидация

liquidator *юр.* ликвидатор *(лицо, ведающее распродажей имущества банкрота)*

liquidity ликвидность
excess ~ избыточная [чрезмерная] ликвидность
international ~ международная ликвидность
official ~ официальная ликвидность, ликвидные средства в руках официальных финансовых органов
overall ~ общая ликвидность *(напр. банковской системы)*
private (sector) ~ частная ликвидность, ликвидные средства частных финансовых учреждений

List:
Army Principal Item ~ Перечень основных предметов материально-технического снабжения армии *(США)*; Справочник по основной номенклатуре предметов материально-технического снабжения армии *(США)*
International ~ of Causes of Death Международная классификация причин смерти
Lloyd's Loading ~ Регистр Ллойда *(алфавитный указатель морских портов мира)*
Official ~ котировки ценных бумаг на Лондонской бирже, курсовой бюллетень Лондонской биржи

list 1. список, перечень ‖ составлять список; вносить в список **2.** опросный [переписной] лист, опросный бланк, статистический формуляр ‖ заполнять опросный лист **3.** *бирж.* перечень ценных бумаг, курсовой бюллетень □ **~s closed** «подписка закрыта» *(объявление при наборе достаточного числа подписчиков на заём в Великобритании)*; **to be on a problem** ~ быть в списке компаний *или* банков с сомнительной репутацией; **to ~ officially** официально зарегистрировать *(ценные бумаги на бирже)*
~ of authorized signatures список лиц, уполномоченных подписывать банковские документы
~ of bills for collection перечень векселей, переданных на инкассо
~ of correspondents список банков-корреспондентов
~ of creditors of bankrupt список кредиторов при разделе имущества банкрота
~ of material перечень предметов материально-технического снабжения *(Министерства обороны США)*
~ of quotations таблица курсов
~ of subscribers список подписчиков *(на облигации, акции)*
authorization ~ табель штатного имущества
banned ~ список запрещённых товаров
black ~ чёрный список
check ~ контрольный перечень, контрольный список
contractor data requirements ~ перечень необходимых данных, представляемых подрядчиком
core ~ основной переписной лист
comulative ~ список с дополнениями
customs examination ~ досмотровой перечень
design review check ~ контрольный перечень мероприятий по пересмотру конструкции
expanded ~ расширенный переписной лист
free ~ список товаров, не облагаемых пошлиной
hatch ~ люковая записка *(опись грузов в трюмах)*
inspection ~ формуляр технического осмотра
legal ~ список активов *(обычно ценных бумаг)*, в которые разрешается вкладывать средства *(США)*
mailing ~ список адресов; рассылочная ведомость
offering ~ каталог предлагаемых к продаже ценных бумаг
ordered overdue ~ перечень задолженных заказов
packing ~ упаковочный лист
par ~ *амер.* список банков, инкассирующих чеки по номиналу
price ~ **1.** прейскурант **2.** курсовой бюллетень
priority ~ список очерёдности
runout ~ перечень изделий, планируемых к производству
schedule ~ календарный график
share ~ *англ.* курсовой бюллетень
short ~ сокращённый переписной лист
stock exchange ~ *амер.* курсовой бюллетень
stopping ~ список утерянных *или* похищенных ценных бумаг
task summary ~ *орг. пр.* сводный перечень рабочих заданий
time-task ~ *орг. пр.* перечень рабочих заданий с указанием времени выполнения
waiting ~ список очерёдности заказов *или* заявок

listed □ **~ on the stock exchange** *амер.* зарегистрированный на фондовой бирже; пригодный для биржевых операций *(о ценных бумагах)*

listing 1. перечень, список **2.** допуск ценных бумаг на фондовую биржу
back-door ~ получение *(компанией)* допуска к котировке акций на бирже путём поглощения компании, имевшей допуск [листинг]
cross- ~ листинг ценных бумаг одновременно на нескольких биржах
dual ~ двойной листинг *(допуск ценных бумаг одновременно на двух биржах)*

literacy грамотность

literate грамотный

literature:
application ~ литература *(рекламная)* о возможных областях применения изделия
litigant сторона в судебном процессе
litigation судебный процесс, тяжба
government antitrust ~ государственный антитрестовский судебный процесс *(судебное преследование, где истцом выступает государство)*
private antitrust ~ **for treble damages** частный антитрестовский судебный процесс о возмещении ущерба в тройном размере
live жить; обитать □ **to** ~ **beyond one's means** жить не по средствам; **to** ~ **to be old** дожить до старости
live-born живорождённый
livelihood средства к существованию
livestock живой инвентарь, домашний скот
feeder ~ откормочный скот
market ~ скот для продажи
productive ~ продуктивный скот
living 1. жизнь; образ жизни ‖ живой, живущий 2. средства к существованию □ ~ **apart** живущий отдельно *(о члене семьи)*; **to get** ~ зарабатывать на жизнь; **to make a precarious** ~ жить случайными доходами
Lloyd's *англ.* (Лондонский) Ллойд *(1. страховая ассоциация 2. Регистр Ллойда)* □ **Al at** ~ класс Al, присвоенный «Регистром Ллойда»
load 1. груз ‖ грузить 2. загрузка *(напр. транспортная)* 3. нагрузка, загрузка *(напр. рабочая)* 4. партия груза на вагон 5. премия, взимаемая инвестиционными компаниями; разница между покупной и продажной ценой акций *(инвестиционных компаний)* □ **to** ~ **in bulk** грузить без тары *(насыпью, навалом, наливом)*
~ **of customers** *ТМО* совокупность требований
available ~ максимально допустимая коммерческая загрузка *(напр. самолёта)*
average revenue ~ средняя коммерческая загрузка
calendar peak ~ календарный пик нагрузки
deck ~ палубный груз
equivalent ~**s** возможное число погрузок одного и того же вида транспорта *(за определённый период времени)*
factory ~ объём продукции, выпускаемой предприятием
financial ~ финансовое бремя
heavy waste ~ высокое содержание загрязняющих веществ *(напр. о воде)*; высокая концентрация загрязнений; большая нагрузка загрязнений *(напр. на очистное сооружение)*
interruptible ~ нагрузка *(энергоситемы)*, которая может отключаться *(без ущерба для потребителя)*
machine ~ загрузка станка *(суммарное время использования станка)*
machinery work ~ нагрузка машины и оборудования
noncoincident peak ~**s** несовпадающие пиковые нагрузки
operating ~ эксплуатационная нагрузка, эксплуатационная загрузка *(служебная нагрузка плюс вес топлива)*
pay ~ оплачиваемый груз
peak 1. пиковая нагрузка; пик нагрузки 2. высшая точка товарооборота; максимальный уровень товарооборота
perishable ~ скоропортящийся груз
production ~ производственная нагрузка
revenue passenger ~ коммерческая пассажирская загрузка
salable ~ *см.* **available load**
shipper's ~ **and count [and tally]** «погрузка и счёт грузоотправителя»; содержимое кузова грузовика *или* вагона, загруженных грузоотправителем без проверки и подтверждения компанией-перевозчиком
tax ~ налоговое обложение
tractor work ~ объём тракторных работ
work ~ 1. загрузка *(предприятия)* заказами; обеспеченность работой; объём работ, подлежащих выполнению 2. рабочая норма *(измеряется количеством изделий за определённое время)*
waste ~ содержание загрязняющих веществ *(напр. о воде)*; концентрация загрязнений; нагрузка загрязнений *(напр. на очистное сооружение)*
loaded □ **to be** ~ **up** иметь большой портфель труднореализуемых фондовых ценностей
heavily ~ *ТМО* находящийся в условиях большой нагрузки
lightly ~ *ТМО* находящийся в условиях малой нагрузки
loading 1. погрузка 2. загрузка *(напр. транспортная)* 3. нагрузка, загрузка *(напр. рабочая)* □ ~ **for collection costs** надбавка к нетто-ставке на расходы по сбору страховых взносов; ~ **for contingencies** *страх.* надбавка к нетто-ставке для компенсации неблагоприятных колебаний убыточности; ~ **for management expenses** *страх.* надбавка к нетто-ставке для компенсации управленческих расходов; ~ **in turn** погрузка в порядке очереди
machine ~ загрузка оборудования; загрузка станков
premium ~ **for abnormal risk** надбавка к нетто-ставке за повышенную вероятность наступления страхового случая
trailer-on-flat-car [TOFC] ~ число загруженных железнодорожных платформ при контрейлерных перевозках
loan заём, ссуда; кредит ‖ давать взаймы, ссужать □ ~ **against borrower's note** ссуда под обязательство клиента; ~ **against pledge** ссуда под залог; ~ **against securities** ссуда под ценные бумаги; ~ **against security** ссуда под обеспечение; ~**s and discounts** ссуды и учтённые векселя; ~ **at bearing interest** ссуда под проценты; ~ **at call** *см.* **call loan**; ~ **at notice** ссуда, погашаемая по требованию; ~**s for purchasing or carrying securities** ссуды на покупку ценных бумаг *(статья баланса банка в США)*; ~ **on consumption** *см.* **consumer loan**; ~ **on debentures** *англ.* облигационный заём; ~ **on goods** ссуда

под залог товаров, ссуда под товары; ~ **on overdraft** кредит в форме овердрафта; контокоррентный кредит; ~ **on passbook as collateral** ссуда под залог сберегательной книжки; ~ **on pawn** ссуда под залог; ~ **on policy** ссуда под страховой полис; ~ **repayable on demand** ссуда, погашаемая по требованию; ~ **secured by current assets** ссуда, обеспеченная текущими активами; ссуда под дебиторские счета; **to allow a** ~ разрешать выдачу кредита; предоставлять ссуду; **to call a** ~ требовать погашения ссуды; **to contract a** ~ получать ссуду; **to cut back a** ~ урезать заём; **to discuss a** ~ обсуждать условия займа; ~ **to individual** ссуда частному лицу; **to meet a** ~ погашать ссуду; **to negotiate a** ~ заключать соглашение о займе; **to pay off a** ~ погашать ссуду; **to raise a** ~ получать ссуду; **to recall a** ~ требовать погашения ссуды; **to redeem a** ~ погашать ссуду; **to rotate** ~ **among banks** занимать одну и ту же сумму попеременно у нескольких банков *(отдавать долг одним, занимая у других)*; **to split a** ~ **among borrowers** разделить ссуду между заёмщиками; **to take up a** ~ получать заём, заключать сделку о займе; **to write off a** ~ списать невзысканный долг по займу; ~ **without interest** беспроцентная ссуда; ~ **with personal security** ссуда с персональным обеспечением *(индоссаментом или гарантией другого лица)*; ~ **with strings** заём, обусловленный политическими *или* экономическими условиями и ограничениями

acquisition ~ *амер.* ссуда на покупку активов другой фирмы

agricultural ~ ссуда на сельскохозяйственные нужды

amortization ~ *амер.* долгосрочная ссуда, погашаемая в рассрочку

automatic premium ~ автоматическая ссуда под страховые взносы *(если взносы не уплачены в срок, то они рассматриваются в качестве ссуды застрахованному)*

average ~ средний остаток непогашенной задолженности по ссуде

bad ~ непогашенная в срок [просроченная] ссуда

bank ~ банковская ссуда

bridging ~ ссуда на покупку нового дома до момента продажи заёмщиком старого дома

broker's ~ брокерская ссуда

business ~**s** ссуды деловым предприятиям

call ~ *амер.* ссуда до востребования, онкольная ссуда

clearance ~ однодневная ссуда

collateral ~ ссуда под обеспечение

comaker ~ необеспеченная потребительская ссуда под ручательство гарантов

commercial ~ коммерческая [подтоварная] ссуда

commercial and industrial ~**s** ссуды торгово-промышленным предприятиям *(статья банковского баланса в США)*

consumer [consumption] ~ потребительская ссуда, ссуда на потребительские цели

continuously renewed short-term ~ постоянно возобновляемая краткосрочная ссуда *(разновидность срочного кредита)*

Crown ~ ссуда богатого лица бедному родственнику с целью уменьшения налога *(по имени изобретателя)*

day ~ однодневная ссуда

day-to-day [demand] *см.* **call loan**

deposit ~ ссуда, зачисляемая на депозитный счёт заёмщика

disbursed ~ использованный заём

domestic ~ внутренний заём

double-barreled ~ покупка валюты с немедленной поставкой и одновременная продажа на срок

doubtful ~ *амер.* сомнительная ссуда; ссуда, погашение которой вызывает сомнения *(по стандартной классификации ссуд в США)*

endorsed ~ ссуда, гарантированная третьим лицом

euro-currency ~ ссуда в евровалюте

Eurodollar term ~**s** долгосрочные евродолларовые ссуды

excess ~ ссуда сверх разрешённого лимита

external ~ иностранный заём

farm ~ ссуда сельскохозяйственным предприятиям, фермерская ссуда *(напр. на покупку земли)*

financial ~ банковский кредит без увязки с торговой сделкой

fixed ~ *см.* **long-term loan**

fixed-rate term ~ заём с твёрдым процентом

floated ~ размещённый заём

forced ~ принудительный заём

fully circled ~ (облигационный) заём, размещение которого заранее обеспечено

funded ~ облигационный заём

gift ~ беспроцентная ссуда

gold ~ золотой заём

government ~ правительственная ссуда, правительственный заём

guaranteed ~ *амер.* гарантированная ссуда

housing ~ ссуда на покупку дома

improvement ~ *англ.* ссуда фермеру на улучшение земельных угодий

income property ~ ссуда под объекты, приносящие доход *(магазины, склады)*

instalment ~ ссуда с погашением в рассрочку

interest-free ~ беспроцентная ссуда

interim ~ промежуточный заём

intermediate ~ среднесрочная ссуда

internal ~ внутренний заём

inventory ~ заём, выданный под товарные запасы

land development and construction ~ ссуда на освоение территории и жилищное строительство

local-authority ~ коммунальный заём, заём, выпущенный местными органами власти

lombard ~ *англ.* ссуда, обеспеченная облигациями и акциями

long-term ~ долгосрочная ссуда, долгосрочный заём
loss ~ ссуда, которая не может быть погашенной и с потерями для кредитора *(по стандартной классификации ссуд в США)*
lottery ~ выигрышный заём
medium-term ~ среднесрочная ссуда
morning ~ однодневная ссуда
mortgage ~ *см.* **real estate loan**
nonbroker's ~ ссуда под ценные бумаги, выданная лицу, не являющемуся брокером фондовой биржи
nonfarm ~ ссуда несельскохозяйственным предприятиям
nonrecourse ~ *амер.* государственная ссуда фермерам под залог продукции без права требования возмещения возможных потерь государства при реализации заложенной продукции *(которую они не захотели выкупить)*
nonresidential real estate ~ ссуда под недвижимость, кроме жилых строений
no-purpose ~ нецелевая ссуда
oil-payment ~ ссуда, погашаемая за счёт выручки от продажи нефти
open-end ~ потребительская ссуда с нефиксированной заранее суммой; кредит в форме открытого лимита
ordinary ~**s** займы, предоставленные за счёт обычных ресурсов *(на условиях мирового рынка)*
overnight ~ однодневная ссуда
participation ~ долевая ссуда *(участие банка в ссуде, выданной другим банком)*
permanent government ~ консолидированный правительственный заём
personal ~ ссуда частному лицу
policy ~ ссуда под страховой взнос
primary ~ основная ссуда
problem ~ сомнительный *или* ненадёжный заём; просроченный заём
public ~ государственный заём
purpose ~ целевой кредит
real estate ~ ссуда под недвижимость *(землю, постройки)*
receivable ~ заём, выданный под векселя
redeemable ~ заём, погашаемый тиражами
redemption ~ ссуда для погашения *или* выкупа
seasonal ~ сезонная ссуда
secured ~ обеспеченная ссуда
securities ~ **1.** ссуда ценных бумаг **2.** ссуда, обеспеченная ценными бумагами
self-liquidating ~ самоликвидирующаяся ссуда *(автоматически погашаемая)*
short-term ~ краткосрочная ссуда, краткосрочный заём
single payment personal cash ~ потребительская денежная ссуда с разовым погашением
sinking fund ~ заём, предусматривающий образование фонда погашения
small ~ мелкая ссуда
soft ~ льготный заём
speculative ~**s** спекулятивные ссуды *(для покупки ценных бумаг)*
stabilization ~ стабилизационный заём
state ~ государственный заём
stock exchange ~ ссуда брокеру фондовой биржи
stop-gap ~ экстренная ссуда для спасения предприятия
street ~**s** краткосрочные ссуды биржевым маклерам; суточные ссуды
subordinated ~**s** субординированные займы *(кредитор в случае ликвидации фирмы-заёмщика может претендовать на её активы лишь после того, как будут погашены обычные займы)*
substandard ~ ссуда с повышенным риском *(по стандартной классификации ссуд в США)*
syndicated ~ синдицированный (банковский) кредит *(предоставленный совместно группой банков)*
term ~ *амер.* срочная ссуда *(на срок свыше 1—2 лет)*
tied ~ ссуда иностранному заёмщику, обусловленная обязательством купить товары в стране кредитора, «связанная» ссуда
time ~ ссуда с определённым *(обычно длительным)* сроком погашения
undersubscribed ~ заём, подписка на который не разошлась полностью
undisbursed ~ неиспользованный заём
unsecured ~**s** необеспеченные займы *(выпускаются первоклассными компаниями, пользующимися полным доверием среди кредиторов)*
use-as-you-please ~ ссуда частному лицу на необусловленные цели *(под залог ценных бумаг или недвижимости)*
warehouse ~ ссуда, обеспеченная складской распиской
weekly ~ недельная ссуда

loanable могущий быть ссуженным
loaning предоставление займа, ссуда
lobby лобби *(группа лиц, проталкивающая в законодательном или ином органе выгодные ей или её поручителям меры)* || обрабатывать членов законодательного органа
business ~ лобби, проталкивающие меры, выгодные деловым кругам
lobbism лоббизм *(деятельность лобби и лоббистов)*
lobbyist лоббист
business ~ лоббист, представляющий интересы деловых кругов
local **1.** местный житель || местный **2.** *pl амер., бирж.* брокеры, проводящие операции за собственный счёт
locality **1.** местность, район **2.** местонахождение
~ **of birth** место рождения
inhabited [populated] ~ населённый пункт
rural agricultural ~ сельский земледельческий район
rural nonagricultural ~ сельский неземледельческий район
urban ~ населённый пункт городского типа

localization:
~ of labor локализация рабочей силы *(напр. объединение квалифицированных рабочих в определённых районах страны)*
industrial ~ 1. размещение [дислокация] промышленности **2.** локализация промышленности *(сосредоточение в определённом районе)*
locate 1. размещать, располагать *(напр. промышленное предприятие)* **2.** поселять(ся)
location 1. местонахождение, месторасположение, размещение *(напр. промышленных предприятий)* **2.** поселение *(на жительство)* **3.** *амер.* местожительство **4.** *австрал.* ферма **5.** *амер.* участок земли *(с определёнными и размеченными границами)*
~ of branch местонахождение отделения *(банка)*
~ of economic activity размещение производства
~ of lands местоположение земельных участков
~ of shops *англ.* размещение магазинов
delivery ~ место сдачи, место доставки
eye-level shelf ~ размещение товара на полке на уровне глаз покупателя
farm ~ расположение фермы
insurance ~ страховой участок
new industrial ~ размещение нового промышленного предприятия; новый промышленный участок
physical ~ фактическое месторасположение; действительное местонахождение *(в отличие от юридического адреса)*
residential ~ городское поселение
social ~ социальное положение
strategic ~ стратегическое положение; ключевые позиции
lock □ **to ~ in** зафиксировать, обеспечить *(с помощью срочной сделки определённый уровень цены)*; **to ~ out** увольнять *(работника)*; **to ~ up** помещать капитал в неликвидные активы
locked-in 1. «запертый», ситуация, когда инвестор не может продать ценные бумаги **2.** зафиксированный, обеспеченный
lockout локаут
loco *лат.* на месте нахождения; франко-место нахождения *(товара)*
lodge 1. помещать, давать на хранение, депонировать **2.** предъявлять *(требование)* **3.** открывать *(напр. кредит)*
lodgement *см.* **lodgment**
lodger жилец, снимающий (меблированные) комнаты, квартиросъёмщик
lodgment 1. депонирование денежной суммы; денежный вклад **2.** передача документов; передаваемые документы
logistics 1. материально-техническое снабжение **2.** служба тыла
business ~ материально-техническое обеспечение коммерческой организации
logrolling обмен голосами, взаимопомощь при голосовании
lombard ломбард; ссудная касса ‖ ломбардный
long 1. *бирж.* покупатель ценных бумаг **2.** *бирж.* спекулянт, играющий на повышение курса **3.** *pl англ.* государственные долгосрочные облигации **4.** долгосрочный □ **to be ~ of exchange 1.** играть на повышение курса валюты **2.** иметь валюты больше, чем необходимо для расчёта по контрактам; **to be ~ of the market** играть на повышение курса; **to be ~ of the securities 1.** играть на повышение курса ценных бумаг **2.** иметь больше ценных бумаг, чем необходимо для выполнения заключённых контрактов
~ of market *см.* **long 1., 2**
long-dated долгосрочный
long-distance дальний *(о перевозках)*
longevity продолжительность жизни; долговечность, срок службы
~ of capital goods срок службы инвестиционных товаров
human ~ продолжительность жизни человека
long-haul магистральный, линейный, дальний, относящийся к дальним перевозкам
long-range 1. перспективный *(напр. о конструкции)* **2.** долгосрочный *(напр. о прогнозе)*
long-run *см.* **long-term**
longshoreman портовый грузчик; береговой работник
long-term долгосрочный; длительный *(о периоде времени, в течение которого все факторы могут измениться)*
look □ **to ~ down** иметь тенденцию к понижению, снижаться *(о ценах)*; **to ~ up** улучшаться; повышаться *(о ценах)*
looking «ищет работу» *(запись в анкете)*
loop петля *(главный торговый центр Чикаго)*
loophole «лазейка» *(в налоговом законодательстве)*, возможность уклониться *(от уплаты налогов)*
loose незакреплённый; неупакованный, без упаковки
lopsidedness of the inflation неравномерность инфляционного роста цен
lordship лордство; поместье лорда; *ист.* манор
loro «их» *(чей-то счёт в данном банке)*
loser 1. *разг.* проигрывающая компания *(в конкурентной борьбе)*; убыточная фирма **2.** акция с падающим курсом
loss 1. потеря, потери; убыток; утрата **2.** ущерб, урон **3.** *pl* потери энергии □ **~ during discharge** *страх.* убыток, причинённый во время разгрузки; **~es incurred in gambling** убытки от спекуляции; **~ in goodwill** финансовые потери в результате утраты престижа фирмы; **~es in prices** курсовые потери, убытки от изменения курсов ценных бумаг; **~es in transit** потери при перевозке; **~ in value** потеря ценности; **to accept the ~es** принять на себя убытки; **to incur ~es** терпеть убытки; **to set off a ~** компенсировать потерю; **to show a ~** показывать убыток; **to suffer [to sustain] ~es** терпеть убытки; нести потери
~ of customer *ТМО* потеря требования

~ of earnings потеря заработка
~ of efficiency падение производительности; снижение коэффициента полезного действия
~ of interest потеря процентов
~ of jobs потеря рабочих мест
~ of nationality утрата гражданства
~ of revenue снижение дохода
~ of right потеря права *(напр. на предъявление иска)*
~ of service *TMO* невыполненное обслуживание
~ of wages снижение заработной платы
~ of work снижение эффективности работы
abnormal ~es чрезмерные убытки
absolute total ~ *страх.* абсолютная полная гибель
actual insurance ~ фактический страховой убыток
actual total ~ *страх.* действительная полная гибель
business ~ снижение деловой активности
capacity ~es потери мощности *(при передаче электроэнергии)*
capital ~ капитальный убыток; потери от понижения рыночной ценности активов
carcass ~es потери в весе мясной туши *(при охлаждении)*
concealed ~ скрытая утрата *(груза из упаковки, не имеющей следов вскрытия)*
constructive total ~ *страх.* конструктивная полная гибель
conveyance ~es потери при перевозке
credit ~es потери по займу
dead ~ чистая потеря
death ~es потери при падеже скота; норма падежа скота
dressing ~es *с.-х.* потери при забое
exchange ~es потери валюты, сокращение валютных резервов; потери на разнице валютных курсов
expected ~es ожидаемые потери
field ~es потери при уборке *(сельскохозяйственной культуры)*
fraud ~es убытки от подделки [от мошенничества]
general average ~ *страх.* убыток по общей аварии
inherent ~ неустранимые потери
heavy crop ~es крупные потери урожая
known ~ утрата груза, обнаруженная до *или* в процессе отправки
long-term ~ долгосрочный убыток *(от продажи активов после длительного срока владения; термин налогового законодательства США)*
manufacturing ~es производственные потери
minimax ~ *т. игр* минимакс потерь
minimax expected ~es ожидаемые минимаксные потери
mortality ~ потери в результате повышения смертности
natural ~ естественная убыль *(напр. усушка)*
operating ~ убыток от основной деятельности
operation ~es убытки при эксплуатации *(напр. транспортной линии)*
opportunity ~es потери вследствие неиспользования благоприятной возможности
population ~ убыль населения
postharvest ~es послеуборочные потери
presumptive total ~ *страх.* предполагаемая полная гибель
production ~ **1.** уменьшение производства **2.** производственные потери
pure ~es чистые потери
reject ~ потери вследствие брака
salvage ~es потери при переработке нереализованной продукции
scrap ~es потери на отходы
short-term ~ краткосрочный убыток *(от продажи активов после короткого срока владения)*
storage ~es потери при хранении
system ~es потери в системе
unaccounted ~es неучтённые потери
working ~es производственные потери
yield ~es потери урожая; потери в выходе продукции

lossless не имеющий потерь, без потерь

lot **1.** партия *(напр. изделий)*; серия; группа **2.** *т. игр* жребий **3.** земельный участок **4.** лот *(партия ценных бумаг, являющаяся единицей сделок на фондовой бирже)* **5.** доля, участь, судьба
~ of goods партия товара
~ of laboring class положение рабочего класса
~ of product партия изделий
bargain job ~ небольшая партия дешёвых товаров
board ~ *см.* **lot 4.**
broken ~ *см.* **odd lot**
economic(al) ~ (наиболее) экономичный размер партии *(в системе управления запасами)*
first production ~ головная партия изделий; первая промышленная партия
fractional ~ *см.* **odd lot**
full ~ *см.* **lot 4.**
grand ~ укрупнённая партия *(изделий)*
high-quality ~ партия высококачественных изделий
homogeneous ~ однородная партия *(с точки зрения качества)*
initial ~ (перво)начальная партия *(изделий)*
inspection ~ контрольная партия *(изделий)*
job ~ **1.** отдельная партия *(изделий)* **2.** одиночный заказ на партию *(изделий)*
joint ~ объединённая партия *(изделий)*
large ~ крупная партия *(изделий)*
less-than-carload ~ партия груза, меньше повагонного минимума
low-quality ~ партия низкокачественных изделий
odd ~ неполный лот *(напр. менее ста акций)*
optimum size ~ **1.** партия закупаемых материалов, имеющая оптимальный размер; партия оптимального размера **2.** оптимальная величина партии *(обрабатываемых де-*

талей); экономически эффективный размер партии
outgoing ~ задержанная [недопоставленная] партия *(изделий)*
perfect ~ партия высококачественных изделий
pilot ~ опытная партия *(изделий)*
production ~ партия изделий
regular ~ стандартная партия *(товаров)*
rejected ~ забракованная партия *(изделий)*
returned ~ возвращённая партия *(изделий)*
round ~ *см.* **lot 4.**
small ~ небольшая партия *(изделий)*
standard ~ 1. партия стандартных изделий **2.** партия стандартного размера
lottery 1. лотерея, продажа (частично) выигрышных билетов **2.** *т. игр* лотерея
compound ~ составная лотерея
double ~ двухступенчатая лотерея
multistage ~ многоступенчатая лотерея
simple ~ простая лотерея
single-stage ~ одноступенчатая лотерея
state ~ государственная лотерея *(способ пополнения государственных доходов)*
low 1. низкий; недостаточный **2.** самый низкий уровень; рекордно низкое значение; минимум
all-time ~ небывало низкая цена; небывало низкий уровень
year's ~ самый низкий показатель за год
lowering снижение *(напр. цен, учётной ставки)*
low-grade низкосортный; низкого качества, некачественный
low-price дешёвый
low-rank низкосортный
loyalty:
brand ~ приверженность *(потребителя)* к данной марке *или* разновидности товара
luck:
bad ~ неудача
good ~ удача
lucrative прибыльный, доходный, выгодный
lumper портовый грузчик
lumpsum 1. крупная сумма **2.** паушальная сумма *(без дифференцирования составляющих частей)* **3.** твёрдая сумма фрахта *(вне зависимости от количества груза, фактически погруженного на судно)*

M

M1, M2, M3 денежные агрегаты, отражающие разные методы учёта массы денег в обращении
machinability обрабатываемость материала *(на станках)*
machine 1. машина; механизм; станок **2.** транспортное средство *(напр. автомобиль; самолёт)* **3.** механизм, (организационный) аппарат □ **~s for labeling** машины для прикрепления этикеток [ярлыков]; **~s for wrapping** машины для упаковки *(товара в обёрточные материалы)*
accounting ~ 1. бухгалтерская машина **2.** счётно-перфорационная машина
adding ~ суммирующая машина
administrative ~ административный аппарат
autoteller ~ банковский автомат *(выполняющий банковские операции)*
bookkeeping ~ бухгалтерская машина
business (calculating) ~ счётная машина для (решения) экономических *или* коммерческих задач
calculating ~ счётная машина; вычислительная машина
change-issuing vending ~ торговый автомат, выдающий сдачу
desk ~ настольная счётная машина
electrical accounting ~ электрическая бухгалтерская машина
electronic data processing ~ электронно-вычислительная машина для обработки данных
farm ~ сельскохозяйственная машина; сельскохозяйственное орудие
gluing and sealing ~ машина для заклеивания и запечатывания упаковки
invoicing ~ фактурная машина
multiplying ~ умножающая машина
multiproduct vending ~ *амер.* торговый автомат, отпускающий товары нескольких видов
penny-in-the-slot ~ торговый автомат
planning ~ аппарат планирования
political ~ политический аппарат
proof ~ *бухг.* машина для проверки и сортировки депозитов
standard ~ *орг. пр.* стандартный станок
tabulating ~ табулятор
vending ~ *амер.* торговый автомат
working ~ рабочая машина; станок
machine-hour *орг. пр.* машино-час
machine-made изготовленный на станке; машинного производства
machinery 1. машины; машинное *или* станочное оборудование; механизмы **2.** (организационный) аппарат
agricultural ~ сельскохозяйственные машины
automatic(al) ~ автоматические станки
capacity ~ капитальное оборудование; оборудование основного производства
collective bargaining ~ схема [способ] проведения коллективных переговоров
electrical ~ электрооборудование
harvesting ~ уборочные машины
labor-saving ~ оборудование, сберегающее живой труд
office ~ конторские машины; конторское машинное оборудование
production ~ машинное оборудование производства
second-hand ~ подержанная техника
standard ~ машинное оборудование обычного типа
machinist 1. механик **2.** квалифицирован-

ный рабочий **3.** машиностроитель; инженер **4.** машинист
macroapproach макроподход
macrodemography макродемография
macrodisequilibrium макроэкономическое неравновесие
macroeconomic(al) макроэкономический
macroeconomics макроэкономика, макроэкономическая теория
macrolevel макроуровень
macromodel макромодель
macrovariable макропеременная *(величина)*
made-to-measure *англ.* сделано на заказ [по мерке]
magazine **1.** (товарный) склад **2.** иллюстрированный журнал
trade ~ отраслевой журнал *(производственно-технический, экономический)*
magnet магнит *(крупный магазин, привлекающий покупателей в торговый центр)*
magnitude величина
~ of value величина стоимости
actual ~ фактическая величина
anticipated ~ ожидаемая величина
mainframer фирма — производитель крупных компьютеров
maintain **1.** сохранять; поддерживать **2.** утверждать □ **to ~ at par with gold** поддерживать на паритете с золотом; **to ~ records** вести учёт; **to ~ the deliveries** исправно осуществлять поставки; **to ~ the gold standard** поддерживать золотой стандарт
maintainability ремонтопригодность; восстанавливаемость; эксплуатационная надёжность
maintaining of records ведение учёта
maintenance **1.** сохранение; поддержание *(напр. темпов роста)* **2.** эксплуатационные расходы; стоимость содержания **3.** материально-техническое обеспечение **4.** техническое обслуживание и текущий ремонт **5.** содержание; средства существования, алименты **6.** поддержка *(одной из сторон в суде)* □ **to provide ~** обеспечивать содержание
~ of market share удерживание рыночной доли
~ of membership сохранение членства *(напр. в профсоюзе в период действия коллективного соглашения)*
contract-service ~ обслуживание (и ремонт) по договору
day-to-day ~ повседневный ремонт и обслуживание
deferred ~ **1.** отложенный ремонт **2.** расходы по отложенному ремонту
direct ~ *бухг.* прямые расходы на ремонт и обслуживание
indirect ~ *бухг.* косвенные [накладные и общеадминистративные] расходы на ремонт и обслуживание
price ~ поддержание *(напр. промышленной фирмой)* минимальной цены
resale price ~ поддержание цен при перепродаже товаров; поддержание розничных цен
major **1.** совершеннолетний **2.** *pl амер.* крупные фирмы, главные компании; монополии
majority **1.** большинство **2.** совершеннолетие
~ of voting stock владение пакетом более половины акций
make **1.** изделие **2.** модель, тип; марка **3.** производство; работа; изготовление ‖ делать; изготовлять; призводить **4.** продукция; выработка **5.** составлять, подготавливать **6.** совершать **7.** зарабатывать **8.** назначать *(на должность)* □ **to ~ a bill payable to order** выписывать ордерный вексель *(оплачиваемый по приказу держателя)*; **to ~ a default in payment** допускать неплатёж, нарушать обязательство по уплате денег; **to ~ a market** создавать рынок *(для определённого выпуска ценных бумаг)*; **to ~ an overdraft** превысить остаток на счёте; **to ~ a price** объявлять котировку *или* цену; **to ~ a total** составлять общую сумму [общее количество]; **to ~ good** компенсировать; возмещать; восполнять; **to ~ oneself responsible** взять на себя ответственность; **to ~ operationally profitable** добиваться прибыльности *(производства)*; **to ~ out** выставлять, выписывать *(чек)*; составлять *(документ)*; **to ~ outlay of money** *амер.* расходовать деньги; **to ~ out to bearer** выписывать (вексель) на предъявителя; **to ~ payment beforehand** платить заранее; досрочно оплатить; **to ~ ready** подготавливать, приготовлять; **to ~ up** **1.** изготовлять **2.** восполнять, возмещать; компенсировать *(напр. нехватку)*
popular ~ хорошо себя зарекомендовавшая марка
standard ~ товар в обычном исполнении
total ~ *англ.* общий объём *(выпуска)*
make-out **1.** расчётный уровень доходности, расчётная доходность **2.** самоокупаемость, безубыточность **3.** расчётная минимальная производительность
maker **1.** поставщик; изготовитель **2.** лицо, выдавшее денежное обязательство *(напр. векселедатель, чекодатель)*
~ of promissory note векселедатель *(лицо, выдавшее простой вексель)*
accomodation ~ лицо, выдавшее дружеский вексель
decision ~ лицо, принимающее решение
economic policy ~ лицо, ответственное за проведение экономической политики
market ~ «делатель рынка», брокерская фирма, постоянно котирующая ценные бумаги, товар
rate ~ калькулятор тарифов
makeup **1.** состав, структура **2.** характер
~ of manpower структура рабочей силы
population ~ according to sex and age половозрастная структура населения
professional ~ профессиональная структура *(занятости)*
sectoral ~ of national economy отраслевая структура народного хозяйства
making **1.** созидание **2.** производство, изготовление; процесс изготовления **3.** *pl разг.* заработок

anticipatory decision ~ заблаговременное [предварительное] принятие решения
decision ~ принятие решения
decision ~ under certainty принятие решения в условиях определённости
decision ~ under risk принятие решения в условиях риска
decision ~ under uncertainty принятие решения в условиях неопределённости
economic policy ~ осуществление экономической политики
model ~ построение модели
money ~ получение прибыли, наживание денег
price ~ установление цен
rate ~ разработка тарифов; расчёт тарифа
tool ~ изготовление инструмента
maladjustment диспропорция; несоответствие; нарушение
~ of prices несоответствие в ценах
structural ~s структурные диспропорции
maladministration плохое управление
malaise:
economic ~ болезненное состояние экономики
maldistribution неправильное [ошибочное] распределение; диспропорция в распределении *(напр. ресурсов)*
~ of costs неправильное распределение затрат
maleness возмужалость
malformation порок развития, уродство
malfunction нарушение функционирования *(напр. экономической системы)*; отказ; неисправная работа
mall:
pedestrian ~ городская улица с большим числом магазинов, по которой запрещён проезд автотранспорта
retail [shopping] ~ торговая улица *(с большим числом магазинов)*
malleability гибкость, эластичность; приспосабливаемость *(напр. конъюнктуры)*
~ of tastes податливость вкусов *(в результате воздействия рекламы)*; изменчивость вкусов *(потребителей)*
malleable гибкий, эластичный; приспосабливающийся *(напр. о конъюнктуре)*; гибко реагирующий *(напр. на воздействие рекламы)*
Malthusian мальтузианский
Malthusianism мальтузианство
Malthusianist мальтузианец, сторонник мальтузианства
mammon богатство
mammonish корыстолюбивый
man 1. человек **2.** рабочий; работник □ **~ and men** работодатель и работающие у него по найму; **to ~ up** укомплектовывать рабочей силой
~ of business деловой человек
~ of family *амер.* семейный человек
~ of property собственник
administrative ~ административный человек *(поведение которого определяется формальными положениями и правилами, напр. должностными инструкциями)*
credit ~ *амер.* эксперт по изучению кредитоспособности *(должность в банке)*
customers' ~ представитель брокерской фирмы, принимающий поручения у клиентуры
economic ~ экономический человек *(поведение которого рационально и характеризуется стремлением получить максимальную выгоду)*
fractional ~ работник с частичной занятостью
free-silver ~ *амер. ист.* сторонник свободной чеканки серебра
full-time ~ работник с полной занятостью
green ~ неопытный работник
idle ~ незанятый рабочий
key ~ лицо, занимающее ведущее положение *(напр. в промышленности)*
leg ~ *англ., разг.* разъездной сотрудник
machine maintenance ~ рабочий по обслуживанию оборудования
marginal ~ лицо, не сумевшее адаптироваться
marriageable ~ мужчина, достигший брачного возраста
organization ~ *см.* **administrative man**
salaried ~ служащий *(имеющий установленный должностной оклад)*
sandwich ~ человек-реклама *(с объявлениями на груди и спине)*
setup ~ наладчик оборудования
time-study ~ хронометражист; нормировщик
track ~ тайный агент предпринимателя *(напр. в профсоюзе)*
trained ~ обученный [квалифицированный] работник
working ~ рабочий
manage управлять, руководить □ **to ~ the issue** возглавлять синдикат по размещению выпуска ценных бумаг
management 1. управление *(планирование, регулирование, контроль)*; руководство; менеджмент **2.** организация производства **3.** дирекция; администрация □ **~ by differences** *см.* **management by exception; ~ by exception** управление по отклонениям *(действия руководства, восстанавливающие нормальный ход производственного процесса при появлении отклонений)*; **~ by objectives** управление методом оценки эффективности; **~ by results** *см.* **management by objectives; to interfere in the ~** вмешиваться в управление
~ of bank funds управление банковскими фондами, размещение банковских капиталов
~ of consumer wants управление потребительскими запросами *(с целью обеспечения спроса)*
~ of liquid funds управление ликвидными фондами, размещение ликвидных средств
~ of securities регулирование портфеля ценных бумаг
accountability ~ *см.* **management by objectives**
automated ~ автоматизированное управление

automated production ~ автоматизированное управление производством
bottom-up ~ управление по принципу «сверху — вниз»
business ~ управление коммерческими предприятиями
cash ~ контроль и регулирование денежных операций *(в фирме, банке)*
company ~ руководство фирмы
contract ~ контроль и регулирование исполнения контракта
corporate ~ руководство корпорации, руководство акционерного общества
day-to-day ~ оперативное управление
debt ~ контроль и регулирование долговых отношений
demand ~ контроль и регулирование спроса
extraplant ~ контроль за эксплуатацией *(изделий)*
factory ~ *см.* **plant management**
farm (production) ~ управление сельскохозяйственным производством, управление фермерским хозяйством
financial ~ управление финансовой деятельностью *(напр. компании)*
functional ~ функциональное руководство
general economic ~ общее хозяйственное руководство
goals ~ *см.* **management by objectives**
grassland ~ *см.* **pasture management**
income tax ~ ведение банком налоговых дел клиента
incumbent ~ руководство, несущее ответственность за *что-л.*
inventory ~ управление материально-техническим снабжением *(производства)*; управление запасами
investment ~ управление портфелем ценных бумаг *(по поручению клиента)*
job ~ организация труда
joint ~ совместное [смешанное] управление
liability ~ управление пассивами, методы улучшения структуры привлечённых средств
line ~ линейное руководство, среднее звено руководства на производстве *(напр. мастер, начальник цеха)*
manpower ~ *см.* **personnel management**
marketing ~ управление маркетингом
materials ~ *см.* **inventory management**
matrix ~ матричная структура управления *(при которой централизованное руководство общего характера сочетается с оперативным подчинением непосредственному начальнику)*
middle ~ среднее административное звено
monetary ~ контроль и регулирование денежного обращения; денежно-кредитная политика
operational ~ оперативное руководство
pasture ~ организация пастбищного хозяйства; содержание пастбища
personnel ~ 1. руководство кадрами *(включает подбор, подготовку, условия труда, оплату, вопросы техники безопасности)* **2.** трудовые отношения
planned ~ of economy плановое управление экономикой, управление экономикой на основе плана
plant ~ 1. управление предприятием **2.** заводоуправление; дирекция завода
portfolio ~ контроль и регулирование портфеля *(активов)*
product ~ управление по продукту *(характеризуется наличием органа, отвечающего за конструирование, производство и реализацию изделия)*
production ~ управление производством
program ~ 1. программное управление **2.** руководство программой
project ~ руководство проектом
quality ~ управление качеством
rate ~ 1. регулирование тарифов **2.** руководящий персонал *(компании)*, отвечающий за регулирование тарифов
records ~ оперативный учёт
resource ~ управление сохранением и распределением дефицитных ресурсов
risk ~ управление при допущении риска
sales ~ управление сбытом
scientific ~ научные методы управления *(выработка методов рационализации труда, стандартизации процессов, применения техники)*
selective inventory [selective stock] ~ выборочное управление запасами
senior ~ *см.* **top (executive) management**
service ~ обеспечение обслуживания потребителя
social ~ социальный аспект управления
staff ~ функциональное руководство
stock ~ управление запасами
system ~ системное руководство (*см. тж.* **system analysis)**
technical services ~ управление техническими службами *(необходимыми для обеспечения деятельности предприятия)*
top (executive) ~ 1. высшее (исполнительное) руководство **2.** высшая администрация *(напр. корпорации)*
venture ~ целевое управление *(напр. наделённая полномочиями всех ступеней группа, обеспечивающая внедрение в производство нового продукта)*; целевая управленческая группа
waste ~ использование отходов
water quality ~ управление качеством воды, предупреждение загрязнения вод
water resources ~ управление водными ресурсами
works ~ *см.* **plant management**

manager 1. управляющий; руководитель; директор; менеджер **2.** заведующий; администратор
~ of distribution руководитель отдела сбыта
~ of manufacture руководитель производственного отдела
~ of project coordination начальник отдела координации новых разработок [опытных работ]

advertising ~ заведующий отделом рекламы
area ~ *см.* **district manager**
assistant ~ заместитель заведующего
assistant project ~ помощник руководителя проекта
bank ~ управляющий банком
branch ~ руководитель филиала [отделения] *(фирмы)*
brand ~ *см.* **product manager**
building ~ 1. уборщик-истопник **2.** смотритель здания, комендант здания
clearinghouse ~ управляющий расчётной палатой
collection ~ заведующий отделом погашения покупательской задолженности *(при продаже товаров в кредит)*
contract ~ руководитель отдела контрактов
deputy ~ заместитель заведующего
district ~ управляющий сбытовым районом *(напр. фирмы)*
divisional ~ *см.* **branch manager**
employment ~ заведующий отделом найма
engineering ~ технический руководитель
estate ~ управляющий имением
export (sales) ~ заведующий отделом экспорта, управляющий экспортными операциями
factory ~ руководитель [директор] предприятия
factory services ~ управляющий вспомогательными цехами и службами на предприятии
farm ~ управляющий фермой; управляющий хозяйством
field sales ~ руководитель сбыта на местах
first-line ~ руководитель низшего звена на производстве *(бригадир)*
general ~ главный [генеральный] управляющий; директор предприятия
industrial organization ~ руководитель промышленного предприятия
investment ~ сотрудник банка, занимающийся инвестициями *(вложениями в финансовые активы)*
inventory ~ руководитель службы материально-технического снабжения
labor ~ *см.* **personnel manager**
lead ~ (инвестиционный) банк, выступающий главой синдиката андеррайтеров *или* кредиторов
line ~ линейный руководитель *(напр. начальник цеха)*
material (control) ~ руководитель [диспетчер] отдела материально-технического снабжения
middle ~ руководитель среднего звена
nonowning ~ управляющий, не являющийся владельцем компании
office ~ руководитель конторы
operations ~ директор-распорядитель *(транспортной компании)*
paid farm ~ наёмный управляющий фермой
personnel ~ начальник отдела кадров
planning ~ руководитель планового отдела
plant ~ руководитель [директор] предприятия
procurement ~ *см.* **inventory manager**
product ~ руководитель, ответственный за конструирование, производство и реализацию изделия
product development ~ руководитель отдела опытно-конструкторских работ
production ~ руководитель производства
production control ~ начальник отдела технического контроля
product line ~ *см.* **production manager**
program ~ руководитель программы
project ~ руководитель проекта
project quality ~ руководитель предприятия, ответственный за качество
promotion ~ руководитель отдела рекламы
quality (control) ~ руководитель предприятия, ответственный за качество
reliability division ~ руководитель службы надёжности
reliability program ~ руководитель программы обеспечения надёжности
research ~ научный руководитель; руководитель научно-исследовательских работ
safety ~ руководитель службы техники безопасности
sales ~ 1. коммерческий директор **2.** заведующий отделом сбыта
service ~ 1. лицо, ответственное за (комплексное) обслуживание потребителя **2.** управляющий вспомогательными службами
statistics ~ заведующий отделом статистической информации
store ~ управляющий [директор] магазина
subcontracts department ~ заведующий отделом субподрядов
supplies ~ руководитель службы снабжения
team ~ руководитель группы; бригадир
terminal ~ управляющий (грузовыми операциями) на конечной *или* узловой железнодорожной станции
top ~ главный управляющий; крупный менеджер
trademark and copyright ~ юрист по охране торговой марки и авторского права *(фирмы)*
traffic ~ руководитель (экспедиционно-)транспортного отдела
upper ~ руководитель высшего звена
warehouse ~ 1. заведующий складом **2.** *см.* **inventory manager**
works ~ руководитель [директор] предприятия

managerial управленческий
managerialism «менеджеризм» *(теория руководства экономикой управляющими-профессионалами)*
managerialist сторонники доктрины «менеджеризма»
mandate мандат *(поручение банку организовать синдицированный заём)*

man-day человеко-день
man-hour человеко-час; *pl* трудозатраты в человеко-часах □ **~s worked** количество отработанных человеко-часов
maintenance ~s трудозатраты на техническое обслуживание в человеко-часах
manufacturing ~s производственные трудозатраты в человеко-часах
unit ~s удельная трудоёмкость *(человеко-часы на единицу продукта)*
manifest декларация судового груза
manipulation □ **~ on stock exchange** биржевые спекуляции *(с целью повышения или понижения курсов)*
currency ~ манипуляции с валютой
manit человеко-минута
man-minute человеко-минута
manner of living образ жизни
manning:
~ of inspected vessel укомплектование командой судна, прошедшего инспекцию
~ of machine обеспечение машины обслуживающим персоналом
manor *англ., ист.* поместье, манор
manpower **1.** рабочая сила; кадры **2.** людские ресурсы
engineering ~ инженерно-технические работники, ИТР
maritime ~ кадры торгового флота
rural ~ сельская рабочая сила
scientific ~ научные кадры
skilled ~ *см.* **trained manpower**
technical ~ технические кадры
trained ~ (профессионально) подготовленная [квалифицированная] рабочая сила
manshift человеко-смена
manual **1.** руководство, справочник; указатель **2.** ручной, с ручным управлением; неавтоматический
accounting ~ (внутрифирменное) руководство по бухгалтерскому учёту
budget ~ (внутрифирменное) руководство по разработке планов и смет
service ~ инструкции по эксплуатации
shop ~ заводская инструкция; фирменная инструкция
skilled ~ квалифицированный справочник
Standard Industrial Classification ~ *амер.* Руководство по стандартной классификации отраслей экономики
manufactory **1.** фабрика, завод; мастерская; цех **2.** *ист.* мануфактура ‖ мануфактурный
heterogeneous ~ гетерогенная мануфактура
serial ~ органическая мануфактура
manufacturability возможности производства
manufacture **1.** производство, изготовление; обработка **2.** обрабатывающая промышленность ‖ производить; изготовлять; обрабатывать **3.** *pl* продукция обрабатывающей промышленности □ **of foreign ~** иностранного производства
clandestine ~ незаконное изготовление
commercial ~ выпуск продукции на рынок
corporate proprietary product ~ производство фирмой изделий собственной конструкции
domestic ~ отечественное производство; собственное производство
durable ~ производство товаров длительного пользования
finished ~s готовые изделия; завершённая продукция
home ~ *см.* **domestic manufacture**
inhouse product ~ производство продукции по внутренним заказам
interchangeable ~ производство, основанное на принципе взаимозаменяемости; массовое производство
large-scale ~ крупносерийное производство
lot ~ изготовление изделий партиями
metal ~ *англ.* металлургия; металлургическая промышленность
multiproduct ~ многономенклатурное производство
nondurable ~ производство товаров кратковременного пользования
outside-customer commercial ~ производство продукции для внешнего потребителя на коммерческих началах
small-scale ~ мелкосерийное производство
straight ~ производство продукции по государственному подряду на основе готовой технической документации
wholesale ~ производство для оптовой продажи; массовое производство
manufactured промышленный, промышленного изготовления
manufacturer **1.** (фирма-)изготовитель; производитель; поставщик **2.** фабрикант **3.** фирма [компания] обрабатывающей промышленности
~ of proprietary products фирма-изготовитель изделий собственной конструкции; фирма, производящая патентованную продукцию
contract ~ for others фирма, выполняющая субподрядные работы *(напр. изготовление отдельных деталей и узлов по чертежам заказчика)*
hardware ~ машиностроительная фирма
prime ~ головная фирма-изготовитель; головной поставщик
manufacturing **1.** производство ‖ промышленный; производственный **2.** обрабатывающая промышленность
batch ~ изготовление изделий партиями
custom ~ изготовление (продукции) на заказ
extensive ~ массовое производство
production ~ серийное производство
quantity ~ поточно-массовое производство
repetitive [series] ~ серийное производство
small-lot [small-scale] ~ мелкосерийное производство
manufacturing-oriented связанный с производством
map карта; картограмма; картодиаграмма
consumption ~ график потребления

cost ~ график затрат
forecast ~ карта прогноза
indifference ~ карта безразличия
quality ~ карта качества продукции
resource ~ диаграмма ресурсов
yield ~ карта годности; карта (производственного) выхода

march □ **to steal a ~** вырываться вперёд *(напр. в конкурентной борьбе)*

margin 1. предел *(напр. доходности)* **2.** *бирж.* разница, остаток, маржа, надбавка, вычет **3.** маржа, часть цены акции, вносимая наличными при покупке в кредит *(с участием брокерского кредита)* **4.** скидка розничным торговцам с установленных розничных цен □ **by a wide ~** на значительную величину; **to speculate on ~** спекулировать на разнице в курсах ценных бумаг *(путем заключения сделок с частичной оплатой)*
~ of cultivation предельный уровень использования земельных угодий *(при котором достигается точка безубыточности сельскохозяйственного производства)*
~ of error предел погрешности
~s of fluctuation пределы колебания *(курса валюты, цены)*
~ of profit 1. коэффициент прибыльности, коэффициент доходности *(отношение чистой прибыли к чистой выручке)* **2.** чистый доход, чистая прибыль *(доход минус издержки)* **3.** *см.* **profit margin per unit 4.** *см.* **margin 4.**
~ of reserve резерв установленной мощности *(электростанции)*
~ of safety 1. «кромка безопасности» *(превышение запланированного объёма производства над бесприбыльным)* **2.** *см.* **margin of reserve 3.** степень обеспеченности ссуды
~ of slack запас неиспользуемых производственных мощностей
~ of unused resources ~ запас неиспользуемых ресурсов
allocational ~ граница оптимума *(при распределении ресурса между пользователями)*
bank ~ банковская маржа *(разница между процентными ставками по кредитам и по вкладам)*
budget ~ разница между бюджетными доходами и расходами *(избыток или дефицит)*
close ~ of profit незначительная прибыль
collateral security ~ разница между рыночной стоимостью обеспечения и суммой кредита
credit ~ маржа по кредиту
customary ~ for the industry привычная норма прибыли для данной отрасли
dumping ~ демпинговая разность *(между ценами внутренними и экспортными)*
excess ~ избыточная маржа *(средства на счёте клиента, превышающие норму при покупке акций в кредит)*
expatriation ~ квота на выезд из страны
extensive ~ of cultivation предельный уровень экстенсивного использования земельных угодий
fixed ~ твёрдая наценка
gross ~ 1. валовая прибыль **2.** общий резерв *(резервные и ремонтные мощности электростанций)*
gross ~s over direct costs валовая прибыль за вычетом прямых затрат
gross income ~ *см.* **margin of profit 1.**
gross merchandise ~ валовая прибыль в торговле
gross planning ~ общий резерв планируемых мощностей *(включая ремонтные мощности электростанции)*
historic(al) ~ традиционная розничная скидка *(в данной сфере бизнеса)*
insurance ~ страховая наценка *(в цене товара)*
intensive ~ of cultivation предельный уровень интенсивного использования земельных угодий
lending ~ ссудная маржа *(разница между доходом от кредитования и стоимостью привлечения средств)*
marketing ~ торговая наценка, устанавливаемая промышленным предприятием
narrow ~ небольшой размер прибыли
net interest ~ чистый процентный доход банка *(в отношении к доходным активам)*
net profit ~ *см.* **margin of profit 1.**
price-cost ~ доля прибыли в цене
profit ~ per unit 1. удельная валовая прибыль **2.** доля прибыли в цене единицы продукта
shoestring [thin] ~ недостаточная маржа
transportation ~ транспортная наценка *(в цене товара)*
unit contribution ~ удельная валовая прибыль

marginal 1. предельный; маржинальный, маргинальный; минимально (экономически) эффективный **2.** критический, решающий; имеющий решающее значение **3.** приростной, дополнительный

marginalism маржинализм *(теория предельной полезности и производительности)*

marginality маржинальность, принцип малых приращений, предельный подход

mark 1. знак; клеймо ‖ клеймить, метить **2.** уровень; стандарт; норма **3.** *pl* маркировочные знаки *(на упаковке груза)* **4.** ставить расценку *(на товарах)* **5.** *бирж.* зарегистрировать сделку **6.** *pl* зарегистрированные цены акций *(на британских биржах)* □ **to ~ a price** объявлять котировку, регистрировать курс акций; **to ~ down rate** снизить ставку по ссуде; **to ~ to the market** переоценивать активы *или* позиции в соответствии с текущими рыночными ценами; **to ~ up rate** повысить ставку по ссуде; **up to the ~** на должном уровне
~ of assay пробирное клеймо
bench ~ 1. исходный пункт *(напр. анализа)* **2.** *pl* исходные [базисные] данные **3.** необходимый минимум *(напр. семейного бюджета, установленный Бюро статистики труда в США)*

check ~ контрольная метка
emblem [manufacture] ~ заводская [фабричная] марка
mint ~ клеймо монетного двора
Plimsoll ~ грузовая марка судна
standard ~ пробирное клеймо
trade ~ 1. товарный знак **2.** фирменный знак

markdown 1. снижение *(цены)* **2.** продажа по сниженным ценам **3.** величина скидки *(с первоначально установленной цены)* **4.** снижение оценочной стоимости *(напр. сырья или полуфабрикатов на складе предприятия)* **5.** переоценка ценных бумаг *(в связи со снижением биржевых курсов)*

markee □ **~ over the drive** надвитринный тент; **~ over the selling area** тент над торговым залом

Market □ **the Common ~** Европейское Экономическое сообщество, ЕЭС, Общий рынок
International Monetary ~ Международный денежный рынок *(подразделение Чикагской товарной биржи)*

market 1. рынок *(как экономическая категория)* ‖ рыночный **2.** биржа **3.** городской рынок **4.** торговля ‖ сбывать [продавать, реализовать] на рынке **5.** *амер.* специализированный продовольственный магазин *(напр. мясной)* **6.** рынок транспортных услуг **7.** объём потенциальных перевозок □ **at the ~** «по наилучшей цене» *(приказ брокеру)*; **capital ~s are hopelessly marred** рынки капитала полностью дезорганизованы; **~ for bar silver** рынок серебра в слитках; **in and out of the ~** быстрый оборот ценных бумаг; покупка и продажа бумаг в один и тот же день; **the ~ is active** *см.* **active market**; **the ~ is advancing** настроение рынка повышательное; **the ~ is barely steady** цены на рынке без перемен, но проявляют тенденцию к понижению; **the ~ is depressed** настроение рынка угнетённое *(спрос незначительный, и цены понижаются)*; **the ~ is easier** цены на рынке понижаются; **the ~ is easy** настроение рынка понижательное; **the ~ is excited** рынок в возбуждённом состоянии; **the ~ is firm** настроение рынка твёрдое *(цены установились на более высоком уровне и проявляют тенденцию к дальнейшему повышению)*; **the ~ is flat** настроение рынка вялое; **the ~ is hesitant** рынок в выжидательном положении; **the ~ is idle** *см.* **inactive market**; **the ~ is improving** спрос на рынке улучшается; **the ~ is in the doldrums** *см.* **the market is depressed**; **the ~ is neglected** спрос отсутствует; покупатели не проявляют интереса к закупкам; **the ~ is off** цены на рынке падают; на рынке резкое ослабление спроса; **the ~ is quietly steady** на рынке производится мало сделок, но цены почти не изменились; **the ~ is steady** настроение рынка устойчивое; **the ~ is unsettled** настроение рынка неустойчивое; **the ~ is weak** настроение рынка вялое; **the ~ recovered** положение на рынке поправилось; рынок восстановился *(после ухудшения)*; **to affect the ~** влиять на рынок; **to bang the ~** сбить рынок, выбросить на продажу большое количество акций; **to be in the ~ for something** намереваться купить *что-л.*; **to be lured into the ~** быть привлечённым на данный рынок *(о новых компаниях)*; **to beat the ~** превзойти [обогнать] рынок *(по уровню цен, курсов)*; **to branch out into a new ~** распространяться на новый рынок; **to congest the ~** переполнять рынок; **to enter the ~** появиться на рынке; **to make the ~** *бирж.* делать рынок, постоянно котировать цены с готовностью вступить в сделку; **to manipulate the ~** влиять [воздействовать] на рыночную ситуацию; искусственно повышать *или* понижать цены; **to meet with a ready ~** находить быстрый сбыт; **to miss the ~** упустить рынок, не выполнить поручение клиента на оптимальных условиях; **to oust from the ~** вытеснять с рынка; **to play the ~** спекулировать [играть] на бирже; **to price oneself out of the ~** устанавливать завышенные цены; **to rig the ~** *см.* **to manipulate the market**; **to rule the ~** господствовать на рынке; **to split ~s** поделить рынки; **to spoil the ~** дезорганизовать рынок; **to suit the ~** удовлетворять требованиям рынка
~ of new issues рынок новых выпусков ценных бумаг
active ~ активный [оживлённый] рынок *(производится много сделок)*
agricultural commodities ~ рынок сельскохозяйственной продукции
atomistic ~ распылённый рынок *(с преобладанием мелких потребителей)*
bear ~ *бирж.* рынок, на котором наблюдается тенденция к снижению курсов
biddable ~ номенклатура подрядов на торгах, на получение которых может рассчитывать фирма
black ~ чёрный рынок
bond ~ рынок облигаций; рынок долгосрочного ссудного капитала
broad ~ *см.* **active market**
bull ~ *бирж.* рынок, на котором наблюдается тенденция к повышению курсов
buoyant ~ *см.* **gaining market**
buyers' ~ рынок покупателей, рыночная конъюнктура, выгодная для покупателей *(превышение предложения над спросом)*
calculable ~ поддающийся расчёту общий объём спроса
call money ~ рынок онкольных ссуд
capital ~ рынок (долгосрочного ссудного) капитала
cash ~ рынок торговых сделок с уплатой наличными
cattle ~ скотный рынок
central wholesale ~s оптовые рынки сельскохозяйственной продукции в крупных городах
city pair ~ 1. образуемый корреспондирующими городами рынок транспортных услуг **2.** потенциальный объём перевозок между корреспондирующими пунктами

closed ~ закрытый рынок *(доступ нечленов организации ограничен, напр. фондовая биржа)*
colonial ~ колониальный рынок
commercial paper ~ рынок коммерческих бумаг *(краткосрочных обязательств)*
commodity ~ товарная биржа; рынок товаров
competitive ~ конкурентный рынок *(конкурирующих продавцов и покупателей)*
contango ~ *бирж.* состояние рынка срочных сделок, при котором цены на срок соответствуют процентным ставкам
contestable ~ состязательный рынок
corn ~ зерновая биржа
credit ~ рынок кредита
curb ~ *амер.* неофициальный рынок ценных бумаг; чёрный рынок
debt ~ рынок ссудного капитала *(долгосрочного кредита)*
discount ~ учётный [дисконтный] рынок
distant ~ территориально-отдалённый рынок
domestic ~ внутренний рынок
double auction ~ рынок с большим числом продавцов и покупателей *(биржа)*
dual exchange ~ валютный рынок с двойным режимом *(фиксированного и свободного валютного курса)*
dull ~ *см.* **inactive market**
effectively competitive ~**s** рынки с эффективной конкуренцией
elastic ~ рынок, характеризующийся эластичностью спроса по ценам
equity ~ рынок акций
erratic(al) ~ рынок, на котором происходит беспорядочное изменение цен *или* курсов
Eurocurrency ~ международный евровалютный рынок
Eurodollar ~ международный евродолларовый рынок
exchange ~ валютный рынок
external ~ внешний рынок
extra-bank funds ~ внебанковский денежный рынок
factor ~ рынок факторов производства *(напр. рабочей силы)*
falling ~ понижательная рыночная конъюнктура, падающие цены
farmers' ~ рынок сельскохозяйственной продукции
farm seasonal labor ~ рынок сезонной сельскохозяйственной рабочей силы
feeder cattle ~ *амер.* рынок по продаже откормочного крупного рогатого скота
financial ~ финансовый рынок *(напр. рынок ценных бумаг)*
fish ~ *амер.* рыбный магазин
fix-price ~ рынок, реагирующий на изменение спроса изменением предложения при том же уровне цен
flex-price ~ рынок, реагирующий на изменение спроса изменением цен
foreign ~ внешний рынок
formal ~ организованный рынок
forward ~ рынок по сделкам на срок
free ~ рынок, свободный от ограничений, свободная торговля
futures ~ **1.** рынок с длительным сроком поставок **2.** рынок по сделкам на срок, фьючерсный рынок
gaining ~ повышательная рыночная конъюнктура, рынок, характеризующийся ростом цен
gilt-edged ~ *англ.* рынок государственных облигаций
glamor ~ процветающий рынок
glutted ~ насыщенный рынок *(переполнение рынка)*
gold ~ рынок золота
government ~ сбыт товаров и услуг государственным учреждениям
grain ~ *амер.* зерновая биржа
gray [grey] ~ «серый» рынок *(характеризуется продажей дефицитных товаров со значительной наценкой)*
heavy ~ перегруженный рынок *(превышение предложения над спросом)*
hired agricultural labor ~ рынок наёмной сельскохозяйственной рабочей силы
home ~ внутренний рынок
inactive ~ неактивный [вялый] рынок
informal ~ неорганизованный рынок
inland ~ внутренний рынок
input ~ *см.* **factor market**
insurance ~ страховой рынок; «страховое поле»
interbank ~ межбанковский рынок, рынок межбанковских операций
intercorporation deposit ~ межфирменный рынок депозитов
internal ~ внутренний рынок
international exchange ~ международный валютный рынок
investment ~ инвестиционный рынок
investment currency ~ рынок валюты для зарубежных инвестиций
jerry-built ~ *см.* **unsteady market**
job ~ рынок труда
Kaffir ~ *жарг.* рынок акций южноафриканских золотопромышленных компаний
kerb ~ *см.* **curb market**
labor ~ рынок труда
liquidating ~ рынок, характеризующийся массовыми продажами товаров *или* ценных бумаг
live(stock) ~ скотный рынок
local authority ~ *англ.* рынок облигаций местных органов власти
local service travel ~ рынок транспортных услуг на местных линиях
locked ~ рынок, на котором сделки затруднены, поскольку цены продавцов равны ценам покупателей
long ~ состояние рынка ценных бумаг, характеризующееся крупными покупками несмотря на повышение курсов
losing ~ *см.* **falling market**
meat ~ *амер.* мясной магазин
marchandise ~ рынок товаров
military ~ рынок продукции военного назначения
money ~ денежный рынок, рынок краткосрочного капитала

mortgage ~ ипотечный рынок, вторичный рынок ипотек [закладных]
multiple carrier ~ рынок транспортных услуг при наличии конкурирующих компаний
narrow ~ узкий рынок *(с небольшим объёмом сделок)*
national ~ национальный рынок
off-board ~ *см.* **over-the-counter market**
one-buyer ~ рынок одного покупателя
open ~ открытый рынок *(с неограниченным числом участников)*
open-air ~ рынок под открытым небом
option ~ рынок по сделкам на срок
organized ~ организованный рынок
outside ~ неофициальная биржа
overbought ~ перенапряжённый рынок
over-the-counter ~ *амер.* внебиржевой рынок ценных бумаг, рынок незарегистрированных ценных бумаг
paper ~ *см.* **securities market**
parallel ~ параллельный рынок, фондовый *или* валютный рынок, функционирующий наряду с основным
passenger ~ рынок пассажирских перевозок
physical ~ рынок наличного товара
placement ~ *см.* **securities market**
price-elastic ~ *см.* **elastic market**
primary ~ **1.** основной рынок для какого-л. продукта *(напр. Чикаго—основной рынок зерна)* **2.** первичный рынок *(на котором реализуются только вновь выпущенные ценные бумаги)* **3.** рынок сырьевых товаров
railway ~ рынок железнодорожных акций
real estate ~ рынок недвижимости
retail public ~ *амер.* городской рынок сельскохозяйственной продукции
rigged ~ рыночные условия, при которых цены не отражают объективно складывающихся соотношений спроса и предложений
rising ~ *см.* **gaining market**
roadside ~ *амер.* ларёк у автомобильной дороги
sagging ~ *см.* **sick market**
sea food ~ *амер.* магазин рыбных и других морских продуктов
secondary ~ **1.** второстепенный рынок *(напр. маленький рынок в провинциальном городе)* **2.** вторичный рынок *(на котором обращаются ценные бумаги, ранее выпущенные в обращение)*
secondhand ~ **1.** рынок подержанных товаров **2.** *см.* **secondary market 1.**
securities ~ рынок ценных бумаг; фондовая биржа
sellers' ~ рынок продавцов, рыночная конъюнктура, выгодная для продавцов *(превышение спроса над предложением)*
sensitive ~ *см.* **unsteady market**
settlement ~ рынок по сделкам на срок
sheltered ~ *см.* **closed market**
shrinking ~ сужающийся рынок
sick ~ рынок, характеризующийся падением курсов *или* цен
single ~ единый рынок
slipping ~ *см.* **sick market**
sluggish ~ *см.* **inactive market**
soft ~ *см.* **sick market**
speed ~ *амер.* небольшой продовольственный магазин самообслуживания с компактным размещением товаров *(что позволяет покупателю быстро отобрать товар)*
split ~ *см.* **dual exchange market**
spot ~ рынок наличного товара
spotty ~ рынок, характеризующийся резкими скачками курсов отдельных выпусков при общей стабильности большинства акций
steady [stiff] ~ устойчивый рынок *(характеризующийся стабильным курсом)*
stiffened ~ стеснённый рынок *(характеризующийся повышением курсов)*
stock ~ фондовая биржа; рынок акций
strong ~ *см.* **steady market**
supply-and-demand ~ рынок, на котором цены устанавливаются спросом и предложением
terminal ~ центральный оптовый рынок сельскохозяйственной продукции в крупных городах
thin ~ *см.* **inactive market**
tight ~ рынок с недостаточным предложением *(превышение спроса над предложением)*
tight labor ~ рынок труда с высоким спросом на рабочую силу
tight money ~ стеснённый денежный рынок
top-heavy ~ рынок, характеризующийся чрезмерным повышением курсов *или* цен
trading ~ *см.* **inactive market**
travel ~ *см.* **passenger market**
two-tier foreign exchange ~ *см.* **dual exchange market**
two-tier gold ~ двухъярусный рынок золота *(в связи с разделением его в 1968 г. на официальный и частный)*
uncertain [uneven] ~ *см.* **unsteady market**
unlisted ~ *см.* **over-the-counter market**
unofficial ~ *англ.* свободный рынок ценных бумаг
unorganized ~ неорганизованный рынок
unsteady ~ неустойчивый рынок *(без выявившейся тенденции)*
weak ~ *см.* **liquidating market**
world (embracing) ~ мировой рынок

marketability пригодность для продажи, товарность; реализуемость
~ of fuel товарность топлива

marketable годный для продажи

marketeer *разг.* сбытовик; продавец, рыночный агент, участник купли-продажи
black ~ торгующий на чёрном рынке; спекулянт

marketer *разг.* сбытовик *или* закупщик

marketing **1.** реализация; сбыт **2.** маркетинг *(организация сбыта)* как научная дисциплина □ **to bolster ~** поддерживать сбыт *(напр. рекламной компанией)*
cooperative ~ сбыт через систему кооперативов

direct ~ сбыт без посредников
industrial ~ сбыт промышленной продукции
marketplace:
commercial ~ свободный рынок
market-to-book отношение рыночной цены (акции) к её бухгалтерской оценке *(по сумме активов за вычетом обязательств)*
marketwide в масштабах всего рынка
mark-on *см.* **markup 2.**
markup 1. повышение *(цен)* **2.** надбавка *(на издержки производства)* **3.** наценка *(в розничной торговле на оптовые цены)*
dealer's ~ on used cars дилерская наценка на подержанные автомобили
wage ~ надбавка к заработной плате
marquee *см.* **markee**
marriage брак; вступление в брак, заключение брака □ **~ by contract** брак по контракту; **~ by habit and repute** брак по фактическому положению вещей и всеобщей известности; гражданский брак; **to contract a ~** заключать брак, заключать брачный договор
broken ~ расторгнутый брак
civil [common law] ~ гражданский [фактический] брак
companionate ~ бездетный брак, расторгаемый по желанию обеих сторон без суда и выплаты алиментов
consanguineous ~ кровосмесительный брак
cross ~ *см.* **heterogeneous marriage**
de facto ~ фактический [гражданский] брак
de jure ~ юридический брак
discontinuous ~ прерываемый брак
disgenic ~ брак, нежелательный с точки зрения обеспечения здорового потомства
disrupted [dissolved] ~ расторгнутый брак
heterogeneous ~ смешанный брак *(между представителями различных рас, национальностей, племён)*
homogeneous ~ несмешанный брак *(между представителями одной расы, национальности, племени)*
indissoluble ~ нерасторжимый брак
infertile ~ инфертильный [бездетный] брак
interthnic ~ брак между представителями различных этнических групп
interracial ~ брак между представителями различных рас
left-handed ~ морганатический брак
legal ~ законный брак
mixed ~ *см.* **heterogeneous marriage**
monogamous ~ моногамный брак
morganatic ~ морганатический брак
multiple ~s многократное вступление в брак
polygamous ~ полигамный брак
registered ~ зарегистрированный брак
religious ~ церковный брак
sterile ~ физиологически стерильный [бесплодный] брак
teen-age ~ брак лиц, не достигших 20 лет
temporary ~ временный брак *(автоматически переходящий в постоянный при беременности)*
trial ~ пробный брак
unmixed ~ *см.* **homogeneous marriage**
unregistered ~ незарегистрированный брак
valid ~ действительный брак
marriageable бракоспособный, достигший брачного возраста; взрослый
married:
never ~ никогда не состоявший в браке
once ~ состоящий только в одном браке
marshal упорядочивать □ **to ~ the assets** использовать активы компании для погашения долгов
marstochron *орг. пр.* марстохрон *(прибор для регистрации коротких интервалов времени до 0.01 мин.)*
mart 1. рынок **2.** торговый центр **3.** аукционный зал
merchandise ~ *амер.* многоэтажное здание, арендуемое оптовым предприятием под выставки и конторы
Marxian марксист ‖ марксистский
Marxism марксизм
mass:
~ of commodities товарная масса, масса товаров
~ of materialized labor масса овеществлённого труда
~ of profits масса прибыли
~ of surplus value масса прибавочной стоимости
homogeneous ~ of human labor power однородная человеческая рабочая сила
master 1. мастер; мастер-ремесленник; мастер—владелец мастерской **2.** мастер, знаток *(своего дела)* **3.** капитан *(торгового судна)* **4.** главный, головной *(напр. о контракте)* □ **~ and servant** работодатель и работающий по найму
careers ~ *англ.* консультант по профессиональной ориентации
yard ~ 1. начальник сортировочной станции **2.** начальник грузового двора
match 1. приводить в соответствие; выравнивать *(напр. цены)* **2.** сравняться *(напр. о конкурентах)* **3.** подходить *(по качеству)* **4.** сличать *(напр. с переписными листами)* **5.** эквивалент **6.** две противоположные сделки, совпадающие по размерам и срокам
matching 1. приведение в соответствие **2.** балансирование активов и пассивов *(по размерам и срокам)*
~ of maturities согласование [совпадение] сроков *(кредитов, ценных бумаг)*
material 1. материал, вещество **2.** статистический материал, данные □ **~s consumed by kind** потреблённые материалы по сортам; **~ in process** незавершённое производство; незавершённая продукция; **~s on hand** наличные материалы; **~s on order** закупленные *(но ещё не полученные)* материалы
applicational ~ данные о возможном применении предлагаемой продукции
auxiliary ~s вспомогательные материалы

census ~ материал переписи
construction ~s строительные материалы
critical ~ дефицитный материал
defense ~s материалы военного назначения; военное имущество
direct ~s основные производственные материалы
direct-indirect ~ *см.* **unallocated direct material**
enumeration ~ материал переписи
experimental ~ экспериментальный материал
fabricated ~s изготовленные материалы
granular ~s гранулированные материалы; сыпучие материалы
indirect ~s вспомогательные производственные материалы *(включая запчасти)*
inventory ~s производственные материалы, комплектующие изделия и детали
man-made ~ искусственный материал *(напр. пластмасса)*
mined ~s добытые ископаемые; продукция добывающих предприятий
nonproductive ~s *см.* **indirect materials**
plastic ~s пластмассы
promotional ~s рекламные материалы *(способствующие продвижению товара)*
raw ~ 1. сырьё 2. *pl* материалы-полуфабрикаты *(напр. на машиностроительном заводе — сортовой прокат стали и цветных металлов)*
unallocated direct ~ основные производственные материалы, не относимые на определённый заказ *(напр. краска)*
war ~s *см.* **defence materials**

maternity 1. материнство 2. *pl* одежда для беременных 3. *pl* магазины одежды для беременных
illegitimate ~ появление незаконнорождённого ребёнка
legitimate ~ появление законнорождённого ребёнка

mathematics математика; математическая трактовка; математическая сторона вопроса
actuarial ~ математический аппарат страхового дела
applied ~ прикладная математика

matrix 1. *мат.* матрица 2. таблица
~ of effectiveness матрица эффективности
~ of even order матрица чётного ранга
~ of full rank матрица полного ранга
~ of real elements вещественная матрица
~ of strategies *т. игр* матрица стратегий
assignment ~ матрица назначений
augmented ~ расширенная матрица
check ~ проверочная таблица
coefficient ~ матрица коэффициентов
constraint ~ матрица ограничений
covariance ~ ковариационная матрица
decision ~ матрица решений
entire ~ полная матрица
estimator ~ матрица оценок
female projection ~ таблица прогнозируемой численности женщин
game ~ *т. игр* платёжная матрица
Hadamard ~ матрица Адамара, адамарова матрица
income ~ матрица доходов
input ~ матрица затрат
inverse ~ обратная матрица
invertible ~ обратимая [невырожденная] матрица
irreducible ~ непроводимая матрица
Jacobian ~ матрица Якоби, якобиан
Leontief inverse ~ обратная матрица Леонтьева
loss ~ *т. игр* матрица потерь
Markov ~ марковская матрица
Metzler ~ матрица Метцлера
Minkowski—Leontief ~ матрица Минковского—Леонтьева
modal ~ модальная [диагонализирующая, полярная] матрица
nonsingular ~ невырожденная [обратимая] матрица
outcome ~ матрица результатов
payoff ~ *т. игр* платёжная матрица
permutation ~ перестановочная матрица
polar ~ полярная [диагонализирующая, модальная] матрица
positive-definite ~ положительно определённая матрица
real ~ вещественная матрица
reciprocal ~ обратная матрица
reduced ~ приведённая матрица
reducible ~ приводимая матрица
regret ~ *т. игр* матрица потерь
restraint ~ матрица ограничений
semidefinite ~ полуопределённая матрица
semipositive ~ полуположительная матрица
singular ~ вырожденная матрица
skew (symmetric) ~ кососимметричная матрица
stable ~ 1. устойчивая матрица 2. *демогр.* таблица численности стабильного населения
technology-tastes ~ матрица технологии производства и вкусов потребителей
transaction ~ матрица межотраслевых потоков
transposed ~ транспонированная матрица
two-row ~ двухрядная [двухстрочная] матрица

matter вопрос, предмет *(обсуждения)*
~ of business деловой вопрос
money ~ финансовый вопрос; финансовая сторона дела

mature 1. зрелый; высокоразвитый 2. наступать сроку *(платежа)*; сделаться срочным; подлежать погашению *или* оплате 3. достигший половой зрелости ‖ достигать половой зрелости □ **the bill ~s on the 5th May** срок платежа по векселю наступает 5 мая

maturity 1. зрелость, высокий уровень развития *(экономики)* 2. наступление срока *(напр. выплаты страховой суммы)*; срок долгового обязательства 3. возмужалость □ **at ~** по наступлении срока; **before ~** до наступления срока; **to have a ~** иметь срок; обращаться (до момента)
~ of loan срок (погашения) ссуды

acceptance ~ срок акцепта
demographic ~ демографическое созревание
indeterminate ~ неустановленный срок *(выкупа ценных бумаг)*
intermediate ~ средний срок погашения *(займа)*
long ~ долгий срок погашения *(займа)*
obligatory ~ обязательный срок погашения *(в отличие от опциона или досрочного погашения)*
overall average ~ of loans общий средний срок погашения займов
residual ~ остаток срока до погашения *(напр. займа)*
ultimate ~ окончательный срок погашения *(ценных бумаг)*

maverick *стат.* резко отклоняющееся значение *(на графике)*
suspected ~ отклоняющаяся точка

maximal максимальный

maximality максимальность

maximand максимизируемый показатель

maximax максимакс

maximin *т. игр* максимин
mixed ~ смешанный максимин
pure ~ чистый максимин

maximinimizing максиминизирующий

maximization максимизация *(напр. прибыли)*
stepwise ~ поэтапная максимизация
utility ~ максимизация полезности
vectorial ~ векторная максимизация *(функции)*

maximize максимизировать, доводить до максимальной величины

maximum максимум, максимальное [наибольшее] значение
constrained ~ условный максимум
unconstrained ~ безусловный максимум

mean среднее (значение); средняя величина ‖ средний □ **above the ~** выше среднего; **at the ~** в среднем; **below the ~** ниже среднего; **~ in question** искомое среднее; **in the ~** в среднем
asymptotic(al) ~ асимптотическое значение среднего
conditional ~ условное среднее
geometric(al) ~ среднее геометрическое
harmonic(al) ~ гармоническое среднее
limiting ~ предельное среднее
long range [long time] ~ среднее по большому интервалу
moving ~ скользящее среднее
overall ~ общее среднее
probabilistic ~ *стат.* математическое ожидание
quadratic ~ среднее квадратическое
sample ~ выборочное среднее
simple ~ среднее арифметическое
single sample ~ среднее по одной выборке
statistical ~ статистическое среднее
time ~ среднее по времени, усреднённое по времени значение; временно́е среднее
trending ~ изменяющееся среднее *(временно́го ряда)*
true ~ истинное среднее
unweighted ~ невзвешенное среднее
weighted ~ взвешенное среднее

means 1. средство, средства; способы 2. средства *(денежные)*
~ of circulation средства обращения
~ of communication средства сообщения
~ of payment 1. средство [способ] платежа 2. средства платежа; средства расчётов
~ of purchase покупательное средство
~ of subsistence средства существования
ample ~ достаточные средства

mean-square среднеквадратический

measure 1. мера; показатель; мерило; критерий ‖ измерять 2. мероприятие, мера □ **to ~ in constant price terms** измерять в постоянных ценах
~s of business cycle показатели экономического цикла
~ of concentration 1. показатель плотности населения 2. показатель концентрации производства
~ of dispersion *стат.* мера рассеяния
~ of efficiency показатель результативности; критерий эффективности
~s of excess *стат.* меры эксцесса
~s of performance of economy критерии эффективности функционирования экономики; оценка результатов хозяйственной деятельности
~ of precision *стат.* мера точности
~ of priority *ТМО* показатель приоритета
~ of producibility показатель технологичности
~ of reliability мера достоверности *(данных)*
~ of scatter *стат.* мера рассеяния
~ of utility критерий полезности
~ of utilization коэффициент использования *(напр. обслуживающего устройства)*
~ of value мера стоимости
adjustment ~s корректировочные меры; меры по урегулированию
contraceptive ~ метод регулирования рождаемости; *pl* предохранительные [противозачаточные] меры
demographic ~ демографический показатель
dependency ~ показатель иждивенчества
devaluation ~s мероприятия по девальвации
effectiveness ~ критерий эффективности
fertility ~ показатель плодовитости
general promotion ~s общие мероприятия по стимулированию развития *(напр. промышленности)*
historical ~s показатели для прошлых лет
ideal ~ of value идеальная мера стоимости
imperial ~s имперская система измерений *(стандартная система измерений, принятая в Великобритании)*
national ~ общестрановый показатель; макроэкономический показатель
performance ~ критерий качества работы
preference ~ показатель предпочтения
probability ~ вероятностный показатель
rate-of-operations ~ показатель степени использования производственных возможностей *(предприятия)*

reliability performance ~ показатель эксплуатационной надёжности
representative ~ репрезентативная характеристика
service ~ *ТМО* показатель степени обслуживания
status ~ показатель общественного положения
technological ~s of capacity оценка производственной мощности на основе данных о производительности оборудования
waiting ~ *ТМО* показатель времени ожидания

measured измеренный, замеренный

measurement 1. измерение 2. *pl* размеры 3. система мер 4. нормирование
actual ~ натурное измерение
business ~ измерение показателей деловой активности
calendar-year ~ измерение, относящееся к календарному году
direct ~ of migration прямой метод измерения миграции
live animal ~ пожизненный обмер животных
methods-time ~ *орг. пр.* нормирование времени на выполнение трудовых движений
performance ~ определение качества работы
sickness ~ определение показателей заболеваемости
time-average ~ усреднённое по времени измерение
work ~ нормирование труда

measuring измерение ‖ измерительный

mechanics:
population ~ динамика развития народонаселения

mechanism:
adjustment ~ 1. механизм установления экономического равновесия, механизм взаимоприспособления *(напр. спроса и предложения)* 2. механизм выравнивания [регулирования] *(напр. платёжного баланса)*
automatic equilibrating ~ механизм автоматического выравнивания *(напр. платёжного баланса)*
credit-granting ~ механизм выдачи кредита
cyclical ~ механизм экономического цикла
demographic ~ механизм демографических процессов
deviation-amplifying ~ механизм расшатывания *(экономического равновесия)*
exchange rate ~ механизм валютных курсов
gold-flow equilibrating ~ механизм уравновешивания платёжных балансов посредством перелива золота
market ~ рыночный механизм
money-transfer ~ механизм перечисления денежных средств
price ~ механизм цен
propagation ~ механизм распространения *(экономических колебаний)*
response ~ механизм реагирования *(напр. ценовой)*
rewarding ~ система вознаграждений
tool ~ машина-орудие
transmission ~ передаточный механизм *(экономических процессов)*
working ~ рабочая машина

mechanization механизация
all-round [complex] ~ комплексная механизация
Detroit-type ~ механизация производственного процесса «детройтского типа», автоматизация производства на базе жёстких автоматических станочных линий
field ~ механизация полеводства
spring ~ механизация весенних полевых работ
system ~ комплексная механизация

mechanized механизированный

media средства массовой информации

median *стат.* медиана
conditional ~ условная медиана
sample ~ выборочная медиана

mediate посредничать

mediation посредничество *(при урегулировании трудовых конфликтов)*

mediator посредник

medicaid *амер.* государственная программа бесплатной *или* льготной медицинской помощи

medicare 1. *амер.* государственная программа бесплатной медицинской помощи престарелым 2. бесплатная медицинская помощь

mediocre посредственного качества *(о товарах)*

medium 1. средство; способ 2. посредничество; посредник; агент 3. *pl англ.* среднесрочные государственные облигации
~ of exchange 1. средство обмена 2. средство обращения *(о функции денег)*
~ of payment средство платежа *(о функции денег)*
advertising ~ средство передачи рекламы *(напр. телевидение)*
circulating ~ обращающиеся деньги; средство обращения
general paying ~ всеобщее средство платежа
general purchasing ~ всеобщее покупательное средство
investment ~ объект инвестирования капитала
posting [recording] ~ 1. журнал текущего учёта 2. первичный документ
universal ~ of payment всеобщее средство платежа

medium-term среднесрочный

meet оплачивать; покрывать □ **to ~ a bill** оплачивать вексель; **to ~ competition** выдержать конкуренцию; **to make both ends ~** обходиться своим доходом; **to ~ the claims of creditors** удовлетворять претензии кредиторов; **to ~ the crisis** преодолеть кризис; **to ~ the due date** оплатить в срок; **to ~ the expense** покрыть расход, оплатить стоимость *(напр. услуги)*; **to ~ the financial obligations** выполнить финансовые обязательства *(погасить в срок ссуду)*; **to ~ with due protection** быть акцептованным *(о векселе)*; **to ~ with losses on the stock exchange** потерпеть убытки на фондовой бирже

meeting заседание; деловая встреча
board ~ заседание совета
industry-government ~ совещание представителей промышленности и государственных органов
stockholders' ~ собрание акционеров

megabuck *разг.* миллион долларов ‖ многомиллионный *(в долларовом выражении)*

mega-deal очень крупная финансовая сделка

megalopolis агломерация крупных городов, мегалополис

melon *амер. разг.* крупный дополнительный дивиденд; дивиденд в форме бесплатных акций □ **to cut a ~** *разг.* распределять крупный дополнительный дивиденд; распределять дивиденд в форме бесплатных акций

member член *(напр. комитета)*
~ of the Federal Reserve System *амер.* банк — член Федеральной резервной системы
adopted ~ приёмный член семьи
clearing house ~ банк — член расчётной палаты
co-opted ~ кооптированный член
ring ~s члены фондовой биржи, имеющие право заключать сделки
syndicate ~s члены синдиката
underwriting ~s of Lloyd's андеррайтеры — члены страховой корпорации Ллойда

membership членство
closed ~ закрытое членство *(без приёма новых членов)*

memorandum *страх.* меморандум *(оговорка в полисе об ограничении ответственности страховщика за частичное повреждение грузов)*
~ of association *англ.* заявка на регистрацию акционерного общества

memory память *(напр. ЭВМ)*
social ~ социальная память *(отражение важных общественных событий в сознании живущего и последующих поколений)*

menu:
financial ~ набор финансовых альтернатив *(особ. в отношении задолженности развивающихся стран)*

Merc *амер., разг.* Чикагская товарная биржа *(см. тж.* **Chicago Mercantile Exchange***)*

mercantile коммерческий, торговый

mercantilism меркантилизм

mercantilist меркантилист

merchandise товар(ы) ‖ торговать □ **~ in storage** товары на складе; **~ off condition** некондиционный товар; **~ on account** товары в кредит; **~ on hand** товары в наличии, товарный фонд; **~ on order** заказанные товары
adjusted ~ excluding military товары невоенного назначения с учётом сезонных колебаний *(статья в платёжном балансе)*
buyable ~ товар, который можно купить
fashion ~ модные товары; новинки
higher-margin ~ товары с высокой долей прибыли в цене
marked-down ~ товары с пониженной ценой
price-fixed ~ товары с твёрдыми ценами
rack ~ товары в отделе промышленных изделий *(в супермаркете)*
staple ~ основные товарные статьи
tagged ~ товар, снабжённый ярлыком
top-quality ~ товар высшего качества

merchandiser торговец; торговая фирма

merchandising 1. сбыт; торговля; искусство сбыта; усилия, необходимые для сбыта товара **2.** коммерческое планирование производства *(включает выбор продукции для производства, определение характеристик, времени, места производства и цены)* **3.** перепродажа продукции без переработки *(промышленной фирмой)*
scrambled ~ расширение ассортимента специализированного магазина за счёт товаров, не имеющих отношения к основному ассортименту

merchant торговец, купец
commission ~ (оптовый) торговец, покупающий товары для продажи на комиссионных началах
provision ~ оптовик, торгующий продовольственными товарами

merchantable 1. пригодный для продажи; могущий быть проданным **2.** коммерчески выгодный *(о товаре)*

merchantman торговое судно

merge поглощать; сливать(ся)

merger поглощение *(путём приобретения ценных бумаг или основного капитала)*; слияние *(компаний)* □ **~s and acquisitions** слияния и поглощения компаний *(специализация банка или отдела на организации слияний, поглощений)*
conglomerate ~ конгломератное слияние *(разнородных предприятий)*
cross-frontier ~ слияние предприятий, находящихся в соседних странах
geographic market extension ~ слияние компаний, производящих однотипную продукцию, но выступающих на географически различных рынках *(разновидность конгломератного слияния)*
outright ~ прямое слияние
product extension ~ слияние компаний, функционально связанных по линии производства *или* сбыта продукции *(разновидность конгломератного слияния)*
pure conglomerate ~ слияние чисто конгломератного типа
statutory ~ *амер.* слияние, в результате которого возникает новое юридическое лицо
stock-swap ~ слияние *(компаний)*, сопровождающееся обменом акций между участниками
transnational ~ слияние предприятий, находящихся в разных странах

merging слияние

meritocracy меритократия *(теория об управлении обществом элитой одарённых)*

message сообщение *(напр. передаваемое по системе телетайпной или телеграфной связи)*; послание
burget ~ бюджетное послание
messenger посыльный *(напр. в банке или брокерской фирме)*
cash ~ инкассатор
messuage жилой дом с хозяйственными постройками и земельным участком
meta-information метаинформация *(информация о способах и методах переработки и поиска информации)*
metal металл
base ~ неблагородный металл
noble ~ благородный металл
precious ~ драгоценный металл
metal(l)ism металлизм *(теория денег)*
metamorphosis of commodities метаморфоз товаров
metayage *фр.* аренда с уплатой части урожая; аренда исполу
metayer *ист., фр.* издольщик; испольщик
methectics *упр.* метектика, групповая динамика
method метод □ **~ for discriminating** метод дискриминации [выделения] (статистических моделей)
~ of average метод средних (значений)
~ of characteristics метод характеристик
~ of comparison способ сравнения *(коэффициентов)*
~ of depreciation метод начисления износа
~ of designated routes метод задания маршрутов *(в задаче коммивояжёра)*
~ of double preference способ двойного предпочтения
~ of estimation метод оценивания
~ of excluded subtours метод исключения подциклов *(в задаче коммивояжёра)*
~ of exclusion метод исключения
~ of feasible directions метод возможных направлений
~ of fictitious play *т. игр* метод фиктивной партии
~ of integer forms метод целочисленных форм
~ of leading averages метод ведущих средних
~ of leading variables метод ведущих переменных
~ of linearization метод линеаризации
~ of maximum likelihood метод максимального правдоподобия
~ of moments *стат.* метод моментов
~ of operation порядок эксплуатации; метод эксплуатации
~ of overall evaluation метод сплошной оценки *(всей продукции)*
~ of partial tours метод частичных циклов *(в задаче коммивояжёра)*
~ of potentials метод потенциалов
~ of sampling выборочный метод
~ of smoothing метод сглаживания *(данных)*
~ of successive approximations метод последовательных приближений
~s of trading методы розничной торговли *(напр. магазин самообслуживания и магазин с продавцами)*
accrual ~ метод периодической бухгалтерской отчётности, кумулятивный метод
actual cost ~ метод (оценки) по фактическим затратам
ad hoc ~ специальный метод
age-life ~ of depreciation метод начисления износа с учётом оставшегося срока службы *(основного капитала)*
almost-dual ~ приближённо двойственный метод
amortized cost ~ of valuation *см.* **straight-line accrual method of valuation**
annuity ~ of depreciation метод аннуитета при начислении износа; метод сложных процентов, метод равномерного списания стоимости основного капитала с начисленными на него процентами
appropriation ~ метод ассигнований *(при начислении износа начисляемая сумма назначается произвольно или как процент от объёма выручки)*; метод выделенной доли дохода
approximation ~ способ приближения [аппроксимации]
backtracking ~ метод возврата
base stock ~ *см.* **last-in-first-out costing method**
batch ~ of production метод изготовления продукции партиями
bidding ~s методы, применяемые при выдаче подрядов на поставки
branch-and-bound метод ветвей и границ
by-product ~ of cost accounting метод калькуляции с выделением издержек производства побочного продукта
canvasser ~ *см.* **enumeration method**
capital-intensive ~s капиталоёмкие методы производства
case ~ метод анализа конкретных ситуаций
cash basis ~ of accounting кассовый метод бухгалтерского учёта *(используемый для расчётов налогообложения предприятий)*
cash receipts and disbursements ~ of accounting метод бухгалтерского учёта по кассовым поступлениям и расходам *(на малых предприятиях)*
combination production and straight-line ~ of depreciation метод равномерного начисления износа с поправкой на текущий коэффициент использования производственной мощности *(напр. в станкостроении)*
combined depreciation and upkeep ~ комбинированный метод начисления износа и эксплуатационных издержек
completed contract ~ *бухг.* метод отнесения доходов, расходов и налогов на год заключения долгосрочного контракта
complete elimination ~ метод полного исключения
component ~ метод компонентов *(метод локального прогнозирования, при котором раздельно рассматриваются три основные составляющие воспроизводства*

населения: рождение, смерть и миграция)
composite-life [composite-rate] depreciation ~ метод единой комбинированной нормы начисления износа *(для смешанной группы разных видов основного капитала)*
composition ratio ~ метод структурных коэффициентов
compound interest depreciation ~ *см.* **annuity method of depreciation**
continual review ~ метод непрерывной проверки *(состояния запасов)*
continuous ~ *орг. пр.* метод хронометрирования по текущему времени
costing ~ метод калькуляции; метод оценки
critical path ~ метод критического пути
Delphi ~ метод Дельфи, метод экспертных оценок
discounted cash flow ~ метод дисконтированных поступлений наличности *(при расчёте рентабельности инвестиций)*
double description ~ метод двойного описания
double entry ~ метод двойной бухгалтерской записи
dual simplex ~ двойственный симплексный метод
enumeration ~ перепись методом обхода населения *(счётчиками)*
equal-annual-payment ~ *см.* **annuity method of depreciation**
estimating ~ метод оценивания
exact ~ точный метод
fabrication ~ технология изготовления
factor comparison ~ *орг. пр.* метод сравнения факторов *(при оценке сложности работы)*
first-in-first-out ~ *ТМО* метод обслуживания в порядке поступления *(требований)*
first-in-first-out costing ~ метод оценки по принципу «первая партия на приход — первая в расход» *(по ценам первых по времени закупок)*
fixed percentage ~ of depreciation метод начисления постоянного процента износа
flat rate ~ of depreciation *см.* **straight-line method of depreciation**
gradient ~ градиентный метод
gradient projection ~ метод проекции градиента
graduation ~ метод сглаживания *(данных)*
graph ~ графический метод
graphic analysis ~ графико-аналитический метод
group (rate depreciation) ~ *см.* **composite-life depreciation method**
householder ~ способ самоисчисления *(когда анкету заполняет глава семьи)*
hybrid ~ of accounting гибридный метод бухгалтерского учёта *(на основе сопоставления складских остатков готовых изделий)*
initial allowance ~ of depreciation метод повышенного процента списания стоимости *(основного капитала)* в первый год приобретения, метод первоначальной скидки при начислении износа
inventory ~ метод управления запасами
investors ~ инвесторский метод [метод доходности] планирования капиталовложений *(метод расчёта на основе равенства объёма очередных инвестиций получаемому годовому доходу на вложенный капитал)*
irregular ~ of write-off бессистемное списание стоимости *(основного капитала)*
job ~ of cost accounting позаказный метод калькулирования издержек производства
job ranking ~ *см.* **ranking method 2.**
joint-product ~ of cost accounting метод калькуляции себестоимости совместно производимых продуктов
Kepner—Tregoe ~ метод Кепнера—Трего *(применяется при тренировке управляющих)*
labor-hour ~ of depreciation метод начисления износа по числу часов эксплуатации *или* отработанных человеко-часов
last-in-first-out ~ *ТМО* метод обслуживания *(требований)* в обратном порядке
last-in-first-out costing ~ метод оценки по принципу «последняя партия на приход — первая в расход» *(по ценам последних по времени закупок)*
least-squares ~ *стат.* метод наименьших квадратов
LIFO costing ~ *см.* **last-in-first-out costing method**
longitudinal ~ метод продольного анализа
machine-hour ~ метод распределения (накладных расходов) пропорционально затраченным машино-часам
mail questionnaire ~ корреспондентский метод опроса
man-hour ~ метод распределения (накладных расходов) пропорционально затраченным человеко-часам
man-rate ~ метод распределения (накладных расходов) пропорционально заработной плате
mark-to-market ~ of valuation метод оценки стоимости активов взаимных фондов по рыночной стоимости акций на момент продажи держателю с прибавлением ежедневного прироста их рыночной стоимости
maximum life ~ of depreciation метод начисления износа с расчётом по наиболее продолжительному сроку службы *(основного капитала)*
minimax ~ метод минимакса
network ~ сетевой метод
nomographic ~ номографический метод *(вычислений)*
nonsequential ~ *стат.* непоследовательный метод
numerical ~ метод численного расчёта, численный метод
numerical graphical ~ графический метод получения численного решения
one-factor-at-a-time ~ метод раздельного исследования факторов

parity progression ~ метод анализа рождаемости в пределах порядковой группы
penalty function ~ метод штрафных функций
period fertility ~ метод анализа рождаемости за определённый период
periodic inventory ~ метод периодической инвентаризации
PERT ~ метод ПЕРТ, метод оценки и пересмотра планов
point ~ точечный метод *(изображения географического распределения населения)*
point-estimation ~ метод точечных оценок
present value ~ метод приведения к текущей стоимости
prime cost ~ метод распределения (накладных расходов) пропорционально прямым затратам *(стоимости материала и рабочей силы)*
process ~ of cost accounting метод калькуляции по процессам
production ~**s** технология производства; методы производства
production (basis) ~ of depreciation *см.* **production unit basis method of depreciation**
production control ~ метод контроля (качества) продукции
production unit basis ~ of depreciation метод начисления износа пропорционально объёму выполненной работы
ranking ~ **1.** *стат.* метод упорядочения **2.** метод ранжирования работ *(по степени их трудности)*
registration ~ постоянная и обязательная регистрация актов гражданского состояния
reinterview ~ метод повторного опроса
replacement ~ of depreciation метод единовременного начисления износа по восстановительной стоимости
residual ~ метод остаточных чисел *(при измерении чистой миграции)*
retirement reserve ~ of depreciation метод резерва на амортизацию *(комбинируется с разовыми описаниями по истечении срока службы объекта)*
rotation ~ метод ротации *(при отпуске воды для полива)*
roundabout ~ of production метод многоступенчатого производства **(***см.* *тж.* **roundaboutness of production)**
saturation ~ *т. игр* метод насыщения
scheduling ~ метод календарного планирования
seasonal-adjustment parametric [seasonal-adjustment regression] ~ регрессионный метод выравнивания сезонных колебаний экономических показателей
sequential ~ *стат.* последовательный метод
service-output [service-yield] ~ of depreciation *см.* **production unit basis method of depreciation**
simulation ~ метод моделирования
sinking fund ~ of depreciation метод амортизационного фонда [фонда погашения] при начислении износа
snapback [snap-study] ~ *орг. пр.* метод хронометрирования по отдельным отсчётам
stable population ~ метод стабильного населения
standard cost ~ of inventory метод оценки запаса на основе нормативов затрат
stopping-stone ~ метод цепочки *(при решении транспортной задачи)*
stochastic approximation ~ метод стохастической аппроксимации
straight-line ~ of depreciation метод равномерного начисления износа [списания стоимости] *(основного капитала)*
straight-line ~ of depreciation adjusted for usage метод равномерного списания стоимости *(основного капитала)* с поправкой на фактический износ *(с учётом неравномерности его эксплуатации)*
straight-line accrual ~ of valuation метод оценки стоимости активов взаимных фондов по рыночной стоимости акций *(при выкупе)*
sum-of-the-digits [sum-of-the-years] depreciation ~ метод списания стоимости *(основного капитала)* по сумме чисел, кумулятивный метод списания стоимости *(основного капитала)*
survival ratio ~ метод анализа доли доживающих до определённого возраста
sweep ~ метод прогонки *(при решении задачи оптимизации)*
syndicate ~ синдикатный метод *(при подготовке управляющих учащиеся разбиваются на группы для выполнения задания, результаты которого обсуждаются на пленарном заседании)*
team development ~ бригадный метод разработки *(изделия)*
trial-and-error [try-and-error] ~ метод проб и ошибок
turnover ~ метод «оборачиваемости» *(установление фактических средних сроков службы оборудования, исходя из периода обновления всей группы объектов данного вида)*
two-ages ~ метод двух возрастных групп
unit ~ of depreciation метод начисления износа по каждому отдельному предмету *(соответственно сроку службы)*
unit-short ~ метод пополнения запасов, основанный на размере дефицита
unit-summation ~ of depreciation групповой метод (равномерного) начисления износа *(группы однородных предметов основного капитала)*
variation(al) ~ вариационный метод
weighted production ~ метод распределения (накладных расходов) по долям отдельных видов продукции в общем выпуске
zero-defects ~ бездефектный метод управления качеством

methodical методический, систематический
methodize приводить в порядок, систематизировать

meticulous неукоснительный *(напр. о выполнении плана)*
metrification *англ.* переход на метрическую систему единиц
metropolis очень крупный город
microapproach микроподход
microcensus микроперепись
microdemography микродемография
microeconomic(al) микроэкономический
microeconomics микроэкономика; микроэкономическая теория
microequilibrium микроэкономическое равновесие
microsimulation микромоделирование
microvariable микропеременная *(величина)*
middleman 1. комиссионер; посредник *(между производителем и потребителем)* 2. крупный арендатор, сдающий небольшие участки мелким арендаторам
limited-function ~ *амер.* оптовый посредник, оказывающий покупателю ограниченные услуги
middlings товар среднего качества, второсортный товар
mid-game *т. игр* миттельшпиль
mid-month середина месяца, 15-ое число *(срок расчёта)*
midpoint *стат.* срединная точка *(интервала)*
midrange *стат.* полусумма крайних значений *(в выборке)*
migrant мигрант, переселенец
distant ~ переселенец в дальние районы
intercounty ~ *амер.* переселенец из одного округа в другой; *англ.* переселенец из одного графства в другое
international ~ переселенец в другую страну
interstate ~ *амер.* переселенец из одного штата в другой
intracity ~ переселенец внутри города
refugee ~ беженец
return ~ *разг.* возвращенец
seasonal ~ сезонный работник, выезжающий на заработки
migrate мигрировать, перемещаться *(напр. о рабочей силе)*
migration миграция, перемещение, передвижение *(напр. рабочей силы)*
~ **of factors** миграция факторов производства
association ~ коллективная миграция
chain ~ цепная миграция
city-to-city ~ переселение из одного города в другой
civilian ~ миграция гражданских лиц
fixed-term ~ *см.* **period migration**
forced ~ принудительная миграция
industrial ~ миграция промышленности; сдвиги в территориальном размещении промышленности
intercensal ~ объём миграции в период между переписями
intercity ~ переселение из одного города в другой
interprovincial ~ миграция между провинциями
interregional ~ межобластная миграция
intracontinental ~ миграция в пределах континента
intraurban ~ миграция внутри города
labor ~ миграция рабочей силы
lone ~ индивидуальная миграция
long-distance ~ переселение в дальние районы
period ~ объём миграции за определённый период
primary ~ основной миграционный поток
provincial ~ расселение населения в пределах провинции
push-pull ~ маятниковая миграция
retirement ~ изменение места жительства при выходе на пенсию
return ~ обратная миграция
rural ~ переселение в сельские районы
rural-urban ~ сельско-городская миграция
secondary ~ вторичный миграционный поток
subregional ~ миграция в пределах района
migrator мигрант, переселенец
migratory мигрирующий, переселенческий
mile:
aircraft ~s flown налёт в самолёто-милях
circuit ~s протяжённость линий электропередач в милях
empty-car ~s порожний пробег в милях
nonrevenue aircraft ~s flown налёт в самолёто-милях в некоммерческих рейсах
revenue aircraft ~s flown налёт в самолёто-милях в коммерческих рейсах
mileage расстояние в милях
highway ~ протяжённость дорог в милях
milestone этап *(научно-исследовательской работы)*
milkability молочность скота
milking 1. выкачивание ресурсов предприятия 2. доение, дойка 3. *фин.* ведение операций без резервов *(напр. выплата всей прибыли в виде дивидендов)*
mill 1. мельница, размолочная машина 2. фабрика; завод 3. прокатный стан 4. *амер.* милль, десятая часть цента
commission ~ предприятие-субподрядчик, перерабатывающее материал заказчика
contract ~ предприятие, выполняющее работы по договорам
intergrated ~ предприятие, работающее на своем сырье *или* на отходах собственного производства
nonintegrated ~ предприятие, работающее на привозном сырье
milling 1. помол 2. насечки по краям монеты □ ~ **in transit** переработка груза в пути следования; перевозка груза с остановкой *(напр. для помола, распиловки)*
provender ~ производство кормов, комбикормовое производство
mines-and-carriers недра *(месторождения полезных ископаемых)*
mini-budget *англ.* дополнения и изменения к бюджету, вносимые правительством
minimand минимизируемый показатель
minimax минимакс ‖ минимаксный

minimaximize минимаксимизировать
minimization минимизация *(напр. издержек)*
adaptive ~ адаптивная минимизация
conditional [constrained] ~ условная минимизация
cost ~ минимизация издержек производства, минимизация себестоимости
stepwise ~ многошаговая минимизация
unconstrained ~ безусловная минимизация
minimize сводить к минимуму; минимизировать
minimum минимум, минимальное значение || минимальный
~ of subsistence прожиточный минимум
constrained ~ условный минимум
teenage ~ минимум заработной платы для лиц, не достигших 20-летнего возраста
unconstrained ~ неограниченный минимум
unrestricted ~ неограниченный минимум
mining добыча полезных ископаемых; горнодобывающая промышленность
minirecession минирецессия, миниспад
Ministry:
~ of Agriculture, Fisheries and Food Министерство сельского хозяйства, рыболовства и продовольствия *(Великобритания)*
~ of Commerce Министерство торговли *(Великобритания)*
~ of Defense Министерство обороны *(Великобритания)*
~ of Education *ист.* Министерство образования *(Великобритания; существовало до 1964 г.)*
~ of Education and Social Work Министерство образования и общественных работ *(Индия)*
~ of Finance Министерство финансов
~ of Health *ист.* Министерство здравоохранения *(Великобритания)*
~ of Housing and Construction Министерство жилищного и гражданского строительства *(Великобритания)*
~ of Labor Министерство труда *(Великобритания)*
~ of Overseas Development Министерство по вопросам развития заморских территорий *(Великобритания)*
~ of Pensions and National Insurance Министерство по делам пенсий и государственного страхования *(Великобритания; существовало до 1966 г.)*
~ of Planning and Local Government Министерство планирования и местного самоуправления *(Великобритания; существовало до 1976 г.)*
~ of Posts and Telecommunications Министерство почт и телекоммуникаций *(Великобритания; существовало до 1974 г.)*
~ of Public Building and Works Министерство общественного строительства и работ *(Великобритания; существовало до 1970 г.)*
~ of Social Security Министерство социального обеспечения *(Великобритания; существовало до 1970 г.)*
~ of Sport Министерство по вопросам спорта и туризма *(Великобритания)*
~ of Technology Министерство техники *(Великобритания; существовало до 1970 г.)*
~ of Transport Министерство транспорта *(Великобритания)*
ministry министерство
branch ~ отраслевое министерство
functional ~ функциональное министерство *(напр. финансов)*
minor 1. малый, небольшой *(напр. о цикле)* 2. менее значительный по размеру *(напр. о расходах)* 3. несовершеннолетний
minority 1. меньшинство 2. несовершеннолетие
dominant ~ of the voting shares доминирующее меньшинство акций, фактический контрольный пакет акций
Mint:
Royal ~ Королевский монетный двор *(в Лондоне)*
US ~ Монетный двор США
mint монетный двор, предприятие по производству монет
private ~ частный монетный двор: фирма, чеканящая монеты для продажи на рынке
mintage чеканка монет
free ~ of gold свободная чеканка золотых монет
miracle:
economic(al) ~ экономическое чудо
misallocation 1. нерациональное использование *(напр. ресурсов)* 2. ошибочное выделение *(ресурсов)*, ошибка в распределении
misappropriation 1. незаконное присвоение 2. растрата
misbill выставить неверный счёт
miscalculation ошибка в расчёте; просчёт
miscellaneous разный *(о статье в балансе)*
miscegenation смешанный брак *(между представителями разных рас, национальностей, племён)*, метисация
misclassification ошибочная классификация
miscount неправильно считать
misdelivery неправильная поставка *(товара)*
misdescription неправильное описание *(товара)*
misenter делать ошибочную (бухгалтерскую) проводку
misentry ошибочная (бухгалтерская) проводка
miser 1. собиратель сокровищ 2. скряга, скупой
misery нищета; бедность; бедственное положение
mismatch несоответствие *(напр. между совокупным спросом и структурой производственных мощностей)*
maturity ~ несовпадение требований и обязательств по срокам
mismeasure неправильно измерять
mismeasurement неправильное измерение, ошибка в измерении
misreporting сообщение неточных *или* неправильных сведений *(при переписи)*

age ~ неправильное сообщение возраста
misstatement *см.* **misreporting**
mix 1. структура, состав *(напр. продукции)* 2. ассортимент, номенклатура *(товаров)*
currency ~ структура денежной массы
fiscal-monetary ~ сочетание фискальных и кредитно-денежных форм экономической политики *(в целях достижения полной занятости населения)*
high margin—low volume ~ высокая норма прибыли при малом объёме производства
industrial ~ структура промышленности
low margin-high volume ~ низкая норма прибыли при высоком объёме производства
merchandise ~ ассортимент товаров
optimum ~ оптимальный ассортимент
overall ~ **of goods** общая номенклатура товаров *(производимых или закупаемых)*
product ~ 1. ассортимент изделий, номенклатура продукции 2. структура продукции
skill ~ профессиональная структура *(занятых)*
mixture:
~ **of distributions** *стат.* смесь распределений, среднее взвешенное нескольких функций распределения
~ **of strategies** *т. игр* смесь стратегий
mobile подвижный, мобильный
mobility подвижность, мобильность; перемещение, переселение
capital ~ перелив капитала
exit ~ **of labor** перелив рабочей силы *(в другую отрасль экономики)*
horizontal ~ изменение места жительства
industrial ~ приспособляемость промышленности *(напр. к изменениям деловой конъюнктуры)*
intercity ~ переселение из одного города в другой
intrametropolitan ~ подвижность в пределах крупного города
intraprovincial ~ переселение внутри провинции
labor ~ подвижность рабочей силы
occupational ~ межпрофессиональная мобильность *(изменение профессиональной структуры)*
perfect ~ **of factors** неграниченная мобильность факторов производства
population ~ подвижность населения
professional ~ межпрофессиональная мобильность *(изменение профессиональной структуры)*
residential ~ изменение места жительства
social ~ социальная мобильность *(изменение социальной структуры населения)*
spatial ~ изменение места жительства
structural ~ *см.* **occupational mobility**
subsequent ~ перспективная подвижность
vertical ~ *см.* **social mobility**
mobilization мобилизация
economic(al) ~ мобилизация народного хозяйства
industrial ~ мобилизация промышленности
money ~ мобилизация наличности *(напр. банками)*
modal 1. *стат.* модальный 2. относящийся к виду, присущий виду *(напр. транспорта)*
mode 1. способ; характер; метод 2. вид *(напр. транспорта)*; форма 3. *мат.* мода *(распределения)*
~ **of distribution** способ распределения
~ **of operation** характер функционирования *(социально-экономической системы)*
~ **of production** способ производства
model 1. модель *(напр. экономики)* 2. тип, марка конструкции, модель *(напр. автомобиля)* □ ~ **with variable prices** модель с переменными ценами
~ **of balanced growth** модель сбалансированного роста
~ **of choice** модель выбора
~ **of economic equilibrium** модель экономического равновесия
~ **of efficient growth** модель эффективного роста
~ **of equilibrium growth** модель сбалансированного роста
activity analysis ~ модель для анализа деловой активности
age-duration-parity ~ модель состава семьи в зависимости от возраста супругов и продолжительности брака
aggregate ~ агрегатная [макроэкономическая] модель
allocation ~ модель распределения
attack-and-defence ~ *т. игр* модель «атака — оборона»
autoregressive ~ *стат.* авторегрессионная модель *(для анализа временнóго ряда)*
backlogging ~ модель с задалживанием роста заказов
balking ~ *ТМО* модель с возможностью неприсоединения к очереди
battle ~ *т. игр* модель боя
behavioral ~ модель поведения
bid price determination ~ модель определения цены, предлагаемой продавцом
bilateral monopoly ~ модель двусторонней монополии
binomial ~ *стат.* биномиальная модель, биномиальное распределение
breadboard ~ лабораторная модель
breakdown ~ *ТМО* модель с возможностью разрушения канала обслуживания
buffer-stock ~ модель с резервным запасом
business cycle ~ модель экономического цикла
capital asset pricing ~ модель определения стоимости капитальных активов *(на основе ожидаемого риска и дохода)*
clay-clay ~ жёсткая модель *(с фиксированными коэффициентами)*
coalition ~ *т. игр* модель коалиции
cobweb ~ паутинообразная модель *(цикла)*
collective risk ~ модель коллективного риска
combat ~ *т. игр* модель боя
company ~ модель фирмы

competitive equilibrium ~ модель конкурентного равновесия
concave cost ~ модель с вогнутой функцией затрат
continuous-time ~ модель для непрерывного времени
cross-impact ~ модель взаимного влияния
cyclic queueing ~ циклическая модель (системы) массового обслуживания
decision(-theory) ~ модель (теории) принятия решений, модель выбора решений
development ~ модель развития
diagrammatic(al) ~**s** графические модели
discrete-time ~ модель для дискретного времени
distributed lag ~ модель с распределённым запаздыванием
distribution-on-effort ~ модель распределения усилий
double-risk ~ модель с двойным риском
dynamic programming ~ модель динамического программирования
dynamic sequential ~ динамическая модель, характеризующая состояние экономики в последовательные периоды времени
endogenous ~ **of cycle** эндогенная модель экономического цикла
endogenous accelerator ~ эндогенная модель *(экономического цикла)*, использующая принцип акселератора
endogenous priority ~ *ТМО* модель с приоритетами, зависящими от состояния системы
equilibrium ~ модель равновесия
estimation ~ модель получения оценок, модель оценивания
exogenous priority ~ *ТМО* модель с приоритетами, не зависящими от состояния системы
expected cost ~ модель ожидаемых затрат
exponential growth ~ модель экспоненциального роста
family building ~ модель формирования семьи
finite-horizon ~ модель с конечным интервалом *(планирования)*
finite-source queueing ~ *ТМО* модель с конечным источником требований
fixed-horizon ~ модель с постоянным интервалом *(планирования)*
fixed-review-times ~ модель с фиксированными моментами проверки состояния запасов
fixed-service-level ~ модель с фиксированным уровнем обслуживания
fix-price ~ модель с негибкими ценами *(реагирующими на изменение спроса при изменении предложения)*
flex-price ~ модель с эластичными ценами *(реагирующими на изменение спроса при фиксированном предложении)*
forecasting ~ модель прогнозирования
general duel ~ *т. игр* общая модель дуэли
growth ~ модель экономического роста
industrial dynamics ~ модель промышленной динамики
infinite-horizon ~ модель с бесконечным интервалом *(планирования)*
infinite-source ~ *ТМО* модель с бесконечным источником требований
in-process inventory ~ модель управления запасами промежуточных продуктов
input-output ~ модель «затраты—выпуск»
inspection ~ модель приёмочного контроля
interindustry programming ~ межотраслевая модель программирования
interruption ~ *ТМО* модель с возможностью прерывания обслуживания
inventory ~ модель управления запасами
known-shortage-cost ~ модель с известными издержками вследствие дефицита
learning-doing ~ **1.** модель обучения на основе опыта **2.** модель повышения квалификации по мере накопления опыта *(в теории экономического роста)*
linear programming ~ модель линейного программирования
linear regressive ~ линейная регрессионная модель
loss transfer ~ модель с переносом потерь
machine-loading ~ модель загрузки станка
many-server ~ *ТМО* многоканальная модель
marketing ~ модель рынка; модель сбыта
market split ~ модель деления рынка
Markovian queueing ~ модель марковской системы массового обслуживания
migration ~ модель миграции *(населения)*
mobility ~ модель мобильности *(напр. рабочей силы)*
moving-average ~ *стат.* модель скользящего среднего *(для анализа временных рядов)*
multichannel priority ~ *ТМО* многоканальная модель с приоритетами
multicontract bidding ~ модель конкурса при предложении нескольких контрактов
multi-echelon ~ многоступенчатая модель
multiple finite-source ~ *ТМО* модель с несколькими конечными источниками требований
multiple-line multiple-server ~ *ТМО* модель многоканальной системы с несколькими очередями
multiple-reorder ~ модель с несколькими точками заказа
multiplier-accelerator ~ модель, использующая принцип взаимодействия мультипликатора и акселератора
multistage ~ **1.** многошаговая модель **2.** многофазовая модель
multistation queueing ~ многоканальная модель (системы) массового обслуживания
natality ~ модель рождаемости
network ~ сетевая модель
nonadaptive duel ~ *т. игр* неадаптивная модель дуэли
no-backlog ~ модель *(управления запасами)* без задалживания заказов
nonconsumption ~ модель *(производства)* без потребления
non-Poisson ~ *ТМО* непуассоновская модель *(входящего потока)*
nonpreemptive priority ~ *ТМО* модель с приоритетами, не прерывающими обслу-

живания
no-queue ~ модель (системы массового обслуживания) без образования очереди
one-line one-server ~ *ТМО* модель одноканальной системы с одной очередью
operations research ~ модель исследования операций
ordering ~ модель подачи заказов *(в системе управления запасами)*
piece-work ~ модель сдельной работы
Poisson ~ *ТМО* пуассоновская модель *(входящего потока)*
preemptive priority ~ *ТМО* модель с приоритетами, прерывающими обслуживание
preference ~ модель предпочтений
price adjustment ~ модель приспособления цен
price break ~ модель колебания цен
price speculation ~ модель биржевой игры
priority ~ *ТМО* модель с приоритетами
probability ~ вероятностная [стохастическая] модель
production scheduling ~ модель (календарного) планирования производства
profitability ~ модель прибыльности
profit maximization ~ модель максимизации прибыли
prognostic ~ прогностическая модель
prototype ~ опытный образец *(напр. машины)*; головной образец
putty-clay ~ полужёсткая модель с частичной фиксацией коэффициентов
queueing ~ модель (системы) массового обслуживания, модель очереди
random ~ вероятностная [стохастическая] модель
reduced ~ упрощённая модель
regression ~ *стат.* регрессионная модель
reneging ~ *ТМО* модель с возможностью ухода требований до начала *или* окончания обслуживания
replacement ~ модель замены *(оборудования)*
reproductivity ~ модель воспроизводства *(населения)*
resource allocation ~ модель распределения ресурсов
resource management ~ модель управления ресурсами
retaliation ~ *т. игр* модель с учётом противодействия
Round-Robin ~ *ТМО* модель обслуживания по круговой системе порциями
scheduling ~ модель (календарного) планирования
schematic ~ схема
semi-Poisson ~ *ТМО* полупуассоновская модель *(входящего потока)*
shortage ~ модель *(управления запасами)* с возможностью дефицита
shortest-route ~ модель выбора кратчайшего пути
sign ~ знаковая модель
simplex ~ симплексная модель
simulation ~ имитационная модель
single-server ~ *ТМО* одноканальная модель
static equilibrium ~ модель статического равновесия
static inventory ~ статическая модель управления запасами; модель одноразовой закупки
station-to-station ~ *см.* **multistage model 2.**
stochastic ~ вероятностная [стохастическая] модель
stock adjustment ~ модель управления основным капиталом
stockage ~ модель создания запасов
storage ~ модель управления запасами
substitution ~ подстановочная модель *(прогнозирования)*
trade-cycle ~ модель экономического цикла
transshipment ~ модель перевозок с промежуточными пунктами
trend-free ~ модель с отсутствием тренда
two-bin ~ двухуровневая модель *(управления запасами)*
two-class priority ~ *ТМО* модель с приоритетами двух типов
two-echelon ~ двухступенчатая модель
two-state ~ модель с двумя состояниями
vintage ~ of technology модель технического прогресса, учитывающая различную эффективность последующих поколений техники (*см. тж.* **vintage**)
waiting line ~ *ТМО* модель очереди
Wilson ~ модель Уилсона, модель с фиксированным уровнем запасов
world decision ~ всеобщая модель решений

model(l)ing моделирование, построение модели
moderate 1. смягчать *(напр. экономические колебания)* 2. умеренный; посредственный *(напр. о качестве)*
moderation 1. смягчение *(напр. экономических колебаний)* 2. умеренность
modification 1. модификация, видоизменение, преобразование 2. разновидность, вариант
~ of business cycle модификация экономического цикла
contract ~ внесение изменений в контракт
momentum □ **to cumulate [to develop]** ~ набирать силу *(в экономическом росте)*
Monday:
Black ~ Черный понедельник, большой биржевой крах 19 октября 1987 г.
monetarism монетаризм, монетаристская доктрина
monetarist монетарист, сторонник монетаристской доктрины
monetary 1. монетарный, денежный, кредитно-денежный 2. валютный
monetization превращение в деньги
~ of economy развитие денежных отношений
~ of surplus value превращение прибавочной стоимости в деньги
debt ~ превращение долговых обязательств в наличные деньги
monetize 1. вводить металлический стандарт, устанавливать металлическое содер-

жание денег **2.** превращать в деньги **3.** перечеканивать (металл) в монету **4.** выпускать деньги в обращение

money **1.** деньги, платёжное средство **2.** *pl* денежные суммы **3.** *pl* монетная система валюты **4.** ссуда □ ~ **at call** *см.* **call money**; ~ **at call and short notice** *англ.* онкольные и краткосрочные ссуды *(статья банковского баланса)*; ~ **at long** долгосрочная ссуда; ~ **at short** краткосрочная ссуда; **bad ~ drives good money out of circulation** плохие [неполноценные] деньги вытесняют из обращения хорошие деньги *(закон Грэшама)*; ~ **held in trust** деньги, находящиеся в доверительном управлении; ~ **hoards** тезаврированные деньги; ~ **in circulation** деньги в обращении; **in the ~** *бирж.* ситуация, при которой цена использования опциона выгоднее рыночной; ~ **is scarce** имеет место стеснение на денежном рынке; ~ **on deposit** *см.* **deposit money**; **out of the ~** *бирж.* ситуация, при которой соотношение цены использования опциона и рыночной цены делает использование опциона невыгодным; ~ **outstanding** выпущенные (в обращение) деньги; **to borrow ~** одалживать [занимать] деньги; брать ссуду; **to change ~** менять [разменивать, обменивать] деньги; **to coin ~** быстро богатеть, быстро наживаться; **to create ~** выпускать деньги, создавать платёжные средства; **to draw ~ from an account** снимать деньги со счёта; **to issue ~** выпускать деньги в обращение, эмитировать деньги; **to keep ~ with a bank** хранить деньги в банке; **to lend ~ on goods** ссудить деньги под товары; **to make ~** зарабатывать деньги; получать прибыль; **to put ~** вкладывать деньги; **to raise ~** доставать деньги; мобилизовать деньги; **to redeem ~** обменивать старые деньги на новые выпуски; изымать деньги из обращения; **to refund ~** возмещать деньги; выплачивать долг; **to remit ~** переводить деньги; **to take up ~** доставать деньги; **to withdraw ~** изымать деньги из обращения; ~ **unbacked by gold** деньги, не обеспеченные золотом

~ **of account** счётные деньги

accounting ~ счётные деньги

active ~ деньги в обращении

adulterated ~ фальшивые [поддельные] деньги

application ~ сумма подписки

bank ~ деньги банковского оборота, деньги безналичных расчётов

bank-deposit ~ депонированные деньги; деньги на депозите

barren ~ деньги, не приносящие дохода *(напр. процентов)*, «бесплодные» деньги

bogus ~ фальшивые [поддельные] деньги

borrowed ~ ссуда; заём

call ~ онколь, онкольная ссуда, ссуда до востребования

caution ~ задаток

central-bank ~ банкноты центрального банка

cheap ~ **1.** обесценивающиеся деньги, деньги с низкой покупательной силой **2.** обильный рынок кредита, характеризующийся низкими процентными ставками; «дешёвые» деньги

check book ~ *см.* **bank money**

checking account ~ деньги на текущем счёте

circulating ~ обращающиеся деньги

coined ~ деньги в монетной форме

commodity ~ *ист.* **1.** товар — посредник в роли денег *(напр. соль, мех)* **2.** товарные деньги *(обладающие внутренней стоимостью в отличие от бумажных)*

convertible paper ~ разменные бумажные деньги

counterfeit ~ фальшивые [поддельные] деньги

credit ~ кредитные деньги

day-to-day ~ однодневная [суточная] ссуда

dead ~ неиспользуемые [неинвестированные] деньги

dear ~ **1.** деньги с высокой покупательной силой **2.** ограниченный кредит, характеризующийся высоким уровнем процентных ставок; «дорогие» деньги

debt ~ кредитные деньги

deposit ~ депонированные деньги; деньги на депозите

easy ~ *см.* **cheap money**

effective ~ наличные деньги

elastic ~ эластичная валюта *(деньги, количество которых быстро изменяется при изменении конъюнктуры)*

fiat ~ неразменные бумажные деньги

fiduciary ~ деньги, не обеспеченные металлическим резервом

five-to-seven year ~ заёмная сумма сроком от пяти до семи лет

fractional ~ *амер.* разменная монета, мелочь

full-bodied ~ полноценные деньги *(стоимость которых определяется стоимостью материала)*

genuine ~ подлинные [реальные] деньги

hard ~ **1.** наличные деньги **2.** металлические деньги **3.** *см.* **dear money 1.**

high-powered ~ деньги «повышенной эффективности» *(служащие основой для кредитной экспансии)*

hot ~ «горячие» деньги *(капиталы, часто перемещаемые из страны в страну из-за опасения обесценения)*

idle ~ **1.** неиспользуемые [неинвестированные] деньги **2.** свободный капитал **3.** тезаврированные деньги

inconvertible paper ~ неразменные бумажные деньги

inside ~ «внутренние» деньги *(обеспеченные частными кредитными обязательствами)*

insurance ~ страховое возмещение

irredeemable paper ~ неразменные бумажные деньги

lawful [legal-tender] ~ законное платёжное средство

loanable ~ ссужаемые деньги

merit ~ выплата за заслуги

neutral ~ нейтральные деньги *(не оказывающие влияния на функционирование реальных факторов экономики)*
occupation ~ оккупационные деньги
oil ~ «нефтяные» деньги *(резко возросшие в 70 гг. доходы нефтедобывающих стран)*
option ~ опционная премия; сумма, уплачиваемая за опцион
overnight ~ *см.* **day-to-day money**
paper ~ бумажные деньги, банкноты
period ~ *англ.* срочный депозит до одного года
pin ~ деньги на мелкие расходы
promotion ~ *англ.* учредительные расходы
public ~ правительственные денежные средства
purchase ~ покупная сумма
ready ~ наличные деньги
real ~ 1. реальные [подлинные] деньги; деньги с учётом их покупательной силы **2.** металлические деньги
representative full-bodied ~ представители полноценных денег
salvage ~ спасательное вознаграждение
seed ~ начальные инвестиции
smart ~ штраф; неустойка; компенсация
soft ~ бумажные деньги, банкноты
stable ~ деньги с устойчивой покупательной силой
standard ~ монеты, отчеканенные из золота *или* серебра установленной пробы
tight ~ *см.* **dear money**
till ~ *см.* **vault money**
token ~ 1. счётные символические деньги; денежные знаки, деньги — знаки **2.** разменная монета
uncovered paper ~ необеспеченные бумажные деньги
universal ~ мировые [всемирные] деньги
vault ~ запас наличных денег в кладовой банка
world ~ мировые [всемирные] деньги
moneychanger меняла
moneyed денежный; финансовый
moneyman *жарг.* финансист
moneyness наличие денежных свойств
monitor:
review ~ представитель заказчика, проверяющий фактическое исполнение операций
monitoring контроль, наблюдение
~ of repayments контроль над погашением обязательств
ecological ~ экологический котроль *(за качеством окружающей среды)*
production ~ наблюдение за производством
monoculture монокультура
monogamous моногамный, единобрачный
monogamy моногамия, единобрачие
monometallism монометаллизм
monopolist монополист
discriminating ~ монополист, осуществляющий ценовую дискриминацию *(в отношении различных категорий покупателей)*
monopolistic монополистический
monopolization монополизация
monopolize монополизировать
monopoly 1. монополия **2.** монополистическая компания, монополистическое объединение
~ of landed property монополия земельной собственности
~ of location *см.* **locational monopoly**
bilateral ~ двусторонняя монополия
buyers' ~ монополия покупателей
commercial ~ торговая монополия
consolidated ~ групповая монополия
ephemeral ~ краткосрочная [преходящая] монопольная позиция на рынке
foreign trade ~ монополия внешней торговли
isolated ~ монополия одной фирмы
land ~ монополия на землю
legal ~ монополия, предоставляемая законом; монополия, имеющая юридическую основу
locational ~ *англ.* монополия местоположения
natural ~ естественная монополия *(связанная с особыми природными условиями)*
new-product ~ монополия на новый продукт
note-issue ~ монополия банкнотной эмиссии
privately owned regulated ~ частная монополия, регулируемая государством
public ~ государственная монополия
public consumption ~ государственная монополия, регулирующая потребление некоторых товаров *(напр. алкогольных напитков)*
shared ~ групповая монополия
single-carrier ~ монополия одной транспортной компании *(на данном направлении)*
single-firm ~ монополия одной фирмы
special privilege ~ монополия, возникающая в результате определённых государственных мер *(напр. в результате запретительного тарифа)*
technological ~ монополия на технологию
temporary legal ~ временная монополия, предоставляемая законом
monopsony монопсония *(монополия одного покупателя)*
pure ~ чистая монопсония *(рыночная ситуация, в которой многим конкурирующим продавцам противостоит единственный покупатель)*
month:
animal ~ площадь пастбища, необходимая для прокорма одного животного в течение месяца
animal unit ~ месячный расход пастбища на условную единицу скота
contract ~ месяц поставки по фьючерсному [срочному] контракту
family planning ~ месячник пропаганды методов регулирования рождаемости
moonlighting работа по совместительству в вечернюю *или* в ночную смену

moorage 1. место причала 2. плата за стоянку судна

mop □ **to ~ up** 1. ликвидировать *(убыточное предприятие)* 2. прекращать *(напр. выполнение программы)*

moratorium мораторий

morbidity заболеваемость

mortality 1. выбываемость; уровень [доля] выбытия *(объектов основного капитала)* 2. снятие с эксплуатации 3. срок службы 4. *демогр.* смертность; коэффициент смертности 5. падёж *(скота)*

~ of old age смертность в старческом возрасте

adult ~ 1. смертность взрослого населения 2. падёж взрослого поголовья

age-specific ~ повозрастной коэффициент смертности

biological ~ биологическая смертность

child(hood) ~ детская смертность, смертность в детском возрасте

extramarital ~ смертность лиц, не состоящих в браке

generation ~ смертность определённого поколения

infant(ile) ~ *см.* **child(hood) mortality**

juvenile ~ смертность в юношеском возрасте, юношеская смертность

light ~ пониженный уровень смертности

maternal ~ материнская смертность

neonatal ~ ранняя детская смертность *(в возрасте до 28 дней)*, смертность новорождённых

occupational (disease) ~ профессиональная смертность

percentage ~ *с.-х.* процент падежа

perinatal ~ перинатальная смертность

physical property ~ 1. выбываемость вещественного капитала, уровень выбытия имущества 2. срок службы вещественного капитала

post-neonatal ~ смертность детей в возрасте от 28 дней до 11 месяцев

pre-weaning ~ *с.-х.* отход сосунков

property ~ *см.* **physical property mortality**

proportionate ~ экстенсивный показатель смертности

regional ~ смертность населения, проживающего в определённом районе

social class ~ смертность определённого общественного класса

mortgage ипотека; залог; заклад; закладная; моргэйдж ‖ закладывать; получать ссуду под недвижимость □ **~ on the corporate property** закладная на имущество корпорации; **~ payable** ипотека, подлежащая погашению; **to borrow on ~** получать ссуду под залог недвижимого имущества; **to call in a ~** требовать погашения закладной; **to cancel a ~** аннулировать закладную; **to clear a ~** оплачивать закладную; **to discharge a ~** аннулировать закладную; **to redeem a ~** выкупать закладную

aggregate [blanket] ~ *см.* **consolidated mortgage**

assumable ~ ипотека с возможностью смены должника

chattel ~ закладная на движимое имущество

closed ~ «закрытая» закладная *(по которой сумма долга против заложенного имущества не может быть увеличена)*

consolidated ~ совокупная закладная *(под недвижимость, состоящую из мелких участков земли)*

convention(al) ~ обычная ипотека *(не гарантированная государственными учреждениями)*

defaulted ~ непогашенная (в срок) закладная

farm ~ фермерская закладная

first ~ первая закладная *(даёт преимущество кредитору)*

fixed payment [fixed rate] ~ закладная с фиксированным процентом

flexible payment ~ закладная с меняющейся суммой погашения *(в первые годы заёмщик выплачивает лишь процент по ссуде без погашения основного долга)*

government-backed ~ закладная, гарантируемая правительством

graduated payment ~ закладная с возрастающей суммой выплат в счёт погашения *(первые взносы невелики и возрастают по согласованной схеме)*

limited ~ закладная, ограниченная определённой суммой

maximum ~ закладная на максимально допустимую сумму

open(-end) ~ «открытая» закладная *(по которой сумма долга против заложенного имущества может быть увеличена)*

overlying ~ вторая *или* третья закладная под недвижимость

prior ~ предшествующая закладная

real estate ~ закладная под недвижимость

registered ~ именная закладная

reverse annuity ~ закладная с обратным аннуитетом *(заёмщик получает от кредитного учреждения регулярные платежи, размер которых зависит от стоимости заложенного дома)*

rollover ~ закладная с периодически возобновляемой суммой кредита

running account ~ закладная с неопределённым верхним пределом

senior ~ первая закладная, закладная более высокого порядка

underlying ~ закладная, дающая приоритет в случае раздела заложенного имущества

unlimited ~ закладная, не ограниченная определённой суммой

variable-rate ~ закладная с изменяющейся ставкой процента *(в зависимости от изменений индекса стоимости жизни)*

mortgageable подходящий для залога

mortgagee кредитор по закладной *(получающий права на заложенное имущество)*

mortgager должник по закладной; лицо, закладывающее недвижимость

most-favored-nation с наибольшим благоприятствованием *(без дискриминации в торговой политике)*
motion:
basic ~ *орг. пр.* основной элемент (трудового) движения
compound ~ *орг. пр.* составной элемент (трудового) движения
consecutive ~s *орг. пр.* последовательные (трудовые) движения
elemental ~ *орг. пр.* элемент (трудового) движения
simultaneous ~s *орг. пр.* одновременно выполняемые (трудовые) движения
motivation 1. мотивация; стимулирование; поощрение; стимулирующий фактор 2. мотивировка, изложение мотивов
motive 1. мотив; побуждение; стимул ‖ служить мотивом; побуждать; стимулировать 2. основание; причина ‖ служить причиной 3. фактор, определяющий поведение □ **~s for holding money** мотивы накопления денег
business ~s деловые [коммерческие] мотивы
operative ~ побудительный мотив
precautionary ~ for holding money мотив накопления денег на непредвиденные цели *(категория кейнсианского анализа)*
speculative ~ for holding money спекулятивный мотив накопления денег *(категория кейнсианского анализа)*
transactions ~ for holding money трансакционный мотив накопления денег *(категория кейнсианского анализа)*
move 1. движение; перемена места жительства 2. *т. игр* ход 3. поступок; шаг; мероприятие 4. *орг. пр.* (трудовое) движение 5. изменяться *(напр. о ценах)* □ **to ~ downward** понижаться *(напр. о ценах)*; **to ~ up** повышаться, ползти вверх *(напр. об издержках)*
chance ~ случайный ход
countervailing ~s противодействующие меры *(со стороны конкурентов)*
forbidden ~ запрещённый ход
heretical ~ еретический ход
optimal ~ оптимальный ход
personal ~ личный ход
price ~ движение цен
retrospective ~ ретроспективное движение населения
spatial ~ *орг. пр.* пространственное (трудовое) движение
movement 1. движение; динамика 2. оживление *(на рынке)* 3. изменение *(напр. курсов)* 4. перемещение, передвижение *(населения)*; переезд, переселение 5. *орг. пр.* (трудовое) движение □ **~ over time** движение во времени
~ of workers рабочее движение
amalgamation ~ движение за слияния
business cycle ~ динамика экономического цикла
capital ~ движение [перелив] капитала
circular ~ кругооборот *(капитала)*
city-to-city ~ переезд из одного города в другой
considerable ~ in the market значительное оживление на рынке
continuous ~ *орг. пр.* непрерывное (трудовое) движение
gold ~ 1. приток золота в страну 2. отлив золота *(из страны)*
habitual ~ *орг. пр.* привычное движение
intercity freight ~s междугородные перевозки грузов
interclass ~ изменение классовой структуры населения
interregional ~ перемещение населения из одного района в другой
intracity ~ перемещение населения внутри города
inventory ~ динамика товарно-материальных запасов
migratory ~ механическое движение населения
minimum ~ *орг. пр.* минимально необходимое движение *(для данной операции)*
muckraking ~ кампания по разоблачению злоупотреблений монополий
natural ~ 1. естественное передвижение населения 2. *орг. пр.* естественное (трудовое) движение
oscillatory ~s колебания *(напр. на рынке)*
population ~ движение населения *(изменение численности, состава и размещения населения)*
price ~ 1. движение цен 2. *бирж.* изменение курсов ценных бумаг
random ~s случайные колебания; случайные отклонения
rank-and-file ~ движение рядовых членов профсоюза
rhythmical ~s *орг. пр.* ритмичные движения
seasonal ~s сезонные колебания *(напр. цен)*
secular ~ вековая динамика, длительная тенденция
symmetrical ~s *орг. пр.* симметричные движения *(выполняемые одновременно обеими руками)*
tourist ~ поток туристов
trend ~ изменение тренда
wave-like ~ колебательное [волнообразное] движение *(экономических показателей)*
mover 1. мигрант, переселенец 2. лицо, совершающее поездку 3. *pl* ходовые товары
muckraker «разгребатель грязи» *(журналист, критикующий коррупцию, механизм монополий)*
multichannel *ТМО* многоканальный
multicollinearity мультиколлинеарность
multicommodity многопродуктовый *(о системе управления запасами)*
multicurrency многовалютный
multidivisional многофилиальный *(о структуре)*
multifamily многосемейный
multifunctional многофункциональный; разнообразного назначения; универсальный
multilateral многосторонний

multilateralism принцип многосторонних отношений *(напр. торговых между несколькими странами)*
multilateralization of payments многосторонность платежей; увеличение числа участников в системе многосторонних расчётов
multilingual многоязычный
multinational 1. многонациональный 2. многонациональная компания; международная монополия
multiple 1. кратное число; кратное количество; кратная сумма ‖ сложный; составной; кратный 2. *pl* однотипные магазины *(одной фирмы)*
company-plant concentration ~ отношение уровней монополизации отрасли и концентрации производства
multiple-stage многоэтапный; многостадийный
multiple-valued неоднозначный; многозначный
multiplication 1. увеличение *(напр. численности населения)*; рост 2. мультипликация *(как экономический процесс)*
wasteful ~ of selling effort рост затрат на организацию и стимулирование сбыта
multiplier мультипликатор; множитель; коэффициент
balanced budget ~ мультипликатор, характеризующий воздействие сбалансированного бюджета на совокупный спрос
budget ~ мультипликатор государственного бюджета
consumption ~ мультипликатор потребления
credit ~ кредитный мультипликатор *(измеряет многократное расширение кредита под влиянием исходного изменения)*
deposit ~ депозитный мультипликатор *(измеряет многократное расширение депозитов под влиянием исходного изменения)*
dynamic ~ динамический мультипликатор
employment ~ мультипликатор занятости
export ~ мультипликатор экспорта
foreign trade ~ мультипликатор внешней торговли
foreign-trade price ~ внешнеторговый коэффициент цен *(для пересчёта мировых цен во внутренние)*
government ~ мультипликатор государственных расходов
income ~ мультипликатор дохода
investment ~ инвестиционный мультипликатор
linear ~ линейный мультипликатор
matrix ~ матричный мультипликатор
nonlinear ~ нелинейный мультипликатор
stock ~ биржевой мультипликатор *(отношение рыночной цены акции к последнему выплаченному дивиденду)*
tax ~ налоговый мультипликатор *(действие, оказываемое на экономику снижением нолога)*
trade ~ мультипликатор торговли

multipurpose многоцелевой
multiqueue система *(массового обслуживания)* с несколькими очередями
multistage многоэтапный; многостадийный
multistore *амер.* сеть магазинов *(см.* **chain***)*
multiunit насчитывающий несколько единиц; располагающий несколькими единицами *(напр. предприятиями)*
municipal 1. муниципальный, городской, коммунальный 2. *pl* ценные бумаги штатов и местных органов власти
municipality *англ.* город *или* населённый пункт, имеющий муниципалитет
muniment of title документ, удостоверяющий право на *что-л.*
munitions предметы военного материально-технического снабжения
mutatis mutandis *лат.* при постоянстве [при неизменности] всех факторов
mutual взаимный, кооперативный *(о форме организации компании)*

N

nadir низшая точка; низший предел, низший уровень
nail □ **to pay on the ~** *разг.* платить немедленно (наличными), деньги на бочку; **to ~ the bargain** оформлять сделку
naked *бирж.* «голый», не покрытый, не обеспеченный от неблагоприятного движения цен *(напр. об опционе)*
name 1. название, наименование; обозначение 2. имя, фамилия ‖ называть, давать имя 3. назначать *(напр. цену)* □ **not otherwise indexed by ~** «иначе не поименованный» *(в тарифной классификации грузов)*
~ of maker название фирмы-изготовителя
brand ~ название марки *(изделия)*, фабричная марка
business ~ название фирмы
commercial paper ~s компании, систематически выпускающие «коммерчские бумаги»
item ~ наименование предмета (снабжения)
nominee ~ номинальный держатель акций, ему не принадлежащих
street ~ регистрация ценных бумаг на имя брокера *или* другого доверенного лица *(не конечного владельца)*
trade ~ 1. название фирмы 2. фирма, фирменное название
weight ~ весовое название *(денег)*.
Napoleon наполеондор *(французская золотая монета)*
narrative хроника *(напр. конкретных экономических циклов)*
nascent рождающийся; в стадии [в процессе] возникновения
natal относящийся к рождению
natality рождаемость; естественный прирост населения

infant ~ рождаемость
proportional ~ относительный показатель рождаемости

nation 1. нация, народ 2. страна; государство
creditor ~ страна-кредитор
debtor ~ страна-дебитор, страна-должник
developed ~ (промышленно) развитая страна
developing ~ развивающаяся страна
exporting ~ страна-экспортёр
industrial ~s промышленно развитые страны; промышленные страны
member ~ страна-член *(входящая в состав какой-л. организации)*
most favored ~ наиболее благоприятствуемая нация
source ~ страна-производитель; страна-поставщик
uncommitted ~ неприсоединившаяся страна

national 1. гражданин, подданный 2. национальный, народный; государственный

nationality 1. гражданство, подданство 2. национальность, национальная принадлежность 3. нация, народ
dual ~ двойное гражданство
ethnic ~ этническая национальность
legal ~ законное гражданство
political ~ гражданство, подданство

nationalization национализация

nationalize национализировать

nationally в масштабе всей страны

nationwide 1. общенародный, всенародный; в масштабе всей страны 2. общенациональный *(напр. о рекламе)*

native 1. гражданин [подданный] в силу рождения 2. уроженец 3. туземец || туземный

native-born коренной, рождённый в данной стране

nativity рождение

natural 1. естественный, природный 2. внебрачный, незаконнорождённый *(о ребёнке)*

naturalization натурализация, предоставление прав гражданства
direct ~ непосредственная натурализация

naturalize натурализовать(ся) *(об иммигрантах)*

nature 1. сущность, основное свойство; характер 2. род, сорт; класс
~ of data характер данных
~ of household категория хозяйства

navicert свидетельство об отсутствии военной контрабанды на судне; морское свидетельство; охранное свидетельство, навицерт

near-money субститут денег

near-optimal близкий к оптимальному значению

necessaries of life предметы первой необходимости

necessit/y 1. необходимость, настоятельная потребность, нужда 2. неизбежность, неотвратимость 3. *pl* предметы первой необходимости
basic ~ies предметы первой необходимости
nature-imposed ~ естественная необходимость
prime ~ies предметы первой необходимости

need 1. надобность, нужда 2. *pl* потребности, нужды; запросы 3. недостаток, нехватка □ **to each according to his ~s** каждому по потребностям; **to meet the ~s** удовлетворять потребности
borrowing ~s потребности в кредите
capacity ~s потребности в расширении производственной мощности
consumer ~s запросы потребителей
daily ~s повседневные нужды
essential ~s важнейшие потребности, первоочередные нужды
long-standing ~s давно назревшие потребности
personal ~s личные потребности
social ~s общественные потребности
subsidy ~ потребность в субсидии; требуемая сумма субсидии
unanticipated ~s непредвиденные расходы *(статья в бюджетно-сметной документации)*
unit manpower ~s необходимые затраты труда на единицу продукции; удельная потребность в рабочей силе
unmet ~s неудовлетворённые потребности

negative отрицательный, негативный; ниже нуля *(напр. о доходности)*

neglect:
benign ~ политика невмешательства *(напр. в формирование платёжного баланса)*

negligence небрежность, халатность
contributory ~ сокращение пособия по несчастному случаю на производстве из-за небрежности потерпевшего
criminal ~ преступная халатность

negligent of his duties пренебрегающий своими обязанностями

negligible пренебрежимо малый, не подлежащий учёту; незначительный

negotiability обращаемость, способность к обращению, возможность передачи [пуска] в обращение *(чека, векселя)*

negotiable отчуждаемый, передаваемый, переуступаемый *(о чеках, векселях)*; могущий быть переданным □ **~ on the stock exchange** обращающийся на фондовой бирже

negotiate 1. вести переговоры, договариваться 2. совершать сделку, торговать(ся) 3. передавать, переуступать; пускать в обращение *(чеки, векселя)*; инкассировать; учесть □ **to ~ a bill to a bank** учесть вексель в банке, продать вексель банку; **to ~ a cheque** получить (деньги) по чеку, разменять чек; выплатить по чеку; **to ~ a contract** заключить контракт; **to ~ a loan** получить заём; **to ~ for a treaty** вести переговоры о заключении договора

negotiated договорный, установленный в порядке (частной) договорённости *(в отличие от публичных торгов)*

negotiating ведение переговоров о купле-продаже

negotiation 1. *часто pl* ведение переговоров;

переговоры **2.** передача, переуступка; продажа, учёт *(векселя)* ; выплата *(по чеку, по векселю)* □ **~s at the highest level** переговоры на высшем уровне; **by ~s** путём переговоров; **to be in ~s** вести переговоры; **to fail in one's ~s** потерпеть неудачу в переговорах
~ of bill учёт векселя
~ of loan предоставление ссуды
contract ~ обсуждение условий контракта
national ~s переговоры с профсоюзом в национальном масштабе *(о ставках заработной платы)*
sole-source ~ переговоры *(о выдаче подряда)* с единственной фирмой-претендентом
tariff ~ переговоры по вопросу о таможенных тарифах
wage ~ переговоры о заработной плате
negotiator 1. лицо, ведущее переговоры; участник переговоров **2.** посредник
neoclassic(al) неоклассический *(напр. о теории)*
neo-Malthusianism неомальтузианство
neo-Malthusianist неомальтузианец, сторонник неомальтузианства
neonatal относящийся к новорождённому
neonate ребёнок в возрасте до одного месяца, новорождённый
nepotism непотизм, семейственность, кумовство *(напр. при распределении должностей)*
nested *трансп.* гнездовой *(о погрузке)*; уплотнённый *(о размещении одних предметов внутри других)*
nest-egg *разг.* сбережения; денежный фонд
net нетто; чистый доход ‖ приносить чистый доход; получать чистую прибыль ‖ чистый, без вычетов; нетто □ **to ~ out** определять нетто-позицию, активы и пассивы, плюсы и минусы
~ of amortization за вычетом амортизации
~ of material inputs за вычетом материальных затрат
safety ~ сетка безопасности *(система обеспечения экономической безопасности; в социальной области — поддержание государством неимущих слоёв, в финансовой — обеспечение функционирования банковской системы)*
netting взаимная компенсация требований и обязательств
network сеть
~ of queues многоканальная система массового обслуживания
activity 1. сетевой график **2.** временная последовательность операций
algorithmic ~ алгоритмическая сеть
automated wire ~ автоматизированная система телетайпной связи
branch ~ сеть филиалов
distributive ~ распределительная сеть; торговая сеть
equipment replacement ~ схема замены оборудования
Federal Reserve Wire ~ *амер.* система телетайпной связи федеральных резервных банков
kinship ~ система родственных связей, родство
multicommodity ~ многопродуктовая система *(управления запасами)*
offshore pipeline ~ сеть морских трубопроводов
route ~ транспортная сеть
sales ~ сбытовая сеть
scheduling ~ схема календарного планирования
trading ~ сеть торговых предприятий
newcomer *разг.* новичок *(вновь поступивший на службу)*
New Deal «Новый курс» *(экономическая и социальная политика президента Ф.Д. Рузвельта в 30-х годах, направленная на преодоление кризиса 1929–1933 гг.)*
new-founded вновь основанный
niche ниша, особо благоприятное положение на рынке *(для данной фирмы)*
nickel *амер.* никель *(монета в пять центов)*
nickname of stock популярное сокращённое наименование акций *какой-л.* крупной компании
nifty(-)fifty *амер. жарг.* пятьдесят самых популярных акций
nightwork работа в ночную смену
Noble нобль *(старая английская золотая монета)*
nomadism кочевой образ жизни
nomenclature номенклатура *(напр. изделий)*
nominal 1. номинальный, нарицательный; условный; незначительный, символический **2.** именной *(об акции)*
nominalism номинализм, номиналистическая теория денег
state ~ государственный номинализм
nominee кандидат; лицо, выдвинутое на должность; получатель *(страховки, имущества)* по доверенности; фиктивное [подставное] лицо *(напр. владелец акций)*
nomogram номограмма
nomographic номографический
nonacceptance непринятие; отказ от акцепта *(все словосочетания с* **non...** *могут иметь написание через дефис)*
nonapplicability неприменимость, непригодность *(каких-л. мер)*
nonassessable не подлежащий обложению налогами *(о доходах)*
nonattendance прогул, невыход на работу
nonbank небанковский
noncallable не подлежащий (досрочному) погашению *(об облигациях)*
nonclearing неклиринговый, не подпадающий под систему безналичных расчётов
noncompetitive 1. неконкурентный **2.** неконкурентоспособный
nonconference некартельный *(о судовладельцах и фрахтовых ставках)*
nonconsolidated неконсолидированный *(о балансе)*
noncontractual неконтрактный, недоговорный
noncontributory свободный от взносов, не

предусматривающий взносов *(напр. пенсионный фонд)*
noncoverage неполный охват *(при статистическом обследовании)*
noncumulative некумулятивный, не предусматривающий накопления дивиденда *(об акциях)*
noncustomer лицо, не являющееся клиентом
noncyclic нерегулярный; нецикличный
nondeductible не подлежащий вычету из доходов *(при начислении налога)*
nondefense невоенный; не связанный с обороной, гражданский
nondelivery недоставка □ **in case of ~ return to the sender** в случае недоставки вернуть отправителю
nondisclosure неоглашение, нераскрытие; *страх.* утайка страхователем сведений *(о страховом объекте)*
nondiscretion отсутствие свободы действий
nondiscrimination недискриминация *(напр. применение единых условий торговли ко всем контрагентам)*
nondiscriminatory недискриминационный *(напр. об условиях продажи)*
nondurables 1. товары кратковременного пользования **2.** отрасли промышленности, производящие товары кратковременного пользования
nondutiable не подлежащий обложению пошлиной
nonearning не приносящий дохода
nonessentials второстепенные товары; товары, не являющиеся предметом первой необходимости
nonexportable неэкспортабельный, не подлежащий вывозу
nonfoods непродовольственные товары
noninterest(-bearing) беспроцентный
noninterference невмешательство *(в экономику)*
noninterview семья *или* лицо, не охваченные обследованием
nonlabor нетрудовой *(о доходе)*
nonlinearized нелинеаризированный
nonliquid неликвидный
nonmanufacturing 1. не относящийся к обрабатывающей промышленности **2.** необрабатывающая отрасль экономики *(добывающая промышленность, электроэнергетика и газоснабжение, транспорт, связь, торговля)*
nonmarket нерыночный
nonmarketable не имеющий рынка (сбыта); непригодный к продаже
nonmarriage невступление в брак
nonmaterial нематериальный *(напр. о сфере услуг)*
nonmember нечлен *(брокерская фирма, не являющаяся членом биржи; банк, не являющийся членом Федеральной резервной системы)*
nonmerchantable не подлежащий продаже *(об услугах, представляемых государством)*
nonmigrant лицо, не меняющее места жительства
nonmover лицо, живущее в одном и том же доме в период между двумя переписями
nonnegotiable непередаваемый, необращающийся *(напр. о ценных бумагах)*
nonoperating нефункционирующий; неосновной, побочный
nonoptimal неоптимальный
nonoptimality неоптимальность
nonparticipating не участвующий *(напр. в распределении дивидендов)*
nonpayment неуплата, отсутствие платежа
nonperforming реально не функционирующий *(особ. заём, по которому не выплачиваются проценты)*
nonplanner супружеская пара, не регулирующая деторождение
nonpreempting *ТМО* не прерывающий обслуживания
nonpreferential *ТМО* без приоритета *(об обслуживании)*
nonpresentment отсутствие предъявления, непредъявление
nonprice неценовой *(особ. о конкуренции)*
nonproductive 1. непроизводительный *(о труде)* **2.** непроизводственный
nonprofit не ставящий себе целью извлечения прибыли, некоммерческий
nonproprietary несобственнический, не вытекающий из права собственности
nonpublic непубличный, внутренний *(для фирмы)*; не подлежащий оглашению
nonqualifying не соответствующий *(правилам)*; не подпадающий *(под правила)*
nonquota свободный от количественных ограничений
nonrandom неслучайный
nonrandomness *стат.* неслучайность
nonrecompensible 1. некомпенсируемый **2.** не имеющий денежного выражения
nonrecourse без права оборота [регресса] *(см. тж.* **recourse***)*
nonrecurrent единовременный, разовый *(о выплате)*
nonrefundable не подлежащий рефинансированию *(особ. облигационный заём)*; невозмещаемый
nonregular нерегулярный
nonreimbursable неоплачиваемый, невозмещаемый *(деньгами)*; невозместимый
nonremarriage невступление в повторный брак *(напр. в случае развода)*
nonremunerative нерентабельный, невыгодный
nonrepetitive нерегулярный
nonresidence 1. непроживание *(в месте жительства)*, отсутствие (постоянного) жительства **2.** принадлежность к иностранной валютной территории
nonresident 1. не проживающий постоянно, не имеющий места жительства **2.** нерезидент(ский) *(иностранный с точки зрения валютных правил)*
nonrespondent лицо, не сообщившее сведений *(при переписи или опросе)*; лицо, не ответившее на запрос
nonresponse неполучение данных *(при обследовании)*
nonsolvency *уст.* неплатёжеспособность

nonstock неакционерный
nonstop без остановок; без (промежуточной) посадки
nontariff нетарифный; связанный с ограничением импорта помимо таможенных тарифов
nontax неналоговый *(напр. о бюджетном доходе)*
nontaxable необлагаемый налогом
nonunion не состоящий в профсоюзе
nonuse неупотребление
nonvoting не имеющий права голоса *(об акции)*
nonworkers неработающие
no-par-value без номинала
norm норма
fimily size ~ норма размера семьи; средний размер семьи
output ~ норма выработки
normal **1.** стандартный образец, размер, норматив **2.** нормальный; стандартный
dynamic ~ динамический норматив
input ~**s** нормативы затрат
price ~**s** нормативы цен
normative нормативный
nostro «наш» *(счёт в другом банке; см. тж.* **loro***)*
notarize засвидетельствовать нотариально
notation:
matrix ~ матричная запись
notch незначительное изменение цены, пункт
note **1.** заметка; запись; записка ‖ делать заметки; записывать; замечать; отмечать; принимать к сведению **2.** примечание; ссылка **3.** накладная **4.** извещение; авизо **5.** долговая расписка; простой вексель **6.** билет; банковский билет; банкнот(а); кредитный билет **7.** нота, краткосрочная *или* среднесрочная долговая ценная бумага □ ~**s payable** *амер.* векселя к оплате; дебиторская задолженность; ~ **payable on demand** вексель платежом по предъявлении; ~**s receivable** векселя к получению; кредиторская задолженность; **to ~ a bill** сделать на векселе нотариальную отметку об отказе трассата от акцепта *или* от уплаты; **to ~ down** занести на счёт; **to ~ prices** указывать цены; **to ~ protest** зарегистрировать протест векселя
~ **of hand** *см.* **promissory note**
accomodation ~ дружеский вексель *(имеющий акцепт или гарантийную надпись третьего лица)*
anticipation ~ краткосрочное кредитное обязательство местных органов власти, имеющее целью привлечение средств до момента поступления налогов или долгосрочных займов
bank ~ банковский билет, банкнот
bank ~s by denomination банкноты по купюрам
bank ~s in circulation банкноты в обращении
Bank of England ~ банкнот Английского банка
bond ~ разрешение таможни на вывоз товара из таможенного склада
bought ~ *бирж.* брокерская записка о совершённой сделке, посылаемая покупателю
broker's contract ~ уведомление брокера клиенту о заключении сделки
collateral ~ обеспеченный вексель
consignment ~ накладная на груз, транспортная накладная
contract ~ *бирж.* договорная записка
counterfeit bank ~ поддельный банкнот
covering ~ временное свидетельство о страховании
credit ~ кредитовое авизо
debit ~ дебетовое авизо
delivery ~ *см.* **consignment note**
demand ~ *амер.* предъявительский вексель
Federal Reserve Bank ~ банкнот Федерального резервного банка
five-pound ~ *англ.* банкнот достоинством в пять фунтов стерлингов
floating-rate ~**s** краткосрочные обязательства с изменяющимся процентом
foreign ~ иностранный вексель
freight ~ спецификация груза; счёт за фрахт
gold ~ вексель, погашаемый золотом
goods received ~ извещение о получении товара
inland ~ местный [незарубежный] простой вексель
joint ~ простой вексель, подписанный двумя *или* более лицами
large denomination bank ~ банкнот крупного достоинства
legal tender ~**s** *амер.* казначейские билеты
master ~ *см.* **variable amount note**
mortgage ~ ипотечное обязательство
negotiable ~ передаваемый соло-вексель
pound ~ *англ.* банкнот достоинством в фунт стерлингов
project ~ краткосрочное обязательство, выпускаемое для привлечения средств на восстановление жилого фонда, освоение территории
promissory ~ простой вексель, долговое обязательство
promissory ~ made out to bearer предъявительский вексель; долговое обязательство на предъявителя
Reserve Bank ~ банкнот Федерального резервного банка
sale ~ *бирж.* брокерская записка о совершённой сделке, посылаемая продавцу
Sherman ~**s** *амер.* билеты Шермана *(казначейские билеты выпуска 1890 г.)*
short-term ~ краткосрочный простой вексель
stock ~ свидетельство долга, обеспеченное ценной бумагой
subrogated ~ простой вексель, в котором кредитор заменён другим лицом
tax ~ *амер.* налоговый сертификат казначейства
transfer ~ переводной вексель, тратта
Treasury ~ казначейский билет; *амер.* налоговый сертификат казначейства

variable amount ~ *амер.* соглашение о возобновляемом кредите между банковским траст-отделом и корпоративным заёмщиком *(предоставляется за счёт мелких сумм, находящихся в доверительном управлении банка)*
variable rate ~ вексель с переменным процентом
noteholder векселедержатель
not-for-profit *см.* **nonprofit**
notice извещение, уведомление; заявление; предупреждение ‖ уведомлять; предупреждать □ **at a month's** ~ с месячным уведомлением; **at short** ~ с кратковременным уведомлением *(напр. о векселе)*; **to give** ~ предупреждать [делать предупреждение] об увольнении; ~ **to pay** требование об уплате; напоминание о необходимости произвести платёж
~ **of default** заявление о невыполнении (условий контракта)
~ **of defect** рекламация
~ **of deficiency** сообщение налоговых властей о неправильной информации в налоговой декларации
~ **of delivery** подтверждение приёмки (товара), квитанция
~ **of dishonor** протест *(нотариальный акт о неплатеже по векселю в срок или об отказе в его акцептовании)*
~ **of exemption** справка об освобождении от налога
~ **of intention** *амер.* заявление на выдачу разрешения на учреждение банка
~ **of lien** сообщение об удержании залога
~ **of opposition** сообщение об оспаривании чистоты патента
~ **of readiness** уведомление о готовности *(судна к погрузке)*
~ **of receipt** квитанция
~ **of suspension of payments** сообщение о прекращении платежей
~ **of withdrawal of bonds** объявление о погашении облигаций
advance ~ **of layoff** предварительное уведомление об увольнении
allotment ~ письмо с указанием суммы подписки *(на акции или облигации)*
arrival ~ извещение (грузополучателю) о прибытии груза
exercise ~ уведомление о намерении владельца опциона использовать своё право *(на покупку или продажу)*
margin ~ уведомление о необходимости дополнительного обеспечения
prior ~ **of withdrawal** предварительное уведомление об изъятии *(вклада)*
redemption ~ извещение о выкупе
shipping ~ ордер [наряд] на отгрузку *(готовой продукции)*
short ~ требование оплатить тариф ранее установленного законом срока; сокращённый срок уплаты тарифа
statutory ~ требование оплатить тариф в установленный законом срок; установленный законом срок уплаты тарифа
notifiable подлежащий заявке; подлежащий регистрации
notification уведомление, извещение; заявление
~ **of claim** заявление о возмещении убытка
notify уведомлять, извещать
noting нотариальное опротестование векселя
novation 1. нововведение, новшество 2. новация *(замена обязательства)*; перевод долга на нового должника
novel новый; неизведанный, непривычный *(о формах организации)*
novelty патентная чистота
nubile 1. брачный *(о возрасте)* 2. достигший брачного возраста
nubility брачный возраст
nugget самородок *(особ. золота)*
null недействительный; несуществующий □ ~ **and void** не имеющий законной силы
nullification 1. аннулирование; нуллификация *(объявление денег недействительными и введение новых денежных знаков)* 2. аннулирование брака, объявление брака недействительным
number 1. число, количество 2. номер, порядковый номер ‖ нумеровать 3. выпуск, экземпляр, номер *(издания)* 4. сумма, цифра 5. показатель
~ **of births per maternity** (среднее) число рождений на одну мать
~ **of complete years** число исполнившихся лет
~ **of survivors** число доживающих *(до определённого возраста)*
~ **of units waiting** *ТМО* число требований, ожидающих обслуживания
absolute ~ 1. конкретное число *(выраженное цифрами, в отличие от буквенных алгебраических обозначений)* 2. неименованное число
abstract ~ неименованное число
acceptance ~ приёмочное число *(допустимое число дефектных изделий в партии)*
account ~ номер счёта
average sample ~ средний объём выборки
base ~ базисная величина
basic staff ~ число работающих в одной смене
big ~ *бирж.* число слева от десятичного знака *или* первая цифра, которая может быть опущена по очевидности *(в котировке)*
check ~ 1. контрольный номер 2. номер чека
code ~ кодовый номер, шифр
commensurable ~**s** соизмеримые численные значения
concrete ~ именованное число
construction ~ заводской номер *(изделия)*
employer identification ~ 1. *амер.* регистрационный номер фирмы, выплачивающей налог в фонд социального страхования 2. кодовый номер нанимателя
file ~ номер по картотеке; регистрационный номер
fractional ~ дробное число
index ~ индекс, показатель

industry code ~ шифр отрасли экономики
integral ~ целое число
inverse ~ обратное число
job ~ (заводской) номер заказа; номер партии
life insurance in force ~ число действующих договоров страхования жизни
order [ordinal] ~ порядковый номер
personal identification ~ личный идентификационный номер *(владельца кредитной карточки)*
price index ~ индекс цен
priority ~ *ТМО* показатель приоритета
real ~ действительное [вещественное] число
reciprocal ~ обратное число
rectified index ~ сглаженный индекс
reference ~ номер для ссылок
simple ~ однозначное число
stock ~ складской номер
suffix ~ нижний индекс *(в обозначении величин)*
test ~ кодовый номер
transit ~ инкассовый код
weighted index ~ *стат.* взвешенный индекс
whole ~ целое число
works ~ заводской номер *(изделия)*
numbering нумерация
numerable исчислимый; счётный
numéraire *фр.* счётные деньги; (деньги как) масштаб цен
numeration 1. исчисление; система счисления 2. нумерация
numerical числовой, цифровой, численный
numismatics нумизматика
nuptiality брачность
average ~ средний коэффициент брачности
female ~ брачность женского населения
male ~ брачность мужского населения

O

oath □ **~ on arrival** подтверждение под присягой судового манифеста; **~ on departure** показание экспортёра, даваемое таможне под присягой; **~ on entry** показание импортёра, даваемое таможне под присягой
object 1. объект, предмет 2. цель, задача □ **to attain an ~** достигать цели
~ of company цель образования компании *(указывается в заявке на привилегию, в тексте привилегии)*
objective цель, задача
corporate ~ цель деятельности фирмы
forecast ~ цель прогнозирования
prenegotiation profit ~ заранее установленная норма прибыли *(при заключении контрактов на военные поставки)*
revenue ~ запланированная выручка
test ~ контрольный уровень *(напр. запасов)*
obligation 1. обязательство 2. долговое обязательство; облигация 3. обязанность □ **~s coming due within** обязательства, платежи по которым истекают в...; **to meet one's ~s** покрыть свои обязательства, уплатить по обязательствам; **to offer without ~** предложить *(товар)* без обязательства
~ of contract обязательство по контракту
consumer ~s задолженность по покупательскому кредиту
counterpart ~s параллельные обязательства
credit ~s суммарная задолженность по кредиту *(потребительскому)*
direct ~ прямое обязательство *(напр. векселедателя)*
general ~ обязательство общего характера
indirect ~ косвенное обязательство *(напр. индоссанта по векселю)*
legal ~ to accept insurance обусловленная законом обязанность принять на страхование
marketable ~s рыночные (правительственные) обязательства
nonmarketable ~s (правительственные) обязательства, не обращающиеся на рынке ценных бумаг
pecuniary ~s денежные обязательства
obligator должник
obligee кредитор
obligor должник
primary ~ главный должник; основное лицо, ответственное по векселю
observation 1. наблюдение; исследование; измерение; экспериментальное определение 2. результат наблюдения; *pl* данные наблюдения
concordant ~s согласованные наблюдения
discordant ~s несогласованные наблюдения
outlying ~ резко отклоняющееся наблюдение
paired ~s парные наблюдения
partially consistent ~s частично совместимые наблюдения
sampling ~ выборочное наблюдение, выборочное обследование; контроль выборочным методом
observe наблюдать; измерять; обнаруживать экспериментально
obsolescence устаревание; износ
~ of seasonal goods устаревание сезонных товаров
contrived [cultivated] ~ преднамеренно вызываемое устаревание *(напр. моделей автомашин)*
in-plant ~ устаревание в процессе производства
inventory ~ устаревание запасов
obsolescent устаревающий, выходящий из употребления
obsolete устаревший, вышедший из употребления; снятый с эксплуатации
obstacle препятствие; помеха □ **~s to entry** препятствие к доступу *(новых конкурентов в отрасль)*
obtain получать, приобретать

obtainable доступный, достижимый
obverse лицевая сторона *(документа)*
occupancy занятость, продолжительность занятости *(системы массового обслуживания)*
occupant 1. житель; жилец; обитатель 2. арендатор
occupation 1. занятие; профессия 2. *демогр.* период проживания 3. владение, пользование 4. оккупация; занятие *(напр. предприятия бастующими рабочими)*
bank ~s банковские должности *(кассир, клерк, бухгалтер)*
critical ~s важнейшие профессии *(с точки зрения военно-экономической)*
defense ~ профессия в военном производстве
economic ~ занятие как источник дохода
gainful ~ занятие, приносящее доход
goods-type ~ профессия, связанная преимущественно с производством товаров
machining ~s станочные профессии
military-serving ~ *см.* **defense occupation**
nondefense ~ гражданская профессия
previous ~ род занятий в прошлом
service-type ~ профессия, связанная преимущественно с предоставлением услуг
unhealthy ~ профессия, вредная для здоровья
occupational профессиональный
occurrence 1. явление *(напр. экономическое)* 2. возможность *(осуществления, реализации)* □ **of common ~** обычно встречающийся; **of frequent ~** часто встречающийся; **of rare ~** редко встречающийся
octroi *фр.* 1. октруа, внутренняя пошлина *(на ввозимый товар)* 2. городская таможня 3. таможенный чиновник
odd 1. нечётный 2. непарный; разрозненный 3. лишний; добавочный 4. *pl* разница, неравенство □ **~ and even** *т. игр* чёт и нечет
equal ~s равные шансы
long ~s неравные шансы
short ~s почти равные шансы
oddments остатки; разрозненные предметы
off 1. второстепенный 2. низкосортный 3. без *(напр. без дивидендов)* 4. ниже *(напр. о курсах, ценах)* 5. *бирж.* снижение курсов против предшествующего дня
off-balance забалансовый
off-board *бирж.* вне официального рынка
off-brand без торговой марки
off-budget внебюджетный
off-design нерасчётный, непредусмотренный конструкцией
offense (право)нарушение
antitrust ~ нарушение антитрестовского законодательства
currency ~ нарушение валютного законодательства
customs ~ нарушение таможенных правил
fiscal ~ нарушение налоговых правил
offer предложение *(в деловой практике — предложение купить или продать по определённой цене)* ‖ предлагать □ **~ by prospectus** предложение ценных бумаг широкой публике; **in blank ~** бланковая оферта; **on ~** в продаже; **to ~ a loan for subscription** открывать подписку на заём; **to ~ a price** предлагать цену; **to ~ down** предлагать акции по более низкой цене *(чем курс последней сделки)*; **to ~ firm** *бирж.* сделать твёрдое предложение товара *или* ценных бумаг по определённой цене; **to ~ for sale** выставлять на продажу; **to ~ new credit facilities** предлагать новые виды кредитования; **to ~ subject to prior sale** предлагать товар с сохранением права продажи до получения ответа другой стороны; **~ to the public** открытое для публики предложение ценной бумаги; **to ~ without engagement** предлагать без обязательства
cable ~ предложение по телеграфу
cash tender ~ предложение покупки за наличные
counter ~ встречное предложение, контроферта
cut-price ~ предложение товара по сниженным ценам
free ~ *амер.* предложение без обязательства *(с сохранением права продавца продать товар до получения ответа другой стороны)*
preferential ~ особо выгодное предложение
prestrike ~ предзабастовочное предложение *(напр. предпринимателя профсоюзу)*
stock tender ~ предложение о скупке акций *(с целью поглотить другую компанию)*
subject ~ условное предложение продать акции
subscription ~ объявление подписки
take-over ~ предложение о поглощении *(фирмы)*
tender ~ предложение о приобретении *(делается фирме, которую стремится приобрести другая компания)*
offered □ **~ firm** предложенный твёрдо *(о ценных бумагах или товарах)*; **~ subject to (prior) sale** предложенный с учётом возможной продажи другому лицу *(о ценных бумагах или товарах)*
offeree лицо, которому делается предложение
offerer лицо, делающее предложение, оферент
offering 1. предложение 2. *pl* ценные бумаги, предлагаемые к продаже
initial public ~ первоначальное публичное предложение акций, первый выпуск акций
merchandise ~ предложение товара
primary ~ первичное предложение *(о покупке вновь выпускаемых ценных бумаг)*
secondary ~ вторичное предложение ценных бумаг для продажи
special ~ *амер., бирж.* специальное предложение, способ размещения крупной партии ценных бумаг
syndicate ~ предложение консорциумом ценных бумаг на рынке

off-exchange *см.* **off-floor**
off-floor вне биржевого зала *(о сделке)*
offgrade низкосортный
Office:
~ of Business Economics Управление торгово-промышленной экономики *(США)*
~ of Defense Resources Управление оборонных ресурсов *(США)*
~ of Economic and Manpower Studies Управление исследования экономики и кадров *(в Национальном научном фонде США)*
~ of Economic Opportunity Отдел экономических возможностей *(США)*
~ of Economic Stabilization Управление экономической стабилизации *(США)*
~ of Emergency Preparedness Управление мобилизационной готовности *(канцелярии президента США)*
~ of Fair Trading Управление добросовестной конкуренции *(Великобритания)*
~ of Federal Procurement Policy Управление политики федеральных закупок *(США)*
~ of Foreign Direct Investments Бюро по контролю прямых инвестиций за границей *(США)*
~ of International Trade Управление международной торговли *(США)*
~ of Management and Budget Административно-бюджетное управление *(в составе Исполнительного управления президента США)*
~ of Price Administration Управление регулирования цен *(США)*
~ of the Comptroller of the Currency Управление контролёра денежного обращения *(Министерства финансов США)*
~ of the Special Representative for Trade Negotiations Отдел специального представителя по торговым переговорам*(США)*
Colonial ~ Министерство колоний *(Великобритания)*
Congressional Budget ~ Бюджетное управление Конгресса *(США)*
Copyright ~ Бюро по охране авторских прав *(США)*
Defense Surplus Sales ~ Управление реализации излишков *(Министерства обороны США)*
Executive ~ of the President Исполнительное управление президента США
Foreign ~ Министерство иностранных дел *(Великобритания)*
General Accounting ~ Главное бюджетно-контрольное управление *(США)*
General Register ~ Управление записи актов гражданского состояния *(Великобритания)*
Home ~ Министерство внутренних дел *(Великобритания)*
Internation Labor ~ Международное бюро труда
Patent ~ Патентное управление *(США)*
Paymaster-General's ~ Ведомство генерального казначея *(Великобритания)*
Post ~ Управление почт и телеграфа *(Великобритания)*

US Assay ~ Пробирная палата США
War ~ Военное министерство *(Великобритания)*
office **1.** служба, должность, пост **2.** ведомство; министерство **3.** управление; контора, офис, отдел, бюро □ **~ for contracts and grants** бюро по контрактам и субсидиям; **the ~** конторские служащие; клерки
~ of development отдел опытно-конструкторских работ
~ of emergency planning отдел планирования на случай чрезвычайной обстановки
~ of price stabilization бюро стабилизации цен
~ of prime responsibility головное управление
~ of profit доходный пост
~ of reliability and quality assurance отдел обеспечения надёжности и качества
~ of science and technology управление науки и техники
advanced planning ~ отдел перспективного планирования
assay ~ пробирная палата
audit ~ ревизионная контора
branch ~ филиал, отделение *(компании)*
brokerage ~ брокерская фирма
buyers' ~ контора закупщиков
cash(ier's) ~ кассовое помещение, касса
census ~ *англ.* бюро переписей
central (administrative) ~ главная контора *(фирмы)*
central statistical ~ центральное статистическое управление
clearing ~ расчётная палата, расчётное учреждение
clerical ~ канцелярия, управление делами
consulting ~ консультационный отдел
contracts ~ отдел контрактов
cost ~ калькуляционный отдел; отдел учёта издержек производства
district ~ местное отделение
drawing ~ чертёжное бюро; конструкторское бюро
exchange ~ разменная контора, пункт по обмену иностранной валюты
executive ~ исполнительный орган
field ~s периферийные отделения
freight ~ грузовая [фрахтовая] контора
front ~ отдел банка *или* брокерской фирмы по операциям с клиентурой
general accounting ~ **1.** главная бухгалтерия **2.** общая бухгалтерия
government ~s правительственные учреждения
head [home] ~ главная контора *(фирмы)*
inquiry ~ справочное бюро
issuing ~ отдел исходящих документов
land ~ *амер.* государственная контора, регистрируюшая земельные сделки
loan production ~ *амер.* отделение банка в другом штате, занимающееся подыскиванием заёмщиков
main ~ главная контора *(фирмы)*
manager's ~ дирекция
manufactures' sales ~s *амер.* сбытовые

конторы промышленных предприятий *(в переписях оптовой торговли)*
money ~ кассовое помещение, касса
operational research ~ отдел исследования операций
order ~ отдел приёма заказов на товары с доставкой по почте
patent ~ патентное ведомство; патентное бюро
pawn ~ ломбард
pay(ing) ~ учреждение, занимающееся платежами; касса
public ~ государственное учреждение
purchasing ~ отдел закупок
quality engineering ~ отдел технического обеспечения качества
receiving ~ приёмочная контора
record-keeping ~ архив; досье
registered ~ зарегистрированная контора *(официальный адрес правления компании)*
registration [registry] ~ бюро записи актов гражданского состояния
reliability ~ отдел надёжности
representative ~ представительство *(банка в другой стране)*
revenue ~ бюро налогов и сборов
sales ~ отдел сбыта
shop ~ управление завода; контора цеха
tax ~ налоговое управление
technology utilization ~ отдел внедрения (новой) техники
traffic ~ контора отдела перевозок *(с билетными кассами)*
yard ~ контора начальника сортировочной станции; контора начальника грузового двора

officer 1. должностное лицо, служащий *(фирмы)*; член руководящего исполнительного персонала *(напр. вице-президент)* **2.** (государственный) чиновник **3.** офицер, командир **4.** *мор.* капитан торгового судна □ **~s and staff** высшие должностные лица и прочий персонал
~ of board член правления
~ of corporation (высшее) должностное лицо корпорации
assistant ~ помощник *(младший сотрудник второго разряда)*
associate ~ младший сотрудник
associate finance ~ младший сотрудник по финансовым вопросам
associate public administration ~ младший сотрудник по вопросам государственного управления
bank ~ банковский служащий, должностное лицо в банке
chief executive ~ главный исполнительный директор корпорации *(обычно президент)*
chief financial ~ вице-президент корпорации по финансам, казначей
chief operating ~ главный операционный директор корпорации
contracting ~ *см.* **procurement officer**
customs ~ таможенный чиновник
deputy chief finance ~ заместитель начальника по финансовым вопросам
executive ~ управляющий делами
extension ~ сотрудник организации содействия развитию промышленности
first ~ старший помощник капитана
legal ~ сотрудник по правовым вопросам
principal ~ главный сотрудник
procurement ~ должностное лицо закупочного органа
public relations ~ сотрудник по связям с общественностью
registration ~ служащий бюро регистрации актов гражданского состояния
senior ~ старший сотрудник
tax ~ налоговый инспектор; служащий налоговых ведомств
trust ~ работник траст-отдела банка

official государственный служащий; должностное лицо || официальный, должностной
floor ~ служащий фондовой биржи
full-time ~ of trade union освобождённый работник профсоюза
government ~ правительственный чиновник
high ~ высокое должностное лицо
honorary market ~ *англ.* лицо, назначенное Лондонской фондовой биржей арбитром в спорах
local ~ 1. служащий местного органа управления **2.** работник местного отделения профсоюза

officialism бюрократизм; официальность, формализм

off-license *англ.* **1.** патент на продажу спиртных напитков навынос **2.** магазин, имеющий патент на продажу спиртных напитков навынос

off-line отсутствие связи с эмитентом кредитной карточки в момент сделки *(с помощью этой карточки)*

off-load продажа, сбыт, реализация *(обычно залежалого или запасённого товара, ценных бумаг)* || продавать, сбывать, реализовать

off-prime *амер.* ниже ставки для первоклассных заёмщиков

offset зачёт; возмещение; компенсация; вознаграждение || возмещать; компенсировать
mutual ~ of debits and credits взаимное погашение дебетовых и кредитовых записей

offshore 1. за пределами морской границы, заокеанский; иностранный **2.** осуществляемый в других странах *(напр. о хозяйственной деятельности)* **3.** морской *(напр. о нефтяном промысле)* **4.** офшорный, не подпадающий под национальное регулирование *(напр. о бизнесе)*

offspring(s) 1. потомство **2.** дочернее предприятие

offtake продажа товара; количество проданного товара

off-test некондиционный

off-the-shelf 1. имеющийся в наличии [в продаже] **2.** пригодный для использования; готовый

oiler 1. нефтеналивное судно **2.** *разг.* нефтяное месторождение *(промышленного значения)*

oilman 1. *англ.* торговец москательными товарами 2. *амер.* нефтепромышленник
old-fashioned старомодный, устарелый, вышедший из употребления
olericulture товарное овощеводство
oligarchy олигархия
financial ~ финансовая олигархия
oligopolistic олигополистический
oligopoly олигополия *(рыночная ситуация с ограниченным числом крупных фирм)*
asymmetrical ~ асимметричная олигополия
bilateral ~ двусторонняя олигополия *(рыночная ситуация с ограниченным числом крупных продавцов и крупных покупателей)*
collusive ~ олигополия, поддерживаемая посредством сговора
imperfect ~ несовершенная олигополия
mature ~ зрелая олигополия
natural ~ естественная олигополия
perfect ~ совершенная олигополия
pure ~ чистая олигополия
symmetrical ~ симметричная олигополия
tenacious ~ устойчивая олигополия
oligopsony олигопсония *(рыночная ситуация, при которой ограниченному числу покупателей противостоит большое число продавцов)*
ombudsman 1. посредник по жалобам работающих 2. посредник по жалобам на действия государственных учреждений
omission пропуск *(при регистрации)*
erroneus ~ ошибочный пропуск
omit опускать, пропускать □ **to ~ dividend** пропустить [не выплатить] дивиденд
omnibus всеобъемлющий, глобальный; охватывающий несколько предметов; содержащий несколько статей
on-budget бюджетный, включаемый в бюджет
on-card (непосредственно) на кредитной карточке *(об информации)*
oncarriage дальнейшая перевозка
oncarrier продолжающий перевозку *(о судне)*
oncost *англ.* косвенные [непрямые] издержки, накладные расходы
one-man обслуживаемый одним человеком
one-one взаимооднозначный
one-price с единой ценой
onerous обременительный *(напр. о налогах)*
one-sided односторонний *(о рынке с активностью одних продавцов или одних покупателей; об облигации, которую может досрочно погасить эмитент, но не держатель)*
one-way *см.* **one-sided**
on-floor в биржевом зале *(о сделке)*
on-lending передача кредита по цепочке от конечного кредитора к конечному заёмщику
on-the-road находящийся в эксплуатации, эксплуатируемый *(напр. о транспортном средстве)*
open открывать *(напр. счёт в банке)* ‖ открытый; непокрытый, неоплаченный
open-end допускающий дополнение, возобновление *(напр. об ипотеке)*
opening открытие *(напр. биржи)*; начало *(биржевых операций)* □ **at the ~** на момент открытия *(биржи)*
~ of a letter of credit открытие аккредитива
evening ~ работа магазина в вечернее время
job ~ открытие вакансии; вакансия
split ~ резкое снижение курса *(при открытии биржи)*
operate 1. действовать; работать; эксплуатировать 2. производить операции *(торговые, финансовые)* 3. спекулировать, вести операции на бирже 4. управлять *(механизмом)* 5. заведовать *(напр. конторой)* □ **to ~ an account** вести счёт; **to ~ for a fall** *бирж.* играть на понижение; **to ~ for a rise** *бирж.* играть на повышение; **to ~ full out** работать в полную мощность; **to ~ in the red** работать с убытком; **to ~ on part time** работать неполное количество рабочих часов; **to ~ under a charter of the state** функционировать с разрешения властей штата *(о банке)*
operating 1. операционный, связанный с текущей деятельностью *(напр. о затратах)* 2. рабочий, эксплуатационный *(о режиме)* 3. действующий, функционируюший
operation 1. действие; работа; эксплуатация; функционирование 2. торговля; финансовая операция; сделка 3. учётно-счётная операция 4. (технологическая) операция, цикл обработки 5. ведение хозяйственной деятельности *(напр. производственной)*; (оперативное) управление производством 6. *амер.* управление *(машиной)*, приведение в действие 7. *pl мор.* обработка грузов 8. установка; цех; предприятие *(с непрерывным процессом производства)* 9. *мат.* действие □ **in ~** действующий *(о предприятии)*; работающий; эксплуатируемый *(напр. о промысле)*; **~ in futures** срочная сделка; **~ Nudge** *амер.* политика центрального банка, направленная на одновременное снижение долгосрочных процентных ставок и повышение краткосрочных ставок; **to be in ~** быть в действии; **to come into ~** начать действовать; вступать в силу; **to put into ~** пустить в эксплуатацию; ввести в действие; **to set in ~** ввести в эксплуатацию; **to slim down ~s** сокращать производство; **~ Twist** *см.* **operation Nudge**
~ of labor market функционирование рынка труда
air-express ~s беспосадочные воздушные перевозки
air-freight ~s воздушные перевозки грузов
air-passenger ~s воздушные перевозки пассажиров
asset-switching ~ операция по замене одного вида активов другим
bear ~ *бирж.* спекуляция на понижение
black-market ~ операция на чёрном рынке

bookkeeping ~ бухгалтерский учёт
bull ~ *бирж.* спекуляция на повышение
cash ~s сделки за наличные
census ~ проведение переписи
charter ~s чартерные перевозки; перевозки по фрахтовым контрактам
congested ~ работа *(системы массового обслуживания)* в условиях перегрузки
construction ~s строительство; производство строительных работ
contract ~ управление предприятием [эксплуатация предприятия] по договору; эксплуатация предприятия на комиссионной основе
day-to-day ~ 1. текущая (производственная) деятельность; текущая эксплуатация 2. повседневное [оперативное] управление предприятием
double-barrel(l)ed loan ~ покупка валюты с немедленной доставкой и одновременная продажа валюты на срок
examining ~ экспертиза
farm ~s сельскохозяйственные работы
field ~s полевые работы
for-hire truck ~s грузовые перевозки по найму
forward ~s *бирж.* сделки на срок
full capacity ~ работа при полной нагрузке
full-time ~ работа полную смену
growth ~ растущее дело; растущее производство
harvesting ~s уборочные работы
housekeeping ~s вспомогательные операции
incentive ~ *орг. пр.* работа с поощрительной оплатой
integrated ~ интегрированное производство
inventory ~s операции с товарно-материальными запасами
job shop (manufacturing) ~ производство продукции по заказам
joint ~ совместная работа
lending ~s кредитные операции
level(l)ing-out ~ выравнивание товарооборота по дням недели
loading ~s погрузочные работы
maximization [maximum] ~ операция определения максимума, операция максимизации
merchandising ~s продажа продуктов без переработки
merchandising machine ~s продажа товаров через торговые автоматы
minimization ~ операция определения минимума, операция минимизации
mining ~ добыча *(полезных ископаемых)*
multiple ~ *ТМО* обслуживание одного требования несколькими устройствами
multiproduct limited production lot run ~ многономенклатурное мелкосерийное производство
multitask ~ многоцелевая операция
nongovernment ~ гражданское производство *(в частных фирмах)*, производство не по государственным заказам
one-shift ~ работа в одну смену
open-market ~s (кредитные) операции на открытом рынке
part-time ~ работа неполную смену
plant ~ 1. эксплуатация установки 2. работа завода
predistributive ~s подготовка продукции к продаже *(расфасовка, упаковка)*
production ~ 1. производственная деятельность; производство 2. управление производством
production-type ~ крупносерийное производство
progressive ~s поточное производство; поточная технология
queueing ~ 1. работа системы массового обслуживания 2. образование очереди
reserve-supplying ~s финансовые операции, связанные с управлением резервов *(банков ФРС)*
round-the-clock ~ круглосуточная работа
salvage ~s спасательные работы
scanning ~ in industry обзор экономических условий в промышленности
secondary recovery ~ добыча (нефти) вторичными методами
second-shift ~ работа во вторую смену
service ~ 1. операция обслуживания 2. *ТМО* процесс обслуживания
single total ~ 1. работа *(группы предприятий)* по единому плану 2. работа *(предприятия)*, охватывающая все стадии производственной деятельности
slack ~ функционирование (экономики) в условиях недогрузки производственных мощностей
small-scale ~s мелкие торговые операции
smoothing ~ операция сглаживания *(напр. спроса)*
speculative ~s спекулятивные сделки
stock exchange ~s операции фондовой биржи
terminal ~s 1. грузовые операции и обслуживание пассажиров на крупных станциях *или* в крупных аэропортах 2. эксплуатация узловых перевалочных пунктов
time-averaging ~ усреднение по времени
tramp ~s нерегулярные [трамповые] перевозки
two-shift ~ работа в две смены, работа в двухсменном режиме
value determination ~ операция определения стоимости

operational 1. операционный 2. оперативный, активный 3. рабочий, в исправном состоянии

operative 1. действующий; работающий; вошедший в строй; пущенный в эксплуатацию 2. промышленный рабочий; полуквалифицированный рабочий 3. производственник; *pl* производственный персонал

operator 1. рабочий-оператор, станочник; аппаратчик; машинист; механик 2. *амер.* владелец предприятия; промышленник; фабрикант 3. биржевой маклер; делец; спекулянт 4. *мат.* оператор □ ~ **for a fall** *бирж.* спекулянт, играющий на понижение; ~ **for a rise** *бирж.* спекулянт, играющий на повышение

adding-machine ~ оператор на сумматоре
bookkeeping machine ~ оператор на бухгалтерской машине
comptometer ~ оператор на вычислительной машине
farm ~ *амер.* фермер; арендатор
foreign currency ~ валютный брокер
for-hire truck ~ автокомпания грузовых перевозок по найму
machine-tool ~ станочник
merchandising machine ~**s** *амер.* фирмы, осуществляющие продажу товаров через принадлежащие им автоматы
processing machine ~ аппаратчик
qualified ~ квалифицированный рабочий *(напр. станочник)*
relief ~ подменный рабочий *(на конвейере)*
self-employed ~ самодеятельный работник
ship ~ судоходная компания
stock exchange ~ биржевой спекулянт
utility ~ подменный рабочий-универсал *(на поточной линии, на конвейере, часто — помощник бригадира)*

opinion мнение; убеждение, точка зрения; оценка
advisory ~ консультативное заключение
bearish ~ оценка конъюнктуры как понижательной
bullish ~ оценка конъюнктуры как повышательной
public ~ общественное мнение

opportunit/y возможность; случай, шанс
incentive ~ *орг. пр.* возможность получения дополнительного вознаграждения
investment ~**ies** инвестиционные возможности
job ~ вакансия
sales ~**ies** конъюнктура рынка
substitution ~**ies** возможности замещения *(производственных факторов)*

opposition 1. противодействие 2. оппозиция
environmental ~ противодействие *(общественности)* загрязнению окружающей среды

opt выбирать, делать выбор □ **to** ~ **out** отказаться от опциона

optimal оптимальный
asymptotically ~ асимптотически оптимальный
conditionally ~ условно оптимальный
near(ly) ~ близкий к оптимальному

optimality оптимальность
asymptotic(al) ~ асимптотическая оптимальность
Pareto ~ оптимальность по Парето (*см. тж.* **Pareto efficiency**)
partial ~ частичная оптимальность

optimization 1. оптимизация *(напр. процесса)* 2. определение оптимальных характеристик, подбор оптимальных условий
Bayesian ~ байесовская оптимизация
constrained ~ условная оптимизация
cost ~ оптимизация затрат
integer ~ целочисленная оптимизация
portfolio ~ оптимизация портфеля с точки зрения риска и доходности
process ~ оптимизация производственного процесса
program ~ выбор оптимальной программы
quality cost ~ оптимизация затрат на обеспечение качества
unconstrained ~ безусловная оптимизация

optimize оптимизировать

optimum оптимум, оптимальные условия, оптимальный режим
approximate ~ приближённый оптимум
boundary ~ граничный оптимум
conditional [constrained] ~ условный оптимум
estimated ~ оценка оптимума
Pareto ~ оптимум по Парето
unconditional [unconstrained] ~ безусловный оптимум

option 1. выбор; право замены 2. опцион, сделка с премией *(обусловленное уплатой премии право купить или продать ценные бумаги по установленному курсу)* 3. право на дополнительную квоту *(при распределении выпуска ценных бумаг между участниками синдиката)* □ **at buyer's** ~ по усмотрению покупателя; ~ **deal for the call** *см.* **call option**; ~ **deal for the put** *см.* **put option**; ~ **in national priorities** выбор по степени важности с общегосударственной точки зрения; **to deal in** ~**s** вести биржевые операции с премиями; **to have an** ~ **of policy** иметь возможность выбора политики *(о монополистических фирмах)*; ~ **to subscribe to new shares (on new stock)** преимущественное право подписки на вновь выпускаемые акции
~ **of exchange** право обмена
~ **of redemption** право выкупа *(ценной бумаги)*
American ~ «американский» опцион *(может быть использован в любой момент в течение оговоренного срока)*
Boston ~ бостонский опцион, покупка права не исполнять срочную сделку
buyer's ~ *см.* **call option**
buyer's ~ **to double** двойной опцион покупателя
call ~ опцион колл *(право купить ценную бумагу за фиксированную цену, оплачивается премией)*
currency ~ валютный опцион *(право купить или продать валюту по фиксированной цене)*
double ~ двойной опцион *(покупателя или продавца)*
gold ~ опцион на золото *(право купить или продать определённое количество золота)*
index ~ индексный опцион *(на базе биржевого индекса)*
lapsed ~ неиспользованный опцион, срок которого истёк
nonforfeiture ~ выбор мер по сохранению в силе договора страхования при досрочном прекращении уплаты взносов *или* их снижении
put ~ опцион пут *(право продать ценную*

бумагу за фиксированную цену, оплачивается премией)
put and call ~ стеллажная сделка
qualifying stock ~ право на покупку акций по определённой цене, приобретаемое при определённых условиях служащими компании
seller's ~ *см.* **put option**
seller's ~ to double двойной опцион продавца
ship's ~ право судовладельца по своему выбору рассчитывать фрахт по весу *или* по объёму груза
single ~ одиночный опцион *(либо колл, либо пут)*
stock ~ акционерный опцион, право купить акции по льготной цене
value analysis ~s варианты (возможного) выбора экономичности конструкции
zero-premium ~ опцион с нулевой премией

optional необязательный, факультативный; добровольный □ **~ at extra cost** поставляемый *(по требованию покупателя)* за дополнительную плату

optionee получатель опциона

optioner лицо, предоставляющее опцион

order 1. порядок ‖ приводить в порядок 2. приказ, распоряжение; инструкция ‖ приказывать 3. заказ ‖ заказывать 4. порядок, последовательность 5. строй *(общественный)* 6. письменный приказ об уплате денег *(напр. вексель, чек)* 7. *бирж.* приказ брокеру о покупке *или* продаже ценных бумаг 8. *англ. стат.* агрегация родственных отраслей экономики; укрупнённая отрасль экономики 9. сорт, тип, вид, степень 10. (общественный) статус, уровень, ранг 11. команда *(ЭВМ)* □ **~s booked** полученные заказы, портфель заказов; **by ~ and for account of** по приказу и за счёт; **~ for account** *англ. бирж.* приказ о сделке на срок; **~ for collection** инкассовое поручение; **~ for remittance** поручение о переводе *(денег)*; **~ for settlement** *бирж.* приказ о сделке на срок; **~ for warehouse release** приказ о выдаче товаров со склада; **in good ~** «в полной исправности» *(из текста коносамента)*; **in short ~** *амер.* немедленно, незамедлительно; **made to ~** сделанный на заказ; **not to ~** запретить передачу индоссамента *(надпись на чеке)*; **out of ~** неисправный; **to alter an ~** изменять заказ; **to be on ~** быть заказанным; производиться по заказу; **~ to buy or to sell at best** *бирж.* приказ купить *или* продать по наилучшему курсу; **to call at a port for ~s** заходить в порт «на ордер» *(за получением приказа о порте выгрузки или погрузки)*; **to comply with ~s** выполнять предписания *(напр. Федеральной торговой комиссии)*; **to ~ goods from the sample** заказывать товары по образцам; **to make out to ~** выписать долговой документ *(напр. вексель)* приказу *(кого-л.)*; **to the ~ of** (платите) приказу (такого-то) *(передаточная надпись на чеке или векселе)*; **~ to transfer** приказ о переводе *(денег)*; **to withdraw an ~** отменять приказ
~ of approximation порядок приближения
~ of day распорядок дня; повестка *(собрания)*
~ of events последовательность событий
~ of magnitude порядок величины
~ of marriage порядковый номер брака
~ of matrix порядок матрицы
~ of priority порядок очерёдности
~ of stationarity порядок стационарности *(стохастического процесса)*
~ of succession порядок наследования
administrative ~ административное предписание
arms ~s заказы на производство вооружений
arrival ~ *ТМО* порядок прибытия *(требований)*
back(logged) ~ задолженный [невыполненный] заказ
banker's ~ приказ банка о платеже, платёжное поручение банка
bank money ~ банковский денежный перевод
big-ticket ~ *бирж.* крупный заказ
birth ~ *демогр.* порядковый номер рождений; очерёдность рождений
blanket ~ общий заказ *(разрешающий фирме-поставщику поставлять продукцию определённой номенклатуры в пределах установленного периода и денежного лимита)*
buying ~ приказ о покупке
cash ~ 1. приказ об оплате наличными 2. предъявительская тратта
cease-and-desist ~s юридические предписания, требующие прекратить и не допускать впредь незаконные действия *(в практике осуществления антитрестовского законодательства в США)*
company work ~s внутренние заказы фирмы; наряд-заказы основным производственным и вспомогательным цехам и службам
construction ~ строительный наряд-заказ
copy ~ копия заявки
cyclic ~ *ТМО* циклический порядок *(обслуживания)*
day ~ *бирж.* приказ, действующий один день
defense ~ оборонный [военный] заказ
delivery ~ 1. заказ на поставку 2. деливери-ордер *(распоряжение о выдаче товара со склада или о выдаче части груза по коносаменту)*
discretionary ~ приказ, дающий брокеру право производить операции с ценными бумагами по своему усмотрению
divestiture ~ предписание об отторжении *(части активов или дочерних предприятий)*
dividend ~ перевод дивидендов *(акционеру)*
durables ~ заказ на товары длительного пользования
executive ~ *амер.* исполнительный приказ *(директива исполнительной власти)*

factory ~ 1. заводской наряд-заказ *(спускаемый компанией-владельцем предприятию)* **2.** заказ *(со стороны)* предприятию на изготовление продукции **3.** документ — основание для производства изделия
fill-or-kill ~ *см.* **immediate-or-cancel order**
forward ~ *бирж.* приказ о покупке на срок
Fourth section ~ постановление по четвёртому параграфу *(Комитета по межштатному транспорту США, разрешающее устанавливать более высокие тарифы для короткопробежных перевозок)*
giro postal ~ перевод в почтовой системе жиросчетов
good till cancelled ~ приказ брокеру, действующий до момента исполнения приказа *или* истечения срока
good this month ~ приказ брокеру, действующий в течение месяца
good this week ~ приказ брокеру, действующий в течение недели
good working ~ хорошее состояние *(оборудования)*; состояние пригодности к работе
government ~ государственный заказ
G. T. C. ~ *см.* **good till cancelled order**
G. T. M. ~ *см.* **good this month order**
G. T. W. ~ *см.* **good this week order**
immediate-or-cancel ~ приказ *(клиента брокеру)*, который должен быть немедленно выполнен *или* аннулирован
incoming ~s поступающие заказы
job ~ *см.* **factory order 1.**
limited ~ приказ брокеру, ограниченный условиями
live-birth ~ порядковый номер живорождений
mail ~ 1. заказ на товар с доставкой по почте **2.** платёжное поручение банка
maintenance work ~ заказ на техническое обслуживание
manufacturing ~ *см.* **factory order 1.**
market ~ приказ брокеру о покупке товаров *или* ценных бумаг
matched ~ двойная сделка *(покупка ценных бумаг у одного брокера и перепродажа их другому для вздувания курсов на бирже)*
modification work ~ указание о проведении модификации *(изделия)*
money ~ платёжное поручение
money losing ~ невыгодный заказ
move ~ наряд на внутрицеховую [внутризаводскую] перевозку *(обрабатываемых деталей)*
multicomponent ~ многопродуктовый заказ
negotiable ~ of withdrawal платёжный приказ с использованием средств со сберегательного счёта клиента в банке
nonpreemptive service priority ~ *ТМО* дисциплина очереди с приоритетом, не прерывающим обслуживания
nonrepeat ~ разовый заказ
nontransferable ~ приказ о платеже, который может отдать только владелец счёта
odd lot ~ *бирж.* приказ о покупке нестандартной партии ценных бумаг
outstanding ~ задержанный заказ
payment ~ приказ о платеже, платёжное поручение
perpetual ~ заявка на повторную поставку
pilot ~ заказ на изготовление опытной партии
postal money [post-office] ~ почтовый (денежный) перевод
preemptive service priority ~ *ТМО* дисциплина очереди с приоритетом, прерывающим обслуживание
pressing ~ срочный заказ
priority ~ 1. первоочередной заказ **2.** *ТМО* порядок приоритета
production ~ *см.* **factory order 1.**
production work ~ последовательность технологических операций; технология серийного производства
purchase ~ заказ на поставку
rated ~ рангированный военный заказ *(с рангом приоритета, устанавливающим очерёдность исполнения)*
repair ~ ремонтный наряд-заказ
repeat ~ повторный заказ
replenishment ~ заказ на пополнение запасов
reverse ~ обратный порядок
reverse ~ of service *ТМО* обслуживание в обратном порядке
rush ~ срочный заказ
sales ~ заказ на закупку
scale ~ приказ *(клиента брокеру)* с указанием шкалы цен *(размер сделки зависит от цены)*
schedule ~ (крупный) заказ, разбитый на партии по срокам поставки
self-executing ~ выполненный приказ
separation ~ *англ.* порядок развода и раздела имущества
sequence ~ последовательный порядок
service ~ наряд-заказ на выполнение услуг
servicing ~ *ТМО* порядок обслуживания
shipping ~ третья копия транспортной накладной *(содержит инструкцию грузоотправителя)*
shop ~ *см.* **factory order 1.**
single-component ~ однопродуктовый заказ
special ~ *англ.* распоряжение, имеющее силу закона
split ~ *бирж.* заказ на покупку акций частями [партиями] по разному курсу
standard ~ заказ стандартного объёма
standby ~ приказ, вступающий в действие при возникновении предусмотренной ситуации *(напр. при объявлении военного чрезвычайного положения, мобилизации)*
standing ~ 1. распорядок; правила внутреннего распорядка; регламент **2.** твёрдый заказ на обусловленное количество товара *(которое должно периодически поставляться в магазин)* **3.** постоянно действующий наряд-заказ; наряд-заказ на регулярное производство *(определённого из-*

делия) **4.** приказ о регулярных платежах *(плата за газ, квартиру, налоги)*
statutory ~ постановление, имеющее силу закона
stock exchange ~ поручение [приказ] биржевому маклеру
stop ~ приказ *(брокеру)* продавать *или* покупать по рыночной цене, как только она достигнет определённого уровня
stop ~ on passbook решение о признании недействительной утерянной сберегательной книжки
stop ~ to buy приказ о покупке ценных бумаг по наилучшему курсу (но не выше курса, указанного клиентом)
stop loss ~ приказ о продаже ценных бумаг по наилучшему курсу (но не ниже курса, указанного клиентом)
stop payment ~ приказ о приостановке платежа *(по чеку)*
supporting ~ поручение о покупке акций для поддержания курса
switch ~ предписание на перемещение вагонов в пределах диспетчерского участка
telegraphic money ~ телеграфное платёжное поручение
temporal ~ последовательность во времени
unlimited ~ приказ брокеру, не ограниченный условиями
week ~ недельный заказ *(на покупку или продажу акций)*
withdrawal ~ приказ о выплате денег
work ~ 1. наряд на выполнение работы *(напр. технологической операции)*; сдельный рабочий наряд **2.** *см.* **factory order 1. 3.** *см.* **production work order**

ordered 1. заказанный, затребованный **2.** *стат.* упорядоченный

ordering 1. упорядочение; приведение в порядок **2.** заказ; подача заказа
~ of goods заказ на товары *(поставщику или складу торговой фирмы)*
~ of priorities установление системы приоритетов *(напр. в расходовании средств)*
back ~ задалживание заказов
batch ~ подача заказов партиями
domestic ~ поступление заказов от отечественных потребителей
forward ~ заказ на товары со сдачей в определённый срок
independent ~ подача независимых заказов
joint ~ подача совместных заказов
marginal inventory ~ подача заказа при достижении некоторого минимально допустимого уровня запасов
multiphase ~ многофазная система подачи заказов
period batch ~ периодическая подача заказов партиями переменного размера
standard batch ~ подача заказов партиями стандартного размера
stock level ~ подача заказа при достижении определённого уровня запасов

orderly *стат.* упорядоченный

ordinaries обыкновенные акции *(с переменным дивидендом)*

organ 1. орган, учреждение **2.** печатный орган

organic штатный, табельный

organism:
social ~ организация общества

Organization □ **~ for Economic Cooperation and Development** Организация экономического сотрудничества и развития, ОЭСР; **~ for European Economic Cooperation** Организация европейского экономического сотрудничества; **~ for Trade Cooperation** Организация торгового сотрудничества
~ of African Unity Организация африканского единства, ОАЕ
~ of American States Организация американских государств, ОАГ
~ of Petroleum Exporting Countries Организация стран — экспортёров нефти, ОПЕК
~ of Regional Cooperation for Development Организация регионального сотрудничества в целях развития
Commonwealth Scientific and Industrial ~ Научная и промышленная организация Австралийского Союза
East African Industrial Research ~ Организация стран Восточной Африки по промышленным исследованиям
Food and Agriculture ~ Продовольственная и сельскохозяйственная организация ООН, ФАО
Intergovernmental Maritime Consultative ~ Межправительственная морская консультативная организация
International ~ for Standardization Международная организация по стандартизации, ИСО
International ~ of Employers Международная организация предпринимателей
International Civil Aviation ~ Международная организация гражданской авиации, ИКАО
International Labor ~ Международная организация труда, МОТ
International Refugee ~ Международная организация по делам беженцев
International Shipping ~ Международная организация по судоходству
International Trade ~ Международная организация по вопросам торговли
North Atlantic Treaty ~ Организация Североатлантического договора, НАТО
Pan-American Health ~ Панамериканская организация здравоохранения
United Nations ~ Организация Объединённых Наций, ООН
United Nations Educational, Scientific and Cultural ~ Организация Объединённых Наций по вопросам образования, науки и культуры, ЮНЕСКО
United Nations Industrial Development ~ Организация Объединённых Наций по промышленному развитию, ЮНИДО
Warsaw Treaty ~ Организация Варшавского договора
World Health ~ Всемирная организация здравоохранения, ВОЗ

World Intellectual Property ~ Всемирная организация интеллектуальной собственности, ВОИС
organization 1. организация; устройство, формирование 2. объединение, организация 3. организационная структура □ **~ and methods** служба рационализации управления
affiliated ~ филиал; входящая организация, организация-член, отделение
back-up ~ базовая организация
bank ~ организационная структура банка
business ~ организация бизнеса; организационные формы бизнеса *(индивидуальное предприятие, партнёрство, акционерная форма)*
data ~ сбор и обработка данных
direct-selling ~ торговая контора, направляющая агентов для продажи товаров на дому
educational ~ учебное заведение
farm ~ организация сельскохозяйственного производства
flat ~ организация с небольшим числом уровней власти и ответственности
flexible ~ организация с перестраиваемой структурой
for-profit ~ коммерческая организация
functional ~ функциональная организационная структура
hierarchical ~ организация с иерархической структурой
industrial ~ промышленное предприятие
line ~ линейная организационная структура
marketing ~ сбытовая организация
multidivisional diversified ~ диверсифицированная корпорация с несколькими отделениями
multinational ~ многонациональная компания
multiplant [multiple establishment] ~ организация, владеющая несколькими предприятиями
national ~ национальная организация
nongovernmental ~ неправительственная организация
nonprofit ~ некоммерческая организация
overhead ~ вышестоящая организация
parent ~ головная организация
planning ~ планирующая организация, плановый орган
process ~ организация производственного процесса
product ~ организация выпуска продукции
professional ~ профессиональное объединение
profit (making) ~ коммерческая организация
research ~ научно-исследовательская организация
sales ~ 1. торговый аппарат фирмы 2. торговая организация
self-sustained ~ хозрасчётная организация
sponsor(ing) ~ финансирующая организация
staff ~ 1. организационная схема подчинённости 2. организация управленческого аппарата
step-by-step [stepwise] ~ ступенчатая организация
system ~ организация системы
tall ~ организация со многими уровнями власти и ответственности
tax-exempt nonprofit ~ не подлежащая налогообложению некоммерческая организация
transnational ~ транснациональная корпорация
water (supply) ~ водохозяйственная организация, предприятие водоснабжения
orientation:
business loan ~ ориентация банка на преимущественное кредитование деловых предприятий
oriented 1. ориентированный на *что-л.*; связанный с *чем-л.* 2. созданный на основе 3. предназначенный
technically ~ ориентированный на решение (чисто) технических задач
origin источник, начало; происхождение
ethnic ~ этническое происхождение
national ~ национальное происхождение
original 1. оригинал, подлинник ‖ оригинальный, подлинный; незаимствованный 2. первоначальный
origination:
data ~ получение данных
originator 1. основоположник, создатель *(теории)* 2. учредитель, инициатор; инвестиционный банк, организующий выпуск новых ценных бумаг
mortgage ~ кредитное учреждение, предоставляющее ипотечную ссуду
orphanhood сиротство
orthodoxy ортодоксальность; ортодоксия *(в экономической теории)* □ **to divert from ~** отойти от ортодоксии
oscillate колебаться
oscillation колебание *(напр. деловой активности)*
damped ~ затухающее колебание
forced ~s вынужденные колебания
ostensible показной, мнимый *(напр. о потреблении)*
outage перерыв; перебой *(в работе)*; бездействие *(машины)*
forced ~ вынужденный простой
outbalance перевешивать; превосходить
outbargain перебить *(цену)*, отнять у *кого-л.* сделку, предлагая более выгодные условия
outbid предложить более выгодную цену *или* более выгодные условия
outbidding набивание цены; предложение более выгодных условий
outborn рождённый в другой стране
outbound 1. отправляемый за границу, экспортный 2. уходящий в заграничное плавание
out-clearing чеки, отсылаемые в расчётную палату
outcome результат, исход; последствие
equiprobable ~s *т. игр* равновероятные исходы

mutually exclusive ~s *т. игр* несовместимые исходы
nonexclusive ~s *т. игр* совместимые исходы
successfull ~s благоприятные итоги
sure ~ *т. игр* достоверный исход
unobserved ~ *т. игр* ненаблюдаемый исход

outcry:
open ~ метод биржевой торговли путём прямого контакта продавца и покупателя

outdated устаревший, несовременный, вышедший из употребления

outdistance обгонять, опережать

outer 1. внешний *(напр. о факторе)* **2.** отдалённый *(от центра)*

outfit 1. оборудование; оснащение; комплект ‖ снаряжать, оборудовать **2.** ансамбль; группа; фракция; подразделение **3.** предприятие, производственный объект
~ of capital goods комплекс товаров производственного назначения
~ of equipment комплекс оборудования
large manufacturing ~ крупное промышленное предприятие

outflow 1. утечка; отлив, вывоз **2.** убыль **3.** миграционный поток
~ of gold вывоз золота *(из страны)*
~ of money отлив денег
capital ~ утечка капитала
profit ~ отток прибыли *(на иностранный капитал, вложенный в развивающихся странах)*

outgoings расходы, издержки; платежи, переводы *(за границу)*

outhaul транспортировка от места зарождения грузопотока

outhouses надворные строения; службы

outlaw лицо *или* организация, объявленные вне закона ‖ объявлять вне закона; *амер.* лишать законной силы

outlay 1. расход(ы), затрата, затраты, издержки ‖ расходовать, тратить **2.** капитальные вложения, капиталовложения, инвестиционные затраты
advertising ~ затраты на рекламу
cash ~ денежные расходы
cost ~ понесённые издержки
fixed ~ постоянные издержки
initial ~ первоначальные расходы
investment ~ *см.* **outlay 2.**
military ~ военные расходы
primary ~ первичные затраты
public ~ 1. государственные расходы **2.** государственные капиталовложения, капиталовложения из государственного бюджета
social security ~ выплаты по социальному страхованию
variable ~ переменные издержки

outlet 1. рынок сбыта; возможность сбыта **2.** торговая точка, торговое предприятие **3.** выход; отдушина *(напр. для избыточного капитала)* □ **~ for saving** сфера применения сбережений
domestic ~ возможность сбыта внутри страны
marketing ~s рынки сбыта
profitable ~ возможность прибыльного сбыта; прибыльный сбыт

outlier *стат.* резко отклоняющееся значение; *pl* выпадающие показатели (временно́го ряда)

outlook перспектива
business ~s будущая экономическая конъюнктура
economic ~s экономические перспективы
long-term ~ долгосрочная перспектива
near-term ~ краткосрочная перспектива; ближайшая перспектива

outmarriage смешанный брак *(между представителями разных рас, национальностей, племён)*

out-migrant эмигрант, переселенец *(в пределах одной страны)*

out-migration эмиграция, переселение *(в пределах одной страны)*
net ~ баланс миграции, чистая миграция

outmoded вышедший из моды, устаревший

out-move(ment) переселение из одного района в другой

outnumber численно превосходить

out-of-date устаревший, вышедший из употребления, несовременный

out-of-equilibrium вышедший из равновесия

out-of-fashion *см.* **outmoded**

out-of-stock не имеющийся на складе, распроданный

out-of-time с нарушением сроков

out-of-use вышедший из употребления, неприменяемый; неиспользованный

out-of-work безработный

outpayments выплаты, сумма выплат

outperform обогнать по производственным показателям

outport аванпорт; аутпорт, внешний порт

outproduce превышать по производительности

output 1. выпуск; продукция; выход продукции; объём производства; добыча *(в горной промышленности)* **2.** производительность, выработка; мощность; отдача **3.** *мат.* выход; итог, результат *(вычислений)* **4.** *ТМО* выходящий поток **5.** контингент окончивших обучение к определённому времени □ **~ per day** *см.* **daily output**; **~ per hour** часовая производительность; **~ per man** выработка на одного человека; **~ per man-hour** производительность за человеко-час; **~ per man-week** недельная выработка на одного рабочего; **~ per 100 pounds labor cost** выход продукции на 100 фунтов стерлингов трудовых затрат; **~ per shift** производительность за смену; **~ per unit of labor input** выработка на единицу затрат труда; **~ per unit of total factor input** выработка на единицу затрат всех факторов производства; **~ per worker** выработка на одного рабочего
~ of industry *см.* **industrial output**
~ of products производство продукции; объём производства продуктов
agricultural ~ объём сельскохозяйственного производства

annual ~ годовой объём производства; годовая выработка
average ~ средняя выработка, средняя производительность
capacity ~ выпуск продукции в условиях полного использования производственных мощностей
commercial ~ товарная продукция
current ~ текущий объём производства; текущая производительность
daily ~ суточная выработка, суточная производительность
deterministic ~ *ТМО* детерминированный выходящий поток
effective ~ фактический объём производства; фактическая производительность
factory ~ *см.* **industrial output**
food ~ **per acre of forage** выход кормов с единицы площади
full ~ максимальная производительность
full capacity ~ *см.* **capacity output**
full employment ~ объём производства при полной занятости
gross ~ **1.** валовой объём производства; валовая продукция **2.** валовой объём реализации
gross ~ **per 100 acres** валовая продукция в расчёте на 100 акров
heterogeneous ~ выпуск разнородной продукции
homogeneous ~ выпуск однородной продукции
hourly ~ часовая производительность
hyperexponential ~ *ТМО* гиперэкспоненциальный выходящий поток
indivisible ~ неделимая продукция
industrial ~ объём промышленного производства; выход промышленной продукции
large ~ массовое прозводство; крупносерийное производство
livestock ~ выход продукции животноводства
machine load ~ объём продукции, произведённой на станке
manufacturing ~ выпуск продукции обрабатывающей промышленности; объём производства обрабатывающей промышленности
marketable ~ товарная продукция
momentary ~ текущее значение производительности
net ~ **1.** *англ.* объём произведённой условно-чистой продукции **2.** полезная отдача
nominal ~ номинальная производительность
peak ~ максимальный объём производства
permanent ~ длительная производительность
physical ~ фактическая производительность
pooled ~ *ТМО* объединённый выходящий поток
potential **1.** потенциально возможный объём производства **2.** проектная производительность

profit-maximizing ~ объём производства, обеспечивающий максимизацию прибыли
rated ~ номинальная производительность; расчётная производительность
recorded ~ учитываемый выпуск продукции
resource ~ добыча природного сырья *(включая гидроэлектроэнергию)*
specific ~ удельная производительность
standard ~ **per acre** норма выхода продукции на один акр
value-added ~ *см.* **net output 1.**
work ~ **per man** выработка на одного работающего
world ~ мировое производство
outrace *см.* **outrun**
outrageous чрезмерный, неоправданный *(о цене)*
outright **1.** обычный, прямой, не осложнённый дополнениями *(о сделках, в частности — срочных)* **2.** валютный курс по срочным сделкам, включающий премию *или* дисконт
outrun обгонять, опережать *(по уровню, по темпам роста)*
outs □ ~ **and shorts** нет в наличии *(распродан)* и не хватает *(о нужном товаре в магазине)*
outsell продавать больше, чем конкуренты
outsider **1.** аутсайдер *(предприятие, не входящее в монополистическое объединение; непрофессиональный биржевик)* **2.** *pl* непосвящённые круги, непосвящённые лица *(не осведомлённые о тонкостях биржевых операций)* **3.** внешний поставщик
outsold распродано
out-spend превзойти *(кого-л.)* по уровню расходов
outstanding **1.** неуплаченный; просроченный **2.** непроданный, нереализованный **3.** невыполненный, задолженный **4.** выпущенный в обращение *(о ценных бумагах)* **5.** неразрешённый **6.** выдающийся *(напр. о научном открытии)* **7.** *pl* неоплаченные счета, задолженность
credit ~**s** неуплаченная сумма кредита
outstrip опережать; обгонять; превышать; превосходить
outtrade превзойти по сбыту
outturn **1.** *см.* **output 1., 2. 2.** выгрузка; выгруженное количество; ведомость выгруженного товара
outweigh перевешивать; превосходить в весе
outwinter отгонять скот для перезимовки на пастбище
outwork работа вне мастерской, работа на дому
outworker *англ.* надомный рабочий, надомник
over избыточный, излишний ‖ сверх, с избытком
overabundant избыточный
overaccumulation of capital перенакопление капитала
overactivity сверхактивность
overage избыток, излишек
production ~ перепроизводство

overall 1. полный, общий, сводный 2. всеобъемлющий, всеохватывающий
overbalance перевес, избыток ‖ перевешивать; превосходить
overbid превзойти; предложить более высокую цену, перебить цену
overbooked превышенный *(о подписке на заём)*
overbought *бирж.* характеризующийся крупными спекулятивными сделками по покупке ценных бумаг
overburden отягощать, создавать дополнительные трудности
overbuy *бирж.* 1. закупать слишком большое количество 2. переплачивать *(при покупке)*
overcapacity излишек производственных мощностей
overcapitalization чрезмерная капитализация *(выпуск акций на сумму, превышающую стоимость чистых активов компании)*
overcertification удостоверение чека банком при выписке чека на сумму, превышающую остаток на счёте
overcertify подтверждать непокрытый чек
overcharge 1. завышенная цена; завышенный расход ‖ назначать завышенную цену 2. превышение нормы тарифа; взимание платы *(за перевозку груза)* сверх официальной нормы тарифа 3. перегружать *(нагружать больше нормы)*
overcheck *см.* **overdraw**
overcommitment чрезмерное обязательство *(превышающее финансовые возможности должника)*
overcommitted взявший на себя непомерные расходы *(напр. о государстве и его бюджете)*
overconditioned чрезмерно упитанный *(о скоте)*
overconsumption чрезмерное потребление
overcooling развитие (экономики) чрезмерно низкими темпами, резкое замедление (экономического) развития, спад
overcredit 1. предоставлять чрезмерные кредиты 2. записывать излишние суммы в кредит *(счёта)*
overcrowding перенаселение
agrarian ~ аграрное перенаселение
overdevelop чрезмерно развивать *(отрасль)*
overdevelopment чрезмерное хозяйственное освоение *(природных ресурсов)*
overdraft овердрафт *(сумма, получаемая по чеку сверх остатка на текущем счёте)*; превышение кредита *(в банке)*; задолженность банку □ **to have an** ~ иметь право произвести овердрафт
~ **of credit** превышение кредитного лимита
unsecured ~ непокрытый овердрафт
overdraw осуществить овердрафт, превысить остаток счёта в банке □ **to** ~ **one's account** превысить остаток на своём счёте
overdue просроченный, неуплаченный в срок, невзысканный *(процент, дивиденд)* □ **when** ~ после наступления срока *(векселя)*

overemployment сверхзанятость *(в масштабе страны)*
overenumeration повторная запись при переписи, повторный обход
overestimate завышенная оценка ‖ давать завышенную оценку
overestimation завышенная оценка
overexpansion 1. чрезмерная экспансия 2. создание избыточных производственных мощностей и перепроизводство товаров
overextended с завышенной оценкой *(напр. об активах)*
overextension 1. завышенная оценка *(напр. активов)* 2. чрезмерное кредитование 3. *бирж.* покупка ценных бумаг *или* товаров на слишком большую сумму 4. *см.* **overexpansion 2.**
overfilling of market переполнение рынка
overflow 1. избыток *(напр. капитала)* 2. *ТМО* избыточный поток
overfly □ **to** ~ **a station** миновать промежуточный аэропорт без посадки
overfreight неучтённый груз
overfulfil(l) перевыполнять *(план)*
overfulfil(l)ment перевыполнение *(плана)*
overfunding чрезмерное финансирование *(выпуск государственных ценных бумаг сверх потребности финансирования бюджетного дефицита)*
overgrowth чрезмерный рост
overhang 1. «навес», нечто угрожающе нависшее 2. *бирж.* фонд ценных бумаг, который может быть выброшен на рынок 3. потенциальный излишек ликвидных средств
money [monetary] ~ излишек денег, «нависающий» над рынком *(в условиях инфляции деньги не могут быть использованы на покупку товаров)*
overhaul 1. ремонт ‖ ремонтировать 2. подробный осмотр, ревизия ‖ ревизовать
complete ~ полный капитальный ремонт
field ~ капитальный ремонт в условиях эксплуатации
maintenance текущий ремонт
supplier ~ (капитальный) ремонт, выполняемый поставщиком
overheads накладные расходы
administration ~ административные накладные расходы
company ~ общефирменные накладные расходы
departmental ~ цеховые накладные расходы
economic(al) ~ комплекс отраслей производственной инфраструктуры
factory ~ общезаводские накладные расходы
general ~ (административные) общефирменные расходы
manufacturing ~ производственные накладные расходы
nonmanufacturing ~ непроизводственные накладные расходы
workshop ~ цеховые накладные расходы
overheating «перегрев», развитие (экономики) чрезмерно высокими темпами
overhours сверхурочные часы работы

overimportation чрезмерный импорт
overindebtedness чрезмерная задолженность
overinsurance чрезмерное страхование, страхование на сумму, превышающую стоимость страхового объекта
overinvest перенакоплять, чрезмерно вкладывать (капитал)
overinvestment перенакопление, чрезмерное капиталовложение
overissue 1. выпуск ценных бумаг сверх утверждённой суммы 2. чрезмерная эмиссия банкнот
overlapping 1. параллелизм, дублирование; повторение 2. продажа в одном магазине различных видов товаров
tax ~ совпадение различных видов налогового обложения
overloading перегрузка *(транспортного средства)*
overlooker надсмотрщик *(над трудом наёмных рабочих)*
overpay переплачивать
overpayment переплата
overplus избыток, прибыль, остаток за вычетом всех расходов
overpopulation перенаселённость
overprice назначать завышенную цену
overproduce производить (товары) в количестве, превышающем спрос
overproduction перепроизводство
~ of capital перепроизводство капитала
absolute ~ абсолютное перепроизводство
chronic ~ хроническое перепроизводство
general ~ общее перепроизводство
relative ~ относительное перепроизводство
overpurchase закупать излишнее количество
overrate 1. завышать стоимость *(напр. акций)*; давать завышенную оценку; переоценивать 2. устанавливать дополнительный налог
overregistration повторная регистрация *(при переписи или обследовании)*
overregulate чрезмерно регулировать
overregulation чрезмерное регулирование
overriding преобладающий
overrun перерасход; превышение *(стоимости)*
overs-and-shorts несбалансированность банковского счёта; кредитовое *или* дебетовое сальдо
oversave перенакоплять; делать избыточные сбережения
oversaving перенакопление
overseas *англ.* заграничный, заморский, иностранный, внешний
overseer 1. надзиратель, надсмотрщик 2. попечитель 3. мастер; контролёр
oversell продавать сверх имеющихся запасов
overshoot 1. превышение, переполнение *(рынка)*; перепроизводство 2. чрезмерный рост; чрезмерное повышение □ **~ in the expansion of capacity** создание избыточных производственных мощностей
oversold *бирж.* ситуация, когда курс ценной бумаги считается слишком низким вследствие больших продаж
overspeculation чрезмерная спекуляция *(на фондовой бирже)*
overspend тратить слишком много
overstaffed переукомплектованный; с раздутыми штатами
overstate завышать; преувеличивать
overstatement завышение *(напр. возраста)*
overstay □ **to ~ market** *амер.* пропустить выгодный момент для продажи ценных бумаг *или* товара по наивысшей цене
overstock 1. излишний запас; избыток ‖ делать слишком большие запасы, затоваривать 2. *с.-х.* чрезмерная концентрация поголовья на единицу площади
overstocking of markets переполнение рынков
overstoring *амер.* открытие фирмами большого числа новых магазинов
overstrain перенапряжение *(напр. в расходной части бюджета)*
oversubscribe превысить первоначально намеченную сумму подписки *(на акции)*
oversubscription превышение лимита подписки *(на акции)*
oversupply избыток предложения *(товаров)*; избыток наличия *(товаров)* на складах; избыточное снабжение
overt открытый *(о рынке)*
overtared в слишком тяжёлой упаковке
overtax облагать чрезмерными налогами; чрезмерно обременять
overtaxation чрезмерное налогообложение
over-the-counter *амер.* 1. продаваемый без посредника, вне биржи 2. продаваемый в розницу 3. за наличные
overtime сверхурочное время, сверхурочная работа ‖ сверхурочный
compulsory ~ обязательная сверхурочная работа
voluntary ~ добровольная сверхурочная работа
overtrade покупать излишнее количество, спекулировать без достаточного покрытия
overtrading 1. чрезмерное развитие торгово-промышленной деятельности; чрезмерное расширение продаж в кредит; затоваривание 2. покупка чрезмерного количества *(ценных бумаг)*
overturn оборот; продажная стоимость реализованной продукции
overurbanization сверхурбанизация *(сосредоточение значительной части населения в крупных городах)*
overuse чрезмерное использование, перегрузка *(производственных мощностей)*
overutilization of capacity значительное превышение уровня использования производственной мощности
overvaluation завышенность валютного курса *или* курса ценной бумаги *(по сравнению с экономически обоснованным курсом)*
overvalue давать завышенную оценку *(напр. активов корпорации)*
overweight перевес, излишек массы

overwhelm заваливать *(заказами)*
overwork 1. чрезмерный труд 2. сверхурочная работа
overwriting чрезмерная продажа опционов *(в надежде, что они не будут использованы)*
owe задолжать, быть должным, быть в долгу
Owenism оуэнизм *(концепция социальных реформ Р. Оуэна)*
own 1. собственный ‖ иметь в собственности 2. родной *(о матери или об отце)* □ **to ~ a claim against a person** иметь требование к лицу; **to ~ outright** владеть полностью
owned находящийся в собственности *(напр. государства)*, принадлежащий
federally ~ принадлежащий государству *(федеральному правительству США)*, являющийся государственной собственностью
non-Federal publicly ~ принадлежащий местным органам власти
privately ~ находящийся в частном владении, являющийся частной собственностью
publicly ~ принадлежащий государству *или* местным органам власти *(муниципалитету, властям штата)*
owner собственник; владелец □ **~ pro tempore** *лат.* временный собственник
~ of labor power собственник рабочей силы
~ of real estate владелец недвижимости
absentee ~ 1. собственник, живущий вне своего владения 2. владелец акций, не принимающий активного участия в управлении фирмой
beneficial ~ of stock акционер-бенефициар, акции которого находятся в управлении банка
copyright ~ владелец авторского права
equitable ~ равноправный собственник
farm ~ владелец фермы
joint ~ совладелец
lawful [legal, legitimate] ~ законный владелец
outright ~ неограниченный собственник
part ~ совладелец
patent ~ владелец патента
patent ~ and lessor фирма—владелец патентов, продающая лицензии на них
placement ~s владелец ценных бумаг
practical ~ фактический собственник
record [registered] ~ зарегистрированный владелец
rightful ~ полноправный собственник
slave ~ рабовладелец
small ~ мелкий (земельный) собственник
sole ~ единоличный владелец
stock ~ владелец акций
trademark ~ собственник торговой марки
ownership 1. собственность; право собственности 2. владение □ **to ban private ~ of** запретить частное владение *чем-л.*; **to pass into the ~** перейти в собственность
~ of capital собственность на капитал
~ of land собственность на землю
absentee ~ абсентеистская собственность *(собственник пространственно отделён и не соприкасается со своей собственностью, приносящей ему доходы)*
collective ~ коллективная [общая] собственность
communal land ~ общинная земельная собственность
corporate ~ акционерная собственность
employee stock ~ принадлежность акций служащим компании
feudal land ~ феодальная земельная собственность
joint ~ совместная собственность
mixed ~ смешанная собственность *(государственная и частная)*
noncorporate ~ неакционерная собственность
private ~ частная собственность
public ~ общественная собственность, общенародное достояние
state ~ государственная собственность
tribal ~ of land племенная собственность на землю

P

pace скорость, темп □ **to keep ~ with** идти наравне с..., не отставать от...
~ of displacement темп замещения, темп вытеснения *(живого труда машинами)*
~ of technological innovation темп технологических нововведений, темп научно-технического прогресса
incentive ~ *орг. пр.* интенсивность труда, при которой выплачивается поощрительное вознаграждение
normal ~ *орг. пр.* расчётный темп работы
pack 1. пакет; пачка; связка; кипа; тюк; вьюк ‖ упаковывать 2. продукция *(консервная)*; количество консервов, произведённых в течение сезона ‖ производить консервы
package 1. тюк; кипа; место *(груза, багажа)*; пакет; пачка; упаковка 2. пошлина с товарных тюков 3. расходы на упаковку 4. комплексная установка; комплект 5. «пакет», комплекс соглашений по нескольким вопросам, заключённых на основе взаимных уступок; комплексная сделка 6. соглашение с профсоюзом *(по ряду вопросов)*; коллективный договор □ **to claim a ~** требовать заключения соглашения с профсоюзом по ряду вопросов; **to win a ~** добиться заключения соглашения с профсоюзом
carboard ~ картонная упаковка
customer-size ~ мелкая фасовка товара
economic (policy) ~ комплекс мероприятий в области экономической политики государства
pay ~ соглашение с профсоюзом о надбавках к заработной плате
public ~ комплекс государственных мероприятий

software ~ комплект программного обеспечения *(ЭВМ)*
tax ~ комплекс мероприятий в области налоговой политики
total ~ единый комплекс *(принцип заказа и оплаты опытно-конструкторской работы)*
wage ~ комплексное соглашение (с профсоюзом) по вопросам заработной платы
packaged 1. упакованный 2. комплексный; комплектный, полностью укомплектованный
packager of loan компания, объединяющая ссуды и переуступающая их другому кредитору
packaging упаковочное дело; упаковка
packer 1. упаковщик 2. машина для упаковки 3. консервный завод *(производящий мясные консервы)* 4. владелец мясоперерабатывающего предприятия, мясопромышленник 5. *pl амер.* четыре ведущие компании по переработке мяса
packet 1. пакет, связка 2. почтово-пассажирское судно
pay ~ фонд заработной платы рабочих и служащих
packing упаковка □ **~ extra** упаковка оплачивается дополнительно; **~ inclusive** цена, включая упаковку; **~ to be returned** упаковка подлежит возврату
tray ~ упаковка продовольственных расфасованных товаров на лотках
waterproof ~ водонепроницаемая упаковка
packman *англ.* разносчик
pad 1. блокнот 2. чрезмерно увеличивать; раздувать; завышать □ **to ~ social security payment** увеличивать выплаты по социальному страхованию
paid оплаченный; выплаченный □ **to be ~ off** получить расчёт
paid-in [paid-up] внесённый в счёт оплаты
pain(s) тяготы (труда), отрицательные ощущения от процесса труда
painting the tape *бирж.* искусственное раздувание активности с ценными бумагами с целью их частого появления на дисплее [на тикерной ленте]
pair пара
city ~ корреспондирующие города, корреспондирующие пункты *(пара городов, обслуживаемых авиалинией, напр., Чикаго—Нью-Йорк)*
strategy ~ *т. игр* пара стратегий
pallet 1. поддон, носилки для товара 2. транспортный стеллаж; паллет
palletization перенос [перевозка] товаров на поддонах *или* носилках к месту разгрузки
palletize 1. перевозить грузы [изделия] на поддонах 2. перерабатывать грузы на поддонах
pamphlet пояснительная статья; инструкция *(по эксплуатации машины)*
Panama панама, крупное мошенничество
Panda панда *(современная китайская золотая монета)*
panel 1. группа специалистов 2. список, перечень
advisory ~ консультативная группа
consumer ~ группа, изучающая реакцию потребителей на новые изделия
reporting ~ обследуемая группа
sample ~ выборочный список; перечень выборочно опрашиваемых
panelist член (рабочей) группы
paper 1. документ 2. бумажные деньги 3. краткосрочное обязательство, свидетельство долга *(вексель, акцепт)* 4. бумага ‖ бумажный 5. доклад
accomodation ~ дружеский вексель
agricultural ~ вексель, возникший на основе сельскохозяйственной сделки
bank ~ 1. банковский вексель *(акцептованный или индоссированный банком)* 2. первоклассный вексель
bankable ~ первоклассное денежное обязательство
binomial probability ~ *мат.* вероятностная бумага для биномиального распределения
brown ~ обёрточная бумага
business ~ подтоварный вексель; коммерческий вексель
casing ~ упаковочная бумага
census ~ переписной лист, переписной бюллетень, опросный лист
commercial ~ 1. краткосрочный коммерческий вексель 2. *pl амер.* коммерческие бумаги *(обращающиеся на рынке обязательства крупных компаний, не имеющие специального обеспечения)*
commodity ~ тратта на предъявителя, обеспеченная коносаментом; подтоварный вексель
dealer ~ контракт о продаже потребительских товаров в рассрочку
dealer-placed commercial ~s коммерческие бумаги, размещаемые дилерскими фирмами
direct ~ обязательства, продаваемые непосредственно инвесторам
eligible ~ вексель, приемлемый для переучёта *(в банке)*
extremal probability ~ *мат.* вероятностная бумага для распределения экстремальных значений
first-class ~ *см.* **prime paper**
Gaussian ~ *см.* **normal probability paper**
gilt-edged ~ *см.* **prime paper**
government ~ правительственная ценная бумага, государственное обязательство
graph ~ *см.* **plotting paper**
high grade ~ *см.* **prime paper**
instalment ~ долговое обязательство при покупке товара в рассрочку
log ~ логарифмическая бумага *(с логарифмическим масштабом на одной или обеих осях)*
money market ~ ценные бумаги денежного рынка *(с короткими сроками)*
negotiable ~ передаваемое краткосрочное денежное обязательство *(акцепт)*
normal probability ~ *мат.* вероятностная бумага для нормального распределения

office ~ финансовый вексель
one-name ~ простой вексель *(имеющий одну подпись)*
plotting ~ клетчатая бумага *(для построения диаграмм)*, миллиметровая бумага
prime ~ первоклассное денежное обязательство
probability ~ *мат.* вероятностная бумага
purchased ~ купленный вексель *(в отличие от учтённого)*
rectangular coordinate ~ бумага для построения графиков в прямоугольных координатах
scale ~ *см.* **plotting paper**
scientific ~ научная работа, научный доклад
second-class ~ **1.** непервоклассное денежное обязательство **2.** вексель, выданный лицом со средней кредитоспособностью
semilog ~ полулогарифмическая бумага *(с логарифмическим масштабом по одной оси)*
ship's ~s судовые документы
shop ~ тонкая обёрточная бумага
single-log ~ *см.* **semilog paper**
single-name ~ *см.* **one-name paper**
state ~ *см.* **government paper**
three months' ~ трёхмесячный вексель
three-name ~ вексель с тремя подписями *(напр. двух векселедателей и одного индоссанта)*
trade ~ торговый вексель
two-name ~ вексель с двумя подписями *(обычно переводной вексель)*
waste ~ макулатура
Weibull (probability) ~ *мат.* вероятностная бумага для распределения Вейбулла

par **1.** паритет, номинальная стоимость, номинал **2.** соответствующий стандарту □ **above ~** выше паритета, выше номинала; **at ~** по паритету, по номиналу; **below ~** ниже паритета, ниже номинала; **on a ~ with** наравне с...; на одном уровне с...
~ of exchange интервалютарный паритет; валютный паритет
face (nominal) ~ номинал
issue ~ эмиссионный курс
mint ~ of exchange монетный паритет *(отношение металлического содержания денежных единиц двух стран)*
purchasing power ~ паритет покупательной способности валюты

parachute:
golden ~ контракт менеджеров с компанией о выплате большого вознаграждения в случае увольнения *(может затруднять поглощение компании потенциальным покупателем)*

paradigm парадигма; тип *(напр. потребителей)*; модель; разновидность

paradise:
tax ~ «налоговый рай» *(страна с низкими налогами)*

paradox:
~ of thrift парадокс бережливости *(стремление сберегать больше ведёт к уменьшению национального дохода)*
~ of value парадокс стоимости *(низкая меновая стоимость, напр., воды сочетается с высокой потребительной стоимостью)*
~ of voting парадокс голосования *(большинство не выявляет действительных потребительских предпочтений общества)*
Giffen ~ парадокс Гиффена *(рост цен на какой-л. товар вызывает рост потребления)*

parallel параллельный *(о сделке, ссуде, рынке)*, существующий наряду с основным

parameter параметр, характеристика
control ~ управляющий параметр
cost ~ стоимостный показатель
cross-impact ~ параметр взаимодействия
demand ~ показатель спроса
effectiveness ~ параметр эффективности
estimable ~ параметр, поддающийся оценке
estimated ~ оцениваемый параметр
game ~ *т. игр* параметр игры
input ~ *ТМО* параметр, характеризующий входящий поток; интенсивность входящего потока
location ~ *стат.* параметр положения, параметр сдвига *(распределения)*
output ~ *ТМО* параметр, характеризующий выходящий поток; интенсивность выходящего потока
performance ~ рабочий параметр
policy ~ параметр (экономической) политики
population ~ **1.** *мат.* параметр (генеральной) совокупности **2.** параметр популяции; демографический параметр
random ~ случайный параметр
risk ~ параметр риска
scale ~ *стат.* параметр масштаба *(распределения)*
service ~ *ТМО* параметр обслуживания *(величина, обратная длительности обслуживания)*
state ~ параметр состояния
time-dependent ~ параметр, зависящий от времени
time-varying ~ изменяющийся во времени [нестационарный] параметр
utilization ~ *ТМО* загрузка, коэффициент использования

parcel **1.** пакет; пачка; тюк; свёрток; посылка **2.** партия товара; *мор.* парсель, парцель *(часть пароходного груза)*; мелкая партия груза **3.** *pl* парцельный груз **4.** небольшой участок, клочок земли

parent **1.** родитель; родительница **2.** *pl* родители **3.** материнская компания

parentage происхождение, линия родства, родословная
foreign ~ иностранное происхождение
mixed ~ смешанное происхождение
native ~ рождение в стране проживания

parental родительский

parenthood отцовство, материнство
planned [voluntary] ~ регулирование рождаемости

pari passu *лат.* равно, наравне и одновременно
parity **1.** равенство курса; паритет; эквивалент; эквивалентность; соответствие **2.** способность к деторождению; деторождение; размер потомства
~ of farm income паритет фермерских доходов
~ of prices соотношение цен *(напр. между промышленными изделиями и сельскохозяйственными продуктами)*
~ of stocks паритет ценных бумаг
agricultural ~ аграрный [сельскохозяйственный] паритет *(1. отношение цен на товары и рабочую силу, потребляемые в сельском хозяйстве, к ценам на набор сельскохозяйственных продуктов за предшествующее десятилетие 2. цена представительного набора сельскохозяйственных продуктов, скорректированная по аграрному паритету)*
desired ~ желаемое число детей
expected ~ ожидаемое число детей *(в семье)*
gold ~ золотой паритет
ideal ~ идеальное число детей *(в семье)*
interest ~ процентный паритет *(соотношение процентных ставок в двух странах, отражённое в форвардном валютном курсе)*
interest rate ~ паритет процентных ставок *(выравнивание ставок между странами за счёт курсов валют по сделкам на срок)*
legal ~ паритет, закреплённый юридически
mean ~ средний размер потомства
mint ~ монетный паритет *(см.* **mint par of exchange)**
optimal ~ оптимальное число детей *(в семье)*
pegged ~ искусственно поддерживаемый паритет *(валюты)*
planned ~ планируемое число детей *(в семье)*
purchasing-power ~ паритет покупательной силы
retrospective ~ ретроспективное число детей *(в семье)*
sliding ~ скользящий паритет
park парк
industrial ~ промышленный парк; территория, подготовленная для размещения промышленных предприятий
research ~ научно-исследовательский парк *(территория, где расположены лаборатории и другие здания научно-исследовательской организации)*
parking временное помещение средств
parsimonious бережливый
parsimony бережливость, экономия
part **1.** часть; доля **2.** экземпляр *(напр. коносамента)* **3.** сторона **4.** участие **5.** деталь
essential ~ of game *т. игр* существенная часть игры
marginal ~ нуждающаяся в субсидиях [экономически неэффективная] часть *(системы или компании местных авиалиний)*
one-of-a-kind ~ единичная деталь
partial частичный; неполный
participant участник *(напр. синдиката)*
participate участвовать
participating дающий право участия в прибыли *(об акциях и облигациях)*
participation **1.** участие **2.** доля выпуска акций, распределяемая участникам синдиката на рынке □ **~ in the profits** участие в прибылях
financial ~ финансовое участие
fractional ~ частичное участие *(напр. в займе)*
labor force ~ доля работающих *(по отношению ко всему трудоспособному населению)*
loan ~ *амер.* участие банка в ссуде, выданной другим банком
state ~ государственное участие *(в капитале частных компаний)*
particular **1.** деталь, подробность **2.** *pl* подробный отчёт **3.** *pl* сведения для опросного листа **4.** особенный; частный **5.** требовательный □ **~ about quality** требовательный к качеству
~s of account отдельные записи по счёту
partition *т. игр* разбиение
information ~ информационное разбиение
player ~ разбиение по игрокам
partner участник; контрагент; компаньон; партнёр *(в делах)*
active ~ *см.* **general partner**
dormant ~ пассивный партнёр
equal ~s равноправные партнёры
floor ~ пайщик *или* представитель брокерской фирмы
general ~ главный партнёр с неограниченной (имущественной) ответственностью
limited ~ партнёр с ограниченной (имущественной) ответственностью
safe ~ надёжный партнёр
senior ~ старший партнёр
silent ~ пассивный партнёр
sleeping ~ пассивный партнёр
special ~ *см.* **limited partner**
trading ~ торговый партнёр
undisclosed ~ тайный партнёр
partnership участие; товарищество; компания; партнёрство
equipment leasing ~ *амер.* компания по покупке и сдаче в аренду оборудования
general ~ компания с неограниченной (имущественной) ответственностью
limited ~ компания с ограниченной (имущественной) ответственностью *(большинства партнёров при неограниченной ответственности главного партнёра)*
public limited ~ публичное товарищество с ограниченной ответственностью без ограничения числа партнёров
unlimited ~ *см.* **general partnership**
venture capital limited ~ *амер.* товарищество венчурного капитала с ограниченной ответственностью

part-timer работник, занятый неполный рабочий день
part/y сторона; участвующее лицо, участник □ **~ies concerned** участвующие стороны *или* лица
~ies of bill стороны в вексельной сделке *(трассант, трассат)*
accomodation ~ лицо, выписавшее [индоссировавшее *или* акцептовавшее] дружеский вексель
beneficiary ~ сторона, получающая выгоды *(напр. при заключении контракта)*
charter ~ чартер, чартер-партия *(договор о фрахтовании судна)*
contending ~ies спорящие стороны
contracting ~ies договаривающиеся стороны
damaged ~ сторона, потерпевшая ущерб; потерпевшая сторона
prevailing ~ сторона, выигравшая дело
working ~ рабочая группа
pass 1. записывать; заносить *(на счёт)*; проводить (бухгалтерскую) запись **2.** проходить **3.** передавать; переходить *(в другие руки)* **4.** пускать в обращение; быть в обращении *(о деньгах)* **5.** превышать *(намеченную цифру)* □ **to ~ a dividend** *амер.* не объявить выплату регулярного дивиденда; **to ~ a forged check** передать подделанный чек; **to ~ an amount to the credit** записать сумму в кредит счёта; **to ~ an entry** сделать проводку *(по счёту)*
passable 1. открытый для проезда **2.** имеющий хождение
passage 1. проведение *(напр. мероприятий)* **2.** переход **3.** переезд; рейс □ **~ to the limit** предельный переход
passbook 1. банковская расчётная книжка; депозитная книжка **2.** сберегательная книжка
deposit ~ депозитная книжка
saving account ~ сберегательная книжка
passenger пассажир
economy ~ 1. пассажир третьего класса **2.** пассажир второго класса *(на международных авиалиниях)*
nonrevenue ~ пассажир, перевозимый бесплатно, некоммерческий пассажир
preticketed ~ пассажир с заранее приобретённым билетом
revenue ~ пассажир, оплачивающий проезд по тарифу, коммерческий пассажир
standby ~ дополнительный пассажир *(перевозимый по удешевлённому тарифу без определённого места в самолёте)*, пассажир без места для сидения
thrift ~ пассажир третьего класса
passenger-mile пассажиро-миля; *pl* оборот в пассажиро-милях
nonrevenue ~ некоммерческий оборот в пассажиро-милях
revenue ~ коммерческий оборот в пассажиро-милях
pass-through перекладывание возросших издержек в цены других товаров
pasturage 1. пастбище **2.** *шотл.* право выпаса на общинной земле **3.** пастьба, выпас
pasture пастбище, выгон, выпас
common [community] ~ общинное пастбище, общинный выпас
extensive ~ экстенсивно используемое пастбище
intensive ~ интенсивно используемое пастбище
low-yielding ~ низкоурожайное пастбище
natural ~ естественное пастбище
rich ~ высокопродуктивное пастбище
rotation ~ культурное пастбище
worn-out ~ истощённое пастбище
pasturegate *англ.* право выпаса определённого количества животных на участке
patent 1. патент; диплом; привилегия ‖ патентовать, брать патент ‖ патентованный **2.** право *(частного лица или компании)* на владение государственной землёй *или* землёй штата □ **~ for invention** патент на изобретение; **~ in force** действующий патент; **~ runs out** срок патента истекает; **to abandon a ~** отказаться от патента; **to annul a ~** аннулировать патент; **to assert a ~** отстаивать притязание на патент; **to attack a ~** оспаривать патент; **to cancel a ~** аннулировать патент; **to forfeit a ~** лишиться права на патент; **to get around a ~** обойти патент; **to infringe a ~** нарушить патент; **to interpret a ~** толковать патент; **to litigate a ~** оспаривать патент; **to mass ~s** накапливать патенты, сосредоточивать патенты в одних руках; **to pool ~s** объединять патенты; **to refuse [to renounce] a ~** отказаться от патента; **to revoke a ~** аннулировать патент; **to shelve a ~** оставить патент неосуществлённым, «положить под сукно»; **to surrender a ~** отказаться от патента
additional ~ дополнительный патент
basic ~ основной патент
blocking-off ~ блокирующий [заградительный] патент
collateral ~ дополнительный патент
design ~ патент на промышленный образец
dormant ~ неосуществлённый [пассивный] патент
dragnet ~ разведочный патент *(берётся с целью вызвать столкновение с конкурирующими патентами и выяснить их содержание)*
existing ~ действующий патент
expired ~ патент с истекшим сроком действия
fencing-in ~ *см.* **blocking-off patent**
fortifying ~ укрепляющий патент *(направленный на закрепление существующих патентных прав)*
home ~ отечественный патент
improvement ~ патент на усовершенствование
invalid ~ недействительный [недействующий] патент
live ~ действующий патент
national ~ отечественный патент
nuisance ~ патент, препятствующий выдаче конкурирующих патентов
obstructive ~ *см.* **blocking-off patent**

paper ~ неосуществлённый [«бумажный»] патент
parent ~ родовой патент *(основа для заявок на дополнительные патенты)*
plant ~ патент на новый вид растения
process ~ патент на (технологический) процесс
product ~ патент на изделие
unexpired ~ действующий патент
valid ~ действующий патент
void ~ аннулированный патент
patentability патентоспособность
patentable патентоспособный
patentee владелец патента, патентовладелец
paternal 1. отцовский 2. родственный по отцу
paternalism патернализм
paternalistic патерналистский
paternity отцовство, происхождение по отцу
disputed ~ спорное отцовство
path 1. траектория *(напр. в экономической модели)*; линия 2. физические средства выполнения задачи
~ of adjustment путь приспособления *(напр. объёма производства к изменению цен)*
~ of steepest ascent *мат.* линия крутого восхождения
balanced-growth ~ траектория сбалансированного роста
cycle ~ ход цикла
efficient ~ эффективная траектория
equilibrium ~ траектория сбалансированного роста; равновесная траектория
expansionary ~ повышательная тенденция *(цен)*
feasible ~ допустимая траектория
growth траектория (экономического) роста
least-cost ~ путь оптимальной стоимости
minimum-duration ~ путь минимальной продолжительности
negative slack ~ путь с отрицательным резервом
positive slack ~ путь с положительным резервом
redundant ~ путь с избыточным резервом
semicritical ~ полукритический путь
slack ~ 1. путь, упорядоченный по резерву 2. путь с резервом времени
slackless ~ критический путь
steady-state ~ устойчивая траектория
surplus ~ путь с избыточным резервом
transition ~ траектория перехода экономики *(от одного состояния равновесия к другому)*
patrimony родовое [наследственное] имущество; наследство
national ~ национальное достояние
patron постоянный покупатель
patronage приверженность покупателя к определённому магазину; покровительство покупателей
pattern 1. образец; модель; шаблон 2. структура 3. схема; диаграмма 4. характер, линия поведения; направление развития
~ of assignment схема распределения *(в задачах линейного программирования)*
~ of calculation схема вычисления
~ of change модель изменчивости
~ of choice *т. игр* схема выбора
~ of consumption структура потребления
~ of demand структура спроса
~ of financial assets структура финансовых активов
~ of growth модель роста
~ of information *т. игр* информационная схема
~ of migration схема движения миграционных потоков
~ of organization тип организации
~s of ownership формы собственности
~ of queue структура системы массового обслуживания
~ of variability модель изменчивости
age-sex ~ возрастно-половая структура
area ~ of trade структура торговли по районам
arrival ~ *ТМО* структура входящего потока
balanced motion ~ *орг. пр.* сбалансированный комплекс движения
behavior ~ характер поведения *(потребителя)*
billing ~ порядок оплаты счёта
broad ~ of career development трудовой стаж, связанный со сдвигами в профессиональной деятельности *(напр. переход с должности специалиста на должность руководителя)*
career ~ трудовой стаж
chance ~ случайная модель
childbearing ~ схема деторождения
competitive ~ тип конкуренции
cyclical ~ схема периодической изменчивости
demographic ~ демографическая модель
distribution ~ структура распределения *(напр. продукции)*
economic(al) ~ экономическая структура
expenditure ~ структура расходов
family ~ модель семьи
family formation ~ схема образования семьи
farm ~ форма хозяйства, тип организации сельскохозяйственного производства
growth ~ тип экономического роста
input ~ структура затрат
institutional ~ институционная модель *(коммерческого общества)*
marriage ~ модель семьи
model ~ примерный (типовой) план
mortality ~ схема смертности
occupational ~ структура занятости; профессиональный состав
payment ~ порядок осуществления платежей
preference ~ система предпочтений
pricing ~ система установления цен
reproductive ~ схема рождаемости
responsibility ~ структура ответственности *(в организации)*
sales ~ структура сбыта
seasonal ~ структура сезонных колебаний
service ~ *ТМО* 1. модель обслуживания 2. распределение времени обслуживания

test ~ опытный образец; опытная модель
three-shift ~ трёхсменная модель *(производства)*
usage ~ статистическая характеристика интенсивности использования изделия
wage ~ структура заработной платы

pauper паупер, нищий; бедняк; живущий на пособие по бедности

pauperism пауперизм, нищета

pauperization пауперизация, обнищание

pause:
pay ~ пауза в росте зарплаты, искусственная приостановка повышения заработной платы
rest ~ *орг. пр.* перерыв для отдыха

pawn залог, заклад имущества ‖ отдавать в залог □ **in ~** в закладе, в залоге; **to ~ one's property** заложить *чью-л.* собственность; **to put in ~** заложить

pawnable подходящий для залога

pawnbroker ростовщик, ссужающий деньги под заклад; владелец ломбарда

pawnee лицо, принимающее вещи в заклад

pawner лицо, закладывающее собственность

pawning передача в залог; осуществление ломбардной операции

pawnshop ломбард; контора ростовщика

pay 1. плата; выплата ‖ платить; оплачивать; расплачиваться; нести расходы **2.** заработная плата, зарплата, жалование **3.** пособие; пенсия **4.** приносить выгоду; окупаться *(о предприятии)* □ **to ~ a bill** оплатить вексель; **to ~ a call on partly paid shares** внести взнос за частично оплаченные акции; **to ~ a check** оплатить [погасить] чек; **to ~ a deposit** выплачивать деньги по депозиту; **to ~ a person through the bank** уплатить деньги лицу через банк; **to ~ back** выплатить [вернуть] деньги; **to ~ by installments** платить частями [в рассрочку]; **to ~ by means of a bill** уплатить векселем; **to ~ by the month** вносить помесячно; **to ~ by the piece** оплачивать сдельно; **to ~ cash on demand** уплатить наличные деньги по требованию; **to ~ down** давать задаток, уплатить в счёт *чего-л.*; **to ~ for** оплачивать; **to ~ in** вносить *(деньги)*; **to ~ in advance** платить вперёд [авансом]; **to ~ in cash** платить наличными; **to ~ in full** полностью оплатить; **to ~ in kind** платить натурой; **to ~ into account** платить переводом на счёт; **to ~ net cash** платить наличными без скидки; **to ~ off 1.** расплатиться сполна, рассчитаться **2.** дать расчёт *(рабочим)*, увольнять; **to ~ off bonds** погасить облигации; **to ~ on account** платить в счёт причитающейся суммы; **to ~ on delivery** платить при доставке; **to ~ on demand** платить при предъявлении *(векселя)*; платить по первому требованию; **to ~ one's footing** платить вступительный взнос *(в общество)*; **to ~ one's way** окупаться, быть безубыточным; **to ~ on presentation** оплатить по предъявлении *(о векселе)*; **~ to order** «платите приказу» *(надпись на чеке или векселе)*; **to ~ out** выплачивать; **to ~ promptly** оплатить в срок [без задержки]; **to ~ ready money** платить наличными; **to ~ spot cash** *см.* **to pay down**; **~ to the bearer** «платите предъявителю» *(надпись на чеке или векселе)*; **to ~ up 1.** переплатить, заплатить повышенную цену **2.** полностью оплатить; **to ~ up shares in full** полностью внести деньги по подписке на акции; полностью оплатить акции
back ~ 1. *амер.* заработная плата за проработанное время **2.** задержанная выплата
balloon ~ крупный платёж по ссуде в момент истечения её срока
base ~ 1. тарифная ставка **2.** тарифная заработная плата
call ~ гарантированный минимум заработной платы *(при вынужденном простое)*
call-back ~ гарантированная оплата за вызов на сверхурочную работу
day's ~ дневная заработная плата
deferred ~ отложенная выплата *(напр. части жалованья высшим управляющим до выхода на пенсию)*
equal ~ for equal work равная оплата за одинаковый труд
gross ~ заработная плата до вычетов
hourly ~ почасовая оплата
incentive ~ поощрительная оплата
make-up ~ *орг. пр.* гарантированная доплата *(для получения минимальной гарантированной ставки при невыполнении нормы)*
missed ~ пропущенный платёж
partial ~ частичная оплата
piecework ~ сдельная оплата
premium ~ премиальное вознаграждение
public service ~ *англ.* заработная плата государственных и муниципальных служащих
retired ~ пенсия
retirement ~ пенсия за выслугу лет
seniority ~ надбавка к заработной плате за выслугу лет
severance ~ выходное пособие
sick ~ пособие по болезни
take-home ~ фактическая заработная плата *(за вычетом налогов)*, реальная заработная плата

payable 1. *pl* документы *(счета, векселя, чеки)* к оплате **2.** *pl* кредиторы *(статья баланса)* **3.** подлежащий оплате; оплачиваемый **4.** промышленный, продуктивный *(о месторождениях)*; выгодный, рентабельный □ **~ after sight** платежом по предъявлении *(о векселе)*; **~ as per endorsement** подлежащий оплате по курсу, указанному на обороте векселя; **~ at expiration** оплачивается по наступлении срока; **~ at thirty days' sight** платежом через 30 дней после предъявления; **~ on demand** платежом по требованию; **~ through the clearing house** «оплачивается через расчётную палату» *(надпись на чеке)*; **~ to bearer** на предъявителя; **to make a bill ~ at the bank** домицилировать вексель в банке; **~ when due at maturity** платежом по наступлении срока; **~ with exchange** подлежащий оплате с включением расходов по инкассо

pay-as-you-earn выплата налогов путём вычета из текущего дохода
pay-as-you-go выплата пенсий из текущих доходов *(не из фонда)*
payback окупаемость
paydown платёж в счёт частичного погашения долга
payee ремитент, получатель платежа *(по кредитным обязательствам)* □ **account ~ only** только на счёт получателя *(надпись на кроссированном чеке)*
~ of money order получатель по денежному переводу
alternative ~ один из двух получателей денег по векселю *или* чеку
fictitious ~ фиктивный получатель денег по векселю *или* чеку
payer плательщик по кредитным обязательствам □ **~ for honor** плательщик по опротестованному векселю, гонорант
dividend ~ компания, платящая дивиденды
prompt ~ исправный плательщик
slow ~ неисправный плательщик
paying 1. платёж; оплата 2. доходный, выгодный, рентабельный
payload полезная нагрузка; коммерческая нагрузка; платный груз
cargo ~ полезная грузоподъёмность
paymaster кассир; казначей
Paymaster-General генеральный казначей *(возглавляет Ведомство генерального казначея; Великобритания)*
payment платёж; оплата *(напр. векселя)*; погашение *(долга)*; получение денег *(для кредитора)* □ **~ against documents** платёж против документов; **~ by results** оплата по результатам *(система оплаты труда в соответствии с объёмом проделанной работы)*; **~ by tale** условие оплаты контракта металлическими деньгами по счёту денежных единиц *(а не по весу металла)*; **~ for honor supra protest** *лат.* оплата третьим лицом опротестованного векселя *(с целью реабилитации неисправного плательщика)*; **~ forward** наложенный платёж; **~ in arrears** остаточный платёж; **~ in cash** оплата наличными; **~s in dollar terms** платежи в долларовом выражении; **~ in due course** *см.* **due payment**; **~ in kind** платёж натурой; **~ on account** оплата по безналичному расчёту; **~ received** полученный платёж; **to anticipate ~** уплатить досрочно; **to be involved in ~s** участвовать в осуществлении платежей; **to effect ~** осуществлять платёж; **to enforce ~** взыскивать платёж; **to make ~** производить платёж; **to postpone the ~** отсрочить платёж; **to resume ~s** возобновлять платежи; **to suspend ~s** приостанавливать платежи; **upon ~** после платежа; **without ~** бесплатно
~ of accounts by standing order оплата счетов согласно постоянной инструкции *(клиента банку)*
~ of language bonus выплата надбавки за знание языков
~ of premium уплата страховых взносов
advance ~ досрочный платёж; внесение аванса
back ~ просроченный платёж
balloon ~ большой одноразовый платёж в погашение долга
benefit ~ 1. выплата страховой суммы 2. выплата пособия
cash ~ уплата наличными деньгами
cash down ~ взнос наличными деньгами *(при покупке товара в кредит)*
check ~ оплата чека
clearing ~ платёж по клирингу
compulsory ~ обязательный платёж
contract ~ выплата по контрактам; оплата договорных работ
debt service ~ погашение задолженности
direct bonus ~ прямая премиальная выплата
dividend ~ выплата дивидендов
down ~ первоначальный платёж, первый взнос *(при покупке)*
due ~ срочный платёж , платёж в обусловленный срок
entitlement ~ 1. *амер.* субсидия *(малым фирмам, у которых себестоимость сырой нефти выше среднеотраслевой)* 2. компенсационная выплата
exchange ~s валютные платежи, валютные расчёты
ex gratia ~ *лат.* добровольный платёж
grower ~ плата фермеру за выращивание *(напр. птицы)* по контракту
incentive ~s поощрительные платежи
inclusive ~ оплата всех услуг *(напр. в гостинице)*
in-lieu ~ выплата взамен *(напр. другой формы возмещения)*
insurance ~ страховой платёж
interest ~ уплата процентов
international ~ платёж по международным сделкам
investment income ~s платежи по инвестициям, переводимые заграничным инвесторам
late ~ просроченный платёж
lump-sum ~ погашение нескольких платежей единовременной выплатой
oil-and-gas ~ выплата субподрядчику *(доля, исчисляемая с общего дохода нефтепромышленника)*
outstanding ~ невзысканный платёж
overdue ~ просроченный платёж
overtime ~ плата за сверхурочную работу
paperless ~s «безбумажные» расчёты *(без применения бумажных документов)*
payroll ~ выплата жалованья
post adjustment ~s выплаты в связи с коррективами по месту службы
preauthorized ~ платёж в соответствии с заранее данной инструкцией
preferential ~ первоочередной платёж *(при продаже имущества с торгов)*
progress ~ промежуточная выплата *(по мере выполнения работ)*; оплата по «процентовкам»
public welfare ~s государственные пособия *(напр. по безработице, по страхованию)*

redundancy ~ выходное пособие *(при увольнении по сокращению штатов)*
rental ~ арендная плата
reparation ~s платежи по репарациям
separation ~ расчёт по окончании срока службы
settlement ~s платежи по урегулированию расчётов
side ~ *т. игр* побочный платёж
sight ~ 1. платёж по предъявлении грузовых документов **2.** платёж по предъявлении тратты
social security ~s выплаты по социальному обеспечению
specie ~ платёж полноценными деньгами *(монетами, слитками благородных металлов)*
stopped ~ приостановленный платёж *(по чеку)*
storage ~ *амер.* выплаты *(фермерам)* за хранение запасов зерна
sundry ~s различные текущие платежи
superannuation ~ вычеты из заработной платы в фонды пенсионного обеспечения
terminal ~ *амер.* уплата последнего взноса
time ~ повременная оплата
token ~ символическая уплата *(денег)*
transfer ~s передаточные [трансфертные] платежи
transport ~s транспортные расходы
tuition ~ плата за обучение
unemployment ~ пособие по безработице
warranty ~ плата за ремонт по гарантийному обязательству
welfare ~s *см.* **public welfare payments**

payoff 1. *амер. разг.* выплата **2.** время выплаты **3.** отдача, вознаграждение, результат **4.** *т. игр* выигрыш; функция выигрыша **5.** взятка □ **~s compared with the costs** отдача по сравнению с затратами; **~ from promotional expenditures** отдача от затрат на стимулирование сбыта
bilinear ~ билинейная функция выигрыша
continuous ~ непрерывная функция выигрыша
convex ~ выпуклая функция выигрыша
expected ~ ожидаемый выигрыш, математическое ожидание выигрыша
foreign ~ 1. выплата вознаграждения за границей **2.** *pl* взятки, вручённые за границей
game ~ платёж игры; выигрыш
polynomial ~ полиномиальная функция выигрыша
rational ~ рациональная функция выигрыша
vector ~ векторный выигрыш

payola *амер. жарг.* взятка, подкуп; вымогаемые шантажом деньги
payout выплата; расходование
payroll 1. платёжная ведомость; общая сумма выплаченной заработной платы; фонд заработной платы *(предприятия)* **2.** списочный состав □ **on the ~** в списочном составе *(о работающих на данном предприятии)*
accrued ~ заработная плата к выдаче; задолженность по заработной плате
defense ~ занятость в сфере обороны *(армия и гражданское обслуживание)*
governmental ~ государственные рабочие и служащие
nondefense ~ занятость в невоенной сфере
public ~ государственные рабочие и служащие

peak пик, максимум *(напр. нагрузки)*
~ of activity максимум активности
borrowing ~ период наивысшего спроса на кредит *(в течение года)*
business cycle ~ высшая точка [пик] экономического цикла
curve ~ максимум кривой
cyclical ~ *см.* **business cycle peak**
seasonal traffic ~ сезонный транспортный пик

peaking образование резких максимумов
peasant крестьянин
individual ~ крестьянин-единоличник
peasantry крестьянство
peccadillo грешок; тёмное дельце; выплата взятки *(в целях заключения выгодной сделки)*
peculiar особенный; характерный; специфический
peculiarity особенность; характерная черта, отличительное свойство
pecuniary денежный, финансовый
peddler *см.* **pedlar**
pedlar *амер.* разносчик, коробейник
pedlary торговля вразнос
peg *жарг.* поддержка *(цены, курса ценных бумаг)*; фиксация цены на определённом уровне ‖ искусственно поддерживать *(цену, курс)* □ **to ~ at** нацеливаться *(напр. на определённую категорию покупателей)*; **to ~ the market** поддерживать цены на рынке; **to ~ the pound to the dollar** привязать фунт стерлингов к доллару
adjustable ~ гибкая система курса валюты с периодической фиксацией
crawling ~ *см.* **adjustable peg**
sliding ~ скользящая фиксация курса валюты

penal штрафной *(особ. о ставках центрального банка)*
penalization 1. штраф **2.** браковка
penalize 1. штрафовать **2.** браковать *(изделия)*
penalt/y штраф; неустойка *(по договору)* □ **~ for bad loss experience** надбавка к тарифной ставке в связи с повышенной вероятностью наступления страхового случая; **~ for early withdrawal** штраф за досрочное изъятие депозита; **~ for nonperformance of contract** штраф за невыполнение договора; **on ~ of** под страхом *чего-л.*; **subject to a ~** при условии штрафа
early withdrawal ~ штраф за досрочное изъятие *(инвестиций, депозитов)*
marriage ~ штраф «за брак» *(супружеская пара платит больше налогов, чем они платили бы поодиночке)*
pecuniary ~ денежный штраф

prepayment ~ плата за досрочное погашение ссуды
shortage [stock-out] ~ штраф вследствие дефицита *(в системе управления запасами)*
tardiness ~ штраф за опоздание
penetration проникновение *(напр. иностранного капитала в экономику страны)*
penny *(pl* **pence)** 1. мелкая монета в Великобритании *(до перехода на десятичную систему — 1/240 фунта стерлингов)* 2. *амер., разг.* цент 3. *разг.* малая сумма денег
pension пенсия; пособие, субсидия ‖ назначать пенсию; субсидировать; □ **entitled to a ~** имеющий право на пенсию; **~ on two-thirds salary** пенсия в размере двух третей заработка; **to draw a ~** получать пенсию; **to go on a ~** выйти на пенсию; **to grant a ~** дать пенсию; **to live on a ~** жить на пенсию; **to ~ off** увольнять на пенсию; **to qualify for a ~** подпадать под право на пенсию
contributory ~ пенсия, выплачиваемая за счёт взносов работника и предпринимателей
disability [disablement] ~ пенсия по инвалидности
incapacity ~ пенсия по нетрудоспособности
joint ~ совместная пенсия *(выплачиваемая мужу и жене)*
life ~ пожизненная пенсия
noncontributory ~ пенсия, выплачиваемая без предварительных взносов работника *(в фонды социального страхования)*
old-age ~ пенсия по старости
public-service ~ пенсия за государственную службу
retirement ~ пенсия за выслугу лет *(при выходе в отставку)*
superannuation ~ пенсия по старости
survivor's ~ пенсия по случаю потери кормильца
thirty-and-out ~ *амер.* пенсия рабочему, проработавшему на предприятии не менее 30 лет
veteran ~ пенсия ветерану войны
war ~ военная пенсия
pensionary пенсионер ‖ пенсионный
pent-up сдерживаемый, скрытый
penurious бедный, скудный
peon *ист.* батрак, пеон
people 1. народ; население, жители ‖ населять, заселять 2. родственники; родители
country ~ деревенские жители
farm ~ сельскохозяйственное население
old ~ старики, престарелые
professional [trained] ~ квалифицированные специалисты
village ~ деревенские жители
young ~ молодёжь
peopling заселение
pep стимулировать *(экономическую активность)*, взбадривать *(экономику)*
per annum *лат.* ежегодно
per capita *лат.* на человека; на душу (населения)

percent процент
percentage 1. процент; доля, выраженная в процентах; содержание *(в процентах)* 2. комиссионное вознаграждение *(в процентах)*; процентное отчисление
age ratios ~ процентный состав возрастных групп
commission ~s комиссионные проценты
cumulative ~ суммарная доля в процентах, суммарный процент
service ~ *ТМО* уровень обслуживания в процентах
stock-out ~ уровень дефицита в процентах
percentagewise в процентом отношении
percental исчисляемый в процентах
percentile *стат.* процентиль
perfect 1. совершенный ‖ совершенствовать, улучшать 2. точный
perform 1. выполнять, исполнять, делать; осуществлять 2. демонстрировать *(напр. эффективность)* □ **to ~ an obligation** выполнить обязательство
performance 1. выполнение, исполнение *(напр. договора)* 2. работа, функционирование; производительность; интенсивность 3. характеристика *(работы машины)* 4. степень эффективности функционирования *(напр. фирмы)*, результат деятельности; показатель деятельности
~ of contract исполнение контракта
~ of econometric model степень соответствия эконометрической модели реальной действительности
~ of economic system функционирование экономической системы
actual ~ действительный [фактический] экономический показатель
break-even ~ 1. хозяйственная деятельность на уровне самоокупаемости 2. уровень выработки, при превышении которого рабочий получает поощрительную плату
corporate revenue ~ доходность корпорации
design ~ расчётная характеристика
dynamic ~ динамическая характеристика
economic ~s экономические результаты *или* показатели *(деятельности)*
estimated ~ расчётная характеристика
field ~ эксплуатационная характеристика
incentive ~ *орг. пр.* интенсивность труда, при которой выплачивается поощрительное вознаграждение
in-use ~ 1. производительность в эксплуатации 2. эксплуатационная характеристика
labor ~ 1. выполнение норм времени 2. коэффициент выполнения норм времени *(отношение времени по нормам к фактическому времени)*
labor-market ~ функционирование рынка труда
market ~ характеристика рынка
maximum ~ максимальная производительность
nominal ~ номинальная характеристика
operational ~ эксплуатационная характеристика

optimum ~ 1. оптимальная характеристика **2.** оптимальное функционирование *(рынка)*
overall ~ 1. общая характеристика **2.** общий результат деятельности *(фирм) или* работы *(предприятий)*, эффективность работы
peak ~ максимальная производительность
planned ~s плановые показатели работы
predictive ~ прогнозируемая производительность
price-output ~ экономический результат деятельности *(напр. фирм)* при определённом уровне цен и объёме производства
product ~ характеристика изделия
profit ~s достигнутые показатели прибыльности; достигнутые результаты по прибыли
quality ~ показатель качества
reproductive ~ воспроизводство *(населения)*
residual ~ остаточная работоспособность
sales ~ характеристика реализации
schedule ~ выполнение календарной (производственной) программы
specific ~ исполнение в натуре *(договора)*
standard ~ 1. *орг. пр.* нормативная интенсивность труда **2.** нормативная производительность
substandard ~ производительность ниже нормативной
system ~ тактико-технические данные системы
top ~ предельно достижимая производительность
worse-than-standard ~ производительность ниже нормативной

performer *бирж.* акция, имеющая успех

peril опасность, риск
excepted ~s исключённые риски *(по которым перевозчик не несёт ответственности)*

period 1. период, промежуток времени; срок **2.** стадия **3.** эпоха
~ of cancellation период, в течение которого договор страхования может быть расторгнут
~ of digestion период «переваривания» [освоения] рынком новых ценных бумаг
~ of distribution период размещения ценных бумаг
~ of gestation период «созревания» *(капиталовложений)*
~ of inquiry период обследования
~ of insurance период действия договора страхования
~ of migration период миграции населения
~ of production время производства
~ of survey operation период обследования
~ of unemployment период пребывания без работы
accounting ~ отчётный период; период бухгалтерской отчётности; расчётный период
age ~ возрастная группа; период жизни
audit ~ период проведения ревизии
base ~ *стат.* базисный период
breaking-in ~ период освоения *(напр. новой техники)*
busy ~ *ТМО* интервал занятости
childbearing ~ репродуктивный период *(жизни)*; детородный период *(у женщин)*
collection ~ 1. период инкассации **2.** период погашения покупательской задолженности *(при продаже товаров в кредит)*
commitment ~ срок действия обязательства *(предоставить ссуду)*
cooling-off ~ 1. период, в течение которого профсоюз не может бастовать, а предприниматель — увольнять занятых **2.** период между подачей заявки на эмиссию ценных бумаг и предложением их публике
design ~ этап проектирования
discount ~ период учёта, период дисконтирования
down-time ~ период простоя
earning ~ период прибыльной [эффективной] эксплуатации
emergency ~ период чрезвычайного [мобилизационного] положения
fertile ~ *см.* **childbearing period**
grace ~ льготный срок *(напр. для уплаты очередного страхового взноса)*
implementation ~ период внедрения *(напр. новой техники)*
incubation ~ период от определения технической осуществимости до признания возможности серийного производства
indemnity ~ срок действия договора имущественного страхования
initial busy ~ *ТМО* начальный интервал занятости
intercensal ~ *демогр.* межпереписной период
interest ~ период, за который начисляется процент
low-flow ~ период малой водности; период малого объёма стока
mean busy ~ *ТМО* средняя продолжительность интервала занятости
nonsusceptible ~ инфертильный период *(жизни)*
offer ~ период действия предложения ценных бумаг для продажи
optimal reorder ~ оптимальный цикл заказа *(в системе управления запасами)*
option ~ продолжительность опциона *(при сделках на срок)*
order ~ *см.* **reorder period**
outage ~ период простоя
payback [payoff, payout] ~ период окупаемости *(капиталовложений)*
payroll ~ 1. период (работы), за который выплачена заработная плата **2.** периодичность выдачи заработной платы
peak-trading ~ период максимального товарооборота
policy ~ период ограниченной ответственности *(фирмы)* за дефекты изделия *(в отличие от гарантийного срока эксплуатации, когда фирма несёт полную ответственность за дефекты)*

presentation ~ период сдачи работ
prior ~ прошлый период; предыдущий период
probation ~ период стажировки, испытательный период
reference ~ *стат.* базисный период
relief schedule ~ запланированное подменное время
reorder ~ цикл заказа *(интервал между моментами подачи последовательных заказов)*
reproductive ~ *см.* **childbearing period**
residual busy ~ *ТМО* остаточная продолжительность интервала занятости
review ~ интервал между проверками состояния запасов
safe ~ инфертильный период *(жизни)*
scheduling ~ период календарного планирования
second thought ~ *англ.* льготный срок для отказа от заключённой кредитной сделки
shutdown ~ нерабочий период; время простоя
slack ~ период затишья, спад *(в промышленности)*
standard ~ *стат.* базисный период
standby ~ нерабочий период
sterile ~ инфертильный период *(жизни)*
subscription ~ срок подписки
turnover ~ 1. период оборачиваемости *(капитала)* **2.** период обновления *(основного капитала)*
usage ~ продолжительность использования
useful life ~ период нормальной эксплуатации
waiting ~ 1. период отсрочки ответственности страховщика **2.** *ТМО* продолжительность ожидания **3.** период между подачей заявки в регулирующий орган и началом операций
warranty ~ гарантийный срок
write-off ~ срок полного списания стоимости

periodic периодический, циклический
periodical периодическое издание ‖ периодический
periodicity периодичность
~ of censuses периодичность переписей
periodogram *стат.* периодограмма, график спектральной функции
perishable скоропортящийся, подверженный порче *(напр. о грузах)*
perk *см.* **perquisite**
permanence неизменность, постоянство
permission разрешение, позволение
permit разрешение *(письменное)*; лицензия; пропуск ‖ разрешать, позволять □ **~ to lade** *амер.* разрешение таможни на погрузку
building ~ разрешение на строительство; строительная лицензия
entry ~ въездная виза
exchange ~ валютное разрешение; разрешение на перевод валюты
exit ~ выездная виза
foreign air-carrier ~ разрешение на транспортное обслуживание иностранной компанией международной авиалинии *(с конечным пунктом в США)*
housing ~ разрешение на жилищное строительство
industrial construction разрешение *или* лицензия на промышленное строительство
labor ~ разрешение на право работы *(при выезде за границу)*
local building ~ разрешение на строительство, выданное местными властями
residence ~ вид на жительство
shipping ~ разрешение на отправку груза *(выдаваемое транспортной компанией)*
single-family ~ разрешение на постройку односемейного дома

perpetual бессрочный, постоянный
perpetuity 1. бессрочное владение **2.** пожизненная рента
per pro *лат.* подпись за *кого-л.*
perquisite дополнительный доход нерегулярного характера
persistence постоянство, устойчивость
person человек, лицо □ **~s dependent on the tax payer** иждивенцы *(находящиеся на содержании главы семьи)*; **~ engaged** лицо, занятое в сфере материального производства *или* в сфере услуг; **~ on welfare** лицо, получающее пособие по социальному обеспечению
~ of independent means лицо, живущее на собственные средства
~ of no fixed abode лицо, не имеющее постоянного местожительства
artificial ~ юридическое лицо *(фирма, организация)*
displaced ~ перемещённое лицо
ever-married ~ лицо, состоявшее *или* состоящее в браке
handicapped ~ лицо, страдающее физическим недостатком, отражающимся на трудоспособности
inactive ~ представитель несамодеятельного населения
incapacitated ~s нетрудоспособное население
in-migrating ~ лицо, приехавшее в данный район
married ~ лицо, состоящее в браке; женатый; замужняя
native ~ коренной житель
natural-born ~ подданный по рождению, урождённый подданный
naturalized ~ натурализованный гражданин
neglected ~ лицо, не получающее ухода, безнадзорное лицо *(напр. ребёнок, оставленный родителями)*
no contact ~ лицо, отсутствовавшее при переписи *или* опросе
self-employed ~ самостоятельный работник
self-supporting ~ лицо с обеспеченным доходом
stateless ~ лицо, не имеющее гражданства; лицо без подданства, апатрид
temporarily absent ~ временно отсутствующее лицо *(при переписи или обследовании)*

temporarily present ~ временно присутствующее лицо *(при переписи или обследовании)*
unemployed ~ безработный
widowed ~ вдовое лицо; вдовец; вдова
personal 1. индивидуальный *(напр. об инвесторе)* 2. личный *(напр. о сбережениях)*
personalia *лат.* персоналии, данные о личности
personality личность, индивидуальность
personification персонификация *(капитала)*
person-month человеко-месяц
personnel персонал, личный состав; кадры
armed forces ~ военнослужащие
engineering ~ инженерно-технический персонал
fabrication ~ производственный персонал
field ~ специалисты по эксплуатации
flight ~ лётно-подъёмный состав
key ~ ведущие специалисты, квалифицированный персонал по ведущим специальностям
maintenance ~ специалисты по техническому обслуживанию и ремонту
management [managerial] ~ административно-управленческий аппарат
military ~ военнослужащие
military ~ on active duty личный состав на действительной службе
milking ~ дояры
operating ~ обслуживающий персонал; технический персонал
production ~ производственный персонал, персонал основных производственных цехов
quality assurance ~ специалисты по обеспечению качества изделий
quality control ~ специалисты по контролю качества изделий
receiving ~ приёмщики грузов *(в транспортном отделе)*
salaried ~ служащие, имеющие установленный оклад
shipping ~ работники отдела отправки готовой продукции; работники экспедиции
shop ~ работники цеха
shop supervisory ~ руководящий персонал цеха; мастера
supervisory ~ руководящий персонал *(цеха)*
support ~ вспомогательный персонал
tool shop ~ персонал инструментального цеха
uniformed military личный состав на действительной службе
person-year человеко-год
persuader:
hidden ~ «тайный соблазнитель» *(психологический приём, используемый в рекламе товаров)*
perversity:
price ~ искажение [нарушение] закономерного движения цен *(рост цен во время циклического спада)*
petition ходатайство, прошение, петиция ‖ подавать прошение □ ~ **for dissolution** заявление о ликвидации *(компании)*; ~ **in bankruptcy** заявление о несостоятельности
~ **of appeal** апелляционная жалоба
creditor's ~ исходное предложение кредитора на конкурсе по банкротству
debtor's ~ исходное предложение должника на конкурсе по банкротству
petrocurrency 1. валюта, курс которой связан с рынком нефти 2. *см.* **petrodollar(s)**
petrodollar(s) «нефтяные доллары» *(валютные долларовые доходы от экспорта нефти)*
phase 1. период, стадия, фаза; этап 2. осуществлять постепенный переход □ **to ~ down** прекращать *(деятельность)*, закрывать; **to ~ in (to)** включать; вводить в строй [в действие]; **to ~ out** выключать; прекращать, выводить из строя; снимать с производства
~ **of contraction** период депрессии
~ **of reduced replacement** этап пониженной потребности в заменах
contract definition ~ этап выработки основных положений договора
definition ~ этап технико-экономического обоснования *(напр. проекта)*
design-and-development ~ этап конструирования и разработки
design selection ~ этап выбора варианта конструкции
design study ~ этап изучения конструкции
development ~ этап опытно-конструкторских работ, этап разработки
information ~ этап сбора информации
operational ~ этап использования [эксплуатации]
ordering ~ этап подачи заказа
peak productive ~ этап максимальной производительности
prediction ~ этап прогнозирования
preliminary design ~ этап предварительного проектирования
project definition ~ этап подготовки проекта
prosperity ~ фаза экономического подъёма
R & D ~ *см.* **research-and-development phase**
recommendations and implementation ~ этап выдачи рекомендаций и их реализации
reporting ~ этап составления отчёта
research-and-development ~ этап научных исследований и разработок
salvage ~ этап реализации неликвидов *или* устаревшего оборудования
validation ~ этап утверждения
phaseout (постепенное) прекращение производства, снятие с производства; (постепенное) прекращение работ
~ **of contracts** (постепенное) завершение работ по заказам *(без их возобновления)*
defense ~ сокращение объёма военных заказов
phasing:
~ **of investment** поэтапное распределение капиталовложений

~ **of orders** поэтапное распределение заказов
phenomenon:
monetary ~ денежный феномен, явление в денежной сфере
philosophy 1. философия 2. основные принципы
~ **of business** идеология бизнеса, идеология капитала
~ **of management** принципы управления
design ~ принципы конструирования; конструктивные особенности
engineering ~ технические принципы
training ~ методы подготовки кадров, принципы обучения кадров
physical натуральный, в натуральной форме *(в отличие от бумажных дубликатов)*
physiocracy физиократия
physiocratic физиократический
physiocrats физиократы *(школа в политэкономии)*
pick выбор ‖ выбирать, отбирать; сортировать
pickback *см.* **piggyback**
picking сортировка; выборка
pickup 1. оживление *(в экономике)*; наращивание *(темпов)* 2. *см.* **pickup and delivery** □ ~ **after a downturn** подъём после спада; ~ **and delivery** вывоз и доставка *(грузов)*
parcel ~ система доставки покупок *(в супермаркете)*
seasonal ~ сезонный подъём, сезонный рост *(объёма производства)*
trend ~ 1. убыстрение долговременной составляющей роста 2. наращивание темпов развития
pictogram пиктограмма, диаграмма
picture *бирж., жарг.* краткая информация о курсах и предлагаемых объёмах сделок с ценной бумагой
piece 1. штука, кусок; определённое количество 2. предмет 3. монета 4. обрабатываемое изделие □ **per ~** на одну штуку, на одно изделие, на единицу продукта
~ **of foreign exchange** девиза
~ **of money** монета, денежная единица, денежная купюра
indivisible ~s of equipment *англ.* неделимое оборудование
out-of-specification ~ образец, не соответствующий техническим условиям
production ~ промышленный образец
semifinished ~ полуфабрикат, полуобработанное изделие
work ~ обрабатываемое изделие; обрабатываемая деталь
piecework 1. сдельная работа 2. индивидуальное [штучное] производство
pieceworker сдельный рабочий
pierage *мор.* плата за пользование местом швартовки
pig:
cold ~ *англ.* залежавшийся запас неходовых товаров
piggery 1. свиноводческое хозяйство 2. свинарник
piggly-wiggly *амер.* небольшой продовольственный магазин с самообслуживанием и автоматами
piggyback контрейлер *(автоприцеп или съёмный кузов на железнодорожной платформе)* ‖ контрейлерный
piggybacking контрейлерные перевозки
piker *амер. бирж.* мелкий спекулянт
pile 1. кипа, пачка; штабель 2. *pl* деньги
pill:
poison ~ «отравленная пилюля», защитная мера со стороны компании, которой грозит поглощение
pilot 1. лоцман 2. проводить *(суда)* 3. пробный, опытный, экспериментальный
pilotage 1. проводка судов; лоцманское дело 2. лоцманский сбор 3. пилотаж
pinch *бирж.* внезапное повышение курсов *или* цен
pipeline 1. трубопровод; нефтепровод 2. компания трубопроводного транспорта □ **in the ~** *разг.* «на подходе» *(о зарегистрированных ценных бумагах, которые могут быть в любой момент выброшены на рынок)*
supply ~ система снабжения
pirating переманивание (кадров)
labor ~ переманивание персонала; переманивание рабочих
pit 1. *амер.* место активной торговли на товарной бирже 2. рынок одного товара *(напр. продажи пшеницы)*
pivot основа *(напр. плана)*; основной пункт
pivoting поиск опорного плана
placard афиша; плакат ‖ рекламировать посредством плакатов
place 1. место 2. жилище 3. город; населённый пункт 4. положить *(деньги на счёт)* 5. *амер.* размещать *(напр. ценные бумаги)* 6. продавать, выпускать на рынок *(товары)* 7. *мор.* назначать, подавать *(суда)* □ **to ~ a loan** размещать заём; **to ~ bonds** размещать облигации *(на рынке)*; **to ~ in operation** вводить в эксплуатацию; пускать *(завод, установку)*; **to ~ money** вкладывать деньги; ссужать деньги *(под процент)*; **to ~ on deposit** депонировать, вносить в банк; **to ~ privately** продать выпуск ценных бумаг непосредственно крупным инвесторам *(минуя рынок)*; **to ~ shares with the public** размещать акции среди держателей; **to take the ~ of** замещать; **to ~ to the credit** зачислять в кредит счёта; **to ~ with** размещать *(заказы)*, заключать *(договоры)*; выдавать *(подряд)*
~ **of abode** место жительства
~ **of birth** место рождения
~ **of consignment** место назначения груза
~ **of delivery** место поставки
~ **of exchange** место выдачи векселя
~ **of incorporation** место регистрации компании
~ **of performance** место деятельности; местонахождение *(фирмы)*
~ **of presentment** место предъявления *(напр. векселя)*
~ **of protest** место опротестования *(напр. векселя)*

~ of residence место жительства
drinking ~ *амер.* предприятие общественного питания, торгующее преимущественно алкогольными напитками
incorporated ~ *амер.* населённый пункт, включённый в список городов
market ~ рынок
natal ~ место рождения
permit-issuing ~ *амер.* место *или* район, где необходимо разрешение властей на строительство
refreshment ~ предприятие общественного питания, торгующее прохладительными продуктами *(напр. мороженым)*
work ~ *орг. пр.* рабочее место

placement 1. вложение *(капитала)* **2.** *амер.* размещение *(напр. ценных бумаг)* □ **~ on commission** размещение *(ценных бумаг)* банками на комиссионных началах *(без ответственности)*
~ of contracts размещение контрактов *(среди поставщиков)*; заключение контрактов *(с поставщиками)*
~ of securities размещение ценных бумаг
actual ~ фактическая подача *(вагона)*
bank-assisted private ~ *амер.* частное размещение ценных бумаг, по которому советником и консультантом выступает крупный банк
constructive ~ условная подача *(вагона с грузом)*; подача вагона к иному пункту *(чем ранее указанному)*
direct ~ of bond issue прямое размещение облигационного займа *(продажа инвесторам, минуя рынок ценных бумаг)*
income-bearing ~s вложения, приносящие доход
marketable ~ размещение ценных бумаг, котирующихся на рынке
private ~ частное размещение ценных бумаг *(без объявления в печати и без участия широких групп подписчиков)*
safe ~ надёжное помещение денег

placing:
~ of orders размещение заказов
ribbon ~ of slow-moving items размещение *(на полках магазина)* неходовых товаров полосой *(окружающей более ходовые товары)*

Plan:
Baker ~ *амер.* План Бэйкера *(урегулирования долговой проблемы развивающихся стран, 1985 г.)*
Employee Stock Ownership ~ план владения акциями для занятых в фирме *(на основе закона США от 1974 г.)*
Keynes ~ План Кейнса *(создания Международной валютной системы, 1943–44 гг.)*
Marshall ~ План Маршалла *(программа экономической помощи США Западной Европе в 1948–51 гг.)*

plan 1. план, программа ‖ планировать, составлять план **2.** проект ‖ проектировать **3.** схема, чертёж □ **according to ~** согласно (намеченному) плану, по плану; **~ for expansion** программа развития; **~ for merger** план слияния; **on a year's installment ~** с рассрочкой на год; **~ to encourage thrift** программа стимулирования сбережений; **to further ~s** способствовать осуществлению планов; **to outline a ~** намечать план в общих чертах; **to put forward a ~** выдвигать план; **to shape a ~** намечать план; **to submit a ~** представлять план на рассмотрение
~ of national economy народно-хозяйственный план
~ of redemption порядок погашения
advanced development ~ план разработки экспериментального образца
advance premium ~ *амер.* выдача премиальных купонов авансом при первой покупке *(покупатель обязуется продолжать делать покупки до погашения стоимости премии)*
appraisal ~ система оценки
attributes (sampling) ~ план (выборочного) контроля по качественным признакам
basic ~ опорный план
Bayesian sampling ~ байесовский план выборочного контроля
bonus ~ система поощрительных вознаграждений
business ~ бизнес-план, программа сооружения объекта
capital spending ~ программа капиталовложений
check-credit ~ форма потребительского кредита, связанная с автоматическим возобновлением остатка при исчерпании средств на счёте
coding ~ система кодирования *(напр. материалов на заводских складах)*
coherent ~ внутренне скоординированный план
company-financed pension ~ система пенсионного обеспечения за счёт взносов компании
constant dollar ~ система инвестирования постоянных сумм через регулярные промежутки времени
contract definition ~ план подготовки контракта
contractor product assurance ~ план подрядчика по обеспечению качества изделия
contractual accumulation ~ *амер.* продажа в рассрочку акций инвестиционных компаний
contributory pension ~ система пенсионного обеспечения за счёт взносов работников в период работы
cost accounting ~ калькуляционная система учёта *(непосредственно по записям бухгалтерских книг)*
cost finding ~ система калькуляционных ведомостей *(не связанная с общей системой производственного бухгалтерского учёта)*
cost-plus ~ система исчисления себестоимости товара по схеме «оптовая цена плюс вознаграждение за хранение на оптовом складе и издержки на транспорт»

deposit administration ~ система отчислений в пенсионный фонд для административного персонала *(разновидность группового страхования пенсии по старости)*
development ~ план развития; план (технической) разработки
differential time ~ повременно-прогрессивная система заработной платы
dividend reinvestment ~ программа реинвестирования дивидендов *(перевод компанией дивидендов своих акционеров в банк, который вкладывает полученные суммы в новые акции)*
efficiency ~ *см.* **differential time plan**
employees' stock ~ программа продажи акций служащим компании
family assistance ~ *амер.* план помощи многодетным семьям
family-fare ~ система льготного тарифа для членов семьи *(следующих воздушным транспортом вместе с главой семьи первым классом в первые три дня недели)*
feasible ~ допустимый план *(в задачах линейного программирования)*
financial incentive ~ *см.* **bonus plan**
Gantt task and bonus ~ поощрительная система оплаты по Ганту *(гарантированный минимум плюс надбавка за выполнение нормы)*
health insurance ~ план страхования от болезней
hiring ~ программа найма *(рабочей силы)*
incentive ~ система поощрительных вознаграждений
inspection ~ план приёмочного контроля
interlocking cost ~ *см.* **cost accounting plan**
inventory ~ план управления запасами
item-by-item ~ план поштучного контроля
management ~ план организационной деятельности
Morris ~ план Морриса *(система потребительского кредита в США)*
moving ~ система скользящей оценки
multiple piece rate ~ дифференциальная система заработной платы
multiple time ~ сдельно-прогрессивная система заработной платы
network ~ сетевой план
operating ~ **1.** производственный план **2.** оперативный финансовый план
operations review ~ план пересмотра операций
organization ~ схема организационной структуры *(напр. предприятия)*
output and finance ~ промышленно-финансовый план, промфинплан
package ~ комплексный план; комплекс мероприятий
pension ~ система пенсионного обеспечения
phantom stock ~ программа премирования персонала путём условного наделения акциями *(увязана с повышением курса акций компании)*
piece rate wage ~ сдельная система заработной платы
preauthorized check ~ программа страхования жизни с условием предварительного внесения взносов на счёт страхователей в банке
preferred loan ~ система преференциальных ссуд *(лицам с высокой кредитоспособностью без гарантии другого лица)*
private pension ~ частная система пенсионного обеспечения
profit-sharing ~ система участия в прибылях
qualification ~ план оценки качества продукции
quintamensional ~ *амер.* пятимерный план *(составления вопросов, способствующих выявлению определённых взглядов опрашиваемых при изучении общественного мнения)*
research ~ план научных исследований
sampling ~ план выборочного контроля
Scanlon ~ система Скэнлона *(привлечение рабочих к разработке мер по повышению экономической эффективности производства)*
self-employment retirement ~ система пенсионного обеспечения самостоятельно занятых *или* собственников мелких предприятий
sequential sampling ~ план последовательного выборочного контроля
single-sample ~ план однократного выборочного контроля
specific cost inventory ~ система оценки товарно-материальных запасов по ценам приобретения
spending ~ программа затрат [расходов]; программа капиталовложений
standard cost inventory ~ нормативная система оценки товарно-материальных запасов
standard hour ~ система заработной платы по нормо-часам
state economic development ~ государственный план развития народного хозяйства
stochastic approximation ~ *стат.* план стохастической аппроксимации
stock bonus ~ система бонусов в форме акций
stock purchase ~ программа (льготной) покупки акций сотрудниками компании
task-and-bonus ~ **1.** поощрительная система заработной платы **2.** аккордно-премиальная система заработной платы
thrift ~ система накопления сбережений
variables (sampling) ~ план (выборочного) контроля по качественным признакам
vendor rating ~ система оценки поставщиков
wage ~ система заработной платы
wage-incentive ~ поощрительная система заработной платы
year-end bonus ~ система поощрительных вознаграждений по итогам работы за год

plane-mile самолёто-миля
planned плановый; спланированный; намеченный планом
planner 1. плановик 2. *pl* планирующие органы 3. *pl* супружеская пара, регулирующая деторождение
process [production] ~ начальник планово-производственного отдела; плановик производственного отдела
project ~ специалист по планированию научных исследований и разработок
planning планирование; программирование □ ~ **and allocation of resources** планирование и распределение ресурсов; ~ **under dynamic conditions** планирование в динамических условиях; ~ **under uncertainty** планирование в условиях неопределённости
adaptive ~ адаптивное планирование
advanced ~ перспективное [долгосрочное] планирование
advanced procurement ~ *амер.* перспективное планирование закупок
automated manufacturing ~ автоматизированное планирование производства
budget ~ разработка *(основных показателей)* плана и смет
business ~ планирование выпуска и сбыта продукции
capacity ~ планирование загрузки производственных мощностей
centralized ~ централизованное планирование
city ~ городское планирование
cost ~ планирование затрат
counter ~ встречное планирование
directive ~ директивное планирование
extrapolative ~ экстраполяционное планирование
family ~ (внутрисемейное) регулирование рождаемости; контроль рождаемости
forward ~ перспективное [долгосрочное] планирование
goal-oriented ~ целевое планирование
indicative ~ индикативное планирование
long-range [long-term] ~ перспективное [долгосрочное] планирование
management ~ планирование организационной деятельности
manpower ~ планирование трудовых ресурсов
mobilization ~ 1. мобилизационное планирование 2. планирование производства для мобилизационных условий
optimal ~ оптимальное планирование
price ~ планирование цен
product ~ планирование номенклатуры изделий
production ~ планирование выпуска продукции, производственное планирование
profit ~ планирование прибыли
program ~ программное планирование
recruitment ~ планирование набора персонала
short-range [short-term] ~ краткосрочное [текущее] планирование
spouses ~ внутрисемейное планирование рождаемости
strategic ~ стратегическое планирование
tactical ~ тактическое планирование
technological ~ планирование развития техники
planning-programming-budgeting планирование—программирование—составление сметы *(метод разработки военных и других программ)*
plant 1. предприятие; завод; фабрика 2. основные производственные средства *(включая земельный участок)* 3. установка; агрегат; оборудование 4. растение 5. сажать; сеять 6. внедрять 7. основывать
atomic power ~ атомная электростанция
auxiliary ~**s** вспомогательные предприятия *или* установки
catalogued ~ индивидуально учтённое оборудование *(на которое заведены индивидуальные инвентаризационные карточки)*
chemical ~ 1. химический завод 2. химическая технологическая установка
complete ~ комплектное оборудование
computer-controlled ~ завод с автоматическим управлением
contractor-run ~ государственное предприятие, арендованное частной компанией; государственное предприятие, эксплуатируемое компанией-подрядчиком
crop ~ сельскохозяйственная культура
cultivated ~ культивируемое растение
dairy ~ молочный завод
engineering ~ *англ.* машиностроительный завод
fertilizer ~ 1. завод по производству удобрений; туковый завод 2. установка для производства туков
fixed ~**s** стационарные установки; стационарные сооружения
f.o.b. ~ франко-завод *(в цену включаются затраты на погрузку в вагон на путях завода)*
gas-processing ~ газоперерабатывающий завод
hydroelectric (power) ~ гидроэлектростанция
industrial generating [industrial power] ~ промышленная электростанция
irrigation ~ оросительная установка
line ~ линейное хозяйство *(без оконечного и коммутационного оборудования)*
machine-tool ~ станкостроительный завод
manufacturing ~ 1. предприятие обрабатывающей промышленности 2. завод-изготовитель
nonutility ~ предприятие некоммунального пользования
nuclear power ~ атомная электростанция
outdated ~ 1. устаревшее промышленное предприятие 2. устаревшая материально-техническая база
packaged ~ завод, строящийся по проекту, обеспеченному комплектным оборудованием и полной технической документацией
pilot ~ 1. опытный [экспериментальный] завод 2. опытно-промышленная установка

power ~ 1. электростанция **2.** силовая установка *(напр. автомобиля)*
process ~ технологическая установка для непрерывного процесса производства
production ~ 1. промышленное предприятие **2.** основные производственные цехи **3.** производственная база
R & D ~ *см.* **research-and-development plant**
research-and-development ~ материально-техническая база для (научных) исследований и разработок
secondary ~ технологическая установка для вторичной переработки нефти
standby ~ 1. резервное промышленное предприятие **2.** резервная электростанция **3.** резервная технологическая установка
steam(-electric) ~ тепловая электростанция, ТЭЦ
storage ~ гидроаккумулирующая электростанция
tailor-made ~ 1. предприятие с привязкой к месту **2.** оборудование, изготовленное по специальному заказу
used ~ 1. бывшее в эксплуатации предприятие **2.** бывшие в употреблении технические средства
utility ~ коммунальное предприятие
waste treatment [waste water reclamation] ~ водоочистительная станция

plantation 1. плантация **2.** *ист.* колонизация; колония **3.** лесонасаждение

plant-siting выбор места *(площадки)* для постройки предприятия

plate:
name ~ табличка с заводской характеристикой

plateauing 1. появление горизонтального участка *(на кривой)* **2.** отсутствие роста, стабилизация *(напр. производственных мощностей)*

play 1. деятельность, операция **2.** игра; *т. игр* партия ‖ играть, ходить, делать ход; принимать в игру □ **to ~ n-th country role** играть роль рядовой страны; занимать второстепенное положение *(на валютном рынке)*; **to ~ the market** проводить спекулятивные операции, спекулировать; **to ~ the yield curve** играть на различиях в доходности ценных бумаг
convergent ~ сходящаяся партия
fair ~ честная игра *(в конкуренции)*
fictitious ~ фиктивная партия
mean ~ средняя партия
nonconvergent ~ несходящаяся партия
zero-sum ~ партия с нулевой суммой

player *т. игр* игрок
composite ~ коллективный игрок
dummy [fictitious] ~ фиктивный игрок
passing ~ пасующий игрок
reckless ~ азартный игрок

pledge 1. залог ‖ закладывать, отдавать в залог **2.** обеспечение по ссуде □ **to be in ~** быть в залоге, быть заложенным; **to put in ~** заложить; **to ~ securities** заложить ценные бумаги; **to take goods in ~** выдавать ссуду под залог товара; **to take goods out of ~** выкупить товар из заклада, выкупить заложенный товар; погасить ссуду, полученную под залог товара
documentary ~ залог в виде документов
forfeited ~ изъятый [конфискованный] залог
unredeemed ~ невыкупленный залог

pledgeable приемлемый для залога

pledgee залогодержатель *(лицо, выдавшее ссуду под залог)*

pledger залогодатель *(лицо, закладывающее имущество или предоставляющее обеспечение по ссуде)*

pledging залог имущества, предоставление обеспечения *(при ломбардном кредите)*

plethora избыток *(напр. денег)*

plight (трудное) положение

plot 1. план; схема; диаграмма ‖ строить кривую, вычерчивать диаграмму **2.** план игры **3.** участок земли, строительный участок □ **to ~ a point** наносить точку на график
~ of function график функции
log ~ график в логарифмическом масштабе

plottage *амер.* общий размер *(участка)*

plotted нанесённый на график

plotting нанесение *(данных)* на график; построение кривых

plow □ to ~ back капитализировать *(прибыль)*, превращать в капитал

plowing-back капитализация, превращение в капитал
~ of profits инвестирование прибылей

plug *разг.* рекламная вставка *(напр. в телепередачу)*

plum *разг.* чрезвычайно высокая прибыль *или* дивиденд

plummet резко упасть *(о ценах)*

plunge 1. *амер. разг.* крупная биржевая спекуляция **2.** стремительно падать *(о курсе ценных бумаг)*

plunger спекулянт, идущий на большой риск в ожидании высоких прибылей

plural многочисленный; пёстрый, неоднородный *(об экономической структуре)*

pluralism плюрализм

pluralistic плюралистический *(напр. об обществе)*

plus 1. знак плюс *(после котировки ценной бумаги означает повышение по сравнению с предыдущей сделкой или с предыдущим днём)* **2.** включая *(напр. дивиденд)*

poacher *англ.* неспециализированный магазин, торгующий только ходовыми товарами в небольшом ассортименте

poaching *англ.* браконьерство в торговле *(вторжение в сферу торговли, традиционно принадлежащую другой отрасли)*

pocket 1. *амер.* район *(напр. бедствия)* **2.** присваивать, прикарманивать
~s of poverty районы (сосредоточения) бедноты
~ of unemployment район безработицы
air ~ *бирж. разг.* внезапное падение курса акций определённого выпуска *(при общем стабильном положении на бирже)*
weak ~ слабое место, недостаток *(напр. компании)*

point 1. пункт; место; точка **2.** точка,

предел **3.** момент; вопрос; дело **4.** главное, суть; существо дела **5.** *т. игр* очко, пункт **6.** пункт *(единица измерения котировки курсов ценных бумаг или товаров)* **7.** граница тарифного участка *(городского транспорта)* **8.** талон *(единица продовольственной или промтоварной карточки)* **9.** *pl* дополнительные комиссионные сборы по ипотечным ссудам □ **~ originating passengers** пункт возникновения пассажиропотока; **ten ~s off or on** скидка *или* надбавка в 10 пунктов; **to ~ out** указывать; обращать внимание; **to shed a ~** понизиться на пункт *(о курсе акции)*

~ of death точка смерти *(на демографической сетке)*

~ of delivery место доставки

~ of destination пункт назначения

~ of indifference точка безразличия *(состояние в деятельности предприятия, при котором издержки, связанные с использованием дополнительного объёма какого-л. фактора производства, уравновешиваются денежной выручкой от прироста продукции)*

~ of initial enplanement начальный пункт маршрута

~ of make-out 1. точка расчётной доходности, расчётный уровень доходности **2.** *см.* **break-even point 3.** расчётная минимальная производительность

absorption ~ *см.* **saturation point**

basing ~ базисный пункт *(1. при расчёте цен на продукты для разных районов страны 2. для расчёта системы жёстких тарифов)*

best-profit ~ точка максимизации прибыли

boundary ~ граничная точка

break bulk ~ *трансп.* выгрузочный пункт

break-even ~ 1. точка безубыточности, точка самоокупаемости, точка критического объёма производства *(уровень производства, при котором величина издержек равна выручке)* **2.** точка нулевой прибыли *(в товарообороте)* **3.** уровень дохода, при котором человек не платит налогов и не получает социальных пособий

breaking ~ граница тарифного участка, отсчётный пункт

bullion ~ *см.* **gold point**

bush ~ мелкий (населённый) пункт *(регулярно или нерегулярно обслуживаемый рейсами самолётов)*

certificated ~ утверждённый остановочный пункт регулярной авиалинии *(согласно «Свидетельству общественной необходимости и полезности»)*

common ~ *трансп.* внешний узел *(в котором сходятся не менее трёх дорог)*

competitive ~ конкурентный узел *(в котором сходятся конкурирующие транспортные линии)*

concentration ~ пункт группировки мелких отправок

corner ~ угловая [крайняя, экстремальная] точка

costing ~ учётно-калькуляционный пункт

cost-minimizing reorder ~ точка заказа *(в системе управления запасами)*, обеспечивающая минимальные затраты

critical ~ *т. игр* критическая точка

data ~ частное значение *(наблюдений)*; экспериментальная точка; один из результатов *(обработки данных)*

entry ~ *ТМО* момент поступления *(требования)*

equilibrium ~ точка равновесия

export gold [export specie] ~ экспортная [нижняя] золотая точка

feasible ~ допустимая точка

global saddle ~ *т. игр* глобальная седловая точка

gold ~ золотая точка *(уровень валютного курса, при котором происходит международное перемещение золота)*

import bullion [import gold] ~ импортная [верхняя] золотая точка

interchange ~ *трансп.* обменный пункт; передаточный пункт

intermediate ~ промежуточный пункт *(в транспортной задаче)*

intervention ~ предельное отклонение *(валютного курса от паритета)*, при котором включается интервенция центрального банка

inventory control ~ момент контроля состояния запасов

limit(ing) ~ предельная точка

lower turning ~ нижняя точка поворота *(экономического цикла)*, начало оживления

marginal ~ остановочный пункт, обслуживание которого экономически невыгодно

peril ~s *амер.* пределы снижения импортных пошлин

plotted ~ точка на графике

preferred ~ предпочтительная цифра *(при указании возраста)*

probability ~ вероятность *(на графике)*

reorder ~ 1. точка (подачи) заказа **2.** момент (возобновления) заказа

resistance ~s *бирж.* предельные пункты *(изменения курсов)*

review ~ момент контроля состояния запасов

saddle ~ *т. игр* седловая точка

sample ~ элемент выборки, выборочная точка

saturation ~ точка касыщения; состояние насыщения *(рынка)*

selling ~ точка, указывающая экономическую целесообразность продажи изделия *(на диаграмме)*

shutdown ~ точка убытка *(уровень, при котором валовая выручка не покрывает переменных издержек производства)*

significance ~ *стат.* уровень значимости

sink ~ сток *(в задачах линейного программирования)*

source ~ источник *(в задачах линейного программирования)*

split-off ~ точка разделения издержек производства *(соответствует началу про-*

изводства различных конечных продуктов из одного полупродукта)
stop-off ~ пункт остановки в пути следования *(для догрузки или отгрузки вагонов)*
strategic saddle ~ *т. игр* стратегическая седловая точка
suboptimal ~ точка локального оптимума
transshipment ~ *см.* **intermediate point**
turning ~ поворотная точка *(экономического цикла)*
upper turning ~ верхняя точка поворота *(экономического цикла),* начало кризиса
weak ~ слабое место, недостаток

police контролировать, поддерживать порядок *(напр. на рынке)*

policing of price agreement надзор за осуществлением (картельного) соглашения о ценах

Policy:
Common Agricultural ~ Общая сельскохозяйственная политика

polic/y 1. политика, курс; стратегия, поведение 2. методика; правила 3. *страх.* полис □ **~ free of premium** полис, по которому страховщик освобождён от уплаты взносов; **to cancel a ~** аннулировать полис; **to issue a ~** оформить полис; **to lend on a ~** выдать ссуду под полис; **to take out a ~** застраховаться, получить полис
~ of assurance страховой полис
~ of checks and balances политика сдерживания и уравновешивания *(о государственном вмешательстве в экономику)*
~ of containment политика сдерживания
~ of holding an umbrella политика «зонтика» *(политика монополистического регулирования объёма производства с целью поддержания цен, установленных фирмой-лидером)*
~ of not stocking стратегия «отсутствия запасов»
accident ~ полис страхования от несчастного случая
accounting ~ учётная политика *(общие принципы отражения хозяйственных операций в учёте)*
activist ~ политика активизации экономики *(обычно связана с ростом государственных расходов и бюджетного дефицита)*
adjustment ~ политика корректирования [регулирования]
agricultural ~ аграрная политика
all loss or damage ~ полис страхования от любой утраты *или* любого повреждения
allocation [allocative] ~ политика распределения ресурсов *(осуществляемая государством)*
all risks ~ полис страхования от всех рисков
anti-inflationary (monetary) ~ антиинфляционная (денежно-кредитная) политика
antinatalist ~ политика сокращения рождаемости
antirecession ~ антикризисная политика
antitrust ~ антитрестовская политика *(государства)*
austerity ~ политика жёсткой экономии
autarkic(al) economic ~ автаркическая экономическая политика
balance-of-payments ~ политика по регулированию платёжного баланса
beggar-my-neighbor ~ политика разорения соседа; решение внутренних экономических проблем за счёт соседних стран
betting ~ *т. игр* тактика заключения пари
blanket ~ полис, покрывающий все страховые случаи; генеральный полис
builder's risk ~ полис, покрывающий строительные риски
business ~ деловая политика *(1. формулировка целей фирмы и выбор средств для их достижения 2. курс, изучаемый в школах бизнеса)*
business cycle ~ антициклическая политика
cargo ~ фрахтовый полис
cheap money ~ политика «дешёвых» денег *(направленная на расширение кредита и снижение процентных ставок)*
cheeseparing ~ политика жёсткой экономии
c.i.f. charges ~ *англ.* полис страхования расходов по сделкам сиф
compensatory fiscal ~ компенсационная фискальная политика *(отказ от ежегодного сбалансирования бюджета)*
competing ~ правила отношений с конкурентами
comprehensive ~ полис комбинированного страхования
contracts ~ *англ.* «договорный» полис *(покрывающий риски с момента заключения договора до момента получения платежа)*
convertible ~ полис, предусматривающий возможность изменения страховой ответственности *или* иных условий страхования
countercyclical ~ антициклическая политика
credit ~ кредитная политика
culling ~ *с.-х.* система отбраковки
dear money ~ политика «дорогих» денег *(направленная на стеснение кредита и повышение процентных ставок)*
deflationary (monetary) ~ дефляционная (денежно-кредитная) политика
demand management ~ политика управления спросом
discount ~ дисконтная политика; политика регулирования учётного процента
discretionary ~ дискреционная политика *(гибкая политика, не зависящая от законодательных органов и меняющаяся в зависимости от экономических условий)*
discretionary monetary ~ дискреционная денежно-кредитная политика *(определяемая руководителями центрального банка, а не правилами металлического стандарта)*
distributive ~ политика распределения доходов

easy money ~ *см.* **cheap money policy**
expansionary ~ политика экономического роста
expenditure adjusting ~ политика регулирования спроса
feeding ~ *с.-х.* система кормления
fire insurance ~ полис страхования от пожара
first-in-first-out ~ *ТМО* дисциплина очереди с обслуживанием в порядке поступления
fiscal ~ фискальная политика; финансово-бюджетная политика
fixed order ~ политика фиксированного размера заказа
fleet ~ страховой полис на все суда фирмы-владельца
floating ~ генеральный полис
f.p.a. ~ полис на условиях «свободно от частной аварии»
give-and-take ~ политика взаимных уступок
group ~ групповой полис *(единый для коллектива застрахованных)*
hands-off ~ *см.* **laissez-faire policy**
home ~ внутренняя политика
householder's comprehensive ~ полис комбинированного страхования квартиры и имущества
houseowner's comprehensive ~ полис комбинированного страхования домовладельцев
import substitution ~ политика поощрения отечественного производства с целью замещения импорта
income option ~ полис с правом выбора формы получения страховой суммы *(единовременно или в виде продолжающейся некоторое время пенсии)*
incomes ~ политика (регулирования) доходов
incomes standstill ~ политика «замораживания» [приостановки роста] доходов
increased value ~ полис с оговоркой о праве страхователя увеличить стоимость застрахованного объекта
individual ~ полис на одно лицо
inflationary ~ политика, ведущая к инфляции
insurance ~ страховой полис, договор страхования
interest ~ политика регулирования процентных ставок
international monetary ~ валютная политика; политика регулирования международных валютных операций
inventory ~ политика управления запасами
laissez-faire ~ политика государственного невмешательства *(в экономику)*
lapsed ~ полис, действие которого досрочно прекращено *(вследствие неуплаты страховых взносов)*
last-in-first-out ~ *ТМО* дисциплина очереди с обслуживанием в обратном порядке
life insurance ~ полис страхования жизни
lot-size ~ политика фиксированного уровня *(в системе управления запасами)*
make-or-buy ~ право выбора самостоятельного изготовления *или* заключения субподрядов *(на производство деталей и узлов выпускаемого изделия)*
management ~ политика руководства *(основные принципы руководства и управления)*
mandatory sanctions ~ политика (осуществления) обязательных санкций
marine insurance ~ полис морского страхования
master ~ *см.* **group policy**
minimax ~ стратегия минимакса *(напр. в теории игр)*
mixed ~ смешанный полис
monetary ~ денежно-кредитная политика; монетарная политика; *редко* валютная политика
myopic ~ недальновидная политика
named ~ разовый полис
near-optimal ~ политика, близкая к оптимальной
nondiscretionary ~ недискреционная политика *(негибкая политика, руководствующаяся заранее поставленными целями и не меняющаяся в зависимости от экономических условий)*
open ~ невалютированный [нетаксированный] полис *(в котором указан только наивысший предел страхуемой суммы)*
open door ~ политика открытых дверей *(«равных возможностей» капиталовложений в определённых странах)*
open market ~ политика операций на открытом рынке
ordering ~ политика подачи заказов
ostrich ~ политика, основанная на самообмане
overexpansionary ~ политика чрезмерного экономического роста
paid-up ~ полис, по которому уже внесены все причитающиеся взносы
participating ~ полис с участием в прибылях страхового общества
pay-pegging ~ политика замораживания заработной платы
periodic ordering ~ политика периодической подачи заказов
personal accident ~ полис индивидуального страхования от несчастных случаев
personnel ~ кадровая политика
population ~ демографическая политика
populationist ~ популяционизм
price support ~ политика поддержания цен *(государством)*
pricing ~ политика цен
procurement ~ политика закупок
pronatalist ~ политика поощрения рождаемости
public ~ государственная политика
purchasing ~ политика закупок
reexpansionary ~ политика возобновления экономического роста
renewable life insurance ~ полис страхования жизни, возобновляемый без допол-

нительного медицинского освидетельствования
replacement ~ стратегия замены *(оборудования)*
replenishment ~ политика сохранения постоянного уровня *(в системе управления запасами)*
reserve ~ политика в отношении резервов *(банков)*
restocking ~ политика создания запасов
retirement ~ политика предоставления пенсионного обеспечения
running ~ генеральный полис
sales ~ стратегия продажи [сбыта]
service ~ стратегия обслуживания
shipments ~ *англ.* «отгрузочный» полис *(покрывающий риски с момента отгрузки товаров до момента получения платежа)*
slaughter ~ *с.-х.* система убоя
speculation ~ политика биржевой игры
stabilization ~ стратегия экономической стабилизации; политика стабилизации экономической конъюнктуры
standard ~ единый [типовой] полис
stationary ~ стационарная стратегия
stocking ~ политика создания запасов
stock level ordering ~ политика подачи заказа при достижении определённого уровня запасов
stop(-and)-go ~ *англ.* политика «стой—вперёд» *(при которой попеременно используются меры стимулирования и сдерживания экономического роста)*
tax-based income ~ *амер.* политика доходов, основанная на налоговых поощрениях и штрафах
taxicab ~ задача о такси *(в теории линейного программирования)*
ticket ~ типовой полис *(выдаваемый агентом)*
time ~ полис на срок
twist ~ *амер. разг.* гибкая кредитно-денежная политика
two-bin ~ политика двух уровней *(в системе управления запасами)*
unvalued ~ *см.* **open policy**
valued ~ валютированный [таксированный] полис *(в котором точно указана согласованная стоимость страхового объекта)*
voyage ~ рейсовый полис
wait-and-see ~ выжидательная политика
warranty ~ гарантийное обязательство
whole-life ~ полис пожизненного страхования

policyholder страхователь
policy-resistant сопротивляющийся экономической политике, не реагирующий на меры экономической политики
pollutant загрязняющее вещество
pollute загрязнять *(окружающую среду)*
polluter загрязняющий окружающую среду
pollution 1. загрязнение *(окружающей среды)* 2. смешение рас
air ~ загрязнение воздуха
environmental ~ загрязнение окружающей среды
information ~ дезинформация
noise ~ чрезмерный шум

polyandry полиандрия, многомужество
polygamous полигамный, многобрачный
polygamy полигамия, многобрачие
polygon:
preference ~ многоугольник предпочтений
strategy ~ *т. игр* полигон стратегий

polygyny полигиния, многожёнство
polypoly полиполия *(рыночная ситуация, при которой существует ограниченное число крупных продавцов, достаточное для поддержания условий конкуренции)*

Pool:
International Gold ~ Международный золотой пул (1961–68 гг.)

pool 1. пул, объединение *(картельного типа между конкурентами)* ‖ объединять в пул 2. общий фонд; объединённые запасы □ **to ~ commodities** создавать объединённые товарные запасы; **to ~ resources** объединять ресурсы
~ of fiduciary funds сумма средств, находящихся в доверительном управлении
~ of foreign exchange общий фонд иностранной валюты
bear ~ *бирж.* объединение спекулянтов, играющих на понижение
bonus ~ премиальный фонд
buffer ~ буферный запас
bull ~ *бирж.* объединение спекулянтов, играющих на повышение
dollar ~ долларовый пул, объединённый долларовый фонд
electric power ~ объединённая энергосистема
gold ~ золотой пул
money ~ *амер.* денежный пул *(банковский консорциум)*
mortgage ~ пул ипотек; портфель ипотек со сходными характеристиками
patent ~ патентный пул
pension ~ объединение пенсионных фондов ряда предприятий
power ~ объединение энергокомпаний *или* энергосистем, энергетический пул
specified ~ *амер.* товарищество с ограниченной ответственностью для вложений в конкретный объект
sterling area ~ объединённый валютный пул стерлинговой зоны

pooling объединение *(напр. прибылей)*
~ of classes *стат.* группировка классов
~ of interests слияние компаний *(без переоценки стоимости активов)*

poor 1. бедный, неимущий 2. *pl* бедняки, беднота, неимущие
able-bodied ~s *ист.* годные (к работе) бедняки
casual ~s бедняки, временно *или* периодически пользующиеся благотворительной помощью

poorhouse богодельня
populated населённый, заселённый
densely ~ плотно населённый

population 1. (народо)население, жители 2. *стат.* генеральная совокупность 3.

с.-х. поголовье □ ~ **dependent on agriculture** сельскохозяйственное [аграрное] население; ~ **in quasi-households** *амер.* лица, проживающие в общественных учреждениях *(напр. в общежитиях)*
~ **of nomadic origin** население кочевого происхождения
able-bodied ~ трудоспособное население
aboriginal ~ коренное население, аборигены
absolute surplus ~ абсолютное перенаселение
active ~ (экономически) самодеятельное население
age-cohort ~ контингент определённой возрастной группы
aged ~ население старших возрастов
agglomerated ~ население городской агломерации
alien ~ иностранцы, проживающие в данной стране
autochthonous ~ коренное население, аборигены
available ~ наличное население *(все, кто провёл ночь накануне переписи в данном помещении и все живущие в этом помещении постоянно)*
average ~ средняя численность населения
base ~ базисное население; численность населения в базисном году
bivariate ~ двумерная совокупность
business ~ **1.** население, занятое в промышленности и торговле **2.** *амер.* торгово-промышленные предприятия
cattle ~ поголовье крупного рогатого скота
child ~ детский контингент
closed ~ замкнутое население *(без учёта миграции)*
college ~ совокупность учащихся колледжей
compulsory school-age ~ контингент детей школьного возраста, подлежащих обязательному обучению
dead ~ совокупность умерших
declining ~ регрессивное население
divorce ~ контингент разведённых
downward-deviating ~ регрессивное население
effective ~ фактическое население
elderly ~ население старших возрастов
employed ~ совокупность работающих
enumerated ~ фактическое население
estimated ~ оценка численности населения
existent ~ реальная [существующая] совокупность
expellee ~ совокупность лиц без гражданства
exponential ~ **1.** население, численность которого изменяется по экспоненциальному закону **2.** (генеральная) совокупность, распределённая по экспоненциальному закону
extrametropolitan ~ население, живущее за пределами метрополии
foreign-born ~ совокупность лиц иностранного происхождения
gainfully occupied ~ (экономически) активное население
general ~ общая численность населения
ghost ~ фиктивное население
heterogeneous ~ разнородная совокупность
high fertility ~ контингент, характеризуемый высокой рождаемостью
home ~ население, живущее внутри страны
immigrant ~ совокупность иммигрантов
immigrate ~ иммигрирующее население
inactive ~ (экономически) неактивное население
indigenous ~ коренное население, аборигены
institutional ~ лица, проживающие в общественных учреждениях *(напр. в общежитиях)*
livestock ~ поголовье скота
living ~ совокупность живущих
low fertility ~ контингент, характеризуемый низкой рождаемостью
machine tool ~ парк металлообрабатывающих станков
manpower ~ совокупность рабочей силы
marginal ~ беднейшее население
marriageable ~ бракоспособное население
married ~ население, состоящее в браке
metropolitan ~ население, проживающее в метрополии
midmonth ~ среднемесячное население
midyear ~ среднегодовое население
migrating ~ мигрирующее население
native ~ коренное население, аборигены
never-married ~ *см.* **single population**
nomadic ~ кочевое население
nonalien ~ собственное население страны
nonfarm ~ несельскохозяйственное [неаграрное] население
noninstitutional ~ население, проживающее в собственных *или* арендуемых помещениях
old ~ население старших возрастов
open ~ население, подверженное влиянию миграции, открытое население
optimum ~ оптимальная численность населения
parent ~ исходная совокупность
passive ~ (экономически) неактивное население
preschool-age ~ совокупность детей дошкольного возраста
present(-in-area) ~ наличное население
primary school-age ~ контингент детей начального школьного возраста
registered ~ *см.* **available population**
resident ~ постоянное население
sampled ~ выборочная совокупность, выборка
school-age ~ школьный контингент
secondary school-age ~ контингент детей среднего школьного возраста
sedentary ~ оседлое население
seminomadic ~ полукочевое население
settled ~ оседлое население

single ~ контингент лиц, никогда не состоявших в браке
stable ~ *см.* **stationary population**
stagnant surplus ~ застойное перенаселение
standard ~ 1. население, принятое за стандарт 2. стандартная совокупность
stationary ~ стабильное население *(совокупность, не испытывающая влияния миграции и имеющая постоянную общую численность при неизменной рождаемости и смертности)*
statistical ~ статистическая совокупность
student-age ~ контингент студенческой молодёжи
surplus ~ перенаселение, избыточное население
temporarily absent ~ временно отсутствующее население *(при переписи или обследовании)*
total ~ генеральная совокупность
tribal ~ население, живущее племенами
true ~ истинная совокупность
underemployed ~ неполностью занятое население
unemployed ~ безработные
unlimited ~ бесконечная совокупность
upward-deviating ~ прогрессивное население
working ~ занятое население
working-age ~ население трудоспособного возраста
young ~ молодёжь

populationism популяционизм
populationist 1. популяционист *(сторонник регулирования роста народонаселения)* 2. демограф
populationistic популяционистский
Populism 1. популизм *(экономическая платформа американской Народной партии во второй половине XX века)* 2. (русское) народничество 3. популизм *(демагогическое подыгрывание толпе)*
populous (густо)населённый
port порт; гавань
~ of arrival порт прибытия
~ of call порт захода
~ of departure порт отхода
~ of destination порт назначения
~ of discharge порт разгрузки
~ of distress порт вынужденного захода
~ of documentation порт регистрации, порт приписки
~ of shipment порт отгрузки
bonded ~ гавань с таможенным складом
cargo ~ грузовой порт
closed ~ порт, закрытый для захода
free ~ вольная гавань, порто-франко
maritime ~ морской порт

porterage 1. переноска груза 2. плата за переноску; стоимость грузовых операций на берегу
portfolio 1. портфель *(напр. ценных бумаг)* 2. министерский портфель, круг ведения □ **~ added in reinsurance** совокупность рисков, переданных в перестрахование; **~ assumed** принятый портфель; **to add to the ~** увеличить портфель
aggressive ~ портфель ценных бумаг с повышенным риском и ожидаемой высокой доходностью
defensive ~ портфель ценных бумаг с повышенной устойчивостью
efficient ~ эффективный портфель инвестиций *(максимизирующий доход при любом уровне риска)*
foreign ~ портфель ценных бумаг у иностранных владельцев *(суммарная стоимость акций компаний данной страны, находящихся в руках зарубежных владельцев)*
insurance ~ страховой портфель
investment ~ портфель ценных бумаг
loan ~ портфель выданных *(банком)* займов, общая сумма дебиторской задолженности
subunit ~ *англ.* часть портфеля ценных бумаг в общем инвестиционном траст-фонде
unit ~ *англ.* портфель ценных бумаг в общем инвестиционном траст-фонде

portion:
~ of loan серия облигаций займа
aggressive ~ *амер.* вложения в рискованные бумаги
defensive ~ *амер.* вложения в бумаги с малым риском
disposable ~ часть наследства после погашения обязательств и оплаты налогов
investment ~ of premium сберегательная нетто-ставка *(часть годичной ставки, которая откладывается в резерв страховых взносов)*
legal ~ *амер.* часть наследства, причитающаяся государству

portraits:
denominational ~ портреты на банкнотных купюрах разных достоинств

position 1. состояние, положение, позиция 2. запас; портфель 3. остаток, сальдо 4. перечень *(товарных поставок)* 5. соотношение финансовых активов *(«длинная» позиция)* и обязательств *(«короткая» позиция)* инвестора 6. *мор.* позиция *(время, в течение которого судно может прибыть под погрузку)* 7. *бирж.* сумма контрактов [обязательств] по сделкам на срок, позиция по срочным сделкам, срочная позиция *(напр. контракты, истекающие в определённом месяце)* 8. положение, должность 9. позиция, статья *(в таможенном тарифе)* □ **to take a ~** 1. приобрести акции компании 2. купить *или* продать срочные контракты
~ of account состояние счёта *(в банке)*
~ of stock состояние товарных запасов
bear ~ *бирж.* позиция спекулянтов, играющих на понижение
bull ~ *бирж.* позиция спекулянтов, играющих на повышение
cash ~ остаток кассы, кассовая позиция
credit-tranche ~ право на кредит *(от Международного валютного фонда)*
current ~ ликвидность, показатель ликвидности
debtor ~ дебиторская позиция

distant ~ *бирж.* отдалённая срочная позиция
dollar ~ сальдо по расчётам в долларах, остаток на долларовых счетах
equilibrium ~ состояние равновесия *(экономической системы)*
external payments ~ состояние платёжного баланса
gold-tranche ~ взнос в золоте *(в Международный валютный фонд)*
insecure ~ ненадёжное положение
inventory ~ состояние запасов товарно-материальных ценностей
long ~ *бирж.* обязательства [позиция] по срочным сделкам при игре на повышение
net ~ нетто [чистая] позиция *(по срочным сделкам)*
open ~ открытая позиция, позиция под риском *(по срочным сделкам)*
reserve ~ сальдо резервов
revenue ~ 1. величина доходов [выручки] **2.** прибыльность, доходность
short ~ *бирж.* обязательства [позиция] по срочным сделкам при игре на понижение
statistical ~ конъюнктура *(рынка какого-л. товара)* на основании статистических данных
technical ~ *бирж.* состояние рынка *(ценных бумаг)*

positive 1. позитивный *(о теории)* **2.** определённый *(о доходе)*
possess обладать, владеть *(имуществом)*
possession 1. владение, обладание **2.** *pl* имущество, собственность □ **taking ~ of** вступление во владение; приобретение; **to be in ~ of** владеть; **to come into ~** вступать во владение; **to pass into ~** переходить во владение; **to transfer ~** передавать владение
adverse ~ незаконное владение
concurrent ~ совместное владение
naked ~ фактическое владение при отсутствии правооснования
personal ~ личное владение
possessive относящийся к собственности; собственнический
possessor владелец, обладатель
post 1. *амер. бирж.* место торговли определённым видом акций **2.** пост, должность **3.** почта, почтовая корреспонденция ‖ отправлять по почте **4.** делать проводку, осуществлять разноску по счетам; заносить в бухгалтерскую книгу □ **by return of ~** с обратной почтой; **to ~ an entry** делать проводку по счёту; **to ~ a vessel at Lloyd's** объявлять в ассоциации Ллойда о пропаже судна без вести *или* о неприбытии судна по расписанию; **to ~ credit or debit to the account** сделать кредитовую *или* дебитовую проводку по счёту; **to depositors' accounts** разносить суммы по депозитным счетам; **to ~ into the ledger** переносить в главную книгу
additional ~s дополнительные должности
book ~ почтовая бандероль
inactive ~ место торговли неактивными акциями *(на Нью-Йоркской фондовой бирже)*
manual worker ~s должности работников физического труда
parcel ~ почтово-посылочная служба; почтово-посылочные перевозки
provisional ~s временные должности
registered ~ заказная почта
total established ~s by location общее число штатных должностей с разбивкой по местонахождению [местам службы]
postage почтовая оплата, почтовый сбор; почтовые расходы
postal почтовый *(о переводе)*
postaudit периодическая проверка расходов различных министерств и ведомств
postcard:
direct-mail ~s рекламные открытки, рассылаемые почтой *(с указанием поступающих в ближайшее время товаров)*
follow-up airmail ~ посылаемая авиапочтой открытка с напоминанием
postdate датировать *(особ. чек)* будущим числом
postdating ошибочное указание более поздней даты рождения *(при переписи или обследовании)*
postentry последующая дополнительная проводка по счёту, запись в счёт
postenumeration 1. контрольная проверка после проведения переписи **2.** обработка материалов переписи
poster объявление; афиша, плакат
postil примечание к статье в бухгалтерской книге *или* журнале
posting 1. отправка корреспонденции **2.** перенос в бухгалтерскую книгу, проводка **3.** реклама; расклейка рекламных объявлений
credit ~ кредитовая проводка *(запись по счёту)*
debit ~ дебитовая проводка *(запись по счёту)*
fly ~ незаконная реклама
parallel ~ параллельная проводка *(запись по счёту)*
postmarket послерыночный, характеризующийся уменьшением роли рынка
postnuptial (происходящий) после заключения брака
postpone отсрочить *(напр. платежи)*
postponement 1. отсрочка **2.** откладывание *(напр. потребления ради инвестирования)*
~ of childbearing отсрочка деторождения *(при регулировании рождаемости)*
maturity ~ пролонгация срока платежа
pot *т. игр* **1.** банк **2.** часть выпуска новых ценных бумаг, которая остаётся у главы синдиката □ **the ~ is clean** распродажа выпуска ценных бумаг завершена
potential потенциал ‖ потенциальный
diversification ~ потенциальная способность к диверсификации (производства)
fertility ~ потенциальная рождаемость, потенциал деторождений
growth ~ 1. потенциал экономического роста **2.** потенциальный рост населения; потенциал прироста населения
performance ~ потенциал работника для выполнения определённого вида работ

resource ~ сырьевой потенциал; потенциальные природные ресурсы
sales ~ ожидаемая реализация *(продукции фирмы)*
potentiality потенциальность, возможность
poulterer 1. *англ.* магазин «дичь, птица» 2. торговец живностью
poundage 1. процент, отчисляемый с фунта стерлингов *(при расчётах)* 2. пошлина с веса 3. отчисление с прибылей для выплаты премий
poverty бедность; нищета □ **~ in plenty** бедность среди изобилия
power 1. способность; возможность 2. власть 3. полномочие; право; доверенность 4. сила; энергия; мощность; производительность □ **~ in the market** рыночная власть, власть на рынке; **~s that be** власть имущие, сильные мира сего; **~ to contract** право заключения сделок; **~s to control** контрольные полномочия; **to expend labor ~** затрачивать рабочую силу; **to invest a person with ~ of attorney** выдавать *кому-л.* доверенность; **to revoke a ~ of attorney** отменять [уничтожать] доверенность; **~ to sign** право подписи; **to skim surplus purchasing ~** устранять избыток покупательной способности; **to wield ~** держать в своих руках власть
~ of attorney доверенность
~s of central bank полномочия центрального банка *(по денежно-кредитному регулированию)*
~ of consumption потребительская способность *(общества)*
~ of eminent domain право государства на принудительное отчуждение частной собственности
~ of sale право продажи
~ of substitution право представительства *(напр. при покупке акций)*
~ of test *стат.* мощность критерия
antipollution ~s полномочия по борьбе с загрязнением
asymptotic ~ *стат.* асимптотическая мощность *(критерия)*
average ~ *стат.* средняя мощность *(критерия)*
average labour ~ of society общественная средняя рабочая сила
banking ~ кредитный потенциал банка *(измеряемый его свободными резервами)*
bargaining ~ рыночная власть *(продавца или покупателя)*, позволяющая отстаивать свои интересы
bargaining ~ of workers позиция рабочих на рынке труда *(способность профсоюзов к экономическим завоеваниям)*
borrowing ~ кредитоспособность *(лица или фирмы)*
buying ~ покупательная способность
by-product electric ~ электроэнергия, производимая как побочный продукт
competitive ~ конкурентоспособность
countervailing ~ противодействующая [уравновешивающая] сила *(профсоюзы, монополии и другие взаимно противостоящие объединения и организации)*
discretionary ~ 1. дискреционное право *(не зависящее от конкретных обязательств и дающее возможность действовать по своему усмотрению)* 2. право на избирательное использование *(полномочий)* 3. широкое полномочие
earning ~ способность приносить доход, доходность, прибыльность
earning ~ of real assets прибыльность капиталовложений
effective ~ эффективная производительность
electric ~ 1. электроэнергия 2. электрическая мощность
enforcement ~s полномочия [возможности] для проведения в жизнь законов *или* осуществления контролирующих функций
executive ~ 1. исполнительная власть 2. *pl* исполнительные органы *(власти)*
forecast ~ прогнозирующая способность *(метода)*
general purchasing ~ всеобщая покупательная способность *(денег)*
labor ~ рабочая сила
man *см.* **manpower**
monopsoni(sti)c ~ рыночная власть единственного покупателя *(монопсониста)*
motive ~ движущая сила
nominal ~ номинальная производительность
note-issuing ~ право выпуска банкнот
official ~s официальные власти
plenary [plenipotentiary] ~s широкие [неограниченные] полномочия
predictive ~ прогнозирующая способность *(метода)*
pulling ~ of shopping center притягательная сила торгового центра
purchasing ~ покупательная способность, покупательная сила
simple labor ~ простая рабочая сила
spending ~ *см.* **purchasing power**
stock ~ *амер.* право распоряжения акциями; *pl* полномочия на продажу акций
taxing ~ право обложения налогом
total ~ полная производительность
trust ~ право совершать операции доверительного характера
unchecked private monopoly ~ неограниченная власть частной монополии
powerful 1. влиятельный; полномочный; авторитетный 2. мощный
powerless бесправный; маловлиятельный
practice 1. практика; применение на практике 2. деятельность 3. обычай, традиция 4. метод; система; порядок; процедура 5. профессия, занятие
accounting ~s методы бухгалтерского учёта
ambivalent ~ (внутренне) противоречивая по своему характеру *или* последствиям практика
birth control ~ регулирование рождаемости
business ~ практика деловых отношений
class pricing ~ практика ценообразования с учётом категории *(потребителя)*

concerted ~ согласованные действия, картельная практика
contraceptive ~ применение методов регулирования рождаемости
corrupt ~ взяточничество, подкуп
discreditable ~**s** махинации
management ~ управление
predatory ~**s** грабительские методы
procurement ~**s** методы осуществления закупок *(включая выдачу подрядов)*
restrictive ~**(s)** нарушение свободы конкуренции; монополизация рынка
restrictive labor ~**s** методы борьбы против сокращения рабочей силы *(осуществляемые профсоюзами)*
retirement-and-replacement ~ практика периодического демонтажа и замены *(оборудования)*
sharp ~ мошенничество, надувательство
standard ~ установившаяся практика
practitioner:
tax ~ *англ.* консультант по налоговым вопросам
pragmatism прагматизм; практицизм
preaudit предварительная проверка
preaveraging предварительное усреднение
precanvass предварительный опрос
census ~ предварительный опрос, проводимый перед переписью
precapitalist докапиталистический
precedence **1.** приоритет *(напр. кредиторов при банкротстве)* **2.** старшинство *(по должности)*
precious драгоценный, благородный
precise прецизионный, точный
precision точность □ ~ **in calculation** точность вычисления
a posteriori ~ апостериорная точность
precomputed заранее вычисленный
precondition предварительное условие; предпосылка
precontract более ранний договор *(препятствующий заключению нового договора)*
predate помечать (документ) прошлой датой
predating ошибочное указание более ранней даты рождения *(при переписи или обследовании)*
predatory грабительский, хищнический, эксплуататорский
predecision предварительное решение
predesign **1.** эскизный проект **2.** предварительный расчёт
predesigned запланированный; заданный
predetermined заранее заданный, заранее установленный; предопределённый
predictability возможность прогнозирования
predictable прогнозируемый; предсказуемый
prediction прогноз, прогнозирование □ ~ **by analogy** прогнозирование по аналогии
adaptive ~ адаптивный прогноз
a priori ~ априорный прогноз
biased ~ смещённый прогноз
bias-free ~ несмещённый прогноз
conservative ~ осторожный прогноз
feasibility ~ прогнозирование технической осуществимости
heuristic ~ эвристический прогноз
least-squares ~ прогноз, полученный методом наименьших квадратов
linear ~ линейный прогноз
minimum mean-square error linear ~ линейный прогноз с минимальной средней квадратической ошибкой
minimum-variance linear unbiased ~ линейный несмещённый прогноз с минимальной дисперсией
multiperiod ~ многопериодное прогнозирование
multiple ~ множественный прогноз
nonlinear ~ нелинейный прогноз
performance ~ прогнозирование эксплуатационных характеристик
point ~ точечный прогноз
predesign ~ прогнозирование на этапе эскизного проектирования
probabilistic ~ вероятностный прогноз
quick-and-dirty ~ быстрое приближённое прогнозирование
single-value(d) ~ точечный прогноз
unbiased ~ несмещённый прогноз
variability ~ прогноз изменчивости
predictor **1.** предиктор *(структурно организованная система, функцией которой является прогнозирование)* **2.** прогнозист
prediscovery предварительные исследования; поисковые исследования *(как этап научно-исследовательской работы)*
predominate преобладать; господствовать
preeminence превосходство *(экономическое)*
preempt **1.** покупать *или* приобретать раньше других; завладевать раньше других; заранее использовать **2.** приобретать преимущественное право на покупку **3.** *ТМО* прерывать обслуживание
preemption **1.** покупка ранее других **2.** преимущественное право на покупку **3.** *амер.* право таможенных властей наложить арест на импортированный товар **4.** *ТМО* прерывание обслуживания
preemptive **1.** преимущественный **2.** *ТМО* прерывающий обслуживание
preenter подавать предварительную таможенную декларацию
preenumeration подготовка к проведению переписи
preevaluate предварительно оценивать
prefabricate изготавливать заводским способом *(напр. сборные детали для строительства)*
prefer □ **to** ~ **claims** предъявлять претензии; **to** ~ **one creditor over others** предпочесть одного кредитора другим
preferable предпочтительный
preference **1.** предпочтение; преимущество **2.** преференция, льготная таможенная пошлина **3.** преимущественное право **4.** *pl* привилегированные акции □ ~ **as to assets** преимущественное право на активы *(при ликвидации фирмы)*; ~ **as to dividends** преимущественное право на дивиденды; **to array** ~**s** располагать [ранжировать] по степени предпочтения
~ **of creditors** первоочередное право тре-

бования кредиторов *(при продаже имущества с торгов)*
asset ~s предпочтения, определяющие структуру активов
consumer's ~ предпочтение потребителей
employer's hiring ~s предпринимательские предпочтения при найме рабочей силы
fraudulent ~ незаконное преимущество кредитора *(при банкротстве)*
imperial ~s имперские преференции
individual household ~s предпочтения отдельных семей
lasting ~s устойчивые предпочтения
liquidity ~ предпочтение ликвидности
revealed ~s выявленные предпочтения
time ~ временно́е предпочтение *(напр. предпочтение экономических благ в данное время по отношению к аналогичным в будущем)*

preferential предпочтительный; преимущественный

preferentialism преференциальная система *(в торговле)*

prefinance предварительно финансировать

preliminary 1. *pl* предварительные замечания; начальные сведения **2.** предварительный; подготовительный; черновой

prelist включать в предварительный перечень; составлять предварительный список

premise 1. (пред)посылка, исходное условие || предпосылать **2.** *pl* недвижимость, здание с прилегающими постройками и участком □ **directly on the ~s** непосредственно на земельном участке, принадлежащем данной фирме; непосредственно на предприятии, непосредственно в конторском здании
bank ~s банковские здания; стоимость зданий на балансе банка
explicit value ~s открыто выражаемые исходные ценностные посылки
industrial ~s промышленные помещения
shop ~s *англ.* помещения магазина

premium 1. премия, вознаграждение, премиальная надбавка **2.** надбавка, а́жио, лаж *(приплата к установленному курсу или нарицательной цене)* **3.** страховая премия, страховой взнос **4.** *бирж.* премия по срочным сделкам *(в противоположность дисконту)* **5.** первосортный, высшего качества **6.** надёжный **7.** срочный, первоочерёдный □ **at a ~ 1.** с премией; выше номинала; выше паритета **2.** пользующийся большим спросом; очень модный; **~ due** подлежащий уплате страховой взнос; **~ for double option** *бирж.* премия за стеллажную сделку; **~ for own** платежи за собственный счёт; **~ for the call** предварительная премия; сделка с предварительной премией; **~ for the put** обратная премия; сделка с обратной премией; **~ on capital stock** надбавка к эмиссионному курсу акций; **~ on gold** лаж на золото; **~ over bond value** превышение цены конвертируемой облигации над ценой обычной *(оценка фактора конвертируемости)*; **~ over conversion value** превышение рыночной цены конвертируемой облигации над ценой конверсии; **~ paid** уплаченный страховой взнос; **~ refund** возвращённый страховой взнос; **to command a ~** оцениваться с надбавкой; **to sell at a ~** продавать(ся) с надбавкой
additional ~ добавочная страховая премия, дополнительный страховой взнос
additional ~ for short period cover дополнительный взнос за краткосрочность страхования
adjustment ~ окончательный размер страхового взноса
annual ~ годичный страховой взнос
average ~ средний страховой взнос
basic ~ страховой взнос, исчисленный по основной тарифной ставке
call ~ премия, уплачиваемая в сделке с опционом; предварительная премия
conversion ~ конверсионная премия, разница между курсом конвертируемой облигации и акции
cost-inflation ~ надбавка на рост издержек и инфляцию *(в цене товара)*
exchange ~ валютная премия *(положительная разница между формальным и действующим валютными курсами)*
extra ~ дополнительная награда
first ~ первый страховой взнос
fixed ~ страховой взнос в постоянном размере
forward ~ форвардная премия, премия [надбавка] к текущей цене по срочной сделке
gross ~ брутто-ставка *(страхового взноса)*
hundred per cent ~ стопроцентная премиальная надбавка
incentive ~ поощрительное вознаграждение
incoming ~s поступающие страховые взносы
increasing ~ страховой взнос, возрастающий с течением времени
inflation ~ инфляционная премия *(поправка с учётом ожидаемого повышения цен)*
in-full ~ общая сумма подлежащих погашению страховых платежей
initial ~ первый страховой взнос
installment ~ очередной страховой взнос
insurance ~ страховой взнос
investment currency ~ премия по сделкам на приобретение валюты для зарубежных инвестиций
lump-sum ~ паушальная страховая премия, общая твёрдая сумма страховой премии
natural ~ натуральная тарифная ставка *(равная вероятности наступления страхового случая)*
net ~ нетто-ставка *(страхового взноса)*
net ~ payable страховой взнос, подлежащий уплате наличными деньгами
option ~ опционная премия; сумма, уплачиваемая за опцион
overtime ~ доплата за сверхурочную работу
rarity ~ премия за редкость *(монеты)*

regional employment ~ премия на расширение региональной занятости
renewal ~ взнос, подлежащий уплате по восстановленному договору страхования
return ~ возвращаемый страховой взнос
risk ~ премия за риск
self-retained ~ страховой взнос по собственному удержанию
share ~ надбавка к курсу акций
shift ~ надбавка за работу во второй *или* третьей смене
single ~ единовременный страховой взнос
stipulated ~ ставка для обусловленных видов страхуемого имущества *(для которых неприменимы обычные тарифные ставки)*
variable ~ переменный страховой взнос *(изменяющийся из года в год)*

prenumbering предварительная нумерация
prepackaging предварительная расфасовка товаров
instore [store-level] ~ предварительная расфасовка товаров в магазине
prepaid предоплачено; уплаченный заранее
preparation:
budget ~ подготовка бюджета
payroll ~ расчёт заработной платы
preparatory подготовительный, предварительный
prepay 1. уплачивать заранее; франкировать *(оплачивать вперёд стоимость пересылки, провоза или доставки)* 2. оплачивать почтовый сбор
prepayable подлежащий предварительной оплате
prepayment 1. авансирование; выплата авансом, предварительная оплата; франкирование 2. предоплата; аванс
long-term ~ долгосрочное авансирование
preplanning разработка предварительного плана; разработка программы действий
prepositioning предварительная планировка размещения *(инструмента и материала)*
preprice маркировать цены на этикетках
preproduction подготовка производства; период подготовки производства
prerefunding досрочный выпуск новых ценных бумаг для рефинансирования [замены займа]
prerequisite предпосылка; предварительное условие
prerogative прерогатива, исключительное право, привилегия
prescribe *юр.* ссылаться на погашение права сроком давности; приобретать право по давности
presell продавать товар, которого ещё нет в наличии
present 1. представлять, предъявлять *(напр. вексель)* 2. подавать 3. настоящий; данный 4. имеющийся налицо □ **to ~ a check** предъявлять чек *(к оплате)*; **to ~ for collection** представить на инкассо
temporarily ~ временно присутствующий *(при переписи)*
presentation 1. представление, предъявление 2. подача □ **upon ~** по предъявлении
~ of claim предъявление претензии
data ~ представление данных
graphic ~ графическое изображение
sales ~ демонстрация товара перспективному покупателю
tabular ~ табличное представление *(данных)*
present-day современный
presenter предъявитель *(напр. векселя)*
presentment □ **~ for acceptance** предъявление [представление] векселя для акцептования
over-the-counter ~ предъявление (документа) непосредственно служащему банка; передача «через окошко»
presidency 1. председательство 2. президентство
president 1. президент *(страны)* 2. ректор *(университета, колледжа)* 3. президент, высший администратор банка *или* компании
presidential президентский *(напр. пост)*
presold рекламируемый до поступления в продажу *(о товарах)*
press 1. настаивать; настоятельно требовать 2. стеснять; затруднять 3. навязывать 4. пресса □ **to ~ for payment** настоятельно требовать уплаты; **to ~ goods on somebody** навязывать товар *кому-л.*; **to run the printing ~** использовать эмиссию денег для удовлетворения финансовых нужд государства; **to ~ wage claims** требовать повышения заработной платы
pressed □ **to be ~ for funds [for money]** испытывать денежные затруднения
pressing неотложный, срочный; настойчивый
pressure 1. давление, нажим 2. затруднение; трудное положение, затруднительные обстоятельства □ **~ for money** нехватка денег; денежный голод; **~ in credit market** стеснение на рынке кредита; **~ on capacity** обстоятельства, требующие расширения производственных мощностей; **~ upon the banking system** напряжение в банковской системе *(вызванное повышенным спросом на кредит)*
~ of taxation налоговый пресс
group ~ нажим со стороны отдельных групп; отстаивание групповых интересов
population ~ демографическое давление, экономическое перенаселение, давление избытка населения
price ~ повышательная тенденция цен
wage ~ требование повышения заработной платы
presumption предположение, допущение
pretax доналоговый, до вычета налогов
pretest 1. предварительное испытание 2. предварительное обследование
pretreatment предварительная обработка
prevalent преобладающий; превалирующий; широко распространённый
prevention:
accident ~ мероприятия по предупреждению несчастных случаев
loss ~ мероприятия по предотвращению потерь

prewar довоенный, предвоенный
prey объект преследования *(напр. по антитрестовскому законодательству)*
price 1. цена ‖ назначать цену; оценивать; расценивать **2.** курс ценных бумаг □ **~s adjusted for quality** цены с учётом изменения качества товаров; **~ after hours** курс после закрытия биржи; **~s are flat** цены ослабли; **at all ~s** по любым ценам; **at distress ~s** по убыточным ценам; **at popular ~s** по общедоступным ценам; **at present ~s** по текущим ценам; **at the best ~** по возможно более высокой цене; **~ at the pump** розничная цена бензина *(на заправочной станции)*; **~ for account** *бирж.* курс по сделкам на срок *(в отличие от кассовых сделок)*; **~ for cash** цена при оплате наличными; **~ for forward delivery** цена товара с будущей поставкой; **~ in the lump** паушальная цена, цена за всю партию; **~ is subject to a discount of 5%** цена подлежит скидке на 5% ; **~ per lb. carcass weight** цена за один фунт в убойном весе; **~ plus** цена облигации, включая наросшие проценты; **~s ruled lower** уровень цен понизился; **~ shot up** цена резко поднялась; **~ soared** цена подскочила; **to adjust ~** корректировать цены; **to affect ~** оказывать воздействие на цену *(о крупных фирмах)*; **to agree on the ~** соглашаться на предложенную цену, договориться о цене; **to alter ~s** менять цены; **to ascertain a ~** устанавливать цену; **to beat down ~s** снижать цены; **to bid up ~s** *см.* **to force up prices**; **to bring down ~s** снижать цены; **to bring ~s into line** исправлять несоответствия в уровне цен *(на различные товары)*; **to command a high ~** идти по высокой цене *(о каком-л. товаре)*; **~ to consumer** цена для (конечного) потребителя; **to degress ~s** снижать цены; **to fetch a high ~** продаваться по высокой цене; **to fix a ~** назначать цену; **to force down ~s** сбивать цены; **to force up ~s** набивать [вздувать, взвинчивать] цены; **to gripe about ~s** выражать недовольство по поводу высоких цен; **to hold up ~s** *амер.* завышать цены; назначать грабительские цены; **to keep the ~s down** не допускать роста цен; **to meet the leader's ~** поддерживать цену, установленную лидером; **to offer and bid ~s** предлагать и запрашивать цены; **to produce a rise in ~s** вызвать повышение цен; **to puff up ~s** *см.* **to force up prices**; **to put the lid on ~s** наложить ограничение на цены *(на повышение)*; **to rationalize ~s** упорядочить цены; **to scale down ~s** снижать цены; **to send down ~s** сбивать цены; **to send up ~s** *см.* **to force up prices**; **to set a ~** назначать цену; **to settle a ~** договариваться о цене; **to shave a ~** срезать цену; **to shore up ~s** поддерживать цены; **to sink in ~** понизиться в цене; **to slash (out) ~s** значительно снизить цены; **to spoil ~s** продавать по значительно сниженным ценам; **to squeeze down ~s** снижать цены; **to sustain the ~** удерживать цену *(на прежнем уровне)*; **to tumble ~s** снижать цены; **to undercut the leader's ~** продавать по цене ниже установленной лидером; **~s went ahead** курсы *(акций)* повысились; **~s were maintained** курсы *(акций)* стабилизировались; **~ without engagement** предложение цены без обязательства продажи *или* покупки
~ of call курс по сделкам с премией
~ of day *бирж.* курс дня
~ of issue эмиссионный курс *(ценных бумаг)*
~ of labor power цена рабочей силы
~ of option курс по сделкам с премией
~ of production цена производства
absolute ~s абсолютные цены *(уровень цен в отличие от соотношения цен)*
accounting ~ расчётная цена
administered ~ (монопольная) управляемая цена *(установленная на основе учёта объёма спроса и предложения в условиях сильно монополизированного рынка)*
advanced ~ повышенная цена
agreed ~ обусловленная [согласованная] цена
all-round ~ 1. полная цена *(включающая все надбавки к базисной цене)* **2.** *см.* **lump-sum price**
asked ~ 1. запрашиваемая цена; цена продавца **2.** курс, предлагаемый продавцом ценных бумаг
asset ~s цены активов
bargain ~ *см.* **buyer's price**
basing-point ~ цена в базисном пункте *(включает издержки по доставке продукции от пункта производства к месту потребления)*
bedrock ~ крайняя цена
bid ~ 1. цена, предлагаемая покупателем, цена покупателя **2.** курс, предлагаемый покупателем ценных бумаг
black market ~s цены чёрного рынка
blanket ~ общая цена *(за весь купленный товар, состоящий из неоднородной продукции)*
book ~ расчётная цена по торговой книге
buyer's ~ цена, выгодная для покупателей, низкая цена
buying ~ покупная цена
carry-over ~ сумма, уплачиваемая за отсрочку сделки
cash ~ 1. цена при продаже за наличные **2.** курс ценных бумаг по кассовым сделкам, курс по сделкам за наличные
cattle market ~ цена на скотном рынке
c.i.f. ~ *см.* **cost, insurance, freight price**
class ~ престижная цена *(уплачиваемая определённой категорией покупателей в престижных, но дорогих магазинах)*
close ~s близкие по уровню цены *(незначительно отличающиеся одна от другой)*
closing ~ курс на момент закрытия биржи
conversion ~ курс акций, на которые имеет право владелец конвертируемой облигации
cost ~ 1. цена производства *(«цена издержек»)* **2.** цена типа «издержки плюс фиксированная прибыль» **3.** цена, принимае-

мая при калькуляции издержек производства
cost and freight ~ цена «стоимость и фрахт»
cost, insurance, freight ~ цена с включением издержек, страхования и фрахта, цена сиф
cost plus ~ цена, определяемая по принципу «средние издержки плюс прибыль»
curb ~ 1. курс акций на неофициальном рынке ценных бумаг 2. цена на чёрном рынке
cut-rate ~ сниженная цена; низкая цена
delivered ~ цена, включающая расходы по доставке
disbursing ~ отпускная цена *(напр. на материалы)*
discount ~ цена со скидкой; цена ниже номинала
domestic ~s цены внутреннего рынка
double gold ~ *см.* **dual gold price**
dual gold ~ двойная [двухъярусная] цена золота *(официальная и рыночная)*
dumping ~ демпинговая [бросовая] цена
duty-paid ~ цена, включающая пошлину
early-bird ~ цена при введении товара на рынок
elimination ~ цена, устанавливаемая с целью вытеснения конкурента *(ниже уровня переменных издержек)*
entry-preventing ~ цена, препятствующая появлению конкурентов *(в отрасли или данном виде производства)*
equilibrium ~ равновесная цена
equitable ~ справедливая цена
equity ~s курсы акций
estimate ~s сметные цены
exchange ~ цена *или* курс биржи
exercise ~ цена использования опциона *(владельцем)*
exorbitant ~ чрезмерно высокая цена
factor (input) ~ цена производственного фактора
factory list ~ цена по прейскуранту завода-изготовителя
fair ~ приемлемая [умеренная] цена; справедливая цена
fancy ~ цена на продукты наивысшего качества, очень высокая цена
farm ~ фермерская цена
farm product ~s цены на продукты сельского хозяйства
f.a.s. ~ цена франко у борта судна, цена фас
firm ~ 1. твёрдая цена 2. твёрдый [устойчивый] курс *(ценных бумаг)*
flat ~ одинаковая цена *(на все предметы, сорта)*
flexible ~ эластичная [гибкая] цена *(быстро реагирующая на изменение соотношения спроса и предложения)*
floor ~ минимальная цена
f.o.b. ~ 1. *см.* **free on board price** 2. *см.* **free on rail price**
f.o.b. mill ~ цена франко-завод *(цена на месте производства)*
f.o.b. mine цена франко-шахта *(цена на месте добычи)*
f.o.r. ~ *см.* **free on rail price**
forced sale ~ аукционная цена, цена при продаже с торгов
forward ~ *англ. бирж.* курс по сделкам на срок
free-equilibrium ~ цена, свободно складывающаяся на рынке *(уравнивающая спрос и предложение)*
free-market ~ цена в условиях свободной конкуренции [свободного рынка]
free on board ~ цена франко-борт, цена фоб
free on rail ~ цена франко-рельсы, цена франко-вагон
general ~ **of production** общая цена производства
graduated ~ дифференцированная цена
grower's ~ фермерская цена
guiding ~ ведущая цена
hard ~s устойчивые высокие цены
heavy ~ высокая цена
highest ~ *см.* **maximum price**
hire ~ цена найма
hire ~ **of finance** норма процента
home market ~s цены внутреннего рынка
imperfectly flexible ~s недостаточно эластичные цены
implicit ~ скрытая [неявная] цена
inbond ~ цена без включения пошлины
individual cost ~ индивидуальные издержки производства
industry-wide ~ единая для всей отрасли цена
inflated (consumer) ~s вздутые цены на (потребительскую) продукцию
initial ~ *бирж.* начальная [отправная] цена
internal ~s цены внутреннего рынка
intracompany ~s цены, используемые при расчётах между предприятиями одной компании
intraplant accounting ~ внутризаводская расчётная цена
invoice(d) ~ фактурная цена
issue ~ курс нового выпуска ценных бумаг
just ~ справедливая цена
keen ~s *англ.* низкие цены
landed ~ цена товара, выгруженного на берег, цена с выгрузкой на берег
leader's ~ цена, установленная лидером, цена фирмы-лидера
legislated ~ цена, установленная *или* ограниченная государственным актом
limit ~ 1. лимитная [предельно высокая] цена 2. цена, сдерживающая приток новых конкурентов в отрасль
list ~ прейскурантная цена
loco ~ цена-локо, цена франко-место нахождения товара
lowest ~ *см.* **minimum price**
lump-sum ~ паушальная цена, цена на круг *(всего количества вне зависимости от сорта, качества)*
making-up ~ *см.* **settlement price 2.**
marginal product ~ цена предельного продукта
marked ~ обозначенная цена

market ~ рыночная цена; курс биржи
market-clearing ~ цена, обеспечивающая равновесие спроса и предложения
mercantile ~ торговая цена
mill-net ~ цена франко-завод
mint ~ денежный эквивалент определённого количества золота *или* серебра в условиях металлического стандарта
momentary equilibrium ~ равновесная цена в данный момент времени
money ~ денежная цена, цена в денежном выражении
monopoly ~ монопольная цена
multiple ~**s** множественные цены *(система изменяющихся цен на продукцию, покупаемую потребителем из престижных соображений)*
multiunit ~ *англ.* цена со скидкой *(предоставляемой при условии покупки значительного количества товара)*
natural ~ естественная цена
negative ~ отрицательная цена
negotiated ~ **1.** договорная цена *(устанавливаемая в ходе переговоров продавца и покупателя)* **2.** согласованный *(в ходе переговоров)* курс ценных бумаг
net ~ цена-нетто; цена после вычета всех скидок; окончательная цена
normalized ~ нормированная цена
odd ~ неокруглённая цена
offered ~ *см.* **asked price**
opening ~ курс на момент открытия биржи; курс первой сделки дня
outrageous ~ чрезмерно высокая цена
outside ~ крайняя (максимальная) цена
overhead ~ *см.* **all-round price 1.**
parity ~ *амер.* паритетная цена; цена на сельскохозяйственные продукты, гарантированная фермерам правительством
pegged ~ искусственно поддерживаемая цена
piece ~ поштучная плата
popular ~ доступная цена
posted ~ (официально) объявленная цена
preferential ~ льготная цена
premium ~ цена с надбавкой; цена выше номинала
prescribed ~**s** предписываемые цены *(устанавливаемые внерыночным административным путём)*
probate ~ цена активов умершего лица *(база для налогообложения)*
procurement ~ закупочная цена
producer's ~ цена фирм-изготовителей, цена производителей
prohibitive ~ «запретительная» цена; чрезмерно высокая цена; недоступная цена
published ~ объявленная цена
pump ~ розничная цена бензина, продаваемого на бензоколонке
purchase ~ **1.** покупная цена **2.** *см.* **bid price**
purchasing ~ закупочная цена
pure monopoly ~**s** цены в условиях чистой монополии
put-and-call ~ *бирж.* курс по стеллажным сделкам
quoted ~ **1.** котировальная цена **2.** зарегистрированный на бирже курс
ration ~**s** цены в условиях рационирования *(продукции)*; цены на товары, распределяемые по карточкам
receding ~ **1.** снижающаяся цена **2.** снижающийся курс ценных бумаг
receiving ~ цена при поступлении *(на склад)*
remunerative ~ выгодная цена, цена, дающая прибыль
repurchase ~ цена выкупа *(по которой инвестиционный фонд выкупает свои акции)*
resale ~ цена товара при перепродаже
reservation [reserve] ~ резервированная цена; отправная цена *(ниже которой продавец не согласен продавать свой товар или наивысшая цена, которую готов заплатить покупатель)*
retail ~ розничная цена
rock-bottom ~ очень низкая цена
ruling factor ~**s** регулирующие цены факторов производства
sagging ~ **1.** умеренно снижающаяся цена **2.** умеренно снижающийся курс ценных бумаг
salable ~ цена, обеспечивающая сбыт
scarce ~ повышенная цена *(в период нехватки товара)*
secondhand ~**s** цены на рынке подержанных товаров *(напр. автомашин)*
security ~ курс ценных бумаг
sellers' ~ цена, выгодная для продавца, высокая цена
selling ~ продажная цена *(товара)*
sensitive ~ *см.* **flexible price**
set ~ *см.* **firm price**
settlement ~ **1.** расчётная цена **2.** курс окончательного расчёта по сделкам на срок
settling ~ ликвидационная цена
shadow ~ скрытая [неявная] цена
share ~ курс акций, биржевой курс
short-run equilibrium ~ цена краткосрочного равновесия
sidewalk ~ неофициальная цена
single ~ **1.** цена на отдельный продукт **2.** единая цена *(на какой-л. продукт)* для всего рынка
sliding ~ скользящая цена
social ~ **of production** общественная цена производства *(регулирующая рынок)*
spiraling ~**s** постепенно *(с увеличивающейся скоростью)* повышающиеся *или* падающие цены
spot ~ цена при продаже за наличные *(с немедленной доставкой)*
standard ~ стандартная [нормативная] цена
standard unit ~ стандартная цена за единицу
starting ~ *бирж.* начальная [отправная] цена
stated ~ специально оговорённая цена
stationary [steady] ~**s** стабильные [устойчивые] цены, цены, сохраняющиеся на неизменном уровне
sticker ~ прейскурантная цена

stipulated ~ цена, предусмотренная контрактом *или* соглашением
stock ~ *см.* **share price**
stop ~ «стоп-цена», цена, по достижении которой следует продавать *или* покупать *(приказ клиента брокеру)*
store ~s цены в магазине
strike ~ *см.* **exercise price**
subscription ~ подписная цена; льготная цена, по которой акционеры могут использовать свои подписные права и варранты
successive ~s последовательно сменяющие друг друга цены
suggested ~ цена, предлагаемая *(оптовиком)* для розничной продажи
supply ~ цена поставки; цена предложения
supply ~ of investments цена предложения инвестиций *(«нормальная» прибыль, необходимая для инвестирования капитала в данную отрасль)*
support ~ *см.* **administered price**
tape ~s курсы ценных бумаг, указанные на ленте котировального аппарата
target ~ 1. плановая цена **2.** «целевая» цена, «целевая» норма прибыли *(стоимость заказа плюс доплата или удержание в зависимости от качества и сроков поставки)*
tender ~ *см.* **forced sale price**
threshold ~ *см.* **asked price 1.**
top ~ 1. высшая цена **2.** высший курс ценных бумаг
transaction ~ фактическая цена продажи *(в данной сделке)*
transfer ~s трансфертные цены; отпускные цены *(действующие при расчётах между предприятиями одной фирмы)*
trigger ~ цена, при которой (автоматически) наступают *какие-л.* последствия, возникает право
two-tier(ed) gold ~ *см.* **dual gold price**
uncontrollable ~s неконтролируемые цены
under-the-hammer ~ *см.* **forced sale price**
unit ~ цена единицы продукции
upset ~ низшая цена, которую согласны уплатить участники аукциона
wholesale ~ оптовая цена
wide ~s разрыв между курсами, предлагаемыми покупателями и продавцами ценных бумаг
world ~ мировая цена
zone ~ зональная цена

price-cutter торговец, снижающий цену с целью подорвать сбыт конкурента

price-fixer 1. компания — участник картеля *(устанавливающая в тайном сговоре с другими компаниями монопольно-высокие цены на продукт)* **2.** государственный служащий, занимающийся контролем над ценами

price-fixing установление [назначение] цен *(государством или крупными компаниями)*
minimum ~ назначение нижней границы цен *(как средство ограничения острой ценовой конкуренции)*
piecemeal ~ поддержание цен на неизменном уровне по отдельным товарным группам

price-list прейскурант; каталог

price-nursing поддержание цен [курсов] с помощью операций на рынке

pricer калькулятор цен

pricewise:
competitive ~ способный выдерживать ценовую конкуренцию

pricing калькуляция; назначение цен(ы); ценообразование □ **~ on the basis of what the traffic will bear** назначение цен по принципу «что рынок выдержит»
asset ~ ценообразование на рынке ценных бумаг
average cost ~ *см.* **cost plus pricing**
catch-as-catch-can ~ практика назначения дифференцированных цен для разных категорий покупателей по принципу «сорви сколько сможешь»
competitive ~ конкурентное ценообразование
conspiratorial ~ ценообразование посредством конспиративного сговора основных производителей
cooperative ~ согласованное установление цен *(крупными компаниями)*
cost plus ~ ценообразование по принципу «средние издержки плюс прибыль»
cyclical ~ ценообразование с учётом циклических колебаний экономики
delivered ~ установление цен с включением издержек по транспортировке продукции *(к месту потребления)*
dual ~ двойная система цен
factor ~ назначение цен на факторы производства
forward ~ калькуляция цен будущего периода
full cost ~ *см.* **cost plus pricing**
general equilibrium ~ ценообразование в условиях общего равновесия
hedge ~ калькуляция цен с учётом инфляционного роста *(издержек в будущем периоде)*
incentive ~ назначение цен, предусматривающих стимулирование снижения издержек
limit ~ *см.* **stay-out pricing**
load factor ~ дифференцированное ценообразование с учётом загрузки предприятия
marginal cost ~ ценообразование на основе предельных издержек
markup ~ ценообразование по принципу «издержки плюс накидка»
multiple-product ~ ассортиментное [мультипродуктное] назначение цен
negotiated ~ назначение цен в результате переговоров продавца и покупателя
off-list ~ установление цен на уровне ниже прейскурантных
Pittsburgh-plus ~ *амер.* практика назначения цен на сталелитейную продукцию по принципу «Питсбург-плюс» *(цена в г. Питсбурге плюс усреднённая накидка на транспортные издержки)*

predatory ~ временное снижение цены с целью вытеснения конкурента *(с последующим повышением сверх издержек)*
public utility ~ назначение цен на продукцию предприятий общественного пользования
simple monopoly ~ назначение цен по принципу *«простой монополии» (единая цена для всех покупателей на уровне выше конкурентного)*
stay-out ~ установление сдерживающих цен *(на уровне немного выше уровня средних издержек производства, который сдерживает приток новых конкурентов в отрасль)*
target-return ~ назначение цен, обеспечивающих получение «целевой» нормы прибыли
term-limit ~ повышение цен, допускаемое в определённых границах
trial-and-error ~ метод проб и ошибок при назначении цен *(определение уровня цен на основе изучения реакции рынка)*
uniform ~ назначение единой для всех покупателей цены
unit cost ~ *см.* **markup pricing**
welfare ~ назначение цен с учётом максимизации благосостояния
zone ~ зональное ценообразование

prima facie *лат. юр.* при отсутствии доказательств в пользу противного; в порядке опровержимой презумпции

primary **1.** первичный, первоначальный; основной **2.** профилирующий *(о продукции предприятия)* **3.** сырьевой □ **~ to the industry** профилирующий для (данной) отрасли промышленности

prime **1.** первоначальный **2.** главный, важнейший **3.** первоклассный, лучшего качества; первосортный

Prime-plus «первичная ставка плюс...» *(определение ставки по возобновляемому кредиту путём прибавления к первичной ставке добавочного процента)*

Prime times «первичная ставка, умноженная на...» *(определение ставки по возобновляемому кредиту путём умножения первичной ставки на определённый коэффициент)*

priming:
~ of economy стимулирование экономики; меры по стимулированию экономики
pump ~ стимулирование с помощью политики дефицитного финансирования

principal **1.** глава, начальник, руководитель **2.** *амер.* директор школы [колледжа]; проректор университета **3.** доверитель **4.** участник договора **5.** основная сумма; капитал **6.** сумма долга *(на которую начисляется процент)* **7.** номинал векселя **8.** главный, основной **9.** принципал, юридическое *или* физическое лицо, действующее за свой счёт □ **~ and interest** капитал и проценты; **~s to the contract** непосредственные участники договора
~ of business house глава фирмы

principle принцип; закономерность; закон
~ of delegated authority принцип передачи полномочий *(один из принципов мотивации)*
~ of equal likelihood *стат.* принцип равного правдоподобия
~ of equity принцип справедливости *(в экономической модели)*
~ of least utility принцип наименьшей полезности
~ of material incentive принцип материального стимулирования
~ of maximum likelihood *стат.* принцип максимального правдоподобия
~ of motion economy *орг. пр.* принцип экономии движения
~ of one-man management принцип единоначалия
~ of pecuniary self-interest принцип материальной заинтересованности
~ of point estimation принцип точечного оценивания
~s of political economy основы [начала] политэкономии *(стандартное название общих сочинений об этой науке в 19 в.)*
~ of stochastic balance принцип случайного равновесия
~ of sufficiency принцип достаточности
~ of unbiasedness принцип несмещённости *(оценки)*
~ of zero utility принцип нулевой полезности
acceleration ~ принцип акселерации *(воздействие роста национального дохода на объём инвестиций)*
averaging ~ принцип усреднения
causal ~ принцип причинности
ceiling ~ принцип максимального размера взноса
compensation ~ принцип компенсации *(в формальной теории благосостояния)*
design ~s основы конструирования
dominance ~ *т. игр* принцип доминирования
duality ~ принцип двойственности
equal and proportional sacrifice ~ принцип равных и пропорциональных жертв *(в теориях налогообложения)*
equimarginal ~ принцип равенства в пределе
exception ~ принцип управления по отклонениям
first-in-first-out ~ **1.** *ТМО* принцип обслуживания в порядке поступления **2.** принцип расходования запасов в порядке получения
first-in-last-out ~ **1.** *ТМО* принцип обслуживания в обратном порядке **2.** принцип расходования запасов в обратном порядке
floor ~ принцип минимального размера взноса
fluctuating ~ фактор, обусловливающий колебания курсов
generally accepted accounting ~s общепринятые [официально признанные] принципы бухгалтерии
hedonistic ~ гедонистический принцип *(стремление индивидуума максимизировать своё благосостояние)*

matching ~ принцип параллельного взноса
maximum ~ принцип максимума
minimax ~ *т. игр* принцип минимакса
minimum ~ принцип минимума
rating ~**s** *страх.* принципы применения тарифных ставок
prior преимущественный, имеющий приоритет
priorit/y **1.** приоритет, преимущественное право **2.** порядок очерёдности, очерёдность □ **to assign** ~**ies** назначать приоритеты
~ **of debts** очерёдность требований по долгам
~ **of growth** система приоритетов, лежащая в основе экономического роста
break-in ~ приоритет, прерывающий обслуживание
endogenous ~ приоритет, зависящий от состояния системы
exogenous ~ приоритет, на зависящий от состояния системы
first ~ наиболее высокий приоритет; первоочерёдность
nonbreak-in [nonpreemptive] ~ приоритет, не прерывающий обслуживание
preemptive ~ приоритет, прерывающий обслуживание
preemptive repeat ~ приоритет, прерывающий обслуживание, когда прерванное обслуживание повторяется сначала
preemptive resume ~ приоритет, прерывающий обслуживание, когда обслуживание требования низшего приоритета возобновляется в прерванной точке
semipreemptive ~ приоритет, прерывающий обслуживание при определённых условиях
state ~ приоритет, зависящий от состояния системы
private **1.** частный *(не государственный, не кооперативный)* **2.** личный *(не общественный)* **3.** неофициальный **4.** конфиденциальный, не подлежащий огласке **5.** находящийся в собственности узкого круга лиц
privateering *ист.* каперство
privatization приватизация, передача в частную собственность
~ **of land** приватизация земли
large ~ приватизация крупных предприятий
small ~ малая приватизация, приватизация мелких предприятий
voucher ~ приватизация посредством ваучеров [приватизационных чеков]
privatize приватизировать
privilege **1.** привилегия ‖ давать привилегию **2.** *pl* особые права сторон по финансовому контракту *(напр. опцион)* □ ~ **in bankruptcy** преимущество при конкурсе по банкротству
exchange ~ привилегия обмена; право акционера взаимного фонда обменять акции на акции другого фонда
monopoly ~ монопольное право
note-issuing ~ (исключительное) право эмиссии банкнот
reinvestment ~ реинвестиционная привилегия *(право акционера покупать акции на полученные дивиденды по льготной цене)*
reshipping ~ право переотправки груза с промежуточной станции с оплатой по сквозному тарифу
skip-payment ~ право пропустить платёж
stop-off ~ льгота на остановку в пути следования *(для догрузки вагонов)*
subscription ~ преимущественное право подписки *(на акции)*
tax ~ налоговая льгота
transit ~ транзитная льгота *(предусматривает возможность остановки в пути следования для переработки груза без изменения тарифа)*
unlisted trading ~ право торговли ценными бумагами, официально не допущенными на биржу
privity of contract договорные отношения
Prize:
Nobel ~ **in economics** Нобелевская премия по экономике *(с 1969 г.)*
prize ~ награда, премия
probability вероятность
~ **of accepting bad product** *стат.* вероятность приёмки дефектного изделия; риск потребителя
~ **of customer loss** *ТМО* вероятность потери требования
~ **of no-arrivals** *ТМО* вероятность отсутствия поступающих требований
~ **of rejection** вероятность отклонения *(гипотезы)*
~ **of single survival** вероятность дожития (до определённого возраста) в безбрачии
~ **of tying** *т. игр* вероятность ничейного исхода
balking ~ *ТМО* вероятность неприсоединения требования к очереди
breakeven ~ вероятность безубыточности *(производства)*
busy-period ~ *ТМО* вероятность появления интервала занятости
estimated ~ оценка вероятности
idleness ~ *ТМО* вероятность отсутствия требований
loss ~ **1.** *ТМО* вероятность потери *(требований)* **2.** вероятность убытка
occupation ~ *ТМО* вероятность занятости *(канала обслуживания)*
parity-specific birth ~ вероятность рождения в пределах данной порядковой группы; вероятность увеличения размеров семьи, имеющей определённое число детей
prior ~ априорная вероятность
queue-length ~ *ТМО* вероятность наличия в очереди определённого числа требований
ruin ~ *т. игр* вероятность разорения
runout ~ вероятность исчерпания запасов
shortage ~ *см.* **stockout probability**
specified ~ заданная вероятность
steady-state ~ установившееся значение вероятности
stockout ~ вероятность дефицита *(в системе управления запасами)*

survival ~ вероятность дожития до определённого возраста
winning ~ *т. игр* вероятность выигрыша
zero ~ нулевая вероятность
probable возможный, вероятный; правдоподобный
probate *юр.* утверждение завещания судом
probation испытание, стажирование
probe:
antidumping ~ антидемпинговое расследование, расследование по подозрению в демпинге
problem проблема; задача; вопрос □ **to handle a ~** рассматривать проблему
~ of portfolio selection задача выбора портфеля ценных бумаг
~ of waiting *ТМО* задача об обслуживании с ожиданием
aggregation ~ проблема объединения *(в модели экономики)*
all integer ~ полностью целочисленная задача
assignment ~ 1. задача о назначениях **2.** задача о распределении *(напр. ресурсов)*
bulk queueing ~ *ТМО* задача о групповом обслуживании
business ~ коммерческая задача; экономическая задача
capacitated transportation ~ транспортная задача с ограничениями на пропускную способность
caterer's ~ задача о поставщике
classical optimization ~ классическая задача оптимизации
convex programming ~ задача выпуклого программирования
cost minimizing ~ задача минимизации затрат
distribution-of-effort ~ задача распределения усилий
dual ~ двойственная задача *(в теории линейного программирования)*
economic lot-size ~ задача о (наиболее) экономичном размере партии
entrance-fee ~ *т. игр* задача о вступительных взносах
equilibrium ~ задача о равновесии *(в модели экономики)*
error minimization ~ задача минимизации ошибок
finite horizon ~ задача о конечном интервале *(планирования)*
fixed-charge ~ задача с фиксированными затратами
general transportation ~ общая транспортная задача
housing ~ жилищный вопрос
ill-structured ~ неудовлетворительно сформулированная задача
infinite horizon ~ задача о бесконечном интервале *(планирования)*
linear programming ~ задача линейного программирования
multidimensional transportation ~ многоиндексная транспортная задача
multifacility ~ *ТМО* задача для многоканальной системы
multi-index ~ многоиндексная (транспортная) задача
network flow ~ задача нахождения потока в сети
nonlinear programming ~ задача нелинейного программирования
optimal kit ~ задача об оптимальном комплекте
optimal path ~ задача о выборе оптимального пути
optimization ~ задача оптимизации
primal ~ прямая [основная] задача *(в теории линейного программирования)*
probabilistic ~ вероятностная задача
product-mix ~ проблема ассортимента продукции
ruin ~ *т. игр* задача о разорении
saddle-point ~ *т. игр* задача нахождения седловой точки
scheduling ~ задача планирования *(производства)*
sequential decision ~ задача последовательного принятия решений
servicing ~ задача массового обслуживания
smoothing ~ задача о сглаживании *(напр. спроса)*
sojourn time ~ *ТМО* задача о времени пребывания
system analysis ~ задача системного анализа
traveling salesman ~ задача коммивояжёра
trim ~ задача о раскрое *(материала)*
unemployment-inflation ~ проблема одновременного наличия безработицы и инфляции, проблема выбора между безработицей и инфляцией
waiting-line ~ задача массового обслуживания
waiting-time ~ *ТМО* задача о времени ожидания
pro-business выступающий за интересы деловых кругов
procedure 1. процедура; метод **2.** методика проведения *(напр. административной работы)* **3.** технологический процесс □ **~ in bankruptcy** конкурс *(передача кредиторам управления имуществом несостоятельного должника)*
~ of customs таможенная процедура
auditing ~ процедура ревизии, процедура проверки отчётности
bidding ~ процедура торгов; процедура переговоров о заключении подрядов на поставку
capitalizing ~ метод капитализации *(доходов будущего периода)*
cutoff ~ процедура закрытия регистров бухгалтерского учёта *(на дату проведения ревизии)*; выведение конечного сальдо *(на дату проведения ревизии)*
data-handling ~ процесс обработки данных
decision (making) ~ процесс принятия решений
Delphi ~ метод Дельфи, метод экспертных оценок

design ~ методика проектирования; методика расчёта
engineering ~ технологический процесс
established ~ установившийся процесс *(напр. производства)*
evaluation ~ метод оценки
least-squares ~ *стат.* метод наименьших квадратов
mail-out-mail-back ~ корреспондентский метод обследования
management ~ методика управления
matrix ~ матричная процедура *(прогнозирования)*
maximum-likelihood ~ метод максимального правдоподобия
numeric(al) ~ численный метод
operating ~ 1. метод работы **2.** способ эксплуатации
optimization ~ метод оптимизации
payment ~ метод платежа; порядок осуществления платежей
prediction ~ метод прогнозирования
procurement ~ процедура осуществления закупок и выдачи подрядов
randomized ~ рандомизированная процедура
sampling ~ 1. выборочный метод **2.** методика выборочного обследования
sequential ~ *стат.* последовательный метод
service ~ *ТМО* порядок обслуживания; дисциплина очереди
simplex ~ симплексный метод, метод последовательного улучшения плана
simulation ~ методика моделирования
standard ~ стандартная методика
successive approximation ~ метод последовательных приближений
survey ~ методика обследования
test ~ методика проверки
updating ~ процесс совершенствования *(напр. изделия)*
verification ~ процедура проверки прогноза
work assignment ~ порядок распределения работы

proceeding 1. поступок; действие **2.** *pl* дела; протоколы; труды **3.** *pl* судебное разбирательство
antitrust ~s судебное разбирательство по обвинению в нарушении антитрестовского закона

proceeds 1. поступление, выручка, доход(ы) **2.** сумма, выплачиваемая при учёте векселя **3.** поступления от продажи ценных бумаг □ **~ in cash** денежная выручка; **to place the ~ to the credit of account** записать вырученную сумму в кредит счёта
~ of activity доход от деятельности
~ of collection инкассированная сумма
~ of freight сумма, вырученная за фрахт
current sales ~ выручка от текущих продаж
estimated ~ предполагаемая выручка
loan ~ заёмные средства, деньги, мобилизованные путём займа
sales ~ выручка от реализации
tax ~ налоговые доходы

process 1. процесс; способ **2.** установка; цех *(с непрерывным процессом производства)* **3.** перерабатывать, обрабатывать, отделывать □ **in ~ of retirement** в процессе изъятия *(о банкнотах, монетах)*; **to ~ currency and coin** осуществлять технические операции с деньгами и монетой *(пересчёт, упаковка, перевозка)*
~ of creating value процесс созидания стоимости
acquisition ~ процесс обеспечения поставок
adjustment ~ процесс установления экономического равновесия; процесс приспособления к изменившимся условиям в экономике
arrival ~ *ТМО* процесс поступления требований
averaging ~ процесс усреднения
bargaining ~ процесс установления цены *(в результате торгов или переговоров между покупателями и продавцами)*
batch ~ *ТМО* групповой процесс *(обслуживания)*
budget(ing) ~ составление бюджета; подготовка и рассмотрение бюджета
capital adjustment ~ процесс приспособления объёма капитала к изменению экономической конъюнктуры
congestion ~ *уст.* процесс массового обслуживания
data-generating ~ процесс получения данных
deal-making ~ процесс переговоров, торг
decision ~ with discounting процесс принятия решений с переоценкой
decision-making ~ процесс принятия решений
degenerate ~ *стат.* вырожденный процесс
departure ~ *ТМО* процесс ухода требований *(из системы)*
deterministic ~ детерминированный процесс
diffusion ~ процесс распространения *(новой продукции)*
direct labor ~ 1. основной процесс труда **2.** основной производственный процесс
engineering ~ технологический процесс
equilibrium ~ равновесный (стохастический) процесс
evening-up ~ *бирж.* выравнивание покупок и продаж ценных бумаг
fitting ~ процесс подбора эмпирической кривой
Gaussian ~ гауссовский процесс
income-constrained ~ процесс, ограничивающий рост дохода
inverse queueing ~ *ТМО* процесс обслуживания в обратном порядке
launching ~ выпуск на рынок *(нового продукта)*
linear ~ линейный процесс
many-server ~ *ТМО* процесс обслуживания в многоканальной системе
monetary ~ обращение денег
moving average ~ процесс скользящего усреднения

moving-summation ~ процесс скользящего суммирования
multistage decision ~ многошаговый процесс принятия решения
pilot ~ 1. опытный процесс **2.** процесс изготовления опытных образцов
population ~ демографический процесс
posting ~ процесс разноски *(напр. по счетам главной бухгалтерской книги)*
probability ~ вероятностный [случайный, стохастический] процесс
quasistationary ~ квазистационарный процесс
queueing ~ *ТМО* **1.** процесс массового обслуживания **2.** процесс образования очереди
random ~ *см.* **probability process**
random walk ~ процесс случайного блуждания
replenishment ~ процесс пополнения запасов
sequential decision ~ процесс последовательного принятия решений
service ~ *ТМО* процесс обслуживания
single-channel ~ *ТМО* процесс обслуживания в одноканальной системе
smoothing ~ процесс сглаживания *(данных)*
stochastic ~ *см.* **probability process**
storage ~ процесс создания запасов
time-homogeneous ~ однородный во времени процесс
two-server ~ *ТМО* процесс обслуживания в двухканальной системе
urbanization ~ процесс урбанизации
value-begetting ~ процесс образования стоимости
waste degradation ~ процесс разложения загрязняющих веществ

processing 1. обработка, изготовление *(напр. деталей)* **2.** первичная переработка сырья *(напр. дробление камней, обогащение руды)*; окончательная переработка *(в полуфабрикат)* **3.** разработка технологического процесса **4.** обработка *(данных)*
automatic data ~ автоматическая обработка данных
batch ~ групповая [пакетная] обработка *(данных)*
check ~ обработка чеков *(в банке)*
data ~ обработка данных
distributed data ~ рассредоточенная обработка информации
electronic data ~ электронная обработка данных
information ~ обработка информации
in-line data ~ оперативная обработка данных
integrated data ~ комплексная обработка данных
off-line ~ автономная обработка *(данных)*
on-line ~ неавтономная обработка *(данных)*
real-time information ~ обработка данных в истинном масштабе времени

processor 1. процессор; (вычислительная) машина для обработки данных **2.** *ТМО* обслуживающее устройство **3.** предприятие перерабатывающей промышленности

procuration 1. полномочие, доверенность **2.** приобретение; получение □ **by ~** по доверенности

procure доставать, добывать, приобретать; закупать; снабжать

procurement 1. приобретение; закупки; материально-техническое снабжение **2.** поставка *(оборудования)*; контракт на поставку
~ of agricultural produce заготовка сельскохозяйственных продуктов
~ of funds мобилизация фондов
advertised ~ контракт на поставку по принципу «открытых торгов»
arms ~ приобретение вооружений; поставка оружия
automatic(al) ~ плановая поставка
defense(-related) ~ закупки на нужды военного производства; закупки продукции косвенного военного назначения
direct ~ контракт на поставку по принципу «прямых переговоров»
DOD ~s 1. контракты Министерства обороны США *(на поставки предметов материально-технического и продовольственного снабжения)* **2.** заготовки Министерства обороны США
negotiated ~ контракт на поставку по принципу «закрытых торгов»
subcontracting ~ получение по субподрядам; заказы субподрядчикам
total package ~ поставка *(оборудования)* в комплекте, «всё в одной упаковке»

procyclical проциклический; усиливающий циклические колебания

produce 1. продукция; фабрикат ‖ производить, вырабатывать, выпускать **2.** сельскохозяйственные продукты *(напр. овощи, зелень)* **3.** результат, исход **4.** приносить *(доход)* □ **to ~ accounts for inspection** предъявлять книги для ревизии; **to ~ a rise in prices** вызвать повышение цен; **to ~ documents** представить документы; **to ~ for export** производить на экспорт
fancy ~ высококачественные (сельскохозяйственные) продукты
gross ~ валовая выручка
home ~ продукция отечественного производства
raw ~ сырьё
salable ~ товарная продукция
surplus ~ прибавочный продукт; избыточная продукция

producer изготовитель, производитель; поставщик
beef-cattle ~ поставщик мясного скота
commodity ~ товаропроизводитель
energy ~ 1. топливодобывающая компания *(нефти, угля, природного газа)* **2.** энергетическая компания
fringe ~s независимые производители, составляющие периферию в отраслях с олигополистической структурой
high-cost ~ производитель с высокими издержками производства

low-cost ~ производитель с низкими издержками производства
marginal ~ предельный производитель *(покрывает лишь издержки производства)*
money ~ эмитент денег
petroleum ~ нефтедобывающая компания
producer-retailer (промышленное) предприятие, сбывающее продукцию через собственные розничные магазины
product 1. продукт; продукция, изделие; фабрикат **2.** результат **3.** *мат.* произведение **4.** *иногда* товар □ **all ~s physically shipped** вся фактически отгруженная продукция; **~ for society** продукт для общества; **~s sold** реализованная продукция; **to abandon the ~** отказаться от производства изделия; снять изделие с производства; **to branch out into a new type of ~** начать производство нового *(для данной фирмы)* продукта; **to resolve social ~ into revenue** разлагать общественный продукт на доходы
acceptable alternate ~ приемлемый вариант изделия
adulterated ~ фальсифицированная продукция
aggregate social ~ совокупный общественный продукт
alimentary ~s пищевые продукты
ancillary ~ вспомогательная продукция
animal ~ продукт животноводства
bottom-of-the-line ~ низкосортный товар; дешёвый товар
branded ~ *амер.* маркированное изделие *(с фабричной или торговой маркой)*
bulky ~ громоздкий товар
capital-intensive ~ капиталоёмкая продукция
capitalized ~ продукт производственного назначения
characteristic ~ профилирующий продукт
complete ~ готовое изделие
conforming ~ *см.* **qualified product**
diminishing marginal ~ убывающий предельный [приростный] продукт
diversified ~ многономенклатурная продукция
domestic ~ отечественная продукция
embattled consumer ~s продукты, ставшие объектом критики со стороны потребителей
end ~ *см.* **final product**
final ~ 1. конечный продукт; готовая продукция **2.** готовое изделие
food ~s пищевые продукты, продовольственные товары
full-employment ~ величина продукта в условиях полной занятости
good quality ~ высококачественное изделие
gross domestic ~ валовой внутренний продукт
gross national ~ валовой национальный продукт
half-finished ~ полуфабрикат
hard-to-move ~ труднореализуемый товар
highly technical ~ технически сложный вид изделия
high-quality ~ изделие высокого качества
high-reliability ~ изделие, обладающее высокой надёжностью
home-used ~ продукция собственного производства, потребляемая фермером
import-competiting ~s товары, сталкивающиеся с иностранной конкуренцией *(на внутреннем рынке)*
incompletely engineered ~ недоработанное изделие
intermediate ~ промежуточный продукт
joint ~s 1. совместно производимые изделия *(напр. газ и кокс из угля)* **2.** сопутствующие изделия
label ~ *см.* **branded product**
leisure-time ~s товары, предназначенные для обслуживания досуга потребителя
livestock ~ продукт животноводства
made-to-order ~ изделие, изготовленное по заказу
manufactured ~ готовое изделие
marginal ~ предельный [маржинальный, приростный] продукт *(дополнительный продукт, получаемый в результате затраты дополнительной единицы любого из факторов производства)*
marginal physical ~ 1. предельный продукт в физических единицах, предельный вещественный продукт **2.** изделие с предельно возможными характеристиками
marginal revenue [marginal value] ~ предельный продукт в денежной форме
mature ~ 1. освоенное изделие **2.** необновляющееся изделие; устаревшая продукция
metal ~ продукция металлообработки *(включая машиностроение)*
mineral ~s recovered добытые полезные ископаемые
misbranded ~ неверно маркированный товар
moving ~ изделие на конвейере *(проверенное службой технического контроля)*
multiple-use ~ изделие многократного применения
munitions ~s вооружение и предметы военно-технического снабжения
necessary ~ необходимый продукт
net material ~ чистый продукт материального производства
noncapitalized ~ 1. промежуточный продукт **2.** малоценное имущество
nonconforming ~ изделие, не удовлетворяющее техническим требованиям
nonstorable ~ продукция, не подлежащая хранению
'nonweapon' ~s предметы военного снабжения *(включая топливо)*
off-standard ~ нестандартное изделие
one-shot ~ *см.* **single-use product**
pioneer ~ новый продукт
potential gross national ~ потенциальный валовой национальный продукт *(рассчитываемый для условий полной занятости)*
price-maintained ~ товар с твёрдой ценой

primary ~ 1. профилирующий продукт 2. первичный продукт
prime ~ 1. основной [целевой] продукт 2. первичный продукт
principal ~ of industry *англ.* профилирующий продукт отрасли промышленности
private brand ~ перепродаваемый продукт *(без дополнительной обработки)*
processed ~ переработанный продукт *(прошедший обработку, улучшающую его свойства)*
profit-yielding ~s рентабельные товары
proprietary ~ изделие, право продажи которого принадлежит одной фирме
qualified ~ изделие, удовлетворяющее техническим требованиям
ready-made ~ готовое изделие
ready-to-eat ~s пищевые продукты, готовые к употреблению
ready-to-serve ~s пищевые продукты, готовые к подаче на стол
rejected ~ забракованное изделие
residual ~s отходы производства
revised ~ модернизированная [усовершенствованная, обновлённая] продукция
salable ~ продукция, имеющая сбыт; продукт, отвечающий требованиям рынка
satisfactory ~ *см.* **qualified product**
secondary ~ 1. непрофилирующий продукт 2. вторичный [побочный] продукт
semifinished [semimanufactured] ~ полуфабрикат
semistandard ~ изделие, не полностью отвечающее требованиям стандарта
shoddy ~ 1. низкопробная продукция 2. товар, рассчитанный на удовлетворение искусственно созданных потребностей; товар напоказ
single-use ~ изделие однократного применения
standard(ized) ~ стандартное изделие; унифицированное изделие
staple ~ основной продукт
substitute ~ товар-заменитель, эрзац
superior ~ изделие высшего качества
surplus ~ прибавочный продукт
system(s)-oriented ~ изделие — элемент системы; комплектующее изделие системы
tying ~s сопутствующие товары *(навязываемые продавцом при продаже основного товара)*
unacceptable ~ *см.* **nonconforming product**
unidentified ~ немаркированный продукт *(не имеющий фабричной или торговой марки)*
unified ~ унифицированное изделие
unsalable ~ продукция, не находящая сбыта
unsatisfactory ~ *см.* **nonconforming product**
useless ~ негодная продукция
waste ~s отходы производства
weapon ~s изделия военного назначения

productibility пригодность для производства
mass ~ пригодность для массового производства

production 1. производство, изготовление; добыча 2. производительность, выработка 3. продукт; продукция, изделие 4. предъявление *(документов)* □ **~ in bulk** массовое производство; **~ in lots** *см.* **lot production; ~ on the line** поточный метод производства; **~ per man-hour** продукция в человеко-час *(показатель производительности труда)*; **to be in ~** действовать *(о предприятии)*, работать; **to check [to curb, to curtail, to cut down] ~** сдерживать [сокращать] производство; **to go into full ~** развёртывать производство в полном объёме; **to speed up ~** ускорить [увеличить] выпуск продукции; **to switch over ~** переключить производство *(на новую продукцию)*
~ of commodities производство товаров, товарное производство
~ of shipping documents предъявление грузовых документов
animal ~ животноводство
average daily ~ среднесуточная производительность
basic ~ производство основного продукта *(напр. важнейшего технологического оборудования)*
batch(ed-flow) ~ *см.* **lot production**
belt-line ~ конвейерное производство
by-product ~ производство побочных продуктов
captive ~ производство под контролем фирмы другой отрасли промышленности *(напр. угольное предприятие металлургического комбината)*
civilian ~ производство продукции невоенного [гражданского] назначения
commercial ~ 1. промышленное производство 2. освоенное производство
crop ~ растениеводство
daily ~ дневная выработка, дневная производительность
defective ~ дефектная продукция
direct ~ примитивное производство *(без использования средств производства или орудий труда)*
domestic ~ отечественное производство
duplicate ~ 1. серийное производство 2. массовое производство
economy-class housing ~ строительство удешевлённых домов
electric utility ~ выработка энергии электростанциями общего пользования
energy ~ выработка электроэнергии
estimated ~ расчётная производительность
farm ~ сельскохозяйственное производство
flow(-line) ~ поточное производство
full(-scale) ~ серийное производство
gross ~ 1. массовое производство 2. валовая продукция
high-run ~ крупносерийное производство
high-volume ~ массовое производство
home [household] ~ производство в секторе домашнего хозяйства
indirect ~ «косвенное» производство *(с*

использованием орудий и средств производства)
individual ~ *см.* **piece(work) production**
in-line ~ поточное производство
intermediate ~ производство полуфабрикатов
intermittent ~ выпуск продукции с перерывами
jobbing ~ изготовление продукции по заказам
job lot ~ 1. мелкосерийное производство **2.** *орг. пр.* изготовление продукции партиями по заказам
job-order ~ изготовление продукции по заказам
job shop-type ~ мелкосерийное производство
large-lot [large-scale] ~ крупносерийное производство
limited ~ мелкосерийное производство
line ~ 1. поточное производство **2.** размещение оборудования для поточного производства
livestock product ~ производство животноводческой продукции
lot ~ 1. серийное производство **2.** изготовление продукции партиями
manufacturing ~ продукция обрабатывающей промышленности
mass ~ массовое производство
material ~ материальное производство
military ~ военное производство
monthly ~ месячная производительность, месячная выработка
moving ~ конвейерное производство
multistage ~ многоступенчатое производство
munitions ~ производство вооружений и предметов военно-технического снабжения
peak power ~ производство электроэнергии для покрытия пиков нагрузки
piece(work) ~ штучное [единичное, индивидуальное] производство
pilot ~ опытное производство; изготовление опытных образцов
planned ~ плановое производство
primary ~ добывающая промышленность
public ~ общественное производство
quality ~ производство высококачественных изделий
quality-quantity ~ массовое производство высококачественных изделий
quantity ~ (поточно-)массовое производство
quarterly ~ квартальная производительность, квартальная выработка
rejected ~ забракованное изделие
resource ~ добыча природного сырья
roundabout ~ *см.* **indirect production**
secondary ~ обрабатывающая промышленность
serial ~ серийное производство
short-run [short-scale] ~ мелкосерийное производство
single-item ~ *см.* **piece(work) production**
small commodity ~ мелкое товарное производство
small-lot ~ мелкосерийное производство
small-scale ~ мелкосерийное производство
speculative ~ производство продукции, не обеспеченной заказами
ultimate ~ суммарная выработка, суммарный выход продукции
unique ~ изготовление уникального изделия
volume ~ поточно-массовое производство
wasteful ~ убыточное производство
weekly ~ недельная производительность, недельная выработка
wholesale ~ производство для оптовой продажи; массовое производство
yearly ~ годовая производительность, годовая выработка

productionizing организация поточного производства, внедрение поточного метода *(при производстве малых серий)*

productive 1. производительный, продуктивный **2.** производственный

productiveness of machinery производительность машин

productivity производительность, продуктивность, выработка □ **per capita [per head] ~** выработка на душу населения; **~ per worker** выработка на одного рабочего **~ of capital resources** эффективность использования основного капитала
~ of labor производительность труда
~ of livestock farming продуктивность животноводства
base-period ~ производительность в базисный период
best-practice labor ~ выработка на лучших предприятиях
capital ~ капиталоотдача; фондоотдача
combined factor ~ совокупная производительность факторов производства
design ~ проектная производительность
factor ~ производительность факторов производства
labor ~ производительность труда
long-time ~ продолжительная продуктивность
marginal ~ предельная [маржинальная, приростная] производительность
marginal ~ of capital предельная производительность капитала
marginal ~ of labor предельная производительность труда *(увеличение производства в результате найма дополнительной единицы труда)*
marketing ~ результативность маркетинга, результативность организации сбыта
rated ~ номинальная производительность
social ~ of labor общественная производительность труда
specified ~ заданная производительность
target ~ плановая [целевая] производительность
total factor ~ совокупная производительность факторов производства

profession 1. профессия **2.** лица *какой-л.* профессии
accountancy ~ бухгалтеры, учётные работники

proficient 1. специалист 2. умелый, опытный

profile:

down-time ~ график времени простоя

time ~ временной график

profit 1. прибыль; доход || получать прибыль 2. польза; выгода || пользоваться; извлекать пользу □ **~ as a transformed kind of surplus value** прибыль как превращённая форма прибавочной стоимости; **~ before tax** прибыль до уплаты подоходного налога; **~ on capital** прибыль на капитал; **~ per acre** прибыль в расчёте на один акр; **~ per unit** удельная прибыль, прибыль на единицу продукта; **to allot a ~** распределять прибыль; **to derive a ~** извлекать прибыль; **to distribute a ~** распределять прибыль; **to ensure a ~** обеспечить прибыль; **to get [to make] a ~** получать прибыль; **to plow back ~s** 1. делать капиталовложения за счёт прибылей 2. не распределять прибыли по акциям; **to produce a ~** давать [приносить] прибыль; **to secure a ~** получать прибыль; **to share in ~s** участвовать в прибылях; **to yield a ~** давать [приносить] прибыль

~ of enterprise предпринимательская прибыль

~ of trade предпринимательская прибыль

abnormal ~ сверхприбыль

after-tax ~ прибыль за вычетом (подоходного) налога

arbitrage ~ прибыль от перепродажи по более высокой цене *(по сравнению с ценой приобретения)*

average ~ средняя прибыль

book ~ «бухгалтерская прибыль», нереализованная прибыль *(напр. при наличии запаса продукции с рыночной стоимостью более высокой, чем числится по книгам)*

branch ~s прибыли филиалов *(компаний)*

conspicuous ~s «притягательные» прибыли *(порождающие стремление других компаний проникнуть в данную сферу бизнеса)*

corporate ~ прибыль корпораций

distributed ~ распределённая прибыль

equity ~ прибыль, распределяемая на обыкновенные акции

estimated ~ вычисленная прибыль

excess ~ сверхприбыль

exorbitant ~ необычно высокая прибыль

ex post realized ~ фактически полученная прибыль

extra ~ добавочная прибыль

extraplan ~ сверхплановая прибыль

farm ~ прибыль фермы; прибыль хозяйства

fertilizer ~ экономическая эффективность удобрения

fictitious ~ фиктивная прибыль *(обычно указываемая для финансовых органов с целью снижения налога)*

growth ~ прибыль, обусловленная ростом масштабов деятельности *(и обеспечивающая возможность дальнейшего роста)*

innovational ~s прибыли, связанные с реализацией нововведения

intercompany ~ внутрифирменная прибыль

interdepartmental ~ цеховая прибыль; прибыль по межцеховым расчётам

interest ~ прибыль в форме процента

inventory ~ складская прибыль *(в результате роста цен на материалы, ранее приобретённые по низкой цене)*

loading ~ *страх.* прибыль, предусмотренная в нагрузке к тарифной нетто-ставке

minimum-survival ~ минимальная прибыль *(нижняя граница нормы прибыли, необходимая для сохранения компании)*

monopoloidal ~s прибыли монополистического типа

monopoly ~ монопольная прибыль; прибыль, связанная с монопольным положением

monthly ~ месячный доход

mortality ~ *страх.* прибыль за счёт снижения смертности

negative ~ убыток, потери

negotiated ~ прибыль, установленная контрактом

operating ~ 1. прибыль от производственной деятельности 2. условно чистая прибыль *(валовая прибыль минус торговые издержки)*

paper ~ потенциальная (нереализованная) прибыль *(напр. возникшая в результате повышения цен или курсов акций)*

pretax ~ прибыль до вычета налогов

promoter's [promotional] ~ учредительская прибыль

ranch ~s доходы ранчо

reported ~ объявленная прибыль *(сообщаемая в финансовых отчётах компаний налоговым органам)*

retained ~ нераспределённая прибыль

target ~ плановая [целевая] прибыль

taxable ~ прибыль, подлежащая обложению налогом

technical ~ *страх.* прибыль в результате низкого уровня смертности *(по сравнению с предусмотренными тарифными ставками)*

undistributed [undivided] ~ нераспределённая прибыль

unit ~ прибыль на единицу продукции

windfall ~ непредвиденная прибыль *(напр. в результате повышения цен)*

profitability прибыльность, выгодность, доходность, рентабельность

long-term ~ долгосрочная рентабельность

profitable 1. полезный, благоприятный 2. прибыльный, выгодный, доходный, рентабельный

profitableness *см.* **profitability**

profiteer спекулянт || спекулировать

profiteering спекуляция, спекулятивные операции

profitgraph график прибыльности

profitless бесприбыльный

pro forma *лат.* «ради формы», условные [гипотетические] данные в балансе, счёте прибылей и убытков

prognosis прогноз
prognosticate предсказывать, прогнозировать
prognostication предсказание, прогнозирование, прогноз
prognosticator прогнозист
prognostics прогностика; прогнозирование
mortality ~ прогнозирование смертности
social ~ социальная прогностика
Program(me):
European Recovery ~ Европейская программа восстановления *(План Маршалла)*
program(me) программа; план ‖ составлять программу *или* план; планировать □ **to draw up a** ~ составлять программу
~ **of motivation** программа стимулирования
ad hoc ~ специальная программа
aid ~ программа (финансовой) помощи
allocation ~ программа распределения ресурсов
audit ~ план ревизии
awards ~ программа поощрительных вознаграждений
budget ~ программа финансирования
capital ~ программа капиталовложений *или* инвестиций
certification ~ программа аттестации продукции
check mechanization ~ программа механизации обработки чеков
contraception ~ программа применения методов регулирования рождаемости
control ~ программа управления
coproduction ~ программа совместного производства
corporate development ~ программа развития корпорации
cost-effectiveness ~ программа исследования экономической эффективности
crash ~ срочная программа
credit ~ программа кредитования, система предоставления кредита
crude oil entitlements ~ *амер.* программа субсидирования нефтедобычи
defense ~ программа оборонных мероприятий
design review ~ программа пересмотра конструкции
development ~ программа опытно-конструкторских работ
employee stock purchase ~ программа покупки акций служащими компании
evaluation ~ программа оценки
expansion ~ программа расширения *(производственных мощностей)*
extra-budgetary ~**s** программы (финансирования), не включаемые в бюджет
family planning ~ программа контроля рождаемости
fertility control ~ программа контроля рождаемости
food stamp ~ программа предоставления продовольственных талонов
industrialization ~ программа индустриализации
marketing ~ программа маркетинга; программа организации сбыта продукции
metrication ~ программа перехода на метрическую систему единиц; программа метризации
military ~ программа военного производства
munitions ~ программа производства вооружений и предметов военно-технического снабжения
packaged computer ~ комплектная программа для вычислительной машины
pilot ~ **1.** экспериментальная программа **2.** программа выпуска опытной продукции
promotion ~ **1.** программа содействия *(развитию)* **2.** программа рекламно-пропагандистской деятельности
public housing ~ государственная программа жилищного строительства
public welfare ~ государственная программа социальной помощи
public works ~ программа общественных работ
quality ~ программа обеспечения качества
redundancy ~ программа по сокращению излишка рабочей силы; программа по сокращению безработицы
reinterview ~ *демогр.* программа повторного обследования
sales ~ программа обеспечения сбыта
sharebuilder ~ *амер.* банковские операции по созданию инвестиционного портфеля
updating ~ программа совершенствования [модернизации] *(конструкции)*
work simplification ~ программа упрощения рабочих операций
zero-defects ~ программа бездефектности
programmer **1.** программист **2.** программирующее устройство
programming программирование
automatic ~ автоматическое программирование
block ~ блочное программирование
budget ~ бюджетное [сметное] программирование
computer-aided [computerized] ~ автоматическое программирование
discrete ~ дискретное программирование
dynamic(al) ~ динамическое программирование
heuristic ~ эвристическое программирование
integer ~ целочисленное программирование
linear ~ линейное программирование
nonlinear ~ нелинейное программирование
optimum ~ оптимальное программирование
parametric(al) ~ параметрическое программирование
stochastic ~ стохастическое программирование
progress **1.** прогресс, развитие, совершенствование ‖ прогрессировать, развиваться, совершенствоваться **2.** ход, течение **3.** достижение

~ **of orders** ход выполнения заказов
~ **of work** ход работ
biased technical ~ технический прогресс с тенденцией к повышению *или* понижению капиталоёмкости
capital-augmenting technical ~ капиталоинтенсивный технический прогресс *(повышающий эффективность капитальных затрат)*
capital-saving technical ~ капиталосберегающий технический прогресс
capital-using technical ~ капиталоёмкий технический прогресс *(сопровождающийся ростом капиталоёмкости)*
disembodied technical ~ нематериализованный [невоплощённый] (в орудиях труда) технический прогресс
economic(al) ~ экономический прогресс
embodied technical ~ материализованный [воплощённый] (в орудиях труда) технический прогресс
factor-augmenting technical ~ технический прогресс, повышающий эффективность фактора производства
labor-augmenting technical ~ трудоинтенсивный технический прогресс *(повышающий эффективность трудовых затрат)*
labor-saving technical ~ трудосберегающий технический прогресс
labor-using technical ~ трудоёмкий технический прогресс *(сопровождающийся увеличением затрат живого труда)*
marked ~ заметный [явный] прогресс
neutral technical ~ нейтральный технический прогресс *(повышающий в равной степени эффективность производственных факторов)*
technical ~ (научно-)технический прогресс
technologic(al) ~ прогресс техники и технологии; научно-технический прогресс

progression 1. *мат.* прогрессия 2. развитие
parity ~ увеличение числа детей в семье
tax ~ налоговая прогрессия

progressive 1. прогрессивный; передовой 2. прогрессивный *(о налоге)*; возрастающий быстрее, чем растёт облагаемый доход

progressivity:
tax ~ прогрессивность налогообложения

prohibitive запретительный *(о мерах, о пошлинах)*

project 1. проект, план ‖ проектировать, планировать 2. тема *(научно-исследовательской работы)*; работа *(по решению отдельной проблемы или созданию нового изделия)*; разработка 3. строительный объект; новостройка □ ~ **in the planning stage** проект в начальном этапе разработки; **to implement a** ~ осуществлять план
agreed-on ~ согласованный проект
capacity expansion ~ проект расширения производственных мощностей
capital ~ программа капиталовложений *(в расширение или модернизацию основного капитала)*
chemical ~ строящийся химический завод
development ~ опытно-конструкторская работа, ОКР
economically unsound ~ экономически невыгодный проект
energy-saving ~ энергетически экономический проект
follow-on ~ задание на доработку
hydroelectric [hydropower] ~ 1. проект гидроэлектростанции 2. строящаяся гидроэлектростанция
industrial ~ 1. проект строительства промышленного объекта 2. строящийся промышленный объект
investment ~ *см.* **capital project**
licensed ~ 1. лицензированный проект 2. разрешённое строительство
Link ~ проект Линк, эконометрическая модель мировой экономики
mission-oriented ~ проект, направленный на решение конкретной проблемы
nonscheduled ~ внеплановый проект
pilot ~ экспериментальный проект
power ~ 1. проект электростанции 2. строящаяся электростанция
scheduled ~ плановый проект
umbrella ~ полный [всеобъемлющий] проект
water ~ 1. проект гидротехнического объекта 2. строящийся гидротехнический объект

projection перспективная оценка; прогноз
demographic ~ демографический прогноз
trend ~ прогноз тренда

projector 1. проектировщик 2. прожектёр

proletarian пролетарий

proletariat пролетариат
agricultural ~ сельскохозяйственный пролетариат
industrial ~ промышленный пролетариат
lumpen ~ люмпен-пролетариат

proletarization пролетаризация

proliferation количественный рост; распространение; резкое нарастание *(напр. рекламных расходов)*

prolific 1. плодовитый 2. плодородный

prolificacy 1. плодовитость 2. плодородие, урожайность

prolong пролонгировать, отсрочить

prolongation пролонгация, отсрочка
~ **of bill** пролонгация векселя
~ **of term** продление срока
~ **of working day** удлинение рабочего дня

promise обещание; обязательство ‖ обещать; давать обязательство
~ **of discount** обещание учесть вексель

promisor 1. лицо, юридически обязанное произвести уплату *(напр. по векселю)* 2. должник; векселедатель

promote 1. способствовать, содействовать; стимулировать 2. повышать в должности 3. учреждать

promoter 1. лицо, содействующее *какому-л.* мероприятию *(напр. принятию плана)* 2. основатель, учредитель *(напр. фирмы)*
company ~ учредитель акционерного общества

promotion 1. содействие; поощрение; стимулирование 2. основание, учреждение

(напр. фирмы) **3.** продвижение по службе **4.** рекламно-пропагандистская деятельность **5.** предоставление преференций; преференции, протекционистские мероприятия □ **~ by seniority** повышение (в должности) по старшинству
demand ~ стимулирование спроса
effective sales ~ эффективное продвижение товара
employment ~ содействие расширению возможностей трудоустройства
export ~ содействие развитию экспорта
foreign trade ~ содействие развитию внешней торговли
industrial ~ содействие развитию промышленности
sales ~ 1. стимулирование сбыта; продвижение товара **2.** стимулирование труда торговых работников *(напр. выдача премии)*
weekly ~s рекламные кампании, проводимые *(в магазинах)* еженедельно

promotional поощрительный, льготный; стимулирующий; содействующий

prompt день платежа, срок платежа; *бирж.* день сдачи товара и производства платежа

pronatalist сторонник мероприятий, направленных на повышение рождаемости

proof 1. доказательство **2.** испытание, проверка □ **~ in bankruptcy** подтверждённое доказательством заявление кредитора при банкротстве
~ of deposits система проверки и сортировки депозитов
~ of indebtedness долговое обязательство
~ of ownership титул собственности
clearing house ~ оборотная ведомость по зачётным операциям в расчётной палате
documentary ~ документальное доказательство

propensit/y склонность □ **~ to consume** склонность к потреблению; доля потребления в доходе; **~ to invest** склонность к инвестированию; доля национального дохода, идущая на образование нового капитала; **~ to save** склонность к сбережению; доля сбережений в доходе
marginal ~ to consume потребляемая доля прироста дохода
marginal ~ to import предельная склонность к импортированию
marginal ~ to save предельная склонность к сбережению; предельная доля сбережений в доходе
marginal ~ to spend предельная склонность к расходованию
psychological ~ies психологические склонности

proper 1. присущий, свойственный **2.** *мат.* правильный, истинный

propertied имеющий собственность, имущий

propert/y 1. собственность, имущество; земельная собственность, имение **2.** право собственности **3.** свойство, характерная особенность **4.** *трансп.* перевозимый груз □ **~ in placements** собственность в форме ценных бумаг; **~ in the goods** право собственности на товар; **~ lodged with a bank** имущество, депонированное в банке; **~ reserved** *англ.* резерв на амортизацию, фонд средств для замены (оборудования); **to make a ~ over** передать имущество; **to surrender ~** отказаться от собственности
abandoned ~ бесхозная собственность
agrarian ~ земельная собственность
alien ~ собственность иностранцев
blocked ~ замороженная собственность
collective farm ~ колхозная собственность
communal ~ 1. общественная собственность; коллективная собственность **2.** собственность местных органов власти **3.** общинная собственность
cooperative ~ кооперативная собственность
copyrighted ~ собственность, охраняемая авторским правом
corporate ~ акционерная [корпоративная] собственность
depreciable ~ изнашиваемое *(в процессе эксплуатации)* имущество
dynamic ~ies of economic system динамические свойства экономической системы
entrepreneurs' ~ предпринимательская собственность; собственность, воплощённая в предприятиях *(в отличие от ценных бумаг)*
estate ~ недвижимость
exempt ~ собственность, не подлежащая конкурсу *(при банкротстве)*
financial ~ собственность в форме ценных бумаг
fixed ~ недвижимость
freehold ~ полная земельная собственность *(в отличие от арендованной)*; *ист.* фригольдерская собственность
funded ~ собственность в ценных бумагах
immovable ~ недвижимость
intangible ~ 1. неосязаемая собственность **2.** нематериальные активы *(напр. репутация фирмы)*
landed ~ земельная собственность
leasehold ~ арендованная земельная собственность
mineral ~ собственность на месторождения полезных ископаемых
mortgaged ~ заложенное имущество
movable ~ движимое имущество *(населения)*
nonoperating ~ неиспользуемая [бездействующая] недвижимость
operating ~ эксплуатируемая [используемая] недвижимость
optimality ~ свойство оптимальности
personal ~ индивидуальная [личная] собственность
plant ~ 1. недвижимость в виде предприятия **2.** основной производственный капитал, активы длительного пользования
pledged ~ заложенное имущество
private ~ частная собственность
public ~ общественная собственность
real ~ недвижимость
rented ~ арендуемая собственность

state ~ государственная собственность; *амер.* собственность штата
state-monopoly ~ государственно-монополистическая собственность
statistical ~ статистический характер; статистическое свойство
surplus ~ собственность, превышающая установленные лимиты
tangible ~ 1. реальная собственность 2. реальный основной капитал
tribal ~ клановая [племенная] собственность
trust ~ доверительная [управляемая по доверенности] собственность
propertyless неимущий
propinquity кровное родство
proportion 1. пропорция, количественное соотношение; пропорциональность; соразмерность ‖ соразмерять *(напр. расходы с доходами)* 2. часть, доля, процент □ ~ **between supply and demand** соотношение между спросом и предложением; ~ **dying** коэффициент смертности; ~ **ever-married** доля лиц, *когда-л.* состоявших в браке; **in direct** ~ **to** прямо пропорционально; ~ **infertile** процент бесплодных женщин; **in inverse** ~ **to** обратно пропорционально; ~ **married** процент лиц, состоящих в браке; ~ **single** процент лиц брачного возраста, не состоящих в браке
~ **of constant to variable capital** отношение постоянного капитала к переменному
~ **of reserves to liabilities** отношение резервов к обязательствам
considerable ~ значительная доля
factor ~ соотношение факторов производства *(напр. труда и капитала)*
masculinity ~ процент мужчин в общей численности населения
proportional пропорциональный; соразмерный
proportionality пропорциональность; соразмерность
proposal 1. предложение 2. *амер.* заявка *(на торгах)*
contract change ~ предложение о внесении изменений в договор
contractor ~**s** предложения поставщика
development ~ предложение о разработке *(изделия)*
engineering change ~ предложение о внесении изменений в конструкцию
joint-verture ~ предложение о создании смешанного предприятия *(с участием иностранного и местного капиталов)*
program change ~ предложение о внесении изменений в программу
takeover ~ предложение о приобретении *(фирмы)*, предложение о слиянии
tax ~**s** 1. налоговые проекты 2. финансовые законопроекты
proposition 1. предложение; план 2. утверждение, тезис
propping-up of demand стимулирование спроса
proprietary 1. собственник, владелец 2. класс собственников 3. право собственности 4. собственнический 5. патентованный
proprietor собственник, владелец
landed ~ земельный собственник
sole ~ единоличный владелец
working ~ владелец предприятия, лично участвующий в работе
proprietorship 1. право собственности; собственность 2. земельная собственность
sole ~ единоличное владение
pro rata *лат.* пропорционально, в соответствии
prorate пропорциональная доля ‖ распределять пропорционально
proration пропорциональное распределение
prospect 1. перспектива; вид 2. предполагаемый покупатель; перспективный потребитель *(продукция фирмы)*
crop [harvest] ~**s** виды на урожай
population ~ перспектива роста населения
strong ~**s** устойчивые перспективы
yield ~**s** виды на урожай
prospectus *бирж.* проспект; объявление о новом выпуске акций
preliminary ~ предварительный проспект *(выпуска акций или других ценных бумаг)*
prosperity процветание, «просперити»
business ~ хозяйственное [экономическое] процветание
protect 1. защищать, охранять, предохранять 2. акцептовать *(тратту)*; оплачивать *(напр. чек)*
protectability защищённость *(напр. товара от конкуренции)*
protection 1. защита; охрана *(напр. труда)* 2. протекционизм *(напр. в торговле)* 3. акцептование *(тратты)* □ ~ **and indemnity** охрана и возмещение убытков; **to give** ~ **to the bill** акцептовать тратту
~ **of creditors** защита интересов кредиторов *(при объявлении конкурсных торгов)*
~ **of discoveries** 1. охрана открытий 2. охрана изобретений
~ **of intellectual property (rights)** охрана прав интеллектуальной собственности
call ~ условие, согласно которому ценная бумага не может быть выкуплена эмитентом раньше определённого срока
consumer ~ защита потребителя
copyright ~ охрана авторского права
environmental ~ охрана окружающей среды
health ~ охрана здоровья
insurance ~ объём страховой ответственности
legal ~ правовая защита
mortgage ~ страхование погашения ипотечной задолжности
patent ~ патентная защита *(напр. изобретения)*
quality ~ охрана качества *(продукции)*
protectionism протекционизм, политика протекционизма
protectionist сторонник протекционизма
protective защитительный; протекционистский
protest 1. протест ‖ протестовать 2. протест, опротестование *(векселя)* ‖ опротестовывать *(вексель)* 3. морской [судовой] про-

тест □ ~ **by master** морской протест; капитанский протест; ~ **for nonacceptance** протест из-за неакцепта *(отказа акцептовать вексель)*; ~ **for nonpayment** протест из-за неплатежа; ~ **in due course** *см.* **due protest; no** ~ «без протеста», «не подлежит протесту» *(надпись на чеке, посылаемом на инкассо)*; **to enter [to lodge, to make] a** ~ совершить [учинить] протест *(по векселю)*; **to note a** ~ заявить морской протест
due ~ протест *(векселя)*, произведённый в соответствии с законом
past due ~ запоздалый протест *(векселя)*
prototype образец
developmental ~ опытный образец
production ~ опытный образец изделия *(предназначенного для серийного производства)*
prove испытывать, подвергать испытаниям
proved 1. испытанный; проверенный; опробованный 2. доказанный; достоверный
provide 1. снабжать, обеспечивать 2. принимать меры □ **to** ~ **a bill** обеспечивать покрытие векселя; **to** ~ **with funds** предоставлять средства; снабжать деньгами
provision 1. снабжение, обеспечение ‖ снабжать, обеспечивать 2. положение, условие *(договора)*, оговорка 3. заготовка; резерв 4. *pl* продовольственные товары, пищевые продукты 5. мера предосторожности □ ~ **for bad and doubtful debts** резерв на покрытие безнадёжных и сомнительных долгов; ~ **for maintenance** резерв для покрытия эксплуатационных издержек; ~ **for old** *страх.* фонд обеспечения престарелых; ~ **for outstanding claims** *страх.* резерв по неоплаченным убыткам; ~ **for tax** резерв для уплаты налога; **to make** ~ 1. предусматривать; обеспечивать 2. резервировать деньги; ~**s under sections** ассигнования по разделам
accumulated ~ **for depreciation and amortization** накопленный резерв на износ и амортизацию
adequate ~**s** надлежащие ассигнования
budgetary ~**s** бюджетные ассигнования
call ~ оговорка о досрочном выкупе облигаций
COLA ~ клаузула прибавки на рост стоимости жизни *(в коллективном договоре)*
conversion ~ оговорка об обмене акций *(напр. преференциальных акций на обычные)*
default ~ условие договора о займе, предписывающее немедленное погашение ссуды при наступлении определённых условий
disfigurement ~ статья о разовой выплате в связи с телесным повреждением
escalator ~ эскалационное условие *(в коллективном договоре, предусматривающее «автоматический» пересмотр заработной платы соответственно изменению уровня стоимости жизни)*
general ~**s** *бухг.* общие резервы *(в процентном отношении к активам, которые они обеспечивают)*
nonrecurring ~**s** разовые [единовременные] ассигнования
public ~ государственное обеспечение товаров и услуг, производимых в частном секторе
surrender ~ условие выплаты отказавшемуся от страхового полиса
token ~**s** номинальные ассигнования
unlimited COLA ~ клаузула нелимитированной прибавки на рост стоимости жизни
provisional 1. временный, непостоянный 2. предварительный
proviso оговорка, условие
proximo *лат.* в следующем месяце
proxy 1. полномочие, доверенность *(выдаваемая акциедержателем на право голосования)* 2. уполномоченный, доверенный □ **by** ~ по доверенности; через доверенного; через представителя
pseudotract условный переписной участок
psychology психология
economic ~ экономическая психология
inflationary ~ инфляционная психология *(включение инфляционного фактора в деловые оценки и прогнозы)*
public публика; общественность; клиентура ‖ публичный; общественный; государственный
publicity 1. публичность, гласность 2. реклама 3. деловые связи, «паблисити»
publicized:
highly ~ наиболее рекламируемый *(напр. о товаре)*
pull 1. напряжение 2. *разг.* протекция, влияние 3. *разг.* преимущество □ **to** ~ **down** упразднять; **to** ~ **in** сокращать расходы; **to** ~ **out** *амер.* выходить из предприятия, отказываться от участия
~ **of demand** интенсивность спроса
pulverized распылённый *(напр. о массе крестьянских хозяйств)*
pundit учёный муж *(ироническое название для экономических и финансовых аналитиков)*
punter спекулянт, биржевой игрок
pupil учащийся; школьник □ ~ **in attendance** учащийся, посещающий учебное заведение
enrolled ~ учащийся, числящийся в учебном заведении
purchase 1. покупка, закупка, купля ‖ покупать, закупать; приобретать 2. купленная вещь, покупка 3. годовой доход *(с земли)* 4. выгодное положение, преимущество □ ~ **at option** покупка опциона; ~ **and sale** купля и продажа, купля-продажа; ~ **by sample (pattern)** покупка по образцам; ~ **for acceptance** покупка против акцепта *(векселя покупателем)*; ~ **for cash** покупка за наличные, кассовая сделка; ~ **for future delivery** покупка на срок; ~ **for long pull** *бирж.* покупка ценных бумаг на длительный период *(до момента реализации с прибылью)*; ~ **for settlement** покупка на срок; ~ **on account** покупка в кредит *(по твёрдому счёту)*; ~ **on commission** комиссионная покупка; ~ **on credit** покупка в кредит; ~ **subject to**

inspection покупка с осмотром товара; **to ~ forward** покупать на срок
bulk ~ массовая закупка; закупка оптом
capitalized ~s закупки инвестиционных товаров производственного назначения
cover(ing) ~ *бирж.* покупка с целью покрытия
firm ~ твёрдо обусловленная покупка
forward ~ покупка на срок
hire ~ 1. *англ.* покупка в рассрочку **2.** переход в собственность взятого напрокат предмета *(после ряда платежей)*
life insurance ~s прирост договоров страхования жизни *(за определённый период)*
lump-sum ~ покупка с оплатой по соглашению *(учитывается «доброе имя» фирмы)*
outright ~ покупка с безотлагательной уплатой наличными, окончательная покупка
public ~s государственные закупки
ready-money ~ покупка за наличные
security ~ покупка ценных бумаг
self-liquidating ~s самопогашающиеся закупки
short ~ *бирж.* покупка у играющего на понижение
supporting ~s *бирж.* покупки с целью поддержания курса
ten years' ~ покупка *(земли)* по цене в размере десятилетнего дохода
visa card ~ покупка на «виза-карточку» *(в кредит)*

purchaser покупатель
solvent ~ платёжеспособный покупатель

purchasing 1. покупка; приобретение; закупочная деятельность **2.** материально-техническое снабжение
contract ~ закупки по контрактам
negotiated ~ закупки на основе закрытых торгов
scheduled ~ запланированные закупки
sealed-bid ~ закупки на основе открытых торгов

purpose намерение, цель ‖ намереваться, иметь целью

purse 1. деньги, богатство **2.** денежный фонд; собранные средства
fat [long] ~ богатство, «толстый кошелёк»
public ~ казна
slender ~ безденежье, «тощий кошелек»

pursuit of profit погоня за прибылью

push 1. толчок; стимул; давление, нажим ‖ толкать; направлять **2.** поддержка; протекция ‖ оказывать поддержку □ **~ and pull of demand** давление со стороны спроса; **to ~ up prices** взвинчивать цены; **to ~ up sales** увеличивать объём сбыта, увеличивать продажу
big ~ большой толчок *(концепция развития экономически отсталой страны)*
upward ~ on costs повышательное давление на издержки

pusher *разг.* **1.** «рука» *(лицо, оказывающее протекцию)* **2.** «толкач»

pushing предприимчивый, энергичный, напористый *(о качествах работника)*

put 1. опцион «пут»(на право продажи); премия за опцион «пут», обратная премия **2.** предлагать; поставлять **3.** оценивать; назначать цену **4.** облагать налогом □ **~ and call** спрэд, стрэдл, двойной опцион *(комбинация опционов на продажу и покупку)*; **to ~ a lid** приостанавливать *(рост цен)*; **to ~ aside** откладывать, резервировать; **to ~ a tax on imports** обложить налогом импортируемые товары; **to ~ away** откладывать *(деньги)*; **to ~ down 1.** записывать на счёт **2.** снижать *(цену)*; урезывать *(расходы)*; **to ~ forward** выдвигать *(напр. гипотезу)*; **to give for ~** продать обратную премию; **to ~ goods on the market** выпускать товар в продажу; **to ~ into circulation** выпускать в обращение *(о деньгах)*; **to ~ into operation [into use]** вводить в эксплуатацию, включать в работу; **to ~ money in(to) a bank** вкладывать деньги в банк; **to ~ money to reserve** зачислять деньги в резерв; **to ~ off** откладывать; **to ~ out 1.** вытеснять *(напр. мелкие фирмы из отрасли)* **2.** выдать [выложить] деньги; **to take for the ~** купить обратную премию; **to ~ through** приводить к концу; заключать *(сделку)*; **to ~ up 1.** повышать цену **2.** упаковывать **3.** выставлять на продажу
~ of more опцион, дающий право продать помимо обусловленного количества акций ещё такое же количество
married ~ опцион «пут» с одновременной покупкой акций, являющихся базой опциона

prudence благоразумие, расчётливость, бережливость

prudent благоразумный, расчётливый, бережливый; осторожный *(напр. об инвесторе)*

prudential *см.* **prudent**

pyramid:
financial ~ финансовая пирамида, распределение активов по степени риска
population ~ возрастно-половая пирамида, возрастная пирамида

pyramiding 1. многоярусная система участий *(одних компаний в капитале других)* **2.** *бирж.* использование спекулятивной прибыли для дальнейших финансовых операций **3.** включение налога в издержки производства

pyx ящик для пробной монеты *(на монетном дворе)* ‖ производить пробу монет

Q

qualification 1. квалификация; пригодность **2.** ценз **3.** типовые испытания **4.** *уст.* свойство, качество **5.** условие, оговорка
property ~ имущественный ценз
residence [residential] ~ ценз осёдлости

qualified 1. квалифицированный; пригодный **2.** условный, ограниченный *(напр. об индоссаменте)*

qualify 1. подготавливать, готовить к деятельности, обучать **2.** оценивать, квалифицировать, относить к категории **3.** рассматривать как условные *(напр. об оценках)* **4.** отвечать требованиям, соответствовать условиям
qualitative качественный
qualit/y 1. качество; сорт **2.** высокое качество; ценность □ **equal in ~** равного качества; **inferior in ~** худшего качества
~ of lot качество партии *(доля дефектных изделий в партии)*
~ of markets качество рынка *(в основном — степень его конкурентности)*
beef-making ~ies мясные качества крупного рогатого скота
bottom ~ худшее качество
consistent ~ однородное качество
contract ~ качество, оговорённое контрактом
credit ~ надёжность банковских ссуд *(с точки зрения платёжеспособности заёмщика)*
delivery ~ качество поставляемой продукции
economic(al) ~ экономически обоснованный уровень качества
fair average ~ справедливое среднее качество *(условие при продаже зерна и некоторых других товаров)*
fattening ~ способность *(животного)* к откорму
feeding ~ 1. способность *(животного)* к откорму **2.** качество корма
first ~ первый сорт
first-rate ~ высшее качество
functional ~ эксплуатационное качество
incoming ~ уровень входного качества *(продукции)*
indifference ~ качество, при котором риск потребителя равен риску изготовителя
inscrutable ~ies of products свойства продуктов, не выявленные потребителем
landed ~ качество выгруженного товара
merchantable ~ коммерческое качество; качество, пригодное для торговли
midspecification ~ среднее качество, оговорённое в технических условиях
milking ~ молочное качество, удойность
negotiable ~ способность переходить из рук в руки *(о векселях)*
outgoing ~ уровень выходного качества *(продукции)*
overall ~ общее качество *(продукции)*
performance ~ качество работы
premium [prime] ~ высшее качество
process average ~ среднее качество при данном процессе изготовления
product ~ качество продукции
shipped ~ качество во время отгрузки
shipping ~ обычное экспортное качество
superior ~ высшее качество
tolerance ~ допустимое качество *(допустимое число дефектных изделий в партии)*
top ~ высшее качество
uniform ~ однородное качество

qualmation автоматическое определение качества
quantification определение количества; квантификация
quantify определять количественно; квантифицировать
quantile квантиль, порядковая статистика
quantitative количественный
quantit/y количество; размер; величина □ **in ~** в большом количестве; **~ issued** выданное количество; **~ on hand** количество, имеющееся в наличии; **~ received** полученное количество; оприходованное количество
~ of shipments объём отгрузок в натуральном измерении
~ of value величина стоимости
batch ~ размер партии
best order ~ *см.* **economic (order) quantity**
controlled ~ регулируемая величина
converted ~ преобразованная величина
denominate ~ размерная [именованная] величина
economic (order) ~ (наиболее) экономичный [оптимальный] размер (заказа)
generalized ~ обобщённая величина
information ~ количество информации
least-cost (order) ~ *см.* **economic (order) quantity**
like ~ies *мат.* однородные величины
lot ~ размер партии
make ~ объём выпуска продукции
minimum cost ~ *см.* **economic (order) quantity**
order ~ размер заказа
product ~ количество продукции
purchase ~ размер закупок
random ~ случайная величина
reciprocal ~ обратная величина
run ~ количество изделий, изготавливаемых за один рабочий период
sanction ~ разрешённое к выпуску количество *(изделий)*
transfer ~ объём торговой операции
write-off ~ минимальный окупаемый объём производства
quantity-built серийно изготовленный
quantum 1. количество; сумма **2.** объём
~ of output объём продукции
~ of world trade объём мировой торговли
quarantine карантин ‖ подвергать карантину
quarter 1. четверть; четвёртая часть **2.** квартал *(года)* **3.** арендная плата за квартал **4.** квартал *(города)* **5.** *pl* квартира, помещение **6.** *амер.* четверть доллара, 25 центов **7.** круг лиц, сфера □ **to be several ~s in arrear** задолжать за несколько кварталов *(квартирную плату)*
business ~ 1. *pl* деловые круги **2.** деловой квартал
financial ~s финансовые круги
living [residential] ~ жилой квартал
quarterly трёхмесячный, (по)квартальный
quartile *стат.* квартиль
quasi-contractual квазидоговорный
quasi-equilibrium квазиравновесие

quasi-money квазиденьги, «почти-деньги», денежные субституты
quasi-ordering квазиупорядочение
quasi-public квазигосударственный *(частный, но имеющий черты государственного)*
quasi-stable квазистабильный *(о населении)*
quasi-unemployment скрытая безработица
quay □ **ex [free on]** ~ франко-набережная
quayage плата за стоянку *(судна)* у причальной стенки, причальный сбор
quest спрос *(на товары)*
question вопрос ‖ задавать вопросы, исследовать
questionable недостоверный, сомнительный
questionnaire *фр.* вопросник, анкета; опросный лист
basic ~ основная анкета
census ~ опросный лист переписи; статистическая анкета
household ~ анкета для обследования хозяйств
housing ~ анкета для обследования жилищно-бытовых условий
mail ~ анкета, посылаемая по почте
population ~ анкета для обследования населения
postal ~ анкета, посылаемая по почте
self-administered ~ анкета, заполняемая опрашиваемым лицом
subsidiary ~ вспомогательная анкета
queue 1. *англ.* очередь 2. *ТМО* очередь ‖ образовывать очередь; стоять в очереди 3. (одноканальная) система массового обслуживания □ **to** ~ **on** образовывать очередь; стоять в очереди; **to** ~ **up** стоять в очереди; ~ **with alternating priority** система массового обслуживания с чередующимися приоритетами; ~ **with balking** система массового обслуживания с возможностью неприсоединения к очереди; ~ **with breakdown** система массового обслуживания с возможностью разрушения очереди; ~ **with matching** система массового обслуживания очередей; ~ **with reneging** система массового обслуживания с возможностью ухода требований до начала *или* конца обслуживания; ~ **with simultaneous arrivals** система массового обслуживания с одновременным поступлением требований; ~ **with splitting** система массового обслуживания с расщеплением очереди
allowed ~ допустимая длина очереди
bread ~ очередь за хлебом
bulk ~ система массового обслуживания с групповым поступлением и групповым обслуживанием *(требований)*
continuous time ~ система массового обслуживания с непрерывным временем
correlated ~ коррелированная очередь
cyclic ~ циклическая система массового обслуживания
deterministic ~ детерминированная система массового обслуживания
discrete time ~ система массового обслуживания с дискретным временем
double ~ 1. двойная очередь 2. двухканальная система массового обслуживания
empty ~ незанятая система массового обслуживания
ergodic ~ эргодическая система массового обслуживания
first-come-first-served ~ *см.* **ordered queue**
fixed length ~ очередь постоянной длины
infinite ~ *см.* **unlimited queue**
infinite-server ~ система массового обслуживания с бесконечным числом каналов
inventory ~ очередь *(товаров)* в системе управления запасами
last-come-first-served ~ система массового обслуживания с обслуживанием в обратном порядке
limited-size ~ очередь ограниченной длины
lower-priority ~ очередь требований с низшим приоритетом
malfunctioning ~ неудовлетворительно функционирующая система массового обслуживания
many-server ~ *см.* **multiple queue**
Markov(ian) ~ марковская система массового обслуживания, система массового обслуживания с пуассоновским входящим потоком и экспоненциальным распределением времени обслуживания
multiple ~ многоканальная система массового обслуживания
multiple-line ~ система массового обслуживания с несколькими очередями
multiserver ~ *см.* **multiple queue**
multistage ~ многофазовая система массового обслуживания
multistation ~ *см.* **multiple queue**
nonempty ~ занятая система массового обслуживания
non-Markov(ian) [non-Poisson] ~ немарковская система массового обслуживания
nonpreemptive-priority ~ система массового обслуживания с приоритетами, не прерывающими обслуживания
nonzero ~ очередь положительной длины
one-line ~ система массового обслуживания с одной очередью
one-server ~ одноканальная система массового обслуживания
open-end ~ разомкнутая система массового обслуживания
ordered ~ система массового обслуживания с обслуживанием требований в порядке поступления
ordinary ~ очередь обычных требований *(не обладающих приоритетами)*
Palm ~ система массового обслуживания с входящим потоком Пальма
parallel ~ система массового обслуживания с параллельными каналами
Poisson ~ *см.* **Markov(ian) queue**
Poisson-fed ~ система массового обслуживания с пуассоновским входящим потоком
preemptive-priority ~ система массового обслуживания с приоритетами, прерывающими обслуживание
priority ~ 1. система массового обслужи-

вания с приоритетами **2.** очередь *(требований)* с приоритетами
random-selection ~ система массового обслуживания со случайным выбором на обслуживание
sampled ~ дискретная очередь
series ~ система массового обслуживания с последовательными каналами
single-channel [single-server] ~ одноканальная система массового обслуживания
stable ~ устойчивая система массового обслуживания
stationary ~ система массового обслуживания в установившемся состоянии
station-to-station ~ *см.* **multiple-line queue**
stock ~ *англ.* очередь исполнения сделок с ценными бумагами *(на фондовой бирже)*
tandem ~ *см.* **series queue**
time-sharing ~ система массового обслуживания с разделением времени
transient ~ система массового обслуживания в неустановившемся состоянии
unlimited [unrestricted] ~ **1.** система массового обслуживания с бесконечной очередью **2.** бесконечная очередь
vacant ~ *см.* **empty queue**

queuee требование, ожидающее в очереди
queueing **1.** работа системы массового обслуживания **2.** образование очереди **3.** ожидание обслуживания
queuer обслуживающее устройство
quick **1.** быстрый, скорый **2.** ликвидный; легко реализуемый
quid pro quo *лат.* услуга за услугу; компенсация
quiet низкий *(напр. об уровне деловой активности)*
quintile *стат.* квинтиль
quit **1.** *амер.* увольнение *(с работы)* ‖ увольняться **2.** *pl* служащие *(фирмы)*, увольняющиеся по собственному желанию **3.** выплачивать *(долг)* **4.** освобождать *(от обязательства)*
quittance **1.** освобождение *(от обязательства)* **2.** оплата, возмещение *(долга)* **3.** квитанция, расписка
quota квота; норма; доля, часть
amortization ~ норма амортизации
bargaining ~ контингент, установленный с целью получения торговых уступок
cargo-preference ~ квота предпочтительного флага *(при морских грузовых перевозках компаниями США)*
export ~ экспортная квота
farm production ~s квоты на сельскохозяйственную продукцию
IMF ~ квота в Международном валютном фонде
immigration ~ иммиграционная квота *(предельное количество иммигрантов, которые могут въехать в какую-л. страну)*
import ~ импортная квота
taxable ~ доля облагаемых налогом товаров *или* доходов
quotable котирующийся *(на бирже)*; регистрируемый
quotation **1.** *бирж.* котировка, курс; расценка; цена **2.** предложение, оферта □ **~ c.i.f.** цена сиф; **~ ex mill** цена франко-завод; **~ f.o.b.** цена фоб; **~ for a foreign currency** котировка иностранной валюты
~ of the day *бирж.* курс дня
asked ~ курс продавцов
bid ~ курс покупателей
closing ~ курс на закрытие биржи
consecutive ~s *бирж.* последовательные котировки курсов *(напр. за день или за несколько дней)*
daily ~ *бирж.* курс дня
direct ~ прямая котировка *(валюты)*
exchange ~ биржевая котировка, биржевой курс
final ~ окончательная [последняя] котировка
first ~ начальная котировка
flat ~ котировка курса без учёта процентов
indirect ~ косвенная котировка *(валюты)*
last ~ последняя [окончательная] котировка
latest ~ самая последняя котировка
market ~ *см.* **exchange quotation**
nominal ~ номинальная котировка *(ориентировочный курс, базирующийся на последних сделках)*
opening ~ курс на открытие биржи
over-the-counter ~ котировка *(ценных бумаг)* во внебиржевом обороте
rate ~ тариф на перевозку
share ~ котировка акций
spot ~ котировка товара с немедленной сдачей; курс по сделкам с немедленной поставкой
stock ~ котировка акций
stock exchange ~ *см.* **exchange quotation**
Stock Exchange Automatic ~ *англ.* электронная система биржевых котировок
tape ~s курсы *(ценных бумаг)*, зафиксированные на ленте биржевого телеграфного аппарата
quote котировка ‖ назначать цену, котировать
firm ~ твёрдая котировка *(без условий)*
quoted **1.** *бирж.* допущенный к котировке *(об акциях)* **2.** *бирж.* последний зарегистрированный *(о курсе ценных бумаг)*
quotient:
intelligence ~ показатель умственных способностей

R

race **1.** раса **2.** потомство, род **3.** происхождение **4.** гонка; состязание
rat ~ «крысиная гонка» *(характеризующая образ жизни в индустриальном обществе при тотальной конкуренции)*
racial расовый

racist расист
rack 1. стенд, стеллаж 2. разорение 3. непомерно повышать *(арендную или квартирную плату)* 4. эксплуатировать □ **to ~ up** увеличивать объём *(напр. продажи)*
display ~s стеллажи для выставки товаров *(в магазине)*
radix 1. *стат.* основной объём выборки при обследовании 2. *мат.* основание системы счисления 3. *демогр.* исходная совокупность родившихся
raid 1. налёт 2. *бирж.* давление, нажим, попытка понизить курс ‖ понижать [сбивать] курс □ **~ on a bank** налёт на банк; ограбление банка; **~ on the reserves** большое расхождение резервов; **to ~ the market** сбивать курс ценных бумаг, оказывать давление на курс с целью его понижения
bear ~ массовые продажи акций с целью сбить их курс
take-over ~ натиск на компанию с целью захвата контроля
raider *бирж.* скупщик акций *(с целью приобретения контроля над компанией)*
railage 1. перевозка по железной дороге 2. оплата перевозки по железной дороге
rail-and-water смешанные перевозки *(железнодорожные и водные)*
railbank передвижное отделение банка в железнодорожном составе
railroad 1. *амер.* железная дорога ‖ перевозить по железной дороге 2. *pl* железнодорожная сеть 3. *pl* акции железнодорожных компаний
Class I line-haul ~ *амер.* магистральная железная дорога 1-го класса
Class II ~ *амер.* железная дорога 2-го класса
f.o.b. ~ франко-вагон *(включает погрузку на подъездном пути завода)*
line-haul ~ *амер.* магистральная железная дорога
rails акции железнодорожных компаний
old line ~ *амер.* акции наиболее известных железнодорожных компаний
railway 1. *англ.* железная дорога ‖ перевозить по железной дороге 2. *pl* железнодорожная сеть
arterial ~ магистральная дорога
branch ~ ветка
defunct ~ замороженная железная дорога
double-track ~ двухпутная железная дорога
industrial ~ внутризаводская железная дорога
multiple-line ~ многопутная железная дорога
single-line ~ однопутная железная дорога
raise 1. повышение, увеличение ‖ повышать, увеличивать 2. повышение заработной платы 3. *с.-х.* выращивать, разводить 4. добывать, извлекать *(из земли)* 5. занимать *(деньги)* 6. собирать *(налоги)* □ **to ~ a collection for** инкассировать для...; **to ~ a loan** получать заём; **to ~ a mortgage** получать закладную; **to ~ difficulties** чинить препятствия; **to ~ funds** получать деньги; мобилизовать капитал; получать ссуду; **to ~ the funds formally** мобилизовать капитал путём выпуска зарегистрированных ценных бумаг; **to ~ the funds informally** мобилизовать капитал путём прямой продажи ценных бумаг *(крупным инвесторам)*; **to ~ the price** повышать цену; **to ~ the wind** *жарг.* добывать деньги
annual improvement factor ~ повышение ставок заработной платы в соответствии с ежегодным ростом производительности труда
raiser:
fund ~ лицо, собирающее средства *(напр. для финансирования избирательной кампании)*
raising *с.-х.* выращивание, разведение
beef ~ мясное скотоводство
cattle ~ животноводство, скотоводство
semi-intensive beef ~ полуинтенсивное выращивание мясного скота
stock ~ животноводство, скотоводство
rally 1. оживление *(спроса)* ‖ оживляться *(о спросе)* 2. рост курсов *(после внезапного падения)* ‖ повышать курсы □ **~ occurred in the afternoon** после полудня спрос оживился
technical ~ оживление (на рынке), вызываемое текущими рыночными факторами *(не фундаментальными)*
ramification разветвление, рамификация
ramify разветвляться; расширять сеть *(напр. железных дорог)*
ramp 1. вымогательство; непомерная цена 2. ограбление
ranch *амер.* 1. ранчо, крупное фермерское хозяйство, большая ферма ‖ заниматься фермерским хозяйством; быть фермером 2. заниматься скотоводством
cattle ~ животноводческое [скотоводческое] ранчо
stock ~ животноводческое [скотоводческое] ранчо
year-round grazing ~ хозяйство с выпасом скота круглый год
rancher *амер.* хозяин ранчо; крупный фермер; владелец животноводческого [скотоводческого] хозяйства; скотовод
ranchman *см.* **rancher**
random случайный; произвольный □ **at ~** случайным образом; **in a ~ way** случайным образом
randomize рандомизировать
range 1. ряд, линия; группа 2. область распространения, сфера; зона 3. изменение, движение, колебание; пределы изменения; диапазон, размах ‖ изменяться; колебаться в пределах 4. *стат.* размах (варьирования), разность между наибольшим и наименьшим значениями; широта распределения ‖ распределять по величине; ранжировать 5. *мор.* ряд портов, порты *(на указанном протяжении берега в обзорах фрахтового рынка)* 6. *с.-х.* неогороженное пастбище ‖ выпасать скот на неогороженном пастбище 7. протяжение, пространство □ **~ for cable transfers** курсы телеграфных переводов; **in [over] the ~** в интервале, в области, в пределах

~ **of activity** 1. масштаб (экономической) деятельности; масштаб производства 2. круг операций
~ **of application** область применения
~ **of discretion** степень свободы *(напр. при установлении цен)*
~ **of error** диапазон ошибок
~ **of function** множество значений функции
~ **of goods** ассортимент товаров
~ **of income** диапазон дохода
~ **of observations** диапазон наблюдений
~ **of patterns** коллекция образцов
~ **of products** ассортимент продукции
~ **of use** область применения
~ **of variation** область изменения
asset depreciation ~ класс собственности по сроку амортизации
average ~ средний размах
capacity ~ диапазон производительности *или* производственной мощности
distribution ~ *стат.* широта распределения
economic batch [economic lot] ~ интервал наиболее экономичных размеров партии
employment ~ пределы численности работающих
interquartile ~ *стат.* межквартильный размах
inventory ~ интервал изменения уровня запасов
narrow ~ узкий ассортимент *(товаров)*
nonstop operating ~ нормальная практическая дальность полёта; дальность беспосадочного полёта при обычных условиях эксплуатации
Northern ~ порты американского побережья Атлантического океана
operating [operation] ~ рабочий диапазон
optimality ~ *стат.* область оптимальности
price ~ колебание цен; диапазон цен
process ~ интервал изменения качества при данном процессе изготовления
rated ~ номинальный диапазон
reduced ~ приведённый размах
relevant ~ 1. масштабная база *(размер производства, принимаемый за базу при исчислении постоянных издержек)* 2. диапазон объёмов производства *(в пределах которого сохраняется определённая зависимость между издержками, объёмом и прибылью)*
reproductive ~ *демогр.* период способности к деторождению, репродуктивный период
sampling ~ *стат.* размах выборки
semi-interquartile ~ *стат.* половина межквартильного размаха; квартильное отклонение
significant ~ *стат.* область значимости
trading ~ *бирж.* 1. разница между высшей и низшей ценой 2. установленные пределы дневного изменения цен
wide ~ широкий ассортимент *(товаров)*

rank 1. категория, разряд; ранг; класс ‖ классифицировать 2. звание, чин; должность 3. *с.-х.* тучный; плодородный 4. относить; причислять □ **of first** ~ первоклассный *(напр. о товаре)*; **to rise from the ~s** подниматься по служебной лестнице *(с нижней ступени на более высокую)*
~ **of matrix** ранг матрицы
column ~ столбцовый ранг *(матрицы)*
even ~ чётный ранг *(матрицы)*
full ~ полный ранг *(матрицы)*
maximal ~ максимальный ранг *(матрицы)*
pregnancy ~ *демогр.* порядок беременностей
row ~ строчный ранг *(матрицы)*
service ~ служебное положение
zero ~ нулевой ранг *(матрицы)*

ranked 1. упорядоченный 2. первоклассный

ranking *стат.* 1. порядковой номер 2. упорядочение; ранжирование; классификация
~ **of claims** очерёдность претензий по долгам, ранжирование долгов
~ **of creditors** расположение кредиторов в порядке очерёдности

rapport *демогр.* чувство взаимного доверия и симпатии *(при обследовании)*

ratable 1. подлежащий обложению налогом 2. оценочный 3. соразмерный; относительный

ratchet □ **to ~ upward** поднять, повысить *(напр. кредитные ставки)*
price ~s in oligopolies одностороннее повышательное движение цен в условиях олигополистической структуры рынка, односторонняя эластичность цен

rate 1. размер; норма 2. ставка; ставка таможенной пошлины; учётная ставка; такса 3. курс; цена; оценка ‖ оценивать; расценивать 4. темп; скорость 5. пропорция; процент 6. коэффициент; показатель; степень 7. местный налог; коммунальный налог ‖ облагать налогом 8. *англ.* налог на землю, поземельный налог 9. интенсивность, мощность 10. разряд, сорт; класс ‖ классифицировать, устанавливать категорию 11. *уст.* паёк, порция 12. тариф ‖ тарифицировать, определять тариф 13. плата за перевозку 14. величина; уровень □ **~s and taxes** *англ.* коммунальные и государственные налоги; **at a growing** ~ ускоренно, в ускоренном темпе, с возрастающей скоростью; **at an annual** ~ в пересчёте на год *или* на годовой уровень; **at an easy** ~ дёшево, по невысокой цене; **at the ~ of about...** на уровне примерно...; в размере около...; ~ **for carrying inventory** норма затрат на содержание запасов *(частное от деления средней стоимости запаса на годовые издержки по содержанию)*; ~ **for day-to-day loans** ставка по суточным ссудам; ~ **for telegraphic transfers** курс телеграфных переводов; **~s to consumers** тарифы на отпуск *(электроэнергии)* потребителям; **to step up the ~ of (economic) growth** повысить темп экономического роста
~ **of acceptance of contraception** *см.* **acceptance rate 2.**

~ of accumulation норма накопления
~ of adjustment скорость экономического приспособления (*см. тж.* **adjustment**)
~ of assessment ставка взносов
~ of birth registration коэффициент зарегистрированной рождаемости
~ of change темп изменения
~ of chickens выход цыплят *(от числа заложенных в инкубатор яиц)*
~ of conversion коэффициент перевода *(одной валюты в другую)*
~ of dependency степень зависимости *(напр. от объёма военных заказов)*
~ of depletion ~ интенсивность расходования (запасов)
~ of deposit turnover скорость оборачиваемости депозитов
~ of depreciation степень обесценивания; норма амортизации
~ of discharge норма разгрузки
~ of duty ставка таможенной пошлины
~ of exploitation норма эксплуатации; уровень добычи нефти
~ of freight фрахтовая ставка
~ of increase темп прироста; темп увеличения
~ of inflation темп развития инфляции
~ of insurance ставка страховой премии
~ of issue курс выпуска (ценных бумаг)
~ of loading норма погрузки
~ of migratory increase коэффициент прироста мигрирующего населения
~ of migratory mobility коэффициент интенсивности миграции *(отношение объёма миграции к общей численности населения)*
~ of occurence *стат.* интенсивность потока *(событий)*
~ of operation норма загрузки производственных мощностей
~ of option *бирж.* размер премии
~ of polygamy показатель многобрачия
~ of profitability степень рентабельности
~ of reinvestment темп реинвестирования
~ of return 1. норма прибыли **2.** коэффициент окупаемости капиталовложений *(отношение чистой прибыли к основному капиталу)* **3.** *демогр.* показатель численности возвращающихся из эмиграции
~ of return on net worth норма прибыли на собственный капитал
~ of surplus value норма прибавочной стоимости
~ of turnover скорость оборота
~ of underenumeration показатель неполной регистрации населения
~ of underutilization коэффициент недоиспользования [недогрузки] *(производственных мощностей)*
~ of use 1. коэффициент использования **2.** удельное потребление
~ of wear and tear степень снашивания *(монет)*
~ of work 1. производительность работы **2.** интенсивность работы, мощность
absenteeism ~ коэффициент прогулов
acceptance ~ 1. допустимая норма брака **2.** *демогр.* показатель распространения методов регулирования рождаемости
accession ~ темп прироста, относительный прирост *(напр. численности рабочей силы)*
accident frequency ~ коэффициент травматизма *(на предприятии)*
accuracy ~ показатель точности
activity (-participation) ~ *см.* **participation rate**
adjusted ~ 1. скорректированный коэффициент **2.** стандартизованный коэффициент
age ~ возрастной интервал
age-duration fertility ~ возрастной коэффициент фертильности
age-specific ~ возрастной коэффициент
airfreight ~s тарифы воздушных грузоперевозок
all-age death ~ суммарный коэффициент смертности
all-commodity ~ тариф для любого вида грузов
all-plant burden ~ общезаводская ставка накладных расходов
annual capital-turnover ~ годовой коэффициент оборачиваемости капитала *(отношение объёма годовой выручки к стоимости капитала)*
annulment ~ показатель количества аннулированных браков
any-quantity ~ тариф не зависящий от количества груза
area ~ зональный тариф
arrival ~ *ТМО* интенсивность входящего потока
attrition ~ 1. интенсивность расходования *(запасов)* **2.** коэффициент сокращения *(численности работающих)*
auction ~ процент по новому выпуску ценных бумаг, определяемый путём аукциона
backhaul ~ тариф обратного пробега *(льготный автогрузовой тариф на направлении, противоположном основному грузопотоку)*
backwardation ~ курс операций по депорту; плата за отсрочку платежа *или* поставки
baggage ~ багажный тариф
bank ~ учётная ставка банка
base wage ~ тарифная ставка
basic ~ *фин.* базисная ставка; основная ставка *(заработной платы)*
basing ~ начальный [исходный] тариф; базисный тариф
basing-point ~ тариф до базового пункта; тариф, рассчитанный по системе базисных пунктов
bill ~ ставка процента по казначейским векселям
birth ~ коэффициент рождаемости
birth order ~ порядковый коэффициент рождаемости, очерёдность рождения
blanket ~ 1. единый тариф **2.** общий [специальный] тариф *(для разнономенклатурных грузов одной партии)*
blanket burden ~ средняя ставка наклад-

ных расходов; единая ставка накладных расходов
block meter ~ ступенчато-пропорциональный тариф *(ставка за 1 квт·ч остаётся постоянной в пределах определённых диапазонов величины потребления энергии)*
bond ~ *англ.* ставка по долгосрочным ценным бумагам
book-value ~ of return норма прибыли, рассчитываемая при оценке активов по балансовой стоимости
borrowing ~ ставка процента на заёмный капитал
bound ~s связанные ставки таможенного тарифа *(сохраняемые на основании соглашений с иностранными государствами на уровне существующего таможенного тарифа)*
bridge ~ промежуточный [переходный] тариф *(на участках, граничащих с тарифной зоной)*
burden ~ отношение накладных расходов к затратам по оплате труда
buying ~ курс покупателей
cable ~ курс телеграфных переводов
calendar year ~ коэффициент *(напр. рождаемости)* за календарный год
call loan ~ ставка процента по онкольной ссуде
capacity ~ 1. коэффициент мощности **2.** *см.* **operating rate 1.**
capacity utilization ~ *см.* **operating rate 1.**
capitalization ~ норма капитализации *(напр. при исчислении цены земли)*
carload ~ тариф для повагонных грузов, повагонная тарифная ставка
case fatality ~ *см.* **fatality rate**
cause mortality ~ коэффициент смертности от определённой причины
ceiling ~ предельная норма процента
central ~ центральный (валютный) курс *(около которого может колебаться рыночный курс)*
cheque ~ курс покупки чеков *(базисный валютный курс)*
childbearing ~ коэффициент рождаемости
class ~ классный тариф *(ставка согласно классификации грузов)*
clearing ~ (of exchange) клиринговый валютный курс
closing ~ курс на время закрытия биржи
cohort reproduction ~ коэффициент воспроизводства *(населения)* для данного контингента
column ~ льготный тариф *(публикуемый в отдельной колонке как процент от классного тарифа)*
combination ~ комбинированный тариф *(применяющийся при отсутствии единой тарифной ставки)*
combined ~ *бухг.* комбинированная норма *(распределения накладных расходов)*
commission ~s комиссионные ставки
commodity ~ специальный тариф на перевозку массовых грузов *(по сниженным ставкам)*

consolidated ~ полная почасовая ставка *(включая все виды надбавок к основной заработной плате)*
constant ~ 1. *ТМО* постоянная интенсивность **2.** постоянный коэффициент
consumption ~ норма потребления
contango ~ размер надбавки по репортным операциям
continuation ~ показатель численности контингента продолжающих образование *(после окончания школы)*
contraceptive failure ~ *демогр.* показатель неэффективности методов регулирования рождаемости
conventional ~s of wage ставки заработной платы, установленные коллективными договорами *или* государственными постановлениями
core ~ of inflation стержневой темп инфляции *(определяемый главными факторами)*
corrected ~ скорректированный коэффициент
cost ~ ставка накладных расходов
cost center burden ~ ставка накладных расходов для данного центра учёта *(напр. цехового)*
cross ~ кросс-курс *(соотношение двух валют, рассчитанное по их курсу относительно курса третьей валюты)*
crude ~ общий коэффициент
cumulative ~ суммарный коэффициент *(напр. рождаемости)*
curb ~ курс чёрного рынка
current ~ 1. текущий показатель **2.** текущая ставка **3.** *бирж.* курс дня **4.** существующий тариф
cutback ~ тариф на перевозку груза до транзитного пункта *(как часть сквозного тарифа)*
cutoff ~ (of return) минимальный коэффициент окупаемости *(при планировании фирмой инвестиций)*
daily [day] ~ прямая повременная система заработной платы
death ~ коэффициент смертности
deck cargo ~ тариф на перевозку палубного груза
declining block ~ снижающаяся блочная тарифная ставка *(с ростом количества отпускаемой электроэнергии)*
delinquency ~ 1. штрафная (процентная ставка) за досрочное изъятие депозита *или* погашение облигации **2.** процент просроченных ссуд
demand ~ 1. размер потребности **2.** тариф, учитывающий объём потребления электроэнергии
departmental overhead ~ норма цеховых накладных расходов
departure ~ *ТМО* интенсивность выходящего потока
deposit ~ ставка по депозитам
differential ~ дифференциальный тариф *(при перевозке груза по альтернативному маршруту)*

disability ~ показатель нетрудоспособности
discount ~ учётная ставка, учётный процент, ставка дисконта
dividend ~ норма дивидендов
divorce ~ показатель количества разводов *(отношение числа разводов к числу заключённых браков)*
dollar ~ курс доллара, долларовый курс
double exchange ~ двойной валютный курс
driving ~ 1. пропускная способность в единицу времени **2.** интенсивность процесса *(напр. доменной печи)*
dual prime ~ двойная базисная ставка *(для крупных и мелких заёмщиков)*
duration-specific divorce ~ показатель количества разводов по продолжительности брака
duration-specific fertility ~ коэффициент (брачной) фертильности по продолжительности брака
earned ~ среднечасовая заработная плата
earning ~ норма выручки
economically possible ~ экономически возможный темп *(роста)*
educational enrollment ~ показатель количества зачисленных в учебные заведения
effective ~ фактическая ставка *(налогового обложения)*
effective exchange ~ эффективный валютный курс *(рассчитанный на базе корзины валют и структуры внешней торговли страны)*
effective interest ~ фактическая процентная норма
electric [electricity] ~ тариф за пользование электроэнергией
eligibility ~ показатель соответствия брачных партнёров друг другу
employment ~ процент [доля] занятости
end-of-year ~ of operation коэффициент использования производственных мощностей на конец года
entrance ~ *ТМО* интенсивность входящего потока
equilibrium exchange ~ валютный курс равновесия *(уравновешивающий внешние расчёты страны)*
equilibrium growth ~ темп равновесного роста
equitable ~ *страх.* справедливый размер премии
evaluated wage ~ тарифная ставка, определённая по оценке работ
exchange ~ валютный курс; вексельный курс; обменный курс
expansion ~ темп роста *(экономики)*
expenditure ~ скорость расходования *(ресурсов)*
experimental (wage) ~ ставка заработной платы на период освоения новой модели
export ~ экспортный тариф, тариф для экспортных грузов
express ~ *трансп.* тариф большой скорости
extramarital fertility ~ коэффициент внебрачной фертильности

fair ~ of return справедливая норма прибыли *(устанавливается государством в сфере коммунальных услуг)*
fallback ~ отступная (минимальная) ставка
farm wage ~s ставки заработной платы сельскохозяйственных рабочих
fatality ~ коэффициент смертности от несчастных случаев
Federal Reserve rediscount ~ *амер.* переучётная ставка Федерального резервного банка
fertility ~ (общий) коэффициент фертильности; специальный коэффициент рождаемости *(отношение числа детей определённого возраста к численности женщин репродуктивного возраста)*
fertilizer ~ норма внесения удобрений
final ~ окончательный показатель
first marriage ~ коэффициент брачности для лиц, ранее не состоявших в браке; коэффициент первобрачности
fixed ~ 1. фиксированный (валютный) курс **2.** фиксированная [твёрдая] ставка
flat ~ единообразная ставка *(налога)*
floating exchange ~ плавающий [колеблющийся] валютный курс
floating interest ~ плавающая [переменная] процентная ставка
forward ~ курс по срочной сделке, курс по сделке на срок
free exchange ~ свободный [рыночный] валютный курс
full ~ of operation работа с полной загрузкой производственных возможностей, работа на полную производственную мощность
generation ~ *демогр.* дифференцированный по поколениям коэффициент
going ~ обычная ставка *(заработной платы)*
going market ~ текущий рыночный валютный курс
graduated ~ градуированная [дифференцированная] ставка
green ~ «зелёный» валютный курс *(в ЕЭС особый счётный курс для пересчёта аграрных цен)*
group ~ групповой тариф *(для разнономенклатурных грузов одной партии)*
growth ~ темп роста *(напр. объёма продукции)*
heat ~ удельный расход тепла
hiring ~ темп набора рабочей силы
Hopkinson ~ гопкинсоновский тариф на электроэнергию
hourly ~ почасовая ставка *(заработной платы)*
illegitimate (birth) ~ коэффициент внебрачной рождаемости
illiteracy ~ процент неграмотного населения
import ~ импортный тариф, тариф для импортных грузов
incapacity ~ показатель нетрудоспособности
incentive ~ ставка заработной платы с учётом поощрительного вознаграждения

incidence ~ коэффициент частоты заболеваний *(количество новых случаев заболевания на 100 000 человек)*
incomplete fertility ~ коэффициент неисчерпанной фертильности
incremental economy ~ коэффициент приростной экономии *(отношение прироста затрат к приросту выпуска)*
inflation threshold unemployment ~ уровень безработицы, ниже которого начнется инфляционный рост цен
initial block ~ начальная блочная тарифная ставка *(при отпуске электроэнергии в пределах установленного количества)*
in-migration ~ *амер.* показатель иммиграции
input ~ *ТМО* интенсивность входящего потока
instantaneous ~ текущий показатель
interbank ~ ставка процента по межбанковским операциям
intercensal ~ *демогр.* показатель для периода между переписями
interest ~ ставка [норма] процента, ссудный процент
intermarriage ~ показатель количества смешанных браков
international ~s of profit нормы прибыли в различных странах
interruption ~ *ТМО* частота прерывания обслуживания
intrametropolitan mobility ~ показатель подвижности населения внутри метрополии
intrinsic ~ of natural increase истинный коэффициент естественного прироста населения; коэффициент прогрессивности режима воспроизводства населения
inventory carrying charge ~ стоимость хранения запасов
investment ~ 1. норма инвестирования 2. темп прироста капиталовложений
issuance ~ эмиссионная процентная ставка
job ~ производственная норма
jobless ~ *см.* **unemployment rate**
jockeying ~ *ТМО* частота переходов из одной очереди в другую
joint (combination) ~ единый (комбинированный) тариф *(для перевозки грузов между пунктами на линиях различных компаний)*
joint reproduction ~ суммарный коэффициент воспроизводства населения
judgement ~ *страх.* премия, установленная по собственной оценке застрахованного
labor ~ ставка заработной платы
labor force participation ~ *см.* **participation rate**
lawful [legal] ~ *амер.* тариф, утверждённый Комитетом по межштатному транспорту
legal ~ of interest установленная законом ставка процента
legitimate fertility ~ коэффициент брачной фертильности
lending ~ ставка ссудного процента
less-than-carload ~ тариф для мелких отправок *(меньше повагонного минимума)*; тариф на сборные грузы
letality ~ показатель смертности
life time fertility ~ коэффициент исчерпанной фертильности
literacy ~ процент грамотного населения
live birth ~ брутто-коэффициент рождаемости
loan ~ процентная ставка по ссуде
local ~ 1. ставка местного налога 2. местный [локальный] тариф *(действующий только в пределах одной транспортной линии)*
local mobility ~ показатель подвижности населения внутри страны
local service carrier class mail ~ повышенный тариф на перевозку почты местными авиалиниями
lombard ~ 1. процентная ставка по ломбардному кредиту 2. официальная процентная ставка по кредитам центрального банка коммерческим банкам *(особ. в ФРГ)*
London ~s валютные курсы в Лондоне *(для различных видов сделок)*
London interbank bid ~ Лондонская ставка спроса по межбанковским депозитам
London interbank offered ~ Лондонская ставка предложения по межбанковским депозитам
long(-term) ~ ставка процента по долгосрочным кредитным обязательствам
machine-hour ~ норма издержек на станко-час
machine-hour burden ~ ставка накладных расходов на станко-час
marginal tax ~ предельная [приростная] налоговая ставка
marital sterilization ~ коэффициент брачной бесплодности
marriage ~ коэффициент брачности
marriage ~ per mile *демогр.* количество браков на тысячу (человек)
marriage dissolution ~ *см.* **divorce rate**
maternity ~ процент матерей среди женщин фертильного возраста
migration ~ коэффициент миграции
mileage ~ плата за перевозки, исчисляемые в милях
mixed carload ~ повагонный тариф для смешанных партий грузов
mobility ~ показатель подвижности населения
momentary money ~ of interest ставка процента по денежным операциям на данный период
money market ~s ставки (процента) денежного рынка
morbidity ~ показатель заболеваемости
mortality ~ 1. коэффициент смертности 2. процент банкротств *(напр. среди мелких торговых предприятий)*
mortgage ~ ставка процента по закладной
multiple exchange ~s множественные валютные курсы
national average heat ~ средний для всех электростанций удельный расход тепла
natural ~ of growth естественный темп

роста *(обеспечивающий полное использование всех производственных ресурсов)*
natural ~ of interest естественная норма процента
natural ~ of unemployment «естественный» уровень безработицы *(долговременная безработица, которая не зависит от темпов экономического роста)*, хроническая безработица
natural increase ~ коэффициент естественного прироста населения
negative interest ~ отрицательный процент *(получаемый по ссуде или депозиту меньше текущего темпа инфляции)*
neonatal mortality ~ коэффициент детской смертности для младенцев в возрасте до 28 дней
net reproduction ~ чистый коэффициент воспроизводства населения; коэффициент Кучинского
new hire ~ процент вновь принятых *(на работу)*
nominal ~ of interest номинальная ставка процента
nonresponse ~ *см.* **refusal rate**
nubile marriage ~ коэффициент брачности для лиц, достигших брачного возраста
nuptiality ~ коэффициент брачности
obsolescence ~ степень устаревания; скорость устаревания
occupance ~ *ТМО* коэффициент занятости
occupational mortality ~ коэффициент профессиональной смертности
occupation specific ~ (демографический) показатель для лиц определённой профессии
offering ~ ставка, предлагаемая по новому выпуску обязательств
official ~ of discount официальная учётная ставка центрального банка
open market ~s ставки (процента) открытого рынка
operating ~ 1. коэффициент использования производственных мощностей; степень загрузки производственных мощностей **2.** (относительный) показатель деятельности *(фирмы)*
output ~ 1. производительность; норма выработки **2.** *ТМО* интенсивность выходящего потока
overdraft ~ процент по овердрафту
overflow ~ *ТМО* интенсивность избыточного потока
overhead (application) ~ ставка накладных расходов
overnight ~ однодневная процентная ставка *(по ссуде)*
overstated ~ завышенный (демографический) показатель
overtime premium ~ норма премиальной выплаты за сверхурочную работу
parity-specific ~ *демогр.* коэффициент для порядковой группы по числу детей
participation ~ доля рабочей силы *(работающих и зарегистрированных безработных)* в общей численности данной половозрастной группы

passenger ~ пассажирский тариф
pegged ~ искусственно поддерживаемый (валютный) курс
penalty ~ штрафная [повышенная] ставка *(напр. тарифа)*
per diem ~ *лат.* подённая ставка *(оплаты труда)*
personal bankruptcy ~ процент банкротств частных лиц *(не корпораций)*
piece ~ сдельная ставка *(оплаты труда)*
pipeline ~s (оптовые) тарифы на (природный) газ
plant-wide burden ~ общезаводская ставка накладных расходов
postage ~ почтовый тариф
posted ~s 1. ежедневно объявляемые банковские котировки по продаже иностранной валюты **2.** объявленные ставки по онкольным ссудам *(на Нью-Йоркской фондовой бирже)*
power ~ тариф за пользование электроэнергией
preferred operating ~ предпочтительный коэффициент использования производственных мощностей
premium ~ размер премии, норма премиальной выплаты
prevailing ~ общераспространённая ставка; существующая ставка
prevalence ~ *см.* **incidence rate**
prime ~ *амер.* «прайм-рейт», базисная ставка *(по ссудам первоклассным заёмщикам)*
prime cost burden ~ ставка накладных расходов, относимых на прямые издержки производства
private ~ of discount *англ.* ставка банка по учётным операциям *(в отличие от официальной учётной ставки)*
probability ~ вероятностный показатель
production ~ производительность; норма выработки
production center burden ~ *см.* **cost center burden rate**
profit ~ норма прибыли
progressive discount ~ повышенная учётная ставка, взимаемая при превышении лимита переучётных операций
projected target ~ of return запланированная целевая норма прибыли
proportional ~ пропорциональный тариф *(для расчёта комбинированной ставки)*
provisional ~ предварительный показатель
quarterly ~ of utilization среднеквартальный коэффициент использования *(производственных мощностей)*
quit ~ процент уволившихся
rail ~s ставки железнодорожных тарифов
real exchange ~ реальный валютный курс *(с поправкой на относительные цены)*
real interest ~ реальная ставка процента *(с учётом обесценения денег)*
reciprocal switching ~ *амер.* тариф за перемещение в противоположном направлении *(от узловой станции до подъездных путей, примыкающих к чужой дороге)*
rediscount ~ переучётная ставка

reduced ~ льготный пониженный тариф *(за пользование услугами связи)*
refusal ~ доля отказавшихся отвечать *(при обследовании)*
registered birth ~ коэффициент зарегистрированной рождаемости
released ~ льготный тариф *(устанавливаемый при встречном снижении отправителем объявленной ценности груза)*
remarriage ~ коэффициент повторных браков
renewal ~ ставка по пролонгируемым онкольным ссудам
replacement ~ коэффициент воспроизводства *(населения)*, коэффициент замещения поколения
reproduction ~ *см.* **replacement rate**
research and development ~ доля расходов на исследования и разработки *(в валовом национальном продукте)*
residential ~ тариф (на электроэнергию) для индивидуальных потребителей
response ~ доля ответивших *(от общего числа опрошенных)*
retail ~s тарифы (на электроэнергию) для индивидуальных потребителей
retention ~ доля прибыли, не распределяемая по дивидендам
retirement ~ коэффициент выбытия *(отношение числа выбывшего оборудования к общему числу одновременно приобретённого)*
runaway ~ чрезвычайно высокая ставка *(оплаты труда)*
saving ~ норма сбережений
school attendance ~ процент посещаемости школы учащимися
scrape ~ норма *(производственных)* отходов
seeding ~ норма расхода семян
selling ~ курс продавцов
service ~ *ТМО* интенсивность обслуживания
sex-age-specific death ~s возрастные коэффициенты смертности
share turnover ~ оборачиваемость акций взаимных фондов
shipping ~ фрахтовая ставка
short(-term) ~ краткосрочная процентная ставка
shortage ~ уровень дефицита *(в системе управления запасами)*
sickness ~ процент больных
sight ~ валютный курс по предъявленным траттам *или* чекам
specified ~ номинальный [расчётный] показатель
spot ~ курс по кассовым сделкам
stable birth ~ коэффициент рождаемости стабильного населения
standard ~ **1.** основная ставка *(заработной платы)* **2.** обычная ставка **3.** стандартная тарифная сетка оплаты *(за услуги)* **4.** основной тариф *(ставка при перевозке по кратчайшему маршруту)*
standardized ~ стандартизованный [нормированный] коэффициент
standard time ~ стандартная повремённая ставка *(заработной платы)*
starting ~ (гарантированная) начальная ставка *(заработной платы)*
stated interest ~ объявленная процентная ставка
sterling ~ курс фунта стерлингов, стерлинговый курс
sticky interest ~ неэластичный процент; «закреплённая» [жёсткая] ставка процента
stillbirth ~ коэффициент мертворождаемости
stock depletion ~ интенсивность расходования запасов
stocking ~ **1.** уровень запасов **2.** плотность [концентрация] поголовья *(на единицу площади)*
storage ~ уровень запасов
straight-line ~ пропорциональный тариф; одноставочный тариф *(с одинаковой ставкой для каждой потреблённой единицы электроэнергии)*
substitution ~ норма замещения
survival ~ **1.** коэффициент выживаемости *(отношение числа эксплуатируемых станков к общему числу одновременно установленных)* **2.** *демогр.* коэффициент доживаемости **3.** *с.-х.* выживаемость
swap ~ валютный курс по форвардным [срочным] сделкам
target ~ **1.** запланированная норма **2.** *pl* запланированные темпы *(производства)*
target profit ~ целевая норма прибыли
tariff ~ тарифная ставка
tax ~ налоговая ставка, ставка налогового обложения
through ~ сквозной тариф, тариф прямой *или* сквозной перевозки грузов
tight ~ жёсткая норма
time ~ **1.** повременная ставка *(заработной платы)* **2.** норма времени
time ~ of exchange курс валюты по срочным сделкам
transit ~ тариф для грузов, обрабатываемых в пути следования
transportation ~ транспортный тариф
trial (wage) ~ *см.* **experimental (wage) rate**
true interest ~ *см.* **real interest rate**
unemployment ~ процент [доля] безработных
utility ~s тарифы на коммунальные услуги *(электроэнергию, газ, воду)*
utilization ~ коэффициент использования [загрузки] *(производственных мощностей)*
vacancy ~ процент пустующих квартир, доля несданных квартир
variable ~ колеблющийся (валютный) курс
variable service ~ *ТМО* переменная интенсивность обслуживания
vital ~ демографический показатель
volume ~ тариф для массовых грузов
wage ~ ставка заработной платы
warranted ~ of growth гарантированный темп роста экономики, обеспечивающий полное использование ресурсов *(термин теории экономического роста)*

wastage ~ норма отходов
wear(-out) ~ процент изделий, списанных вследствие естественного износа
weight ~ *с.-х.* **1.** весовой расход **2.** скорость прибавления массы
wholesale ~s оптовые тарифы на электроэнергию
worker's ~s тарифные разряды
world market ~s ставки на мировом рынке
Wright demand ~ тариф Райта *(зависящий от коэффициента загрузки энергосистемы)*
zone (freight) ~ зональный тариф (на грузы)

rated 1. номинальный; расчётный; проектный **2.** имеющий разряд **3.** пригодный □
not ~ «нет рейтинга», указание на отсутствие (официальной) оценки качества ценной бумаги
conservatively ~ рассчитанный с запасом
man ~ пригодный для человека

ratepayer налогоплательщик
ratification утверждение, ратификация
ratify утверждать, ратифицировать
rating 1. оценка ‖ оценочный **2.** определение стоимости **3.** отнесение к классу, разряду *или* категории **4.** обложение налогом; сумма налога **5.** разряд *(судна)* **6.** маркировка; таксировка; определение [расчёт] тарифа ‖ тарифный **7.** нормирование; хронометраж **8.** мощность; номинальная мощность; производительность **9.** номинальная характеристика; паспортное значение **10.** рейтинг, количественная *или* качественная оценка *(особ. ценных бумаг)* □ **~ and billing** расчёт тарифов и выписка счетов *(на перевозку)*
accuracy ~ оценка точности
bond ~ рейтинг облигации, оценка платёжеспособности эмитента по особой шкале
capacity ~ паспортная производительность; паспортная мощность
classification ~ класс груза согласно классификации
continuous (-duty) ~ номинальная производительность при длительной работе
credit ~ оценка кредитоспособности
effort ~ 1. оценка напряжения при работе **2.** оценка темпа работы
employee ~ аттестация работника *(с целью установления определённого уровня оплаты и продвижения по службе)*
financial ~ оценка финансового положения
horsepower ~ номинальная мощность в л.с.
job ~ оценка работы
lot ~ оценка качества партии *(изделий)*
merit ~ 1. оценка качества **2.** оценка деловых качеств работника *(работоспособности, аккуратности, организаторских навыков)*
Moody's ~s рейтинги (ценных бумаг) фирмы Муди *(США)*
nameplate ~ мощность по заводским данным; номинальная мощность
output ~ характеристика производительности
pace ~ оценка интенсивности труда
performance ~ характеристика производительности; оценка интенсивности труда
priority ~ *ТМО* назначение приоритета; разряд очерёдности
quality ~ оценка качества
securities ~ рейтинг ценных бумаг *(оценка надёжности и риска)*
speed ~ оценка темпа работы
split ~ двойной рейтинг (ценных бумаг), ситуация, когда рейтинги двух ведущих агентств США резко расходятся
standard ~ стандартный номинал
Standard and Poor's ~s рейтинги (ценных бумаг) фирмы Стэндард энд Пур *(США)*
triple A credit ~ определение наивысшей кредитоспособности *(обозначаемой тремя А)*
virtual ~ средняя эффективная мощность

ratio (со)отношение; относительный показатель; коэффициент; пропорция; доля; процент; норма *(напр. покрытия)* □ **~ between gold and silver** соотношение стоимости золота и серебра; **in the ~ ...** в отношении...
~ of allotment квота подписки
~ of capital turnover коэффициент оборачиваемости капитала; оборачиваемость капитала
~ of debt to net worth коэффициент задолженности *(отношение задолженности к стоимости собственного капитала)*
~ of merchandise to sales показатель оборота товарных запасов *(отношение товарных запасов к сумме продаж)*
~ of reserves to liabilities отношение резервов к обязательствам
~ of sales to receivables отношение продаж к дебиторской задолженности
acid-test ~ коэффициент «критической» оценки *(отношение ликвидности фирмы к сумме долговых обязательств)*
age ~ соотношение численности возрастных групп
attendance ~ показатель посещаемости *(учебного заведения)*
benefit-cost ~ отношение дохода к издержкам
birth ~ относительный коэффициент рождаемости *(отношение числа живорождений с определёнными характеристиками к общему числу живорождений)*
blow-up ~ *см.* **coverage ratio 1.**
capacity ~ коэффициент использования производственных мощностей
capital formation ~ отношение капиталовложений к сумме валового национального продукта
capital-labor ~ капиталовооружённость (рабочего)
capital-output ~ капиталоёмкость; фондоёмкость
capital productivity ~ капиталоотдача; фондоотдача

cash (position) ~ *англ.* норма кассовых резервов *(напр. отношение кассовых активов банка к депозитам)*
child-woman ~ отношение числа детей *(в возрасте до четырёх лет)* к числу матерей *(в возрасте от 15 до 44 лет)*
clearing ~ *ТМО* коэффициент использования, загрузка
coinage ~ валютный паритет
collection ~ коэффициент покупательской задолженности *(отношение общей стоимости товаров, проданных в кредит, к сумме к получению)*
commercial ~ *см.* **market ratio**
composition ~ структурный коэффициент *(в модели экономики)*
concentration ~ показатель концентрации
contribution margin ~ коэффициент выручки *(объём выручки минус переменные расходы, делённый на сумму выручки)*
correlation ~ корреляционное отношение
cost-effectiveness ~ коэффициент эффективности затрат
cost-reliability ~ относительная стоимость обеспечения надёжности
cover ~ коэффициент покрытия; норма обеспечения *(напр. банкнотной эмиссии золотом или иностранными девизами)*
coverage ~ 1. коэффициент охвата *(доля отрасли в общем производстве профилирующего продукта в стране)* **2.** процент охвата *(напр. переписью)*
current ~ отношение оборотного капитала к краткосрочным обязательствам
death ~ *см.* **mortality ratio**
debt service ~ коэффициент обслуживания долга *(отношение годовых платежей к экспорту страны или к доходам корпорации)*
debt-to-asset ~ отношение суммы долга к активам *(компании)*
debt-to-equity ~ отношение задолженности к собственному капиталу
debt-to-income ~ отношение задолженности к доходу
delivery ~ процент своевременных поставок
dependency ~ *демогр.* коэффициент зависимости, относительный показатель числа иждивенцев
deposit-currency ~ отношение суммы депозитов к наличным деньгам *(характеризующее структуру денежной массы)*
depreciation reserve ~ коэффициент износа, коэффициент резерва на амортизацию *(отношение суммы начислений на износ к первоначальной стоимости)*
design ~ расчётное соотношение, расчётный коэффициент
direct ~ прямая пропорциональность
divorce ~ показатель количества разводов *(отношение числа разводов к числу заключённых браков)*
downtime ~ коэффициент простоя *(оборудования)*
effectiveness ~ коэффициент эффективности
embodied labor ~s соотношения овеществлённого труда *(как основа меновой стоимости)*
energy-output ~ энергоёмкость *(продукции)*
enrol(l)ment ~ доля учащихся в данной возрастной группе
equipment-structures ~ технологическая структура *(отношение стоимости оборудования к стоимости зданий и сооружений)*
equity ~ отношение собственного (акционерного) капитала к общей сумме активов
exchange ~ меновое отношение
expected sex ~ ожидаемое соотношение полов
Federal Reserve ~ норма обязательных резервов для банков — членов Федеральной резервной системы
feeding ~ *с.-х.* кормовой коэффициент
feed to food protein conversion ~ *с.-х.* коэффициент перехода протеина кормов в пищевые продукты
fertility ~ специальный коэффициент фертильности
financial intermediation ~ отношение суммы финансовых активов в портфеле финансовых учреждений к общей сумме финансовых активов
fixed investment ~ доля вложений в основной капитал *(в национальном доходе)*
four-firm concentration ~ доля четырёх крупнейших фирм в суммарном показателе отрасли *(напр. в объёме производства)*
four-plant concentration ~ уровень концентрации производства на четырёх крупнейших заводах, доля четырёх крупнейших заводов в суммарном показателе отрасли *(напр. в числе занятых)*
gold ~ золотое покрытие *(отношение золотого резерва к количеству денег в обращении)*
grade attrition ~ относительный показатель отсева учащихся
grade progression ~ относительный показатель увеличения контингента учащихся
grade retention ~ отношение числа учащихся старшего класса *(включая второгодников)* к числу учащихся в ближайшем младшем классе в предыдущем учебном году
higher education enrol(l)ment ~ число студентов высших учебных заведений на 100 000 человек
humidity ~ *с.-х.* удельная влажность; влагоёмкость; влагосодержание
industry group specialization ~ коэффициент специализации группы отраслей промышленности *(по производству профилирующего продукта)*
in-migration ~ *амер.* отношение численности иммигрантов к общей численности населения
instantaneous parity progression ~ текущий коэффициент рождаемости в пределах порядковой группы по числу детей

intake ~ отношение контингента новых учащихся к общей численности учащихся
inventory-income ~ отношение вложений в товарно-материальные запасы к доходу *(в валовом национальном продукте)*
inventory-sales ~ отношение товарно-материальных запасов к объёму продаж
inverse ~ обратное отношение
investment ~ инвестиционная квота, доля капиталовложений
labor-output ~ трудоёмкость *(продукции)*
labor-population ~ отношение численности рабочей силы к численности населения
labor-saving ~ коэффициент экономии трудовых затрат
leverage ~ доля заёмных средств *(в совокупном капитале нефинансовых корпораций)*
liquid ~ *англ.* отношение ликвидных статей баланса банка к депозитам
liquidity ~ коэффициент ликвидности *(отношение ликвидных средств к сумме активов предприятия)*
load ~ *ТМО* коэффициент использования, загрузка
loan-deposit ~ отношение суммы банковских ссуд к депозитам
loss ~ уровень убыточности
maintenance cost ~ относительная стоимость технического обслуживания
male-female ~ отношение численности мужчин к численности женщин
management ~ коэффициент руководства *(число руководителей на 1000 рабочих)*
man-land ~ площадь (возделываемой) земли, приходящейся на одного человека
marginal-income ~ *см.* **contribution margin ratio**
market ~ рыночное соотношение стоимости равных количеств золота и серебра
masculinity ~ относительная численность мужчин
materials-output ~ материалоёмкость *(продукции)*
member short sale ~ отношение коротких [непокрытых] продаж членов биржи ко всем коротким продажам *(показатель тенденции рынка)*
migration ~ доля мигрирующего населения
mint ~ валютный паритет
misapplication ~ доля неправильно используемых изделий
monetization ~ доля общего товарного оборота, обслуживаемая деньгами
money-income ~ отношение суммы денег к доходу
morbidity ~ относительный показатель заболеваемости
mortality ~ относительный показатель смертности *(от определённой причины)*
net profit ~ коэффициент рентабельности
nonworker ~ процент неработающих *(из числа трудоспособных)*
operating ~ коэффициент издержек *(хозяйственной деятельности)*
operation ~ **1.** относительный показатель текущего производства *(напр. отношение стоимости материалов к стоимости продукции)* **2.** коэффициент использования производственной мощности
out-migration ~ отношение численности эмиграции к общей численности населения
output-capital ~ капиталоотдача; фондоотдача
output-input ~ коэффициент полезного действия, кпд
parity progression ~ коэффициент рождаемости в пределах порядковой группы по числу детей
parity-specific birth ~ относительный показатель рождаемости с учётом порядковой группы
percentage ~ процентное (со)отношение
personnel ~ доля рабочих в общей численности работающих
placement ~ коэффициент размещения, отношение суммы размещённых акций ко всему выпуску
plant ~ коэффициент использования установленной мощности *(электростанции)*
plant-equipment ~ технологическая структура *(отношение стоимости производственных зданий и сооружений к стоимости оборудования)*
price ~ соотношение цен
price-cost ~ соотношение издержек и цен
price-earning(s) ~ отношение рыночной цены *(напр. акции)* к чистой прибыли компании *(в расчёте на одну акцию)*
price-life ~ отношение стоимости к долговечности *(напр. оборудования)*
primary school enro(l)lment ~ процент учащихся начальных классов *(среди детей в возрасте от 5 до 14 лет включительно)*
pupil-teacher ~ среднее число учащихся, приходящееся на одного преподавателя
quick ~ *см.* **acid-test ratio**
reciprocal ~ обратное отношение
repayments-to-income ~ отношение суммы погашения долга к доходу
repeater ~ доля второгодников среди учащихся
reserve ~ **1.** резервная норма, норма резервного покрытия **2.** *см.* **depreciation reserve ratio**
reserve ~ **for a guideline class** коэффициент «сношенности» для типовой группы *(оборудования)*
return ~ коэффициент окупаемости капиталовложений *(отношение прибыли к основному капиталу)*
risk-benefit ~ коэффициент «риска» *(отношение величины возможных убытков к ожидаемой прибыли при создании нового изделия)*
roughage-to-concentrate ~ *с.-х.* соотношение грубых кормов и концентратов
sampling ~ доля выборки *(в генеральной совокупности)*
saturation ~ *с.-х.* коэффициент насыщения
saving ~ норма сбережений *(сберегаемая доля дохода)*
school retention ~ отношение количества

RATIO

оканчивающих учебное заведение к количеству поступивших
seasonal ~ показатель сезонных колебаний
secondary sex ~ соотношение полов при рождении
separation ~ 1. коэффициент распределения *(для подсчёта детской смертности)* **2.** *см.* **divorce ratio 3.** коэффициент текучести *(отношение числа увольнений к общей численности работающих)*
serviceability ~ коэффициент эксплуатационной готовности
sex ~ соотношение полов
shift-work ~ доля рабочих, работающих посменно *(от общего числа рабочих)*
specialization ~ коэффициент специализации *(по профилирующему продукту)*
standardized ~ стандартизированный [нормированный] относительный показатель
stillbirth ~ относительный показатель мертворождений
stock-to-sales ~ отношение стоимости складских запасов к месячному объёму продаж
subscription ~ *амер.* требуемое число акций для получения права на льготную подписку *(на одну акцию нового выпуска)*
survival ~ процент доживающих до определённого возраста
transportation ~ транспортный коэффициент *(отношение эксплуатационных расходов к доходам)*
turnover ~ *см.* **ratio of capital turnover**
up-time ~ коэффициент использования *(напр. оборудования)*
utilization ~ коэффициент использования, загрузка
vacancy-unemployment ~ соотношение вакансий и безработицы
valuation ~ отношение рыночной цены *(акции)* к номиналу
variable-cost ~ отношение выручки к переменным издержкам
variance ~ отношение дисперсий
work ~ отношение полезной работы к затраченной работе
working capital ~ *см.* **current ratio**

ration 1. паёк; рацион **2.** *pl* продовольствие **3.** рационировать; нормировать; распределять по карточкам; выдавать по карточкам **4.** снабжать, обеспечивать □ **off the ~** ненормируемый, свободно продаваемый
balanced ~ сбалансированный рацион
emergency ~ неприкосновенный запас *(продовольствия)*

rational рациональный

rationality:
marginal-choice ~ обоснование, исходящее из теории предельной полезности
pure competition ~ обоснование, исходящее из теории чистой конкуренции

rationalization (организационная) рационализация, совершенствование *(производства)*

rationalize рационализировать, совершенствовать *(производство)*

rationing 1. рационирование; нормирование; распределение по карточкам **2.** фондирование □ **~ by the purse** нормирование в зависимости «от кошелька» *(повышение цены, в результате которого товар оказывается недоступным для низкооплачиваемых слоёв населения)*
~ of foreign exchange валютный контроль *(сдача государству валюты и покупка её по установленному курсу)*
capital ~ лимитирование финансовых средств для инвестиций
credit ~ рационирование кредита
food ~ нормирование продовольствия

raw 1. сырьё **2.** сырой, необработанный **3.** необученный, неквалифицированный *(напр. о рабочей силе)* **4.** нечестный

razor:
Occam's [Ockham's] ~ принцип Оккама, закон (предпочтительности) минимума допущений *(в экономической модели)*

reach охватить *(определённую группу потенциальных покупателей)*

reacquire вновь приобрести, выкупить *(напр. акции собственной компании)*

reacquisition повторное приобретение, выкуп

react 1. реагировать **2.** действовать; воздействовать **3.** противодействовать

reaction 1. реакция **2.** действие; воздействие; влияние **3.** противодействие **4.** изменение курсов на бирже
chain ~ in portfolio adjustments цепная реакция в перестройке портфеля *(финансовых активов)*

reactivate возобновлять деятельность, расконсервировать, вернуть в строй [в число] действующих

reactivation возобновление деятельности, расконсервирование, возвращение в строй [в число] действующих
~ of idle deposits вовлечение в оборот неактивных депозитов

readiness готовность
~ of goods for shipment готовность товара к отправке
operational ~ 1. эксплуатационная готовность **2.** боевая готовность

reading 1. показание *(прибора)*, считывание показаний **2.** *pl* показатели, данные *(из таблицы)* **3.** *орг. пр.* замер; хронометрирование
abnormal ~ дефектный замер
continuous ~ *орг. пр.* хронометрирование по текущему времени
remote meter ~ дистанционное считывание показаний электросчётчиков
snapback ~ хронометрирование по отдельным отсчётам

readjustment 1. перестройка, реорганизация **2.** корректировка, восстановление нарушенного равновесия
~ of capital stock перестройка структуры акционерного капитала

ready 1. готовый, подготовленный **2.** легкодоступный; наличный **3.** лёгкий; быстрый □ **~ for collection** готовый к инкассации *(напр. документ)*; **~ for service** готовый

к эксплуатации; ~ **to use** готовый к употреблению
operational ~ 1. (находящийся) в состоянии эксплуатационной готовности 2. (находящийся) в состоянии боевой готовности
ready-made готовый *(об изделии)*
Reaganomics (Reagan + economics) «рейганомика» *(экономическая политика президента Рейгана и соответствующие концепции)*
real 1. реальный, действительный, настоящий, неподдельный, несомненный 2. недвижимый *(о собственности)* 3. исчисленный в постоянных ценах
realign перестраивать, изменять, реконструировать, пересматривать
realignment перестройка, реконструкция, пересмотр; изменение взаимных соотношений; *особ.* пересмотр центральных валютных курсов *(в Европейской валютной системе)*
~ **of exchange rates** изменение валютных курсов *(обычно в сторону равновесия)*
reality реальность, действительность
realizability реализуемость, осуществимость, выполнимость
practical ~ реальная осуществимость
technical ~ техническая осуществимость
realizable реализуемый, осуществимый
realization 1. реализация, осуществление, выполнение 2. реализация, превращение в деньги, продажа
value ~ реализация стоимости; получение отдачи *(в результате сделанных капиталовложений)*
realize 1. осуществлять 2. реализовывать, превращать в деньги, продавать □ **the goods are difficult to** ~ товары трудно продаются; **to** ~ **a profit** получить прибыль
reallocation перераспределение *(напр. ресурсов)*
realtor *амер.* агент по продаже недвижимости
realty недвижимость, недвижимое имущество
reapportion (пропорционально) распределять
reapportionment (пропорциональное) распределение
~ **of cost** (пропорциональное) распределение накладных расходов
direct ~ прямое отнесение косвенных издержек *(на продукцию основных цехов)*
overhead ~ (пропорциональное) распределение накладных расходов
reapprisal переоценка; перерасчёт
rear 1. разводить; выращивать *(скот)* 2. воспитывать
rearer 1. животновод, скотовод 2. выращиваемое животное 3. инкубатор
rearing 1. разведение; выращивание 2. воспитание □ ~ **in confinement** выращивание в закрытом помещении
rearrange 1. приводить в порядок 2. переделывать; реконструировать 3. *стат.* перегруппировывать, переставлять
rearrangement 1. приведение в порядок 2. переделка; реконструкция 3. *стат.* перегруппировка, перестановка
reasonable 1. (благо)разумный; справедливый 2. обоснованный 3. приемлемый, подходящий 4. недорогой, сходный *(о цене)*
rebate 1. (ценовая) скидка, уступка ‖ уступать, сбавлять 2. возврат переплаты *(за товары или услуги)* 3. вычет процентов; возврат процентов □ **on** ~ со скидкой; **to grant a** ~ предоставлять скидку
~ **of interest** частичный возврат процентов при досрочном погашении ссуды
dealer's ~ дилерская скидка
deferred ~ отсроченная скидка
price ~ скидка с цены
quantity ~ скидка за количество
rates ~ *англ.* скидка с тарифов *(напр. на электроэнергию)* для пенсионеров
tax ~ снижение налоговых ставок; скидка с налога, налоговая льгота
rebilling переоформление накладной; составление новой накладной
rebound 1. спад; отлив; подавленность *(напр. реакция потребителей на неблагоприятную экономическую ситуацию)* 2. давать обратный эффект; давать результат, противоположный ожидаемому
rebuff отказ ‖ отказывать
rebuild восстанавливать; реконструировать
rebuilding восстановление; реконструкция; капитальный ремонт; перестройка □ ~ **on a factory basis** капитальный ремонт в заводских условиях, заводской капитальный ремонт
equipment ~ капитальный ремонт оборудования
recall 1. отзыв *(должностного лица)* ‖ отзывать 2. отмена, аннулирование ‖ отменять, аннулировать 3. потребовать обратно, изымать □ **beyond [past]** ~ не могущий быть отменённым; безотзывной; **to** ~ **a loan** потребовать погашения ссуды; **to** ~ **from circulation** изымать из обращения
recallable могущий быть изъятым [востребованным]
recapitalization (утверждённое акционерами) изменение структуры капитала компании
recapitulation 1. *бухг.* рекапитуляция 2. суммирование; подведение итога 3. краткое повторение; резюме, вывод
payroll ~ ведомость затрат на рабочую силу
recapture 1. возвращение, восстановление ‖ возвратить, восстановить 2. условие в контракте о возврате *(чего-л.)* □ ~ **of earnings** перевод в государственную казну прибыли, полученной сверх обусловленной нормы
recede падать, понижаться *(о ценах)* □ **the price** ~**d a point** курс понизился на один пункт
receipt 1. получение 2. расписка; квитанция ‖ выдать расписку в получении, расписаться в получении 3. *pl* денежные поступления; выручка; приход; доход(ы) □ **against** ~ под расписку; ~**s and expenditures** приход и расход; ~ **in duplicate** двойная расписка, расписка в двух экзем-

плярах; **to acknowledge ~** подтвердить получение
~ of inventory stocks приём материалов, комплектующих и готовых изделий
~s of premiums поступления страховых платежей
American depositary ~ американская депозитная квитанция *(обращающийся финансовый инструмент на иностранные акции, депонированные в банке США)*
applicable ~s *амер.* доходы бюджета от осуществления правительственных программ
application ~ *англ.* квитанция о подписке
bailee ~ охранное свидетельство *или* расписка *(дающие право распоряжаться товаром, находящимся на хранении)*
bank ~ квитанция банка *(о принятии депозита)*
budget ~s бюджетные доходы
compiled ~s совокупные доходы
contract ~s выручка за работы, выполненные по контрактам, выручка по договорным работам
custodianship ~ документ о депонировании ценностей *(в банке)*
deposit ~ 1. депозитное свидетельство **2.** охранная расписка
dock ~ доковая расписка *(в принятии груза для отправки)*
express ~ квитанция транспортного экспресс-агентства
interbudgetary ~s доходы, возникающие в результате операций между правительственными ведомствами
interim ~ временная расписка
loan ~ расписка в получении займа
marginal ~s маржинальная разница в сумме выручки *(возникающая в результате продажи добавочной единицы товара)*
mate's ~ штурманская расписка, расписка помощника капитана *(в приёме груза)*
premium ~ квитанция об уплате страхового взноса
proprietary ~s доход, приносимый собственностью; доход от имущества
stock ~ расписка о получении акций *(при их продаже)*
subscription ~ квитанция о подписке
tax ~s налоговые доходы
temporary ~ временная расписка *(удостоверяющая получение денег в счёт будущей поставки ценных бумаг)*
total compiled ~s общая выручка
tourist ~s поступления по линии туризма
transfer ~ 1. *англ.* квитанция, удостоверяющая трансферт акций **2.** *pl* трансфертные денежные поступления *(как составная часть личных доходов)*
trust ~ расписка в получении имущества в доверительное управление
warehouse ~ товарная квитанция; квитанция на груз, принятый на хранение

receivable 1. годный для приёмки **2.** подлежащий получению **3.** *pl бухг.* дебиторская задолженность, счета дебиторов □ **~s from customers** задолженность клиентуры [покупателей]
accounts ~s дебиторы по расчётам
interline ~s счета к получению по взаиморасчётам между транспортными компаниями

receive получать, принимать

received □ **~ on account** получено в счёт причитающейся суммы; **when ~** по получении

receiver 1. получатель **2.** грузополучатель **3.** ликвидатор *(имущества несостоятельного должника)*, управляющий конкурсной массой
tax ~ *амер.* сборщик налогов
wholesale ~ оптовый торговец, скупающий крупные партии продуктов *(на центральных рынках)*

receivership управление конкурсной массой; управление имуществом по доверенности

reception 1. приёмная стойка гостиницы, конторка портье **2.** приём, принятие; получение

receptionist секретарь, принимающий посетителей; портье гостиницы

recertification возобновление «Свидетельства общественной полезности и необходимости» *(выдаваемого транспортной или коммунальной компании)*

recession 1. понижение, уменьшение **2.** спад, рецессия **3.** уход; удаление; отступление □ **~ from a contract** отступление от договора; **~ in demand** падение спроса; **to cause a ~** вызывать экономический спад
bounce-off-the-ceiling ~ спад, обусловленный полным исчерпанием производственных ресурсов
business ~ спад деловой активности
full fledged ~ рецессия, охватившая всю экономику
growth ~ спад в темпах роста *(не сопровождающийся абсолютным сокращением совокупной экономической активности)*
inflationary ~ инфляционный спад *(не сопровождающийся снижением цен)*
inventory ~ спад, обусловленный прекращением накопления товарно-материальных запасов
long-lived ~ долгосрочный спад
minor ~ незначительный спад деловой активности
peter-out ~ прекращающийся спад
short-lived ~ кратковременный спад

recessionary рецессионный, связанный со спадом

recession-induced вызванный спадом; вызванный экономическим кризисом; явившийся следствием спада

recharge:
groundwater ~ восстановление запасов подземных вод

recipient получатель
~ of dividend получатель дивиденда
~ of funds получатель денег
~ of grant получатель субсидии; субсидируемое лицо

fixed-income ~ получатель фиксированного дохода
welfare ~ получатель государственного социального пособия
reciprocal 1. обратная величина ‖ обратный 2. взаимный, обоюдный; основанный на взаимности 3. равный, эквивалентный; соответственный
reciprocity взаимность, обоюдность; взаимная выгода
recirculation:
in-plant ~ оборотная система водоснабжения; рециркуляция *(воды)* в системе водоснабжения предприятия
reckon 1. считать, исчислять 2. считать, полагать, рассматривать
reckoning счёт, вычисление; расчёт
reclaim 1. исправлять, переделывать; ремонтировать; восстанавливать 2. использовать, утилизировать 3. предъявлять рекламацию 4. поднимать *(целину)*, осваивать *(земли)*; мелиорировать; осушать
reclamation 1. исправление; ремонт; восстановление 2. утилизация, переработка отходов 3. рекламация; претензия 4. освоение *(земли)*; мелиорация; осушение
land ~ мелиорация земли, коренное улучшение почвы
reclassification:
industry ~ изменение классификации отраслей экономики
recognition 1. опознавание, распознавание 2. признание незаконнорождённого *(отцом, матерью или обоими вместе)*
magnetic-ink character ~ *амер.* распознавание знаков, нанесённых магнитными чернилами *(при автоматической обработке чеков в банках)*
recognized признанный
recoin перечеканивать *(монеты)*
recoinage перечеканка *(чеканка новых монет из переплавленных старых)*
recompense вознаграждение, возмещение, компенсация ‖ вознаграждать, возмещать, компенсировать
reconcile 1. согласовывать; выверять *(счета)* 2. улаживать; примирять; приводить в соответствие
reconcilement *см.* **reconciliation**
reconciliation 1. согласование *(торговых книг)*; выверка *(счетов)* 2. улаживание; примирение
reconsign переадресовывать *(груз в пути следования)*
reconsignment переадресовка *(груза)*
reconstruct перестраивать, реконструировать; восстанавливать
reconstruction перестройка, реконструкция; восстановление
reconversion реконверсия, перевод на производство продукции мирного времени
reconvert осуществлять реконверсию, переводить промышленность на мирные рельсы
record 1. запись; регистрация ‖ записывать; регистрировать, заносить в список 2. *pl* учётные документы; учёт, документация 3. бухгалтерская книга, регистр 4. *pl* факты, данные
~s of billings регистры выписанных счетов; регистры счетов, высланных заказчикам
~ of performance отчёт о результатах деятельности *(напр. предприятия)*
~ of work стаж работы, трудовой стаж
accounting ~s бухгалтерские счета
arrival / departure ~ регистрация прибытия и выбытия
birth ~ регистрация рождений
book ~s записи в бухгалтерских книгах, бухгалтерский учёт
book inventory ~s 1. счета товарно-материальных ценностей по бухгалтерской книге 2. аналитический учёт товарно-материальных ценностей
budgetary ~ бюджетный обзор
business ~s деловые книги
calving ~s *с.-х.* учёт отёлов
complete enterprise ~s полный хозяйственный учёт
consumption ~s учёт потребления
cost ~ калькуляционная ведомость, регистр себестоимости
credit ~ кредитовая запись *(в журнале)*
death ~ регистрация количества смертей
debit ~ дебетовая запись *(в журнале)*
demographic ~ запись актов гражданского состояния
deposit ~s отчётность по депозитам
divorce ~ регистрация разводов
expectancy ~ *с.-х.* расчётные данные *(продуктивности)*
expenditure ~s учёт расхода *(запасов)*
fat ~s учёт жирности *(молока)*
feed ~s учёт расхода кормов
general ledger inventory ~s инвентарные счета главной бухгалтерской книги
internal cost ~s внутрифирменные регистры себестоимости
interview ~ запись результатов обследования
inventory ~s учёт товарно-материальных ценностей
job cost ~s позаказные регистры
lifetime ~s учёт пожизненной продуктивности животного
live-birth ~ регистрация живорождений
loading ~ регистрация загрузки
maintenance-inspection ~ карточка учёта проверок и технического обслуживания *(оборудования)*; эксплуатационный формуляр
marriage ~ регистрация браков
materials consumption ~s документация потребления материалов
materials control ~ 1. картотека контрольного сортового учёта материалов 2. карточка контрольного сортового учёта 3. *pl* контрольный сортовой учёт материалов
migration ~ регистрация движения населения
milk ~s учёт надоев молока, учёт молочной продуктивности
order delivery ~ карточка учёта поступления заказов
passenger ~s списки пассажиров

payroll ~ платёжная ведомость *(по заработной плате)*
pedigree ~**s** *с.-х.* племенной учёт
perpetual inventory ~**s** регистры непрерывного учёта товарно-материальных ценностей
physical count ~**s** записи подсчёта остатков в натуре
plant ~**s** регистры учёта основного капитала [основных средств]
primary ~**s with document** первичный документированный учёт
production ~**s** 1. учёт продуктивности 2. производственный учёт
progeny ~**s** учёт качества потомства
progress ~ регистрация хода работ
purchase ~**s** учёт закупок
quality ~ карточка учёта показателей качества
rearing ~**s** учёт выращивания молодняка
sales ~**s** торговая статистика
stock ~ 1. книга учёта запасов 2. *pl* учёт товарных запасов
supporting ~ вспомогательная ведомость
time ~ *см.* **record of work**
trapnest ~**s** *с.-х.* учёт по контрольным гнёздам
unit control ~ *см.* **materials control record**
utilization ~ отчёт об эксплуатации
vital ~ *см.* **demographic record**

recordation запись; регистрация
recorder записывающее устройство; регистрирующее устройство, регистратор
data ~ регистратор данных
idle time ~ регистратор времени простоя
productive time ~ регистратор производительного времени *(без простоев)*
productivity ~ регистратор производительности

recording запись; регистрация ‖ регистрирующий
~ **of the counts** регистрация наличия *(товарно-материальных ценностей)*
in-churn ~ учёт надоя при системе доения во фляги

record-keeping ведение записей [учёта]
recoup 1. возмещать, компенсировать; окупать 2. вычитать, удерживать
recoupment 1. возмещение, компенсация; окупаемость *(напр. капиталовложений)* 2. вычитание, удержание
recourse 1. обращение *(напр. за помощью)* 2. регресс; право регресса, право оборота *(право векселедержателя требовать от векселедателя оплаты опротестованного векселя)* □ ~ **to credit** использование кредита; **to have** ~ иметь право регресса; **to take** ~ **against [upon] a person** обратить взыскание на *кого-л.*; ~ **to the capital market** обращение к рынку капиталов, использование рынка капиталов; ~ **to the endorser** обращение к индоссанту *(с требованием оплатить просроченный вексель)*; **with** ~ с регрессом; **without** ~ **to me** «без оборота на меня, без права обратного требования» *(вид ограничительного индоссамента)*

recover 1. восстанавливать(ся) 2. оживлять(ся) 3. взыскивать; получать обратно; инкассировать, собирать долги 4. возмещать 5. утилизировать отходы; регенерировать □ **to** ~ **an amount of money** взыскивать сумму денег; получать деньги обратно; **to** ~ **damages** получить компенсацию за убытки; **to** ~ **debts** взыскивать долги; **to** ~ **from losses** оправиться от потерь; **to** ~ **one's credit** восстановить кредитоспособность; **to** ~ **the old level** достичь прежнего уровня
recoverable 1. многократного использования 2. восстанавливаемый 3. могущий быть взысканным *или* инкассированным 4. подлежащий оплате [возмещению] 5. утилизируемый
recovery 1. восстановление 2. оживление; подъём 3. взыскание; получение обратно; инкассирование 4. возмещение 5. утилизация отходов; регенерация 6. добыча, извлечение *(напр. металлов)* из отходов □ ~ **in kind** возмещение в натуре; **to facilitate economic** ~ способствовать экономическому восстановлению
~ **of price** повышение цены *(после понижения)*
consumer-led ~ оживление деловой активности на основе опережающего роста закупок потребительских товаров
cost ~ возмещение издержек производства
enhanced ~ повышенная норма добычи *(напр. нефти, газа)*
fizzling ~ замедляющееся оживление *(экономики)*
full ~ полное возмещение *(затрат)*
housing's ~ оживление в жилищном строительстве
materials ~ утилизация отходов *(производства)*
partial ~ частичное возмещение *(затрат)*
strong ~ быстрое восстановление темпов роста *(после кризиса)*
weak ~ вялое оживление *(экономики)*; вялое восстановление темпов роста

recruit недавно принятый на работу, новичок ‖ принимать на работу
recruiter агент по найму *(кадров)*
recruitment комплектование личным составом
rectification исправление; поправка; устранение ошибки
rectify исправлять
recurrent повторяющийся, периодический *(о кризисах)*
recycle 1. перерабатывать *(отходы)* 2. рециклировать *(напр. возвращать на денежный рынок капиталистических стран валютные средства нефтедобывающих стран)*
red пассив, дебет, дефицит □ **to be in the** ~ быть в долгу, иметь задолженность, работать с убытком, быть убыточным; **to be out of the** ~ выйти из состояния убыточности; **to pull out of the** ~ *см.* **to be out of the red**
redeem 1. выкупать, погашать; возвращать 2. изымать из обращения

redeemability возможность выкупа [погашения]

redeemable выкупаемый, погашаемый *(о банкнотах, ценных бумагах)* □ **in advance** досрочно погашаемый; **~ in cash** погашаемый наличными; **~ in gold** оплачиваемый золотом *(о банкнотах)*; **~ in gold bullion** подлежащий обмену на золотые слитки *(о банкнотах)*

redemption 1. выкуп, погашение; возвращение **2.** изъятие из обращения □ **~ in gold** размен на золото; **to call for ~** объявить о погашении *(облигаций)*; **to postpone ~** отсрочить выкуп *(ценных бумаг)* *или* обмен *(денег на металл)*

~ of bank notes изъятие банкнот из обращения

~ of loan погашение ссуды

~ of mortgage выкуп закладной

~ of stock выкуп акций

mandatory ~ обязательное погашение

prior ~ досрочный выкуп *(облигации)*

solicited ~ погашение по соглашению

redeployment перестройка, перемещение *(напр. в распределении национальных ресурсов)*

~ of staff перемещение сотрудников

redeposit вновь депонировать, вернуть (в банк) ранее изъятый вклад

redevelopment 1. перепланировка и новая застройка старого промышленного *или* жилого района **2.** повторная мелиорация земельного участка

economic(al) ~ восстановление экономики; экономическое развитие *(района, экономика которого пришла в упадок)*

red herring *разг.* предварительный проспект выпуска акций *(используется красная краска на титульном листе)*

redhibition *юр.* односторонняя отмена акта купли-продажи покупателем

redirect перераспределять, переадресовывать

rediscount переучёт *(векселей)* ‖ переучитывать *(векселя)*

redistribution перераспределение

income ~ перераспределение (национального) дохода

redlining практика «красной черты» *(отказ в выдаче ссуды по закладной по расовым соображениям)*

redraft 1. обратный переводной вексель, встречная тратта, ретратта *(выписываемая в случае протеста векселя лицом, оплатившим тратту, на векселедателя)* **2.** повторный проект ‖ делать повторный проект

redraw выставлять обратный переводный вексель [встречную тратту, ретратту]

redress исправление, удовлетворение, возмещение ‖ исправлять, возмещать

reduce 1. сокращать *(напр. расходы)*; уменьшать, снижать *(цены)* **2.** сводить, превращать *(в другую валюту)* □ **do not ~** «не снижать» *(приказ брокеру не снижать цену акций)*; **to ~ to** пересчитывать на ...; переводить в другие единицы; **to ~ to poverty** довести до нищеты

reduction 1. сокращение *(напр. расходов)*; уменьшение, снижение *(цен)*; скидка **2.** редукция, сведение; превращение, перевод *(в другую валюту)* □ **~ for children** (налоговая) скидка для детей; **~ in defense** сокращение расходов на оборону, сокращение военных расходов; **~ in the bank [discount] rate** снижение учётной ставки; **~ in yield** снижение дохода [выручки]; **no ~s** твёрдые цены

~ of labor редукция труда

~ of working day сокращение рабочего дня

across-the-board ~ сокращение всех статей расходов в равной доле

arms ~ сокращение вооружений

concealed price ~ скрытое снижение цен *(путём выплаты премии пропорционально покупкам)*

cost ~ снижение издержек производства [себестоимости]

covert price ~ тайная ценовая скидка

variety ~ сокращение номенклатуры *(продукции)*

waste ~ снижение содержания отходов *(в сточных водах)*

waste load ~ снижение концентрации загрязняющих веществ

redundancy чрезмерность, излишнее количество, избыток *(напр. рабочей силы)*

enforced ~ies принудительные увольнения

redundant избыточный, излишний, чрезмерный *(напр. об объёме фактора производства)*

reef золотая жила *(в ЮАР)*

reengage перенанять *(работника)*

reentrant вернувшийся на рынок труда

reequipment 1. переоборудование; замена оборудования **2.** обновление парка транспортных средств

reestablish восстанавливать; исправлять □ **to ~ in possession** восстановить в правах владения; **to ~ one's credit** восстановить кредитоспособность

reestablishment восстановление; исправление

~ of currency стабилизация [оздоровление] валюты

reexchange сумма обратного переводного векселя [ретратты]

reexport 1. реэкспорт, вывоз ранее ввезённых товаров ‖ реэкспортировать **2.** *pl* реэкспортированные товары; реэкспорт

reexportation реэкспорт, вывоз ранее ввезённых товаров

refer 1. ссылаться, указывать **2.** отсылать, направлять **3.** обращаться **4.** иметь отношение, относиться □ **~ to drawer** «обратитесь к чекодателю» *(отметка банка на неоплаченном чеке)*

referee □ **~ in case of need 1.** лицо, платящее по опротестованному векселю по поручению векселедателя **2.** лицо, которому должны быть переданы грузовые документы в случае отказа покупателя принять и оплатить их

reference 1. ссылка, указание; упоминание

2. справка 3. передача на рассмотрение 4. полномочия, компетенция 5. рекомендация, отзыв 6. лицо, давшее *или* могущее дать рекомендацию 7. (со)отношение, связь □ **with ~ to** ссылаясь на; относительно, что касается
bank ~s банковские референции
personal ~ личная рекомендация
trade ~ информация о состоянии дел *(фирмы)*
referendum референдум, народный опрос
referred □ **~ to above** который указан выше, о котором идёт речь
refinance рефинансировать, дополнительно финансировать
refinancing рефинансирование *(1. выпуск новых ценных бумаг взамен старых 2. пролонгирование срока займа 3. изменение условий банковской ссуды)*
refiner 1. нефтеперерабатывающая компания; нефтеперерабатывающий завод 2. специалист-нефтепереработчик, инженер-нефтепереработчик
small ~ *амер.* малая нефтеперерабатывающая компания *(с мощностью менее 100 тыс. баррелей в сутки)*
refining-in-transit переработка *(напр. нефти)* в пути следования *(с остановкой на промежуточной станции)*
reflate 1. допустить инфляцию, возобновить инфляцию *(искусственно)* 2. стимулировать экономический рост *(государственными кредитно-финансовыми, фискальными мерами)*
reflation 1. рефляция *(восстановление уровня упавших цен)* 2. возобновление инфляции *(искусственное)* 3. стимулирование экономики *или* экономического роста *(напр. путём ослабления кредитно-финансовых ограничений)*
refloat 1. заново выпускать заём 2. реорганизовать компанию *(с изменением структуры капитала)*
reflux отлив, обратный приток
~ of capital обратный приток [отлив] капитала
reform реформа
agrarian ~ аграрная [земельная] реформа
currency ~ денежная реформа; валютная реформа
land tenure ~ реформа землепользования
monetary ~ *см.* **currency reform**
petty ~s незначительные реформы
piecemeal ~ частичная реформа
refrigerate охлаждать(ся); замораживать (ся); хранить в холодном месте
refrigeration рефрижерация; сохранение скоропортящихся продуктов в охлаждённом виде
in-home ~ домашняя рефрижерация
in-store ~ рефрижерация в магазине
in-transit ~ рефрижерация при перевозках
refugee беженец; эмигрант
refund 1. возврат, возмещение ‖ возвращать, возмещать 2. рефинансировать; выпускать новые облигации взамен старых, по которым истекает срок □ **to ~ the excess amounts paid** возмещать переплаченные суммы
one-shot tax ~ разовая скидка с налога
rate ~ возврат переплаты по тарифу
tax ~ скидка с налога, возврат налога, налоговая премия *(семьям с низкими доходами)*
refunding рефинансирование; погашение старой задолженности путём выпуска нового займа
advance ~ предварительное рефинансирование
bonds ~ обмен старых облигаций на облигации нового выпуска
debt ~ рефинансирование задолженности
refundment уплата
refusal 1. отказ; отклонение 2. право первого выбора; преимущественное право принять *или* отклонить оферту 3. отказ сообщить сведения *(при переписи)*
~ of acceptance отказ от акцептования
flat ~ категорический отказ
refuse 1. отказать(ся); отвергать; отклонять 2. отходы *(производства)*; отбросы; пустая порода, отвал пустой породы *(в горной промышленности)* □ **to ~ (acceptance of) a bill** отказаться от акцептования векселя; **to ~ payment** отказаться уплатить
salable ~ реализуемые отходы
regain 1. получать обратно 2. снова достичь, возвратиться к *чему-то*
regime 1. режим, политический строй 2. порядок, система
~ of high sea режим открытого моря
feeding ~ режим кормления
region 1. регион 2. район страны; регион 3. *стат.* область
acceptance ~ область принятия гипотезы
census ~ *амер.* территориально-статистический район
confidence ~ доверительная область
constraint ~ область допустимых решений
convex ~ выпуклая область
decision ~ область решения
feasible ~ область допустимых решений
high-cost power ~ район с высокими издержками производства электроэнергии
natural ~ географическая зона; жизненный округ
power supply ~ район электроснабжения; районная энергосистема *(одна из восьми в США)*
shaded ~ заштрихованная область *(на графике)*
sparsely populated ~ малонаселённый район
unshaded ~ незаштрихованная область *(на графике)*
work ~ рабочая область
regional региональный, ограниченный пределами региона *(напр. о банке в США)*
regionalism регионализм, местничество
Register:
~ of Companies Регистр компаний *(Великобритания)*
Census of Production ~ регистр переписи промышленности

Lloyd's ~ «Регистр Ллойда» *(1. ассоциация в Лондоне, ведающая классификацией морских судов, надзором за правильностью постройки и годностью к плаванию 2. справочник-указатель морских судов)*

register книга записей *(напр. актов гражданского состояния)*; журнал; список; реестр; регистр; указатель ‖ регистрировать; заносить в книгу □ **to ~ a deed** нотариально засвидетельствовать сделку; **to ~ luggage on the railway** отправлять вещи багажом по железной дороге

~ of (holders of) debentures *англ.* список владельцев долговых обязательств

~ of shareholders список акционеров

acceptance ~ журнал акцептов *(в хронологическом порядке)*

address ~ адресная книга

bills discounted ~ банковский журнал учётных векселей и акцептов

bond ~ журнал регистрации сделок с облигациями *(в банке)*

cash ~ кассовый журнал

check ~ регистр платёжных документов

continuous personal ~ книга учёта личного состава

land ~ кадастр, земельная регистрация, опись и оценка землевладений

loan ~ журнал хронологического учёта срочных ссуд

national ~ *англ.* система учёта населения

national savings ~ *англ.* национальный сберегательный регистр *(система продажи государственных облигаций населению)*

note ~ журнал векселей *(в хронологическом порядке)*

patent ~ реестр патентов, принадлежавших фирме

population ~ система учёта населения *(при помощи картотек и индексов)*

share ~ *см.* **stock register**

stock ~ *амер.* книга записи акций

trade ~ торговый реестр

transaction ~ регистр оборотов; реестр операций

transfer ~ книга регистрации трансфертов акций

voucher ~ 1. регистр платёжных документов — «ваучеров»; комбинированный регистр закупок и сумм, подлежащих выплате **2.** журнал выплат, произведённых наличными

registered 1. зарегистрированный, имеющий лицензию [разрешение, право] **2.** именной *(о ценных бумагах)*

Registrar □ **~ General** руководитель центрального бюро регистрации актов гражданского состояния

Superintendent ~ *англ.* заведующий отделом записи актов гражданского состояния

registrar 1. регистратор акций *(наблюдающий за тем, чтобы не была превышена сумма выпуска против разрешённой)* **2.** регистратор облигаций **3.** служащий отдела записи актов гражданского состояния, регистратор **4.** регистрационное бюро

registration 1. регистрация, регистрационная запись **2.** прописка

civil ~ учёт (гражданского) населения

longitudinal ~ продольный учёт населения

marriage ~ регистрация браков

production ~ 1. регистрация продуктивности **2.** производственный учёт, учёт выпуска продукции

sample ~ выборочная регистрация

shelf ~ *амер.* «резервная» регистрация, регистрация *(ценных бумаг в Комиссии по ценным бумагам и биржам)* с правом задержки фактического выпуска

special ~ специальная регистрация

vital ~ запись актов гражданского состояния

registry 1. регистрация, (регистрационная) запись **2.** журнал записей, реестр **3.** отдел записи актов гражданского состояния

regress регресс, экономический упадок

regression *стат.* регрессия

curvilinear ~ криволинейная регрессия

linear ~ линейная регрессия

mean-square ~ среднеквадратическая регрессия

multiple ~ множественная регрессия

net ~ частичная регрессия

nonlinear ~ нелинейная регрессия

parabolic(al) ~ параболическая регрессия

partial ~ частичная регрессия

quadratic ~ квадратическая регрессия

simple ~ простая регрессия

weighted ~ взвешенная регрессия

regressive регрессивный *(о ставках налога, уменьшающихся с увеличением дохода)*

regular постоянный клиент, постоянный работник ‖ регулярный, упорядоченный; стандартный, принятый

regularity:

statistical ~ статистическая закономерность

Regulation:

Armed Services Procurement ~ инструкция по закупочной деятельности военных ведомств *(США)*

regulation 1. регулирование **2.** правило; предписание; инструкция **3.** *pl* технические условия; технические нормы □ *(в США заглавными буквами обозначаются ключевые правила финансовых операций, предписанные Федеральной резервной системой)* **~ D** правило «Д» *(регулирующее операции банков — членов ФРС)*; **~ for safety** правила безопасности; **~ M** правило «М» *(регулирующее приток евродолларов через американские банки)*; **~ Q** *амер.* правило «Кью» *(запрещающее банкам платить процент по вкладам до востребования и со сроком менее 30 дней)*

~s of the Board *амер.* распоряжения Совета управляющих Федеральной резервной системы

ad hoc ~s чрезвычайные меры регулирования

allocation ~s правила, регулирующие распределение *(напр. ресурсов)*

census ~ инструкция о порядке проведения переписи
coastal ~s правила использования прибрежной территории
comptroller's ~s *амер.* инструкции контролёра денежного обращения
currency ~s валютные правила
equipment ~ инструкция по эксплуатации оборудования
immigration ~ закон о порядке въезда в страну
maintenance ~ инструкция по техническому обслуживанию
manning ~s правила комплектации команды *(судна)*
occupational safety and health ~s правила техники безопасности и охраны труда
open-space zoning ~s правила использования зоны открытого пространства *(в черте города)*
pollution control ~s законоположение по охране окружающей среды
public ~ государственное регулирование *(напр. движения общественного транспорта)*
quantitative ~ of imports контингентирование ввоза
rate ~ (государственное) регулирование тарифов *(напр. на электроэнергию)*
road ~s правила дорожного движения
safety ~s правила техники безопасности
securities ~s *амер.* правила сделок с ценными бумагами
service ~s правила ухода [обслуживания]; правила эксплуатации
state ~ 1. регулирование *(напр. коммерческой деятельности)* властями штата **2.** государственное регулирование
statutory wage ~s установленные законом правила регулирования уровня заработной платы
stock exchange ~s правила фондовой биржи
technical ~s технические условия; технические нормы
utility rate ~ государственное регулирование тарифов на продукцию и услуги предприятий сферы коммунального обслуживания
zoning ~s зональные правила по охране окружающей среды

regulator регулятор
bank ~s органы правительства, ведающие банковской системой

rehabilitation:
monetary ~ оздоровление денежного обращения

rehandle повторно обрабатывать *(напр. депонируемые документы)*

rehypothecate перезакладывать, закладывать вторично

reimburse возвращать, возмещать, компенсировать, покрывать, оплачивать

reimbursement возврат, возмещение, компенсация, покрытие, оплата □ **to provide ~** возместить израсходованные деньги
~ of outlay возмещение расходов
tax ~ возврат налога

reimport 1. реимпорт, ввоз ранее вывезенных товаров ‖ реимпортировать **2.** *pl* реимпортированные товары; реимпорт

reimportation реимпорт, ввоз ранее вывезенных товаров

reindustrialisation реиндустриализация, модернизация производственного аппарата в высокоразвитой экономике

reins:
credit ~ «кредитные вожжи», ограничительные инструменты кредитно-денежной политики

reinsurance перестрахование
facultative ~ факультативное перестрахование
obligatory ~ облигаторное перестрахование
outwards ~ исходящее перестрахование
quota share ~ квотное перестрахование *(когда перестраховщик имеет в каждой сделке свою долю)*
stop loss ~ перестрахование с эксцедентом убытка
surplus ~ эксцедентное перестрахование

reinsure перестраховывать

reinsurer перестраховщик

reinterview повторное обследование ‖ проводить повторное обследование

reinvest реинвестировать

reinvestment реинвестирование *(обратное вложение капитала, использование прибыли для новых вложений)*

reissue повторный выпуск ‖ повторно выпускать

reject 1. брак, забракованное изделие ‖ браковать **2.** отклонять **3.** непригодный работник □ **to ~ an offer** отклонить оферту; **to ~ credit** отказать в выдаче кредита

rejection 1. браковка **2.** отклонение; отказ
goods ~ 1. браковка товара **2.** отказ от товара
loan ~ отказ в предоставлении ссуды

rejuvenation of population омоложение населения, демографическое омоложение

relapse уменьшение; спад ‖ падать в цене

relation отношение; зависимость; связь □ **to establish banking ~s** устанавливать отношения с банком
~s of long standing долголетние отношения
~ of supply and demand отношение спроса и предложения
~ of use-value and exchange-value отношение между потребительной и меновой стоимостями *(товаров)*
business ~s деловые отношения; торговые связи
correspondent ~s корреспондентские отношения
employee ~s *см.* **human relations 2.**
employer-employee ~s отношения между нанимателем и наёмной рабочей силой
exchange ~ 1. меновое отношение; *pl* меновые пропорции *(при обмене товаров)* **2.** *pl* рыночные товарные отношения
feedback ~s отношения обратных связей
functional ~ 1. функциональное соотношение **2.** *pl* функциональные связи

human ~s 1. социальные взаимоотношения в обществе **2.** взаимоотношения между членами коллектива **3.** «человеческие отношения» *(между нанимателем и наёмной рабочей силой)*
implicit ~ *мат.* неявная функция
indifference ~ отношение равноценности
industrial ~s 1. отношения между администрацией и рабочими в промышленности **2.** связи между крупными промышленными предприятиями и государственными *или* общественными учреждениями **3.** внутрипроизводственные отношения; отношения в процессе труда
interest-velocity ~ зависимость скорости обращения денег от нормы процента
interpersonal ~s *см.* **human relations 2.**
inverse ~ 1. обратная зависимость *(между двумя переменными величинами)* **2.** обратная пропорциональность
kin ~s родственные отношения
labor(-management) ~s трудовые отношения между администрацией и профсоюзами
line ~s линейные отношения на производстве *(напр. мастер — начальник цеха)*
linear ~ линейная зависимость
live-and-let-live ~s взаимоотношения *(напр. между фирмами)* на основе принципа «живи и жить давай другим»
nonlinear ~ нелинейная зависимость
personnel ~s 1. управление кадрами **2.** *см.* **human relations 2.**
power ~ соотношение сил *(на рынке)*
production ~s производственные отношения
public ~s 1. связи фирмы с отдельными лицами *или* общественными организациями **2.** престижная деятельность компании *(информация, реклама, пропаганда)*
recursion ~ рекуррентное соотношение
value ~ of commodities стоимостное отношение товаров
relationship 1. (взаимо)отношение; (взаимо)отношения; связь; взаимозависимость **2.** окружение, среда **3.** родство, родственные отношения □ **~ by marriage** *демогр.* свойство́; **to disrupt pricing ~** нарушать соотношение цен
affinal ~ *демогр.* свойство
arm's length ~ конкурентные отношения между независимыми участниками сделки *(в противоположность отношениям между филиалами одной фирмы, материнской и дочерней компаниями)*
bank-customer ~ взаимоотношения банка с клиентурой
borrower-lender ~ отношения заёмщика и кредитора
collateral ~ побочное родство, боковая линия родства
cost-estimating ~ формула оценки затрат
cost-volume-profit ~ взаимозависимость величины издержек, объёма производства продукции и прибыли
dependency ~ нахождение на иждивении
exchange rate ~ соотношение валютных курсов
family ~ семейные отношения
feed-gain ~ соотношение между привесами и затратами кормов
fiduciary ~ имущественные отношения доверительного характера
kinship ~ родственные отношения
macroeconomic ~ макроэкономические отношения
microeconomic ~ микроэкономические отношения
national priority — federal budget ~ связь национальных приоритетов и федерального бюджета
one-to-one ~ взаимно-однозначное соответствие
owner-tenant ~ взаимоотношения между землевладельцем и арендатором
servile ~ крепостные отношения
two-way ~ двусторонняя взаимосвязь
relative 1. относительное число ‖ относительный **2.** родственник, родственница **3.** сравнительный *(напр. о ценах)*
blood [genetic(al)] ~s кровные родственники
reference cycle ~s относительные показатели базисного [эталонного] цикла *(измеренные как отношение фактической величины к средней за цикл)*
remote ~ дальний родственник
specific-cycle ~s относительные показатели частного цикла *(измеренные как отношение фактической величины к средней за данный цикл)*
relax ослаблять(ся); снижать(ся)
relaxation ослабление; понижение; спад *(напр. деятельности)*
compensating ~ снижение темпа работы *(для снятия усталости)*
release 1. освобождение; выпуск; отпуск; разрешение ‖ освобождать; разрешать **2.** разрешение на выпуск из печати; разрешённая публикация; публикация ‖ выпускать из печати, опубликовывать **3.** разблокирование; разблокированная сумма **4.** выпуск в продажу ‖ выпускать в продажу **5.** выпуск новой продукции ‖ выпускать новую продукцию **6.** снова сдавать в аренду □ **~ from liability** освобождение от ответственности; **to ~ a claim** отказаться от иска; **to ~ goods against payment** освободить товар по уплате *(соответствующей стороной)* суммы
~ of blocked account разблокирование счёта
~ of capital высвобождение капитала
~ of hoarded gold детезаврация золота, выход золота из сокровища
~ of liquid funds высвобождение ликвидных средств *(банка)*
block ~ *англ.* освобождение от работы для профессиональной переподготовки
factory ~ 1. заводской наряд-заказ *(спускаемый компанией-владельцем предприятию)* **2.** заказ предприятию на изготовление продукции
lot ~ (цеховой) наряд-заказ на изготовление партии деталей
product ~ выпуск продукции

relend повторно ссудить, ссудить деньги, полученные взаймы
reliability надёжность; безотказность *(в работе)*
~ of economic forecasting надёжность экономических прогнозов
reliance 1. доверие *(к данным)* 2. степень использования, зависимость □ **~ on external funds** зависимость от внешнего финансирования
relief 1. пособие; помощь 2. освобождение от уплаты 3. скидка *(с налога)*
double taxation ~ освобождение от двойного налогообложения
unemployment ~ пособие по безработице
relieve оказывать помощь
reload *бирж.* дёшево купить и дорого продать
relocation перемещение, передислокация *(предприятия)*; перебазирование; переезд на новое место работы
rely полагаться, рассчитывать; быть уверенным □ **to ~ upon someone for financial support** рассчитывать на *чью-л.* финансовую поддержку
remainder of debt остаток долга
remargin *бирж.* предоставлять дополнительную маржу по ссуде
remargining требование о внесении дополнительной маржи *(вследствие обесценения ценных бумаг, служащих обеспечением ссуды)*
remarry вступить в новый брак
remedy *фин.* ремедиум
~ of fineness допустимое отклонение чистоты металла в монете
~ of weight допустимое отклонение веса монеты
remigrant ремигрант *(лицо, возвратившееся в родные места)*
remigrate ремигрировать
remigration ремиграция
reminder напоминание; повторное письмо; телеграмма
~ of due date напоминание об истечении срока *(напр. ссуды)*
collection ~ напоминание о погашении задолженности
remission 1. ремиссия 2. освобождение *(от уплаты)* 3. скидка, льгота
~ of debt освобождение от уплаты долга
~ of penalty освобождение от уплаты штрафа
~ of tax освобождение от уплаты налога
remit 1. ремитировать, пересылать, переводить *(деньги)* 2. передавать; направлять 3. уплачивать 4. освобождать от уплаты; прощать □ **to ~ a bill for collection** передать вексель на инкассо; **to ~ by cheque** уплатить чеком; **to ~ goods by railway** пересылать товары по железной дороге; **to ~ money** переводить деньги *(почтой)*
remittance 1. ремитирование, пересылка, перевод *(денег)* 2. денежный перевод, римесса 3. уплата □ **~s and pensions** переводы и пенсии *(статья в платёжном балансе)*; **to make a ~** осуществлять перевод *(суммы)*
~ of cover перевод покрытия *(для пополнения счёта)*
documentary ~ документарная римесса, перевод с приложением документов
immigrant ~s денежные переводы иммигрантов на родину *(статья в платёжном балансе)*
mail payment ~ почтовый перевод
money ~ денежный перевод
personal ~s частные переводы некоммерческого характера
return ~ перевод на сумму инкассированных чеков
remittee ремитент, получатель денежного перевода
remitter отправитель денежного перевода
remnant остаток
remobilize вновь вводить в действие
remodel переоборудовать; модернизировать
remodeler лицо *(или фирма)*, занимающееся переоборудованием
home ~ специалист по переоборудованию жилища
remonetization ремонетизация, возврат металла в сферу денежного обращения; возобновление чеканки монет из благородных металлов
remoteness □ **~ from markets** удалённость от рынков сбыта
removal 1. перемещение; переезд 2. удаление; устранение; исключение □ **~ from the stock exchange list** исключение из списка котирующихся на бирже ценных бумаг; **~ without proper cause** увольнение без обоснованной причины
remove 1. уносить; увозить; вывозить 2. переезжать 3. удалять; устранять; исключать □ **to ~ the goods** увезти товар; вывезти товар
remunerate вознаграждать; оплачивать; компенсировать
remuneration 1. вознаграждение; оплата; компенсация 2. *т. игр* функция вознаграждения □ **as ~ for your services** как вознаграждение за ваши услуги; **~ in kind** оплата в натуральной форме; **~ in money** вознаграждение в денежной форме; **without ~** бесплатно
~ of labor оплата труда
cumulative ~ совокупный размер вознаграждения
factor ~ оплата производственного фактора
linear ~ линейная функция вознаграждения
quadratic ~ квадратическая функция вознаграждения
remunerative выгодный; хорошо оплачиваемый
render 1. воздавать, отдавать; оказывать *(помощь)* 2. обращать, превращать 3. выражать; передавать; формулировать □ **to ~ marketable** придать товарный вид
rendering 1. оказание *(помощи)* 2. представление *(счёта)* 3. переработка *(непищевого животного сырья с получением жира или кормовой муки)*

renege объявлять банкротство, прекращать платежи
renegotiation пересмотр *(условий контракта, подряда)*
renew 1. обновлять; заменять новым 2. возобновлять 3. продлевать, пролонгировать
renewal 1. обновление *(напр. основного капитала)* 2. возобновление 3. продление, пролонгация *(напр. векселя)* 4. выдача новой ссуды взамен старой 5. эквивалентное заменяющее оборудование, эквивалентная замена
~ of bill пролонгация векселя
~ of lease возобновление аренды
urban ~ перестройка городов
renovate 1. восстанавливать 2. реконструировать; модернизировать; заменять устаревшее оборудование
renovation 1. восстановление 2. реконструкция; модернизация; замена устаревшего оборудования
fixed capital ~ обновление основного капитала
rent 1. рента; арендная плата; квартирная плата ‖ сдавать в аренду; брать в аренду, арендовать 2. наём, прокат; плата за прокат ‖ отдавать на прокат 3. доход с недвижимости □ **~ exclusive of ...** чистая арендная плата без ...; **~ in kind** натуральная рента, рента продуктами; **to give in ~** сдавать в аренду
absolute ~ абсолютная рента
agricultural ~ сельскохозяйственная рента
back ~ *амер.* задолженная квартирная плата
building lot ~ рента за строительные участки
capitalized ~ капитализированная рента
contract ~ земельная рента, уплачиваемая по контракту
dead ~ земельная рента в горнодобывающей промышленности
differential [economic] ~ дифференциальная рента
heavy ~ *амер.* высокая квартирная плата
imputed ~ условно начисленная рента
labor ~ отработочная рента
mining ~ рента с рудников
monopoly ~ монопольная рента
natural ~ натуральная рента, рента продуктами
nominal ~ *амер.* номинальная *или* очень низкая квартирная плата
peppercorn ~ номинальная арендная плата *(обычно выплачиваемая натурой)*
quasi ~ 1. квазирента, сверхприбыль *(превышение по отношению к прибыли фирмы-конкурента вследствие более высокой эффективности производства или других локальных условий)* 2. арендная плата *(исключая арендную плату за пользование землёй)*
rack ~ *амер.* непомерная высокая квартирная плата
spatial ~ рента, взимаемая за выгодное местоположение *(напр. магазина)*

rentable 1. могущий приносить доход в виде ренты 2. могущий быть сданным в аренду
rental 1. сумма арендной платы 2. список арендаторов
average ~ per year средняя годовая сумма ренты
covert ~ скрытая арендная плата
pasture ~ плата за пользование пастбищем
residential ~ *амер.* квартирная плата
safe deposit ~ плата за хранение в банковском сейфе, стоимость аренды сейфа *(в банке)*
subscriber's annual ~ годовая плата за пользование телефоном
rente *фр.* рента; рентные бумаги, государственные ценные бумаги
renter арендатор, съёмщик, наниматель
safe ~ наниматель сейфа
rent-free освобождённый от арендной платы
rentier рантье; собственник денежного капитала
renunciation *юр.* отказ от права
reoperation переделка; исправление
reorder 1. (повторный) заказ ‖ сделать (повторный) заказ 2. реорганизовывать *(напр. фирму)*
reordering (повторная) подача заказов □ **~ by batches** подача заказов партиями
retail ~ повторный заказ товара для розничного магазина
reorganization 1. реорганизация; перестройка 2. оздоровление, санация *(убыточного предприятия)*
repacker:
local ~ of produce местный оптовый скупщик-упаковщик *(осуществляющий перепаковку купленного товара в стандартные единицы)*
repair 1. ремонт, исправление ‖ ремонтировать, исправлять 2. *pl* ремонтные работы
capitalized ~s and improvement капитальный ремонт и переделка; ремонтные работы и улучшения, относимые за счёт капитальных затрат
deferred ~ отложенный ремонт
extensive ~ трудоёмкий ремонт
heavy ~ 1. трудоёмкий ремонт 2. капитальный ремонт
manufacturing ~ устранение дефектов в процессе производства
off-schedule ~ внеплановый ремонт
warranty ~ гарантийный ремонт
repairman ремонтный рабочий
reparation 1. исправление 2. возмещение; репарация
repartition перераспределение; новый раздел; передел ‖ перераспределять; снова делить
repatriable подлежащий репатриации
repatriate репатриант ‖ репатриировать, возвращать на родину
repatriation репатриация, возвращение на родину
repawn перезаложить *(имущество)*
repay возвращать *(деньги)*, отдавать долг; уплачивать; погашать *(заём)*; возмещать

repayable подлежащий уплате [погашению, возмещению] □ **~ by installments** погашаемый в рассрочку
repayment уплата, оплата; погашение; возмещение □ **~ by deposits into saving account** погашение (займа) путём депонирования денег на сберегательный вклад
~ of credit погашение кредита
~ of debts погашение долгов
~ of loan погашение ссуды
~ of mortgage debt погашение ипотечного долга
advanced [anticipated] ~ досрочное погашение *(кредита)*
construction-differential subsidy ~ возврат субсидии, полученной на постройку судна *(в том случае, если судно эксплуатируется не на международной линии)*
unscheduled ~ внеочередное погашение *(кредита)*
repeat 1. повторение; повторный результат ‖ повторять **2.** *pl* повторные заказы; дополнительные заказы
repeated повторный; многократный
repellent:
shark ~ *разг.* «отпугиватель акул», меры по защите компании от недружественного поглощения
repetitiveness:
~ of activity повторяемость вида деятельности
~ of operation повторяемость (технологической) операции
rephasing пересмотр; изменение сумм *(в сторону их увеличения)*
replace 1. заменять; замещать **2.** возвращать **3.** пополнять; восстанавливать
replacement 1. замещение, выбытие *(основного капитала)*; замена *(оборудования)* **2.** заменяющая единица оборудования **3.** *с.-х.* ремонт стада **4.** *pl с.-х.* ремонтный молодняк **5.** воспроизводство населения; замещение поколения
~ of value возмещение стоимости
flock ~ ремонт отары [стада]
herd ~ ремонт стада
loss ~ возмещение потерь
replanning перепланирование, повторное планирование
repledge перезакладывать, повторно закладывать
replenish пополнять *(запасы)*
replenished пополненный *(о запасах)*
replenishment пополнение
~ of inventories восстановление уровня запасов *(напр. сырья)*
constant-frequency ~ пополнение *(запасов)* через постоянные промежутки времени
economic order quantity ~ пополнение *(запасов)* партиями (наиболее) экономичного размера
joint ~ совместное пополнение *(запасов)*
reorder time ~ пополнение *(запасов)* при достижении определённого момента
replot строить *(график)* по новым данным
reply ответ *(при переписи или обследовании)* ‖ давать ответ

Report:
Current Industrial ~s Статистика отраслей промышленности *(название периодического бюллетеня, издаваемого Бюро переписей США)*
Macmillan ~ доклад комитета Макмиллана, документ по финансам и промышленности *(Великобритания, 1931 г.)*
Radcliffe ~ доклад комитета Рэдклиффа, документ по банковской системе и кредитно-денежной политике *(Великобритания, 1959 г.)*
report 1. доклад; отчёт; сообщение ‖ докладывать; отчитываться **2.** *бирж.* репорт, репортная сделка **3.** акт; отзыв □ **~ in full** отчитаться полностью, представить полные сведения; **to ~ a vessel at the customhouse** давать сведения таможне о судне, команде и грузе *(по прибытии в порт)*
~ of business conditions конъюнктурный обзор
accept-reject ~ сообщение о приёмке и браковке *(изделий)*
accounting ~ бухгалтерский отчёт
advanced census ~ подробное сообщение о результатах переписи
age ~ сообщение возраста *(при переписи)*
appraisal ~ акт оценки *(основного капитала)*, оценочное заключение
audit(or's) ~ ревизионный отчёт; отчёт о результатах ревизии
board of directors ~ отчёт совета директоров *(о результатах хозяйственной деятельности компании)*
budgetary control ~ отчёт об исполнении сметы
call ~ *амер.* финансовый отчёт, представляемый по требованию властей
cash ~ кассовый отчёт, отчёт о состоянии кассы
census ~ сообщение о результатах переписи
census tract ~ перечень переписных районов с указанием их границ
consolidated ~ сводный отчёт; объединённые данные *(напр. о нескольких предприятиях одной фирмы)*
contract status ~ отчёт о ходе выполнения договора
credit ~ отчёт о кредитных операциях
credit agency ~ справка о кредитоспособности
current population ~ отчёт о текущем обследовании населения
damage ~ отчёт об ущербе
direct ~ отчёт [информация] по первичным данным
earnings ~ *амер.* счёт прибылей и убытков
end-item ~ описание готового изделия
establishment ~ (статистический) отчёт отдельного предприятия; (статистические) данные отдельного предприятия
explosion ~ трансформированный финансовый отчёт *(с разбиением итоговых данных по категориям: сумма продаж, себестоимость и прибыльность отдельных продуктов)*

factory failure ~ отчёт предприятия об отказах
factory inspection ~ отчёт о приёмочном контроле на предприятии
idle time ~ отчёт о простое *(оборудования)*
indirect ~ отчёт по расчётным данным, информация, основанная на косвенных расчётах *(напр. в виде индексов)*
industry ~ отраслевой выпуск (промышленной) переписи; отраслевой (статистический) отчёт
interview ~ сообщение о результатах обследования
intracompany ~ внутрифирменный отчёт
labor ~ отчёт по рабочей силе
management ~ отчёт администрации
manufacturing ~ отчёт о производственной деятельности
market ~ обзор состояния рынка
member bank call ~ *амер.* финансовый отчёт банка — члена Федеральной резервной системы
minerals census ~ отчёт о переписи добывающей промышленности
operating ~ 1. внутрифирменный отчёт **2.** отчёт о производственной деятельности
operational ~ отчёт об эксплуатации
performance ~ 1. отчёт об исполнении финансового плана **2.** *бухг.* оперативная сводка выполнения сметы; отчёт об исполнении сметы
production ~ отчёт о выпуске продукции
profit-and-loss ~ отчёт о прибылях и убытках
program cost ~ отчёт о затратах на программу
progress ~ сообщение о состоянии работ
receiving ~ отчёт о приёмке поступивших материалов; отчёт о поступлениях *(закупленных материалов)*
research ~ отчёт о научно-исследовательской работе
ship's ~ сведения, представляемые капитаном *(в таможню по прибытии судна)*
situation [status] ~ отчёт о состоянии *(работы)*
stock market ~ курсовой бюллетень фондовой биржи
stock status ~ 1. отчёт о состоянии запасов **2.** ведомость наличия на складе
survey ~ 1. отчёт о проверке **2.** *страх.* акт осмотра и экспертизы; аварийный сертификат
timekeeping ~ отчёт о трудозатратах
travel expense ~ отчёт о командировочных расходах

reportability возможность сообщения данных
reporter подотчётное лицо
reporting отчётность
internal ~ внутренняя отчётность
responsibility ~ отчётность, соответствующая сфере ответственности; функциональная система отчётности
repository пакгауз, складское помещение
repossession восстановление во владении
representation 1. представительство **2.** изображение; образ **3.** *стат.* репрезентативность
bank ~ on a company board представительство банка в правлении компании
proportional ~ пропорциональное представительство *(в совете директоров)*
trade ~ торговое представительство, торгпредство
representative 1. представитель ‖ представительный **2.** характерный, типичный, показательный
authorized ~ полномочный представитель
manufacturer's ~ торговое агентство, представляющее интересы промышленной фирмы
registered ~ лицо, принимающее заказы на фондовой бирже
sales ~ агент по продаже товаров
sole ~ единственный представитель
trade ~ торговый представитель, торгпред
reprice пересматривать цены, устанавливать новые цены
repricing пересчёт в других ценах
reprisal *юр.* репрессалия
reprivatization денационализация *(передача в частную собственность)*
reprocess вторично обрабатывать, перерабатывать
reproduce воспроизводить
reproducibility воспроизводимость *(продукта)*
reproduction 1. воспроизводство **2.** воспроизводство населения **3.** деторождение; рождаемость □ **~ on an enlarged scale [on a progressively increasing scale]** расширенное воспроизводство; **~ on a simple scale** простое воспроизводство
~ of capital воспроизводство капитала
~ of labor-power воспроизводство рабочей силы
~ of value воспроизводство стоимости
controlled ~ регулируемое деторождение
expanded [extended] ~ расширенное воспроизводство
natural ~ естественная плодовитость; нерегулируемое деторождение
simple ~ простое воспроизводство
socialist ~ социалистическое воспроизводство
reproductivity 1. воспроизводительная способность **2.** воспроизводство населения
reprogram(m)ing пересмотр программы
repudiate 1. аннулировать; не признавать, отказываться *(напр. от уплаты долга)* **2.** разводиться по одностороннему заявлению □ **to ~ a claim** отказываться от оплаты обязательства
repudiation 1. аннулирование *(напр. заказа)*; отказ *(напр. от уплаты долга)* **2.** браковка *(изделия)* **3.** развод по одностороннему заявлению
~ of contract отказ от договора
repurchase покупка *(ранее проданного товара)* ‖ покупать снова *(ранее проданный товар)*
reputation репутация
requalification переквалификация

request 1. запрос, требование, заявка **2.** *ТМО* требование **3.** спрос **4.** просьба □ **as ~ed** согласно просьбе; **~ for authority to negotiate** запрос о разрешении ведения переговоров *(с подрядчиком)*; **~ for delay of payment** просьба об отсрочке платежа; **~ for payment** требование об уплате; **~ for proposals 1.** объявление о принятии предложений *(на выполнение заказа)* **2.** *pl* условия подряда *(в объявлении)*; **to be in good ~** пользоваться хорошим спросом; **to be in poor ~** пользоваться малым спросом

capital project ~ заявка на капитальные вложения

credit ~ заявка на получение кредита

engineering change ~ заявка на внесение технических изменений *(в конструкцию)*

procurement ~ 1. заявка на поставку **2.** требование на закупку

program change ~ запрос об изменении программы

project ~ заявка на капитальные вложения

purchase ~ требование на закупку

substitution ~ требование замены обеспечения

require 1. требовать, приказывать **2.** требовать, нуждаться *в чём-л.*

requirement 1. требование; (необходимое) условие **2.** потребность *(напр. в средствах)* **3.** *pl* технические требования □ **to meet [to satisfy] ~s 1.** удовлетворять техническим условиям *или* требованиям **2.** обеспечить потребности

accounting ~s *амер.* правила бухгалтерской отчётности

contemporaneous reserve ~(s) резервные требования, установленные на основе суммы депозитов за текущий период

contractual ~s требования договора

daily nutrient ~ *с.-х.* суточная потребность в питательных веществах

data ~s требования к данным

defense ~s оборонные [военные] потребности

design ~s конструктивные требования

development ~s требования к разработке

dietary ~ *с.-х.* потребность в корме

employment ~ потребность в рабочей силе

entry capital ~ требуемый объём капитала для организации эффективного производства *(в данной отрасли)*

environmental ~s требования по охране окружающей среды

exacting ~s строгие требования

exploratory development ~s требования к поисковой разработке

forage acre ~ требуемая площадь в акрах для прокорма одной головы животного *(в течение определённого периода)*

general operational ~s общие эксплуатационные требования

industrial locational ~s требования к размещению промышленных предприятий

lagged reserve ~(s) резервные требования, установленные на основе суммы депозитов за прошедший период

listing ~s условия, необходимые для регистрации ценных бумаг на бирже

maintenance ~ 1. требование к техническому обслуживанию **2.** *с.-х.* потребность в питательных веществах для поддержания жизни **3.** минимальный уровень собственных средств клиента на счёте у брокера *(при покупке акций с маржой)*

margin ~ предписываемая законом маржа; требование маржи

minimum purchase ~ минимально требуемая сумма покупки *(ценных бумаг)*

net capital ~ *амер.* требование [норма] уровня ликвидности *(Комиссии по ценным бумагам и биржам к брокерским фирмам)*

one-time ~ разовая потребность

operational ~s эксплуатационные требования

performance ~s требования к рабочим характеристикам

process ~s технологические требования

product assurance ~s требования к обеспечению гарантийного срока службы изделия

productive ~ *с.-х.* потребность в питательных веществах для роста продуктивности

qualifying ~s квалификационные требования

quality ~s требования к уровню качества *(продукции)*

reconstitution ~ долевая норма *(обязательство сохранять определённую долю выделенных стране специальных прав заимствования)*

registration ~ требование регистрации *(выпуска ценных бумаг)*

reserve ~s *амер.* предписываемые законом резервы, резервные требования *(Федеральной резервной системы к банкам)*

right-of-way ~ потребность в полосе отчуждения, необходимая величина отвода земель *(для транспортной линии)*

sales ~ 1. требуемый объём заказов на поставку продукции **2.** требуемый объём спроса

skill ~ потребность в квалифицированной рабочей силе

transaction money ~s потребность в деньгах для совершения сделок

truth-in-negotiation ~s *амер.* требования о соблюдении точности и полноты сведений по издержкам и ценам *(в отношении компаний, работающих по государственным контрактам)*

unit labor ~ затраты труда на единицу изделия, удельная потребность в рабочей силе

use ~ эксплуатационное требование

weapons ~s требования к боевой технике *(в производстве новых, более совершенных видов)*

requisite нечто нужное, необходимое, требуемое ‖ нужный, необходимый, требуемый

sports ~s *англ.* спортивные товары; спортивные принадлежности

requisition 1. заявка, требование **2.** спрос, потребность **3.** требование платежа **4.** реквизиция

material ~ требование на отпуск материала
purchase ~ требование на закупку
storeroom ~ требование на отпуск товарно-материальных ценностей со склада
resale перепродажа
reschedule 1. пересматривать, перестраивать 2. реконструировать долг *(путём пересмотра условий для облегчения положения заёмщика)*
rescheduling 1. пересмотр календарного плана *(работы)* 2. пересмотр условий и изменение структуры долга
rescind отменять, расторгать, аннулировать
rescission отмена, расторжение, аннулирование
research исследование, изучение; (научно-) исследовательская работа, исследования ‖ исследовать, заниматься (научными) исследованиями □ **~ and development** (научные) исследования и разработки; **~ on research** науковедение
action ~ экспериментальное исследование, исследование действием
advanced ~ перспективные исследования
applied ~ прикладные исследования
attitudinal ~ изучение отношения персонала к администрации
basic ~ фундаментальные исследования
demographic(al) ~ демографическое исследование; изучение народонаселения
development ~ исследования с целью разработки *(напр. нового продукта или метода производства)*
engineering ~ технические исследования
exploratory ~ поисковое исследование
family planning ~ исследования в области регулирования рождаемости
fundamental ~ фундаментальные исследования
market ~ 1. изучение (возможностей) рынка 2. изучение возможностей увеличения загрузки предприятия заказами 3. изучение проблем сбыта
motivation ~ *амер.* мотивационный анализ; исследование мотиваций *(определяющих спрос)*
pure ~ фундаментальные исследования
sales ~ изучение торговой конъюнктуры
researcher исследователь
resell перепродавать
reservation 1. сохранение, резервирование 2. оговорка, условие 3. *амер.* предварительный заказ 4. резервация □ **without ~** безоговорочно
usual ~ обычная оговорка
reserve 1. запас; резерв ‖ запасать; сберегать; резервировать 2. *фин.* резервный фонд 3. оговорка; ограничение ‖ оговаривать; ограничивать 4. *бухг.* счёт нераспределённой прибыли 5. заповедник 6. бронировать *(напр. билеты)* □ **~ against demand deposits** резерв против депозитов до востребования; **~ for bad debts** резерв на покрытие безнадёжных долгов; **~ for debt redemption** резерв на погашение задолженности; **~ for depletion** резерв на истощение недр; резерв на истощение лесных угодий; **~ for depreciation in market value of securities** резерв на покрытие убытков от снижения курсов ценных бумаг; **~ for doubtful accounts** резерв на покрытие сомнительных долгов; **~ for extensions** резерв для расширения предприятия; **~ for increasing risks** резерв для обеспечения выплат в связи с возрастающей вероятностью наступления страхового случая; **~ for interest** резерв для уплаты процента; **~ for overhead** резерв на накладные расходы; **~ for probable losses** резерв на покрытие возможных убытков; **~ for renewals and replacements** *см.* **equalization reserve**; **~ for taxes** резерв для уплаты налогов; **to build up ~s** создавать резервы
adjusted ~s пересчитанные резервы *(банков — членов Федеральной резервной системы)*
bonus ~ резерв для предоставления льгот по уплате страховых взносов
borrowed ~ резерв, полученный путём займа *(у центрального банка)*
cash ~ кассовый резерв
contingency ~ резерв на покрытие чрезвычайных потерь, резерв предусмотрительности
depreciation ~ резерв на износ основного капитала, резерв на амортизацию, амортизационный резерв
development ~ резерв для расширения предприятия
dividend and interest ~ резерв для выплаты дивидендов и процентов
dormant labor ~s потенциальные [неиспользованные] трудовые резервы
early storage ~ *амер.* государственный складской запас сырой нефти; стратегический запас сырой нефти
equalization ~ «выравнивающий» резерв *(напр. на ремонт и замену оборудования)*
external ~s валютные резервы
extraordinary ~ резерв для чрезвычайных операций
fractional ~s частичные резервы *(составляющие лишь часть обеспечиваемых обязательств)*
free ~ 1. свободный резерв 2. *pl амер.* свободные резервы банков — членов Федеральной резервной системы *(избыточные резервы минус переучтённые векселя)*
funded ~ запас в форме ценных бумаг
gold ~ золотой резерв; золотой запас
gold and foreign exchange ~s резервы золота и иностранной валюты
government ~ государственный резерв; государственный запас *(напр. нефти)*
gross ~ практический резерв страховых запасов
hot ~ горячий резерв *(на тепловой электростанции)*
industrial ~s запасы промышленных фирм
inferred mineral ~s потенциальные запасы полезных ископаемых
international monetary ~s международные валютные резервы

legal minimum ~ минимальный установленный законом резерв
liability ~s резервы против обязательств
liquidity ~ ликвидный резерв; резерв ликвидных активов *(у банка)*
naked ~ (of the Federal Reserve Bank) *амер.* чистый резерв *(сумма золотых сертификатов за вычетом ссуд другим федеральным резервным банкам)*
nature ~ резервация
net ~ теоретический резерв страховых взносов
nonborrowed ~s собственные *(не полученные в ссуду)* резервы
operating ~ 1. резерв на финансирование эксплуатационных расходов **2.** оперативный резерв *(установленных мощностей)*; резерв рабочей мощности
postwar contingency ~ резерв на покрытие потерь от реконверсии
potential mineral ~s потенциальные запасы полезных ископаемых
premium ~ резерв взносов по страхованию жизни
prescribed ~ предписываемый законом резерв
primary ~(s) 1. кассовый резерв *(банка)* **2.** резервы безусловных (ликвидных) международных платёжных средств *(золото, специальные права заимствования, резервная позиция в МВФ)*
productive capacity ~ резерв производственных мощностей
proved mineral ~s достоверные запасы полезных ископаемых
qualifying ~ неамортизированный резерв *(основного капитала)*
recoverable ~s промышленные запасы *(полезных ископаемых)*
redemption ~ резерв для выкупа *или* погашения
renegotiation ~ резерв на случай пересмотра *(условий контракта)*
secondary bank ~ вторичный резерв банка
sinking-fund ~ выкупной фонд, фонд погашения
statutory ~ установленный законом резерв
strategic ~s стратегические запасы
surplus ~ избыточный резерв
valuation ~ *бухг.* резерв по переоценке активов

reserved 1. запасный; резервный **2.** сдержанный, не проявляющий активности *(о покупках)*
resettlement переселение *(в другое место)*
reship перегружать; переотправлять
reshipment перегрузка; переотправка *(груза)*
reside проживать, жить
residence 1. местожительство; местопребывание; проживание **2.** квартира; дом □ **in ~** проживающий по месту службы; проживающий по месту учёбы
residency *см.* **residence**
resident 1. постоянно проживающий, постоянно живущий; проживающий **2.** лицо, проживающее по месту службы **3.** *фин.* резидент **4.** представитель □ **~s other than banks** резиденты вне банковской сферы *(в платёжном балансе США)*
original ~ абориген
residenter *амер.* постоянный житель
residential состоящий из жилых домов *(о районе города)*; связанный с местожительством
residentiary относящийся к местожительству; связанный с местожительством
residual остаток ‖ остаточный *(напр. о чистом доходе)*
residue остаток
resilient мобильный, подвижный *(о рабочей силе)*
resist сопротивляться; препятствовать
resistance сопротивление; противодействие
consumer ~ *см.* **sales resistance**
sales ~ падение потребительского спроса; апатия потребителей *(в отношении мер по стимулированию сбыта: рекламы, ценовых скидок)*
resort 1. прибежище **2.** обращение *(за помощью)* ‖ прибегать к ... *(напр. к помощи)* □ **in the last ~** в крайнем случае, как последнее средство; **to ~ to borrowing** прибегать к займам; **without ~ to** не прибегая к
resource 1. способ, средство **2.** *pl* (денежные) средства **3.** *pl* ресурсы; природные богатства **4.** *pl* активы *(банковские)* **5.** *pl* средства существования □ **to furnish the monetary ~s** обеспечивать денежные ресурсы; **to squander ~s** растрачивать ресурсы, непроизводительно использовать ресурсы
ample ~s достаточные средства
conservation ~s сохраняемые (природные) ресурсы
electric energy and power ~s общие энергетические ресурсы, ресурсы выработки электроэнергии и первичной энергии
energy ~s энергетические ресурсы
environmental ~s ресурсы окружающей среды
exhaustible ~s истощимые ресурсы
extra-budgetary ~s дополнительные средства *(сверх бюджетных ассигнований)*
forage ~s кормовые ресурсы; ресурсы грубых кормов
groundwater ~s ресурсы подземных вод
human (labor) ~s людские (трудовые) ресурсы
hydroelectric (power) ~s гидроэлектрические ресурсы; ресурсы для выработки гидроэлектроэнергии
inanimate ~ неодушевлённый ресурс *(производственный вещественный ресурс, напр., оборудование)*
logistic ~s предметы материально-технического снабжения
manufacturing ~s производственные ресурсы
material ~s материальные ресурсы
nonhuman productive ~s производственные ресурсы за исключением людских (трудовых) ресурсов

nonreproducible ~s невоспроизводимые ресурсы
physical ~s материальные ресурсы
power ~s энергетические ресурсы
primary ~s основные ресурсы
reproducible ~s воспроизводимые ресурсы
tight ~s дефицитные ресурсы
uncommitted ~s свободные ресурсы
untapped natural ~s неиспользованные природные ресурсы
water ~s водные ресурсы

respite отсрочка *(напр. платежа)*

respondent опрашиваемое лицо *(при переписи или обследовании)*
original ~ лицо, охваченное первоначальным обследованием

respondentia бодмерея, заём под залог груза *или* судна

response 1. ответ *(при обследовании)*, получение данных **2.** реакция, ответное изменение экономического показателя □ **in ~ to disturbance** в ответ на нарушение *(экономического равновесия)*
demographic(al) ~ получение демографических данных

responsibility 1. ответственность **2.** обязанность, обязательство **3.** *амер.* платёжеспособность □ **to assume ~** взять на себя ответственность; **to release [to relieve] from ~** освободить от ответственности; **~ to repay the loan** обязанность *(заёмщика)* погасить ссуду
financial ~ платёжеспособность; способность заёмщика оплатить долг
prime ~ основная ответственность
solo ~ индивидуальная ответственность

responsible ответственный *(напр. об исполнителе)*; компетентный; платёжеспособный; внушающий доверие
equally ~ в равной степени ответственный
jointly ~ совместно ответственный

responsiveness способность реагировать □ **~ to interest changes** *фин.* реакция на изменения нормы процента; **~ to monetary policy** реакция на мероприятия денежно-кредитной политики
~ of banks to credit request готовность банков удовлетворить заявки на кредит

rest 1. остаток, сальдо *(счёта)* **2.** *англ.* резервный фонд **3.** отдых □ **for the ~ 1.** на остающуюся сумму **2.** что касается остального; **the ~ is to be paid in cash** остающаяся сумма должна быть уплачена наличными; **~ to overcome fatigue** отдых [перерыв] для снятия усталости

restitute возмещать *(напр. убытки)*; возвращать *(законному владельцу)*

restitution 1. возмещение *(напр. убытков)* **2.** реституция

restock пополнять запасы

restocking 1. возобновление запасов **2.** *с.-х.* пополнение поголовья
inventory ~ возобновление товарно-материальных запасов

restoration восстановление
~ of currency денежная реформа; оздоровление денежного обращения

restore восстанавливать

restrain 1. сдерживать, удерживать; держать в границах **2.** запрещать

restraint 1. сдержанность; сдерживание; ограничение **2.** запрещение □ **~ upon the rate of investment** ограничение роста инвестиций
~ of trade ограничение торговли
budgetary ~ ограничение бюджетных расходов
credit ~ ограничение кредита
regulatory ~ 1. ограничение, регулирующее деятельность частных фирм **2.** *pl* правила, регулирующие деятельность; законоположения о деятельности
wage ~ сдерживание роста заработной платы
wage-price ~s ограничения цен и заработной платы

restrict ограничивать

restricted 1. связанный; стеснённый; ограниченный; сведённый *(к пределам)* **2.** для служебного пользования

restriction 1. ограничение, рестрикция **2.** *pl* ограничительные меры **3.** функция ограничения □ **to impose ~s** вводить ограничения
~ of birth ограничение рождаемости; регулирование деторождения
~ of trade ограничение торговли
acreage ~ ограничение посевных площадей *(в целях поддержания цен на определённые с.-х. продукты)*
ceiling ~s on lending потолок на кредиты
concave ~ выпуклая функция ограничения
credit ~ ограничение кредита, кредитная рестрикция
crop ~ ограничение обрабатываемой площади
discriminatory ~s дискриминационные ограничения *(в торговле)*
exchange ~s валютные ограничения
global ~ глобальное ограничение
import ~s импортные ограничения
income ~ ограничение на размер доходов
local ~ локальное ограничение
ordering ~ ограничение на размер заказов

restrictionist сторонник демографической политики, имеющей целью сокращение роста населения

restrictive ограничительный

restructure перестраивать [менять] структуру

restructuring:
debt ~ реструктуризация долга *(пересмотр условий)*
industrial ~ перестройка промышленной структуры

restudy *орг. пр.* контрольное изучение

result 1. результат, исход **2.** проистекать, следовать
assessed ~ оцениваемый результат
collected ~s сводка результатов
company-wide ~s итоговые данные о деятельности фирмы

experimental ~ экспериментальный результат
inspection ~ результат проверки
iterative ~ повторяющийся результат
numerical ~ численный результат
sampling ~ результат выборки

resume возобновлять

resumption возобновление
~ of specie payment возобновление размена бумажных денег на металл

resurvey повторное обследование

reswitching переключение, возврат

retabulation сведение (данных) в новую таблицу

retail розница, розничная продажа ‖ продавать(ся) в розницу ‖ розничный

retailer 1. розничный торговец 2. предприятие розничной торговли 3. инвестиционный институт, реализующий ценные бумаги среди индивидуальных покупателей □ **to bypass the ~** продавать товары непосредственно потребителям, минуя розничную торговлю
closed-door ~s магазины, обслуживающие ограниченную группу клиентов
independent ~ индивидуальный розничный торговец *(в отличие от торговых компаний)*
limited-line ~ специализированный магазин
low-cost ~s розничные предприятия, работающие со сниженными издержками *(по сравнению с индивидуальными торговцами и универмагами)*
nonstore ~s розничные предприятия, торгующие не через магазины *(напр. посылочные компании)*
one-shop [unit] ~ *англ.* торговец, владеющий одним магазином
wagon ~ передвижная лавка

retailing розничная торговля
craftsmanship ~ *англ.* розничная торговля как ремесло *(в отличие от современной профессиональной торговли)*
discount ~ розничная торговля через магазины, специализирующиеся на продаже товаров со скидкой
fixed shop ~ *англ.* розничная торговля в стационарных помещениях
franchise ~ розничная торговля на основе специальных контрактов
low margin ~ розничная торговля товарами, приносящими низкую валовую прибыль
multiple shop ~ *англ.* розничная сеть магазинов
punched card ~ *англ.* розничная торговля с помощью перфорированных карточек
telecommunication ~ розничная торговля с помощью средств телекоммуникации *(заказ товара по образцам по телефону с доставкой на дом и расчётом через ЭВМ)*

retailment розничная торговля

retain 1. удерживать *(прибыль от распределения)* 2. сохранять (запасы)

retained 1. удержанный 2. сохранённый; оставшийся

retaliate применять ответные меры [репрессалии] *(напр. путём введения повышенных пошлин)*; отвечать ударом на удар *(в конкурентной борьбе)*

retaliation ответная мера, репрессалия

retardation замедление
growth ~ замедление темпов (экономического) роста

retention 1. удержание (прибыли) от распределения по акциям 2. собственное удержание при перестраховании 3. удержание экспортёром части валютной выручки 4. ценные бумаги, оставшиеся у члена эмиссионного синдиката

reticent заторможённый, медлительный *(напр. о фирмах, не реагирующих своевременно на технологические новшества)*

retime *орг. пр.* контрольное хронометрирование

retire 1. изымать из обращения; выкупать; погашать 2. исключать из числа действующих *(напр. об оборудовании)*; демонтировать 3. выходить в отставку; выходить на пенсию □ **to ~ a bill** погашать вексель *(по наступлению срока)*; **to ~ a bond** погашать облигацию *(по наступлению срока)*; **to ~ from business** отойти от дел; **to ~ money from circulation** изымать деньги из обращения

retired 1. погашенный *(о векселе)* 2. вышедший на пенсию

retiree оставивший работу *(в связи с возрастом)*; пенсионер; отставник

retirement 1. изъятие из обращения; выкуп; погашение 2. выбытие *(оборудования)*; демонтаж 3. демонтированная единица *(оборудования)* 4. отставка; выход на пенсию
compulsory ~ обязательный выход на пенсию *(по достижении определённого возраста)*
mandatory ~ *см.* **compulsory retirement**
physical disability ~ прекращение трудовой деятельности по инвалидности

retooling переоснащение *(производства)*

retort принимать репрессалии *(напр. вводить эмбарго)*

retortion (экономические) репрессивные меры на государственном уровне

retraining переподготовка *(кадров)*
occupational [professional] ~ профессиональная переподготовка

retreat общее снижение курсов ценных бумаг

retrench экономить; урезывать; сокращать *(расходы)*

retrenchment экономия; сокращение *(расходов)*

retrial *ТМО* повторное поступление *(требований)*

retroactive *юр.* имеющий обратную силу

retrocede *страх.* ретроцедировать

retrocession ретроцессия *(ответственность по принятому в перестрахование риску передаётся третьей компании)*

retrocessionaire *фр.* ретроцессионер

retrofit модификация; доводка ‖ модифицировать

retrospective *юр.* имеющий обратную силу
return 1. возврат, возвращение; возмещение ‖ возвращать 2. *pl* возвращённый товар; возвращённые чеки; возвращённые векселя 3. доход; доходность; отдача; выручка; прибыль ‖ приносить прибыль 4. оборот 5. *часто pl* ведомость; отчёт; статистический отчёт; отчётные данные; итоги операций 6. возвращение *(из эмиграции)* ‖ возвращаться 7. *pl* результаты переписи 8. налоговая декларация □ ~ **on capital** прибыль на собственный [акционерный] капитал; доходность капитала *(акционеров)*; ~ **on capital employed [on investment]** прибыль на инвестированный капитал; ~ **on equity** прибыль на собственный [акционерный] капитал; ~ **on net worth** прибыль на собственный капитал *(процентное отношение прибыли к чистой стоимости капитала)*; **to ~ a bill unpaid** возвратить вексель неоплаченным; **to file an income tax** ~ представить налоговую декларацию *(при обложении дохода)*; **to maximize ~s** максимизировать доходы; **without ~** безвозмездно
~ **of amount overpaid** возврат ошибочно переплаченной суммы
~ **of commission** возврат выплаченного комиссионного вознаграждения
~ **of drawback** возврат уплаченной пошлины
~ **of premiums** возврат страховых взносов
~ **of security** возврат обеспечения
~s of the scale эффект масштаба (*см. тж.* **economies of scale**)
after tax ~ доход после вычета налогов
annual ~s 1. поступления за год 2. отчётные данные *или* итоги операций за год
bank ~(s) *англ.* банковский отчёт *или* баланс
Bank of England ~ баланс Банка Англии на определённую дату
Board of Trade ~(s) *англ.* статистический отчёт Министерства торговли
budgeted ~ сметная доходность
census ~s результаты переписи
clearing house ~(s) периодически публикуемый баланс членов расчётной палаты
combined ~(s) сводный отчёт; сводные сведения на переписном бланке
consolidated ~s совокупные прибыли *(включая прибыли дочерних предприятий)*
consolidated tax ~ 1. консолидированная годовая сумма налога, годовая сумма налога с корпорации *(включая все дочерние фирмы и предприятия)* 2. консолидированная налоговая декларация
constant ~s of the scale неизменный эффект масштаба *(отсутствие роста экономической эффективности при увеличении масштабов хозяйственной деятельности)*
decreasing *см.* **diminishing return**
decreasing ~s of the scale убывающий [отрицательный] эффект масштаба *(снижение экономической эффективности при увеличении масштабов хозяйственной деятельности)*
differential ~s различные нормы прибыли
diminishing ~ убывающая доходность *(экономический закон, действующий при добавлении фактора производства к неизменным количествам остальных факторов)*
employers' ~ выручка нанимателя
equimarginal ~ on inputs равная отдача на предельные приращения вложений *(напр. в капитал и труд)*
estimated ~ предполагаемый доход
factor ~s доходы факторов производства *(труда, капитала)*
fair ~ справедливая норма прибыли *(на инвестированный капитал)*
field warranty ~ рекламационный возврат эксплуатируемого изделия
fixed ~ постоянная прибыль
gross ~ валовой доход
increasing ~s возрастающая доходность *(при добавлении фактора производства к неизменным количествам других факторов — нетипичная ситуация)*
increasing ~s of the scale возрастающий эффект масштаба *(рост экономической эффективности при увеличении масштабов хозяйственной деятельности)*
interest ~ доход в форме процента, процентный доход
marginal ~ предельный [добавочный] доход (*см.* **marginal revenue**)
merchandise ~ возврат товара *(в магазин)*
net ~ per yield unit чистый доход на единицу продукции
profit ~ прибыль
purchase ~s фактические поставки *(по сделанным заказам)*
quick ~ быстрый оборот *(средств)*
ship's ~s сведения о принятом на борт *или* выгруженном грузе
subcompetitive ~ прибыль ниже среднего конкурентного уровня
supercompetitive ~ прибыль, превышающая средний конкурентный уровень
tax ~ налоговая декларация
returned □ **~ for want of acceptance** возвращён с просьбой об акцепте *(о векселе)*
returnee возвратившийся домой; демобилизованный
reusability возможность повторного использования
reuse повторное использование ‖ повторно использовать
effluent ~ повторное использование сточных вод
revalorization *см.* **revaluation**
revaluation ревальвация, переоценка
~ **of assets** переоценка стоимости активов
revalue ревальвировать; переоценивать *(валюту в сторону повышения её паритета)*
revamp переделывать; частично переоборудовать
revenue 1. выручка, валовой доход 2. *часто pl* государственные доходы, доход-

ные статьи бюджета □ ~ **above the line** *англ.* доходы по балансовым статьям государственного бюджета *(подоходный налог, акцизные сборы)*; ~ **below the line** *англ.* доходы по забалансовым статьям государственного бюджета; ~ **(derived) from taxes** налоговые доходы

budget ~ бюджетные доходы

coach passenger ~ выручка от пассажирских перевозок вторым классом

earned ~ полученный доход *(от реализации товаров и услуг)*

economy passenger ~ **1.** выручка от пассажирских перевозок удешевлённым классом; выручка от пассажирских перевозок третьим классом **2.** выручка от перевозок пассажиров вторым классом *(на международных авиалиниях)*

excess baggage ~ выручка за излишки багажа *(на авиалиниях)*

express ~ выручка от перевозки экспресс-грузов, выручка от перевозки экспресс-отправок

first-class passenger ~ выручка от пассажирских перевозок первым классом

foreign mail ~ выручка от перевозки международной (авиа)почты

freight ~ выручка от перевозки грузов

industrial products ~ доход от производства продукции промышленного назначения

inland ~**s** внутренние бюджетные поступления

marginal ~ предельный [добавочный] доход *(величина поступлений, полученная в результате продажи добавочной единицы продукции)*

nonoperating ~ **1.** доход от неосновной деятельности **2.** *pl* прочие доходы

nontax ~**s** неналоговые поступления

operating ~ доход от основной деятельности, выручка *(как результат экономической деятельности)*

overall operating ~ *см.* **operating revenue**

passenger ~ выручка от пассажирских перевозок

power ~**s** доходы (муниципальной) электроэнергетической системы; доходы от продажи электроэнергии

public ~**s** государственные доходы

tax ~**s** налоговые поступления

unearned ~ доход, полученный авансом *(напр. за подписные издания)*

unearned transportation ~ общая сумма возврата *(денежных средств, полученных за неиспользованные транспортные услуги)*

utility ~ **1.** выручка коммунальных предприятий *(включая общественный транспорт и связь)* **2.** выручка электроэнергетических компаний

waterline operating ~ доход от эксплуатации судна при полной загрузке

revenue-short имеющий недостаточный доход, с недостаточными поступлениями в бюджет

reversal **1.** обратное движение *(напр. цен)*; поворот, перелом **2.** отмена; аннулирование **3.** инверсия *(во временном ряду)*

~ **of factor intensity** обратимость факторной интенсивности *(превращение товара из капиталоёмкого в трудоёмкий или наоборот)*

~ **of falling price trend** изменение движения цен в сторону повышения

reverse **1.** противоположное, обратное ‖ противоположный, обратный; оборотный **2.** резко менять направление **3.** отменять, аннулировать □ **to** ~ **an entry** *бухг.* сторнировать *(исправить ошибочно сделанную запись)*; **to** ~ **the boom** вызвать поворот от бума к спаду

~ **of coin** обратная сторона монеты, реверс, решка

reversibility обратимость

review **1.** рассмотрение; обзор; анализ; пересмотр ‖ рассматривать; пересматривать *(напр. цены)* **2.** проверка ‖ проверять □ **under** ~ рассматриваемый

budgetary ~ бюджетный обзор

continual ~ непрерывная проверка

critical design ~ критический пересмотр конструкции

loan ~ анализ заявки на кредит *(предполагающий обследование состояния дел заёмщика)*

market ~ обзор рынка

revise проверка; пересмотр; исправление ‖ проверять; пересматривать; исправлять; ревизовать

revision **1.** проверка; просмотр; исправление, пересмотр **2.** проверка; ревизия **3.** переработка; модернизация

credit files ~ обновление данных к картотеке кредитной информации

downward ~ пересмотр в сторону понижения *(напр. цен)*

SIC ~ пересмотр Стандартной классификации отраслей экономики

upward ~ пересмотр в сторону повышения *(напр. цен)*

revisionism ревизионизм

revival **1.** оживление *(напр. конъюнктуры)* **2.** возобновление, повторное вступление в силу *(напр. контракта)*

~ **of trade** оживление торговли

business ~ хозяйственное [экономическое] оживление; оживление хозяйственной [экономической] конъюнктуры

revive оживлять(ся); восстанавливать(ся)

revocable подлежащий отмене, могущий быть отозванным, отзывной *(об аккредитиве)*

revocation **1.** отмена, аннулирование; ревокация **2.** лишение гражданства

revolution революция; переворот □ ~ **in agriculture** переворот в земледелии

commercial ~ революция в рыночной сфере *(связанная с организацией и функционированием рынка)*

demographic ~ демографическая революция

green ~ «зеленая» революция *(подъём сельского хозяйства в развивающихся странах)*

industrial ~ промышленная революция
managerial ~ управленческая революция
monetarist ~ *амер.* монетаристская революция *(теория об увеличении экономической роли денег)*
product ~ революция «продукта» *(процесс быстрого обновления товарной массы и изменения её структуры)*
retailing ~ *амер.* изменения в структуре розничной торговли *(происшедшие после второй мировой войны)*
technological ~ научно-техническая революция
vital ~ демографическая революция
revolving (автоматически) возобновляемый *(о кредите)*
reward поощрение, вознаграждение ‖ поощрять □ **for pecuniary ~** за денежное вознаграждение
~ of waiting вознаграждение за ожидание
due ~ надлежащее поощрение
factor ~ доля продукта, достающаяся (данному) фактору (производства)
rewarding поощрительный
rewholesaler оптовый перекупщик; оптовая посредническая фирма
rework переделка, исправление *(брака)* ‖ переделывать
Ricardianism рикардианство
rich 1. *pl* богатства 2. богатый 3. завышенный *(напр. о курсе акций)*
rider 1. дополнительный пункт, дополнительная статья *(к документу)*; добавление 2. *фин.* аллонж *(дополнительный лист бумаги к векселю)*
insurance ~ дополнительные условия страхования
rig □ **to ~ the market** искусственно вздувать курсы ценных бумаг
right 1. право 2. *pl* действительные факты; истинное положение 3. *pl* порядок 4. правильный; верный; должный; нужный 5. приводить в порядок 6. компенсировать, возмещать *(убытки)* 7. право акционера на покупку акций из новых выпусков на льготных условиях □ **~s and duties** права и обязанности; **cum ~s** включая права; **~ to benefit** право на социальное обеспечение; **~ to claim for damage** право требовать выплаты страхового возмещения; **~ to rest** право на отдых; **~ to work** право на труд
~ of cancellation право расторжения договора страхования
~ of coinage право чеканки монет *(предоставляемое государством)*
~ of eminent domain право государства на принудительное отчуждение собственности
~ of issuing notes право банкнотной эмиссии
~ of priority of creditors право приоритета кредиторов *(при конкурсном разделе имущества за долги)*
~ of recourse право регресса; право обратного требования *(к индоссанту)*
~ of redemption право выкупа
~ of survivorship право одного из совладельцев на собственность после смерти партнёра
~ of way 1. право прохода *или* проезда через чужую землю 2. полоса отчуждения; полоса отвода
application ~ *англ.* право на подписку *(на акции)*
appropriative ~ право присвоения, право обращения в свою собственность
buyer's ~ of routing право (покупателя) на выбор маршрута *(при приобретении продукта по цене франко-завод)*
conditional drawing ~s права заимствования на специальных условиях
customary ~s in land обычаи землевладения
dividend ~ право на получение дивиденда
drawing ~s права заимствования
franchising ~ 1. право на привилегию 2. право на эксплуатацию *(предприятий другой фирмы)*
full ~ of use полное право пользования
no voting ~ отсутствие права голоса *(по акциям)*
operating ~ право на эксплуатацию
partial voting ~ частичное право голоса *(по акциям)*
patent ~ патентное право
preemptive [preemption] ~ преимущественное право *(акционеров на вновь выпускаемые акции)*
proprietary ~ право собственности
riparian ~ право владельца прибрежной полосы *(на водопользование)*, право владельца прибрежного участка
road ~s маршрутные права *(автотранспортной компании)*
salable property ~ право собственности, которое можно продавать *(напр. в форме ценных бумаг)*
sole voting ~ исключительное право голоса *(по акциям)*
special drawing ~s специальные права заимствования, СДР, СПЗ *(расчётные денежные единицы в рамках Международного валютного фонда)*
stock subscription ~ право подписки на акции для акционеров
tenant ~ право аренды
transferable property ~ *см.* **salable property right**
unconditional drawing ~s безусловные права заимствования
vested prior ~ закреплённое [признанное, законное] преимущественное право
rigid негибкий, неподатливый *(напр. о спросе)*
rigidity жёсткость, негибкость, неэластичность
price ~ жёсткость [негибкость] цен
wage ~ неизменяемость заработной платы
rigorous строгий; точный *(о выводе)*
ring 1. ринг *(форма картельного объединения)* 2. биржевой круг *(1. круг членов биржи, имеющих исключительное право на заключение биржевых сделок 2. расположенные в виде круга места членов биржи в биржевом зале)* □ **to ~ the market** влиять на курсы ценных бумаг в корыстных целях

price ~ объединение с целью проведения согласованной политики цен
riparian 1. прибрежный **2.** владелец прибрежного участка *(земли)*, владелец прибрежной полосы
ripoff снижение, скидка *(с налога)*
rise 1. подъём, повышение, увеличение ‖ подниматься, повышаться, увеличиваться **2.** прибавка *(к заработной плате)* **3.** происхождение, начало **4.** продвижение *(по службе)* ‖ продвигаться *(по службе)* □ **~ in price** повышение цены *или* курса ценных бумаг; **~ in quotation** *бирж.* повышение курса; **to be on the ~** повышаться; находиться в состоянии подъёма; **to buy for a ~** покупать в расчёте на повышение цены; **to pay the ~** повышать заработную плату
~ of stock повышение курса акций
risk 1. риск ‖ рисковать **2.** опасность **3.** *мат.* средний риск **4.** страховой риск **5.** застрахованное лицо; застрахованная вещь **6.** степень неопределённости, вероятность, возможность □ **all ~s** *страх.* от всех рисков; **~s and perils of the sea** *страх.* морские риски и опасности; **at consignee's ~** на риск товарополучателя; **at owner's ~** на риск владельца; **~ averse** не расположенный к риску, стремящийся уйти от риска; **~ covered of insurance** риск, охватываемый страхованием; **~ for own account** риск на собственной ответственности; **to run the ~** подвергаться риску
~ of currency depreciation риск обесценения валюты
~ of error опасность ошибки
~ of loss риск потерь
~ of making incorrect decision риск принятия неправильного решения
~ of mistake риск ошибки
abnormal insurance ~ чрезвычайный страховой риск
accident ~ вероятность наступления несчастного случая
accumulation ~ кумулирующийся риск
actuarial ~ актуарный риск *(покрываемый страховой компанией)*
admissible [allowed] ~ допустимый риск
a posteriori ~ апостериорный риск
assigned ~ установленный уровень риска *(при страховании)*; повышенный процент риска
aviation insurance ~ страховой авиационный риск
Bayes(ian) ~ байесовский риск
businessman's ~ деловой риск, риск предпринимателя *(при покупке акций)*
collective ~ коллективный риск
conditional ~ условный риск
constant ~ постоянный риск
consumer's ~ риск потребителя
contractor's ~ риск подрядчика
conventional ~ условный риск
credit ~ риск неплатежа по ссуде
current ~s происходящие страховые случаи
desired ~ требуемый уровень риска
estimated ~ оценка риска
fire ~ риск пожара
hydrologic ~ гидрологический риск *(учитываемый при определении суммы капиталовложений в постройку систем водоснабжения)*
insurable ~ страхуемый риск
insurance ~ страховой риск
integrated ~ совокупный риск
inventory ~ риск обесценения запасов
legal ~ риск, связанный с нарушением закона
limited ~ ограниченный риск *(принцип опциона, где риск ограничен премией)*
manufacturer's ~ риск поставщика; риск изготовителя
minimax ~ *т. игр* минимаксный риск
minimum ~ минимальный риск
miscellaneous insurance ~s смешанные страховые риски
mortality ~ риск смертности
non-Bayesian ~ небайесовский риск
noninsurable ~ нестрахуемый риск
omnibus ~ распределённый риск *(применительно к зданию, арендаторы которого заняты разными областями деятельности)*
operational ~ операционный риск *(небрежных или некомпетентных действий)*
overall ~ совокупный риск
percentage ~ относительный риск в процентах
posterior ~ апостериорный риск
predetermined ~ заданный уровень риска
price ~ курсовой риск
producer's ~ риск поставщика
property ~ имущественный риск
road ~ риск уличного движения
sovereign ~ риск неплатёжеспособности суверенного государства
standard ~ нормальный риск *(не выходящая за определённый предел вероятность наступления страхового случая)*
tenant's ~ риск арендатора
underwriting ~ риск андеррайтеров [гарантов размещения ценных бумаг]
uniformly minimum ~ равномерно минимальный риск
uninsurable ~ нестрахуемый риск
variable ~ переменный риск
vendor's ~ риск поставщика
risk(-)free надёжный, устойчивый *(о ценных бумагах)*
riskiness степень риска, рискованность
riskless без риска
risky рискованный
rival конкурент, соперник ‖ конкурировать, соперничать ‖ конкурирующий *(о товаре)*
rivalry соперничество, конкуренция
road:
access ~ подъездная дорога к предприятию [к складу]
country ~ 1. грунтовая [просёлочная] дорога, просёлок **2.** загородная дорога
dirt ~ грунтовая дорога *(не улучшенная)*
Federal ~ *амер.* дорога общегосудар-

ственной магистральной сети, федеральная автодорога
internal ~ внутризаводская дорога
state ~ *амер.* дорога внутриштатной автодорожной сети
roadblock проблема; трудность
robot робот, автомат
industrial ~ автономный манипулятор *(с программным управлением)*
robotize автоматизировать
rock □ **on the ~s** на мели, в тяжёлом материальном положении; **to run upon the ~s** потерпеть крушение *(в делах)*, обанкротиться
rod:
measuring ~ of economic performance показатель результатов экономической деятельности
measuring ~ of money денежная единица измерения
roll 1. (поимённый) список, ведомость **2.** рулон **3.** *амер., жарг.* деньги **4.** перекладывать *(налоги)*
active ~ списочный состав *(рабочих)*
bank ~ *амер.* пачка банкнот
relief ~ фонд помощи
tax ~ налоговый список; список облагаемых объектов
rollback понижение *(рыночных цен)*
rollover пролонгация кредита *(путём выдачи новой ссуды взамен старой или обмена старых облигаций на новые)*
room 1. комната ‖ жить на квартире, занимать комнату **2.** *pl* помещение **3.** место, пространство □ **the Room 1.** биржевой зал **2.** аукционный зал
back ~s подсобное помещение магазина
board [customer's] ~ клиентский зал в брокерской конторе
finished ~ склад готовых изделий
infinite waiting ~ *ТМО* бесконечное пространство для ожидания
limited waiting ~ *ТМО* ограниченное пространство для ожидания
stock ~s 1. склад, складское помещение *(магазина)* **2.** помещение в отеле для выставки образцов товара *(доставляемых приезжими комиссионерами)*
strong ~ хранилище, сейфовое помещение *(банка)*
waiting ~ место для ожидания; пространство для ожидания
root 1. *мат.* корень **2.** *демогр.* исходная совокупность родившихся; исходная численность населения
~ of contract суть контракта
good ~ of title документ, содержащий все сведения о праве владения участком земли
root-mean-square среднеквадратический
rotate чередовать(ся); сменять(ся)
rotation 1. ротация, чередование, периодическое повторение **2.** кругооборот *(капитала)* **3.** последовательное повышение курсов различных видов акций **4.** севооборот □ **in ~** по очереди; попеременно; **on ~** по скользящему графику
arable ~ полевой севооборот
crop ~ севооборот
Norfolk ~ *англ.* норфолкский севооборот *(четырёхпольный севооборот, получивший распространение в графстве Норфолк)*
stock ~ оборот товарных запасов
rough 1. грубый, неотделанный **2.** приблизительный
roughly грубо; приближённо; приблизительно, ориентировочно
Round:
Kennedy ~ раунд Кеннеди *(серия переговоров в ГАТТ в 1964–1967 гг. о снижении таможенных тарифов)*
Uruguay ~ Уругвайский раунд *(переговоров в рамках ГАТТ с 1987 г.)*
round 1. цикл **2.** *т. игр* ход **3.** раунд, тур *(переговоров)* **4.** округлять ‖ округлённый □ **to ~ downward** округлять в меньшую сторону; **to ~ off** округлять; **to ~ upward** округлять в бо́льшую сторону
~ of tariff negotiations тур переговоров о тарифах
roundaboutness of production «косвенность» [«окольность», многоступенчатость] производства *(производство средств производства для производства конечного продукта — предметов потребления, в отличие от примитивного производства непосредственно предметов потребления)*
rounded-off округлённый *(о данных)*
roundsman *англ.* разъездной агент торгового предприятия
roundup обобщающий *(напр. о прогнозе)*
roustabout *амер.* рабочий *(на ранчо)*
route 1. путь следования, маршрут; линия; направление ‖ устанавливать маршрут; направлять **2.** линия *(связи)* □ **en ~** *фр.* в пути *(о грузах)*
certificated ~ маршрут, удостоверенный Свидетельством общественной полезности и необходимости
circuitous ~ кружный маршрут *(отклоняющийся от кратчайшего)*
competitive ~ конкурентный маршрут *(на котором действует более одной транспортной компании)*
flow ~ технологический маршрут
high-density ~ маршрут с большой густотой перевозок
home shopping service ~s *амер.* маршруты автолавок
least-cost ~ наиболее дешёвый маршрут
linear ~ маршрут (транспортной) линии, транспортная линия
low-density ~ *см.* **thin route**
marginal ~ убыточная (транспортная) линия; субсидируемая линия
newly authorized ~ маршрут, недавно открытый для движения
noncompetitive ~ неконкурентный маршрут *(на котором действует одна транспортная компания)*
nonmarginal ~ экономически эффективная (транспортная) линия; несубсидируемая линия
nonproductive ~ убыточная (транспортная) линия

optimal ~ оптимальный маршрут
single city pair ~ авиалиния между корреспондирующими пунктами
standard ~ основной маршрут; кратчайший [прямой] маршрут
thin ~ маршрут с малой густотой перевозок
trade ~s обычные маршруты морских торговых судов; торговые пути
route-mile погонная миля
routine 1. установившаяся практика; определённый режим; заведённый порядок; плановая последовательность 2. повседневный [обычный] уход за оборудованием 3. стандартная программа
accounting ~ текущая работа по учёту и отчётности
office ~ конторские правила, правила делопроизводства
routing 1. трасса, курс; маршрут 2. маршрутизация *(процесса)* 3. маршрутно-технологическая карта 4. назначение маршрута *(перевозок)*
routinize рационализировать *(о методах бухгалтерских операций)*; упрощать
row 1. ряд 2. строка
matrix ~ строка матрицы
table строка таблицы
royal *англ.* королевский *(определение при многих экономических институтах, учреждениях)*
royalty 1. *англ.* право на земельную собственность *или* разработку недр, дарованное королевской властью 2. *англ.* (арендная) плата за право разработки недр 3. лицензионный платёж, роялти 4. авторский гонорар *(в виде процентного отчисления с каждого проданного экземпляра книги)*
□ **~ on sales** лицензионная плата *(устанавливаемая в виде процентного отчисления от объёма продаж товара)*
fixed sum [lump-sum] ~ фиксированная арендная плата
punitive ~ карательные условия лицензионной платы
ruin крах, разорение
ruinous разорительный *(о цене)*; ведущий к краху
Rule:
~ of Exchange устав биржи
~s of Fair Practice Правила добросовестной торговли *(на рынке ценных бумаг США)*
Hague ~s *мор.* Гаагские правила *(коносаментных перевозок)*
rule 1. правило; постановление; предписание; норма ‖ постановлять; устанавливать 2. власть; господство; правление ‖ господствовать; править; управлять 3. стоять на уровне, действовать, преобладать *(о ценах, курсах)*; котироваться
□ **~s and regulations of the bank** устав банка; **to ~ the market** господствовать на рынке
~ of averaging правило усреднения
~ of game правило игры
~s of guilds *ист.* цеховые законы
~ of reason правило «разумного подхода» при осуществлении антитрестовского законодательства
American ~ *см.* **prudent man rule for trust investments**
balanced budget ~ правило сбалансированного бюджета
batch quantity ~ правило определения размера партии
Bayes' ~ *мат.* правило [формула] Байеса
best execution ~ правило исполнения приказа брокеру по самым выгодным для клиента ценам
'clean-up' ~ правило, обязывающее заёмщика полностью погашать краткосрочную задолженность банку в конце года
competitive bidding ~ правило конкурентных торгов *(применяемое Комиссией по ценным бумагам и биржам, США)*
constant-level ~ правило постоянного уровня *(запасов)*
cost-minimizing ~ принцип минимизации затрат
disclosure ~ *амер.* правило, запрещающее публикацию статистических общих данных *(в целях охраны коммерческой тайны компаний)*
duality ~ принцип двойственности
equimarginal ~ закон равенства предельных полезностей
estimation ~ правило оценивания
Fed ~s *амер.* правила ведения банковских операций, издаваемые Федеральной резервной системой
first-in-first-out ~ *ТМО* принцип обслуживания в порядке поступления
fixed replenishment ~ правило пополнения запасов партиями постоянного объёма
golden ~ of banking золотое правило банковского дела *(депозиты и ссуды должны балансироваться по срокам)*
grading ~s правила сортировки *(изделий)*
hard-and-fast ~ твёрдое [непреложное] правило
instrumentality ~ *амер.* применяемое судом правило распространения ответственности на холдинг-компанию за действия дочерней компании
job safety ~s правила по охране труда
kidvid ~s свод правил по телевизионной рекламе для детей
last-in-first-out ~ *ТМО* обслуживание в обратном порядке, обслуживание по принципу «прибыл последним — обслужен первым»
majority ~ правило простого большинства *(при голосовании)*
make-work ~s правила создания рабочих мест *(условие в коллективном договоре)*
Massachusettes ~ *см.* **prudent man rule for trust investments**
minimax ~ принцип минимакса
nonpreemptive ~ *ТМО* правило обслуживания без прерывания
operating ~s правила эксплуатации
optimal decision ~ правило принятия оптимальных решений
optimum stopping ~ *мат.* правило оптимальной остановки

ordering ~ правило подачи заказов
preemptive repeat ~ *ТМО* правило повторения прерванного обслуживания
preemptive resume ~ *ТМО* правило продолжения прерванного обслуживания
priority ~ *ТМО* правило назначения приоритетов
prudent man ~ for trust investments *амер.* правило «разумного поведения» при инвестировании средств по доверенности *(ориентируемое на действия «разумного инвестора»)*
queue-selection ~ *ТМО* правило выбора очереди
random ~ *ТМО* правило случайного выбора
safety-stock ~ правило создания резервного запаса
set ~ установившееся правило
standing ~ устав
stocking ~ правило создания запасов
stockout ~ правило, определяющее допустимый уровень дефицита *(в системе управления запасами)*
stop ~ *т. игр* правило остановки
suitability ~s *амер.* правила «годности», требование к продавцу рискованных активов проверять платёжеспособность клиентов
team decision ~ правило принятия коллективных решений
ten percent ~ *амер.* правило десяти процентов *(запрещающее предоставлять ссуду одному заёмщику на сумму свыше 10% капитала банка)*
three day delivery ~ *бирж.* правило поставки на третий день
twenty percent ~ *амер.* правило двадцати процентов *(о хранении 20% суммы ссуды на банковском счёте)*
umpire's ~ правило посредника
unanimity ~ правило единогласия *(при голосовании)*
variable replenishment ~ правило пополнения запасов партиями переменного объёма

rule-of-thumb 1. произвольное [«волевое»] решение ‖ произвольный, приблизительный **2.** эмпирическое правило ‖ эмпирический, сугубо практический

ruling господствующий, преобладающий *(напр. о ценах)*

run 1. пробег; рейс ‖ совершать рейсы, курсировать **2.** ход, работа *(машины)* ‖ работать **3.** спрос; наплыв требований **4.** течение **5.** серия; партия *(изделий)* **6.** производственный период; цикл **7.** период, отрезок *(времени)* **8.** средний сорт; тип, разряд **9.** вести, управлять, эксплуатировать **10.** иметь силу, быть действительным *(в течение определённого срока)* □ **in the long ~** в течение длительного периода времени; в долгосрочном плане; **in the short ~** в течение короткого периода времени, кратковременно; в краткосрочном плане; **~ on an article** спрос на *какой-л.* предмет; **~ on the bank** наплыв требований в банк; массовое изъятие вкладов из банка, натиск вкладчиков на банк *(с требованием возврата депозитов)*; **to ~ a budget deficit** сводить бюджет с дефицитом; **to ~ a business** руководить делом; **to ~ a deficit** иметь дефицит; **to ~ a risk** рисковать; брать на себя риск; **to ~ away** *разг.* быстро расти, стремительно возрастать; **to ~ down 1.** снижать *(пошлину)*; сбивать *(цену)* **2.** *см.* **to run dry 3.** *мор.* столкнуться; топить *(в результате столкновения)*; **to ~ dry** иссякать; истощаться *(напр. о запасах)*; **to ~ into debt** залезать в долги, делать долги; **to ~ off** истекать *(о сроке)*; **to ~ out** оканчиваться; **to ~ short of a product** испытывать нехватку продукта; **to ~ up to** достигать, доходить *(напр. об уровне цен)*
~ of business ход дел
~ of creditors натиск кредиторов
~ of office продолжительность службы
~ of quality отклонение качества
deadhead ~ пробег порожняком; рейс с малой загрузкой
economic(al) ~ экономический режим работы
economical production ~ экономически выгодная партия *(изделий)*
'hot-shot' ~ скоростной рейс; перевозка грузов скорыми товарными поездами и грузовым автотранспортом
large ~ крупная партия *(изделий)*
long ~ 1. продолжительная работа **2.** крупная партия *(изделий)* **3.** крупносерийное производство **4.** длительный период времени
model ~ партия изделий определённой модели
nonstop ~ безостановочная работа
one-product production lot ~ крупносерийное производство одного вида продукции
peddle ~ рейс для сбора и доставки грузов
pilot [preproduction] ~ опытная партия *(изделий)*
production ~ 1. производственный период; продолжительность выпуска продукции **2.** партия *(изделий)* **3.** массовое [серийное] производство
rail ~ железнодорожный рейс
refinery ~ 1. цикл переработки *(нефти)* **2.** *pl* объём производства нефтеперерабатывающих заводов
short ~ 1. краткосрочная работа **2.** небольшая партия *(изделий)* **3.** мелкосерийное производство **4.** короткий период времени
variable size ~s партии *(изделий)* различной крупности

runaway безудержный *(об инфляции)*; вышедший из-под контроля *(об организации управления)*

rundown снижение *(напр. производства)*

runner посыльный банка *или* брокерской фирмы

running 1. рейс **2.** ход *(машины)* **3.** работа ‖ работающий *(напр. о предприятии)* **4.** текущий; постоянный **5.** непрерывный; сплошной; последовательный

□ ~ **below full capacity** работающий не на полную мощность *(о предприятии)*
~ **of insurance portfolio** истечение страхового портфеля
runoff 1. сток *(воды в реке)*; *разг.* объём стока 2. снижение уровня, сокращение объёма, отток 3. отражение на ленте тикера цен *(на закрытие биржи)*
runup рост, подъём, повышение; прирост
rural сельский
ruralization 1. аграризация *(превращение в преимущественно аграрную страну)* 2. рост населения сельской местности
rush 1. натиск; стремительное движение ‖ быстро делать; бросать; срочно исполнять *(напр. заказ)* 2. большой спрос □ ~ **for means of payments** погоня за средствами платежа
gold ~ золотая лихорадка
input ~ *ТМО* напор входящего потока
Russwood «Руссвуд» *(название типового чартера для перевозки леса из портов Белого моря)*
rustic сельский житель, крестьянин ‖ деревенский, крестьянский

S

sack 1. мешок, куль ‖ ссыпать в мешок 2. увольнять *(с работы)*
sacker упаковщик *(напр. покупок)*
sacrifice убыток; недостача; потеря; жертва ‖ жертвовать
~ **of accuracy** потеря точности
~ **of utility** потеря полезности
~**s of waiting** убытки, связанные с ожиданием
interest ~ **in holding money** потеря процента при хранении наличных денег
safe 1. сейф, несгораемый шкаф 2. безопасный, гарантированный
night ~ ночной сейф *(для сдачи денег в банк без участия персонала)*
safeguard 1. гарантия; охрана ‖ гарантировать; охранять 2. охранное свидетельство 3. предосторожность
safekeeping хранение ценностей в (банковском) сейфе
safety безопасность; невредимость; сохранность
~ **of principal** неприкосновенность инвестированного капитала
farm ~ охрана труда в сельском хозяйстве
industrial ~ техника безопасности на производстве
workplace ~ техника безопасности на рабочем месте
sag 1. снижение уровня *(напр. прибылей)*; падение, понижение *(напр. цен)* ‖ снижаться, опускаться; уменьшаться 2. замедление роста производства
salability возможность сбыта товаров
~ **of bonds** популярность облигаций среди покупателей; лёгкость распространения облигаций
salable 1. пользующийся большим спросом *(о товаре)* 2. пригодный для продажи 3. сходный, приемлемый *(о цене)* □ ~ **in the market** могущий быть проданным на рынке
salary 1. оклад, жалованье ‖ платить жалованье 2. *pl* фонд жалованья *(служащих)*; общая сумма выплачиваемого жалованья □ **to draw a fixed** ~ быть на твёрдом окладе; **to earn a** ~ получать жалованье; **to raise the** ~ повышать оклад
fixed ~ твёрдый оклад
regular ~ регулярно выплачиваемый оклад
sale 1. *часто pl* продажа; сбыт 2. торговля; торговая сделка 3. распродажа *(по сниженным ценам)* 4. *pl* объём продаж; товарооборот □ ~ **and repurchase** продажа и обратная покупка *(операции с ценными бумагами, используемые центральными банками в рамках кредитно-денежного регулирования)*; **'as is'** ~ *амер.* продажа товара на условии «как есть» *(без гарантии качества)*; ~ **by commission** комиссионная продажа; ~ **by description** продажа по описанию; ~ **by sample** продажа по образцу; ~ **by the yard** продажа на ярды *(напр. ткани)*; ~ **by weight** продажа на вес; ~**s fall off** объём продаж падает; ~ **for future delivery** продажа на срок; ~ **on approval** продажа с сохранением права покупателя отказаться от товара; ~ **on arrival** продажа товара, находящегося в пути; ~ **or return** продажа *или* возврат *(продажа, при которой покупатель имеет право возвратить товар в течение определённого времени)*; **to command a ready** ~ иметь постоянный хороший сбыт, быстро продаваться *(о товаре)*
~ **of loan** продажа долгового обязательства другому кредитору; переуступка займа банком
~ **of pledge** продажа залога
account ~**s** отчёт *(комиссионера)* о продаже товара
auction ~ аукцион
bargain ~**s** распродажа *(по сниженным ценам)*
bear ~**s** *бирж.* продажи при спекуляции на понижение
block ~ продажа партии *(ценных бумаг)*
bulk ~ массовая продажа; продажа всего товарного запаса; продажа груза целиком
bull ~**s** *бирж.* продажи при спекуляции на повышение
business ~**s** объём продаж торгово-промышленных предприятий; валовой оборот
cash ~ продажа за наличные
cash-and-carry ~ продажа за наличный расчёт без доставки покупки на дом
cash-and-delivery ~ продажа за наличный расчёт с доставкой покупки на дом
cash-only ~ продажа только за наличный расчёт *(без кредита)*
catalog(ue) ~ розничная продажа товаров по каталогу

charge-and-carry ~ продажа с записью на счёт покупателя без доставки покупки на дом
charge-and-delivery ~ продажа с записью на счёт покупателя с доставкой покупки на дом
clearance ~**s** распродажа *(по сниженным ценам)*
commercial ~**s** объём продаж коммерческого сектора
compulsory ~ принудительная продажа с торгов, продажа с молотка
conditional ~ условная продажа
credit ~ продажа в кредит
defense ~**s** объём продаж военной продукции
deferred payment ~ торговая сделка с отсроченным платежом
delayed ~ отложенная продажа
discount ~ продажа со скидкой, дисконтная продажа
exchange ~ биржевая продажа
export ~ продажа на экспорт
fleet ~ розничная продажа *(напр. автомобилей)* крупными партиями
forced ~ **of collateral** принудительная продажа обеспечения *(при невыполнении обязательств должником)*
forward ~ продажа на срок
going-out-of-business ~ полная распродажа
group ~ крупная партия ценных бумаг, продаваемая (институциональным инвесторам) от имени всего эмиссионного синдиката
guaranteed ~ продажа товара поставщиком с гарантией его возврата за полную стоимость *(в случае, если торговое предприятие не смогло продать товар)*
hire-purchase ~ продажа в рассрочку
illicit ~ тайная продажа, продажа из-под полы
imputed ~ продажа, отнесённая на *чей-л.* счёт
industrial ~**s** объём продаж потребителям промышленного сектора
installment ~ продажа в рассрочку
livestock product ~ реализация животноводческих продуктов
loan ~ «продажа» [передача] кредитором ссуды третьим лицам
lost ~ потерянный сбыт *(вследствие отсутствия товара или потери клиентов)*
manufacturers' ~**s** объём продаж продукции фирм обрабатывающей промышленности
overall ~**s** оборот по продажам
panic ~**s** срочная распродажа
private ~ продажа по частному соглашению
property ~ продажа недвижимого имущества
public ~ аукцион
ready ~ хороший сбыт; быстрая продажа
residential ~**s** объём продаж потребителям бытового сектора
security ~ продажа ценных бумаг
shipment ~ продажа на экспорт
short ~ продажа без покрытия на срок *(при отсутствии ценных бумаг у продавца в момент продажи)*
slow ~ плохой сбыт; медленная продажа
spot ~ продажа с немедленной поставкой за наличный расчёт
stock-taking ~**s** распродажа товарных остатков *(по случаю инвентаризации)*
tying-in ~ продажа с принудительным ассортиментом
uncovered ~ продажа *(ценных бумаг)* без покрытия
under-the-counter ~ продажа из-под прилавка
wash ~ фиктивная продажа *(ценных бумаг с последующей перепродажей)*

salesclerk приказчик; продавец

salesman 1. продавец 2. *амер.* коммивояжёр, торговый агент
advance ~ *амер.* агент, изыскивающий новые маршруты для автолавок
driver ~ *см.* **route salesman**
factory ~ торговый агент — служащий промышленной фирмы; собственный торговый представитель промышленной фирмы
hard-selling ~ активный [энергичный] торговый агент, «настырный продавец»
industrial ~ представитель отдела сбыта промышленной фирмы
pavement ~ *англ.* «зазывала» *(продавец, уговаривающий прохожих посетить магазин)*
route ~ *амер.* шофёр-продавец, обслуживающий автолавку
traveling ~ коммивояжёр
truck route ~ *см.* **route salesman**

salesmanship 1. занятие торговлей; профессия торговца 2. искусство продавца 3. навязывание товаров *(посредством рекламы)*; проталкивание товаров *(с помощью мер по стимулированию сбыта)*

salespeople продавцы *(как группа)*

salinity солёность; минерализация *(воды)*

Sallie Mae *разг.* Ассоциация финансирования студенческих ссуд *(см. тж.* **Student Loan Marketing Association***)*

salvage 1. спасение имущества *(напр. от огня)* ‖ спасать имущество 2. расходы по спасению имущества, компенсация за спасение имущества 3. нереализованная продукция, годная для переработки; отходы производства, годные для переработки; исправимый брак ‖ пускать во вторичную переработку 4. сбор и использование утильсырья ‖ собирать утиль 5. реализовать испорченное имущество □ ~ **on ship** вознаграждение за спасение судна

salvor спасатель

sample 1. образец, образчик; проба ‖ отбирать образцы 2. *стат.* выборка, выборочная совокупность ‖ производить выборку 3. выборочная партия □ **as per** ~ согласно образцу; **to be according to** ~ соответствовать образцу; **to be equal to** ~ одинаковый с образцом; ~ **without replacement** выборка без возвращения; ~**s**

without value образцы без цены; ~ **with replacement** выборка с возвращением
~ **of data** набор данных
~ **of observations** выборка наблюдений
~**s of unequal size** выборки неравного объёма
area ~ территориальная выборка
assay ~ образец для анализа
balanced ~ уравновешенная выборка
biased ~ смещённая выборка; необъективная [пристрастная] выборка
bivariate ~ двумерная выборка
censored ~ цензурированная выборка
composite ~ смешанный образец
correlated ~**s** коррелированные выборки
free ~ бесплатный образец *(товара)*
interpenetrating ~**s** взаимопроникающие выборки
item ~ образец изделия
marriage survey ~ группа обследуемых семей
matched ~**s** парные образцы
multicensored ~ многократно цензурированная выборка
multistage ~ многоступенчатая выборка
ordered ~ упорядоченная выборка
pilot ~ опытный образец
probability ~ вероятностная выборка; случайная выборка
product ~ образец изделия
production ~ **1.** серийный образец **2.** выборка из серийных изделий
purposive ~ преднамеренная выборка
quasi-random ~ квазислучайная выборка
quota ~ пропорциональная выборка
random ~ случайная выборка
replicate ~ повторная выборка
representative ~ репрезентативная [представительная] выборка
single ~ однократная выборка
singly censored ~ однократно цензурированная выборка
stratified ~ **1.** расслоённая [типическая] выборка **2.** районированная выборка
survey ~ обследуемая группа
systematic(al) ~ систематическая выборка
three-stage ~ трёхступенчатая выборка
truncated ~ усечённая выборка
two-stage ~ двухступенчатая выборка
unbiased ~ несмещённая выборка; объективная [беспристрастная] выборка
uncensored ~ нецензурированная выборка
uncorrelated ~**s** некоррелированные выборки
unordered ~ неупорядоченная выборка
unrepresentative ~ нерепрезентативная [непредставительная] выборка

sampling 1. выборочный метод; выборочный контроль; выборочное исследование **2.** выбор, выборка; взятие выборок; отбор || выборочный □ ~ **by attributes** выборочный контроль по качественным признакам; ~ **by variables** выборочный контроль по количественным признакам; ~ **without repetition** выбор без повторения; ~ **with repetition** выбор с повторением
acceptance ~ выборочный контроль при приёмке; приёмочный статистический контроль
activity ~ выборочное изучение рабочих заданий
area ~ территориальный выбор
biased ~ необъективный [пристрастный] выбор
cluster ~ **1.** групповой выбор **2.** выборочное обследование по группам
duplicate ~ повторный выбор
exhaustive ~ исчерпывающий отбор
finite ~ выбор из конечной совокупности
lattice ~ решётчатый выбор
line ~ отбор по линиям
mixed ~ смешанный [комбинированный] выбор
multiphase ~ многофазный отбор
multistage ~ многоступенчатый отбор
multivariate ~ многомерный выбор
reduced ~ облегчённый выборочный контроль
restricted ~ ограниченный выборочный контроль
rotation ~ повторный выбор *(из одной и той же совокупности)*
single ~ **1.** однократный выборочный контроль **2.** однократный отбор *(изделий для контроля)*
stratified ~ **1.** расслоённый [типический] выбор **2.** районированный отбор
successive ~ получение последовательных выборок; последовательный выбор
time ~ последовательный выбор
truncated ~ **1.** усечённый выбор **2.** сокращённый выборочный контроль
unbiased ~ объективный [беспристрастный] выбор

sanction 1. утверждение, ратификация || утверждать **2.** запрещение, запретительное предписание **3.** санкция || санкционировать
economic ~**s** экономические санкции *(карательные)*

satiety насыщение *(напр. рынка)*

satisfaction удовлетворение
~ **of wants** удовлетворение потребностей

satisfactory удовлетворительный; удовлетворяющий

satisfy удовлетворять *(условиям)*; соответствовать, отвечать *(требованиям)*

saturate насыщать *(напр. рынок)*

saturation насыщение *(напр. рынка)*
demand ~ насыщение спроса
urban ~ уровень урбанизации, плотность городской застройки

save 1. экономить **2.** сберегать, копить, откладывать, накоплять □ ~ **as you earn** *англ.* сберегайте по мере получения дохода *(программа накопления сбережений посредством месячных взносов)*

saving экономия; сбережение || экономный; сберегающий; *часто pl* сбережения; накопление *(как процесс образования сбережений)* □ ~ **in inventory** экономия в результате сокращения объёма запасов; ~ **in selling expenses** экономия на торговых издержках; **to encourage** ~ стимулировать формирование сбережений

compulsory ~s вынужденные [принудительные] сбережения
contractual ~s сбережения договорного характера *(напр. взносы по страхованию)*
cost ~ снижение издержек *(производства)*, экономия на издержках
discretionary ~s дискреционные сбережения *(сверх необходимых или обязательных)*
domestic ~s внутренние сбережения
ex ante ~s *лат.* предполагаемые сбережения
excess ~s избыточные сбережения *(как следствие снижения уровня инвестирования)*
expenditure ~ экономия по счетам (бюджетных) расходов
ex post ~s *лат.* фактические сбережения
fluid ~s сбережения в ликвидной форме
forced ~s вынужденные [принудительные] сбережения
full-employment ~s сбережения в условиях полной занятости
household ~s сбережения семей
interest-inelastic ~s сбережения, неэластичные в отношении ставки процента; сбережения, слабо реагирующие на изменения ставки процента
involuntary ~s вынужденные [принудительные] сбережения
national ~s система национальных сбережений, необращающиеся ценные бумаги правительства для аккумуляции сбережений *(Великобритания)*
negative ~s «отрицательные» сбережения *(чистое увеличение задолженности по потребительскому кредиту)*
passbook ~s сбережения на сберегательной книжке
postal ~s сбережения на почтово-сберегательных счетах
purpose ~ целевое сбережение
tax ~ сумма, сэкономленная за счёт уменьшения налоговых платежей

scab штрейкбрехер

scale **1.** масштаб; размер; охват **2.** шкала **3.** уровень; ступень развития **4.** чашка весов; *pl* весы □ **on a ~** *бирж.* по различным курсам; **on a large ~** в большом масштабе; **to buy on a ~** покупать акции в период понижения курсов *(по снижающемуся курсу)*; **to ~ back** снижать(ся), уменьшать(ся); **to ~ down** постепенно понижать, сокращать *(налоги)*; **to sell on a ~** продавать акции в период повышения курсов *(по растущему курсу)*; **to ~ up** постепенно увеличивать, повышать
~ of accumulation масштаб накопления
~ of charges шкала сборов; шкала расходов; тариф
~ of commissions шкала комиссионного вознаграждения
~ of living уровень жизни
~ of operations масштаб производства
~ of payment шкала ставок оплаты за труд
~ of prices шкала цен *(в зависимости от качества продукции)*
~ of production масштаб производства
~ of taxes шкала ставок налогового обложения
~ of values шкала ценностей
~ of wages шкала заработной платы
ascending tax ~ прогрессивная шкала ставок налогового обложения
automatic ~s весы-автомат
batching ~s дозирующие весы
chart ~ **1.** масштаб диаграммы **2.** шкала диаграммы
daily ~ суточная норма
descending tax ~ регрессивная шкала ставок налогового обложения
efficient ~ экономически эффективный масштаб *(деятельности)*
feed grain substitution ~ шкала заменяемости кормового зерна
graduated ~ of fees шкала повышающихся комиссионных выплат *(при наступлении определённых условий)*
graphic rating ~ (сопоставительная) шкала оценок
industrial ~ производственный масштаб
job comparison ~ шкала расценок рабочих заданий
minimum efficient [minimum optimal] ~ наименьший экономически эффективный масштаб *(деятельности)*
national ~s of bargaining общенациональные масштабы коллективных переговоров *(напр. профсоюзов с предпринимателями)*
nominal ~ номинальная величина
offering ~ шкала процентных ставок по ценным бумагам, предлагаемым для продажи
pensionable ~ шкала окладов, учитываемая при начислении пенсий
performance rating ~ **1.** шкала оценки производительности **2.** шкала оценки интенсивности труда
preference ~ шкала предпочтений *(напр. в потребительском выборе)*
preferential ~ of assessments льготная шкала взносов
probability ~ шкала вероятностей, вероятностная шкала
rate ~ шкала расценок, шкала тарифных ставок
rating ~ **1.** шкала оценок **2.** *см.* **rate scale**
sliding ~ скользящая шкала
time ~ **1.** масштаб времени **2.** шкала времени
utility ~ шкала полезности

scaling метод торговли ценными бумагами *или* товарами по определённой шкале *(покупка по равномерно снижающимся ценам, напр., 90, 87, 85 долларов, или продажа по равномерно возрастающим ценам — 85, 87, 90 долларов)*

scalp *амер. бирж.* спекулировать с небольшой прибылью

scalper *амер. бирж.* мелкий спекулянт

scant скудный, ограниченный

scarce недостаточный, скудный; дефицитный; редкий

scarcit/y 1. недостаток, нехватка; дефицит 2. дороговизна 3. нужда; голод 4. редкость *(как экономический феномен)* □ **to contrive ~ies** намеренно создавать дефицитность *(готовых товаров или сырья)*
~ of capital недостаток капитала
~ of labor нехватка рабочих рук
~ of money нехватка денег; стеснение на денежном рынке
~ of supplies недостаточное снабжение
natural ~ies природная [естественная] ограниченность *(ресурсов)*

scatter 1. рассеивание, разброс ‖ разбрасывать 2. распылять *(средства)*
~ of points рассеивание [разброс] точек *(на графике)*
incoherent ~ беспорядочный разброс
random ~ случайный разброс
uniform ~ равномерный разброс

scattering:
~ of means of production раздробление средств производства
data ~ *стат.* разброс данных

schedule 1. расписание, график ‖ составлять расписание 2. календарный план, календарный график; программа ‖ планировать 3. таблица; схема; шкала; спецификация 4. режим 5. перечень [прейскурант] тарифов 6. *демогр.* переписной лист □ **to be ahead of ~** опережать план [график]; перевыполнять план; **to be behind ~** отставать от плана [от графика]; не выполнять план; **to complete to ~** закончить в срок; **to maintain a ~** выдерживать график
~ of accounts payable реестр кредиторской задолженности
~ of accounts receivable реестр дебиторской задолженности
~ of bankrupt's debts реестр задолженности банкрота
~ of commission charges тариф ставок комиссионного вознаграждения
~ of depreciation rates *см.* **depreciation schedule**
~ of expenses калькуляция
~ of materials on order ведомость заказанных материалов
~ of prices прейскурант
~ of trains расписание поездов
~ of wages ведомость заработной платы
availability ~ *амер.* график зачисления сумм на счёт банка *(при инкассировании через федеральную резервную систему)*
block-rate ~ прейскурант ступенчато-пропорциональных тарифов *(на электроэнергию)*
bookkeeping ~ график бухгалтерских операций
bullish ~ рассчитанная на рост программа
census ~ переписной лист; опросный лист, анкета
collective ~ переписной лист списочной формы
community's overall consumption ~ график совокупного общественного потребления
consumption ~ график потребления
contract ~ сроки, оговорённые в контракте
cost ~ таблица издержек производства
customs ~ *амер.* таможенная классификация товаров; таможенный тариф
delivery ~ календарный план поставок; сроки поставок
demand ~ график спроса
demand ~ for employment план потребности в рабочей силе
depreciation ~ амортизационный регламент, таблица начислений износа
design ~ календарный план работ при проектировании
detail ~ детальный календарный план
electric rate ~ прейскурант тарифов на электроэнергию
enumerator's ~ *см.* **collective schedule**
equipment ~ расчётная таблица потребности в технических средствах
feasible ~ реальный план
fee ~ прейскурант комиссионных сборов *(банка)*
feeding ~ кормовой режим
field work ~ график полевых работ
flat ~ жёсткий план; утверждённая схема
flat-and-meter rate ~ *см.* **two-part rate schedule**
flat rate ~ прейскурант одноставочных неизменных [единых] тарифов *(на электроэнергию)*
flight ~ график движения самолётов
household ~ посемейный опросный лист
income tax ~ шкала подоходного налога
individual ~ личный листок, индивидуальный переписной лист
inquiry ~ опросный лист, анкета
institutional ~ групповой переписной лист
inventory ~ график движения запасов
job ~ календарный план работы
lapsing ~ *см.* **depreciation schedule**
leave ~ график отпусков
liquidity preference ~ шкала предпочтений, увязывающая спрос на деньги с уровнем ликвидности *(категория кейнсианского анализа)*
load factor rate ~ прейскурант тарифов *(на электроэнергию)* в зависимости от характера нагрузки
machine loading ~ календарный план загрузки станков
man-assignment ~ график движения рабочей силы
master ~ 1. основной график; комплексный график 2. *см.* **production schedule**
milestone ~ график основных операций
mortality ~ схема смертности
operation ~ 1. календарный план работы 2. маршрутная карта
optimal [optimum] ~ оптимальный график
order ~ 1. календарная программа выполнения заказов 2. *pl* сроки выполнения заказов
plant ~ режим работы предприятия *(напр. наличие сменности)*
plant loading ~ календарный план ис-

пользования производственных мощностей предприятия
population movement ~ схема движения населения
preference ~ шкала предпочтений *(потребителей)*
production ~ график основного производственного процесса; производственный календарный план
production-possibility ~ график производственных возможностей
propensity-to-consume ~ график склонности к потреблению
propensity-to-save ~ график склонности к сбережению
published ~ *амер.* 1. официальный график движения самолётов *(зарегистрированный в Комитете гражданской авиации)* 2. опубликованное официальное расписание движения *(транспорта)*
rapid depreciation ~ таблица ускоренного списания стоимости основного капитала
rate ~ тарифная сетка
repayment ~ шкала погашения *(напр. кредита)*
replacement ~ план замены оборудования
requirement ~ график удовлетворения потребностей *(напр. производства)*
rolling ~ скользящий календарный план
saving ~ график сбережений
seasonal rate ~ прейскурант сезонных тарифов
step rate ~ *см.* **block-rate schedule**
straight-line rate ~ прейскурант пропорциональных тарифов *(на электроэнергию)*
supply ~ график предложения
supporting ~ дополнительная [вспомогательная] ведомость
task ~ календарный план выполнения задания
tax ~ шкала налоговых ставок
tentative ~ предварительный график
tight ~ уплотнённый график
timing ~ календарный план
two-part rate ~ прейскурант двухставочных [смешанных] тарифов *(за присоединение к источнику и за потребление электроэнергии)*
two-shift ~ двухсменный график
utility ~ шкала полезности
verification ~ расписание проверок
work ~ календарный план работы
working ~ рабочий план

scheduled запланированный; предусмотренный графиком □ **as** ~ по графику, по расписанию; **not as** ~ вне графика, с отставанием

scheduler:
production ~ начальник планово-производственного отдела; плановик планово-производственного отдела

scheduling 1. составление расписания; разработка графика 2. календарное планирование
critical path ~ календарное планирование методом критического пути
economic batch ~ календарное планирование выпуска продукции партиями оптимального объёма
employment ~ календарное планирование трудовых ресурсов
inventory ~ планирование движения запасов
job ~ календарное планирование работы
machine ~ календарное планирование загрузки станков
manpower ~ составление графика использования рабочей силы
material ~ составление графика расходования материалов
operation ~ календарное планирование работы
order ~ 1. составление графика выпуска продукции партиями 2. планирование подачи заказов *(в системе управления запасами)*
production ~ производственное календарное планирование; составление производственного календарного плана
replacement ~ составление плана замены оборудования
rolling ~ скользящее календарное планирование
short-term ~ краткосрочное календарное планирование
work ~ календарное планирование работы

Scheme:
Loan Guarantee ~ Программа гарантий по кредитам мелким предприятиям *(Великобритания)*

scheme 1. план; программа; проект ‖ составлять план, планировать; проектировать 2. схема, диаграмма 3. последовательность операций 4. структура; система □ **to lay a** ~ составлять план
arbitration ~ порядок арбитража
block ~ блок-схема, структурная схема, функциональная схема
bonus ~ система участия в прибылях
compensatory financing ~ система компенсаторного финансирования
educational ~ система образования
Eurocheque ~ система оплаты чеков для туристов в западноевропейских странах *(по чековой карточке)*
graduated pension ~ *англ.* система дифференциального пенсионного обеспечения *(взносы в фонды социального обеспечения и выплаты пенсий по старости производятся в соответствии с суммой заработка)*
grand-lot ~ план выпуска продукции крупными партиями
improved compensatory financing ~s доработанные планы компенсационного финансирования
incentive ~ система материального стимулирования
link-a-loan ~ *англ.* система гарантирования закладных для лиц, регулярно уплачивающих взносы в течение определённого срока *(в обществах ипотечного кредита)*
materials allocation ~ система распреде-

ления материалов; фондирование материалов
old-age pension ~ программа обеспечения пенсий по старости
optimization ~ схема оптимизации
pension ~ программа пенсионного обеспечения
priority ~ *ТМО* система приоритетов
private pension ~ частная пенсионная система
registration ~ система регистрации, система обследования
replacement ~ 1. схема замены оборудования **2.** порядок пополнения запасов
reproduction ~ схема воспроизводства
sample registration ~ система выборочного обследования
sampling ~ план выборки
saving ~ linked with life assurance программа аккумуляции сбережений, связанная со страхованием жизни
simulation ~ схема моделирования
stamp-trading ~ план розничной продажи путём выдачи покупателю марок с объявленной стоимостью *(пропорционально сумме покупок)*

scholastic(al) схоластический

School:
Austrian ~ австрийская школа
Banking ~ *англ.* банковская школа
Cambridge ~ *англ.* кэмбриджская школа
Chicago ~ *амер.* чикагская школа
Classical ~ классическая школа
Currency ~ *англ.* денежная школа
Harvard Business ~ Гарвардская школа бизнеса
Historical ~ историческая школа *(в Германии)*
Lausanne ~ лозаннская школа
Liberal ~ либеральная школа
London ~ of Economics Лондонский институт экономики
Manchester ~ *англ.* манчестерская школа
Marginalist [Marginal Utility] ~ школа предельной полезности
Neoclassical ~ неоклассическая школа
New Economics ~ школа сторонников «новой экономической теории» *(неокейнсианство)*
Older Historical ~ «старая» историческая школа *(в Германии)*
Optimist ~ оптимистическая школа *(сторонники идей экономической гармонии и благоприятной перспективы развития капитализма)*
Organic ~ органическая школа *(сторонники идеи Г. Спенсера о возможности аналогии между обществом и биологическим организмом)*
Orthodox ~ ортодоксальная школа
Ricardian ~ рикардианская школа
Younger Historical ~ «молодая» историческая школа *(в Германии)*

school 1. школа, (научное) направление **2.** школа; учебное заведение *(обычно аспирантского уровня с 2-х или 3-х летним сроком обучения, в рамках университета)*
~ of economics экономический факультет
~s of economic thought школы экономической мысли
B- ~ *см.* **business school**
boarding ~ 1. закрытое учебное заведение **2.** школа-интернат
business [commercial] ~ школа бизнеса; коммерческая школа
continuation ~ школа для взрослых *(по общеобразовательным и специальным дисциплинам)*
correspondence ~ заочная школа
fitting ~ *амер.* курсы по подготовке в высшее учебное заведение
general education ~ общеобразовательная школа
graduate business ~ школа бизнеса (аспирантского уровня)
grammar ~ 1. *англ.* средняя классическая школа **2.** *амер.* общеобразовательная школа *(с 5 по 8 класс)*
higher ~ высшая школа
junior elementary ~ начальная школа с трёхлетним сроком обучения
modern ~ *англ.* современная школа практического образования *(массового типа)*
parochial ~ *амер.* приходская школа
primary ~ начальная [низшая] школа; школа первой ступени
private ~ частная школа
public ~ 1. *англ.* закрытое привилегированное среднее учебное заведение **2.** *амер.* бесплатная государственная школа
religious ~ духовное училище
residential ~ школа-интернат
secondary ~ средняя школа *(с 7 по 12 класс)*
senior high ~ старшая средняя школа *(с 10 по 12 класс)*
technical high ~ средняя общеобразовательная школа с техническим уклоном
vocational training ~ производственно-техническое училище

schooling образование; обучение в школе
popular ~ народное образование
universal ~ всеобщее образование

science наука
~ of science науковедение
applied ~ прикладная наука
behavioral ~s бихевиоризм *(теория о поведении личности)*
economic ~ экономическая наука
exact ~ точная наука
management ~ наука об управлении; научные методы управления
medico-actuarial ~ врачебно-страховая статистика
natural ~s естественные науки
population ~ наука о народонаселении, демография
social ~ 1. социология **2.** *pl* общественные науки
system(s) ~ системотехника

scientist ученый
chief ~ руководитель исследовательских и опытных подразделений; руководитель исследовательских работ

scissors:
price ~ ножницы цен
scoop большой доход ‖ получать большой доход □ **to make a ~** *разг.* загрести большие деньги
scope 1. пределы, рамки, границы 2. масштаб; сфера □ **~ and method of political economy** предмет и метод политической экономии; **~ for investment** возможности для капиталовложений
~ of manufacturing границы обрабатывающей промышленности; (классификационный *или* номенклатурный) состав обрабатывающей промышленности
~ of market размеры рынка
~ of survey границы обследования; рамки обзора
score 1. счёт; задолженность, долг 2. выигрывать; получать преимущество; достигать □ **to ~ an advance** повыситься в цене
scotch подавлять; сдерживать; тормозить *(напр. инфляцию)*
scrap (металлический) лом, скрап, (металлические) отходы производства ‖ превращать в лом
screen «прочёсывать» *(напр. просматривать ценные бумаги в поиске нужных характеристик)*
screw *англ. жарг.* заработная плата
scrip 1. временная расписка о принятии вклада 2. временный сертификат на владение акциями 3. временные виды платёжных средств *(напр. сертификаты клиринговых палат)* 4. бумажные деньги, выпущенные оккупационными властями 5. государственные облигации, выпущенные в обеспечение уплаты репараций *или* внешнего долга
scrutinize тщательно рассматривать, проверять, исследовать
scrutiny тщательное рассмотрение, проверка, исследование
seal печать; пломба; клеймо ‖ скреплять печатью; запечатывать; опечатывать; пломбировать; клеймить
~ of company печать компании
customs ~ печать таможни; таможенная пломба
search 1. поиск(и) 2. исследование; изучение ‖ исследовать; изучать
exhaustive ~ полный перебор вариантов
job ~ поиски работы
pattern ~ непосредственный поиск
random ~ случайный поиск
sequential ~ последовательный поиск
season сезон □ **out of ~** не по сезону, не соответствующий сезону
fattening ~ сезон завершения откорма *(скота)*
irrigation ~ ирригационный сезон
rush ~ сезон наибольшего спроса
seasonal сезонный *(напр. о товарах)*
seasonality сезонность *(напр. спроса)* □ **~ in livestock prices** сезонность цен на скот
seasoned проверенный *(рынком)*; выпущенный солидной компанией и имеющий активный вторичный рынок *(о ценных бумагах)*

seat 1. место, должность 2. мандат, место в законодательном органе 3. имение, сельская резиденция 4. место *(напр. в поезде)* □ **~ on the exchange** место на фондовой бирже
average available ~s *трансп.* среднее число оплачиваемых мест
chief ~ of commerce деловой центр
reserved ~ бронированное место
second 1. *см.* **second of exchange** 2. *pl* второсортный товар, второсортная продукция 3. второй; вторичный; более низкого качества 4. второй класс *(на транспорте)* 5. понижать в должности □ **~ to none** непревзойдённый
~ of exchange второй экземпляр тратты, секунда
secondary вторичный; второстепенный; непрофилирующий; нерепрезентативный *(для данной отрасли)*
secondhand подержанный; второразрядный
secrecy:
banking ~ банковская тайна, обязательство банка о неразглашении дел клиентов
secretary 1. секретарь 2. министр 3. государственный чиновник высокого ранга
chartered ~ дипломированный секретарь *(с функциями главного бухгалтера)*, управляющий делами *(в фирмах)*
company ~ *англ.* управляющий делами фирмы; главный бухгалтер; финансовый директор
secretary-general генеральный секретарь
section 1. отдел, секция, подразделение 2. *амер.* земельный участок в 640 акров 3. часть города, квартал 4. участок дороги 5. *бирж.* секция *(для торговли определёнными видами ценных бумаг)*
defense ~ производственный отдел *(корпорации)*, выполняющий работы военного назначения; отделение, выполняющее заказы военных ведомств
factory accounting ~ отдел бухгалтерского учёта на производстве
inventory records ~ отдел учёта материально-производственных ценностей
quarter ~ *амер.* земельный участок в 160 акров
work ~ производственный участок
sector 1. сектор *(экономики)*, сфера, отрасль 2. часть, участок
artisan ~ кустарное производство *(как сектор)*
banking ~ *англ.* банковский сектор
commercial ~ невоенное производство *(как часть отрасли)*; производство невоенной продукции *(как часть деятельности фирмы)*
corporate ~ 1. частная промышленность 2. промышленные корпорации
crafts ~ ремесленное производство *(как сектор)*
durable goods ~s отрасли промышленности, производящие товары длительного пользования
factory ~ фабрично-заводская промышленность *(как сектор)*
financial ~ финансовый сектор

government ~ государственный сектор экономики
household ~ сектор домашнего хозяйства, личный сектор *(в экономике)*
irregular ~ сектор (экономики), не отражаемый официальной статистикой
lagging ~ отстающий сектор
leading ~ **1.** главный [ведущий] сектор *(хозяйства)* **2.** опережающий сектор
livestock ~ животноводство *(как отрасль)*
major ~ сфера экономической деятельности; сектор экономики
manufacturing ~ обрабатывающая промышленность *(как сектор)*
materials production ~ материалопроизводящий сектор
monetary ~ денежный сектор *(в макроэкономических моделях)*
nonagricultural [nonfarm] ~ несельскохозяйственный сектор
nondurables ~**s** отрасли промышленности, производящие товары кратковременного пользования
personal ~ личный сектор *(в анализе национального дохода)*
primary ~ добывающая промышленность и сельское хозяйство *(как сектор)*
private ~ частный сектор
process engineering ~ технологический сектор
public ~ государственный сектор
rural ~ сельское население
secondary ~ *см.* **manufacturing sector**
socialized ~ обобществлённый сектор
subsistence ~ нетоварный сектор; нетоварное сельское хозяйство
supply and marketing ~**s** отрасли материально-технического снабжения и реализации продукции
tertiary ~ обслуживающий сектор *(транспорт, связь, торговля)*
urban ~ городское население

secular **1.** вековой *(о циклах в экономике)* **2.** постоянно действующий *(о тенденциях в экономике)*; долговременный

secure **1.** обеспечивать; гарантировать || обеспеченный; гарантированный **2.** застрахованный **3.** получать; предоставлять □ **to ~ a creditor** предоставить обеспечение кредитору; **to ~ a loan** предоставить обеспечение по ссуде; **to ~ an order** получить заказ; **to ~ the issue of bonds** предоставить обеспечение под выпуск облигаций

secured **1.** обеспеченный; гарантированный *(товарными ценностями)* **2.** застрахованный *(от риска)*

securitization секьюритизация *(процесс увеличения роли ценных бумаг на финансовых рынках в ущерб кредитам)*

securit/y **1.** безопасность; надёжность; охрана; защита **2.** гарантия; обеспечение; залог **3.** поручитель **4.** *(чаще) pl* ценные бумаги; фонды, фондовые ценности **5.** страхование *(от риска)* □ **against ~** под гарантию; под обеспечение; **~ by mortgage** обеспечение с помощью закладной; **~ for a debt** гарантия долга; **~ies lodged as collateral** ценные бумаги, заложенные в качестве обеспечения; **on a ~ of** под гарантию; под обеспечение; **~ies realizable at short notice** быстрореализуемые ценные бумаги; **to become ~** выступить поручителем, ручаться; **to provide ~** предоставить обеспечение
~ of employment гарантия занятости
accrued interest ~ies ценные бумаги с накапливаемыми процентными платежами *(не выплачиваемыми до срока погашения)*
active ~ies ценные бумаги, активно обращающиеся на рынке
additional ~ дополнительное обеспечение
ample ~ достаточное обеспечение
bank-eligible ~ies (государственные) ценные бумаги, которые могут быть куплены банками
bank-noneligible ~ies (государственные) ценные бумаги, которые не разрешается приобретать банкам
bearer ~ies предъявительские ценные бумаги
book entry ~ies ценные бумаги, существующие только в бухгалтерской записи *или* в компьютерной памяти
cash ~ денежное обеспечение
collateral ~ **1.** имущественное обеспечение **2.** *pl* ценные бумаги, служащие обеспечением
convertible ~ies конвертируемые *(во что-л.)* ценные бумаги
corporation ~ies *амер.* ценные бумаги, выпущенные частными корпорациями; *англ.* ценные бумаги, выпущенные муниципальными властями
deposited ~ies депонированные ценные бумаги
digested ~ies ценные бумаги, купленные окончательным инвестором с целью получения регулярного дохода *(не для спекулятивных целей)*
drawn ~ies ценные бумаги, вышедшие в тираж
exempt ~ies *амер.* ценные бумаги, не подлежащие определённым правилам регулирующих органов
federal agency ~ies ценные бумаги федеральных агентств *(США)*
first-class ~ies первоклассные ценные бумаги
fixed interest ~ies ценные бумаги с фиксированным процентом
floating ~ies **1.** ценные бумаги, купленные для быстрой перепродажи и зарегистрированные на имя брокера **2.** ценные бумаги в свободном обращении *(не у основных акционеров)* **3.** нераспроданные ценные бумаги
foreign ~ies иностранные ценные бумаги
foreign ~ies newly issued новая эмиссия иностранных ценных бумаг *(статья в платёжном балансе)*
gilt-edged ~ies первоклассные ценные бумаги; особо надёжные ценные бумаги
government ~ies государственные ценные бумаги
graduate ~ies ценные бумаги, впервые

котирующиеся на Нью-Йоркской фондовой бирже
high-grade ~ 1. первоклассное обеспечение 2. *pl* первоклассные ценные бумаги
high yielding ~ies ценные бумаги с высоким доходом
hot government ~ies государственные ценные бумаги последнего выпуска
inactive ~ies «неактивные» ценные бумаги *(редко являющиеся объектом сделок купли-продажи)*
interest-bearing ~ies процентные ценные бумаги
investment grade ~ies ценные бумаги высокого качества, рекомендуемые для (долгосрочных) инвестиций
job ~ 1. обеспеченность работой 2. гарантия занятости у данного предпринимателя
joint ~ солидарная ответственность, гарантия
legal ~ies *амер.* ценные бумаги, которые по закону могут быть приобретены доверительными учреждениями
lesser-known ~ies ценные бумаги, не получившие признания на рынке
listed ~ies ценные бумаги, зарегистрированные на бирже; ценные бумаги, допущенные на биржу
local ~ies ценные бумаги, выпущенные местными органами власти
lock-up ~ies ценные бумаги с ограничением обращения, без права продажи
margin ~ ценная бумага, купленная с маржой *(частично в кредит)*
marketable ~ies 1. ценные бумаги, обращающиеся на бирже, рыночные ценные бумаги 2. легко реализуемые ценные бумаги
meaning ~ies *см.* **marketable securities 1.**
mortgage-backed ~es ценные бумаги, обеспеченные закладными
municipal ~ies ценные бумаги, выпущенные муниципалитетом
national ~ государственная [национальная] безопасность
negotiable ~ies передаваемые ценные бумаги
noninterest-bearing ~ies беспроцентные ценные бумаги
nonmarketable government ~ies нерыночные государственные ценные бумаги *(обязательства, которые по условиям выпуска не могут обращаться на рынке)*
nontaxable ~ies необлагаемые налогом ценные бумаги
off-board ~ies ценные бумаги, не зарегистрированные на бирже
oil ~ 1. обеспеченность нефтью *(для удовлетворения потребностей национальной безопасности и экономики)* 2. *pl* ценные бумаги нефтяных компаний
outside ~ies ценные бумаги, не котирующиеся на главной бирже города
outstanding ~ies ценные бумаги, выпущенные в обращение
over-the-counter ~ies ценные бумаги, обращающиеся вне официальной фондовой биржи *(во внебиржевом обороте)*
participation ~ies ценные бумаги с правом участия в прибыли
pass-through ~ies вторичные ценные бумаги, выпущенные на базе пула ипотек *или* других кредитов
pegged ~ies (государственные) ценные бумаги, курс которых искусственно поддерживается на постоянном уровне
personal ~ личное поручительство за заёмщика *(в форме гарантии)*
pledged ~ies заложенные ценные бумаги
primary ~ies первичные [вновь выпущенные] ценные бумаги
property ~ вещественное обеспечение *(долга)*
public ~ies 1. государственные ценные бумаги 2. ценные бумаги, выпущенные публично-правовыми организациями
quoted ~ies котирующиеся (на бирже) ценные бумаги
real ~ вещественное обеспечение *(долга)*
registered ~ies именные ценные бумаги
restricted ~ies блокированные ценные бумаги
savings bank ~ies ценные бумаги, пригодные для вложения средств сберкасс
seasoned ~ies ценные бумаги солидной компании, активно обращающиеся на вторичном рынке
senior ~ ценная бумага с более высоким приоритетом, с преимущественными правами на активы эмитента [должника]
social ~ социальное обеспечение *(за счёт государственных налогов)*
speculative ~ies спекулятивные ценные бумаги
stamped ~ies облигации *или* акции со штампом *(в связи с каким-то изменением условий первоначального выпуска)*
state ~ies 1. *амер.* ценные бумаги, выпущенные правительством штата 2. государственные ценные бумаги
stock exchange ~ies *см.* **marketable securities 1.**
sufficient ~ достаточное обеспечение
tax-exempt ~ies необлагаемые налогом ценные бумаги
treasury ~ies казначейские ценные бумаги *(государственные облигации)*
undigested ~ies 1. ценные бумаги, находящиеся у синдикатов *или* спекулянтов и подлежащие последующей перепродаже 2. нераспроданные ценные бумаги нового выпуска
unlisted ~ies ценные бумаги, не допущенные на биржу; ценные бумаги, находящиеся во внебиржевом обороте
variable dividend ~ies акции с непостоянным размером дивиденда
variable price ~ies ценные бумаги с колеблющимся курсом
wildcat ~ies очень рискованные ценные бумаги

seedsman *англ.* предприятие, торгующее семенами по почтовым заказам

seesaw метание из одной крайности в другую; непоследовательность экономической политики

segment 1. часть, доля 2. часть, сегмент *(рыночный)* || делить на части [на сегменты], сегментировать *(рынок)* 3. небольшой географический район 4. участок *(города)* □ **to tap new ~s of buyers** начать разработку новых сегментов потребительского спроса
~s of business сегменты [подразделения] компании
~ of industry часть отрасли промышленности, подотрасль
~ of money market часть рынка ссудного капитала
reinterview ~ участок для повторного обследования
sample ~ участок, выбранный для обследования
segmentation сегментация *(рынка)*
segregate выделять, обособлять; отделять
segregation 1. выделение, обособление; отделение 2. сегрегация *(населения)*
~ of costs разделение себестоимости
residential ~ сегрегация населения
seigniorage *англ.* пошлина за право чеканки монет
select отбирать; подбирать; избирать || отборный; избранный
selection выбор, подбор; отбор □ **~ for service** *ТМО* выбор на обслуживание; **~ with equal probability** равновероятный отбор
~ of risks отбор рисков *(исключение повышенного риска)*
counter ~ отбор рисков, повышающий вероятность наступления страхового случая
inverse ~ возвратный отбор
natural ~ естественный отбор *(в том числе в обществе)*
ordered ~ *ТМО* обслуживание в порядке поступления
portfolio ~ выбор портфеля активов
priority ~ for service *ТМО* обслуживание с приоритетом
random ~ *ТМО* случайный выбор
selective селективный *(напр. о государственном экономическом регулировании)*
selectively выборочно, селективно
selectivity селективность, избирательность *(спроса)*
selector сотрудник магазина, подбирающий товары по телефонному заказу
self-adjustment автоматическое экономическое приспособление
self-cheque чек, предъявленный в банк, на который он выписан
self-consumption потребление на месте
self-contained замкнутый; изолированный *(об экономике)*
self-control саморегулирование
self-destruction of capitalism «саморазрушение» капитализма
self-employed занятый собственным делом [бизнесом], работающий не по найму □ **~ without employees** не имеющий наёмных работников, работающий на себя
self-employment самостоятельная занятость мелких собственников *или* владельцев некорпоративных предприятий
self-enumeration саморегистрация; самоисчисление
self-expansion of capital самовозрастание капитала
self-exploitation самоэксплуатация *(чрезмерный труд мелкого собственника)*
self-financing самофинансирование
self-instruction самообучение; самостоятельная учёба
self-insurance 1. самострахование *(регулярные удержания для покрытия возможных рисков)* 2. *трансп.* принятие компанией на себя риска потерь и обязательств в результате возможных аварий
obligatory ~ обязательное самострахование
self-interest эгоизм; личная выгода; заинтересованность
self-interview саморегистрация
self-liquidating самостоятельно покрывающий дефицит *(напр. о предприятиях типа железной дороги)*
self-purification самоочистка *(воды от загрязняющих веществ)*
self-regulation саморегулирование *(обычно — независимо от государства)*
self-regulatory саморегулирующий *(о негосударственных организациях, регулирующих определённые отрасли и рынки)*
self-repayment самоокупаемость
self-righting саморегулирование *(напр. экономической системы)*
self-selection свободный выбор покупателем товаров с открытой выставки
self-service самообслуживание
self-sufficiency 1. самообеспеченность; самостоятельность; экономическая замкнутость; автаркия 2. самоокупаемость
national ~ автаркия
self-sufficient самообеспеченный; экономически самостоятельный; автаркический
self-support покрытие затрат *(предприятия)* из выручки; хозяйственный расчёт, хозрасчёт
self-sustained самоподдерживающийся
sell продажа || продавать(ся) □ **to ~ a bear** *бирж.* играть на понижение; продавать на срок ценные бумаги, которых нет в наличии; **to ~ a bull** *бирж.* играть на повышение; **to ~ against the box** продавать акции, хранящиеся в сейфе, без физической передачи; **to ~ ahead** продавать на срок *(с будущей поставкой)*; **to ~ a spread** продать спред, продать фьючерсный контракт на близкий срок и купить на дальний; **to ~ at a discount** продавать ниже номинальной цены; продавать со скидкой; продавать с убытком; **to ~ at a gain** продавать с выигрышем; **to ~ at a loss** продавать с потерями; **to ~ at a premium** продавать выше номинальной цены; продавать с надбавкой; продавать с прибылью; **to ~ at best [at the market]** *бирж.* продавать по наиболее выгодной цене *или* по наилучшему курсу; **to ~ a year out** *бирж.* продавать сроком на один год; **to ~ by (public) auction** продавать с аукциона; **to ~ for cash** продавать за наличные; **to ~ for forward (delivery)** *см.* **to sell ahead**; **to ~ for the account [for the settlement]** *см.* **to sell ahead**; **to ~**

hard [heavily] плохо продаваться, иметь плохой сбыт; **to ~ like hot cakes** иметь большой спрос, легко продаваться; **to ~ off** распродавать; **to ~ on credit** продавать в кредит; **to ~ on strength** *бирж.* продавать в период высоких цен; **to ~ out 1.** распродавать **2.** *бирж.* ликвидировать контракт *(в случае невзноса клиентом брокера дополнительного обеспечения)*; **to ~ readily** легко продаваться, иметь хороший сбыт; **to ~ retail** продавать в розницу; **to ~ the book** приказ *(клиента брокеру)* продать возможно большее количество акций по текущей цене; **to ~ the crop standing** продавать урожай на корню; **to ~ up** продавать с торгов, ликвидировать конкурсную массу; **to ~ wholesale** продавать оптом

seller 1. продавец **2.** производящая отрасль *(напр. в форме межотраслевого баланса)* **3.** ходовой товар □ **~ 's 30** *бирж.* контракт на продажу ценных бумаг с поставкой через 30 дней; **~ 's over** *англ. бирж.* превышение предложения над спросом

bear ~ спекулянт, играющий на понижение

bull ~ спекулянт, играющий на повышение

intermediate ~ посредник

short ~ *см.* **bear seller**

selling продажа □ **~ on a scale** продажа ценных бумаг брокером по равномерно возрастающей цене (*см.* **scaling**); **~ on balance** превышение продаж над покупками *(у брокеров фондовой биржи)*

best-efforts ~ продажа с обязательством приложить максимальные усилия по реализации *(но без обязательства покупки нереализованнных ценных бумаг за свой счёт)*

bulk ~ 1. продажа оптом **2.** продажа вразвес [без упаковки] *(в отличие от продажи расфасованных товаров)*

development ~ развитие новых возможностей сбыта

distress ~ вынужденная продажа

door-to-door ~ продажа вразнос *(через агентов, предлагающих товары покупателям на дому)*

forward ~ продажа на срок *(с будущей поставкой)*

hard ~ навязывание товара; настойчивое рекламирование

house-to-house ~ *см.* **door-to-door selling**

inertia ~ *англ.* торговля в расчёте на инертность покупателя *(товары посылаются на дом без заказа, а впоследствии поставщик добивается их оплаты)*

installment ~ продажа в рассрочку

off-list ~ продажа по ценам ниже прейскурантных

reciprocal ~ продажа на основе взаимности

selective ~ продажа с ограничением посредников *(промышленным предприятием при сбыте продукции в пределах определённого района)*

shop ~ *бирж.* продажа *(акций или товаров)* профессиональным спекулянтом

short ~ продажа ценных бумаг *или* товаров без покрытия *(при отсутствии их у продавца в момент продажи)*

time-payment schemes ~ продажа с рассрочкой платежа

sell-off распродажа *(со скидкой)*

semidurables товары с ограниченным сроком пользования *(от полугода до трёх лет)*

semiexpendable одноразового применения

semifinished полуобработанный

semimanufactures полуфабрикаты; заготовки

semipermanent почти неизменный

semiproducts полуфабрикаты; заготовки

semis 1. полуфабрикаты; заготовки **2.** полуобработанный металл

semiself-service частичное самообслуживание *(в магазине)*

semisenior бухгалтер-ревизор; помощник старшего бухгалтера-ревизора

semiserfdom полукрепостная зависимость

semiskilled малоопытный, недостаточно квалифицированный

sender of money order лицо, переводящее деньги

sendout of orders выполнение почтовых заказов посылочной компанией

senility старение; старость, старческий возраст

senior 1. старший *(напр. по рангу, по должности)* **2.** ценная бумага (*или* кредит) с более высоким приоритетом

seniority 1. трудовой стаж; выслуга лет **2.** старшинство; право старшинства *(по стажу работы)*

sensitive чувствительный, отзывчивый; способный быстро реагировать; отражающий конъюнктурные колебания

sensitiveness чувствительность, отзывчивость; способность быстро реагировать *(на спрос)*

cross ~ of demand быстрая реакция спроса на все изменения, связанные с дифференциацией товаров и условий предложения

market ~ способность рынка к быстрой реакции, чувствительность рынка

sensitivity чувствительность, отзывчивость

interest-rate ~ of demand for money чувствительность спроса на деньги в связи с изменением процента

sentiment:

market ~ «настроение» рынка; оценка участниками рынка перспектив движения цен *или* курсов

separate отдельный *(напр. счёт)*

separated разведённый

separation 1. раздельное жительство супругов **2.** добровольное расторжение брака без права повторного вступления в брак

de facto ~ фактическое раздельное жительство

legal ~ раздельное жительство супругов по решению суда

sequence 1. последовательность **2.** последствие, результат

~ **of moves** *т. игр* последовательность ходов
~ **of operations** последовательность операций, технологический процесс
convergent ~ *мат.* сходящаяся последовательность
cropping ~ последовательность чередования культур *(в севообороте)*
sequent(ial) **1.** последовательный **2.** последующий; вытекающий
sequestration секвестр, арест имущества
serendipity непрогнозируемое научно-техническое достижение
serf крепостной
serfdom крепостное право; крепостничество
serial серийный *(напр. об издании)*
serialization организация серийного производства, переход к серийному производству
serialize организовывать серийное производство
series **1.** *стат.* ряд, последовательность **2.** серия, партия *(изделий)*
~ **of bonds** серия [отдельный выпуск] облигаций
~ **of events** последовательность событий
~ **of options** серия опционов *(выпуск под одну и ту же ценную бумагу и с одинаковой ценой использования)*
~ **of prices** ряд цен
demand ~ последовательность величин спроса
economic time ~ экономический временной ряд
graduated ~ сглаженный ряд
historic(al) ~ временной ряд
multivariate time ~ многомерный временной ряд
nonseasonal time ~ временной ряд без учёта сезонных колебаний
nonstationary time ~ нестационарный временной ряд
seasonal time ~ временной ряд с учётом сезонных колебаний
statistical time ~ статистический временной ряд
stochastically lagged time ~ стохастически смещённый временной ряд
time ~ временной ряд
trend-free time ~ временной ряд с исключённым трендом
truncated ~ усечённый ряд
unvariate time ~ одномерный временной ряд
variational ~ вариационный ряд
servant (государственный) служащий
civil ~ государственный служащий
public ~ **1.** государственный служащий **2.** *англ.* служащий муниципального учреждения
serve служить; обслуживать
server *ТМО* **1.** одноканальная система массового обслуживания **2.** канал обслуживания, обслуживающее устройство
Service:
Bankers' Automated Clearing ~ банковская автоматизированная система расчётов *(в Лондоне)*
Economics Research ~ Служба экономических исследований *(США)*
Farmer Cooperative ~ Служба фермерских кооперативов *(США)*
Federal Mediation and Conciliation ~ Федеральная служба посредничества и примирения *(США)*
Immigration and Naturalization ~ Управление по вопросам иммиграции и натурализации *(США)*
Internal Revenue ~ Налоговое управление *(США)*
Moody's Investors ~ Агентство Муди по рейтингу ценных бумаг *(издаёт ряд справочников)*
National Health ~ Государственная служба здравоохранения *(Великобритания)*
National Technical Information ~ Национальная служба технической информации *(США)*
Property Management and Disposal ~ Служба управления и реализации государственного имущества
Public Health ~ Министерство здравоохранения *(США)*
Soil Conservation ~ Служба мелиорации и сохранения плодородия почвы *(США)*
service **1.** служба; работа; сфера деятельности **2.** обслуживание, сервис; услуга ‖ обслуживать **3.** эксплуатация; уход; техническое обслуживание ‖ эксплуатировать; проводить техническое обслуживание ‖ эксплуатационный **4.** срок службы; долговечность **5.** *pl* службы; услуги; сфера услуг; обслуживающие отрасли экономики **6.** сообщение, связь; линия **7.** *pl* содержание; расходы по обслуживанию **8.** уплата капитальной суммы *или* процентов *(по займам, облигациям)* ‖ уплачивать капитальную сумму *или* проценты; оплачивать; погашать; уплачивать дивиденд; «обслуживать» (долг) □ **in** ~ находящийся в эксплуатации; действующий, работающий; ~ **in batches [in bulk]** *ТМО* групповое обслуживание; ~ **in cyclic order** *ТМО* обслуживание в циклическом порядке; ~ **in random order** *ТМО* обслуживание в случайном порядке; **out of** ~ снятый с эксплуатации, бездействующий; **ready for** ~ готовый к эксплуатации; **to complete** ~ *ТМО* завершать обслуживание; **to go into** ~ *ТМО* поступать на обслуживание; ~ **without interruption** *см.* **nonpreemptive service**; ~ **with privileged interruptions** *см.* **preemptive service**; ~ **with waiting** *ТМО* обслуживание с ожиданием
accessorial ~**s** дополнительные услуги транспорта; дополнительное обслуживание при перевозках *(напр. хранение грузов, сортировка)*
accounting system ~ организация [внедрение] систем учёта
advisory ~ консультативная служба
after-sale ~ обслуживание на дому работниками магазина *(напр. ремонт бытовых электроприборов, купленных в данном магазине)*

SERVICE

agricultural extension ~ служба распространения сельскохозяйственных знаний
air ~ воздушный транспорт, авиатранспорт, воздушные перевозки
air-freight ~ грузовая авиалиния
air-mail ~ воздушная перевозка почты, авиапочта
air-passenger ~ пассажирская авиалиния
all-cargo airline ~ *см.* **air-freight service**
amusement and recreation ~s 1. рекреационные услуги и развлечения *(напр. лыжные базы)* **2.** фирмы, предоставляющие рекреационные услуги
automatic investment ~ *амер.* регулярная покупка банком ценных бумаг для клиентов *(в размерах обусловленных сумм)*
automatic transfer ~ автоматический перевод средств со сберегательного на текущий счёт *(не требующий заявления клиента в банк)*
back up ~s дополнительные услуги *(напр. пенсионерам в виде бесплатных завтраков, льготного проезда)*
bond ~ выплата процентов по облигациям [по долговым обязательствам]
bulk ~ *ТМО* групповое обслуживание
bus ~ by subscription автобусное обслуживание по абонементу
business ~s 1. услуги деловым предприятиям *(напр. реклама, лабораторные работы)* **2.** фирмы, специализирующиеся на оказании деловых услуг
business-class ~ авиаперевозки «деловым классом» *(удешевлённый за счёт питания первый класс)*
business forecasting ~ организация, прогнозирующая деловую активность
carry-out ~ доставка покупок на тележке до автомашины *(в магазине самообслуживания)*
charter ~ чартерное обслуживание *(транспортом)*; обслуживание по договорам о фрахтовании *(самолёта, судна)*
chi-square ~ *ТМО* обслуживание с длительностью, распределённой по закону хи-квадрата
clerk ~ *англ.* обслуживание покупателя продавцами
coast-to-coast ~ *амер.* трансконтинентальное сообщение
combination passenger ~ комбинированные пассажирские авиаперевозки *(с салонами первого и туристского классов в одном самолёте)*
commuter ~ пригородный пассажирский транспорт
consolidated fund ~ содержание консолидированного фонда
consumer ~s потребительские услуги
contract ~s 1. услуги, осуществляемые по договору **2.** отрасли производственного обслуживания
contract ~ for feed mixing приготовление кормов по контракту
correspondent ~s услуги банка-корреспондента
crop contractual ~s подрядные услуги в полеводстве
current ~ of loan уплата процентов по займу
customer ~ обслуживание покупателя, предоставление услуг покупателю
Datel ~ *англ.* система передачи по телеграфу, телефону кодированной информации *(в том числе для перевода денег и оплаты счетов)*
debt ~ обслуживание долга *(выплата процентов и погашение основной суммы)*
delayed ~ *ТМО* обслуживание с ожиданием
developmental-and-research ~s услуги в области конструкторско-технологических разработок и исследований
educational ~s 1. услуги, связанные с организацией образования **2.** учреждения, занятые организацией образования
elapsed ~ *ТМО* обслуживание, выполненное до прерывания *(в системах с приоритетами)*
electric(al) ~ снабжение электроэнергией; *pl* услуги электроэнергетических компаний
exponential ~ *ТМО* обслуживание с продолжительностью, распределённой по экспоненциальному закону
express ~ 1. отправка денежных переводов телеграфом **2.** перевозки большой скоростью
factory ~s 1. общезаводские услуги **2.** вспомогательное производство *(цеха и службы)*
first class ~ перевозки пассажиров первым классом
fishy-back ~ контрейлерные перевозки грузов *(трейлер на палубе судна)*
free medical ~ бесплатное медицинское обслуживание
fringe ~s дополнительные банковские услуги *(напр. в форме туристических агентств, вычислительных центров)*
full ~ полный комплекс обслуживания *(о банке, брокерской фирме)*
full table ~ обслуживание посетителей за столиками *(на предприятиях общественного питания)*
gas pipeline transportation ~ обслуживание газопроводным транспортом
government ~s *англ.* государственные ведомства и службы
gratis ~s бесплатные [даровые] услуги
health ~ здравоохранение
high ~ сервис на высоком уровне
home-delivery ~ доставка на дом *(товаров)*
home shopping ~ *амер.* розничная торговля через автолавки
individual ~ *ТМО* обслуживание одиночных требований
industrial extension ~ 1. служба производственно-технической пропаганды **2.** производственно-техническая помощь
in-house ~s услуги, выполняемые силами своего предприятия
intercity bus ~ междугородные автобус-

ные перевозки; междугородная автобусная линия
irregular ~ 1. нерегулярное обслуживание транспортом 2. нерегулярная транспортная линия
janitorial ~ обслуживание зданий и сооружений *(услуги, уборка)*
joint ~ *ТМО* совместное обслуживание *(нескольких требований)*
joint air-bus ~ комбинированные авиа- и автобусные пассажирские перевозки; авиа- и автобусная линия
joint rail-air freight ~ комбинированные железнодорожные и авиационные грузовые перевозки
legal ~s 1. юридические услуги *(напр. нотариальные конторы)* 2. фирмы, оказывающие юридические услуги
livestock contractual ~s подрядные услуги в животноводстве
local trucking ~ внутригородские [местные] автомобильные перевозки грузов
long-haul coach ~ дальние перевозки пассажиров третьим классом
low density ~ малозагруженная (транспортная) линия
mail and messenger ~ курьерская служба, экспедиция
major ~ *ТМО* основное обслуживание
maternity ~ охрана материнства
medical ~ медицинское обслуживание
mixed ~ грузопочтовые и пассажирские перевозки; транспортная линия грузопочтовых и пассажирских перевозок
mixed-class ~ смешанное авиасообщение *(напр. грузопассажирское)*
night depository ~ ночной приём депозитов
noncash collection ~ *амер.* служба инкассирования некассовых долговых документов
nonpassenger ~ непассажирская *(грузовая или почтовая)* транспортная линия
nonpreemptive ~ *ТМО* обслуживание без прерывания *(в системах с приоритетами)*
nonpreferential ~ *ТМО* обслуживание без приоритета
nonscheduled ~ транспортное обслуживание не по расписанию
nonstop ~ беспосадочное сообщение
off-peak ~ отпуск электроэнергии в период провалов нагрузки
on-board passenger ~ обслуживание пассажиров на борту *(самолёта)*
on-peak ~ отпуск электроэнергии в период пика нагрузки
ordered ~ *ТМО* обслуживание в порядке поступления *(требований)*
overnight rail ~ железнодорожная перевозка пассажиров *(между двумя пунктами)* в течение ночи
personal ~s 1. бытовые услуги *(прачечные, химчистка)* 2. фирмы, оказывающие бытовые услуги
phase(-type) ~ *ТМО* многофазное обслуживание; обслуживание по фазам
piggyback ~ контрейлерные перевозки грузов *(трейлер на железнодорожной платформе)*
pilotage ~ обслуживание лоцманами, лоцманская служба
pipeline transportation ~ обслуживание трубопроводным транспортом
P. O. Datel ~ *см.* **Datel service**
pooled delivery ~ *англ.* доставка покупок на дом через специальное транспортное агентство
preemptive ~ *ТМО* обслуживание с прерыванием *(при поступлении требования с более высоким приоритетом)*
priority ~ *ТМО* обслуживание с приоритетом
production engineering advisory ~ производственно-техническая консультативная служба
professional ~s 1. услуги профессионального характера *(напр. инженерные, проектные)* 2. фирмы, оказывающие профессиональные услуги
public ~s 1. коммунальные услуги *(оказываемые государственными учреждениями и предприятиями общественного пользования)* 2. службы связи общего пользования; услуги связи, предоставляемые по установленным тарифам
quantum ~ *ТМО* обслуживание «порциями»
rail ~ железнодорожное сообщение
railroad passenger ~ пассажирское железнодорожное сообщение
railroad transportation [railway] ~ железнодорожное сообщение
regular cargo boat ~ регулярные рейсы грузовых судов
rehabilitation ~s медицинское обслуживание для восстановления трудоспособности после травм, полученных на работе
rendered ~s *см.* **performed services**
rent ~ *ист.* отработка за землю
repair ~s 1. ремонтные услуги 2. предприятия по ремонту
reporting ~ отдел отчётов
revenue ~ доходные [коммерческие] перевозки
sanitary ~s санитарные службы *(водоснабжение, канализация)*
scheduled ~ 1. транспортное обслуживание по расписанию 2. регулярная транспортная линия
single ~ 1. *ТМО* обслуживание одиночных требований 2. монопольное электроснабжение; снабжение электроэнергией от единственной энергосистемы *или* электростанции
single-carrier ~ обслуживание одной транспортной компанией
social ~s 1. социальные услуги *(образование, жилищное строительство, здравоохранение)* 2. общественные учреждения
special ~ 1. *ТМО* специальное обслуживание 2. специальные виды транспортного обслуживания; чартерное обслуживание *(транспортом)*
statistical ~ статистический учёт
supply ~s *англ.* ассигнования на содержа-

ние вооружённых сил и государственного аппарата
switching ~ обслуживание железнодорожным транспортом на подъездных путях *(отправителей и получателей грузов)*; перевозка грузов от магистрали к предприятию, маневровая работа
telephone ~ телефонная связь
trade testing ~ экзаменационно-квалификационная служба
trailer-on-flatcar ~ *см.* **piggyback service**
trailership ~ *см.* **fishy-back service**
transatlantic passenger ~ трансатлантическое пассажирское сообщение
transoceanic ~ трансокеанское (транспортное) сообщение
transport ~ 1. транспортное обслуживание 2. транспортная линия
transportation ~s вспомогательные транспортные услуги *(напр. экспедиционные, складские)*
trunk line ~ 1. магистральное [линейное] сообщение, магистральное движение 2. междугородная связь, обслуживание междугородной (телефонной) связью
turnabout ~ транспортная линия с челночным движением
veterans ~s пособия ветеранам
watchman ~ сторожевая служба; сторожевая охрана
water ~ 1. подача воды 2. *pl* водоснабжение
wide area telephone ~ *амер.* обслуживание большого района по телефону *(для организации материально-технического снабжения фермерских хозяйств)*

serviceability 1. эксплуатационная пригодность 2. эксплуатационная надёжность 3. удобство обслуживания

serviceable пригодный к эксплуатации

serviceableness:
impaired ~ ухудшенные эксплуатационные качества; малая пригодность к эксплуатации *(оборудования)*

session:
trading ~ торговая сессия, часы торговли на бирже

set 1. комплект; набор; ассортимент; партия *(изделий)* 2. ряд; группа; серия 3. прибор; установка 4. *мат.* множество, совокупность 5. направленность; тенденция 6. *с.-х.* посадочный материал ‖ сажать растения 7. твёрдый, постоянный *(напр. о ценах)* 8. ставить; класть 9. устанавливать; назначать 10. пускать *(в действие)* 11. приводить с состояние готовности 12. внедрять *(изделие)* □ **in a ~ of three** в трёх экземплярах *(о документах)*; **to ~ apart** откладывать *(деньги)*; **to ~ a price** назначать цену; **to ~ aside** 1. откладывать *(деньги)* 2. отклонять *(предложение)*; **to ~ off** засчитывать *(сумму)*; **to ~ out** выставлять *(на продажу)*; **to ~ up** 1. основывать, учреждать; открывать *(напр. магазин)* 2. снабжать, обеспечивать; **to ~ up for production** оснастить производство для массового выпуска
~ of bills 1. комплект коносаментов 2. *см.* **set of exchange**
~ of exchange комплект экземпляров переводного векселя
~ of general guidelines система общих ориентиров
~ of inequalities система неравенств
~ of preferences набор предпочтений
~ of prices система цен
~ of rules инструкция, свод правил
~ of samples коллекция образцов
~ of statistical data совокупность статистических данных
~ of strategies *т. игр* множество стратегий
~ of variables совокупность переменных
choice ~ набор вариантов
constraint ~ множество ограничений
disjoint ~s непересекающиеся множества
dual ~ of inequalities двойственная система неравенств
extremal ~ экстремальное множество
imprimitive ~ импримитивное [циклическое] множество
information ~ информационное множество
multiple ~ of objectives множественная система целей *(напр. в экономической стратегии корпораций)*
mutually exclusive ~s непересекающиеся множества
negotiation ~ переговорное множество
nonempty ~ непустое множество
nonoverlapping ~s непересекающиеся множества
nonvoid ~ непустое множество
overlapping ~s пересекающиеся множества
permissible ~ допустимое множество
polygonal ~ многоугольное множество
primitive ~ примитивное [ациклическое] множество
priority ~ *ТМО* система приоритетов
production (possibility) ~ множество производственных возможностей
reference ~ множество элементарных событий
solution ~ множество решений
universal ~ генеральная совокупность

setback регресс; спад; понижение □ **~ in production** спад производства
crop ~ неурожай

set-off зачёт, компенсация

setter:
price ~ компания, устанавливающая цены *(имеющая возможность формировать и проводить ценовую политику)*
trend ~ (главный) фактор, определяющий тенденцию

setting 1. обстановка; окружение 2. установление *(напр. норм)*; назначение *(напр. цен)*
central ~ of prices централизованное ценообразование
demographic ~ демографическая обстановка
institutional ~ общественный институт
monopolistic price ~ монополистическое ценообразование

price ~ ценообразование
rate ~ нормирование работ, установление норм
social ~ социальные условия
settle 1. решать; заключать сделку; приходить к соглашению; улаживать; урегулировать 2. рассчитываться, расплачиваться; оплачивать; покрывать; погашать *(задолженность)* 3. поселяться; заселять 4. заключать коллективный договор □ **to ~ a balance** урегулировать сальдо по счёту; **to ~ a bill** 1. оплатить счёт; урегулировать платёж по счёту 2. уплатить по векселю; **to ~ an account** оплатить счёт; **to ~ a transaction** урегулировать сделку, окончательно рассчитаться по сделке; **to ~ down** 1. успокоиться *(о рынке)* 2. установиться *(о ценах)* 3. поселиться, обосноваться 4. взяться *(за работу)*; **to ~ with creditors** прийти к соглашению с кредиторами; расплатиться с кредиторами
settlement 1. решение; заключение сделки; улаживание; урегулирование 2. расчёт, расплата; уплата, оплата; покрытие; погашение 3. *бирж.* ликвидация сделки; ликвидационный период, расчётные дни 4. поселение; колония; *ист.* сеттльмент 5. заселение; колонизация 6. акт распоряжения имуществом; акт установления доверительной собственности 7. коллективный договор *(напр. об уровне заработной платы)* 8. прибавка к заработной плате *(обусловленная коллективным договором)* □ **~ at the end of month** расчёт в конце месяца, ультимо; **in full ~** в окончательный расчёт
~ of account оплата счёта; погашение счёта
~ of claims урегулирование претензий [требований]
~ of debts урегулирование долгов; погашение долгов
cash ~ расчёт наличными; погашение долга наличными; возмещение денежной суммы
Federal Reserve Board ~ *амер.* урегулирование задолженности между федеральными резервными банками
land ~ заселение земель
lend-lease ~ урегулирование обязательств по ленд-лизу
marriage ~ брачный контракт *(касающийся имущества)*
mid-month ~ расчёт в середине месяца
monthly ~ ежемесячный расчёт
official ~s *амер.* официальные расчёты *(статья в платёжном балансе)*
same day ~ *бирж.* расчёт в день сделки
special ~ расчёт при соблюдении особых условий *(при срочной сделке)*
stock exchange ~ ликвидационный период на фондовой бирже
unorganized wage ~ не согласованное с профсоюзом решение об изменении уровня заработной платы
urban ~ городское поселение
wage ~ соглашение о ставках заработной платы; решение об изменении уровня заработной платы
settler поселенец
settlor учредитель траста *(доверительных имущественных отношений)*
setup 1. структура; организация; система 2. *разг.* положение, ситуация
seven-digit семизначный *(об отдельных видах продукции по стандартной промышленной классификации США)*
several *юр.* каждый в отдельности; индивидуальный
severally and jointly *юр.* каждый в отдельности и солидарно *(об ответственности)*
severally but not jointly *юр.* каждый в отдельности, но не солидарно *(напр. об ответственности андеррайтеров за продажу выпуска ценных бумаг)*
severity:
undue ~ of competition чрезмерная острота конкуренции
shake-out 1. вытеснение спекулянтов с рынка *(в связи с обесценением ценных бумаг или снижением товарных цен)* 2. разорение мелких инвесторов из-за падения курсов на бирже
shaky нетвёрдый, колеблющийся *(напр. о курсах)*
shape of store форма [конфигурация] помещения магазина
share 1. доля, часть; участие; доля участия; доля собственности; пай ‖ делить; разделять; участвовать; быть пайщиком 2. *англ.* акция *(см. тж.* **stock)** □ **~s advanced from ... to ...** курсы акций поднялись с ... до ...; **~s are down** курсы акций снижаются; **~s are stationary** курсы акций стабильны; **~ ceded in reinsurance** перестраховочная квота *(доля перестраховщика в страховой ответственности по каждому объекту страхования)*; **~s firmed up** курсы акций стабилизировались; **~s have fallen** курсы акций упали; **~s have gone up** курсы акций пошли вверх; **~ in a business** доля в деле; доля в предприятии; **~ in a cooperative** пай в кооперативе; **~ in the profit** участие в прибыли; доля прибыли; **~ recovered** курс акций восстановился *(после снижения)*; **~ slumped 10 points** курс акций упал на 10 пунктов; **to allot ~s** распределять акции *(по подписке)*; **to apply for ~s** подписываться на акции; **~ to bearer** акция на предъявителя; **to be entitled to a ~ in profits** иметь право на долю прибыли; **to hold ~s in a company** иметь акции *какой-л.* компании; **to pay off ~s** погашать [изымать] акции; **to pay up ~s** оплачивать акции; **to place ~s with the public** размещать акции среди публики; **to ~ responsibility with cotrustee** делить ответственность с другим доверенным лицом; **to subscribe for ~s** подписываться на акции; **~s without par value** акции без номинала
~ of capital доля капитала *(в национальном доходе)*
~ of labor доля труда *(в национальном доходе)*

~ **of profits** премия, тантьема, доля в прибыли *(вознаграждение менеджеров в зависимости от прибыли компании)*
~ **of stock** акция; доля в акционерном капитале
co-op ~ пай в кооперативе
distributive ~**s** *см.* **factor shares**
double vote registered ~**s** именные акции с двумя голосами каждая
employee ~ доля наёмных работников *(в национальном доходе)*
employers ~ доля нанимателей *(в национальном доходе)*
established ~**s** солидные биржевые ценности
factor ~**s** доли производственных факторов *(в национальном доходе)*
fractional ~ часть акции, неполная акция
incentive ~ поощрительная акция *(распределяемая среди менеджеров)*
motor ~**s** акции автомобильных компаний
oil ~**s** акции нефтяных компаний
participating preference ~ *англ.* привилегированная акция с участием в дивидендах
pro rata ~ пропорциональная доля *(установленных взносов)*
qualification ~ доля владения акциями, необходимая для занятия поста в правлении
qualifying ~**s** **1.** акции, которые должен иметь член совета директоров компании **2.** акции, депонируемые членом правления на время пребывания в должности
railway ~**s** акции железнодорожных компаний
transferable ~**s** акции, разрешённые к продаже
underwriting ~ **1.** доля участия в консорциуме **2.** доля участия в страховании
wage ~ доля заработной платы *(в национальном доходе)*

sharecrop *амер.* работать исполу, быть испольщиком [издольщиком]

sharecropper *амер.* испольщик, издольщик

sharecropping *амер.* испольная система, издольщина
plantation ~ плантационная испольная система

shareholder акционер, владелец акций, пайщик; держатель акций
~ **of record** *см.* **registered shareholder**
deferred ~ держатель акций с отсроченным дивидендом
dissident ~**s** акционеры-диссиденты *(несогласные с политикой, проводимой руководством компании)*
majority ~ акционер, владеющий большей частью акций *(более 50%)*
ordinary ~ владелец обыкновенных акций
preference ~ владелец привилегированной акции
principal ~ крупный акционер *(обычно владеет не менее 10% акций)*
registered ~ владелец именной акции, зарегистрированный в книгах компании

shareholding(s) владение акциями; участие в акционерном капитале; пакет акций

shareownership собственность на акции

sharing разделение; распределение
~ **of currency risks** распределение валютных рисков *(в случае изменения курса)*
capital ~ соучастие *(рабочих или профсоюзов)* в инвестировании и получении прибылей с капитала
cost ~ распределение затрат
fiscal ~ разделение налоговых доходов *(между центральным правительством и местными органами власти)*
gain ~ *см.* **profit sharing**
job ~ деление рабочего места между несколькими работниками *(как мера уменьшения безработицы)*
machinery ~ приобретение и использование сельскохозяйственной техники на паевых началах
market ~ раздел рынка
production ~ **1.** долевое распределение продукции **2.** компенсация продукцией
profit ~ участие в прибылях *(рабочих и служащих в зависимости от стажа работы и прочих заслуг перед фирмой)*
revenue ~ разделение доходов
task ~ разделение функций
work ~ распределение рабочих заданий

shark:
land ~ *амер.* спекулянт земельными участками
loan ~ *амер.* ростовщик

shave *амер. разг.* ростовщический процент || взимать непомерно высокий процент, урезать *(расходы)*

shaver *амер. разг.* ростовщик

shed сбрасывать; понижаться

shedding:
automatic load ~ автоматическое отключение потребителей *(при перегрузке энергосистемы)*

sheet лист; таблица; ведомость
balance ~ баланс, балансовый отчёт
comparative balance ~ сравнительная таблица балансов
composite balance ~ сводный [объединённый] баланс
condensed balance ~ сжатый [сокращённый] баланс *(с укрупнёнными статьями)*
consolidated balance ~ сводный [объединённый] баланс
cost ~ калькуляционная ведомость, ведомость издержек
coupon ~ лист купонов
cumulative balance ~ сводный [объединённый] баланс
daily time ~ график суточной загрузки
department cost ~ ведомость цеховых издержек
double-account form balance ~ *англ.* баланс по системе двойных счетов *(в бухгалтерском учёте коммунальных предприятий)*
employment ~ послужной список
instruction ~ **1.** инструкционная карта **2.** операционная карта **3.** инструкция
interest ~ шкала процентных ставок

interim balance ~ промежуточный баланс
inventory ~ инвентарная ведомость
job cost ~ таблица тарифных ставок
ledger ~ лист из бухгалтерской книги
milk ~ учётная карточка надоя молока
operations ~ операционная карта
pay ~ платёжная ведомость
process ~ 1. технологическая карта, карта технологического процесса 2. маршрутная карта
reinterview survey work ~ анкета для повторного обследования
route [routing] ~ 1. маршрутная карта 2. цикловой календарный план-график
script ~ *амер.* дорожный лист, дорожная ведомость
straight-line balance ~ запись статей баланса в одну колонку
time ~ 1. *орг. пр.* табель 2. таймшит *(ведомость учёта времени, потраченного на погрузку и выгрузку судна)*
time study comparison ~ основная таблица результатов хронометрирования
time study observation ~ форма учёта результатов хронометрирования
time study recap ~ основная таблица результатов хронометрирования
verification ~ проверочная ведомость
work ~ 1. «рабочий лист» *(при анализе пробного бухгалтерского баланса)* 2. анкета

shelter укрытие, прикрытие; протекция ‖ укрывать; покровительствовать
tariff ~ «тарифное укрытие», тарифная защита *(высокими пошлинами на импорт конкурирующей продукции)*
tax ~ *амер.* (законное) средство уменьшения налога

shelves □ **to replenish the ~** пополнять наличие товаров на полках

shepherd пастух, чабан

shift 1. перемещение, перестановка; изменение, сдвиг ‖ перемещать; изменять 2. (рабочая) смена; рабочий день □ **~ in demand** изменение в характере спроса; **~ in national priorities** изменение в оценке первоочерёдности; смещение приоритетности; **~s in product mix** 1. сдвиги в структуре продукции 2. изменения номенклатуры продукции *или* ассортимента изделий; **to ~ into cash** превращать в наличные деньги; **to ~ into low gear** замедляться *(о росте экономики)*; снижаться *(о темпах роста)*
double ~ 1. смена с двойным числом рабочих 2. работа в две смены
eight-hour ~ восьмичасовая смена; восьмичасовой рабочий день
first ~ 1. первая *(утренняя или дневная)* смена 2. *редко* ночная смена *(начинающаяся в полночь)*
fixed ~ постоянная смена *(без пересмены, перехода рабочих из утренней смены в вечернюю)*
graveyard ~ ночная смена
intracohort net ~ *демогр.* чистое изменение в пределах одной когорты
late [lobster] ~ ночная смена
midnight ~ 1. третья смена 2. ночная смена
morning ~ утренняя смена
multiple ~s многосменная система работы
night ~ ночная *(вторая или третья)* смена
pivoted ~ смещение *(кривой на графике)* с поворотом
population ~ миграция
regular ~ основная рабочая смена; первая смена; дневная смена
relief ~ 1. вспомогательная бригада 2. *см.* **swing shift 1.**
rotating ~ система скользящей сменности *(по истечении каждой недели рабочий переходит в другую смену)*
second ~ 1. вторая [вечерняя] смена 2. дневная смена
split ~ прерывная рабочая смена *(прерываемая одним или более нерабочими периодами)*
swing ~ 1. подсменная [дополнительная] бригада *(обеспечивающая переход в другую смену состава регулярных смен при непрерывном режиме работы)* 2. «сдвигающая» смена *(работа одной из трёх бригад в одну и ту же смену в течение двух периодов с целью обеспечить пересмену для остальных)* 3. вечерняя *или* ночная смена
third ~ третья (рабочая) смена

shiftable ликвидный, легко реализуемый *(особ. о ценных бумагах)*

shifting 1. перемещение 2. перегрузка 3. перемена стоянки *(судна)*
~ of personnel передвижение кадров
~ of taxation переложение налогов
multiple ~ перевод на многосменную работу; введение дополнительных смен

shiftman 1. начальник смены 2. подёнщик; сменщик 3. подсобный рабочий, разнорабочий

shiftwork подённая работа

shilling шиллинг *(до перехода на десятичную систему в Великобритании—двадцатая часть фунта стерлингов)*

shinplasters *ист.* мелкие бумажные купюры *(выпускавшиеся в США в период Гражданской войны)*

ship 1. судно; корабль 2. грузить(ся); отгружать, отправлять 3. *амер.* транспортировать □ **to ~ in bulk** грузить без упаковки *(насыпью; внавалку; наливом)*; **to ~ on consignment** отправить на консигнацию
bulk cargo ~ судно для перевозки насыпных грузов
coasting ~ каботажное судно
container ~ судно для массовой перевозки грузов в контейнерах, контейнерное судно
domestic ~ отечественное судно; судно, принадлежащее данной стране
dry-cargo ~ сухогрузное судно
foreign-going ~ судно заграничного *или* дальнего плавания
general (cargo) ~ судно для перевозки генеральных грузов

laid-up ~ судно, поставленное на прикол
lead ~ головное судно *(серии строящихся судов)*; головной корабль
merchant ~ торговое судно, судно торгового флота
oil ~ нефтяной танкер
passenger and cargo ~ грузопассажирское судно
prompt ~ промптовое судно *(могущее стать под погрузку в короткий срок)*
roll-off/roll-on ~ судно со специальным устройством для быстрой погрузки и выгрузки железнодорожных вагонов и автомобилей
tank ~ наливное судно, танкер
shipboard □ **on ~** на борту судна; на корабле
shipbuilding судостроение
shipload корабельный груз
shipment 1. погрузка; отгрузка, отправка 2. груз, партия *(отправленного товара)*
aggregated ~ сборная отправка
carload ~ вагонная отправка *(не менее одного вагона)*
currency ~ перевозка денег
drop ~ прямая поставка *(минуя обычного посредника)*
factory ~s отгруженная продукция предприятия
intraindustry ~s внутриотраслевые поставки
less-than-carload ~ отправка меньше одного вагона
less-than-case ~ отправка меньше ящика
less-than-truckload ~ отправка меньше минимальной нормы загрузки грузовика
net ~s чистые отгрузки; объём отгрузок продукции, в котором исключен двойной счёт *(напр. сырой руды для дополнительной обработки в пределах той же отрасли)*
prompt ~ немедленная отгрузка, немедленная отправка
shipped отправленный, отгруженный
shipper 1. грузоотправитель; экспортёр 2. груз *(пригодный для транспортировки морем)*
direct mill [drop] ~ оптовое предприятие, получающее заказ от розничного предприятия и передающее его для исполнения другой фирме
packer ~ оптовое предприятие — заготовитель сельскохозяйственных продуктов на местных рынках
stock ~ отправитель скота
shipping 1. погрузка; отгрузка, отправка; экспедиция 2. суда, морской флот 3. тоннаж 4. судоходство 5. судовой, корабельный, морской; экспедиционный, экспедиторский, отгрузочный 6. *pl* ценные бумаги судоходных компаний
ocean ~ морское судоходство
shirking халтура, работа с более низкой производительностью труда
shock импульс, толчок; нарушение *(экономического равновесия)*
monetary ~ нарушение денежного обращения
supply ~ нарушение в снабжении
shop 1. лавка; магазин ‖ делать покупки 2. цех, мастерская 3. предприятие □ **~s holding registrations** *англ.* магазины для отоваривания продовольственных карточек *(во время второй мировой войны)*; **~ on wheels** *англ.* автолавка; **to close up a ~** закрыть [ликвидировать] магазин; **to keep a ~** содержать лавку; **to set up a ~** 1. *англ.* открыть магазин 2. начать дело, открыть предприятие
agency ~ предприятие, где все рабочие обязаны делать отчисления в профсоюз
antiunion closed ~ *амер.* предприятие, не принимающее на работу членов профсоюза
bridal ~ магазин для новобрачных
bucket ~ брокерская фирма, производящая незаконные операции
captive ~ предприятие, продукция которого используется внутри фирмы иного производственного профиля
closed ~ with a closed union *амер.* предприятие, принимающее на работу только членов данного профсоюза
closed ~ with an open union *амер.* предприятие, принимающее на работу как членов, так и нечленов данного профсоюза *(причём последние должны немедленно вступить в члены профсоюза)*
corner ~ *см.* **street-corner shop**
counter-service ~ *англ.* магазин с прилавками *(в отличие от магазина самообслуживания)*
development ~ опытный цех; экспериментальный цех
exhibition ~ магазин-выставка *(для информации покупателей о новых товарах)*
fab(rication) ~ цех металлоконструкций; цех сварки
food ~ *англ.* магазин продовольственных товаров
general ~ 1. универсальный магазин 2. *см.* **mixed shop**
ground-floor ~ *англ.* магазин на нижнем этаже здания
heavy machine ~ завод тяжёлого машиностроения
ill-run ~ *англ.* плохо работающий магазин
job (lot) ~ предприятие, работающее по (специальным) заказам
machine ~ механический цех, механическая мастерская
merit ~ *см.* **open shop**
mixed ~ *англ.* лавка со смешанным ассортиментом; мелочная лавка
mobile ~ *англ.* автолавка
money ~ *англ.* отделение банка *или* финансовой компании в торговом центре города *(с ограниченным набором операций и удлинённым рабочим днем)*
nonunion closed ~ *см.* **antiunion closed shop**
open ~ предприятие, принимающее на работу не только членов профсоюза *(и не объединённых в профсоюз рабочих)*
pantry ~ *англ.* небольшой продоволь-

ственный магазин, расположенный рядом с местожительством покупателя
parlor ~ *англ.* магазин на дому у торговца
pattern ~ модельный цех; модельно-столярная мастерская
pawn broker's ~ ломбард
preferential union ~ предприятие, принимающее на работу в первую очередь членов профсоюза
provision ~ *англ.* магазин гастрономических товаров
redemption ~ магазин по обмену марок на товар *(в котором покупатели обменивают накопленные марки с объявленной стоимостью, выпущенные компаниями)*
repair ~ ремонтная мастерская; ремонтный цех
residential ~ *англ.* лавка с жилым помещением *(для владельца)*
self-service ~ магазин самообслуживания
static ~ *англ.* стационарный магазин
street-corner ~ *англ.* мелочная лавка, находящаяся по соседству с жилым районом
tommy ~ лавка, в которой рабочим выдаются продукты вместо заработной платы; лавка, принадлежащая хозяину промышленного предприятия
tool-and-die ~ инструментально-штамповый цех; инструментально-штамповая мастерская
travelling ~ *англ.* автолавка
union ~ предприятие, на котором все принятые на работу должны стать членами профсоюза
well-run ~ *англ.* хорошо работающий магазин
well stocked ~ магазин с широким ассортиментом товаров

shopboard прилавок *(для раскладки товара)*
shopbook *англ.* книга учёта товаров; книга для записей торговца
shopboy *англ.* мальчик для посылок в магазине
shopfolk *англ.* персонал магазина
shopgirl *англ.* продавщица
shopkeeper лавочник
shopkeeping профессия лавочника
shopman 1. продавец 2. *амер.* рабочий 3. владелец лавки *или* магазина
shopmark фирменная марка
shopocracy *англ.* господство лавочников
shopping 1. шоппинг, посещение магазинов с целью покупки 2. покупочный, покупательский, закупочный □ **to do ~** делать покупки
main-street ~ посещение магазинов, расположенных на центральных улицах
night ~ покупка в магазинах в вечернее время
one-stop ~ покупка всех нужных товаров в одном магазине
telecommunication ~ розничная торговля с помощью средств телекоммуникации *(заказ товара по образцам по телефону с доставкой на дом и расчётами через ЭВМ)*
window ~ осмотр уличных витрин *(с целью выбора товаров)*

shoppy *англ.* 1. торговый; связанный с розничной торговлей 2. изобилующий магазинами 3. характерный для мелкого лавочника, торгашеский; меркантильный 4. *разг.* продавщица
shopster *англ.* лавочник
shopwalker 1. *англ.* дежурный администратор универмага *(обходящий его отделы с целью инспектирования)* 2. *pl англ.* работники магазинов
shopwindow витрина □ **to dress a ~** оборудовать витрину
shopworn потерявший товарный вид
short 1. краткий, кратковременный; краткосрочный 2. недостающий, неполный 3. играющий на понижение *(без покрытия)* 4. «короткий», проданный без покрытия 5. *pl* дефицитные товары *или* материалы 6. *pl* ценные бумаги, проданные на срок без покрытия 7. *pl* спекулянты, играющие на понижение 8. *pl* краткосрочные ценные бумаги □ **to be ~ of** испытывать недостаток в *чём-л.*, нуждаться в *чём-л.*; не хватать; **to be ~ of the market** *амер.* продавать ценные бумаги, не имея их в наличии; **to borrow ~** брать взаймы на короткий срок; **to come ~** оказаться ниже [меньше]; **to sell ~** продать на срок без покрытия; **to ship ~** погрузить не полностью [не всё количество]
cash ~s and overs *амер.* кассовые недостатки и излишки

shortage 1. нехватка; недостача; дефицит; уровень дефицита; недопоставка 2. отрицательный уровень запасов, задолженный спрос 3. недостаточность предложения *(товаров)* 4. некомплектность □ **~ in weight** недовес
~ of cash кассовый дефицит, нехватка наличных
~ of money денежный дефицит
back-ordered ~ задолженный спрос; недопоставленная продукция
dollar ~ нехватка долларов
food ~ нехватка продовольствия; перебои в снабжении продовольствием
job ~ недостаток вакансий; недостаток рабочих мест
temporary cash ~ временная нехватка денег

shortchange *англ. разг.* недодать сдачу; обманывать
shortcoming 1. недостаток; изъян 2. нехватка; дефицит
shorten сокращать, урезать
shortfall 1. нехватка; дефицит 2. невыполнение плана выпуска продукции
~ of pay increases незначительность прибавки заработной платы; невыполнение договорённости о прибавке заработной платы
~ of savings недостаток сбережений
spending ~ недостаточный уровень расходов
supply ~ низкий уровень поставок; срыв снабжения

shorthanded неукомплектованный *(рабо-*

чей силой); испытывающий недостаток *(в рабочей силе)*
short-haul короткопробежный; относящийся к перевозкам на малое расстояние
shortness of hands недостаток рабочих рук
short-range 1. ближнего действия 2. кратковременный
short-run 1. краткосрочный; короткий *(о периоде времени, в течение которого одни факторы могут измениться, другие — фиксированы)* 2. мелкосерийный *(о производстве)*
shortship поставлять товар не полностью *(по сравнению с заказом)*
short-term краткосрочный; кратковременного действия
short-time кратковременный
shot □ **to get a ~ in the arm** *разг.* получить толчок к росту, получить импульс к развитию
show 1. показ; демонстрация; выставка, шоу ‖ показывать; демонстрировать; выставлять 2. выявлять; устанавливать □ **to ~ up** выявляться, проявиться *(о недостатках или преимуществах)*
  international ~ международная выставка
  trade ~ кустарно-промышленная выставка
showcase витрина *(в магазине)*
showing показ
showroom выставочный [демонстрационный] зал
  electricity ~ *англ.* демонстрационный зал для продажи бытовых электроприборов
  furniture ~ демонстрационный зал для показа образцов мебели
  gas ~ *англ.* демонстрационный зал для продажи бытовой газоаппаратуры
shrink сокращаться; усыхать; сужаться; понижаться
shrinkage сокращение; усыхание; сужение; усадка □ **~ in capacity** сокращение производственных мощностей
  ~ of fabric усадка ткани
  ~ of goods усушка продуктов
  ~ of markets сужение рынков
  inventory ~ сокращение запасов товарно-материальных ценностей *(в результате потерь, порчи)*
  profit ~ уменьшение [сокращение] прибыли *(снижение доли прибыли в цене единицы продукта)*
shunting *англ. бирж.* арбитраж на внутреннем рынке
shut □ **to ~ out goods** отказать в принятии груза для перевозки *(из-за недостатка грузового помещения на судне)*
shutdown 1. закрытие, остановка *(предприятия)* 2. приостановка *(работ)*
  scheduled ~ плановая остановка *(предприятия)*
shuttle 1. челнок, регулярное воздушное сообщение между двумя пунктами 2. маятниковая перевозка
sib(ling)s полнородные братья и сёстры; родные братья и сёстры
side 1. часть, половина; сторона 2. область, район 3. линия *(родства)* □ **on the expenditure ~** по статьям расходов *(о суммах, проходящих в бюджете)*
  credit ~ правая сторона счёта *или* баланса, кредит счёта
  debit ~ левая сторона счёта *или* баланса, дебет счёта
  long ~ *бирж.* группа спекулянтов, играющих на повышение
  short ~ *бирж.* группа спекулянтов, играющих на понижение
sideline 1. дополнительные товары *(к основному ассортименту)* 2. вторая [побочная] профессия 3. боковая ветка *(железной дороги)*
sideways □ **to move '~'** *амер. разг.* «двигаться в сторону» *(отсутствие движения на рынке, застой)*
siding 1. запасной путь; боковой путь; подъездной путь 2. железнодорожная ветка
  private ~ 1. частный подъездной путь 2. частная железнодорожная ветка
  railway ~ железнодорожный подъездной путь *(к предприятию)*
sight предъявление *(тратты)* ‖ предъявлять *(тратту)*; акцептовать *(тратту)* □ **after ~** после предъявления; **at ~** по предъявлении; **in ~** в наличии *(на рынке)*; **to ~ a bill** предъявлять *(тратту)*; акцептовать *(тратту)*
  capital spending ~s запланированный объём инвестиций, намеченный объём капиталовложений; смета капитальных затрат
sign 1. знак, обозначение ‖ ставить знак, отличать 2. подпись ‖ подписывать *(документ)* □ **to ~ in blank** проставить бланковый индоссамент; **to ~ off** 1. отказываться от претензий 2. увольнять с работы; **to ~ on** 1. нанимать рабочих 2. возвращать на работу; **to ~ on behalf of someone** подписывать от *чьего-л.* имени; **to ~ 'per pro'** подписывать по доверенности
signatory лицо *или* сторона, подписавшие документ ‖ подписавший *(документ)*
signature подпись □ **~ by procuration** подпись по доверенности; **~ on a bill** подпись на векселе
  authorized ~ подпись официального лица, уполномоченного подписывать документы
  fictitious ~ поддельная подпись
  genuine ~ подлинная подпись
  mark ~ подпись крестом *(в случае неграмотности лица, подписывающего юридический документ)*
significance 1. значение, смысл 2. важность, значительность 3. *стат.* значимость
  operational [physical, real] ~ реальный смысл, реальное значение
significant 1. значительный, существенный 2. показательный; характерный 3. достоверный 4. *стат.* значимый
silver серебро; серебряные деньги
  domestic ~ серебро отечественной добычи
  fine ~ чистое серебро
  foreign ~ серебро иностранной добычи
  free ~ свободная чеканка серебряных

монет *(как элемент системы биметаллизма)*
nationalized ~ национализированное серебро; серебро в собственности государства
standard ~ монетное серебро, серебро установленной пробы *(для чеканки монет)*
simple простой *(напр. о проценте)*
simplex симплекс
closed ~ замкнутый симплекс
coefficient ~ *т. игр* симплекс коэффициентов
fundamental ~ основной симплекс
regular ~ правильный симплекс
simplification упрощение
job ~ *см.* **work simplification**
product ~ сокращение номенклатуры близких по назначению продуктов; сокращение числа модификаций выпускаемого продукта
work ~ упрощение методов работы; рационализация
simplify упрощать
simulate моделировать; имитировать
simulation моделирование; имитирование, имитация
business ~ моделирование хозяйственной деятельности
cash flow ~ моделирование движения наличности
deterministic ~ детерминированная имитация
gaming ~ игровое моделирование
simulator модель; имитирующее устройство, имитатор
single 1. отдельный, обособленный 2. единый, общий 3. рассчитанный на одного 4. одинокий; холостой
single-channel одноканальный *(о системе массового обслуживания)*
single-purpose специальный; ограниченного назначения
single-stage одностадийный, одноступенчатый
singleton единственный ребёнок в семье
singularity оригинальность, своеобразие
~ of construction оригинальность конструкции
sink 1. понижаться, падать 2. помещать, вкладывать *(капитал)* 3. погашать □ **to ~ a loan** погасить заём; **to ~ in price** понизиться в цене
sinking 1. понижение, падение *(цен)* 2. помещение, вклад *(капитала)* 3. погашение; амортизация
sisters:
seven ~ *амер.* 1. «семь сестёр», семь федеральных «антитрестовских» законов 2. семь крупнейших нефтяных монополий *(пять американских, английская и англо-голландская)*
sit □ **to ~ on price quotations** не снижать назначенной цены, проявлять неуступчивость на торгах
site 1. местоположение, местонахождение 2. участок *(для застройки)* 3. размещать
improved ~ улучшенный участок *(для застройки)*
main street ~s участки на главной улице *(наиболее выгодные для размещения розничных магазинов)*
serviced ~ участок, оборудованный промышленными коммуникациями, обеспеченный водо- и электроснабжением
sit-in *англ.* сидячая забастовка
siting 1. отведение участка *(под строительство и хозяйственное использование)* 2. размещение *(напр. предприятия)*
~ of branches размещение филиалов торговой фирмы
situation 1. ситуация, положение; состояние 2. место службы, работа; социальное положение □ **to size up a ~** правильно оценить обстановку
conflict ~ *т. игр* конфликтная ситуация
queueing ~ *ТМО* условия образования очереди
supply-demand ~ соотношение предложения и спроса
Six □ **the ~** шесть стран — первоначальных участниц Европейского экономического сообщества *(Франция, ФРГ, Италия, Бельгия, Люксембург, Нидерланды)*
sixes *бирж.* шестипроцентные облигации
sixteen □ **~ to one** шестнадцать к одному *(соотношение стоимости золота и серебра в 19 веке)*
sizable 1. значительных размеров 2. подходящей величины
size 1. величина; объём; размер; номер ‖ определять величину; измерять 2. формат □ **to ~ up** оценивать *(величину чего-л.)*
~ of completed family размер семьи, в которой невозможно рождение нового ребенка
~ of establishment by employment размер предприятия по числу работающих
~ of planned family планируемый размер семьи
batch ~ 1. *см.* **lot size** 2. *ТМО* численность группы *(требований)*
crew ~ численность (рабочей) группы
economic(al) ~ (наиболее) экономичный размер; оптимальный размер
farm ~ размер фермы; размер хозяйства
household ~ размер семейного владения
lot ~ размер партии; объём партии; число изделий в партии
minimum efficient ~ минимальный экономически эффективный размер *(предприятия)*
optimum ~ 1. оптимальный размер *(напр. предприятия)* 2. оптимальный объём *(выборки)*
population ~ 1. численность населения 2. объём совокупности
production lot ~ *см.* **lot size**
queue ~ *ТМО* длина очереди; число требований, ожидающих обслуживания
run ~ *см.* **lot size**
sample ~ объём выборки, число изделий в выборке
sizeable *см.* **sizable**
sizing 1. измерение, определение величины 2. сортировка по размерам

sketch схема, схематическое изображение; эскиз, набросок ‖ схематически изображать; делать набросок
skewness *мат.* асимметрия
skill практический опыт; квалификация; мастерство, умение
commercial ~ квалификация торгового служащего
entrepreneurial ~ деловые организаторские способности
entry-level ~s перспективные профессии
job ~ профессиональная квалификация, профессиональные навыки
personal ~ индивидуальное мастерство, личная квалификация
skilled квалифицированный
skimming «снятие сливок» *(установление высокой цены на новый усовершенствованный продукт в расчёте на потребителей, готовых купить по этой цене)*
~ of excess profit изъятие сверхприбыли
skimping □ **~ on the cost** экономия на расходах
skip пропускать, не производить *(платёж)*
sky of money *амер. разг.* плохо с деньгами, недостаток наличности
sky-high очень высокий *(о ценах, курсе)*
skyrocketing быстрый рост *(курсов акций или цен)*
slack 1. простой, бездействие; застой; спад ‖ простаивающий, бездействующий; застойный; вялый 2. наличие избыточных производственных мощностей; недогрузка производственных мощностей □ **~ in the labor market** избыток рабочей силы на рынке труда; **to be ~** быть в состоянии затишья *(о рынке)*; **to ~ off** снижать темп работы
economic(al) ~ экономический спад
industry ~ недогрузка промышленности
negative ~ отрицательный резерв
positive ~ положительный резерв
seasonal ~ сезонный резерв
secondary ~ вторичный резерв
total ~ 1. суммарный резерв 2. полный простой
slacken простаивать; ослаблять *(темп работы)*
slackness бездействие; застой
slash *амер.* срезать, сокращать, уменьшать; урезывать
spending ~ урезка расходов
slaughter 1. распродажа акций по бросовым ценам [в убыток] 2. убой *(скота)* 3. *уст.* массовые увольнения рабочих и служащих
slaughterer забойщик скота
sleeper *разг., бирж.* ценная бумага с большим потенциалом роста, но временно не привлекающая внимания на рынке
slide 1. понижение, снижение, уменьшение 2. ошибка в постановке запятой в десятичном числе □ **to ~ down** пойти вниз, понизиться *(о ценах)*
sliding 1. скользящий 2. дифференциальный
slip 1. бланк; расписка 2. переносить *(сроки)*; отставать по срокам 3. понижаться, снижаться, падать
acceptance insurance ~ выдаваемая страховщиком расписка *(в получении документов, необходимых для оформления договора страхования)*
charge ~ бланк для регистрации покупки с записью на счёт покупателя
deal ~ бланк регистрации сделки
deposit ~ бланк о взносе депозита *(содержащий перечень депонируемых денег, чеков)*
duplicate deposit ~ дубликат бланка о взносе депозита *(выдаваемый депоненту банка в качестве расписки)*
order ~ бланк заказа о покупке *или* продаже ценных бумаг
paying ~ платёжная расписка
production ~ бланк цехового (сменного) плана-отчёта
telephone order ~ бланк для приёма заказа по телефону
slippage 1. перенос *(сроков)*, отставание *(по срокам)* 2. снижение; сокращение *(напр. объёма производства)*
slipping тенденция к понижению курса ценных бумаг
slow замедлять, сдерживать ‖ медленный, постепенный; вялый *(напр. о торговле)*
slowdown спад; замедление; снижение *(напр. темпов)*
business ~ спад деловой активности
labor ~ снижение темпов работы *(вид забастовки)*
sluggish застойный, характеризующийся отсутствием экономической активности
sluggishness вялость, медленное развитие; застой *(в экономической активности)*
~ of price adjustments инертность, вялое приспособление цен *(напр. при изменении спроса)*
slump 1. резкий экономический спад, кризис; резкое падение *(курса)* ‖ резко падать 2. резкое сокращение *(деловой активности)* ‖ сокращаться □ **~ in agricultural produce** резкое сокращение производства сельскохозяйственных продуктов; **~ in demand** резкое падение спроса
housing ~ резкое уменьшение объёма жилищного строительства
slumpflation экономическая ситуация, характеризующаяся сочетанием инфляции и экономического спада
smallholder *англ.* мелкий арендатор
smallholding *англ.* небольшой земельный участок
smalls поголовье мелкого скота *(овцы, свиньи, телята)*
smash 1. *бирж.* внезапное и резкое падение курсов *или* товарных цен *(на грани паники)* 2. банкротство, крах ‖ обанкротиться □ **to go to ~** разориться, обанкротиться
bank ~ банковский крах
smashup of business разорение [банкротство] компании *или* предприятия
smooth выравнивать, сглаживать *(ряд)*
smoothing выравнивание, сглаживание ‖ сглаживающий □ **~ by addition** сглаживание суммированием
data ~ сглаживание данных

smuggle контрабанда || провозить контрабандой
smuggler контрабандист
smuggling контрабанда, занятие контрабандой
snake:
monetary ~ «валютная змея», изменение валютного курса в рамках установленных лимитов
snowball быстро расти, быстро увеличиваться *(напр. о доходах предприятия)*
soar стремительно повышаться
social общественный, социальный
socialism социализм
Christian ~ христианский социализм
competitive ~ рыночный социализм
democratic(al) ~ демократический социализм *(немарксистский, либеральный, напр. шведская модель)*
ethical ~ этический социализм
Fabian ~ *англ.* фабианский социализм, фабианство *(теория постепенного движения в сторону социализма)*
full-fledged ~ развитой социализм
guild ~ гильдейский социализм *(концепция социализма, выдвинутая в начале 20 в. в Англии)*
market ~ рыночный социализм
municipal ~ муниципальный социализм
real ~ реальный социализм
scientific ~ научный социализм
state ~ государственный социализм
utopian ~ утопический социализм
socialist социалист || социалистический
socialization социализация; обобществление
socialize социализировать; обобществлять
Society □ **~ for Worldwide Interbank Financial Telecommunications** Международная межбанковская электронная система платежей *(СВИФТ)*
~ of Graphical and Allied Trades Профсоюз печатников и работников смежных профессий *(Великобритания)*
~ of Incorporated Accountants and Auditors Общество корпоративных бухгалтеров и бухгалтеров-ревизоров *(Великобритания)*
Cooperative Wholesale ~ Общество кооперативной оптовой торговли *(Великобритания)*
European ~ for Rural Sociology Европейское общество аграрной социологии
Great ~ «Великое общество» *(программный лозунг президента Л. Джонсона)*
International ~ for Business Education Международное общество содействия распространению коммерческого образования
International ~ for Rehabilitation of the Disabled Международное общество восстановления трудоспособности инвалидов
National ~ of Business Budgeting Национальное общество по вопросам составления хозяйственных программ
Numerical Control ~ Ассоциация (промышленников в области) числового программного управления
Operational Research ~ Общество специалистов по исследованию операций *(Великобритания)*
Royal Economic ~ Королевское экономическое общество *(Великобритания)*
society 1. общество **2.** общество *(организация)*; объединение, ассоциация; кооперативный союз; кооперативное товарищество □ **~ in participation** простое товарищество
benefit ~ касса взаимопомощи
building ~ *англ.* строительное общество *(специализированное сберегательное учреждение)*
capitalist ~ капиталистическое общество
cashless ~ *амер.* «общество без наличных денег» *(проект системы безналичных расчётов)*
checkless ~ «бесчековое общество» *(проект системы расчётов с помощью ЭВМ)*
class ~ классовое общество
communist ~ коммунистическое общество
consumer ~ потребительское общество; общество потребления
cooperation insurance ~ кооперативное страховое общество
cooperative ~ кооперативное общество
credit ~ кредитное товарищество
feudal ~ феодальное общество
friendly ~ *англ.* общество взаимного страхования *(на случай болезни, смерти)*
loan ~ *англ.* кредитное товарищество
mixed ~ смешанная экономика
mutual insurance ~ общество взаимного страхования
mutual loan ~ *англ.* общество взаимного кредита
plural ~ 1. плюралистическое общество *(допускающее разные политические тенденции)* **2.** многорасовое общество
polygamous ~ полигамное общество
postindustrial ~ постиндустриальное [послеиндустриальное] общество *(научная концепция)*
socialist ~ социалистическое общество
socioeconomic социально-экономический
sociologist социолог
sociology социология
~ of knowledge социология знания
urban ~ социология городского населения
sociometry социометрия
soft 1. вялый *(напр. о конъюнктуре)*; медленно развивающийся; характеризующийся низкой деловой активностью, застойный **2.** мягкий, слабый, неконвертируемый *(о валюте)* **3.** льготный *(об условиях займа)*
softening of economy спад в экономике, экономический застой
softgoods 1. товары кратковременного пользования **2.** неметаллические товары; продукция лёгкой промышленности
softness вялость *(напр. конъюнктуры)*; ослабление, снижение *(спроса)*
software 1. документация **2.** программное [математическое] обеспечение, средства программирования **3.** немашинная часть, неаппаратная часть *(в комплексе аппаратуры)* **4.** военно-вещевое снабже-

ние **5.** услуги нематериального характера *(образование, медицинская помощь, научные исследования)*, непроизводственные услуги

sojourn *ТМО* пребывание; время пребывания *(в системе)*

sola вексель *или* чек, выписанный в одном экземпляре

sole 1. единственный **2.** исключительный; единоличный *(владелец)*

solitaire *т. игр* игра с одним участником; пасьянс

solus *см.* **sola**

solution решение *(особ. в теории игр)*

~ of game решение игры

alternative ~s альтернативные решения

ambiguous ~ неоднозначное решение

asymptotic(al) ~ асимптотическое решение

balanced-growth ~ решение для модели сбалансированного роста

basic ~ опорный план; основное решение

central ~ центральное решение *(игры)*

damped ~ затухающее решение *(уравнения)*

degenerate ~ вырожденное решение

dual feasible ~ план двойственной задачи; возможное решение двойственной задачи

equilibrium ~ равновесное решение

explicit ~ решение в явном виде

feasible ~ план; допустимое решение *(задачи линейного программирования)*

graphic(al) ~ графическое решение

least-cost ~ решение с наименьшими затратами, наиболее экономичное решение

least-squares ~ решение методом наименьших квадратов

locally optimal ~ локально оптимальное решение

nomographic ~ номографическое решение

nondegenerate ~ невырожденное решение

nonoptimal ~ неоптимальное решение

optimal [optimum] ~ оптимальное решение; оптимальный план

probabilistic ~ вероятностное решение

pseudo-dual ~ решение псевдодвойственной задачи

pure-strategy ~ *т. игр* решение в чистых стратегиях

singular ~ особое решение

trial-and-error ~ решение методом проб и ошибок

variable ~ продуктивное решение

solvability разрешимость

solvable имеющий решение; решаемый; разрешимый

solve 1. решать **2.** платить *(долг)*

solvency платёжеспособность; кредитоспособность

financial ~ платёжеспособность фирмы

solvent платёжеспособный; кредитоспособный

sophisticated 1. опытный, искушённый **2.** фальсифицированный

sophistication 1. искушённость, умудрённость **2.** фальсификация **3.** сложность, трудность *(вопроса)*

sort род; сорт; вид; класс ‖ сортировать; разбирать по сортам; распределять по категориям

~ of goods род товаров

sorter 1. сортировщик **2.** сортировальное устройство

electronic ~ электронный сортировщик *(чеков)*

sorting сортировка

~ of deposited items сортировка депонируемых документов

check ~ сортировка чеков

sortition жеребьёвка, выбор по жребию

sound 1. доброкачественный; целый, неповреждённый **2.** обоснованный, правильный **3.** платёжеспособный; устойчивый

economically ~ экономически обоснованный; экономически оправданный; экономически выгодный

soundness 1. доброкачественность; неповреждённость **2.** обоснованность, правильность **3.** устойчивость *(в финансовом отношении)*

financial ~ финансовая устойчивость, платёжеспособность

source источник

credit information ~s источники информации о кредитоспособности

finite ~ *ТМО* конечный источник *(требований)*

infinite ~ *ТМО* бесконечный источник *(требований)*

information ~ источник информации

input ~ *ТМО* источник входящего потока, источник требований

nondepository ~s of bank funds средства, полученные банком не по линии привлечения депозитов

ordinary ~ *ТМО* источник обычных требований *(не обладающих приоритетом)*

point ~ точечный источник

priority ~ *ТМО* источник требований с приоритетами

procurement ~ источник поставок; поставщик

river ~ речной источник *(воды)*

unlimited input ~ *ТМО* неограниченный источник входящего потока

sovereign 1. суверенный, полноправный **2.** соверен, британская золотая монета

sovereignty суверенитет, полноправность

~ of consumer суверенитет потребителя *(право выбора благ)*

monetary ~ суверенитет валюты, независимость валютной системы от иностранных валют

tax ~ суверенное право устанавливать систему налогового обложения

space 1. пространство; площадь **2.** интервал ‖ располагать с определёнными интервалами

~ of time промежуток времени, продолжительность

bin ~ ёмкость бункера в бушелях *(при хранении зерна насыпью)*

decision ~ *мат.* пространство решений

error ~ *мат.* пространство ошибок
estimation ~ *мат.* пространство оценок
floor ~ 1. площадь торгового предприятия **2.** *с.-х.* размер выгула *(в расчёте на одну голову)*
grain ~ грузовместимость судна для зерна
living ~ жилая площадь
plant ~ производственная площадь
policy ~ *т. игр* пространство стратегий
probability ~ *мат.* пространство вероятностей
processing ~ площадь магазина, отведённая для обработки принятого товара
range ~ *мат.* множество значений, пространство значений
requirements ~ *мат.* пространство условий
sample ~ *мат.* пространство элементарных событий
selling ~ торговый зал; площадь торгового помещения
shipping ~ место для погрузки
solution ~ *мат.* пространство решений
storage ~ складская площадь; место для хранения
strategy ~ *т. игр* пространство стратегий
technology ~ пространство технологий *(набор допустимых технологий для решения хозяйственных задач)*
vector ~ *мат.* векторное пространство
waiting ~ *ТМО* место (для) ожидания
yard ~ *с.-х.* площадь скотного двора *(в расчёте на одну голову)*

spacial пространственный; территориальный *(напр. о планировании)*

spacing 1. расстояние **2.** расположение, расстановка
child ~ распределение рождений по периоду брака

span интервал, период; продолжительность
~ of control норма управляемости *(измеряемая максимальным количеством подчинённых у одного руководителя)*
childbearing ~ фертильный период жизни
life ~ 1. продолжительность жизни **2.** предельный возраст; предельное долголетие
reproductive ~ производительный период жизни
time ~ временной интервал, промежуток времени

spare 1. запас; резерв ‖ запасный; резервный; дополнительный **2.** экономить

spate of orders наплыв заказов

special 1. специального назначения, специальный **2.** особый, отдельный
'early week ~s' товары, цена на которые снижается в первые дни недели *(с целью сгладить разницу в товарообороте по дням недели)*

specialist 1. специалист **2.** *амер. бирж.* специалист *(брокер, действующий за собственный счёт и по поручению клиентов и специализирующийся на определённом виде ценных бумаг)*
agricultural extension ~ *амер.* специалист по распространению сельскохозяйственных знаний
associate ~ помощник постоянного маклера, не имеющий права самостоятельно принимать заказы на проведение сделок
farm-management ~ эксперт по вопросам экономики и организации сельскохозяйственного производства
public utility ~ специалист по вопросам коммунальных служб; инженер-энергетик
regular ~ постоянный биржевой маклер, регулярно проводящий операции с определённым видом ценных бумаг и ведущий бухгалтерские книги
relief ~ маклер, временно заменяющий постоянного маклера в его отсутствие и ведущий его книги
temporary ~ маклер, назначенный биржевым комитетом для проведения операций в случае исключительной ситуации

speciality 1. специальность, основное занятие **2.** отличительная черта, особенность **3.** специальный ассортимент товаров; товар-новинка

specialization специализация
~ of labor специализация [разделение] труда
retail ~ специализация розничного предприятия

specialized специализированный *(напр. о магазине)*

special-purpose специального назначения; специализированный

special-quality специального качества; промышленного качества

specialties ценные бумаги, привлекающие внимание спекулянтов как потенциальный источник спекулятивной прибыли

specie металлические деньги *(золотые и серебряные)*; *амер.* золотые и серебряные слитки □ **in ~** звонкой монетой

specific 1. особый, особенный; характерный; специфичный, специфический **2.** частный **3.** определённый, конкретный, точный **4.** удельный

specification 1. спецификация; определение **2.** детализация, конкретизация **3.** деталь, подробность *(напр. договора)* **4.** перечень **5.** *pl* технические условия; технические требования **6.** инструкция *(по эксплуатации)* **7.** *pl* характеристика векселя, данная в аккредитивном письме
~ of weight отвесы *(ведомость веса каждого места партии товара)*
centered ~s технические условия, разработанные головной организацией
contract ~s условия контракта
customer ~s технические условия заказчика
delivery ~s условия поставки
design ~ техническое задание на разработку
engineering ~s технические условия
federal ~s *амер.* федеральные технические условия
inspection ~s технические условия приёмки
job ~s квалификационные требования *(к исполнителю определённой работы)*
patent ~ описание изобретения к патенту

performance ~ 1. *pl* рабочие технические условия 2. эксплуатационная характеристика
process control ~s технические условия на контроль производственного процесса
product ~ техническая характеристика изделия
production ~ 1. промышленная нормаль 2. *pl* технические условия на изделие
purchasing ~s требования к поставляемой продукции
tentative ~s временные технические условия
work ~ техническое задание на выполнение работы; инструкция

specified 1. определённый, (точно) установленный; заданный, указанный 2. номинальный; паспортный 3. соответствующий техническим условиям; указанный в технических условиях 4. предусмотренный, оговорённый *(договором, контрактом)*

specify 1. определять, (точно) устанавливать 2. оговаривать, обусловливать *(напр. в заказе на тот или иной вид продукции)* 3. соответствовать техническим условиям

specimen образец, образчик

speculate спекулировать; играть на бирже □ **to ~ in stocks and shares** спекулировать ценными бумагами

speculation спекуляция; биржевая игра □ **~ for a fall** игра на понижение; **~ for a rise** игра на повышение; **~ in futures** спекуляция в форме срочных сделок; **~ on the stock exchange** спекуляция на фондовой бирже
bear ~ игра на понижение
bull ~ игра на повышение
exchange ~ биржевая спекуляция
hazardous ~ рискованная спекуляция
heavy ~ спекуляция в больших размерах
land ~ спекуляция земельными участками

speculative спекулятивный

speculator спекулянт; биржевик, лицо, играющее на бирже
professional ~ профессиональный спекулянт

speed 1. скорость 2. быстродействие *(вычислительной машины)*
~ of adjustment скорость (экономического) приспособления *(напр. цен к изменившемуся объёму производства)*

speedup 1. ускорение, форсирование 2. повышение производительности труда, увеличение выработки *(без прибавления зарплаты)* 3. увеличение выпуска продукции 4. «гонка» *(на производстве)*; ускорение ритма *(конвейера)*
~ of economic growth ускорение экономического роста

spell 1. (короткий) период времени 2. перерыв 3. смена

spellbinding заманивание *(покупателей)*

spend тратить, затрачивать, расходовать

spending 1. расходы; расходование 2. стоимость закупок *(в денежном выражении)* □ **~ is highly skewed** расходы распределены крайне неравномерно
backdoor ~ (правительственные) расходы, осуществляемые в обход законодательных решений о бюджетных ассигнованиях
business ~ затраты на товары производственного назначения
compensatory public ~ компенсирующие государственные расходы
deficit ~ бюджетные расходы, не покрываемые доходами, дефицитное финансирование
discretionary ~ дискреционные расходы *(сверх жизненно необходимых)*
expansion ~ капиталовложения в новое строительство; капиталовложения в расширение *(предприятий)*
government ~ государственные расходы
military ~ военные расходы
post tax ~ расходы после вычета налогов
public ~ государственные расходы
research-and-development ~ расходы на исследования и научно-технические разработки
social ~ расходы (бюджета) на социальные нужды
tourist ~ расходы туристов за границей
welfare programs ~ расходы по программам общественного благосостояния

spent израсходованный, истраченный; использованный; исчерпанный; отработанный

sphere сфера; область; поле деятельности
production ~ производственная сфера

spillover 1. избыток 2. перелив; переключение; перемещение *(напр. избыточного спроса с одного рынка на другой)* 3. *см.* **spin-off 2.** 4. *pl* внешние эффекты *(экономической деятельности)*

spin-off 1. сопутствующий [дополнительный] результат 2. побочный результат *(военных исследований, используемый в гражданской промышленности)* 3. передача; отделение; создание *(напр. другой фирмы)* путём отделения ‖ передавать *(в другую фирму)* 4. передача части активов вновь образуемой дочерней компании *(с последующим распределением всех новых акций между акционерами материнской компании)* 5. передача технологии *(из одной области в другую)*

spin-out *см.* **spin-off 3, 4.**

spiral спираль; постепенно ускоряющееся падение *или* повышение *(цен)*
feedingstuffs price ~ рост цен на корма
inflationary ~ инфляционная спираль *(цен)*
wage-price ~ спираль заработной платы и цен

split 1. дробление ‖ дробить, разбивать 2. сплит, дробление акции 3. покупка партии ценных бумаг в несколько приёмов по разным ценам □ **to ~ a parcel on different bills of lading** выдать на партию несколько коносаментов *(на количества, равные в сумме размеру партии)*; **to ~ a shipment** разбить партию *(для отправки на нескольких судах)*; **to ~ the trust** разделить ответственность *(между организациями)*

account ~ дробление счетов
income ~ дробление регистрируемого дохода *(с целью уменьшения налоговых платежей)*
reverse ~ обратный сплит, выпуск акций бóльшего номинала с обменом старых акций
stock ~ дробление акций *(выпуск новых акций меньшим номиналом взамен старых)*

split-off 1. разделение; передача; обособление *(напр. фирмы)* 2. передача части активов вновь образуемой дочерней компании, сопровождающееся обменом части акций материнской компании на акции вновь созданной компании

split-up *амер.* 1. разделение одной корпорации на две *или* более *(по решению суда)* 2. дробление акций *(напр. 100-долларовой акции на четыре 25-долларовых)* 3. передача части активов вновь образуемой дочерней компании, сопровождающееся выпуском новых акций и обменом на них акций материнской компании
~ of farm units дробление фермерских хозяйств

spoilage 1. (производственный) брак; испорченный товар 2. порча (товара)

sponsor 1. спонсор; финансирующее лицо; финансирующая организация ‖ финансировать 2. заказчик рекламной радио- *или* телепрограммы 3. гарант, поручитель ‖ гарантировать 4. спонсор, автор проекта резолюции ‖ вносить проект резолюции □ **~ for a loan** гарант займа

sponsorship (финансовая) поддержка; поручительство; создание благоприятных условий *(напр. для финансовых операций)*

spontaneous спонтанный, самопроизвольный, стихийный *(об экономическом развитии)*

spot 1. место 2. *бирж.* действительный [реальный] товар, товар по кассовым сделкам 3. наличный; готовый к сдаче; немедленно оплачиваемый; действительный, реальный; кассовый; «спот» □ **over ~** *англ.* репорт, премия *(накидка на курс при сделках на срок)*; **under ~** *англ.* депорт *(скидка с курса при сделках на срок)*
hard ~ *амер. бирж.* акции, выделяющиеся особой устойчивостью [высоким курсом]
soft ~ *амер. бирж.* акции, выделяющиеся среди других своей неустойчивостью [падением курса]
trouble ~ 1. слабое место *(конструкции)* 2. источник беспокойства; вопрос, требующий постоянного внимания

spotting постановка *(напр. вагона)* под разгрузку *или* погрузку

spread 1. разница, разрыв *(между ценами)* 2. спред, двойной опцион *(одновременная продажа и покупка двух опционов для уменьшения риска и [или] увеличения дохода)* 3. различие между процентными ставками, по которым банк получает средства и по которым выдает их заёмщикам 4. рассеивание; разброс *(напр. точек на графике)*; диапазон отклонений 5. размах; протяжённость 6. распределение ‖ распределять 7. давать рассрочку, отсрочить *(платёж)* 8. растягивать работу путём сокращения рабочих дней *(для борьбы с безработицей)* □ **~ in values** разброс значений; **to narrow the ~** *бирж.* сокращать разрыв между ценами продавцов и покупателей
back ~ фондовая арбитражная сделка при незначительном отклонении цен *или* курсов
bid-asked ~ разница между ценами продавца и покупателя
bull ~ двойной опцион [спред] в расчёте на выгоду от повышения курсов
butterfly ~ двойной опцион [спред], комбинирующий опционы «пут» и «колл»
credit ~ двойной опцион [спред], при котором проданный опцион дороже купленного
gross ~ *см.* **underwriting spread**
inter-commodity ~ двойной опцион [спред] с разными товарами
inter-delivery ~ двойной опцион [спред] с разными сроками поставки
option ~ *см.* **spread 2.**
price ~ разница цен, разрыв в ценах
quotation ~ *бирж.* разрыв котировок покупателя и продавца
risk ~ распределение риска
split ~ кредитная маржа *(надбавка к стандартной рыночной ставке)*, различная для разных сроков кредита
time ~ временной спред, двойной опцион с разными сроками
underwriting ~ разница между ценой, уплачиваемой андеррайтерами эмитенту, и ценой предложения ценных бумаг инвесторам *(валовая прибыль андеррайтеров)*
vertical ~ вертикальный спред, опционная стратегия *(купля и продажа опционов одного типа с разными ценами и одинаковой датой)*
yield ~ разница в доходности *(различных ценных бумаг)*

spree оживление *(напр. в сфере розничной торговли)*
buying ~ покупательский бум
shopping ~ увеличение объёма потребительских покупок
spending ~ рост расходов *(потребителей)*

spur стимул, побуждение ‖ стимулировать, побуждать; форсировать, ускорять *(экономическое развитие)*
~ of competition стимулирующая роль конкуренции

spurt неожиданное повышение *(цен или курсов)* ‖ неожиданно повышаться
sharp ~ in corporate profits резкое увеличение прибылей корпораций

spy:
labor ~ тайный агент предпринимателей в профсоюзе, среди рабочих

squad:
flying ~ подвижная группа, подвижная бригада

Square Mile *разг.* «квадратная миля», территория Лондонского Сити *(финансового центра)*
square 1. расплачиваться, рассчитываться; сбалансировать *(счёт)* 2. приводить в порядок, согласовывать, урегулировать 3. точный; правильный
squatter 1. скваттер, поселенец на незанятой *или* государственной земле 2. скваттер, скотовод, арендующий необработанные участки земли 3. незаконный жилец; самовольный пользователь
squeeze 1. давление; стеснение; принуждение ‖ стеснять 2. ограничение *(кредита)* ‖ ограничивать 3. *разг.* тяжёлое положение; затруднение; узкое место 4. *см.* **bear squeeze** □ **to ~ down prices** снижать [сбивать] цены; **to ~ out** 1. выжимать 2. вытеснять *(напр. конкурентов из отрасли)*
bear ~ ситуация, в которой спекулянты, играющие на понижение, вынуждены покупать акции по высокому курсу из опасения ещё большего его роста
credit ~ ограничение кредита, кредитная рестрикция
financial ~ финансовое затруднение
food ~ недостаток [нехватка] продуктов
full employment profit ~ сокращение прибыли в результате полной занятости
liquidity ~ нехватка свободных денежных резервов у банков *(выражающаяся в снижении коэффициента ликвидности и ограничении кредитных операций)*
money ~ *см.* **credit squeeze**
price ~ вытеснение посредством снижения цены *(картельное снижение цены до минимума, ведущее к устранению конкурентов, но сохраняющее прибыльность операций для участников картеля)*
profit ~ уменьшение прибыли; уменьшение доли прибыли в цене единицы продукта
short ~ *см.* **bear squeeze**
squirrel □ **to ~ away** *разг.* делать запасы
stability стабильность, устойчивость
~ of competitive equilibrium стабильность равновесия в условиях конкуренции
deterministic ~ *мат.* детерминированная устойчивость
exchange ~ стабильность валютной системы
family ~ постоянство состава семьи
local ~ *мат.* локальная устойчивость
marital ~ прочность семейных отношений
share ~ стабильность распределения *(национального дохода между трудом и капиталом)*
stochastic ~ *мат.* стохастическая устойчивость
Walrasian ~ устойчивость по Вальрасу
stabilization стабилизация; упрочение
~ of currency стабилизация валюты; установление валютного паритета
~ of prices стабилизация цен
market ~ 1. стабилизация рынка 2. «поддержка» курсов ценных бумаг
stabilize стабилизировать, делать устойчивым

stabilizer стабилизатор *(экономики)*
automatic(al) ~s автоматические стабилизаторы *(экономики)*
built-in ~s «встроенные» стабилизаторы
dividend ~s операции по выплате дивидендов, оказывающие стабилизирующее влияние *(на общий ход развития экономики)*
stable стабильный, устойчивый
stabling стойловое содержание *(скота)*
stacking укладка *(товара)* в штабели
staff штат, (служебный) персонал ‖ обеспечивать персоналом □ **to be on the ~** быть в штате; **to reduce the ~** сокращать штат
daily paid ~ подённо оплачиваемый персонал
executive ~ средний руководящий персонал
farm ~ постоянные работники фермы
general ~ персонал, занимающийся координацией и планированием
managerial ~ старший руководящий персонал
military-related ~ штат сотрудников, выполняющих работы военного назначения
office ~ конторский персонал
operations review and analysis ~ персонал, изучающий и корректирующий производственный процесс
part-time ~ персонал, работающий неполный рабочий день *или* неполную рабочую неделю
process control ~ персонал, осуществляющий контроль технологического процесса
service ~ обслуживающий персонал
shop ~ *англ.* персонал магазина
special ~ (технический) персонал, выполняющий специальные задания
substantive ~ оперативный персонал
staffed укомплектованный *(о штатах)*
staffer 1. работник аппарата 2. *разг.* сотрудник (технического) штата комитета *или* подкомитета конгресса *(США)*
staffwork работа в аппарате *(напр. в заводоуправлении, а не в цехе)*
stag *бирж.* спекулянт ценными бумагами *(новых выпусков)* ‖ спекулировать ценными бумагами
stage этап; ступень; стадия; фаза; период
~ of economic development стадия экономического развития
~ of education ступень образования
~ of production этап производства
competitive ~ конкурентная стадия *(внедрения продукта на рынке, когда его полезность признана, но преимущества по сравнению с аналогичными продуктами других фирм не установлены)*
design ~ этап проектирования
development ~ 1. стадия развития 2. стадия разработки; этап опытно-конструкторских работ
dream ~ стадия теоретической проработки
egg-laying ~ *с.-х.* период яйценоскости
experimental ~ стадия экспериментальных работ

fabrication ~ этап изготовления
flight ~ **1.** полёт между двумя аэропортами **2.** участок беспосадочного полёта; расстояние между двумя аэропортами
manufacturing ~ этап изготовления
migratory ~ этап миграции
monopolistic ~ of capitalism монополистическая стадия капитализма
pilot ~ этап создания опытного образца
pioneering ~ начальный этап
precontract conceptual ~ стадия теоретической проработки перед заключением контракта
predesign ~ этап предварительной проработки *(изделия)*
premonopolistic ~ of capitalism домонополистическая стадия капитализма
prototype ~ *см.* **pilot stage**
research ~ стадия (научных) исследований
retentive ~ стадия удержания (конкурентных) позиций *(продукта на рынке)*; третья стадия внедрения *(продукт признан, спрос удерживается благодаря завоёванной на рынке репутации)*
search ~ стадия поисковых исследований
testing ~ стадия испытаний

stagflation стагфляция, (экономическая) стагнация [застой] при одновременной инфляции

stagger 1. колебание *(цен)* **2.** дифференцирование *(часов работы)* ‖ дифференцировать *(часы работы)*; иметь скользящие смены **3.** ротация ‖ производить ротацию, заменять поочередно *(совет директоров компании)*

stagnancy застой, инертность

stagnant застойный, вялый, бездеятельный

stagnate быть инертным; стагнировать

stagnation застой, инертность, стагнация □ **to fall into ~** прийти к застою
~ of business застой в деловой активности
~ of production приостановка роста производства
secular ~ вековой [длительный] застой

stake 1. доля, часть; участие *(в какой-л. компании)* **2.** *т. игр* ставка, заклад ‖ делать ставку **3.** *pl* приз □ **~ in ownership** доля [участие] в собственности
minority ~ второстепенное участие *(в капитале)*, меньшая доля

stale *юр.* потерявший законную силу; просроченный

stalemate мёртвая точка, тупик
competitive ~ устойчивая конкурентная структура *(в отрасли)*

stall 1. ларёк, палатка **2.** прилавок, лоток
market ~ палатка на городском рынке

stallage плата за место на рынке

stallholder *англ.* владелец ларька [палатки]

stamp 1. штамп; печать; клеймо; штемпель *(для маркировки изделий)* ‖ штамповать; наносить клеймо, клеймить; маркировать **2.** марка
acceptance ~ приёмочное клеймо; клеймо технического контроля
bank ~ индоссамент банка, проставленный штемпелем на оборотной стороне чека
clock ~ штемпель, указывающий дату и час прибытия документа
conformance ~ клеймо, удостоверяющее соответствие изделия техническим условиям
food ~ продовольственный талон *(дающий право на бесплатное или по льготным ценам продовольствие)*
inspection [inspector's] ~ *см.* **acceptance stamp**
national savings ~ *англ.* государственная сберегательная марка
nonconformance ~ клеймо, показывающее несоответствие изделия техническим условиям
nonvalidating ~ банковский индоссамент на тратте с указанием, что банк не несёт ответственности
postage ~ почтовая марка
quality status ~ знак качества
saving ~ сберегательная марка
trading ~s бумажные марки с объявленной стоимостью *(накопление некоторого количества марок даёт покупателю право бесплатного приобретения товара из ассортимента того магазина, где получены марки)*
void ~ браковочное клеймо; клеймо для забракованной продукции

stand 1. киоск, ларёк **2.** стенд, выставочная витрина **3.** *с.-х.* урожай на корню **4.** *с.-х.* травостой □ **to ~ by 1.** помогать, поддерживать **2.** быть наготове, быть в резерве; **to ~ by an agreement** придерживаться соглашения; **to ~ down** уступать *(право)*; выходить *(из дела)*; **to ~ good in law** быть юридически обоснованным; **to ~ off** увольнять (на время), отстранять от работы
~ of grass травостой
check-out ~ контрольно-кассовый пункт в магазине самообслуживания

standard 1. стандарт, норма, норматив ‖ стандартный, типовой, нормативный; общепринятый, обычный **2.** технические требования **3.** эталон; образец; мера; мерило **4.** стандартный сорт; стандартный образец **5.** проба *(золота и серебра)* ‖ установленной пробы **6.** (денежная) система, (денежный) стандарт **7.** уровень **8.** стандарт *(мера объёма пиломатериалов)* □ **above the ~** выше нормы [стандарта]; **below the ~** ниже нормы; **to be de facto on a gold ~** фактически ввести золотой стандарт; **to come off the gold ~** отказаться от золотого стандарта; **to discard as a ~** аннулировать в качестве стандарта; **to set ~s** устанавливать нормы; **up to the world ~** на уровне мирового стандарта
~ of alloy проба сплава
~ of behavior 1. норма поведения **2.** стандартный режим работы
~s of credit worthiness стандарты кредитоспособности
~ of deferred payments средство платежа; средство погашения долга
~ of living уровень жизни, жизненный уровень
~ of price масштаб цен

~ **of profitability** норматив рентабельности
~ **of value** мера стоимости *(функция денег)*
~**s of weight and fineness** *см.* **present standards of weight and fineness**
~ **of well-being** уровень благосостояния
~**s of work** производственные нормы
ABC ~ единый стандарт для США, Великобритании и Канады
air-emissions ~**s** нормы выбросов в атмосферу *(загрязняющих веществ)*
alternate time ~ *орг. пр.* вариантная норма времени
basic ~**s** основные нормативы
best-practice ~ уровень выработки, достигнутый на лучших предприятиях; показатель передового уровня *(производства)*
bimetallic ~ биметаллизм
clean-air ~ норма чистоты атмосферы, максимально допустимый уровень загрязнения воздушной среды
commercial ~ торговый стандарт
company ~ внутрифирменный стандарт
consumption ~ уровень потребления
contractual ~**s** нормативы, предусмотренные договором
cost ~**s** нормативные затраты, нормы затрат
cost-quality ~**s** нормы затрат для обеспечения качества продукции
cotton ~ стандартный сорт хлопка; образец стандартного сорта хлопка
credit ~**s** стандарты кредитоспособности
design ~**s** проектно-конструкторские стандарты
direct labor ~ норма выработки на основные виды работ; норма времени на основные виды работ
double ~ биметаллизм
downtime ~ *орг. пр.* норма простоя
draft ~ *см.* **temporary standard 1.**
effluent ~ норматив содержания загрязняющих веществ в сточных водах
engineering ~ технический стандарт, техническая норма
environmental ~**s** нормы по охране окружающей среды
factory ~ заводская нормаль
federal emission control ~**s** *амер.* федеральные нормы токсичности выхлопных газов *(автомобилей)*
feed input ~ *с.-х.* норма расхода кормов
fiduciary ~ бумажно-денежный стандарт
flexible ~ гибкий норматив *(для статьи накладных расходов)*; «скользящий» норматив *(учитывающий изменения объёма производства)*
gold ~ золотой стандарт
gold-bullion ~ золотослитковый стандарт
gold coin ~ золотомонетный стандарт
gold-exchange ~ золотовалютный [девизный] стандарт *(основанный на золоте и резервных валютах)*
gold specie ~ *амер.* золотомонетный стандарт
guaranteed time ~ гарантированная норма времени

STANDARD

imperial ~**s** *англ.* имперские единицы мер и весов
indirect labor ~ норма выработки на вспомогательные виды работ; норма времени на вспомогательные виды работ
industrial ~ **1.** промышленный стандарт **2.** промышленный образец
in-plant ~ внутрифирменный стандарт
labor efficiency [labor performance, labor quantity] ~ **1.** норма трудоёмкости **2.** уровень интенсивности труда
labor rate ~ **1.** нормативная заработная плата **2.** ожидаемый уровень заработной платы **3.** нормативная расценка *(в системе «стандарт — кост»)*
land ~ «земельный стандарт» *(использование земли в качестве обеспечения выпуска бумажных денег)*
legal ~ узаконенный стандарт
limping ~ «хромающий» стандарт *(сохранение серебряных монет в обращении при золотом стандарте)*
livestock input and output ~**s** нормативы затраты—выпуск продукции в животноводстве
load-shedding ~ уровень нагрузки, при котором производится отключение части потребителей электроэнергии *(сбрасывание нагрузки)*
loose ~ *разг.* заниженная норма *(выработки)*; *орг. пр.* облегчённая норма
lot quality ~ стандарт качества партии
managerial performance ~ уровень эффективности труда старшего руководящего персонала
mandatory ~ обязательный стандарт
minimum ~ минимальная норма
monetary ~ денежный стандарт *(напр. монометаллизм)*
normal ~ средний норматив; нормальная ставка *(напр. накладных расходов)*
output ~ *см.* **performance standard 1.**
paper ~ бумажный (денежный) стандарт
parking ~ *англ.* норма площади для стоянки автомобилей
performance ~ **1.** норма выработки; норма производительности **2.** уровень интенсивности *или* эффективности труда
performance quality ~ стандарт качества работы
permissive ~ необязательный стандарт
practical ~ *см.* **engineering standard**
present ~**s of weight and fineness** действующие стандарты веса и чистоты металла *(оговорка в контрактах относительно погашения в золоте)*
presumptive ~ *см.* **temporary standard**
product ~ стандарт на продукцию
production ~ **1.** промышленный стандарт; стандарт на продукцию **2.** *см.* **performance standard**
productivity ~ норма производительности
professional ~ уровень профессиональной подготовки
prohibitory ~ неразрешённый стандарт
rural ~ **of living** жизненный уровень сельского населения

safety ~s правила техники безопасности
shop practice ~ производственный стандарт; цеховая нормаль
single ~ монометаллизм
statutory ~ узаконенный стандарт
stream water quality ~ норматив качества воды в водотоке
summary ~s сводные нормативы
synthetic time ~ *орг. пр.* расчётно-аналитическая норма времени
target ~ плановая норма
temporary ~ 1. временный стандарт; проект стандарта **2.** временная норма
tentative ~ *см.* **temporary standard 1.**
tight ~ жёсткая норма
time ~ норма времени
trading ~ торговый стандарт
watercourse ~ норматив качества воды в водотоке
weight ~s весовые стандарты
working ~ 1. рабочий эталон **2.** общепринятый стандарт
workmanship ~ стандарт качества работы

standardization стандартизация, нормирование
advance ~ опережающая стандартизация
age ~ возрастная стандартизация
company ~ внутрифирменная стандартизация
direct ~ прямой метод стандартизации *(основанный на перечислении коэффициентов по возрастному распределению стандартного населения)*
indirect ~ *демогр.* косвенный метод стандартизации
integrated ~ комплексная стандартизация
job ~ нормирование работ
product ~ стандартизация продукции

standardize стандартизировать, нормировать

stand(-)by 1. резервный, запасной; вспомогательный **2.** обязательство предоставить заёмщику обусловленную сумму кредита в момент обращения в банк

standing 1. (финансовое) положение; репутация **2.** продолжительность **3.** постоянный; постоянно действующий; неизменный; установленный
business ~ деловая репутация
commercial ~ коммерческая репутация
credit ~ кредитоспособность
financial ~ финансовое положение

standstill 1. задержка; застой *(в экономике)* **2.** простой, бездействие; остановка, пауза □ **to be at a ~** бездействовать

staple 1. основной продукт; основной товар *(страны)* ‖ главный, основной **2.** сырьё **3.** *pl* массовые товары

start:
advanced ~ сдвиг начальной точки
housing ~ 1. начало строительства жилого дома **2.** *pl* число строящихся жилых домов

starter:
inflation ~ инициатор инфляции

starting начало ‖ начальный, исходный, отправной

start-up 1. создание новой компании; вновь созданная компания **2.** начальный, исходный *(о капитале)*

state 1. (суверенное) государство ‖ государственный **2.** *амер.* штат ‖ относящийся к отдельному штату **3.** состояние, положение **4.** формулировать; выражать; излагать, высказывать; заявлять; сообщать □ **in a ~ of flux** в состоянии непрерывного изменения *(рыночных условий)*
~ of business экономическая ситуация, конъюнктура
~ of market состояние рынка, рыночная конъюнктура
~ of origin *амер.* штат происхождения *(напр. изделия)*
~ of play состояние дел, финансовое положение
~ of the art степень освоения *(производства)*, уровень технологии; состояние науки и техники
~ of tranquillity состояние спокойного [сбалансированного] роста экономики
active ~ рабочее состояние
contiguous ~s штаты континентальной части, континентальная территория США
corporate ~ корпоративное государство
disclosure ~s *амер.* штаты с малым числом предприятий, для которых опубликование статистических данных равносильно разглашению сведений о предприятиях
disequilibrium ~ неравновесное состояние, состояние неравновесия
empty ~ *ТМО* состояние незанятости
equilibrium ~ равновесное состояние, состояние равновесия
federal ~ федерация; федеральное государство
filled ~ *ТМО* состояние занятости
military-dependent ~ штат, в экономике которого значительную долю составляет производство военной продукции
multinational ~ многонациональное государство
natural ~ первобытное состояние
nonequilibrium ~ *см.* **disequilibrium state**
nonmilitary ~ штат, в экономике которого доля производства продукции и услуг военного назначения незначительна
no-queue ~ *ТМО* отсутствие очереди
occupied ~ *ТМО* состояние занятости
parent ~ метрополия
quasi-equilibrium ~ состояние квазиравновесия
quasi-stationary ~ квазистационарное состояние
queueing ~ *ТМО* образование очереди
stable ~ устойчивое состояние
stagnant ~ of business застой деловой активности
stationary [steady] ~ стационарное [устойчивое] состояние *(экономики)*
successful ~ благоприятное состояние
target ~ заданное состояние
terminal ~ окончательное состояние

unfilled [unoccupied] **~** *ТМО* состояние незанятости

welfare ~ государство благосостояния

state-aided получающий финансовую дотацию от правительства

state-chartered уполномоченный *или* разрешённый администрацией штата *(напр. о банке)*

state-controlled контролируемый государством

stateless не имеющий гражданства, без гражданства

statement 1. заявление; изложение; утверждение 2. отчёт; *амер.* баланс 3. *амер.* выписка счёта 4. ведомость; таблица; расчёт, исчисление, подсчёт; смета, сметная калькуляция 5. расценка за сдельную работу 6. ответ опрашиваемого лица 7. запись, регистрация; заполнение анкеты

~ of account выписка банковского лицевого счёта клиента

~ of accounts отчёт о состоянии счетов

~ of affairs (финансовый) отчёт по итогам ревизии; (ревизорский) бухгалтерский баланс *(обанкротившегося предприятия)*

~ of billing краткий перечень содержания (железнодорожной) накладной *(без указания наименования отправителя и получателя)*

~ of charges расчёт издержек

~ of condition документ о финансовом состоянии компании *(особ. представляемый в регулирующие органы)*

~ of corrections ведомость исправлений *(приложение к бухгалтерскому отчёту)*

~ of costs расчёт издержек

~ of deposit выписка о состоянии депозитного счёта

~ of equipment инвентарная ведомость

~ of financial implications справка о финансовом состоянии

~ of goods ведомость наличных товаров

~ of income счёт прибылей и убытков

~ of prices прейскурант

age ~ указание возраста

articulation ~ 1. шахматная ведомость 2. предварительный баланс

asset-and-liability ~ *амер.* баланс

bank ~ баланс банка *(на дату)*; перечень счетов

birth ~ запись акта о рождении

cash ~ кассовый отчёт

circulation ~ *амер.* отчёт об обращении наличных денег

clearing house banks ~ сводный баланс банков — членов расчётной палаты

comparative ~ сравнительная таблица финансовых отчётов *(компании)* за ряд лет

condensed ~ of condition сокращённый баланс *(с произвольно сгруппированными статьями)*

consolidated (financial) ~ сводный баланс; сводный финансовый отчёт *(совместный для материнской и дочерних компаний, в котором элиминированы взаиморасчёты)*

consolidating financial ~ промежуточный сводный финансовый отчёт

contract work ~ отчёт о работе, выполненной по договору

daily ~ ежедневный отчёт, отчёт за истекший день *(по результатам производственной деятельности)*

death ~ запись акта о смерти

departmental ~ цеховой отчёт *(по итогам хозяйственной деятельности)*

divorce ~ запись акта о разводе

environmental impact ~ заключение о воздействии на окружающую среду

Federal Reserve Bank ~ баланс федеральных резервных банков

financial ~ 1. финансовый отчёт; синоптический [сводный, обзорный] анализ доходности *(предприятия)* 2. баланс

formal ~ строгое изложение

funds flow ~ отчёт об источниках и использовании средств

income ~ отчёт о прибылях и убытках, отчёт о результатах хозяйственной деятельности

interest ~ список процентных платежей; расчёт процентов

interim ~ промежуточный (финансовый) отчёт *(месячный, квартальный)*

liquidation ~ ликвидационный отчёт

marriage ~ запись акта о браке

objective ~ пообъектный (бухгалтерский) отчёт *(в противоположность функциональному)*

operating [profit and loss] ~ *см.* **income statement**

project ~ задание на проектирование

proxy ~ извещение для акционеров при испрашивании доверенности на голосование

purpose ~ заявление о цели кредита

registration ~ *амер.* документ о регистрации ценных бумаг

statistical ~ статистический отчёт

Treasury ~ *амер.* еженедельный отчёт Министерства финансов

work ~ отчёт о работе

stater:

average ~ диспашер *(специалист по оценке убытков по общей аварии и их распределению между грузовладельцем и судовладельцем)*

static статический, нединамический

statics статика *(экономическая)*

station 1. место; стоянка; станция 2. железнодорожная станция, вокзал 3. *амер.* почтовая контора 4. таможенный склад 5. авиабаза; промежуточный аэропорт 6. *ТМО* обслуживающее устройство 7. общественное положение, профессия 8. размещать

farm ~ сельскохозяйственная станция

filling ~s *уст.* заправочные автостанции

full-service ~ станция автообслуживания с полным набором услуг

gasoline service ~s заправочные автостанции

generating ~ электростанция

nonagency ~ *см.* **prepay station 2.**

peak load ~ электростанция, работающая в пике графика нагрузки

petroleum bulk ~ базовое нефтехранилище
power ~ электростанция
prepay ~ **1.** станция с предварительной оплатой тарифа **2.** станция без транспортного агента *(тариф до этой станции оплачивается при отправке груза)*
relay ~ передающая станция *(в системе телетайпной связи)*
trading ~ торговое агентство, фактория
union ~ узловая (железнодорожная) станция
work ~ **1.** рабочее место **2.** рабочая станция

stationary постоянный, неизменный; устойчивый, стабильный; стационарный

stationer **1.** торговец канцелярскими товарами **2.** *амер. уст.* книготорговец; издатель

stationery *амер.* канцелярские товары

statism экономика, контролируемая государством

statistic **1.** статистика *(функция результатов наблюдения)*; статистическая величина; статистический показатель ‖ статистический **2.** статистик **3.** оценка *(параметра)* **4.** *pl* статистические данные
ancillary ~ вспомогательная статистика
consistent ~ состоятельная оценка
efficient ~ эффективная оценка
inconsistent ~ несостоятельная оценка
nationwide ~**s** статистические данные по стране в целом
port ~**s** данные о движении населения в аэропорту *или* морском порту
quantity ~**s** статистические данные в натуральном измерении
selected ~**s** выборочные статистические сведения, статистические данные об избранном круге объектов наблюдения
summary ~**s** сводные данные
transit ~**s** данные о транзитном движении пассажиров

statistics статистика *(наука)*; статистические методы; совокупность статистических данных
~ **of population movement** статистика, изучающая естественное движение населения
~ **of procurement (of agricultural produce)** статистика заготовок сельскохозяйственной продукции
accident ~ статистика несчастных случаев
actuarial ~ статистика страхования
area ~ региональная статистика; территориальная статистика; *амер.* статистика по штатам
average ~ усреднённая статистика
banking ~ статистика банковских операций
birth ~ статистика рождаемости
business ~ коммерческая статистика
census ~ статистические материалы переписи
death ~ статистика смертности
demographic ~ *см.* **population statistics**
department ~ ведомственная статистика
distribution-free ~ непараметрическая статистика
divorce ~ статистика разводов
establishment-type ~ статистика предприятий *(где в качестве учётных единиц приняты сами предприятия)*
experimental ~ методы статистической обработки экспериментальных данных
extreme order ~ экстремальная порядковая статистика
flow-of-funds ~ статистика денежных потоков
harvest ~ статистика урожая
health ~ статистика здравоохранения, медицинская статистика
industry ~ статистика отраслей экономики; статистика промышленности
in-marriage ~ статистика браков между представителями одной расы, национальности, племени
insurance ~ статистика страхования
labor ~ статистика труда
literacy ~ статистика грамотности; статистика образования
loss ~ статистика страховых случаев
marriage ~ статистика браков
mathematical ~ математическая статистика
migration ~ статистика миграции населения
morbidity ~ статистика заболеваемости
mortality ~ статистика смертности
multivariate ~ многомерная статистика
national income ~ статистика национального дохода
occupation ~ статистика профессиональной занятости
order ~ порядковая статистика
plant ~ внутризаводская статистика
plant specialization ~ статистика специализации предприятий
population ~ демографическая статистика, статистика состояния населения
quality ~ статистические методы контроля качества
rank ~ ранговая статистика
registration ~ статистика естественного движения населения
sickness ~ статистика заболеваемости
state budget ~ статистика государственного бюджета
summary ~ сводная статистика
trade ~ статистика торговли
transport ~ статистика транспорта
univariate ~ одномерная статистика
vital ~ *см.* **registration statistics**
weighted ~ взвешенная статистика

statistical статистический

statistician статистик
demographic ~ специалист по демографической статистике

status **1.** статус; общественное положение; имущественное положение; финансовое положение **2.** состояние, положение □ ~ **at last contact** состояние при последнем обследовании; ~ **in employment** занятость
~ **of firm's flow of funds** состояние ли-

квидности фирмы, состояние краткосрочных активов и пассивов фирмы
~ of ownership статус собственности
~ of worker права и обязанности рабочего
acceptability ~ соответствие *(изделия)* предъявляемым требованиям *(при приёмке)*
activity ~ вид деятельности
available ~ состояние готовности *(к работе)*
citizenship ~ гражданство
civil [conjugal] ~ семейное положение
disability ~ нетрудоспособность
economic(al) ~ экономическое положение
educational ~ уровень образования
employment ~ занятость
enrollment ~ посещаемость *(школы)*
ethnic ~ национальность
fecundity ~ естественная плодовитость
fertility planning ~ регулирование рождаемости
financial ~ финансовое положение
inactive ~ безработица
inventory ~ состояние запасов
marital ~ семейное положение
military ~ отношение к военной службе
mobility ~ подвижность населения
program ~ состояние программы *(напр. исследований)*
social ~ социальное положение
socioeconomic ~ социально-экономическое положение
stock ~ состояние запасов
work ~ профессия; занимаемая должность
statusing определение состояния, определение существующего положения
statute статут; закон, законодательный акт *(парламента)*; устав
~ of association устав внутренней организации акционерного общества
~ of limitation(s) закон об исковой давности
nation's basic antitrust ~s основные антитрестовские законы США *(законы Шермана и Клейтона)*
statute-barred просроченный в силу истечения исковой давности
statutory изданный на основании закона; имеющий силу закона; законодательный; статутный; установленный *или* предписанный законом; предписанный уставом
stay задержка, промедление □ **to ~ out** бастовать
temporal ~ временная остановка *(напр. в гостинице)*
steadiness устойчивость, стабильность *(цен)*
steading 1. ферма, усадьба, хутор **2.** приусадебная постройка **3.** земельный участок
steady 1. устойчивый, стабильный, неизменный **2.** укреплять, делать прочным □ **to ~ the fluctuation** уменьшить колебание *(напр. цен)*
Steels:
Little ~ *амер. разг.* малые металлургические компании
stem 1. приостановить; преграждать; препятствовать **2.** род, племя ‖ родовой □ **to ~ the decrease of gold reserves** приостанавливать сокращение золотых резервов
stent *см.* **stint**
step 1. продвижение, ход; этап **2.** повышение по службе □ **to ~ out 1.** выходить *(из дела)* **2.** уходить с должности; **to ~ up** расширять, увеличивать
very short ~ *англ.* ближайший этап; первоочередной объект *(производства)*
step-up расширение, увеличение
stereogram *стат.* стереограмма
sterile бесплодный
sterility бесплодие, бесплодность; стерильность, стерилитет
sterilization стерилизация *(1. метод регулирования рождаемости 2. нейтрализация какого-л. экономического процесса)*
gold ~ стерилизация золота *(предотвращение воздействия притока золота на денежное обращение)*
sterling 1. фунт(ы) стерлингов, стерлинги; английская валюта ‖ стерлинговый **2.** счета в фунтах стерлингов **3.** установленной пробы; полноценный, чистый *(напр. о серебре)* □ **to draw in ~ 1.** получать деньги в фунтах стерлингов **2.** выставить тратту в фунтах стерлингов
blocked ~ блокированные счета в фунтах стерлингов
demand ~ предъявительский вексель в фунтах стерлингов
forward ~ фунт стерлингов в сделках на срок
long ~ срочный вексель *(более 30 дней)*, выписанный в фунтах стерлингов
nonresident ~ английская валюта в руках лиц, проживающих за пределами стерлинговой зоны
pound(s) ~ фунт(ы) стерлингов
registered ~ регистровые счета в фунтах стерлингов
resident ~ английская валюта в руках лиц, проживающих в пределах стерлинговой зоны
transferable ~ переводные счета в фунтах стерлингов
stevedore 1. стивидор; грузчик ‖ укладывать грузы; производить работы по погрузке и выгрузке грузов **2.** *pl* фирма, выполняющая стивидорные работы
steward 1. управляющий хозяйством; *уст.* эконом **2.** распорядитель **3.** уполномоченный профсоюзной организации *(ведущий переговоры с нанимателем)* **4.** стюард *(в самолёте, на судне)*
land ~ управляющий имением
shop ~ цеховой профсоюзный уполномоченный
stickiness негибкость, жёсткость
price ~ жёсткость [негибкость] цен
wage ~ негибкость тарифной заработной платы; тенденция заработной платы к стабильности
sticky *разг.* труднореализуемый, несбытовой *(о ценных бумагах)*
stiff 1. жёсткий; крепкий **2.** устойчивый
stiffen крепнуть *(о ценах, курсах)*
stimulant стимулирующий фактор; средство

стимулирования; стимулятор *(экономический)*
stimulation стимулирование *(напр. экономики, отрасли)*
stint урочная работа, урок □ **to labor without ~** работать, не жалея сил
stipulate оговаривать *(в договоре)*, обусловливать, ставить условием
stipulation 1. договор; условие **2.** оговорка
stochastic стохастический, случайный; вероятностный
stock 1. запас(ы) ‖ создавать запас(ы); запасать **2.** ассортимент *(товаров)* **3.** инвентарь **4.** склад *(готовых изделий или полуфабрикатов)* ‖ хранить на складе **5.** капитал; фонд **6.** *см.* **fixed capital stock 7.** имущество; перечень продаваемого имущества **8.** сырьё, материалы; незавершённые готовые изделия; оборотные производственные фонды **9.** *амер.* акция, акции; акционерный капитал; *англ.* ценные бумаги, фондовые ценности, обязательства; облигации; фонды **10.** род, семья **11.** группа населения **12.** скот; поголовье скота **13.** парк *(вагонов)* □ **~ and flow** запас и прирост *(напр. капитала)*; **~ due in soon** запас, ожидаемый в ближайшее время; **~ fell several points** акции упали на несколько пунктов; **from ~** со склада; **in ~** в ассортименте, в наличии на складе; **~ in the till** сумма денег в кассе; **~ in trade** товарная наличность; остаток непроданных товаров; **~ in transit** груз в пути; **~ on hand** наличный запас; **~ on order** заказанная продукция; **out of ~** распродано; **to be out of ~** не иметь на складе; не иметь в наличии; **to clear the ~** освободиться от скопившихся непроданных товаров *(в розничной сети)*; **to dispose of the ~ on advantageous terms** реализовать запасы на выгодных условиях; **to equate real ~ with desired one** довести реальную величину запасов до желаемого уровня; **to hold a ~** держать запас товара; **to invest heavily in ~** вложить крупную сумму в акции; **to jettison ~** отделываться от излишних запасов; **to keep the ~ of capital intact** поддерживать фонд капитала неизменным; **to kite ~** *бирж.* преднамеренно вздувать курс акций до неоправданно высокого уровня; **to lay in a ~** создать запас; **to make for ~** изготовлять (продукцию) на склад; **to replenish the ~** пополнить запас; **to take ~** инвентаризировать; производить переучёт товаров; **to unload the ~** распродать запас *(акций, товаров)*; **~ with weighted voting power** акция, предоставляющая владельцу право иметь более одного голоса *(на акционерном собрании)*
~ of bills of exchange сумма векселей; пакет векселей
~ of buildings фонд зданий и сооружений *(напр. промышленных)*
~ of capital goods *см.* **fixed capital stock**
~ of cars автомобильный парк
~ of commodities запас товаров
~ of equipment запас оборудования
~ of human capital фонд «человеческого» капитала *(см. тж.* **human capital)**
~ of orders портфель заказов
~ of record ценная бумага, зарегистрированная на имя владельца и дающая право на ближайший дивиденд
~ of tangible assets фонд материальных активов
~ of wealth накопленное богатство
accounting ~ учтённый запас
accumulative ~ *см.* **cumulative stock**
active ~ 1. акции, являющиеся объектом ежедневных сделок, и по которым публикуются ежедневные котировки **2.** расходный запас
adult *с.-х.* взрослое поголовье
anticipation ~ 1. ожидаемый размер запасов **2.** завышенный запас в ожидании роста объёма производства
assessable ~ акция, по которой можно потребовать дополнительный платёж *(сверх уже внесённой суммы)*
authorized capital ~ уставный капитал *(компании, банка)*
available ~ располагаемый запас *(наличный запас плюс заказанное количество с учётом задолженного спроса)*
backroom ~ запасы в подсобном помещении магазина
bank ~ *амер.* (собственный) капитал банка; *англ.* капитал Банка Англии
barometer ~ акции ведущей компании, являющиеся «ориентиром» рынка
basic ~ базовый запас; нормальный запас
bearer ~ предъявительская акция
bellweather ~ (s) акции-лидеры, определяющие общее движение курсов
below par ~ акции, выпускаемые со скидкой с номинала
bonus ~ бесплатные [неоплачиваемые] акции; учредительские акции
breeding ~ *с.-х.* племенной скот
buffer ~ резервный [буферный] запас; задел *(напр. полуфабрикатов)*
business ~ запасы (товаров) в торговой сети
callable preferred ~ *см.* **redeemable preferred stock**
calling-out ~ размер затребованных запасов
capital ~ 1. акция, акции; акционерный капитал **2.** *см.* **fixed capital stock**
classified ~ разновидности акций, различающиеся по статусу *(напр. привилегированные акции, имеющие приоритет при выплате дивидендов)*
clearing ~ акции, принимаемые расчётным отделом фондовой биржи для безналичных расчётов между маклерами
closing ~ конечный запас; запас в конце отчётного периода
common ~ обычные [обыкновенные] акции
compensation ~ облигации национализированных предприятий *(выдаваемые бывшим акционерам в качестве компенсации за их акции)*
consignment ~ груз; партия товаров

consolidated ~ *англ.* консоли, государственные ценные бумаги
consumed ~ потребляемый запас
contingency ~ (резервный) запас на случай непредвиденных обстоятельств
convertible ~ конвертабельные акции *(которые можно обменять на другие акции)*
corporation ~ 1. акции, выпущенные корпорациями **2.** *см.* **municipal stock**
coupon ~ ценные бумаги с прилагаемыми купонами на дивиденды
credit ~ товар, отпускаемый в кредит
cumulative ~ 1. кумулятивные акции, акции с накопляющимся гарантированным дивидендом **2.** суммарный объём запасов
curb ~ акции, котирующиеся на неофициальной бирже
cushion ~ *см.* **buffer stock**
cyclical ~ (s) циклические акции *(движение курсов следует деловому циклу)*
dated ~ государственные ценные бумаги, имеющие срок погашения *или* выкупа
dead ~ 1. неиспользуемый запас; замороженные материальные средства **2.** запас товаров, не пользующихся спросом, затоваривание **3.** мёртвый инвентарь **4.** неходовые акции, акции, не пользующиеся спросом
debenture ~ 1. *амер.* акции, дающие привилегии владельцу по сравнению с другими видами акций **2.** *англ.* акции, не имеющие специального обеспечения
decoupling ~ *см.* **line balancing stock**
deferred ~ 1. акции с отсроченным дивидендом; второочередные акции **2.** учредительские акции
dollar ~ американские ценные бумаги
donated ~ акции, переданные владельцами корпорации эмитенту для последующей продажи *(с целью увеличения кассовой наличности)*
early order ~ (избыточный) запас, образующийся при ранней подаче заказа
eighth ~ акции нестандартных партий, котирующиеся на 1/8 пункта ниже стандартных
equity ~ обычные [обыкновенные] акции
excess(ive) ~ избыточный запас
Exchequer ~ *англ.* казначейские облигации
extra ~ дополнительный запас
factory ~ заводской [фабричный] запас
fancy ~ *англ.* сомнительные [ненадёжные] акции; спекулятивные ценные бумаги
Federal Reserve Bank ~ акционерный капитал федеральных резервных банков
feed ~ сырьё, идущее на переработку
final ~ товарные запасы к концу отчётного периода
finished ~ запасы готовой продукции
first preferred ~ первый выпуск привилегированных акций *(с выплатой дивидендов в первую очередь)*
fixed capital ~ основной капитал; основные производственные фонды
fixed interest ~ акции с твёрдым процентом

floor ~ запас деталей, расходуемый без оформления заявки
fluctuation ~ (резервный) запас для компенсации случайных колебаний спроса
foreign ~ 1. иностранная акция; иностранная ценная бумага **2.** первое и второе поколения эмигрантов
foundation ~ *с.-х.* основное поголовье
founder's ~ *англ.* учредительские акции
free ~ неизрасходованный запас
full ~ акция нарицательной стоимостью в 100 долларов
fully paid ~ полностью оплаченные акции
general ~ обычные [обыкновенные] акции
glamour ~ первоклассные акции
gold ~ золотой запас
government ~ государственные ценные бумаги
grazing ~ пастбищное поголовье скота
gross ~ of durable capital goods полная стоимость основного капитала в ценах приобретения
growth ~ акции быстрорастущих компаний
guaranteed ~ акции с гарантированной выплатой дивидендов
half ~ половинная акция
held ~ «задерживаемый» запас *(в ожидании решения о его использовании или реализации)*
higher capacity rolling ~ подвижной состав высокой [повышенной] грузоподъёмности
high-flying ~ акции, высоко котирующиеся на бирже
high income-earning [highly productive] ~ высокопродуктивный скот; высокопродуктивные виды скота
housing ~ жилищный фонд
inactive ~ 1. *см.* **dead stock 1. 2.** неходовые акции, не являющиеся объектом ежедневных сделок
industrial ~ акции промышленных компаний
initial ~ 1. начальный запас; запас в начале отчётного периода **2.** начальный задел *(напр. полуфабрикатов)*
in-process ~ запас полуфабрикатов; задел заготовок
inscribed ~ именные государственные ценные бумаги, зарегистрированные на имя владельца *(без выдачи сертификата, по которому право на акции может быть передано другому лицу)*
insurance company ~ акции страховых компаний
intangible capital ~ фонды нематериальных капитальных активов
interprocess ~ незавершённое производство; внутризаводские заделы; запасы *(деталей)* на цеховых складах
intransit ~ запасы в процессе транспортировки
investment ~ акции как объект инвестиций
issued (capital) ~ выпущенные [проданные] акции
joint ~ акционерный капитал

lead-time ~ (резервный) запас, расходуемый от подачи заказа до получения
line balancing ~ межоперационный запас *(напр. на поточной линии)*; резервный запас *(обеспечивающий ритмичную работу предприятия)*
listed ~ акции, допущенные к обращению на бирже; акции, котирующиеся на бирже
loan ~ 1. залоговый запас **2.** облигация
local authorities ~ облигации местных органов власти
long ~ акции, купленные при игре на повышение
low income-earning ~ низкопродуктивный скот
low-par ~ акция с низким номиналом
management ~ директорские акции, дающие особые права в отношении голосования
margin ~ акции, на которые распространяются правила операций с маржей
mining ~ акции горнодобывающих компаний
monetary [money] ~ *амер.* денежная масса, сумма денег в обращении *(включая банковские депозиты)*; запас денег
money market preferred ~ привилегированные акции денежного рынка *(с переменным дивидендом)*
municipal ~ коммунальные облигации, облигации муниципалитетов
nationalization ~ *см.* **compensation stock**
net ~ of capital остаточный основной капитал
nonassessable ~ акция, по которой нельзя потребовать дополнительного платежа *(в случае банкротства)*
nonclearing house ~ акции, не принимаемые расчётным отделом фондовой биржи для безналичных расчётов между маклерами
noncontingent preference ~ *англ.* кумулятивные привилегированные акции
noncumulative ~ *амер.* некумулятивные акции, акции с ненакопляющимся дивидендом
nonmargin ~ акции, на которые не распространяются правила операций с маржей
nonmarketable ~ государственные ценные бумаги без права передачи владельцами другим лицам
nonparticipating ~ акции, не дающие права на выплату дополнительных дивидендов
nonvoting ~ «безголосые» акции, акции, не дающие владельцу право голоса *(на акционерном собрании)*
no-par-value ~ акция без номинала
normal ~ *см.* **basic stock**
opening ~ *см.* **initial stock**
option ~ ценные бумаги с премией
ordinary ~ *англ.* обычные [обыкновенные] акции
original ~ 1. акции первого выпуска **2.** подлинные [неподдельные] акции
original-issue ~ акции первого выпуска
outstanding ~ выпущенные и обращающиеся акции; акции у публики
paid-up ~ полностью оплаченные акции
participating preference [preferred] ~ привилегированные акции, дающие право на выплату дополнительных дивидендов
part-paid ~ частично оплаченные акции
par-value ~ акция, имеющая номинал
pawned ~ заложенная ценная бумага
penny ~ мелкие акции
physical ~ реальный запас
pool ~ общий фонд; объединённые запасы
potential ~ невыпущенная часть уставного акционерного капитала
preference ~ *см.* **preferred stock**
preferred ~ привилегированные акции *(с фиксированным дивидендом)*
preferred ordinary ~ *англ.* обычные акции с фиксированным дивидендом
prior(ity) ~ *см.* **preferred stock**
prior preferred ~ привилегированные акции, имеющие преимущество перед другими аналогичными акциями
promoters' ~ учредительские акции
protective ~ *см.* **buffer stock**
public ~ государственные ценные бумаги
public utility ~ акции коммунальных компаний
quarter ~ акция нарицательной стоимостью в 25 долларов
railroad ~ акции железнодорожных компаний
raw(-material) ~ запасы сырья и полуфабрикатов
real ~ акции, имеющиеся в наличности у биржевого спекулянта
redeemable preferred ~ привилегированные акции, которые могут быть предъявлены к погашению
registered ~ именные ценные бумаги *или* акции, имя владельца которых зарегистрировано в книгах
remnant ~ остаточный запас
replacement ~ *с.-х.* ремонтное поголовье
reserve ~ страховой запас *(на складе к моменту получения новой партии)*
retailers' ~ товарно-материальные запасы в розничной торговле
rolling ~ *трансп.* подвижной состав
safety ~ *см.* **buffer stock**
salvage ~ восстанавливаемый запас *(путём ремонта или повторной обработки)*
second-rate ~ второстепенные [второклассные] акции
semiprocesses ~ запас полуфабрикатов; запас промежуточных продуктов
shelf ~ остатки товара на полках *(в магазине)*
shipbuilding ~ акции судостроительных компаний
short ~ акции, проданные при игре на понижение
silver ~ запас серебра, серебряный резерв
slow-moving ~ малоподвижные запасы *(редко используемые)*
small ~ мелкое поголовье *(овцы, козы)*
soft ~ неустойчивые акции; акции, курс которых снижается

speculative ~ *англ.* спекулятивные акции
standard ~ 1. *см.* **basic stock 2.** особо устойчивые акции; акции крупных компаний с незначительным колебанием курсов
standard inventory ~ 1. стандартный уровень запасов **2.** запас обычных видов продукции
stores ~ акции компаний, владеющих универсальными магазинами
strategic(al) ~ запасы стратегического значения, стратегические запасы
street-name ~ акции, зарегистрированные на имя брокера *или* другого доверенного лица
surplus ~ избыточный запас; неликвидный запас, «неликвиды»
tangible capital ~ фонды материальных активов
total ~ суммарный [полный] запас
total ~ of wealth совокупное накопленное богатство
transit ~ переходный запас
treasury ~ акции, выпущенные и затем вновь купленные корпорацией-эмитентом
trust ~ акции, находящиеся в доверительном управлении
trustee ~ первоклассные ценные бумаги как объект инвестирования капиталов, находящихся в доверительном управлении
turnover ~ оборотный (товарно-материальный) запас *(наличие на складе минус страховой запас)*
undated ~ государственные ценные бумаги без указания срока погашения *или* выкупа
undelivered ~ недоставленный запас
unissued ~ невыпущенные [непроданные] акции
unlisted ~ акции, не допущенные к обращению на бирже; акции, не котирующиеся на бирже
unsalable ~ залежалые товары
unvalued ~ акции, не имеющие номинала
variable safety ~ переменный уровень резервного запаса
vintage capital ~ основной капитал, исчисленный с учётом повышения эффективности каждой новой генерации капитального оборудования (*см. тж.* **vintage**)
voting ~ акция, дающая владельцу право голоса *(на акционерном собрании)*
watered ~ разводнённый акционерный капитал *(выпущенный на сумму, превышающую реальный капитал)*
well assorted ~ хорошо подобранный ассортимент товаров
withdrawn ~ изъятая из обращения акция
work ~ поголовье рабочего скота
working ~ текущий запас
world food ~ мировые запасы продовольствия
young fat ~ *с.-х.* молодняк для откорма

stockbreeding скотоводство, животноводство
stockbroker биржевой брокер
stockbroking операции с фондовыми ценностями
stockbuilding накопление [создание] запасов
stocked 1. стандартного размера **2.** изготовляемый на склад
stock-farmer скотовод, фермер-животновод
stockholder *амер.* владелец акций, акционер; *англ.* владелец государственных ценных бумаг
~s of record *амер.* зарегистрированные акционеры, зарегистрированные владельцы именных акций
~ of semifinished products владелец [держатель] запасов полуфабрикатов; оптовый торговец полуфабрикатами
beneficial ~ акционер-бенефициар, акции которого находятся в управлении банка
majority ~s акционеры, владеющие контрольным пакетом акций компании
principal ~ крупный акционер *(обычно владеет не менее 10% акций)*
stockholding 1. владение акциями **2.** *pl* доля участия в акционерном капитале
stockhouse склад
stock-indexed индексированный по курсу акций *(о контракте)*
stocking 1. накопление [создание] запасов **2.** концентрация поголовья скота на единицу площади
shelf ~ пополнение запаса на полках в магазине
stockist *англ.* фирма, имеющая запасы готовой продукции
stockjobber *англ.* биржевой брокер, совершающий операции за собственный счёт, торговец ценными бумагами
stockkeeper 1. заведующий складом; кладовщик **2.** пастух; чабан
stockkeeping содержание скота
stockman 1. складской работник **2.** *австрал.* скотовод; овцевод; конный пастух, ковбой
stockout дефицит, отсутствие запасов, отрицательный уровень запасов
virtual ~ фактический уровень дефицита
stockpile 1. запас, резерв ‖ создавать запасы **2.** объём [величина] запасов
national ~ 1. *амер.* государственный запас; **2.** стратегический запас *(дефицитного сырья и материалов, сельскохозяйственных продуктов, важнейших видов оборудования)*
strategic(al) ~ *см.* **national stockpile 2.**
stockpiling накопление, создание запасов
stocktaking 1. инвентаризация, переучёт товаров **2.** пополнение запасов
perpetual ~ непрерывное пополнение запасов
physical ~ инвентаризация в натуре
stockturn оборачиваемость товарных запасов
stock-watcher *амер.* автоматическая система слежения за фондовой биржевой торговлей
stockyard 1. склад заготовок **2.** шихтовый двор; рудный двор **3.** скотопригонный двор
stop 1. остановка; прекращение; задерж-

ка; приостановка ‖ останавливать; прекращать; задерживать; приостанавливать **2.** помеха, препятствие **3.** затор *(в движении транспорта)* **4.** запрещение, вето; эмбарго □ **~ for freight** инструкция *(судовладельца своему агенту)* о невыдаче груза впредь до уплаты фрахта; **to ~ a check** приостановить платёж по чеку; **to ~ an account** блокировать счёт; **to ~ payment 1.** приостановить платёж *(по чеку, по векселю)* **2.** прекратить платежи, обанкротиться

flag ~ посадка по требованию *(в аэропорту)*

fuel ~ пункт заправки горючим *(на регулярной авиалинии)*

technical ~ посадка *(самолёта)* по техническим причинам

stop-go «стоп-вперед», «стой-иди», экономическая политика попеременного сдерживания и стимулирования деловой активности

stop-off *см.* **stopover**

stopover остановка в пути следования

stoppage 1. остановка; прекращение; задержка; приостановка **2.** забастовка **3.** перерыв *(в работе)*; простой **4.** удержание; вычет □ **~ in transit** задержка груза в пути следования *(по указанию грузоотправителя)*; **~ on wages** удержание заработной платы **~ of service** *ТМО* прекращение обслуживания; прерывание обслуживания

unforeseen ~ непредвиденная остановка; непредвиденный простой

unscheduled ~ остановка, не предусмотренная программой *(испытаний)*

work ~ перерыв в работе, прекращение работы; простой

stopwatch:

decimal hour ~ *орг. пр.* секундомер с градуировкой на децимальные доли часа

decimal minute ~ *орг. пр.* секундомер с градуировкой на децимальные доли минуты

storage 1. хранение; складирование; складское дело **2.** хранилище, склад **3.** складированный товар **4.** плата за хранение; складские расходы **5.** площадь [ёмкость] склада □ **~ in transit 1.** складское хранение в пути следования **2.** товар, снятый в пути для хранения; **~ on hand** количество товара на складе; **to put into cold ~** положить «под сукно» *(напр. проект, идею)*

awaiting-repair ~ хранение изделий, подлежащих ремонту; хранение ремонтного фонда

bonded ~ хранение товаров на таможенном складе

carryover ~ хранение с переходящим остатком; переходящий запас

cold ~ 1. хранение в холодильнике **2.** *разг.* «под сукном», «в долгом ящике»

corn ~ заготовка хлеба

data ~ накопление [хранение] данных

dead ~ 1. длительное [долговременное] хранение **2.** резервный склад

ground ~ 1. открытое хранение *(грузов)* **2.** открытый склад

indefinite ~ длительное [долговременное] хранение

in-process ~ хранение запасов промежуточных продуктов; хранение полуфабрикатов

limited ~ хранение в течение ограниченного времени

live ~ склад текущего расхода

reservoir ~ 1. водохранилище **2.** хранение воды в водохранилище

shelf ~ хранение (готовой) продукции на складе

small-lot ~ хранение продукции малыми партиями

standby ~ резервное хранение; хранение в запасе второй очереди

stationary ~ длительное [долговременное] хранение

store 1. запас ‖ накапливать, запасать; хранить *(на складе)* ‖ запасный; резервный **2.** *pl* материально-производственные запасы; сырьё и материалы **3.** *англ.* склад **4.** лавка; магазин; универсальный магазин; универмаг **5.** скот, откармливаемый на убой □ **to ~ goods** *англ.* помещать товар на склад; **to keep in ~** хранить на складе; **to set up a ~** открыть магазин

~ of money сбережения

~ of purchasing power запас покупательной способности

~ of value средство сбережения; средство образования сокровища, средство «сохранения стоимости» *(как функция денег)*

~ of wealth *см.* **store of value**

antique ~ антикварный магазин

apparel accessories specialty ~ магазин по продаже предметов женского туалета

appraiser's ~ *амер.* таможенный склад для проверки и оценки поступающих товаров

bantam ~ *амер.* «карликовый» магазин

basement ~ *амер.* отдел универмага в подвальном помещении *(торгующий товарами худшего качества, часто залежалыми и по сниженным ценам)*

bonded ~ *англ.* приписной таможенный склад, склад для хранения не оплаченных пошлиной грузов

building material ~ магазин строительных материалов

C-l ~ *амер.* небольшой продовольственный магазин самообслуживания с удобным для покупателя размещением товара

catalog-showroom ~ магазин, в котором покупатель знакомится с образцами по каталогу *(заказанный товар доставляется по почте)*

combination ~ 1. *англ.* магазин, торгующий смешанными продовольственными товарами **2.** *амер.* магазин бакалейных товаров с продажей мяса

company ~ 1. магазин при промышленном предприятии *(продающий рабочим данного предприятия товары в кредит по завышенным ценам)* **2.** магазин для обслуживания персонала фирмы-владельца

convenience ~ *амер.* продовольственный магазин самообслуживания с более высокими ценами и ограниченным ассортиментом, имеющий удлинённый рабочий день

conventional ~ *амер.* обычный магазин
cooperative ~ кооперативный магазин
corner ~ *амер.* магазин, находящийся по соседству с жилым районом
department ~ *амер.* универсальный магазин, универмаг
department branch ~**s** *амер.* филиалы крупных универмагов с более узким ассортиментом
departmentized specialty ~**s** *амер.* крупные специализированные магазины, продажа и учёт в которых организованы по отделам
discount self-service department ~ *амер.* универмаг самообслуживания, торгующий товарами по сниженным ценам
downtown department ~ *амер. разг.* универмаг в торговой части города
drive-in ~ *амер.* магазин самообслуживания для автовладельцев с ограниченным ассортиментом продовольственных товаров
dry-groceries ~ продовольственный магазин без продажи свежего мяса
emergency ~ аварийный запас; неприкосновенный запас
expensively fixtured ~ магазин с дорогостоящим оборудованием
family clothing ~ *амер.* магазин одежды *(мужской, женской и детской)*
family-operated ~ магазин, обслуживаемый членами семьи владельца
family shoe ~ *амер.* обувной магазин *(мужской, женской и детской обуви)*
farm, garden supply ~**s** *амер.* магазины по продаже товаров сельского хозяйства и садоводства
fashion-oriented department ~ *амер.* универмаг, ассортимент которого состоит исключительно из предметов одежды
fine-food ~ магазин гастрономических товаров
five-and-dime [five-and-ten-cent] ~ *амер. ист.* магазин мелких товаров, продаваемых по 5 и 10 центов
food ~ *амер.* продовольственный магазин
furniture ~ мебельный магазин
general (merchandise group) ~ *амер.* магазин со смешанным ассортиментом
grocery ~ **1.** магазин бакалейных товаров **2.** *см.* **combination store 1.**
high-prestige specialty ~ *амер.* специализированный магазин, рассчитанный на избранную клиентуру
home and auto supply ~ *амер.* магазин, торгующий предметами хозяйственного обихода и запасными частями для автомобилей
industrial ~ *см.* **company store 1.**
inner-city ~**s** магазины в центральных районах города
joint department ~ *англ.* универмаг, организованный совместно многими специализированными торговыми предприятиями
junior department ~ небольшой универмаг с ограниченным ассортиментом *(филиал крупного универмага)*
limited-line ~ магазин с ограниченным ассортиментом однотипных товаров
membership ~**s** *англ.* **1.** магазины потребительских обществ **2.** магазины, обслуживающие только определённую группу покупателей *(напр. военных или чиновников)*
midget ~ *амер.* «карликовый» магазин
mill ~ **1.** магазин, открытый в заброшенном фабричном здании *(в целях экономии на арендной плате)* **2.** *см.* **company store 1.**
nonservice ~ магазин, не оказывающий покупателям обычных услуг
off-center ~ *англ.* розничный магазин, расположенный вне центрального *или* загородного торгового центра
one price ~ *см.* **variety store**
outer zone ~**s** *амер.* магазины в пригородных *или* загородных зонах
parent ~ центральный магазин, обслуживающий филиалы и контролирующий их деятельность
proprietary ~ аптекарский магазин, не изготовляющий лекарств по рецептам
public ~ правительственный склад; таможенный склад
push-button ~ магазин по продаже товаров только через торговые автоматы
raw ~**s** сырьё; полуфабрикаты; промежуточные продукты
ready-to-wear ~ магазин готового платья
secondhand ~ *амер.* магазин подержанных вещей
self-service ~ магазин самообслуживания, магазин без продавцов
shoe ~ обувной магазин
single-line ~ *см.* **limited-line store**
spare parts ~ склад запасных частей
specialized [specialty] ~ специализированный магазин
suburban department ~ универмаг, расположенный в пригороде
trouble ~ магазин, работающий в убыток *(в сети или в объединении розничных торговцев для совместных закупок)*
unclassified ~**s** прочие [разные] материалы *(на складе)*; прочие [разные] материально-производственные запасы
upper-crust ~**s** *англ.* магазины, рассчитанные на наиболее обеспеченные слои [«на верхушку»] общества
variety ~ магазин мелких товаров с определённой шкалой цен, магазин стандартных цен
vest-pocket ~ *амер.* «карликовый» магазин
village ~ сельский магазин

stored хранящийся на складе, находящийся на хранении
storehouse склад; амбар
storekeeper заведующий складом; кладовщик
storekeeping управление запасами; хранение запасов
storeroom кладовая; склад
storeskeeper *см.* **storekeeper**
storing хранение ‖ находящийся на хранении

stow укладывать груз, складывать; убирать; грузить □ **to ~ down** убирать в трюм; **to ~ the hold** укладывать груз в трюме

stowage 1. укладка, складывание **2.** складочное место **3.** стоимость укладки
broken ~ 1. «недокладка» *(недоиспользование вместимости при загрузке мелкими отправками)* **2.** мелкие грузовые места для заполнения свободных пространств в трюме
bulk ~ погрузка без упаковки *(насыпью, внавалку)*

stowdown 1. укладка, складывание **2.** укладываемый груз

straddle стрэдл *(во многих случаях равнозначно термину спред)*; частный случай двойного опциона

straight простой, обычный, без особых условий *(напр. о страховании)*

straight-line прямолинейный

strain 1. напряжение **2.** искажение *(напр. закона)* □ **~ on credit** стеснение кредита, напряжение в кредитной сфере; **~ on liquidity** нехватка ликвидности
social ~ социальная напряжённость

strangle специфическая опционная стратегия

strap тройной опцион, специфическая опционная стратегия

strata *pl* от **stratum**

strategic стратегический

strateg/y 1. стратегия, политика; поведение, линия поведения; образ действия **2.** *т. игр* стратегия □ **to play ~** применять стратегию
bargaining ~ стратегия торгов
Bayes(ian) ~ байесовская стратегия
behavior(al) ~ стратегия поведения
bidding ~ стратегия при конкурсе на получение контракта
business ~ стратегия деловой активности
buy-and-hold ~ инвестиционная стратегия с покупкой ценных бумаг и длительным владением
buy-and-write ~ инвестиционная стратегия с покупкой ценных бумаг и продажей опционов «колл» на них
composite ~ составная стратегия
duplicated ~ дублирующая стратегия
equilibrium ~ стратегия равновесия
extended ~ обобщённая стратегия
feedback ~ стратегия с обратной связью
forecasting ~ стратегия прогнозирования
forward ~ наступательная стратегия
interest-rate ~ политика центрального банка, ориентирующаяся на норму процента
invariant ~ инвариантная стратегия
joint ~ совместная стратегия
marketing ~ рыночная стратегия *(крупных фирм)*
Markov(ian) ~ марковская стратегия
maximin ~ максиминная стратегия
minimax ~ минимаксная стратегия
monetary-aggregates ~ политика центрального банка, ориентирующаяся на динамику показателей денежной массы [денежных агрегатов]
monopoly ~ монополистическая стратегия, стратегия (фирмы-)монополиста
multistage ~ многоступенчатая стратегия
nonoverlapping ~ies непересекающиеся стратегии
ordering ~ порядок подачи заказов
permissible ~ допустимая стратегия
pure ~ чистая стратегия
randomized ~ рандомизированная стратегия
replacement ~ 1. порядок замены оборудования **2.** правила пополнения запасов
signaling ~ сигнальная стратегия
stationary ~ стационарная стратегия
strict ~ чистая стратегия
suboptimal ~ частично оптимальная стратегия
thrifty ~ экономичная стратегия
undominated ~ недоминируемая [неподчинённая] стратегия

stratification расслоение; стратификация □ **~ by size** деление *(активов)* по величине **~ of classes** классовое расчленение, разделение на классы
social ~ классовый состав населения; социальное расслоение

stratum тип, группа; слой *(общества)*
inventory ~ уровень запасов
social ~ социальная группа

stream поток □ **on ~** в действии *(о предприятии)*
dominant ~ основной (миграционный) поток
future ~ of earnings доходы будущего периода
input ~ *ТМО* входящий поток
limiting ~ *ТМО* предельный поток
migration [migratory] ~ поток мигрантов
net ~ чистый (миграционный) поток
nonsimple ~ *ТМО* поток, отличный от простейшего
nonstationary ~ *ТМО* нестационарный поток
original ~ *ТМО* исходный поток
output ~ *ТМО* выходящий поток
random ~ *ТМО* случайный поток
regular ~ *ТМО* регулярный поток
reverse ~ обратный (миграционный) поток
stationary ~ *ТМО* стационарный поток

streamline рационализировать; ускорять

streamside приречная территория *(земельные участки и населенные пункты на небольшом расстоянии от реки)*

Street:
Lombard ~ *разг.* финансовый мир Великобритании *(по названию улицы в лондонском Сити, на которой находятся конторы многих ведущих банков)*
Threadneedle ~ финансовый центр Лондона *(по названию улицы, на которой находится здание Английского банка)*
Throgmorton ~ фондовая биржа в Лондоне *(по названию улицы)*
Wall ~ Уолл–стрит, финансовый центр в Нью–Йорке

street 1. *англ.* улица поблизости от здания фондовой биржи **2.** неофициальная биржа

□ **in the ~** вне биржи *(совершать сделки вне биржи или после закрытия биржи)*
business ~ торговая улица *(пересекающая главный торговый проезд)*
neighborhood business ~ торговая улица, расположенная по соседству с жилым кварталом
string ~ *см.* **business street**
strength 1. прочность; стабильность; устойчивость *(рынка)* 2. численность 3. эффективность 4. концентрация 5. значительность *(напр. темпов прироста)*; большое количество
~ of monetary policy эффективность денежно-кредитной политики
~ of preference *т. игр* степень предпочтения
~ of test *стат.* мощность критерия
bargaining ~ прочность позиции *(напр. на торгах)*; способность к торгу
competitive ~ конкурентоспособность
strengthen делать прочным; укреплять; стабилизировать
stress напряжение; давление, нажим
~ of money недостаток средств
stretch □ **at full ~** полностью загруженный *(о предприятии)*
stretch-out *амер.* увеличение объёма работы без увеличения оплаты
stride □ **big ~ toward planned economy** значительное продвижение по пути к плановой экономике, крупный шаг в направлении плановой экономики
strike 1. забастовка, стачка ‖ бастовать 2. открытие месторождения ‖ открывать месторождение 3. количество единовременно отчеканенной монеты ‖ чеканить *(монету)* □ **~ on the job** сидячая забастовка; **to ~ an average** выводить среднее число; **to be on ~** бастовать; **to break a ~** сорвать забастовку; **to call a ~** объявить забастовку; **to call off a ~** прекратить забастовку; **to go on ~** объявить забастовку; **to ~ the balance** подводить баланс
direct ~ забастовка, направленная против собственного руководства *(предприятия)*
general ~ всеобщая забастовка
go-slow ~ *см.* **slowdown strike**
illegal ~ *см.* **unofficial strike**
jurisdictional ~ забастовка по поводу юрисдикции *(в ходе спора между двумя профсоюзами, представленными на одном предприятии)*
lightning ~ забастовка без предупреждения
outlaw ~ *см.* **unofficial strike**
secondary ~ *см.* **sympathetic strike**
selective ~ забастовка на ключевых участках производства
sit-down ~ сидячая забастовка
slowdown ~ забастовка, выражающаяся в преднамеренном замедлении темпов работы
sympathetic [sympathy] ~ забастовка солидарности
unofficial [wildcat] ~ неофициальная забастовка *(проводимая без разрешения профсоюзного руководства)*

strikebreaker штрейкбрехер
strikebreaking срыв забастовки
striker забастовщик
string ряд; серия
unbroken ~ of gains непрерывный поток доходов
stringency нехватка, стеснённость; напряжённость □ **~ on the money market** стеснение на денежном рынке
credit ~ нехватка кредита, стеснённый кредит
financial ~ финансовая напряжённость
labor ~ нехватка рабочей силы
money ~ недостаток денег
strip 1. отделение купона *(от основной облигации)* ‖ отделять (купон) 2. покупка акции с целью получения (ближайшего) дивиденда 3. особая форма тройного опциона *(обычно контракт на два опциона «пут» и один «колл»)*
stripe:
magnetic ~ магнитная полоса на обороте кредитной карточки с информацией для компьютерной считки
stripped с отделённым купоном *(об облигации)*
strong 1. крепкий; прочный 2. твёрдый, устойчивый *(о ценах)* 3. быстро развивающийся *(об экономике)*; характеризующийся высокими темпами *или* показателями
structural структурный
structure 1. структура; устройство 2. *стат.* состав совокупности, структура 3. *pl* здания и сооружения
~ of consumption структура потребления
~ of earnings структура доходов
~ of industry структура промышленности
~ of relative wages структура относительных уровней заработной платы
~ of society строй, структура общества
age ~ возрастной состав, возрастная структура
agrarian ~ аграрная структура
atomistic social ~ атомистический социальный строй (*см. тж.* **atomistic economy**)
banking ~ структура банковской системы
budgetary ~ структура бюджета
business ~s здания и сооружения, принадлежащие предпринимателям
capital ~ структура капитала
class ~ классовая структура
coalition ~ *т. игр* состав коалиции
commercial ~s торговые помещения и сооружения
cost ~ структура издержек; структура себестоимости
decision ~ *стат.* структура решений
demographic ~ демографическая структура
depreciable farm ~s сельскохозяйственные постройки и сооружения, подлежащие амортизации
distribution ~ структура распределения *(продукции)*
family ~ состав семьи
fare ~ структура стоимости проезда; структура пассажирского тарифа

farm ~s сельскохозяйственные постройки
financial ~ финансовая структура компании
fixed ~s стационарные сооружения *(напр. доменные печи, ректификационные колонны)*
game ~ структура игры
goods ~ товарная структура
government ~s здания и сооружения, принадлежащие государству
group ~ групповая форма организации; групповая структура
hierarchic(al) ~ иерархическая структура *(напр. организаций)*
homogeneous route ~ гомогенная структура транспортной сети *(с разномерной густотой перевозок по различным линиям)*
industrial ~s промышленные здания и сооружения
institutional ~ институциональная структура
kinship ~ структура родственных связей
loose housing ~ постройка для беспривязного содержания скота
market ~ рыночная структура
megapolital ~ *демогр.* состав мегаполиса
microincentive ~ структура (экономических стимулов) на микроуровне *(на уровне фирмы)*
multidivisional ~ разветвлённая структура *(фирмы, имеющей несколько отделений)*
nonhousekeeping ~s здания и сооружения общественного пользования
nonresidential private ~s частные здания и сооружения, кроме жилых помещений
occupational and social ~ профессиональная и социальная структура
organic ~ of capital органический состав капитала
payoff ~ *т. игр* структура платежей
population ~ состав народонаселения
price ~ ценовая структура *(соотношение цен на различные товары)*
price discount ~ система ценовых скидок *(напр. при незамедлительной оплате, при покупке крупными партиями)*
residential ~s жилые здания и сооружения
revenue ~ структура (государственных) доходов
reward ~ структура прибыли
route ~ структура сети транспортных линий
sectoral ~ отраслевая структура
sex-age половозрастная структура
social ~ социальный строй
spatial price ~ территориальная структура цен
storage ~s постройки для хранения; склады
system ~ структура системы
tax ~ структура налогообложения
tax transfer ~ налоговая структура, регулирующая перераспределение доходов
term ~ of interest rates структура процентных ставок по срочности ссуд
three-tier ~ трёхзвенная структура *(управления)*
urban spatial ~ территориальная структура города
wage-and-salary ~ структура заработной платы

struggle □ ~ for existence борьба за существование
class ~ классовая борьба

stub корешок *(напр. чека)*; талон; боковик *(таблицы)*
prepunched ticket ~ отрывной товарный талон (*см. тж.* **tear tag**)

student 1. студент **2.** учащийся (средней школы) **3.** учёный
advanced ~ *англ.* аспирант
graduate ~ аспирант
higher school ~ учащийся высшей школы
high school ~ учащийся средней школы
scholarship ~ студент-стипендиат

stud/y 1. изучение; исследование; научные занятия ‖ изучать; исследовать; анализировать, обдумывать **2.** предмет изучения; область науки, наука **3.** *pl* приобретение знаний, учение
analog ~ исследование методом моделирования
basic motion time ~ *орг. пр.* **1.** изучение основных (трудовых) движений **2.** система нормативов времени на основные (трудовые) движения
camera ~ *см.* **micromotion study 2.**
case ~ изучение конкретного случая; исследование на конкретном примере; анализ (отдельной) проблемы; разбор конкретных хозяйственных ситуаций
check ~ контрольное исследование
conceptual ~ разработка концепции; разработка технического задания *(на проектирование)*
consumer ~ изучение потребительского спроса
demographic ~ демографическое исследование
design ~ изучение проекта
empiric(al) ~ 1. эмпирическое исследование **2.** технико-экономический анализ
engineering economy ~ технико-экономический анализ
environmental ~ исследование окружающей среды
environmental baseline ~ исследование исходного состояния окружающей среды *(для определения путей минимизации отрицательного влияния проектируемого строительства)*
experimental ~ экспериментальное исследование
exploratory ~ поисковое исследование
feasibility ~ анализ (технической) осуществимости; анализ экономической целесообразности *(проекта)*
fertility ~ изучение фертильности населения
field ~ 1. изучение в реальных условиях **2.** *pl* учебная производственная практика
frequency ~ *орг. пр.* изучение повторяемости элементов

impact ~ изучение последствий *(напр. управленческого решения)*
in-depth ~ глубокое изучение; углублённое исследование
industry ~ исследование отрасли промышленности
input-output ~ анализ (баланса) межотраслевых связей
interracial ~ изучение межрасовых отношений
job ~ *орг. пр.* анализ рабочего времени
joint time ~ *орг. пр.* **1.** совместное хронометрирование *(выполняемое несколькими наблюдателями)* **2.** комплексное хронометрирование
longitudinal ~ *демогр.* продольное исследование народонаселения; исследование методом когорт
memomotion ~ *орг. пр.* изучение процесса методом замедленной киносъёмки
methods ~ 1. изучение методов работы **2.** изучение методов организации труда
micromotion ~ *орг. пр.* **1.** изучение трудовых движений *(при ручном способе работы)* **2.** изучение микродвижений методом киносъёмки
model ~ 1. изучение модели **2.** исследование с помощью модели, модельное исследование
mortality ~ 1. исследование выбываемости *(оборудования)*; изучение фактических сроков службы *(объектов основного капитала)*; изучение фактической продолжительности эксплуатации **2.** изучение смертности
motion ~ изучение (трудовых) движений
motion and time ~ 1. изучение (трудовых) движений и затрат времени *(при выполнении производственных операций)*; хронометрирование, хронометраж **2.** система нормативов времени на (трудовые) движения
overall ~ хронометраж всех операций производственного цикла *(без разбиения на элементы)*
pilot ~ первое из серии исследований; первое исследование в новом направлении науки
plant layout ~ анализ планировки предприятия
population ~ демографическое исследование
post enumeration ~ исследование, проводимое после переписи
predetermined motion time ~ заданная система нормативов времени на (трудовые) движения
preinvestment ~ изучение экономической выгодности намечаемых капиталовложений
production ~ хронометраж производственного цикла
ratio delay ~ анализ потерь рабочего времени
reinterview ~ повторное обследование
retrospective ~ ретроспективное исследование *(демографических явлений)*
time ~ 1. хронометрирование, хронометраж **2.** система нормативов времени
time and motion ~ *см.* **motion and time study**
time-series ~ исследование временно́го ряда
validation ~ анализ беспристрастности
work ~ *орг. пр.* анализ рабочего времени

stuff:
money ~ денежный материал

stuffer *англ. разг.* непокрытый чек

stumpage *амер.* стоимость леса на корню; налог за порубку государственного леса

style 1. сорт, вид, разновидность, тип; конструкция; модель **2.** оформление *(продукта)*; вариант внешнего оформления **3.** стиль *(напр. работы)* **4.** мода ‖ модный
old ~ старомодный

styling художественное конструирование; художественное оформление
product ~ художественное оформление изделий
up-to-the-minute ~ оформление (изделия) в соответствии с новейшей модой

stylist модельер; руководитель разработок новых моделей и фасонов; главный модельер *(фирмы)*

suasion:
moral ~ воздействие убеждением *(о политике центральных банков в отношении коммерческих банков)*

subagency субагентство

subcohort группа возрастного контингента

subcompany дочерняя [подконтрольная] компания

subcontract субподряд; договор с субподрядчиком ‖ взять субподряд; заключать субподрядный договор

subcontracting 1. выдача субподрядов; заключение контрактов с субподрядчиками **2.** выполнение работ по субподрядам □ **~ on prime contracts** выдача субподрядов головными подрядчиками; передача головными подрядчиками части объёма работ другим фирмам

subcontractor субподрядчик
first-tier ~ субподрядчик первой ступени; фирма, получающая субподряд от головного подрядчика
lower-tier ~ субподрядчик низшей ступени; фирма, получающая конечный субподряд от субподрядчика более высокой ступени
second-tier ~ субподрядчик второй ступени; фирма, получающая субподряд от субподрядчика первой ступени

subcycle цикл, в котором фаза кризиса проявляется в форме снижения темпов экономического роста

subdivide подразделять

subdivision подразделение
undue ~ of land чрезмерное дробление земельных участков

subemployment неполная занятость *(частичная безработица)*

subfamily субсемья, вторичная семья, семья второго поколения *(проживающая вместе с родителями)*

subfecundity пониженная плодовитость
subgame *т. игр* подыгра
subgrade начальная школа с трёхлетним сроком обучения
subgroup 1. подгруппа 2. *амер.* узкая подотрасль промышленности
subindustry подотрасль
subject 1. тема; вопрос 2. предмет, дисциплина 3. подданный, гражданин 4. подчинять; подвергать ‖ подчинённый; подвластный; зависимый □ **not ~ to call** не подлежащий досрочному погашению *(напр. о ссудах)*; **~ to** 1. подчинённый; ограниченный; зависящий; подверженный 2. при условии (если); на тот случай если, в том случае если; в зависимости от; **~ to a ceiling** ограниченный пределом *или* потолком *(о норме процента, цене)*; **~ to availability of funds** в зависимости от наличия средств; **to be ~ to a condition** быть ограниченным условием; **to be ~ to market fluctuations** зависеть от колебаний рынка; **to be ~ to quota** зависеть от установленной квоты; **to buy ~ to a discount** купить при условии скидки; **~ to call** подлежащий погашению по первому требованию *(напр. о ценных бумагах, ссудах)*; **~ to check** с правом выписки чека *(о депозите)*; **~ to negotiation** «подлежит согласованию»; **~ to redemption** *см.* **subject to call**; **~ to taxation** подлежащий налогообложению
  natural-born ~ подданный по рождению
subjob *мат.* элементарная операция
sublease поднаём, субаренда ‖ заключать договор субаренды
sublessee субарендатор
sublessor отдающий в субаренду
sublet сдавать в поднаём, передавать в субаренду
subletting передача в субаренду
sublevel промежуточный уровень
sublot часть партии *(изделий)*
submarginal субмаржинальный *(непосредственно предшествующий маржинальному, предельному)*
submarkets субрынки
submerged □ **the ~ tenth** беднейшая часть населения
submit 1. представлять, подавать *(документы)*; передавать; представлять на рассмотрение 2. подчиниться □ **to ~ a letter of guarantee** представить гарантийное письмо; **to ~ to terms** подчиниться условиям
subnet подсеть
suboffice субконтора
suboptimal субоптимальный, с частичной оптимизацией
suboptimality субоптимальность, частичная оптимальность
suboptimization частичная оптимизация
suboptimized частично оптимизированный
subordinant:
  economic(al) ~ лицо, не получающее доход, соответствующий его образованию
subordinate подчинённый; второстепенный; вспомогательный
subordinated имеющий пониженный статус *(о ценной бумаге)*
subparticipation субучастие *(доля кредита или подписки на ценные бумаги, передаваемая другим участникам)*
subpolicy локальная стратегия
subpopulation *стат.* 1. частная совокупность; подмножество 2. контингент; группа населения
subproblem частная задача
subpurchaser перекупщик
subrequirement частичное требование
subrogation суброгация, замена одного кредитора другим
subs *разг.* субподрядчики
subsample выборка из (первой) выборки, подвыборка, подгруппа в выборке
subscribe 1. подписываться *(напр. на акции)*; приобретать по подписке 2. вносить долю □ **to ~ in excess** подписаться сверх лимита
subscriber 1. подписчик *(напр. на ценные бумаги)* 2. абонент *(напр. телефонный)* □ **~ to a bond issue** подписчик по облигационному займу; **~ to a loan** подписчик на заём
subscription 1. подписка; общая сумма подписки; вклад по подписке; членский взнос 2. подписание *(документов)* 3. подпись □ **by public ~** по открытой подписке
  currency ~ взнос по подписке в валюте; членский взнос в валюте *(в Международный валютный фонд)*
  gold ~ взнос по подписке в золоте; членский взнос в золоте *(в Международный валютный фонд)*
  initial ~ первоначальная подписка
  member's ~ членский взнос
subside падать, убывать *(о спросе)*; снижаться *(о ценах)*
subsidence падение, спад
subsidiary 1. дочерняя компания, дочерняя фирма *(контролируемая с помощью пакета акций)*; филиал ‖ дочерний; подчинённый 2. вспомогательный; дополнительный; резервный 3. разменный *(о деньгах)*
  ~ of foreign bank филиал иностранного банка
  conglomerate ~ дочернее предприятие конгломерата
  consolidated ~ консолидированная дочерняя компания
  finance company ~ финансовая компания, являющаяся дочерним предприятием промышленной фирмы
  foreign ~ заграничный филиал
  unconsolidated ~ неконсолидированная дочерняя компания
subsidization субсидирование
subsidize субсидировать
subsid/y субсидия, дотация; денежное ассигнование □ **~ in kind** субсидирование в натуральной форме
  construction-differential ~ субсидия на превышение стоимости постройки судна *(на верфях США по сравнению с другими странами)*

family ~ пособие многодетным семьям
fertilizer ~ субсидия на удобрения
government(al) ~ государственная дотация
industrial ~**ies** промышленные субсидии
mortgage interest ~ субсидия в виде части процентных выплат по закладной *(на недвижимое имущество)*
operating-differential ~ субсидия на превышение стоимости эксплуатации судна *(американского по сравнению с судами других стран)*
public ~ государственная субсидия; субсидия из средств местных властей
temporary employment ~ *англ.* временная субсидия на поддержание занятости
wage(-employment) ~**ies** субсидии, стимулирующие занятость *(в форме выплат или налоговых льгот предпринимателям)*

subsist существовать, жить, кормиться
subsistence 1. существование 2. средства существования, средства к жизни, прожиточный минимум
necessary ~ необходимые средства существования
reasonable ~ средний [приличный] прожиточный минимум
substance 1. сущность, суть; содержание 2. имущество, состояние 3. материя, вещество
~ **of wealth** вещественное содержание богатства
auxiliary ~**s** вспомогательные материалы
value ~ субстанция стоимости
value-creating ~ субстанция, созидающая стоимость
substandard 1. нестандартный, некондиционный; не отвечающий техническим условиям; не отвечающий требованиям стандарта; ниже качества, установленного стандартом 2. нормативно-технический документ, не являющийся стандартом, но приближающийся к нему по значению
substantial 1. существенный, значительный 2. состоятельный, зажиточный
substantiation 1. подтверждение правильности *(напр. технического принципа)* 2. подтверждение работоспособности *(напр. новой конструкции)*
substation 1. (электро)подстанция 2. *с.-х.* опытное хозяйство
substitutability заменяемость; замещаемость; взаимозаменимость
substitute 1. заместитель 2. замена; субститут, заменитель ‖ заменять; замещать □ **to** ~ **a draft for cash payment** заменить наличный платёж траттой; **to** ~ **machinery for workers** заменять рабочих машинами
close ~ близкий субститут
close money ~ близкий субститут денег
distant ~ отдалённый субститут
money ~ субститут [заменитель] денег
perfect ~ совершенный субститут
remote ~ отдалённый субститут
substitution замещение; замена, субституция
~ **of capital for labor** замещение труда капиталом
~ **of collateral** замена обеспечения *(ссуды)*
~ **of labor for capital** замещение капитала трудом
factor ~ взаимозаменяемость факторов производства
import ~ замещение импорта внутренним производством
product ~ замена продукта *(новым)*
securities ~ замена одного вида ценных бумаг другим *(в портфеле инвестора)*; замена обеспечения брокерской ссуды *(при сделке с маржой)*
substitutional заменяющий; служащий заменителем
substratum:
material ~ материальный субстрат
substructure базис
subsystem подсистема
subtask часть рабочего задания
subtenancy поднаём, субаренда
subtenant поднаниматель, субарендатор
subtotal промежуточный итог
subtreasury отделение Казначейства США *(упразднены в 1921 г.)*
subunderwriter субандеррайтер, вторичный гарант выпуска ценных бумаг
suburb пригород, предместье ‖ пригородный
suburban житель пригорода ‖ пригородный
suburbanite житель пригорода
suburbanization рост населения, живущего за пределами официальной границы города
subvention субсидия, дотация; субвенция
succession 1. последовательность 2. наследство; имущество, переходящее по наследству 3. наследование, порядок наследования, наследственное право 4. преемственность
~ **of modes of production** последовательность способов производства
crop ~ севооборот
natural ~ наследование по родству
testamentary ~ наследование по завещанию
successor 1. преемник; правопреемник; наследник 2. последующее событие
immediate ~ событие, непосредственно следующее за данным
sue подавать в суд, вчинить иск
suer истец
sufficiency 1. достаточность *(напр. оценки)* 2. достаток
sufficient достаточный
suit 1. набор, комплект 2. удовлетворять требованиям, годиться, подходить, соответствовать 3. судебное дело □ **to** ~ **the market** годиться для рынка, удовлетворять требованиям рынка
nullity ~ дело о признании брака недействительным
suitability пригодность, годность
suitable удовлетворяющий требованиям, годный, подходящий, соответствующий
sum сумма; итог ‖ суммировать; складывать; подводить итог □ ~ **insured** страховая сумма; ~ **insured under an endow-**

ment assurance сумма, подлежащая выплате в связи с дожитием до обусловленного срока; **~ in words** сумма прописью; **~ owing** причитающаяся сумма; **~ paid in** уплаченная сумма; **~ payable** сумма, подлежащая уплате; **~ payable at death** страховая сумма, выплачиваемая по случаю смерти
~ of less than сумма менее, чем
~ of money денежная сумма
agreed ~ согласованная сумма
deposited ~ депонированная сумма, сумма, внесённая в банк
lump ~ паушальная [общая] сумма; единовременно выплачиваемая сумма
round ~ округлённая сумма

summarize подводить итог; суммировать; резюмировать

summary краткое изложение; резюме; сводка ‖ суммарный; краткий
~ of bills of lading *амер.* перечень грузов, указанных в коносаментах; судовой манифест
actual annual ~ of farm earnings фактическая годовая сводка доходов фермы
labor control ~ контрольная сводка по рабочей силе
labor cost distribution [payroll] ~ ведомость затрат на рабочую силу
performance ~ сводка выработки *(рабочего)*

summation сложение; суммирование

summer-grazed *с.-х.* летнего нагула

summit совещание на высшем уровне

superabundance of capital избыток капитала

superannuation увольнение по выслуге лет; пенсия по выслуге лет

superburden чрезмерно высокие накладные расходы

supercargo суперкарго *(представитель фрахтователя на таймчартерном судне или представитель владельца груза, сопровождающий груз в пути)*

superdividend дополнительный [добавочный] дивиденд

superefficiency сверхэффективность

superette суперетта *(небольшой продовольственный магазин самообслуживания с широким ассортиментом)*

superfine высшего качества, самого лучшего качества

supergame *т. игр* сверхигра

superintendent управляющий; директор; руководитель; начальник
~ of banks *амер.* глава банковского департамента штата
building ~ смотритель, комендант *(здания)*
inspection ~ начальник отдела технического контроля
machining ~ начальник отдела механического цеха
plant [production] ~ начальник производства *(на предприятии)*; начальник производственного отдела
stamping ~ начальник кузнечнопрессового цеха; начальник штамповочного цеха
toolroom ~ начальник инструментального цеха

superior 1. высший; лучший, превосходный; превосходящий; высшего качества, лучшего качества 2. высший, старший *(по должности)* □ **~ in quality to the sample** лучше по качеству, чем образец

superiority превосходство, преимущество
economic(al) ~ экономическое превосходство
technological ~ превосходство в уровне развития техники

supermajority сверхквалифицированное большинство *(напр. требуемое для пересмотра устава компании)*

supermarket супермаркет, универсам
departmentized ~ супермаркет с отделами
discount ~ супермаркет, торгующий исключительно по сниженным ценам
financial ~ финансовый супермаркет *(учреждение, оказывающее комплекс финансовых услуг)*
punched-card ~ супермаркет, в котором покупатель отбирает товар с помощью перфорированных карточек
telephone ~ *амер.* магазин, торгующий по телефонным заказам

supernormal чрезмерный, избыточный, превышающий норму

supernumerary сверхкомплектный; избыточный, присутствующий в излишнем количестве, лишний

superplay *т. игр* большая последовательность партий

superpower 1. мощность объединённых энергетических систем 2. сверхдержава

superprofit сверхприбыль

super-rich сверхбогатый

supersede 1. заменять 2. увольнять

supersession 1. замена [обновление] оборудования 2. вытеснение *(напр. рыночных связей внерыночными)*

superstore *англ.* розничный магазин с большой площадью торгового зала
free standing ~ *англ.* розничный магазин, расположенный за пределами традиционных торговых районов *(на окраине города или вне города)*

superstructure надстройка

supersupermarket супермаркет с большой площадью торгового зала *(более 9 тыс. кв. м)*

supertax дополнительный (подоходный) налог

supervise смотреть, наблюдать; контролировать; инспектировать

supervision надзор, наблюдение; контроль; инспектирование; проверка □ **under general ~** под общим надзором
bank ~ контроль над банковской деятельностью
close ~ тщательное наблюдение
design ~ контроль за разработкой
engineering ~ технический надзор; технический контроль
factory services ~ контроль за вспомогательными службами предприятия

government insurance ~ государственный страховой надзор
manufacturing [plant] ~ производственный контроль
public ~ of banking государственный контроль над банковской деятельностью
technical ~ *см.* **engineering supervision**
supervisor 1. инспектор; контролёр **2.** лицо среднего руководящего персонала *(на предприятии)* **3.** служащий фирмы, имеющий право решать кадровые вопросы
building-service ~ смотритель, комендант *(здания)*
night road ~ сотрудник, проверяющий работу шофёров *(по доставке товаров в магазин)* в ночное время
safety ~ руководитель группы техники безопасности; инженер по технике безопасности
traffic and transportation ~ начальник транспортного отдела
supervisory наблюдательный; контролирующий
supplement 1. дополнение, добавление ‖ дополнять **2.** *pl* дополнительные выплаты □ **~s to wages and salaries 1.** дополнительные выплаты сверх заработной платы **2.** предпринимательские затраты на социальные нужды
free ~ бесплатное приложение
supplemental дополнительный, добавочный
supplier поставщик
~ of capital фирма, предоставляющая капитал
creative ~ поставщик, ведущий самостоятельные разработки новых видов продукции
military ~ поставщик продукции военного назначения; фирма, выполняющая военные заказы; военный поставщик
overseas ~ заокеанский поставщик *(для США — европейская, японская фирма; для Великобритании — американская, континентальная европейская фирма)*
power ~ поставщик электроэнергии; электроэнергетическая компания; электростанция
water ~ водоснабжающая организация; водоснабжающая компания
suppl/y 1. снабжение; поставка; подача ‖ снабжать; поставлять; подавать **2.** *pl* запас(ы), общее количество **3.** предложение *(напр. товара)* **4.** *pl* продовольствие, припасы, провиант; предметы снабжения **5.** ассигнования на содержание вооружённых сил и государственного аппарата *(в английском бюджете)* **6.** *pl* (денежное) содержание **7.** *pl* сырьё и материалы; поставки сырья и материалов **8.** *pl* вспомогательные материалы *(напр. смазочные)* □ **~ and demand** спрос и предложение; **~ies are falling off** запасы *или* поставки уменьшаются; **~ calls forth its own demand** «предложение само создаёт для себя спрос» *(основная идея закона Сэя)*; **~ for consumption** фонд потребления; **~ies in the form of productive capital** запас в форме производительного капитала; **~ meets the demand** предложение удовлетворяет спрос; **~ies on hand** наличный запас; **to ~ a demand** удовлетворять спрос; **to adjust ~ies to current demand** скорректировать поставки в соответствии с текущим спросом; **to arrange for ~** договориться о снабжении; **to be in ~** поступать в достаточном количестве; **to be in short ~** не хватать; поступать в недостаточном количестве; быть дефицитным; **to be in surplus ~** иметься в избытке; **to reconcile ~ and demand** привести в соответствие спрос и предложение; **to run short of ~ies** истощить запасы
~ies of commodities товарный запас
~ of labor предложение рабочей силы; обеспеченность рабочей силой
~ of land земельный фонд
~ of loanable funds предложение ссудного капитала
~ of market снабжение рынка
~ies of means of production запас средств производства
~ies of products запас продуктов
~ of resources обеспечение ресурсами
adequate ~ies достаточный запас
aggregate ~ совокупное предложение
agricultural labor ~ обеспеченность сельского хозяйства рабочей силой
ample ~ies достаточный запас
automatic(al) ~ плановое снабжение
balanced ~ комплектное снабжение
bulk ~ 1. *pl* предметы снабжения, поступающие крупными партиями **2.** подача бестарного материала
bulk-packaged ~ies *см.* **bulk supply 1.**
bulk power ~ основное электроснабжение; магистральное электроснабжение; оптовое снабжение электроэнергией
capitalized ~ies and equipment предметы снабжения и оборудования, относимые на счёт капитальных затрат
competitive ~ предложение со стороны конкурентов
composite ~ совокупное предложение
credit ~ объём кредитных ресурсов; предложение ссудных капиталов
critical ~ies критический уровень запасов
crop ~ies уровень поставок *или* производства (товарной) продукции земледелия
deficient ~ 1. недостаточное предложение **2.** *pl* недостаточный запас
direct ~ies прямые поставки
domestic ~ 1. отечественное снабжение **2.** отечественная [внутренняя] добыча
elastic ~ эластичное предложение *(существенно повышается или понижается при изменении цен)*
electric(al) ~ электроснабжение
expendable ~ies расходуемые предметы снабжения
factor ~ предложение производственного фактора *(напр. рабочей силы)*
factory ~ies вспомогательные производственные материалы *(включая запчасти)*
feed ~ies кормовые ресурсы

floating ~ of securities часть акций, активно обращающихся на рынке
generating ~ 1. генерирующая мощность **2.** электроснабжение
industrial water ~ водоснабжение промышленных предприятий; водоснабжение промышленности
inelastic ~ неэластичное предложение *(изменяется незначительно, несмотря на сильное повышение или понижение цен)*
joint ~ совместная поставка двух *или* более товаров *(обходится дешевле, чем поставка каждого товара в отдельности)*
livestock ~ скотосырьевое снабжение; подача скота на мясокомбинат
manufacturing ~ies *см.* **factory supplies**
material ~ материальное снабжение
money ~ денежная масса, сумма денег (в обращении), количество денег
municipal water ~ водоснабжение для бытовых нужд; городское водоснабжение, коммунальное водоснабжение
office ~ies канцелярские товары
overall ~ies общий объём предложения *(товара на рынке)*
parts ~ снабжение запасными частями
probabilistic ~ снабжение по вероятностной схеме
productive ~ies производственный запас
public electric ~ коммунальное энергоснабжение; электроснабжение общего пользования
public water ~ коммунальное водоснабжение; водоснабжение общего пользования
reserve ~ies резервный запас
set-aside ~ies «бронированный» фонд предметов снабжения *(напр. металл для военных нужд, сохраняемый на складах металлургических заводов)*
short ~ies недостаточный запас
streamside ~ водоснабжение на приречной территории
technical ~ техническое снабжение
water ~ 1. водоснабжение **2.** *pl* водные ресурсы
wholesale power ~ 1. оптовое электроснабжение **2.** электростанция — оптовый поставщик электроэнергии

supply-side «со стороны предложения», с приоритетом предложения *(о переносе приоритета в экономической теории на стимулирование производства и предложения товаров и услуг)*

supply-sider сторонник экономики предложения

support 1. поддержка; поддержание; помощь ‖ поддерживать; оказывать помощь **2.** (экономическая) интервенция *(закупка товара или валюты для поддержания цен или курсов)* **3.** средства к существованию **4.** поддержка курса акций *(путём скупки их группой заинтересованных лиц)* ‖ поддерживать *(курс)* путём скупки акций **5.** материально-техническое обеспечение ‖ обеспечивать □ **to give active selling ~ to the product** активизировать сбыт товаров рекламными средствами
~ of prices 1. поддержание цен; гарантирование цен **2.** поддержание курсов ценных бумаг
banking ~ банковская интервенция *(для стабилизации цен, курсов)*; поддержка со стороны банков
development ~ производственное обеспечение конструкторских работ *(производство макетов, экспериментальных деталей, опытного образца машины)*
engineering ~ помощь специалистов-инженеров; помощь представителей конструкторского отдела
logistics ~ материально-техническое обеспечение
material ~ материально-техническое обеспечение
price ~ *амер.* предельная (минимальная) цена, которую правительство гарантирует фермерам
promotional [selling] ~ обеспечение продвижения продукции на рынок; поддержка товара рекламой и другими средствами стимулирования сбыта; рекламная литература и техническая документация *(необходимые при заключении договоров)*
steam ~ тепловая электростанция, работающая параллельно с гидроэлектростанцией
technological ~ техническая помощь

supportability обслуживаемость; обеспеченность

supporter кормилец *(семьи)*
main economic ~ основной кормилец *(семьи)*

supranational наднациональный

surcharge 1. перегрузка; добавочная нагрузка ‖ перегружать **2.** завышенная цена; завышенный расход; перебор ‖ назначать завышенную цену **3.** дополнительный сбор; дополнительный расход **4.** *страх.* дополнительная премия **5.** дополнительный налог; доплата ‖ облагать дополнительным налогом **6.** надбавка к фрахту **7.** штраф, пеня ‖ штрафовать **8.** непринятый расход; непринятый перерасход; начёт
investment income ~ *англ.* дополнительный налог на доходы от инвестиций

surety 1. гарантия, ручательство; поручительство; порука; обеспечение; залог **2.** гарант, поручитель □ **~ for a bill** аваль *(поручительство за лицо, обязанное по векселю)*; **to stand ~** поручиться за *кого-л.*; гарантировать; принять на себя делькредере

surface поверхность
~ of production frontier *см.* **production (possibilities) surface**
bivariate normal ~ *стат.* поверхность двумерного нормального распределения
correlation ~ *стат.* корреляционная поверхность
indifference ~ поверхность безразличия
mortality ~ участок смертности *(при графическом изображении смертности)*
production (possibilities) ~ поверхность производственных возможностей *(в моделях)*

saddle(-shaped) ~ *т. игр* седловидная поверхность

surge подъём *(в экономике)*; повышение; волна ‖ подниматься; повышаться □ **~ in consumer credit** разбухание потребительского кредита

~ of inflation волна инфляции

surplus 1. излишек, избыток, превышение; остаток ‖ излишний, избыточный; добавочный **2.** активное сальдо *(торгового или платёжного баланса)*; активный торговый *или* платёжный баланс **3.** (нераспределённая) прибыль; резервный капитал **4.** *страх.* эксцедент **5.** избыточный продукт **6.** прибавочный *(напр. о стоимости)* □ **~ above the line** *см.* **above-line surplus**; **~ below the line** *см.* **below-line surplus**; **~ from consolidation** прибыль от поглощения *(при слиянии фирм)*; **~ on current account** *см.* **current surplus**; **to run a ~** *амер.* сохранять актив

~ of capital избыток капитала

~ of goods товарные излишки

~ of population избыток населения

above-line ~ *англ.* превышение доходов над расходами по балансовым статьям *(государственного бюджета)*

accumulated ~ *см.* **net surplus**

appraisal [appreciation] ~ превышение оценочной стоимости над показанной на счёте основного капитала

appropriated ~ удержанная часть чистой прибыли

below-line ~ *англ.* превышение доходов над расходами по забалансовым статьям *(государственного бюджета)*

budget [budgetary] ~ превышение доходов над расходами в бюджете, бюджетный избыток

buyer's ~ излишек для покупателя *(возможная разница между фактической и предполагаемой платой)*

consumer's ~ излишек [дополнительная выгода] для потребителя *(разница между приобретённой и оплаченной полезностью товаров)*

crop ~ излишек продукции земледелия

current ~ активное сальдо по текущим расчётам *(в платёжном балансе)*

demand ~ избыток спроса

earned ~ *см.* **net surplus**

export ~ превышение стоимости экспорта над стоимостью импорта, активное сальдо торгового баланса

external ~ внешний активный баланс, активное сальдо с заграницей

farm ~ излишек сельскохозяйственной продукции

full-employment budget ~ бюджетный избыток в условиях полной занятости

import ~ превышение стоимости импорта над стоимостью экспорта, пассивное сальдо торгового баланса

labor ~ избыток рабочей силы; избыточное предложение рабочей силы

lendable ~ резерв для предоставления займов

marketable ~es товарные излишки

maximum ~ максимальная прибыль

net ~ накопленная [нераспределённая] прибыль на конец периода *(после вычета дивидендов и других платежей)*

net export ~ нетто-экспорт

net import ~ нетто-импорт

operating ~ резервный капитал, образованный путём отчислений из прибыли от деятельности предприятия

producer's ~ излишек для производителя *(добавочная прибыль в результате повышения цен, напр. со стороны государства на дефицитное сырьё)*

relative ~ of laboring people относительный избыток рабочего населения

reserved ~ удержанная часть чистой прибыли

revaluation ~ прибыль [доход] от переоценки запасов

seasonal ~es сезонные излишки

trade ~ *см.* **export surplus**

surrender 1. отказывать ‖ отказываться **2.** передача; сдача; вручение; выдача ‖ передавать; сдавать; вручать □ **to ~ the export proceeds** сдать выручку от экспорта товаров

~ of documents передача документов

surtax добавочный подоходный налог; *амер.* добавочная импортная пошлина ‖ облагать добавочным налогом □ **~ de pavillon** особый налог на товары, прибывшие на судне под иностранным флагом

surveillance осмотр, обследование; наблюдение; изучение; инспектирование

survey 1. обозрение; обзор; освидетельствование; исследование; обследование; изыскание ‖ обозревать; освидетельствовать; проводить исследование **2.** инспектирование; осмотр; таможенный досмотр ‖ инспектировать **3.** отчёт об обследовании

~ of current business обзор текущей хозяйственной деятельности

~ of foreign markets обзор иностранных рынков

~ of population change обследование изменений численности и структуры населения

annual ~ of manufactures годовой статистический обзор обрабатывающей промышленности

anticipation ~ прогноз на ближайший период времени, основанный на предварительных оценках *(даваемых фирмами и потребителями)*

attitude ~ изучение мнений и отношений *(напр. персонала к условиям труда)*

business ~ обзор хозяйственной деятельности

consumer ~ опрос потребителей

crop ~ обследование культуры; апробация посевов

cross-sectional ~ перекрёстное обследование

current ~ текущее статистическое обследование

demographic ~ демографическое обследование

desk-by-desk ~ индивидуализированное обследование
employment ~ обследование занятости *(населения)*
enumerative sample ~ выборочное наблюдение на основе пересчёта
establishment ~ обследование предприятий; сбор (статистических) сведений по предприятиям
exhaustive ~ исчерпывающий обзор
exploratory ~ предварительное обследование
family health ~ обследование состояния здоровья семей
family living ~ обследование условий жизни семьи
fertility ~ изучение плодовитости
field ~ *демогр.* обследование на месте, обследование обходом, экспедиционный метод опроса
follow-up ~ уточнение результатов переписи путём обследований *(не позднее, чем через 12 месяцев после проведения переписи)*
habit ~ исследование (рыночного) поведения потребителей
household ~ обследование домашних хозяйств
illness ~ исследование причин заболеваемости
industrial ~ изучение отраслей промышленности
intensive grazing ~ обследование интенсивности выпаса
intercensal annual ~ межпереписное ежегодное (статистическое) обследование
labor force ~ обследование рабочей силы
land use ~ съёмка землепользования
mail ~ *демогр.* корреспондентский способ опроса
manpower utilization ~ обследование использования людских резервов
market ~ изучение рынка
morbidity ~ исследование причин заболеваемости
multipurpose ~ многоцелевое обследование
multiround ~ многоэтапное обследование
nutrition ~ (статистическое) обследование питания *(населения)*
opinion ~ обследование для выявления общественного мнения
pilot ~ пробное обследование; предварительный сбор информации; предварительное обследование
population ~ обследование населения
post census [post enumeration] ~ (контрольное) обследование после проведения переписи
precensus ~ предварительный сбор данных перед переписью
quality ~ контроль качества
questionnaire ~ анкетный метод обследования
retrospective ~ ретроспективное изучение данных; ретроспективное обследование
test ~ контрольное обследование
trade cycle ~ обзор данных, касающихся экономического цикла
user satisfaction ~ обследование степени удовлетворённости потребителей
verification ~ контрольное обследование
vital rate ~ обследование показателей естественного движения населения
wage-and-salary ~ сравнительное изучение ставок заработной платы

surveyor 1. инспектор, эксперт **2.** таможенный досмотрщик; таможенный инспектор **3.** оценщик страхового общества **4.** землемер
~ of customs *амер.* таможенный инспектор
~ of port таможенный инспектор
~ of taxes *англ.* налоговый инспектор

survival 1. выживание; выживаемость; сохранение работоспособности *(изделия при эксплуатации)* **2.** продолжительность существования; дожитие
~ of firm выживание фирмы
group ~ доживаемость исходной совокупности

survive 1. находиться в исправном состоянии; сохранять работоспособность **2.** доживать до определённого возраста

survivor 1. действующий объект основного капитала *(напр. станок)*; объект, сохранивший работоспособность *(в эксплуатации)* **2.** лицо, дожившее до определённого возраста
ever-married ~s число доживших до определённого возраста лиц, *когда-л.* состоявших в браке
single ~s число холостых мужчин и незамужних женщин, доживших до определённого возраста

survivorship доживаемость до определённого возраста

suspend 1. приостанавливать; прекращать; откладывать **2.** временно отстранять *(от должности)* □ **to ~ relations** прервать отношения, прекратить сношения; **to ~ trading** приостановить торговлю *(данным видом ценных бумаг или товаров на бирже)*

suspension 1. приостановка; прекращение **2.** временное отстранение *(от должности)*
~ of commitment приостановка прежнего обязательства
~ of gold standard отмена золотого стандарта
~ of payments прекращение платежей
~ of quotas отмена квот
~ of specie payments прекращение оплаты обязательств металлическими деньгами

sustained устойчивый; длительный; непрерывный *(напр. об экономическом росте)*

sustenance средства существования

swallow поглощать *(напр. фирму)*

swap 1. обмен **2.** своп, обмен активами *или* обязательствами **3.** покупка иностранной валюты в обмен на отечественную с последующим выкупом
asset-based ~ своп на основе активов, обмен одних ценных бумаг на другие

basis rate ~ своп обязательств с плавающей процентной ставкой на обязательства с фиксированной ставкой
currency ~ валютный своп *(покупка или продажа валюты на условиях своп с одновременной противоположной форвардной сделкой)*
maturity ~ своп с обменом облигаций, различающихся по срочности
sovereign debt ~ обмен государственными долговыми обязательствами *(на международном финансовом рынке)*
stock ~ обменная операция с акциями
tax ~ налоговый своп, операция (с ценными бумагами), уменьшающая налоги
swapping меновая торговля; товарообменная сделка, бартерный [натуральный] обмен
swaption «свопцион», комбинация свопа и опциона *(опцион на операцию своп)*
sweat жестоко эксплуатировать, платить голодную зарплату
sweatee жестоко эксплуатируемый рабочий, рабочий, получающий голодную зарплату
sweater работодатель, жестоко эксплуатирующий рабочих; эксплуататор
sweating 1. жестокая эксплуатация, потогонная система **2.** тяжёлый малооплачиваемый труд **3.** стирание монет в процессе обращения
sweatshop *амер.* мастерская, в которой рабочие получают крайне низкую зарплату и работают в тяжёлых условиях
sweeten □ **to ~ a loan** *амер. разг.* внести дополнительное обеспечение по ссуде
sweetener условие выпуска ценной бумаги, призванное увеличить её привлекательность *(напр. акционерный варрант, прилагаемый к облигации)*
swell нарастать; увеличиваться *(напр. о запасах)*
swindle мошенничать, обманывать; обманным образом продавать сомнительные ценные бумаги
swindling продажа сомнительных ценных бумаг через подставных лиц
swineherd свинопас
swing 1. резкое колебание; неожиданное скачкообразное движение конъюнктуры ‖ резко колебаться **2.** свинг, допускаемое сальдо, предел взаимного кредитования *(по клиринговым расчётам)* □ **~ in activity** колебание экономической активности; **~ in production** колебание уровня производства, колебание в объёме производства; **to ~ the balance of payments out of deficit** вывести платёжный баланс из дефицита
~s of demand колебания спроса
cyclical ~s циклические колебания
leads-lags ~s колебания во внешних расчётах страны, вызываемые операциями «лидз энд лэгз» *(ускорение или задержка платежей)*
long ~s in the rate of growth длительные колебания в темпах экономического роста
primary ~s промышленные циклы, долговременные циклические колебания хозяйственной активности
secondary ~s текущие кратковременные колебания хозяйственной активности
switch 1. переход, переключение ‖ переходить, изменять направление **2.** свитч *(1. ликвидация обязательств с одними ценными бумагами и заключение сделок по другим 2. переуступка третьей стране остатка на клиринговом счёте 3. операция по использованию блокированного счёта)* □ **~ in method of production** переход от одного метода производства к другому; **to ~ into equities** покупать акции вместо обязательств с фиксированным доходом; **to ~ over** переходить, переключаться *(на производство другого продукта)*
~ of productive techniques переход от одного метода производства к другому
policy ~ стратегический свитч, переброска инвестиций из одной сферы в другую
switching 1. переход, переключение **2.** *трансп.* маневровая работа **3.** перевозка грузов по железнодорожным веткам от магистралей к портам [к заводам] **4.** работа передаточных железных дорог **5.** *ТМО* переход из одной очереди в другую
asset ~ «переключение» с одного актива на другой
interterminal ~ маневровая работа в пределах одного диспетчерского участка *(из пункта на одной транспортной линии до пункта другой линии)*
intraplant ~ маневровая работа в пределах внутризаводских путей
intraterminal ~ маневровая работа в пределах транспортной сети станции
reciprocal ~ *амер.* двусторонние маневровые работы; выполняемое двумя различными дорогами маневрирование *(от соединения с чужой дорогой до примыкающих к ней подъездных путей предприятия и в противоположном направлении)*
symbol символ, знак; обозначение
~ of value знак [символ] стоимости
status ~ символ общественного положения
stock ~ сокращённое название выпуска акций
symmetallism 1. применение сплава благородных металлов для изготовления монет **2.** система обеспечения бумажных денег золотом и серебром с разменом на оба металла в определённой пропорции
synchronization синхронизация [совмещение, совпадение] во времени *(напр. платежей)*
syndicalism синдикализм
syndicate синдикат; консорциум ‖ объединять в консорциум *или* синдикат □ **~ on original terms** *см.* **underlying syndicate**; **to ~ a loan** создавать банковский синдикат для предоставления крупного займа; **to form a ~** организовывать консорциум
banking ~ банковский консорциум
distributing ~ консорциум по размещению ценных бумаг среди инвесторов
finance ~ финансовый синдикат

machinery ~ «машинное объединение» *(для приобретения и использования сельскохозяйственной техники на паевых началах)*
market ~ биржевой консорциум
promoting ~ учредительный консорциум *(банков)*
underlying ~ консорциум, покупающий весь выпуск ценных бумаг для последующего размещения на рынке
underwriting ~ синдикат, размещающий ценные бумаги на условиях «андеррайтинг»

syndicated синдицированный, организованный из нескольких участников *(особ. о займе, о финансировании)*

syndication синдицирование, организация ведущим банком синдиката для предоставления кредита

synergism синергизм *(явление в деловой практике, когда общий результат превосходит сумму отдельных эффектов)*

synergy *см.* **synergism**

synthesis:
neoclassical ~ неоклассический синтез

synthetic синтетический *(о материале)*, сочетающий разные элементы, характеристики *(о ценной бумаге)*

System:
Accelerated Cost Recovery ~ система ускоренного возмещения себестоимости *(ускоренная амортизация по законодательству США 1981г.)*
Bretton Woods ~ Бреттонвудская система
British Imperial ~ британская система мер и весов *(в отличие от метрической)*
European Monetary ~ Европейская валютная система
Federal Catalog(ing) ~ федеральная каталожная система *(поставщиков)*, федеральная система каталогизации *(поставщиков)*
Federal Farm Credit ~ Федеральная система фермерского кредита *(США)*
Federal Home Loan Bank ~ Федеральная система банков жилищного кредита *(США)*
Federal Reserve ~ Федеральная резервная система, ФРС *(США)*
Federal Reserve Check Collection ~ система инкассирования чеков через Федеральную резервную систему
Imperial ~ *см.* **British Imperial System**
Inter-Market Trading ~ Межрыночная торговая система *(компьютерная система, связывающая биржи США)*
Intermediate Credit Banks ~ *амер.* система банков среднесрочного кредита
Management Scientific Information ~ система научной информации для руководства
Marketing Analysis Research ~ система разработки рыночной стратегии
Material Product ~ система материального продукта; система показателей баланса народного хозяйства
Planning, Programming and Budgeting ~ *амер.* система планирования, программирования и финансирования
Post Office Saving ~ *англ.* почтово-сберегательная система
Selected Acquisition, Information and Management ~ *амер.* избирательная [селективная] система закупок, сбора и анализа информации, управления *(выполнением заказов военных ведомств)*
Taylor ~ *(амер.)* тейлоризм *(система методов и приёмов организации труда)*
Weir ~ система Вейра *(премиальной оплаты труда)*

system 1. система; способ; метод 2. устройство; строй 3. классификация 4. учение 5. сеть *(дорог)* □ **~s and procedures** *амер.* 1. служба рационализации управления 2. использование рациональной организации труда и других приёмов *(в управленческих операциях)*; **~ with backlog(ging)** система *(управления запасами)* с задалживанием спроса; **~ with finite waiting room** *ТМО* система с конечным местом для ожидания; **~ with limited holding time** *ТМО* система с ограниченным временем пребывания; **~ without information** *ТМО* система без информации; **~ with refusal** *ТМО* система с отказами; **~ with restrictions** *ТМО* система с ограничениями
~ of debiting agents with actual premiums collected система оплаты труда страховых агентов по мере сбора очередных взносов
~ of economic exchange система хозяйственного обмена
~ of fixed base index базисная система индексов, система индексов с фиксированной базой
~ of instantaneous payments система платежей с немедленной регистрацией сделки в запоминающем устройстве ЭВМ
~ of integrated national accounts система объединённых национальных счетов
~ of machinery система машин
~ of planning and incentives система планирования и обеспечения материальной заинтересованности
accounting ~ 1. система бухгалтерского учёта 2. методы бухгалтерии; система расчётов 3. бухгалтерский аппарат *(предприятия)* 4. система счетов
actual cost ~ 1. система учёта [учёт] по фактическим издержкам 2. система калькуляции себестоимости по фактическим издержкам
adaptive ~ адаптивная система
address matching ~ система сличения адресов
advanced ~ система, построенная на основе последних технических достижений
advertised bid(ding) ~ система открытых торгов *(при выдаче подрядов, при заключении договоров)*
appointment ~ система назначений
arable dairy ~ земледельческо-молочное направление *(хозяйства)*
arable-livestock ~ земледельческо-животноводческое направление *(хозяйства)*
asymptotically stable ~ асимптотически устойчивая система

automated control ~ автоматизированная система управления, АСУ
automatic data processing ~ система автоматической обработки данных
automatic dragline ~ автоматическая конвейерная система для перемещения грузов *(между местами погрузки-выгрузки)*
automatic transfer ~ автоматическая система перемещения *(деталей)*
average premium ~ система среднего страхового платежа
balking ~ *ТМО* система, в которой требования могут уходить из очереди до начала обслуживания
banking ~ банковская система
basing-point(price) ~ **1.** система базисных пунктов *(установление цен с учётом издержек по доставке продукции потребителю от базисного пункта)* **2.** система жёстких тарифных ставок *(рассчитываемых от одного или нескольких базисных пунктов)*
batch ~ *см.* **block system**
battery ~ система клеточного содержания *(птицы)*
block ~ система сортировки и проверки чеков в кассах банков
'blue-eyed' boy ~ *англ.* система выписки нарядов по усмотрению мастера *(при сдельной оплате труда)*
bonus ~ премиальная система
budgetary control ~ система контроля исполнения сметы
bulk power ~ магистральная энергетическая система; система оптового электроснабжения
bulk-service ~ *ТМО* система с групповым обслуживанием
capacitated ~ система с ограничением пропускной способности
capitalist ~ капиталистическая система
cashiering ~ система касс *(в магазине)*
census information retrieval ~ система выдачи данных о результатах переписи
centralized control ~ централизованная система управления, централизованная система регулирования
centrally planned ~ **1.** централизованно планируемая (экономическая) система; социалистическая система; централизованно планируемая экономика; социалистическая экономика **2.** страна с плановой экономикой; регион с плановой экономикой; социалистические страны
central record ~ система централизованного учёта
chain store ~ *амер.* сеть магазинов
civil transportation ~ гражданская транспортная система *(не включающая перевозочные средства, принадлежащие государственным органам и местным властям)*
class cost ~ **1.** система группового позаказного учёта, групповой позаказный учёт **2.** система калькуляции себестоимости по групповому позаказному методу
classification ~ система классификации

clearing ~ система клиринговых расчётов, система клиринга
closed marriage ~ замкнутая система браков
closed queueing ~ замкнутая система массового обслуживания
command-and-control ~**s** оперативная система управления *(включающая большое число источников информации и систему оперативного контроля производства)*
commercial drylot beef feeding ~ откормочные предприятия коммерческого типа с загонным содержанием мясного скота
common control ~ *ТМО* система с управлением входящим потоком
competitive ~**s** конкурирующие системы *(напр. социализм и капитализм)*
competitive negotiated bidding ~ конкурентно-переговорная система закрытых торгов
computer-based trading ~ **for the Eurobonds market** международная электронная система по обслуживанию операций на рынке еврооблигаций
computer-controlled closed-loop ~ замкнутая система управления (производством) с помощью вычислительных машин; полностью автоматическая система управления производством с помощью ЭВМ
computerized ~ **of payments** электронная система платежей
computerized information ~ информационная система, базирующаяся на ЭВМ
constant causes ~ комплекс постоянно действующих причин
constrained ~ система с ограничениями
continuous cost ~ система непрерывной калькуляции издержек *(на предприятиях с непрерывным технологическим циклом, напр. на нефтеперерабатывающем заводе)*
continuous registration ~ система непрерывного учёта населения
continuous review ~ система *(управления запасами)* с непрерывной проверкой уровня запасов
contract ~ система контрактов
convertible-dollar ~ система золотодолларового стандарта *(при которой доллар ограниченно обменивался на золото)*
cost ~ **1.** система учёта издержек **2.** система калькуляции издержек
cost control ~ система регулирования затрат
cost-plus ~ система установления цен по принципу «расчётные издержки плюс фиксированная норма прибыли», система «кост-плюс»
crawling peg ~ система «ползущего курса» *(периодического изменения фиксированного курса на небольшую величину в сторону повышения или понижения)*
credit ~ кредитная система
credit authorizing ~ система проверки кредитоспособности *(с помощью кредитных карточек)*
credit transfer ~ система безналичных денежных переводов

credit validation ~ *см.* **credit authorizing system**
cropping ~ система полеводства
crop rotation ~ система севооборота
cultivation ~ система возделывания культур
currency ~ валютная система, система денежного обращения *(наличных денег)*
custom transit ~s таможенные транзитные системы
cyclical early warning ~ система предварительного предупреждения относительно смены фаз цикла
cyclical response ~ система циклических реакций *(в экономике)*
data ~ информационная система
data collection ~ система сбора данных
data exchange ~ система обмена данными
data handling ~ система обработки данных
data logging ~ система регистрации данных; система записи информации
data processing ~ система обработки данных
data reduction ~ система преобразования данных
data retrieval ~ система поиска данных
data transmission ~ система передачи данных
decentralized reserve ~ децентрализованная система резервов *(банковских)*
decimal ~ of coding десятичная система индексации
delay ~ *ТМО* система с ожиданием
delivered price ~s системы установления цен с включением издержек по транспортировке продукции к месту потребления
departmental ~ of management отраслевая система управления
departmental costing ~ система отраслевой калькуляции издержек производства
deterministic ~ детерминированная система
diversified farm production ~ система многоотраслевого сельскохозяйственного производства
domestic ~ система кустарной промышленности
double account ~ *англ.* система двойных счетов *(в бухгалтерском учёте железных дорог, электростанций и других коммунальных предприятий)*
drainage ~ канализационная сеть; система сбора сточных вод; дренажная система
dry ~ богарная [неорошаемая] система земледелия
dual banking ~ *амер.* система двойного подчинения банков *(федеральному правительству и властям штата)*
dual posting ~ двойная система бухгалтерских проводок
dual standard cost ~ система «двойной калькуляции», система двойного учёта *(фактического и нормативного)*
dynamic ~ динамическая система
dynamic priority ~ *ТМО* система с динамическими приоритетами
early warning ~ *англ.* система предварительного предупреждения *(обязывающая профсоюзы уведомлять заранее министерство труда о своём намерении добиваться повышения заработной платы)*
ecologic(al) equilibrium ~ система экологического равновесия
econometric(al) ~ эконометрическая система
educational ~ система образования
electric(al) ~ энергетическая система
electronic book-entry ~ электронная система бухгалтерского учёта
electronic (direct) funds transfer ~ электронная система платежей *(основанная на прямой передаче информации через сеть ЭВМ)*
Emerson bonus ~ система премиальной зарплаты Эмерсона *(при которой премии начисляются, если средняя производственная норма выполняется на 2/3)*
energy ~ энергетическая система
engineering ~ техническая система
equilibrium ~ система равновесия, равновесная система
estimating-cost ~ система сметных оценок; система оценочных издержек *(производства)*
extensive farming ~ система экстенсивного сельскохозяйственного производства
factory ~ фабричная система
factory-warehouse ~ система «предприятие—склад»
farm costing ~ система калькуляции издержек производства фермерского хозяйства
farming ~ система фермерского хозяйства
farm loan ~ система фермерских займов
Federal Reserve interdistrict collection ~ система межокружной инкассации Федеральной резервной системы
feedback ~ система с обратной связью
feeding ~ *с.-х.* система кормления, система раздачи кормов
feed-units ~ *с.-х.* система кормовых единиц
feudal ~ феодальный строй
financial ~ финансовая система
fiscal ~ 1. финансовая система **2.** налоговая система
fixed-interval ~ система *(управления запасами)* с подачей заказов через постоянные промежутки времени
fixed-order-quantity ~ система *(управления запасами)* с фиксированным размером заказа
follow-the-leader pricing ~ система лидерства в ценах
forecasting ~ система прогнозирования
fractional reserve ~ *амер.* система фракционных [частичных] резервов *(в банковском деле)*
free enterprise ~ система свободного предпринимательства, традиционный капитализм
free-range ~ система свободно-выгульного содержания *(птицы)*
functional information ~ функциональ-

SYSTEM

ная информационная система *(напр. финансовая, производственная)*
Gantt ~ система оплаты по Ганту *(при которой выплачивается премия за достижение очень высокой, обычно двойной, нормы выработки, и премия не выплачивается в случае невыполнения этой повышенной нормы)*
general window ~ общая система массового обслуживания *(возможность для клиента воспользоваться любым кассовым окном)*
giro ~ система жиросчетов
Halsey ~ система оплаты по Хэлси *(предусматривающая выплату премии в размере половины почасовой ставки за экономию нормы времени при сдельной работе)*
hatch ~ система выжидания *(основанная на ведении наблюдения за состоянием рынка ценных бумаг с помощью графика движения цен и индексов)*
historical cost ~ система калькуляции на основе прошлых издержек производства; калькуляция на основе фактических издержек производства
household ~ патриархальное хозяйство
housing ~ система содержания *(скота)* в помещении
incentive payment ~ *орг. пр.* система поощрительных доплат
infinite queueing ~ 1. система массового обслуживания с бесконечной очередью **2.** система массового обслуживания с бесконечным числом каналов
information ~ информационная система
information decision ~ информационно-решающая система
information retrieval ~ информационно-поисковая система, ИПС
input-output ~ система «затраты—выпуск»
inspection ~ система технического контроля
integrated accounting ~ система объединённого бухгалтерского учёта *(охватывающая производственный и финансовый учёт и анализ)*
integrated farm production ~ система интегрированного сельскохозяйственного производства
integrated record ~ система централизованного учёта
intensive farming ~ система интенсивного сельскохозяйственного производства
international monetary ~ международная валютная система
inventory control ~ система управления запасами
job(-order) cost ~ система калькуляции издержек производства по заказам; позаказный метод калькулирования издержек производства
kinship ~ система родственных связей
land capability classification ~ система классификации земель по производительности
land classification ~ классификация земель по системе «Службы мелиорации и сохранения плодородия»
land-tenure ~ система землевладения
land-use ~ система землепользования
large scale business ~ крупное торгово-промышленное объединение
latifundium ~ латифундизм, система крупного землевладения
Leontief ~ *мат.* система Леонтьева
limited availability ~ *ТМО* неполнодоступная система
linear ~ линейная система
linear programming ~ система линейного программирования
locally stable ~ локально устойчивая система
local public (power) ~ муниципальная электроэнергетическая система
local transit ~ внутригородской коммунальный транспорт
loose housing ~ система беспривязного содержания *(скота)*
loss ~ *ТМО* система с потерями
loss-delay ~ *ТМО* система смешанного типа
lossless ~ *ТМО* система без потерь
low-cost low-output farming ~ система фермерского хозяйства с низкой себестоимостью и товарностью
management ~ 1. система административного управления **2.** *с.-х.* система содержания, система ухода
management information ~ система научной информации для руководства
managerial ~ система (административного) управления
man-machine ~ система «человек—машина»
manorial ~ *с.-х.* манориальная система
manufacturing ~ мануфактурное производство
many-server ~ *см.* **multichannel system**
market ~ 1. рыночная (экономическая) система, капиталистическая система; рыночная экономика, капиталистическая экономика **2.** страны с рыночной экономикой; капиталистический мир
Markov(ian) ~ *ТМО* марковская система
marriage registration ~ система регистрации браков
material flow ~ система движения материалов и сырья
mechanized production ~ автоматизированная система производства
meritocratic ~ меритократия (*см. тж.* **meritocracy**)
metric ~ метрическая система *(мер)*
minimax ~ минимаксная система
mixed enterprise ~ система смешанного предпринимательства *(частного и государственного)*
mnemonic code ~ система мнемонического кода *(в коды входят начальные буквы названий шифруемых объектов)*
modified reorder point ~ система *(управления запасами)* с изменённой точкой подачи заказа

monetary ~ денежная система
monitor(ing) ~ система контроля
monopolistic ~ монополистическая система
multibank ~ многобанковая система
multichannel ~ многоканальная система *(массового обслуживания)*
multicommodity ~ многопродуктовая система *(управления запасами)*
multidepot ~ система *(управления запасами)* с несколькими складами
multiechelon supply ~ многоступенчатая система снабжения
multiitem inventory ~ многопродуктовая система управления запасами
multiitem supply ~ многопродуктовая система снабжения
multilateral ~ of settlements многосторонняя система расчётов
multilevel ~ многоуровневая система *(управления запасами)*
multilocation supply ~ система снабжения из нескольких источников
multiple ~ 1. *мат.* многоэлементная система **2.** *см.* **chain store system**
multiple basing-point ~ система жёстких тарифных ставок, рассчитываемых от нескольких базисных пунктов
multiple currency reserve ~ система, основанная на нескольких резервных валютах
multiple queue ~ 1. *см.* **multichannel system 2.** система массового обслуживания с несколькими очередями
multiple reorder point [multiple-trigger] ~ система *(управления запасами)* с несколькими точками подачи заказа
multiproduct inventory ~ многопродуктовая система управления запасами
multiserver ~ *см.* **multichannel system**
multistage supply ~ многоступенчатая система снабжения
multistation ~ 1. многопунктовая система *(снабжения)* **2.** *см.* **multichannel system**
multivariable ~ многомерная система
national banking ~ *амер.* система национальных банков
national payment ~ общенациональная система платежей
nationwide branch banking ~ общенациональная система банковских отделений
negotiated bidding ~ система закрытых торгов; система закрытых переговоров о заключении подрядов
non-Markovian ~ *ТМО* немарковская система
nonnormalized ~ ненормированная система
nonpreemptive priority ~ *ТМО* система с приоритетом, не прерывающим обслуживания
normal cost ~ система сметных оценок для (предварительной) калькуляции; система калькуляции по данным учёта за прошлый период
numerical transit ~ цифровая система кодирования инкассируемых документов
office ~ конторский комплекс; комплексное конторское оборудование
on-demand ~ *ТМО* система (с обслуживанием) без ожидания
one-crop ~ система монокультуры, монокультура
one-litter ~ *с.-х.* система разовых опоросов
open marriage ~ система свободных браков
open price ~ *амер.* практика обмена информацией о ценах *(между промышленными компаниями, так называемая «конкуренция в открытую»)*
operational ~ система взаимодействия подразделений предприятия
operations cost ~ пооперационная система калькуляции
optimum ~ оптимальная система
ordering ~ система подачи заказов
ordering cycle ~ система *(управления запасами)* с периодической подачей заказов
outdoor wintering ~ система зимнего содержания *(скота)* вне помещения
parcel pickup ~ система доставки покупок к автомашине *(по номеру кассового чека покупатель забирает свои покупки из нумерованного ящика, поданного прямо к автомашине из зала супермаркета)*
partial standard cost ~ система калькуляции издержек производства с частичным использованием нормативов
partido ~ *амер.* издольщина *(в овцеводческих хозяйствах юго-западных штатов)*
par value ~ валютная система, основанная на фиксированных паритетах
pay-as-you-earn ~ система сбора налогов путём вычетов из заработной платы
payment(s) ~ система платежей
pen ~ система беспривязного содержания *(скота)* в загонах
performance measurement ~ система текущей оценки эффективности
periodic reordering ~ система *(управления запасами)* с периодической подачей заказов
permit-issuing ~ *амер.* система выдачи разрешения на строительство *(практикуется в некоторых штатах)*
perpetual inventory ~ система с непрерывным пополнением запасов
piece-rate ~ сдельная оплата труда
planning-programming-budgeting ~ *амер.* система «планирование, программирование, финансирование»
plantation ~ плантационная система
point ~ *орг. пр.* система оценок в баллах
postal saving ~ *амер.* почтово-сберегательная система
post giro ~ почтовая система жиросчетов
power ~ энергетика; энергетическая система
predetermined motion time ~ *орг. пр.* система нормативов для основных элементов
preemptive priority ~ *ТМО* система

с приоритетом, прерывающим обслуживание
premium ~ система премиальных ставок
preplanning ~ система предварительного планирования
price ~ ценовая система
priority ~ 1. система приоритетов **2.** *ТМО* система с приоритетами
probabilistic ~ вероятностная система
process cost ~ 1. метод калькуляции по процессам **2.** система списания прямых и косвенных издержек на процесс
production ~ производственная система, система производства
production distribution ~ система распределения продукции
program change control ~ система контроля за изменением программы
publicly owned power ~ государственная энергетическая система; муниципальная энергосистема; кооперативная энергосистема
public power ~ коммунальная система энергоснабжения
public water ~ коммунальная система водоснабжения
pure key-currency ~ «чистая» валютная система, основанная на ключевых валютах без участия золота
quality ~ система критериев качества
quality auditing ~ система проверки качества
quality intelligence ~ система определения качества *(продукции)*
quality rating ~ система оценки и нормирования показателей качества
queueing ~ система массового обслуживания
quota ~ система иммиграционных квот
railway ~ железнодорожная сеть
ramified kinship ~ разветвлённая система родственных связей; генеалогическое дерево
rate card ~ система тарифов *(на перевозки грузов)*, картотека тарифов
rationing ~ 1. система фондирования промышленного сырья и материалов; система нормированного распределения **2.** карточная система *(распределения продовольственных и промышленных товаров)*
receiving inspection ~ система приёмочного контроля
record keeping ~ система учёта *(запасов)*
regional electronic payment ~ региональная электронная система платежей
relay ~ система смен
reneging ~ *ТМО* система, в которой требования могут уходить из очереди до начала *или* окончания обслуживания
reorder point ~ система *(управления запасами)* с фиксированной точкой подачи заказов
reorder time ~ система *(управления запасами)* с подачей заказов через постоянные промежутки времени
retail trade ~ (розничная) торговая сеть
rotation ~ система очерёдности при текущем обследовании населения

SYSTEM

saving ~ система сберегательных учреждений
scheduling ~ система календарного планирования
scoring ~ система количественных показателей; система очков; система баллов
semi-intensive ~ полуинтенсивная система содержания *(скота)*
serving ~ система (массового) обслуживания
sharecrop ~ *амер.* испольная система
shift ~ система работы по сменам
simulation ~ имитационная система
single basing-point ~ система жёстких тарифных ставок, рассчитываемых от одного базисного пункта
single channel ~ одноканальная система *(массового обслуживания)*
single posting ~ однофазовая система бухгалтерских проводок
single-server ~ *см.* **single-channel system**
single standard cost ~ *см.* **standard cost system**
slow check collection ~ медленная система инкассации чеков
snake-in-the-tunnel ~ система колебания валютных курсов в допущенных пределах
socialist ~ социалистическая система
soil rating ~ система оценки почв
sole source negotiated bidding ~ система выдачи подрядов на основе переговоров с одной фирмой-поставщиком
specialized farm production ~ система специализированного сельскохозяйственного производства
specific-order cost ~ *см.* **job(-order) cost system**
speedup ~ потогонная система *(труда)*
spoils ~ *амер.* «делёж добычи» *(предоставление постов и привилегий активным сторонникам победившей партии за услуги в период избирательной кампании)*
sponsor group ~ *амер.* система заказа группой фирм радио- *или* телепрограмм в рекламных целях
standard cost ~ система нормативного учёта [нормативной калькуляции] и оперативного контроля издержек производства, система «стандарт—кост»
static-priority ~ *ТМО* система со статическими приоритетами
straight-line ~ of depreciation система амортизационных списаний на основе единой годовой нормы *(к первоначальной стоимости активов)*
suggestion ~ система поощрения рационализаторских предложений
supply ~ система снабжения
surplus appropriation ~ *ист.* продразвёрстка
sweating ~ потогонная система *(труда)*
task ~ система целей
teletype ~ система телетайпной связи
time-sharing ~ система с разделением времени
total information ~ система полной информации

transmission ~ система магистральных линий электропередачи
two-bin ~ двухуровневая система *(управления запасами)*
two-channel ~ *ТМО* двухканальная система
two-class ~ *ТМО* система, в которую поступают требования двух классов
two-tier ~ of price of gold двухъярусный рынок золота
uncapacitated ~ система без ограничений пропускной способности
underloaded queueing ~ система массового обслуживания в условиях неполной нагрузки
underwriting ~ система гарантий по эмиссии ценных бумаг
uniform accounting ~ унифицированная [единая] система бухгалтерского учёта
unit teller ~ система единого кассира *(приходно-расходных операций в одной кассе)*
value ~ система ценностей
vital statistics ~ система учёта естественного движения населения
voucher ~ *бухг.* система учёта на основе ваучеров (*см. тж.* **voucher**)
wage-labor ~ система наёмного труда
waiting ~ *ТМО* система с ожиданием
waste-handling ~ система очистки сточных вод
water ~ система водоснабжения
weighting ~ *стат.* система весов
within-plant trackage ~ внутризаводская железнодорожная сеть

systematic 1. систематический, регулярный **2.** органический, свойственный данной системе *(напр. о риске)*
systematization систематизация
systematize систематизировать, приводить в систему

T

table 1. табель; расписание **2.** таблица || составлять таблицу **3.** *торг.* прилавок
~ of interest таблица [шкала] процентов
~ of limits *страх.* таблица лимитов по собственному удержанию
~ of normal distribution таблица нормального распределения
~ of random numbers таблица случайных чисел
~ of rates тариф
~ of working life таблица продолжительности трудовой жизни
actuarial life ~ таблица смертности для страхования жизни
aggregate ~ of mortality сводная таблица смертности
American experience ~ of mortality таблица смертности, составленная по данным страховых компаний и переписей в США
analysis-of-variance ~ *стат.* таблица дисперсионного анализа
approximate ~ таблица приближённых значений
attrition ~ *демогр.* таблица убывания *(контингента)*
birth rate ~ таблица рождаемости
bridge ~ сопоставительная таблица; переводная таблица, таблица пересчёта
cohort ~ *демогр.* таблица с дифференциацией по контингентам
cohort life ~ *демогр.* таблица смертности исходного контингента
computational ~ расчётная таблица
conversion ~ переводная таблица, таблица пересчёта
cost ~ таблица затрат
current ~ таблица, построенная по данным текущего учёта
decision ~ таблица решений
direct input ~ таблица коэффициентов прямых затрат
direct requirements ~ *см.* **direct input table**
disability percentage ~ таблица для определения процента утраты трудоспособности
fertility ~ таблица плодовитости
first marriage ~ таблица данных о вступлении в первый брак
functional ~ таблица значений функции
generation ~ таблица исходного контингента, таблица поколения
individual ~ детализированная таблица
infant life ~ таблица детской смертности
input-output ~ таблица межотраслевого баланса, таблица затрат и выпуска
intergenerational occupation mobility ~ таблица профессиональной мобильности при замещении поколения
I-O ~ *см.* **input-output table**
labor force life ~ таблица смертности трудоспособного населения
life ~ 1. таблица сроков службы *(объектов основного капитала)* **2.** таблица смертности; таблица дожития
loss ~ *стат.* таблица потерь
manning ~ штатное расписание
mating ~ таблица (коэффициентов) брачности
month-of-stock ~ таблица, определяющая размер заказа в зависимости от месячного спроса
mortality ~ *см.* **life table 2.**
net nuptiality ~ таблица нетто-коэффициентов брачности
normal curve ~ таблица нормального распределения
nuptiality ~ таблица коэффициентов брачности
opportunity loss ~ *стат.* таблица потерь при неиспользовании благоприятных возможностей
ordering ~ таблица размеров заказа
payoff ~ *т. игр* таблица выигрышей
period life ~ таблица смертности за определённый период *(преимущественно за 1 год)*

present value ~s таблицы приведенной (текущей, дисконтированной) стоимости *(по срокам и ставкам дисконта)*
quality control ~ таблица контроля качества
reference ~ справочная таблица
reserve ratio ~ таблица коэффициентов резерва на амортизацию
sample ~ таблица выборочных данных
select ~ *страх.* таблица отбора рисков
select life ~ таблица смертности для отдельных групп
sickness ~ таблица с перечнем заболеваний *(влекущих за собой отказ в приёме на страхование или применение повышенных тарифных ставок)*
statistical ~ статистическая таблица
summary ~ сводная таблица
survival ~ таблица дожития
tax ~ налоговая таблица
total requirements ~ таблица коэффициентов полных затрат
transaction ~ стоимостный баланс *(затрат и выпуска продукции)*
transportation ~ матрица условий транспортной задачи
taboo запрещение ‖ запрещать
pollution ~ запрещение браков между представителями различных рас, национальностей, племён
tabulate сводить в таблицу; табулировать; располагать данные в виде таблицы; вносить в таблицу; составлять таблицу
tabulated табличный; сведённый в таблицу; табулированный
tabulation 1. сведение в таблицу; табулирование; расположение данных в виде таблицы; составление таблицы **2.** *pl* табличные данные
bridge ~ составление переводной таблицы; составление сопоставительной таблицы
statistical ~ составление статистических таблиц
tactics тактика □ **to engage in diverse promotional ~** использовать многообразные приёмы и средства стимулирования сбыта
go slow ~ тактика медленной работы *(применяется как средство нажима на предпринимателей в случае, если по каким-л. причинам рабочие не объявляют открытой забастовки)*
tag 1. ярлык, этикетка; бирка ‖ прикреплять ярлыки **2.** размечать *(товары)*
bin ~ *см.* **perpetual inventory tag**
inventory ~ инвентарный ярлык; карточка складского учёта
perpetual inventory ~ карточка текущего складского учёта *(наличия материала, комплектующих изделий, инструмента)*
price ~ 1. ярлык с указанием цены, ценник **2.** фиксация [установление] цены
tear ~ отрывной товарный ярлык *(одна часть при продаже товара отрывается и поступает в механизированный учёт)*
tail 1. *мат.* «хвост» *(напр. кривой распределения)*, область больших отклонений **2.** *ТМО* очередь **3.** обратная сторона монеты **4.** *юр.* заповедное имущество *(ограниченное в порядке наследования)* **5.** *бирж.* дробь в котировке ценной бумаги **6.** *страх.* интервал между получением премии и выплатой возмещения
~ of variance шлейф дисперсии *(в дисперсионном анализе)*
fee ~ урезанная собственность *(ограниченная в порядке наследования)*
tailoring *англ.* пошив готового платья для продажи
bespoke [custom] ~ *англ.* индивидуальный пошив; пошив по заказам
tailor-made изготовленный на заказ; специально сделанный
take 1. получение ‖ брать; получать **2.** выручка; сбор; реализованная прибыль ‖ выручать; взимать; брать цену **3.** получка **4.** аренда *(земли)* ‖ арендовать; нанимать; снимать **5.** арендованный участок **6.** принять предложение о сделке **7.** *юр.* арестовать *(имущество)* □ **to ~ a bath** *бирж.* понести большие убытки; **to ~ aboard** принимать на борт, грузить на судно; **to ~ a flier** принимать участие в азартной игре на бирже; **to ~ away** вычитать, отнимать; **to be on the ~** быть склонным к взятке; **to ~ charge of** заботиться *(напр. о ком-л.)*; брать на хранение; осуществлять контроль; **to ~ delivery** принимать поставку *(товара)*; **to ~ effect** вступать в силу, оказывать действие; **to ~ for the call** *бирж.* продать предварительную премию; **to ~ for the put** купить обратную премию; **to ~ in 1.** брать *(груз)* **2.** собирать *(урожай)*; **to ~ in pledge** принимать в залог; **to ~ off** сбавлять, снижать, уменьшать; **to ~ on 1.** *мор.* брать на борт **2.** нанимать, приглашать *(рабочих)*; **to ~ out 1.** вынимать **2.** получать *(документ из учреждения)*; выбирать; **to ~ out an insurance policy** получить страховой полис, застраховать; **to ~ out a patent** брать патент; **to ~ out of pledge** выкупить залог; **to ~ over 1.** принимать *(должность)* от другого **2.** перевозить; **to ~ over a business** принимать на себя руководство делом; принимать на себя ведение дел; **to ~ the opportunity** воспользоваться удобным случаем; **to ~ up 1.** выкупать, оплачивать **2.** приобретать; подписываться *(на ценные бумаги)* **3.** брать на себя размещение *(ценных бумаг)*; **to ~ up a bill 1.** выкупить тратту, оплатить тратту **2.** акцептовать тратту; **to ~ up loan on securities** заложить ценные бумаги, получить кредит под залог ценных бумаг; **to ~ up securities** подписаться на ценные бумаги; оплатить ценные бумаги
cash ~ наличная выручка
take-down 1. доля каждого участника эмиссионного синдиката в размещении выпуска ценных бумаг **2.** цена, по которой члены синдиката принимают бумаги к размещению
takeoff 1. взлет, подъём *(одна из «стадий*

экономического роста», напр. промышленная революция в Англии) **2.** скидка; комиссия

take-or-pay условие, обязывающее покупателя принять товар *или* выплатить неустойку

take-over 1. приёмка **2.** слияние компаний; присоединение, взятие под свой контроль и управление *(напр. предприятия, принадлежащего другой фирме)*; отчуждение *(собственности в пользу государства)*

factory ~ захват предприятия *(рабочими)*

hostile ~ поглощение компании *(без согласия её руководства)* путём скупки акций на рынке

plant ~ присоединение предприятия *(ранее принадлежавшего государству или другой фирме)*; захват предприятия *(рабочими)*

taker 1. получатель; покупатель **2.** предприниматель

census ~ счётчик *(при переписи населения)*

taking 1. захват, изъятие **2.** *pl* поступления *(денежные)*, выручка

inlawful ~ незаконное изъятие

inventory ~ инвентаризация

profit ~ реализация, фактическое получение (потенциальной) прибыли *(особ. о рынке ценных бумаг)*

talk:

informal ~s неофициальные переговоры

pay ~s переговоры о повышении заработной платы

tallage налоги; сборы

tally 1. число, группа, серия **2.** единица счёта **3.** бирка; ярлык; марка; номер; опознавательный знак *(на товаре)* **4.** подсчёт, сверка ‖ подсчитывать, учитывать *(количество груза)*; сверять, проверять *(принимаемый товар)* **5.** копия, дубликат **6.** расчётная книжка *(покупателя, купившего товар в рассрочку)* **7.** соответствовать, совпадать, согласоваться, сходиться

~ of cargo подсчёт мест груза

tallyman 1. счётчик, отметчик, контролёр *(при погрузке и выгрузке)*; таллиман **2.** лицо, продающее товар в рассрочку; лицо, продающее товар по образцам

tangible осязаемый, материальный, реальный *(о средствах)*

tanker танкер, наливное судно

privately owned ~ танкер, принадлежащий (нефтяной) компании

public ~ танкер, сдаваемый внаём

tantile *стат.* тантиль

tap 1. сорт, марка **2.** *жарг.* выманивание денег ‖ выманивать **3.** использовать *(в частности, ресурсы рынка капиталов для финансирования)* **4.** подключать *(к линии связи)* □ **to ~ new reserves** подключать новые резервы **5.** *англ.* способ продажи казначейских обязательств без конкурентных торгов

long ~ выпуск государственных облигаций на регулярной основе

tape 1. лента *(напр. тикера с биржевыми котировками)* **2.** магнитная лента

cash-register ~ бумажная лента в кассовом аппарате

consolidated ~ консолидированная [объединённая] система информации о курсах акций *(двух Нью-Йоркских фондовых бирж)*

late ~ запаздывание биржевых котировок *(на ленте тикера, на дисплее)*

red ~ *англ.* волокита; бюрократизм; «административные рогатки»

taper постепенное ослабление; спад ‖ постепенно ослабевать

cost ~ постепенное уменьшение издержек

tare 1. масса тары или упаковки ‖ определять массу тары **2.** тара **3.** скидка на тару ‖ делать скидку на тару □ **~ and tret** *амер.* скидка на тару и утечку

computed ~ предполагаемая масса тары

customary ~ установленная масса тары

customs ~ масса тары, установленная таможенными правилами, масса тары по тара-тарифу

estimated ~ предполагаемая масса тары

legal ~ *см.* **customs tare**

received ~ масса тары отдельного места груза, принятая для исчисления массы всей партии

reusable ~ многооборотная тара

schedule ~ *см.* **customs tare**

throwaway ~ тара, не подлежащая возврату *или* дальнейшему использованию

uso ~ *см.* **customary tare**

target 1. цель; задание ‖ ставить *или* намечать цель **2.** намеченная цифра; плановая цифра; контрольная цифра □ **by the ~** к установленному сроку; **~ for disposal of products** план по реализации продукции; **to beat [to exceed] the ~** перевыполнить план, превзойти контрольные цифры; **to hit the ~ 1.** достичь намеченной цели **2.** выполнить план, достигнуть контрольных цифр; **to outstrip [to overfulfill, to smash] ~** *см.* **to beat [to exceed] the target**

disaggregated ~ самостоятельное плановое задание

key ~ основное задание

monetary ~s целевые ориентиры роста денежной массы *(иногда — банковского кредита)*

money supply ~s *см.* **monetary targets**

plan ~ показатель плана; плановое задание

planned ~s контрольные цифры

profit ~ плановая норма прибыли

quantitative ~ количественное задание

sales ~ (плановое) задание по реализации продукции

specific ~s конкретные задачи

targeting таргетинг, определение контрольных цифр *(экономических ориентиров)*

Tariff of Abominations «тариф мерзостей» *(тариф 1828 г., предусматривающий крайне высокие запретительные пошлины на ввоз товаров в США)*

tariff 1. тариф, расценка; прейскурант;

шкала ставок, шкала сборов; пошлина; пошлины || тарифицировать, производить расценку; включать в тариф, облагать пошлиной **2.** цена коммунальных услуг **3.** тарифный сборник *(опубликованные нормы с указанием тарифных ставок и классификации грузов)* □ **~ for bargaining purposes** *см.* **bargaining tariff; ~ for tare carriage** тарный тариф, тариф для перевозки порожней тары; **~ for the transit of goods** тариф на транзитные товары; **to terminate all ~ preferences** аннулировать все тарифные льготы

ad valorem ~ *лат.* стоимостный тариф, пошлины «ад валорэм»

agency ~ агентский тариф; единый тариф *(установленный для двух и более транспортных линий)*

agricultural ~ таможенный тариф на сельскохозяйственные продукты

alternative ~ альтернативный тариф *(содержащий две или более ставки на перевозку одинаковых грузов между одними и теми же пунктами)*

autonomous ~ автономный тариф

bargaining ~ тариф для создания выгодных позиций при переговорах

basing ~ жёсткий тариф; прейскурант жёстких тарифных ставок *(для перевозок только до «базисных» пунктов)*

class ~ прейскурант классных тарифов

class and commodity ~ прейскурант классных и товарных тарифных ставок

compound ~ смешанный тариф

conventional ~ конвенционный тариф; договорные пошлины

customs ~ таможенный тариф

differential ~ дифференциальный тариф; дифференциальные пошлины

discriminating [discriminatory] ~ дискриминирующий [дискриминационный, ограничительный] тариф

double [double-column] ~ двухколонный тариф

flexible ~ гибкий [колеблющийся в определённых пределах] тариф

foreign ~ таможенный тариф иностранного государства

freight ~ 1. прейскурант товарных тарифных ставок **2.** таблица тарифных ставок для грузовых перевозок

general ~ одноколонный [простой] тариф

invisible ~ «невидимый» тариф *(ограничение импорта вследствие сложного и запутанного таможенного законодательства)*

joint ~ сборник [прейскурант] единых тарифов

mileage ~ прейскурант покилометровых тарифов

most favored nation ~ тариф на основе наибольшего благоприятствования

multilinear ~ многоколонный [сложный] тариф

multiple ~ система множественных тарифов

nonprohibitive ~ незапретительный [умеренный] тариф

passenger ~ 1. прейскурант пассажирских тарифных ставок **2.** таблица тарифных ставок для пассажирских перевозок

penalty ~ карательный [репрессивный] тариф; карательные пошлины

peril-point ~ тариф «опасной точки» *(когда объём импорта угрожает конкурентоспособности товаров отечественного производства)*

prohibitive ~ запретительный тариф *(при котором цена импортируемого товара настолько повышается, что делает его сбыт практически невозможным)*

protection [protective] ~ протекционистский тариф; протекционистские пошлины

reduced ~ льготный тариф

retaliation ~ *см.* **penalty tariff**

revenue ~ фискальный тариф

single(-schedule) ~ одноколонный [простой] тариф

sliding-scale ~ скользящая шкала тарифных ставок

specific ~ специфический тариф; специфические пошлины

statutory ~ установленный законом тариф

three-tier ~ трёхколонный тариф

two-part ~ двухчастный тариф *(ставка тарифа составляется из двух частей, исчисляемых различными методами)*

unilinear ~ одноколонный [простой] тариф

tariffication тарификация; установление расценок

taring □ **~ for average** определение среднего веса тары

task 1. задача; задание; урок || ставить задачу **2.** *амер.* норма выработки *(рабочего)*

key ~ основное задание

maintenance ~ задание на техническое обслуживание

major ~ основная задача

obligatory ~s обязательные задания *(государственные)*

quality ~ задание на обеспечение качества

research ~ задача исследования

subcontracted ~s субподрядные задания

work ~ рабочее задание

taskwork 1. урочная работа, урок **2.** сдельная работа **3.** тяжёлая работа

tâtonnement *фр.* «нащупывание» *(процесс итеративного приближения к равновесным ценам)*

tax 1. налог; сбор; пошлина; подать **2.** обложение || облагать налогом *или* пошлиной **3.** *амер. разг.* размер счёта **4.** *амер.* членские взносы || взимать членские взносы **5.** *амер. разг.* назначать *или* спрашивать цену □ **after ~** после удержания [за вычетом] налога; **before ~** до удержания [до вычета] налога; **~ free** свободный от уплаты налога; **~ in kind** натуральный налог; **liable to a ~** облагаемый налогом; **~ on accumulation of profits** налог на накопленную прибыль *или* на богатство; **~ on capital** налог на капитал; **~ on income** подоходный налог; **~ on investments** налог на ценные бумаги; **~ on profits** по-

доходный налог; **to abate a ~** снижать налог; **to abolish a ~** отменить [ликвидировать] налог; **to collect ~es** взимать налоги;собирать налоги; **to cut down a ~** снижать налог; **to dodge [to evade] a ~** уклоняться от уплаты налога; **to impose a ~** вводить налог; облагать налогом; **to ~ income** устанавливать налог на доходы; **to lay a ~ on** облагать налогом; **to make (file) a ~** заполнить налоговую декларацию; **to pay ~es** выплачивать налоги; **to raise ~es** собирать налоги; **to withhold ~es** удерживать налоги *(из заработной платы, жалованья)*

accrued ~ накопившаяся задолженность по выплате налогов

accumulated-earnings ~ налог на нераспределённую прибыль

ad valorem ~ *лат.* налог на стоимость

agricultural ~ сельскохозяйственный налог

airport ~ налог с пассажиров, отбывающих (за границу) из данного аэропорта

alcohol ~ налог на спиртные напитки

amusement ~ налог на развлечения *(спектакли, прокат кинофильмов)*

antichain store ~es *амер.* специальные налоги на сеть магазинов цепного подчинения *(введённые в 40-х годах в 28 штатах)*

apportioned ~ *амер.* налог, поступления от которого распределяются между административными органами штатов

assessed ~es прямые налоги *(на имущество)*

burdensome ~es обременительные налоги

business ~ налог на предпринимателя

capital-gains ~ *амер.* налог на увеличение рыночной стоимости капитала

capital transfer ~ *англ.* налог на передачу капитала

capitation ~ подушный налог

chain-store ~ прогрессивный налог на сеть розничных магазинов цепного подчинения *(взимается, если число управляемых одной фирмой магазинов превышает определённую норму)*

city ~ налог, взимаемый городскими властями

'class' ~ налог, дискриминирующий против определённого класса *или* социальной группы

commodity ~ (косвенный) налог на товары

company income ~ налог с доходов компаний

consumption ~ налог на потребление

corporation income ~ налог с доходов корпораций

death ~ налог на наследство

deferred ~ отсроченный налог

depreciated currency [depreciated exchange] ~ пошлина на товары из стран с обесцененной валютой

direct ~ прямой налог

dividends ~ налог на дивиденды

double ~ двойной налог

earmarked ~es налоги, резервируемые для специальных целей

effluent ~ налог на отходы, загрязняющие среду

emergency ~ чрезвычайный налог

employer payroll ~ налог на предпринимательский фонд заработной платы *(для целей социального страхования)*

employment ~ взнос в фонд страхования по безработице

equalization ~ уравнительный налог *(взимаемый с целью выравнивания доходов, выплат по различным видам ценных бумаг)*

estate ~ *см.* **real estate tax**

excess profits ~ налог на сверхприбыль

excise ~ акциз, акцизный сбор

export ~ экспортная пошлина, налог на экспорт

farm ~es налоги на фермерские хозяйства

farmer's ~ налог на доходы фермера

federal ~ налог, взимаемый федеральным правительством

flat-rate ~ налог, взимаемый по единой ставке; пропорциональный налог

franchise ~ *амер.* налог на монопольные права и привилегии

general property ~ налог на все виды собственности

gift ~ налог на дарение

graded ~ налог с дифференцированной ставкой

graduated ~ налог, взимаемый по прогрессивной ставке

graduated income ~ прогрессивный подоходный налог

head ~ *амер.* подушный налог с иммигрантов

hidden ~es неявные налоги *(косвенные налоги, таможенные сборы)*

highway ~ сбор в правительственный фонд строительства шоссейных дорог

highway users ~ дорожный налог за проезд

immovable property ~ налог на недвижимое имущество

import ~ импортная пошлина, налог на импорт

import turnover ~ налог с оборота импортных товаров

income ~ подоходный налог

increment value ~ налог на прирост стоимости

indirect ~ косвенный налог

individual income ~ личный подоходный налог

inflation ~ инфляционный налог *(фактически выплачиваемый населением вследствие падения покупательной способности денег)*

inheritance ~ налог на наследство

initiation (fees) ~ вступительный взнос

interest equalization ~ налог, уравнивающий ставки процента

intermediate ~es промежуточные налоги

land ~ налог на земельную собственность, земельный налог

legacy ~ *амер.* налог на наследство

local ~ *амер.* местный налог
lost ~ потери налоговых поступлений, недобор налога *(напр. в результате роста безработицы)*
lump-sum ~ аккордный налог; налог на совокупную сумму доходов
luxuries ~ налог на продажу предметов роскоши
matured ~ налог, по которому наступил срок уплаты
multistage sales ~ многоступенчатый налог на продажи
municipal ~ муниципальный налог
national ~ общегосударственный налог *(в отличие от местного)*
negative income ~ негативный подоходный «налог» *(выплата суммы из бюджета лицу с низким уровнем дохода)*
net worth ~ налог на собственность *(исключая долги)*
occupational ~ 1. налог на профессию **2.** сбор при выдаче разрешения на занятие должности
payroll ~ налог, взимаемый с заработной платы *(для целей социального страхования)*
personal property ~ налог на личное *(движимое)* имущество
poll ~ подушный налог с избирателей
privilege ~ *см.* **occupational tax**
processing ~ налог на товар, подвергающийся обработке
profits ~ налог на прибыли
progressive ~ прогрессивный налог
property ~ 1. поимущественный налог **2.** *англ.* налог на недвижимое имущество
proportional ~ пропорциональный налог; налог, взимаемый по единой ставке
punitive ~ on retained earnings налоговый штраф за злоупотребление отчислениями в фонд нераспределённой прибыли
purchase ~ *англ.* (косвенный) налог на покупки
real estate ~ налог на недвижимое имущество
receipts ~ налог с оборота
regressive ~ регрессивный налог *(напр. акциз)*
retail sales ~ налог с розничного оборота
retirement ~es налоговые поступления для погашения государственного долга
returnable ~ налог, который может подлежать возврату
salary ~ налог на жалованье служащих
sales ~ *амер.* налог с оборота
salt ~ акциз на соль
security transfer ~es налоги на перевод ценных бумаг
selective employment ~ налог на предпринимателей за найм работников определённых категорий сверх установленной нормы
severance ~ налог на добытые полезные ископаемые
shared ~ долевой налог *(выручка от которого делится между административными органами разных уровней)*
single ~ единый (земельный) налог

single-stage sales ~ одноступенчатый налог на продажи
social insurance ~ взнос в фонды социального страхования
social security ~ *амер.* налог, взимаемый в соответствии с программами социального страхования
stamp ~ гербовый сбор
state ~ 1. *амер.* налог, взимаемый властями штата **2.** *редко* правительственный налог
stockholder's ~ налог на доходы по акциям
stock transfer ~ налог на операции по трансферту акций
sumptuary ~ налог, регулирующий потребление товаров *(одежды и продуктов питания)*
super ~ добавочный (подоходный) налог
supplemental ~ *см.* **shared tax**
tobacco ~ акциз на табачные изделия
tonnage ~ корабельный сбор
transfer ~ 1. *амер.* федеральный налог на дарения и наследства **2.** *амер.* местные налоги на разные виды передачи собственности **3.** *см.* **stock transfer tax**
turnover ~ налог с оборота
undistributed profit ~ налог на нераспределённую прибыль
use ~ налог на пользование
use ~ on automobiles налог на пользование автомобилями
value-added ~ налог на добавленную стоимость
wage ~ налог на заработную плату
wealth ~ налог на имущество
withholding ~ *амер.* **1.** подоходный налог, взимаемый путём регулярных вычетов из заработной платы **2.** налог с суммы дивидендов, распределяемых среди держателей акций

taxability облагаемость налогом
taxable облагаемый налогом; подлежащий обложению налогом *или* пошлиной
taxation налогообложение, взимание налогов □ **adjusted for ~** с учётом налогов; **~ by stages** налоговое обложение, осуществляемое по стадиям *(хозяйственного процесса)*; **subject to ~** подлежащий налогообложению; **to exempt from ~** освобождать от налогообложения
~ of income налогообложение доходов
confiscatory ~ налогообложение по чрезмерно высоким ставкам, «конфискационное» налогообложение
consumption ~ налогообложение потребителей
double ~ повторное взимание налога; двойное налогообложение
duplicate ~ двойное налогообложение
egalitarian ~ уравнительное налогообложение
equitable ~ справедливое налогообложение
explicit ~ явное [открытое] налогообложение
expropriatory ~ непомерно высокое налогообложение

implicit ~ неявное налогообложение *(фактическое, не предусмотренное законом)*
liquor ~ обложение налогом оборота по торговле алкогольными напитками
multiple ~ многократное налогообложение
progressive ~ налогообложение по прогрессивным ставкам
tax-collector сборщик налогов
tax-dodger *разг.* неплательщик налогов, человек, уклоняющийся от обложения налогом
taxeater *разг.* **1.** лицо, живущее на государственную помощь **2.** предприятие, получившее государственную субсидию
taxer финансовый чиновник; сборщик налогов
tax-exempt освобождённый от налогов; необлагаемый
tax-farmer налоговый откупщик
tax-free не облагаемый налогом
tax-gatherer сборщик налогов
taxing налогообложение, взимание налогов
taxless не облагаемый налогом, освобождённый от уплаты налогов
taxonomy таксономия *(раздел систематики, трактующий о соподчинении систематических групп)*; соподчинение
structural ~ структурная таксономия; структурное соподчинение *(напр. моделей рынка)*
taxpayer налогоплательщик
team 1. бригада; группа **2.** работать совместно
corrective action ~ группа, вносящая изменения *(в конструкцию изделия)*
development ~ группа разработчиков
economic(al) ~ группа экономических советников
forecasting ~ группа прогнозирования
inspection ~ группа (технического) контроля
management ~ руководящая группа *(высшие администраторы корпораций)*
project ~ группа, работающая над проектом
research ~ научно-исследовательская группа
vendor survey ~ группа обследования поставщика
working ~ рабочая бригада
zero defect ~ группа обеспечения бездефектности продукции
teamwork бригадная (коллективная) работа; кооперация
technical 1. технический; промышленный **2.** технический *(особ. о рынке ценных бумаг)*; определяемый рыночными факторами; не фундаментальный
technician 1. техник **2.** специалист
technics 1. техника; технические науки **2.** (технический) приём, метод **3.** технология
technique 1. техника *(совокупность приёмов)*; методика; метод, способ; процедура **2.** технология □ **~ in operation 1.** применяемая технология **2.** применяемый [используемый] метод
~ of ageing метод передвижки возрастов
~ of estimation методика оценивания
~ of random sampling *стат.* метод случайного выбора
adaptive prediction ~ метод адаптивного прогнозирования
analysis ~ метод анализа
approximation ~ методика приближенных вычислений
artifical basis ~ метод искусственного базиса
assembly line ~ метод поточной сборки; поточная сборка
automatic manufacturing ~ 1. метод автоматической обработки **2.** автоматизированная технология производства
banking ~ техника банковских операций
barometric ~ *см.* **indicator technique**
batch fabrication ~ метод группового изготовления
Bayesian ~ *стат.* байесовский метод
brainstorming ~ метод «мозгового штурма», метод коллективного генерирования идей
capital-intensive ~ капиталоинтенсивный метод [способ] *(связанный с более высокой капиталовооружённостью)*
chronocyclegraph ~ *орг. пр.* хроноциклография
computational ~ методика вычислений
consensus ~ метод составления оценок
cyclegraph ~ *орг. пр.* циклография
Delphi ~ метод Дельфи, метод экспертных оценок
evaluation ~ методика оценивания
exploratory ~ поисковая методика *(прогнозирования)*
extrapolation ~ методика экстраполяции
farming ~ агротехника
farm production ~s методы сельскохозяйственного производства
forecasting ~ метод прогнозирования
group timing ~ *орг. пр.* метод группового хронометрирования
handicraft ~ ручной [ремесленный] метод производства
heuristic ~ эвристический метод
indicator ~ метод статистических показателей
industrial engineering ~s методы организации производства
inspection ~ метод контроля, способ проверки
interpolation ~ методика интерполяции
iteration [iterative] ~ итерационный метод
labor-intensive ~s трудоёмкие методы производства
legal avoidance ~s приёмы обхода закона
linearization ~ метод линеаризации
lot-size inventory management interpolation ~ интерполяционный метод расчёта величины партии при управлении запасами
low-ball marketing ~ умелый [мастерской] сбыт; совершенный метод обеспечения сбыта
management ~s методы управления
manufacturing ~ 1. технология произ-

водства *(в обрабатывающей промышленности)* **2.** метод обработки [изготовления]
marketing ~s методы обеспечения сбыта
mass production ~ технология массового производства
material handling ~s методы транспортной переработки грузов; методы погрузки-разгрузки и перемещения грузов
minimization ~ метод минимизации
Monte Carlo ~ метод статистических испытаний, метод Монте-Карло
network ~ сетевой метод
normative ~ нормативная методика *(прогнозирования)*
numerical ~s численные методы *(решения)*
optimization ~ метод оптимизации
parametric ~ параметрический метод
perturbation ~ способ устранения зацикливания
poor ~ несовершенная методика
prediction ~ метод прогнозирования
processing ~ 1. метод обработки [изготовления] **2.** технология производства
procurement ~s метод осуществления закупок и выдачи подрядов
production ~ технология производства
program evaluation and review ~ метод оценки и пересмотра планов, метод ПЕРТ
questioning ~ методика опроса *(при обследовании)*
research ~ методика исследований
safety ~ техника безопасности
sampling ~ выборочный метод
scheduling ~ метод планирования
sequential unconstrained maximization ~ метод последовательного нахождения безусловного максимума
simplex ~ симплексный метод
solution ~ метод решения
stochastic approximation ~ метод стохастической аппроксимации
storage ~ 1. метод хранения **2.** метод управления запасами
successive approximation ~ метод последовательных приближений
survey ~ метод обследования
survival ratio ~ метод измерения миграции с помощью коэффициентов дожития
transfer line ~ метод производства с использованием автоматических станочных линий
trial-and-error ~ метод проб и ошибок
unstandardized ~ нестандартная методика
variational ~ вариационный метод
verification ~ техника проверки
vital statistics ~ метод учёта естественного движения населения

technocracy технократия
technocrat технократ
technological технологический; технический
technologist 1. технолог; техник **2.** научно-технический работник; инженерно-технический работник
technolog/y 1. техника, технические науки **2.** технические средства **3.** методика; технология **4.** техника и технология **5.** производственный процесс □ **science and ~** наука и техника
~ of payment mechanism техника расчётов
abstract ~ абстрактная техника *(система характеристик производственного процесса, описываемого производственной функцией)*
advanced ~ 1. передовая техника **2.** передовая технология
agricultural ~ 1. сельскохозяйственная технология **2.** агротехника
automatic control ~ технические средства автоматического регулирования
capital-intensive ~ капиталоёмкая технология
capital-saving ~ капиталосберегающая технология
continuous flow process ~ поточная технология; технология производства на основе непрерывности процесса
crop production ~ технология выращивания сельскохозяйственных культур
defense ~ военная техника; военно-технические средства
earlier ~ устаревшая технология
energy intensive ~ энергоёмкая технология
exchange ~ техника обмена *(товаров)*
farm ~ *см.* **agricultural technology**
high ~ новейшая технология
labor-intensive ~ трудоёмкая технология
labor-saving ~ 1. трудосберегающая технология **2.** технические средства и технологические процессы, экономящие живой труд
management ~ техника управления
nation's ~ общий технический и технологический уровень промышленности страны
pest control ~ технология борьбы с вредителями сельского хозяйства
sophisticated ~ сложная техника и технология
space ~ космическая техника
vanguard ~ передовая техника

technonomy законы [принципы] промышленного производства
technostructure техноструктура
tedious трудоёмкий; длительный
teeming *демогр.* плодовитый
telematics телематика; система, соединяющая средства связи и вычислительную технику
teleregister экран для демонстрации биржевых котировок
teleshopping розничная торговля с помощью средств телекоммуникаций *(заказ товара по образцам по телефону с доставкой на дом и расчётами через ЭВМ)*
telex 1. телетайп ‖ передавать по телетайпу **2.** телеграмма, передаваемая по телетайпу
teller банковский служащий; кассир
automatic(al) ~ банковский автомат *(осуществляющий различные банковские операции)*
collection ~ служащий банка, принимающий документы на инкассо

coupon ~ кассир по оплате купонов
coupon collection ~ руководитель отдела инкассации купонов *(в банке)*
first ~ *см.* **paying teller**
mail ~ работник банка, оформляющий почтовые депозиты
note ~ банковский служащий, ведающий инкассо чеков и других документов
paying ~ кассир расходной кассы, первый кассир
receiving [second] ~ кассир приходной кассы, второй кассир

temper смягчать, умерять □ **to ~ credit expansion** умерять расширение кредита; **to ~ the impact of inflation** смягчать влияние инфляции

tempo темп

temporal 1. временно́й **2.** вре́менный

temporary временный рабочий; временный служащий ‖ временный

tenancy 1. владение *(напр. недвижимостью)* **2.** владение на правах аренды; аренда **3.** арендованное имущество □ **~ by the entirety** нераздельное совладение имуществом мужем и женой *(возникшее в результате дара или завещания)*; **~ in common** нераздельное совладение *(совместное владение без индивидуального права совладельца на отдельную часть имущества)*
joint ~ нераздельное совладение имуществом несколькими лицами *(возникшее в результате дара или завещания)*
share (cropper) ~ испольная аренда, испольщина

tenant 1. владелец **2.** наниматель, съёмщик, арендатор ‖ нанимать, арендовать **3.** житель □ **~ at will** бессрочный арендатор
cash ~ арендатор, платящий деньгами
joint~ 1. совладелец **2.** соарендатор
life ~ пожизненный арендатор
long-lease ~ наследственный *или* потомственный арендатор; долгосрочный арендатор
share (crop) ~ испольщик; издольщик

tenantable годный для сдачи внаём

tenantry 1. наниматели, арендаторы **2.** арендованная земля

tend 1. направляться, вести; действовать в определённом направлении **2.** способствовать; иметь тенденцию □ **prices ~ downwards or upwards** цены проявляют тенденцию к понижению *или* повышению

tendenc/y тенденция; стремление; наклонность
aglomerative ~ies интеграционные тенденции к образованию объединений
bearish ~ тенденция к понижению *(на бирже)*
bullish ~ тенденция к повышению *(на бирже)*
downward [falling] ~ тенденция к понижению
incipient ~ зарождающаяся тенденция
latent ~ скрытая тенденция
rising [stronger, upward] ~ тенденция к повышению

tendential проявляющийся как тенденция *(об экономических законах)*

tender 1. предложение *(письменное)*; предложение, заявка *(на торгах)*; оферта ‖ предлагать, делать предложение; подавать заявку *(на торгах)* **2.** смета подрядчика на торгах **3.** заявка на подряд **4.** заявление о подписке на ценные бумаги ‖ подавать заявление о подписке на ценные бумаги **5.** торги **6.** предлагать сдачу *(товара)*; предлагать (в уплату); предлагать исполнение *(договора)*; представлять *(документы)* □ **~ for public contract** заявка на подряд для строительства сооружения общего пользования; **to ~ a sum in satisfaction of a claim** предложить сумму для удовлетворения претензии; **to ~ cotton** предложить сдачу хлопка; **to ~ documents** представлять документы; **to ~ for shares** подать заявление о подписке на акции; **to hold a ~** проводить торги; **to invite ~ 1.** назначить торги **2.** объявить подписку на ценные бумаги
~ of payment предложение платежа
good ~ действительное предложение
lawful [legal] ~ законное платёжное средство
lowest ~ предложение по самой низкой цене

tenderer 1. кредитор; покупатель казначейских векселей на аукционе **2.** лицо, делающее предложение, оферент; участник торгов

tendering:
joint ~ совместное участие в торгах

tenement 1. арендованное имущество; арендованная земля **2.** арендуемое помещение; снимаемая квартира **3.** многоквартирный дом

tenner *амер.* банкнот(а) в десять долларов; *англ.* банкнот(а) в десять фунтов

tenor 1. направление, развитие **2.** содержание, смысл *(документа)* **3.** срок *(векселя)*

tentative предварительный, пробный, ориентировочный; предположительный, предполагаемый

tentatively в порядке эксперимента; в предварительном порядке, предварительно; ориентировочно

tenure 1. владение, собственность, имущество **2.** временное владение **3.** тенура, пребывание в должности
agricultural ~ сельскохозяйственное землевладение
communal land ~ общинное землепользование
customary ~ система землепользования, основанная на обычае
feudal ~ of land феодальный строй поземельных отношений
land ~ землепользование, землевладение, владение землей
leasehold ~ владение имуществом на правах арендатора
university ~ профессорская должность в университете

tenurial относящийся к землевладению

term 1. срок, период **2.** предел; срок окончания **3.** *pl.* условия *(напр. оплаты)* **4.** аренда на срок **5.** срок выполнения обязательства; срок кредитования **6.** член; слагаемое; член пропорции **7.** термин □ **~s do not exceed 6 months** сроки кредитования не превышают 6 месяцев; **~s governed by the custom in the trade** условия, определяемые торговыми обычаями; **in ~s** в показателях, в единицах; в исчислении, в переводе на *(напр. на доллары)*; **in ~s of aggregate indices** в форме агрегатных индексов; **in money ~s** в денежном выражении; **in percentage ~s** в процентном исчислении, в процентах; **in real ~s** в неизменных ценах; **in value ~s** в стоимостном выражении; в стоимостных показателях; **on ~s** на *каких-л.* условиях; **to come to ~s** договориться; принять условия; **to extend the ~** продлевать срок; **to set a ~** установить срок *(платежа)*; **to tailor the ~s of the loan to the needs of the borrower** приспособить условия займа к потребностям заёмщика; **~s to the trade** условия продажи розничным торговцам

~ of acceptance срок принятия; срок акцепта

~ of adoption продолжительность применения методов регулирования рождаемости

~ of bill срок векселя

~s of delivery условия поставки

~s of insurance payments сроки погашения страховых платежей

~s of interest условия начисления процентов

~ of payment 1. срок платежа **2.** *pl* условия платежа

~s of redemption условия выкупа

~s of reference компетенция, круг полномочий; ве́дение

~s of sale условия продажи

~ of series *мат.* член ряда

~s of settlement условия регулирования *(платежей)*

~s of subscription условия подписки

~s of trade 1. выбор, проблема выбора, альтернатива **2.** условия (внешней) торговли *(соотношение индексов импортных и экспортных цен)*

~s of trust условия договора об опеке *или* доверительном управлении *(имуществом)*

~ of validity срок действия *(договора)*

acceptable ~s приемлемые условия

best ~s самые благоприятные условия *(напр. договора или платежа)*

concessionary ~s льготные условия

correction [corrective] ~ *мат.* поправочный член

credit ~s условия аккредитива, условия ссуды

discount ~s условия дисконтирования

easy ~s льготные условия

equal ~s одинаковые условия

exacting ~s обременительные условия *(платежа)*

exclusionary ~s запретительные [ограничительные] условия *(напр. в договоре на поставку)*

factoral ~s of trade факторные условия торговли

hire-purchase ~s *англ.* условия предоставления кредита при продаже в рассрочку

income ~ индекс дохода *(член уравнения Слуцкого)*

insurance ~s and conditions условия страхования

intermediate ~ средний срок

lending ~s условия выдачи кредита

license ~ срок действия разрешения *или* патента

long ~ долгий срок

negotiated ~s условия, достигнутые в результате переговоров

nonprice lending ~s неценовые условия кредита

physical ~s физическое выражение *(в неизменных ценах)*

real ~s реальное выражение *(напр. совокупный национальный продукт)*

short ~ короткий срок

soft ~s льготные условия

stipulated ~s заранее поставленные условия; предложенные условия

trend ~ *мат.* член, выражающий тренд

unacceptable ~s неприемлемые условия

usual ~s обычные условия *(эксплуатации)*

terminable срочный; ограниченный сроком

terminal 1. конечная станция; конечный пункт, терминал **2.** узловая станция; станция, имеющая грузовой двор и сортировочные устройства **3.** *pl* плата за погрузку на конечной станции **4.** тупиковый склад; тупиковое (газо)хранилище **5.** оконечное устройство; выносной пульт ЭВМ, терминал **6.** конечный; заключительный

airport ~ конечный аэропорт; крупный аэропорт

card-activated ~ *амер. бирж.* терминал, приводимый в действие (пластиковой) карточкой

consolidating ~ накопительная грузовая автостанция; укрупнённый грузовой автовокзал

freight ~ товарная узловая станция

passenger ~ узловая *(начальная или конечная)* станция; крупная пассажирская станция

petroleum ~ 1. терминал нефтепровода **2.** базовое нефтехранилище *(нефтепровода)*

point-of-sale ~ *амер.* терминал в торговой точке

rail-and-water ~ перевалочная станция *(железнодорожного и водного транспорта)*

terminate 1. положить конец; прекращать; прекращать действие; прекращать использование **2.** ограничивать, ставить предел □ **to ~ an agreement** прекратить действие договора; **to ~ employees** увольнять работающих

termination конец, окончание; истечение срока; прекращение; прекращение действия; прекращение использования

contract ~ прекращение действия договора

service ~ *ТМО* окончание обслуживания

terminus *см.* **terminal 1.**
territorial территориальный
Territor/y территория *(административная единица в США, Канаде, Австралии; не имеющая прав штата или провинции)*
Scheduled ~ies страны стерлинговой зоны, стерлинговая зона
territory территория
customs ~ таможенная территория
non-self-governing ~ несамоуправляющаяся территория
rate ~ 1. тарифная зона **2.** район действия транспортной организации *(совместно образованной двумя или более транспортными компаниями)*
sales ~ зона обслуживания; сбытовая территория
self-governing ~ самоуправляющаяся территория
scheduled ~ies стерлинговая зона *(официальный юридический термин)*
statistical ~ статистическая территория *(к которой относятся публикуемые статистические сведения по внешней торговле)*
thin ~ «тощий район» *(в котором не возникает значительных пассажиро(грузо)потоков)*
unincorporated ~ территория вне городской черты
urbanized ~ территория, включенная в городскую зону
test 1. тест, испытание, испытания; проверка || испытывать, проводить испытания; проверять **2.** показатель; *стат.* критерий, признак □ **~ for homogeneity of lots** проверка однородности партий; **~ for preference** критерий предпочтения; **~ for significant changes** критерий (статистически) значимых изменений; **~ for suitability** испытание на пригодность; испытание на соответствие заданным требованиям; **~ for trend** проверка на тренд; **~ on model** испытание на модели; **to put to ~** подвергать испытаниям; **under ~** испытываемый; проверяемый
~ of business capacity критерий надёжности [кредитоспособности] делового предприятия
~ of goodness of fit критерий согласия; критерий пригодности *(выборки)*
~ of homogeneity критерий однородности
~ of independence критерий независимости
~ of linearity критерий линейности
~ of normality критерий нормальности
~ of randomness критерий случайности
~ of validity критерий достоверности *(данных)*
acceptance ~ 1. приёмочные испытания **2.** проверка соответствия техническим условиям
acid ~ *бухг.* отношение кассовой наличности и дебиторской задолженности к текущим обязательствам фирмы
actual-service [actual-use] ~ испытания в реальных условиях эксплуатации
adaptability ~ проверка соответствия условиям эксплуатации
approximate ~ приближённый критерий
arbitration ~ арбитражное испытание
assessment ~ оценочные испытания
asymptotic(al) ~ асимптотический критерий
biased ~ смещённый критерий
chi-square ~ критерий хи-квадрат
comparison ~ 1. проверка сравнением **2.** критерий сравнения
conditional ~ условный критерий
confirmatory ~ *см.* **qual(ification) test**
consumer('s) risk ~ оценка риска заказчика
convergence ~ признак сходимости
credit ~ оценка кредитного риска
customer-request ~ испытания по требованию заказчика
day-to-day ~ ежедневная проверка
depreciation reserve-ratio ~ проверка с помощью коэффициента резерва на амортизацию *(правильности используемых при начислении износа сроков службы)*
design evaluation ~ оценочные испытания конструкции
development(al) ~ 1. доводочные испытания **2.** испытания на этапе разработки
distribution-free ~ непараметрический критерий
double-tail(ed) ~ двусторонне ограниченный [двусторонний] критерий
doubling ~ повторное испытание
economy ~ оценка экономичности
efficiency ~ определение коэффициента полезного действия; испытания на производительность
egg-laying [egg-production] ~ критерий яйценоскости
engineering ~ техническое испытание
engineering evaluation ~ технические оценочные испытания
engineering feasibility ~ проверка технической осуществимости
evaluation ~ оценочные испытания
exact ~ точный критерий
exploratory ~ поисковое исследование
factory ~ заводские испытания
factory acceptance ~ заводские приёмочные испытания
fattening performance ~ *с.-х.* проведение контрольного откорма, контрольный откорм
fixed assets ~ показатель финансового положения компании *(соотношение суммы основного капитала и фундированного долга компании)*
formal ~ официальное испытание
fundamental ~ углублённое исследование
graphic(al) ~ графическая проверка
gross profits ~ проверка методом «процента валовой прибыли» *(при финансовых ревизиях)*
guarantee ~ гарантийные испытания, испытания на соответствие техническим условиям в пределах срока гарантии
hypothesis ~ критерий для проверки гипотезы

incoming ~ проверка (комплектующих) изделий, поступающих на предприятие; входной контроль
informal ~ неофициальное испытание
in-process ~ испытания в процессе производства
inspection ~ 1. приёмочные испытания **2.** контрольная работа
intelligence ~ критерий [тест] умственных способностей
length-of-life ~ 1. наблюдение за изделием в течение всего срока службы **2.** испытание на долговечность
life ~ испытание на долговечность
likelihood ratio ~ критерий отношения правдоподобия
maximin ~ максиминный критерий
means ~ 1. проверка нуждаемости **2.** тест на отсутствие средств к существованию, тест бедности
median ~ критерий, основанный на медиане
milk(yield) ~ оценка молочной продуктивности
multiple comparison ~ критерий множественного сравнения
multisample ~ *стат.* многовыборочный критерий
nationwide ~ проверка (материалов переписи) в масштабе страны
nonparametric ~ непараметрический критерий
nonrandomized ~ нерандомизированный критерий
normal curve ~ проверка кривой нормального распределения
normal service ~ испытание в нормальных условиях эксплуатации
objective ~ объективный критерий
odd ~ выборочное испытание
one-sided [one-tailed] ~ односторонний критерий
optimality ~ критерий оптимальности
optimum ~ оптимальный критерий
optional ~ испытание, проводимое по (специальному) соглашению *(между заказчиком и поставщиком)*
output ~ *см.* **efficiency test**
overall ~ комплексные испытания
performance ~ 1. критерий оценки эффективности функционирования *(напр. фирмы)* **2.** испытание для определения рабочих характеристик
personality ~ проверка личных качеств работника
postenumeration ~ проверка путём повторной регистрации
predelivery ~ испытания перед отправкой изделий потребителям
preevaluation ~ предварительные оценочные испытания
preliminary ~ 1. предварительные испытания **2.** предварительный критерий
preproduction ~ испытания опытного образца
probability-ratio ~ критерий отношения вероятностей
product ~ испытания изделий
production ~ 1. заводские испытания **2.** испытания серийной продукции **3.** *с.-х.* испытание на продуктивность
production assessment ~ оценочные испытания серийной продукции
production line ~ проверка технологической линии
production type ~ типовые испытания серийной продукции
program ~ проверка программы
programmed ~ программированные испытания
proof ~ контрольное [проверочное] испытание
proprietary ~ испытания по методике фирмы-изготовителя
prototype ~ испытания опытного образца
proving ~ контрольное [проверочное] испытание
psychological ~ психологический тест
qual(ification) ~ проверка соответствия техническим условиям, испытания на соответствие техническим условиям
qualitative ~ 1. качественный критерий **2.** испытание, дающее качественные результаты
quality ~ контроль качества; проверка качества
quantitative ~ испытание, дающее количественные результаты
randomized ~ рандомизированный критерий
rank ~ ранговый критерий
rapid ~ ускоренные испытания; испытания по сокращенной программе
reception ~ *см.* **acceptance test**
repeated [repetition] ~ повторное испытание
requalification ~ повторная проверка соответствия техническим условиям
rerun ~ повторное испытание
research-and-development ~ испытания на этапе научных исследований и опытно-конструкторских работ
reserve ratio ~ *см.* **depreciation reserve-ratio test**
revaluation ~ оценочные испытания
reversal ~ 1. критерий обратимости индекса **2.** критерий случайности временных рядов, основанный на инверсиях
robust ~ устойчивый критерий
routine ~ 1. стандартное [типовое] испытание **2.** плановая проверка
running ~ испытания в условиях эксплуатации, эксплуатационные испытания
sample ~ 1. выборочное испытание **2.** *стат.* исследование выборки
sequential ~ последовательный критерий
service ~ *см.* **running test**
service-life evaluation ~ испытания для оценки эксплуатационной долговечности
shop ~ заводские испытания
significance ~ критерий значимости
single-tail(ed) ~ односторонний критерий
standard ~ 1. стандартное [типовое] испытание **2.** *стат.* стандартный критерий
statistical ~ 1. статистические испытания **2.** статистический критерий

two-sample ~ двухвыборочный критерий
two-sided [two-tailed] ~ *см.* **double-tail(ed) test**
type ~ стандартное [типовое] испытание
unbiased ~ несмещённый критерий
user ~ испытания, проводимые заказчиком
vendor ~ испытания, проводимые поставщиком
verification ~ проверочное [контрольное] испытание
witness ~ испытания в присутствии заказчика

testament завещание
testamentary *юр.* завещательный, переданный по завещанию *(о собственности)*
tested испытанный, прошедший испытания; проверенный
testing испытание, испытания; проверка; контроль □ **~ against trend** проверка тренда
~ of statistical hypothesis проверка статистической гипотезы
accuracy ~ проверка точности
copy ~ анализ эффективности рекламы *(до или после распространения)*
econometric ~ проверка на основе эконометрической модели
empiric(al) ~ эмпирическая проверка
market ~ рыночные испытания *(товара)*
product ~ изучение реакции рынка на новое изделие *или* на модернизацию старого

textiles 1. текстильные изделия, текстиль **2.** текстильная промышленность
Thatcherism тэтчеризм, консервативная экономическая политика *(по имени премьер-министра М. Тэтчер)*
theorem теорема
~ of mean теорема о среднем
~ of total probability теорема о полной вероятности
addition ~ теорема сложения *(вероятностей)*
basic ~s of probability основные теоремы теории вероятностей
basis ~ теорема об опорном плане
central limit ~ центральная предельная теорема
cobweb ~ теорема «паутины» *(рассматривает взаимоотношения между спросом и предложением при условии, когда функция предложения более эластична, чем функция спроса)*
composite commodity ~ теорема о составном продукте *(о теории спроса)*
dominance ~ *т. игр* теорема о доминировании
duality ~ теорема двойственности
equilibrium ~ теорема о равновесии
extended mean value ~ обобщённая теорема о среднем
extreme-value ~ теорема об экстремальных значениях
factor price equalization ~ теорема о выравнивании цен производственных факторов
limit ~ предельная теорема
max-flow min-cut ~ теорема о максимальном потоке и минимальном разрезе
mean ergodic ~ эргодическая теорема о среднем
mean value ~ теорема о среднем
minimax ~ *т. игр* теорема о минимаксе
multiplication ~ теорема умножения *(вероятностей)*
optimality ~ теорема об оптимальности
saddle-value ~ теорема о седловой точке
substitution ~ теорема о замещении *(в модели экономики)*
tangency ~ теорема касания
turnpike ~ теорема о магистрали

theoretic(al) теоретический
theorist:
monetary ~ «учёный-денежник», теоретик в области денег
quantity ~ сторонник количественной теории денег

theor/y 1. теория **2.** метод; концепция □ **~ X** теория «икс» *(взгляд на управление и контроль, согласно которому исполнитель пытается увильнуть от работы и должен находиться под постоянным наблюдением)*; **~ Y** теория «игрек» *(согласно которой жёсткий контроль не нужен, поскольку исполнитель работает добросовестно и проявляет инициативу)*
~ of asset holding теория формирования активов
~ of attributes *стат.* теория качественных признаков
~ of balanced growth теория сбалансированного роста
~ of bidding теория торгов
~ of business cycle теория экономического цикла
~ of cardinal utility кардиналистская теория полезности, кардинализм *(теория количественной полезности)*
~ of chances *мат.* теория вероятностей
~ of choice теория выбора
~ of comparative advantage (cost) теория ставнительного преимущества *(сравнительных издержек)*
~ of conflict *т. игр* теория конфликтных ситуаций
~ of consumer behavior теория поведения потребителя
~ of countervailing powers теория уравновешивающих сил
~ of externalities теория внешних эффектов (*см. тж.* **externality**)
~ of factor-pricing теория формирования цен на факторы производства
~ of firm теория фирмы
~ of growth теория (экономического) роста
~ of large samples *стат.* теория больших выборок
~ of marginal-cost pricing теория формирования цен по предельным [приростным] издержкам
~ of matrices *мат.* теория матриц
~ of ordinal utility ординалистская теория полезности, ординализм *(теория порядковой полезности)*

~ **of portfolio management** теория регулирования портфеля активов
~ **of public finance** теория государственных финансов
~ **of random processes** теория случайных процессов
~ **of second best** *мат.* теория достижимого оптимума
~ **of sets** *мат.* теория множеств
~ **of statistical decision** теория статистических решений
~ **of statistical test** теория статистической проверки *(гипотез)*
~ **of stochastic processes** теория случайных процессов
~ **of storage** теория управления запасами
~ **of surplus value** теория прибавочной стоимости
~ **of time series** теория временных рядов
~ **of waiting lines** теория массового обслуживания
~ **of weighted smoothing** *стат.* теория взвешенного сглаживания
abstinence ~ теория воздержания *(разновидность теории прибыли и процента)*
accelerator-multiplier ~ **of business cycle** теория экономического цикла, основанная на концепциях акселератора и мультипликатора
allocation ~ теория размещения (производительных) сил
applied decision ~ прикладная теория принятия решений
bargaining ~ **of wages** «договорная» теория заработной платы *(утверждающая, что уровень заработной платы определяется соотношением сил договаривающихся сторон)*
bargaining-power ~ *см.* **bargaining theory of wages**
coalition ~ *т. игр* теория коалиций
commodity ~ **of money** товарная теория денег
comparative costs ~ теория сравнительных издержек
compensatory fiscal ~ теория компенсационных финансов *(регулирования экономического цикла через бюджет)*
competitive price ~ теория цен в условиях неограниченной конкуренции, теория конкурентных цен
conventional ~ ортодоксальная [общепринятая] теория
cost-of-production ~ **of value** теория издержек производства *(вариант теории стоимости)*
credit ~ **of business cycle** кредитная теория экономического цикла
crude quantity ~ **of money** примитивная количественная теория денег
decision ~ теория принятия решений
density gradient ~ теория убывания плотности населения *(при удалении от центра города)*
disproportionality ~ **of crises** теория, объясняющая кризисы временным нарушением пропорций между отраслями экономики

Dow ~ *амер.* теория колебания курсов акций, выдвинутая Чарльзом Доу
duality ~ теория двойственности
game ~ теория игр
general ~ **of (competitive) equilibrium** общая теория (конкурентного) равновесия
Gestalt (economic) ~ *нем.* гештальт-теория *(в отличие от дедуктивной чистой теории отстаивает необходимость рассмотрения экономических явлений во всех социальных связях)*
graph ~ *мат.* теория графов
human factors ~ инженерная психология
individual event ~ **of crises** теория, рассматривающая каждый кризис как следствие особых и неповторимых исторических обстоятельств
individual risk ~ теория индивидуального риска
innovation ~ **of crises** теория, объясняющая кризисы волнами технических нововведений
inventory ~ **of crises** теория, объясняющая кризисы динамикой товарно-материальных запасов
labor ~ **of interest** трудовая теория процента
labor ~ **of value** трудовая теория стоимости
linear programming ~ теория линейного программирования
liquidity-preference ~ теория предпочтения ликвидности
loanable funds ~ теория ссудных фондов *(разновидность теорий процента)*
location ~ теория (выбора) местоположения *(напр. промышленного предприятия)*
long-cycle ~ теория длинных (экономических) циклов
Malthusian population ~ мальтузианская теория народонаселения
marginal productivity ~ теория предельной производительности
marginal utility ~ теория предельной полезности
market segmentation ~ **of security yields** теория доходности ценных бумаг на основе рыночной сегментации
markup ~ **of inflation** теория инфляции, исходящая из принципа ценообразования, при котором к издержкам добавляется определённая накидка
minimum-risk ~ теория минимального риска
min-max ~ теория минимакса
mobility ~ *демогр.* теория мобильности
modern quantity ~ *см.* **neoquantity theory**
monetary ~ денежная [монетарная] теория; теория денег
monetary ~ **of business cycle** монетарная теория экономического цикла
monetary ~ **of interest** денежная теория процента
monetary ~ **of nominal income** монетарная теория номинального дохода
monopoly price ~ теория монопольной цены

neoquantity ~ современный вариант количественной теории денег
nonlinearized ~ *мат.* нелинейная теория
nonmonetary ~ of interest неденежная теория процента
odd-lot ~ *бирж.* теория о необходимости сделок, обратных тем, которые совершают мелкие инвесторы *(с неполными лотами)*
operations research ~ теоретические основы исследования операций
overproduction ~ of crises теория, объясняющая кризисы перепроизводством
oversaving ~ of crises теория, объясняющая кризисы чрезмерными сбережениями
portfolio-balance ~ теория сбалансированного портфеля *(ценных бумаг)*
positive ~ позитивная теория
prediction ~ теория прогнозирования
probabilistic decision ~ вероятностная теория принятия решений
probability ~ теория вероятностей
productivity ~ies of interest теории процента, основанные на концепции производительности
purchasing power parity ~ теория паритета покупательной силы
pure ~ чистая теория *(основанная на абстрактных предпосылках)*
quantity ~ of money количественная теория денег
queueing ~ теория массового обслуживания
random-disturbance ~ of crises теория, объясняющая кризисы действием случайных дестабилизирующих факторов
random-walk ~ теория «ходьбы наугад» *(бессистемного, не подлежащего закономерностям, движения цен)*
ratchet-effect ~ теория «инерционного эффекта» *(определяющая динамику потребления и инвестиций в начальном периоде экономического спада)*
rational behavior ~ теория рационального поведения
replacement cycle ~ теория цикла, основанная на особенностях возмещения основного капитала
revealed preference ~ теория выявленных предпочтений
risk-effort ~ of business profit теория прибыли, связывающая получение прибыли предпринимателем со взятым на себя риском
sampling ~ теория выборочного метода
search ~ теория поиска
search ~ of employment теория занятости, основанная на процессе поиска работы
small sample ~ *стат.* теория малых выборок
stable population ~ теория стабильного населения
state ~ of money государственная теория денег
subjective ~ of value субъективная теория стоимости
subsistence ~ of wages теория заработной платы, основанная на физическом минимуме потребностей
sunspot ~ of business cycles теория, объясняющая циклы влиянием солнечных пятен
system-building ~ чистая теория *(основанная на абстрактных предпосылках)*
systems ~ *мат.* теория систем
tax-incidence ~ теория реального бремени налогов
underconsumption ~ of crises теория, объясняющая кризисы недостаточным потреблением
urban ~ урбанизм

therbling *орг. пр.* терблиг *(основной элемент трудового движения)*
thick-fleshed *с.-х.* хорошо упитанный
thin вялый, узкий *(о рынке)*
thin-fleshed *с.-х.* плохо упитанный
thing предмет, вещь; *pl* имущество □ **~s personal** движимое имущество; **~s real** недвижимое имущество
third 1. третий экземпляр переводного векселя **2.** третьесортный; низкого качества
thoroughfare 1. транспортная магистраль; оживленная улица **2.** водный путь; канал, водная магистраль **3.** проход; проезд; путь общего пользования
principal business ~ главный торговый проезд
three-digit трёхзначный *(по стандартной промышленной классификации США об отрасли, напр. о станкостроении)*
threshold порог; граница
low-income poverty ~ *амер.* порог бедности *(лица, получающие доходы ниже официально установленного минимума, считаются бедными)*
profit ~ нижняя граница нормы прибыли
ruin ~ порог разорения
tax ~s нижние границы доходов, облагаемых налогом
thrift 1. бережливость, экономность ‖ экономить **2.** *pl амер.* сберегательные учреждения
thrive процветать; преуспевать
througn сквозной; прямой, прямого сообщения; транзитный; беспересадочный
pass ~s *амер.* облигации, выпускаемые правительственными кредитными учреждениями *или* частными банками и обеспеченные закладными под жилые строения *(как правило, с государственной гарантией)*
throughput пропускная способность; производительность
maintenance ~ производительность, сохраняющая простое воспроизводство
tick 1. *разг.* кредит ‖ покупать в кредит **2.** счёт **3.** доверие, репутация честного и платёжеспособного человека **4.** разовое изменение биржевой цены □ **to buy on ~** покупать в кредит; **to sell on ~** продавать в кредит
ticker тикер, биржевой аппарат, передающий котировки ценных бумаг
quotation [stock] ~ *см.* **ticker**
ticket 1. билет **2.** этикетка, ярлык ‖ при-

крепплять этикетки *или* ярлыки **3.** удостоверение; квитанция **4.** предварительная регистрация биржевых операций □ ~ **at full rate** билет за полную стоимость; ~ **at reduced rate** билет по льготному тарифу
big ~s *амер.* крупногабаритные электробытовые товары *(напр. холодильники)*
charge ~ дебетовый [расходный] бухгалтерский ордер
credit ~ кредитовый [приходный] ордер; кредит-авизо
debit ~ дебет-авизо
deposit ~ бланк о взносе депозита *(содержащий перечень депонируемых денег, чеков)*
floor ~ документ брокера с записью приказа клиента
informative ~ товарный ярлык, дающий информацию о товаре
inspection ~ талон прохождения технического контроля
job ~ заказ-наряд
move ~ маршрутный ярлык *(следует с партией обрабатываемых деталей)*
order ~ бланк, заполняемый брокером при получении приказа клиента
parking ~ штрафной талон *(за превышение оплаченного времени стоянки или оставление автомобиля в неположенном месте)*
passage ~ билет для проезда
pawn ~ ломбардная расписка
price ~ этикетка с ценой, ценник
time ~ талон, подтверждающий время завершения операции
work ~ (сдельный) рабочий наряд; наряд на выполнение технологической операции

ticketing продажа и покупка (проездных) билетов, «обилечивание»
in-flight ~ продажа билетов на борту самолёта, продажа билетов в полёте
passenger ~ обеспечение пассажиров билетами

tickler *бухг.* срочная картотека акцептов
note maturity ~ срочная картотека векселей

tide □ **~s in business activity** колебания экономической активности; **to ~ over** продержаться, пережить временные (финансовые) трудности

tie 1. *pl* связь; узы **2.** долг, обязательство **3.** линия межсистемной связи; линия электропередачи *(связывающая две энергосистемы)* □ **to ~ up 1.** препятствовать; консервировать; затормаживать; не давать ходу **2.** вкладывать деньги во *что-л.*

tie-in 1. навязывание принудительного ассортимента **2.** принудительный ассортимент **3.** продаваемый с нагрузкой

tier 1. ярус, уровень *(цен)* **2.** класс *(общества)*

tie-up 1. задержка; остановка **2.** прекращение работы **3.** *разг.* широкая реклама товаров в прессе

tight 1. недостаточный, стеснённый; напряжённый **2.** плотный, непроницаемый **3.** ограниченный; сдерживаемый *(напр. о кредите)* □ **money is ~** ощущается недостаток в деньгах; наблюдается стеснение кредита

tighten стеснять; делать напряжённым

tightening of monetary or fiscal policy ужесточение кредитной *или* фискальной политики

tightness 1. недостаток; стеснённость; напряжение; нехватка *(напр. средств)* **2.** узость *(напр. рынка)*
~ of money недостаток денег; напряжённость на денежном рынке; стеснённость кредита
manpower ~ нехватка рабочей силы

till 1. денежный ящик кассы; наличность кассы; активы банка **2.** заниматься земледелием, обрабатывать землю; пахать
quick service ~s абонементные ящики для быстрого обслуживания *(банковских клиентов)*

tillable пахотный; обрабатываемый

tillage 1. обработка земли; пахота **2.** возделанная земля; пашня

tiller земледелец; фермер

time 1. время; срок; момент; период ‖ выбирать время; приурочивать; рассчитывать *(по времени)* **2.** рабочее время; такт; период **3.** наработка □ **at a ~** разом, единовременно; **~ between arrivals** *ТМО* интервал (времени) между требованиями, параметр входящего потока; **~ fixed for payment** срок, установленный для платежа; **~ for presentation** период для предъявления *(чека)*; **~ for protesting** срок опротестования *(векселя)*; **in due [in good] ~** своевременно; **~ in service 1.** продолжительность эксплуатации **2.** *ТМО* время обслуживания; **in unit ~** в единицу времени; **on ~** *амер.* в рассрочку; **~ out of stock** время отсутствия запасов, продолжительность дефицита; **over the ~ of** на протяжении времени; **~ taken** *орг. пр.* фактическое время; **to be ahead of ~** опережать; **to be behind ~** опаздывать; **~ to run** срок погашения *(ссуды)*; **to save ~** экономить время; **to work against ~** стараться уложиться в срок; **to work on part ~** работать неполную рабочую неделю; **~ used** *орг. пр.* фактическое время
~ of circulation время обращения *(капитала)*
~ of delivery срок поставки; срок сдачи; срок доставки
~ of maturity срок ценной бумаги; срок платежа по векселю
~ of nonuse период бездействия
~ of operation 1. время (выполнения) операции **2.** рабочее время
~ of turnover время [период] оборота *(капитала)*
abnormal ~ *орг. пр.* дефектный замер
access ~ *ТМО* момент допуска *(требования на обслуживание)*
active ~ 1. продолжительность работы **2.** продолжительность обслуживания *(без учёта времени простоя)*
activity duration ~ (средняя) продолжительность операции
actual ~ *см.* **effective time**

administrative lead ~ *см.* **lead time 2.**
allowed ~ *орг. пр.* допустимое время *(нормативное время плюс резерв для компенсации потерь вследствие усталости и перерывов в работе)*
appointed ~ *ТМО* назначенное время *(поступления требования)*
arrival ~ *ТМО* момент поступления
attendance ~ время присутствия на работе
averaged ~ усреднённое время
average element(al) ~ *орг. пр.* средняя продолжительность элемента *(операции)*
average selected ~ *орг. пр.* средняя репрезентативная продолжительность элемента (трудового) движения
bad ~ *см.* **down time**
base ~ *см.* **standard time**
block ~ *ТМО* время от начала обслуживания данного требования до начала обслуживания последующего требования
break ~ *орг. пр.* перерыв, период отдыха
build-up ~ *ТМО* время нарастания очереди
busy ~ *ТМО* интервал занятости
changeover ~ 1. время перехода к выпуску новой продукции **2.** *ТМО* время перестройки
claim interoccurence ~ интервал между моментами подачи исков
cleanup ~ *орг. пр.* время на уборку *(рабочего места)*
concept-to-delivery ~ *см.* **lead time 1.**
congealed labor ~ застывшее рабочее время
contact ~ время простоя *(автотранспорта)* под погрузкой-выгрузкой
controlled machine ~ заданное конструкцией станка машинное время
critical ~ предельное время
cycle ~ продолжительность цикла
dead ~ 1. время простоя, простой **2.** время задержки, время запаздывания
delivery ~ срок поставки; срок выполнения заказа
demand usage ~ плановый срок эксплуатации *(изделия)*
departure ~ *ТМО* момент ухода *(требования)*
dimensional motion ~ *орг. пр.* время на выполнение ручных элементов *(операции)*
down ~ время простоя, простой; время неисправного состояния
dull ~s периоды спадов экономической активности
dwell ~ *ТМО* время пребывания в системе
effective ~ фактически затраченное время, эффективное время
effective maintenance ~ время, фактически затраченное на техническое обслуживание *(без учёта простоев)*
effective waiting ~ *ТМО* эффективное время ожидания
elapsed ~ *орг. пр.* истекшее время; фактическая продолжительность; общее затраченное время
element(al) ~ *орг. пр.* продолжительность элемента *(операции)*
estimated ~ 1. оценка продолжительности **2.** расчётная наработка **3.** *орг. пр.* расчётное время
external idle ~ время простоя по внешним причинам
feeding ~ *с.-х.* время кормления
first piece ~ *орг. пр.* норма (времени) для первого [головного] образца *(изделия)*
free ~ (запланированное) время простоя; нерабочее время
full ~ полное время *(работы)*; полный рабочий день
guaranteed ~ гарантированное время *(безотказной работы)*
handling ~ 1. *орг. пр.* ручное время **2.** время транспортировки, время перемещения **3.** время переработки
holding ~ *ТМО* время пребывания *(в системе)*
idle ~ 1. время простоя, простой **2.** *ТМО* интервал незанятости **3.** свободное время; время бездействия
improvement ~ продолжительность модернизации
inactive ~ *см.* **down time**
in-commission ~ время эксплуатационной готовности
individual labor ~ индивидуальное рабочее время
initial ~ начальный момент *(времени)*
in-service ~ 1. продолжительность эксплуатации **2.** *ТМО* время обслуживания
interarrival ~ *ТМО* интервал между (последовательными) моментами поступления *(требований)*
interdischarge ~ *ТМО* интервал между (последовательными) моментами ухода *(требований)*
interfailure ~ время безотказной работы
interference ~ *орг. пр.* простой вследствие занятости оператора на другом объекте *(при многостаночном обслуживании)*
inter-inspection ~ *стат.* интервал между проверками
interrepair ~ межремонтный срок службы
item-procurement ~ время поставки изделия
labor ~ рабочее время
lead ~ 1. срок разработки *(новой продукции)*; время подготовки *(к выпуску продукции)* **2.** время реализации заказа, цикл заказа *(время от оформления контракта или выдачи задания до начала поставки продукции)* **3.** время между принятием решения и началом действия **4.** время протекания *(процесса)*
leisure ~ свободное время
leveled ~ *орг. пр.* время, приведенное к нормальной интенсивности, расчётное время
leveled element(al) ~ *см.* **rated average element(al) time**
lie ~ время простоя, простой
life ~ срок службы, долговечность
lost ~ время простоя, простой
lost production ~ потери производственного времени

machine ~ машинное время
machine attention ~ *орг. пр.* время активного наблюдения
machine idle ~ нерабочее время машины; простой оборудования
maintenance ~ продолжительность технического обслуживания
make-ready ~ подготовительное время
makeup ~ *орг. пр.* перерасход времени
mean ~ *см.* **average time**
mean ~ between failures средняя наработка на отказ
mean replenishment ~ средний интервал между пополнениями запасов
minimum ~ *орг. пр.* минимальный замер
mission ~ продолжительность выполнения задачи
necessary labor ~ необходимое рабочее время
negotiable lead ~ время разработки новой продукции, предусмотренное договором
net ~ чистое время *(выполнения операции)*
nonactive maintenance ~ продолжительность простоя при техническом обслуживании
nonfailure operating ~ наработка; время безотказной работы
nonproductive ~ непродуктивное время
normal ~ *орг. пр.* расчётное время
normal element(al) ~ *орг. пр.* расчётная продолжительность элемента *(операции)*
normal operating ~ срок службы при нормальных условиях эксплуатации
observed ~ наблюдаемая продолжительность
observed ~ to failure наблюдаемая наработка до отказа
occupation ~ *ТМО* интервал занятости
off ~ нерабочее время
off-peak ~s периоды относительного спада экономической активности
on ~ *см.* **up time**
operating ~ время [продолжительность] эксплуатации, срок службы, эксплуатационное время; наработка
order ~ продолжительность выполнения заказа
outage ~ время простоя, простой; перерыв в работе
out-of-commission ~ продолжительность неисправного состояния
part ~ неполный рабочий день
payback ~ срок окупаемости
periodic ~ период; продолжительность цикла
personal ~ *орг. пр.* время на личные надобности
pipeline ~ *разг.* **1.** продолжительность ремонта **2.** время выполнения заказа
potential service ~ *ТМО* возможное время обслуживания
preempted ~ *ТМО* продолжительность прерывания обслуживания
process ~ *орг. пр.* технологическое время *(время, затрачиваемое на единицу продукции)*
processing ~ *ТМО* время обслуживания

production ~ время изготовления продукции; время производства *(интервал от момента приложения труда до момента использования его результатов)*
productive ~ полезное [производительно используемое, продуктивное] время
random ~ случайное время, случайная продолжительность
rated average element(al) ~ *орг. пр.* приведённая к нормальной интенсивности продолжительность элемента *(операции)*
rated selected element(al) ~ *см.* **normal element(al) time**
readiness ~ время приведения *(системы)* в состояние эксплуатационной готовности
ready ~ срок готовности *(к эксплуатации)*
real ~ реальное время *(о режиме работы, поступления информации)*
reasonable ~ разумный срок
recurrence ~ *т. игр* время возвращения
reference ~ начало отсчёта
remaining service ~ *ТМО* остаточное время обслуживания
reorder ~ время подачи (повторного) заказа *(на пополнение запасов)*
repair ~ продолжительность ремонта
repetition ~ период; продолжительность цикла
required idle ~ *орг. пр.* перерыв, не зависящий от работника; неустранимый простой
residual waiting ~ *ТМО* остаточное время ожидания
review ~ интервал между проверками *(напр. состояния запасов)*
run(ning) ~ *см.* **operating time**
sampling ~ время получения выборки
schedule ~s сроки исполнения
scheduled ~ запланированное время *(напр. работы изделия)*
scheduled running ~ время движения по расписанию
selected ~ *орг. пр.* репрезентативная продолжительность *(элемента операции)*
service ~ 1. *см.* **operating time 2.** продолжительность технического обслуживания **3.** *ТМО* период обслуживания; время обслуживания
setup ~ 1. подготовительно-заключительное время **2.** установочное [наладочное] время *(для отдельного станка, машины)* **3.** время перестройки *(производства)*
shipping ~ продолжительность доставки товара
short ~ 1. короткий срок **2.** неполный рабочий день
slack ~s in business период делового спада
socially necessary labor ~ общественно необходимое рабочее время
sojourn ~ *ТМО* длительность пребывания *(в системе)*
spare ~ свободное время
specified ~ заданное время
spent waiting ~ *ТМО* время ожиданий
standard ~ *орг. пр.* **1.** норма времени **2.** нормативное время

standard element(al) ~ *орг. пр.* нормативная продолжительность элемента *(операции)*
standard machine ~ нормативное станочное время
standby ~ время простоя, простой
standby unattended ~ время простоя по техническим причинам
standing ~ время простоя, простой
start ~ начальный момент
startup ~ длительность пускового периода *(для нового предприятия)*
staying ~ *ТМО* время пребывания *(в системе)*
storage ~ продолжительность хранения
subsidized ~ *орг. пр.* перерасход времени
subtracted ~ *орг. пр.* разность моментов *(между моментом окончания и моментом начала выполнения элемента операции при непрерывном хронометрировании)*
surplus labor ~ прибавочное рабочее время
survival ~ **1.** *демогр.* время дожития **2.** долговечность
system improvement ~ период модернизации системы
throughput ~ производительное время
total technician ~ общая продолжительность технического обслуживания *или* ремонта
travel ~ *орг. пр.* время перемещения *(напр. между двумя рабочими местами)*
turnaround ~ межремонтный срок службы
unexpended service ~ *ТМО* оставшееся время обслуживания
uninterrupted working ~ период непрерывной работы
unit ~ единица времени
unoccupied ~ *ТМО* продолжительность незанятости *(системы)*
unproductive ~ **1.** непродуктивное время **2.** вспомогательное время *(напр. затрачиваемое на уборку рабочего места)*
up ~ время исправного состояния, рабочее время
usable ~ время [продолжительность] эксплуатации
usage ~ время использования; время [продолжительность] эксплуатации
waiting ~ **1.** простой по организационным *или* техническим причинам **2.** *ТМО* время ожидания
wasted service ~ *ТМО* затраченное время обслуживания
weaning ~ *с.-х.* время отъёма, время отбивки
work ~ *см.* **productive time**
working ~ рабочее время
timed спланированный по времени; рассчитанный по времени
time-dependent зависящий от времени; нестационарный; неустановившийся
time-independent не зависящий от времени; стационарный; установившийся
timekeeping *орг. пр.* хронометрирование
time-ordered упорядоченный по времени
timeproof с большим сроком службы, долговечный
time-proved проверенный временем
timer **1.** хронометрист **2.** работающий
full ~ лицо, работающее полный рабочий день
half ~ **1.** лицо, работающее неполный рабочий день *или* неполную рабочую неделю **2.** полубезработный
part ~ *см.* **half timer 1.**
time-saving дающий экономию времени
timetable график (расхода) времени; расписание; временна́я диаграмма
maintenance ~ график технического обслуживания
production ~ график выпуска продукции
time-taking трудоёмкий *(напр. процесс)*
time-varying *см.* **time-dependent**
timework повременная работа; подённая *или* почасовая работа
timing **1.** выбор времени; назначение времени; распределение во времени; распределение по срокам **2.** *орг. пр.* нормирование времени, хронометрирование
~ **of childbearing** *см.* **birth timing**
~ **of dividend payments** порядок [расписание] выплаты дивидендов
~ **of orders** срок выполнения заказов
accumulative ~ *см.* **multiple watch timing**
birth ~ временно́е распределение рождений *(от одной матери)*
continuous ~ непрерывное хронометрирование
cycle ~ хронометрирование путём измерения длительности цикла
cyclical ~ хронология цикла *(даты, характеризующие точки поворота, высшие и низшие точки цикла)*
differential ~ *см.* **cycle timing**
flyback ~ хронометрирование отдельных операций
market ~ выбор времени для операций на рынке
multiple watch ~ хронометрирование спаренными секундомерами
tinker медник, жестянщик; ремесленник
tip **1.** конфиденциальная информация о состоянии курсов акций на бирже **2.** *разг.* чаевые; небольшой денежный подарок
stock exchange ~ *см.* **tip 1.**
tipster лицо, дающее внутреннюю информацию о биржевых операциях *(часто намеренно вводящее в заблуждение)*
tip-top **1.** высшая точка; высшая степень **2.** *разг.* превосходный, первоклассный
tithable *ист.* подлежащий обложению десятиной
tithe *ист.* десятина *(налог в размере 10% дохода)*
mixed ~ десятина, уплачиваемая натурой
tithing *ист.* обложение десятиной
title **1.** заглавие, название **2.** титул, звание **3.** титул, право на имущество; право собственности; основание права на имущество □ ~ **to land** право на владение землёй; ~ **to legal tender** титул на законное платёжное средство

~s of debts титулы задолженности
~ of ownership титул собственности
absolute ~ безусловное право собственности
appropriation ~ статья ассигнований
industry ~ наименование [название] отрасли
just ~ законный титул собственности
to 1. *в бухгалтерских авизо, выписках из счёта указывает на отнесение суммы в дебет счёта, напр.* **to goods $ 100** отнесение в дебет счёта стоимости товаров в сумме 100 долларов 2. с точностью до ...
tobacconist *англ.* торговец, продающий сигареты и табачные изделия
toil тяжёлый труд ‖ усиленно трудиться
toiler труженик; *pl* трудящиеся
token знак, символ
~ of value знак [символ] стоимости
gift ~ *англ.* подарочный купон *(вручается вместо денег и обменивается на вещь по выбору)*
tolerable 1. допустимый; приемлемый 2. терпимый *(напр. о руководстве)*
tolerance 1. допуск, допустимое отклонение, толеранс 2. выносливость 3. терпимость
~ of mint допустимое отклонение веса и пробы монеты от стандарта, ремедиум
toleration *см.* **tolerance**
toll 1. пошлина, сбор 2. плата *(дополнительная)* за услуги
tombstone объявление об эмиссии ценных бумаг *(по особой форме)*
tommy продукты, выдаваемые рабочим вместо заработной платы
ton 1. тонна 2. *разг.* масса; множество
tone настроение *(рынка)*; тенденция; общая атмосфера, обстановка □ **~ and feel of the market** всесторонний учёт состояния денежного рынка
bearish ~ понижательное настроение
bullish ~ повышательное настроение
ton-mile 1. тонно-миля 2. *pl* грузооборот
available ~s перевозочная способность в тонно-милях
freight ~s грузооборот
nonrevenue ~ некоммерческая [недоходная] тонно-миля
passenger ~ пассажирская тонно-миля
revenue ~ коммерческая [доходная] тонно-миля
tonnage 1. тоннаж, грузоподъёмность в тоннах 2. тоннажный [корабельный] сбор 3. суда
cargo ~ 1. грузовой тоннаж 2. масса груза *(включая кузов трейлера и т.п.)*
cleared ~ свободный от пошлин тоннаж
coastwise ~ каботажные суда
deadweight ~ полная грузоподъёмность *(судна)*, дедвейт
displacement ~ водоизмещение судна, тоннаж по весовому водоизмещению
gross (register) ~ валовая (регистровая) вместимость, валовой (регистровый) тоннаж, брутто-тоннаж
idle ~ бездействующие суда
laid-up ~ суда, поставленные на прикол
net (register) ~ чистая (регистровая) вместимость, чистый (регистровый) тоннаж, нетто-тоннаж
register(ed) ~ регистровая вместимость, регистровый тоннаж
small ~ суда небольших размеров
tool 1. инструмент; механизм *(напр. спроса и предложения)* 2. способ, средство *(напр. анализа)* 3. *pl* орудия труда
bargaining ~ способ получения уступок при переговорах
computational ~ вычислительный аппарат
fiscal ~s мероприятия налоговой политики *(как средство экономического регулирования)*
industrial machine ~ металлообрабатывающий станок промышленного назначения
manual machine ~ станок с ручным управлением
measuring ~ средство измерения
numerical control (machine) ~ станок с числовым программным управлением
policy ~ средство проведения политики
production ~s производственные орудия; технологическая оснастка
sales ~s средства и методы реализации
tooling 1. инструментальная *или* технологическая оснастка 2. оборудование *(включая станочное)*
tooth-and-nail всеми имеющимися средствами, отчаянно, не жалея сил *(о конкурентной борьбе)*
top 1. высшая точка; высшая ступень 2. высшая цена, высшая точка курса акций 3. превышать; превосходить □ **to buy at the ~ of the market** покупать по самым высоким ценам [курсам]; **to come out on ~** победить в соревновании; преуспеть; **to ~ out** *бирж.* достигать пика *(о курсе)*
~ of the crop лучшая часть урожая
top-heavy *бирж.* характеризующийся быстрым ростом курсов, чреватым последующим падением
topper товар особо высокого качества
top-ranked один из ведущих *(напр. о банках)*
total сумма, итог ‖ суммировать, подводить итог ‖ суммарный; полный, общий, результирующий □ **~ after lifetime** общее число человеко-лет, прожитых данной совокупностью *(от определённого возраста до предельного возраста включительно)*
~ of arrivals общий объём иммиграции; общий объём прибывших
~ of departures общий объём эмиграции; общий объём выбывших
~ of nutrients ~ *с.-х.* общее содержание питательных веществ
~ of taxes общий объём налогов
available ~ суммарная [общая] выработка *(электроэнергии)*
grand ~ общий [суммарный] итог
industry ~ отраслевой итог, общий итог для отрасли
material ~ общее количество материалов; итог по материалам

moving annual ~ скользящая годовая сумма
progressive ~ нарастающий итог
raised ~ итог, распространённый на всю статистическую совокупность
sum(mary) ~ суммарный [общий] итог
unduplicated ~ итог, не содержащий двойного счёта; чистый итог
variance ~ *стат.* сумма дисперсий
weighted ~ взвешенная сумма
totaling составляющий [насчитывающий] в сумме
totalitarian тоталитарный
totality (полный) набор, (полная) совокупность; множество
~ **of choices** совокупность выборов
totalize подводить итог, суммировать
tote 1. перевозка, переноска *(товаров)* 2. груз
toting:
bundle ~ объединение нескольких покупок в один пакет *(как форма обслуживания покупателя)*
touch соприкосновение, контакт; связь; сношение ‖ касаться; доходить до ... □ **to be in ~ with ...** находиться в контакте с ...; быть в курсе *чего-л.*; **to be out of ~ with ...** не находиться в контакте с ...; не быть в курсе *чего-л.*; **to ~ bottom** дойти до самого низкого уровня *(о ценах, курсах)*
touch-and-go рискованный, критический, опасный
tough упрямый, несговорчивый
tour 1. объезд; рейс; обход 2. рабочая смена 3. цикл *(в задаче коммивояжёра)*
optimal ~ оптимальный цикл
partial ~ частичный цикл
store shopping ~ обход магазина покупателем с целью выбора покупки
tournament *т. игр* турнир
knockout ~ турнир с выбиванием
tout человек, усиленно предлагающий свой товар; коммивояжёр ‖ навязывать товар
business ~ комиссионер, маклер
tow 1. буксировка 2. буксируемое судно; буксируемый плот; буксируемый караван ‖ буксировать
towage 1. буксировка 2. плата за буксировку
town 1. город ‖ городской 2. административный центр
company ~ посёлок, расположенный на территории, принадлежащей промышленной фирме
county ~ 1. *амер.* главный город округа 2. *англ.* главный город графства
ghost ~ *разг.* город-призрак *(с уменьшающейся деловой активностью и уменьшением населения)*
satellite ~ город-спутник
township 1. *амер.* местечко; район *(часть округа)* 2. посёлок, городок 3. *англ.* усадьба *или* ферма, находящаяся в совместном владении
townsman житель города, горожанин
trace 1. след ‖ прослеживать; разыскивать 2. устанавливать состояние, местонахождение и факт доставки груза
tracer 1. запрос об отправке *или* выдаче груза 2. запрос о ходе перевозки груза; запрос о местонахождении груза 3. напоминание *(о задержке ответа)*
track 1. курс; путь 2. рельсовый путь; верхнее строение пути 3. маршрут полёта □ **to be on a strong ~** развиваться уверенно, продвигаться устойчиво; **to have the inside ~** иметь преимущество; иметь лучшие шансы *(напр. на получение подряда)*
house ~s грузовые пути *(вдоль или внутри складов)*
industry ~s пути, обслуживающие промышленные предприятия; внутризаводские пути
passing ~ обгонный путь
side ~ боковой (обгонный) путь
spur ~ подъездной путь; ветка, обслуживающая одно *или* несколько предприятий
storage ~ запасный путь
team ~ путь для погрузочно-разгрузочных работ
trackage 1. железнодорожная сеть 2. разрешение на пользование железнодорожными путями *(выдаваемое другой компании)*
tract 1. участок, площадь 2. (переписной) район
census ~ переписной район
split ~ подразделённый переписной район
tradable 1. ходовой *(о товаре)* 2. товарный, рыночный
trade 1. торговля ‖ торговать 2. отрасль торговли; отрасль производства; отрасль промышленности; промышленность 3. торговцы; торговые круги 4. розничная торговля 5. розничные торговцы 6. профессия; ремесло 7. соглашение, сделка; обмен ‖ менять, обменивать 8. *мор.* рейс ‖ совершать рейс *(о грузовых судах)* □ **for the ~** для промышленности; для данной отрасли промышленности; **~ in commodities** торговля товарами; **~ is depressed** в торговле спад; **~ is slack** торговля идёт вяло; **to be in ~** быть торговцем; иметь магазин; **to ~ fixed assets for current assets** заменять основные средства на оборотные средства; **to ~ on the equity** выпускать заёмный капитал в дополнение *или* на базе акций *(для пополнения капитала)*; **to promote ~** содействовать развитию торговли, поощрять развитие торговли; **to restrict ~** ограничивать торговлю; **to revive ~** возобновлять торговлю
allied ~ смежная специальность
balanced ~ нетто-баланс *(торговый баланс, в котором ценность экспорта равна ценности импорта)*
barter ~ бартерная [меновая] торговля; непосредственный обмен товарами
bilateral ~ двусторонняя торговля; торговые отношения между двумя сторонами
brisk ~ оживлённая торговля
building ~ строительная промышленность
carriage ~ торговля, рассчитанная на покупателей, имеющих автомобили
carrying ~ транспортное дело; транспортная торговля; морская торговля

cash ~ торговля за наличные *(в отличие от продажи в кредит)*
coal ~s рейсы судов, гружённых углём
coasting [coastwise] ~ каботажное судоходство, каботаж; каботажная торговля
colonial ~ колониальная торговля
commission ~ комиссионная сделка
compensatory ~ компенсационная торговля
competitive ~ конкурентоспособные предприятия в данной отрасли торговли
cross ~s *амер.* запрещённые законом взаимные брокерские сделки
depressed ~ застойная торговля
direct transit ~ прямая транзитная торговля
distributive ~ торговля *(оптовая и розничная)*
domestic ~ внутренняя торговля
East-West ~ торговля между Востоком и Западом *(между бывшими социалистическими и развитыми капиталистическими странами)*
entrepôt ~ *фр.* транзитная торговля
external ~ внешняя торговля
fair ~ торговля на основе взаимной выгоды
fall ~ *амер.* торговля товарами осеннего сезона
favored ~ отрасль (промышленности), находящаяся в благоприятных условиях
foreign ~ внешняя торговля
foreign-to-foreign ~s морские перевозки между иностранными портами, морские перевозки за рубежом
free ~ свободная торговля; фритредерство
frontier ~ пограничная торговля
general ~ общая [генеральная] торговля *(общий внешний торговый оборот, включая транзитные товары)*
handicraft ~ ремесленное производство
home ~ внутренняя торговля
homeward ~s обратные рейсы
illicit ~ контрабандная торговля
improvement ~ *стат.* оборот товаров, подвергающихся переработке
indirect transit ~ косвенная транзитная торговля
inland ~ внутренняя торговля
instalment ~ продажа в рассрочку
interior ~ внутренняя торговля
intermediate ~ посредническая торговля; торговое посредничество
internal ~ внутренняя торговля
interregional ~ межрегиональная торговля
key ~s ведущие профессии
land ~ сухопутная торговля
mail-order ~ посылочная торговля
money ~ торговля деньгами
multilateral ~ многосторонняя торговля
outward ~s исходящие рейсы
oversea ~ *англ.* внешняя торговля
printing ~ полиграфическая промышленность, полиграфия
retail ~ розничная торговля
retail delivery ~ развозная торговля
seed ~ торговля семенами
service ~ отрасль обслуживания
skilled ~ профессия, требующая квалифицированного труда
small-scale ~s отрасли, где широко распространены мелкие предприятия
special ~ *стат.* специальная торговля *(охватывает по импорту иностранные товары, выпущенные из таможен для внутреннего потребления, а по экспорту — национальные товары, окончательно вывезенные за границу)*
spring ~ торговля товарами весеннего сезона
sweated ~s отрасли потогонного труда
tally ~ торговля с рассрочкой платежа
tourist ~ туризм
visible ~ «видимая» торговля *(экспорт и импорт товаров)*
wholesale ~ оптовая торговля

trade-in встречная продажа *(старого предмета или изделия при покупке нового)*

trademark торговый знак; фабричная [заводская] марка

trade-off **1.** компромисс; альтернатива; выбор *(напр. между загрязнением окружающей среды или сокращением производства)* **2.** поступиться *чем.-л.* □ **~ between output growth and income equality** противоречие между ростом производства и равенством доходов; **~ between types of technical progress** выбор типа технического прогресса; **~ between unemployment and inflation** проблема выбора между безработицей и инфляцией *(при разработке мер государственной политики)*
employment-inflation ~ альтернатива уровень занятости—темпы инфляции, альтернатива безработица—инфляция
equity-efficiency ~s выбор между равенством и эффективностью *(при проведении экономической политики)*
profit-wage ~ альтернатива прибыль—заработная плата, компромиссное соотношение между прибылями и уровнем заработной платы
time-cost ~ компромиссное соотношение между временем и затратами

trade-outs *амер.* клиенты, прекратившие покупки в автолавках

trader **1.** торговец **2.** биржевой брокер; спекулянт **3.** торговое судно
credit ~ *англ.* торговец, продающий в кредит и посещающий должников на дому *(с целью получения очередных взносов)*
floor ~ биржевой брокер, осуществляющий операции за собственный счёт
independent ~ *англ.* индивидуальный торговец
itinerant ~ *англ.* странствующий торговец
market ~ *англ.* рыночный торговец
petty ~ мелкий торговец
pit ~ брокер товарной биржи
street ~ *англ.* уличный торговец

tradesman **1.** торговец; розничный торговец **2.** ремесленник

tradespeople торговцы; купцы; торговое сословие

trade-wise по отраслям промышленности *или* торговли

trading 1. торговля ‖ торговый, занимающийся торговлей **2.** производственная деятельность **3.** заключение сделок □ **~ in futures** заключение сделок на срок; **~ on a shoestring** заключение сделок с ценными бумагами при недостаточной марже

automatic machine ~ *англ.* продажа товаров с помощью торговых автоматов

block ~ торговля крупными пакетами ценных бумаг

check ~ выпуск торговой фирмой чеков определённой стоимости *(которые покупатель может приобретать с оплатой в рассрочку и обменивать на товары в магазинах данной фирмы)*

club ~ 1. покупка товаров группой покупателей в складчину **2.** обслуживание магазином клиентов, покупающих товар в складчину

compound ~ *англ.* торговля товарами, входящими в ассортимент магазинов других отраслей

computer-aided [computer-assisted] ~ компьютеризованная торговля товарами и финансовыми инструментами

false ~ процесс купли-продажи, базирующийся на неверной информации

futures ~ *см.* **trading in futures**

insider stock ~ продажа акций лицами и учреждениями, располагающими конфиденциальной информацией

job lot ~ *бирж.* операции по поставке нестандартной партии товара

municipal ~ операции с ценными бумагами местных органов власти

odd lot ~ *бирж.* операции с небольшими партиями ценных бумаг

position ~ длительное поддержание позиции (*см. тж.* **position 6.**); поведение спекулянта, рассчитывающего на значительную прибыль благодаря выдержке

program ~ торговля ценными бумагами на основе компьютерных программ

round trip ~ купля ценной бумаги с (почти) немедленной продажей

scrambled ~ *см.* **compound trading**

security ~ торговля ценными бумагами

side-by-side ~ *бирж.* торговля ценными бумагами и опционами под них на одной и той же бирже

speculative ~ спекулятивные операции

spot ~ продажа с немедленной оплатой и поставкой

vote ~ обмен голосами *(«я буду голосовать за твой проект, если ты проголосуешь за мой»)*

trading-down стремление продавца привлечь покупателей с низкими доходами

trading-up 1. увеличение капиталовложений в торговлю, вызываемое обострением конкуренции **2.** стремление продавца привлечь покупателей с более высокими доходами

tradition 1. традиция **2.** *юр.* передача (собственности)

traditionalism приверженность традициям

traffic 1. движение, сообщение; транспорт **2.** перевозки; грузооборот **3.** фрахт, грузы; количество перевозимого груза *или* пассажиров **4.** *pl* перевозимые объекты *(груз. пассажиры)*; объекты перевозки **5.** количество принимаемых и передаваемых телеграмм, радиограмм, переговоров □ **to carry on ~** вести торговлю; **what the ~ will bear** установление цен по принципу «что рынок выдержит» *(исходя из предполагаемой интенсивности спроса на продукт)*

cargo ~ *см.* **freight traffic**

coach ~ пассажирские перевозки вторым классом

deplaned ~ количество пассажиров и масса выгруженного *(из самолёта)* груза

enplaned ~ количество пассажиров и принятого на борт груза; (фактическая) коммерческая загрузка *(самолёта)*

freight ~ 1. перевозки грузов **2.** движение грузовых поездов **3.** движение грузового автотранспорта

high-rated ~ перевозки, оплачиваемые по высокому тарифу

high-value commodity ~ перевозки особо ценных грузов

intercity bus ~ междугородные автобусные перевозки

interstate ~ *амер.* перевозки между штатами

intrastate ~ *амер.* перевозки в пределах одного штата

joint ~ движение от пункта на одной дороге до пункта на другой; движение между станциями, расположенными на различных железных дорогах

local ~ местное сообщение; движение в пределах одной транспортной линии

long-haul ~ 1. дальние перевозки; магистральные перевозки **2.** груз, перевозимый на дальнее расстояние

mixed ~ товаропассажирское сообщение

nonrevenue ~ некоммерческие перевозки

outgoing ~ исходящая связь

passenger ~ 1. пассажирские перевозки **2.** объём пассажирских перевозок

rail ~ железнодорожные перевозки

revenue ~ коммерческие перевозки

service ~ служебная связь *(на линиях междугородной связи)*

store ~ движение покупателей по магазину

through ~ прямое сообщение, сквозное сообщение

trunk ~ служебная связь для подготовки междугородного соединения абонентов *(абонентом не оплачивается)*

trail:

audit ~ «аудиторский след», отслеживание сделок при проверке [аудите]

trailer (авто)прицеп, трейлер

trailership трейлеровоз *(судно)*

train 1. поезд ‖ ехать поездом **2.** обучать, подготавливать **3.** *упр.* тренировать

~ of superior right поезд, имеющий преимущественное право движения

boat ~ поезд, согласованный с расписанием пароходов
down ~ поезд, идущий из Лондона *или* другого большого города
fast ~ скорый поезд
freight [goods] ~ товарный состав
liner ~ контейнерный [контрейлерный] грузовой состав; контейнерный маршрут
mail ~ почтовый поезд
manifest freight ~ сквозной грузовой состав с ограничениями по категориям вагонов и номенклатуре грузов
mixed ~ товаропассажирский поезд
through ~ поезд прямого сообщения, сквозной поезд
unit(ized) ~ (скорый) грузовой унифицированный состав прямого сообщения *(напр. для перевозок угля от шахты до электростанции)*
up ~ поезд, идущий в Лондон *или* другой большой город
wild ~ поезд, идущий не по расписанию

trained обученный, подготовленный
trainee ученик *(на производстве)*, стажёр || обучаемый, тренируемый
training 1. обучение, подготовка 2. *упр.* тренировка □ **~ within industry** система обучения в промышленности
advanced ~ повышение квалификации
agricultural ~ сельскохозяйственная подготовка *(кадров)*
apprentice ~ ученичество, профессионально-техническое обучение
executive ~ подготовка (и повышение квалификации) руководителей и специалистов
general ~ общая [общеупотребительная] подготовка *(делающая работника пригодным для многих видов занятости)*
in-basket ~ баскет-метод *(изучение корреспонденции руководителем и принятие им решения на основе данных корреспонденции)*
industrial ~ производственное обучение
initial sales ~ начальный курс обучения торговых агентов
in-service ~ *см.* **on-the-job training**
in-tray ~ *см.* **in-basket training**
job ~ профессиональное обучение
management ~ подготовка руководящих кадров
methods ~ 1. производственный инструктаж 2. изучение методов рациональной организации труда
occupational ~ профессиональное обучение
on-the-job ~ обучение по месту работы, подготовка без отрыва от производства
sensitivity ~ тренировка восприимчивости *(руководящих кадров, осуществляется в группах для повышения уровня психологической подготовки)*
skills ~ профессиональное обучение
specific ~ специфическая подготовка *(делающая работника пригодным для конкретных видов деятельности)*
supervisory ~ обучение лиц среднего руководящего персонала *(предприятий)*
technical ~ техническая подготовка
vocational ~ профессиональная подготовка

train-mile поездо-миля
trait:
economic(al) [production] ~ *с.-х.* продуктивный признак
tramp трамп, бродячее судно *(судно для перевозки грузов по любым направлениям)*
tranche *фр.* транша, часть [доля, серия]; часть квоты *(страны)* в Международном валютном фонде
credit ~ кредитная доля облигационного выпуска
gold ~ 1. золотая доля облигационного выпуска 2. доля квоты *(подписки на капитал МВФ)*, подлежащая оплате в золоте
reserve ~ резервная транша
tranquility состояние равновесия *(напр. экономической конъюнктуры)*
transact вести *(дела)*, заключать *(сделки)*
transaction 1. ведение *(дел)* 2. дело, сделка, операция 3. *pl* труды, протоколы *(научного учреждения или общества)* □ **~ for a marketable amount of securities** сделка с ценными бумагами на сумму, соответствующую средней величине нормальных сделок на бирже; **~ for cash** сделка за наличный расчёт; **~ for the account** сделка с ценными бумагами, подлежащая урегулированию в следующем расчётном периоде; **~ for the settlement** *см.* **transaction for the account; ~ in foreign exchange** сделка с иностранной валютой
accounting ~ бухгалтерская операция; проводка
arm's length ~ коммерческая операция *(между независимыми участниками)*
banking ~ банковская сделка
basic ~s основные операции *(в платёжном балансе)*
bear ~ *бирж.* игра на понижение
bookkeeping ~s операции, проводимые по бухгалтерским книгам *(не требующие реальных платежей)*
bull ~ *бирж.* игра на повышение
business ~ деловая операция; хозяйственная операция
call ~ *бирж.* онкольная операция
capital ~ капитальная операция
cash ~ сделка за наличный расчёт
clearing ~s клиринговые операции
commercial ~ коммерческая сделка
credit ~ кредитная сделка
current ~s текущие операции, текущие расчёты *(в платёжном балансе)*
discount ~s операции по дисконтированию
exchange ~s валютные операции, операции в валюте
ex-pit ~ внебиржевая сделка
external ~ внешняя (деловая) операция
floor ~ сделка в биржевом зале
forward [future] ~ сделка на срок, срочная сделка
interbank federal funds ~s межбанковские сделки с федеральными резервными фондами

intergovernmental (financial) ~s (финансовые) операции между правительственными ведомствами
internal ~ 1. внутренняя хозяйственная операция **2.** бухгалтерская операция; проводка
interregional ~ межрайонная операция *(по переводу денег)*
inventory ~s 1. операции с товарно-материальными ценностями **2.** движение материально-производственных запасов
issuing ~s эмиссионные операции
market ~s рыночные сделки; связи, устанавливаемые посредством купли-продажи
monetary ~ денежная сделка, денежная операция
option ~s опционные сделки
payment ~ платёж, акт платежа
round ~ законченная торговая сделка
speculating ~s спекулятивные сделки
spot ~ сделка на наличный товар
stock exchange ~ фондовая операция

transfer 1. передача; передача в собственность, уступка *(напр. имущества)* ‖ передавать **2.** трансфер(т); безвозмездная социальная выплата *(в системе национальных счетов)* **3.** перевод *(денег)*; перечисление *(сумм)*; перевод репарационных сумм ‖ переводить *(деньги)* **4.** *pl* внутрифирменный оборот **5.** *амер.* перевоз грузов *(с одного склада на другой)* ‖ перевозить груз *(с одного склада на другой)* **6.** *бухг.* перенос, транспо́рт ‖ переносить **7.** перемещение, перестановка *(напр. деталей со станка на станок)* **8.** перемещение, переезд из одного места в другое ‖ перемещаться, переезжать □ **~ by indorsement** передача с помощью индоссамента; **~ into account** перевод на счёт; **~ s involving no quid pro quo** односторонние переводы денежных сумм; **to effect a ~** осуществить трансфер(т) по акциям; **to ~ funds by wire** переводить деньги по телеграфу; **to make a ~** делать перевод; **to ~ money by cable** переводить деньги по телеграфу; **to ~ one's skill** применять [использовать] свои знания в другой области деятельности; **to pay by ~** уплатить посредством перевода; **to ~ shares** осуществлять трансфер(т) акций; **~s under military grants** переводы по программам военной помощи *(статья в платёжном балансе)*
~ of balance *бухг.* перенос сальдо
~ of debentures трансфер(т) облигаций
~ of economic resources передача экономических объектов *или* ценностей от одного субъекта к другому
~ of experience передача опыта
~ of ownership передача права собственности
~ of portfolio *бухг.* передача портфеля
~ of power передача энергии
~ of stock *амер.* передача акций; *англ.* передача облигаций [фондов]
~ of values перенесение стоимости
bank ~ банковский перевод
blank ~ бланковый трансфер(т) *(неименная передача права собственности на акции)*
cable ~ телеграфный (денежный) перевод
capital ~ перемещение капитала; перевод капитала; движение капитала
cash ~ денежный перевод
competitive ~ of business перераспределение объёма производства и сбыта под влиянием конкуренции
cost ~ перечисление издержек
debit ~ *бухг.* дебетовый сопроводительный листок
electronic fund ~ система электронного перевода платежей
income ~s 1. доходы в виде социальной помощи, получаемые от государства **2.** перераспределение доходов
income-tested ~s *см.* **means-tested transfers**
in-kind ~s пособия натурой *(необеспеченным семьям из государственных средств)*
instantaneous ~ of funds непрерывный перевод денежных средств *(в системе электронных расчётов)*
interbank ~ of funds межбанковский перевод денежных средств
interbasin ~ межбассейновая переброска *(воды из бассейна одной реки в бассейн другой)*
interdivisional ~ оборот между отделениями фирмы
interplant ~ внутрифирменная передача *(продукции)*; *pl* межзаводские поставки в пределах одной фирмы
interregional ~ of water межрайонное перераспределение воды
interseasonal ~ межсезонное перераспределение *(напр. накапливание паводковой воды для использования её летом)*
intracorporate ~ of funds внутрифирменный перевод денежных средств
mail ~ перевод по почте
means-tested ~s пособия, выплачиваемые лицам, доходы которых находятся ниже черты бедности
money ~ денежный перевод
net ~ of real resources чистый приток реальных ресурсов
population ~ перемещение населения
postal money ~ почтовый денежный перевод
prearranged ~ периодический перевод денег банком по предварительной письменной инструкции владельца счёта *(без дополнительного приказа в каждом отдельном случае)*
private ~s частные переводы *(средств)*
social ~s социальные (безвозмездные) выплаты
technology ~ передача технологии; передача технических достижений
telegraphic ~ телеграфный (денежный) перевод
telephone ~ перевод (денег) по телефону *(со счёта на счёт)*
unilateral ~s односторонние переводы *(статья в платёжном балансе)*
wire ~ телеграфный (денежный) перевод

transferability:
~ of scientific and engineering skills возможность использования учёных и инженеров в другой области техники
~ of shares возможность передачи акций одним владельцем другому
transferable 1. перемещаемый, допускающий перемещение **2.** могущий быть переданным [переуступленным]; переводимый; переводный *(счёт, валюта)* □ **~ by delivery** передаваемый из рук в руки
transferee получатель по трансферту, индоссатор
transference 1. передача; перенесение *(технологии, опыта)* **2.** перевод *(денежных сумм)*
risk ~ перевод риска, перенесение риска на другое лицо
transferor лицо, переуступающее своё право, индоссант
transform трансформировать, преобразовывать; превращать; изменять
transformation трансформация, преобразование; превращение; изменение □ **~ to normality** преобразование к нормальному распределению
~ of surplus profit into rent превращение добавочной прибыли в ренту
~ of variate преобразование случайной величины
tranship перегружать, переотправлять, переваливать *(с одного судна на другое)* □ **to ~ goods under bond** перегружать товары под таможенным контролем, перегружать товары, не подвергающиеся таможенной очистке
transhipment перегрузка, переотправка, перевалка *(с одного судна на другое)*
transient 1. временно проживающий, временный постоялец **2.** временный; переходящий; транзитный
transire разрешение таможни на провоз грузов на судне каботажного плавания
transit транзит □ **in ~** в пути *(о грузах)*
local-and-interurban passenger ~ местный и междугородный пассажирский транспорт
public ~ общественный местный транспорт *(городской, пригородный)*
surface rail ~ трамвайные перевозки пассажиров
transition переход, преобразование □ **~ from command-administrative to market economy** переход от командно-административной к рыночной экономике
demographic ~ переходный период естественного движения населения
post-communist ~ посткоммунистическое преобразование *(экономики)*
transitional переходный, промежуточный; неустановившийся, нестационарный
transitivity of priorities транзитивность предпочтений
transmigrant иностранец, находящийся в стране проездом
trancmigrate переселять(ся)
transmigration переселение
transmission передача; пересылка
~ of goods пересылка товаров
~ of money перевод денег
~ of rights передача прав
electric-power ~ передача электроэнергии
interstate ~ межштатная передача (электроэнергии)
long-distance ~ передача (электроэнергии) на большое расстояние
power ~ *см.* **electric-power transmission**
underground (power) ~ подземная передача электроэнергии
transmit отправлять, посылать
transmitter отправитель *(денег, груза)*
transnational транснациональный *(о корпорации)*
transport 1. транспорт, перевозка, перевозки ‖ транспортировать, перевозить; переносить **2.** транспорт, средства сообщения
air ~ воздушный транспорт, авиатранспорт
air-passenger ~ воздушный пассажирский транспорт
bulk water ~ магистральная транспортировка воды
bus ~ автобусный транспорт
cargo ~ грузовое транспортное средство; грузовой самолёт
combined ~ комбинированные перевозки
empty ~ *орг. пр.* движение без нагрузки *(название терблига)*
inland ~ внутренний транспорт, перевозки внутрь страны *(напр. от побережья)*
intercity ~ междугородный транспорт
inwards ~ *см.* **inland transport**
motor ~ автомобильный транспорт; грузовой транспорт
outwards ~ перевозки из страны
overland ~ сухопутные перевозки
overseas ~ морские перевозки
public ~ общественный [коммунальный] транспорт
rail ~ железнодорожный транспорт
water ~ водный транспорт
transportation перевозка, перевозки, транспортирование; транспорт
civil ~ гражданский транспорт
for-hire ~ перевозки по найму
free ~ перевозка без оплаты, бесплатная перевозка
intercity bus ~ междугородные автобусные перевозки
in-zone ~ of checks *амер.* перевозка чеков внутри расчётной зоны *(федерального резервного банка)*
transposition перестановка
trap:
liquidity ~ «ликвидная ловушка» *(нечувствительность нормы процента к изменениям денежной массы)*
travel 1. путешествие; рейс ‖ путешествовать **2.** туризм *(статья в платёжном балансе)* □ **to ~ for a firm** совершать деловые поездки, представляя фирму
business ~(s) деловые поездки
essential ~(s) необходимые поездки
intercity ~ междугородное движение

surface ~ движение наземных транспортных средств
traveller 1. путешественник, турист 2. вояжёр, коммивояжёр □ **~ on commission** вояжёр, получающий комиссию с суммы собранных им заказов
air ~ пассажир авиалинии; пассажир воздушного транспорта
commercial ~ коммивояжёр
treasure сокровище, ценность
Treasurer:
~ of the United States казначей США
Lord High ~ *англ. ист.* государственный казначей
treasurer 1. казначей; *амер.* кассир, заведующий кассой; заведующий финансовым отделом 2. управляющий финансами *(корпорации)*
city ~ *англ.* городской казначей
Treasury □ **the ~** Государственное казначейство, Министерство финансов *(Великобритания)*
treasury 1. казначейство 2. *pl англ.* казначейские векселя
treat 1. обращаться, обходиться, поступать 2. вести переговоры, договариваться; иметь дело 3. обрабатывать; подвергать действию 4. обогащать *(руды, минералы)*
treatment 1. обращение, обхождение; режим 2. обработка, переработка 3. обогащение *(руд, минералов)* 4. *ТМО* обслуживание □ **to accord favorable ~** предоставить благоприятный режим
analytical ~ аналитическое исследование, аналитическая обработка
biological sewage ~ биологическая очистка сточных вод
duty-free ~ беспошлинный режим
empiric(al) ~ эмпирический подход; эмпирическое рассмотрение
mathematic(al) ~ математическая обработка
most favored nation ~ режим наибольшего благоприятствования, наибольшее благоприятствование
national ~ национальный режим
nonpreferential ~ *ТМО* обслуживание без приоритета
preferential ~ 1. преференциальный режим 2. *ТМО* обслуживание с приоритетом
preferential tax ~ льготный налоговый режим
statistical ~ статистическая обработка *(данных)*
tax ~ правила взимания налогов; налоговый режим
theoretic(al) ~ теоретическое рассмотрение
waste(water) ~ очистка сточных вод; водоочистка
Treaty:
~ of Rome Римский договор о создании Европейского экономического сообщества [ЕЭС] *(1957 г.)*
treaty 1. договор *(обычно между государствами)*; конвенция 2. переговоры □ **to be in ~ with someone** вести переговоры *с кем-л.*
~ of commerce and navigation договор о торговле и мореплавании
~ of mutual assistance договор о взаимной помощи
equitable ~ справедливый договор
excess-of-loss reinsurance ~ договор эксцедентного перестрахования
LOS [law-of-the-sea] ~ международный договор о морском праве
obligatory reinsurance ~ договор облигаторного перестрахования
private ~ частное соглашение
reciprocal (trade) ~ (торговый) договор на основе взаимности
retrocession ~ *страх.* ретроцессионный договор
strategic arms limitation ~ договор об ограничении стратегических вооружений
surplus reinsurance ~ договор эксцедентного перестрахования
tripartite ~ трёхсторонний договор, договор между тремя государствами
tree древовидная схема; *мат.* дерево
~ of objectives дерево целей
decision ~ *упр.* дерево решений, дерево альтернатив
game ~ *т. игр* дерево игры
organization ~ древовидная структура организации
outcome ~ дерево расходов
relevance ~ дерево относительной важности *(целей или задач)*
resource ~ дерево ресурсов
trend 1. тенденция, движение; общее направление (движения); тренд; изменение ‖ иметь тенденцию; изменяться в *каком-л.* направлении 2. *стат.* тренд □ **~ in mean** тренд среднего; **~ in points** расположение точек *(на графике)*; **~ in variance** тренд дисперсии; **to buck the ~** двигаться против течения, заключать сделки вопреки конъюнктуре
~ of prices тенденция цен, направление движения цен
aggregate ~ совокупная тенденция *(при взаимодействии нескольких факторов)*
analytic ~ тренд, заданный формулой
cubic ~ кубический тренд
curvilinear ~ нелинейный тренд
cyclic ~ периодический тренд
demand ~ тенденция изменения спроса
demographic ~ тенденция изменения структуры и численности народонаселения
downward ~ тенденция к понижению; убывающий тренд
employment ~ тенденция изменения занятости
exponential ~ экспоненциальный тренд
fertility ~ тенденция изменения рождаемости
growth ~ тенденция (экономического) роста
least squares ~ тренд, построенный по способу наименьших квадратов *(линия тренда на графике)*
linear ~ линейный тренд
loan ~s тенденции кредитования

logarithmic(al) ~ логарифмический тренд
merger ~ тенденция к слиянию
money growth ~ темп роста денежной массы
mortality ~ тенденция изменения смертности
multiplicative ~ мультипликативный тренд
near-term market ~s рыночные тенденции на ближайший период времени
polynomial ~ полиномиальный тренд
population ~ тенденция изменения структуры и численности народонаселения
primary ~ основная тенденция *(рынка)*
quadratic ~ квадратический тренд
quality ~ тенденция изменения качества
rectilinear ~ линейный тренд
sales ~ тенденция сбыта
secular ~ 1. *pl* вековые колебания *(циклов)* **2.** *pl* длительные [непреходящие] тенденции **3.** тренд во временных рядах за длительный период
upward ~ тенденция к повышению; возрастающий тренд
upward equilibrium ~ равновесный тренд роста *(национального продукта)*

trendlike проявляющийся как тенденция
trespass нарушение чужого права владения ‖ нарушать чужое право владения
tret рефакция *(скидка на утечку, раструску; скидка за повреждение товара)*
trial испытание; исследование; проверка; проба; опыт □ **by ~ and error** методом проб и ошибок; **to buy something on ~** купить *что-л.* на пробу; **to order goods on ~** заказать товар на пробу
~ of pyx пробировка, проба монет
acceptance ~(s) приёмочные испытания
assessment ~(s) оценочные испытания
comparative ~(s) сравнительные испытания
development ~(s) испытания на этапе разработки
evaluation ~(s) оценочные испытания, проверка пригодности
fattening [feeding] ~ *с.-х.* опыт по откорму
field ~s эксплуатационные испытания
laying ~ *с.-х.* конкурс по яйценоскости
manufacturer's ~ испытание, проводимое фирмой-изготовителем
performance ~ испытание для определения технических характеристик
proving ~ проверочное [контрольное] испытание
random ~ случайное испытание
repeated [replicated] ~(s) повторные испытания
service ~(s) эксплуатационные испытания, испытания в рабочих условиях
test ~ проверочное [контрольное] испытание
user ~ испытание, проводимое заказчиком

Tribunal:
Patents Appeal ~ апелляционный трибунал по патентным делам *(Великобритания)*

tribunal трибунал, суд
arbitration ~ арбитражный суд
industrial disputes ~ суд по рассмотрению производственных конфликтов

trigger 1. точка подачи заказа *(в системе управления запасами)* **2.** условие соглашения *(напр. кредитного)*, невыполнение которого влечет последствия
multiple ~s несколько точек подачи заказа
procurement ~ уровень (запасов), при котором производится закупка

trim 1. готовность, состояние готовности ‖ приводить в состояние готовности; приводить в порядок ‖ приведённый в состояние готовности; приведенный в порядок **2.** сокращать *(напр. программу производства)*; снижать *(издержки)*

trip путешествие; поездка
business ~ командировка, деловая поездка
dollar round ~ круговое движение долларов *(между рынком евродолларов и американским денежным рынком)*
holiday ~ поездка во время отпуска, туристическая поездка
peddle ~ внелимитный рейс *(напр. по доставке груза за пределы обычного радиуса)*
round ~ рейс туда и обратно
single ~ рейс в один конец

tripartite тройственный; трёхсторонний *(напр. о договоре)*
triple nine высшая проба золота *(999)*
trolley тележка для передвижения товара *(в магазине, на складе)*
trouble 1. затруднение; усилие **2.** неисправность; повреждение; авария; перебой *(в работе)*; нарушение *(производственного процесса)* ‖ нарушать *(правильный ход работы)*
capacity ~s затруднения, связанные с недостатком производственных мощностей
labor ~s трудовые проблемы *(затруднения с персоналом)*

trouble-free безаварийный; бесперебойный; безотказный
troubleproof 1. безаварийный; бесперебойный; безотказный **2.** с защитой от повреждений
troubleshooting отыскание неисправностей
trough 1. самая глубокая точка *(падения производства, цен)*; низшая точка, дно *(цикла)* **2.** минимум *(на графике)* □ **at the ~ of depression** на низшей точке депрессии; **from the ~ to the peak** от низшей точки *(падения производства)* до высшей точки подъёма
~ of time series (локальный) минимум временного ряда
business cycle ~ низшая точка цикла, дно экономического цикла
initial ~ начальная низшая точка
public ~ государственная кормушка *(источник средств для частных лиц и предприятий)*
reference (cycle) ~s and peaks низшие и высшие точки базисного [эталонного] ци-

кла *(даты которых определены на основе циклической динамики большого ряда экономических показателей)*
terminal ~ заключительная низшая точка
troughput:
wasteful ~ прирост производительности из-за замены еще не изношенного оборудования
trove:
treasure ~ клад, спрятанные сокровища
troy тройская система *(массы драгоценных металлов)*
truck 1. обмен; мена; товарообмен ‖ обменивать, вести меновую торговлю **2.** оплата труда товарами [натурой] ‖ платить натурой **3.** мелочной товар **4.** овощи ‖ заниматься (промышленным) овощеводством **5.** вагонетка, тележка **6.** платформа, товарная платформа **7.** грузовик ‖ перевозить на грузовиках
delivery ~ грузовик для доставки покупок на дом
floor ~ тележка для внутризаводских перевозок
hand ~ ручная тележка *(для подвоза товаров)*
trucker водитель грузовика
merchant ~ *амер.* торговец, развозящий на грузовике товары промышленным предприятиям
trucking перевозка автотранспортом
long distance ~ дальние автогрузоперевозки
motor ~ автомобильные перевозки грузов
truckload 1. грузовместимость *(автомобиля)* **2.** минимальный груз, оплачиваемый по льготному тарифу □ **less than ~** количество груза *(для автомобиля)*, меньшее минимально оплачиваемого по льготному тарифу
true точный, правильный; верный
truncate усекать; отбрасывать *(члены ряда или цифры числа)*
truncation 1. усечение; отбрасывание *(членов ряда или цифр числа)* **2.** сокращение процедуры обработки документов
trunk магистраль *(транспортная, телеграфная, телефонная)*; магистральная линия
regional ~ магистраль, обслуживающая район
Trust:
Brain ~ мозговой трест *(совещательный орган при руководстве страны)*
Massachusetts ~ «Массачусетский траст» *(траст-компания, специально созданная для управления имуществом по доверенности с целью извлечения прибыли)*
trust 1. траст, доверительный фонд; опека; доверительные имущественные отношения; управление собственностью по доверенности ‖ доверять, поручать попечению **2.** трест, промышленное объединение **3.** кредит ‖ давать в кредит □ **to constitute [to create, to declare, to establish] ~** учреждать [создавать] траст; **to give ~** предоставить кредит; **to hold in ~ for** управлять по доверенности; **to supply goods on ~** поставлять товары в кредит; **~ under agreement** траст по соглашению *(между учредителем и доверенным лицом)*; **~ under decree** *см.* **court trust; ~ under will** *см.* **testamentary trust**
active ~ траст, по которому доверенное лицо выполняет активные функции
bare ~ *см.* **passive trust**
business ~ *амер.* деловой траст *(форма неакционерного предприятия с ограниченной ответственностью)*
business insurance ~ траст по контрактам о страховании, заключённым в пользу промышленного предприятия
bypass ~ соглашение о передаче активов наследникам с целью уменьшения налогов
charitable ~ благотворительный траст *(напр. траст, учреждённый для просветительных целей)*
closed-end investment ~ *амер.* инвестиционная компания закрытого типа *(выпускающая ограниченное количество акций)*
community ~ публичный [общественный] траст *(образованный из пожертвований частных лиц на благотворительные цели)*
constructive ~ траст, возникший в результате судебного решения при ситуации, когда одно лицо обязано передать имущество другому лицу
corporate ~ траст, учреждённый акционерной компанией *(напр. принятие обязательства хранить обеспечение по облигационному займу)*
court ~ траст, установленный по решению суда и контролируемый судебными органами
discretionary ~ дискреционный траст *(дающий доверенному лицу право распоряжаться имуществом в пользу другого лица по своему усмотрению)*
dry ~ *см.* **passive trust**
employees' ~ траст, учреждённый предпринимателем в пользу служащих
equipment ~ корпоративный траст, учреждённый для финансирования покупок оборудования
express ~ траст, учреждённый согласно намерениям сторон и зафиксированный устно *или* письменно *(в отличие от траста по решению суда)*
fixed ~ траст-фонд с жёсткими ограничениями инвестиций
flexible ~ гибкий траст-фонд с большой свободой выбора инвестиций
high minimum ~ *англ.* (общий инвестиционный) траст-фонд, устанавливающий для участников минимальный предел вносимого капитала
individual ~ траст, учреждённый частным лицом
individual policy pension ~ траст, состоящий из полисов по групповому страхованию пенсий *(каждый из страхующихся выбирает удобные для него условия страхования, а заключение общего для всех договора поручается доверенному лицу)*
insurance ~ траст, частично *или* полно-

стью состоящий из полисов по страхованию жизни
inter vivos ~ *см.* **living trust**
investment ~ инвестиционная компания, инвестиционный траст
irrevocable ~ траст, условия которого не могут быть впоследствии изменены учредителем
living ~ траст, вступающий в силу при жизни его основателя
open-end investment ~ инвестиционная компания открытого типа *(не имеющая ограничений на выпуск акций)*
overriding ~ *англ.* траст, являющийся предшественником другого траста
passive ~ траст, по которому доверенное лицо не имеет активных обязанностей *(выступая лишь как хранитель титула на имущество)*
pension ~ пенсионный траст *(учреждённый для управления фондами компании, из которых выплачиваются пенсии служащим)*
private ~ **1.** траст, учрежденный в пользу определённого лица *или* лиц **2.** траст, созданный согласно специальному договору об опеке
profit sharing ~ траст, учреждённый корпорацией с целью обеспечить участие служащих в прибылях компании
public ~ благотворительный [публичный] траст
resulting ~ непреднамеренный траст *(возникающий по закону из действий сторон независимо от их намерений создать траст)*
retirement ~ *см.* **pension trust**
revocable ~ траст, условия которого могут быть изменены учредителем *или* другим лицом
revocable ~ with consent or approval траст, условия которого могут быть изменены по договору, но лишь с согласия определённого указанного лица
saving bank ~ доверительная операция сберегательного банка
secret ~ секретный траст
sheltering ~ «укрывающий» траст *(вид доверительной операции)*
stock bonus ~ траст, обеспечивающий предоставление служащим акций в возмещение их услуг
stock purchase ~ траст, обеспечивающий право купить акции акционера компании в случае его болезни *или* смерти
testamentary ~ завещательный траст; траст, учреждённый по завещанию
unit investment ~ паевой инвестиционный фонд *(для инвестирования на доверительной основе объединённого капитала мелких владельцев)*
vertical ~ вертикальный трест, трест-комбинат
voluntary ~ траст, учреждённый добровольно и не связанный со смертью лица
voting ~ голосующий траст *(передача по доверенности права голосовать на акционерных собраниях)*

wasting ~ траст в отношении используемого и постепенно уменьшающегося имущества
trustbuster поборник правительственных мер против трестов
trustee доверенное лицо; опекун, попечитель; учреждение, распоряжающееся имуществом в пользу другого лица □ **to act as a ~** действовать в качестве доверенного лица; **to appoint a ~** назначить доверенное лицо; **to remove a ~** снять опеку; отменить полномочия доверенного лица; **~ under identure** доверенное лицо по облигационному займу
bond ~ учреждение *(банк)*, выполняющее функции доверенного лица держателей облигаций данной корпорации
corporate ~ учреждение, выполняющее функции доверенного лица
joint ~ совокупный опекун
private ~ лицо, выполняющее доверительные функции
substituted ~ доверенное лицо, замещающее первоначальное *или* предшествующее доверенное лицо *(по решению суда)*
voting ~ лицо, получающее право голосования в голосующем трасте
trusteeship выполнение доверительных функций; опека; управление по доверенности
trustification трестирование
horizontal ~ горизонтальное трестирование
vertical ~ вертикальное трестирование
trustify трестировать
trustor лицо, учредившее траст
trustworthy заслуживающий доверия; кредитоспособный
trusty верный, надёжный
truth правильность, точность
try попытка; испытание; проба ‖ пытаться; испытывать
tug of war упорная конкурентная борьба
tumble падать *(о ценах, курсах)*
tuning:
fine ~ «точная настройка» *(осуществление мер экономической политики в строгом соответствии с характером колебаний экономической конъюнктуры)*
tunnel:
arbitrage ~ «арбитражный туннель», разница между ценами, допускающая арбитраж
turkey *амер., разг.* неудачная инвестиция
turn **1.** оборот ‖ пускать в обращение **2.** изменение, перемена **3.** очередь **4.** короткий период деятельности **5.** смена *(рабочая)* **6.** оборачиваемость складских запасов *(готовых изделий)* **7.** *англ. бирж.* курсовая прибыль **8.** законченная спекулятивная сделка **9.** делаться, становиться, оказываться **10.** направлять □ **for a ~** *бирж.* для получения небольшой, но быстро реализуемой прибыли; **~ for the better** перемена к лучшему; **~ in the market** изменение рыночной конъюнктуры; поворот в динамике цен; **to ~ bankrupt** обанкро-

титься; **to ~ down** отклонять, отвергать *(напр. предложение)*; **to execute orders in their ~** выполнять заказы в порядке поступления; **to ~ firm** крепнуть *(о ценах, курсах)*; **to ~ into 1.** превращаться **2.** обменивать на *что-л.*; **to ~ off** увольнять *(рабочих)*; **to ~ out 1.** производить, выпускать **2.** выгружать **3.** оказываться **4.** увольнять **5.** прекращать работу, бастовать **6.** выгонять скот на пастбище; **to ~ over 1.** превращать, переделывать **2.** передавать *(другому лицу)* **3.** иметь оборот **4.** возобновлять, восполнять *(запасы товаров)* **5.** обновлять полностью *(напр. парк автомашин)*; **to ~ to advantage** оказаться выгодным, прибыльным
~ of the market 1. *см.* **turn in the market 2.** *англ. бирж.* курсовая прибыль
business cycle [cyclical] ~s точки поворота [поворотные пункты] экономического цикла
economic ~ перелом в экономическом развитии; переход к экономическому подъёму *или* падению
jobber's ~ *англ. бирж.* курсовая прибыль
loading ~ очередь на погрузку
specific cycle ~s точки поворота частного цикла
stock ~ *см.* **stock turnover**

turnabout поворот

turnaround сдвиг *(напр. в распределении ассигнований)*

turn-in встречная продажа *(старого предмета или изделия при покупке нового, напр., старого автомобиля в счёт частичной оплаты нового)*

turnkey контракт на возведение и сдачу в эксплуатацию объекта «под ключ»

turnout 1. выпуск *(продукции производства)* **2.** забастовка **3.** забастовщик
general ~ всеобщая забастовка

turnover 1. оборот, оборачиваемость **2.** *амер.* оборачиваемость товарных запасов; *англ.* товарооборот **3.** текучесть *(рабочей силы)* **4.** общий объём миграции
~ of all capital полная оборачиваемость капитала *(отношение чистой выручки к стоимости всего капитала и обязательств)*
~ of capital оборот [оборачиваемость] капитала
~ of staff текучесть кадров
account ~ оборот средств по счёту «дебиторов» *(отношение суммы продаж к дебиторской задолженности)*
annual ~ годовой оборот
cash ~ кругооборот наличных денег; наличноденежное обращение
deposit ~ оборачиваемость депозитов
export ~ оборот по экспорту, объём экспортных операций
finished goods ~ оборачиваемость готовой продукции; коэффициент оборачиваемости готовой продукции
fixed asset ~ *см.* **plant turnover**
foreign trade ~ оборот внешней торговли
freight ~ грузооборот
goods ~ товарооборот
import ~ оборот по импорту, объём импортных операций
inventory ~ *см.* **stock turnover 1.**
labor ~ текучесть рабочей силы, размер текучести рабочей силы
leading firm ~ смена лидирующих фирм в отрасли
merchandise ~ *см.* **stock turnover 1.**
money ~ денежный оборот
national labor ~ текучесть рабочей силы в общенациональном масштабе
plant ~ оборачиваемость реального основного капитала; коэффициент оборачиваемости основного капитала
receivables ~ покупательская задолженность *(отношение общей стоимости товаров, проданных в кредит, к сумме к получению)*
retail ~ розничный товарооборот
route ~ оборачиваемость транспортных средств; оборачиваемость самолётов *(суточное число самолёто-миль, делённое на протяжённость маршрута)*
stock ~ 1. движение запасов; оборачиваемость товарных запасов **2.** оборот акций
trade ~ торговый оборот
working capital ~ оборачиваемость оборотных средств; коэффициент оборачиваемости оборотного капитала
work-in-process ~ оборачиваемость незавершённого производства

turnpike *амер.* **1.** горная дорога, перевальная дорога **2.** дорожная застава *(пункт взимания подорожного сбора)* **3.** платная дорога **4.** автомагистраль, автострада; скоростная автострада **5.** магистраль *(особый вид оптимальной траектории роста)* □ **~ for the economy** магистраль экономического развития

turn-round оборот, оборачиваемость *(вагонов)*

tutelage 1. опекунство, опека, попечительство **2.** нахождение под опекой [под попечительством] **3.** несовершеннолетие, малолетство

tutor 1. опекун, попечитель **2.** наставник □ **~ nominate** *лат.* опекун, назначенный завещанием умершего отца

tutorage опекунство, опека, попечительство

tutor-at-law законный опекун

tutorial 1. опекунский **2.** наставнический **3.** период обучения в колледже

tutorship опекунство, попечительство; положение опекуна, попечителя

tutwork сдельная [аккордная] работа

twist 1. поворот, отклонение ‖ отклонять **2.** обман ‖ обманывать; искажать □ **to ~ the curve** изменять форму кривой

twisting *бирж.* недобросовестная брокерская практика уговаривания клиента совершать сделки *(для увеличения комиссии)*

two-channel *ТМО* двухканальный

two-digit двузначный *(по стандартной промышленной классификации США об укрупнённой отрасли, напр., о машиностроении)*

two-sample основанный на двойной выборке

tycoon *амер.* промышленный *или* финансовый магнат
type 1. тип; типичный [типовой] образец 2. вид; род; категория; серия
~ of contract вид подряда *(головной или субподряд)*
~ of data вид (исходных) данных
~ of variation характер изменчивости
best efforts ~ of underwriting операция «андеррайтинг» по принципу «наибольших усилий» гаранта *(без обязательства принять неразмещённые ценные бумаги)*
development ~ опытный образец
order ~ тип заказа
typical типичный; типический

U

ullage 1. незаполненный объём 2. утечка, нехватка, недостача
ultimate 1. окончательный результат; предел ‖ последний; конечный; предельный 2. основной принцип ‖ основной; первичный
ultimo *лат. бирж.* 1. конец месяца 2. прошлого месяца □ **per ~** со сдачей и оплатой в конце месяца
umbrella:
price ~ «зонтик цен» *(поддержание цен, установленных фирмой-лидером)*
tax ~ «налоговый зонтик», уменьшение налогов компании путём зачёта потерь прошлых лет
umpire 1. третейский судья, арбитр ‖ быть третейским судьёй 2. *т. игр* посредник
unable неспособный □ **~ to pay** неплатёжеспособный
unacceptable неприемлемый
unaccepted непринятый; неакцептованный
unaccomplished незавершённый, незаконченный
unadjusted 1. нескорректированный; без поправок 2. неурегулированный
unaffected не подвергшийся влиянию, не изменяющийся под действием; независимый
unaffiliated не являющийся отделением *(компании)*
unallotted нераспределённый
unallowables затраты *или* выплаты, не подпадающие под льготы; затраты, не учитываемые при начислении прибыли *(по военным подрядам)*
unamortized неамортизированный
unanticipated непредвиденный
unapplied остающийся без применения
unappropriated не предназначенный *(для какой-л. цели)*; нерезервированный, свободный
unascertained неустановленный; неиндивидуализированный *(о товаре)*
unassessable не подлежащий обложению
unassorted несортированный; бессортный

unaudited 1. непроверенный; не подвергнутый сличению 2. не подвергнутый ревизии
unauthorized неуполномоченный; неразрешённый
unavailability 1. отсутствие 2. непригодность; несоответствие требованиям 3. коэффициент неготовности; коэффициент простоя
~ of exportable surplus отсутствие излишков для экспорта
unavailable 1. не имеющийся в распоряжении; не имеющийся в наличии 2. недействительный 3. непригодный; не удовлетворяющий требованиям
unbalance отсутствие равновесия; неравновесие; несоответствие □ **~ in foreign trade** несоответствие между экспортом и импортом; превышение импорта над экспортом *(реже превышение экспорта над импортом)*
unbalanced неуравновешенный, несбалансированный
unbecoming неподходящий, несоответствующий
unbiased несмещённый *(об оценке)*
unbiasedness несмещённость
unbusinesslike неделовой, непрактичный
uncalled невостребованный
uncapped неограниченный, не имеющий установленного верхнего предела
uncertain неопределённый; недостоверный, сомнительный; ненадёжный
uncertaint/y 1. неопределённость; недостоверность, сомнительность; ненадёжность 2. *pl* факторы неопределённости
~ of exchange rates неустойчивость обменных курсов, валютные колебания
exogenous ~ies внеэкономические факторы неопределённости
statistical ~ статистическая неопределённость
unchangeable неизменный, неизменяемый; постоянный
unchanged неизменившийся; без перемены
unclaimed *см.* **uncalled**
unclassified 1. несекретный *(о документе)* 2. неклассифицированный, не отнесённый к определённой категории
uncollected неполученный, неинкассированный
unconditional безусловный, безоговорочный, не ограниченный условием
unconfirmed неподтверждённый
unconsolidated неконсолидированный *(о балансе)*
uncontrol бесконтрольность; неконтролируемое состояние
unconvertible неконвертируемый; неконвертабельный, необратимый; неразменный, не подлежащий свободному обмену
uncovered необеспеченный, непокрытый
uncrossed некроссированный, неперечёркнутый *(о чеке)*
uncustomed не облагаемый таможенной пошлиной; не оплаченный таможенной пошлиной
undated недатированный, без даты
undelivered недоставленный

underactivity недостаточная экономическая деятельность
underage несовершеннолетний, незрелый
underbid сделать предложение *(по более низкой цене по сравнению с другими)*
underbooked недоподписанный, не собравший подписчиков *(о займе)*
undercapacity **1.** недостаточность производственной мощности **2.** недостаточная [заниженная] производительность
undercapitalized недостаточно капитализированный; имеющий недостаточный оборотный капитал
undercharge **1.** заниженная цена ‖ назначить слишком низкую цену **2.** преуменьшенный расход *(в счёте)* **3.** считать меньше, чем следует; недогрузить **4.** взимать плату в размере ниже установленного
underconsumption недопотребление
undercount неполная регистрация; неполный учёт
census ~ неполная регистрация населения при проведении переписи
net ~ чистый результат неполной регистрации
undercoverage неполнота охвата; неполнота наблюдений
undercut сбивать (цены); продавать по более низким ценам
undercutter *англ.* торговец, сбивающий цены *(с целью подорвать сбыт конкурента)*
underdeclaration of income занижение доходов *(в налоговой декларации)*
underdepreciation недооценка амортизации
underdeveloped слаборазвитый, недостаточно развитый
underdevelopment низкий уровень экономического развития, (экономическая) отсталость
underemployment **1.** неполная занятость *(рабочей силы)* **2.** работа, не соответствующая (высокой) квалификации (работающего)
underenumeration пропуск при регистрации
underestimate недооценка ‖ недооценивать
underestimation недооценка
underexporting недостаточный экспорт
undergrade невысокого качества
undergraduate студент университета или колледжа (обычно старшего курса)
undergrounding of transmission (distribution) lines сооружение подземных магистральных (распределительных) линий электропередачи; размещение магистральных (распределительных) линий электропередачи под землёй
underimporting недостаточный импорт
underinsurance неполное страхование; страхование на низкие суммы
underinvestment недостаток инвестиций
underlease субаренда, поднаём
underlessee субарендатор, поднаниматель
underletting субаренда, переуступка аренды
underloading неполная нагрузка, недогрузка
underlying основной, лежащий в основе
undermaintenance недостаточность обслуживания и ремонта *(оборудования)*; низкое качество обслуживания и ремонта
undermanaged плохо управляемый, с недостаточно компетентным руководством *(о фирме)*
undermanned *см.* **understaffed**
undernourishment недостаточное питание, недоедание
underpaid низкооплачиваемый
underpay оплачивать слишком низко; недооплачивать
underpayment оплата труда по ставкам ниже официально установленного минимума; низкая оплата труда
underperformance of economy слабая экономическая активность; функционирование экономики в условиях неполной занятости
underpin подводить фундамент; поддерживать *(напр. спрос)*
underpinning □ ~ **in economic theory** обоснование в экономической теории
underpopulated малонаселённый
underpopulation недостаточная населённость
underpricing установление цены, не покрывающей себестоимости *(не дающей прибыли)*
underproduce недопроизводить, выпускать продукцию в недостаточном количестве
underproduction недопроизводство
underproductivity недостаточная производительность
underquote назначать более низкие цены *(по сравнению с конкурентами)*
underrate **1.** недооценивать, оценивать ниже действительной стоимости **2.** давать заниженные номинальные характеристики
underreport занижать сведения
underreporting занижение сведений
underrun(ning) работа с недогрузкой; недогрузка
underruns:
cost ~ издержки производства меньше расчётных *(или оговорённых в контракте)*; недостижение расчётных *(или оговорённых в контракте)* величин издержек производства
undersaving недостаток сбережений, недостаточный уровень сбережений
undersell продавать по сниженной цене, продавать дешевле других
underselling продажа по сниженным ценам
undershoot недостаточно подниматься *(о цене, курсе)*
understaffed испытывающий недостаток в рабочей силе; недоукомплектованный *(о штатах)*
understanding взаимопонимание, договорённость, соглашение
private ~ частное соглашение
understate преуменьшать; занижать
understated заниженный
understatement уменьшение; занижение
age ~ занижение возраста
understock **1.** недостаточно снабжать то-

варами 2. недостаточно снабжать *(ферму)* скотом

understocking 1. недостаточный запас товаров 2. низкая концентрация поголовья *(на единицу площади)*

undertake 1. предпринимать; брать на себя 2. обязаться, взять на себя обязательство; гарантировать

undertaker предприниматель
small ~ мелкий предприниматель

undertaking 1. предприятие; дело 2. обязательство; гарантия
~ **of wide scope** крупное предприятие
artisan ~ кустарное предприятие; ремесленное предприятие
joint ~ совместное предприятие
municipal ~**s** муниципальные предприятия
nationalized ~ *англ.* национализированное предприятие
private ~ частное предприятие
public ~ государственное предприятие
water ~ *англ.* водоснабжающее предприятие

undertenant субарендатор, поднаниматель

under-the-counter *разг.* (продающийся) из-под полы

undertime 1. неполный рабочий день 2. сжатые сроки

undertone основное настроение, тенденция *(рынка)*

underutilization неполное использование, недогрузка; низкий уровень использования
~ **of capacity** недогрузка производственных мощностей
~ **of equipment** низкий уровень использования оборудования
capital ~ 1. неполное использование основного капитала 2. недогрузка производственных мощностей

undervaluation недооценка; слишком низкая оценка

undervalue недооценивать, оценивать ниже действительной стоимости

underwatered 1. недостаточно обводнённый *(о районе)* 2. имеющий недостаточное водоснабжение

underweight 1. недовес 2. нестандартная масса

underwork 1. работа худшего качества ‖ работать недостаточно хорошо; недостаточно загружать работой 2. подрывать цену на рабочую силу, работать за более низкую цену

underwrite 1. подписывать(ся) 2. принимать на страхование *(суда, грузы)*; подписывать полис морского страхования 3. гарантировать размещение *(ценных бумаг)* □ **to** ~ **an issue** гарантировать размещение выпуска ценных бумаг на рынке

underwriter 1. поручитель-гарант, страховщик 2. андеррайтер, гарант *(при размещении ценных бумаг)* 3. *pl* синдикат, выступающий гарантом при размещении выпуска ценных бумаг □ ~ **at Lloyd's** член страхового объединения Ллойда
investment ~**s** инвестиционные дома, занимающиеся операциями «андеррайтинг»
managing ~ ведущий андеррайтер, глава синдиката по размещению выпуска ценных бумаг
stand(-)by ~ андеррайтер, берущий на себя обязательство купить ценные бумаги в случае их неразмещения

underwriting 1. подтверждение; подписка 2. приём на страхование 3. андеррайтинг, гарантирование размещения *(ценных бумаг)* □ **to take a lead in** ~ возглавлять список андеррайтеров
firm ~ обязательство синдиката андеррайтеров купить весь выпуск ценных бумаг
negotiated ~ гарантия размещения *(ценных бумаг)* путём прямых переговоров между эмитентом и подписчиком
standby ~ гарантия размещения на условиях «стэнд-бай» *(с обязательством андеррайтера принять на себя всю неразмещённую часть займа)*

undesignated неуказанный, не вошедший в список

undeveloped 1. неразвитый 2. незастроенный 3. неразработанный *(о земле)*

undigested излишний; непроданный *(о ценных бумагах)*

undischarged 1. неуплаченный 2. не восстановленный в правах *(о банкроте)* 3. неразгруженный

undisclosed нераскрытый, скрытый, укрытый *(напр. о резервах)*

undistributed нераспределённый

undivided неразделённый, нераспределённый *(о прибыли)*

undo уничтожать, аннулировать

undue 1. неподходящий, не соответствующий назначению; неправильный 2. по сроку не подлежащий оплате *(об оборотных документах)*

unduplicated не содержащий двойного счёта; без дублирования

undurable недлительный, недлительного пользования

unearned незаработанный; нетрудовой

uneconomic неэкономичный, невыгодный; нерентабельный

uneducated необразованный

unefficient неэффективный

unemployed 1. незанятый; неиспользованный 2. безработный □ ~ **on benefit** безработный, получающий пособие; **the** ~ безработные
hard-core ~ длительно безработный, имеющий мало шансов на получение работы *(в связи, напр., с возрастом и т.п.)*
inactive ~ безработный, не имеющий источников дохода
partially ~ частично безработный, полубезработный
registered ~ зарегистрированный безработный
wholly ~ полностью безработный

unemployment безработица, незанятость *(рабочей силы)* □ ~ **in a high employment economy** безработица при высоком уровне занятости; **to check the growth of** ~ остановить рост безработицы
casual ~ временная безработица

chronic ~ хроническая безработица
concealed ~ скрытая безработица
cyclical ~ циклическая безработица *(вызываемая циклическим спадом или кризисом)*
deficient-demand ~ безработица вследствие недостаточного спроса *(часто циклическая безработица)*
disguised ~ скрытая безработица
frictional ~ фрикционная безработица *(временная незанятость, связанная с переходом с одной работы на другую)*
general ~ безработица общего характера
hidden ~ скрытая безработица
involuntary ~ вынужденная безработица
latent ~ скрытая безработица
long-term ~ застойная безработица
nonstructural ~ неструктурная безработица *(обусловленная общим снижением экономической активности)*
seasonal ~ сезонная безработица
structural ~ структурная безработица *(связанная с изменениями отраслевой структуры экономики)*
technological ~ технологическая безработица *(связанная с вытеснением живого труда под влиянием научно-технического прогресса)*
teenage ~ безработица среди молодежи *(до 20 лет)*
voluntary ~ добровольная безработица *(нежелание работать при данном уровне зарплаты)*

unencumbered свободный от долгов; необременённый; незаложенный
unendorsed неиндоссированный, без передаточной надписи
unendowed 1. не обеспеченный *(капиталом)* **2.** не имеющий дотации
unengaged не связанный обязательством; незанятый
unentered необъявленный *(на таможне)*; незарегистрированный
unenterprising непредприимчивый
unequal неравный; несоответствующий
unequipped неподготовленный, неоснащённый
uneven 1. нечётный **2.** неравномерный; неровный; скачкообразный
unevenness of development неравномерность развития
unexecuted невыполненный *(о заказе)*; неоформленный *(о документе)*
unfair несправедливый; пристрастный; недобросовестный
unfavorable неблагоприятный; пассивный *(о торговом или платёжном балансе)*
unfilled невыполненный
unfinished незаконченный, недоконченный, неокончательно обработанный
unfit негодный, непригодный, неподходящий □ **~ for consumption** негодный к употреблению, неподходящий для потребления; **~ for employment** непригодный для работы
unfluctuating неколеблющийся, устойчивый *(о валюте)*
unfranchised *амер.* не заключивший договор с промышленной фирмой *(о торговом предприятии)*
unfunded неконсолидированный, краткосрочный *(о долге)*
ungovernable неуправляемый
ungraded 1. несортированный; неклассифицированный; нестандартный **2.** низкого качества
unhealthy нездоровый; пагубный
unicard вид кредитной карточки *(широко распространённый в США)*
unification унификация
uniform однородный; однообразный; единообразный
uniformity однородность; единообразие; равномерность
life ~ совпадение долговечности различных элементов одного изделия
product ~ однородность изделий *(по характеристикам)*
strict ~ of prices полное единообразие цен
unilateral односторонний
unimodal унимодальный, одновершинный *(о распределении)*
unimpaired незатронутый; сохраняющий силу
unincorporated 1. неакционерный, некорпоративный *(о предприятии)* **2.** не вошедший в список городов *(о населённом пункте)*
unincumbered *см.* **unencumbered**
unindorsed *см.* **unendorsed**
uninsured *страх.* незастрахованный
uninterrupted *ТМО* непрерываемый *(об обслуживании)*
uninvested невложенный, неинвестированный

Union:
Amalgamated ~ of Engineering Объединённый профсоюз машиностроителей *(Великобритания)*
Asian Clearing ~ Азиатский клиринговый союз
Banking, Insurance and Finance ~ Профессиональный союз работников финансовой сферы *(Великобритания)*
Consumers ~ Союз потребителей *(США)*
Engineering ~s профсоюзы машиностроителей
European ~ for Wholesale Potato Trade Европейский союз по оптовой торговле картофелем
European Cattle and Meat Trade ~ Европейский союз по торговле скотом и мясом
European Payments ~ Европейский платёжный союз
International ~ for Land Value Taxation and Free Trade Международный союз по налогообложению земельной собственности и свободной торговле
International ~ for the Conservation of Nature and Natural Resources Международный союз охраны природы и природных ресурсов, МСОП
International ~ for the Scientific Study of Population Международный союз по научным исследованиям проблем народонаселения

International ~ of Agricultural Sciences Международный научный совет по сельскому хозяйству
International ~ of Family Organizations Международный союз организаций по проблемам семьи
International ~ of Food and Allied Workers Международный союз работников пищевой промышленности и смежных отраслей
International ~ of Tenants Международный союз арендаторов
International Population ~ Международный союз по проблемам народонаселения *(ООН)*
International Telecommunication ~ Международный союз электросвязи, МСЭ
Latin Monetary ~ Латинский монетный союз
National Agricultural Workers' ~ Национальный союз сельскохозяйственных трудящихся *(США)*
National Farmers ~ Национальный союз фермеров
National Taxpayers' ~ Национальный союз налогоплательщиков *(США)*
Scandinavian Monetary ~ Скандинавский монетный союз
Transport and General Workers' ~ Профсоюз транспортных и неквалифицированных рабочих *(Великобритания)*
Universal Postal ~ Всемирный почтовый союз

union 1. союз *(государственное объединение)* **2.** союз; соединение, объединение, уния **3.** профсоюз; тред-юнион **4.** брачный союз
~ of inputs *ТМО* объединение входящих потоков
~ of streams *ТМО* объединение потоков
affiliated trade ~ профсоюз, входящий в более крупный профсоюз
amalgamated ~ объединённый союз
closed ~ закрытый профсоюз *(с ограниченным числом членов определённой квалификации)*
common law ~ гражданский брак
company ~ профсоюз, создаваемый по инициативе компании *(с целью предотвращения создания рабочими своего союза)*
conjugal ~ брачный союз
consensual ~ гражданский брак
craft ~ 1. *pl* крупноотраслевой профсоюз промышленных рабочих **2.** цеховой профсоюз
credit ~ *амер.* кредитный союз *(вид сберегательного учреждения)*
customary ~ брак, основанный на обычае
customs ~ таможенный союз
de facto ~ гражданский брак
family ~ семья; брачный союз
federal credit ~s федеральные кредитные союзы *(подчинённые федеральным, а не штатным властям)*
free ~ гражданский брак
general ~ профсоюз общего типа *(объединяющий рабочих всех профессий)*
illicit ~ гражданский брак
industrial ~ *амер.* производственный профсоюз
interkin ~ брак между ближайшими родственниками
labor ~ профсоюз, тред-юнион
local ~ низовая профсоюзная организация *(на предприятии)*
marital ~ брачный союз
monetary ~ денежный [монетный] союз; валютный союз
nonmanual workers' ~s профсоюзы рабочих, занятых в непроизводительной сфере *(напр. конторских служащих)*
open ~ открытый профсоюз *(предоставляющий право вступления в профсоюз рабочим любых профессий и квалификаций)*
plantation ~s союзы рабочих, занятых на плантациях
public (employee) ~ профсоюз государственных *или* муниципальных служащих
rail ~s *англ.* профсоюзы железнодорожников
registered ~ зарегистрированный брак
state employees' ~ *амер.* профсоюз лиц, работающих в учреждениях и предприятиях штата
steel ~ *разг.* профсоюз работников чёрной металлургии
tariff ~ таможенный союз
tax ~ налоговый союз
trade(s) ~ тред-юнион, профсоюз
unregistered ~ незарегистрированный брак
vertical ~ *амер.* «вертикальный» профсоюз *(производственный профсоюз, охватывающий рабочих, занятых во всех процессах производства: от обработки сырья до выпуска готовой продукции)*

unionism профсоюзное движение, тред-юнионизм
business ~ «экономический» тред-юнионизм *(распространение деятельности профсоюза только на деловую экономическую сферу)*
radical ~ *см.* **uplift unionism**
trade ~ тред-юнионизм
uplift ~ радикальный тред-юнионизм *(распространение деятельности профсоюза на социально-политическую сферу)*

unionist член профсоюза
unionize охватывать профсоюзом
unique 1. уникальный; особый, исключительный **2.** специфический **3.** однозначный
uniqueness уникальность *(напр. модели)*
unirrigated неорошённый, не подвергнутый ирригации
unissued невыпущенный
Unit:
European Composite Currency ~ Европейская составная валютная единица, ЮРКО
European Currency ~ Европейская валютная единица, ЭКЮ, экю
unit 1. единица; целое **2.** единица *(измерения)* **3.** (организационная) единица, подразделение **4.** *стат.* элемент *(выборки)*; единица наблюдения **5.** *ТМО* требование

6. изделие **7.** блок; узел; агрегат; секция; комплект **8.** процент *(напр. содержания ингредиентов в удобрении)* **9.** партия ценных бумаг, реализуемая по единой цене □
~ in service *ТМО* обслуживаемое требование; **~ in the aggregate** единица совокупности
~ of consumables набор потребительских товаров
~ of currency *см.* **monetary unit**
~ of inventory единица учёта запасов
~ of output единица (измерения) продукции
~ of population единица совокупности
~ of trading единица контракта *(фьючерсного, опционного)*
~ of traffic единица измерения перевозок; удельный объём перевозок
~ of value единица стоимости; единица ценности
accountability ~ единица ответственности; объект учёта, находящийся в распоряжении материально-ответственного лица
accounting ~ **1.** хозяйственная единица с самостоятельным балансом **2.** единица учёта реального основного капитала **3.** *см.* **retirement unit 4.** *см.* **replacement unit 5.** счёт, отражающий себестоимость объекта
animal ~ условная единица скота *(переводная фуражная голова)*
arrived ~ *ТМО* поступившее требование
arriving ~ *ТМО* поступающее требование
auxiliary ~ вспомогательное подразделение *(склад, гараж, отдел снабжения)*
B- ~ *см.* **Barclays currency unit**
back-ordered ~ задолженное изделие
Barclays currency ~ международная денежная единица банка «Барклейз бэнк интернешнл»
broiler ~ *с.-х.* бройлерное хозяйство
business ~ **1.** организационная единица *(торговая или промышленная)* **2.** *англ.* подразделение *или* филиал *(фирмы)*; *часто*— дочерняя компания
capital ~s элементы капитала
capitalization ~ единица капитализации *(оборудование или производственное здание, относимое за счёт капитальных затрат)*; единица капитальных издержек; единица реального основного капитала
collective reserve ~ коллективная резервная единица
computer-controlled remote teller ~ автономная приходно-расходная касса, подключённая к ЭВМ банка
conforming ~ изделие, удовлетворяющее техническим условиям
controlling ~ подразделение по контролю; контролирующий орган
cost ~ единица калькулируемой продукции; единица калькуляции издержек *(напр. тысяча тонн стали)*
dairy ~ *с.-х.* молочное хозяйство
decision ~ самостоятельная хозяйственная единица, наделённая правом принимать решения
defect-free ~ бездефектное изделие; исправное изделие
defective ~ дефектное изделие; неисправное изделие
delayed ~ *ТМО* ожидающее требование
depreciation ~ единица начисления износа; единица амортизации
descardable ~ изделие, подлежащее списанию
dwelling ~ *см.* **housing unit**
economic(al) ~ хозяйственная единица *(напр. предприятие)*
effective ~ годное изделие
efficiency ~ единица измерения эффективности *(напр. капитала)*
end production ~ конечное изделие, единица конечного продукта
equivalent ~ **1.** эквивалентная [приведённая] единица *(продукта)* **2.** *трансп.* эквивалентная заменяющая единица *(самолёт с эксплуатационной характеристикой, мало отличающейся от заменяемого, выбывшего самолёта)*
European ~ of account *см.* **European payment unit**
European payment ~ расчётная единица Европейского платёжного союза
evaluation ~ *с.-х.* бонитировочная единица
factory ~ фабрика; завод; промышленное предприятие
failed ~ отказавшее изделие
family farm ~ семейная ферма
fattening ~ *с.-х.* откормочное хозяйство
faulty ~ дефектное изделие
feed ~ *с.-х.* кормовая единица
first-class ~ *ТМО* требование с высшим приоритетом
fixed-asset ~ единица реального основного капитала
good ~ исправное изделие
higher-priority(-class) ~ *ТМО* требование с высшим приоритетом
high-priority ~ *ТМО* требование с высоким приоритетом
housing ~ *амер.* жилищная единица *(квартира или дом)*
Imperial ~s единицы британской системы мер и весов
inoperable [inoperative] ~ неисправное изделие
inspected ~ проверенное изделие
judging *с.-х.* бонитировочная единица
livestock ~s per 100 acres плотность скота в условных единицах на 100 акров
local ~ *англ.* (территориально) обособленная часть предприятия
lower-priority(-class) ~ *ТМО* требование с низшим приоритетом
low-priority ~ *ТМО* требование с низким приоритетом
machine ~ единица оборудования; станок
marginal ~s предельные единицы продукции *(определяющие рыночную цену)*
monetary ~ денежная единица; единица валюты
nonpriority ~ *ТМО* требование, не обладающее приоритетом

normal trading ~ стандартная партия в биржевой торговле
nuclear steam-electric generating ~ атомная электростанция
nutrient ~ *с.-х.* единица питательных веществ
observation ~ *стат.* единица наблюдения
offshore banking ~ офшорное *(выведенное из-под национального регулирования)* банковское учреждение
one-man ~ хозяйство с одним работником
operable [operative] ~ исправное изделие
ordinary ~ *ТМО* обычное требование *(не обладающее приоритетом)*
organizational ~ организационная единица, подразделение
outgoing ~ *ТМО* требование, покидающее систему
out-of-specification ~ изделие, не удовлетворяющее техническим условиям
part-owner ~ **1.** хозяйство, находящееся в частичной собственности владельца **2.** подсобное хозяйство
physical ~ натуральная единица *(измерения)*
plant record ~ единица учёта реального основного капитала
poultry ~ *с.-х.* птицеводческое хозяйство
preempted ~ *ТМО* требование, обслуживание которого прервано
primary trade-union ~**s** низовые профсоюзные организации
priority ~ *ТМО* требование, обладающее приоритетом
producing ~ *см.* **production unit 1.**
production ~ **1.** производственная единица; предприятие **2.** единица (измерения) продукции
productive animal ~ условная единица продуктивного скота
prototype ~ опытный образец
queue-resistant ~ *ТМО* требование, не остающееся в системе при наличии очереди
ranch ~ ранчо
registration ~ **1.** единица учёта **2.** участок, приписанный к регистрационному органу
rental ~ **1.** дом *или* жильё для сдачи в наём [в аренду] **2.** машина *или* оборудование для сдачи в аренду
replacement ~ заменяющая единица *(основного капитала)*
residential ~ *см.* **housing unit**
retirement ~ единица выбытия *(основного капитала)*; выбывающая единица капитализации
revenue ~ **of service** *трансп.* расчётная [калькуляционная] единица *(тонно-миля, машино-миля)*
rustic ~ деревня; населённый пункт сельского типа
sample ~ элемент [единица] выборки
secondary [second-stage] ~ *стат.* объект второй стадии выборки
semiprocessed ~ промежуточный продукт; полуфабрикат
service ~ единица (измерения) выполненной работы; единица (измерения) продукции
serviceable ~ исправное изделие
single family ~ *амер.* односемейный дом, дом для одной семьи
small-scale farming ~ мелкое хозяйство
spending ~ потребительская единица *(семья или группа лиц, производящая совместные расходы)*
spoiled ~ бракованное изделие
standard (conventional) ~ условная единица
statistical ~ единица статистического учёта
steam-electric generating ~ тепловая электростанция
stock-keeping ~ единица учёта запасов
structural ~ структурная единица, первичный элемент системы
subsidiary production ~ дочернее [зависимое] предприятие
tabulation ~ единица учёта
tagged ~ бракованное изделие
tenant-operated ~ хозяйство арендатора
trading ~ минимальное количество *(напр. ценных бумаг)*, являющееся единицей торговли на бирже
training ~ учебный центр *(по подготовке кадров для промышленности)*
undelayed ~ *ТМО* требование, поступающее на обслуживание без ожидания
work ~ **1.** *см.* **cost unit 2.** единица (измерения) выполненной работы
workday ~ трудодень

unitary **1.** единичный, равный единице *(напр. об эластичности спроса)*; используемый в качестве единицы, принимаемый за единицу **2.** унитарный, единый; стремящийся к объединению
unite соединять(ся); объединять(ся)
unitization *амер.* совместное владение торговой компании, при котором каждый магазин *или* каждый отдел универмага пользуется автономией в закупках
unitrain специализированный грузовой поезд *(напр. для перевозки угля)*
unity **1.** единство **2.** единица *(величина, равная единице)*
universal всеобщий; всемирный
universalism универсализм
universality универсальность
universe генеральная совокупность
~ **of population** генеральная совокупность
unjustified:
economically ~ экономически неоправданный
unlade разгружать
unlawful незаконный; запрещённый
unlettered неграмотный
unleveraged без левереджа, с малой долей заёмных средств
unlike неодинаковый, разный; разнородный
unlikely неправдоподобный, маловероятный ‖ маловероятно
unlimited с неограниченной ответственностью владельцев *(о компании)*
unliquidated неликвидированный; неоплаченный

unlisted не допущенный к биржевому обороту, не котирующийся на бирже *(о ценный бумагах)*
unload 1. разгружать 2. распродавать ценные бумаги *(из опасения снижения курса)*; избавляться *(от акций, от облигаций)*
unmanageable неуправляемый *(о предприятии)*; трудно поддающийся контролю
unmanufactured необработанный; невыделанный; сырой
unmarketable не подходящий для рынка; не могущий быть проданным; неликвидный *(о фондах)*
unmarriageable не достигший брачного возраста
unmarried холостой, неженатый
unmatched несовпадающий *(по срокам)*
unmerchantable непригодный для торговли
unmortgaged незаложенный
unobtainable недостижимый; недоступный *(напр. о товаре)*
unoccupied незанятый *(напр. о канале обслуживания)*
unorganized неорганизованный
unpack распаковывать
unpacked неупакованный, без упаковки; распакованный
unpaid неоплаченный, непогашенный
unpatented незапатентованный
unpegged неподдерживаемый *(с помощью искусственных мер)*
unpeopled ненаселённый
unplaced непроданный *(о товаре)*; неразмещённый *(о займе)*
unplanned незапланированный; внеплановый
unpledged незаложенный
unpopular непопулярный; не пользующийся спросом
unpredictability невозможность прогнозирования
unproductive непроизводительный; непродуктивный; не приносящий дохода *(о капитале)*
unprofitable нерентабельный, невыгодный
unprotested неопротестованный *(о векселе)*
unpunctuality *ТМО* отклонение от заданных моментов прибытия *(в систему)*
unpurchas(e)able 1. недоступный *(напр. о товаре)* 2. неподкупный
unqualified 1. безоговорочный 2. неквалифицированный
unquantifiable не допускающий количественного определения; неквантифицируемый
unquoted *см.* **unlisted**
unrated не облагаемый *или* не обложенный налогом
unrealizable 1. не могущий быть реализованным 2. неосуществимый
unreasonable неразумный; необоснованный; неумеренный; слишком высокий, чрезмерный *(о цене)*
unredeemed невыкупленный; непогашенный
unrequited неоплаченный; некомпенсированный
unsafe ненадёжный
unsal(e)able не могущий быть проданным; неходовой, не пользующийся спросом
unsatisfactory неудовлетворительный
unsecured 1. необеспеченный; непокрытый 2. незакреплённый; неупакованный
unsettled 1. неурегулированный; нерешённый 2. неоплаченный, непогашенный 3. неустановившийся, неустойчивый, колеблющийся *(о ценах)*
unsheltered непокровительствуемый *(об отраслях промышленности)*
unship выгружать
unshipped 1. выгруженный 2. неотправленный
unskilled неквалифицированный *(о рабочей силе)*
unsolicited незатребованный; по собственной инициативе *(напр. о заявке на участие в размещении ценных бумаг)*
unsound недоброкачественный
unspecialized неспециализированный
unstable неустойчивый; нестабильный; непостоянный, изменчивый, колеблющийся
unsteady нестационарный; неустановившийся; нетвёрдый; неустойчивый
unstock истощать запасы
unsuccessful безуспешный
unsuitable неподходящий
unsystematic(al) несистематический
untenable несостоятельный *(напр. о доводе)*
untenantable непригодный для сдачи внаём
untenderable непригодный для сдачи *(о сортах товаров)*
unthrifty плохо развивающийся, болезненный *(напр. скот)*
untrammel(l)ed беспрепятственный, свободный от ограничений
untransfer(r)able не могущий быть переданным, без права передачи; непереводимый, не могущий быть переведённым
unvalued неоценённый
unvaried неизменный, постоянный
unwarranted 1. негарантированный 2. необоснованный, неоправданный
unwatered 1. необводнённый, богарный 2. не имеющий водоснабжения 3. неразводнённый *(напр. о капитале)*
unwind *бирж.* произвести зачёт, покрыть позицию
unworkable 1. неработоспособный 2. непригодный для работы
update 1. модернизировать, усовершенствовать; обновлять 2. корректировать *(накопленные данные)*; изменять в соответствии с новыми данными
updating 1. модернизация, усовершенствование 2. корректировка *(накопленных данных)*; изменение в соответствии с новыми данными
upgrade 1. подъём, улучшение ‖ повышать *(напр. квалификацию)* 2. переводить в более высокую категорию; переводить на более высокооплачиваемую работу 3. повышать качество *(продукции)* 4. продавать продукты низшего качества по цене продуктов высшего качества 5. улучшать породу *(скота)*
upgrading 1. повышение *(квалификации)*;

повышение разряда **2.** повышение качества
upheaval сдвиг; подъём; переворот
uphold **1.** поддерживать; защищать **2.** подтверждать, утверждать
upkeep содержание; стоимость содержания
ups-and-downs подъёмы и падения, взлёты и падения *(производства)*
~ of business cycle взлёты и падения экономического цикла
upsurge рост; подъём; быстрое повышение
population ~ рост населения
upswing **1.** подъём, повышение *(цен)* **2.** тенденция к оживлению *(на рынке)*; экономический подъём, расширение экономической активности; повышение хозяйственной конъюнктуры
cyclical ~ циклический подъём
uptake поглощение, потребление
uptime (календарное) время, в течение которого система способна выполнять необходимые функции; продолжительность работы *(в исправном состоянии)*
up-to-date **1.** современный, новейший; отвечающий последнему слову техники **2.** *бухг.* «ажур»
up-to-sample в соответствии с образцом
uptrend тенденция к повышению
upturn улучшение *(экономического положения)*, подъём *(конъюнктуры)*
economic(al) ~ экономический подъём, экономический рост
upvalue повысить стоимость
upward направленный *или* двигающийся вверх ‖ вверх □ **~s of** выше, больше
urban городской
urbanism урбанизм
urbanization урбанизация
urgency срочность; безотлагательность
urgent срочный; безотлагательный; неотложный
usage **1.** обращение; употребление **2.** торговые обычаи; деловая практика, узанция **3.** употребление, применение; (ис)пользование □ **in accordance with the general ~** согласно общепринятой практике
~ of market рыночная практика
average monthly ~ среднемесячный расход *(напр. материалов)*
commercial ~ торговые обычаи
fertilizer ~ использование удобрений
trade ~ торговые обычаи
usance срок векселя, установленный обычаем
use **1.** употребление, применение; (ис)пользование ‖ употреблять, применять; (ис)пользовать **2.** польза, выгода □ **for service ~** для вооружённых сил; для военного ведомства; **~ in common** совместное употребление *(средств производства)*; **'over the window' ~** *разг. бухг.* выплата «через окно», выплата через расходную кассу; **to be in ~** быть в употреблении; **to be out of ~** выйти из употребления; **to come into ~** входить в употребление; начинать использование; **to make ~ of** применять, употреблять; использовать; **to ~ up** израсходовать *(напр. запас)*
beneficial ~ **1.** выгодное использование *(собственности)*, использование для личной выгоды **2.** полезное применение *(напр. природных ресурсов)*
civilian ~ гражданское [невоенное] применение
commercial ~ коммерческое использование; коммерческое потребление
consumptive ~ потребительское пользование, использование для конечного потребления, конечное [безвозвратное] потребление
farm resource ~ использование ресурсов в сельском хозяйстве
fraudulent ~ of account использование средств на банковском счёте путём подлога
fuel ~ per kwhr расход топлива на киловатт-час *(выработанной электроэнергии)*; удельный расход топлива
industrial ~ промышленное использование; промышленное потребление
instream ~ водопользование в русле *(напр. для производства электроэнергии)*
intended ~ of loan proceeds предполагаемое использование заёмных средств
intermediate ~ промежуточное использование; промежуточное потребление *(напр. полуфабрикатов)*
land ~ землепользование
monetary ~ использование для монетарных целей
nonconsumptive ~ непотребительское использование
out-of-stream ~ водопользование вне русла *(напр. городское водоснабжение)*
pastoral ~ использование под выпас
plant ~ электроэнергия, расходуемая на собственные нужды электростанции
power ~ потребление электроэнергии
public ~ муниципальное потребление, потребление для общегородских нужд
residential ~ бытовое использование; бытовое потребление *(напр. воды)*
used использованный; бывший в употреблении [в эксплуатации]; подержанный; отработанный
useful **1.** полезный, пригодный **2.** удобный *(о методе)* **3.** используемый
usefulness полезность
user **1.** пользователь; потребитель **2.** лицо, применяющее методы регулирования рождаемости
adverse ~ «вредящий пользователь» *(напр. водопользователь, загрязняющий водоём сточными водами)*
agricultural water ~ сельскохозяйственный водопользователь
business ~ **1.** частнопредпринимательский [небытовой] потребитель **2.** промышленный потребитель
chief ~s главные потребители
commercial ~ **1.** *амер.* коммерческий потребитель **2.** торговая фирма как потребитель промышленной продукции для перепродажи
construction ~ *амер.* строительная фирма как потребитель промышленной продукции

household ~ *амер.* бытовой потребитель
industrial ~ промышленный потребитель
institutional ~s потребители-учреждения *(напр. лечебные, благотворительные)*
instream ~ водопользователь в русле *(напр. гидроэлектростанция)*
land ~ землепользователь
marginal ~ предельный [маржинальный] потребитель
member ~ потребитель-член *(напр. товарищества по совместному орошению земель)*
on-the-land ~ потребитель воды для орошения земель
out-of-stream ~ водопользователь вне русла
self-supplying ~ потребитель на самоснабжении *(напр. отдельный фермер или компания, добывающие из недр воду для собственных нужд)*
would-be ~s потенциальные потребители

usucapion *юр.* узукапия *(приобретение права собственности по давности владения)*

usucapt *юр.* приобретать право собственности по давности владения

usucaption *см.* **usucapion**

usufruct *юр.* узуфрукт *(право пожизненного пользования чужим имуществом и доходами от него)*

usurer ростовщик

usurious ростовщический

usury ростовщичество; ростовщический процент

utilitarian 1. утилитарный **2.** утилитаристский

utilitarianism утилитаризм

utilit/y 1. полезность **2.** практичность, выгодность ‖ экономически выгодный, рентабельный **3.** *мат.* функция полезности **4.** *pl* предприятия общественного пользования, коммунальные предприятия **5.** *pl* коммунальные услуги; коммунальные службы **6.** *pl* акции и облигации предприятий общественного пользования **7.** универсальный, общего назначения **8.** дешёвый, невысокого качества
~ of money полезность денег
absolute ~ абсолютная полезность
acceptable ~ приемлемая полезность
additive ~ аддитивная функция полезности
aggregate ~ агрегированная функция полезности
cardinal ~ кардиналистская полезность *(измеряемая в абсолютных величинах)*
computer ~ 1. обслуживание электронно-вычислительной техникой **2.** электронно-вычислительные средства, ЭВМ
consumer ~ полезность для потребителя
cumulative ~ совокупная [кумулятивная] полезность
decreasing [diminishing] ~ убывающая полезность
diminishing marginal ~ убывающая предельная полезность
distribution ~ies предприятия обслуживания промышленных фирм в сфере сбыта
electric ~ies электроэнергетические компании энергосистемы общего пользования; электроэнергетика общего пользования
form ~ полезность, возникающая в результате переработки продукта *(напр. сырья в готовую продукцию)*
gas ~ies коммунальное газоснабжение; газоснабжение общего пользования; компании газоснабжения общего пользования
incommensurable ~ies несоизмеримые полезности
incremental ~ приростная полезность
information ~ies информационные службы общего пользования
marginal ~ предельная [маржинальная] полезность
marginal ~ of money предельная полезность денег
maximax ~ максимаксная полезность
maximin ~ максиминная полезность
maximum ~ максимальная полезность
minimax ~ минимаксная полезность
municipal ~ies муниципальные энергопредприятия общего пользования
ordinal ~ ординалистская [порядковая] полезность
ownership ~ *см.* **possession utility**
place ~ полезность, возникающая в результате доставки продукта к месту спроса
possession ~ полезность, возникающая в результате приобретения продукта *или* услуги
producer ~ полезность для производителя
public ~ies 1. *см.* **utility 4., 5., 6. 2.** коммунальные сооружения **3.** *см.* **utility 5.**
publicly-owned electric ~ies энергопредприятия общего пользования
sampling ~ выборочная полезность
separable ~ сепарабельная функция полезности
service ~ полезность услуги
social ~ общественная полезность
subjective ~ субъективная полезность
time ~ полезность, порождаемая своевременным предложением товара
transportation ~ies городской общественный транспорт; городской и пригородный транспорт; транспортные компании
urban gas ~ies городское газоснабжение; компании городского газоснабжения
water ~ies коммунальное водоснабжение; компании водоснабжения общего пользования

utility-type универсальный, общего назначения

utilization 1. использование, применение; утилизация **2.** коэффициент использования, загрузка
~ of budget исполнение бюджета
~ of cash использование наличных денег
capacity ~ 1. использование производственных мощностей **2.** коэффициент использования производственных мощностей
capital (stock) ~ 1. использование основного капитала **2.** коэффициент использования основного капитала

full capacity ~ полное использование производственных мощностей
increased shift ~ повышение коэффициента сменности
labor ~ использование рабочей силы
land ~ землепользование; освоение земельной площади
machine ~ коэффициент использования оборудования, загрузка оборудования
maximum ~ максимальный коэффициент использования, максимальная загрузка
mean ~ средний коэффициент использования, средняя загрузка
percent ~ **of capacity** коэффициент использования производственных мощностей в процентах
range ~ использование пастбища
space ~ использование площади торгового предприятия
system ~ *ТМО* коэффициент использования системы, загрузка системы
waste ~ использование отходов *(производства)*

utilize использовать; утилизировать
utmost предел; высшая степень ‖ предельный, крайний

V

vacancy 1. вакансия, незанятая должность 2. свободное помещение; сдающееся внаём помещение □ **to fill a** ~ занять должность, заполнить вакансию
job ~ незанятое рабочее место
vacant 1. незанятый, свободный 2. вакантный 3. неиспользованный *(о земельной собственности)*
vacate 1. освобождать *(квартиру)*; покидать; оставлять 2. уходить, освобождать *(должность)* 3. отменять, аннулировать
vagrant лицо, не имеющее постоянного местожительства
valid 1. действительный, действующий, имеющий *или* сохраняющий силу; законный 2. веский; обоснованный □ ~ **until recalled** действительный до отмены
statistically ~ статистически обоснованный
validate утверждать; ратифицировать; легализировать
validation 1. утверждение; ратификация 2. *стат.* признание выборки беспристрастной *(свободной от субъективных факторов)*
service ~ эксплуатационная оценка
validity 1. действительность; законность 2. обоснование; вескость
statistical ~ статистическое обоснование
valorization 1. установленные цены *(путём государственной санкции)* 2. ревалоризация, ревальвация, повышение ценности *(валюты)*

valorize 1. устанавливать цену, оценивать 2. ревалоризировать, ревальвировать *(валюту)*
valuable 1. стóящий, имеющий денежную стоимость; имеющий ценность 2. *pl* ценности; драгоценности 3. полезный; ценный; важный 4. поддающийся оценке 5. промышленный *(о руде)*
valuation 1. оценка; определение стоимости; таксация 2. бонитировка 3. норма 4. нормирование □ ~ **at market prices** определение стоимости по рыночным ценам
~ **of crops** оценка стоимости производства зерновых культур
~ **of obsolete or slow-moving stocks** оценка устаревших *или* малоподвижных позиций в запасах
~ **of risk** оценка риска
accounting ~ 1. оценка стоимости по записи в бухгалтерской книге 2. затраты по записи в бухгалтерской книге
agreed ~ объявленная ценность *(напр. груза)*
assessed ~ стоимость по оценке, оценочная стоимость *(напр. имущества)*
customs ~ таможенная оценка, определение таможней ценности ввозимых товаров
insurance ~ страховая оценка
intracompany ~ оценка товаров, отправляемых фирмами своим заграничным филиалам
inventory ~ оценка товарно-материальных запасов
marginal ~ предельная оценка
pecuniary ~ денежная оценка
valuator оценщик
value 1. ценность *(в экономическом и этическом смысле)* ‖ ценить 2. стоимость *(особ. в классической домарксистской и марксистской политэкономии)* 3. стоимость *(в хозяйственной практике)* 4. валюта; сумма векселя *или* тратты ‖ выставлять вексель 5. оценка ‖ оценивать 6. величина, значение 7. цена 8. *часто pl* фрахтовые ставки □ ~ **added** добавленная стоимость; стоимость, добавленная обработкой *(к стоимости материалов и полуфабрикатов, израсходованных в процессе производства)*; условно-чистая продукция *(валовая продукция за вычетом стоимости материалов и незавершённого производства)*; ~ **added by manufacture, mining, building construction, transportation, trade...** условно-чистая продукция обрабатывающей промышленности, добывающей промышленности, строительства, транспорта, торговли...; ~ **added in the development of mineral properties** условно-чистая продукция горно-подготовительных работ; ~ **added per manhour** удельная условно-чистая продукция, условно-чистая продукция на человеко-час; ~ **advanced** авансированная стоимость; **at** ~ по цене; ~ **at installation** стоимость в момент завершения монтажа; ~ **c.i.f.** ценность по цене сиф; ~ **embodied** воплощение стоимости; ~ **f.o.b.** ценность по цене фоб; ~ **in ex-**

change меновая стоимость; **~ in use** потребительная стоимость; **no par ~** без номинала; **of ~** ценный, имеющий ценность; **of no ~** неценный, не имеющий ценности; **~ on hand** стоимость наличного количества; **~ originally advanced** первоначально авансированная стоимость; **~ received** «эквивалент получен» *(из текста тратты)*; **to create ~** создавать стоимость; **to determine ~** определять ценность; определять категорию стоимости; **to have test tube ~** иметь ценность в качестве опытного участка; иметь значение испытательного полигона; **to ~ on a person** выставить вексель на *кого-л.*, трассировать на *кого-л.*; **to preserve ~** сохранять стоимость; **to take on a ~** принимать значение; **to transmit ~** переносить стоимость; **~s went up** цены повысились; фрахтовые ставки повысились
~ of benefits стоимость суммарных выгод, общий экономический эффект в денежной оценке
~ of commodity стоимость товара, товарная стоимость
~ of contract awards стоимость выданных заказов
~ of currency стоимость валюты
~ of determinant *мат.* величина определителя
~ of duel *т. игр* цена дуэли
~ of function значение функции
~ of game *т. игр* цена игры
~ of gold стоимость золота
~ of individual products shipped стоимость отгрузок; объём отгрузок отдельных видов продукции в денежном выражении
~ of labor power стоимость рабочей силы
~ of machinery стоимость машинного оборудования
~ of on-the-site work стоимость работ, произведённых непосредственно на строительной площадке
~ of production стоимость произведённой продукции; объём производства в денежном выражении
~ of service уровень *или* состояние спроса *(напр. на транспортное обслуживание)*
~ of shipments объём отгрузок *(продукции)* в денежном выражении
~ of shipments and receipts объём отгрузок и выручка за услуги; общий объём отгрузок и оказанных услуг в денежном выражении
~ of statistical item *мат.* значение признака
~ of utility значение полезности
~ of variable значение переменной
~ of work-in-progress стоимость незавершённого производства
absolute surplus ~ абсолютная прибавочная стоимость
additional surplus ~ дополнительная прибавочная стоимость
anticipated ~s ожидаемые величины
appraised ~ *см.* **assessed value**
approximate ~ приближённое значение
approximately commercial ~ ориентировочная продажная цена; ориентировочная оценка рынка
assessed ~ стоимость по оценке, оценочная стоимость
asset ~ *амер.* номинальная стоимость активов *(инвестиционной компании)*
asymptotic ~ асимптотическое значение
asymptotically optimum ~ асимптотически оптимальное значение
at-market ~ стоимость электроэнергии франко-потребитель *(измеряемая как себестоимость производства и доставки эквивалентного количества энергии)*; цена электроэнергии на фидере потребителя
at-site ~ стоимость электроэнергии франко-электростанция *(измеряемая как стоимость определённого количества энергии, полученного потребителем за вычетом затрат на её передачу)*; цена электроэнергии на шинах электростанции
average ~ 1. среднее (значение) **2.** средняя стоимость
balance sheet ~ балансовая стоимость, стоимость на бухгалтерском балансе
balking ~ *ТМО* показатель неприсоединения к очереди
base ~s базисные показатели; исходные данные
book ~ 1. балансовая стоимость [оценка] элемента активов *(первоначальная стоимость минус амортизация, списание на истощение недр)* **2.** чистые [нетто] активы фирмы; балансовая [«книжная»] стоимость [величина] активов *(совокупные активы минус неосязаемые активы и задолженность)*; реальная величина капитала, соответствующая массе выпущенных акций компании
book ~ per share of common stock чистые активы на одну обычную акцию *(стоимость капитала, приходящаяся на одну акцию, по записям в бухгалтерской книге за вычетом задолженности)*
breakeven order ~ минимальный рентабельный размер заказа
breeding ~ *с.х.* племенная ценность
bullion ~ of coin рыночная стоимость металла, заключённого в монете
calculated ~ расчётное значение
capacity ~ стоимость (единицы) электроэнергии при работе электростанции с полным использованием установленной мощности
capital ~ 1. стоимость реального основного капитала **2.** *см.* **present value**
capitalized ~ *см.* **present value**
carrying ~ *см.* **book value 1, 2.**
cash ~ денежная стоимость, стоимость в наличных деньгах
cash surrender ~ выкупная стоимость *(сумма, на которую имеет право страхователь в случае досрочного прекращения уплаты взносов)*
coining ~ of an ounce of gold or silver монетная стоимость унции золота *или* серебра
collateral ~ стоимость обеспечения *(по ссуде)*

commercial (selling) ~ рыночная стоимость; продажная цена, стоимость по продажным ценам
conditionally optimal ~ условно-оптимальное значение
constant-dollar ~s *амер.* суммы в неизменных ценах
contract ~ стоимость товаров, проданных *или* купленных по контракту
conversion ~ 1. разница в оценке, возникающая при превращении одного актива в другой **2.** цена акции, по которой на неё обменивается конвертируемая облигация
cost ~ 1. себестоимость **2.** величина издержек **3.** первоначальная стоимость
crop ~ per tillable acre стоимость продукции растениеводства в расчёте на один акр пашни
current ~ 1. *см.* **present value 2.** *pl* существующие цены **3.** *pl* текущие показатели
denominational ~ номинальная стоимость, номинал
depreciable ~ 1. амортизируемая стоимость *(первоначальная стоимость минус ликвидационная стоимость)* **2.** стоимость объекта основного капитала *(по данным бухгалтерского учёта)*
design ~ расчётное значение
desired ~ искомое [требуемое] значение; заданная величина
discounted ~ *см.* **present value**
disposal ~ ликвидационная стоимость
doubly smoothed ~ дважды сглаженное значение
earning-capacity ~ приведённая стоимость основного капитала, равная сумме ожидаемой выручки
economic(al) ~ экономически выгодное значение *(параметра)*
elemental time ~ *орг. пр.* продолжительность элемента
estimated ~ 1. вычисленная стоимость **2.** оценка
excess surplus ~ избыточная прибавочная стоимость
exchange ~ меновая стоимость
expectation [expected] ~ 1. математическое ожидание **2.** ожидаемое значение
export ~ of imported merchandise *амер.* ценность импортных товаров по экспортным ценам в стране отправления
extra surplus ~ избыточная прибавочная стоимость
extreme ~ экстремальное значение
face ~ *см.* **nominal value**
fair-market ~ стоимость *(земельной или недвижимой собственности)* в текущих ценах
feeding ~ *с.х.* кормовая ценность
fertility ~ уровень плодовитости
finite ~ конечное значение
fitted ~ *стат.* подобранное значение
food ~ *с.-х.* кормовая ценность
foreign ~ of imported merchandise *амер.* ценность импортных товаров по внутренним ценам в стране отправления
fuel replacement ~ цена замены энергоносителя *(превышение стоимости заменяющей электроэнергии по отношению к заменяемой)*
full ~ *см.* **true value**
given ~ заданная величина
going concern ~ 1. стоимость действующей фирмы *(учитывающая как реальный, так и «невещественный» капитал)* **2.** относительная оценка доходности фирмы *(получаемая делением показателя рентабельности фирмы на средний показатель для отрасли)*
gross ~ added *см.* **value added**
gross book ~ 1. первоначальная стоимость элемента активов *(без вычета амортизации)* **2.** полные [валовые] активы
gross book ~ of depletable assets первоначальная стоимость невозобновляемого имущества *(напр. ресурсов)*
gross book ~ of depreciable assets *см.* **gross book value 1.**
guess ~ оценка
highly significant ~ *стат.* высокозначимая величина
high unit ~ высокая стоимость товарной единицы *(по отношению к другим товарам)*
historical ~ стоимость в ценах приобретения
home ~ стоимость в стране происхождения
hypothecary ~ стоимость залога
imputed ~ условно начисленная стоимость *(напр. бесплатных домашних услуг)*
imputed rental ~ условно начисленная рента
individual ~ индивидуальная стоимость
initial ~ начальное значение; *pl* исходные данные
inmost ~ внутренняя стоимость *(товара)*
insured ~ застрахованная стоимость, страховая оценка
integral ~ целочисленное значение, целое число
intellectual ~s духовные ценности
international ~ интернациональная стоимость
interpolated ~ интерполированное значение
intrinsic ~ 1. внутренняя стоимость *(товара)* **2.** действительная стоимость **3.** «внутренняя» ценность опциона *(разница между ценой использования и рыночной ценой)*
inventory ~ стоимость товарно-материальных запасов
investment ~ подлинная ценность акции *или* облигации
invoice sales ~ продажная цена согласно накладной
land ~ стоимость земли
least-squares adjusted ~ значение, вычисленное методом наименьших квадратов
liquidation ~ ликвидационная стоимость
loan ~ 1. стоимость займа; сумма займа; **2.** ссуда, которая может быть получена страхователем

lower ~ *т. игр* нижняя цена
marginal ~ 1. предельная [маржинальная] стоимость 2. маржинальный показатель; предельное значение показателя, предельное возможное значение
market ~ рыночная стоимость; курсовая стоимость
material ~s материальные блага
mean ~ 1. математическое ожидание 2. среднее (значение)
measured ~ измеренное значение
median ~ *стат.* медиана
modal ~ наиболее вероятное значение, мода
monetary ~ of gold or silver денежная стоимость золота *или* серебра
money ~ денежная оценка, оценка в денежном *или* ценностном выражении
net ~ added чистая добавленная стоимость, чистая продукция *(валовая продукция за вычетом стоимости материалов и отчислений на амортизацию основных фондов, т.е. сумма заработной платы и прибыли)*
net(book) ~ of assets *см.* **book value 1., 2.**
net ~ per share чистые активы в расчёте на одну (обыкновенную) акцию
new ~ produced вновь произведённая стоимость
nominal ~ нарицательная цена; номинальная стоимость, номинал
nonuse ~ непотребительная стоимость
nutritive ~ *с.-х.* питательная ценность
observed ~ наблюдённая [измеренная] величина
original cost ~ первоначальная стоимость
par ~ 1. паритет, номинал акции *или* облигации 2. паритет валюты
peak ~ максимальное значение
permissible ~ допустимое значение
physical ~ восстановительная стоимость; стоимость замещения
positive salvage ~ ликвидационная стоимость
predicted ~ прогнозируемая величина
prescribed ~ заданная величина
present ~ приведённая стоимость, текущая стоимость; дисконтированная стоимость *(сумма ожидаемого в будущем дохода или платежа минус процент на капитал как «компенсация за ожидание»)*
present ~ of life policy современная стоимость финансовых обязательств страховщика по договору страхования жизни
price adjusted ~ стоимость в скорректированных ценах; стоимость в неизменных ценах
produced-and-realized surplus ~ произведённая и реализованная прибавочная стоимость
protein ~ *с.-х.* белковая ценность
rat(e)able ~ облагаемая стоимость
rated ~ of output паспортный объём производства в денежном выражении; расчётный [проектный] объём производства *(при заданной сменности и продолжительности рабочей недели)*
real(-dollar) ~ *амер.* сумма в неизменных ценах
realization ~ цена фактической продажи, реализованная стоимость
reciprocal ~ обратная величина
recovery ~ 1. ликвидационная стоимость 2. возможная стоимость при продаже *(объекта основного капитала)*
redemption ~ выкупная стоимость
relative surplus относительная прибавочная стоимость
replacement ~ 1. восстановительная стоимость; оценка по восстановительной стоимости 2. стоимость страхового возмещения
residual ~ 1. остаточная стоимость основного капитала 2. ликвидационная стоимость
saddle ~ *т. игр* седловое значение
sales ~ общая стоимость продаж; общая стоимость перепроданных товаров
salvage ~ ликвидационная стоимость
sample ~ *стат.* выборочное значение
scalar ~ скалярная величина
scarcity ~ стоимость, определяемая дефицитностью *(данного продукта)*; ценность в условиях недостаточности
scrap ~ стоимость лома
self-expanding ~ самовозрастающая стоимость
selling ~ *амер.* продажная цена, стоимость по продажным ценам
service ~ *см.* **depreciable value**
shipped ~ стоимость отгруженного товара, стоимость отгрузок
significance ~ *стат.* уровень значимости
significant ~ значимая величина
smoothed ~ сглаженное значение
sound ~ 1. *см.* **replacement value 1.** 2. остаточная стоимость основного капитала
standard ~ of production нормативная себестоимость; стоимость продукции, исчисленная по нормативам издержек производства
standard factory ~s 1. (заранее рассчитанные) нормативы издержек; стоимостные нормы; 2. система нормативного учёта и оперативного контроля издержек производства
standardized ~ нормированная величина
stated ~ 1. объявленная стоимость 2. условная оценка акций для целей бухгалтерского учёта *(вместо номинальной)*
steady-state ~ стационарное [установившееся] значение
stock ~ стоимость запаса
stock market ~s ценные бумаги фондовой биржи
subjective ~ 1. субъективная стоимость *(напр. объекта основного капитала по оценке фирмы)* 2. индивидуальная стоимость *(напр. единичного изделия из труднообрабатываемых материалов)*
surplus ~ прибавочная стоимость
surrender ~ *см.* **cash surrender value**
table [tabular] ~ табличное значение
tangible ~ стоимость реальных активов *(напр. основного и оборотного капитала)*
target ~ заданная величина

theoretical mean ~ математическое ожидание
threshold ~ пороговое значение
time ~ 1. норма времени **2.** разница между объявленным курсом акций при поглощении и текущим рыночным курсом
time ~ of money стоимость денег с учётом дохода будущего периода
time-mean ~ усреднённое по времени значение, среднее по времени
trading ~ *см.* **commercial (selling) value**
traffic ~ нагрузка линии связи, величина потока сообщений, текущих по линии связи
transfer ~ стоимость продукции, переданной внутри фирмы; общая стоимость межзаводских поставок *(в пределах одной фирмы)*
transferred ~ перенесённая стоимость
trend ~ *стат.* значение тренда
true ~ 1. истинное значение **2.** истинная стоимость *(действительная стоимость в текущих ценах при оценке для налогообложения)*
unadjusted ~ added нескорректированная условно-чистая продукция
undepreciated ~ первоначальная стоимость
unit ~ средняя цена товарной единицы, средняя цена единицы продукции; стоимость единичного изделия
upper ~ *т. игр* верхняя цена
use ~ потребительная стоимость
valley ~ значение в низшей точке кривой, (относительный *или* абсолютный) минимум
weighted ~ *стат.* взвешенное значение
wellhead ~ стоимость франко-скважина *(воды)*, стоимость у места откачки [у водозабора]
wild ~ *стат.* резко отклоняющееся [аномальное] значение
written-off ~ *см.* **residual value 1.**
zero ~ нулевое значение
zero salvage ~ нулевая ликвидационная стоимость; нулевая стоимость объекта основного капитала при выбытии

valued ценный
value-free свободный от оценочных суждений *(о позитивном экономическом анализе)*
valueless не представляющий ценности
value-of-service относящийся к уровню [к состоянию] спроса
van:
sales ~ *амер.* автолавка
vanish обращаться в нуль, принимать нулевое значение, стремиться к нулю; исчезать
variability изменчивость, непостоянство
~ of demand изменчивость спроса
chance ~ случайная изменчивость
controlled ~ контролируемая изменчивость
manufacturing ~ изменчивость производственного процесса
price ~ изменчивость цен
residual ~ остаточная изменчивость
sample [sampling] ~ изменчивость (элементов) выборки
systematic(al) ~ систематическая изменчивость

variable 1. переменная (величина) ‖ переменный, изменчивый **2.** количественный признак □ **to omit a ~** не учитывать переменную
additional ~ *т. игр* добавочная переменная
artificial ~ *т. игр* искусственная переменная
autonomous ~ независимая переменная
auxiliary ~ вспомогательная переменная
basic ~ базисная переменная
claim amount ~ переменная величина иска
continuous ~ непрерывная переменная
controllable ~ регулируемая переменная
correlated ~s коррелированные переменные
cost-determining ~ переменная, определяющая величину издержек *(напр. объём производства)*
demographic ~ демографическая переменная; демографический фактор
discontinuous ~ разрывная переменная
discrete ~ дискретная переменная
dual ~ двойственная переменная
dummy ~ несущественная [фиктивная] переменная
endogenous ~ эндогенная [внутрисистемная] переменная
exogenous ~ экзогенная [внесистемная] переменная
explanatory ~ каузальная переменная
free ~ свободная переменная
integer ~ целочисленная переменная
jointly dependent ~s совместно зависимые переменные
key ~s ключевые переменные
legitimate ~ истинная переменная
monetary ~ денежная переменная (величина), денежный фактор
multiple random ~ многомерная случайная величина
nonbasic ~ небазисная переменная
nonrandom ~ неслучайная переменная
normal ~ случайная величина, распределённая по нормальному закону
outgoing ~ выводимая из (решения) переменная
primal ~ переменная прямой задачи
psychological ~ психологический фактор
queue-size ~ длина очереди *(как случайная величина)*
random ~ случайная величина
service-time ~ время обслуживания *(как случайная величина)*
shortage random ~ случайное значение дефицита *(в системе управления запасами)*
slack ~ свободная переменная
social ~ социальный фактор
state ~ *т. игр* фазовая переменная
stochastic(al) ~ случайная величина
stock ~ переменная, характеризующая величину запаса
system ~ параметр системы
target ~ целевая [планируемая] величина

tax ~ переменная, характеризующая налоги
time ~ функция времени; величина, зависящая от времени
transaction ~**s** переменные, характеризующие сделки
unrestricted ~ не имеющая ограничений переменная, свободная от ограничений переменная

variance **1.** отклонение *(напр. от норматива)*; расхождение; несоответствие **2.** *стат.* дисперсия; среднее отклонение **3.** *стат.* рассеяние □ ~ **about a mean** дисперсия относительно средней; ~ **about regression** дисперсия относительно регрессии
~ **of activity duration** дисперсия продолжительности операции
~ **of trend** дисперсия тренда
accidental ~ случайная дисперсия
asymptotic(al) ~ асимптотическое значение дисперсии
bounded ~ ограниченная дисперсия
conditional ~ условная дисперсия
cost ~ отклонение от нормативных затрат
delivery ~ расхождение в датах плановой и фактической поставок
demand ~ несоответствие между плановой потребностью *(в материалах)* и фактическим расходом *(на протяжении цикла поставки)*
desired ~ *стат.* ожидаемая дисперсия
efficiency ~ отклонение итогов хозяйственной деятельности от нормативных
empiric(al) ~ эмпирическая дисперсия
error ~ дисперсия ошибки
expense ~ расхождение между фактическими и сметными издержками
generalized ~ обобщённая дисперсия
gross ~ общее [валовое] отклонение итогов хозяйственной деятельности от нормативных
internal ~ *стат.* дисперсия внутри класса, внутренняя дисперсия
labor ~ отклонение от нормативных затрат труда
limiting ~ предельная дисперсия
manufacturing ~**s** отклонения от нормативов в процессе производства
material ~ отклонение по материалам *(при нормативной системе учёта)*
material price ~ разность цен на материалы *(между текущими и принятыми ценами при расчёте нормативов по методу «стандарт—кост»)*
material quantity ~ несоответствие между количеством фактически потребляемого материала и установленного нормативами
minimum ~ наименьшая дисперсия
payroll ~ отклонение по сумме начисленной заработной платы *(разность между суммой, кредитованной счёту заработной платы, и суммами, дебетованными счёту незавершённого производства по прямой зарплате и счёту цеховых накладных расходов по зарплате непроизводственного персонала)*
physical ~ *см.* **efficiency variance**
population ~ дисперсия генеральной совокупности
posteriori ~ апостериорная дисперсия
price ~ изменение цены, отклонение цены *(на готовый продукт в результате изменения цен на сырьё или на рабочую силу)*
relative ~ относительная дисперсия *(квадрат коэффициента вариации)*
residual ~ остаточная дисперсия
sample ~ выборочная дисперсия, дисперсия выборки
true ~ истинная дисперсия
unbounded ~ неограниченная дисперсия
unit ~ единичная дисперсия
universe ~ дисперсия генеральной совокупности
utilization ~ отклонение по использованию производственной мощности
volume ~ отклонение по объёму производства
wage ~ отклонение фактической тарифной сетки (заработной платы) от нормативной сетки
zero ~ нулевая дисперсия

variant вариант; разновидность; модификация; тип; вид ‖ различный, отличный от других

variate **1.** случайная величина **2.** изменяться, отклоняться
auxiliary ~ вспомогательная случайная величина
continuous ~ непрерывная случайная величина
discontinuous [discrete] ~ дискретная случайная величина
normal ~ случайная величина, распределённая по нормальному закону
normalized ~ нормированная случайная величина
observed ~ наблюдаемая случайная величина
Poisson ~ случайная величина, распределённая по закону Пуассона
standardized ~ нормированная случайная величина

variation **1.** изменение; колебание; отклонение *(от номинальной величины)* **2.** вариант **3.** разброс **4.** *мат.* вариация □ ~**s with time** изменения во времени
absolute ~ абсолютное отклонение
accidental ~ случайное отклонение
allowable ~ допустимое отклонение
alternating ~ альтернативная вариация
bounded ~ ограниченное изменение
cents ~ отклонение *(суммы итога)* в центах *(при учёте с округлением до одного доллара)*
chronological ~**s** изменения во времени
cyclic(al) ~**s** периодические изменения
daily ~ суточное колебание *(напр. спроса)*
farm-to-farm ~**s** различия между фермами
hourly ~**s** часовые колебания
linear ~ линейное изменение, изменение по линейному закону
moving seasonal ~**s** скользящие сезонные колебания

nonlinear ~ нелинейное изменение
nonperiodic ~ непериодическое изменение
random ~ случайное изменение
regular ~ закономерное [регулярное] изменение
remaining ~ остаточная вариация
seasonal ~**s** сезонные колебания
significant ~ значимое изменение
stochastic ~ **1.** случайное изменение **2.** стохастическая вариация
temporal [time] ~**s** изменения во времени
trading ~ размеры округления курсов ценных бумаг *(в США до 1/8, 1/32 цента)*
weekly ~**s** недельные колебания

variet/y **1.** разнообразие **2.** *мат.* ряд, множество **3.** разновидность; вид; сорт; широта номенклатуры; модификация **4.** *амер.* галантерейный магазин; универсальный магазин **5.** *с.-х.* сорт
~ **of goods** разнообразие ассортимента *(в магазине)*
cultivated [cultural] ~ культурный сорт *(растений)*
high-yielding ~ высокоурожайный сорт
hybrid crop ~**ies** гибридные сорта сельскохозяйственных культур
improved crop ~**ies** улучшенные сорта сельскохозяйственных культур
paste-in ~ **of trading stamps** бумажные марки, смазанные клеем с обратной стороны *(для наклеивания на карточку покупателя)*
traditional crop ~**ies** традиционные сорта сельскохозяйственных культур

vary **1.** менять; изменять; разнообразить; варьировать **2.** разниться; отличаться; отклоняться

varying переменный

vassal *ист.* вассал

vassalage *ист.* вассальная зависимость

vault (банковское) хранилище, стальной сейф; подвал *(для хранения ценностей)*
bank ~ *см.* **vault**
front ~ касса для текущих операций *(в банке)*
money ~ сейф для хранения кассы, хранилище для денег
record ~ хранилище документов и архива
safe deposit ~ хранилище депонированных ценностей *(в банке)*
storage ~ сейф для хранения ценностей и документации

vector **1.** вектор *(фактор, имеющий величину и направление)* **2.** курс, направление || направлять
~ **of characteristics** вектор характеристик
~ **of error** вектор ошибок
~ **of observation** вектор наблюдений
admissible ~ осуществимый вектор
artificial ~ искусственный вектор
basis ~ вектор базиса
column ~ вектор-столбец
complex ~ комплексный вектор
composite ~ составной вектор
constraint ~ вектор ограничений
consumption ~ вектор потреблений
consumption ratio ~ вектор пропорций потребления
decision ~ вектор решения
demand ~ вектор спроса, вектор потребностей
distribution ~ вектор распределения
equilibrium price ~ вектор равновесных цен
excess demand ~ вектор избыточного спроса
extreme ~ экстремальный вектор
final demand ~ вектор конечного спроса
gradient ~ вектор-градиент
input ~ вектор затрат
input-output ~ вектор «затраты—выпуск»
intensity ~ вектор интенсивностей
labor coefficient ~ вектор трудовых коэффициентов
limit(ing) ~ предельный вектор
many-dimensional ~ многомерный вектор
marginal ~ маржинальный вектор
minimum ~ минимальный вектор
normalized ~ нормированный вектор
null ~ нулевой вектор
output ~ вектор выпуска *(продукции)*
payoff ~ *т. игр* вектор выигрыша
price ~ вектор цен
probability ~ вектор вероятностей
random ~ случайный вектор
requirements ~ *см.* **demand vector**
risk ~ вектор риска
row ~ вектор-строка
standardized ~ нормированный вектор
stock ~ вектор ресурса
three-dimensional ~ трёхмерный вектор
unit ~ единичный вектор, орт
zero ~ нулевой вектор

vehicle **1.** автотранспортное средство, автомобиль **2.** *pl* автотранспорт **3.** *pl* средства транспорта, средства перевозок **4.** *англ.* транспортное машиностроение *(без судостроения и автомобильной промышленности)*; производство средств транспорта **5.** транспортировать, перевозить
commercial ~**s** автомобили индивидуального пользования; грузовые автомобили и автобусы
motor ~ *англ.* **1.** *pl* автомобили **2.** автомобильная промышленность
railway ~**s** железнодорожный подвижной состав
transport ~**s** транспортные средства

veil:
money ~ «денежная вуаль» *(трактовка роли денег как ценностной оболочки реальных процессов)*

vein *бирж.* тенденция, настроение

velocity скорость, оборачиваемость
~ **of circulation** скорость обращения
~ **of currency** скорость обращения наличных денег
~ **of money** скорость обращения денег
~ **of turnover** скорость оборота *(напр. средств)*
adjustment ~ скорость экономического приспособления

business transactions ~ скорость обращения денег в деловых сделках
circuit ~ of money скорость обращения денег в кругообороте доходов
consumption ~ скорость обращения (денег) в потребительском обороте
income ~ скорость обращения доходов
income ~ of money скорость обращения денег в кругообороте доходов
output ~ скорость изменения объёма производства
price ~ скорость изменения цен
sectoral ~ скорость обращения денег для определённого сектора экономики
transaction ~ скорость заключения сделок
transaction ~ of money скорость обращения денег в сделках
velvet *разг.* лёгкая нажива, спекулятивная прибыль □ **on ~** в выигрыше
venal продажный, корыстный
venality продажность, коррупция
vend *юр.* продавать; торговать
vendee *юр.* покупатель
vender *см.* **vendor**
vendible товар, предназначенный для продажи ‖ годный для продажи; товарный
vending продажа с помощью торговых автоматов
vendor *юр.* **1.** продавец; торговец, торговец вразнос **2.** оптовая фирма, предлагающая товар
vendue аукцион
vent выход *(напр. на рынок сбыта)*; возможность сбыта
venture 1. рискованное предприятие; спекуляция; коммерческое предприятие ‖ рисковать; спекулировать **2.** товары, отправляемые за границу на риск отправителя; отправка таких товаров **3.** объект спекуляции **4.** сумма, подвергаемая риску **5.** вторжение в новую область производства; меры по организации нового производства *(связанные с риском)*
joint ~ 1. совместное предприятие *(двух и более фирм)* **2.** совместное краткосрочное предприятие, временное товарищество *(совместная деятельность оканчивается финансовой или коммерческой операцией, выполнением данного контракта, подряда)* **3.** смешанное предприятие *(с участием иностранного и местного капитала)*
venturer 1. предприниматель, идущий на риск; спекулянт **2.** *ист.* купец, ведущий заморскую торговлю
venturesome рискованный
verge край, грань □ **on the ~ of bankruptcy** на грани банкротства
verifiability *стат.* проверяемость
verification 1. контроль; проверка; установление подлинности; удостоверение, подтверждение **2.** проверка правильности регистрации *(при переписи)*
~ of forecast проверка прогноза
~ of genuineness of signature проверка подлинности подписи *(на векселе, чеке)*
physical ~ осмотр аудитором имущества фирмы в натуре
verify контролировать; проверять; удостоверять, подтверждать □ **to ~ the cash** проверить кассу
verisimilar правдоподобный, вероятный
versus *лат.* **1.** *юр.* против **2.** в сравнении с; выбирая из □ **import quotas ~ tariffs** импортные контингенты в сравнении с таможенными пошлинами
vertical вертикальный *(о слиянии фирм)*
vessel судно, корабль
coasting ~ каботажное судно
combination ~ грузопассажирское судно
construction-differential subsidy ~ судно, субсидируемое в размере превышения стоимости его постройки *(по отношению к построенному на неамериканской верфи)*
documented ~ *см.* **registered vessel**
enrolled ~ каботажное судно, занесённое в судовой регистр США
flag ~ судно под национальным флагом *(и зарегистрированное на территории данной страны)*
foreign-going ~ судно заграничного плавания
freight(-carrying) ~ грузовое судно
licensed ~ судно вместимостью менее 20 тонн
operating-differential subsidy ~ судно, субсидируемое в размере превышения стоимости эксплуатации *(по отношению к неамериканским судам)*
passenger(-carrying) ~ пассажирское судно
registered ~ морское (торговое) судно, занесённое в судовой регистр США
single-line ~s однотипные суда
tank ~ наливное судно, танкер
tramp ~ бродячее судно; трамп
vest 1. облекать *(властью)* **2.** наделять *(имуществом)* **3.** возлагать *(обязанности)* **4.** *редко* инвестировать, вкладывать капитал
veto *лат.* вето, запрещение
via *лат.* **1.** через, путём, с заходом **2.** тратта, выписанная в двух *или* трёх экземплярах
viability жизнеспособность; жизнестойкость
~ of new product жизнеспособность нового продукта
viable 1. жизнеспособный **2.** стимулирующий эффективную жизнедеятельность *(напр. об условиях для развития национальной экономики)*
vice порок; дефект
vice-chairman вице-председатель
vice-president заместитель президента, вице-президент *(один из высших управляющих компании)*; *иногда* директор; управляющий □ **~ in charge of purchasing** вице-президент *(компании)* по материально-техническому снабжению
~ of engineering вице-президент по конструкторским и технологическим вопросам
financial ~ финансовый директор *(компании)*; вице-президент по финансам; главный казначей

industrial relations ~ вице-президент *(компании)* по кадрам и технике безопасности
loaning ~ *амер.* вице-президент *(банка)*, ведающий ссудными операциями
manufacturing ~ вице-президент по производству
village **1.** деревня, село **2.** сельские жители
urban ~ посёлок городского типа
villager сельский житель
villeinage *ист.* крепостная зависимость; феодальная система землепользования
vintage **1.** дата производства *или* выпуска **2.** генерация капитального оборудования [группа единиц оборудования, поколение техники] определённого срока ввода *(напр. станки одного срока изготовления)*; возрастная группа основных фондов **3.** устаревший, старомодный **4.** вино урожая определённого года **5.** сбор винограда
~ of capital поколение капитала, капитал одного срока ввода
~ of capital equipment [of technology] *см.* **vintage 2.**
old and new ~s старые и новые поколения техники
vintager сборщик винограда
violate нарушать *(напр. договор)*
violation нарушение *(напр. договора)*
virtual виртуальный, возможный, по существу дающий тот же эффект в данных условиях
virtue хорошее качество; преимущество, эффективность
virulence ядовитость; вирулентность *(фактор, воздействующий на окружающую среду)*
Visa Виза: международное объединение банков и его кредитная карточка
visa **1.** виза ‖ выдавать визу **2.** виза *(на документе)*; разрешение ‖ визировать
~ of passport прописка паспорта
entry ~ въездная виза
exit ~ выездная виза
visé *см.* **visa**
visible видимый *(о статьях баланса)*
vision мировоззренческая концепция, видение
visitor временно проживающий
alien ~ иностранец, временно проживающий в стране
transit ~ транзитный пассажир
vis major *лат.* форс-мажор, непреодолимая сила
vital существенный, насущный
vitality **1.** жизнеспособность **2.** жизненность
viticulture виноградарство, витикультура
vocation профессия
vocational профессиональный
void аннулировать, делать недействительным, уничтожать ‖ не имеющий силы; ничтожный, недействительный
voidable могущий быть аннулированным; оспоримый
volatile неустойчивый *(о рынке)*
volatility изменчивость, непостоянство *(напр. в характере потребительского спроса)*
volume **1.** объём, физический объём, величина; размер, ёмкость, вместимость **2.** большое количество **3.** том, книга □ **in terms of ~** по объёму; **to produce in ~** производить в больших количествах
~ of business торговый оборот; объём деловых операций
~ of coach operations объём перевозок третьим *или* вторым классом
~ of credit объём кредита; сумма займов
~ of exports *or* **imports** физический объём экспорта *или* импорта
~ of nonpassenger ton-miles грузооборот в тонно-милях
~ of production физический объём продукции
~ of rediscounts сумма переучётных операций
area ~ том территориальной статистики *(в промышленной переписи)*; том статистики по штатам и метропольным ареалам
bidding ~ объём выданных подрядов, общий объём заключённых контрактов
construction bidding ~ объём строительных подрядов, объём подрядов на строительные работы
dollar ~ of receipts сумма выручки в долларах, объём денежных поступлений в долларах
employment ~ объём занятости, численность занятых [работающих] по найму
index ~ «намечаемый» объём производства *(ожидаемый на текущий год)*
real ~ фактический объём
'setting-down' ~ предполагаемый товарооборот после открытия нового магазина
standard ~ нормальный [плановый] объём производства *(для предприятий с дискретной технологией при работе в одну смену)*
traffic ~ объём перевозок; интенсивность движения
voluntarism волюнтаризм *(в экономике)*
voluntary **1.** добровольный *(напр. о страховании)* **2.** неоплачиваемый, безвозмездный *(напр. о работе)*
vote **1.** голосование, решение ‖ голосовать, решать, вотировать, утверждать **2.** голос, право голоса □ **to ~ a sum** ассигновать сумму; утверждать сумму
voteless не дающий право участия в голосовании *(об акциях)*
voter избиратель; участник голосования
voting голосование; участие в общем собрании акционеров
absentee ~ голосование по почте
cumulative ~ метод голосования акционеров путём сложения голосов по акциям
majority ~ голосование путём простого большинства
plural ~ право акции на несколько голосов
statutory ~ система голосования «одна акция — один голос» *(обычная и в ряде случаев предписанная законом)*
vouch **1.** поручаться **2.** подтверждать *(документально)*, подкреплять *(ссылками)*
voucher **1.** поручитель **2.** денежный оправдательный документ *(напр. оплаченный*

счёт-фактура, погашенный счёт, квитанция); расписка **3.** контрольный талон, ваучер **4.** свидетельство **5.** ваучер, приватизационный чек *(в России и др. странах)* □ ~ **for payment** свидетельство платежа
audited ~ сличённый счёт-фактура
cash ~ расписка в получении денег
credit ~ **1.** кредитное поручительство **2.** документ, удостоверяющий выдачу кредита
unaudited ~ **1.** несличённый счёт-фактура **2.** опротестованный счёт-фактура *(по которому имеется спор с поставщиком)*
voyage рейс
homeward ~ обратный рейс
outward ~ рейс за границу
Vreneli Вренели, швейцарская золотая монета
vulgar вульгарный *(марксистская характеристика буржуазной политэкономии)*

W

wage 1. *часто pl* заработная плата **2.** *pl* фонды заработной платы **3.** платить заработную плату □ ~**s and salaries** заработная плата рабочих и служащих; ~ **per hour** почасовая заработная плата; **to cut** ~**s** снижать заработную плату; **to freeze** ~**s** замораживать заработную плату; **to raise** ~**s** повышать заработную плату
~ **of management** плата за управление
bare subsistence ~ *см.* **subsistence wage**
basic ~ основная заработная плата
board ~**(s)** столовые и квартирные *(как часть заработной платы)*; скудный заработок
cash ~ **1.** заработная плата, выплачиваемая наличными **2.** *см.* **money wage**
day ~ подённая заработная плата
dismissal ~ выходное пособие
efficiency ~ сдельная оплата труда
farm ~ заработная плата сельскохозяйственного рабочего
fixed ~ твёрдая ставка, твёрдая заработная плата
guaranteed annual ~ гарантированная годовая заработная плата
hourly ~ почасовая заработная плата
implicit ~ условно начисляемая заработная плата
incentive ~ *амер.* прогрессивная оплата труда
living (minimum) ~ прожиточный минимум
market-clearing ~ гибкая заработная плата, с помощью которой устанавливается равенство спроса и предложения на рынке труда
money ~ номинальная заработная плата, заработная плата в денежном выражении
monthly ~ ежемесячная заработная плата
nominal ~ номинальная заработная плата
own-product real ~ реальная зарплатоёмкость собственной продукции *(доля реальной заработной платы в цене продукта фирмы, отрасли)*
piece ~ поштучная заработная плата; сдельная оплата труда
premium ~ *см.* **incentive wage**
productive ~ заработная плата рабочих основного производства
productivity ~ сдельная *или* сдельно-прогрессивная оплата труда
qualifying ~ *амер.* квалификационный заработок
real ~ реальная заработная плата
set ~ твёрдая ставка, твёрдая заработная плата
severance ~ выходное пособие
starvation ~ нищенская заработная плата
subsistence ~ заработная плата, определяемая физически необходимым минимумом для существования
terminal ~ выходное пособие
time ~ **1.** повременная заработная плата **2.** подённая заработная плата
weekly ~ понедельная заработная плата
wageworker рабочий *(наёмный)*
wait *ТМО* ожидание; длительность ожидания □ ~ **in queue** ожидание в очереди
least ~ минимальное время ожидания
limited ~ ограниченное время ожидания
mean ~ среднее время ожидания
wait-and-see выжидательный *(напр. о позиции торговца)*
waiter 1. официант **2.** посыльный *(на Лондонской фондовой бирже)*
waive отказываться *(от права, от претензии)*
waiver 1. отказ *(от права, от претензии)* **2.** изъятие *(из общих правил)*; отступление; исключение; освобождение *(от обязательств)*
~ **of demand [of notice]** отказ от протеста *(векселя)*
~ **of obligations** освобождение от обязательств
~ **of premium** освобождение от уплаты страховых взносов
~ **of protest** отказ от протеста *(векселя)*
walk:
random ~ **1.** *стат.* случайное блуждание **2.** теория случайных блужданий *(для определения индекса движения курса акций)*
walkout 1. забастовка, стачка; прекращение работы **2.** *амер.* покупатель, ушедший из магазина ничего не купив
wallet:
night safe ~ сумка для сдачи денег в ночной сейф
Wall Street 1. Уолл-стрит, Нью-Йоркский денежный рынок **2.** американский финансовый капитал; финансовая олигархия
Wall Streeter *амер.* финансист с Уолл-стрита
wampum 1. деньги из раковин *(у американских индейцев)* **2.** *жарг.* деньги, монеты
wane убывание; уменьшение; снижение ‖ убывать; уменьшаться; снижаться

wangle 1. *разг.* добиться по знакомству; заполучить обманным путём 2. подтасовывать факты; фальсифицировать □ **to ~ statistics** манипулировать статистическими данными

want 1. нужда, необходимость; *pl* потребность 2. недостаток, нехватка, отсутствие ‖ испытывать недостаток 3. нужда, бедность ‖ нуждаться □ **for ~ of acceptance** ввиду неакцептования; **to be in ~ of** нуждаться в *чём-л.*; **to live in ~** жить в бедности; **to satisfy ~s** удовлетворять потребности
~ of goods недостаток товаров
consumer ~s потребительские запросы
daily ~s насущные потребности
human ~s человеческие потребности
luxurious ~s потребность в роскоши
necessary ~ необходимая потребность
physical ~s физические потребности
social ~ общественная потребность

want ad объявление о найме, объявление о приёме на работу

wantage 1. нехватка; недостающее количество 2. *торг.* утруска; утечка

wanted:
offer ~ объявление о желании купить *(напр. товар)*

war □ **~ against poverty** война с бедностью
cold ~ холодная война
price ~ «война цен», ценовая конкуренция
rate ~ тарифная война *(снижение тарифов как средство в конкурентной борьбе транспортных компаний)*
trade ~ торговая война
wage ~ острая борьба за повышение заработной платы

ward 1. опека, попечительство 2. лицо, находящееся под опекой 3. *англ.* избирательный округ 4. *амер.* административный район *(города)* 5. загороженное место для скота *(Шотландия)*
casual ~ помещение для ночлега бедных, обращающихся за временной помощью
urban ~ административная часть города

wardship опека, попечительство

ware(s) 1. товар(ы), продукт(ы) производства 2. изделия *(гончарные)*
foreign ~(s) импортные товары
small ~(s) *амер.* галантерея

warehouse 1. (товарный) склад; пакгауз ‖ складировать; хранить на складе 2. большой розничный магазин; оптовый магазин
bonded ~ *англ.* приписной таможенный склад; склад для хранения неоплаченных грузов
captive ~ склад оптовой фирмы, обслуживающий только свои предприятия
cash-and-carry ~ склад для отпуска товаров за наличный расчёт
customs ~ таможенный склад
general merchandise ~ склад для хранения разнообразных товаров
perishable food ~ склад для скоропортящихся продуктов
private ~ склад частного пользования
public ~ *амер.* склад общественного пользования
railroad ~ склад железнодорожной компании для хранения транзитных и недоставленных грузов
refrigerated ~ склад-рефрижератор, склад-холодильник
retailer-cooperative ~ *амер.* склад группы индивидуальных розничных торговцев, объединившихся на кооперативных началах для коллективных закупок
self-service wholesale ~ оптовый склад продовольственных товаров, в котором клиенты отбирают товар по методу самообслуживания
storage ~ складское хранение; хранение в крытых складах *или* пакгаузах

warehouseman 1. рабочий *или* служащий на складе 2. владелец склада; управляющий складом 3. оптовый торговец *(обычно текстильными изделиями)*

warehousemen:
Italian ~ *англ.* торговая фирма, специализирующаяся на торговле импортными товарами *(напр. растительным маслом, макаронами)*

warehousing 1. хранение на складе; складское хозяйство; складирование 2. плата за хранение на складе
~ of mortgages *амер.* «складирование» закладных *(временная покупка банками закладных у других финансовых учреждений с последующим выкупом)*
field ~ хранение товаров, служащих обеспечением ссуды, в помещении заёмщика под контролем лиц, уполномоченных банком
public ~ складское хранение общественного пользования; пакгаузы общественного пользования

warfare конфликт; столкновение
economic(al) ~ экономическая война
price ~ «война цен», ценовая конкуренция

warmer:
shelf ~ *разг.* залежавшийся товар

warn предупреждать; заранее извещать; делать предупреждение

warning предупреждение *(напр. об увольнении с работы)*

warrant 1. гарантия; ручательство ‖ гарантировать; ручаться 2. полномочие; доверенность 3. расписка, свидетельство; гарантия; купон *(облигации)* 4. свидетельство долга 5. варрант; складской варрант 6. патент 7. приказ, предписание 8. *см.* **interest warrant**
currency ~ варрант [свидетельство] на покупку ценных бумаг в другой валюте
dividend ~ свидетельство на получение дивиденда
dock ~ доковый варрант
equity ~ варрант, дающий право на покупку акций
interest ~ свидетельство о выплате процентов; процентный купон
naked ~ варрант, выпускаемый вне связи с конкретными облигациями
perpetual ~ бессрочный варрант
share [stock] ~ предъявительское сви-

детельство на акцию, акция на предъявителя
stock purchase ~ документ, удостоверяющий право купить акции в течение определённого периода
subscription ~ подписной сертификат *(удостоверяющий право на подписку)*
warehouse ~ складской варрант
warranted □ **~ free from...** *страх.* оговорено, что страховщик не несёт ответственности за...
warrantee лицо, которому даётся гарантия *или* поручительство
warrantor гарант; поручитель
Warrant/y:
Institute ~ies *страх.* оговорки объединения лондонских страховщиков, относящиеся к страхованию судов
warranty 1. гарантия; поручительство, ручательство; оговорка **2.** *англ. юр.* простое условие *(в договоре продажи: нарушение простого условия даёт право другой стороне на взыскание убытков, но не на расторжение договора)* □ **to keep ~ in force** сохранять право на гарантию; соблюдать условия, обеспечивающие сохранение права на гарантию
extended ~ продлённый срок гарантии
guaranteed ~ обеспечиваемая гарантия
implied ~ подразумеваемая гарантия
product ~ гарантия качества изделия
warranty-covered включаемый в гарантию, гарантируемый
washing:
bond ~ продажа облигаций до выплаты процентов и их покупка после выплаты с целью выигрыша на налогах
wastage 1. потери; убыток; убыль **2.** отходы производства; отбросы; утиль **3.** износ **4.** смертность **5.** непроизводительный расход *(напр. корма)*
natural ~ *англ.* естественное сокращение численности рабочей силы *(в результате выхода на пенсию, инвалидности, смерти)*
reproductive ~ утробная и детская смертность *(до пятилетнего возраста)*
waste 1. растрачивание, расточительство, излишняя трата ‖ растрачивать **2.** потери; убыток; убыль **3.** безвозвратные потери *(в процессе производства)* **4.** нереализуемые отходы *(производства)* **5.** *pl* сточные воды; загрязняющие вещества **6.** бесхозная земля **7.** незаселённый; пустынный **8.** невозделанный **9.** отработанный, ненужный; бракованный □ **to run to ~** тратиться непроизводительно
~ of competition издержки конкуренции *(напр. чрезмерная реклама, не имеющая оправдания с точки зрения интересов общества)*; расточительство, связанное с конкуренцией
~ of fuel перерасход топлива
~ of money непроизводительная трата денег
chloride-bearing ~s хлорсодержащие загрязняющие вещества; хлорсодержащие сточные воды
conspicuous ~ показная трата; (значительные) расходы, целью которых является демонстрация состоятельности *(напр. автомобиль с большим расходом горючего)*
degradable ~s разлагаемые загрязняющие вещества
domestic ~ 1. бытовые отходы **2.** *pl* бытовые сточные воды
farm ~ отходы сельскохозяйственного производства
idleness ~ потери, обусловленные неполной занятостью
industrial ~ 1. производственные отходы **2.** *pl* промышленные сточные воды; промышленный сток
invisible ~ невидимые потери *(в процессе производства, напр., при испарении)*
misallocation ~ растрата ресурсов вследствие их нерационального использования
municipal ~ 1. городские отходы **2.** *pl* городские сточные воды
nondegradable ~s неразлагаемые загрязняющие вещества
organic ~ 1. органические отходы **2.** *pl* органические загрязняющие вещества
refinery ~ отходы нефтепереработки
residual ~s остаточные загрязняющие вещества
saline ~s солесодержащие загрязняющие вещества; минеральные загрязняющие вещества
water-borne ~s сточные воды
wasteful расточительный; неэкономный; разорительный
wasteland бросовая земля, пустошь
waster 1. расточитель **2.** животное, теряющее в весе
wasting растрата; растрачивание
water 1. вода **2.** разводнять *(акционерный капитал)*
discharged ~s сточные воды
industrial ~ 1. вода для промышленного потребления **2.** промышленное водопотребление
industrial process ~ технологическая вода в процессе производства
irrigation ~ 1. вода для орошения **2.** водопотребление для орошения
local irrigation ~ вода для орошения из местного источника
municipal ~ 1. вода для городского потребления **2.** городское водопотребление
potable ~ питьевая вода
receiving ~s водоприёмник *(сточных вод)*
reused ~ оборотная [вторично используемая] вода
streamside ~ вода, подаваемая на приречную территорию; вода, подаваемая на небольшое расстояние *(от реки)*; водоснабжение на приречной территории
summer ~ вода летнего стока
transferred ~ переброшенная вода *(напр. из одного речного бассейна в другой)*
urban ~ *см.* **municipal water**
waste ~s сточные воды
watercourse водоток; водоём

surface ~ поверхностный водоток; наземный водоём
underground ~ подземный водоток; подземный водоём
watering:
stock ~ разводнение акций
watershed 1. водораздел **2.** бассейн (реки); водосбор; водосборная площадь
~ of origin место водозабора; речной бассейн, в котором производится водозабор
waterway водный путь
navigable ~ судоходный (внутренний) водный путь; судоходная река
waterworks система водоснабжения; водоочистительная станция
watt-hour □ **~s generated** произведённая электроэнергия в ватт-часах
wave волна; подъём; взрыв *(напр. демографический)*
birth ~ «волна» рождений; период резкого увеличения рождаемости
merger ~ «волна» слияний *(фирм)*
replacement ~s волны капиталовложений, обусловленные возмещением основного капитала
way 1. дорога; путь; колея **2.** сторона, направление **3.** способ, метод; средство **4.** область, сфера; занятие **5.** обычай; привычка; особенность □ **~s and means 1.** пути и средства **2.** средства для покрытия бюджетных расходов; **by ~ of advance** в виде аванса; **to be in the retail ~** заниматься розничной торговлей; **to be under ~** происходить; **to give ~ 1.** уступать **2.** снижаться, падать *(о ценах)*; **to pay its ~** окупаться, оправдывать себя; **to pay one's ~** быть рентабельным [выгодным]
~ of life образ жизни
regular ~ *бирж.* сделки с пополнением на следующий день
waybill 1. (транспортная) накладная; путевой лист **2.** список пассажиров
astray freight ~ дорожный лист, выписываемый на груз, выгруженный не на станции назначения
interline ~ дорожный лист сквозной перевозки грузов; дорожный лист перевозки грузов прямым сообщением *(по нескольким транспортным линиям)*
motor ~ транспортная накладная; дорожная ведомость *(при автомобильной перевозке грузов)*
overhead ~ дорожный лист для транзитного груза
revenue ~ дорожный лист с указанием тарифов
wayleave право прохода *или* проезда *(по чужой земле)*
weak вялый, бездеятельный, со снижающимися ценами *(о рынке)*; понижающийся *(о ценах, курсах)*
weaken ослабнуть, понизиться *(о ценах)*
weakness слабость, ослабление, бездеятельное настроение *(рынка)*; понижение *(цен, курсов)*
price ~ снижение курсов
wealth 1. богатство, изобилие; благосостояние **2.** материальные ценности, богатства □ **to gather ~** сколотить состояние; **to hold ~ in monetary form** хранить богатство в денежной форме
human ~ богатство в форме «человеческого капитала» *(образование, профессиональные навыки, квалификация)*
immaterial ~ нематериальное богатство *(репутация фирмы, патенты)*
marketable ~ активы, приобретаемые на рынке
material ~ 1. материальное богатство **2.** материальные блага; запасы полезных ископаемых
mineral ~ полезные ископаемые
monetary ~ богатство в денежной форме
national ~ национальное богатство; народное богатство
natural ~ естественное богатство
net ~ чистые активы *(за вычетом долговых обязательств)*, нетто-активы
nonhuman ~ богатство, воплощённое в материальных и денежных активах
nonmonetary ~ богатство, хранимое в неденежной форме
personal ~ личное имущество
rented ~ арендуемое имущество
reproducible tangible ~ воспроизводимое материальное богатство
tangible ~ материальное богатство
wealthholder собственник имущества [богатства]
wear износ, изнашивание ‖ изнашиваться □ **~ and tear** износ *(включая моральный)* элементов основного капитала; износ основных средств; **~ and tear of labor power** изнашивание рабочей силы
wearing-out of money износ денег
weather выдерживать, переносить *(напр. банкротство, кризис)*
wedding свадьба; бракосочетание, заключение брака, вступление в брак ‖ свадебный
wedlock супружество, брак □ **out of ~** внебрачный *(о ребёнке)*, незаконнорождённый
weed сорняк □ **to ~ out** уничтожать сорняки
quarantine ~ карантинный сорняк
week неделя
nominal work ~ плановая *(для предприятия)* продолжительность рабочей недели *(включая запланированные сверхурочные часы)*; номинальная продолжительность рабочей недели
short ~ неполная рабочая неделя *(у частично безработных)*
standard ~ стандартная рабочая неделя
working ~ рабочая неделя
weigh 1. взвешивать **2.** весить
weigher 1. весовщик **2.** весы
customs ~ таможенный весовщик
official ~ официальный присяжный весовщик
weighing(-out) взвешивание; отвес
weight 1. масса ‖ взвешивать массу **2.** тяжесть; груз ‖ утяжелять **3.** гиря **4.** *стат.* вес **5.** подмешивать *(что-л. в товар)* с целью увеличения массы □ **the ~ falls short by...** недостача в массе составляет...; **to ~ heavily** *стат.* вводить с большим весом

actual net ~ реальная масса нетто
agreed ~ установленная [согласованная] масса для грузов, перевозимых в особой упаковке *или* на особых условиях
average available ~ средняя располагаемая коммерческая грузоподъёмность *(тонно-мили парка самолётов, делённые на самолёто-мили)*; средняя располагаемая коммерческая нагрузка
bacon ~ *с.-х.* масса к концу периода беконного откорма
British ~s and measures британские единицы измерения
bulk ~ насыпная масса
carcass ~ убойная масса, масса мясной туши
carload minimum ~ *см.* **minimum carload weight**
changing ~ *стат.* переменный вес
check ~ контрольная масса
C.L. minimum ~ *см.* **minimum carload weight**
conditioned ~ *с.-х.* кондиционная масса *(с учётом нормальной влажности)*
dead ~ *см.* **carcass weight**
empty ~ собственная масса
estimated ~ оценочная [тарифная] масса *(указывается в прейскурантах тарифов для грузов, отправляемых в определённой упаковке)*
finish ~ *с.-х.* предубойная масса
fixed ~ *стат.* постоянный вес
gross ~ масса брутто
Imperial ~s and measures *см.* **British weights and measures**
landed ~ выгруженная масса, масса при разгрузке
legal net ~ легальная [законная] масса нетто *(за вычетом скидки за тару по определённой норме)*
live ~ *с.-х.* живая масса
market(able) ~ продажная рыночная масса
minimum carload ~ минимальная масса груза, принимаемая к отправке по повагонному тарифу
moving ~ *стат.* скользящий вес
natural ~ натуральная масса *(зерна)*
net ~ чистая масса, масса нетто
outturn ~ выгруженная масса; масса, установленная при сдаче товара
packed ~ масса брутто
passenger ~ (стандартная) масса пассажира с багажом
preslaughter ~ *с.-х.* предубойная масса
shipped ~ погружённая масса
short ~ неполная масса, недовес
slaughter ~ *см.* **carcass weight**
standard ~ стандартная масса; нормальная масса
standard ~ and fineness предписанная законом масса и чистота металла *(в монете)*
starting ~ первоначальная масса
tare ~ 1. масса тары *(контейнера и упаковочных материалов)* **2.** собственная масса вагона *(без груза)*
warrant ~ масса, указанная в варранте
weighted *стат.* взвешенный
welcher *см.* **welsher**
welfare 1. благосостояние, благоденствие **2.** работа по улучшению быта *(напр. неимущих)*; благотворительность
child ~ охрана младенчества, охрана детства
consumer ~ благосостояние потребителя
general ~ всеобщее благосостояние
industrial ~ условия производства *(влияющие на здоровье)*
material ~ материальное благополучие
private ~ благосостояние отдельного лица
public ~ общественное благосостояние
social ~ *амер.* социальное обеспечение; пособие по социальному обеспечению
welfarism «вэлферизм» *(система государственных мер в социальной области)*
well скважина
idle ~ бездействующая скважина; законсервированная скважина
well-being благосостояние, благополучие *(материальное)*; процветание
well-fed *с.-х.* хорошо откормленный
well-found 1. хорошо оборудованный **2.** испытанный
well-handled 1. хорошо организованный **2.** умело управляемый **3.** несвежий *(напр. о товарах, которые долго лежали на прилавках)*
well-kept содержащийся в порядке
well-off состоятельный, зажиточный □ **the ~** обеспеченные слои общества
well-paid высокооплачиваемый
well-placed хорошо подготовленный; в хорошем состоянии, в состоянии готовности
well-regulated хорошо управляемый *(о производстве)*
well-spent рационально потраченный
well-timed своевременный
well-to-do состоятельный, зажиточный □ **the ~** обеспеченные слои общества
welsh 1. не сдержать обязательства **2.** скрыться, не уплатив долга
welsher 1. нечестный делец, отказывающийся от выполнения обязательств **2.** избегающий уплаты долга
wharf 1. верфь **2.** товарная пристань; набережная ‖ выгружать на пристань
wharfage 1. портовая пошлина, причальный сбор **2.** плата за перевозки в пределах порта **3.** хранение грузов на пристани
wharfinger владелец товарной пристани; управляющий пристанью
wheat пшеница
spring ~ яровая пшеница
winter ~ озимая пшеница
wheeler-dealer 1. *амер. жарг.* заправила, воротила **2.** махинатор, ловкач
wherewithal необходимые средства; деньги
whip-round сбор денег *(на благотворительность)*
whipsawed *бирж.* потерпевший двойной убыток на операции с ценными бумагами *(при покупке и при продаже)*
white □ in the ~ неотделанный, неготовый; в виде полуфабриката
wholesale оптовая торговля ‖ торговать оптом, вести оптовую торговлю ‖ оптовый

|| оптом; по оптовой цене □ **to buy** *or* **to sell goods ~** покупать *или* продавать товары оптом

wholesaler 1. оптовый торговец, оптовик; оптовое предприятие 2. инвестиционный институт, распределяющий вновь выпускаемые ценные бумаги между другими инвестиционными институтами

cash-and-carry ~ оптовое предприятие самообслуживания для розничных магазинов на условиях оплаты наличными и без доставки товара

district ~ оптовое предприятие, расположенное в крупном городе и обслуживающее примыкающий район

federal water ~ 1. государственная организация магистрального [оптового] водоснабжения 2. государственная организация магистрального орошения

general-line ~ оптовое предприятие, торгующее широким ассортиментом товаров определённой специализации

limited-function ~s *амер.* оптовые торговцы, оказывающие покупателям лишь ограниченные услуги *(напр. продающие товар только за наличный расчёт и без доставки)*

local ~ оптовое предприятие, обслуживающее небольшой город и соседние населённые пункты

local water ~ 1. местная организация магистрального [оптового] водоснабжения *(муниципальная)* 2. местная организация магистрального орошения

merchant ~ оптовый торговец, оптовик

national ~ оптовое предприятие, торговые операции которого распространяются на всю страну

service ~ оптовое предприятие, оказывающее покупателям разные услуги, связанные с продажей *(напр. кредит)*

special(i)ty ~ оптовое предприятие, торгующее узким ассортиментом товаров определённой специализации, узкоспециализированное оптовое предприятие

state water ~ *амер.* организация магистрального [оптового] водоснабжения, подчинённая властям штата

wholesaling оптовая торговля

arm's-length ~ оптовый сбыт, удалённый от конечного покупателя *(отдалённый посредническими организациями)*

water ~ оптовое [магистральное] водоснабжение

whole-time занятый полный рабочий день *или* полную рабочую неделю *(о работнике)*

widen расширять(ся); распространять(ся)

widening расширение; распространение

~ of capital экстенсивное увеличение капитала *(не сопровождающееся ростом капиталовооружённости)*

~ of investment расширение инвестиций *(на базе существующей техники и не ведущее к росту капиталовооружённости)*

~ of stock of equipment увеличение запаса оборудования без обновления *(капиталовооружённость остаётся неизменной)*

widowerhood вдовство *(о мужчине)*

widowhood вдовство *(о женщине)*

wife жена

monogamous ~ жена в моногамной семье

polygamous ~ жена в полигамной семье

wifeless 1. холостой 2. овдовевший

wild 1. крайне возбуждённый *(о состоянии рынка)* 2. необдуманный; сделанный наугад; рискованный; спекулятивный 3. *стат.* резко отклоняющийся, аномальный

wildcat 1. рискованное предприятие, авантюра, афера || рискованный; спекулятивный 2. незаконный; неразрешённый; несанкционированный 3. разведочная скважина || бурить разведочную скважину

wildcatter спекулянт, занимающийся сомнительными операциями

wildshot *стат.* резко отклоняющееся значение

will:

good ~ *см.* **goodwill**

win выигрыш, победа || выигрывать, побеждать □ **to ~ a contract** получать подряд; заключать контракт *(на производство)*

wind □ **to ~ up** 1. ликвидировать *(фирму, компанию)* 2. сальдировать, выводить сальдо, подводить итог *(о счёте)*

windfall неожиданная удача; непредвиденный доход; случайное поступление || случайный, внезапный

winding-up ликвидация *(фирмы)* □ **~ by the court** принудительная ликвидация; ликвидация по постановлению суда

compulsory ~ принудительная ликвидация

voluntary ~ добровольная ликвидация

window витрина □ **to put something in the ~** выставлять напоказ

discount ~ «дисконтное окно» *(возможность получения ссуды в центральном банке)*

drive-in teller's ~ *амер.* касса по банковскому обслуживанию клиентов в автомобиле

'gold ~' «золотое окно» *(канал обмена валюты на золото для иностранцев через казначейство США)*

teller's ~ кассовое окно

wink *орг. пр.* мгновение *(единица времени, равная одной двухтысячной минуты)*

winner 1. выигрывающая компания *(в конкурентной борьбе)*, прибыльная фирма 2. *т. игр* победитель

Nobel Prize ~ in economics лауреат Нобелевской премии по экономике

prize ~ лауреат премии

winning 1. выигрыш, победа || выигрывающий, побеждающий 2. *pl* выигрыш, выигранные деньги

wintering перезимовка, зимовка, зимнее содержание *(скота)*

wipe уничтожать, ликвидировать □ **to ~ off a debt** расплатиться с долгом; погасить долг

wiped □ **to be ~ out** понести убыток в спекулятивной сделке с ценными бумагами

Wire:
Fed ~ система электронной связи Федеральной резервной системы США
wire телеграмма ‖ телеграфировать
private ~ частная телефонная *или* телеграфная линия
withdraw 1. отзывать; изымать; отменять; прекращать; аннулировать **2.** снимать со счёта □ **to ~ a bid** аннулировать предложение; **to ~ a bill** отозвать вексель; **to ~ a credit** потребовать возврата кредита; отозвать ссуду; **to ~ a deposit** отозвать вклад; взять вклад из банка; **to ~ an order** отозвать *или* отменить заказ; **to ~ coins from circulation** изъять монеты из обращения; **to ~ from business** отойти от дел; **to ~ goods from a sale** снять товар с аукциона; **to ~ securities from a deposit** взять ценные бумаги с хранения
withdrawal 1. отзыв; изъятие; отмена; аннулирование **2.** снятие *(со счёта)*; изъятие *(вклада)* **3.** расход *(материалов)* **4.** окончание трудовой жизни **5.** выход *(из дела)* □
~ from circulation изъятие из обращения
~ of bank notes изъятие банкнот
~ of credit закрытие кредита
~ of deposits изъятие депозитов *(из банка)*
~ of gold изъятие (депонированного) золота; расходование золотого запаса; вывоз золота; сокращение золотого запаса
~ of inventory quantities *см.* **inventory withdrawal**
~ of money from an account снятие денег со счёта
check-like ~ снятие денег со счёта без предварительного уведомления
heavy ~ of deposits массовое изъятие депозитов из банка
inventory ~ изъятие товарно-материальных ценностей
telephone ~ снятие денег со счёта по телефону
water ~ отбор воды *(из природного источника)*
withdrawable подлежащий изъятию *(о вкладе)*
withdrawer:
water ~ предприятие, отбирающее воду *(из источника)*; водопользователь
withering-away of the state отмирание государства
withhold 1. отказывать **2.** удерживать, вычитать *(из заработной платы)* □ **to ~ delivery** приостановить сдачу
withholding удержание
unreasonable ~ of profits ненадлежащее накапливание прибылей *(невыплата акционерам дивидендов)*
withstand противостоять; устоять; выдерживать □ **to ~ competition** выдержать конкуренцию
wobble колебаться *(о ценах)*; быть неустойчивым *(о равновесии)*
Wobblies *амер., жарг.* Индустриальные рабочие мира *(профсоюз в США в 1910–1920 гг.)*
woman женщина
evermarried ~ женщина, состоящая *или* состоявшая ранее в браке
infertile ~ бесплодная женщина
married ~ замужняя женщина
multiparous ~ повторнородящая женщина; женщина, родившая нескольких детей
nulliparous ~ бездетная женщина; никогда не рожавшая женщина
one parity ~ женщина, родившая одного (живого) ребёнка
separated ~ разведённая женщина
single ~ незамужняя женщина
teeming ~ плодовитая женщина
zero parity ~ бездетная женщина
woodworker плотник; столяр
woodworking:
custom ~ столярные работы по индивидуальным заказам; деревообделочные работы по специальным заказам
wool шерсть
bulk grade ~ нестандартная шерсть
first-class ~ отборная шерсть
greasy ~ немытая шерсть
quality ~ шерсть высокого качества
word 1. слово **2.** известие, сообщение **3.** обещание, заверение □ **~s charged** число слов в телеграмме, подлежащих оплате
wording текст; редакция; формулировка
question ~ формулировка вопроса *(при обследовании)*
work 1. работа; труд ‖ работать **2.** загрузка; работа, объём работы; задание по работе **3.** место работы, должность **4.** изделие; произведение; продукция **5.** *pl* завод; фабрика; мастерская **6.** *pl* строительные работы; сооружения **7.** обработка ‖ обрабатывать **8.** действовать; приводить в действие; управлять **9.** разрабатывать; эксплуатировать; вести предприятие □ **at ~** «работает» *(запись в анкете)*; **~ by task** *см.* **task work; ~ by the day** подённая работа; **having a job but not at ~** «имеет временную работу» *(запись в анкете)*; **~ in hand** имеющиеся в данный момент заказы; портфель заказов *(фирмы)*; **~ in process 1.** незавершённое производство **2.** полуфабрикат; обрабатываемое изделие; **~ in progress 1.** выполняемая работа **2.** незавершённое производство; **looking for a ~** «ищет работу» *(запись в анкете)*; **out of ~** безработный; **the expenses ~ out at ...** расходы выражаются в сумме ...; **to ~ at full pressure** работать энергично [быстро]; **to be pressed with ~** быть перегруженным работой; **to commit to ~** поручать работу; вводить в дело; **to ~ for an employer** работать на хозяина [на работодателя]; **to ~ off 1.** распродать, сбыть *(товар)* **2.** отработать *(долг)*; **to ~ on one's own account** работать на свой страх и риск; **to ~ out 1.** истощить, разработать **2.** определить путём вычисления **3.** разрабатывать *(план)* **4.** добиваться, получать в результате упорного труда; **to ~ to rule** работать строго по правилам *(вид забастовки)*; **to ~ under compulsion** работать по принуждению; **to ~ up 1.** обрабатывать, отделывать **2.** приближаться, доходить

bad ~ брак
casual ~ случайная [непостоянная] работа
children's ~ детский труд
civil engineering ~**s** дороги, гидротехнические сооружения, водопровод и канализация
clerical ~ конторская [канцелярская] работа
commercial ~ производство на коммерческой основе; работа на рынок
commission ~ работа на комиссионной основе
contract [contractual] ~ работа, выполняемая по заказу; договорная работа; подрядные работы
counting ~ подсчёт, проведение подсчёта
creative ~ творческая работа
custom ~ работа по отдельным заказам
day ~ **1.** дневной труд; дневная смена **2.** дневная выработка
development ~ **1.** технические разработки **2.** технологические разработки
double-shift ~ работа в две смены, двухсменная работа
extension ~ содействие развитию *(промышленности)*; работа в области повышения уровня знаний и навыков *(производственных)*
fabricating ~**s** металлообрабатывающие предприятия
fair day's ~ полноценная дневная выработка
farm ~ сельскохозяйственные работы
field ~ полевые работы
forced overtime ~ принудительная сверхурочная работа
full-time ~ работа полный рабочий день; полная занятость
gavel ~ *ист.* оброк, барщина
given-out ~ работа, переданная на сторону *(другой фирме)*; работа, переданная для выполнения по субподряду
government (contractual) ~ **1.** работа по государственным подрядам; производство по государственным заказам **2.** государственный заказ *(частной фирме)* **3.** продукция, произведённая по государственному заказу
hand ~ ручной труд
in-cycle ~ работа за время (машинного) цикла
inside ~ работа в помещении
installation ~ монтажные работы, установка [монтаж] оборудования
intermittent ~ временная [нерегулярная] работа
job ~ **1.** сдельная работа **2.** индивидуальное производство
lapidary ~ гранильные работы; ограночные работы, гранильное производство
life ~ работа в течение всей жизни
machine-paced ~ работа с «машинным темпом» *(определяется производительностью станка, технической характеристикой оборудования)*
managerial ~ управленческая работа
manufacturing ~ **1.** производство продукции *(в обрабатывающей промышленности)* **2.** заказы на производство продукции; объём заказов на производство продукции
market ~ оплачиваемый труд
materials handling ~ переработка грузов; погрузка-разгрузка и перемещение грузов
mental ~ умственная работа; умственный труд
military (contract) ~ производство продукции по военным заказам
night ~ **1.** ночной труд; ночная смена **2.** ночная выработка
nonmarket ~ неоплачиваемый труд *(напр. в домашнем хозяйстве)*
nonshift ~ работа в одну смену *(первую, дневную)*
off-farm ~ работа вне фермы
office ~ конторская [канцелярская] работа
out-cycle ~ работа вне машинного цикла *(напр. подготовительные, установочные операции)*
outstanding ~**s** незавершённые работы *(в строительстве)* на конец года; предстоящий объём работ
overtime ~ сверхурочная работа
paper ~ *орг. пр.* **1.** оформление документации **2.** конторская [канцелярская] работа
part-time ~ работа неполный рабочий день; неполная занятость, частичная безработица
piece ~ **1.** сдельная работа; аккордная работа **2.** индивидуальное [единичное, штучное] производство
pioneering ~ новаторская работа *(в области исследований)*
post-enumeration ~ обработка материалов переписи
productive ~ **1.** производительный труд **2.** основная производственная работа; основное производство
public ~**s** общественные работы
RDT and E ~ *см.* **research, development, test and evaluation work**
relief ~**s** общественные работы для безработных
remunerative farm ~ оплачиваемые сельскохозяйственные работы
repair ~ ремонтные работы; выполнение ремонта
repair and engineering ~**s** ремонтно-механический завод
research, development, test and evaluation ~ исследовательские, конструкторские, доводочные и технологические работы, испытания и оценка (тактико-технических) данных
routine ~ обычная [повседневная] работа; стандартные операции
semicontinuous ~ полунепрерывный режим работы *(предприятия)*; трёхсменный режим работы *(круглосуточный)* с остановкой на выходные дни
shift ~ сменная работа
shock ~ ударная работа
short-time ~ работа с сокращённым рабочим днём

side ~ побочная деятельность
socially necessary ~ общественно необходимый труд
socially useful ~ общественно полезный труд
steel ~s сталелитейный завод
subsidiary ~ подсобная работа
survey ~ проведение обследования
task ~ 1. работа по наряду **2.** сдельная работа
team ~ работа (в составе) группы, бригадная работа
wage ~ работа по найму
weekend ~ сверхурочная работа в течение сокращённого рабочего дня *(последнего дня рабочей недели, имеющего неполное число рабочих часов)*
welfare ~ меры, направленные на повышение благосостояния

workability применимость, годность

workable 1. рентабельный, оправдывающий разработку **2.** подходящий [годный] для обработки **3.** выполнимый, осуществимый, реальный

workagolic (work + alcoholic) «трудоголик», человек, работающий с большим увлечением [«горящий на работе»]

workday рабочий день

worker 1. рабочий **2.** работник; сотрудник □ **~ on own account** самостоятельный хозяин; **~s on payroll** списочный состав рабочих; **~s on strike** бастующие рабочие; **to take on ~s** нанимать рабочих
aggregate ~ совокупный рабочий
assembly ~s рабочие-сборщики
black-coated ~ *см.* **white-collar worker**
blue-collar ~ «синий воротничок», производственный рабочий
brain ~ работник умственного труда
casual ~ временный работник
clerical ~ 1. конторский [канцелярский] служащий **2.** счётный работник
coal-face ~ забойщик
collective farm ~ колхозник
commercial wage ~ торговый наёмный рабочий
defense ~s рабочие, занятые в производстве продукции военного назначения
disabled ~ инвалид труда
discouraged ~ человек, переставший искать работу *(форма скрытой безработицы)*
distributive ~ рабочий, занятый в сфере распределения, в торговле
employed ~s занятые рабочие *(не безработные)*
engineering ~s рабочие машиностроительных предприятий
experienced ~ лицо, имеющее трудовой стаж
fabricating ~s рабочие машиностроительных и металлообрабатывающих предприятий
family ~ лицо, работающее на семейном предприятии
farm family ~s члены семьи фермера, помогающие фермеру
field ~ счётчик, регистратор
full-time ~ работник, занятый полный рабочий день
gainful ~ работник, получающий заработную плату
general ~ неквалифицированный рабочий, разнорабочий
handicraft ~ ремесленник
highly skilled ~ высококвалифицированный рабочий
hired farm ~ наёмный сельскохозяйственный рабочий
indentured ~s законтрактованные рабочие
independent ~ 1. самостоятельный хозяин **2.** независимый работник
inexperienced ~ лицо, не имеющее трудового стажа
inside ~ подземный рабочий *(в горной промышленности)*
key ~ рабочий высшей квалификации
laid-off ~ временно уволенный рабочий
livestock ~ рабочий, занятый в животноводстве
lower-paid salaried ~s низкооплачиваемые служащие
low-income ~ работник, имеющий низкий доход
'lump' ~ рабочий, заключающий субконтракт с предпринимателем, минуя профсоюзы *(теряющий все права как член профсоюза)*
maintenance ~ подсобный рабочий
manual ~ работник физического труда
municipal ~s муниципальные рабочие
new ~ *см.* **inexperienced worker**
nonmanual ~s работники умственного труда
nonproduction ~s непроизводственные работники
nonwage-earning rural ~s ненаёмные сельские работники
odd-job ~ неквалифицированный рабочий, разнорабочий
office ~ служащий
own account ~ самостоятельный хозяин
partly skilled ~ неквалифицированный рабочий, разнорабочий
part-time ~ рабочий, занятый неполный рабочий день, частично безработный
plantation ~s работники на плантациях
process ~s рабочие отраслей с непрерывным производственным процессом *(напр. в химии, металлургии)*
production ~s производственные рабочие
production and related ~s рабочие основных производственных и вспомогательных цехов
productive ~ рабочий, дающий высокую норму выработки
professional ~ лицо свободной профессии *или* интеллигентного труда
public ~ рабочий государственного *или* муниципального коммунального предприятия
rate ~ сдельщик
redundant ~s излишние рабочие; уволенные рабочие
regular ~s постоянные рабочие

related ~s рабочие вспомогательных цехов, обеспечивающих работу основного производства
relief ~ подменный рабочий *(подменяющий основного рабочего на время обеденного перерыва)*
routine clerical ~ конторский [канцелярский] служащий
rural ~ сельскохозяйственный рабочий
salary ~ служащий
sales ~ работник торгового предприятия
self-employed ~ самостоятельный хозяин
semiskilled ~ полуквалифицированный рабочий
skilled ~ квалифицированный рабочий
steel ~ рабочий сталелитейной промышленности
time ~ повременный рабочий
unpaid family ~ лицо, безвозмездно работающее на семейном предприятии
unskilled ~ неквалифицированный рабочий, разнорабочий
wage ~ наёмный рабочий
wage-earning agricultural ~ наёмный сельскохозяйственный рабочий
white-collar ~ «белый воротничок», служащий, инженерно-технический работник

working 1. работа || работающий **2.** действующий; эксплуатационный **3.** фактический; достаточно эффективный *(напр. о контроле)* □ **~ for hire** работа по найму
~ of system работа [функционирование] системы
commercial ~ коммерческое использование
continuous shift ~ непрерывная многосменная работа, сменная работа в непрерывном режиме
full shift ~ работа в три *(или* четыре) полных смены
line ~ основная производственная работа; основное производство
noncontinuos shift ~ многосменная прерывная работа *(напр. перерыв в работе на выходной день)*
overtime ~ сверхурочная работа
shift ~ сменная работа; многосменный режим работы

working-up обработка *(напр. сырья)*

workman 1. рабочий **2.** работник □ **to displace ~ by machine** заменять рабочего машиной
good ~ мастер своего дела
manufacturing ~ мануфактурный рабочий; рабочий лёгкой промышленности
trained ~ обученный рабочий
underpaid ~ низкооплачиваемый работник
union ~ рабочий — член профсоюза

workmanship 1. созидательная деятельность; мастерство; квалификация **2.** качество работы

workpeople рабочие; списочный состав рабочих

workplace рабочее место

workroom мастерская; рабочее помещение; производственное помещение

workshop 1. мастерская **2.** рабочая группа
artisan ~ кустарная мастерская
DOD Materials shortages ~ рабочая группа Министерства обороны США по вопросам материального обеспечения

workstock рабочий скот

work-to-rule работа строго по правилам *(вид забастовки)*

workweek рабочая неделя
average ~ средняя продолжительность рабочей недели *(число оплаченных часов в неделю)*

workwoman работница

world-wide мировой, всемирный

worn изношенный; потёртый; старый; избитый

worth 1. ценность || имеющий ценность **2.** цена, стоимость || стоящий; приносящий доход
~ of game *т. игр* цена игры
breeding ~ *с.-х.* племенная ценность
effective net ~ реальная чистая стоимость *(компании)*
money's ~ стоимость, выраженная в деньгах, «денежный эквивалент»
net ~ стоимость имущества за вычетом обязательств, собственный капитал *(предприятия)*
net assets ~ чистые активы в расчёте на одну (обыкновенную) акцию
present ~ стоимость на данное время, современная стоимость, «дисконтированная» стоимость *(при оценке рентабельности инвестиций)*
product ~ ценность изделия
system ~ ценность системы

worthiness стоимость; достоинство
credit ~ кредитоспособность; надёжность заёмщика

worthless □ **to be intrinsically ~** не обладать внутренней стоимостью *или* ценностью

worthy of being patented могущий быть запатентованным, патентоспособный

wrapper 1. упаковщик **2.** обёртка

wrapping упаковка; обёртка
coin ~ упаковка денег
gift ~ упаковка подарочных наборов

wrap-up 1. *амер., жарг.* выгодный покупатель **2.** лёгкий сбыт **3.** дрянной товар в красивой упаковке **4.** любой товар, проданный заглазно

wreck 1. крушение, катастрофа || вызывать крушение **2.** крах *(финансовый)* || потерпеть крах

wreckage 1. крушение; авария **2.** товар, спасённый с судна, потерпевшего аварию

writ письменное предписание суда

write □ **to ~ an option** продавать опцион; **to ~ down 1.** понижать цену; понижать стоимость **2.** производить частичное списание со счёта; **to ~ off** полностью списать со счёта; **to ~ off bad debts** списывать безнадёжные долги; **to ~ out** выписывать, выставлять *(вексель, чек)*; **to ~ up 1.** повышать цену; повышать стоимость **2.** делать запись *(в учётном регистре)*, повышающую стоимость

write-down 1. понижение цены; понижение стоимости **2.** частичное списание со счёта **3.** величина списанной части
inventory ~ переоценка готовой продукции на складе *(в сторону снижения стоимости)*
write-off 1. полное списание со счёта **2.** списанное имущество; списанная со счёта сумма
~ of plant value списание стоимости производственных фондов; списание стоимости основного капитала
writer 1. продавец опциона **2.** андеррайтер
option ~ продавец опциона
naked ~ продавец непокрытого опциона *(при продаже опциона «колл» не имеет длинной позиции)*
write-up 1. повышение цены; повышение стоимости **2.** запись *(в учётном регистре)*, повышающая стоимость **3.** приписка к плану
writing 1. записка; документ **2.** продажа опциона
muckraking ~ литература, критикующая коррупцию
wrong неправильный, ошибочный *(напр. о расчёте)*
wrongful незаконный, неправомерный

X

X *амер.* десять долларов *(бумажные)*
xenophobia ксенофобия
xerocopy ксерокопия
XX 1. *амер.* двадцать долларов *(бумажные)* **2.** *жарг.* обман *(напр. партнёра)*; предательство

Y

yard 1. ярд *(мера длины)* **2.** (судостроительная) верфь **3.** сортировочная станция **4.** лесной склад; лесной двор; лесная биржа **5.** скотный двор; загон *(для скота)* ‖ загонять скотину
lumber ~s лесные дворы с розничной продажей пиломатериалов и переработанного леса
Navy ~ государственный военно-морской кораблестроительный завод; государственный военно-морской судоремонтный завод
wood ~ лесной двор
yardage плата за пользование двором, портовым складом
yarding пригон скота на рынок
yardman 1. рабочий склада; заведующий складом **2.** скотник; рабочий скотобазы
yardstick основной тариф *(напр. на электроэнергию, отпускаемую государственной корпорацией)*
year 1. год **2.** *pl* возраст, годы □ **~ acquired** год приобретения *(напр. станка, здания)*; **~'s high** высшая точка за год; **~'s low** низшая точка за год; **~ to the first instant** *бухг.* «год до первого дня текущего года», за истекший год; **~ under review** отчётный год
~ of account отчётный год
~ of policy acceptance год начала действия договора страхования
~ of return год, охватываемый переписью; год проведения переписи
~s of schooling продолжительность обучения; последняя достигнутая степень образования
~ of study год обучения
basal [base] ~ базисный год
budget ~ бюджетный год
business ~ хозяйственный год; финансовый год
commercial ~ финансовый коммерческий год *(360 дней)*
crop ~ сельскохозяйственный год
individual ~s of age однолетняя возрастная группа
insurance ~ страховой год
intercensal ~s годы между переписями
lean ~ неурожайный год
production ~ хозяйственный год
report ~ год представления статистического отчёта; год представления статистических сведений
sample ~ год, выбранный для статистического исследования
trading ~ операционный год
working ~ хозяйственный год; производственный год
working ~s lost число потерянных лет трудоспособного возраста
yearbook ежегодник
statistical ~ статистический ежегодник
yearlong:
cattle ~ годовой расход кормов на голову крупного рогатого скота
yearly ежегодно; раз в год
yellowback *амер.* золотой сертификат
yeoman мелкий фермер, мелкий землевладелец
yeomanry независимые крестьяне
yield 1. урожай; урожайность ‖ давать урожай **2.** добыча, выработка, размер выработки; выход *(продукции)* ‖ давать, производить **3.** доход, выручка, прибыль **4.** доход по ценным бумагам *(особенно — облигациям)* **5.** надой *(молока)* **6.** дебит *(воды)* **7.** *амер.* сумма собранного налога за вычетом расходов по сбору □ **~ on capital** доход на капитал; **~ on shares** выплата по акциям; **~ per acre** поакровая урожайность; **to ~ a loss** приносить убыток; **~ to average life** доходность *(облигации)*, рассчитанная до среднего срока погашения; **~ to call** доходность *(облигации)*, рассчитанная до первого срока погашения; **~ to maturity** доход, получаемый до срока погашения *(облигаций)*

~ of bonds процентный доход по облигациям
~ of capital investments фондоотдача
acre ~ поакровая урожайность
animal ~ *с.-х.* приплод
commercial ~ промышленный выход
crop ~ урожайность
current ~ текущий доход; текущая доходность *(процентное отношение годового дохода на инвестированный капитал к величине капитала)*
daily milk ~ дневной надой молока
discount ~ доходность ценной бумаги, продаваемой с дисконтом
effective ~ реальный доход, реальная прибавка
equivalent bond ~ эквивалентный доход на облигацию; доходность дисконтной облигации, приведённая к купонной [процентной] форме
flat ~ текущая доходность *(отношение текущего дивиденда или процента к курсу)*
gross ~ of the property валовой доход от собственности *(напр. с земли)*
gross redemption ~ полный доход при погашении ценной бумаги *(включая проценты и прирост капитала)*
high ~ высокая выработка
honey ~ медосбор
interest ~ процентный доход
livestock ~ 1. выход скота **2.** продуктивность скота
marginal ~ предельный доход
milk ~ per cow надой молока на корову
net ~ 1. чистый доход, чистая выручка **2.** *страх.* чистые поступления
peak ~ наивысший доход
positive ~ положительная доходность *(превышающая темп инфляции)*
redemption ~ доходность при погашении *(включая изменение рыночной цены бумаги)*
revenue ~ for scheduled freight and express services выручка от регулярных перевозок грузов
safe ~ устойчивый дебит *(воды)*; допустимый дебит, допустимый отбор *(воды)*
tax ~ налоговый доход
time-averaged ~ усреднённая по времени выработка
well ~ производительность скважины *(нефтяной)*
wool ~ выход чистой шерсти

yielder нечто, приносящее доход *(напр. ценная бумага)*

high [large] ~ 1. высокоурожайная культура **2.** высокопродуктивное животное
low ~ 1. низкоурожайная культура **2.** низкопродуктивное животное

yielding 1. производство; выдача **2.** количество продукции, выход **3.** приносящий *(напр. дивиденд)* □ **~ interest** приносящий процент; **~ no interest** беспроцентный, не приносящий дохода в виде процента

Z

zero-coupon с нулевым купоном *(с выплатой процентов путём дисконта, скидки с номинала)*

zero-defects бездефектный

zillmeriss □ **to ~** формировать резерв взносов по страхованию жизни методом Цильмера

zone 1. зона; пояс; район ‖ разделять на зоны; устанавливать зоны; отводить районы **2.** устанавливать зональные цены *или* зональный тариф □ **to ~ for industry** отводить районы для промышленного строительства
~ of preference область предпочтения
determinate ~ *стат.* область принятия решений
development ~ зона (промышленного) развития
dollar ~ долларовая зона
express ~ тарифная зона экспресс-перевозок
free ~ вольная гавань, порто-франко
indeterminate ~ *стат.* область непринятия решения
parcel post ~ тарифная зона для почтово-посылочных перевозок
time ~ часовой пояс

zoning 1. зонирование; районирование; распределение по зонам **2.** установление зонального тарифа *или* зональных цен
restrictive ~ ограничительное зонирование *(ограничение хозяйственной деятельности на определённой территории или акватории для охраны природы)*, природоохранное зонирование
rural ~ *амер.* сельскохозяйственное зонирование *(регламентирование использования земель, находящихся на границе с городскими территориями)*

СОКРАЩЕНИЯ И УСЛОВНЫЕ ОБОЗНАЧЕНИЯ

a 1. American американский 2. article статья; предмет

A1 первый класс || первоклассный

AAA 1. American Arbitration Association Американская ассоциация специалистов по арбитражу 2. первоклассные ценные бумаги *(условное обозначение)* 3. Американская автомобильная ассоциация

AAAA American Association of Advertising Agencies Американская ассоциация рекламных агентств

aar against all risks *страх.* против всех рисков

ABA American Bankers' Association Американская банковская ассоциация

ABCC Association of British Chambers of Commerce Ассоциация британских торговых палат

ABECOR Associated Banks of Europe банковская группировка Европы

ABF Association of British Factors Ассоциация британских факторинговых компаний

AC 1. account current *англ.* текущий банковский счёт; *амер.* открытый счёт 2. assistant cashier помощник кассира

ac account счёт

A.C. administrative county *англ.* административное графство

ACA Agricultural Cooperative Association Сельскохозяйственная кооперативная ассоциация *(Великобритания)*

acc 1. acceptance акцепт, тратта 2. accepted принятый 3. accidental случайный 4. account счёт

ACCA Association of Certified and Corporate Accountants Ассоциация дипломированных корпоративных бухгалтеров *(США)*

accrd. int. accrued interests накопленные [наросшие] проценты

acct *см.* **ac**

ACF, A.C.F. area comparability factor поправочный коэффициент для показателей смертности, вычисленных без учёта территориальных различий

ACL acceptable quality level приемлемое качество, приемлемый процент годности

acpt acceptance акцепт, тратта

ACRS Accelerated Cost Recovery System система ускоренного возмещения себестоимости *(США)*

A/cs Pay. accounts payable счета кредиторов; кредиторы по расчётам

A/cs Rec. accounts receivable счета дебиторов; дебиторы по расчётам

ACT Association of Corporate Treasures Ассоциация казначеев корпораций *(США)*

ACWR adjusted child-woman ratio скорректированное отношение числа детей к числу матерей *(от 15 до 44 лет)*

ad 1. administration администрация 2. advertisement рекламное объявление 3. advice извещение; авизо

a/d after date от сего числа; от даты векселя

ADB 1. Arab Development Bank Арабский банк развития 2. Asian Development Bank Азиатский банк развития

add's'd addressed адресовано, получено

add'see addressee адресат, получатель

adj 1. adjusted скорректированный 2. adjustment 1) корректировка; исправление 2) экономическое приспособление; установление равновесия

adm 1. administration 1) управление; область управления 2) администрация 2. administrative административный

ADP automatic data processing автоматическая обработка данных

ads advertisements рекламные объявления

ADSF age-duration-specific fertility плодовитость в зависимости от возраста и времени пребывания в браке

adt advertisement рекламное объявление

Adv. advance кредит

adv *см.* **ad 3.**

ad. val. ad valorem *лат.* с ценности, с объявленной цены

advr *см.* **ads**

AEA American Economic Association Американская экономическая ассоциация

AEC Atomic Energy Commission Комиссия по атомной энергии *(США)*

A.E.U. Amalgamated Engineering Union Объединённый профсоюз машиностроителей *(Великобритания)*

A.F.B. air freight bill счёт за перевозку грузов авиатранспортом

AFC average fixed costs средние постоянные издержки

AFCMD Air Force Contract Management Division Управление заказов ВВС *(США)*

AfDB African Development Bank Африканский банк развития

AFDC aid to families of dependent children пособие многодетным семьям

AFESD Arab Fund for Economic and Social Development Арабский фонд экономического и социального развития
AFIPS American Federation of Information Processing Societies Американская федерация обществ по технике информации *(США)*
AFL American Federation of Labor Американская федерация труда, АФТ
AFL/CIO American Federation of Labor Congress of Industrial Organizations Американская федерация труда и Конгресс производственных профсоюзов (АФТ — КПП)
AFTD American Foreign Trade Definitions определения терминов, употребляющихся во внешней торговле *(США)*
AGA American Gas Association Американская ассоциация предприятий газовой промышленности
a.g.b. any good brand *англ.* любой коммерческий сорт
agr., agric. **1.** agricultural сельскохозяйственный **2.** agriculture 1) сельское хозяйство 2) земледелие
Agt agent агент, представитель
agt agreement соглашение; договор
AIA Aerospace Industries Association Ассоциация авиакосмической промышленности, Ассоциация промышленности, связанной с освоением космического пространства
AIBOR Amsterdam interbank offered rate Амстердамская межбанковская процентная ставка
AIC American Institute of Cooperation Американский институт кооперации, АИК
AICPA American Institute of Certified Public Accountants Американское общество дипломированных бухгалтеров
AIDA International Association of Food Distribution Международная ассоциация по распределению продуктов питания
AIPO American Institute of Public Opinion Американский институт общественного мнения
AMA American Management Association Американская ассоциация по совершенствованию методов управления
AMC **1.** Agricultural Mortgage Corporation Сельскохозяйственная ипотечная корпорация *(Великобритания)* **2.** Army Material Command Управление материально-технического снабжения сухопутных войск *(США)* **3.** Association of Management Consultants Ассоциация консультантов по организации производства *(США)*
AMEX American Stock Exchange Американская фондовая биржа
AMS Agricultural Marketing Service Служба содействия сбыту сельскохозяйственной продукции
amt amount сумма; количество
AMU Asian Monetary Unit Азиатская валютная единица
A.O. account of за счёт *кого-л.*
A one *см.* **A 1**
Anny annuity аннуитет, рента
ANSI American National Standards Institute Американский национальный институт стандартов
AP **1.** American patent американский патент **2.** authority to pay разрешение на платёж **3.** authority to purchase разрешение на закупку
APACS Association for Payment Clearing Services Ассоциация систем межбанковских расчётов *(Лондон)*
APB Accounting Principles Board Бюро разработки принципов учёта
APC average propensity to consume средняя доля потребления в доходе
APDIGS Association of Primary Dealers in Government Securities Ассоциация дилеров по первичной продаже правительственных ценных бумаг *(США)*
APFC Asian Pacific Forestry Commission Комиссия по лесоводству для Азии и стран Тихого океана
APO Asian Productivity Organization Азиатская организация по вопросам производительности
APP advanced procurement planning *амер.* перспективное планирование закупок
APR annual percentage rate годовая процентная ставка
APS average propensity to save средняя доля сбережений в доходе
APT Automatic Programming Tool АПТ, система автоматического программирования *(США)*
AR **1.** age ratio соотношение численности возрастных групп **2.** annual returns отчётные данные *или* итоги операций за год
A/R *см.* **aar**
ARM adjustable rate mortgage ипотека с переменной ставкой
ARPA Advanced Research Projects Agency Управление перспективных исследований *(США)*
arrgt arrangement соглашение, договорённость
art article статья; предмет
artif artificial искусственный
A/S account sales отчёт *(комиссионера)* о продаже товара
a/s after sight после предъявления
ASA **1.** American Standards Association Американская ассоциация по стандартизации **2.** American Statistical Association Американская статистическая ассоциация
AsDB Asian Development Bank Азиатский банк развития
ASE American Stock Exchange Американская фондовая биржа
ASEF Association of Stock Exchange Firms Ассоциация брокерских фирм фондовой биржи *(США)*
ASFR age specific fertility rate возрастной коэффициент фертильности
ASME American Society of Mechanical Engineers Американское общество инженеров-механиков
ASP American selling price американская продажная цена
ASPR Armed Services Procurement Regulation

положение о поставках для вооружённых сил *(США)*
ASR American Sociological Review Американский социологический обзор *(журнал)*
assist assistant помощник; референт
assmt assessment оценка
Assn, assoc association ассоциация; объединение, общество
asst. cash. assistant cashier помощник кассира
Asst'd assorted отсортированный, подобранный
A.T. American terms Американские технические условия
ATM Automatic teller machine банковский автомат
ATS Automatic Transfer System система автоматического перевода средств
Atty attorney уполномоченный; доверенный; поверенный
aud 1. audit проверка, ревизия **2.** auditor бухгалтер-ревизор
Av. Average средняя величина
A/V ad valorem *лат.* с ценности, с объявленной цены
AVC average variable costs средние переменные издержки
AW airway авиалиния
A/W actual weight фактическая масса

B 1. bag мешок **2.** base основа; база
B. 1. bid предложение цены; предложенная покупателем цена **2.** bill of exchange переводный вексель, тратта **3.** board правление, совет; департамент; министерство **4.** bond облигация **5.** budget бюджет, финансовая смета **6.** buyer(s) покупатель, покупатели
BA 1. Bankruptcy Act закон о банкротствах **2.** Basic Agreement основное соглашение; базовый контракт
bag baggage багаж
bal balance баланс; сальдо
bankcy bankruptcy банкротство
b.b. 1. bank book банковская книжка **2.** bear bonds предъявительские облигации **3.** bill book вексельная книга
BBA British Bankers' Association Британская банковская ассоциация
BC bank clearing банковский клиринг
bc blind copy негодная копия
B/C bill for collection вексель на инкассо
B.C.E.C.C. British Central-European Chamber of Commerce Британская центральноевропейская торговая палата
B.C.I.C. Birth Control Investigation Committee Комитет по исследованию проблем регулирования рождаемости *(Великобритания)*
BCNY Bond Club New York Нью-Йоркский клуб держателей облигаций
BD 1. bank draft тратта, выставленная банком на другой банк **2.** bills discounted учтённые векселя **3.** broker-dealer фирма, сочетающая функции брокера и дилера
bd *см.* **B. 4.**
bdgt *см.* **B. 5.**
BDM basic decision model основная модель принятия решений
BDSA Business and Defense Services Administration Управление мобилизации промышленности для военного производства *(США)*
B.E. 1. Bank of England Английский банк **2.** *см.* **B. 2.**
BEC British Employers' Confederation Конфедерация английских предпринимателей
BES 1. Bureau of Employment Security Бюро трудоустройства и страхования от безработицы *(США)* **2.** Business Expansion Scheme план расширения дела
B.E.T.R.O. British Export Trade Research Organization Британская научно-исследовательская организация экспортной торговли
BFS, b.f.s. basic feasible solution опорный план
bght, bgt bought (за)купленный
BHC bankholding company банковская холдинг-компания
BIFU Banking, Insurance and Finance Union Профессиональный союз работников финансовой сферы *(Великобритания)*
BIFFEX Baltic International Freight Futures Exchange Балтийская международная биржа фрахтовых фьючерсов
BIM British Institute of Management Британский институт управления
B.I.S. Bank for International Settlements Банк международных расчётов *(Швейцария)*
Bk 1. bank банк **2.** book книга
Bkg 1. banking банковское дело; банковские операции **2.** bookkeeping бухгалтерский учёт
bkpg *см.* **Bkg 2.**
Bkrp bankrupt банкрот
bl bill счёт к оплате; вексель
B/L, B/Lading, blading bill of lading коносамент, транспортная накладная
BLEU Belgian-Luxembourg Economic Union Бельгийско-Люксембургский экономический союз
BLS Bureau of Labor Statistics Бюро статистики труда *(Министерства труда США)*
B.M.N. British Merchant Navy английский торговый флот
BMTS basic motion time study *орг. пр.* 1) изучение основных трудовых движений 2) система нормативов времени на основные (трудовые) движения
B.O. buyer's option опцион покупателя
BOASI Bureau of Old Age and Survivors Insurance Управление пенсионного обеспечения
B. of T. Board of Trade Министерство торговли *(Великобритания)*; Торговая палата *(США)*
BOP balance of payments платёжный баланс
BOT 1. balance of trade торговый баланс **2.** board of trustees попечительский совет
bot bought (за)купленный
B.O.T. *см.* **B. of T.**
BP 1. bill of parcels фактура, накладная **2.** bills payable векселя к уплате **3.** British patent британский патент
B/P, B. Pay, B/Pay *см.* **BP 2.**
B.P.C. British Productivity Council Британ-

ский совет по вопросам производительности
Br. 1. branch 1) отрасль 2) отделение 2. British британский, английский
B.R. 1. bank rate учётная ставка банка 2. bills receivable векселя к получению 3. book of reference справочник
b.r. *см.* **B.R. 1.**
brd *см.* **B. 3.**
B'Rec. *см.* **B.R. 2.**
Br. P. *см.* **BP 3.**
B.S. 1. balance sheet баланс, балансовый отчёт 2. bill of sale купчая; закладная; корабельная крепость
bsc basic основной
Bs/L *см.* **B/L, B/Lading, blading**
bt *см.* **bght, bgt**
B.T. *см.* **B. of T.**
B/T British tariffs свод британских тарифов
BTC British Transport Commission Британская транспортная комиссия
BTN Brussels Trade Nomenclature Брюссельская торговая номенклатура
Bu bureau бюро; отдел; управление
bus. business бизнес, дело; предпринимательство
B/V book value «книжный» капитал; «книжная» стоимость

C 1. capacity 1) (номинальная) производительность; производственная мощность 2) грузовместимость 2. contract договор; контракт 3. currency валюта 4. current текущий 5. cycle цикл
C. 1. cargo груз 2. class класс 3. company компания 4. copy копия, экземпляр 5. correction корректировка; поправка 6. cost стоимость 7. coupon купон, талон
C.A. chief accountant главный бухгалтер
C/A 1. capital account счёт основного капитала 2. commercial agent торговый агент 3. current account *англ.* текущий банковский счёт, контокоррент; *амер.* открытый счёт
CAA Civil Aeronautics Administration Управление гражданской авиации *(США)*
CAB Commonwealth Agricultural Bureau Бюро экономики сельского хозяйства Содружества
CAD cash against documents наличные против документов *(условия платежа)*
CAF cost, assurance and freight стоимость, страхование и фрахт
c.a.f. cost and freight стоимость и фрахт; каф
can(c). cancelled отменено; аннулировано
C. and f. *см.* **c.a.f.**
c. and i. cost and insurance стоимость и страхование
CAP Common Agricultural Policy единая сельскохозяйственная политика
cap 1. *см.* **C 1.** 2. capital капитал
CAPM capital asset pricing model модель оценки капитальных активов
CARIFTA Caribbean Free Trade Association Карибская ассоциация свободной торговли
cart cartage 1) перевозка безрельсовым транспортом 2) плата за перевозку безрельсовым транспортом

cash cashier кассир
CB *англ.* county borough город-графство, город с населением свыше 50 тысяч человек, административно выделенный в самостоятельную единицу
C/B cash book кассовая книга
C.B.D. cash before delivery оплата (товара) до доставки наличными
c.b.d. central business district центральный деловой район
CBI Confederation of British Industry Конфедерация английской промышленности
CBO Congressional Budget Office Бюджетное бюро конгресса *(США)*
CBR crude birth rate общий коэффициент рождаемости
CBT Chicago Board of Trade Чикагская товарная биржа
CC Common Council *англ.* муниципалитет
C.C. 1. cash credit кредит в наличной форме 2. cashier's check чек кассира 3. Chamber of Commerce Торговая палата 4. country cheque *англ.* внегородской чек 5. Country Cheque Clearing *англ.* безналичные расчёты между провинциальными банками
CCA contract change authorization разрешение на изменение условий договора
CCAHC Central Council for Agricultural and Horticultural Cooperation Центральный совет сельскохозяйственной кооперации *(Великобритания)*
CCC Commodity Credit Corporation Товарно-кредитная корпорация, ТКК *(США)*
CCD census county division переписной участок графства
CCL customs clearance таможенная очистка
cct correct верно, правильно
C.D. cash discount скидка при сделке за наличные
C.d. with dividend с дивидендом
C/D certificate of deposit депозитный сертификат
C.D.F.C. Commonwealth Development Finance Corporation Корпорация финансирования и содействия экономическому развитию стран Содружества
c. div. cum dividend с дивидендом
CDP Contract Definition Phase этап выработки основных положений контракта
CDR crude death rate общий коэффициент смертности
CDs *см.* **C/D**
CEA 1. Central Electricity Authority Центральное электроэнергетическое управление *(Великобритания)* 2. Commodity Exchange Authority управление товарных бирж *(США)* 3. Council of Economic Advisers Совет экономических консультантов *(США)*
CEC Common European Currency единая европейская валюта
CED Committee for Economic Development Комитет содействия экономическому развитию
CEGB Central Electricity Generating Board Центральное электроэнергетическое управление *(Великобритания)*
CEIR Council for Economic and Industrial Re-

search Комитет по экономическим и промышленным исследованиям *(США)*
CELADE Latin American Demographic Center Латиноамериканский центр демографических исследований
CEO chief executive officer *амер.* управляющий высшего ранга
CEQ Council on Environmental Quality Совет по качеству окружающей среды *(США)*
CERT Council of Resources Tribes Совет индейских племён, владеющих энергетическими ресурсами *(на территориях резерваций; США)*
cert certificate сертификат, удостоверение, свидетельство
CES 1. content evaluation study контрольная проверка после проведения переписи; повторное обследование 2. Economic and Social Council Экономический и социальный совет ООН, ЭКОСОС
CF correction factor поправочный множитель
cf *см.* **c.a.f.**
C/F, c/f carried forward *бухг.* к переносу; перенесено
CFDIP commerce foreign direct investment programme программа ограничения прямых инвестиций Министерства торговли *(США)*
c.f.i. *см.* **c.i.f.**
cfmd confirmed подтверждённый; подтверждено
CFO chief financial officer вице-президент (компании) по финансам, казначей
CFPI Central Family Planning Institute Центральный институт планирования семьи *(Индия)*
CFR cumulative fertility rate суммарный коэффициент фертильности
CFTC Commodity Futures Trading Commission Комиссия по срочной биржевой торговле *(США)*
Cge carriage 1) перевозка 2) стоимость перевозки
CGO Committee on Government Operations Комиссия по вопросам деятельности правительственных учреждений *(США)*
cgo cargo груз
C.G.S. cost of goods sold стоимость проданных товаров
C.H. 1. clearing house расчётная палата 2. custom house таможня
CHAMPS Chase Manhattan Payments System система межбанковских расчётов «Чейз Манхеттен бэнк»
chgd charged дебетованный; поставленный на счёт
chgs charges 1) расходы 2) долговые обязательства
CHIPS Clearing House Interbank Payments System электронная система межбанковских клиринговых расчётов
ch. pd. charges paid расходы оплачены
ch. ppd. charges prepaid расходы оплачены заранее
chq cheque *англ.* чек
CI consular invoice консульская фактура
cia cash in advance оплата наличными вперёд, аванс
CIA Chemical Industries Association Ассоциация химической промышленности *(Великобритания)*
CIC Capital Issues Committee Комитет по регулированию выпуска ценных бумаг *(Великобритания)*
CICOM International Marketing Center Международный центр по сбыту, СИКОМ
CID Committee on Interest and Dividends Комитет по процентам и дивидендам *(США)*
c.i.f. cost, insurance, freight стоимость, страхование, фрахт; сиф
c.i.f.c., c.i.f. & c. cost, insurance,freight and commission стоимость, страхование, фрахт и комиссия посредника; сиф, включая комиссию посредника
c.i.f.c. & i. cost, insurance, freight, commission and interest сиф, включая комиссию посредника и расход по учёту акцепта покупателя
c.i.f. & e. cost, insurance, freight and exchange стоимость, страхование, фрахт и курсовая разница; сиф, включая курсовую разницу
CIO Congress of Industrial Organizations Конгресс производственных профсоюзов, КПП *(США)*
CIPM Council for International Progress in Management Совет содействия улучшению методов управления *(США)*
CIR 1. Commission on Industrial Relations Комиссия по вопросам отношений между администрацией и рабочими в промышленности *(Великобритания)* 2. Current Industrial Report статистика отраслей промышленности *(США)*
CIRET Center for International Research on Economic Tendency Центр международных исследований экономических тенденций
CIS Commonwealth of Independent States Содружество независимых государств
ck check *амер.* чек
cl 1. class класс 2. clause статья, пункт, оговорка 3. carload масса груза, оплачиваемая по грузовому тарифу
C.L.A. Central Landowners Association Центральная ассоциация землевладельцев *(Великобритания)*
class classification классификация
CLC Cost of Living Council Совет по стоимости жизни *(США)*
CLCB Committee of London Clearing Bankers Комитет Лондонских клиринговых банков
clm column столбец, графа, колонка
CMA 1. cash management account счёт управления наличностью 2. Census Metropolitan Area переписной участок *(Канада)*
CMEA Council for Mutual Economic Assistance Совет Экономической Взаимопомощи, СЭВ
CMF comparative mortality factor, comparative mortality figure сравнительный показатель смертности
cml commercial торговый, коммерческий
CMV current market value текущая рыночная стоимость
CN, C/N 1. contract note договорная записка, договор 2. credit note кредитовое авизо
cntr container контейнер

CO 1. cash order приказ об оплате наличными 2. certificate of origin сертификат происхождения

Co 1. county графство *(Великобритания)*; округ *(США)* 2. company компания

C.O.C., C.o.C. *см.* C.C.3.

COCOM Coordinating Committee of East-West Trade Policy Комитет по координации торговли с Востоком *(бывшими соц. странами)*, КОКОМ

COD cash on delivery, collect on delivery наложенный платёж, уплата при доставке

CODOT Classification of Occupations and Directory of Occupational Titles *англ.* классификация профессий и указатель их наименований

COFC container-on-flat-car контейнерные железнодорожные перевозки

COINS Committee on Improvement of National Statistics Комитет по совершенствованию национальной системы статистического учёта *(Великобритания)*

COLA cost-of-living allowance (adjustment) надбавка на дороговизну, повышение ставок заработной платы в связи с изменением индекса прожиточного минимума

coll. collection инкассация; инкассо

coll. barg. collective bargaining переговоры о заключении коллективного договора

comb. 1. combination союз; монополистическое объединение; картель; синдикат 2. combine комбинат; объединение 3. combined объединённый; комбинированный

COMECON *см.* **CMEA**

COMEX Commodity Exchange Нью-Йоркская товарная биржа

coml *см.* **Com(m). 1.**

Com(m). 1. commercial торговый, коммерческий 2. commission 1) комиссионное вознаграждение, комиссионные 2) комиссия; комитет 3. Commonwealth 1) федерация, союз, содружество 2) Содружество

com(m). 1. commerce торговля, коммерция 2. *см.* **Com(m). 1.**

commn. *см.* **Com(m). 2.**

Comp 1. company компания; акционерное общество 2. compensation возмещение, компенсация; платёж

compl complement 1) штат, личный состав 2) комплект

Con., con. consolidated 1) объединённый 2) уплотнённый

cond 1. condition условие 2. conditional условный

conf., confer. conference конференция, совещание

CONFEST conference on statistics конференция по вопросам статистики

Cong. congress конгресс

cont contract контракт; подряд; договор

contr 1. contracted сокращённый; уменьшенный 2. contractor подрядчик; разработчик; фирма-исполнитель

CONUS Continental United States континентальная территория Соединённых Штатов Америки

conv convention конвенция; договор; соглашение

co-op 1. cooperation 1) сотрудничество; совместное действие 2) кооперация 2. cooperative кооператив

copr copyright авторское право, право издания

COPS Committee on Population Statistics Комитет по статистике народонаселения *(США)*

Corp(n) corporation корпорация; *амер.* акционерное общество

corr 1. corrected исправленный 2. correction поправка; корректировка 3. corresponding соответственный, соответствующий

COSATI Committee on Scientific and Technical Information Комитет по научно-технической информации *(США)*

cp coupon купон; свидетельство на уплату процентов

C.P. carriage paid *англ.* провоз оплачен, за перевозку уплачено

CPA critical path analysis анализ методом критического пути

CPAF cost-plus-award-fee оплата издержек производства плюс периодические премии

CPFF cost-plus-fixed-fee оплата издержек плюс твёрдая прибыль

CPI consumer price index индекс цен на потребительские товары

CPIF cost-plus-incentive-fee оплата издержек плюс поощрительное вознаграждение

CPM critical path method метод критического пути

CPR current population report отчёт о текущем обследовании населения

CPS current population survey текущее обследование населения

CR 1. carrier's risk на риск перевозчика 2. company's risk на риск компании 3. Construction Report статистическая сводка по строительству *(Бюро переписей; США)*

Cr. 1. credit кредит 2. credited кредитованный 3. creditor кредитор 4. credit record кредитовая запись *(в журнале)* 5. current rate текущая ставка

CRA composite reserve assets универсальные резервные активы

CRC cost-reimbursement contract контракт с возмещением издержек

CRDC Cash Receipts and Disbursement Statement отчёт о состоянии наличных поступлений и платежей

C.R.N.I. crude rate of natural increase общий коэффициент естественного прироста населения

CRU Composite Reserve Unit универсальная резервная единица

CRVS civil registration and vital statistics учёт и статистика естественного движения населения

CS 1. capital stock акция, акции; акционерный капитал 2. common stock(s) *амер.* обычные [обыкновенные] акции

c.s. coalition structure *т. игр* состав коалиции

CSP cooperative statistical program программа комплексных статистических исследований

CSRC cost-sharing-reimbursement contract контракт с частичным возмещением издержек
CSVLI cash surrender value of life insurance выкупная стоимость полиса страхования жизни
CT 1. carat карат 2. cent цент 3. credit кредит
ct current *англ.* текущий; современный
C'tee committee комиссия; комитет
Cum cumulative кумулятивный, итоговый
cum d(iv). cumulative dividend кумулятивный дивиденд
cur 1. currency деньги, валюта 2. *см.* **ct**
curr., curt *см.* **ct**
Cv'r cover покрытие
cvt convertible обратимый; конвертируемый
C.W.O., c.w.o. cash with order наличный расчёт при выдаче заказа
CWR child-woman ratio отношение числа детей к числу матерей
C.W.S. Cooperative Wholesale Society Кооперативное общество оптовых закупок *(Великобритания)*
Cy 1. city (крупный) город 2. *см.* **Comp 1.** 3. *см.* **Co** 4. *см.* **cur 1.**

D. 1. census desclosure rule *амер.* правило, запрещающее публикацию статистических общих данных *(в целях охраны коммерческой тайны компании)* 2. debentures долговые обязательства; облигации акционерных компаний 3. department административный орган 4. deputy заместитель; помощник 5. Deutsche Mark марка ФРГ 6. director директор; руководитель 7. district район, административный округ 8. division отдел, отделение
d 1. data данные 2. date дата; число 3. denarii (старый) пенс
D/A 1. deposit account депозитный счёт; *англ.* срочный вклад 2. documents attached документы приложены; с приложенными документами 3. documents against acceptance документы против акцепта *(условия платежа)*
D/A, d/a days after acceptance через *столько-то* дней после акцептования векселя
DAF delivery at frontier поставка (товара) на границе
D and B Dun and Bradstreet Дан и Брэдстрит *(фирма, владеющая рейтинговым агентством Муди)*
d. and s. demand and supply спрос и предложение
DBA, d.b.a. doing business as ... действующий как ..., ведущий дело как...
DBC Dominion Bureau of Statistics Статистическое управление *(Канада)*
dbk drawback возврат пошлины
dc direct costs прямые издержки
D.C. death certificate *англ.* свидетельство о смерти
DCAS Defense Contract Administration Services Служба по размещению военных контрактов *(США)*
DCE Domestic Credit Expansion *англ.* показатель расширения кредитных операций внутри страны
D.C.F., d.c.f. discounted cash flow будущие поступления наличными, приведённые в оценке настоящего времени
dcl declaration декларация
DCPEG Departmental Contractor Performance Evaluation Group Группа оценки выполнения фирмами-подрядчиками условий военных заказов *(США)*
dct 1. document документ 2. documental документальный
dd 1. dated датированный 2. delivered доставленный; сданный 3. distribution density плотность распределения
DDGPE Department of Defense Guide to the Performance Evaluation Инструкция Министерства обороны по оценке выполнения фирмами-подрядчиками условий военных заказов *(США)*
DE double entry двойная запись
DEA Department of Economic Affairs Министерство экономики *(Великобритания)*
deb *см.* **D 2.**
dec. *см.* **dcl**
def 1. deferred отсроченный 2. deficit дефицит
del 1. delayed задержанный 2. *см.* **dd 2.** 3. delivery 1) поставка 2) доставка
deld, delv *см.* **dd 2.**
dely *см.* **del 3.**
dem 1. demand спрос 2. democratic демократический
denom denomination класс, категория
dens density плотность
DEP Department of Employment and Productivity Министерство по вопросам занятости и производительности труда *(Великобритания)*
Dep *см.* **D 3., 4.**
dep. deposit вклад; депозит
Dep'n depreciation 1) амортизация 2) начисление износа
Dept *см.* **D. 3.**
dev deviation отклонение
DF 1. dead freight мёртвый фрахт 2. distribution-free непараметрический
Df deferred shares 1) *амер.* акции с отсроченным дивидендом 2) учредительские акции
dft draft чертёж; план; эскиз
DI disposable income доход после уплаты налогов, располагаемый доход
DIDC Depositary Institutions Deregulation Committee Комитет по дерегулированию депозитных учреждений *(США)*
dif, difce, diff difference разница, различие
DIPEC Defense Industrial Plant Equipment Center Управление распределения оборудования для производства военной продукции *(США)*
dir *см.* **D 5.**
dis discount 1) скидка 2) дисконт; учёт векселей
disbs. disbursements расходы; издержки
disc *см.* **dis**
div 1. dividend дивиденд; прибыль 2. *см.* **D 7.**
DJIA Dow—Jones Industrial Average ин-

декс курсов акций промышленных компаний Доу—Джонса, промышленный индекс Доу—Джонса

DJTA Dow—Jones Transportation Average транспортный индекс Доу—Джонса

DJUA Dow—Jones Utility Average индекс Доу—Джонса для компаний общественного пользования

DL, d/l demand loan ссуда до востребования, онкольная ссуда

DM 1. demographic model демографическая модель 2. Deutsche Mark марка ФРГ

D.M. decision maker лицо, принимающее решение

DMT dimensional motion time *орг. пр.* время на выполнение ручных элементов *(операции)*

DMUC decision making under certainty принятие решения в условиях определённости

DMUR decision making under risk принятие решения в условиях риска

DMUU decision making under uncertainty принятие решения в условиях неопределённости

D/N debit note дебетовое авизо

DNR do not reduce не снижать *(цену)*

DNWF did not work full time работает неполный рабочий день

DOC direct operating cost(s) прямые эксплуатационные расходы

doc *см.* **dct**

DOD Department of Defense Министерство обороны *(США)*

dom dominion доминион

DOT Department of Overseas Trade Департамент внешней торговли *(Великобритания)*

DP dynamic(al) programming динамическое программирование

D/p documents against payment документы против оплаты *(условия платежа)*

DPCPE Defense Program of Contractor Performance Evaluation программа оценки выполнения фирмами-подрядчиками военных заказов *(США)*

DPI disposable personal income располагаемый личный доход

DPUU decision problem under uncertainty проблема принятия решения в условиях неопределённости

Dr, dr 1. debit дебет 2. debit record дебетовая запись 3. debtor должник, дебитор

D.R. dependency ratio коэффициент зависимости, относительный показатель числа иждивенцев

D.R., D/R deposit receipt 1) депозитное свидетельство 2) сохранная расписка

DS directing staff руководящий персонал

d/s days after sight через *столько-то* дней после предъявления векселя

DSA Defense Supply Agency Управление военного снабжения *(США)*

DSM dual simplex method двойственный симплексный метод

DSSO Defense Surplus Sales Office Управление реализации излишков *(Министерства обороны США)*

DTA Defense Transportation Administration Управление военных перевозок *(США)*

DTC 1. design to characteristics проектирование согласно заданной характеристике 2. design to cost проектирование согласно заданной стоимости 3. Depositary Trust Company депозитарная трастовая компания

d.w., D/W deadweight полная грузоподъёмность судна, дедвейт

d/y *см.* **del 3.**

E., e. 1. efficiency 1) производительность 2) коэффициент полезного действия 2. equivalent эквивалент 3. error ошибка

EA economic adviser экономический консультант

EAAP European Association for Animal Production Европейская федерация животноводства

E & OE errors and omissions expected ошибки и упущения исключаются

EAON except as otherwise noted за исключением тех случаев, когда указано иначе

EBB extra best best самого высшего качества

EBIC European Banks International Company Европейское банковское объединение

EBIT earnings before interest and taxes доходы до вычета процентов и налогов

EBQ economic batch quantity партия оптимальной величины

EBRD European Bank for Reconstruction and Development Европейский банк реконструкции и развития

EC 1. eurocheque еврочек 2. European Community Европейское Сообщество 3. executive committee исполнительный комитет

ECA 1. Economic Cooperation Administration Администрация экономического сотрудничества *(Великобритания)* 2. Economic Commission for Africa Экономическая комиссия ООН для Африки

ECAFE Economic Commission for Asia and the Far East Экономическая комиссия ООН для Азии и Дальнего Востока, ЭКАДВ

ECE Economic Commission for Europe Экономическая комиссия ООН для Европы, ЭКЕ

E.C.G.D. Export Credits Guarantee Department Департамент гарантии экспортных кредитов *(Великобритания)*

ECLA Economic Commission for Latin America Экономическая комиссия ООН для Латинской Америки, ЭКЛА

ECM European Common Market Европейский общий рынок

ECME Economic Commission for the Middle East Экономическая комиссия ООН для Среднего Востока

econ 1. economical экономический 2. economics экономика 3. economist экономист

ECOSOC Economic and Social Council Экономический и социальный совет ООН, ЭКОСОС

ECP Eurocommercial paper простой вексель, выпускаемый международными компаниями

ECSC European Coal and Steel Community Европейское объединение угля и стали, ЕОУС

ECU, ecu European Currency Unit Европейская валютная единица, экю
ED 1. enumeration district переписной участок 2. ex dividend без дивиденда 3. empirical distribution эмпирическое распределение
EDA Economic Development Administration Управление экономического развития *(США)*
EDC 1. Economic Development Committee Комиссия экономического развития 2. Export Development Corporation Корпорация развития экспорта *(Канада)*
EDD estimated delivery date предполагаемая дата поставки
EDF European Development Fund Европейский фонд развития
EDP electronic data processing электронная обработка данных
E.E., e.e. errors excepted исключая ошибки
EEA 1. exchange equalization account фонд стабилизации валюты *(Великобритания)* 2. Export Expansion Act закон о стимулировании экспорта
EEC European Economic Community Европейское экономическое сообщество, ЕЭС, «Общий рынок»
EEZ exclusive economic zone прибрежная двухсотмильная экономическая зона
EFC European Forestry Commission Европейская комиссия лесоводства
eff *см.* **E, e. 1.**
EFMC European Fund for Monetary Cooperation Европейский фонд валютного сотрудничества
EFMD European Foundation for Management Development Европейский фонд для подготовки и повышения квалификации управляющих
EFTA European Free Trade Association Европейская ассоциация свободной торговли, ЕАСТ
EFTS electronic funds transfer system электронная система платежей
EGM extraordinary general meeting чрезвычайное общее собрание (акционеров)
EIB 1. European Investment Bank Европейский инвестиционный банк 2. Export-Import Bank Экспортно-импортный банк *(США)*
ELSP economic lot-size problem задача о наиболее экономичном размере партии
EMA European Monetary Agreement Европейское валютное соглашение
emb. embargo эмбарго, запрещение
EMP end-of-month payment платёж в конце месяца
empl employment 1) занятие; служба; работа по найму 2) применение; использование
EMS European Monetary System Европейская валютная система, ЕВС
EMV expected monetary value ожидаемая ценность денег
encl 1. enclosed вложенный; приложенный 2. enclosure вложение; приложение
end. 1. endorsed индоссированный 2. endorsement индоссамент
eng engineer
e.o.d. every other day раз в два дня, через день
EOE European Options Exchange Европейская опционная биржа *(Амстердам)*
E.O.M. end of month (платёж) в конце месяца
EOQ economic order quantity (наиболее) экономичный размер заказа
EP equilibrium point точка равновесия
EPA Environmental Protection Agency Управление по охране окружающей среды *(США)*
E.P.D. excess profits duty налог на сверхприбыль
EPF European Packaging Federation Европейская федерация по упаковке
EPIC electronic price information computer компьютерная система ценовой информации
EPPO European Plant Protection Organization Европейская организация защиты растений
EPS earnings per share доход в расчёте на акцию
E.P.T. excess profits tax налог на сверхприбыль
EPTA United Nations Expanded Program of Technical Assistance for Economic Development of Underdeveloped Countries Расширенная программа ООН по оказанию технической помощи развивающимся странам
EPU European Payments Union Европейский платёжный союз
E.p.u., e.p.u. European payment unit расчётная единица Европейского платёжного союза
EPW expected probability of winning *т. игр* ожидаемая вероятность выигрыша
eq 1. equal равный 2. equation уравнение
equiv. *см.* **E, e 2.**
ERDA Energy Research and Development Administration Управление энергетических исследований и разработок *(США)*
ERISA Employee Retirement Income Security Act закон о пенсионном обеспечении *(США)*
ERM exchange rate mechanism механизм валютных курсов *(в Европейской валютной системе)*
ERP European Recovery Program(me) Европейская программа восстановления (План Маршалла)
ERS 1. Ergonomics Research Society Общество изучения влияния окружающей среды на работоспособность человека *(Великобритания)* 2. Economic Research Service Служба экономических исследований *(США)*
ERSS eliminated in the reinterview subsample «исключён из группы обследуемых повторно» *(запись)*
ERTA Economic Recovery Tax Act налоговый закон экономического возрождения *(США, 1981 г.)*
ESA 1. Economic Stabilization Act закон о стабилизации экономики *(США)* 2. Euro-

pean Space Agency Европейское управление космических исследований
ESF Exchange Stabilization Fund валютный стабилизационный фонд
ESR early storage reserve *амер.* государственный складской запас сырой нефти; стратегический запас сырой нефти
ESOP Employee Stock Ownership Plan план владения акциями для занятых в фирме
ESRS European Society for Rural Sociology Европейское общество аграрной социологии
est 1. established установленный, доказанный 2. estimate оценка; подсчёт, смета
ETA estimated time of arrival расчётное время прибытия
ETD estimated time of departure 1) расчётное время отправления 2) *ТМО* оценка момента ухода
E.U. expected utility ожидаемая полезность
EUA European Unit of Account Европейская расчётная единица
Eur Europe Европа, европейский
EURATOM European Atomic Energy Community Европейское сообщество по атомной энергии, Евратом
EURCO European Composite Currency Unit Европейская составная валютная единица, ЮРКО
Eurex computer-based trading system for the Eurobonds market международная электронная система по обслуживанию операций на рынке еврооблигаций
EuroMTN Euro medium-term note среднесрочный евровексель
EWMA exponentially weighted moving average экспоненциально взвешенное скользящее среднее
ex. 1. exchange 1) обмен 2) биржа 3) валюта; девизы 2. extract выписка
exc. except исключая
exc(h). *см.* **ex. 1.**
ex cp. ex coupon без купона *(об облигации)*
exd. examined осмотренный; проверенный
ex div. ex dividend без дивиденда
exec executive 1. руководитель, администратор 2. исполнительный
Eximbank *см.* **EIB 2.**
exp. 1. export экспорт 2. exported экспортированный 3. exporter экспортёр 4. express 1) экспресс 2) спешный, срочный
expend expenditure расход(ы)
expn expiration истечение *(срока)*
exps expenses расход(ы)
exptr exporter экспортёр
ext external иностранный, внешний
extr extreme крайний, экстремальный

F. 1. finance финансы 2. financial финансовый 3. flat без процентов
f. function функция
F.A.A., f.a.a. free of all average свободно от всякой аварии
Fac facsimile факсимиле, факс
FAME Forecasts and Appraisals for Management Evaluation прогнозы и оценки, выдаваемые руководителям для анализа
FAO Food and Agricultural Organization Продовольственная и сельскохозяйственная организация ООН, ФАО
FAP family assistance plan *амер.* план помощи многодетным семьям
fas free alongside ship франко у борта судна
Fax facsimile факсимиле, факс
Fb, F.B. freight bil счёт за фрахт
FBI Federation of British Industries Британская Федерация предпринимателей
FCA Farm Credit Administration Администрация по делам фермерского кредита, АФК *(США)*
FCC Federal Communications Commission Федеральная комиссия по связи *(США)*
FCFS first-come-first-served «первым прибыл — первым обслужен», обслуживание в порядке поступления
FCI Finance Corporation for Industry Корпорация по финансированию промышленности *(Великобритания)*
FCIA Foreign Credit Insurance Association Ассоциация по страхованию заграничных кредитов
Fco franko франко
f.c.s. food, clothing and shelter пища, одежда и жилище
fd. forward форвардный, срочный *(о валюте)*
FDA Food and Drug Administration Управление по санитарному надзору за качеством пищевых продуктов и медикаментов *(США)*
FDIC Federal Deposit Insurance Corporation Федеральная корпорация по страхованию депозитов *(США)*
FEA Federal Energy Administration Федеральное энергетическое управление *(США)*
Fed. 1. federal федеральный 2. Federal Government федеральное правительство *(США)* 3. Federal Reserve Board Совет управляющих Федеральной резервной системы *(США)* 4. Federal Reserve System Федеральная резервная система, ФРС *(США)* 5. federated федеративный 6. federation федерация
FESE Far Eastern Stock Exchange Дальневосточная фондовая биржа *(Гонконг)*
FET federal exise tax федеральный акциз *(США)*
feud. feudal феодальный
ff frequency function функция плотности
FFCS Federal Farm Credit System Федеральная система фермерского кредита *(США)*
FFMS Federal Farm Mortgage Corporation Федеральная корпорация фермерских ипотек
FFPC firm-fixed-price contract контракт с твёрдо фиксированной ценой
FG *см.* **Fed. 2.**
FGIMA Family Growth in the Metropolitan America *демогр.* «Рост семей в континентальной части США»
fgn foreign иностранный
fgt freight фрахт, груз
FHA 1. Federal Housing Administration Федеральное управление жилищного строительства *(США)* 2. Finance Houses Association

Ассоциация банкирских домов *(Великобритания)*
FHS family health survey обследование состояния здоровья семей
FI fire insurance страхование от огня
FIBOR Frankfurt interbank offered rate Франкфуртская межбанковская процентная ставка
FICB Federal Intermediate Credit Bank Федеральный банк среднесрочного кредита *(США)*
fid. fiduciary фидуциарный
FIFO first-first-out 1) «первым прибыл — первым обслужен», обслуживание в порядке поступления 2) «первым получен — первым выдан», расходование запасов в порядке получения 3) *бухг.* «первая партия на приход — первая в расход» 4) «первым поступил — первым продан»
fin. *см.* **F. 1, 2**
FIRA Foreign Investment Review Agency Управление регулирования иностранных инвестиций *(Канада)*
fis. fiscal фискальный; финансовый
F.i.t., f.i.t. free of income tax не облагаемый подоходным налогом
FNMA Federal National Mortage Association Федеральная национальная ипотечная ассоциация
FO The Foreign Office Министерство иностранных дел *(Великобритания)*
F.O.A. Foreign Operations Administration Управление заграничными операциями *(США)*
FOB., f.o.b. free on board 1) *англ.* франко-борт, фоб 2) *амер.* франко-вагон
FOC, f.o.c. 1. free of charge бесплатно 2. free on car франко-вагон
FOM fault of management *англ.* ошибка администрации
FOMC Federal Open Market Committee Комитет по операциям на открытом рынке Федеральной резервной системы *(США)*
F.O.Q., f.o.q. free on quay франко-набережная
FOR, f.o.r. free on rail франко-вагон
forex foreign exchange иностранная валюта
FOT, f.o.t. free on truck франко-платформа; франко-грузовик
f.o.t. free of tax освобождённый от обложения налогом
FP fixed price фиксированная цена
FP, fp family planning 1) контроль рождаемости 2) внутрисемейное регулирование рождаемости
F.P., F/p fire policy полис страхования от огня
f.p. fully paid полностью оплаченный
FPA Family Planning Association Ассоциация сторонников регулирования семьи *(Великобритания)*
F.P.A. free of particular average свободный от частной аварии
FPC 1. Federal Power Commission Федеральная энергетическая комиссия *(США)* 2. finite population correction поправка на конечность совокупности
FPCE fixed-price contract with escalation контракт с корректировкой фиксированной цены по скользящей шкале цен
FPCR fixed-price contract with redetermination контракт с последующей корректировкой фиксированной цены
FPIF fixed-price-incentive-fee фиксированная цена плюс поощрительное вознаграждение
f.p.i.l. full premium if lost полное возмещение убытков в случае гибели *или* пропажи
FPRP fixed-price-redeterminable-prospective фиксированная начальная цена, пересматриваемая на определённых этапах выполнения работ
FPRR fixed-price-redeterminable-retroactive фиксированная цена, пересматриваемая после завершения работ
FPS fertility planning status регулирование рождаемости
Fr. French французский
FRA Federal Reserve Act Закон о федеральной резервной системе *(США, 1913 г.)*
F.R.B. *см.* **Fed. 3.**
FRBk *см.* **Fed. Res. Bk.**
FRD Federal Reserve District Федеральный резервный округ *(США)*
FRN floating rate notes краткосрочные обязательства с изменяющимся процентом
FRS *см.* **Fed. 4.**
FS free stock свободный резерв
f.s. feasible solution допустимое решение
FSLA Federal Savings and Loan Association федеральная ссудо-сберегательная ассоциация
FSLIC Federal Savings and Loan Insurance Corporation Федеральная корпорация по страхованию счетов в ссудо-сберегательных ассоциациях *(США)*
FTC Federal Trade Commission Федеральная торговая комиссия *(США)*
fut. futures сделки на срок; срочные контракты
f.v. folio verso *лат.* на обороте листа [страницы]
F.W. full weight общая масса [общий вес], полная масса [полный вес]
fwd forward будущий; срочный; на срок
fwdd forwarded отправленный
fwdg forwarding отправка, экспедиторская работа
FX foreign exchange иностранная валюта
FY fiscal year финансовый год
FYA for your attention вашему вниманию
FYI for your information в порядке информации

g grain зерно
G., g. 1. general 1) главный; генеральный 2) все(общий) 2. guarantee гарантия
g. gold золото
GA, G/A 1. general average общая авария 2. general agent агент, представляющий своего доверителя по широкому кругу вопросов
GAA General Agency Agreement Генеральное агентское соглашение об эксплуатации частной компанией государственного судна

GAAP generally accepted accounting principles общепринятые [общепризнанные] принципы бухгалтерии
GAB General Arrangements to Borrow Общее положение о заимствовании
GAFA general merchandise, apparel, furniture and appliances товары общего назначения, одежда, мебель и бытовые приборы
GAFL general merchandise, apparel, furniture, lumber, building, materials, hardware and farm equipment *амер.* основные товарные группы магазинов: товары общего назначения, одежда, мебель, стройматериалы, скобяные товары и сельскохозяйственное оборудование
G & T generation and transmission производство и передача электроэнергии
GAO General Accounting Office Главное бюджетно-контрольное управление *(США)*
GAP general allocation problem общая задача распределения
GATT, Gatt. General Agreement on Tariffs and Trade Общее соглашение о торговле и тарифах, ГАТТ
GCE general certificate of education *англ.* (общее) свидетельство об образовании
GDP general decision problem общая задача принятия решений
G.D.P. gross domestic product валовой внутренний продукт
gds goods товары; изделия
GE gilt-edged «с золотым обрезом», первоклассный *(об облигации, Великобритания)*
Gen., gen., genl *см.* **G., g. 1.**
Gen. Man. general manager главный управляющий; директор предприятия
G.F.A. general freight agent генеральный *или* главный агент по фрахтовым операциям
GFCF gross fixed capital formation валовой прирост основного капитала
GFCM General Fisheries Council for the Mediterranean Генеральный совет по рыболовству в Средиземном море
GFE, gfe government furnished equipment оборудование, поставляемое правительственными организациями
GFP government-furnished parts комплектующие изделия, поставляемые государственным предприятием
GFR general fertility rate общий коэффициент фертильности
GICS Geographic Identification Code Scheme система кодирования географических названий
GIFR general illegitimate fertility rate общий коэффициент внебрачной фертильности
GM *см.* **Gen. Man.**
GM, G.M. General Motors автомобильная корпорация «Дженерал Моторс» *(США)*
G.M.B., g.m.b. good merchantable brand хороший коммерческий сорт
GMP general maximum problem общая задача максимизации
GMQ good merchantable quality хорошее коммерческое качество
GMR general marriage rate общий коэффициент брачности
GNI gross national income валовой национальный доход
GNMA Government National Mortgage Association Государственная национальная ассоциация ипотечного кредита *(США)*
GNP gross national product валовой национальный продукт
G.O. general office главная контора
G.O.B., g.o.b. good ordinary brand обычный коммерческий сорт
GOP Great Old Party *разг.* Республиканская партия *(США)*
GOPO government-owned, privately operated принадлежащий правительству и эксплуатируемый частной фирмой
Gov(t) government правительство
GP general purpose общего назначения
G.P. the Great Powers Великие державы
GPB Government Patents Board Государственное патентное управление *(США)*
gr 1. grade сорт **2.** *см.* **g 3.** gross брутто; валовой **4.** group группа
grad. graduated окончивший учебное заведение
g.r.i. guaranteed retirement income гарантированный доход при уходе в отставку *или* на пенсию
GRO General Register Office Управление записи актов гражданского состояния *(Великобритания)*
GRR gross reproduction rate валовой общий коэффициент воспроизводства
GRT gross register tons брутто регистровые тонны
GS government stock(s) государственные бумаги
GSA General Services Administration Управление служб общего назначения *(США)*
GSP generalized saddle point *т. игр* обобщённая седловая точка
gt, G.T. gross (register) tonnage валовая (регистровая) вместимость, брутто-тоннаж
GTC good till cancelled действует до отмены *(приказ брокеру)*
GTD, gtd guaranteed гарантированный
GTF gross total fertility суммарная плодовитость
GTM good this month действует до конца месяца
Gvt *см.* **Gov(t)**
GW, g.w. gross weight масса брутто

H. highest price 1) максимальная цена 2) наивысший курс ценных бумаг
HC House of Commons Палата общин *(Великобритания)*
HEW health, education and welfare здравоохранение, образование и социальное обеспечение
HHFA Housing and Home Finance Agency Агентство по финансированию жилищного и коммунального строительства *(США)*
HHG, hhg household goods хозяйственные товары
HI hospital insurance (program) программа страхования госпитализации
HIAA Health Insurance Association of Amer-

ica Американская ассоциация компаний по страхованию на случай болезни
HIBOR Hongkong interbank offered rate Гонконгская межбанковская процентная ставка
HIP health insurance plan план страхования от болезней
HIS health interview survey обследование состояния здоровья *(путём опроса)*
HL House of Lords Палата лордов *(Великобритания)*
HLBB Home Loan Bank Board Правление системы федеральных банков по кредитованию жилищного строительства *(США)*
H.O. **1.** head office главная контора *(фирмы)* **2.** The Home Office Министерство внутренних дел *(Великобритания)*
H. of R. House of Representatives Палата представителей *(Конгресса США)*
Hp., H.P., h.p., H/P hire purchase покупка в рассрочку
HQ headquarters руководство *(организации)*; главное правление *(фирмы)*

IAAE International Association of Agricultural Economists Международная ассоциация экономистов сельского хозяйства
IADB Inter-American Development Bank Межамериканский банк развития
IAFD International Association of Food Distribution Международная ассоциация по распределению продуктов питания
IAHP International Association of Horticultural Producers Международная ассоциация садоводов и овощеводов
IAIAS Inter-American Institute of Agricultural Sciences Межамериканский институт сельскохозяйственных наук
IASC International Association of Seed Crushers Международная ассоциация предприятий маслобойной промышленности
IASI Inter-American Statistical Institute Межамериканский статистический институт
IASS International Association of Soil Science Международное общество почвоведов
IB **1.** *см.* **IBRD** **2.** The Institute of Bankers Институт банковского дела *(Великобритания)*
IBA **1.** Independent Banker's Association Ассоциация независимых банкиров *(США)* **2.** Investment Banker's Association of America Американская ассоциация инвестиционных банкиров
IBAA *см.* **IBA 2.**
IBEC International Bank for Economic Cooperation Международный банк экономического сотрудничества, МБЭС
IBLC Belgo-Luxembourg Exchange Institute Бельгийско-Люксембургский институт по контролю за валютными операциями
IBR intrinsic birth rate истинный коэффициент рождаемости
IBRD International Bank for Reconstruction and Development Международный банк реконструкции и развития, МБРР
ICA **1.** International Cooperative Alliance Международный кооперативный альянс **2.** Interstate Commerce Act Межштатный транспортный закон *(США)*
ICAC International Cotton Advisory Committee Международный консультативный комитет по хлопку
ICAE International Commission of Agricultural Engineering Международная комиссия по механизации сельского хозяйства
ICAI International Commission for Agricultural and Food Industries Международная комиссия по переработке сельскохозяйственных продуктов
ICAO International Civil Aviation Organization Международная организация гражданской авиации, ИКАО
ICC **1.** International Chamber of Commerce Международная торговая палата **2.** Interstate Commerce Commission Комитет по межштатному транспорту и торговле *(США)*
I.C.C. Institute Cargo Clauses оговорки о страховании грузов Объединения лондонских страховщиков
ICCICA Interim Coordinating Committee for International Commodity Arrangements Временный координационный комитет по международным соглашениям о торговле товарами
ICEM Intergovernmental Committee for European Migration Межправительственный комитет по делам европейской миграции
ICFC Industrial and Commercial Finance Corporation Корпорация по финансированию промышленности и торговли *(Великобритания)*
ICRPMA International Committee for Recording the Productivity of Milk Animals Международный комитет по контролю продуктивности молочных животных
ICS International Chamber of Shipping Международная палата по судоходству
ID independent независимый
IDA International Development Association Международная ассоциация развития, MAP
IDP integrated data processing комплексная обработка данных
IDR intrinsic death rate истинный коэффициент смертности
I.E.F.C. International Emergency Food Council Всемирный продовольственный совет *(ООН)*
IEPA Intra-European Payments Agreement Межевропейское платёжное соглашение
IFC **1.** International Finance Corporation Международная финансовая корпорация, МФК **2.** International Fisheries Convention Международная конвенция по рыболовству
IFPAAW International Federation of Plantation, Agricultural and Allied Workers Международная федерация работников плантаций, сельского хозяйства и смежных отраслей
IFSP index of family size preference показатель предпочтительного размера семьи
IFTW International Federation of Tobacco

Workers Международная федерация работников табачной промышленности

III Investors in Industry Инвесторы в промышленность *(Великобритания)*

IISPS International Institute of Social and Political Sciences Международный институт социально-политических наук *(Великобритания)*

I/L import licence лицензия на импорт

ILF International Landworkers' Federation Международная федерация сельскохозяйственных рабочих

ILO International Labor Organization Международная организация труда, МОТ

IMCO Intergovernmental Maritime Consultative Organization Межправительственная морская консультативная организация

IMF International Monetary Fund Международный валютный фонд, МВФ

IMM International Monetary Market Международный денежный рынок *(подразделение Чикагской товарной биржи)*

imp. **1.** import импорт **2.** imported импортированный **3.** importer импортёр

IMPACT integrated management planning and control technique комплексный метод планирования и контроля управления

IMR infant mortality rate коэффициент детской смертности

in **1.** income доход(ы); прибыль **2.** interest проценты, процентный доход

Inc., inc. incorporated акционерный; зарегистрированный как корпорация

inc. *см.* **in 1.**

ince insurance страхование

Incor(p), incor(p) *см.* **Inc., inc.**

Incoterms International Commercial Terms принятые в международной практике определения коммерческих терминов, наиболее часто встречающихся во внешнеторговых контрактах

ind **1.** independent независимый; самостоятельный **2.** index индекс, числовой показатель **3.** indirect косвенный **4.** indorsement индоссамент, передаточная надпись **5.** industrial промышленный, индустриальный **6.** industry промышленность, индустрия

indir *см.* **ind 3.**

indm. indemnity 1) возмещение, компенсация 2) гарантия от убытка

inf. **1.** inferior низший; худший; низкого качества **2.** information информация, данные

INGAA Independent Natural Gas Association of America Американская ассоциация независимых фирм газовой промышленности

init initial начальный, исходный

INS Immigration and Naturalization Service Управление по вопросам иммиграции и натурализации *(США)*

ins, Insce, insce *см.* **ince**

inst **1.** instal(l)ment 1) очередной взнос 2) частичный платёж **2.** instant текущего месяца **3.** institute институт; учреждение; общество

instl installation установка, монтаж

instr instruction инструкция, указание, предписание

insur *см.* **ince**

Int, int *см.* **in 2.**

int **1.** internal внутренний **2.** interval промежуток (времени), интервал

int. interim временный; промежуточный

int(n) international международный

inv invoice счёт-фактура

invt inventory 1) опись; инвентарная ведомость 2) *pl* (товарно-)материальные запасы

I-O input-output затраты-выпуск

IOB Institute of Bankers Институт банковского дела *(Великобритания)*

IOC **1.** immediate-or-cancel order немедленно выполнить или аннулировать *(приказ клиента брокеру)* **2.** indirect operating cost(s) (per available seat mile) косвенные эксплуатационные расходы *(на одно располагаемое место-милю)*

IOCC Interstate Oil Contract Commission Комиссия по разработке межштатных соглашений об охране нефтяных и газовых ресурсов *(США)*

IOE International Organization of Employers Международная организация предпринимателей

IOS International Organization for Standardization Международная организация по стандартизации, ИСО

IOU I owe you «я вам должен»

I.P., i.p. instal(l)ment paid очередной взнос уплачен

IPC deposits deposits of individuals, partnerships and corporations *амер.* депозиты частных лиц, товариществ и корпораций

IPD interest, profits and dividends проценты, прибыли и дивиденды

IPO initial public offering первоначальное публичное предложение акций, первый выпуск

IPPF International Planned Parenthood Federation Международная федерация по регулированию рождаемости

IPPR instantaneous parity progression ratio текущий коэффициент рождаемости в пределах порядковой группы по числу детей

IPUR International Population and Urban Research Международная программа исследования народонаселения и роста городов

irre(d). irredeemable не подлежащий погашению

IRS Internal Revenue Service Налоговое управление *(США)*

ISC International Statistical Classification Международная статистическая классификация

ISCO International Standard Classification of Occupations Международная классификация профессий

IS (curve) кривая, характеризующая равновесный уровень дохода и процента на рынке товаров

ISF International Shipping Federation Международный союз судовладельцев

ISHS International Society for Horticultural Science Международное научное общество по садоводству и овощеводству
ISIC International Standard Industrial Classification Международная стандартная промышленная классификация
iss. issued выпущенный (в обращение)
ISSS International Society of Soil Science Международное общество почвоведения
ISTA International Seed-Testing Association Международная ассоциация по контролю за качеством семян
ITA International Touring Aliance Международный туристский альянс
ITC 1. International Tea Committee Международный комитет чайной промышленности 2. International Tin Council Международный совет по олову 3. International Trade Commission Комитет по внешней торговле *(США)*
ITO International Trade Organization Международная организация торговли
ITS Inter-Market Trading Межрыночная торговая система *(компьютерная система, связывающая биржи США)*
ITU International Telecommunication Union Международный союз телекоммуникаций
I.U. international unit международная единица
IUAS International Union of Agricultural Sciences Международный совет по сельскому хозяйству
IUCN International Union for the Conservation of Nature and Natural Resources Международный союз охраны природы и природных ресурсов, МСОП
IUCW International Union for Children Welfare Международный союз защиты детей
IUF International Union of Food and Allied Workers Международный союз работников пищевой промышленности и смежных отраслей
IUFO International Union of Family Organizations Международный союз организаций по проблемам семьи
IUFRO International Union of Forestry Research Organizations Международный союз научно-исследовательских организаций лесного хозяйства
IUNS International Union of Nutrition Sciences Международный научный союз по вопросам питания
IUOTO International Union of Official Travel Organizations Международный союз официальных организаций по вопросам туризма
IUSSP International Union for the Scientific Study of Population Международный союз по научным исследованиям проблем народонаселения
i.v. 1. increased value возросшая стоимость 2. invoice value фактурная стоимость
IWC International Wheat Council Международный совет по пшенице
IWW 1. Industrial Workers of the World Индустриальные рабочие мира, ИРМ *(профсоюз в США, 1910–20 гг.)* 2. inland waterways внутренние водные пути
IYF International Youth Federation for Environmental Studies and Conservation Международная молодёжная федерация по изучению и охране окружающей среды

j. 1. joint объединённый; совместный 2. junior младший
J/A, j/a joint account совместный счёт; объединённый счёт
JAE joint asymptotic efficiency совместная асимптотическая эффективность
JCS Joint Chiefs of Staffs Объединённый комитет начальников штабов *(США)*
JEC Joint Economic Committee Объединённый экономический комитет *(сената и палаты представителей Конгресса США)*
JIB Japan International Bank Японский международный банк
jnt. *см.* **j. 1.**
jnt stk joint stock акционерный капитал
Jr Младший *(в имени)*
jr junior младший *(о выпуске ценных бумаг)*
jt *см.* **j. 1.**
Jun. Part. junior partner младший компаньон

L 1. labor лейборист 2. listed допущен на биржу *(о ценной бумаге)* 3. lowest price *англ.* 1) минимальная цена 2) наименьший курс ценных бумаг
l.a. letter of advice авизо, извещение; уведомление
L/A letter of authority доверенность
LAFC. Latin-American Forestry Commission Латиноамериканская комиссия по лесоводству
LAFTA Latin-American Free Trade Association Латиноамериканская ассоциация свободной торговли
LASH lighter aboard ship баржевоз *(судно)*
LBO leveraged buy-out выкуп (контрольного пакета акций) за счёт кредита
LC 1. labor costs затраты на рабочую силу 2. letter-contract контракт-письмо
L.C., L/C letter of credit аккредитив
L.C.C. London Chamber of Commerce Лондонская торговая палата
LCE London Commodity Exchange Лондонская товарная биржа
LCFS last-come-first-served *ТМО* «прибыл последним — обслужен первым», обслуживание в обратном порядке
L.C.L., l.c.l. less than carload партия груза меньшая, чем грузовместимость вагона
l.cr. *см.* **L.C., L/C**
L.D. letter of deposit депозитное письмо
L.D., L & D loans and discounts ссуды и учтённые векселя
LDC less developed country развивающаяся страна
L.d.d. loss during discharge *страх.* убыток, причинённый во время разгрузки
leg 1. leading ведущий 2. loading 1) груз 2) погрузка
L.E. Labor Exchange биржа труда
leg. legal законный

leg(isl). legislative законодательный
LF least favorable наименее благоприятный
LF, lf load factor коэффициент нагрузки
L.F. late fee последний взнос *или* платёж
L.F.A. local freight agent местный агент по фрахтовым операциям
LFPR labor force participation rate показатель (производственной) активности
LH **1.** long hauls магистральные перевозки **2.** long-haul магистральный
L/H letter of hypothecation залоговое письмо; свидетельство о получении ссуды под залог недвижимости
LIAA Life Insurance Association of America Американская ассоциация компаний по страхованию жизни
LIBID London interbank bid Лондонская ставка спроса по межбанковским депозитам
LIBOR London interbank offered rate Лондонская ставка предложения по межбанковским депозитам
lic. license 1) лицензия 2) официальное разрешение
LIFFE London International Financial Futures Exchange Лондонская международная биржа финансовых фьючерсов
LIFO, Lifo, lifo *см.* **LCFS**
l.i.m. limit in the mean предел в среднем
LIMIT lot-size inventory management interpolation technique интерполяционный метод расчёта величины партии при управлении запасами
lin. linear линейный
L.I.P. life insurance policy полис страхования жизни
LK looking ищет работу
L.L. Lend-Lease Act закон о ленд-лизе
LLC limited (liability) company компания с ограниченной ответственностью
LLCC lowest life cycle costing минимизация затрат за срок службы
LM liquidity preference money curve кривая, характеризующая равновесный уровень дохода и процента на рынке денег
LME London Metal Exchange Лондонская биржа металлов
LMP locally most powerful локально наиболее мощный *(о критерии)*
LOC letter of commitment гарантийное письмо
L.o/c *см.* **L.C., L/C**
loc. cur. local currency локальная валюта
LOMA Life Office Management Association Ассоциация специалистов по изучению и усовершенствованию методов работы агентств по страхованию жизни *(США)*
LP limited partnership компания с ограниченной ответственностью
Ls/c *см.* **L.C., L/C**
LSE London Stock Exchange Лондонская фондовая биржа
Ltd limited с ограниченной ответственностью
LTPD lot tolerance percent defective допустимый процент дефективных изделий в партии
LUE linear unbiased estimate линейная несмещённая оценка

M. money деньги
M., m. **1.** month месяц **2.** monthly ежемесячно
m. **1.** medium средство, способ **2.** mistake ошибка, погрешность
MA moving average скользящее среднее
mach(y) machinery машинное оборудование
MAF Ministry of Agriculture and Fisheries of England and Wales Министерство сельского хозяйства и рыболовства Англии и Уэльса
man. **1.** management 1) управление; руководство 2) дирекция, администрация **2.** manager управляющий; руководитель **3.** manufacture производство **4.** manufactured промышленного изготовления **5.** manufacturer производитель; поставщик **6.** manufacturing производство
M & A mergers and acquisitions слияния и поглощения компаний
manfd *см.* **man. 4.**
manuf. *см.* **man. 3., 4., 5., 6.**
MAPI Machinery and Allied Products Institute Институт машиностроения и смежных отраслей промышленности
MARAD Maritime Administration Управление торгового флота *(США)*
marg. **1.** margin предел **2.** marginal маржинальный, предельный
MARS Marketing Analysis Research System система разработки рыночной стратегии
mart. market рынок
MARTI Machine Readable Telegraphic Input Money Transfer System система перевода денег с помощью телеграфных считывающих машин
MASIS Management Scientific Information System система научной информации для руководства
mat. maturity срок долгового обязательства
M.B. municipal borough *англ.* город, имеющий самоуправление
MBS mortgage-backed securities ценные бумаги, обеспеченные закладными
MC marginal costs предельные издержки
m.c. minutes charged минуты телефонного разговора, подлежащие оплате
MCD minor civil division часть административного округа *(США)*
MCEEC Monetary Committee of the European Economic Community Валютный комитет Европейского экономического сообщества
Mcht, mcht merchant торговый, коммерческий
m.d., m/d, M./D. months after date через *столько-то* месяцев от сего числа
mdl model модель
mdse merchandise товары
MEC marginal efficiency of capital предельная эффективность капитала
mem(o) memorandum меморандум
merc. mercantile, merchant торговый, коммерческий
MESOREP Medical Social Research Project программа медицинских и социальных исследований
meth. **1.** method метод **2.** methodical методический

M.E.W. manufacturer's empty weight порожняя масса
mfd. *см.* **man. 4.**
mfg *см.* **man. 6.**
MFN most favored nation наиболее благоприятствуемая нация
MFR marital fertility rate коэффициент брачной фертильности
mfr. *см.* **man. 3., 5.**
Mgmt, mg(m)t *см.* **man. 1.**
Mgr *см.* **man. 2.**
M.I. mortality index коэффициент смертности
MICP Mandatory Investment Control Program программа обязательного контроля капиталовложений за границей *(США)*
MIG Moody's investment grade инвестиционный рейтинг Муди
Min. prem. minimum premium наименьшая страховая премия
Mintech Ministry of Technology Министерство техники *(Великобритания)*
Miny ministry министерство
MIP marine insurance policy полис морского страхования
MIS Multicurrency Intervention System многовалютная система интервенирования
mkt market рынок
ML maximum likelihood максимальное правдоподобие
MLE maximum likelihood estimator оценка максимального правдоподобия
MLR **1.** *англ.* Minimum Lending Rate минимальная ставка по ссудам на денежном рынке **2.** monotone likelihood ratio монотонное отношение правдоподобий
M.M. mercantile marine торговый флот
MMC money market certificate сберегательный сертификат
MMDA money market deposit account депозитный счёт денежного рынка
MMF money market mutual fund инвестиционный фонд открытого типа, вкладывающий средства только в краткосрочные обязательства денежного рынка
M.M.T. minimax theorem *т. игр* теорема о минимаксе
MO money order платёжное поручение
M.O. mark off списывать
Mod., mod. **1.** modern современный **2.** modernized модернизированный
mod. **1.** model модель **2.** modification модификация
MOF Ministry of Finance Министерство финансов
mon. monetary 1) монетарный, денежный 2) валютный
mort(g) mortgage ипотека; закладная
M.O.T. Ministry of Transport Министерство транспорта *(Великобритания)*
MP **1.** most powerful наиболее мощный *(о критерии)* **2.** marginal product предельный продукт
M/P **1.** mail payment почтовый перевод **2.** memorandum of partnership договор об учреждении товарищества
MPC Military Payment Certificate *амер.* платёжное обязательство военного ведомства
MPDP multifacility production-distribution problem задача о распределении продукции нескольких предприятий
MPE most probable estimate наиболее вероятная оценка
m. prod. mass production массовое производство
MPS Material Product System система материального продукта; система показателей баланса народного хозяйства
MR marginal revenue предельный [добавочный] доход
MRC major retail center крупный центр розничной торговли
M.S. merchant shipping торговое судоходство
M/S months after sight через *столько-то* месяцев после предъявления
MSB mutual savings bank взаимносберегательный банк *(США)*
MSD mean square deviation среднее квадратическое отклонение
MSE mean square error средняя квадратическая ошибка
MSU Maxwell Stamp's Composite Currency Unit составная валютная единица Максвелла Стемпа
M.T. mail transfer перевод по почте
MTA motion time analysis хронометрирование трудовых движений
MTB Merchandise Trade Balance баланс по торговым операциям
MTBF mean time between failures средняя наработка на отказ
MTBI mean time between interruptions *ТМО* среднее время обслуживания без прерывания
MTN medium-term note среднесрочный вексель
MTTA Machine-Tools Trades Association Ассоциация станкостроительной промышленности *(Великобритания)*
MU monetary unit денежная единица
M.U. marginal utility предельная [маржинальная] полезность
Mun., munic. municipal муниципальный, городской
mut. mutual взаимный
m.v. market value рыночная стоимость; курсовая стоимость
MVT mean value theorem теорема о среднем

N. **1.** name имя; фамилия **2.** national национальный; государственный
N., n. note 1) заметка 2) примечание
n. net нетто; чистый доход
N.A., n/a not available не имеется в наличии
N/A **1.** new account новый счёт **2.** no account нет (текущего) счёта **3.** no advice нет извещения, авизо не поступило **4.** nonacceptance неакцептование
NAA National Association of Accountants Национальная федерация бухгалтеров *(США)*
NABE National Association of Business Economists Национальная ассоциация экономистов в области частного предпринимательства *(США)*

NACAA National Association of County Agricultural Agents Национальная ассоциация окружных инспекторов сельского хозяйства *(США)*
NAHB National Association of Home-Builders Национальная ассоциация жилищно-строительных фирм *(США)*
NAIB **1.** National Association of Insurance Brokers Национальная ассоциация страховых брокеров *(США)* **2.** National Association of Investors' Brokers Национальная ассоциация инвестиционных брокеров *(США)*
NAIC National Association of Investment Clubs Национальная ассоциация инвестиционных клубов *(США)*
NAM National Association of Manufacturers Национальная ассоциация промышленников *(США)*
NARUC National Association of Regulatory Utility Commissioners Национальная ассоциация контролёров коммунальных предприятий
NASA National Aeronautics and Space Administration Национальное управление по аэронавтике и исследованию космического пространства, НАСА *(США)*
NASD National Association of Securities Dealers Национальная ассоциация биржевых дилеров *(США)*
NASDAQ National Association of Securities Dealers automated quotations система автоматической котировки Национальной ассоциации биржевых дилеров
NASDIM National Association of Securities Dealers and Investment Managers Национальная ассоциация биржевых дилеров и инвестиционных менеджеров *(Великобритания)*
natl. *см.* **N. 2.**
Natl Bk National Bank Национальный банк *(США)*
NB new bonds 1) новые облигации 2) новые закладные
NBER National Bureau of Economic Research Национальное бюро экономических исследований *(США)*
N.B.P.I. National Board for Prices and Incomes Национальный комитет по ценам и доходам *(Великобритания)*
NBS **1.** National Bureau of Standards Национальное бюро стандартов *(США)* **2.** New British standard новый британский стандарт
NC no charge без оплаты
N/C numerical control цифровое программное управление
NCB National Coal Board Национальное управление угольной промышленности *(Великобритания)*
NCHS National Center for Health Statistics Национальный центр медицинской статистики *(США)*
N.C.I. **1.** new capital issues новый выпуск ценных бумаг **2.** no common interest без обычных процентов
NCOP National Commission on Productivity Национальная комиссия по изучению производительности труда *(США)*
NCV no commercial value не имеет коммерческой ценности
N.D., n.d. no date без числа, без даты
n/e not exceeding не превышающий
NEB National Enterprise Board Национальное управление по предпринимательству *(Великобритания)*
NEC., n.e.c. not elsewhere classified нигде не классифицировано
NEDC National Economic Development Council Совет национального экономического развития *(Великобритания)*
'Neddy' *см.* **NEDC**
NEDO *см.* **NEDC**
NEGS Net Export of Goods and Services сальдо вывоза товаров и услуг
NERC National Electric Reliability Council Национальный совет по вопросам бесперебойности электроснабжения *(США)*
N.F., n/f no funds «без покрытия»
NFA National Futures Association Национальная фьючерсная ассоциация *(США)*
N.H.S. National Health Service Государственная служба здравоохранения *(Великобритания)*
N.I. **1.** natural increase естественный прирост населения **2.** national income национальный доход
NIC new(ly) industrialized country новая индустриальная страна *(напр. Республика Корея)*
NICHD National Institute of Child Health and Human Development Национальный институт детского здравоохранения и развития человека
NIEO new international economic order новый международный экономический порядок
NIP normal investment practice нормальная инвестиционная практика
NIRA National Industrial Recovery Act Закон о восстановлении национальной промышленности *(США)*
NLP nonlinear programming нелинейное программирование
NLRB National Labor Relations Board Национальное управление по вопросам трудовых отношений *(США)*
NMAA National Machine Accountants Association Национальная ассоциация специалистов по машинной бухгалтерии *(США)*
NMR nubile marriage rate коэффициент брачности для лиц, достигших брачного возраста
NNI net national income чистый национальный доход
NNP net national product чистый национальный продукт
NNS National Natality Survey национальная программа обследования рождаемости
noibn not otherwise indexed by name другое наименование не указано
nom. nomination назначение *(на должность)*
Nom **1.** nomenclature номенклатура **2.** nominal номинальный
Nom. Cap. nominal capital разрешённый к выпуску акционерный капитал

nop., N.O.P. not otherwise provided for только для указанных целей; только как предусмотрено
nor, N.O.R. not otherwise rated иначе не тарифицированный; иначе не расценённый
norm. normal нормальный; стандартный
nos, N.O.S. not otherwise stated иначе не указанный
NOVS National Office of Vital Statistics Национальное бюро демографической статистики *(США)*
NP **1.** national product национальный продукт **2.** nonpreemptive priority *ТМО* приоритет, не прерывающий обслуживание
N.P., n.p. nonparticipating не участвующий
n.p. notes payable векселя к оплате
n.p., n/p net proceeds чистая выручка; чистый доход
n/p nonpayment неуплата
NPA National Planning Association Национальная ассоциация планирования *(США)*
NPCA National Pest Control Association Национальная ассоциация по борьбе с вредителями сельского хозяйства
NPPS nonpreemptive priority service обслуживание без прерывания
npv no par value без номинала
N.R.D.C. National Research and Development Corporation Национальная корпорация содействия научным исследованиям и разработкам *(Великобритания)*
NREC National Resource Evaluation Center Национальный центр по оценке ресурсов *(США)*
NRR net reproduction rate чистый коэффициент воспроизводства населения; коэффициент Кучинского
ns not specified не уточнено, подробности отсутствуют
N.S. new series новая серия
N/S not in stock на складе не имеется
NSA National Shipping Authority Национальное управление по вопросам судоходства *(США)*
NSBA National Small Business Administration Национальная администрация малого бизнеса
N.S.F. not sufficient funds «не обеспечено денежным покрытием»
NSIA National Security Industrial Association Промышленная ассоциация содействия национальной безопасности *(США)*
n.s.k. not specified by kind точно не указанный
NSMA nonstandard metropolitan area нестандартный метрополитенский ареал
nt wt net weight масса нетто
nv, N.V. nonvoting не голосующий, без права голоса
N.V. nominal value нарицательная цена; номинальная стоимость, номинал
NVSD National Vital Statistics Division отдел статистики актов гражданского состояния *(США)*
NYBOR New York interbank offered rate Нью-Йоркская межбанковская процентная ставка
NYCHF New York Clearing House Funds Нью-Йоркская палата клиринговых зачётов по внешним валютным операциям
NYFE New York Futures Exchange Нью-Йоркская фьючерсная биржа
Nylies New York Life Insurance Companies *разг.* группа крупных Нью-Йоркских компаний страхования жизни
NYME(X) New York Mercantile Exchange Нью-Йоркская товарная биржа *(энергоносителей)*
NYSE New York Stock Exchange Нью-Йоркская фондовая биржа

O. **1.** office контора, учреждение; *англ.* министерство; управление **2.** order порядок **3.** owner собственник, владелец
o. **1.** origin происхождение **2.** originated происходящий (из)
o.a., O/a **1.** old account старый счёт **2.** on account в счёт причитающейся суммы **3.** outstanding account неоплаченный счёт
O/A open account открытый счёт
OAA old-age assistance пособие престарелым
OACFFA Operations Account Country of the French Franc Area страна-участница платёжного счёта зоны французского франка
OAP old-age pension пенсия по старости
OAPEC Organization of Arab Petroleum Exporting Countries Организация арабских стран-экспортёров нефти
OAS Organization of American States Организация американских государств, ОАГ
OBE Office of Business Economics Управление торгово-промышленной экономики *(США)*
obl. obligation 1) обязательство 2) облигация
OC off-shore banking unit офшорное банковское учреждение
OC open cover открытый полис
O.C. official classification официальная классификация
o.c. outward cargo экспортный груз
o/c overcharge завышенный расход; завышенная цена
OCA outstanding claims advance взнос в обеспечение покрытия неоплаченных претензий
Oc. B/L ocean bill of lading морской коносамент
OCC Office of the Comptroller of the Currency Управление контролера денежного обращения *(США)*
OCG occupational changes in a generation изменение профессиональной структуры поколения
OD, O/D, o/d overdraft овердрафт; превышение кредита
O.D., O/D, o/d on demand по требованию
OECD Organization for Economic Cooperation and Development Организация экономического сотрудничества и развития, ОЭСР
OEEC Organization for European Economic Cooperation Организация европейского экономического сотрудничества

OEP Office of Emergency Preparedness Управление мобилизационной готовности *(канцелярии президента США)*
OES Office of Economic Stabilization Управление экономической стабилизации *(США)*
of. official официальный
OFDI Office of Foreign Direct Investments Бюро по контролю прямых инвестиций за границей *(США)*
Off. *см.* **O. 1.**
OFPP Office of Federal Procurement Policy Управление политики федеральных закупок *(США)*
OFT Office of Fair Trading Управление добросовестной конкуренции *(Великобритания)*
OGL open general license открытая общая лицензия
OGP original gross premium первоначальная валовая премия
o/h overhead накладные расходы
OILS open individual license system система выдачи индивидуальных открытых (экспортных) лицензий
O.I.T. Office of International Trade Управление международной торговли *(США)*
OMB Office of Management and Budget Административно-бюджетное управление *(США)*
OMS output per manshift выработка за человеко-смену
O.P. open policy невалютированный полис
OPA Office of Price Administration Управление регулирования цен *(США)*
OPEC Organization of Petroleum Exporting Countries Организация стран-эспортёров нефти, ОПЕК
OPIC Overseas Private Investment Corporation Корпорация зарубежных частных инвестиций *(США)*
OPS Office of Price Stabilization Управление стабилизации цен
ops operations операция
opt. **1.** option выбор, право замены **2.** optional необязательный, факультативный
OR **1.** operations research исследование операций **2.** original respondent лицо, охваченное первоначальным обследованием
O.R. owner's risk на риск владельца
ORG Office of the Registrar General Управление записи актов гражданского состояния *(Великобритания)*
orgn organization организация
O/S, o/s **1.** on sale в продаже **2.** out of stock распродано **3.** outstanding 1) неуплаченный, просроченный 2) выпущенный в обращение
OT, o/t old terms прежние условия
OTC **1.** Ogranization for Trade Cooperation Организация торгового сотрудничества *(США)* **2.** *см.* **o.c.** **3.** over-the-counter внебиржевой *(об операциях с ценными бумагами)*

P. **1.** part часть **2.** patent патент ‖ патентованный **3.** port порт **4.** power держава **5.** private частный; личный **6.** probability вероятность **7.** put option опцион «пут»
p. pattern образец, модель
PA procurement authorization разрешение на закупку *или* заготовку
P.A., p.a., P/A **1.** particular average частная авария **2.** power of attorney доверенность **3.** private account счёт частного лица *или* фирмы **4.** per annum за год, годовых
PAA Population Association of America Американская ассоциация по изучению народонаселения
PAC **1.** planning advisory committee плановый консультативный комитет **2.** planning analysis and control планирование, анализ и контроль **3.** put and call опцион «пут» и «колл»
Pac., P.a.C., p.a.c. put and call двойной опцион, стеллажная сделка
PAHO Pan-American Health Organization Панамериканская организация здравоохранения
P. & L. a/c profit-and-loss account счёт прибылей и убытков
PARM Program Analysis for Resource Management анализ программ для управления ресурсами
part. **1.** participant участник **2.** participating принимающий участие
PAS Production Advisory Service производственно-консультативная служба
Pat. Off. Patent Office Патентное ведомство *(США)*
PATTERN Planning Assistance Through Technical Evaluation of Relevance Numbers обеспечение планирования на основе технической оценки относительной важности *(элементов программы)*, метод ПАТТЕРН
P/Av *см.* **P.A., p.a., P/A 1.**
PAYE pay-as-you-earn уплата налогов при получении заработной платы
Paymt, paymt, payt payment платёж; оплата
P.B. passbook банковская расчётная книжка
PC **1.** paid cash уплачено наличными **2.** prime costs основные затраты **3.** private contract частное соглашение *или* договор
pc payment in cash уплата наличными
p.c. per centum *лат.* процент
p.c., P/C **1.** partly cash часть платежа производится наличными **2.** petty cash мелкие деньги, разменная монета
P/C **1.** particular charges особые расходы **2.** pay card карточка на выплату заработной платы; расчётный лист
P/C, p/c current price существующая цена
p/c priced catalogue каталог с расценками, прейскурант
PCA pilot census area территория, на которой проводится пробная перепись
PCE personal consumption expenditure(s) затраты на личное потребление
pchs purchase покупка, закупка
pct *см.* **p.c.**
PD pickup and delivery вывозка и доставка
pd **1.** paid уплачено **2.** period период
P.D. port dues портовые сборы
p.d. per day на день, в день
PDE producer durable equipment оборудование с длительным сроком службы, капитальное оборудование

p.d.f. probability density function плотность вероятности
P.E. permissible error допустимая ошибка
P/E price/earnings отношение цены к прибыли *(на акцию)*
PEAS production engineering advisory service производственно-техническая консультативная служба
PEP program evaluation procedure методика оценки программ
PEPS Payment Exchange Paper System система ручной обработки клиринговых зачётов
per. *см.* **pd 2.**
PERA Production Engineering Research Association Ассоциация по исследованию методов организации производства *(Великобритания)*
Per an., per an., per ann. per annum *лат.* в год, ежегодно
Per. Cap. per capita *лат.* на душу населения, на человека
per pro. per procurationem *лат.* по доверенности
PERT program evaluation-and-review technique метод оценки и пересмотра планов, метод ПЕРТ
PES post enumeration survey контрольное обследование после проведения переписи
PFA Pension Funds Association Ассоциация пенсионных фондов *(США)*
pf(d) preferred предпочтительный, привилегированный *(об акциях)*
PFS 1. present family size существующий размер семьи **2.** Princeton Fertility Study программа Принстонского университета по изучению рождаемости
PFU prepared for use готовый к употреблению
PG professional group профессиональная группа
PGE Population Growth Estimation оценка роста численности населения
PI 1. priority index показатель приоритета **2.** personal income личный доход
P.I.B. Prices and Incomes Board Комитет по ценам и доходам *(Великобритания)*
PIBOR Paris interbank offered rate Парижская межбанковская процентная ставка
PICA Private Investment Corporation for Asia Корпорация частных инвестиций для стран Азии
PIR policy improvement routine процесс улучшения политики
P.L., P/L, P/l profit and loss прибыль и убыток
PLC public limited company *англ.* публичная [открытая] компания с ограниченной ответственностью
pm. premium премия
pmh production per man-hour производительность за человеко-час
PMTS predetermined motion time study заданная система нормативов времени на (трудовые) движения
P/N promissory note простой вексель; долговое обязательство
POB place of birth место рождения
P.O.D. pay on delivery 1) наложенный платёж 2) наложенным платежом
polit. econ. political economy политическая экономия
pop. population (народо)население
P.O.S.B. Post-Office Savings Bank сберегательная касса при почтовом отделении
P.P. 1. postage paid пересылка по почте оплачена, почтовые расходы оплачены **2.** purchase price покупная цена
P/p partial pay частичная оплата
PPBS Planning, Programming and Budgeting System *амер.* система планирования, программирования и финансирования
PPD 1. prepaid предоплачено **2.** project planning directive директива по планированию проекта
ppd prepaid оплаченный вперёд
PPP purchasing power parity паритет покупательной силы
PPR parity progression ratio коэффициент рождаемости в пределах порядковой группы по числу детей
ppt prompt срочный
Ppty, ppty property собственность, имущество
PR public relations связи фирмы с отдельными лицами *или* общественными организациями
Pr., pr. price цена
pr. 1. *см.* **pf(d) 2.** *см.* **P. 6.**
PrC. private company частная акционерная компания
pr. d. probability density плотность вероятности
pref, prefs. preffered shares привилегированные акции
pri priority 1) приоритет 2) очерёдность
Priv., priv. private частный, личный
prm *см.* **pm.**
pro. progressive прогрессивный
Prob., prob. *см.* **P. 6.**
prod. 1. producer производитель **2.** product продукт; продукция **3.** production производство
Pro. Note promissory note простой вексель; долговое обязательство
prop. proprietor владелец
prox. proximo *лат.* в следующем *(месяце, году)*
prt(y), pry priority 1) приоритет 2) очерёдность
ps pieces штуки
P.S., P/S public sale аукцион
PSBR Public Sector Borrowing Requirement потребность государственного сектора в средствах для покрытия дефицита
PSE Pacific Stock Exchange Тихоокеанская фондовая биржа *(Лос-Анджелес и Сан-Франциско)*
Pt, pt. *см.* **P. 2.**
pt. 1. *см.* **P. 1. 2.** *см.* **Paymt, paymt, payt**
Ptly. partly paid частично оплаченный
PU public utilities 1) предприятия общественного пользования и их акции 2) коммунальные службы
pub. 1. public публичный; общественный; государственный **2.** publicity реклама

PUPOR population size of the usual place of residence численность постоянно проживающего населения
P/V profit-volume зависимость прибыли от объёма производства
P.W. packed weight масса брутто
PWIF Plantation Worker's International Federation Международная федерация работников плантаций

Q. **1.** quarter 1) четверть; четвёртая часть 2) квартал *(года)* **2.** quarterly трёхмесячный, (по)квартальный
Q., q. quantity количество; размер; величина
QARAM Quality, Reliability Assurance and Maintainability гарантия качества, надёжности и ремонтопригодности
QCF quadratic cost function квадратическая функция издержек
qda quality discount agreement соглашение об изменении цены соответственно изменившемуся качеству товара
QI quarterly index квартальный индекс
ql(t)y quality качество; сорт
q.m. quadratic mean среднее квадратическое
QP quality products качественные продукты
qtn quotation *бирж.* котировка, курс; расценка; цена
qtr. qu. *см.* **Q. 1**
qual. **1.** qualification квалификация; пригодность **2.** qualified квалифицированный; пригодный **3.** *см.* **ql(t)y**
quar. *см.* **Q.**
QUEST Quantitative Utility Estimate for Science and Technology количественная оценка полезности для науки и техники
quty *см.* **Q., q.**
Q.w.Q. quantity with quality количество и качество

R **1.** register книга записей **2.** registered заказное *(на почтовых отправлениях)*
r receipt расписка; квитанция
R. **1.** railway *англ.* железная дорога **2.** report доклад; отчёт; сообщение
r. rent рента; арендная плата; квартирная плата
R/A refer to acceptor «обратитесь к акцептанту»
r. & a. rail and air по железной дороге и воздуху *(маршрут перевозки)*
R & D research and development (научные) исследования и опытные разработки
R & H railways and harbors железные дороги и гавани
R & M **1.** repair and maintenance ремонт и эксплуатация **2.** reports and memoranda доклады и отчёты
R & O rail and ocean по железной дороге и океану *(маршрут перевозки)*
R.B. recept book квитанционная книжка
RBGC Review Board for Government Contract Совет по государственным заказам промышленности *(Великобритания)*
r.c. return cargo обратный груз
rct *см.* **r**
rcts receipts денежные поступления; выручка; приход; доход(ы)
R.D. rural district сельский округ *(Великобритания)*
R/D refer to drawer «обратитесь к выдавшему чек»
rd pt. received payment полученный *или* поступивший платёж
RDT & E Research, Development, Test and Evaluation исследование, разработка, испытание и оценка
R.E. real estate недвижимое имущество
REA **1.** Railway Express Agency Агентство срочных железнодорожных перевозок *(США)* **2.** Rural Electrification Administration Управление электрификации сельских районов *(США)*
rec. reclamation рекламация; претензия
rec(pt.). *см.* **r**
red. redeemable выкупаемый, погашаемый
redemon redemption выкуп, погашение; возвращение
redisc rediscount переучёт *(векселей)*
ref. refunding рефинансирование
regd registered именной *(об акциях)*
Reg. T.M. registered trade mark заявленный торговый знак
REIT real estate investment trust инвестиционный фонд, ориентированный на недвижимость
rem. remittance денежный перевод; римесса
Rep., rep. representative представитель
rep. *см.* **R. 2.**
REPO (sale and) repurchase operation операция продажи с выкупом
reqmts requirements 1) требования 2) потребности
res. **1.** research исследование **2.** reserve резерв **3.** residence местожительство **4.** residue остаток **5.** resignation отставка **6.** resources ресурсы; природные богатства
Ret., ret. retired 1) изъятый из обращения; выкупленный; оплаченный 2) вышедший на пенсию *или* в отставку
ret. return 1) возвращение, возврат; возмещение 2) доход; выручка; прибыль
RETCO Regional Emergency Transportation Coordinator начальник регионального управления мобилизационных перевозок
Retd *см.* **Ret., ret.**
retl retail розница, розничная продажа
Rets., rets returns ведомость; статистический отчёт
rev **1.** revenue доход(ы) **2.** revised проверенный; исправленный **3.** revision проверка; ревизия
RFC Reconstruction Finance Corporation Реконструктивная финансовая корпорация *(США)*
REPTC Regional Family Planning Training Center Региональный консультационный центр по вопросам регулирования рождаемости *(Индия)*
rlf relief 1) пособие; помощь 2) освобождение от уплаты 3) скидка *(с налога)*
R.M.D. ready money down уплата немедленно наличными

RMS root-mean-square среднеквадратический
ROC return on capital прибыль на капитал
ROE return on equity прибыль на собственный [акционерный] капитал
R. of E. rate of exchange валютный курс, обменный курс
ROG receipts of goods квитанция в получении товаров
ROI return on investment прибыль на инвестированный капитал
RP 1. relative precision относительная точность **2.** repurchase agreement соглашение о покупке ценных бумаг с последующим выкупом
Rp *см.* **Rep., rep.**
R.P. retail price розничная цена
R.P., r.p. return premium возвращаемый страховой взнос
RPD reserves available to support private nonbank deposits резервы для обеспечения частных небанковских депозитов
RPI Retail Price Index *англ.* индекс розничных цен
R.P.M. resale price maintenance поддерживание цен при перепродаже товаров
Rpt, rpt *см.* **R. 2.**
rqmts, rqs *см.* **reqmts**
Rt, rt right право
R.T. rye terms стандартное условие на рожь *(в хлебной торговле)*
RUF revolving underwriting facility источники возобновляемого кредита
r.v. random variable случайная величина

S. 1. Senate *амер.* Сенат **2.** *амер.* senator сенатор **3.** share *англ.* акция **4.** society общество **5.** stock 1) запас(ы) 2) *амер.* акция, акции; *англ.* ценные бумаги **6.** supply снабжение; поставка; подача **7.** surplus излишек, избыток
S., s. series серии, партии *(изделий)*
s. 1. secondary вторичный; второстепенный **2.** section отдел, секция, подразделение
SA Securities Act *амер.* акт о ценных бумагах
S.A. savings account срочный счёт
s.a. semiannual полугодовой
SAA Society of Incorporated Accountants and Auditors Общество корпоративных бухгалтеров и бухгалтеров-ревизоров *(Великобритания)*
S.A.A.B.R. sex-age-adjusted birth rate коэффициент рождаемости по возрастно-половым группам
S & L savings and loan association *амер.* ссудо-сберегательная ассоциация
S & P Standard and Poor рейтинговая компания Стэндард энд Пур
SAVE Society of American Value Engineers Общество американских инженеров-оценщиков
sav(s). savings сбережения
SAYE save as you earn *англ.* сберегайте по мере получения дохода
SB savings bond сберегательная облигация
S.B. 1. savings bank сберегательный банк; сберегательная касса **2.** short bill краткосрочный вексель
SBA Small Business Administration Управление по делам мелких фирм *(США)*
SBIA Small Business Investment Act закон об инвестициях мелких фирм
SBIC small business investment company инвестиционная компания мелкого бизнеса
SC, S.C. Security Council (of the United Nations) Совет Безопасности (ООН)
sc. scale 1) масштаб; размер 2) шкала
SCANS Scheduling and Control by Automated Network Systems календарное планирование и контроль с помощью автоматизированных сетевых систем
SCF simple cost function простая функция издержек
Sci. 1. science наука **2.** scientific научный
SCOOP Scientific Computation of Optimum Programs научное вычисление программ оптимизации
scp., scr. scrip 1) временная расписка о принятии вклада 2) *ист. амер.* бумажные деньги мелкого достоинства, выпущенные оккупационными властями
SCS Soil Conservation Service Служба мелиорации и сохранения плодородия почвы *(США)*
S.D., s.d. standard deviation среднее квадратическое отклонение
S.D., S/D sight draft вексель на предъявителя
S.D.R. special drawing rights специальные права заимствования, СДР, СПЗ
SE 1. shareholders' equity акционерный капитал **2.** standard error средняя квадратическая ошибка **3.** stock exchange фондовая биржа
s.e. single-entry bookkeeping простая бухгалтерия
SEA 1. Securities Exchange Act *амер.* закон о ценных бумагах и биржах **2.** state economic area хозяйственный район штата *(США)*
SEC Securities and Exchange Commission Комиссия по ценным бумагам и биржам *(США)*
sec. 1. *см.* **s. 1. 2.** sector сектор *(экономики)*, сфера, отрасль
secs securities ценные бумаги
sec(y) secretary секретарь
SEDOL Stock Exchange Daily Official List *англ.* ежедневный официальный бюллетень цен фондовой биржи
SEI socioeconomic index социально-экономический показатель
sel. selected отборный, избранный
Sen. *см.* **S. 1, 2.**
sep. separate отдельный, особый
ser. 1. serial серийный **2.** *см.* **S., s.**
SES socioeconomic status социально-экономическое положение
Sess. session сессия; заседание
S.E.T. selective employment tax налог на предпринимателей за найм работников определённых категорий сверх установленной нормы
S.F., s.f. 1. semifinished полуобработанный **2.** sinking fund фонд погашения

SFI standardized fertility index стандартизированный коэффициент плодовитости
sg signature подпись
sgd, sg(n) signed подписанный
sh. *см.* **S. 3.**
shipt shipment отгрузка, отправка
shrs shares *англ.* акции
shtg shortage нехватка; недостача
S.I. short interest сумма продаж (ценных бумаг) без покрытия
SIC Standard Industrial Classification Стандартная промышленная классификация
SIRO service in random order *ТМО* обслуживание в случайном порядке
SITC Standard International Trade Classification Международная стандартная торговая классификация, МСТК
SKU stock-keeping unit единица учёта запасов
SLA *см.* **S & L**
SLC status at last contact состояние при последнем обследовании
S.M. **1.** simplex method симплексный метод **2.** stepwise maximization поэтапная максимизация
SMA Standard Metropolitan Area стандартный метрополитенский ареал *(США)*
SMR standardized mortality rate стандартизированный показатель смертности *(по роду занятий)*
SNTB size of family now thought best размер семьи, считаемый наилучшим в настоящее время
sociol. sociology социология
Socy *см.* **S. 4.**
SOMA System Open Market Account счёт операций на открытом рынке Федеральной резервной системы *(США)*
sp sample 1) образец 2) выборка
sp. **1.** special специальный **2.** specific особый; специфический **3.** specification спецификация **4.** specimen образец, образчик
S.P. **1.** starting price начальная [отправная] цена **2.** stochastic process случайный процесс **3.** stop of payment приостановка платежа, прекращение выплаты
s.p. selling price продажная цена
SPA Systems and Procedures Association Ассоциация по улучшению методов работы торгово-промышленных контор *(США)*
SPC survey of population change обследование изменений численности и структуры населения
sp. chrs special charges дополнительные расходы
spec. *см.* **sp. 1., 4.**
specif. *см.* **sp. 2., 3.**
SPT shortest processing time *ТМО* наименьшее время обслуживания
SPURS special program for urban and regional studies специальная программа городских и региональных исследований
SQC statistical quality control статистический контроль качества
SR supplementary reinterview дополнительное повторное обследование
S.R. short rate 1) краткосрочная процентная ставка 2) курс покупки краткосрочных векселей *(в иностранной валюте)*
SRO self-regulatory organization *амер.* саморегулирующаяся организация
SRS **1.** sample registration scheme система выборочного обследования **2.** Statistical Reporting Service Служба статистических обследований *(США)*
SSA Social Security Act *амер.* закон о социальном обеспечении
SSIC Southern States Industrial Council Промышленный совет южных штатов *(США)*
st. standard 1) стандарт, норма, норматив 2) эталон; образец
stat., statl statistical статистический
std *см.* **st.**
St. Ex., St. Exch. stock exchange фондовая биржа
STF stock transfer form бланк передачи акций
stk *см.* **S. 5.**
Stk Ex. *см.* **St. Ex., St. Exch.**
subs. **1.** subscription подписка **2.** subsidiary вспомогательный; дополнительный
subst. substitute субститут, заменитель
Sum(m). summary краткое изложение; резюме; сводка
SUMT sequential unconstrained maximization technique метод последовательного нахождения безусловного максимума
sup. **1.** supplement дополнение, добавление **2.** supplementary дополнительный
supermart supermarket супермаркет
Surv. survey обозрение; обзор, обследование
Sv service служба; работа
SWIFT Society for Worldwide Interbank Financial Telecommunications Международная межбанковская электронная система платежей, СВИФТ
Sy Crs sundry creditors «разные кредиторы»
Sy Drs sundry debtors «разные дебиторы»
Syst. **1.** system система **2.** systematic систематический

T **1.** territorial территориальный **2.** territory территория **3.** transfer 1) перевод; перечисление 2) трансфер(т) **4.** transferred перечисленный **5.** transport транспорт, перевозка **6.** transportation транспортирование; транспорт **7.** Treasury казначейство
TA **1.** tracted area территория, разделённая на переписные районы **2.** trade acceptance акцептованный торговый вексель **3.** transfer agent трансферный агент *(по передаче ценных бумаг)*
T.A. transferable account переводной счёт
tab. table таблица
t. & d. time and date время и (календарное) число
TALISMAN Transfer Accounting, Lodgement for Investors, Stock Management for Jobbers централизованная система операций с акциями *(на Лондонской бирже)*, ТАЛИСМАН
TAPAC Transportation Allocations, Priorities and Controls Committee Комитет по очерёд-

ности, распределению и контролю над перевозками
TB Treasury bill казначейский вексель
TBL, Thro B/L through bill of lading сквозной коносамент
TC 1. total cost общая стоимость 2. traveller's check дорожный чек
TCF time comparability factor поправочный коэффициент для показателей смертности, вычисленных без учёта различий во времени
TCR total change rate общий коэффициент изменения *(численности населения)*
TD Treasury Department Министерство финансов *(США)*
TD, T/D time deposit срочный депозит, вклад на срок
Tde. bill trade bill торговая тратта
TE 1. tax exempt освобождённый от налога 2. trade expenses торговые расходы
TEA Trade Expansion Act *амер.* закон о расширении торговли
TF total fertility общая плодовитость
TFO total fixed outlay общие постоянные издержки
TFR total fertility rate общий коэффициент фертильности
TILO Technical Industrial Liason Office Отдел связи с промышленностью *(США)*
T.L., T/L time loan ссуда с определённым сроком погашения
T.M. trademark торговый знак; фабричная [заводская] марка
TMC time-and-materials contract контракт с оплатой стоимости затрат рабочего времени и материалов
TMO telegraphic money order телеграфное платёжное поручение
TO total outlay общие издержки
TOC total ordering cost общая стоимость выполнения заказа
TOFC trailer-on-flat car перевозка грузов в автоприцепах на железнодорожной платформе, контрейлерная перевозка
TP transportation problem транспортная задача
TPC total purchasing cost общие затраты на приобретение
TPI tax and price index *англ.* индекс налогов и цен
TPPC total package procurement contract комплексный контракт; всеобъемлющий контракт
T.Q., t.q. tale quale *лат.*, such as *англ.* такой, какой есть *(условие продажи без гарантии качества)*
TR 1. total revenue совокупный доход *(общества)* 2. trust receipt расписка о получении имущества в доверительное управление
Tr. treasurer казначей
tr. trust трест, концерн, промышленное объединение
Tr. Co. trust company траст-компания
trans. transaction сделка, операция
Treas., treas. *см.* **Tr.**
TS total slask 1) суммарный резерв 2) полный простой
TSE 1. Tokyo Stock Exchange Токийская фондовая биржа 2. Toronto Stock Exchange Торонтская фондовая биржа *(Канада)*
TT 1. technology transfer передача технологии 2. telegraphic transfer телеграфный (денежный) перевод
TTC 1. technology transfer consortium консорциум по передаче технологии 2. tender to contract заявка на контракт
TU, T.U. trade(s) union тред-юнион; профсоюз
T.U.C. Trades Union Congress Британский конгресс тред-юнионов, БКТ
TUIAFPW Trade Unions International of Agricultural, Forestry and Plantation Workers Международное объединение работников сельского хозяйства, лесного хозяйства и плантаций
TVA Tennessee Valley Authority Управление развития водного, энергетического и сельского хозяйства долины р. Теннесси *(США)*
T.W. total weight общая масса
TWT total waiting time *ТМО* общее время ожидания
Tx. tax налог; пошлина

U, u unit 1) изделие 2) комплект
U. 1. union 1) союз 2) профсоюз; тред-юнион 2. universal всеобщий; всемирный
u. 1. unified объединённый; унифицированный 2. united соединённый; объединённый 3. unpaid неоплаченный, непогашенный
UA urbanized area городское поселение
u.a., U/a. underwriting account счёт расходов по страхованию
UAWU United Automobile Workers Union профсоюз работников автомобильной промышленности *(США)*
UCC uniform commercial code единый коммерческий кодекс
U.D. urban district городской округ *(Великобритания)*
UIT unit investment trust паевой инвестиционный фонд
UMP uniformly most powerful равномерно наиболее мощный *(о критерии)*
UMR uniformly minimum risk равномерно минимальный риск
UMTA Urban Mass Transit Administration Управление городского общественного транспорта *(США)*
UN United Nations Организация Объединённых Наций, ООН
UNAEC United Nations Atomic Energy Commission Комиссия ООН по атомной энергии
uncls unclassified неклассифицированный, не отнесённый к определённой категории; несекретный
UNCTAD United Nations Conference on Trade and Development Конференция ООН по торговле и развитию, ЮНКТАД
undid undelivered недоставленный
UNDY United States Demographic Yearbook Демографический ежегодник США
UNESCO United Nations Educational, Scientific and Cultural Organization Организация

Объединенных Наций по вопросам образования, науки и культуры, ЮНЕСКО
UNICE The Union of Community Industrial Federation Союз конфедераций промышленников ЕЭС [«Общего рынка»]
UNICEF United Nations International Children's Emergency Fund Чрезвычайный фонд помощи детям при ООН, ЮНИСЕФ
UNIDO United Nations Industrial Development Organization Организация Объединённых Наций по промышленному развитию, ЮНИДО
UNO United Nations Organization Организация Объединённых Наций, ООН
UNRRA United Nations Relief and Rehabilitation Administration Администрация ООН по вопросам помощи и послевоенного восстановления, ЮНРРА
UPU Universal Postal Union Всемирный почтовый союз
urgt. urgent срочный
USBC United States Bureau of Census Бюро переписей США
USCC United States Chamber of Commerce Торговая палата США
US of S Under-Secretary of State заместитель государственного секретаря США
USP United States Patent американский патент
USPO United States Patent Office Патентное ведомство США
USS United States standard американский стандарт
USTC United States Tariff Commission Комиссия по таможенным тарифам США
usu **1.** usual обычный, обыкновенный **2.** usually обычно, обыкновенно, как правило
u.t. usual terms обычные условия
u.u.r. under usual reserve с обычной оговоркой
Uw, uw, U/W, u/w underwriter 1) страховщик 2) андеррайтер, гарант

V, v value 1) ценность; цена 2) величина
V. **1.** vessel судно, корабль **2.** volume 1) объём 2) том
v. **1.** versus *лат.* 1) *юр.* против 2) в сравнении с **2.** via *лат.* путём; с заходом в **3.** vide *лат.* смотри
VA Veterans' Administration Ведомство по делам ветеранов *(США)*
vac. vacation отпуск
var. **1.** variant вариант **2.** variation 1) изменение 2) *мат.* вариация **3.** variety 1) разнообразие 2) разновидность **4.** various разный
VAT, V.A.T. value-added tax налог на добавленную стоимость
VC valuable cargo ценный груз
V.C. **1.** vice-chairman вице-председатель **2.** vice-chancellor вице-канцлер
VDIP Voluntary Direct Investment Program Программа добровольного ограничения капиталовложений за границу *(США)*
veh. vehicle автомобиль, транспортное средство, летательный аппарат
vers. *см.* **v. 1.**
VFCRP Voluntary Foreign Credit Restraint Program Программа добровольного ограничения кредитования иностранных заёмщиков *(США)*
VIP very important person очень важная персона *(иронично)*
viz. videlicet *лат.* то есть, а именно
vol. *см.* **V. 2.**
voy. voyage рейс
V.P. vice-president вице-президент
VS vital statistics статистика естественного движения населения
v.s. vide supra *лат.* см. выше
vt voting голосование; участие в общем собрании акционеров
Vt Pl voting pool соглашение (между акционерами) по вопросу голосования
VTR video tape recording видеозапись, запись на видеопленку

w. **1.** week неделя **2.** weight масса **3.** work работа **4.** worker рабочий
WAMU West African Monetary Union Западноафриканский валютный союз
War., war. warrant 1) варрант, гарантия; ручательство 2) свидетельство; купон *(облигации)*
WATA World Association of Travel Agencies Всемирная ассоциация туристских агентств
wb., W.B., W/B waybill 1) путевой лист 2) список пассажиров
W.C., w/c without charge без оплаты *или* накладных расходов
w.e.f. with effect from... вступающий в силу с *(такого-то числа)*
WELMM water, energy, land, materials, manpower вода, энергия, земля, материалы, рабочая сила *(перечень критических факторов экономического развития)*
WFAW World Federation of Agricultural Workers Всемирная федерация сельскохозяйственных рабочих
WFTU World Federation of Trade Unions Всемирная федерация профсоюзов, ВФП
w.g. weight guaranteed гарантированная масса
WHO World Health Organization Всемирная организация здравоохранения, ВОЗ
whs warehouse (товарный) склад; пакгауз
whsle wholesale оптовая торговля
whs. rec. warehouse receipt товарная квитанция; квитанция на груз, принятый на хранение
WI when issued после выпуска *(ценной бумаги)*
WINGS warrants into negotiable government securities варранты на обращающиеся государственные ценные бумаги
WIPO World Intellectual Property Organization Всемирная организация интеллектуальной собственности, ВОИС
WK working 1) работающий 2) действующий; эксплуатационный
wk. *см.* **w. 1.**

wkly weekly еженедельно
W/M without margin без оплаты разницы
W.P.A., w.p.a. with particular average с ответственностью за частную аварию; включая частную аварию
WPI wholesale price index индекс оптовых цен
WPSA World's Poultry Science Association Всемирная научная ассоциация по птицеводству
WR warehouse receipt (складская) товарная квитанция
Wt, wt 1. *см.* **War., war.** 2. warranted гарантированный 3. *см.* **w. 2.**
WVA World Veterinary Association Всемирная ветеринарная ассоциация

x. ex, exclusive исключая, без
X.C., x.c. ex coupon без купона
X.C.L. excess current liabilities излишек краткосрочных обязательств
XD, X-d, x-d, x div. ex dividend без дивиденда
X.I., x.i., x.in. ex interest без (начисления) процентов
xw ex warrants без (права на получение) варрантов

Y. year год
YLD yield доходность
Y.O. yearly output годовая выработка, годовой объём производства
YOB year of birth год рождения
YOD year of death год смерти
YTM yield to moturity (совокупная) доходность до срока погашения (облигации)

Z zero нуль
ZBB zero-based budgeting составление сметы с нуля
ZR zero conpon с нулевым купоном (облигации)

ДЕНЕЖНЫЕ ЕДИНИЦЫ СТРАН МИРА (на январь 1993 г.)

Наименование денежной единицы и её деление		Страна	Принятое в англ.яз. сокращение
на английском языке	на русском языке		
Afghani=100 Pule	афгани=100 пулам	Республика Афганистан	**Af**
Agora (*pl* Agorot)	агора (*разменная монета*)	Государство Израиль	
At	ат (*разменная монета*)	Лаосская Народно-Демократическая Республика	
Austral=100 Centavos	аустрал=100 сентаво	Аргентинская Республика	**A**
Avo (*pl* Avos)	аво (*разменная монета*)	Аомынь (Макао)	
Baht=100 Satang	бат=100 сатангам	Королевство Таиланд	**B**
Baiza	байза (*разменная монета*)	Султанат Оман	
Balboa=100 Centesimos	бальбоа=100 сентесимо	Республика Панама	**B/.**
Ban (*pl* Bani)	бан (*разменная монета*)	Румыния	
Birr=100 cents	быр=100 центам	Народная Демократическая Республика Эфиопия	**Br.**
Bolivar=100 Centimes	боливар=100 сентимо	Республика Венесуэла	**Bs**
Boliviano=100 Centavos	боливиано=100 сентаво	Республика Боливия	**Bs**
Butut	бутут (*разменная монета*)	Республика Гамбия	
Cedi=100 Pesewas	седи=100 песево	Республика Гана	**₵**
Cent	цент (*разменная монета*)	США, Канада, Австралия, Новая Зеландия и ряд других стран	
Centavo (*pl* Centavos)	сентаво (*разменная монета*)	Федеративная Республика Бразилия, Республика Эль-Сальвадор и ряд других стран	**ct., *pl* cts**
Centesimo (*pl* Centesimos)	сентесимо (*разменная монета*)	Республика Панама, Восточная Республика Уругвай, Республика Чили	
Centesimo (*pl* Centesimi)	чентезимо (*разменная монета*)	Итальянская Республика, Республика Сан-Марино, Государство-город Ватикан	
Centime	сантим (*разменная монета*)	Французская Республика, Королевство Бельгия, Великое Герцогство Люксембург, Алжирская Народная Демократическая Республика и ряд других стран	
Centimo (*pl* centimos)	сентимо (*разменная монета*)	Испания, Республика Венесуэла, Республика Коста-Рика и ряд других стран	**C**
Cheun (*variations of name* — Chon, Chong, Jun, Moun, Mon)	чоп (*разменная монета*)	Корейская Народно-Демократическая Республика, Республика Корея	
Colon Costa Rica = 100 Centimos	костариканский колон = 100 сентимо	Республика Коста-Рика	**₵**

Продолжение

Наименование денежной единицы и её деление		Страна	Принятое в англ.яз. сокращение
на английском языке	на русском языке		
Colon el Salvador = 100 Centavos	сальвадорский колон = 100 сентаво	Республика Эль-Сальвадор	₡
Cordoba = 100 Centavos	кордоба = 100 сентаво	Республика Никарагуа	C$
Cruzeiro = 100 Centavos	крузейро = 100 сентаво	Федеративная Республика Бразилия	Cr$
Dalasi = 100 Butut	даласи = 100 бututам	Республика Гамбия	D
Dinar	динар	Алжирская Народная Демократическая Республика, Иорданское Хашимитское Королевство, Иракская Республика, Республика Югославия и ряд других стран	
Dinar	динар *(разменная монета)*	Исламская Республика Иран	
Dinar Algeria = 100 Centimes	алжирский динар = 100 сантимам	Алжирская Народная Демократическая Республика	DA
Dinar Bahrain = 1000 Fils	бахрейнский динар = 1000 филсам	Государство Бахрейн	BD
Dinar Croatia	хорватский динар	Республика Хорватия	HRD
Dinar Iraq = 1000 Fils	иракский динар = 1000 филсам	Иракская Республика	ID
Dinar Jordan = 1000 Fils	иорданский динар = 1000 филсам	Иорданское Хашимитское Королевство	JD
Dinar Kuwait = 1000 Fils	кувейтский динар = 1000 филсам	Государство Кувейт	KD
Dinar Libya = 1000 dirhams	ливийский динар = 1000 дирхамам	Социалистическая Народная Ливийская Арабская Джамахирия	LD
Dinar Tunisia = 1000 Millimes	тунисский динар = 1000 миллимам	Тунисская Республика	D
Dinar Yugoslavia = 100 Paras	югославский динар = 100 пара	Республика Югославия	Din
Dinar Yemen = 100 Fils	йеменский динар = 100 филсам	Йеменская Республика	
Dirham = 100 Centimes	дирхам = 100 сантимам	Королевство Марокко	DH
Dirham	дирхам *(разменная монета)*	Социалистическая Народная Ливийская Арабская Джамахирия	
Dirham = 100 Fils	дирхам = 100 филсам	Объединённые Арабские Эмираты	Dh
Dollar = 100 Cents	доллар = 100 центам	США	$
Dollar Australia = 100 Cents	австралийский доллар = 100 центам	Австралийский Союз, Науру	$A
Dollar Bahamian = 100 Cents	багамский доллар = 100 центам	Содружество Багамских Островов	B$
Dollar Barbados = 100 Cents	барбадосский доллар = 100 центам	Барбадос	BDS$
Dollar Bermuda = 100 Cents	бермудский доллар = 100 центам	Бермудские острова	BD$
Dollar Brunei = 100 Cents	брунейский доллар = 100 центам	Бруней-Даруссалам	BR$

Наименование денежной единицы и её деление		Страна	Принятое в англ.яз. сокращение
на английском языке	на русском языке		
Dollar Canada = 100 Cents	канадский доллар = 100 центам	Канада	**Can$**
Dollar Fiji Islands = 100 Cents	фиджийский доллар = 100 центам	Республика Фиджи	**$F**
Dollar Hong Kong = 100 Cents	гонконгский доллар = 100 центам	Сянган (Гонконг)	**HK$**
Dollar Jamaica = 100 Cents (*variation of name* — Jmca dollar)	ямайский доллар = 100 центам	Ямайка	**J$**
Dollar Liberia = 100 Cents	либерийский доллар = 100 центам	Республика Либерия	**Lib$**
Dollar New Zealand = 100 Cents	новозеландский доллар = 100 центам	Новая Зеландия	**NZ$**
Dollar Singapore = 100 Cents	сингапурский доллар = 100 центам	Республика Сингапур	**S$**
Dollar Solomon Islands = 100 Cents	доллар Соломоновых островов = = 100 центам	Соломоновы острова	**SI$**
Dollar Trinidad and Tobago = 100 Cents	доллар Тринидада и Тобаго = = 100 центам	Республика Тринидад и Тобаго	**TT $**
Dollar Zimbabwe = 100 Cents	доллар Зимбабве = 100 центам	Республика Зимбабве	**Z$**
Dong = 10 hao = 100 xu	донг = 10 хао = 100 су	Социалистическая Республика Вьетнам	**D**
Drachma = 100 Lepta (*pl* Greek: Drachmae; English: Drachmas)	драхма = 100 лептам	Греческая Республика	**Dr.**
Escudo	эскудо	Португальская Республика, Республика Острова Зелёного Мыса и ряд других стран	
Escudo Portugal = 100 Centavos	португальское эскудо = 100 сентаво	Португальская Республика	**Esc**
Eyrir (*pl* Aurar)	эйре *(разменная монета)*	Республика Исландия	
Fen	фен *(разменная монета)*	Китайская Народная Республика	
Filler	филлер *(разменная монета)*	Венгерская Республика	
Fils	филс *(разменная монета)*	Иракская Республика, Иорданское Хашимитское Королевство, Народная Демократическая Республика Йемен, Объединённые Арабские Эмираты	
Finnmark = 100 Pennia	финляндская марка = 100 пенни	Финляндская Республика	**FMk**
Florin	флорин *(иное наименование гульдена)*	Королевство Нидерландов	
Forint = 100 Filler	форинт = 100 филлерам	Венгерская Республика	**Ft**
Franc	франк	Французская Республика, Королевство Бельгия, Великое Герцогство Люксембург, Республика Мали, Тоголезская Республика и ряд других стран	**fr.** *или* **Fr.** (*pl* **frs.** *или* **Frs.**)

Продолжение

Наименование денежной единицы и её деление		Страна	Принятое в англ.яз. сокращение
на английском языке	на русском языке		
Franc Belgium = 100 Centimes	бельгийский франк = 100 сантимам	Королевство Бельгия	BF
Franc Burundi = 100 Centimes	бурундийский франк = 100 сантимам	Республика Бурунди	F.Bu.
Franc CFA, no subdivision	франк КФА *(франк Африканского финансового сообщества)*	Республика Кот-д'Ивуар, Буркина-Фасо, Народная Республика Бенин, Объединённая Республика Камерун, Тоголезская Республика, Народная Республика Конго, Республика Нигер и ряд других стран	CFA Fr.
Franc CFP = 100 Centimes	франк КФП (франк тихоокеанских владений Франции) = = 100 сантимам	Новая Каледония, Новые Гебриды, Французская Полинезия, Острова Уоллис и Футуна	CFP Fr.
Franc Djibouti, no subdivision	джибутийский франк	Республика Джибути	DF
Franc Guinea, no subdivision	гвинейский франк	Гвинейская Республика	
Franc Luxembourg = 100 Centimes	люксембургский франк = 100 сантимам	Великое Герцогство Люксембург	LuxF
Franc Malagasy, no subdivision	малагасийский франк	Демократическая Республика Мадагаскар	FMg
Franc Mali, no subdivision	малийский франк	Республика Мали	CFA Fr.
Franc Rwanda = 100 Centimes	руандийский франк = 100 сантимам	Руандийская Республика	RF
Franc Switzerland = 100 Centimes	швейцарский франк = 100 сантимам или 100 раппенам	Швейцарская Конфедерация, Княжество Лихтенштейн	Sfr
Franc France = 100 Centimes	французский франк = 100 сантимам	Французская Республика, Княжество Монако	FF
Gourde Haiti = 100 Centimes	гурд = 100 сантимам	Республика Гаити	G
Groschen	грош *(разменная монета)*	Австрийская Республика	g
Grosz	грош *(разменная монета)*	Республика Польша	
Guarani = 100 Centimos (*pl* **Guarames)**	гуарани = 100 сентимо	Республика Парагвай	G
Guilder (Florin) Netherland = = 100 Cents	нидерландский гульден (флорин) = = 100 центам	Королевство Нидерландов	f.
Guilder Netherlands Antilles = = 100 Cents	нидерландский антильский гульден или гульден Кюрасао = 100 центам	(Нидерландские) Антильские Острова	NAf.

Продолжение

Наименование денежной единицы и её деление		Страна	Принятое в англ.яз. сокращение
на английском языке	на русском языке		
Guilder Surinam = 100 Cents	суринамский гульден = 100 центам	Республика Суринам	**Sf.**
Halala	халала *(разменная монета)*	Королевство Саудовская Аравия	
Haler (*pl* **Czech: Haleru; Slovak: Halierov)**	геллер *(разменная монета)*	Республика Чехия, Республика Словакия	
Inti = 100 Centavos	инти = 100 сентаво	Республика Перу	**I/.**
Kip = 100 At	кип = 100 атам	Лаосская Народно-Демократическая Республика	**K**
Kobo	кобо *(разменная монета)*	Федеративная Республика Нигерия	
Kopeck	копейка *(разменная монета)*	Россия	**Kop.**
Koruna = 100 Haleru (*pl* **Koruny)**	крона = 100 геллерам	Республика Чехия, Республика Словакия	**Kčs.**
Krona	крона	Королевство Дания, Республика Исландия и ряд других стран	**Kr.**
Krona Iceland = 100 Aurar (*pl* **Kronur)**	исландская крона = 100 эйре	Республика Исландия	**IKr**
Krona Sweden = 100 Öre (*pl* **Kronor)**	шведская крона = 100 эре	Королевство Швеция	**SKr**
Krone Denmark = 100 Öre (*pl* **Kroner)**	датская крона = 100 эре	Королевство Дания	**DKr**
Krona Norway = 100 Öre	норвежская крона = 100 эре	Королевство Норвегия	**NKr**
Kroon	эстонская крона	Эстонская Республика	**EEK**
Kurus	куруш *(разменная монета)*	Турецкая Республика	
Kwacha Malawi = 100 Tambala	малавийская квача = 100 тамбалам	Республика Малави	**MK**
Kwacha Zambia = 100 Ngwee	квача = 100 нгве	Республика Замбия	**K**
Kwanza (*see:* **New Kwanza)**			
Kyat = 100 Pyas	кьят (ча *или* джа) = 100 пья	Социалистическая Республика Бирманский Союз	**K.**
Laari (*pl* **Laree)**	лари *(разменная монета)*	Мальдивская Республика	
Lek = 100 Qindarka	лек = 100 киндаркам	Албания	**L**
Lempira = 100 Centavos	лемпира = 100 сентаво	Республика Гондурас	**L**
Leone = 100 Cents	леоне = 100 центам	Республика Сьерра-Леоне	**Le**
Lepton (*pl* **Lepta)**	лепта *(разменная монета)*	Греческая Республика	
Leu = 100 Bani (*pl* **Lei)**	лей = 100 баням	Румыния	**L**

Продолжение

Наименование денежной единицы и её деление		Страна	Принятое в англ.яз. сокращение
на английском языке	на русском языке		
Lev = 100 stotinka (*pl* Leva)	лев = 100 стотинкам	Республика Болгария	**Lv**
Likuta (*pl* Makuta)	ликута (*мн.ч.* макута), (*разменная монета*)	Республика Заир	
Lira	лира	Итальянская Республика, Турецкая Республика	
Lira Italy, no subdivision	итальянская лира	Итальянская Республика	**Lit**
Lira Malta = 100 Cents = 1000 mils	мальтийская лира = 100 центам = = 1000 милям	Мальта	**Lm**
Lira Turkey = 100 Kurus	турецкая лира = 100 курушам	Турецкая Республика	**LT**
Loti (*pl* Maloti) = 100 Licente	лоти (*мн.ч.* малоти) = 100 лисентэ	Королевство Лесото	**M**
Lwei	лвей (*разменная монета*)	Республика Ангола	
Mark German Federal Republic (Deutsche Mark) = 100 Pfennig	марка ФРГ = 100 пфеннигам	Федеративная Республика Германия	**DM**
Metical = 100 Centavos	метикаль = 100 сентаво	Республика Мозамбик	**MT**
Mil	миль (*разменная монета*)	Республика Кипр, Республика Мальта	
Millieme	мил(л)ьем, миллим (*разменная монета*)	Арабская Республика Египет, Демократическая Республика Судан, Тунисская Республика	
Mongo	мунгу (*разменная монета*)	Монгольская Народная Республика	
Naira = 100 Kobo	найра = 100 кобо	Федеративная Республика Нигерия	**N**
New Kwanza = 100 Lwei	новая кванза = 100 лвеям	Республика Ангола	**NKz**
New Shequel = 100 agarot	новый шекель = 100 агорам	Государство Израиль	**NIS**
New Taiwan Dollar = 100 Cents	новый тайваньский доллар = = 100 центам	Тайвань	**NT$**
New Uruguay Peso = = 100 Centesimos	новое уругвайское песо = 100 сентесимо	Восточная Республика Уругвай	**NUr$**
Ngwee	нгве (*разменная монета*)	Республика Замбия	
Ngultrum (Rupee)	нгултрум(рупия)=1 индийской рупии	Королевство Бутан	**NU**
Oera (*pl* Öre) (*variations of name* — Öre, Ort)	эре (*разменная монета*)	Королевство Дания, Королевство Норвегия, Королевство Швеция	
Ouguija = 5 khoum	угия = 5 хумсам	Исламская Республика Мавритания	**UM**
Pa'anga = 100 Seniti	паанга (доллар Тонги) = 100 сенити	Королевство Тонга	**T$**

Наименование денежной единицы и её деление		Страна	Принятое в англ.яз. сокращение
на английском языке	на русском языке		
Para	пара *(разменная монета)*	Республика Югославия	
Pataca Macao = 100 Avos	патака = 100 аво	Аомынь (Макао)	**P**
Penni (*pl* Pennia)	пенни *(разменная монета)*	Финляндская Республика	
Peseta, no subdivion	песета	Испания, Западная Сахара	**Pta**
Pesewa	песева *(разменная монета)*	Республика Гана	
Peso	песо	Республика Колумбия, Республика Куба, Доминиканская Республика и ряд других стран	
Peso Chili = 100 Centavos	чилийское песо = 100 сентаво	Республика Чили	**Ch$**
Peso Colombia = 100 Centavos	колумбийское песо = 100 сентаво	Республика Колумбия	**Col$**
Peso Cuba = 100 Centavos	кубинское песо = 100 сентаво	Республика Куба	**Cub$**
Peso Dominican Republic = 100 Centavos	доминиканское песо = 100 сентаво	Доминиканская Республика	**RD$**
Peso Guinea-Bissau = 100 Centavos	песо Гвинея-Бисау = 100 сентаво	Республика Гвинея-Бисау	**Pg**
Peso Mexico, no subdivision	мексиканское песо	Мексиканские Соединённые Штаты	**mex. $**
Peso Philippines = 100 Centimos	филиппинское песо = 100 сентимо	Республика Филиппины	
Pfennig	пфенниг *(разменная монета)*	Федеративная Республика Германия	**Pf.**
Piaster, Piastre	пиастр *(разменная монета)*	Сирийская Арабская Республика, Ливанская Республика, Демократическая Республика Судан и ряд других стран	
Pice (*variations of name* Peyse, Passa, Paissah, Paisa, Paise)	пайса *(разменная монета)*	Исламская Республика Пакистан, Республика Индия	
Poisha	пойша *(разменная монета)*	Республика Бангладеш	
Pound (Pound Sterling)	фунт (фунт стерлингов)	Великобритания, Арабская Республика Египет, Ирландия и ряд других стран	**£**
Pound Cyprus = 100 Cents	кипрский фунт = 100 центам	Республика Кипр	**£C**
Pound Egypt = 100 Piastres	египетский фунт = 100 пиастрам	Арабская Республика Египет	**LE**
Pound Gibraltar = 100 New Pence	гибралтарский фунт = 100 новым пенсам	Гибралтар	**Gib.£**
Pound Ireland = 100 New Pence	ирландский фунт = 100 новым пенсам	Ирландия	**Ir**

Наименование денежной единицы и её деление		Страна	Принятое в англ.яз. сокращение
на английском языке	на русском языке		
Pound Lebanon = 100 Piastres	ливанский фунт = 100 пиастрам	Ливанская Республика	L£
Pound Sterling = 100 Pence	фунт стерлингов = 100 новым пенсам	Соединённое Королевство Великобритании и Северной Ирландии	£
Pound Sudan = 100 Piastres	суданский фунт = 100 пиастрам	Республика Судан	LSd
Pound Syria = 100 Piastres	сирийский фунт = 100 пиастрам	Сирийская Арабская Республика	LS
Pul (*variations of name* — **Poul, Pool**) (*pl* **Puli**)	пул *(разменная монета)*	Республика Афганистан	
Pula = 100 thebe	пула = 100 тхебе	Республика Ботсвана	P
Pya	пья *(разменная монета)*	Социалистическая Республика Бирманский Союз	
Qindarka (*variation of name*— **Qindar, Quindar, Qintar, Qinter, Quintar**)	киндарка *(разменная монета)*	Республика Албания	
Quetzal = 100 Centavos	кетсаль = 100 сентаво	Республика Гватемала	Q
Qursh, Quirsh	кирш *или* керш *(разменная монета)*	Королевство Саудовская Аравия	
Qurush *см.* **Kurus**			
Rand = 100 Cents	южноафриканский рэнд = 100 центам	Южно-Африканская Республика, Королевство Лесото, Республика Намибия	
Rappe	раппен *(иное наименование швейцарского сантима)*	Швейцарская Конфедерация, Княжество Лихтенштейн	
Rial Iran = 100 Dinars	иранский риал = 100 динарам	Исламская Республика Иран	
Rial Oman = 1000 Baizas	оманский риал = 1000 байзам	Султанат Оман	RO
Rial Yemen = 100 fils	йеменский риал = 100 филсам	Йеменская Арабская Республика	Y.RI
Riel = 100 Sen	риель = 100 сенам	Народная Республика Кампучия	
Ringgit = 100 cents	ринггит = 100 сенам *(новое название малазийского доллара)*	Малайзия	M$
Riyal	риял	Султанат Оман, Государство Катар	
Riyal Qatar = 100 Dirham	катарский риял = 100 дирхамам	Государство Катар	QR
Riyal Saudi Arabia = 100 Halalas	риал Саудовской Аравии = 100 халалам	Королевство Саудовская Аравия	SRl
Rouble (Ruble) = 100 Kopecks	рубль = 100 копейкам	Россия и несколько других государств на территории бывшего СССР *(см. приложение)*	Rbl., R.
Rufiyaa Maldivian = 100 Laari	мальдивская рупия = 100 лари	Мальдивская Республика	Rf

Продолжение

Наименование денежной единицы и её деление		Страна	Принятое в англ.яз. сокращение
на английском языке	на русском языке		
Rupee	рупия	Республика Индия, Исламская Республика Пакистан, Демократическая Социалистическая Республика Шри-Ланка и ряд других стран	
Rupee India = 100 Paise	индийская рупия = 100 пайсам	Республика Индия	**IR**
Rupee Mauritius = 100 Cents	маврикийская рупия = 100 центам	Маврикий	**MR**
Rupee Nepal = 100 Pice	непальская рупия = 100 пайсам	Королевство Непал	**NR**
Rupee Pakistan = 100 Paisa	пакистанская рупия = 100 пайсам	Исламская Республика Пакистан	**PR**
Rupee Seychelles = 100 Cents	сейшельская рупия = 100 центам	Республика Сейшельские Острова	**SR**
Rupiah Indonesia = 100 Sen *or* **Cents**	индонезийская рупия = 100 сенам	Республика Индонезия	**Rp**
Satang	с(а)танг *(разменная монета)*	Королевство Таиланд	
Schilling Austria = 100 Groschen	шиллинг = 100 грошам	Австрийская Республика	**S**
Sen (*variation of name* — **Zeni**)	сен *(разменная монета)*	Япония, Республика Индонезия, Народная Республика Кампучия	
Seniti	сенити *(разменная монета)*	Королевство Тонга	
Shilling	шиллинг	Республика Кения, Сомалийская Демократическая Республика, Объединённая Республика Танзания	
Shilling Kenya = 100 Cents	кенийский шиллинг = 100 центам	Республика Кения	**KSh**
Shilling Tanzania = 100 Cents	танзанийский шиллинг = 100 центам	Объединённая Республика Танзания	**T Sh**
Shilling Uganda = 100 Cents	угандский шиллинг = 100 центам	Республика Уганда	**U Sh**
Somalo (*pl* **Somali**)	сомало *(иное наименование сомалийского шиллинга)*	Сомалийская Демократическая Республика	
Stotinki	стотинка *(разменная монета)*	Республика Болгария	
Sucre = 100 Centavos	сукре = 100 сентаво	Республика Эквадор	**S/.**
Taka = 100 Poisha	така = 100 пойшам	Республика Бангладеш	**Tk**
Tambala	тамбала *(разменная монета)*	Республика Малави	
Thebe	тхебе *(разменная монета)*	Республика Ботсвана	
Tolar	толар	Республика Словения	
Tugrik = 100 Mongos	тугрик = 100 мунгу	Монгольская Народная Республика	**Tug.**
Won = 100 Chon	вона = 100 чонам	Корейская Народно-Демократическая Республика, Республика Корея	**Wn, W**

Продолжение

Наименование денежной единицы и её деление		Страна	Принятое в англ.яз. сокращение
на английском языке	на русском языке		
Xu	су *(разменная монета)*	Социалистическая Республика Вьетнам	
Yen = 100 sen	иена = 100 сенам	Япония	**Y**
Zaire = 100 Makuta	заир = 100 макута	Республика Заир	**Z**
Zloty = 100 Groszy	злотый = 100 грошам	Республика Польша	**Zl**

В государствах, возникших на территории бывшего СССР, на январь 1993 г. применялись следующие денежные единицы:

Государство	Квази-деньги (купоны, талоны и т.д.)	Временные деньги	Предполагаемые к введению в будущем деньги
Азербайджан	манат *(наряду с рублём)*	—	манат
Беларусь	расчетный билет *(наряду с рублём)*	—	—
Латвия	рублис *(действовал до 20 июля 1992 г.)*	рублис — действовал с 20.07.1992	лат
Литва	талон *(действовал до 1 ноября 1992 г.)*	талон — действовал с 1 ноября 1992 г.	лит
Молдова	купон *(наряду с рублём)*	—	лей
Украина	купон *(с 1 января 1992 г. по 16 ноября 1992 г.)*	карбованец, представленный в наличном обороте купоном	гривна
Эстония	—	—	крона с 26 июня 1992 г.

В Армении, Грузии, Казахстане, Киргизии, Таджикистане, Туркменистане, Узбекистане продолжали применять рубль.

Серия справочная, выпуск 1

АНГЛО-РУССКИЙ СЛОВАРЬ ПО ЭКОНОМИКЕ И ФИНАНСАМ

Под редакцией А. В. Аникина

Художник
С. О. Цветков

Технический редактор
Г. А. Смирнова

Изготовление оригинал-макета
А. Н. Косаревский

Корректоры
Н. З. Головина,
С. В. Добрянская,
К. С. Фридлянд

Подписано к печати 9.08.93.
Формат 70×100 1/16. Гарнитура школьная.
Усл. печ. л. 48,1. Уч.-изд. л. 78,38.
Тип зак. 410.

"Экономическая школа".
Регистрационное свидетельство № 0110684.
Выдано Министерством печати и информации
РФ 21.05.93.
192241, Санкт-Петербург, Пражская ул. 30, корп.1.

Отпечатано с оригинал-макета в ГПП "Печатный Двор".
197110, Санкт-Петербург, Чкаловский пр., 15.